中国
研究
译丛

001

A Cultural History of Civil Examinations in Late Imperial China

(Benjamin A. Elman)

史

晚期帝制
中国的
科举文化

〔美〕艾尔曼　著

高远致　夏丽丽　译

社会科学文献出版社
SOCIAL SCIENCES ACADEMIC PRESS (CHINA)

中译本序

葛兆光[*]

　　这是一部迟了 20 年才译成中文出版的大著作。2000 年，艾尔曼（Benjamin A. Elman）教授就在加州大学出版社出版了这本《晚期帝制中国的科举文化史》（*A Cultural History of Civil Examinations in Late Imperial China*），在我看来，它可以说是海外学者有关明清中国科举研究领域第三本标志性著作[①]。如果说，宫崎市定 1946 年的《科举史》从制度史角度描述了中国历史上（主要是清代）的科举，何炳棣 1964 年的《明清社会史论》（*The Ladder of Success in Imperial China*）从社会史角度考察了明清科举与社会流动之关系，那么，2001 年艾尔曼的这本书则是从文化史的角度，深入而细致地叙述了明清科举史的变迁，科举如何影响了传统中国皇权与精英士绅，科举文化与社会生活怎样形成复杂关系，以及它如何塑造了文化史意义上的中国。在科举对传统中国以及现代中国的历史意义上，我百分之百地赞同包弼德（Peter K. Bol）在英文版封底推荐词中说的："科举是中国历史上最为重要的制度之一，没有科举的话，或许中国会完全不同。"

　　没有科举的话，确实中国会完全不同。如果我们隔海看看日本，尽管和中国一样深受儒家思想、律令制度的影响，因为没有科举，日本便没有形成文士群体及其文化意识形态（在国

---

[*] 葛兆光，北京大学中文系古典文献专业本科、研究生毕业，曾任清华大学历史系教授，现任复旦大学文史研究院及历史系文科资深教授。主要研究领域是东亚与中国的宗教、思想和文化史。主要著作有《中国思想史》（两卷本，1998，2000）、《宅兹中国——重建有关"中国"的历史论述》（2011）、《何为中国》（2014）等。

[①] 在海外有关科举制度与历史的研究中，毫无疑问还应当提及邓嗣禹、贾志扬等人的论著。

家与民众之间是武士阶层），也没有形成把帝国权力渗入社会底层的知识官僚（日本不是官僚管理的郡县制而是分封世袭的封建制），科举之有无，使日本与中国政治文化间有了好大的差异！也可以转头看看朝鲜，和明清中国同样宗奉朱子之学的朝鲜王朝，虽然也有科举制度，但因为它的科举考试只允许两班士人参与，以李、权、尹、洪、金为首的两班士人家族通过科举垄断了上层权力，这导致了朝鲜精英阶层的意识形态结构极其牢固（朝鲜王朝时期，中进士100人以上的38个家族垄断了7502个进士，即三分之二以上。朝鲜两班对朱子之学的极端捍卫，在很大程度上是由于知识和思想权力的垄断）。两班垄断了科举与官僚，也在很大程度上影响了朝鲜王朝所谓"士林派政权"的激烈党争（朝鲜王朝士大夫集团如老论、少论、南人、北人的激烈党争，在传统中国政治史上很罕见），甚至还因为两班士人对经典知识与思想的垄断，造成社会上下层在文化上的断裂。很显然，就是看似文化具有同一性的东亚，无论怎样强调形成这个区域的汉字文化、儒家文化和律令制度的共性，在科举文化上的差异还是塑造了彼此的巨大差异。在这个意义上，我们可以明白作为文化史上的重要制度，"科举"对于"中国"何等重要。

但艾尔曼说，科举并不只是一种制度。

一

科举不只是一种制度，可是，过去却常常把它看成只是一种制度。

确实，很多人，包括我在内，对科举的了解，最初就只是把它当成传统中国的一种考试和选官制度。我的这种认知来自大学时代。记得1979年还是1980年北京大学为我们开设了一门"中国文化史常识"课，主持人阴法鲁先生邀请各个领域的专家给我们讲解天文地理、音乐绘画、职官制度、宗教信仰，这奠定了我们了解传统中国文化的知识基础。其中，有关历史上的科举，主要介绍的就是三项制度，一是院试、乡试、会试和殿试，二是考试中的八股文与试帖诗，三是监生与贡生、举人与进士等身份。尽管课程也对科举进行一些批判，但对于科举本身的介绍仍然只是注重制度层面。这种制度史的介绍，淡化了皇帝与考官在试卷上与考生的较量，删去了科举考试过程中的政治、情感与动荡，也减去了读书人活生生的所思所虑和紧张生活，因此科举的历史从丰富而充沛，变成清晰但苍白，就像我二十多年前给艾尔曼另一本书《从理学到朴学》写的书评中所说，把在江河中自由游动的活鱼，变成实验室中的标本鱼。尽管这样的介绍，完全可以得到历代正史中《选举志》的文献印证，看上去准确无误，但给我们的只是一种生硬和抽象的"制度"。

但艾尔曼指出，"科举考试是一座文化竞技场"（前言）。我注意到，艾尔曼除了书名上用了"科举文化"（examination culture）一词之外，在书中也用了"科举生活"（examination life）这个词（第二章）。在他的这本书中，科举不仅是科考中读书人的生活，科举也影响了整个社会与文化的上上下下、方方面面，因此绝不只是"准备科举生活所需的仪式、科举成功的不同阶段，同样也与一系列政治、社会、文化再生产复杂且互相作用的过程密切相关"（第二章）。如果你看艾尔曼这本书，就可以看到明清两代的科举考试，除了亲身参与考试的考生之外，也涉及决定考试制度的皇帝、决定考生命运的阅卷官员、有关社会命运的宗教信仰，以及考生所依托的地方与家族；除了乡试、会试、殿试这种制度性的考试活动之外，还涉及考试空间也就是既作为"文化监狱"也作为"公共景观"的考场；除了科举考试那种严格的规则之外，还涉及超越规则之外的腐败、贿赂、顶替，以及与考官里应外合的各种手段（第四章）；除了看似同一帝国公平的考试制度之外，还涉及帝国各区域考试的名额和官僚的分配，甚至还有出于族群角度考虑的压抑和歧视（第五章）；更在经典和语言的学习和考试之外，涉及了考试背后的意识形态和士人在意识形态网中的挣扎，甚至还要讨论考生的焦虑、梦境和诉求（第六章）。

明清两代读书人"每两三年就要再次加入地方考试、乡试、会试考场的人流之中。这种焦虑无法通过考试竞争的结果得到释放，因为在最终证明自身胜任未来的仕途之前，几乎所有人都要经历无数次的失败。大部分考生甚至无法通过帝国各县、州、府的院考。对很多考生来说，能取得可以享受减免税赋和司法特权的生员身份，就已经相对满足了"（第四章）。其实，如果你生活在当今中国，看看每年的高考对整个社会和文化的巨大影响，想想流行的"独木桥"或"黑七月"之类的词语，体会体会高中考生"金榜题名"或"名落孙山"的不同心境和不同命运，你就能体会到"考试"并不只是"制度"。用现在历史学界的话来说，艾尔曼试图在制度史之外开拓"活的制度史"，在社会史之外尝试"日常生活史"。所以，和宫崎市定、何炳棣不同，艾尔曼选择了新文化史的方式，对这几百年的科举进行了文化史的研究，在他的笔下，科举不仅仅是制度，包括富有象征性的考场、引发考生焦虑的机遇、各种变动的题目、考前考后的求签问卜、阅卷者的心理状态，似乎都从原本一页页纸上文献中活过来，给我们呈现了那五六百年的社会、思想与文化风景。

这当然是拜新文化史之赐。20 世纪 80 年代以后兴起的新文化史，通过历史人类学等方法，把社会生活、心态情感、文化观念综合在一起，格外关注日常生活的细节，包括婚姻、财富、信仰、情感、想象，它试图把历史变得鲜活而生动，让读者重回历史现场，身历其境地体验那个历史时代的氛围和心境。艾尔曼把科举研究的关注焦点从宫崎市定的"选官制度"、何炳棣的"社会流动"转向"文化生活"，也许正是新文化史的路数，也正是他这部书的重要之处。

二

可是，从新文化史做科举史研究没那么容易，科举文化比科举制度涉及的面向多得多，不只是制度上的三级考试、考卷上的八股，也不只是合格者的身份变化，你还得叙述出题人的学术与思想偏好、阅卷者的好恶情感、考生为了应付考试的种种策略、社会上围绕科举产生的各种需求、科举成功与否的社会影响……上哪儿去寻找相关的史料？更何况要上起15世纪，下至19世纪，还得照顾到晚期帝制中国也就是明清中国的东南西北。

新文化史无疑要求涉猎更多的历史资料，特别是这些主题无法仅仅依赖传统的经典与精英文献。单靠二十四史、通鉴或者十通之类的文献，绝对没有办法呈现那个时代参加科举的读书人的苦恼、焦虑、喜悦和失望，也无从洞察手握权力审查考卷优劣的考官们的偏好、心态和感情，更无法了解那个时代科举考试引起的种种商业投机和文化波澜。还记得二十多年前写《中国思想史》，当我试图眼光向下发掘"一般知识、思想与信仰世界"的时候，我就知道能否达成这一目标，关键在于你能否把握、选择和分析浩如烟海的庞大文献，特别是过去不入法眼的那些边缘史料。艾尔曼要在这本书中改变过去把科举单纯作为文人考试与官僚选拔制度，单纯作为身份变化与社会流动，而试图描述科举考试中的方方面面，他就不得不翻过一层去看科举。比如，科举中式者固然重要，但"相比金榜题名，屡试不中才是科考选拔过程最常见的特征"（第四章），因此落第者也成了科举文化史的内容；参加考试的士人固然重要，但阅卷的官员也同样重要，所以一个官员阅卷的数量庞大和批语的字数减少也需要讨论（第八章）。作为新文化史，科举文化讨论的范围甚至包括试题的变化、文字的誊写、试卷的情况、考生的户籍身份、考卷的誊录费用等，这势必要翻阅大量的科举文献与档案，而这些文献和档案，绝不像经典文献或精英历史那么精彩。过去的史料阅读经验告诉我，也许这个收集和阅读资料的过程会很艰辛，更会相当的乏味、烦琐和枯燥。

正如艾尔曼所说，"直到最近，大部分关于晚期帝制时代科举考试体系的历史论述对一手史料的运用依然非常有限，这些一手史料多半是明清两代官员和考官负责礼部选举事务时留下的档案材料"（前言）。我惊讶的是，虽然何炳棣已经相当广泛地参考了明清科举档案，但艾尔曼此书的参考和引用，数量还是超出了我的想象，这里不仅包括各种乡试录、登科录、贡举录，也包括今天看来相当乏味和呆板的八股文试卷。艾尔曼说，过去欧美学界对于科举的关注，曾经较多集中在宋元，其实，宋元两代留下来的科举档案寥寥无几。按照艾尔曼的统计，宋代科举的直接记录不过两种（即《绍兴十八年同年小录》和《宝祐四年登科录》），元代科举的直接记录不过 18 种（《江西乡试录》等），然而艾尔曼使用的明代官方科举文献是153 种，清代科举文献更达到 869 种（包括明清两代的各种殿试登科录、会试录、乡试录）。阅读这一千多种一手史料，需要有多大的耐心！更何况这些包含了大量试卷的文献，也许迂腐陈旧得读起来味如嚼蜡，可是你还得阅读它们并且从中"披沙拣金"，发掘出有用的信息。我很佩服艾尔曼有如此耐心和细心来阅读这些资料，就连中国学者也许都做不到，难怪同时代的学者李弘祺说，"当今世界上读过最多八股文文章的人，艾尔曼应该当之无愧"，就连向来自负、并不赞同艾尔曼论点的前辈学者何炳棣，也在回忆录《读史阅世六十年》中说，"艾氏收集史料之勤是西方罕见的"。

说实在话，在过去有关科举的文献中，人们相对还算熟悉的，不过就是梁章钜《制义丛话》和李调元《淡墨录》等寥寥几种，但是当你看到艾尔曼书中引用文献，除了前面提及的登科录、贡举录、乡试录之外，还有各种类似今天"高考攻略"或"读研必备"的图书，像佚名编《举业正式》（明代嘉靖刻本）、陈仁锡编《皇明乡会试二三场程文选》（明代崇祯刻本）、刘坦之评点《近科全题新策法程》（清代乾隆刻本）、佚名编《临文便览》（清代光绪刻本），还有朝廷派往各地主管各地科举事务学政的报告，以及收藏在天一阁、加州大学图书馆、台北中研院明清档案的各种试卷。我想，正是因为有了这些宏富的史料作为基础，这部书才能如数家珍般地一一介绍历年科举的故事，活灵活现地再现那个时代令人欢喜令人愁，甚至使得举国若狂的科举图景，成功地撰写了一部引人入胜的新文化史杰作。请看他这样描写苏州府的考场：

外面右侧的拱道满是贩卖考试用品的商铺。当考试进行时，大门派有重兵把守，此外还有一群人在考场外转悠。吏员站在院外，手里拿着号角和铜锣，考试开始和结束时，他们会吹号鸣锣。内院有两排回廊，本是知府麾下六房（对应着中央六部）办公的地方，原为负责礼教、钱谷和人事的县丞办公的长桌此时也暂时被移用给考生考试使用。在内院的后部，还有一间建于高台上的厅堂。主考官就座当中，进行点名、检查保人名单、分发答题试纸、出试题等工作事项。在主考官身边负责协助他的官员列立两厢，一起坐在桌子后面监考。每名考生都被分在一个互相监督的四人保组之中，大家互相严防他人作弊，所有人都在被监视之列，哪怕去衙门内如厕时也不例外。

不仅有生动的描述，更有深入的思考。他说，几百年里，科举考场看起来更像是监狱而非学校（第三章）。为什么？我注意到宫崎市定和艾尔曼不约而同地用了"考试地狱"或"文化监狱"来形容科举考场，但宫崎市定用"考试地狱"只是强调考试的艰难（《科举——中国の考试地狱》"序论"），而艾尔曼则进一步指出，这个考场不仅可怕而且荒诞，他说，和关进监牢的罪犯相比，科举场中这些考生是自愿被锁进去的，虽然地方精英的子孙走进考场展开竞争，而农民和匠人的孩子只能在梦想里作为考生进入考场。不过，当他们以守卫身份进入科场，监督考生是否作弊的时候，这种奇妙的政治管控体制（a regime of political control）告诉我们，"文化监狱"与"罪犯监狱"是多么不同（第四章）。而艾尔曼更告诉我们，由于"文化监狱"与"罪犯监狱"的不同，兼有规训与鼓励的双重功能，对于登科及第的年轻读书人来说，这是充满机遇的天堂，但是对于屡试不中的老年读书人来说则是可怕的监狱（第六章）。之所以在艰难考试时代过去之后，科举考场还会被美化成"文明"的再造，甚至是"秩序"的重建，正是因为科举考试代表了那个时代象征性的文化顶峰。"入其彀中"的士人并不像被捕的罪犯，他们是自愿进入的，他们不像被迫拘押在狱中的犯人那样满怀怨恨，愁眉苦脸，反而要期待考试合格之后的种种荣耀、谢恩、赐宴。

三

当然并不是说，艾尔曼只关注科举作为文化史与生活史这个面向。采用新文化史的研究进路，并不是把历史还原为故事，把文化降格为断片。我和艾尔曼教授交往多年，同样是思想史的研究者，我能了解艾尔曼在观察明清两代科举文化的时候，他历来所关注的思想史、科学史和学术史的核心问题在这部书中的重要位置。

正如艾尔曼所批评的，"许多对于明清科举的现当代研究，要么采用当代社会科学方法论进行特定的去历史向度的（ahistorical perspective）研究，要么受到那些中国思想史、文化史'经典'著述里立意高远的人文主义信念的影响，并在此基础上开展研究"（前言）。和过去站在现代立场或后现代立场上批评或表彰科举考试影响历史，或者借助社会科学分析科举考试是否造成官僚体制和阶层流动不同，我猜测，艾尔曼自己是想通过科举考试的文化史，讨论晚期帝制中国也就是明清思想文化史的一些关键问题。所以，他的这部著作经由科举考试的文化史，仿佛编辫子一样，把明清思想文化史的诸多问题编织进去，讨论了政治、社会与思想上的很多大关节。比如，明代永乐年间政治史上有关"篡""弑"等至关重要的政治解释中，（通过科举）权力的独裁者如何与程朱理学形成共谋（第二章）；清朝统治族群从汉族转到满族之后，朝廷如何通过科举在士人中确立王朝的合法性，并强调这种合法性基于儒家真理的普遍性，已经一路延续到了清代的统治者手中（第三章）；他也讨论了明清思想家们对于"人心"与"道心"、"公"与"私"、"理"与"欲"这些传统中国思想关键词的辩论（第八章），而在思想变化中阳明学说和考据学又怎样渗透进了科场中，并不断与传统的旧学说产生碰撞和对抗（第八章）。同样，这部书更讨论了艾尔曼在《从理学到朴学》《经学、政治和宗族》等著作中一贯关注的问题，即科举考试如何融入自然科学知识，如何影响到地方家族的盛衰，甚至包括"西学中源""日本维新"问题在晚清科举考试中的呈现（第八至十一章）。在我看来，这几乎就是一部明清政治史、思想史、知识史，还加上文化史，因为明清历史中几乎所有的大事情，都在科举文化这个波及全社会的平台上投下了长长的影子，或者换句话说，透过科举文化这个三棱镜，折射出了明清中国政治、社会与思想的所有大变化。

正是因为涉及对明清乃至近日中国政治、社会与思想史的大判断，我想对有关科举制度与文化的一些根本性论述，再作一点深入讨论。

艾尔曼显然阐明了科举文化在明清中国历史上的深刻影响。从这部书的叙述中，我特别注意到他提及的以下几点。第一，专制皇权、士大夫阶层与儒家学说，三者"纵贯了整个晚期帝制中国时代（1368—1911），彼此之间互为支撑，共同稳定地维系了五百余年"，而科举文化之所以重要，就在于它是一个文化网络，不仅辅助着皇权，制造帝国官僚，而且维护着士绅的利益，构建了社会基本伦理与文化秩序，"心满意足的精英们合法化了帝国皇廷的至尊地位，朝廷也通过风雅而精密的官僚体系进行统治"（前言）。第二，正如艾尔曼所说，科举考试的"考场变成了各方势力角逐的场所，既有王朝的政治利益，也有精英们的社会利益，同时还有儒家道学的文化理想，这些势力的互相绞杀，最终形成了非理论所能想象的晚期帝制中国的科举实践"。也就是说，在政治、思想和文化上，皇权、士绅与儒家通过科举，形成了三赢的"共谋"（第四章）。第三，在思想史的角度看，通过科举，"道学的道德哲学逐渐变成了晚期帝制时期的帝国意识形态和科举考试的正统指导思想，道学、帝国意识形态、科举制度彼此交织形成了一张政治、道德、制度等线索繁乱的大网"（第二章），正如艾尔曼所说，考官们借助科举考试来宣传正统道学的权威，考官对考卷中的道学解释拥有控制权，确保了专制王朝的文化得以建立在经典权威性之上（第八章）。第四，八股文其实也是对思想以及内容的限制，尽管像王鏊那样在科举中次次名列前茅的技艺高超的士人，可以在规定死板的曲谱上，谱写没有音符的音乐（第七章），但对大多数读书人来说，科举考试通过八股文，把知识人的语言天赋（还有知识思考）锁进了八股文这种文体当中，通过精确地文治，科举在身体上锁定和认知上锁闭考生这一点上达到了统一（第七章）。第五，还可以补充的是，艾尔曼并不赞成何炳棣的观点，何炳棣认为明清科举造成了相当规模的社会流动，而社会流动给很多士人提供了上升的机会，这使得晚期帝制中国社会富于生机。而艾尔曼觉得，明清两代的科举竞争仅限于"精英内部的有限循环"，他们是来自文士或商人家庭、宗族和世系的年轻男性，这些家族握有充足的语言和文化资源，来对其男性子孙进行教育投资（第五章）。由于学习经典与典雅语言需要相当的精力与财力，形成了这些士绅阶层对文化和语言的垄断，这使得富裕或有权势的家庭，在若干代以内得以持续独占这些资源，而要求很高的八股文写作，把商人、农民、匠人，也就是士农工商四民众的后三类"挡在门外"（第七章），只是促成精英士大夫阶层的"再生产"（reproduction）。

四

我基本赞同艾尔曼的这些判断。

可是，让我有些疑惑的是，当艾尔曼最终评价这个科举文化的时候，却不知为何，常常方向一转，尝试强调科举制度与文化的历史合理性。在某种意义上，似乎他颠覆了自己的一些判断。我注意到，他在书中不时地强调科举在明清时代作为一种制度，被证明在中国极其有效，因而在长时段被士绅们广泛接受（前言）。甚至他还说，科举考试与早期现代欧洲的民族国家（nation-states）那些精英所修习的人文主义极为类似，很适合为王朝选拔精英和官僚。他觉得，这些由科举考试选拔出来的官僚并不像现代人想象的那样无能（第三章）。甚至科举考试中的八股文形式也未必那么糟糕，它"其实是一种论证方式的修辞形式……如果引入休斯（E. R. Hughes）所谓的'比较认识论'（comparative epistemology）概念，从历史的角度看待八股文的话，中国经义文章中的'八股'，其实就是一种自上古一直演化至晚期帝制时期的说理性修辞风格罢了"（第七章）。

我大体能理解艾尔曼的心情。作为一个致力于反思现代性的美国学者，他一直试图在现代性批判的背景中，重新认识前现代的中国制度与文化。他批评现代学者以后见之明"想当然地认为'晚期帝制'时代的科举作为一种过时且低效的选拔制度，早就应该被'现代'学堂及其教育模式的体制改革所取代"。他认为"这种简单想法必须要重新检视"（前言）。他也希望把明清时代的科举文化放回明清历史语境中，考虑它对明清政治、社会和文化的作用，因为在那个他称之为"晚期帝制"时期的语境中，没有一种制度可以使得皇权、士绅和政治意识形态三者形成平衡，维持这个社会秩序的稳定。正如他自己所说，"科举是一项巧妙权衡、备受争议的运作机制，它作为教育和社会构造的关键一环，在帝国王朝与士绅主导社会的通力合作下得以发挥功用。这种上下合作在1850年前相对成功"（第五章）。因此他批评"大多数前辈学者"对科举制度的解读，"离不开20世纪初中国知识分子对科举本身的仇视"，给予了太多的"负面评价"（第五章）。甚至连考试中的八股文，也是被"这些受到启蒙的中国和西方的'现代主义者们'（modernists）"误解为"毫无生命的文化冗余的、毫无思想内涵的文体形式"（第七章）。在他看来，科举制度与科举文化很不幸地，被当作"一个假想敌，被人们当成靶子进行攻击"

（第十一章）。

但是，在历史中直陈科举文化弊病的艾尔曼，与试图在历史中发掘科举文化意义的艾尔曼互相冲突，反观历史的后见之明和追溯历史的同情了解彼此矛盾。其实，正如他看到的，晚清中国不仅在西方坚船利炮的冲击下被迫五口通商，还输掉了中日之间的甲午战争，而太平天国之后的洋务运动与戊戌变法等自改革也未能挽回"大清帝国每况愈下的颓势"，通过"自强"来实现"富强"的想法已经破产（第十一章）。在危急时刻，在大潮之下，1905年科举不能不被废除。确实如艾尔曼所说，旧的被废除了，新的却不能替代。由于来自西方的现代教育未能很好地取代科举考试，重新建立"文士群体的价值坐标、帝国王朝权力和精英士绅地位的象征"和"联结社会、政治、文化意义的网络功能（nexus）"（第十一章），因此留下了一片巨大的文化真空；随着原来确认经典、身份与地位的科举被废除，原来作为精神与价值坐标的经学被去经典化，原来作为政治、社会与文化领袖的传统士人阶层被边缘化，整个中国的思想文化出现了巨大的动荡（第十一章）。对于这个巨变，艾尔曼下了这样的结论，"科举制作为一项可行的教育和文化制度……通过其自身的延续和变革来服务于它所参与建设的国家与社会的政治、社会和思想需求。因此，它的覆灭给末代帝国统治者和改革者们所带来的后果，是他们所始料未及的"（第十一章"终论"）。

这部书的最后一句话是"清王朝的覆灭，毫无疑问标志着帝制中国文官选拔的科举制度的文化史已然寿终正寝"（第十一章）。这段话充满苍凉，使得全书的基调仿佛是充满惋惜的挽歌。确实，1905年的科举制度废除很悲哀，然而需要讨论的是，在20世纪，作为"文化监狱"的科举制度还要延续吗？经学（或程朱理学）还要作为天经地义的政治思想和考试标准吗？中国社会还要延续士农工商这种阶层结构，由通过科举的少数读书人作为官僚来管理吗？读书人或者社会管理者的知识结构仍然要以传统的四书五经为主，而不需要各种新的自然科学或社会科学吗？

这些旧问题带来新问题，这就是：作为一个现代的历史学者，在赞同从后现代立场对现代性进行质疑的同时，是否也应当赞同站在现代立场对于前现代弊病的批判？在历史主义地理解过去制度的历史合理性的同时，是否也可以理解不得不挣脱这种"死的拖住活的"的文化传统以追寻富强的心理？从历史学的角度说，究竟怎样既避免后见之明即"事后诸葛亮"的批判，又同时避免堕入"存在即合理"那种看似公正的陷阱？

这些问题，是给艾尔曼教授的，也是给我自己的。

五

自从1996年我在《读书》杂志发表《十八世纪的思想与学术》一文评介艾尔曼教授的《从理学到朴学》以来，差不多四分之一个世纪的岁月里，我们有很多学术往来。我们成为最好的学术合作者，艾尔曼和我（以及东京大学羽田正教授）不仅一同组织了近十年的普林斯顿、复旦和东京大学的学术合作，而且也成为互相探讨（甚至争论）学术的朋友，对于思想史、区域史和全球史，我们有过很多讨论。特别是从2009年到2013年，我曾多次到普林斯顿客座，几乎每次都是艾尔曼到纽瓦克机场接我们，好几次到达普镇，第一天都住在艾尔曼教授家中，总是得到他和素娥的热情招待。印象特别深刻的是，每次到他一丝不苟、罕见干净的家中，都看到同一个景象，就是他总是把一叠又一叠文献资料的复印件，整整齐齐地放在楼梯扶手和拐角上，上面贴满了标签，有的可能是用过了的，有的则可能还有待翻阅。我很少看到哪一个学者会有如此整齐和有序的资料码放，因而从这里感受到艾尔曼做学问的专注和认真。如今想来，这部正文达 600 多页，参考文献、附录表格及索引就多达 200 多页的《晚期帝制中国的科举文化史》，就是在这种坚持不懈的资料翻阅中逐渐写成的。很感慨的是，这部书的撰写和出版，和我的《中国思想史》差不多同时，那时候是世纪之交，我们不过五十上下，可是转瞬之间，都已经年过古稀。

虽然有些感慨，但这时能看到这部书的中文版问世，仍然是令人欣慰的事情。怀着这种心情，我为这部书的中译本写下了这篇序文。

2021 年 1 月 28 日于上海

1400—1900年间的帝制中国科举考试制度（中文版序）

艾尔曼

晚期帝制时代的科举考试无疑是1400—1900年间中国政治、社会、经济与思想生活最重要的交集点之一。无论是地方精英还是帝国内廷，都试图对朝廷施加影响，促使其重新审视和修正经学科目，并为改进官僚体系的选拔制度提供新的方式方法。所以作为一种对考生教育事功（educational merit）的测试，科举确实在官僚制的意义上将王朝与文士文化联结在一起。科举考试反映了更广义上的文士文化，代表着帝国利益的集团与地方精英团体共同塑造了国朝的经学科目及其背后的意识形态，他们在政治、社会方面的合作共谋已然深深渗透进了文士文化之中。

科举考试并非现代国家建构（modern state-building）的障碍。恰恰相反，以经学为核心的科举是一种有效的文化、社会、政治和教育构建（construction），它不仅满足了王朝官僚制的需求，同时也支撑起了晚期帝制时代的社会结构，士商精英身份群体（status group）在某种程度上被这一套科举功名体系所定义。但对于那些本应有望从农民、工匠群体进入精英圈层的下层阶级来说，科举考试本身在大多数时候并非向上流动的通路。虽然选拔过程势必包含着社会、政治与文化再生产（reproduction）等题中之义，然而其副产品就是再生产成了来自士、军、商背景的精英群体内部有限的循环流动。此外，庞大的落第考生群体也使海量的文人墨客更易转化身份，成为相对边缘化的文士群体，如小说家、剧作家、打秋风的门客、礼乐户和宗族代理人。当改革派1905年一举废除科举制时，他们未曾预见王朝权力与其士商精英间原本借由科举考试维系起来的结盟也会随之瓦解。科举制以往同时服务于帝国利益与文士价值。但在 20 世纪初的中国革命历程中，它们共同走向了衰亡。

晚期帝制中国的教育理想

帝制时代的中国对教育的重视无以复加。在先秦时期（公元前 600—前 250），中国的思想家就已提出了史无前例的想法，即国家任命官员过程中对贤（merit）与才（ability）的训练不应受到族裔与出身的限制。到了早期帝国时期（公元前 200—公元 200 年），氏族与家庭只要有可能就一定会凭借他们的财产、文化资源为其子孙（某些情况下也包括女性后裔）提供人文古典教育。然而在多数情况下，一个基于贤能的社会构想依然只是一个可望而不可即的理想，在早期和中古中国（600—900）的大部分时间内，教育仍然只是贵族地主和极少数富商巨贾家庭的特权。

到了唐（618—907）、宋（960—1279）两代，中国人在教育上的花费急剧增长，并在世界范围内首次创制出了通过考试选拔官僚的政府考试体系。此外，佛教在中古中国的兴起也催生了很多面向普通人的慈善机构，其中也包括在各地州道府县新兴的教育机构，平民大众——无论男女——都可以在佛教义学和寺庙接受教育。基于此，之后传统的国家和社会（或许少数非正统的道教人士除外）都认同教育（尤其是经学意义上的道德教育）是公共秩序与文教生活的基础。

16 世纪时，旅至东方的欧洲人对中国人的教育成就啧啧称奇。天主教传教士笔下针对由政府主持的例行科举考试的描述积极正面。这种赞叹也持续影响了之后 18 世纪的哲人对于中国的叙述，他们将这类理性政策和文明教育视作"浩瀚王国"（Mightie Kingdome）的象征。然而到了 19 世纪，此类赞叹之声逐渐消弭，相反新教传教士越来越多地注意到中国大地上目不识丁的文盲泛滥、广大人民生活贫苦，这些人都只能生活在贪腐横行、讲着官话的精英们所撑起的千疮百孔的雨伞之下。

晚期帝制时代的教学基本上可以认为是一种通过劝诫和礼教的手段针对高层级文士精英的再生产过程，同时也是一种对粗通文墨的识字者（有时也包括文盲以及一般平民）的社会化过程。不过鉴于中国历史上长久以来对于教育现状的不满，这种再生产和社会化过程从未被固化成某种一成不变的模式。比如相比于前人，王阳明及其门人开办了更为面向普罗大众的学校、书院进行讲学。另外，精英与平民间的阶层分隔有时也会因政治动荡而变得模糊。每当帝王们害怕民间宗教在广大目不识丁的民众间广泛传播时，他们经常会自上而下将学问与教化混为一谈。也正因为这样，许多文士将王阳明及其狂热追随者视为愚弄百姓的异端。

与官学不同，文士们问学的"学校"可以是诗社，也可以是私学，或者是有关经学传统、医学传统或经纶传统（statecraft tradition）的宗族之学，它们往往体现出强烈的地方色彩。尤其是医学和经纶传统，往往与特定宗师的学术传承联系在一起，而宗师会将其学问传给直系弟子。在"公共"学校缺位的明代中国，私人宗学、慈善机构、寺庙义学或是家学中的教育所传授给年轻男性的，是一种经学训练或技法训练，后者或是可以借此通过文举或是武举考试光耀门楣，或是可以借此在州、道、府、县中谋取一个差事。

以现代观点来看，中国古代文士需要掌握的学问包括至少六种相互关联的面向：诗歌、政治、社会、历史、格物（自然）与心性（哲学）。在明代，宋儒的"道学"传统成了帝国疆域内的正统之学。之后，道学信奉者们创制了一套学问科目，并将之施用于科举考试体系之中。接受过良好的经学教育是科举所承认和青睐的核心，也是一名考生的道德素养的标志，但也总有人会抱持不一样的看法，甚至是异见。当元朝治下的文士们无法顺利步入仕途时，自然之学（即格物，以及医学）自然而然地成为私学的关注点。自 15 世纪始，明代科举考试中策问题所体现出的宽泛的学科视野，反映了王朝统治者和知识大众们对于天文、历法、算学和灾异现象的兴趣。

大多数人认为学习是一种社会行为，既要有前辈先贤榜样的引导，也要有同伴和老师的鼓励。在传统学校中，学问本身的威信声望使其更多导向了有组织化的趋同性，其程度超出了文士们的期许；但这种趋同性被其他地方学术传统所调和，后者在官僚制国家的有限掌控之外。教育的意义之网（the web of meanings）将文化与书写文献和刊刻著作等同。古代学校里的师生们普遍认为，正因为文学与统治之间密不可分，所以文人们应避免使用释、道语汇，或是其他乡言俚语、小说家言。至 16 世纪中叶，各类经世学问异常盛行——无论是与赋税相关的经济交易中的算学，还是争论冷热诊疗的中医之学，甚或亟须改良的官方历法之学。

教育、社会与考试

公元 1000 年之后，中国成为一个以贤能政治（meritocracy）为治国主轴的国家，而贤能们的社会声望和政治任命很大程度上都仰赖书面考试来确立他们的公信力。通过科举对于考生的广泛考查，精英们的政治地位和社会特权得以巩固，而自 1400 年持续到 20 世纪初，科举反过来也不断生产出新的一批文士社会群体（literati social groups）。经学成了帝国范围内的考试科目，并第一次开始下沉到了村野乡间。

明代第一次乡、会试于 1370 年、1371 年举办，唐、宋两代对于诗歌的重视开始衰落。新的科举科目仍旧要求考生根据四书五经来作文章。1370—1756 年间，诗歌写作被完全地移除出了考试科目；然而乾隆朝时期试帖诗考题的回归使科举的钟摆最终又荡回到了另一边，再次平衡了诗、文间的关系。但科举策论题始终无法像文章、诗歌那样在文士群体中得到足够重视，这也体现了经学科目在影响士人思想生活方面的某种文化局限。

1644 年明亡后，科举考试制度几乎立即被清朝所继承。有明一代，科举相关考试大约在 140 余州、1300 余县内举行。唐代科举几乎只在国家都城举行，而 1000—1350 年间的宋、元时期，常科考试一般也都在帝国都城和地方首府举行。由于害怕重蹈元朝灭亡的覆辙，清统治者下令延续科举考试制度，用以驾驭这个在经济力量、人口结构都处于变革重生中的庞大帝国。直至 1905 年废除科举制，清代帝王一直施行科举制，在此期间科举无疑居于帝国政府、社会教育体系中的核心位置。

这种有意识地发展出一套既有教化作用又有政治功用的制度体系的构想之独特之处在于，它在达成其制度设计的目标完成上取得了惊人的成功。经学教育有效地重塑了社会地位、政治权力与文化声望之间的复杂关系。帝制中国基于非技术性的道德理论、政治理论上的经学教育，非常适合选拔满足帝国最高权力层所需要的精英，这与早期现代欧洲的民族国家以人文主义和古典教育为标准来挑选精英以服务国家的做法如出一辙。

就像死亡与缴税，科举无疑是一名立志成为精英的文士在其生活中无法逃避的一关，同样它也成了精英教育和民间文化的一部分。科举代表了（晚期帝制中国社会的）一个关键点，透过它可以看出帝国利益、家族策略、个人愿景和抱负的指向。人们很难通过在其他有效渠道内的攀升来达成自身所希冀获得的社会地位、政治势力，在这种情况下，科举入仕便成为家族与个人的优先选择。一旦科举制彻底确立，这种文官选拔体系就实现了前现代世界中前所未有的全帝国疆域内的教育标准化，同时也使得各地方人民都更为重视本地教育。此外，教育的风气还延展至医学、司法、财政政策和军事等诸多领域。

科举造就了一个覆盖行省，甚至能下沉至县一级的学校体系。在欧洲形成学校体系的数世纪之前，中华帝国已在财政上开始支持一套上至国子监、下至县学的学校体系。尽管最初非常成功，但官学最终还是成了科举制的附庸，并徒有学校之名。因为经学科目的常规化，人们在私塾、义学等场所也能得到相同的考试技能，这使得学校中很难有实际的教学活动存在。官学成为考生们复习备考的中转站，即应付科举的"培训中心"。

无论是白话、官话的学习，还是经学、文章的训练，都是私人而非学校的事，因此中国官学从来不是以实现大众教育为目标。经学教育被设计成了朝廷想要延揽人才、考生希冀晋身的"成功之阶"，因此也成为考生及其家族具备在国家、地方事务中的社会声望和政治声望的必要条件。帝国的统治者们将基于儒家经典的精英教育视作政府的核心工作，而中国的精英们也认为经学教育是正确衡量他们道德、社会价值的手段。无论皇权还是士人都相信，那些古老的智慧经过适当的普及和灌输，可以使人更有担当，并让他们为行使政治权力做好准备。

明帝国时代，在政治和社会控制下的教育自主权几乎不会成为朝野争论的焦点。统治者和精英们将社会秩序、政治秩序等同于通过教育来实现道德教化、政治教化。品性高洁的官员往往呼吁在私人书院中保留相对的教育自主性，因为竞争残酷激烈的科举考试流程扭曲了经学教育的初衷，而前者无疑是对抗这种教育应试化的解毒剂。于是，私人书院经常会成为政治异见的集散地。但同时，私人书院也成为那些热衷于传道授业解惑的文士们向他人传讲经学的重要场所。相比宋代的 500 余座书院、元代的 400 余座书院，明代前后总共有 1000—2000 座书院。而清代在帝国疆域内，共有 4000 余座书院。

晚期帝制时期的教育是以士、农、工、商之间的社会区隔（social distinction）为前提的，四者的社会声望和阶序等级依次递减。不过在明代，商人的子孙首次被允许参加科举考试。然而明代针对社会身份的职业禁令，从所谓“贱民”到道士、和尚，仍旧把很多人排除在科举的大门之外，遑论明清时期对所有女性偏见性的排斥了。

政治再生产

在明代中国，教育被认为是王朝维系公共秩序和政治运转的诸多统治工具中的一种。帝国对于教育和科举的支持，有赖于科举在为朝廷选拔有才能且忠诚的官僚方面所取得的成功。王朝对于科举体系最为基础的要求就是，将王朝赖以维持自身合法性的政治、社会和道德价值加强和整合进其现存的体制之中，这一最低限度的要求与儒家经学所称颂的那种孔孟圣贤之道、民贵君轻的社会道德价值的修辞之间，实际密不可分。而这种政治合法性其实只不过是这群正在备考文举、武举的考生们不得不去反复记诵的儒学经籍的副产品罢了。

在一个意识形态脉络错综复杂得如乱麻一般的政治环境中，甚至帝王本人也要接受关于帝国合法性的正统理论教育——而授课者正是由科举所选拔出的一批特殊的帝师。但精通文言的精英们人数甚众，且不断涌现，这也意外地催生了另一类文字作品的急剧增长，如古文、诗歌、传奇、小说、医书和学术著作。至明末时期，这些文士或古典、或白话的文字创作被广泛阅读，哺育了中国南方的雕版印刷业。

帝国对一系列文士们所珍视的文化符号都给予了支持，这套文化符号由包括经学、绘画、文学和书法在内的一系列具体内容构成，帝国对此的支持使得王朝可以与其精英步调一致，共同创造和再造出其生存所需的一系列制度条件。科举等级制使得一部分人将他们从商业或军事成功中所获得的财富和权力，转化成供子孙们文举、武举应试的教育资源，从而再生产出了一种基本反映其原有社会地位并可被世人大体接受的社会等级。

社会再生产

科举成功意味着考生需要大量的时间投入、寒窗苦读和写作训练。因为官学仅对精通文言的科举考生开放，于是自家子弟在最初阶段的科举训练和备考就成了希冀子孙们谋取入仕之阶、成为精英人士的家族内部责任。在这一社会机制下，追逐名利要比追求理想主义更为重要，因此对于有才具的年轻人来说，他们不得不在对父母和亲属尽到自身的社会义务和个人理想志业间作出选择。不过，落榜失意者也可以凭借其文墨转而选择教书或是行医。

而商人家庭一旦被允许合法参加科举竞争，这些家庭也同样将科举仕途视为通往更为巨大的财富、更为正统的成功与权势的道路。与同时期欧洲和日本存在于贵族与平民之间的那种阻碍将商业财富转化为精英地位的绝对壁垒不同，明代的土地资产、商业财富与高等教育地位之间的关系彼此交织。正因为科举对经学和文章的超高要求，工匠、农民和普通书吏缺乏一窥科场堂奥的途径，无法跻身于看似高度开放竞争的科举考试体系之中。

对于很多富裕家庭而言，从垂髫孩童到弱冠青年的成年阶段中，不同的年龄阶段往往需要掌握相对应数量的古代经籍文本。比如，一名青年男子如果年龄在 16—21 岁，就意味着他需要掌握四书，以及五经中的一经，这是对任何有志于投身科场的青年的最低要求。而在男性经学教育和女性修养培养之间也有一条明确的界限，直到 17 世纪精英家庭中女性教育变得相对普遍之前，这类教育的性别界限牢不可破。

然而，与南亚、东南亚等佛教、印度教盛行地区平民中普遍的宿命论思想相比，中国人的教育理念确实深深影响了他们对于教育有用性的观念，并形成了一种一旦金榜题名便可光宗耀祖、兴旺发达的社会氛围；但考生如若屡试不第，又容易走向叛逆的一面。

在此意义上，我们不应将目光局限在进士、举人们在仕途上的功业，而应从更高的角度审视科举在更为广阔的中国社会中所处的位置，不应仅仅将其当作精英家庭的成功。科举也造成一些意外后果，比如产生了一大批通晓诗词歌赋、经史子集，但从事非仕途领域工作的男性（当然，也有女性），从郎中到讼师，从编撰历史演义故事的小说家到教授制艺八股文的老先生。如果真的存在社会"流动"的话，那么对于底层阶级的人而言，从事这类工作可能就是他们在社会等级阶梯上攀升的主要机会了。存世档案表明，农民、普通商贾和工匠们占到了总人口的 90%，但能够高中进士的考生平均每两三年只有300 人左右，总计清代也只有 25000 名进士。而占人口比例90% 的平民甚至都不属于每两年大约 140 万在科举中铩羽而归的落榜考生。

商户、军户和士绅之间的职业流动性可以被看成是下层精英与上层精英间的大量"流转"。"平民"在考取功名前，首先得成为精英。女性、僧侣和道士早早就被排除在了体系之外，因此科举考生的群体具有高度的排他性。如果再算上考生需要掌握古奥难懂的经典文本这一科举基本要求的话，我们就可以彻底理解那些有资格参加和无资格参加科举的人之间所存在的教育壁垒了，即他们在理解儒家经籍和文言写作训练上的鸿沟。

总体而言，科举生员极少会是农民、小贩、工匠、书吏和女性。多数情况下，他们只可能是身为"平民"的士绅与商人，以及军官家庭背景的人。何炳棣及一些学者所认为的"流体社会"（fluid society）或是"社会流动"（social mobility）其实更可能是在基层精英与上层精英间的内部"流转"（circulation）。而当我们将部分有识文断字能力的非精英作为科举教育过程非企及性的副产品置于社会流转过程之中时，我们就能理解对于大多数人（而非帝制中国的一小撮精英）而言，科举的意义究竟何在。

文化再生产

由于精英教育势必包括正统思想、观念、认识和行动上的内化，明代中国的社会再生产和政治再生产既催生出了"文士文化"，也生成了一批被称为"文人"的特殊群体。17 世纪时，对于受教育的男性以及越来越多的精英女性来说，文言写作——即有能力写出雅驯的文章或诗歌——无疑是至高的成就。经学教育的一套规程一般以童蒙时期的记诵为起点，到青年时期更广泛地阅读经籍，最终培养出成熟的文言写作能力。文士们一般会认为，人在童年、青年时会有较好的记忆力，而要想成熟地理解儒家经典则需要一个渐进的过程，不仅需要掌握文言语汇，也要能够认同儒家的一套道德经验和历史认知。

受教育的男性和少数女性成了"文言写作精英"（writing elite），他（她）们可以凭借诗文来证明自身所受的文学、经学训练。受教育的男性可以通过手中的笔扬名、致富、求取功名、获得权力。即使多数时候他们的入仕之途并不顺遂，他们仍然可以著书立说、吟诗作赋，或是写小说，或是写医书，以及从事其他相关的文字工作。王朝利用科举取士的目的是限制、控制和选拔"文言写作精英"，而非扩大"公共阅读人群"（reading public）。然而，由于"生产"了过多的考生，科举市场积压了大量的文士，他们将自身的文才转化到其他方面，比如编定小说、钻研医道，当然如果道德文章难以出头的话，有时也会写些名为道德教化、实为诲淫诲盗的风月小说。

组织良好的地方宗族能够将社会、经济实力转化成教育乃至科举上的成功，而这种成功也反哺了宗族在地方上的势力，确保宗族在地方文化资源上的优势地位。地方宗族一般围绕着祖产（corporate estates）而构成，这就需要有一定文化修养、位高望重的族内家长可以轻松地游走于更高的精英圈层，并代表自己的亲族与州道府县，乃至京城的权贵保持往来。富裕宗族的经济剩余（尤其是经济发达地区）使得富裕的人家有更大的概率得到良好的经学、文言教育，也更有可能在科场取得成功，这反过来也能获取宗族外的政治、经济权力的资源。

编修家谱、拟定契约、行医问诊，以及处理家庭子女过继和财产抵押等事宜都需要专业知识和人脉，只有血亲集体中的精英才能提供类似的扶助。晚期帝制中国的商人也以其对学术和出版事业的赞助而闻名。这种赞助行为导致士、商之间达成了一种社会策略和经济利益之间的拟合。经史学术因为商人们的慷慨解囊而蓬勃发展，书籍刊刻和收藏的数量比以往任何时候都要多。

占统治地位的宗族和新贵家庭通过资助宗族学校、医馆善堂和学舍书院，维系其在地方较高的社会地位。精英教育强调通经、读史，以及要求了解医学、文学和诗歌。对以经学为主的古典学问的掌握，乃至对文学艺术的熟稔程度，都是跨入社会、政治精英门槛的基本要求。通过对科举经义文章的种种严格要求，文学文化被进一步地巩固。正确地书写古典汉语有一套广为人知的仪轨，包括诸多与文士文化相关的文化用品：笔、墨、纸、砚，还有绢、笺、镇纸等。

通过公共和私人的教学机构完成的政治与社会再生产，势必要求精英阶层在文化和语言上具备一定的统一性，而这种统一性只有以经学为核心的古典教育才能提供，但在实践过程中，这种统一性往往被严重削弱。经学科目代表了包括语言符号和概念范畴在内的某种文化库（cultural repertoire），正是这种文化库确保了精英们的政治权力和社会地位。官学和私学中的教育是决定文化共识的基本因素，同时它也限定了同时代精英书写文本中的论证与修辞形式。

晚期帝制中国的科举考试

晚期帝制时代的科举是与唐宋时段（650—1250）以诗赋为主的科举考试的一次全方位决裂，它成功地使"道学"成为官员生活、文士文化中的国朝正统。精英社会生活、流行文化、民间信仰乃至占卜解梦都有科举的影子存在，并彼此交融，全面展现了科举在1300余县、140余州府、17省乃至京城的帝国全境内所产生的文化影响和规模。这些考点在选拔过程中所扮演的角色往往是以极端严格的标准监督考生，这也使得科场更像是一座座"文化监狱"，引来无数男性考生自愿被羁押其中（女性则被排除在外），它同时也吸引了社会各个阶层精英与平民的无数关注。

帝制中国最后的统治者和改良派士绅都低估了科举停废所导致的后果。改良派士绅激烈地推动了科举的去合法性和去经典化运动，他们不仅在 19 世纪末的教育界占据了主导地位，而且最终成功说服清廷于 1905 年停废整个科举制度，而清廷也因此在不期然间成了自身王朝覆灭的共谋。

1905 年后中国的教育改革和科举停废，与西式教育改良所确立的全新的国家目标息息相关，新的目标取代了清王朝固有权力阶层以政治、经济、文化再生产为目的的教育选拔体系，那种复制王朝权力结构、赋予士绅阶层以特权、伸张程朱经学正统的科举体系不复存在了。对国族联合的理想取代了清王朝的统治意图，人口庞大、民族多样的清帝国变成了一个在襁褓中挣扎的中华民国，而 1949 年之后则被改造成了一个多民族的社会主义国家。自 1250 — 1450 年间的宋 - 元 - 明转型以来，中国内外的诸多民族都为统一帝国而进行着各式各样的斗争，这也导致了非汉族对于汉人前后近 400 年的"蛮族统治"。随着 1911 年辛亥革命的成功，这套历史叙事走向了终结。

权力、政治与科举

元朝统治时期，宋儒对于儒家经典的阐释逐渐被确立为正统，尤其是在 1314 年元仁宗恢复科举制后，道学与朝廷间结成了某种彼此戒备的同盟。之后明清两代，朝廷对于道学正统的挪用（appropriation）在政治层面和社会层面都影响了文士之学的阐释取向，程朱理学也渐渐成为一种唯吾独尊、具有统治性的政治意识形态。

通过商业化和人口增长，科举的毛细管得以从京城和省城深入 1300 余县，而晚期帝制时期科举考试体系的重要特征就是其完成了对宋、元两代科举模式的进一步细化。此外，自 16 世纪末开始，考生总体人数的激增使得只有进士才能升任官僚体系顶端的高级职位，仕途成了极少数人的特权。作为几乎唯一的入仕通道，科举赋予了那些渴望成为或是努力维系其地方精英地位的家庭以某种特殊的社会、文化地位。

科举市场上的竞争张力也解释了，为何这种系统化、程式化的文化教育实践形式既能为本土的汉人群体所支持，也能被马背上夺天下的清统治者所接受，而这种张力也进一步导致了科场内严苛的监督环境和科场外严格的经学训练。清统治者的政治力量和汉人对于外族统治的文化担忧，促使二者在如何通过科举制、翰林院、礼部等朝野认可的文教制度／机构（institutions）来传达皇权威严和官僚权力的问题上达成了一致。通过教育所传达的政治合法性得以成立，这是由于入仕文士的社会地位和法律特权有所提升，而这恰恰是科举竞争所带来的重要副产品。

在中榜生和落榜生间确定一套比例配额的做法，进一步说明了其实国家也完全认识到科举入仕之路可以作为一种统治手段，使其通过教育来管控精英权力。政府对文举、武举录取人数的配额控制在竞争的初始阶段体现得最为明显：尤其是决定考生能否得到生员资格的县一级院考。比如 1400 年后，据估算院考从 6500 万人口中累计选拔出了 30 万生员（秀才）进入之后的科举考试环节，比例大约是平均 220 人中产生一名生员。至 1600 年，大约每次院考都需要从 1.5 亿人口中选拔产生 50 万名生员，比例大约是 300∶1。

因为中国南部的经济优势（尤其是长江三角洲一带，以及福建和广东），南部省份的考生在科举的表现上要优于北方省份（华北平原、西北渭河流域省份）以及西南省份（云南、贵州）。为了将南方考生在科举中的统治级表现限制在一个可控范围，明代官方最终于 1425 年将新科进士的南北比例定为 60∶40，一年后又进一步细分成了 55∶10∶35 的南部、中部、北部的进士比例。

科场成为一个各方势力角力的场所，王朝的政治利益、精英的社会利益和儒家经学的文化理想在此互相利用、互相妥协。此外，帝国疆域内的科场也受到文士官员们的严密监督，在考生们集中到某个单一考点后，官员们将负责现场的军事和监察措施，以顺利完成科举考试的整套流程。当然，考官有时也会采取某种抵抗皇权的学术形式，考生中也充斥着不满与舞弊，这些都侵蚀、压倒了负责监考的考官们心中原本对科举取士心存敬意的高远理想。

文学向度与社会向度

士商精英对文化资源的垄断所仰赖的是他们对非白话的古典文言的掌握。在那些被允许进入科场的考生和被排除在考场之外、不通文墨的平民之间，帝国科举设置了一道文言书面语的高墙。在一个没有"公共"学校的社会，皇权内廷与官僚体系间的合作关系被士商精英们垄断，后者通过宗族和氏族的组织，通过对更加高深的古典之学的掌握和对更为前沿的科场风尚的了解，最大化他们的文化资源。在晚期帝制中国社会，在区分社会地位高低的问题上，文言写作和经学知识扮演了关键性的角色。科举的选拔过程允许相对固化的精英阶层内部人才的升降、流通、换血，但经学教育科目及其令人生畏的语言要求有效地将底层人民排除在科举过程之外。此外，未曾明言的性别观念也禁止所有女性进入科场。

文士在试图理解和合理化他们对于竞争激烈的地方考试、乡试、会试的情绪反应时，往往会求诸宗教乃至迷信活动。科举黄粱梦以及民间的传说催生了大量文学作品，这些作品大多包含相似的情节元素，如考生赶考途中路过某座寺庙、考生或是家人做的梦，以及考生青少年时遭遇的异象是如何预示了他未来的金榜题名。无论是精英文化还是大众文化，都将他们各自对于科举市场中"命"的理解在不自觉中置于某种共同的文化、宗教符码体系中予以阐发。

科举所造成的焦虑是一种历史现象，大部分明清时期的男性考生都有类似的个体经验。考生的父母、姐妹以及其他亲属也会共同感知到类似的经验，有时也会安慰、支持和鼓励考生本人。无论金榜题名还是名落孙山，这种直接而又个人的经验可以说是在竞争愈发激烈的科场中孤注一掷的数以百万计的男性考生们的共同回忆。

科举选拔竞争创造了一套考试科目，它将士绅、军官和商人家庭整合成了一些可以在文化上被科举功名所界定的地位群体，他们共享：（1）同样的文言读写能力；（2）对儒家经典的记诵；（3）八股文文体的写作技巧。在一定程度上，精英文学与文化的内在化受到了科举考试科目规程的引导，但是科举科目也反映了儒家文士们的价值、观点对于帝国利益的影响作用。文人的道德修身（如忠君的思想）一直都是帝国朝廷长久以来关注的重心，所以为了确保新进官员能够符合朝廷所需地服务于统治集团，科举市场在名义上也被认为是一种道德选拔考试。

士人群体对唐、宋之后文学文化的内化，某种程度上是被科举考试科目所定义的，这种文学文化同时也影响了文人对自身道德品格和社会意识在公共与私人层面的认知。在备考期间记诵儒家经典的过程中，那些志在辅佐帝王与朝廷的后备精英应在政府中所扮演的公务角色、他们对社会的公共职责，以及作为个体的价值追求等一套观念被不断强化。对于文人而言，王朝的方方面面需要符合儒家理想中的上古传统，朝廷还要维护文士们所构想的那套经学正统。

官僚机构需要巨大的财政投入以维系一套帝国疆域内科举考试体系的人员配备和筹备运作。讽刺的是，这一庞大科举运营的主要后果，却是考官们无暇仔细批阅每一份考卷。哪怕仅以八股文作为最终的评卷标准，考生们的最终排名也往往并未经过深思熟虑。在承认现行的科举科目确实对教育产生了影响的同时，我们也需谨防过度强调道学在阅卷过程中的绝对重要性——那些疲惫不堪的考官在科场内阅卷时，能否持续全神贯注地以极度标准化的正统观念来衡量每一份考卷，似乎仍然存疑。

一些共享着某种道学注疏的知识共同体，一组统一的儒家经典标准，一套对正规知识的制度化管控手段，所有这些构成了科举考试体系最为重要的特征。如果我们从微观仔细考察科举考试道德论证的语言结构和演绎程式中的连续性和转变，就能发现科举既遵从着一套问答表述的显性逻辑，也暗含着一套通过语义（semantic）和主题（thematic）构筑的隐性逻辑。这两套逻辑使得考官和考生能够根据当时的道德态度、社会倾向和政治风向来标识、划分自身的认知世界。

学术领域

文士们所感兴趣的学术领域，如科学（格物、自然之学）、史学，在晚期帝制中国的科举中也有所体现。将这些学科纳入科举的考查范畴，也体现了朝廷在各个领域的影响力，统治者会出于政治原因放宽或是收窄策问题的考查范围，而外派各地的考官也会在考题中引入时下流行的学术思想倾向。18 世纪时，科举科目开始采用新的评判标准。结果，宋代时被逐渐挤出历史舞台的诗赋科举又有复归的趋势。

18 世纪末，科举各科目的学风开始顺应在当时文士间非常流行的考据学。尤其第三场策问考试的考题，从范围到内容，越来越多地反映出考官群体对经史研究中新取向的看法。从 18 世纪 40 年代开始，朝廷要员们开始讨论一系列科举改革的新举措，这些想法无疑挑战了当时施行的传统道学。他们试图恢复许多在元、明两代被废止的科举考试内容，比如试帖诗。

至18世纪中期，清廷的科目改革方针开始强调重回汉、唐，针对考生人数节节攀升的情况，科举考试也变得越来越难，考生们原先只需钻研五经中的一经（通一经）即可，但到1787年时他们则被要求必须通五经。此外，试帖诗考试对诗歌格律固定形式的要求意味着，考官们在八股文之外又多了一种可以高效判定试卷的工具。在此之后的清统治者再也未能意识到，科举一个重要的题中之义就是定期从国家统治系统（科举也是其一部分）的内部质疑体系本身，从而使体系得以从外部获得某种公信力。

去合法化与去经典化

1860年后，为了应对太平天国运动（1850—1864）和西方帝国主义的挑战，清廷不得不启动更为激进的科举改革。甚至太平天国本身也设置了自身以基督教信仰为基础的科举考试。在清末最后数十年中，围绕在科举周遭的文化光环逐渐淡去，科举本身甚至开始成为士大夫们嘲弄的对象，他们将之视为一套违背常理、应被停废的教育体制。在从清帝国到中华民国这一社会形态剧烈变革的过程中，新的政治、制度和文化形式应运而生，它们挑战了整个晚期帝制国家的信仰体系，同时也折射出了那个已然没落之时代的余晖残影。

皇帝及其官僚制，乃至文士们所擅长的经学文化形态很快沦为了落后甚至倒退的标志。传统的知识形态被不加批判地贴上了"迷信"的标签，而从欧美西学东渐过来的"现代科学"则被新一代知识分子视作通往知识、启蒙与国家权力的救亡之路。清末诸多改革中最具代表性的变革，就是自1370年至 1905 年间已然基本定型的科举制在政治、社会及文化等诸多面向上原有功能的崩解。包括科举制在内的诸多帝国王朝的旧制在短时间内瓦解得如此迅速，之后无论是清朝晚期的改革者，还是民国初年的革命家，他们都低估了横跨明清两代、持续 500 余年所建立的历史制度对社会各阶层触达的深入和长久的韧性。当 19 世纪 90 年代以后清王朝在短短 20 年间对这些制度施行去合法化（delegitimization）时，汉族文士们也一并顺势将清政府及其统治体系一举扳倒。清王朝的覆灭也标志着长达千年的文士价值信仰和五百余年的帝国道学正统的终结。

改良与革命

相比于科举的停废和现代教育的施行，其背后中国传统经学教育的消亡与近代学堂体系的崛起要复杂得多，经学考试开始让位于新式学堂教育。科举停废意味着其原本作为儒家文士价值观、帝国王朝权力和士绅精英地位的枢纽功能已然解体了。清统治者温顺地放弃了科举这个文化控制的最大利器，数个世纪以来它成功地驯服了文士们，让他们接受这套帝制皇权体系。倾向于新式学堂的、激进的教育改革最初遭遇了失败，因为它无法简单地取代传统上可以动员数以百万计基于经学教育的文士耗费毕生精力投身考场的科举制度。

1898 年后，一些传统主义者试图将经学改造为在道德上更具制高点的“孔教”（Confucianism），这是一种对历史失败予以单方面辩护的“象征性补偿”心理。尽管 1905 年后经学就在现代学堂中彻底衰落了，但直到 20 世纪中后期，对“孔教”现代式的重新发明才算正式完成。当中国现代知识分子不可逆转地取代了清末民初的文化遗民之后，无论在中国还是西方，“儒学”（Confucianism）开始进入现代学术研究的讨论范畴。

而"国学"作为"西学"的对应物，逐渐成为民国学术界的主流话语，这也意味着传统的经学被转化成了一种新式的本土学问，两者被合并在改革的旗帜之下。传统的学问在某种意义上被等同成了"国学"。而英语世界受这种语言学构词方式的影响，也越来越多地将研究中国的学问称为"汉学"（sinology，迥异于清儒概念里与"宋学"相对应的"汉学"），这一词语也成了20世纪西方学界对"中国研究"的标准称谓。传统的中式学问逐渐被消解在了西化改革的教育学科体系之中。

现代教育家、历史学家舒新城（1893—1960）对清末民初的教育改革有着许多回忆："我国清末之改行新教育制度，在表面上似乎是教育界的自动，实则当时的外交内政四处都碰着此路不通的钉子，非变法无以图存，教育不过在此种不得已的情境之下偶然被动而已。"

1904—1905年间在中国领土上爆发的日俄战争最终打开了洪水闸门。鉴于当时波谲云诡的政治气候，原本的经学教育体系成为朝野各方推卸罪责的替罪羊。在京的高级官员和封疆大吏们联名提交了一份奏章，请求立即停废各级科举考试。科举被当成了推广新式学堂期间不可逾越的障碍，因为在人们心中，传统的科举功名仍要比学堂文凭更加重要，这极大地阻碍了普及新式教育的理想。

1905年后，新式学堂成为教育改革者和政治改革者的共同焦点，但是考试依旧是学生生活的重要内容。有人认为，从科举到新式学堂的转变，不过是将考试的形式从晚期帝制时代的科举变成了基于新式学堂的考试。1905年12月，清廷成立了学部，用以管理新式学堂，同时也监管各省、州、府各类半官方的劝学所。这些机构也折射出了汉人官员日益增长的影响力。

在传统经学教育的定位问题上，20 世纪中国的文人传统主义者和新式教育改革者之间产生了一道深深的鸿沟。新成立的学部更多地服务于现代改革者的利益，他们先是故意遗忘晚期帝制时期那些为学童启蒙精心设计的文化基础课程，之后又对传统上以经学修习和文章写作为主的旧式教育体系予以全盘抛弃。然而，一个重要的问题被遗漏了：在学堂教育和书面考试中是采用文言，还是使用白话。全面的教育改革也呼唤着"文学改良"的拥护者们，文学改良也因此在民国初年声势浩大。不过只有在民国教育部开始推广课本和教育的书面白话文后，大众教育才有可能从理想走向现实。

为了确认新式学堂的教育成果，同时也为了能够以一套统一的国家标准衡量学生的能力，学部从一开始便决定采用考试来测试各个层级的学堂。私立、公立学堂的各类入学、毕业考试可谓无所不在。许多非官方的组织和团体也都加入了不同层级教育改革、学堂改革的战团，这进一步侵蚀了清政府对于教育政策的控制力。1905 年后，王朝失去了其对于容纳了大量非官方精英的教育机构的垄断权，那些非官方的汉人精英在决定教育未来走向的问题上占据了主导权。

通过地方教育的行政端口，地方官员和非官方的精英接管了本属于中央官僚机构管辖的教育口。随着清廷及其上层官僚的权力日渐式微，地区和地方权力层开始着手建立教育机构，这一方面加速了清王朝的覆灭，另一方面也形成了 1911 年辛亥革命成功后的教育支柱。1905 年建立的学部一直延续到了民国时期，之后被升格为"教育部"，并且依然是新式学堂和新式课程的最强有力的推动者。辛亥革命后的民国教育制度无疑是清末科举改革最直接的历史遗产。20 世纪 20 年代时，孙中山（1866—1925）将考试院列为未来国民政府的五院之一，这无疑也是传统政治体制在 20 世纪的某种回响。20 世纪的"科举生活"更多地与包括高考在内的入学考试联系在一起，某种意义上它其实也是帝制时代科举生涯的某种遗存。

尽管新、旧考试制度间存在着重要的延续性，但也发生了彻底的断裂——即中国家庭基于对子孙在传统教育上的培养以及对客观政治制度的理解而形成的对权力、财富和声望的长期、内在的期待——尤其是当清末政府越来越多地依据西方和日本的发展模式进行新政改革后，这种断裂变得无法弥合。相比于中国本土的新式学堂和海外留学的毕业文凭，科举功名无疑面临着贬值，四书五经及其相关的科举科目、经学教育的地位也一落千丈。通过科举光耀门楣的旧梦想与在两千年未有之大变局中觅得机会的新现实之间的落差越来越大，这意味着保守主义家庭无法将其原先继承的教育资源和文化资源转化为子孙们的学历文凭。1905 年后，随着公职人员招考要求的彻底改变，学子们对于接受哪种教育方式的选择发生了革命性的转向。

1900 年后中国的教育、科举改革与清廷西化的新政改革所重新定义的国家目标息息相关，原先保守王朝的根基——持续生产并维持国家权力、赋予士绅阶层以特权、指认儒家道学为正统等题中之义——也随之不复存在。国家统一的理想取代了一家一姓江山永固的私欲，中国由多民族构成的庞大的清帝国走向了多灾多难、军阀林立的民国，而最终迎来了一个多民族的社会主义国家。

参考文献

荒木敏一（Araki, Toshikazu）:《宋代科举制度研究》（京都：同朋舍），1969。

Chaffee, John, *The Thorny Gates of Learning in Sung China*, Cambridge: Cambridge University Press, 1985. New edition, Albany: SUNY Press, 1995.

邓嗣禹:《中国考试制度史》（台北：学生书局），1967。

des Rotours, Robert, *Le traite des examens traduit de la nouvelle histoire des T'ang*, Paris: Librairie

Ernest Leroux, 1932.

Elman, Benjamin, *A Cultural History of Civil Examinations in Late Imperial China*, Berkeley: University of California Press, 2000.

Herbert, P. A., *Examine the Honest, Appraise the Able: Contemporary Assessments of Civil Service Selection in Early T'ang China*, Canberra: Australian National University, 1988.

Ho, Ping-ti, *The Ladder of Success in Imperial China*, New York: Wiley and Sons, 1962.

Kracke, E. A., *Civil Service in Early Sung China*, Cambridge: Harvard-Yenching Institute, 1968.

Lo, Winston, *An Introduction to the Civil Service of Sung China*, Honolulu: University of Hawaii Press, 1987.

Miyazaki, Ichisada, *China's Examination Hell*, Translated by Conrad Schirokauer, New Haven: Yale University Press, 1981.

商衍鎏:《清代科举考试述录》(北京：生活·读书·新知三联书店)，1958。

Twitchett, Denis, "The Birth of the Chinese Meritocracy: Bureaucrats and Examinations in T'ang China," In *The China Society Occasional Papers*, (London) 18 (1974).

Wittfogel, Karl, "Public Office in the Liao Dynasty and the Chinese Examination System," *Harvard Journal of Asiatic Studies* 10 (1947): 13-40.

Zi, Etienne, *Pratique des Examens Litteraires en Chine*, Shanghai: Imprimerie de la Mission Catholique, 1894.

献给 Sarah（蔡素娥）

爱与情

目　录

插图目录

表格目录

前　言

自中古以来，帝制王朝、士绅—文士精英与儒家经学在中 xvii
国科举考试制度运作的过程中密不可分。[1]三者纵贯了整个晚
期帝制中国时代，彼此之间互为支撑，共同稳定地维系了500
余年。当它们在20世纪初走向没落时，也是一同轰然覆灭的，
它们再也无法与其所维护的政治权力和士风文化相联系。若
要中肯地评价前现代中国的科举制度，就应结合明（1368—
1644）、清（1644—1911）两代与教育实践、文化实践、社
会实践和政治实践相关的一手材料，一并来进行细致的考察。

1400—1600年，帝制王朝、地方精英与乡村民众之间复
杂的关系导致了一系列的改变。首先，中国人口从6500万飙
升至1.5亿，帝制官僚体系触达底层的能力不断削弱。1550—
1650年的"白银时代"（silver age）使得明代经济走向货币 xix
化，摊派给各乡各县的劳役被折合成了现银税金，帝国朝廷及
其官僚体系逐渐失去了对土地资源和劳力资源的控制。帝国王
朝对乡村事务直接介入的减少，无疑放大了从明末到清代的士
绅—地主精英们在政治和社会中的中介作用。在中央政府的保
护伞下，包括长江三角洲地区等各地方的士商精英对地方权力
的掌控更加多元化，其形式拓展为通过收纳地租和从事商业活
动来牟取利益。同时，他们通过将经济、社会权力转化为主要
让士商子女得以考取功名的文化和教育上的优势，从而垄断了
帝国官僚制中的职位。实际上，科举体系一直以来都是一个剑
拔弩张的官僚势力角斗场，帝制皇廷希望以此来控制精英，而
精英们则肆无忌惮地利用朝廷来提升他们自身的社会地位和积
累经济财富。[2]

任何将晚期帝制中国的政府与社会之间的互动关系简单描
绘成一种无情的帝制霸权的历史叙述，都是一面之词。同样，

任何将科举考试描述为一成不变的专制权力展演的叙述，也忽视了政府与社会之间彼此合作的共生关系。自中古以来，科举闱考与教育机构就由王朝和不断演进的精英阶层两方共同主导。然而，因为王朝是官僚化的科举市场上唯一合法的"买家"，于是通往仕途的精英选拔成为一场比拼才学的锦标赛。正因如此，双方在科举考试中的对话性（dialogic aspects）并未有助于自由人才市场的形成。朝廷和士绅都试图对这个官僚选拔的竞技场施加影响，以使其符合自身利益的预期。

士、商阶层得偿所愿，或者换句话说，他们通过政治体系的运作得到了他们想得到的：对他们的儒家信仰、社会地位和土地财富的认同。心满意足的精英们合法化了帝国皇廷的至尊地位，朝廷也通过风雅而精密的官僚体系进行统治。官僚体系中充满了以儒家经学见长的文士官员，而他们则是按照士大夫（literati scholars）所预设的要求从士、商子弟中选拔出来的。自 1400 年后，晚期帝制王朝与社会地位较高的精英间这种效果极佳的合作关系也经常受到挑战，最终在 1905 年戛然而止。对自身利益分配不再满意的文士官员们（literati-officials）说服了当时天真而又腐败的统治者废除科举考试——这一制度曾将整个晚期帝制中国统合起来。

xx　　通过仔细研究近 15 年来所能看到的相关一手史料，本书试图证明晚期帝制时代的科举考试体系既不是前现代中国一项早熟的制度设计，也绝非反现代化进程中冥顽不化的保守碉堡。经学科举是一种有效的文化、社会、政治和教育建构，它既符合明清官僚制体系的现实需要，也有效支撑起了晚期帝制中国的社会结构，在某种程度上科举功名也定义了那些精英的士商阶层群体。此外，1300 年后考生们需要修习正统经学科目——宋代（960—1279）道学〔在西方汉学语境中经常被译为"新儒学"（Neo-Confucianism）〕，[3] 晚期帝制中国对此的文化重构，保证了宋代道德哲学在精英思想生活中的长期主导地位，直到 1905 年。

直到最近，大部分关于晚期帝制时代科举考试体系的历史论述对一手史料的运用依然非常有限，这些一手史料多半是明清两代官员和考官负责礼部选举事务时留下的档案材料。因为各县、州、府的资料编纂者无法接触更高层级的乡试、会试、殿试的礼部档案，他们的信息更多是从地方志和省志中所保存的科举卷宗中得来——这些是他们当时所能看到的"二手"资料。很多地方资料编纂者的叙述也不尽可靠，比如为了标榜本地涌现的乡贤之盛，他们往往试图将一些并非生于斯、长于斯的科举成功者当成本地的子弟，将他们的名字列在方志里考取功名的贤达名单之中。这导致了地方档案中考取功名的考生人数有大量重合。此外，明清两代的学者们普遍认为，方志中充斥着错误和不准确之处，这些明清学者可以查阅到礼部档案，并编纂了本书"附录一"所列举的种种细致的科举资料汇编。[4]

虽然方志有种种局限，但中西学者在研究晚期帝制时代地方和区域的科举选拔过程时，仍将其当作重要的史料广泛征引。有趣的是，当代的大部分明清科举研究仍旧依靠这样的"二手"方志史料，反而忽视了明清两代流传下来的数以千计的地方考试、乡试、会试、殿试的档案，如今在中国大陆及台湾地区和美国皆可以检索阅览到这些资料（参见附录二）。学者们对晚期帝制时代科举原始史料的忽视，与他们对数量稀少的宋代科举文献所投入的关注，形成了鲜明的对照。这些研究宋代科举的学者包括柯睿格（Edward Kracke）及其后辈，如郝若贝（Robert Hartwell）、韩明士（Robert Hymes）、贾志扬（John Chaffee）和包弼德。[5] 这导致了相比于宋代科举研究，学界对明清两代通过科举进行官员选拔的官僚体系机制（bureaucratic mechanics）及其文化意义的学术论断，在很大程度上是基于以偏概全和有选择性的一手史料的。为纠正这一倾向，中国学者做出种种努力，以使更多的史料能被学术界广泛利用。[6]

此外，许多对于明清科举的现当代研究，要么采用当代社会科学方法论进行特定的去历史向度的（ahistorical perspective）研究，[7]要么受到那些中国思想史、文化史"经典"著述里立意高远的人文主义信念的影响，并在此基础上开展研究。从事哲学、文学、诗歌研究的学者们，一般将考场文章当作学生习作而不予重视，即使乡试、会试的考卷出自20岁、30岁、40岁、50岁等不同年龄层的考生之手。[8]其他学者基于明末的记载，过度强调策问、策论在科举中的无足轻重。因此，他们轻视并忽略那些卷帙浩繁的档案的价值，而这些史料有助于我们分析判断统治者和考官们所关心的议题。很多社会科学家和历史学家在开科举研究风气之先的相关学术成果的基础上进行研究，但未能像徐劢（Etienne Zi）、邓嗣禹、柯睿格、何炳棣、张仲礼和宫崎市定等先驱者那样广泛地使用来自地方、区域和省城的一手科举史料。[9]

近来，在有关晚期帝制时期科举考试体系的诸多研究中，学者们依然更为重视所谓社会流动（social mobility），而忽视了前现代社会中文举、武举更多造成的是精英内部的有限循环。同样，历史学家长期以来都更倾向于使用早期现代欧洲（early modern Europe）和世界史（world history）为蓝本的现代化进程的视角，来评价晚期帝制中国的科举选拔过程。他们成功地揭示了中国、朝鲜、越南的科举体系在推进科学的专精化（specialization）和科学学科训练方面一败涂地，而科学的发展对于现代民族国家（nation-state）如何进一步超

越前现代制度和独裁政治传统而言至关重要。本书力图避免对

彼时的政治、文化和社会构成（formation）施加这类当下的、去历史化的标准，这种学术视角近来也备受学界批评。[10] 明清两代的历史学研究依然受到现代化进程历史叙事的影响，而充斥着目的论式的预设判断与之密不可分。[11]

本书完全基于近年来新出的、可查阅的明清科举档案，并比对了帝制时期同时代人编纂的方志记载。徐勔、邓嗣禹、柯睿格、何炳棣、张仲礼和宫崎市定等前辈学者的权威著述有筚路蓝缕之功，并已具备权威性，但他们当时所能查阅的一手史料非常有限，而更新的史料将使我们能够重新审视乃至修正前贤们的观点。附录一、附录二涵盖了本研究所使用的共 153 部明代、869 部清代的官方科举文献。附录三则将之前的史料予以量化，并以表的方式呈现出来。附录四则大致勾勒出从中古时期到晚期帝制时代科举考试科目形制变迁的年代表。相比于宋代仅存的两份科举记录和至今幸存的 18 份元代（1280—1368）科举记载（许多还不尽完整），明清两代总共为我们留下了千余份不同等级的科举考试的一手史料，这使得我们可以勾画出先前的科举断代史研究所无法还原的晚期帝制时期科举官僚制的长期运行模式和制度变迁情况。附录一以类型、地点和年份的分类方式整理了这千余份明清科举史料。这些史料包括了地方考试和乡试、会试、殿试等八个主要层级的科举考试记录（参见附录五）。

主要研究议题和新视角

本书是一部探讨晚期帝制中国科举考试的新文化史著作，旨在研究 1400—1900 年科举语境下的政治、社会、经济与士人思想生活如何彼此交汇。本书的重要主题就是地方精英和朝廷持久不断地通过影响政府决策，来重新检视和调整经学科目，并采取新的手段来改良这一选拔合格官员的科举制度体系。本书中数个章节探讨了科举作为一种教育事功（educational merit）的测试，是如何在官僚制的层面上将王朝政治与文士文化（literati culture）联结在一起的。科举成为洞悉更为广义的文士文化的一扇窗口，因为通过帝国利益群体与地方精英间的政治、文化结盟——两者共同形塑了科举的经学科目——这种文化已然深深渗入了科举考试体系。

正如本书所呈现的那样，科举考试是一座文化竞技场，各方政治、社会利益团体在此角逐，并达成平衡。晚期帝制中国在不同时段的掌权者虽有不同，但无论是皇帝、内廷、宦官，还是官僚体系中的文官都试图通过科举来控制文士文化。无论在朝还是在野的文士群体，经常也会逃避这种控制，他们可以利用科举考试影响朝廷的政策、复兴他们认同的儒家价值，从而成功地扭转被控制的局面。此外，地方精英也不断坚定地利用县、州、府的最低级别考试来提升自身地位，提高其家族在地方社群中的地位，哪怕他们无法步入仕途。通过对科举考试不同功能（文化的、政治的、思想的、社会的和官僚体系的）的细致讨论，以及揭示帝国各机构在这一文化竞技场中作用的局限性，本书试图厘清科举这一在晚期帝制中国涵盖全国的教育制度的历史意义——它承载了如此多的功能，并将京师、行省和地方利益一同引入一个监视严密的考试市场中。

第一章对两个问题进行了再探讨，即在 1240—1425 年，当道学教谕得到皇权的背书后，道学是如何在文士之间演进的，以及道学是如何在明代成为数以百万计考生所必修的科目的。[12] 第二章则旨在说明，道学在元明清三朝的胜利并非在南宋（1127—1279）就已注定。此外，1313 年元朝选择道学作为其科举考试核心内容的做法并不彻底，相比之下，我们更应该关注明初和清初的统治阶层，他们挪用了道学正统思想，并将之注入科举制度之中。统治者对道学的挪用在政治上和社

xxv

会认知上影响了后世对此问题的认知。作为儒家文士之学的道学，其在南宋的意识形态胜利被后世王朝不断地再阐释、再利用。那些在南宋时推广道学运动并时不时试图影响科举的道学家们，并没有为宋代科举创制出一个全国性的正统思想形态。[13] 那种基于宋、元时期的先例而创造出的专一性和独一性的道学正统，主要是在明代被建构出来的。

本书第一、第二章的立论主要建立在魏伟森（Thomas Wilson）的近作基础上。魏伟森揭示了道学在宋 – 元 – 明转型（Sung-Yuan-Ming transition）过程中大获全胜这一不露痕迹的、去历史化叙事，在意识形态上树立起具有排他性的文士之学的理念，这一理念以凸显朱熹（1130—1200）思想为主，并以弱化宋代其他学术思潮为代价。[14] 此外，本书第二章还将探讨道学在明代科举中逐渐成为整个帝国专一、独尊的意识形态的过程中，明初的帝王扮演了怎样一种举足轻重的政治角色，这种独尊道学的倾向也招致了很多处江湖之远的在野文士的异议与批评。

17、18 世纪汉学和考证学的出现意味着晚期帝制时期的科举考试科目并非仅仅在顺应宋学思潮。在清代的文士话语中，发生了从以朱熹理学为代表的道学理性主义，向更为重视朴学的经验研究转变的趋势。[15] 清代新的经学研究不仅挑战了传统士大夫笃信的"宋学"，同时也渗透到科举的经学科目之中（参见第九、第十章）。

xxvi

相比于前朝道学家们，清代考证学者更为强调精密的研究、严苛的分析，以及从上古金石、历史记载和文本中搜集证据。文士学者的首要讨论对象不再是宋学抽象的概念以及充满先验预设的立论方式，而是让位于清代考证学对于具体的事实、可靠的典章制度和历史事件的关注。这种研究取向将证据和论证置于核心地位，从而对经学传统的构成与分析开展研究。考证学者试图通过精准的科学方法重新复原他们认为居于无上地位的上古传统，他们成功地将西方天文学和数学中的应用技术融会到学术研究之中。[16] 与宋代先哲不同，清代考据家们采用了精密的科学实证方法对海量的文献记载予以评判与辨伪，借此形成了一股批判之风。总体而言，很多清儒将宋明理学视为求得真知的阻碍，因为后者似乎用道德修行取代了实证研究。[17]

与贾志扬和其他学者的宋代科举研究不同，近来的研究过分低估了明清两代文举、武举的规模与人数。为纠正此看法，本书第三、第四和第五章分析了 500 余年间作为考生个人身份确认、社会组织和为国抡才的政治动员地点的科场。然而，入仕仍是极少数科举成功者的特权。而科举作为入仕的敲门砖，也成了很多家庭借此维系乃至提升自身作为地方精英的社会和文化地位的途径。在这个意义上，虽然大部分考生并不能成功考取功名而求得一官半职，但科举过程本身维系了社会稳定性。[18]

地方考生一旦通过了州、县的院考，即可享受一定的司法特权。青年男性都乐于为自己进行这种文化投资，即使他们并不能在科举之路上走得更远。如此一来，每两、三年，数以百万计的考生就要参加各类地方县、州、府的院考和科考。数以万计的举子要在 14—18 省的乡试中展开竞争（清代中、晚期乡试大概每次有超过 15 万人参加），最终只有三四千名举人可以参加三年一度在京师举行的会试和殿试。明清两朝大约有超过 5 万人考中进士，[19] 保守估计，500 余年间有一二百万人（以每县大约 2000 人次计算，当然会有很多人多次参加考试）参加两、三年一度的地方考试，这种考试动员力度对人们的日常生活、个人求取功名的希冀和焦虑、教育的优先性考虑，以及民间文化的影响也被普遍感知到。[20] 近期一些研究试图将晚期帝制中国疆域内的科举制局限在制度实践和礼教实践的范畴内进行研究，这种观点太过天真。此类论述认为，相比于 1900 年之前礼教文化在中国人日常生活中所扮演的角色，科举制在士大夫的思想、政治生活中的影响极为有限。[21]

几乎所有关于明清地方治理中知县、知州（及位于他们之下的胥吏）职能的论述，都将关注点放到了他们在税收、刑名方面所起到的作用，并以此认为，官员们所受的经学训练以及帮助他们走上仕途的经学科举，与他们获得朝廷任命后所需要履行的实际职责毫无关系。[22] 在很多人看来，知州、知县的征税能力才是最为实际的技能，就算不是经济长才，他们也可以雇用书史和师爷来帮助他们履行这些职能。本书第三章研究了包括院考、科考在内的地方考试。对于知州、知县（以及他们聘用的书史）所负责管辖的事务而言，两年一度监督、批阅地方院考考卷占用了相当多的时间。同时他们还要在本省学政的领导下，出任地方三年一度科考的考官，而当三年一度的乡试来临时，他们仍然要参与其间——自明末开始，知州、知县还要协助作为朝廷外放考官的翰林院出身的官员和其他京城官员负责乡试的举办。

此外，虽然地方知州、知县属于文职官员，但他们也需要负责监督和评判武官官僚体系中武举的院试——这体现了地方区域内文官对武官选拔的监督。然而这也表明，那些通晓经学的知州、知县还需要掌握自上古以来流传后世的兵书经籍，因为这些是武举的考试内容。虽然本书并不研究武举考试的细节性问题，[23] 但是位于四川成都的档案馆所藏的巴县档案和其他区域的地方档案记录（参见附录一）清楚地表明，州、县的文举、武举考试是官府地方治理的重要组成部分。文举、武举是帝国教育礼教和文化控制手段政策工具箱中的核心：知州、知

xxviii

县和书吏们负责人才的公平选拔，而被选拔的人才则进入了官僚体系之中。科举考试作为地方社会控制的手段，其重要性并不弱于税收和司法。事实上，科举作为政治选拔（一种自愿的人才输出）的文化形态（cultural form），与税收（一种非自愿的物质资源的输出）恰恰构成平行机制。取得功名的科举成功者又成了新一批的科举考官，在州、县中上演着无尽的科举循环，这种循环让无数的年轻人只能埋头在家或是在学堂中诵读四书五经。

本书第五章讨论了社会流动问题。明清两代的各级科举考试并非为增进社会流动而设计的一套制度体系。相反，科举制是一套接纳特定身份人群，同时也拒斥特定身份人群的制度化体系，这种体系在公开层面上将看似公正中立的官员选拔过程合法化。[24] 这种选拔机制体现为一套异常精密，但并非无懈可击的，也绝非去极权化的社会、政治、文化再生产过程（process of social, political, and cultural production）。白蒂（Hilary Beattie）之前的著作中就讨论了这一问题。在通过科举选拔机制考取功名，从而步入仕途的人群中，士、商精英的子孙们占有压倒性的优势，因为通过科举进入仕途绝不是一个偶然事件，更不会平白无故地天上掉馅饼。[25] 选拔机制允许某种程度上的精英流动，比如军官行伍世家的子弟也有不小的概率在科举中获得成功，但对于很多低阶层的民众而言，科举教育科目中文言阅读、文言写作的语言要求无疑令人生畏，这些客观条件有效地将他们排除在科举选拔过程之外。此外，前现代中国社会中不言自明的性别歧视也阻碍了女性的科举之路，即使很多有才华、通文墨的女性精英在学识和文字上已与她们的兄弟无甚差别。[26]

有关 1371—1904 年间明清科举的一手史料可以帮助我们从更为历史化的视角看待当代教育社会学中有关文凭精英

群体垄断了社会、政治地位的"全球性"论述，并对其进行理论修正。这反过来也暴露了有关教育制度及其社会影响的结构性的、去历史化的固有表述的缺陷。[27] 虽然布迪厄（Pierre Bourdieu）和帕瑟隆（Jean-Claude Passeron）对于在特定社会、政治环境里教育制度的功能性描述的结构性分析仍有其价值，但他们仍然严重轻视了制度乃至合法化这些制度的思想如何且为何发生变化。[28] 布迪厄和帕瑟隆倾向于过分强调教育中行动者意图（intentions of agents）与制度性后果两者之间功能性的对应关系，即使他们所探讨的意图与后果之间相隔甚久。长时段中的意图和后果，细究起来往往并没有直接的因果关系，功能主义式的分析不能理所当然地将制度后果视为行动者的邪恶意图的产物，但布迪厄和帕瑟隆并未考虑到意图与后果之间的这种常见现象。[29]

　　我的研究还指出，就以文化来区分晚期帝制中国社会中的不同社会阶层而言，对文言读写和儒家经典的熟练掌握起到了关键作用。本书第五章探讨的是，私人家庭和学堂中的教育如何被转化成语言和文本上的文化资源，从而使那些有幸受到人文训练的年轻男性（明清中国并没有真正意义上的"公共"学堂）可以更为容易地通过两年一度、竞争激烈的地方院考，并在各县、州、府的地方官学体系的生员配额中占据一席之地。长久以来官学就不再进行具体的经学指导，考生们都是各自备考，但在官学里能拿到一个名额是最终通过地方科考的必经之路，而只有通过科考，才能参加三年一度的乡试。

　　在研究科举考生的社会地位时，一些学者倾向于认为自唐代（618—907）以来科举促进了社会流动，但这些学者误解了，在真实世界中士、商精英其实垄断了"文化资源"。科举选拔在接纳一群人的同时，也排斥了另一群人，而这种选拔体系是建立在对考生的经学语汇的测试基础之上的，这极大限制

xxx

了低阶层群体进入的门槛（他们所使用的语言太过白话，往往不具备地方童试中所需要的经学知识和文言文写作能力），科举制度掩盖了由此产生的社会选拔过程。通过要求考生掌握并非用白话写成的儒家经典文本，帝国的科举制筑起了一道语言壁垒，将那些可以进入科场的生员与那些不谙经术、文墨的考生区分开来，后者将无缘科场。

xxxi

本书第六章将文士写作、小说笔记里的世俗传说，以及明清类书中收录的有关考生和考官个人考验与磨难的民间故事传统做了比较研究，从而清楚地揭示了为何科举考试是 1400 年以后中国文化史中的核心事件。例如，这一章分析了明清时期考生的科举梦和殿试状元的民间故事。故事中主人公的金榜题名也催生了大量的文学作品：或是赶考生借宿寺庙，或是考生或其亲属的预言梦，或是早年间发生在某考生身上的异事预示了他之后的科场得意。这些故事被处理编织成了一个个明清文士津津乐道的文化轶事。他们无意间将科举与公共文化和宗教联系在了一起，同时包含了精英和世俗文化，这种联系也影响了人们对于科场中有关"命"的迷信力量的认识理解。

前人在研究文举、武举的文化意义时，往往仅将其当作与正常民众生活相隔甚远的精英社会和文士文化的一个面向。而本书基于更多近年来的相关研究，认为科举反映了超越士绅社会边界的象征秩序（symbolic order），这种秩序在民间文化中扮演了重要角色，而科举反过来也受到了这种民间宗教心理的影响。[30]

数以千计的考生每两年就要聚集在各县、州、府的考场，每三年就要聚集在省城乃至京城，这些行为本身就体现出了科举作为社会、经济、文化、政治事件在地方层面上的意义。无论是文化上的繁缛、制艺文的教辅、在寺庙中祈运的咒文、算命师穿行于现世之外的通灵能力，还是考官们往来各地监考的差旅、科场入场时的搜查，凡此种种都作为社会市场氛围的一部分伴随科举——每场考试考生们都要进出如牢笼般的考场——
这一主要事件本身。大部分人参加科举，只因为这是成为地方精英群体中一员的必经之路罢了，只有极少数人才能通过科场这个中转站进入仕途。鉴于能在周期性的科举竞赛中取得成功的考生比例极为有限，大部分考生的命运不过是每两三年在科场号舍中被锁隔数天，直到他们年逾三十或四十岁。

尤其是南方省份，每三年会有 5000—10000 名（18 世纪时可能超过 15000 名）考生聚集在南京、杭州等南方省城，他们之中只有 1% 左右的人能够考中举人，商业势力、政治地位和社会声望在这里交织，催生了无数人的期待与恐惧，那些所谓灵验的名寺古刹满是狂热的考生。同时，正因为科举考试是考生们唯一可以大规模合法聚集的场合，所以科场中爆发的抗议和骚乱并不少见。考生中年轻的 20 岁上下，年长的 60 多岁，他们都承受着巨大的压力，时而发生的火灾、暴雨、科场贪墨更是雪上加霜。

出于对考生的防范，政府建造、修缮了一整套可供考官、考生、监察人员在内的数千人居住的科场建筑。科场的建筑布局方便考官们监视那些地位或高或低、鱼龙混杂的考生群体，他们有的是出身名门的年轻子弟，有的则是最后一搏的年迈考生，有的看上去是来自州府城市的世故的南方人，有的看上去则是来自北方小村县的乡巴佬。他们都曾寒窗苦读数十载，就是为了争夺为数不多的进士、举人名额，是否能够登科及第决定了他们日后相差千里的人生走向。金榜题名让人艳羡不已，名落孙山则羞愧难当。科场作弊几乎形成了一条作坊产业链。被我称为"男性科举焦虑"（male anxiety）的社会情绪，以及通过梦兆、幻象、心态失衡等所描摹出的心理状态，正是无休无止、轮回不停的科举考试的副产品。经过数个世纪的实践，科举这一奇观已经成为中国社会有机的组成部分，无论官僚体系还是大众社会，无论精英还是平民，都将之视为"理所当然"的正常事态，而科举中的不平等，或是通过宿命论，或是通过科场贪墨的透镜被折射出来。一个人可以在考试难度极大的南方省份拔得头筹，却在京城竞争程度稍低的会试中排名垫底。大部分考生在考中之前总要经历数次失败。

本书第七至十章主要讨论科举考试的文化和思想领域的有关问题。大部分关于科举内容的论述都强调八股文在科举考试科目中的绝对主导地位。历史学家普遍认同顾炎武（1613—1682）的判断，即考官们不会认真细读八股文以外的其他场次答卷，尤其是第三场的时务策。[31] 这类对实际情况有所夸大的描述影响力如此之大，以至近年来一种通行观点甚至以为科举考试只要求写关于中国古代经典（即四书）的制艺文三篇、作试帖诗一首。[32] 这个学术错误或许只是特例，但现代科举研究的主流论述却仍停留在科举考试重视的是八股文文体写作、考的是一成不变的经学教义这类观点。相比之下，我认为明代考官批阅试卷时要比清人更为仔细用心，明代考官会更为详尽地写下自己从乡试、会试三场考试的答卷文章中如何进行遴选以及如此评判的理由。

第八、第九章通过历史地重构科举考试科目的变迁，极大地修正了一些一边倒的固有认识，如八股文在科举考试中的重要性。[33] 我对此问题的分析尤为重视第二场的论和第三场的策，这些考试是对基于四书五经的第一场八股制艺文考试的补充。此外，第八章还试图说明自 1384 年到 1756 年间诏诰表、判语考题（第二场考试内容）的作用。不过令人惊讶的是，明清两代时务策的性质一直在变化。哪怕八股文在 15 世纪末开始主导科举考试而使得策论在科举中地位下降，策论依然是了解文

xxxiii

xxxiv

士们学术兴趣的重要风向标。

第八章讨论了作为策问题的"考据学"的兴起，这一现象在 15 世纪末越发常见。"考证学"第一回作为一个学术门类被当成术语广泛使用是在明末，这一发现使我们看到明末"考证学"与科举策问题的演进这两者间的关系。明末"考据"同样也是日后 18、19 世纪清代科举策论中复兴考据学的先声（第九章中也有详细论述）。最后，第八章还阐释了明初取消试帖诗题的历史意义，这一决策之前经常被错误地当成元代科举制度变迁的产物。本章还将讨论为何 1756 年之后在乾隆帝治下又恢复了地方考试、乡试、会试中的试帖诗考试，这一文化事件之前并未被充分研究，而其也经常被人们曲解。[34]

第九章讨论了有关自然世界和灾异现象的策问题在明代非常普遍，而到了清代又几乎绝迹。基于这一新的发现，我们将重新评价"自然科学"在帝制科举中所扮演的角色。事实上"自然科学"在清代科举中的缺席与我们之前的旧有认识有所不同，人们往往以为在康熙帝肃清朝廷中敌视耶稣会士的大臣后，科举中会有更多有关自然世界的策问题。[35] 同样，第九章还将探讨史学策问题如何在氛围和内容上从明代对道学的捍卫，逐渐转向清代对司马迁、班固之汉代史学传统的推崇。

第十一章讨论了科举停废，即科举被去合法性和去经典化，而本章的每位读者都能清楚地意识到，当 1905 年清政府最终以"西化"之名废除了文举制、武举制后，清王朝实际上失去了其赖以施加社会、政治和文化影响的重要工具。清王朝并未找到一个可行的教育制度替代品来填补科举停废留下的空缺，科举停废加速了清王朝的覆灭，最终他们被城市里拥护共和的汉人士绅精英所取代。换言之，过去人们总想当然地认为"晚期帝制"时代的科举作为一种过时且低效的选拔制度，早就应该被"现代"学堂及其教育模式的改革所取代——这种简单想法必须要重新检视。[36]科举制的落幕也并非十分突然,自宋代以来一代代的士人精英对科举制的批评形成了一股重要的潜流,直到 19 世纪末科举制遭遇到了最终的挑战。

1904—1905 年中国传统科举制的覆灭并非一个简简单单的以旧换新的现代化进程。杜赞奇(Prasenjit Duara)认为清末中国改革者的改革设想并没能成功地替代乡土中国政治合法性的传统形式。[37]另外一些学者则注意到了在印度和其他一些地方时有发生的试图用现代化取代宗教"迷信"信仰的殖民者热情(colonial zeal)所造成的无法预见的社会后果。[38]在现代学堂教育模式在中国站稳脚跟并且像科举制那样深深植入中国社会之前,在新式学堂的办学宗旨被数以百万计的考生视为理所当然而被广泛地理解和接受之前,保守的中国士绅阶层和清统治者们仍将迅速停废科举当成是他们得以维系统治的救命稻草。废除科举制这一来自外在的一击,最终彻底颠覆并击溃了清王朝所赖以生存的文化体系。清王朝的覆灭同样也引发了既有信仰体系的危机,从而使原有体系所强化的社会、政治评价认证机制受挫。

原由礼部举办的科举考试最终走向终局,而科举制的崩溃远远走在了教育部成立之前,也走在了清王朝试图通过学堂教育重新掌控社会、政治和文化功能之前,而原本这些功能在明清两代都是通过科举考试使精英家庭和个体得到满足的。对于 20 世纪初的中国人来说,那些与西方及其"现代性"息息相关的种种新的文化、政治制度,并不具备所谓的文化符号关联性,更鲜有文化功用。本书最终想要澄清一个看法,即科举作为一种前现代制度被证明极为有效——它在如此长的时段内被广泛地接受,以至于早已归化(naturalized)进了帝制中国所运行的组织形式当中;同时,那些不切实际的现代教育改革最初也的确失败了——虽然改革看起来是当时的必经之路，但它最终未能阻止 1898 年后那些去经典化和去合法化行动所产生的大部分人都未曾预见也未曾企及的帝制王朝覆灭的政治后果的发生。

注 释

1 本书中，"士绅"（gentry）一词指代 1900 年前在地方上享有政治、经济权力的地主，或是在行省内乃至整个帝国中享有政治权力的官僚体制官员这样的汉族精英群体。"文士"（literati，一译"文人"，在本书中此术语统译为"文士"。——译者注）一词则指代符合受过儒家经学教育、具备宗族礼法知识、能够阅读出版物等基本条件的具有文化精英地位的士绅。无论是一般意义上的士绅，还是士绅中的文士，其文化地位都与他们在科举体系中所能达到的等级密切相关。正因为这些术语在含义上彼此有重合之处，所以在本书中会大量出现"士绅—文士"（gentry-literati）或"学者—士绅"（scholar-gentry）这样的表述。此外晚期帝制中国时期，士绅群体与商人群体大合流，后者也逐渐成为士绅精英群体的一部分。

2 相关讨论，参见拙著 *Classism, Politics, and Kinship: The Ch'ang-chou School of New Text Confucianism in Late Imperial China* (Berkeley: University of California Press, 1990), pp.16-19，以及 Richard von Glahn, *Fountain of Fortune: Money and Monetary Policy in China, 1000-1700* (Berkeley: University of California Press, 1996), pp.113-141。

3 参见 William Theodore de Bary and John W. Chaffee, eds., *Neo-Confucian Education: The Formative Stage* (Berkeley: University of California Press, 1989) 一书中的文章，书中随处可见相关讨论，尤其是近来关于"Neo-Confucianism"的一些看法。编者们认为道学教育有着更为自由博雅（liberal）和进步主义的诉求，这种诉求超越了之前儒家对于教育形式的界定，但是晚期帝制中国时代，道学教育理想中对进步主义和自由博雅的追求到底实践到什么程度，此书并未给予足够讨论。相关批评参见拙文 "Education in Sung China," *Journal of the American Oriental Society* 111, 1 (January-March 1991), 83-93。

4 比如可参考《闽省贤书》中对方志的勘误说明，见《闽省贤书》，邵捷春编，明末刻本，2.3a，5a，等等；以及《南国贤书》，张朝瑞编，1633 年刻本。尤其到了明末清初，许多之前的乡试录、会试录都亡佚了，之后重版的方志和其他相关论述积累了诸多错误。又见 Hans Bielenstein, "The Regional Provence of Chin-shih during Ch'ing," *Bulletin of the Museum of Far Eastern Antiquities* (Stockholm) 64 (1992): 7。

5 E. A. Kracke, "Family vs. Merit in Chinese Civil Service Examinations during the Empire," *Harvard Journal of Asiatic Studies* 10 (1947): 103-123；Robert Hartwell, "Financial Expertise, Examinations, and the Formulation of Economic Policy in Northern Sung China," *Journal of Asian Studies* 30, 2 (1971): 281-314；Robert Hymes, *Statesmen and Gentlemen: The Elite of Fu-chou, Chiang-hsi, in Northern and Southern Sung* (Cambridge: Cambridge University Press, 1987)；以及 Peter Bol, "The Sung Examination System and the *Shih*," *Asia Major* 3d ser. 3, 2 (1990): 149-171。尤其是贾志扬，他几乎是竭泽而渔式地穷尽了宋代科举考试的相关史料及其社会文化意义。

6 例如可参见杨学为等编《中国考试制度史资料选编》（合肥：黄山书社，1992）；《中国历代状元殿试卷》，邓洪波等编（海口：海南出版社，1993）；《清代硃卷集成》，（重印本，420 册，台北：成文出版社，与上海图书馆合作出版，1993—1994）；以及《历代金殿殿试鼎甲硃卷》，仲光军等编，2 册（石家庄：花山文艺出版社，1995）。

7 有关相似主题的经典著作，参见 H. E. Dale, *The Higher Civil Service of Great Britain* (London: Oxford University Press, 1941)；以 及 Richard Bendix, *Higher Civil Servants in American Society* (Boulder: University of Colorado Press, 1949)。又见 Seymour M. Lipset and Richard Bendix, *Social Mobility in Industrial Society* (Berkeley: University of California Press, 1960)。

8 参 见 Alexander Woodside and Benjamin Elman, "Introduction," in Elman and Woodside, eds. *Education and Society in Late Imperial China, 1600-1900* (Berkeley: University of California Press, 1994), p.11。

9 参 见 Etienne Zi, *Pratique des examenslittérairesen Chine* (Shanghai: Imprimerie de la Mission Catholique, 1894)；邓嗣禹：《中国考试制度史》(台北：学生书局，1967)；E. A. Kracke, "Family vs. Merit in Chinese Civil Service Examinations during the Empire," pp.103-123；Ping-ti Ho, *The Ladder of Success in Imperial China* (New York: Wiley & Sons, 1955)；Chung-li Chang, *The Chinese Gentry* (Seattle: University of Washington Press, 1955)；以及宫崎市定《科举史》(东京：秋田屋，1946；修订版，1987)。宫崎市定 1963 年以 1946 年版《科举史》为基础删减修订成《科举：中国的考试地狱》一书，并于 1976 年由谢康伦（Conrad Schirokauer）以 *China's Examination Hell* (New Haven: Yale University Press, 1981) 为名出版了英译本。

10 例 如 可 参 见 Naoki Sakai, "Modernity and Its Critique: The Problem of Universalism and Particularism," *South Atlantic Quarterly* 87, 3 (Summer 1988): 475-504。又见 Joyce Appleby et al., *Telling the Truth about History* (New York: Norton, 1994), pp.198-235。

11 对近来文献的回顾批评，参见 Ann Waltner, "Building on the Ladder of Success: The Ladder of Success in Imperial China and Recent Work on Social Mobility," *Ming Studies* 17 (1983): 30-36。相 关 书 目 可 参 见 Franklin Parker, "Civil Service Examinations in China: Annotated Bibliography," *Chinese Culture* (Taiwan) 27, 2 (June 1986): 103-110。关于清代衰败的近期评价中，有关现代化目的论（modernist teleologies）的修正可参见 James L. Hevia, *Cherishing Men from Afar: Qing Guest Ritual and the Macartney Embassy of 1793* (Durham and London: Duke University Press, 1995)，全书随处可见此类批评。

12 后世对宋代"道学正统"（Neo-Confucian orthodoxy）的历史意义阐发过度，对此的批评可参见 Peter Bol, *"This Culture of Ours": Intellectual Transitions in T'ang and Sung China* (Stanford: Stanford University Press, 1992), pp.1-31；以 及 Hoyt Tillman, *Confucian Discourse and Chu Hsi's Ascendancy* (Honolulu: University of Hawaii Press, 1992), pp.1-23。例如包弼德注意到，"如果在朱熹之前并不存在一个可以被称为正统的道学，那么彼时又何来（朱熹日后所建构的北宋）道学正统呢？"参见 Bol, *"This Culture is Ours,"* p.370, n129。

13 魏 希 德（Hilde De Weerdt）的 博 士 论 文 "The Composition of Examination Standards: *Daoxue* and Southern Sung Dynasty Examination Culture" (Ph.D. diss, Harvard University, East Asian Civilization and Cultures, 1998) 极大地修正了过去学界对此的传统认知，后者过于强调 1240 年后具有道学倾向的文士在科举中所起到的作用。

14 参见 Thomas Wilson, *Genealogy of the Way: The Construction and Uses of the Confucian Tradition in Late Imperial China* (Stanford: Stanford University Press, 1995), 书中随处可见相关讨论。关于先前持"道学的展开"（unfolding of Neo-Confucianism）立场的相关研究，参见 William Theodore de Bary et al., *The Unfolding of Neo-Confucianism* (New York: Columbia University Press, 1970)，书中随处可见相关讨论。又见 de Bary, "Chu Hsi's Aim as an Educator," in de Bary and John W. Chaffee, eds., *Neo-Confucian Education: The Formative Stage*, pp.186-218；以及狄培理（William Theodore de Bary）的 近 作 "Confucian Education in Premodern East Asia," in Wei-mingTu, ed., *Confucian Traditions in East Asian Modernity* (Cambridge: Harvard University Press, 1996), pp.21-37。

15 参见拙文 "The Unravelling of Neo-Confucianism: From Philosophy To Philology in Late Imperial China," 载《清华学报》(中国台湾)，新 15 卷（1983），第 67—89 页。更多晚近研究，参见滨口富士雄《清代考據學の思想史的研究》(东京：国书刊行会，1994)；以及木下铁矢《清朝考証學とその時代》(东京：创文社，1995)。

16 参见祝平一最新的研究发现，Chu Ping-yi, "Technical Knowledge, Cultural Practices and Social Boundaries: Wan-nan Scholars and Recasting of Jesuit Astronomy, 1600-1800" (Ph.D. diss., UCLA,

History, 1994)。

17 参见拙著 *From Philosophy to Philology: Social and Intellectual Aspects of Change in Late Imperial China* (Cambridge: Harvard University Council on East Asian Studies, 1984)，全书随处可见相关讨论。

18 关于宋代科举及其在官僚制之外的功能，参见 Peter Bol, "The Sung Examination System and the *Shih*," pp.149-171。

19 Ho, *The Ladder of Success in Imperial China*, p.189, 何炳棣统计得出明清两代共产生 51341 名进士。

20 有学者估算过两年一度的地方考试的举办次数，参见 Wolfram Eberhard, *Social Mobility in Traditional China* (Leiden: E. J. Brill, 1962), pp.22-23；Frederic Wakeman, Jr., *The Fall of Imperial China* (New York: Free Press, 1975), pp.22-23, 36n7；以及 Miyazaki, *China's Examination Hell*, pp.16-17。我在之后的章节中列举了某几场地方考试的参考人数。

21 例如，可参见 Wilson, *Genealogy of the Way*, pp.25-26，书中讨论了儒家经籍及注疏的经典化，这有助于我们理解科举考试。近来，一些研究晚期帝制中国的学者逐渐开始关注礼教文化，然而他们低估了科举在国朝礼教体系中的重要地位，而它毕竟隶属于礼部管辖范围内。

22 John R. Watt, *The District Magistrate in Late Imperial China* (New York: Columbia University Press, 1972), pp.78-98，氏著强调了经学理论对于州县官履行自身职能的重要性，但忽略了他们作为考试考官的职能定位。James Cole, *Shaohsing: Competition and Cooperation in Nineteenth-Century China* (Tuscon: University of Arizona Press, 1986), pp.73-129，柯志文（James Cole）在其中讨论了地方社会中这些作为准官员的生员的重要作用，以及他们的考试策略，但作者并未注意到地方文举、武举举行时，这些读书人作为衙门书吏所扮演的角色。近来一些关于地方书吏在司法中所起作用的研究，也同样未能将研究视野扩展到他们在科举考试流程中所履行的职能功用。但是仍有一些有价值的文献，参见 Bradly Reed, "Scoundrels and Civil Servants: Clerks, Runners, and County Administration in Late Imperial China" (Ph.D. diss., UCLA, History, 1994)。

23 加州大学洛杉矶分校（UCLA）历史系博士葛松文（Sam Gilbert）的博士论文就旨在重新评估清代武举的历史意义。又见 Ralph Sawyer, trans., *The Seven Military Classics of Ancient China* (Boulder: Colo: Westview Press, 1993)。虽然我的研究更为强调经学思想在明清政府的文官分支中所扮演的功能角色，但读者应认识到文官体系中的官员长久以来都有一种文士文化的自负，以至于在这种观念下，武官体系的历史地位被大大忽视，所以关于文武科举仍有一些研究问题尚待解决。参见 Winston Lo., "A New Perspective on the Sung Civil Service," *Journal of Asian History* 17 (1983), 121-135；以及 Alastair Johnston, *Cultural Realism: Strategic Culture and Grand Strategy in Chinese History* (Princeton: Princeton University Press, 1995), pp.40-49。

24 Raymond Murphy, *Social Closure: The Theory of Monopolization and Exclusion* (Oxford: Clarendon Press, 1988), pp.1-14。通过教育达成社会再生产（social reproduction）的经典论述来自涂尔干（Emile Durkheim）和布迪厄。参见 Emile Durkheim, *Education and Sociology*, translated by Sherwood Fox (Glencoe, Ill.: Free Press, 1956)；以及 Bourdieu and Jean-Claude Passeron, *Reproduction in Education, Society, and Culture*, translated by Richard Nice (Beverly Hills, Calif: Sage Publications, 1977)；以及 Michael Young, ed., *Knowledge and Control: New Directions for the Sociology of Education* (London: Collier Macmillan, 1971)。

25 参见 Hillary Bettie, *Land and Lineage in China: A Study of T'ung-ch'eng County, Anhui, in the Ming and Ch'ing Dynasties* (Cambridge: Cambridge University Press, 1979)。

26 有关明清两代女性作家，参见 Dorothy Ko, *Teachers of the Inner Chambers: Women and Culture in Seventeenth-Century China* (Stanford: Stanford University Press, 1994), pp.179-218；以及 Susan Mann, *Precious Records: Women in China's Long Eighteenth Century* (Stanford: Stanford University Press, 1997)。

27 Murphy, *Social Closure*, pp.174-78，相关部分讨论了使用市场譬喻 [如用 "文化资本" (cultural capital) 来形容 "文凭排他性" (credential exclusion)] 的概念局限性。更早的一些研究，可参见柯林斯（Randall Collins）的经典著作，Randall Collins, *The Credential Society: An Historical Sociology of Education and Stratification* (Orlando: Academic Press, 1979), pp.58-72，其中讨论了 "文化市场"（cultural market）的概念。

28 Bourdieu and Passeron, *Reproduction in Education, Society and Culture.*

29 参 见 Boudon, *The Analysis of Ideology,* translated by Malcolm Slater (Chicago: University of Chicago Press, 1989), pp.156-57, 223n26, 226n17. 有关明清帝国科举考试中教育内容的变迁及其内在意识形态转变过程的讨论，参见本书第八至十一章。

30 参 见 Richard Smith, *Fortune-Tellers and Philosophers: Divination in Traditional Chinese Society* (Boulder: Colo.: Westview Press, 1991), pp.173-257, 相关章节描述了考生们是如何利用民间灵媒和谶纬来预测自己的科举成功与否或是借其抢占先机。又见祁泰履（Terry Kleeman）的论述与翻译，Kleeman, *A God's Own Tale: The Book of Transformation of Wenchang, the Divine Lord of Zitong* (Albany: SUNY Press, 1994), pp.73, 121, 290-292, 相关部分讨论了宗教与应试考生之"命"的交集。加州大学洛杉矶分校廖咸惠的博士论文也探讨了宋代文士的科举生活与民间宗教之间的互动。

31 关于顾炎武的观点，后文会将其放在历史语境中予以探讨，参见 Lung-chang Young, "Ku Yen-wu's Views on the Ming Examinations System," *Ming Studies,* 23 (1987): 48-63。关于学者不假思索地将顾炎武对明末科举的论述当成是整个明代的状况，参见 Wilson, *Genealogy of the Way,* pp.52-53。

32 Valery M Garrett, *Mandarin Squares: Mandarins and Their Insignia* (Oxford: Oxford University Press, 1990), p.9. 其他一些对科举的轻率表述，参见 John Cleverley, *The Schooling of China: Tradition and Modernity in Chinese Education* (London: Allen and Unwin, 1985), pp.10-13。

33 近期有关科举的历史叙述在讨论科举制度变迁时都存在各种或多或少的错误，很多研究并未能认识到，明末耶稣会士对于科举的描述未必可靠。比如 Donald F. Lach and Edwin J. Van Kley, *Asia in the Making of Europe,* vol.3, *A Century of Advance,* book 4, *East Asia* (Chicago: University of Chicago Press, 1993), p.1639, 其中未加甄别地接受了陈明生对于 1615 年到 1642 年间科举制度差异的论述，这一论述是基于耶稣会士金尼阁（Nicholas Trigault）和谢多禄（Alvarez Semedo）对考生在乡试应考时需写经义文篇数的描述。金尼阁认为总共需要写 7 篇，其中四书文 3 篇，五经文 4 篇，但他并未提及这只是三场考试中第一场考试的内容。谢多禄则反过来，他认为四书文需写 4 篇，而五经文 3 篇，他跟金尼阁一样完全没有意识到考生只需要选择他们所"专经"的五经中的一经来写作五经文即可，同时也未能意识到还有第二、三场考试。Min-sun Chen, "Three Contemporary Western Sources on the History of the Late Ming and the Manchu Conquest of China" (Ph.D. diss., University of Chicago, History, 1971), p.75, 文中讨论了两人论述的不同，但陈明生认为两位耶稣会士的看法都对，只是因为 1615—1642 年科举制度在实践中发生了一些变动。但事实上科举考试科目设置并未发生变动。金尼阁的描述（共 7 篇文章，四书文 4 篇，五经文 3 篇）相对更准确一些。直到 1787 年之前，这种科目实践都未曾改变。唐纳德·F. 拉赫（Donald F. Lach）和埃德温·J. 范·克雷（Edwin J. Van Kley）也对书法在科举考试中所扮演的角色语焉不详："考官们可能只会阅读学生考卷的抄件。"参见 Lach and Van Kley, *Asia in the Making of Europe,* p.1640n437. 事实上，在地方院考以及殿试、朝考时，考官能直接看到考生的书法，在这些场合，书法好坏显得尤为重要；而在乡试、会试阶段，考卷都是被糊名、誊抄后才递交给考官评阅的。

34 例如，魏伟森在其对科举制度的简述中，未加甄别地援引了宫崎市定有关晚清科举（1787 年后）的表述，并错误地总结道："明清两代，参加科举的考生都要掌握操作诗法。试帖诗题与四书题一样，都是乡试头场的组成部分。"参见 Wilson, *Genealogy of the Way,* p.277n50. 宫崎市定关于清末科举的去历史化的论述长期以来被后世学者所援引，他们往往将某些时期还未确立的制度误以为是恒久不变的永制。这种错误倾向令人惋惜，参见和田正广《明代科举制度の科目の特色：判语の導入をめぐって》，载《法制史研究》43（1993）：274。

35 关于此问题，参见祝平一的博士论文，Chu Ping-yi, "Technical Knowledge, Cultural Practices and Social Boundaries"；以及 Roger Hart, "Proof, Propaganda, and Patronage: A Cultural History of the Dissemination of Western Studies in Seventeenth-Century China" (Ph.D. diss., UCLA, History, 1997)。

36 这一传统观点可参见傅吾康（Wolfgang Frank）至今依然不乏洞见的专著，Wolfgang Frank, *The Reform and Abolition of the Traditional Chinese Examination System* (Cambridge: Harvard East Asian Monograph, 1960)。

37 Duara, *Culture, Power, and the State: Rural North China, 1900-1942* (Stanford: Stanford University

Press, 1988), pp.242-57，相关部分认为清末以西化为改革模式的国家建构过程摧毁了国家合法性的传统基础，清王朝最终被其自身所解绑的去合法性力量所吞噬。

38　Nicolas Dirks, *The Hollow Crown: Ethnohistory of an Indian Kingdom* (Cambridge: Cambridge University Press, 1987).

致　谢

本书写作耗时逾十年，方始告竣。研究计划的开始阶段 是基于中国第一历史档案馆、加州大学洛杉矶分校（UCLA）特藏中的韩玉珊教育文献藏品[1]和中国台湾地区、日本的一些科举史料。1985年，根据摩门宗谱图书馆（Mormon Genealogical Library）最新收入馆藏的中国第一历史档案馆中有关文举、武举的未编目史料的档案缩微胶卷，我着手对它们进行识别和制表（根据姓名、年龄、宗族、社会地位、学校、考官、科目变迁、考题、答卷、排名、学术关注点等）。[2]

我一点也不奇怪，为何很多当代研究者将20世纪早期知识分子因其对科举制度无尽的憎恶而产生的负面叙述作为研究科举内容与形式的学术前提，清季民初知识分子对科举的种种看法经由其门生后辈，一直延续到了20世纪末。[3]其实只需稍作思考，想想科举考试要求严苛的文辞写作和经学修养背后所需要投入的教育资源和数十载的苦读，就能清楚地推断出，为 何鲜有工匠、农民家庭的子孙能在明清时期乡试、会试中榜上有名，遑论女子。我认为相比于社会流动，以晚期帝制中国体系的社会、政治和文化再生产的视角（这一视角来源于欧洲的涂尔干和布迪厄的教育社会学的观点）来描述清代科举的教育功能或许更为恰当。[4]

自1990年秋至1991年秋，我在日本和中国台湾地区所进行的研究受到了富布莱特基金会日本部（Fulbright, Japan Foundation）和台湾科学委员会的资助，然而我感觉自己对清代科举历年发展变迁的研究并不充分。我在很多图书馆的稀见书目收藏中发现了为数不少的16世纪明代科举的史料，因此我将自己对晚期帝制时期科举的研究时段从1600—1900年扩展到 1370—1904 年。此外，当我阅读一篇发表在《通报》（*T'oung Pao*）上研究明初统治的论文时，[5] 我意识到之前人们以为科举体系和王朝正统之间在意识形态层面与政治层面的联系始于南宋和元代，但实际上两者关系在全帝国疆域内被固化下来是在永乐帝（1402—1424 年在位）登基之后才真正实现的。

于是，我不得不对明代科举投以同样的关注，明代三年举办一次的乡试、会试竞争同样惨烈。在科场这个"文化监狱"里，数以千计的考生、考官、缮录官、刻工、守卫、厨师、医官在笼罩着公平竞争氛围的科场中各司其职，而对考生们来说，那些有关托梦、命运和业缘的城市民间文化的重要性丝毫不输于四书五经。为了完成研究中有关明代科举的部分，我申请了由美国国家科学院（National Academy of Sciences）提供给中国高等学校学术委员会（学术交流工作委员会）的研究基金，于 1994 年秋和 1995 年夏走访了北京、上海、杭州、南京和宁波。基于中国大陆图书馆、档案馆所藏的明初稀见科举史料，我终于完成了自己的研究。将科举研究计划扩展至明代，使我得以更为仔细地研究 1370—1500 年这一时期的史料，同时还搜罗到了许多别处无法得见的乡试、会试、殿试的资料。将研究时段扩展至明代的做法，无疑大大延缓了研究计划的预期进度，但我深信，从历史学的角度来说，这些意料之外的工作使得我的研究更具说服力。

在研究过程中，我非常幸运地得到了我的博士生们的帮助和建议，他们或是阅读了本书的大部分章节，或是帮助我搜集、数据化数千份史料信息。这些学生包括张××（Jeffrey Chang）、祝平一、丛小平、葛松文（Sam Gilbert）、黄心村、唐泽靖彦、林郁沁（Eugenia Lean）、卢汉超、吕妙芬、孟悦、史雅堂（Adam Schorr）、魏达维（David Wakefield）、杨瑞松和张晋蜀。他们之中许多人已经完成或是即将完成他们人生最重要的博士论文，还有一些人则从事了其他领域的工作，他们对本研究计划的帮助哪怕较为简单，也让我万分感激。1987年后的数年中，加州大学洛杉矶分校学术评议会（UCLA Academic Senate）的研究补助和中国中心（China Center）所提供的资金支持，使得这些学生可以受聘成为我的研究助理。

正如前文所说，本书还受惠于很多研究基金的资助，这些资助使我可以于1990—1991年（18个月）和1994—1995年（4个月）期间造访中国大陆、台湾、香港以及法国和日本的图书馆、档案馆。富布莱特基金会提供的资助使我可以在1990—1991学年度去中国台湾访学，并在那里研究台北"故宫博物院"、图书馆、中研院历史语言研究所明清档案工作室以及中研院傅斯年图书馆所藏的科举史料。我尤其要感谢张伟仁先生，访问明清档案工作室期间，是他负责接待照顾我，正是他的帮助，使我能够识读和编定清初的很多科举史料和别处无法找到的稿本。作为回报，加州大学洛杉矶分校东亚图书馆收到了所有识读、编定史料的副本。同时，我和夫人蔡素娥（Sarah）还要感谢梁其姿、吴静吉、王明雄、林登讚、朱鸿林和林庆彰等学者对我们夫妻在台期间的帮助和鼓励。时任中研院院长吴大猷先生慷慨地允许我在访学期间租用在南港的学术资源和设备。我在台湾的研究还得到了太平洋文化基金会（Pacific Cultural Foundation）和台湾科学委员会的补助，这使我可以在1991年秋季学期成为台湾"清华大学"历史学院的访问学者。在"清华"期间，张永堂、傅大为和黄一农等学者热情地接待了我。我还非常高兴能有机会与同在"清华"访学的克里斯·卡伦（Chris Cullen，伦敦大学）和道本周（Joseph Dauben，纽约城市大学）相谈甚欢。

xl

日本基金会于 1991 年春提供的资助使我可以在京都和东京的院校中开展研究。在京都大学人文科学研究所期间，小野和子和狭间直树一直为我的研究提供种种便利。东京大学文学部中国哲学科是我在东京访学期间的正式接待机构。我想感谢佐藤伸一和沟口雄三两位教授对我的种种帮助。在香港期间，我于 1991 年 12 月中文大学的会议上宣读了我的研究报告，并于 1992 年 9 月在香港大学历史系的资助和系主任吕元骢教授的邀请下进行访学。在吕元骢教授的帮助下，我得以在冯平山图书馆查阅资料，并且当我肾结石病发作时，也是他向我伸出了援手。1994 年 9 月，我有幸受邀在法国社会科学高等研究院东亚语言研究中心（Centre Recherches Linguistiques sur l'Asie Orientale）担任学术顾问（directeur d'études），在法国国家图书馆（Bibliothèque Nationale）和法兰西公学院东亚图书馆（East Asian Library of the College de France）里我找到很多有关中国科举的资料。在此我想感谢贝罗贝（Alain Peyraube）、魏丕信（Pierre-Etienne Will）、林立娜（Karine Chemla）、詹嘉玲（Catherine Jami）、巴斯蒂夫人（Marianne Bastid-Bruguière）、程艾蓝（Ann Cheng）、梅泰理（Georges Métailié）和艾乐桐（Viviane Alleton）的热情招待。

对华学术交流工作委员会（the Committee for Scholarly Communication with China）所提供的研究资助使得我可以于 1994 年秋和 1995 年夏在北京、上海、南京、成都、杭州和宁波等多地开展研究。以正式和非正式方式接待过我的中国大陆机构包括中国社会科学院（历史研究所）、中国人民大学（清史所）和复旦大学图书馆（善本部）。我还在南京图书馆、浙江图书馆、中国国家图书馆（原北京图书馆）、上海图书馆善本部和位于成都的四川档案馆（巴县档案）中查阅了资料。

此外，我还访问了位于宁波的天一阁博物馆，但只能看到少量的馆藏明代科举史料。不过幸运的是，我在上海读到了很多明初史料。在此，我想向支持过本研究的中国大陆学者表达深深的感激之情，他们是王俊义（中国社科院）、陈祖武（中国社科院）、吴格（复旦大学）和汤志钧（上海社科院）。我在中国期间，还受到了以下学者的大力帮助：成崇德（中国人民大学）、黄爱平（中国人民大学）、方祖猷（宁波大学）、吴光（浙江省社科院）、杨向奎（中国社科院）、蔡方鹿（四川省社科院）、赵刚（故宫博物院）和马小彬（四川省档案馆）。

此外，我还要感谢在加州大学洛杉矶分校以及其他地方的朋友和同事。友善的俄国史荣休教授汉·罗格（Han Rogger）帮我检读了一些清末俄语翻译科考试的资料，其中很多都是字迹难辨的俄文翻译稿。美国史教授乔伊斯·艾博比（Joyce Appleby）为本书中有关通过考试来进行文化再生产的初稿论述提供了不少建议。专长罗马史的罗恩·梅洛（Ron Mellor）帮我解答了耶稣会士翻译八股文时所用的拉丁文。东亚系的余宝琳（Pauline Yu）和史嘉柏（David Schaberg）为我的汉诗英译提了不少有用的建议。我还要感谢加州大学洛杉矶分校中国中心的理查德·冈德（Richard Gunde），以及伍思德（Alex Woodside）、司马富（Richard Smith）、罗杰（Roger Hart）、林郁沁和阮思德（Bruce Rusk）等学界同人对本书各章手稿的批评。

与第二章略有出入的另一版曾作为会议论文发表在由胡志德（Theodore Huters）、余宝琳和王国斌（R. Bin Wong）1992 年 6 月于拉古纳滩（Laguna Beach）组织的“中国史中的文化与国家学术研讨会”（Conference on Culture and the State in Chinese History）；1997 年斯坦福大学出版社（Stanford University Press）所出版的会议文集中曾收录此文。在 1995 年 4 月由哈佛大学（Harvard University）举办的前现代中国研讨班（Pre-modern China Seminar）和 1996 年 10 月由加州大学伯克利分校中国研究中心（the Center for Chinese Studies, University of California, Berkeley）资助举办的"阅读文本与注疏：中国经典的阐释策略与知识权威"（Reading Texts and Commentaries: Interpretive Strategies and Intellectual Authority in Chinese Classics）工作坊中，我做过有关科举各面向的学术演讲，听众们也给予了我许多有用的意见。此外，我还有幸参加了 1997 年 6 月 5 日至 11 日在加州箭头湖（Lake Arrowhead）由史乐民（Paul Smith）和万志英（Richard von Glahn）组织、美国学术团体学会（American Council of Learned Societies）资助举办的"宋－元－明转型学术研讨会"（Sung-Yuan-Ming Transitions Conference），与会者在会议上讨论了本书第一章的简写本。最后，我还要感谢加州大学洛杉矶分校东亚图书馆的前馆长郑炯文（James Cheng）、中国研究中心助理主任理查德·冈德和彼时还在香港摩门宗谱图书馆（Hong Kong Mormon Genealogical Library）工作的沙其敏（Melvin Thatcher），在他们的帮助下，在洛杉矶分校的我才能阅读和搜罗到那些科举的一手史料。

完成在中国的研究之后，1996 年春我利用学术休假年中 1/4 的时间待在学校，着手完成本书的最后部分，并将其修改至符合学术出版要求，到夏天时基本完成。之后，基于包弼德、韩书瑞（Susan Naquin）和席文（Nathan Sivin）的推荐以及两位匿名审稿人的建议，本书在 1997 年春夏杀青。魏希德和我就她有关宋代科举的博士论文和我有关明清科举的研究交流了很多观点和资讯。她还介绍我认识了查尔斯·莱德利（Charles Ridley），后者于 1973 年在斯坦福所写的非常有学术前瞻性的博士论文也影响了我对经学文章（classical literacy）的论述。对于很多阅读过本书相关章节的学者的意见我也并非照单全收，但是他们的很多批评着实犀利、可贵。以本书的体量而言，错误在所难免，如有疏失还应由我本人负责。加州大学出版社（University of California Press）的责任编辑苏·海英曼（Sue Heinemann）和版权编辑萨利·瑟拉飞姆（Sally Serafim）与卡尔·瓦勒萨（Carl Walesa）为本书所做的工作异常出色；同时还要感谢来自谢拉·列文（Sheila Levine）和劳拉·忒西（Laura Driussi）的鼓励。我还要感谢博睿学术出版社（E. J. Brill）的阿尔伯特·霍夫斯塔德（Albert Hoffstädt）对本书的关心。此外，加州大学洛杉矶分校国际研究和海外研究计划办公室在其负责人约翰·霍金斯（John Hawkins）的慷慨应允下，为本书的印制和表格、插图的制作提供了资助，特此表示感谢。

　　本书中文版的出版得到复旦大学葛兆光教授和中研院历史语言研究所陈熙远研究员的帮助，谨此致谢。

注　释

1　参见拙文 "Ch'ing Dynasty Education Materials in the Department of Special Collections, UCLA," *Late Imperial China* 10, 2 (December 1989): 139-40。感谢李中清（James Lee）教授将我的这份鸣谢刊载于期刊上。

2　参见 Melvin Thatcher, "Selected Sources for Late Imperial China on Microfilm at the Genealogical Society of Utah," *Late Imperial China* 19, 2 (December 1998): 111-29。

3　我并不是说民国知识分子在科举问题上已经达成了共识。很多人将五四运动中的知识分子都视为一体的激进主义者，对于这一认识的纠偏，参见严家炎《五四、文革、传统文化》，载《二十一世纪》1997 年第 41 期，第 11—18 页。

4　我对此问题的理论辨析原本见于拙文 "Social, Political, and Cultural Reproduction via Civil Service Examinations in Late Imperial China," *Journal of Asian Studies* 51, 1 (February 1991): 7-28。我失望地发现，很多学者从拙文中得出的结论是科举是王朝霸权中自成一体的一种庞大而僵化的、无休止循环的选拔体系，这些读者并没有将笔者之前的思想史研究纳入他们对科举制的理解中，笔者之前的研究是针对独立于科举体制之外种种自发形成的学术思潮变迁的分析探讨。相关批评，参见 Hilde De Weerdt, "Aspects of Song Intellectual Life: A Preliminary Inquiry into Some Southern Song

Encyclopedias," *Papers on China* (Harvard University) 3 (1994): 27；以及 Kai-wing Chow, "Writing for Success: Printing, Examinations, and Intellectual Change in Late Imperial China," *Late Imperial China* 17, 1 (June 1996): 122。本书中，我会通过详述明清两代人对科举制这一永不停歇的制度机器的批评和反抗，对笔者之前的理论辨析进行一些修正和历史学层面上的微调。在我看来，有着多元化的文士之学（literati learning）的宋代是一个例外［对此魏希德（Hilde De Weerdt）进行了恰当的阐述］，但社会、政治再生产的历史进程在宋代中国就已经开始运转。事实上，布迪厄的教育社会学一直在试图说明当代多元主义（pluralism）是如何通过教育文凭体系而服务于社会精英的再造的。参见氏著 "Systems of Education and Systems of Thought," in Michael Young, ed., *Knowledge and Control: New Directions for the Sociology of Education* (London: Collier Macmillan, 1971), pp.189-207。明末并不是帝制中国再生产过程（reproduction process）破局的开端（如周启荣所认为的那样）。这一过程直到太平天国运动时期才真正受到挑战，而直到义和团运动之后才宣告终结。参见本书第十一章。

5 参见拙文 "Where is King Ch'eng? Civil Examinations and Confucian Ideology during the Early Ming, 1368-1415," *T'oung Pao* 79 (1993): 23-68。

第一章　重新思考晚期帝制科举考试的历史根源

本书对晚期帝制科举考试的论述，将始于 1400 年以前的中国历史情形，并从中仔细审视汉族政权以及民族政权如何处理文官制度和文人教育（即儒学，通常被翻译为 Confucianism）。我希望借此能够避免这样一个出发点：它预设了一种理想化的、超验的经典考试规程，它自命为道学正统，并历经元明清数朝，毫不费力地、和平地渗透进汉人、蒙古人和满人的心智中。[1] 一些前沿研究，尤其是田浩（Hoyt Tillman）和包弼德的论述，已对北宋（960—1127）

和南宋时期关于道学思想演进的早期文献叙述注入了历史视角。本章则将确切考察 1250—1450 年期间，程朱［程颐（1033—1107）、朱熹］理学在科举考试中发挥的作用是如何发展的——尽管支持它的宋朝最终灭亡并被蒙古统治者取代，而后者直到 1313 年才认可了道学。[2]

在宋代，汉人、西夏人、契丹人、女真人和蒙古人为了争夺中国展开的持续不断的战争最终产生了辽（916—1125）、西夏（1038—1227）、金（1115—1234）、元（1271—1368）等民族政权。面对来自北方草原游牧近邻的压力，安史之乱（755—763）以后唐、宋两朝再也无法主导东亚秩序。各方之间势均力敌的抗争，以及权力平衡下的阶段性态势扭转——宋朝总是策略性地与其中一个对手结盟，来抑制其他敌人——造成了当时不稳定的政治环境，而在此期间，对于宋代文化与文明的含义、重要性和未来道路，以及科举考试的作用等诸多议题，内部的汉人与外部的非汉族群在看法上有着激烈的交锋。[3] 的确，马可·波罗（Marco Polo）在他的《行纪》（*Travels*）中把南方中国人称为"蛮子"，并把它与北方"契丹"（Cathay）相区分。960—1368

年间的军事变化挑战了中国的国家 – 社会关系，并产生出文化话语新形式，这体现在文人群体格外关注宗教、艺术、文学及娱乐活动在都市通俗文化中所起到的作用。⁴

刘子健（James Liu）和谢康伦（Conrad Schirokauer）已经围绕"宋代中国"颇受争议的本质进行了有益的讨论，同时他们指出南宋政治情境中道学起初被定性为异端，之后才被改造成王朝所认定的真理。⁵本章将进一步考察1313年蒙古统治者选择道学作为科举考试核心科目的历史语境。同时，这一考察将延续至明代早期，在汉人恢复统治后，蒙古人所定下的元代道学正统在明代科举考试中被全盘接受。我们将会发现，1250—1450年间的宋 – 元 – 明转型深远地影响了中国的政治、社会语境，从而使得程朱理学成为科举考试的学问正统。

正如本章结语所强调的，对道学正统不同的使用策略和时间节点——它在南宋末期才升格为正统；在辽、西夏、金等民族政权中毫无影响力；在元代，它同样要到晚期方才登场；而在明代，它从一开始就被独裁者所采纳——透露出其不断演变的历史重要性。自从道学图景在1240年被南宋朝廷象征性地确立，它便逐渐影响着科举考试，但直到1313年，它才被元朝定为官方经学科目，从而真正在政治或教育上被赋予了崇高的地位。

此外，无论是1240年南宋朝廷的举措，还是1313年元政权的认可，两者都无法产生出足以既统合汉人社会与文化，又能与皇权意识形态无缝对接的帝国道学正统。这种统一只有在明代早期汉人恢复统治之后才最终达成。的确，只有当道学获得地方及地域上的成功——它结合了文学及文字学因素，在更富有、道学学说也更多样化的宋元文士之间普及⁶——一种帝国规模的、"单一"的帝制道学才有可能确立。从某种程度上说，道学论题及其陈词滥调在南宋晚期的科举考试中逐渐程式化，然而这种科举影响力在 1240 年后的临安（今杭州）都城以外地区却已完全消失了。[7]

650—1400 年科举考试规程的关键变化

此处将讨论科举制度规程自唐代至明代的延续与变化，从而重新考察元明时期的一个观点，即宋代将一种圆融的道学正统遗赠给了晚期帝制中国。从体制上说，宋代大部分时期并没有这样的帝国正统。然而，我们会提到文士群体修习道学的趋势首先出现在宋代，并最终于明代占据主流，这在思想层面上部分肯定了宋明之间的文化延续性。魏伟森已经记录了道学正统的宋代渊源是如何在宋、元、明文化中被形塑的——人们通过制度性裁汰等一系列制造经典的举措，以哲学方式重新叙述了道学真理完美无缺的谱系。[8] 因而，就体制而言，明清科举考试恰恰表明了它同宋代科举实际采纳的经学科目之间决定性的割裂。

汉唐模式

在北宋以前，进阶社会及政治精英行列的首要途径是官方举荐或者亲缘关系。例如在汉代，被任命为具有政治势力的太学博士的前提是擅长对某部经典进行文本释读。太学的设立确保了正统文本的传承在帝国支持下进行，而每位博士通常是五经中某一部的专家。在完成其学业之后，博士的门生要经过口试，之后被授予官职。这样的对经籍学问的考验首次在公元前 134 年施行，但直到公元 36 年之后才定期举办。公元 132 年后，官职人选由地方官员举荐，这一制度使得中央政府对合格候选人才资源的控制力减弱。公元 220 年，汉朝覆灭，随之而来的权力分散也使得这种趋势愈演愈烈。原则上说，这种简单的选举流程是日后唐、宋时期所精心设计的帝国科举考试的先驱。[9]

6　　　特殊的文官考试不仅认定资格，而且还委任官职，它始于西汉（公元前206—公元8），当时的皇帝通常就政治议题向候选人口头发问。[10] 策论写作的渊源可追溯至汉代，皇帝向那些被称为"贤良"或"方正"的候选人提出"策问"，而后者基于时下最迫切的问题发表个人意见，写下"对策"。这类汉代考试最有名的例子是汉武帝（公元前141—前87年在位）于公元前134年向著名儒生董仲舒（公元前179—前104）所提出的三个问题，董生因其极具说服力的回答（史称"贤良三策"）而成为一位具有影响力的建言者。[11] 董仲舒在其政策回应中详细勾勒出关于帝国统治的一套通贯而综合的规划，并持续影响到后世，而他的对策风格也被褒扬和效仿。但总体上，两汉时期只有36人通过了这类特殊的文官考试。[12]

　　　但在汉代灭亡之后，王朝弱势和政治分权导致了社会真空，这其中只有"九品官人法"制度存续下来。这一品秩体系使得在朝廷业已立足的文人士族得以掌控举荐官员的程序。从220年开始，一直到隋朝（581—618）废除这一制度的583年，"中正"制度被用来在地方上选择九品官员，而官员阶层通过决定候选人名单使自身垄断控制了官员的铨选。最终，"九品官人法"保证了那些有资格任职的人选来自地方贵族，使得贵族得以维持权力。直到隋代统一之前，不同的南朝、北朝政权都采用"九品官人法"来任命官员。[13]

7　　　由此，在政权去中心化的时代，中古名门望族通过贵族特权深度参与了官员的选拔，从而确保了他们的地方势力。在隋代废除"九品官人法"之后，隋唐时期那些根深蒂固的士族在官职任命上失去了原有的正当性。然而，尽管唐代中央政府重新掌控了常规的官员选举，贵族特权以及名门望族对官职任命的支配性地位依然对重新统一的集权国家构成威胁，因此，由中央掌控文官考试再次出现，并被用来矫正上述情况。[14]

在唐高祖（618—626 年在位）与唐太宗（626—649 年在位）时期，考生首先应举，以展现其文学才能，所谓"以科目取士"；随后，为了步入仕途，他们还需要参加铨选以评估其品性，从而判定他们被授予的官阶，所谓"以铨选举官"。通过身、言、书、判四项指标，新任官员将会从进士群体中被选拔出来。[15] 因此，这一整套获得资格与委任官职的流程被称作"选举"，并在日后囊括了文官制度的选拔与任职。[16]

然而，直到则天武后时期（684—705），唐代统治者才意识到，通过公开科举选拔的官员在京城政治中能够与根深蒂固的贵族官僚相制衡。但这一发现的适用期是短暂的，因为朝廷党争迅速发展出主考座师与科举门生之间的恩庇主从关系。只要科考与铨选都在吏部的掌控之下，座师的权力就非常大。这一情形在 737 年得以改变，因为科举考试转而交由礼部负责，礼部还制定了座师与进士门生的相关礼节，致使无从产生京城内的恩庇主从关系。吏部则从此只负责铨选流程。[17]

尽管如此，唐代的大多数文官并非通过科举入仕。而且这种考试制度仅在京城设置两道程序，考生要么是地方推荐的资格候选人，要么是京城的太学生。此外，历史上只有唐代的应举考生才被允许自行选择能够举荐自己的地区。很多人选择了京城行政区域，因为在那里朝廷的支持会很有影响力——这一漏洞在宋代以后被弥补。明清时期，所有考生都被要求提供原籍居住证明。[18]

早先汉武帝为了任命官员而采用的策问，成为后来廷试或殿试这种书面考试的前身。在唐、宋、元、明、清时期，殿试是科举考生晋升为进士（即面见皇上以入仕的文人）的最后一道关卡，而显赫的进士头衔更是谋取高阶官职的必需。690 年以后，当殿试正式被武后采纳施行，殿试的考题却转而趋向重视文学性，强调包括诗、赋、颂的杂文创作。像这样的杂文写作实则在初唐科举考试中已经被采纳，并借此确定颇具声望的进士人选。[19]

9　　围绕经学问题的文章在形式上与策问相似，在唐代它出现在更受考生欢迎的明经科中，并与进士科一起构成文官选拔的双轨制。事实上，从968年到1070年，北宋殿试效法唐制，仅以诗赋取士。但是到1070年后，殿试回归围绕政策问题的长篇论述，并且就像汉代那样，由皇帝把关，选出进士以任命官职。殿试场合下的这种简单的政治策论形式直到1904年几乎未曾改变。[20]

在唐宋时期，策论逐渐发展为陈述文化、政治与体制问题的载体，有时还用来表达政治异议，因而这种形式平衡了中古时期科举考试过度强调诗赋的文学性转向。[21]然而，681年后的唐代进士科举科目把重心放在诗赋等文学形式，这反映了一个决定性变化：唐代贵族精英更强调诗赋、文章、文

10　化修养，而对明经科选举科目所采用的经学标准表示不满。明经科在唐代依然占据重要地位，而明法、算学、小学、礼制、道家及历史等"诸科"也同时存在，但考生书写多种文学体裁的能力迅速成为唐代文人最梦寐以求的文化筹码。[22]

通常，唐代考官会将五经中某一段落的若干短语加以遮蔽（"帖经"），要求考生或凭记忆默写出整段文本，或写出被覆盖的缺失文本。另一种情况是，考官也许会要求士子笔答经义，写出经典的注与疏，这种考试技法被称作"墨义"。[23]除了五经，唐代还曾以《老子》为考试内容，通常作为策论的一部分，而宋代在1080年至1120年间还可能举行过"道科"。这意味着，将道家排除在官方文人思想之外的这一最终定型的经学科目设计是宋、元时代的发明，而非汉、唐时期的方针。[24]

680—681年后，唐代科举的重心由基于五经，同时包含三道策论的明经科，转向了以诗赋为主的进士科，但后者依然

包含了一道简单的策论题；而在此后整个唐代的科举选拔中，11
文学造诣一直都占据着主导地位。[25] 然而，正如附录四中的唐
代相关条目所示，当时也常有异议质疑诗赋取士，而回归经学
典籍取士的建议也曾被短暂采纳。比如在 752 年，经义派和诗
赋派互相让步，当年的进士科同时考察了五经和诗赋，而到了
宋代，类似的折中政策也经常出现。

到了 763 年，唐代文士愈发主张去中心化的考试，并提议
完全废除诗赋取士。同时，翰林院（一个向皇帝建言的机构，
其成员日后发展成了皇帝身边的核心臣僚，见第三章）中文学
考核的作用也被质疑。不仅如此，始于 675 年的有关道家的政
治策问在 763 年被废止，因为在由安史之乱所触发的文化危机
余波中，文士们试图将文化与文章根植于道。其中一些人提倡
用唐代以前的地方察举制替代上层科举考试。[26]

在初唐的宫廷生活中，"文章即文化"的观念在文人中
根深蒂固，而文学创作在人文生活中最为流行。"文"充当
着文士话语的文学核心，这套话语继承了圣贤与先王的遗产，
并确认了前者与当下的关联。根据包弼德的论述，从权德舆
（759—818）到韩愈（768—824）的唐代文士通过引入"对
思想的自觉探索与论辩"，无意中削弱了中古中国的贵族文
化。"755—820 年间全新的、富有创造性的、斑驳陆离的文
化思潮"挑战了作家个人风格及其文集融合于天地之道的统
一性，这种整体性长久以来被人公认。而上述的挑战则导致
了"文"-"道"关系的重构。[27]

尽管 833—834 年诗赋考试被短暂废止，其核心地位依然
是唐代文人文化的关键特征。杜希德（Denis Twitchett）观
察到，科举考试的科目在整个唐代十分多元。他还注意到，当 12
时并没有那种对经典的指定释读，像元明时期的道学那样强调
程朱学说的正统解读在唐代是不存在的。事实上，唐代科举在

内容和体式上都不存在对经典学术死板、固化的限制。[28] 但另一方面，在唐代中国西北部的贵族文学文化向北宋道德 - 哲学话语的转型过程中，真正发生的其实是晚唐时期贵族的消亡，或至少是对贵族的重新定义，以及宋代之"士"（乡绅 - 文士，gentry-literati）的社会转型。

北宋的论争

如上所述，750 年以前的唐代中国就像前现代欧洲，它由根植于土地制的贵族所主导。这些贵族组织成家庭和士族，并策略性地占据着渭河周边的政治权力中心，也就是长安与洛阳两京。然而，到了 1250 年，宋帝国首都南迁至长江三角洲地区的杭州，这种从中原向南的经济转型象征着南方中国日益增长的经济主导地位，而官僚化的"士"也被作为国家的"才智之士"进一步稳固了在帝国统治中的地位。[29] 中国精英的写作在 750 至 1100 年间发生了革命性变化。安史之乱后世家大族衰落的同时，10 世纪晚期南方文人在国家政治中的重要性日益抬升。中古中国士族的延续性由此完全被打断。少数存活下来的西北门阀士族也被迫要去适应他们已无力掌控的社会新局面。[30]

在 960 年中国再次统一之后，北宋皇帝担心地方士族与军事领袖的离心叛变会重演，他们因此倡导一种匿名制的科举考试，以此作为帝国选拔人才的机制。当时他们治下的帝国拥有超乎寻常的经济力量，人口急剧增长。北宋统治者选择用科举考试来限制其他军事或贵族权力中心，并把南方士族的子嗣吸收进中央政府，这一发展是一整套全新体制流程的一部分，当政者借此来统治超过 6000 万的子民（到了 1100 年，其人口数可能升至 8000 万）。通过巧妙地利用平民价值观来论证公平、中立的官僚选拔渠道的合理性——理论上这一制度面向所有汉人，而无视其社会背景——宋代皇帝最终落实了这一科举考试体系，并且除了元代和明初以外，科举作为政府核心体制始终占据着重要的位置，直至 1905 年被废除。[31]

罗文（Winston Lo）已经阐明，宋代文官制度的运行结合了职位（"具体工作"）与官阶（个人"资历"）。于是，在这种看似公平的工作分配体系下，比实际职位数多出一倍的候补士人在职位安排上有了可以商量的余地。在这种运转方式下，所有科举进士都确保有最低限度的任官与俸禄。每三年或四年官僚就会经历百分之百的人事变更，而工作的分配与相应的俸禄很大程度上由职位类别决定——也就是由所填补职位的重要性决定。[32]

宋代的官阶分类法决定了官僚们名义上的俸禄、身份地位，以及额外补贴。工作分配也节省了一大笔花费，因为基于职位分类的任命才是俸禄的指标，而与官阶绑定的官员基本俸禄实际上仅仅是象征性的。文官制度的资金短缺通过这种周密的官阶 – 官职体系得以缓解，而这一体系又与官员任期挂钩。由于文官制度是在雇主市场机制 ① 下运行，工作分配杜绝了将官位作为私有财产变卖或传给后嗣这一中世纪（无论欧洲还是中国）的普遍趋势。[33]

600 年至 1200 年间，"士"从出身名门的贵胄子弟转型为有修养的文化人。在以往的传统中定义士人生活的重要范畴——文化、出身、官位——发生了显著变化。关于理想精英的观念转变——比如它全新的理想化角色定位——在维持其士人地位并进行重新导向的过程中发挥了作用。一旦出身作为文化"商品"（commodity）不再足以定义士人地位，科举进士的名分及其与文化和教育的相互关联就成为士人身份的必要条件。

14

———————————

① "雇主市场"（an employer's market）意指当工作岗位少于求职人数时，市场会朝有利于雇主的趋势发展，他们会以更少的薪资对求职者提出更高的要求。反之则称为"雇员市场"（an employee's market）。（本书脚注皆为译者注）

在此过程中，宋代科举以空前的规模选拔出"士"，而由他们主导的文治缓解了晚唐和五代（907—960）以来普遍的军事威胁，尽管五代时科举考试也曾被施行。

对皇室的无条件忠诚也通过宋太祖（960—976年在位）在10世纪晚期（973年）的一个决定得以加强，那就是要求皇帝本人主持最后的"殿试"，考查所有成功通过京城省试的考生。此后的历代皇帝实际上成了国家的首席考官，象征性地要求成功谋取公职的考生宣誓效忠。不仅如此，糊名制度（遮掉所有试卷上的考生姓名）在992年开始用于殿试，并在1007年用于礼部省试，最终于1032年推广到地方解试。誊录制度（重抄试卷以防止考官认出考生字迹）也于1015年开始应用于殿试和省试，1037年在解试中实行。[34]

15　　　然而，由于文官几乎无一例外地从文士阶层中提拔出来，到了1100年，"士"已经积聚了足够的独立性和地方资源，使其地方精英的身份盖过了官僚身份。"士"基于自身的教育与文化资历主导着地方社会，这是宋代政治秩序中朝廷最初提拔士人时所未曾预见的后果之一。不同于唐代贵族家庭，宋代士绅（gentry）家庭无力垄断官职，因而无法长久待在帝国官僚体制内。即便是门荫特权也无法使他们做到这点。科举考生的庞大数量（这在明代中期达到峰值）阻碍了精英家庭通过科举实现政治地位的长期垄断。而一旦科举成为主导地方经济、机构与文化活动的合理性手段，以考取功名为导向的应试教育便始终是一项重要投资。[35]

思想层面上，文士关于宋代科举规程的论辩（附录四的北宋条目中有其大概）继续突出了晚唐以来诗赋与经典的对立。宋代初期的思想文化延续了晚唐时对古文的看法。根据包弼德的研究，当时像范仲淹（989—1052）和欧阳修（1007—1072）这样的文士"自命为古文家，并由此充当政治与社会改革的鼓动家"。尽管如此，持久的文学共识并未出现，程颐一类人认为"文"无补于掌握"道"及其道德价值，故而提出一种激进的解决方式，他们恰如其分地将之称为"道学"。但是，程颐及其追随者在北宋科举中并没有发挥什么作用。欧阳修和王安石（1021—1086）在这一领域倒是最具教育影响力。[36]

宋代思想文化最开始由进士科考试中的唐代风格诗赋所主导，但进士科也包括一篇基于经史章句或是对先秦与宋代诸子引语加以阐述的论。像范仲淹这样的古文家试图通过教育改革要求在科举中采取古文写作方式，从而纠正对文学修辞的过分关注。[37] 这样的观点在 1029 年关于经学科目的朝堂辩论中已十分突出。例如，在 1044 年至 1045 年关于科举改革的论辩中，欧阳修建议将策论置于首位，这样就能马上检验考生关于实际事务的认知。[38] 通过这道难关后，再在接下来的环节中测试考生们的文学写作能力，后者依旧左右着考生们的最终名次。如此一来，就没有人能单单依靠文学造诣通过进士考试了。[39]

尽管欧阳修的建言并未被采纳，在之后其主持 1057 年科举考试时却引发了轩然大波，因为他只选拔了那些用古文写作的考生。尽管这引起了不小的骚动，古文却日益成为一项深远的思想运动，在 11 世纪 50 年代甚至让程颐与苏轼（1037—1101）团结在一起，尽管前者强调人性是内在禀赋，而后者突出人性对即兴情感与需求的现实反映。显然，在北宋时期的科举考试中，经籍的重要性开始超越诗赋。在此过程中，《论语》与《孟子》成为经典规程的必修文本，预示着南宋时期"四书"（一套原本散见各处的经典文本集成）的出现。[40] 以"道"为名却彼此龃龉的政治秩序图景由不同的"士"提出，而他们则借此改革经典规程。

王安石和司马光（1019—1086）在 11 世纪中期的古文共识中脱颖而出，代表了第一组对峙阵营。两人都曾想阐述国

家与社会之间的恰当关系。王安石作为一位政治能动主义者
（activist），试图在上古三代发现他的一套普遍的政治、社会、
经济和文化程式，并在 11 世纪 70 年代早期将之发扬为"新
政"。司马光作为保守派，试图在不要求社会重组的前提下引
入政治改革。除了司马光及其追随者当政的 1085 年至 1093 年
这一短暂时期，以王安石的捍卫者们为代表的新党主导了之后
的宋廷，直至北宋末年开封城破。[41]

为了使他的政治议程合理化，王安石强调了学校制度以及
一套经过筛选的一元、正统的经典阐释，并使其成为科举规程
的核心。11 世纪 70 年代，作为神宗皇帝（1067—1085 年在
位）宰执的王安石曾短暂地试图以"三舍法"等级学校制度取
代科举取士，以此作为官僚选拔基础。然而，部分由于学校与
科举相比声望较低（也就是说，学校只是获取科举功名的中转
站，其地位无法独立地被评价），这样的改革无法推行下去，
而科举一途还是胜过了国家官方学校高等教育的正规训练。尽
管王安石建立一套儒家经籍正统的努力屡被时人诟病，但在他
的教育管理体制下，经义在进士科考试中取代了诗赋，明经科
被终止，而其他诸科除了明法以外也都被废除。[42]

司马光同样反对诗赋取士，但他也质疑了考试糊名制度
（他倾向于事先了解考生的道德品性）。[43] 司马光欣赏《春秋》
中的历史先例，并加以效仿，于是编纂了《资治通鉴》用以理
解王朝政治史及其盛衰缘由。当司马光及其同僚于 1089 年上
台时，他们便恢复了进士科诗赋取士的传统惯例，这实际上是
折中了经学家与文学家之间的苛刻要求。但是，七至八成的进
士科举考生都更愿意通过诗赋而非经义步入仕途。然而，经义
的确显得日益重要。直到 1125 年开封城陷落，经义文章的风
格慢慢发展成近乎骈文体式，日后更是文体化为明清时期的八
股文（参见第七章）。[44]

尽管政见不一致，王安石与司马光都承认，为了处理文士价值观的分歧与社会秩序的错置，政治解决方式是必须的。无论是激进还是保守的政治改革，当它无法兑现其承诺时，像程颐和苏轼那样在时代中处于风口浪尖的人，便会在别处寻找解决时世痼疾的良方。苏轼质疑任何正统，并认为统一文士价值观毫无必要。比如，他补充说选士的关键在于"知人"，以及分辨名实。苏轼指出，任何一种笔试对于行动能力来说都是无益的考核方式："自文章而言之，则策论为有用，诗赋为无益；自政事言之，则诗赋、策论均为无用矣。"[45]

程颐强调所有的士在道德上的自我修养，故而从根本上挑战了文学成就和积极入仕的意义。他的哥哥程颢（1032—1085）认为科举对士人能力的考量并不充分，1068 年时任监察御史的他强调学校制度与师长教诲是社会风俗与政治秩序的基石。[46]当程颐宣称自己与兄长代表了孟子以降业已失落的圣人之"道"，赋予自身弥赛亚式的权威，他们同时也否定了唐、宋文学文化以及汉代经学遗产。在程颐眼中，如果人们没有重视和立足于对"道"根本上的道德理解，那么其文学创作便是轻佻的，而作为能动主义者的新党在这一点上也在误导士人群体。只有天理，而非人为造物，才合乎天地之道。解释人类价值与礼法的道德准则成为文士生活的准绳。

这个在政治与社会层面趋于保守的全新"道学"话语，通过哲学和道德语汇传达给了那些处于困境的士人。为了通过学习与修行认识"道"，就需要全新的理想人格和参悟模式。程颐及其追随者——尤其是朱熹——在 12 世纪赢得了一小批极具影响力的士人群体的追随。程朱学说的出现使得士人们改变了对自身社会认同的标准，新兴的程朱理学使他们得以更好地实现在地方上进行道德教化、文化传承与政治治理的职责。[47]最终，那个陈旧的、以文化－文本－文学传统为本位的士人之学

19

被一种道德－哲学视角取代，后者将经典重新封圣，并发明了
"四书"，即一套由孔子、孟子及其弟子所教授的真理的渊薮。
程颐、朱熹和他们的直接紧密追随者成了孔子与孟子的直系传
人，并将汉、唐文士排除出道学谱系。

　　虽然最初道学的流行只限于一小部分士人，但它最终创造
出了有利的社会、政治与思想条件，方便了它在南宋士人生活
中扩大其影响力。[48] 然而，在北方甚至在南方，文学潮流依然
主导着士人生活，因为南宋或民族政权依然在科举考试中强调
诗赋。即便我们有清晰的后见之明，道学正统的确立在当时尚
且遥遥无期，而 1125 年后诗文依然是分裂的中国整合汉人与
非汉人这一文明阶段中的重要因素。当我们读到诸如欧阳修、
王安石等受人仰慕的北宋文士别集时，我们发现诗赋在其文集
中仍占据着重要地位。

　　辽、金、高丽：北方中国与朝鲜的科举诗赋写作

　　通过科举授予政治权力，这一宋代举措并非没有争议。横
亘在汉人、西夏人、契丹人、女真人和蒙古人之间的关键差
异，在于欧亚草原民族的游牧军事化文明与中原地区强大的农
业谷物耕作体系这一长达千年的社会—文化鸿沟。[49] 非汉人，
尤其是欧亚草原的游牧战士，在 1100 年至 1300 年间不断挑
战由经典教育培养出的宋代政权，并取得了决定性的战果。当
汉人与游牧民族同时生活在同一位统治者的统治之下，一套由
双重组织制度构成的国家体系便应运而生，它一手管理部落军
事精英，一手以中国官僚体制治理汉人——这便是清朝时满、
汉双轨制的先例。而当科举被体制化，它便也受制于这种离
心的双轨制。[50]

　　因此，如果我们留意宋、明历史"被蛮族打断"这一文士
所发明的论调——在当时以非汉族为尊的精英世界中（其中的

一些被合称为"色目人"），汉族文士反倒成了二等精英——就可以衡量宋代科举与晚期帝制科举之间的连续性。尽管这些社会上的"局外人"由多个民族构成——其中包括蒙古人、西夏人、契丹人、女真人、波斯人、犹太人、亚美尼亚人等——当他们置于广大的汉人群体中时，他们却成为蒙古政权精英的一分子。而在蒙古统治中国以前，契丹和女真军事贵族在辽、金两个王朝时期，都曾以社会"局外人"的身份进行过统治，并成为政治局内人。当一个"局外人"集团统治着中国本土社会，持续千年的文治官僚体系对这样的"局外人"来说有时是可以被抛弃的。在最好的情况下，它也得迁就于双重政治体制，以此迎合"局外人"及其汉族臣民。金人尤其擅长以汉化的行政管理来补足女真人的习惯法。总的来说，在允许独立的法律与习俗在各个部落单元加以施行这一点上，民族政权做得相当成功。[51]

为了捍卫自己眼中的开化文明，汉族人针对未开化的军事生活方式与社会习俗，将非汉族群刻板地定性为"蛮族"。比方说收继婚制——也就是一名战士要从他去世的父亲或年长的男性亲族那里接纳他们的妻子——是游牧部落的习俗。宋人则将此举视作乱伦。"色目"人仅以非汉族这一属性构成其社会统一性，他们在政府管辖领域挑战并取代了本地的汉族文士，而这些汉族文士和平民则退守于各自直属的地方社会，加快了从北宋的积极入仕转向南宋地方主义这一社会变化过程。[52]

科举成了竞争激烈的教育领域，受经学文化熏陶的汉族精英最开始无力同那些武力征服者抗衡，因为后者参加特殊的考试，门槛更低，还能从父兄那里获得世袭头衔，直到这些武力精英自己也受到汉字经学文化的训练，从而足以同大多数汉人在民族政权的官僚体系中直接抗衡。这一开化过程在契丹人和女真人中进展得更快，他们迅速归化自身，在其王朝早期就实行科举，压制部落自治。[53] 他们还创制出本民族口语的文字形式，而一些女真战士在北宋灭亡前就已对汉字文言文相当熟稔。[54] 但是，尽管有像耶律楚材（1190—1244）这样显赫的契丹文人在旁反复劝说，事实证明蒙古人对文治政府中以文学标准衡量政治权力这一汉人式的举措更加抵触。"通过在受监管的文学创作场合舞文弄墨，而不是真刀实枪地比武取胜"，这无疑不可饶恕地威胁到了那些目不识丁的战士。[55]

22　　欧亚草原以及朝鲜和日本的武士精英与中国文官产生了鲜明对比，尽管当这两种角色的理想型在亚洲的沟通日益频繁，彼此的文、武之道也逐渐融合并实现共享。自唐代开始，通过书面考试选拔官僚赋予文官一种武士无法企及的文化地位，而在武士所隶属的群体中，即便通俗的读写能力也首先是巫觋法师的特权。而"文士"作为受经学教育的文化贵族，即便是他们"寄情山水"的业余理想（amateur ideal）对大多数不识字的军事精英阶层也构成了某种挑战，更贬低了后者在战场上的英勇形象，直到战士也以文人的标准将自己社会化。[56] 但 1100 年以后，军功阶层日益威胁着文官的优越性，一是因为在中国北部、南部和朝鲜一波又一波的军事征服，二是由于这些武人也日益开化。

　　首先，契丹人和西夏人将控制范围延伸到唐王朝的西北腹地，并建立了辽和西夏两个王朝。紧接着，女真人（在北宋的怂恿下）制服了辽，又转而侵略了宋，在北部中国建立金朝，并将首都设在中都（今北京）。之后，蒙古人（在南宋的协助下）打败了女真人，又在 1280 年将其军事统治拓展到中国南部全境，从而建立了元朝，定都大都（今北京）。在 1125 年至 1368 年这一前所未有的长时段中，民族政权以武力将其政治意志强加给汉族精英与平民。而汉族文士的文化、政治主导地位由此被游牧武士断然推翻，而在后者的统治下，仅仅凭借经学文化修养并无法获得政治权力。我们将会看到，从南宋末年直到 14 世纪早期，民族政权统治下的中国并不存在科举，而当科举再次实行时，统治者也更偏爱"色目"人。[57]

（从汉人的视角来看，）契丹人建立的辽朝是第一个以宋朝为典范开设科举的民族政权，附录四中的辽代和金代条目也能说明这种情况。从 977 年至 983 年，辽代的科举规程便突出唐代风格的"帖经"考题，附加诗赋与策论。988 年，辽代科举也采纳了宋人的主张，把诗赋放在首位，但第二部分则包括了法律这一特殊环节。然而，直到 1011 年以前，辽代科举的规模十分有限，每年只有 1—5 名进士被选拔出来。为了平衡契丹贵族世系之间的权力，辽代统治者从未触动军事精英的世袭特权。但 1011 年以后，每科的进士配额第一次增长到了 70 人、80 人，甚至 100 人，这意味着辽代皇室开始与汉人合作，后者作为非契丹族官员在辽代"南北两院制"的二元政治体系中大量任职。辽代也效仿唐、宋两代，承认官员的门荫制度，从而限制了科举作为晋身高位的途径的有效性。[58]

不仅如此，类似的文学趋势同样出现在朝鲜高丽王朝（918—1392）：在蒙古人统治早期，高丽的科举也强调诗赋。朝鲜的文武"两班"精英对是否将经义纳入科举科目的争论同样贯穿王朝始终。1392 年后，诗赋和经义在朝鲜李氏王朝（1392—1910）的科举中被同时采纳。[59] 朝鲜贯族和不通文言的日本武士精英形成鲜明对比，而科举从未渗透进日本社会，平安时代（794—1185）的京都贵族有过短暂的文学考试，德川幕府宽政年间（1789—1801）及此后一段时期内举办过经义考试，但也就仅此而已。[60]

当女真人统治了中国北部，他们就基于辽代和北宋的科目设置举办科举，但规模远远大于辽代，平均每年选拔的进士多达 148 人或 149 人。1115 年至 1150 年间，金代统治者强调诗赋考试，但同时采纳北宋王安石变法时期所强调的经义科。然而 1139 年后，科举科目按照地理区域划分为两种，诗赋在北方依然是科举常设科目，女真人与汉人在其中互相竞争，但在汉人占多数的南方地区，经义文成了科举标杆。但到了 1151 年，金朝也追随南宋的教育趋势，统一了南北两地的科举规程，将诗赋定为科举选拔的核心。然而，诗赋的优势仅仅持续到 1188 年，经义再次得到恢复，与诗赋分庭抗礼。[61]

到了 1180 年，金人在女真大字和小字[62]的基础上发展出了他们自己的书写系统，并用女真文写下决策问题来考查他们的军事精英。与之对应的女真文科举专门为这些少数军人设计，而为汉人举行的标准科举一直持续到金代末年。科举的双轨制伴随着进士配额的惊人增长。陶晋生记录了金代进士的每年平均数如何从最开始的 59 人（1123—1136 年）升至金代末年的 200 余人（1188—1233 年）。金代晚期的进士数甚至超过了宋代进士数（参见表 1.3），只有徽宗朝（1100—1126）、光宗朝（1189—1194）和理宗朝（1224—1264）三朝除外。然而，女真贵族的世袭选举和特权保护使他们比汉人更容易入仕并晋身高位。[63]

辽、金两代都没有将道学运动的任何一支引入科举考试。而对于这两个民族政权以及宋朝来说，诗赋或经义始终是科举中千里挑一、选拔人才的必要环节，而在这群考生中，文人或军事精英为了谋求官位与地方社会的崇高声望而参与竞争。待在北方的汉人文士显然追随了出现在南宋的经学风尚，但道学影响力依然局限于一小批文士团体。而大多数道学"集团"（fellowship）——田浩的这个称呼甚是贴切——在南方也尚未成为主流。[64]

生活在金人统治下的北方文士——著名的有赵秉文（1159—1232）和元好问（1190—1257）——依然强调北宋的文化价值，"文"与"道"是其思想议题的重要范畴。[65] 他们的文学视角意味着北方文士更青睐苏轼这样的北宋"文人"所阐发的诗赋与古文传统，而不是程颐、程颢的超验道德主义，虽说二程位于中原的故里已经落入金人之手。[66]

田浩已经指出，金代文人显然已经意识到南方的道学集团，以及程颐形而上学式的观念在南宋日益流行的趋势，但即便赵秉文和其他文人对道学的某些方面抱有同情，像王若虚（1174—1243）这样的金代文人依然与道学运动保持距离，他们更倾向于拥抱北宋文学关怀所标举的文化多元主义。[67] 我们将会看到，南宋对统一意识形态的需求在稍后开始出现，并且与 1234 年后的宋蒙战争紧密相关，当时的理宗朝已经有道学集团开始向成为帝国正统意识形态的方向迈进了。[68]

南宋诗赋与朱熹的抨击

1234 年至 1271 年间，蒙古在中国北部的统治使南宋陷入困境。蒙古人有时会沿袭金人的体制，但他们对科举铨选官员这一方式依然心存顾虑。[69] 然而，南宋却在本质上扩大了科举进士的配额，人数远超前代。当宋代领土萎缩之时，进士人数却上升了（参见表 1.3），尽管没达到过于夸张的地步。比方说，根据贾志扬的估算，1225 年至 1279 年的进士数（7570 人）超过了宋代进士总数（39711 人）的 19%，而这 54 年仅仅占宋朝总年数的 17%。但在 1240 年以前，超过 35000 名宋代进士都未被要求精通程朱理学。[70] 他们依然擅长诗赋与古文创作，外加一些经史作为补充。但道学对南宋科举的渗透的确在策论——这一较为次要的科目——中发生了。[71]

然而就官方科举科目而言，附录四的编年表明，南宋科

26

举最初是回到了唐、宋诗赋的文学传统。而在随后的 1143 年到 1145 年，进士科科目又变回了文学与经义抗衡的对立局面。但朱熹等道学家参与了对诗赋取士的抨击，他们强烈要求在科举中废除诗赋创作。朱熹的门生对士人文化的文学修为高低无关乎道德修养这一点予以批判。渐渐地，道学观念在 13 世纪 20 年代开始左右科举科目。这一影响在 60 年代达到高峰，当时科举中的"论"愈发反映程朱理学的思想。[72]

尽管朱熹对五经和四书的注解于 1211 年至 1212 年间被纳入学校的官方科目教程，北宋的道学奠基人也得以配享孔庙，但他们对科举的倡议在现实中的实施却进行得非常缓慢，并显得零零散散。[73] 尽管理宗于 1241 年追封道学"五子"，但朱熹所提倡的"慎思明辨"在科举中收效甚微。迟至 1264 年——7 年之后科举便不再举行，直至 1314 年重新恢复——仍有人提倡改革科举规程，使之符合程氏兄弟对道德行为与个人修养的强调。更多的道学家在 1267 年被追封从祀孔庙。道学观念被供奉在象征性的圣域，并渗入大规模的南宋进士科举中的次要环节。南宋王应麟（1223—1296）因其未能以死殉国而备受指摘，但他的政治生涯显示出晚宋政治已被党争破坏殆尽，而当他们面对宋蒙战争时，其失败原因并非思想活动的缺位，而是由于整个国家及其臣僚正经历着军事与政治上的崩溃时期。[74]

尽管朱熹关于科举改革的私人主张从未上达天听，其大致提要已在附录四的南宋科举编年表中列出，但它足以使我们更清晰地看到 1200 年前后，道学集团如何看待经义与诗赋之争。朱熹个人所推荐的科举科目并非一套仅仅从道学角度设计的经典教育方案。他的设计精确而富于技术性，并在科举这个议题上强调三个方面：（1）在南方竞争更激烈的地区，增加进士配额；（2）推举道德方正之人；（3）使整套科目更加完备。朱熹的重点考虑在于创造取士过程的地域公平性，确保选贤任能，以及要求所有文士全面掌握经学遗产。[75]

但是，相较于此前两个世纪宋代科举科目的文学与经义之争，朱熹所推荐的规程有些不切实际。他的提议并非一份纯粹的道学宣言，而是囊括了自上古以来文人传统中逐渐积累的整套经籍与历史文本。如果这就是正统的科举科目，即便朱熹成功地说动朝廷采纳了其建议，也没有一个务实的行政人员或在位君王能够加以实施。道学规训被消融在无数经典文本与注释中，学生需要 10—12 年的时间完成考试。朱熹丝毫不惧于将儒家经典及其注疏作为其个人阐释的合法对象，而他关于经学优于文学才能的主张挑战了文士群体与朝廷，在这一点上他与王安石殊无二致。

在朱熹的四阶段规程中，经义文基于五经被分为三科加以考核，外加一科用以考查日后称为"四书"的经义内容。以先秦诸子的哲学著述为主的论，和基于历史与时务的策，二者共同丰富了整套科举科目。以上便是这套科目的核心。五经、四书、先秦诸子、历代国史和有关政制的类书是这份必读书单的基石。学生将从第一年便开始经义考试。在接下来的 10 年里，他们为了完成学业，需要准备好其他附带考核。朱熹并没有让他的门生简单地学习北宋道学家，而是推荐他们从掌握汉、唐的经典注疏传统入手。汉代经学注疏家尽管有不少理论缺陷，但依然是经典教育的起点。之后，学生才能从欧阳修、王安石和胡瑗（993—1059）等宋代学者与道学家身上学有所得。尽管朱熹对前代经典研究的肯定不宜夸大，但他兼容并包的学习科目设置的确与后来分道扬镳的"宋学""汉学"相去甚远，这一现象要到元、明两代道学成为帝国正统学说之后才愈发突出。[76]

但是，朱熹在其中一点上表达得十分清晰而实际："所以

29

必罢诗赋者，空言本非所以教人，不足以得士，诗赋又空言之尤者，其无益于设教取士，章章明矣。"朱熹在他的提案中对其门生斩钉截铁地声称，诗赋美文受到道学集团的厌恶。[77] 北宋至南宋逐渐贬斥诗歌的态势也包括了对杜甫（712—770）等唐代大诗人的重新解释：宋人将其文学成就道德化，杜诗因为政治上的忠君主题和忧国忧民之心而被尊崇。[78]

尽管如此，直至南宋末年，进士登第者依然在经义与诗赋间徘徊。除了 13 世纪 60 年代道学对科举的渗透，促使考试内容由诗赋转向经义的另一大助力恰恰是科举制度本身的变更。它在 681—1271 年间曾力图平衡诗赋与经义——这种状态维持了近 600 年，却在 1237—1238 年以及 1314 年被废止，从而不期然间将文化自主性拱手让给了地方文人群体，也让后者在王朝统治者的管辖范围之外决定其神圣学说与教谕的命运。

道学与元代科举

在没有元朝官方支持且无法通过科举进入仕途的前提下，生活在元代的汉人文士并未消失。[79] 汉人在民族政权统治下很难深度参与到帝国政治运行的内部，因此很多人另谋生路，在医药、文学和艺术领域开拓事业；尽管文士们并非初入这些工作领域，但愈发得到人们的敬重。[80] 元朝统一南北的影响在绘画领域尤其显著。通过克服 1127 年后地域审美偏好所导致的南北两极分化，1279 年蒙古所取得的政治统一在绘画艺术主题与理念上带来了一股文化融合的趋势。北宋宫廷的古物藏品散入各处的私人收藏，南方文士得以自购自赏，强大的复古主义潮流便在中国南部盛行。[81]

书法、绘画和文学领域的业余理想型的学者传统在北方复兴，并与道学的道德哲学分庭抗礼，试图获得日益去政治化的元代文人的关注。比方说，蒙古人统治下的艺术与文学不受帝国直接的控制，从而获得了前所未有的自主性。高居翰（James Cahill）描述了中国画如何"经历了一场在其全部历史中最为决定性的重大变革"。[82]宋代宫廷画院的衰落，意味着帝国力量无法左右文人画家的审美趣味了。元代的业余文人画超越了杭州专业画师的成就，后者曾隶属于南宋宫廷画院。文人画家所表现的多重拟古风格也不再凭借宫廷审美来决定其是否流行。蒙古人治下对汉人政治权的剥夺产生了一个任何人都未曾预见的好处，那就是汉人文士与商人精英获得了文化自主性。[83]

相应地，蒙古人以及色目人起初并不觉得有必要进行意识形态管控，也无须利用教育将"内部"汉人疏导入各方都能接受的仕途轨道上来。科举最开始被那些武人所忌惮，他们视文人为竞争对手，而科举就是后者的掩护，因此很快将之废除。一些作为谏官的金人说服蒙古人将文士当作与僧侣和道士一样的特权群体，对他们应免税免刑。1313年前，唯一一次提倡科举的动议出现在1237—1238年，当时蒙古人设计了一系列地方性的诗赋考试，以此确定官方认可的儒户。超过4000人通过了考试，但那次科举仅允许他们以儒户身份免除部分税，而能借此步入仕途的却寥寥无几。[84]

在这种良性的忽视下，经学教育在元代以私人方式蓬勃发展起来。大量书院被建造，而汉人宗族也加强了他们在南宋时期就开展的地方活动。例如，程端礼（1271—1345）在元代的地方官学书院中任职，他的家族自发组织传承文人教育，以维持他们在当地的社会地位。[85]此外，文士世家依然有可能担任官方胥吏和地方教育官员，将其社会身份转化为政治影响力。萧启庆估计，85%的元代官僚由胥吏构成。正如在金朝那样，文士介入吏事是宋代科举终止后另一条可行的职业道路。比如韩明士主张，文士世家这一社会类别实则强化了曾经入仕南宋的汉人精英的既有地位。在元代，他们是蒙古人与色目人同中原本土地方社会沟通的重要中介。[86]

经学教育对于南方汉族文人而言依然是最值得推崇的人生发展路径，尤其是 1291 年后蒙古人开始规范地方官学与私学后。尽管终元一代，作为教育官员而能身居高位的人寥寥无几，但这条仕途依然在地方上备受推崇。类似情况从宋－元－明转型时期一直延续到 16 世纪晚期，直到明代地方教育官员被中央任命的进士所取代——后者负责监督地方考试与各省乡试（参见第三章）。[87]不仅如此，元代废除科举的举措反而促进了诗赋在文人群体中的流行。以宋代宗室身份于 1276 年后入仕元朝的赵孟頫（1254—1322）与其他元代文人曾抱怨，科举的消失使得士人不再被要求研习经籍，相较之下诗歌转而在南方文人群体中备受追捧。[88]对南方文人的如是评价，说明程朱道学集团依然任重道远，朱熹对文士教育的私人指导方针在科举中被广泛采纳与实施尚待时日。

而元代文人对诗赋的偏重依然令程朱后学担忧。正如附录四中元朝科举系年所示，13 世纪 60 年代的北方道学家反对在北方重新举办科举，因为他们担心这样的考试依然以诗赋为考查内容。比方说，1237 年至 1238 年选拔儒户的考试便遵循金朝故例，考了经义和诗赋。[89]1275 年，程朱理学家杨恭懿（1225—1294）上奏元廷，主张科举考试应以经学为基础，并取代唐宋诗赋。此后（比如 1284 年），程朱理学家也从他们的立场支持恢复科举这一普遍的文士要求，但在 1313 年蒙古对中国南部的掌控得到巩固之前，其呼声始终没有被蒙古人采纳。[90]

尽管如此，1238 年后科举在北方的废除，的确令诗赋逐渐失去了文学支持者以及官僚机制的制度性保障，其地位从而出让给了道学拥护者。后者在 13 世纪 60 年代反对一切文学性科举，除非考试的内容是程朱理学所提倡的经典教育。
而当蒙古人正在犹豫是否为人数甚多的汉人恢复科举之时，
地方社会的道学家已经掌控了科举舆论。实际上，科举制由
于缺乏支持诗赋这一保守传统的制度性保障，其自身已无从
决定其日后的考试内容。蒙古人于 1313 年恢复科举，最终是
为了迎合当时最具影响力的道学集团，从而获得这一文士群体
的支持。朱熹及其门生在宋代未能如愿的目标，却由他们的后
学在元代统治者警觉地注目下最终达成，而元廷当时正在寻求
文士对其政权合法性的支持。元朝由此十分明智地适应了南北
方士人教育的潮流转向。[91]

　　但是，如果我们仔细审视 1313 年以后对汉人公布的科举科
目的话，便可以看出，即使在蒙古人治下，程朱理学正统的经
学也尚未完全压过唐宋诗赋。四书如今已在科举科目中脱颖而
出，其经典地位与五经相当，朱熹当然乐于看到这个变化；但
汉人乡试、会试的第二场依然要求写作古赋。考生还被要求准
备敕令或奏章形式的官方文体书写。诗歌在科举中被废除，但
1314 年至 1366 年间的科举考试依然在考查考生的文学才能。[92]

　　即便在数十年的争论与纠缠之后，[93]蒙古人在汉人与女真
人大臣的敦促下最终在 1313 年重开科举，但他们还是限制了
它的规模，并确保汉人的入选比例同蒙古及色目考生相当。尽
管蒙古人和其他非汉族人口仅占户籍人口的 3%，他们却拥有
1366 年以前所有科举考试所录用举人和进士人数的 50% 以及
30% 的官位。[94]在 1315 年至 1366 年间，每三年一次的乡试
总共只选出了 350 位举人。不仅如此，如表 1.1 所示，1315
年至 1368 年间，元朝大都只举行了 16 场会试，而得到最高的
进士头衔的考生只有 1136 人，平均每年只有 21 名进士。

　　在金代，省试每三年一次在京城举办，1123 年至 1233
年间共举办了 45 场省试，产生了总计 16484 名进士（见表

34

1.2），年均有 148 名或 149 名进士。但金朝统治者依然挑选并祖护世袭贵族，相比汉人，他们优先考虑将官僚体制中最关键的职位授予女真精英。而北宋时期的年均进士数为 115 人，南宋为 135 人。[95] 迟至 15 世纪，科举的规模与量级才再次逼近宋、金两代的水平。

举个例子，如果我们查看 1333 年的《元统元年进士录》（即殿试进士名单），我们可以发现 100 名进士被等量划分成四个族群，即蒙古人、色目人、北方汉人和南方汉人。相对于汉族考生，蒙古人和色目人所需回答的政策问题有所不同，且更加简短。比方说，蒙古进士第一名所回答的策问题是"保天下"的经典定式，而汉人进士第一名则被要求回答关于皇权经典形式的全面评估，尤其是皇帝与王霸这两种类型。[96]

就乡试和会试而言，蒙古人和色目人相比于汉人所参加的环节更少，题目也更少，从而更能在受限制的竞争中获益。针对蒙古人和色目人的会试分为两场：第一场从四书中挑选一篇，并从五经中择取五处引文来提问，而回答则需参考程朱理学的相关注释；第二场中，考生回答一个简单的策问题即可。正如窦德士（John Dardess）所注意到的，这一形制"抛弃了强调韵文的宋代科举的传统形式"。[97]

但是，窦德士和其他人却没有认识到，元代给汉人举办的科举考试包含三场，而其中的第二场依然要求韵文写作（它被称作词章、词赋或古赋，其形制属于古体韵文）。由此，人们所谓元代科举与宋代科举彼此相割裂的说法——这成为明初的一大重要主题——实则对汉人而言并非完全如此，因为唐宋文学形式的创作对他们来说依然十分重要。[98]

在元代，只有 2% 的品秩官僚是从进士中选拔出来的，荐举和世袭门荫确保了蒙古人和色目人在元朝上层官员中的支配地位。在民族政权统治下，大量的汉族文士转向了文官制度以外的职业，这在 1127 年金兵攻陷北宋都城开封时如此，在之后 1235 年蒙古人占领北方、科举中止时也如此。[99] 比如，江西文人揭傒斯曾注意到，"自科举废，而天下学士大夫之子弟，不为农则为工、为商"。[100] 他在下文暗示说，科举的恢复将使汉人重新被吸纳进文官制度，而这一前景许多蒙古人和色目人担忧，因为他们作为外来者害怕其优于汉人的特权被削弱。

　　相反，13、14 世纪的蒙古军事精英通过雇用穆斯林和藏人等来统治汉人，促使其精英地位得以维持，但这个策略与千年以来从经籍中受到启发而建立的官僚制的文治理想以及利用科举选拔文官的理念直接对立。[101] 之后，17 世纪的满人精英遵循了他们金朝时期的女真先辈——金代女真人为他们自己和汉人分别举办科举，从而在蒙古人之前成功统治了中国北部 [102]——迅速采纳了汉人所看重的科举取士制度，并成功适应了其文治理想；与此同时，满人也徒劳地在满州、蒙古和汉军八旗中维持其军事精英传统，这一制度贯穿着整个清朝。20 世纪满人文化的衰落也标志着文官体制的深入及其对军事文化的长期影响，这一进程自北宋灭亡开始真正出现，并在 19 世纪获得最终胜利。[103] 这一后见之明能让我们更好地理解元代关于恢复科举的论辩，其中充满了政治矛盾和措辞上的模棱两可，这一论辩从 1237 年一直持续到 1313 年。在这之后，科举才姗姗来迟地在小范围内被重新恢复。[104]

　　但是，直到 1370 年和 1371 年分别举行了第一次明代乡试与会试，唐、宋科举重视文学的传统才最终宣告结束。明代科举第一场的科目要求写作两篇经义文，一篇是讨论四书中的若干引用，另一篇则是从考生选定的一部专经中出一句引文进行考试。这一场在元代是科举考试的最后一个环节。而明代的经义和元代一样，倚重程朱理学对经文的注释，以此作为考生所引经文的正解。在第二、第三场，考生围绕《孝经》中的一句引文撰写一篇论，之后则是关于时政的策问。紧接着上述书面考试之后，中举者又需参加骑、射、书、算、律这些所谓古代文士的"五事"考核，用来测试其体能与心智能力，明太宗将之视为对文士一味死读书的矫正方法。[105]

由此，在宋－元－明转型时期，文士科举生涯和经学科目最根本的变化就是诗歌从科举中完全废除。这一划时代的转变部分归因于朱熹以及追随他的元、明时期道学集团，这点不言而喻。他们的观点动摇了国家在科举科目中对唐代文学的支持，从而转向了宋代经义，以及与道学相关的主题话语和时政策问。在王安石对北宋科举的改革基础上，后世科举又专注于四书和程朱注释，将之升格为官方正统——这是连朱熹本人都不曾提倡的。

自宋朝灭亡许久之后的 1370 年开始，诗歌从明代科举官僚体制中完全被废除，并持续至 1756 年——其时，科举科目又发生巨变，以作一首试帖诗来平衡经义写作（参见第十章）。在元朝和明朝统治下，宋代道学的反诗文观找到了远比宋代更适合它发展的沃土。但这一全新的科举政策并未真正打消明代文人群体的作诗热情与文学风尚，这反映出经学教育科目在文人精神生活方面的文化影响十分有限。士绅阶层和商人精英的相对自主性使其能够利用他们与朝廷的合作关系，从而对抗并限制帝国教育政策在科举考场之外的全面辐射。诗歌或许在1370 年后被排除在帝国的"文化监狱"之外，但尽管——或者说恰恰由于——有了这道科举禁令，诗歌与散文作为流行文体依然活跃在私密性较强的诗歌社群中。二者也经常被收入晚期帝国文人的别集之中。

明代科举的官方文书写作与司法判语考核

明代开国皇帝朱元璋（1328—1398）急于得到汉族文人

的支持，于 1369 年宣告了其古典式的治国愿景："朕惟治国以教化为先，教化以学校为本。"他令所有州县兴办官方学校，而根据文人理想，未来的官僚学而优则仕，通过所接受的教育来治理国家（即所谓"政教"），并转而满足百姓的物质需求，帮助他们形成良好的风俗（"养民成俗"）。朱元璋于登基的前一年（1367）宣布计划举办文举和武举，以此延揽人才入朝为官。此外，朱元璋还为文士重建了翰林院和太学。这是个十分明确的信号——作为平民的文人再次得以积极参与公职：

> 其应文举者，察之言行，以观其德；考之经术，以观其业；试之书算，以观其能；策以经史时务，以观其政事。应武举者，先之以谋略，次之以武艺，俱求实效，不尚虚文。[106]

在朱元璋刚在长江三角洲地区打败其竞争对手、赢得胜利后不久，他脑海中依然是一个由皇帝主导、文武大臣互相牵制的政治图景。在明代早期政权中，文官相对于武官还远未占据天然的主导性优势。此外，时人并未提及文举和武举书面考试的内容。比方说，明代科举会像南宋和金代那样重视文学考试吗？抑或他们是否会继承元代科举，采纳朱熹的个人建议，从而放弃宋代科举在韵文与经义写作之间所追求的平衡？[107]

按照元代文人虞集（1272—1348）的说法，对程朱"理学"的官方认可是整个元朝的主要文化成就之一。[108]另一位文人刘基（1311—1375）于 1333 年通过了元代科举考试，并成为朱元璋最信任的谋臣之一，在他的干涉下，明代皇帝选择了基于道学的元代科举模式，以此考查志在入仕的考生。直到 1380 年，明代的国家制度建设十分忠实于元代体制，有时甚至原样照搬元制。1370 年，已是洪武皇帝的朱元璋（1368—

1398 年在位）宣布兴办科举，选拔文士、委任公职：

> 汉唐及宋科举取士，各有定制，然但贵词章之学，而
> 未求六艺之全。至于前元，依古设科，待士甚优。……自
> 洪武三年八月为始，特设科举，以取怀材抱德之士，务在
> 经明行修，博古通今，文质得中，名实相称。其中选者，
> 朕将亲策于廷，观其学识，品其高下，而任之以官。[109]

40 　　通过遵循元代的文武之制，明朝开国皇帝重组了文武官僚的选拔和委任过程，使帝国得以控制其人力资源。明朝廷有效地取代了蒙古人统治，建立了渗透至州、县的官僚体制，用以寻找受过经学教育的文人，让他们进入官僚精英阶层。此外，通过设立州、县层面的院试，朱元璋扩大了宋、元科举选拔在地方上的规模（参见第三章）。[110]

　　科举规章与形式也附在朱元璋的诏书之后，它明确要求考生学习程朱道学，以此恰当地掌握四书五经。相应地，在元代以后的历史情境中，科举的政治、社会与文化规程也更倾向于考查经学理念下的治国之道。文官制度的体系流程——科举科目与考试形制，以及委任官职的特定步骤等——成为明代继承蒙古帝国时期的关键性体制之一，并使得南宋道学从一个基于地方社会的文人运动转变为覆盖帝国全域的王朝正统思想，并在晚期帝制时期日益扩张兴盛。明初朝廷要求其主流的社会精英掌握程朱之学。[111] 但正如我们所见，制度的延续性不仅仅局限于明承元制，而且还能追溯到元承金制。因此，明初科举与南宋科举之间的联系其实是以两个民族政权作为中介。

　　道学在它萌生之时被斥为异端，却在 13—14 世纪被文人广泛接受，到了明代更被定为正统。[112] 之后的李调元（1734—1803）声称，明代科举的体制形式借鉴自元代，而非宋代。[113]

类似观点质疑了通常所认为的宋、明之间的延续性。事实上，科举对程朱理学正统的实际广泛运用并非宋代出现的现象，相反，它恰恰是元、明时期一系列政治与教育事件所造成的后果。比如元人在准备应举时强调朱熹的著述及其经典注解，这也成为明代（以及清代）科举的核心科目。[114]

　　明代早期的乡试、会试反映了当时的官学教育。明代最早在朝廷举办的科举考试由三部分组成（附录四概括了1370年至1371年的科举科目）。每一场考试都是单独举行，而考生最开始被要求准备一篇基于五经的至少500字的经义文，另一篇至少300字的经义文则以四书为题（见第七章）。接下来，根据《孝经》中的一段文字，他们被要求书写一篇至少300字的论，并需要学会诏、诰、表等官方文书体裁的写作。明代科举的论相较于宋代有很大差异，因为宋代的论主要引用经史和先秦、宋代诸子的著述，后来才出现了征引道学文献的情况。在南宋末年的科举考试中，道学主题逐渐渗透进"论"这一体裁的写作，并最终在明代被常规化，成为官方学说正统。在最后一个环节，考生必须写一篇不少于1000字的基于现实问题的时务策。通过这三场考试的考生，十天后还要测验体能（骑、射）与心智（书、算、律）。[115]

　　道学作为帝国正统思想的文化生产过程（即官方将南宋文士对四书五经的阐释化为己用的做法），以及核心科举科目都始于元代；而它通过科举进行大规模文化再生产则始于明代。尽管明代科举在1372—1384年间被短暂搁置（见第二章），明代科举可以说划时代地与纯粹注重文学写作、强调诗赋的科举考试划清了界限，并且在1384年的科举中融合了唐宋司法判文与汉唐官方文书写作的考核传统。下表（1384—1643年明代乡试与会试的科举科目）显示出，在明清时期（直到1757年）乡试与会试的第二场中，帝都考官其实是重视官方

41

行政文书的写作的,如汉制诏书、唐制诰文,以及宋制表状,在这个意义上,明代科举对诗赋的忽视不仅仅局限于增强其道学议程这一点上。尤其是表状的写作,代表了明代沿袭宋制,进士在科举发榜后立即写作表状以答谢皇恩——明清时期的状元作为同辈中的佼佼者,都要向皇帝进呈"谢表",这正是科举第二场的考题内容,而这份谢表也成为状元们在出任帝国官员后的第一个政治行为。[116]

1384—1643 年明代乡试与会试的科举科目

考试场数与内容	考题数
第一场	
1. 四书	3 句引文
2.《易经》	4 句引文
3.《书经》(《尚书》)	4 句引文
4.《诗经》	4 句引文
5.《春秋》	4 句引文
6.《礼记》	4 句引文
第二场	
1. 论	1 句引文
2. 诏告表	3 篇
3. 判语	5 份
第三场	
经史时务策	5 篇策论

注:在第一环节,每位考生只需从五经中挑出一部擅长的专经,基于那一部经进行回答即可。这一程式一直持续到1756年。

被称为"判"的法律文书写作在唐宋时期作为专门的明法科十分流行,但随后进士科在官员选拔体制中更受欢迎。[117] 明法科在隋唐是六科之一,而像王安石这样的北宋改革家也在北宋继续强调这一科,其门生借此抨击诗赋取士。北宋时期,尤其在 1071 年以后，哪怕是进士也可能要考国家律令。像这样的司法专业考试把重点放在两个领域：规范性的行政法与禁止性的刑法。法律条例本身是这些司法考试的关键。志在入仕的考生们被要求向考官展现他们对刑法章程与法令条例的熟稔。[118]

明法科于 1102 年被废除，南宋时期出现了一些明法科复兴的迹象。[119]但自此以后，中古中国的制科考试完全被进士科所取代，后者在经学研习与文学表达之间两相权衡。由此，当判语被引入 1384 年的乡试以及 1385 年的会试时，这一改革代表了为响应洪武皇帝倡导"实学"的号召而作出的努力，而其前身正是唐、宋时期的明法科考试。比如，朱元璋 1372 年停办科举（亦见第二章）的一大原因，正是他不满于 1370—1372 年自己发起的科举考试过于重视文学写作。1373 年，朱元璋突然中止了一切科举考试，声称入仕的进士"不能措诸行事"。在他 1373 年颁布的最初禁令中，朱元璋抱怨道：

> 朕设科举以求贤，务得经明行修、文质相称之士，以资任用。今有司所取，多后生少年。观其文词，亦若可用；及试用之，不能措诸行事。朕以实心求贤，而天下以虚文应朕，非朕责实求贤之意也。
>
> 今各处科举宜暂停罢，别令有司察举贤才，必以德行为本，文艺次之。庶几天下学者知所向方，士习归于务本。[120]

就像唐宋时期的先例那样，1384 年后，朱元璋及后来的明代皇帝要求所有举人和进士都熟悉大明律，科举考官会从中挑出五条判语，要求考生以文章形式指示其出处并解释它们。大明律于 1373 年初次编定，并于 1376 年增修，最终在 1389 年完成。早在 1381 年，朱元璋便下诏所有官方学校的学生都

44

要学习大明律令。[121] 此后的 1384 年至 1643 年，所有明代乡试、会试的第二场都包括了判语题。[122] 这一考核系统一直持续至 1756 年，当时清廷决定取消司法判语的考试，而在科举中复兴了唐宋诗赋（见第十章）。

和田正宏解释了从中古唐、宋科举的诗赋传统向明清科举所加入的官方文书与司法判语考核这一划时代变革的本质：当时的文士和皇帝逐渐达成共识，即主张终止中古时期以诗歌为文人士大夫教育指标的主流价值观。在这一决定性的转变中，道学集团与明代统治者一道创立了晚期帝制的科举典范：（1）以程朱道德哲学为旨归，在此基础上进行四书五经的考核；（2）考生被期望学会写作古体官方行政文书，并掌握帝国律法；（3）考生被要求基于时政撰写时务策。相应地，朱熹及其南宋追随者的长期影响只能部分解释诗赋作为士大夫文化－政治风向标的没落。汉代的策问传统，以及隋唐两宋的制科考试，二者都出现在经义文兴起之前，但也同程朱经学一起在明代复兴，它们被长期保留在 1384 年至 1757 年每三年一次的乡试、会试中，成为常规考查科目。[123]

由此，学者因为急于要勾画出宋－元－明转型时期成功转向道学教化这一复杂过程（尽管这种胜利并非通常所认为的那么彻底），他们往往过度夸大了宋代以后文人话语中"文"的衰落，并相应地过分肯定了程朱理学在晚期帝制科举中的中心地位。尽管元代以后，道学无疑成为官方文人话语的核心，但司法教育和"文"依然是极其重要的文化与政治表达形式。科举中对判语的考试要求，起初保证了大明律法成为应试考生教育的必要组成部分。而 1756 年将判语从科举中移除，代之以诗律的做法，暗示了 18 世纪复兴"汉学"及其致力于"复古"的努力成为当时统治者有意识地取消元明科举模式的重要因素。

此外，我们知道在明清时期，文学创作的能力依然是精英群体社会地位的清晰标志。我们只要想一想日后声名狼藉的"八股文"的核心地位——这一文学实践考查的是考生的文体写作能力，而官方要求的程朱之学正是这一形式所承载的内容（见第七章）——我们由此便能意识到道学对唐、宋诗赋的胜利并不彻底。明清科举的制艺文清楚地以其内容（"理"）和形式（"文"）判定优劣。而诗歌虽然不如唐、宋时期那么风行，但它依然是"文人"（man of culture）的标识，并一直持续到20世纪。除非我们充分认识到文人钟情于"文"，否则我们永远无法真正理解为何文学风格在中古及晚期帝制时期科举中的影响如此之甚。

宋代以来的中国思想史叙事直到近期才被纳入政治、社会和文化语境中予以再讨论，人们开始关注逐渐浮现的文人思想、道教、佛教与伊斯兰教在宋代的文化形式，以及这些趋势如何与民族政权及非汉族裔进行互动。自宋－元－明转型以来，本土叙事强调了宋代"道德哲学"（即理学）不间断的成功发展，而倾向于忽视思想冲突、文化矛盾、社会剧变以及政治失利在宋代这一历史场域的上演。相反，宋代成为晚期帝制中国充满活力的历史源泉，同时伴随其学院化道学正统的不断涌现——最终覆盖了整个帝国疆域。下文关于1448—1449年土木之变的讨论将会对此有所揭橥。

当宋代思想史在其哲学光环之下熠熠夺目时，人们往往会低估当时的政治与军事失败。960年至1280年的中国思想史并未以若干历史王朝争夺文化正统与政治权力的角度去书写，相反它被大大理想化了。契丹人、西夏人、女真人、蒙古人和藏人从这一叙事的情节主干中被抹去，他们仅仅身处边缘，在关乎"中国"的命运中充当无足轻重的小角色。他们是野蛮外来人，不时破坏了高洁文士们的历史叙事；他们是未开化的军事游牧部落，屠戮了宋代京城开封与杭州的平民及其所代表的文化荣光。

在此需要补充的是，宋代中国是如何成为文士传统的神圣守护者，维系着从北宋到南宋道学诸子的学统传承，而这一神圣图景又是如何在宋－元－明转型中作为文化与政治意识形态被统合进科举科目之中的呢？发明"宋代中国"的一条线索正是明代科举，这一体制效法宋代先例，却以前所未有的规模与体量将之发展壮大。[123] 道学的胜利和发展，与宋、金、元时期接连发生的关于教育科目的政治斗争紧紧勾连在一起。

色目"蛮人"、汉族"国人"，
以及宋－明官方史书的编纂

西北与北方的汉、唐"故土"先是在 11 世纪和 12 世纪落入契丹人和女真人之手，之后又在 13 世纪沦落为蒙古人领地，这使得生活在公元 1000 年以后的汉人，以正统或非正统的道德理论与实践形式，表达了他们强烈的思想焦虑，并把身处于他们之中的非汉族人设定为"夷狄"。[125] 当然，无论是"国人"还是"外人"，这两种范畴都不是固定不变的。汉族"国人"与非汉族"蛮人"实则是互相依存的语汇，它描绘了一个流动的社会与政治连续统，这从早期帝制时期以来，尤其在西北和北方地区便是如此。而宋代文人及其元代追随者所重构的"汉人"对抗"蛮人"的身份固化，实则代表了他们试图超越与之共处的非汉族人这一社会现实，后者被统称为色目人。士人将其政治与文化话语建立在本质化的范畴之上，而我们不能仅以表面意义来理解它。[126]

比方说，这种持续性焦虑可以部分解释程朱道学在南宋的胜利。两宋时期，"尊王"和"攘夷"主题是宋人解释五经之一《春秋》时经常使用的重要概念。[127] 这样的主题反映了来自北方"蛮族"的威胁，并在北宋陷落、南宋建立时期成为历史现实。一直到 1280 年蒙古击败南宋为止，宋代君臣始终对"蛮族"问题颇费心思。例如，南宋于 1234 年对洛阳的军事进攻，在某种程度上由理宗朝有名的道学人物所支持，他们试图在女真人对抗蒙古人时抓住时机收复失地。而当他们自己也被蒙古军队击垮时，南宋人才意识到收复失地实为妄想。[128]

孙复（992—1057）曾在北宋入仕，而他在那本颇具影响力的《春秋尊王发微》中，便已将宋代所面对的"蛮族"威胁与战国时期（公元前 475—公元前 221）的混战相比较，而并没有把宋代等同为汉、唐大一统国家。正像诸侯之跋扈威胁到古代的周王朝那样，11 世纪的民族政权也威胁到了北宋。孙复主张加强帝制，而"尊王"则是统一国家、结束内乱的理念手段。此外，孙复同样提倡"攘夷"观念。[129]

宋代文士在《春秋》中读出了与民族政权交往的行为准则。北宋政权的稳定有赖于朝廷与盘踞在中国北方的契丹人、女真人之间成功的双边关系"处理"，但孙复及其追随者则表明了强硬态度。他们反过来主张采取军事行动，进攻那些入侵大宋的"蛮族"，保卫国朝。用以威慑"外族"的"君威"主题被强调。中国式的精忠报国——有时它被误认为是宋代"原始国家主义"（proto-nationalism）——成为反"蛮族"情绪的聚集点。中国式文化主义（culturalism，亦即对文士文化的热衷，而不是对某一特定朝代的热忱）并没有自然地限制帝国王朝中以这种形式发展起来的本土主义身份定位。宋代对孰为汉、孰为"蛮"的紧张关系催生了一些有趣的本土主义形式，而《春秋》则提供了一个便利的、可供征引的经典出处，用来将类似情绪合理化。[130]

除了孙复，另一位北宋朝臣胡安国（1074—1138）也写有十分重要的《春秋传》，并接续了孙复"尊王攘夷"的主题。

48

类似观点成为那些对"蛮夷问题"持强硬态度之人的口号，他们试图获得宋代皇帝的支持，收复辽、金两朝治下的北方故土。和孙复一样，胡安国认为宋代的困境是由于没有遵守《春秋》的微言大义。根据胡安国的说法，春秋以后，胡汉在文化上互相混杂，这对彼此都有害处。当12世纪北方中国沦陷于金人，胡安国和其他人号召国人对"蛮族"进行"复仇"。[131]显然，他并不敢将有宋比拟汉、唐。

49 　　胡安国对《春秋》的本土主义解读影响深远，甚至启发了年轻的陆九渊（号象山，1139—1193）——日后他将成为朱熹的主要思想论敌。他在16岁那年立志从军，致力于将"夷狄"从北方中原驱逐出去。经典学术与汉族本土主义两者相互交织，形成了一种反"夷狄"的政治立场，而从长远来看，它并不成功。对像陈亮（1143—1194）那样的南宋文士而言，逐出金人、恢复汉人在北方中原的统治成为一种政治执着。陈亮的爱国情怀使其将孔子和《春秋》推举为正确的"人道"，并将之与"蛮族"相对立，因为后者侵犯了中原的礼仪、社会以及道德行为规范。[132]陈亮的家国忧患意识使他以特定的术语阐发孔子记载于《春秋》中的微言。根据陈亮的解读，华、夷之"道"有殊，且不应混杂。他将周王朝的衰落归因于它无法使"夷狄"远离中原，而他在宋代也看到了类似的失败。[133]

　　南宋灭亡后，胡安国的《春秋传》愈发盛行，以至于当元代科举于1313年重新举办，以及1368年明朝建立、汉人重新夺得统治权时，胡氏《春秋传》也被正式称为《春秋》"四传"之一，与自汉代以来的"三传"（即《左传》《公羊传》《谷梁传》）相比肩。帝王权威被士人领袖视为维持国内团结、抵御外部威胁的关键。这样的"国人"对抗"蛮人"的议题始终持

50 续着，并在北宋发展出"正统观"学说。西汉文士曾在他们的政治宇宙论中用阴阳五行作为"正统"的标准，但宋代的"正

统观"则关乎道德正当与政治统一等议题。

欧阳修和朱熹创制了一套正统理论，并最终成为民族政权下中国历史书写与阐释的指导性编纂原则。欧阳修对唐、五代史书的修纂，使他对政治正统不明确的时代中含混的历史书写十分敏感。欧阳修不再使用五行学说决定正统，而是以政治统一作为正统的决定性因素。这唯一的政治指标给他提供了一个固定而具有普遍性的历史标准，以此衡量王朝变迁，并使他得以阐述自己的"大一统"主题。[134]

类似观点应该是由朱熹在《资治通鉴纲目》中最终完善（实际上，朱熹仅仅提供了一套准则，见第九章），该书日后成了政治伦理教科书。尽管朱熹认为《春秋》中的王制主题要比夷狄关系更加重要，但他也承认《春秋》主张华夷有别，应内外分处。但与陈亮不同，朱熹将大宋收复中原与对夷狄的长期复仇这两者区别开来。因此对朱熹来说，相比于陈亮和其他人所希望煽动的某种特殊情绪，王朝统一才是处理"蛮族"威胁的根本原因。

朱熹《纲目》的内容取材自1084年成书的《资治通鉴》，编纂者司马光以孔子《春秋》为典范，以编年体例涵盖了从东周（《春秋》所记内容结束于此）至五代的历史。之后此书被朱熹加以扩充，将其所记载的中国历史上的王朝政权以正统或非正统加以区分。司马光曾拒绝这么做，这间接说明了身处13世纪的朱熹所面对的政治压力已与11世纪的士大夫所面对的大为不同。[135]北宋的政治正统（"治统"）与南宋的文化正统（"道统"，见第二章）这两个观念彼此有冲突，这体现了北宋强调政治与王朝形式的统绪，而南宋则重视道德与文化传承。[136]

正统议题在元代依然未曾消退，而当时的"汉族本土主义"则被"忠于大宋"的观念所取代。受元廷任命编纂辽、金、元三朝正史的文士卷入了关于三朝正统性的争论中。所有皇帝，无论是汉人还是"蛮族"，都在其历史记录中将其先祖定为正统。因此，王朝史的编纂始终是一项政治任务，而当统治者是非汉族人的时候尤其如此：对过去（宋、辽、金）的解释是为了肯定当下（元朝）。民族政权的君主任命本土学者把他们也写入中国历史。

蒙古人治下的文士努力构建出可被接受的、由宋至元的王朝正统传承原则框架，但这一主张却因为辽、金两代都是非汉人政权的事实而变得复杂。因为元代统治者作为这一历史编纂项目的主持方，同样是非汉族出身，并且一手摧毁了正统汉族政权南宋。蒙古人想要在传统经学观念所笼罩的历史编纂中赋予辽、金两代政治合法性，而汉人即使面对着这一压力，也坚定不移地维护宋代的正统性。元廷拒绝了汉人士大夫仅仅因为宋代是汉人王朝就将之放在首位的要求。朝廷论辩如此激烈，以至于编写官方史书的工作一度瘫痪，而元代史馆也沦为卷宗文档储藏室。

52　　在宋代灭亡 60 年后，杨维桢（1296—1370）写下了《正统篇》，揭示出前代历史的政治正统问题在元代依然充满争议。杨维桢是传统文士价值观热情的代言人，并坚定维护国史编纂传统。杨氏的两难困境主要在于如何论述北宋正统传到了南宋，随后又被元朝所继承。这一方案回避了辽、金两代，从而也不再将它们视作正统王朝。朱熹及其北宋先辈曾用"道统"将价值观的真正传承从孔孟时期直接接续到宋代，而杨维桢也通过这一道学观念，把思想正统与政治合法性相联系。

从这个角度来看，中国的思想精神中心及其政治价值在1126 年中原沦陷后从北宋转移到了南方。尽管杨维桢承认元代是正统王朝而非异端，但文中对汉族本土主义的公然宣扬使得元廷查禁了他的文章，因为他将契丹人和女真人视为"蛮夷",言语中充满了贬斥与轻蔑。这样的民族偏见引起了朝廷的警觉,认为他可能也在隐晦地批评蒙古人。[137]

然而,当明王朝取代了元朝,统治者便拒绝与蒙古人及其周边游牧部落达成任何政治和解,这项政策从1368年一直持续到1570年。第二章将更为详细地探讨此问题,明代文人认同杨维桢和其他人的主张,他们成功地将北宋的政治连续性(治统)与南宋的文化传承性(道统)两个主题相结合,以此宣扬明初皇帝具备了圣人般的道学品质。明代大臣无一例外地将宋代与周边政权的绥靖政策(其中包括了相互关系与商业往来)视为宋代不敌草原"夷狄"的原因之一。而这一更狭隘严苛的自我防卫式态度所导致的后果,正是明代不断地受到北方草原蒙古游牧民族的军事威胁。比方说,在明朝统治的第一个世纪,"终年来自蒙古人的威胁"给汉人留下了非常严重的心理阴影,以至于文臣一旦发现有来自草原的预警信号,就误以为蒙古人将卷土重来。[138]

比方说,1448—1449年发生了著名的土木之变,而它的起因便是瓦剌部统一了长城以北的西部蒙古族势力,俘虏了领军对阵的明英宗(1435—1449年首次在位,年号正统)。在关键战役中,明军丧失了超过50000名士卒,相当于其一半的军力。而明代朝廷在于谦(1398—1457)和其他人的领导下,没有满足瓦剌所提出的勒索性质的赎金,也没有迁都南京,而是选择让明英宗的弟弟取代被俘的皇帝即位,即历史上的景泰帝(1449—1457年在位),新皇帝及其朝臣成功地保卫了北京。向南迁都的提议太容易让明代官员联想到宋代将首都从开封迁至杭州的灾难性经历。[139]

而当1450年瓦剌交还了没有价值的明英宗时,危机仍在持续。在度过了几年幽禁生活后,英宗于1457年夺回皇位,改元天顺(1457—1464)。在该年的政变中,于谦和其他

53

官僚因 1449 年牺牲了英宗而被冠以谋逆的罪名，判处死刑。
1457 年后，明朝又将军队从漠南蒙古草原撤回，而如今我们
所谓的长城成了 16 世纪区隔北京与蒙古部落唯一的直接屏
障。[140] 同时在 15 世纪 60 年代，明廷取消了通往南亚与印度
洋的海路船运的预算——这条海上航线在 1403 年至 1434 年
间尤其兴盛——转而支持严格意义上的近海海军。明英宗在被
俘以前的正统年间就已经颇为抗拒明代海军的大"宝船"，而
到了他重新掌权的天顺年间，他继续维持着北方边境的警戒
状态，而忽视了海路。1474 年，主力舰队的 400 艘船只中只
有 140 艘战船被保留。从此，所有多于两根桅杆的航海船都
被当作木材废弃，朝廷则忙于军事对抗蒙古以及东南部落的
叛乱。

54　　　　截至 16 世纪中期，防御北部边境草原民族一直都是帝国的
军事重心，直到海上倭寇威胁到了长三角和东南地区。[141] 顾炎
武事后提到，土木之变后明朝军力从草原上的策略性撤退，使
明朝失去了之前作为其外围防御屏障的具有战略意义的驻防要
塞。牟复礼（Frederick Mote）指出，即便是王夫之（1619—
1692）在满人关后对夷狄统治幽愤的、具有种族主义倾向的激
烈谴责——这构成了其《黄书》的主干——也恰恰揭示出自明初
以来汉族文士尖锐的排外情绪。[142]

　　土木之变的危机及其引发的困境成为明代历史的转折点，
在明代汉人群体中诱发了一股强烈的反蒙古情绪。[143]1449 年
后的士大夫摒弃了明代开国君主对元朝相对温和的描绘，当
时的金华（婺州）谋臣没有任何负担地挪用元代体制以应时
之需。比如，明初对元代科举科目的全盘接受，就被视作元、
55　明统一体的证据。[144]15 世纪时，明人重新开始尝试书写宋代
历史，使它取得了超越辽、金两代的正统合法性，而反蒙古
基调也在这时被土木之变所激发。而对南宋著名将领岳飞

（1103—1142）的崇拜，也正是在土木之变后由明朝官方正式确立，他被塑造为反抗金人入侵的军事领袖模范。[145]

16世纪早期明代史学编纂中强烈的反蒙古偏向，体现了汉人对明代朝廷与瓦剌部作战时受辱的一种文化回应。自此以后，许多明代学者都不再承认蒙古族统治下的元代具有政治合法性。例如，15世纪末的史学家王洙（活跃于约1521年前后）完成了一本相当有影响力的著作《宋史质》，此书通过确认明代直接接续了宋室正统，从而反驳了元朝统治的合法性。关于辽、金两代的记述更被贬格为"夷服传"。其他诸如柯维骐（1497—1574，编纂《宋史新编》）和王惟俭（约活跃于1595年前后，撰有《宋史记》）这样的明代文士重新将中国历史上的汉人统治者凌驾于非汉统治者之上。"忠于大宋"的情结在明代被重新设定为"汉族本土主义"（Han nativism）。[146] 而在土木之变后，"宋代中国"的优越性也被明人重新发明出来。[147]

以下观点便可作为这种去历史化叙事的例子：有人认为晚期帝制的科举考试在内容上仅仅是对宋代道德哲学与政治话语的致敬。关于自北宋以来程朱理学正统一脉的传续与胜利，过往的论述错误地认定，元、明将道学挪用为正统道德哲学仅仅是延续了宋代的思想与文化趋势，这一趋势在接下来的帝制时期开枝散叶。[148] 但我们已经看到，科举科目总在发生持续不断的变动，而这些变动同时也反映了帝国政权及其义士精英的利益所在。

明初将程朱理学挪用（appropriation）作为当时科举的地方考试、乡试乃至会试的考试内容，这深刻影响了宋代道学的政治解读及其社会运作方式。程朱理学正统在宋代仅仅被部分承认，而在元代从未得到官方认可，这种在帝国范围内唯我独尊的程朱正统学说的胜利无疑主要是明王朝的产物。

56

宋代至明代的进士情况分析

这里需要再次强调，1238—1314 年的北方中国并没有科举考试；而在 1274—1314 年间，科举在中国南部也被取消了。1315—1400 年，只有 2179 人拿到了进士头衔，平均每年才 34 人。1279—1450 年间的多数朝廷高官是通过荐举或类似渠道入仕。[149] 此外，1314—1366 年，蒙古人与非汉族考生在举人和进士中的比例占到 50%，而他们在所有官方统计的人口中仅占 3%。[150]

例如，表 1.2 显示，每年平均的进士人数从宋代的 124 人，骤降至元代的 13 人；相应地，宋朝共有 39711 人被授予进士头衔，而元代只有区区 1136 名进士。明代直到 1450 年每年仅选拔 31—76 名进士，要等到 1451—1505 年，每年的进士才增至 100 人。整个明代的 276 年历史中，共有 24594 人获得进士头衔（年均 89 人），较宋代进士人数减少了 37%。自906 年一直到 1904 年，大约共有 108672 名进士，其中宋人占 36%，元人仅占 1%，明人占 23%。尤其值得注意的是，金代一共产生了 16484 名进士（占历史总人数的 15%），平均每年 149 名进士，这甚至超过了宋代的情况。而 1115—1234 年占据北方中原的金王朝并无任何官方道学正统。以唐代为典范的诗文创作在北方盛行，正如其在南宋一样（参见下文）。但道学在当时依然是重要的文士道德教诲（literati persuasion），而它的捍卫者也积极且十分成功地在地方乡里扩张其道学集团的影响力。[151]

尽管 1240—1313 年间道学正统被帝国赋予了重要的象征性意义，并且在宋理宗（1224—1264 年在位）治下的礼部主持的科举中颇具渗透力，那几年的进士人数更是占到了宋代总进士人数的 16%（也是南宋进士总人数的 32%，参见表 1.3），但它在当时并未作为唯一的意识形态获得整个国家范围内的影响力。道学主要在太学、私人书院以及杭州京城地区的省试中较有影响力——直到1450年道学正统才取得统治性地位，而当时进士中第的比例再次逼近宋、金两代的高水准。在南宋衰落时期，道学对科举的渗透能力尽管在不断增强，但始终没有成为唯一的正统学说。[152] 如果我们仔细研究表1.3—1.5中的附加信息，就会发现在1064—1125年间，通常每年有超过150名进士中第。这一规模同样持续到南宋，尤其在1163—1265年间，进士配额逐渐增加，直到理宗朝出现了每年164名进士的情况。南宋时期，一场殿试授予500名甚至更多考生进士功名的情况并不罕见，而这在明清时期从未发生过。

进士比例在元代陡然下降，一科会试、殿试录取进士的人数最多也不过100人。并且由于元代科举很少达到这个录取人数配额（仅在1333年出现了100名进士，参见表1.4），元代年均只有区区13名进士。在1315—1368年恢复科举时，每年也只有21名进士，较宋代平均值下降了83%，更比南宋末期减少了87%。不宁唯是，1315年后那些中第的进士在蒙古人治下也只能担任地方行政或司法职务。[153]

明初1370年至1402年，进士配额依然维持在元代的低录取率上。尽管永乐年间进士人数增长至年均84人，但直到1465年，年均进士人数才达到100人，并一直持续到晚明。在明代统治的第一个世纪，年均仅有44个人可以进士中第。而在接下来的两个世纪，进士年均人数翻倍，达到每年109人。这一比例与清代科举相当，但依然不如金代的年均149人和宋代的年均124人。在横跨宋、元、明三代的1271—1465年这将近两个世纪之间，科举并未成为当时官僚群体的再生产机制。荐举、捐官，以及其他特殊手段都能用来获得地方、省会乃至京城的官职。在这一长达200年的转型时期，程朱理学正统依然没有获得唯我独尊的官方地位，尽管在宋理宗时期，文士愈发对其义理产生共鸣，而在 1241—1262 年间，出现了超过 7700 名进士，其中 3479 名是进士出身（这里指通过科举考试获得进士身份者），而占据另外 50% 名额的人则是以特奏（科考进士多次不中者，另造册上奏，经许可特赐本科出身）获得进士功名。

为了分析宋、金两代进士规模更大、分量更重的文学性科举，并将之与规模相对变小、更注重程朱学说的元代和明初科举做比较，我们可以再拿出宋、明时期私人书院的记录数字作为反证（见表 1.6）。根据宋史学者的保守估算，北宋大概有 56—73 所私人书院，而到了南宋更增至 260—317 所，另有 108—125 所来源不明的宋代书院。然而，介于 425 所到 515 所之间的宋代书院总数依然远远少于明代的情形，根据文献出处的不同，明朝大约有 926—1962 所书院被建造并持续运营。[154] 南宋书院每年的均值范围是 1.64—2.07，而整个宋代的年均指数在 1.33—1.61 之间，这一均值在元代翻倍，当时可能存在 320—406 所书院，而到了明代，这一数字更是翻了 5 倍，尤其在 16 世纪书院极盛之时。关于晚清的私人或半官方书院，通常认为平均下来每一个县约有 3 所。晚期帝制时期共有 1350 个县，这意味着清代中期大约存在 3000 所书院，到了晚清更是增长至 4000 所到 4365 所，这是明代书院总数的 2—4 倍，更是宋代的 8—10 倍。[155]

但学者未曾指出，即便到了南宋，多数宋代书院也是思想史学者田浩概念辨析中的道学集团的一个有机组成部分。如果我们同意他比较宽松的估算——他所统计的 6300 万到 7100 万宋人中，汉族文士的比例占 10%——那么很明显在 1450 年科举选拔过程被在帝国全域盛行的、具有高度竞争性的道学主导之前，那些明确服膺道学的文士是一群由直言不讳的人结成的精英集团。但他们被淹没在 600 万到 700 万士绅地主之中，后者则具有文人文化、道家与佛教等多元化的兴趣与关注点。正如魏希德所指出的那样，道学不断渗透进南宋科举中重要性较小的科目，但它仍然不是面向所有官员的王朝正统学说。[156] 与之相反，多数明清学院由于科举科目的需要，或是完全或是部分地以程朱理学为纲进行教学。

宁爱莲（Ellen Neskar）和魏希德认为，1202 年以后道学集团在人数上不断增长，对朱熹的公共性纪念也层出不穷，这两种情形在宋代败于金兵和蒙古人之前就已经发生了。[157] 到目前为止的研究证据表明，程朱道德哲学在南宋并未像它在明清时那样具备覆盖帝国全境的影响力。由于南宋太学的录取人数有限，朱熹注释所被赋予的官方权威虽然对当时的教育氛围有影响，但并未发生根本性转变，南宋官方州学所要求的科举文学科目依然强调唐代风格的诗赋。1260年后，道学开始渗透进科举中相对次要的论与策，但在当时岌岌可危的王朝情势之下，科举考官们的影响力已无法遍及整个国家。[158]

明清时期共产生了约 5 万名进士，他们对程朱理学正统熟稔于心，更别提成千上万参加各地方、各省以及进京赶考的考生了。而在 39000 名宋代进士、16500 名金代进士中，到底有多少人熟练掌握了程颐或朱熹的学说，这一点尚待商榷。[159] 但他们一定不是大多数，因为在道学问题日益渗透进南宋理宗朝科举以前，就已经有超过 3 万名宋代科举进士了。此外，朱熹自己对理想教育科目的个人建议（见上文）也并未主张将自己的思想观点当作科举考试所考查的正统思想。例如，当 1182年陆九渊被推荐为国子正并在太学任教时，他为文人们所出的策问考题中并无任何宣扬道学的痕迹。在以“异端之说”为题的策问中，陆九渊仅仅指出上古之时孔子所倡导的斯文观在道德上更胜一筹，而唐代以来佛教思想则更多带来的是危害。[160]
金代进士乃至1240年以前宋代地方考生在各州中参加科考时，
也不会遭遇到道学倾向的考题。包弼德及其他学者业已指出，
当时大多数文人依然擅长文学创作，元代以前文士们的身份标
识是他们是否擅写诗赋，而非是否笃信道学。[161]

然而到了13世纪50年代，程朱道学论题对科举的渗透
已经不言自明了。如著名的1256年殿试中，宋理宗所出的御
试策问题，以及状元文天祥（1236—1283）的万言策论，都
部分围绕着"无极""太极"等道学形而上观念（它们确立了
阴阳五行的自然过程）。文天祥冗长的策论着眼于天地、人事
与道"同一不息"，后人在读到此文时，都将之视为这位坚贞
的大宋忠臣的最终陈词。他在南宋覆灭后选择了绝食与从容就
义，而不愿向胜利方蒙古人称臣。[162]而文天祥的策论也可以解
读为道学思想深深渗透进宋末科举中的明证。

61　　明代之前，并不存在流传广远的、以程朱道学为正统的官
方正统学说。此外，1250年至1450年的科举考试并没有录取
足够的考生，由此也无法正式产生以道学为导向的精英官僚，
这一情况要等到15世纪才出现。我们对进士全体的统计也支
持了上述结论。

结　语

在周边强敌环伺、自身不断衰落的宋朝，科举考试具有不
同的政治、社会及文化功能；明朝廷也对其加以利用，成功地
将蒙古帝国残余势力逐出了中国南部和北方中原。总而言之，
自12、13世纪开始，历时千年的文化崇拜开始了，当时的大
批汉族文士对国家政治失去了信仰，越来越多的文士主动转向
社会和文化等领域，试图在战争绵延、国家衰败之时找到一种
地域性解决方案。[163]而当北宋和南宋边境被蚕食，中国的都城

在 960 年从唐代洛阳（位于西北走廊的开端处）迁至宋代开封（位于北方中原），又在 1127 年再次南迁至沿海城市杭州（位于南部腹地），宋朝文士在寻找道德高地的同时，也在观念上从政治领域退缩回文化领域。这与战场上宋朝军队的败退以及大批汉人由北往南迁移同步发生。[164] 而上文所追溯的科举考试科目及其范围的变迁，也属于千禧年之际大转型的一个方面。

政治能动主义（political activism）的主动性消弭了。宋代"复国"主义在金兵占领中原之后就被政治实干家和道学理想主义者一致接受，但最终却被纯粹的文化诉求与道德愿景所取代，后者超越了军事上的失利。包弼德在讨论关于唐宋变革时期的文士文化时，提出了从文学性关怀的"文"变成形而上学的"道"这一划时代转变。[165] 而这在 13 世纪变得尤为深刻，因为当时的文士重新体验了孔子周游至匡时的艰难处境："子畏于匡，曰：'文王既没，文不在兹乎？天之将丧斯文也，后死者不得与于斯文也；天之未丧斯文也，匡人其如予何？'"[166]

13 世纪的军事与政治失利是宋人视为"夷狄"的非汉族人一手造成的，而到了元代晚期和明代文人那里，尤其是永乐皇帝篡位（见第二章）和土木之变（见上文）以后，这一历史事实却在经典道德观与道学天命式最高真理的层面被解读为汉人道德与文化上的胜利。13 世纪早期，朱熹的忠实追随者将其学说从文化异端与道德欺骗的政治指控中解救出来。南宋的在朝士大夫日益担心的影响力在这群人中日益扩大，后者是一帮毫无实践经验又以正人君子自居的古怪文士群体。[167]

逐渐地，朱熹连同程颐的学说形成了一幅令人敬畏的理论图景，无可置疑地成为当时的文化先锋，而在其背后摇摇欲坠的南宋王朝，则在夷狄入侵之际寄希望于这一精神制高点。但作为帝制意识形态、唯我独尊的道学尚未被建构出来。宋朝亡国后，道德胜利从军事失败中被发掘出来，道学从文化先锋转变为地方文士的精神据点。[168] 即使在南宋被蒙古人打败以前，许多南宋文士都亲眼见到女真人对唐、宋古典文学文风的支持，并警觉地把蒙古人对朱熹学说的支持看作其在北方中国获得文士支持的手段。这种对汉族文士的象征性补偿是非汉族统治者为了获得政治合法性而付出的微薄代价。这一"胜利"由此在它最派得上用场的地方被强调，那就是文士群体内部本身，以及科举考试中基于南宋超验性真理而进行的对经学正统的再生产。

如果说蒙古武人通过这些文士标准变得文明开化，那么效忠于前者的汉族文士则利用民族政权所产生的社会后果，将从未被宋代皇帝所广泛采纳的社会理念付诸实践。比方说，柏清韵（Bettine Birge）揭示了蒙古对南宋的军事征服如何使得收继婚制在汉族人中合法化，这发生在 1271 年宋代律法被正式废除之后。忽必烈（1260—1294 年在位）直接下令，将收继婚制扩展到所有人，无意中引发了由士大夫道学家所主导的文士群体在处理具体案件时的某些保守举动，并产生了一系列社会后果，这也改写了 13 世纪至 14 世纪的婚姻财产法。而在元朝统治下的社会关系和教育科目等问题上，也暴露了截然不同的文化差异。[169]

这种权衡取舍、互相影响与回应的复杂交流过程，往往被"儒家化"（Confucianization）或者"汉化"（sinification）这样的概念所笼统地概括，但无论是身处"夷狄"政治世界的"汉人"，还是在"汉族"社会环境中生活的女真人和蒙古人，双方的文化矛盾并不能轻易地化解或搁置一边。文明开化的过程兼有利弊，汉人首先要正视其军事失败及其悲剧性经历，才能在敌人的统治下构想出属于自己的文化胜利。与此同时，作为战胜方的非汉族人在他们力图成为广阔而富庶的帝制中国的合法统治者时，心甘情愿地接受了当时前沿的经学文本与官僚制度。双方都在迫不得已的处境下试图从中获益。[170]

　　而当诸如蒙古人以及日后满人的军事社会从他们所打败的
对手宋人和明人那里接受了后者所唯一宣扬的道学说教以使其
帝国统治合法化时，这种矛盾就格外显著。[171] 关于在汉族政权
与民族政权统治下该教育什么、如何定义并实践文士价值的争
论，都显示了明清时期对汉人而言是一段情感纠葛的时期。汉
人自己有关"夷狄"尚武文化（无论是契丹、西夏、女真、蒙
古还是满族）对千年来汉族价值观、文明与体制的连贯性造成
威胁的思想争论，最终都会牵涉宋代灭亡的历史教训。汉人
的国家可以通过武力从外部征服，但他们的文化却最终能够以
政治形式和文化象征等方式持续下去，并取得最终胜利。[172]
科举正是这种一厢情愿式胜利的一个方面，契丹人、西夏人、
女真人、蒙古人和满人或早或晚都采纳了科举制，以此将汉
族专业文士纳入其官僚体制中，并把自己的战士培养成政治
官僚。

　　而潜藏在后世有关宋代道学的经学争论与批评背后的，是
一层危险的、带有反"夷狄"情绪的政治含义。但与此同时，
每当汉族文士承认女真人、蒙古人和满人君临天下的合法正
统性时，这些"夷狄"也就变成了自己人。非汉族征服者所建
立的行政机构及其必要的军事存在形成了一种同构体，但这种
同构体同时也被文人及其相关地方社会和地方的汉族文明所制
衡。在这一复杂的过程中，契丹、西夏、女真、蒙古和满族的
武人渐渐开化，足以获取在政治上的合法性，而这一合法性只
能由文官体制中的史官赋予。[173]

　　在"文化万能"的文人化粉饰（通过精英教育以及 1450
年后竞争激烈的科举制得以向全社会发声）之下，私下里人们
却深刻地意识到，恰恰在宋代以后的王朝中，汉族文化的延
续性受到了威胁。在汉人政治自大的面具（高坐龙椅的帝王乃
至那些官威赫赫的朝廷要员）背后，潜伏着一股令人不安的认

64

知，即汉族人往往扶持着一个敌对的、出身"夷狄"的皇室，后者手握着经学话语权，却试图将汉化文明进程的整体意义最小化，为此他们容许其军事精英在文官体制之外享有特殊地位。

由此，记忆作为一种心智技艺将科举所要求的经学科目内在化，这对于内部的汉族人和变成己方的非汉族武人来说都是崇高而意义非凡的文化之举（参见第五章）。正如早期现代欧洲对秩序和遵守规则的强调，保障了死记硬背式的学习（如基督教的教理问答）在教育过程中的决定性作用；中国晚期帝制的教育者同样重视正统及其对正统照本宣科的接受，无论对方是本族人还是外族人。重复作为一种学习习惯是记忆发展的关键，记忆由此成为教学手段，并通过教育产生共识。[174] 经学文章素养的反复灌输，肯定了汉人在官僚体制乃至政治意识形态和道德真理这一更高层面上相对于非汉族武人的优越性。尽管不甚情愿，但只要其军事力量没有被这样的社会与政治势态所撼动，契丹、西夏、女真、蒙古和满族军事精英就依然容许汉族士大夫有一定的意识形态空间，从而确保双方在民族政权中的共谋关系。而在元明清这三个朝代中，唯我独尊的程朱道学最适合填补这一意识形态空间，这种情况从 1315 年一直持续至1905 年。

正如第十章所论，即使像摄政大臣鳌拜这样坚定尚武的满族精英代表，也在 17 世纪 60 年代初不得不放弃对科举和四书五经的蔑视——当时的汉族官员挑战了清廷的科举科目改革。[175] 我们将会在下一章看到，统治者、官僚和考官普遍相信，汉族考生对四书五经的虔敬默诵，体现了他们对文士道德观的忠实实践以及对帝国主权的臣服。文言文的反复操练通过逐字逐句地理解掌握古代经籍的方式，灌输了一套观念与事实的模型，它实际上确保了一种可被各方接受的，由经学态度、观念和信仰所共同支撑的思维定式。

　　女真人、蒙古人和满人对政治合法性的探求，与明代汉人所主张的文化优越性实有共通之处，二者都将"经学记忆"视为重现古典理想与再造政治忠诚的教育资源。这种文化控制的理想无法完全实现。但在公共修辞里，在将这些教诲付诸实践以前，就连那些私下里蔑视并反抗这种文化霸权的人，为了谋得官职也不得不表面上支持正统的道学学说。在这个意义上，明王朝国家统治力的构造，无可否认地与其力图在帝国全域内再造元、明科举体制的大明国家战略紧密地联系在了一起。

注　释

1　"正统"（orthodoxy）在此意指结构层叠的晚期帝制政府（它体现为官僚文人及皇帝之间并不对等的利益分配，也就是"帝国利益"）所公开授意的"正统"，这也成为科举考试规程的核心。以"道学"为名的道德哲学长期以来在公私领域内都是一种富于变化的精英话语，并在明清时期被官僚体制和皇权宣传为文人教育的核心。然而，当道德哲学进入国家考试制度这一政治领域，其思想活力也被禁锢在由"单一"的观念、论题和信仰所组成的一套体系内，它是国家为了更大的政治目的所"一心一意"认可的思想。由于这种约束控制而产生的科举考试的教育内容，其观念、论题和信仰都是有选择性地将政治主体合法化，并创造出一套道学辞说，我将之称为帝国"意识形态"。包弼德和狄百瑞（William Theodore de Bary）十分中肯地强调了独立学者在"正统"形成时期所发挥的作用。参见 Bol, "The Neo-Confucian Position in Chinese History, 1200-1600," 论文在"宋 – 元 – 明转型学术研讨会"（Song-Yuan-Ming Transitions Conference）上宣读（加州箭头湖，1997 年 6 月 5—11 日）；de Bary, *Neo-Confucian Orthodoxy and the Learning of the Mind-and-Heart* (New York: Columbia University Press, 1981), pp. 1-66。又见 Kwang-Ching Liu, ed., *Orthodoxy in Late Imperial China* (Berkeley: University of California Press, 1990)，书中将"正统"视为一种"治国模式"（Chi-yun Chen 陈启云，第 27—52 页），或是"作为社会道德的正统"（K. C. Liu 刘广京，第 53—100 页），以用来反映帝国努力推广文士教条与信仰。然而，道学正统不同于它的若干先驱，道学家通过经学阐释形成了一种通贯的哲学定位，而道学借此建构出关于统治与社会的唯一图景。无论是汉代正统观还是唐代正统观，都未能对帝国意识形态造成如此巨大的制约。

2　Bol, "This Culture of Ours"；Tillman, *Confucian Discourse and Chu Hsi's Ascendancy*. 关于元朝和明代早期的情况，参见 Thomas Wilson, *Genealogy of the Way*。

3　参见 David Wright, "Parity, Pedigree, and Peace: Routine Sung Diplomatic Missives to the Liao," *Journal of Sung-Yuan Studies* 26 (1996): 55-85. 又见 Morris Rossabi, ed., *China among Equals: The Middle Kingdom and Its Neighbors, 10th-14th Centuries* (Berkeley: University of California Press, 1983)。

4　参见 Stephen West, "Mongol Influence on the Development of Northern Drama," in John Langlois, Jr., ed., *China under Mongol Rule* (Princeton: Princeton University Press, 1981), pp. 434-465；Valerie Hansen, *Changing Gods in Medieval China, 1127-1276* (Princeton: Princeton University Press, 1990); Ronald Latham, trans., *The Travels of Marco Polo* (Harmondsworth: Penguin Books, 1958), pp. 195-240; 以及 Ruth Dunnell, *The Great State of White and High: Buddhism and State Formation in Eleventh-Century Xia* (Honolulu: University of Hawaii Press, 1996), pp. 3-26。

5 James T. C. Liu, "How Did a Neo-Confucian School Become the State Orthodoxy?" *Philosophy East and West* 23, 4 (1973): 483-505; 以及 Schirokauer, "Neo-Confucians under Attack: The Condemnation of *Wei-hsueh*," in Haeger, ed., *Crisis and Prosperity in Sung China* (Tucson: University of Arizona Press, 1975), pp. 163-198。

6 例如，关于道学对婺州文人的指导意义，可参见 Bol, "The Neo-Confucian Position in Chinese History"。

7 参见 De Weerdt, "Aspects of Song Intellectual Life," pp. 1-27。魏希德的博士论文论证了南宋最后数十年道学意识形态与日俱增的同质化，详见 "The Composition of Examination Standards"。[魏希德的博士论文已出版为专著 *Competition over Content: Negotiating Standards for the Civil Service Examinations in Imperial China* (1127-1279) (Cambridge, MA: Harvard University Asia Center, 2007)。——译者注]

8 Wilson, *Genealogy of the Way*, pp. 23-143.

9 Franklin Houn, "The Civil Service Recruitment System of the Han Dynasty"，载《清华学报》新第 1 期（1956）：138-164。又见 Patricia Ebrey, "Patron-Client Relations in the Later Han," *Journal of the American Oriental Society* 103 (1983): 533-542。

10 与汉唐前人一样，宋人也将文官选拔流程追溯至周代，因为五经记载周王首先以经典为标杆选任贤臣。可参见王应麟编《玉海》，1337 年刻本（影印本，台北：华文书局，1964），114. 1a-5b。这种观点一直延续至明清，见秦蕙田（1702—1764）撰《五礼通考》，1761 年刻本，173. 1a-5b，其记载与宋代文献相近。

11 汉武帝的策问以及董仲舒的对策被收入班固《汉书》（北京：中华书局，1962），第 2495—2524 页。

12 邓嗣禹：《中国考试制度史》，台北：学生书局，1967，第 35—38 页。

13 参见宫崎市定《九品官人法の研究：科舉前史》（京都：同朋舍，1956），此书是关于贵族掌控选举流程的经典研究；邓嗣禹《中国考试制度史》，第 19—69 页。又见 Charles Holcombe, *In the Shadow of the Han: Literati Thought and Society at the Beginning of the Southern Dynasties* (Honolulu: University of Hawaii Press, 1994), pp. 73-84；书中援引了谷川道雄的研究，参见 Tanigawa, *Medieval Chinese Society and the "Local Community,"* translated by Joshua Fogel (Berkeley: University of California Press, 1985)。

14 参见 John Lee, "The Dragons and Tigers of 792: The Examinations in T'ang History," *T'ang Studies* 6 (1988):40-43；作者在文中声称唐代考试"逐步成为服务于贵族内部选拔的流程"。唐代考试在功能上与中古贵族倾向更相近，而迥异于宋代开始的帝国文士趋势。又见 P. A. Herbert, "T'ang Objections to CentralisedCivil Service Selection," *Papers on Far Eastern History* 33 (1986): 81-83。

15 John Lee, "The Dragons and Tigers of 792," pp. 28, 32.

16 Robert des Rotours, *Le traite des examenstraduit de la nouvelle histoire des T'ang* (Paris: Librairie Ernest Leroux, 1932), pp. 27-28, 42-43。又见 P. A. Herbert, "Civil Service Recruitment in Early T'ang China: Ideal and Reality,"载《中國關係論説資料》28, 3B, I (1986): 30-36。

17 Herbert, "T'ang Objections to Centralised Civil Service Selection," pp. 89-93；以及 Oliver Moore, "The Ceremony of Gratitude,"收入 Joseph P. McDermott, ed., *Court and State Ritual in China* (Cambridge: Cambridge University Press, 1998)。荒木敏一、宫崎市定等日本学者基于内藤湖南的学说，对这一变化加以过度阐释，认为它部分反映了晚期帝制君主独裁的崛起。参见 Hisayuki Miyakawa, "An Outline of the Naito Hypothesis and Its Effects on Japanese Studies of China," *Far Eastern Quarterly* 14 (1954-55): 533-552。

18 邓嗣禹：《中国考试制度史》，第 25—49、77—134 页；Howard Wechsler, *Mirror to the Son of Heaven: Wei Cheng at the Court of T'angT'ai-tsung* (New Haven: Yale University Press, 1974), pp. 57, 99；以及 Chaffee, *The Thorny Gates of Learning in Sung China*, pp. 14-15, 182。又见 Oliver Moore, "The Ceremony of Gratitude"。

19 685 年，武后在殿试中提出了五道政策相关问题，又在 689 年提出了两道。参见《中国历代状元殿试卷》，第 1—16 页。又见罗联添《唐代文学论集》（台北：学生书局，1989），第 379—395 页。

20 《五礼通考》，173.27b-31b, 174.3a-4a, 14b-15a。如 1148 年宋高宗的策论，参见《绍兴十八年同年小录》，明刻本（附 1491 年、1595 年、1835 年跋文），第 5a—5b 页；参见附录 1。在南宋

（1127—1279）立朝之初，1148 年的殿试题要求考生论证，为何西汉结束后的光武中兴（25—57）是自古以来最光辉的朝代：这道策论影射了建都临安的南宋也能超越其前朝北宋，尽管北方领土已落入金人之手。这是目前仅存的两场宋代科举记录之一（另一次是 1256 年殿试），而它保存完好的原因是由于朱熹参加了这次进士科考试，并以当时 19 岁的年龄名列三甲第 90 名。又见 Kracke, "Family vs. Merit in Chinese Civil Service Examinations during the Empire," pp. 103-123，其中作者讨论了 1148 年和 1256 年的进士名单。我们将在第八、第九章看到，晚期帝国的策论往往并不涉及时政"决策"。通常情况下，这类策论从"经世时务策"的相关论题中取材并加以定义。关于政治策论的历史重要性，参见陶福履编《常谈》，《丛书集成初编》本（上海：商务印书馆，1936），第 21—24 页。

21　关于唐代进士科和明经科的策论范例，可在李昉所编《文苑英华》（1567 年刻本）卷 473—502 中找到；又见权德舆《权载之文集》，《四部丛刊》本（上海：商务印书馆，1919—37），40.3b-11b。又见 des Rotours, *Le traite des examenstraduit de la nouvelle histoire des T'ang*, pp. 292-347。参见 David McMullen, *State and Scholars in T'ang China* (Cambridge: Cambridge University Press, 1988), pp. 23, 198。

22　参见徐松（1781—1848）辑《登科记考》（重印本，京都：中文出版社，1982），28.1a-56b。参考荒木敏一《宋代科举制度研究》（京都：同朋舍，1969），第 356—357 页；Bol, *"This Culture of Ours,"* pp. 76-107；以及 McMullen, *State and Scholars in T'ang China*, pp. 88-94, 136-139,197-199, 229-232。我们没有唐代明经科的具体人数，但却能统计出进士科在唐代统治下的 289 年中总共产生了 6504 名进士，平均每年只有 23 名进士。参见黄光亮《清代科举制度之研究》（台北：嘉新水泥公司文化基金会，1976），第 26—30 页。黄清连根据《登科记考》中不完整的人数，估计唐代有 3917 名进士。参见 Huang, "The Recruitment and Assessment of Civil Officials under the T'ang Dynasty" (Ph.D. diss., Princeton University, East Asian Studies, 1986), p. 29n38。

23　参见邓嗣禹《中国考试制度史》，第 96—97 页。

24　参见冯梦祯编《历代贡举志》（上海：商务印书馆，1936），第 3 页。又见 Chao Hsin-i, "Daoist Examinations and Daoist Schools during the Northern Sung Dynasty," UCLA graduate seminar paper, 1994。

25　《玉海》，115.11b-16b。又见 Stephen Owen, *The Great Age of Chinese Poetry: The High T'ang* (New Haven: Yale University Press, 1981), p.5。

26　Herbert, "T'ang Objections to Centralised Civil Service Selection," pp. 98-105.

27　《五礼通考》，113.26a-33a；又见 McMullen, *State and Scholars in T'ang China*, pp. 88-95, 152, 230-231。关于"755 年后的文化危机"，参见 Bol, *"This Culture of Ours"*, pp. 108-23；以及 Pulleyblank, "Neo-Confucianism and Neo-Legalism in T'ang Intellectual Life, 755-805," in Aurthur Wright, ed., *The Confucian Persuasion* (Stanford: Stanford University Press, 1960), pp. 77-114。

28　Denis Twitchett, "The Birth of the Chinese Meritocracy: Bureaucrats and Examinations in T'ang China," *The China Society Occassional Papers* (London) 18 (1974): 13.

29　欧洲的情况参见 J. H. Hexter, *Reappraisals in History: New Views on History and Society in Early Modern Europe* (Chicago: University of Chicago Press, 1979), pp. 45-70；Lawrence Stone, "The Educational Revolution in England, 1560-1640," *Past & Present* 28 (1964): 41-80；Stone, "Literacy and Education in England 1640-1900," *Past and Present* 42 (1969): 69-139；以及 Charles E. McClelland, "The Aristocracy and University Reform in Eighteenth-Century Germany," in Lawrence Stone, ed., *Schooling and Society: Studies in the History of Education* (Baltimore: Johns Hopkins University Press, 1976), pp. 146-173。中国的情况见 Dennis Grafflin, "The Great Families of Medieval South China," *Harvard Journal of Asiatic Studies* 41 (1981): 65-74；以及 Robert Hartwell, "Demographic, Political, and Social Transformations of China, 750-1550," *Harvard Journal of Asiatic Studies* 42, 2 (December 1982): 365-442。

30　Hymes, *Statesmen and Gentlemen*, pp. 29-61；Winston Lo, *An Introduction to the Civil Service of Sung China* (Honolulu: University of Hawaii Press, 1987), pp. 1-34；以及 Thomas Lee, *Government Education and Examinations in Sung China* (Hong Kong: Chinese University, 1982), pp. 287-297。

31　对宋代科举最为详尽的分析参见金中枢题为《北宋科举制度研究》的系列文章，载《宋史研究集》，11（1979）：1-72；13（1981）：61-188；14（1983）：53-189；15（1984）：125-188；16（1986）：

1-125。又见 Eberhard, *Social Mobility in Traditional China*, pp. 22-25；E. A. Kracke, *Civil Service in Early Sung China* (Cambridge: Harvard-Yenching Institute, 1968), pp. 1-27；Thomas Lee, *Government Education and Examinations in Sung China*, pp. 19-45；以 及 Chaffee, *The Thorny Gates of Learning in Sung China*, pp. 13-17, 182-188。

32 Winston Lo, *An Introduction to the Civil Service of Sung China*, pp. 115-170.

33 但到了明清时期，由于各地行省已发展出全面的行政单位，文官制度放弃了这种功能完备的双轨制，而主要依赖于职位分类。任命官员的职责也从中央转移至地方政府。参见 Winston Lo, *An Introduction to the Civil Service of Sung China*, pp. 217-225。

34 参见荒木敏一《宋代科举制度研究》，第 243—264 页。明清时期，只有乡试和会试才采取誊抄制。地方考试和殿试都是在原考卷上判卷。

35 Bol, *"This Culture of Ours"*, pp. 32-75.

36 同上书，第 148—211 页。又可参见 Yoshikawa Kōjirō, *An Introduction to Sung Poetry*, translated by Burton Watson (Cambridge: Harvard University Press, 1967), pp. 6-48；又见 Ronald Egan, *The Literary Works of Ou-yang Hsiu (1007-72)* (Cambridge: Cambridge University Press, 1984), pp. 12-29。

37 参见脱脱等《宋史》(台北：鼎文书局，1980)，5/3613 (卷 155)。

38 实际上，欧阳修曾为进士科考试准备了策论题目，相关个案可参见《欧阳文忠公集》(台北：商务印书馆，1967)，第 2 册，6.11-19 (卷 48)。

39 马端临：《文献通考》(上海：商务印书馆，1936)，第 289—290 页。又见荒木敏一《宋代科举制度研究》，第 365—380 页。

40 宇野精一：《五經から四書へ：經學史覚書》，《東洋の文化と社會》2 (1952)：1-14。又见 Daniel Gardner, "Principle and Pedagogy: Chu Hsi and the Four Books," *Harvard Journal of Asiatic Studies* 44, 1 (June 1984): 57-81。

41 荒木敏一：《宋代科举制度研究》，第 346—364 页；又见 Bol, *"This Culture of Ours"*, pp. 212-299。

42 王安石：《乞改科条制札子》，载《临川集》(台北：中华书局，SPPY，1970)，42.4a-4b。又见《宋史》，5/3616-3619 (卷 155)。

43 司马光：《乞以十科举士札子》，载《温国文正司马公文集》(上海：商务印书馆，1920—1922)，53.12a-13b。司马光关于科举的其他奏议可参见 19.6a-8b, 21.5b-6a, 39.5a-14a。又见《宋史》，5/3620-3621 (卷 155)。

44 《五礼通考》，174.12a-16a。

45 苏轼：《议学校贡举状》，载《东坡全集》，四库全书本 (重印本，台北：商务印书馆，1983—1986)，1107/699-701。

46 见程颢《请修学校尊师儒取士札子》，载《二程文集》(台北：艺文书局)，7.2a-5a。

47 Bol, *"This Culture of Ours"*, pp. 300-342.

48 Tillman, *Confucian Discourse and Chu Hsi's Ascendancy*, pp. 1-23.

49 Herbert Franke and Denis Twitchett, eds., *The Cambridge History of China*, vol. 6, *Alien Regimes and Border States, 907-1368* (Cambridge: Cambridge University Press, 1994)；以 及 Denis Senor, ed., *The Cambridge History of Early Inner Asia* (Cambridge: Cambridge University Press, 1990)。又见 Thomas Barfield, *The Perilous Frontier: Nomadic Empires and China, 221 B.C. to A.D. 1757* (London: Blackwell, 1989)；以 及 Morris Rossabi, *Khubilai Khan: His Life and Times* (Berkeley: University of California Press, 1988)。

50 Herbert Franke, "The Role of the State as a Structural Element in Polyethnic Societies," in S. R. Schram, ed., *Foundations and Limits of State Power in China* (London: University of London, 1987), pp. 87-112.

51 John K. Fairbank, *Trade and Diplomacy on the China Coast: The Opening of the Treaty Ports, 1842-1854* (Stanford: Stanford University Press, 1969), pp. 4-41, 465-466. 参 见 Hoyt Tillman, "An Overview of Chin History and Institutions," in Tillman and Stephen West, eds., *China under Jurchen Rule* (Albany: SUNY Press, 1995), pp. 23-38；以 及 Barfield, *The Perilous Frontier*, pp. 167-184。汉人与"蛮族"的分野从来没有像文人所描述的那样泾渭分明。

52　参见 Robert Hymes, *Statesmen and Gentlemen*；以及 Robert Hymes and Conrad Schirokauer, eds., *Ordering the World: Approaches to State and Society in Sung Dynasty China* (Berkeley: University of California Press, 1993) 中的论文。

53　比如可以参考 Karl Wittfogel, "Public Office in the Liao Dynasty and the Chinese Examination System," *Harvard Journal of Asiatic Studies* 10 (1947): 13-40；Peter Bol, "Chao Ping-wen (1159-1232): Foundations for Literati Learning," in Tillman and West, eds., *China under Jurchen Rule*, pp. 115-144；以及 JinQicong, "Jurchen Literature under the Chin," in Tillman and West, eds., *China under Jurchen Rule*, pp. 216-237。又见 Norbert Elias, *The Civilizing Process: The History of Manners* (Oxford: Blackwell, 1994)，其中讨论了文明开化进程如何转变个体的人格结构。

54　比如在开封城陷落后，女真将领完颜宗翰（1080—1137）接受了宋代皇帝用文言文写下的降书。参见 Winston Lo, "Wan-yen Tsung-han: Jurchen General as Sinologist," *Journal of Sung-Yuan Studies* 26 (1996): 87-89。

55　Igor de Rachewiltz, "Yeh-lüCh'u-ts'ai (1189-1243): Buddhist Idealist and Confucian Statesman," in Arthur Wright and Denis Twitchett, eds., *Confucian Personalities* (Stanford: Stanford University Press, 1962), pp. 189-216.关于应该用 "sinification" 还是 "sinicization" 来描述这一文明开化进程，参见 Bol, "Seeking Common Ground: Han Literati under Jurchen Rule," *Harvard Journal of Asiatic Studies* 47, 2 (1987): 535-536. 关于 "儒家化"（Confucianization），参见 John Dardess, *Conquerors and Confucians: Professional Elites in the Founding of the Ming Dynasty* (Stanford: Stanford University Press, 1973), pp. 2-3.又见 Cyril Birch, trans., *Scenes for Mandarins: The Elite Theater of the Ming* (New York: Columbia University Press, 1995), p. 184。

56　关于文化贵族体制，参见 Pierre Bourdieu, *Distinction: A Social Critique of the Judgement of the Taste* (Cambridge: Harvard University Press, 1984), pp. 11-96；其观点部分来自列文森（Joseph Levenson）关于文人 "业余理想"（amateur ideal）的描述，见氏著 *Confucian China and Its Modern Fate: A Trilogy* (Berkeley: University of California Press, 1968), I: 15-43。

57　关于金代科举的情况，参见 Ching-shen Tao, "Political Recruitment in the Chin Dynasty," *Journal of the American Oriental Society* 94, 1 (January-March 1974): 24-33, 文中记录了 1123—1133 年的科举规模。至于西夏科举，可参见 Dunnell, *The Great State of White and High*, pp. 27-83。

58　《五礼通考》，175.1a-1b。又见 Wittfogel, "Public Office in the Liao Dynasty," pp. 14-40。关于宋代的门荫特权，参见 Chaffee, *The Thorny Gates of Learning*, pp. 108-113, 以及包弼德的书评 "The Sung Examination System and the *Shih*," pp. 149-171。

59　《高丽史》(Seoul: Yonsei University 延世大学, 1955), 73.1a-3a。美国加州大学洛杉矶分校的 John Duncan 给我提供了朝鲜历史中高丽 - 李氏王朝转型这方面的资料，在此表示感谢。

60　参见 Robert Backus, "The Relationship of Confucianism to the Tokugawa Bakufu as Revealed in the Kansei Educational Reform," *Harvard Journal of Asiatic Studies* 34 (1974): 125-135；以及 Ikuo Amano, *Education and Examination in Modern Japan*, translated by William K. Cummings and Fumiko Cummings (Tokyo: Tokyo University Press, 1990), Chapter 1。

61　参见《金史》，脱脱（1314—1355）等撰（北京：中华书局，1965），51.1130；《五礼通考》，175.1b-9a。又见 Hoyt Tillman, "An Overview of Chin History and Institutions," pp. 23-38, 以及 "Confucianism under the Chin and the Impact of Song Confucian Tao-hsueh," pp. 71-114, 均见 Tillman and West, eds., *China under Jurchen Rule*；以及 Bol, "Chao Ping-wen (1159-1232)," pp. 115-144。

62　《五礼通考》，175.5a-6a；以及 Winston Lo, "Wan-yen Tsung-han," p. 100n35。

63　Tao, "Political Recruitment in the Chin Dynasty," p. 28. 又见 Bol, "Seeking Common Ground," pp. 469-479。

64　Tillman, *Confucian Discourse and Chu Hsi's Ascendancy*, pp. 2-5。

65　参见 Bol, "Chao Ping-wen," pp. 115-144。

66　Bol, "Seeking Common Ground," pp. 488-493。

67　Tillman, "Confucianism under the Chin," pp. 71-114. 田浩成功地反驳了吉川幸次郎的观点，田氏认为金代文人并非全都追随苏轼，但他却错误地总结说自己不同于吉川幸次郎 "关注科举文化" 的地方在于，他主张 "更多地关注主要文学巨擘的创作"，参见 p. 114n9。吉川幸次郎对唐宋诗赋与文人文化之间的重合有敏锐的认识，参见《朱子學北傳前史》，收入《東洋學論叢：宇野哲人先生百壽祝賀記念》（东京：宇野哲人先生白寿祝贺纪念会，1974）。又见 Bol, "Seeking Common Ground," pp. 495-511, 文中提及了金代的"科举教育"。

68 Tillman, *Confucian Discourse and Chu Hsi's Ascendancy*, pp. 231-250, 文中将 1202—1279 年视为道学集团发展的第四阶段。又见 Tillman, "Confucianism under the Chin," pp. 111。

69 关于蒙古人利用金人体制与官僚，可参见 Igor de Rachewiltz, "Personnel and Personalities in North China in the Early Mongol Period," *Journal of the Economic and Social History of the Orient* 9, 1-2 (1966): 88-144。又见 Tao Ching-shen, "The Influence of Jurchen Rule on Chinese Political Institutions," *Journal of Asian Studies* 30, 1 (1970): 121-130。

70 Chaffee, *The Thorny Gates of Learning*, 第 132—133 页中，贾志扬给出了 39605 名宋代进士总人数，并以地方道与朝的分类形式加以呈现。在第 192—195 页，他列举了平均每年的宋代进士人数，合计 39711 人。我在此采用他的第二个数据。又见黄光亮《清代科举制度之研究》，第 41—51 页，黄氏从《古今图书集成》卷 71（1728 年刻本）中摘引出总计 42852 名宋代进士。理宗朝共有 4335 名特奏名进士，如把他们去除，宋代总共选出了 38517 名正奏名进士。尽管黄氏（除 1241—1262 年间）和贾氏都没有将特奏名进士纳入其进士总数中——因为特奏名进士没有天然的官方正式地位——总的来说，他们的进士人数就朝代划分大致相当。参见表 1.2。

71 关于道学对南宋科举产生影响的实例，参见林駉、黄履翁编《古今源流至论》，明初刻本（重印本，台北：新兴书局，1970），2/1-22, 2/115-130。

72 《五礼通考》，174.18b-21b,《玉海》，116.34a-41a，王圻编《续文献通考》，载《十通》（上海：商务印书馆，1936），34.3141-3145；以及《宋史》，5/3625-3629（卷 156）。参见 De Weerdt, "The Composition of Examination Standards"。

73 Richard Davis, *Wind against the Mountain: The Crisis of Politics and Culture in Thirteenth-Century China* (Cambridge: Harvard University Council on East Asian Studies, 1996), pp. 63-69, 但作者在书中提到，杭州州学的 1600 名学生在京城的政治影响力不容小觑。

74 Charles B. Langley, "Wang Yinglin (1223-1296): A Study in the Political and Intellectual History of the Demise of the Sung" (Ph.D. diss., Indiana University, East Asian Languages and Cultures, 1980), pp. 273-274. 又见 Tillman, *Confucian Discourse and Chu Hsi's Ascendancy*；以及 Wilson, *Genealogy of the Way*, pp. 42-47。

75 朱熹:《学校贡举私议》，载《朱子大全》（上海：商务印书馆，1920—1922），69.18a-26a。根据《宋史》，5/3633-3634（卷 156），朱熹的奏议大约写于 1187 年至 1190 年之间。又见 Daniel Gardner, "Transmitting the Way: Chu Hsi and His Program of Learning," *Harvard Journal of Asiatic Studies* 49, 1 (June 1989): 141-172。

76 朱熹:《学校贡举私议》，69.24b-25a。在元代地方州学任职的程端礼编有道学研习的书单，参见《程氏家塾读书分年日程》，《百部丛书》本（重印本，台北：艺文印书馆），2.20a-24b；该书单十分契合朱熹无所不包的科目课程设置，而不像元代科举规程那样强调道学正统。

77 程端礼:《程氏家塾读书分年日程》，69.23a。

78 Eva Shan Chou, *Reconsidering Tu Fu: Literary Greatness and Cultural Context* (Cambridge: Cambridge University Press, 1995), pp. 20-27.

79 Bol, "Seeking Common Ground," pp. 520-538.

80 参见 Robert Hymes, "Not Quite Gentlemen? Doctors in Sung and Yuan," *Chinese Science* 7 (1986): 11-85; 以及 West, "Mongol Influence on the Development of Northern Drama," pp. 434-465。关于这些趋势在南宋时期的渊源，参见 Jacques Gernet, *Daily Life in China on the Eve of the Mongol Invasion, 1250-1276* (Stanford: Stanford University Press, 1962), pp. 219-242。

81 Marilyn Wong Fu, "The Impact of the Re-unification: Northern Elements in the Life and Art of Hsien-yu Shu (1257?-1302) and Their Relation to Early Yuan Literati Culture," in Langlois, ed., *China under Mongol Rule* (Princeton: Princeton University Press, 1981), pp. 371-433.

82 James Cahill, *Hills beyond a River: Chinese Painting of the Yuan Period, 1279-1368* (New York: Weatherhill, 1976), p. 3.

83 参见 John D. Langlois, Jr., "Introduction," in Langlois, ed., *China under Mongol Rule*, pp. 16-17。

84　关于元代文人群体的精英身份，参见萧启庆《元代的儒户——儒士地位演进史上的一章》，载《东方文化》16，1—2（1978）：151-170。

85　参见程端礼《程氏家塾读书分年日程》；以及 John Dardess, "The Cheng Communal Family: Social Organization and Neo-Confucianism in Yuan and Early Ming China," *Harvard Journal of Asiatic Studies* 34 (1974): 7-53. 又见萧启庆《元代的儒户——儒士地位演进史上的一章》，第 165—167 页，以及《元代科举与菁英流动》，载《汉学研究》5，1（1987 年 6 月）：129-160。

86　萧启庆：《元代的儒户——儒士地位演进史上的一章》，第 162—165 页。又见 Robert Hymes, "Marriage, Kin Groups, and the Localist Strategy in Sung and Yuan Fu-chou," in Patricia Buckley Ebrey and James L. Watson, eds., *Kinship Organization in Late Imperial China* (Berkeley: University of California Press, 1986), pp. 108-113; 以及 Bol, "Seeking Common Ground," pp. 480-481, 537。

87　Yan-shuan Lao, "Southern Chinese Scholars and Educational Institutions in Early Yuan: Some Preliminary Remarks," in Langlois, ed., *China under Mongol Rule*, pp. 111-112.

88　同上书，第 108—111 页。但这样的诗歌创作并不总是带有社交功能或者是逃避现实的，参见 Stephen West, "Yuan Hao-wen's Poems of Death and Disorder, 1233-1235," in Tillman and West, eds., *China under Jurchen Rule*, pp. 281-303。

89　《五礼通考》，1229.9b。

90　同上。又见 Yuan-chu Lam, "On Yuan Examination System: The Role of Northern Ch'eng-Chu Pioneering Scholars," *Journal of Turkish Studies* 9 (1985): 202-3; 以及姚大力《元代科举制度的行废及其社会背景》，载《元史及北方民族史研究》5（1982）。

91　姚大力：《金末元初理学在北方的传播》，载《元史论丛》2（1983）。

92　《五礼通考》，1229.10b-12b。又见《续文献通考》，34.3150-3151，文中对元代科举取消唐代宋诗赋的声明有些夸大。又见 Stephen West, "Rewriting Text, Inscribing Ideology: The Case of *Zaju* Comedy"，此文在"宋 - 元 - 明转型学术研讨会"中宣读（加州箭头湖，1997 年 6 月 5—11 日），作者指出，元杂剧中有迹象表明，文学测试在元代科举中依然十分重要。

93　Dardess, *Conquerors and Confucians*, pp. 35-74.

94　基于 1290 年的元代普查，村上正二估计当时的蒙古人与色目人各有 100 万人，北方汉人有 1000 万人，南方汉人有 6000 万人。参见氏著《中国の歴史 6：遊牧民族国家：元》（东京：讲谈社，1977），第 142 页。需要补充的是，这一普查数据显示中国北方在蒙古人入主中原时遭受了断崖式的人口锐减。1195 年的金代普查显示，仅中国北方就有 5000 万人口。而 1235—1236 年的第一次元代普查显示，北方人口只有区区 850 万。参见 Ho Ping-ti, "An Estimate of Total Population of Sung-Chin China," in Françoise Aubin, ed., *Études Sung enMemorium Etienne Balazs* (Paris, 1970), pp. 3-53; 以及 Hans Bielenstein, "Chinese Historical Demography, A.D. 2-1982," *Bulletin of the Museum of Far Eastern Antiquities* 59 (1967):85-88。

95　Tao, "Political Recruitment in the Chin Dynasty," pp. 28, 33，文中记载说北宋平均每年产生 193—194 名进士，而南宋从 1123 年至 1233 年，每年有 148 名到 149 名进士。陶晋生的统计数字基于荒木敏一《宋代科举制度研究》（第 450—461 页），该书以每场科举考试的平均录取人数来计算。这里所列的表格则是基于整个宋代进士总数而得出的。

96　《元统元年进士录》（石板影印本，参见附录一），B.1a-11b 给出了名为同名的蒙古人的殿试答卷，B.15a-24b 则记载了南方进士第一名李齐的答卷。

97　Dardess, *Conquerors and Confucians*, p. 36.

98　我们目前有 1314 年至 1366 年间的乡试记录，其中记载汉人的乡试和会试都要求写作一篇赋。但唐代诗歌的典范——律诗却在科举中被废除了。参见《江西乡试录》：1314；《会试录》：1315, 1317, 1321, 1324, 1327, 1330, 1333；《廷试进士问》：1315, 1318；《元统元年进士录》：1333；《御试策》：1334；《湖广乡试录》：1335；《山东乡试题名记》：1350；《进士题名记》：1351；《国子监贡士题名记》：1360, 1366；《山东乡试题名碑记》：1362。

99　Dardess, *Conquerors and Confucians*, p. 36; Tillman and West, eds., *China under Jurchen Rule*; 以及 Langlois, ed., *China under Mongol Rule*。又见 Frederick Mote, "Confucian Eremitism in the Yuan Period," in Arthur Wright, ed., *The Confucian Persuasion* (Stanford: Stanford University Press, 1960), pp. 202-240; 以及 John Langlois, Jr., "Chinese Culturalism and the Yuan Analogy:

Seventeenth-Century Perspectives," *Harvard Journal of Asiatic Studies* 40, 2 (December 1980): 355-398。类似的职业模式在 1644 年之后清朝治下的汉人群体中也曾短暂出现过。

100 揭傒斯:《送伊苏达尔齐序》, 见《揭文安公全集》(上海: 商务印书馆,《四部丛刊》本, 1920— 1922), 9.84。参见 Dardess, *Conquerors and Confucians*, pp. 64-65。

101 Morris Rossabi, "The Muslims in the Early Yuan Dynasty," pp. 258-295; 以 及 Herbert Franke, "Tibetans in Yuan China," pp. 296-328; 两篇文章均见于 Langlois, ed., *China under Mongol Rule*。

102 Tillman, "An Overview of Chin History and Institutions," pp. 23-38.

103 Pamela K. Crossley, *Orphan Warriors: Three Manchu Generations and the End of the Ch'ing World* (Princeton: Princeton University Press, 1990), pp. 13-73.

104 《续文献通考》, 第 3150—3153 页。又见《五礼通考》, 175.9b-16b。

105 参见陈建辑, 江旭奇增订《皇明通纪辑要》, 明末刻本 (重印本, 台北: 文海出版社), 4.32a。

106 同上书, 4.32a; 又见张朝瑞编《皇明贡举考》, 明万历刻本, 1.17b。

107 《元史》(重印本, 7 册, 台北: 鼎文书局, 1982), 81.2012-2015。

108 参见虞集《道园学古录》(上海: 商务印书馆,《国学基本丛书》, 1929—1941), 35.588-589。

109 John Dardess, *Confucianism and Autocracy: Professional Elites in the Founding of the Ming Dynasty* (Berkeley: University of California Press, 1983), p. 195. 关于朱元璋的评论, 参见《皇明贡举考》, 1.18a-b。

110 《明史》, 3/1724-1725。

111 参见陶福履编《常谈》, 第 24—25 页。又见安部健夫《元代史的研究》, 第 10—11 页。

112 又见 Conrad Schirokauer, "Neo-Confucians under Attack," pp. 163-196。

113 参见李调元为其《制义科琐记》所写之序,《丛书集成初编》本 (上海: 商务印书馆, 1936), 第 2a 页。李调元另一个不甚可靠的观点是: 哪怕是八股文也源自元代, 而非始于王安石新政时期的 经义文。

114 参见梁章钜 (1775—1849)《制艺丛话》, 1859 年刻本 (重印本, 台北: 广文书局, 1976), 1.5b。

115 《明史》, 3/1694。又见梁章钜《制艺丛话》, 1.5-6。

116 官方文书体式的写作可以追溯至宋代的博学鸿词科, 参见 Langley, "Wang Yinglin," pp. 151-179。 关于谢表的写作, 参见 Moore, "The Ceremony of Gratitude", 作者指出宋代改变了唐代的科举 谢恩仪式, 使其答谢之词面向君主本人而非科举考官。

117 唐代判语的实例可见白居易著、朱金城笺注《白居易集笺校》(上海古籍出版社, 1988), 6/3561-3652。围绕这一主题的讨论, 参见 P. A. Herbert, *Examine the Honest, Appraise the Able: Contemporary Assessments of Civil Service Selection in Early T'ang China* (Canberra: Australian National University, 1988), pp. 31-34。

118 参见徐道邻《中国法制史论集》(台北: 正中书局, 1961), 第 188—217 页。又见 Brian McKnight, "Mandarins as Legal Experts: Professional Learning in Sung China," in de Bary and Chaffee, eds., *Neo-Confucian Education: The Formative Stage*, pp. 493-516。参 见 Chaffee, *The Thorny Gates of Learning in Sung China*, pp. 15, 189。

119 如见《陆九渊集》(台北: 里仁书局, 1981), 第 363—365 页; 陆九渊在 1162 年州试的时务策中, 回答了对明法制科考试的看法。

120 《皇明贡举考》, 1.19a。又见阎湘蕙编《鼎甲征信录》, 1864 年刻本, 1.1a。

121 《皇明贡举考》, 1.92a。

122 和田正广:《明代科举制度的科目的特色: 判语の导入をめぐって》, 第 271—308 页。

123 同 上。参 见 Wejen Chang, "Legal Education in Ch'ing China," in Elman and Woodside, eds., *Education and Society in Late Imperial China, 1600-1900*, pp. 294-296, 323n7, 325n26, 326n27。

124 Chaffee, *The Thorny Gates of Learning in Sung China*.

125 Wang Gungwu (王 赓 武), "The Rhetoric of a Lesser Empire: Early Sung Relations with Its Neighbors," in Morris Rossabi, ed., *China among Equals: The Middle Kingdom and Its Northern Neighbors, 10th-14th Centuries* (Berkeley: University of California Press, 1983), pp. 47-65。

126 参见 Michael Brose, "Uighur Elites in Yuan and Ming: A Case of Negotiated Identity", 论文在 "宋 - 元 - 明转型学术研讨会"上发表 (加州箭头湖, 1997 年 6 月 5—11 日)。

127　关于《春秋》在古典话语中的运用，可参见拙著 *Classicism, Politics, and Kinship*，第 147—185 页。

128　Charles Peterson, "Old Illusions and New Realities: Sung Foreign Policy, 1217-1234," in Rossabi, ed., *China among Equals*, pp. 229-230.

129　孙复:《春秋尊王发微》,《通志堂经解》, 1676 年刻本（重印本, 台北）, 1.1a-2a, 1.13a-b, 1.16a-b, 2.3b, 12.8a-b。相关讨论可参见牟润孙《两宋春秋学之主流·上》, 载《大陆杂志》5. 4（1952）: 113-115。

130　Rolf Trauzettel, "Sung Patriotism as a First Step toward Chinese Nationalism," in John Haeger, ed., *Crisis and Prosperity in Sung China* (Tucson: University of Arizona Press, 1978), pp. 199-213.

131　关于胡安国的《春秋传》, 参见牟润孙《两宋春秋学之主流·下》, 载《大陆杂志》5. 5（1952）: 170—172。又见宋鼎宗《宋儒春秋攘夷说》, 载《成功大学学报》18（1983 年 3 月）: 7-20。胡安国的春秋学说又可参见 John D. Langlois, Jr., "Law, Statecraft, and *The Spring and Autumn Annals* in Yuan Political Thought," 收 入 Hok-lam Chanand Wm. Theodore de Bary, eds., *Yuan Thought: Chinese Thought and Religion under the Mongols* (New York: Columbia University Press, 1982), pp. 124-125; 以及 Schirokauer, "Neo-Confucians under Attack," pp. 165-166。

132　关于这一讨论, 参见陈庆新《宋儒春秋尊王要义的发微与其政治思想》, 载《新亚学报》1A（1971）: 269-368。又 见 Hoyt Tillman, *Utilitarian Confucianism: Ch'en Liang's Challenge to Chu Hsi* (Cambridge: Harvard University Council on East Asian Studies, 1982), pp. 31, 108, 166-167; 参见 Tillman, "Proto-Nationalism in Twelfth-Century China? The Case of Ch'en Liang," *Harvard Journal of Asiatic Studies* 2 (1979): 403, 423。

133　陈亮:《龙川文集》,《四库备要》本（上海: 中华书局, 1927—1935）, 4.5b-5b。又见 Tillman, "Proto-Nationalism in Twelfth-Century China?," pp. 410-411。

134　Richard L. Davis, "Historiography as Politics in Yang Wei-chen's 'Polemic on Legitimate Succession,'" *T'oung Pao* 69. 1-3 (1983): 33-39. 又 见 Hok-lam Chan, "Chinese Official Historiography at the Yuan Court: The Composition of the Liao, Chin, and Sung Histories," in Langlois, ed., *China under Mongol Rule*, pp. 68-71。

135　参见司马光《资治通鉴序》（台北: 洪氏出版社, 1980, 11 册）, 1/33-34; 以及 Hok-lam Chan, *Theories of Legitimacy in Imperial China* (Seattle: University of Washingtong Press, 1982), p. 69。参见 Davis, "Historiography as Politics," pp. 40-42。又 见 Robert Hartwell, "Historical-Analogism, Public Policy, and Social Science in Eleventh- and Twelfth-Century China," *American Historical Review* 76. 3 (1971): 690-695。

136　参 见 Ellen Neskar, "The Cult of Confucian Worthies," (Ph.D. diss., Columbia University, East Asian Languages and Cultures, 1994), pp. 302, 332。

137　Hok-lam Chan, *Theories of Legitimacy in Imperial China*, pp. 71-88; 以及 Davis, "Historiography as Politics," pp. 45-51。

138　Henry Serruys, *Sino-Mongol Relations during the Ming*, in *Mélanges chinois et bouddhiques*, vol. 1, *The Mongols in China during the Hung-wu Period, 1368-1398* (Brussels: InstitutBelge des Hautes Études Chinoises 1959), 以 及 vol. 2, *The Tribute System and the Diplomatic Missions* (1967), p. 8。参见 Barfield, *The Perilous Frontier*, pp. 229-250。

139　参 见 Philip de Heer, *The Care-Taker Emperor: Aspects of the Imperial Institution in Fifteenth-Century China as Reflected in the Political History of the Reign of Chu Ch'i-yü* (Leiden: E. J. Brill, 1986); 以及 Frederick W. Mote, "The T'm-mu Incident of 1449," in Frank Kierman, Jr., and John Fairbank, eds., *Chinese Ways in Warfare* (Cambridge: Harvard University Press, 1974), pp. 243-272。参 见 L. Carrington Goodrish et al., *Dictionary of Ming Biography* (New York: Columbia University Press, 1976), p. 1609; 以及 Johnston, *Cultural Realism*, pp. 195-197。

140　Arthur Waldron, *The Great Wall of China: From History to Myth* (Cambridge: Cambridge University Press, 1990), pp. 79-86, 文中提到永乐皇帝如何早在 1403—1410 年就开始从草原上的驻军要塞收回兵力。

141　关于明代舰队及其在印度洋的冒险, 参见 Joseph Needham, *Science and Civilisation in China* (Cambridge: Canbridge University Press, 1954-), vol. 4, part 3, pp. 477-553. 关于明代与东南亚国

家的外交关系，参见 Wang Gungwu, *Community and Nation: China, Southeast Asia and Australia* (St. Leonards, Australia: Allen and Unwin, 1992), pp. 77-146。又见 Lo Jung-pang, "The Decline of the Early Ming Navy," *Oriens Extremus* 5, 2 (1958): 147-168。

142　Mote, "The T'u-mu Incident of 1449," pp. 267-272. 又见 Frederick Mote and Denis Twitchett, eds., *The Cambridge History of China*, vol. 7, part 1, *The Ming Dynasty, 1368-1644* (Cambridge: Cambridge University Press, 1988), pp. 316-340, 376-402, 466-479, 490-505。亦可参见王夫之以《宋论》为题的关于宋代历朝帝王的研究（上海：中华书局，《四部备要》版，1927—1935），8.5a—9a，王夫之在书中声称外部"夷狄"无从受命统治中国。参见 Arthur Hummel et al., *Eminent Chinese of the Ch'ing Period*（重印本，台北：成文出版社，1972），第817—818页。关于16世纪早期明代所面临的来自北部草原的威胁，参见 Waldron, *The Great Wall of China*, pp. 122-139。

143　关于土木之变作为明代国运的转折点，参见孟森《明代史》（台北：中华丛书委员会，1967），第133页。又见 Waldron, *The Great Wall of China*, pp. 91-107，作者将石墙边境线的早期建造归在这一时期。关于明代战略抉择的讨论，参见 Johnston, *Cultural Realism*, pp. 184-185, 234-235 等各处。

144　John Dardess, "Ming T'ai-tsu on the Yuan: An Autocrat's Assessment of the Mongol Dynasty," *Bulletin of Sung and Yuan Studies* 14 (1978): 6-11, 此文反映了朱元璋并未否认之前蒙古统治者的合法地位。又见 Dardess, *Confucianism and Autocracy*, pp. 194-195。

145　李则芬：《元史新讲》，5卷本（台北：中华书局，1978）；以及 Hok-lam Chan, "Chinese Official Historiography at the Yuan Court," pp. 96-97。参见 Mote, "The T'u-mu Incident of 1449," p. 271。关于岳飞崇拜的形成，参见 James T. C. Liu, "Yueh Fei [1103-1141（应为1142，本处保留原始文章名。——译者注）] and China's Heritage of Loyalty," *Journal of Asian Studies* 31 (1972): 291-197；以及 Hellmut Wilhelm, "From Myth to Myth: The Case of Yueh Fei's Biography," in Twitchett and Wright, eds., *Confucian Personalities*, pp. 146-161。

146　Hok-lam Chan, "Chinese Official Historiography at the Yuan Court," pp. 95-105. 满清统治结束后、五四运动以来，民国及新中国史学家在描述元代和清代这样的王朝时，会对用人所发明的"宋代中国"加以反外国侵略者性质的现代阐释——而这里的"中国"正诞生自土木之变以后。

147　Langlois, "Chinese Culturalism and the Yuan Analogy," pp. 355-397. 文中指出，宋代在文士文化领域胜过元代这一说法，也在1644年明朝覆灭后被17世纪的汉族精英所借鉴，用以说明清王朝作为第二波蛮族入侵，在文化上仍需要学习汉族文人。文化主义，也就是中国文化的普遍性与持续性，使汉人最终能与满人和平共处，只要后者也尊崇宋代道学正统这一象征性的至高地位。

148　参见 de Bary, ed., *The Unfolding of Neo-Confucianism*。关于蒙古在新儒学中所扮演的角色，参见 de Bary, *Neo-Confucian Orthodoxy and the Learning of the Mind-and-Heart*, 第38—60页。

149　参见 Rafe de Crespigny, "The Recruitment System of the Imperial Bureaucracy of Later Han," *Chung Chi Journal* 6, 1 (1966): 71, 文章讨论了自汉代以来的"贤良方正"科这一选拔官员的方式，以及它在中古和晚期帝制时期的持续情况。

150　John Dardess, *Conquerors and Confucians*, pp. 64-69, 161-162.

151　Bol, "Seeking Common Ground," pp. 461-538.

152　De Weerdt, "The Composition of Examination Standards", 这篇文章探讨了南宋时期道学对科举论与策的影响与日俱增。又见《古今源流至论》各处相关论述。

153　杨树藩：《元代科举制度》，载《宋史研究集》14（1983）：210-216。

154　参见 John Chaffee, "Chu Hsi and the Revival of the White Deer Grotto Academy, 1179-81," *T'oung Pao* 71 (1985): 46-47；以及 Linda Walton-Vargo, "Education, Social Change, and Neo-Confucianism in Sung-Yuan China: Academies and the Local Elite in Ming Prefecture (Ningpo)" (Ph.D. diss., University of Pennsylvania, History, 1978), pp. 244-245；以及 Tillman, *Confucian Discourse and Chu Hsi's Ascendancy*, p. 110. 关于收集宋代书院数据的困难，可见白新良《中国古代书院发展史》（天津大学出版社，1995），第271—273页。

155　又见 Chung-li Chang, *The Income of the Chinese Gentry* (Seattle: University of Washington Press, 1962), pp. 105-106。19世纪以前，书院规模很可能只达到每个县两所的规模。白新良在《中国古代书院发展史》中认为清代书院总数达到4365所（第271—273页），但其中许多是19世纪才建立的。参见表1.6。

156 De Weerdt, "The Composition of Examination Standards".

157 参见 De Weerdt, "Aspects of Song Intellectual Life," pp. 1-27；以及 Neskar, "The Cult of Confucian Worthies", chapters7-8。

158 参见井原弘《中国知識人の基層社会——宋代温州永嘉学派を例として》，载《思想》802（1991）：82-103。

159 和田正広:《明代挙人層の形成過程にする一考察》，载《史学雑誌》83.3（1978）：36-71。

160 参见《陆九渊集》，卷24，第287—298页。

161 除了包弼德的 "This Culture of Ours"，第148-211页，又见 Ronald C. Egan, *Word, Image, and Deed in the Life of Su Shi* (Cambridge: Harvard University Council on East Asian Studies, Harvard-Yenching Institute Monograph Series 39, 1994), pp. 169-351。

162 关于宋理宗提出的策问与文天祥所回答的策论，可参见1522年刻本《宝祐四年登科录》，第1a—7a、104a—129b页。

163 参见 Hymes and Schirokauer, eds., *Ordering the World* 中的相关内容。又见 James T. C. Liu, "How Did a Neo-Confucian School Become the State Orthodoxy?," pp. 483-505；以及 Tillman, *Confucian Discourse and Chu Hsi's Ascendancy* 中的各处相关内容。

164 John W. Haeger, "1126-27: Political Crisis and the Integrity of Culture," pp. 143-160；Schirokauer, "Neo-Confucians under Attack," pp. 163-196；Charles Peterson, "First Sung Reactions to the Mongol Invasion of the North, 1211-17," pp. 215-251；均见于 John Haeger, ed., *Crisis and Prosperity in Sung China* (Tucson: University of Arizona Press, 1975)。又见 Hartwell, "Demographic, Political, and Social Transformations of China," pp. 365-442。

165 Bol, "*This Culture of Ours.*"

166 《论语引得》（重印本，台北：哈佛燕京学社引得编纂处，1966），16/9/5；D. C. Lau, trans., *Confucius: The Analects* (Harmondsworth: Penguin Books, 1979), p. 96。

167 Schirokauer, "Neo-Confucians under Attack," pp. 163-196.

168 Tillman, *Confucian Discourse and Chu Hsi's Ascendancy*, pp. 231-263；以及 Wilson, *Genealogy of the Way*, pp. 35-47。

169 Birge, *Holding Her Own: Women, Property and Confucian Reaction in Sung and Yuan China (960-1368)* (Cambridge: Cambridge University Press, 1997).

170 Bol, "Seeking Common Ground," pp. 534-538；以及 Birge, *Holding Her Own*，文中显示了将宋金元文化转变简单视为"儒家化"或"汉化"的困境。

171 Hok-lam Chan, *Theories of Legitimacy in Imperial China.*

172 Langlois, "Chinese Culturalism and the Yuan Analogy," pp. 355-398.

173 Hok-lam Chan, "Chinese Official Historiography at the Yuan Court".

174 R. A. Houston, *Literacy in Early Modern Europe: Culture and Education, 1500-1800* (New York: Longman, 1988), pp. 56-58.

175 Robert Oxnam, *Ruling from Horseback: Manchu Politics in the Oboi Regency* (Chicago: University of Chicago Press, 1975), pp. 84-89.

第二章 明初的皇权、文化政治与科举考试

早期帝制中国的政府权力，在皇权与其官僚队伍间维持着平衡，统治者和他的官员们在决定何种政治决策更符合王朝利益的问题上，从未长久达成一致的意见。一味只是满足统治者及其朝廷种种哪怕是心血来潮的政策的核心化"国家"（essentialized "state"）还未出现，官僚系统和士大夫也不会毫无抵抗地顺从他们的君主。鉴于帝制王朝的利益与文人所倡导的价值并非完全一致，每个王朝都必须重新调整其统治者与官僚体系中士绅文官（gentry-officials）之间的合作关系。这种动态的合作关系对于中国的政治文化来说至关重要，同时也使其更具适应性。然而，当明帝国登上历史舞台之后，统治者与官僚体系之间的平衡开始向前者倾斜，而原先皇权利益与文人理想之间大致上和平博弈的传统也发生了改变。[1]

明初的统治者施行了恐怖的剪除政策，官僚体系的下属行政分支被削弱了权力。1380 年到 1402 年间，更是开展了血腥的政治清洗，在很多当时的文士看来，皇帝已然成为集所有权力于一身的朝廷本身。然而，后人所谓的明代"独裁统治"，并不意味着国家与社会之间的合作关系不复存在。比如，很有意思的是，1380 年之后虽然日益集中的皇权已然盖过了官僚体系的权威，但与此同时，文士们仍然可以通过成

功地说服明初的皇帝，来提高程朱理学在朝廷中的重要性。有人将道学地位的提升简单解读为，朝廷内的文士想要将明代皇权的独裁统治在政治上合法化。但是为什么要选择程朱理学呢？合法化只是道学地位提升诸多理由中的一个，我们必须注意，明代的皇帝仍旧需要通过他们的官员来有效地进行国家统治，并通过科举考试制度来选拔这些官员。因此，哪怕双方都对对方疑虑重重，明初统治者和官僚体系之间无

比脆弱的合作关系也从未在真正意义上被切断。明代的统治者把士绅精英们所尊奉的价值与理想也当成国家的神圣教谕，因为在某种程度上，明代的国家精英们本身是真心信奉这些价值与理想的。[2]

宋代的程朱理学在晚期帝制中国成为正统的国家意识形态，其过程和原因是一个复杂的历史问题。既然我们提出了这个问题，那么本章的重点，也就要从中国的教育和思想之间长久以来的结合，转而讨论特殊历史语境之下政治观念、社会观念和经济观念的偶变性（contingency）。这些观念是如何预示了道学的兴起，又是如何赋予了其合法性，这些问题我们需要在"纯粹"的思想和观念的历史传统之外寻找答案。我们并不对"文本"（texts）中的观念进行考察，这样做往往是为了找到"文本"背后的一般"意义"（meaning），相反，文化史学者的关注点是解码某种行为背后的特定"语境"（contexts），这类行为都受到某种观念的影响和驱使。当代学术界发生了所谓的"观念史"（history of ideas）转向、"文化史"（cultural history）转向，这让我们作为思想史学者在研究理想化的纯粹哲学的同时，必须考虑这类哲学思想的历史功用（historical uses）。

在文化史学者的评价中，朝廷政治和精英社会里的道学正统是一套复杂精微、面向多层面的形而上学说和道德教化体系，它起源于宋代，并由可谓中国历史上最伟大的思想家朱熹系统化整理。对于文化史学者来说，道学体系里的程朱理学作为一种动态的意识形态，也有其历史功用。正如我们所看到的，到了元代，宋学道统和帝国政治之间的关系异常暧昧，程颐和朱熹对儒家经典的阐释迟至1314年才成为帝制中国科举考试的官方正统指导原则。

然而，在明代开国期间，虽然道学在1370—1371年间的

68 科举考试中已被视为正统意识形态，但官僚体系的重建并不是以对道学中道德教化的掌握为前提的。明朝开国皇帝朱元璋害怕《孟子》所表达的政治理念，所以 1384 年之前科举考试一直处于停滞状态中。科考体系本身所具有的教育功能依旧有限，除此以外，程朱理学中的政治劝谕确实为包括明代皇帝在内的统治者，如朱元璋、朱棣（1360—1424）以及他们的后代，提供了支撑皇权的文化话语（cultural language），他们通通披上了圣王（sage-kings）的外衣。同时，他们收回了"道统"的解释权，因此也重构了文士（皇帝们很看重文士们的想法）心中"治统"（即统治的合法传承）的概念。[3]

比如，1404 年殿试状元曾棨（1372—1432）就在科举制艺文中开创了以道统观来指涉明代帝王的表述传统。

> 臣下以为皇帝之心乃黄帝、尧、舜之心。古今之圣人皆有此心。钦惟太祖圣神文武钦明启运俊德成功统天大孝高皇帝先皇太祖皇帝（朱元璋）圣明可鉴，赐予文臣武将以威权。大明鸿运其昌，至德圆满，至尊至圣，乃能通天及至诚之道，足以成此心性之学。此皇上所以遵从民意、讲求民瘼之功也。天下苍生讵可坐视？[4]

曾棨在其殿试文章中，引入了心法的教化，并强调了皇权统治的向心性（centrality）。"圣者此心也"成了儒家经典文献里的核心，特别是"十六字心传"（即人心惟危，道心惟微；惟精惟一，允执厥中）尤为关注著名的"道心"与"人心"之间

69 的分歧。[5]曾棨还特别引用了十六字心传的内容，来强调统治者必须"惟精惟一，允执厥中"。[6]然而在朱元璋的这一个案中，有一点极为重要，即曾棨本人创造了一个先例，他将道学所关注的对于心性的道德养成与明代帝王神圣性联系在了一起。由

此，科举考试中类似的制艺文层出不穷，到了清代，已然变成了对皇帝在文教方面威信的一曲颂歌。[7]

到了明代中叶，在这些可能成为未来官僚机构官员的考生们的文章中，皇帝甚至可以将道统与治统相统一。通过如此重新建构"道统"，皇帝在与文士的交锋中完全占据了上风，明朝的皇帝取得了宋元时期文士从未公开赋予皇帝的至尊地位。比如1547年科考探花胡正蒙在殿试对策中说："夫汉唐宋之诸君，有其位而无其学。周程朱之四子，有其学而无其功。此上下千数百年之间，道统之传所以不续也。"直到明初，统治者才第一次将道学道德和皇权治统结合在了一起。[8]

明初皇帝与文士之间脆弱的联盟逐渐转向了一种长期的政治与文化关系，道学的经典教谕与明清两朝的皇权正式联姻，达成了合法性的一统。无论是明代汉人皇帝，还是清代满人皇帝，他们都与之前的元朝统治者一样，开始信奉为他们的统治带来合法性的程朱理学。明清皇帝选择程朱理学作为他们统治的话语机制（verbal machinery），他们有效地将王朝的"合法性"（constitutionality）与理学相联系，并且指派官僚机构在学校和科举考试体系中推广程朱理学的教育。这种意识形态选择，本质上是皇权对国家社会合作关系（state-society partnership）的一次重大让步。

中国历史上有些王朝（比如南宋）的正统思想比较散漫，这些正统思想本身也来自范围相对较大的文士群体；而另外一些王朝（比如明初），正统思想的定义则较为狭窄，它们是由选拔文官的科举考试及教育科目所决定的，这也影响到了未来文士文化的演进。因此，道学里的道德哲学，既是学子文人对自身内在的智识修养和提升进行自省的自留地，同时也为明代统治者和官僚提供了一套概念、讨论、信仰体系，他们可以通过掌控这个体系的话语权、支持这套体系的权威性来

达到他们的政治目的。道学的概念、讨论和信仰被有选择性
地使用，以支撑君权，使之具有政治合法性——这种操控过程
所带来的话语产物就是我所谓的皇权"意识形态"（imperial
"ideology"）。

　　本章试图揭示中国晚期帝制王朝是如何成功地将道学哲
学植入科举考试制度之中，并借此训练和挑选出一批忠诚的官
僚，允许他们与统治者分享权力，并引导他们为了更大的王朝
利益而奉献终身。皇权意识形态的政治凝聚力来自其与程朱理
学的内在关联，但也由其对程朱理学进行选择性再阐释。然
而，这种意识形态凝聚力既"反映了"支撑这类意识形态的哲
学学说基础，同时也从哲学基础中"萃取出"统治者最需要的
部分。王朝的意识形态对道学的道德哲学更有好感，但是这种
好感更多取决于王朝的利益需要，而非道学内部学理的圆融。
是皇帝（以及那些为皇帝说话的人）和官僚队伍——而不是朱
熹——最终决定将程朱理学的概念、讨论和信仰通过科举考试
植入帝制中国的教育系统中。

　　这些身处独裁但并不极权的政治文化中的文士，通过精心
的伪装，将道学转化成了皇权意识形态，而晚期帝制中国的明
清两朝在很大程度上就是基于这种意识形态，才得以证明自身
的合法性，并使得广大人民接受其社会、官僚制和军事的统治
权力形式。本章将着重探讨明初统治者将皇权的政治诉求和文
化诉求伪装在科举考试所必修的教育科目之中的历史根源。文
士们帮助皇帝一起缔造了这一意识形态。很多人并非看不透这
种伪装。幸运的是，1425年之后，他们再也不必去面对像洪武
皇帝朱元璋或是他的儿子永乐皇帝朱棣（1402—1424年在位）
这样残忍而又具有克里斯玛特征的"圣王"了。因此，他们得
以与这种伪装共生共存，然后他们再次将其修正，以使其服务
于文士阶层的诉求。

明初的科举考试

晚期帝制中国选拔文官官员的制度在明初最终定型。明朝
处于元和清之间，它试图跨越皇权治下平民、文化和民族之间
的鸿沟。1368 年朱元璋邀请文士推举地方人才担任地方官员
和行政人员。朱元璋早年巧妙地利用白莲教对抗元朝的统治，
他沿用了很多白莲教的教旨和象征符号来向人民证明新王朝的
合法性。朱元璋的军队 1355—1360 年盘踞在浙江金华时，他
本人接受当地精英文士的劝说，披上了传统圣王的意识形态外
衣以重新团结帝国内的文士精英团体，并重拾宋王朝所留下的
正统遗产。[9]

朱元璋政治和文化合法性的重中之重，就是要召集才能之
士、委派官职，让他们进入中央和地方官僚的队伍之中。在元朝
治下，汉人只能是第三等人，他们必须要对在"蒙古大同"（Pax
Mongolica）统治下享有各种特权的蒙古人和色目人的独断专行
的命令俯首帖耳。不择手段的元统治者通过象征性和实质性的暴
力方式，试图以少数蒙古人来控制在中国北方和南方都居多数的
汉人，这无疑让汉人感到愤怒。许多对当局不满而又清贫的文士
学者，都不愿入仕元政权，他们纷纷选择了其他职业，从悬壶济
世，到文学创作，乃至戏曲艺文，不一而足。[10]

与宋朝和清朝相比，无论在规模还是频率上，科举选拔在
元代都出现了长时间的空白，文人们采用隐逸的方式合理合法
地对抗元朝统治，这意味着，当明朝正式取代元朝之后，新的
统治者必须想办法将地方上的学者士人吸引进政府中任职。[11]
虽然这种自发归隐的形式多种多样，但很多学者，尤其是生活
在自 1126 年就不受汉人皇帝管辖的中国北方的那些学者士人，
明代的统治者不能指望他们自动地效忠于新王朝，尤其在大明
王朝刚刚建立起来的那些年，蒙古统治者在北方还是有一定的

合法性基础。为了争取到那些地方的学者文士，朱元璋将明王朝的合法性接续到那些元朝之前的更古老的王朝帝国。

> 盖闻上古帝王创业之际，用武以安天下。守成之时，讲武以威天下。至于经纶抚治则在文臣，二者不可偏用也。……兹欲上稽古制，设文武二科，以广求天下之贤。[12]

为了能起用新官员来填充官僚队伍，自1370年到1372年所有已被收复的省开始举行乡试。[13] 以1370年为例，总共500名官员候选人通过考试被遴选出来，各省都有配额，首都京畿地区共有100人，其他大省40人，小省25人。[14] 表2.1显示，直到1440年，科举乡试的配额才出现了实质性的增长，到了1453年之后，大省的配额增长了38%，而小省则增长了55%。

73　　　幸运的是，我们现在还能看到1370年江西乡试的考题和答卷，这些档案证明明代第一次科考大体还是遵循了元朝以经义文为主的科考体系，虽然在第一章我们也提及了，蒙元时期还是为汉人考生保留了诗赋题。比如，元代考试的一大特征就是对"五经"的重视程度要超过"四书"。此外，元朝时期的经问考试就是辨析"四书"的问题，又称"四书疑"。不像宋代和明代的考题（宋、明两朝的考题一般会从"四书"中的某一部书摘录出数句不同的话，要求考生指认出处，并进行阐释），元朝的这类考题要求考生写一篇文章来辨析"四书"中不同经典之间的内在联系。比如，吴伯宗（生卒年不详）作为江西乡试的解元，他写了一篇650字的文章，主要就是分析四句"四书"引文（一句出自《大学》，一句出自《中庸》，其余两句出自《孟子》）之间异同的原因，最后再引导至"天下平"的中心思想。[15]

第二场考试让学生写一篇论，可以选择三种类型的文体（古赋、诏诰、章表）进行写作，而第三场考试则考一道策。科举考试中不考任何法律问题（参见第一章）。第二场考试"论"要求学生解释"礼以安上治民"，这个题目改写了《礼记》中所引述的孔子的话，其原话是"孔子曰：安上治民，莫善于礼"。[16]

第三场策问的问题，则集中在为何要复兴古代"六艺"以培养更多的军事和民政人才。吴在策问中写道，无论是汉朝还是唐朝都无法在真正意义上实践六艺，他们都更偏爱词赋文章。吴随后写道，明廷现在已经成功地恢复了古时为国取士的做法。在中心思想上，吴文准确地摸清了朱元璋对于汉、唐、宋等朝过分重视以文学成就来取士的批判态度，并在朱元璋想要将"六艺"作为更务实、更全面的人才选拔标准问题上成功地投其所好（在朱元璋1367年宣布科举取士的诏书中就有所体现）。[17]这种从重文学到重经义的考试选拔方式，在1370年的乡试中就有意识地率先出现了。

明代第一次会试于1371年在南京举行。在朱元璋早期的顾问、主考官宋濂（1310—1381）的监考下，120名考生（包括一名朝鲜人）从189名应试者（含3名朝鲜人、1名安南人）中脱颖而出（中榜率达64.5%），这或许是晚期帝制中国历史上竞争最不激烈的一次会试了。[18]表2.2显示，在整个明朝，会试通过率经常不到十分之一，尤其在1450年之后，随着想要考取进士的考生数量稳步增长，会试更是越来越难了。

在元代，考生一般都会从"五经"中选择一部作为专经。1371年的120名进士中，专治《易经》的有21人（17.5%），专治《尚书》的有24人（20%），专治《诗经》的有28人（23.3%），专治《春秋》的有40人（33.3%），专治《礼记》的只有7人（5.8%）。[19]相比明代后期的考生专经分布，1371

74

年会试中专治《春秋》的考生比例非常之高。这可能说明在明初，《春秋》确实在考生中更受欢迎。表2.3显示，1400年之后一般30%的进士会专攻《易经》，20%专攻《尚书》，30%专攻《诗经》，分别只有6%—7%的人研读《春秋》和《礼记》。[20]表2.4择取了南京（时为应天府）的考生专经分布，从表中我们可以看出，会试与乡试中考生专经的分布大体相同。

　　虽然并未考中会元［来自浙江的俞友仁（生卒年不详）是此科会试的会元］，38岁的吴伯宗还是在1371年的殿试中考取进士；他专治《尚书》，高中了此科第二十四名。与1370年乡试一样，1371年的殿试也采用了元代就已建立起来的三场考试的程序。最值得注意的是，第三场策问考试考的是公共治理中礼与法之间的关系，这后来也成为明代策问考试中常见的一类问题，同时也预示了自1384年之后乡试和会试的第二场考试中会加入对法律判语的考试（参见第一章）。1371年会试的策问其实是一组问题，它先要考生讲解圣王是如何树立刑法与刑规，以重建天下秩序。考生接下来还被要求解释如何通过礼、乐尤其是学校教育来移风易俗。[21]

　　吴伯宗在对策中重申了，在秦朝（公元前221—前206）施行法家政策全盘失败以后，从汉代开始施行以经术原则为纲的治国理念。[22]他强调"致治之道"与"为治之法"密不可分。因此，"法亦未尝不囿于道之内"。[23]作为明代开国以来第一科会试的策问与对策，关于法和道的讨论都被反复提及，而之后的历次科举考试更是将法律与道德这一经典范式作为考生的必修课题。文士们严正地认为，基于程朱理学的道德与原则足以满足皇帝统治的需要，程朱理学并不是明廷用以测试选拔官僚过程的那种政治理论，虽然在文士们看来，法的思想已经被包含并被限制在了道的概念之中。[24]1384—1385年间，朱元璋希望所有志在金榜题名的乡试和殿试考生也要熟悉近些年完成的《大明律》中的条文。[25]

1371 年的策问考题显然受到了政治风向的影响，朱元璋出席了殿试，在 120 位想要考取进士的考生面前露了面。皇帝本人针对如何选拔有才干的官员和国家的大政方针向考生们提问：

> 历代之亲策，往往以敬天勤民为务。古先帝王之敬天勤民者，其孰为可法欤？……
>
> 自昔而观，宜莫急于明伦厚俗，伦何由而可明？俗何由而可厚耶？三代而下，惟东汉之士俗，赵宋之伦理，差少疵议。果何道而致然欤？盖必有可言者矣。宜著于篇，毋泛毋略。[26]

我们有幸能够看到本科朱元璋殿试第一名吴伯宗所准备答卷的对策。身为江西省解元的他，也成了大明王朝的第一名状元，并以此闻名后世。[27]明清殿试的答题套路，都是就皇帝问题中的每一个论点予以作答，吴伯宗写了一篇洋洋洒洒、引经据典的文章，以让阅卷者得以判断该考生是否能够胜任未来的官僚工作，因为很明显，皇帝对于科举取士一途仍有所怀疑。吴宗伯借扬雄的名言"言者心之声也"予以作答：

77

> 臣闻言者心之声也。人之心深藏而不露，人不能识也。然言之强弱，人皆能知其恶及心之善也。言无厉声，而行厉于言。故言道德者不违其行。古圣王贤德之君以此察人眼色而知其上奏之堂奥。于是上量其能而验其果。由此明君能量才而用其贤能。[28]

此外，吴伯宗还引用已经被广为接受的古人关于社会和政治和谐的文化纲领。他强调教化是保证社会和政治秩序的关键：

> 臣闻古先帝王之治天下，莫不以敬天勤民为务，以明伦厚俗为急，故汲汲于求贤者，凡以为此也。[29]

虽然吴伯宗之后在朱元璋的政治清洗运动中丢了性命，但是他关于文章取士和教育的很多观点，还是被后来的考生反复征引。比如，在清代刚刚开国之时，汉人对满族精英充满怀疑，汉人考生在为文章取士这一方式正名时，仍然会引用吴伯宗当年征引扬雄的那句话"言者心之声也"。[30]因此，清初的考生希望用明王朝初期推行科举的先例，来向清廷证明科举制度的有效性。汉人考生通过不断的努力取得了胜利，但是在辅政大臣鳌拜独揽大权的几年间（1664—1669年），他曾经想废除以臭名昭著的八股文为主的科举考试。八股文作为科举第一场考试中的一种非常形式主义的文体套路，是在15世纪后期正式登上历史舞台的（参见第七章和第十章）。

朱元璋非常满意吴伯宗的对策，后者也借此成为当科状元。然而，吴伯宗为科举取士辩护的文章却未能打动朱元璋。1372年乡试之后，朱元璋于1373年暂停了所有的科举考试，因为从科举选拔出来的官员都是"后生年少"。虽然朱元璋明显对第一次科举的结果和第一批进士的工作表现非常不满，但是确实有大量的文化和政治等国家事务亟待处理。

早先有一种观点，认为明太祖朱元璋一定是不假思索地希望通过科举考试来提升大明王朝无情的皇权专制。[31]这样的观点无疑忽视了明朝前期统治者其实非常害怕科举选拔制度会削弱皇权，并且会给予官僚体系内南方诸省过大的政治权力。我们先来分析朱元璋心中所面对的来自孟子学说的威胁，这种威胁本身表明，科举考试制度并不是先天地就与明王朝的皇权直

78

接挂钩。朱元璋在对待孟子学说上的种种表现说明，基于孟子性本善观念启发的宋代道学，必须经过政治理念层面上的一系列限定和驯化，才可以被提升为皇权意识形态。饶是如此，这种经过处理的道学，仍旧反映了那些儒家经学中长期以来建立起的文士价值（literati values）。

《孟子》与明代科举考试

相比元统治时代的文士，明初的文士又一次回到了政治生活的中心。他们希望朱元璋可以恢复科举考试制度，可以用经典的礼教思想来平衡法治治国的原则，并且能够更多地仰仗明初那些在翰林院任职的士大夫官员，同时从皇权层面赋予强调道德观念的程朱理学以合法性，在新的王朝中复兴被元统治者所背叛和漠视的宋代文化理想。然而，在朱元璋看来，从早期中国到中古帝制中国再到元，政治权力逐渐从统治者手中被让渡到官僚和臣民的手中。[32] 明代的缔造者不能忍受任何对其政治合法性的公开威胁，也不能容忍任何来自经典政治学说对皇帝个体权力的限制。

朱元璋是农民出身的军人，并未学习过儒家经典，所以他一开始必须仰仗其浙江金华出身的政治顾问为自己的统治寻求合法性基础。自王莽篡汉（9—23 年）之后，《周礼》中所倡导的行为制度与礼法就与改良传统相联系，北宋王安石又借《周礼》赋予其变法以合法性，而到了明初，明廷也开始频繁引用此类儒家典籍。比如，明朝通过税收和户口登记来控制农村地区的做法，其依据就是《周礼》。朱元璋为了巩固其独裁政策，也乐于使用《周礼》里的行为制度。[33] 与此类似，在由元入明的十大夫刘基的劝说下，朱元璋认可了以程朱理学的道学传统来解释儒家经典，将其作为科举考试的科目内容（与元代一样），并以此作为大明王朝的治国纲领。[34]

　　然而1370—1372年的乡试、会试、殿试之后，同样作为儒家经典学生的朱元璋，[35]读到了在正统的道统世系中被程朱理学尊奉为孔子学说继承者的孟子的政治理念，朱元璋被孟子的观点激怒了。[36]让朱元璋生气的是《孟子》里的一段话（《孟子》是朱熹《四书章句集注》中的一部，所以也被元代和明初的乡试、会试列为第一场考试的考试内容），在这段话中，孟子基于民本思想和君臣关系的相互性，反对权力不断扩张的皇权："君之视臣如土芥，则臣视君如寇仇。"如此质疑君臣之间忠诚关系的看法，与孟子对于民贵君轻的论断相一致："民为贵，社稷次之，君为轻。"[37]

　　事实上，孟子也引用了孔子论暴政的话作为支撑自己观点的论据："孔子曰：'道二，仁与不仁而已矣。'暴其民甚，则身弑国亡；不甚，则身危国削。名之曰幽、厉。"[38]朱元璋发现了这些儒家经典中的格言，这类格言无疑挑战了明王朝皇帝的君权。自秦汉以降，法家对君权持看空的观点（a descending view），朱元璋认为统治者的权力是在不断地流失。而孟子认为，国家组织的权力来自重要性不断"上升"（ascending）的人民意志。在西汉，人民意志的重要性在上升的看法生发了很多唯意志论式的争论，他们赋予了孔子以"素王"的地位，并借他来反对昏君。[39]朱元璋无法容忍这类对于明王朝君权合法性在思想层面的威胁。在他考虑要不要废止科举考试时，他命令臣子将《孟子》中的一些文本从科举考生的阅读书目中删掉，因为那些内容"非臣子所宜言"，不过在这个意义上，朱元璋这种做法其实也是对"四书"经典地位的一种妥协。除此以外，朱元璋还要求将孟子从为圣人、学者和功臣所举办的孔庙祭祀、官方祭祀的通祀释奠仪式的配享中移除。[40]

　　朱元璋的重要大臣钱唐（活跃于约1368—1373年）试图阻止洪武皇帝开这种危险的先例。朱元璋将《孟子》中违碍皇权统治的"非臣子所宜言"段落删去的做法，威胁了程朱理学的思想正统性。钱唐在世时，反对朱元璋将孟子移出孔庙祭典配享。但是因为科举考试 1373 年就暂停了，所以 1384 年之前《孟子》是否被列入科举阅读书目这件事变得无意义。朱元璋成功地在文官和军队体系中清洗了他的敌人之后，下令在科举考试中使用经过审查的《孟子》。[41]

　　1384 年，刘三吾（1313—1399？）经过举荐进入了翰林院，并于 1394 年被授权在先前的审查版之上删节了 88 个朱元璋认为有违碍之处的段落。修订版被命名为《孟子节文》。[42]经过审查的《孟子节文》成为 1414—1415 年考生应试时的标准文本，直到永乐帝恢复原版《孟子》作为科举考试官方文本的地位。此外，朱元璋还成功地将孟子的牌位移出了曲阜孔庙，这也是明王朝明显反对孟子民贵君轻的民本"上升"理念的标志。

　　朱元璋在他的《大诰》中强调，统治者而非民众，才是天下大治的关键："世人生既多，非主莫驭，天生君而为民立命。"[43]对于他来说，没有统治者的话，仅凭好辩的大臣来领导充满怨念的民众，民众会陷入混乱之中。他的各种布告、诏令和檄文于 1374 年首次被编纂出版，之后又进行了增补，增加了关于统治者的中心领导地位及其调停天地与民众之间关系的特殊作用的内容。[44]实际上，朱元璋对政治权力的态度，秉承的是长期以来存在于中国历史中的法家观点。在法家看来，统治者作为国家治理的触发者，可以改善个人追逐私利的情况，为天下带来良好的公共秩序，君权也因此具有其合法性。朱元璋不允许他人——尤其是遍布各地的文官——提及合乎历史发展常理的"朝代更迭"。毋庸置疑，在他看来，明廷君权天授的统治将万古长存。

　　虽然继位的建文帝（1398—1402 年在位）在位时间很短，也不像朱元璋那样专制，但是无论官员还是百姓都要以帝制皇权为核心的主导国策仍然没有变化。[45] 然而不幸的是，明王朝在受封北京的燕王朱棣短暂的恐怖统治下，又一次走向了专制统治。他以武力驱逐了建文帝，夺得了皇位。[46] 鉴于前现代中国的国家治理在组织管理层面上的局限，认为明代中国的专制统治从未被削弱的观点未免显得有些狭隘，但是明代皇帝的权力乃至文官和太监在操控帝国的存在理由（raison d'être）问题上的争斗在意识形态上都是基于朱元璋所遗留下的反孟子式的专制主义，这种专制主义事实上几乎一度扼杀明代文士与王朝间的合作同盟。

1380 年，朱元璋以所谓的谋逆罪处决了他的宰相胡惟庸（卒于 1380 年），后者是朱元璋治下 1378—1380 年间的内阁首辅，于是明廷独裁又在制度层面上得到了加强。由于害怕类似内阁重臣侵夺皇权的行为再次发生，朱元璋决定对整个官僚队伍进行一番清洗，所有的文职和武职都划归朱元璋直接管辖。1380 年的血腥清洗在 1390—1393 年又重演了一遍。虽然各种估计数字不同，但是据朱元璋本人估计，在大清洗中总共有 5 万至 7 万人被处决。[47] 在剪除胡惟庸及其党羽之后，朱元璋在殿试策问题中向考生发问，他再明确不过地表达了秦代法家政制还不够极权的看法。

> 昔秦皇去封建，异三公，以天下诸国合为郡县。朝廷设上次二相国，出纳君命，总理百僚。当是时，设法制度，皆非先圣先贤之道。为此设相之后，臣张君之威福。[48] 乱自秦起，宰相权重，指鹿为马。自秦以下，人人君天下者，钧不鉴秦设相之患，相继而命之。往往病及于君国者，其故在擅专威福而致是欤？抑君怠政而有此欤？校之既久，恍惚其端，特敕问之。[49]

朱元璋将宰相制度的渊源倒推到了施行法家制度的秦代，因 84
此他没有任何负疚感地将这少数能够挑战皇权的途径也给废除
了。朱元璋声称帝国的统治者就代表了圣人和典范的道——统
治者不需要大臣来平衡他的权力。当然，朱元璋也自作主张地
彻底无视了周公作为首辅辅佐君王的政治传统。[50] 在唐代，朝
廷高官是与皇帝同坐以显示君臣之间的地位平等。从宋代开始，
大臣开始站在就座的皇帝面前。而自明代开始，直到之后的清
代，官员们在面对皇帝时都需要跪拜、磕头。这种大臣礼节上的
变化，与王朝日益增长的极权权力息息相关，并在明初达到了
顶峰。[51]

孟子将人民作为政治主权最终核心的理想也受到了管制。
明王朝对孟子主张民权"上升"的观点置之不理，相反朱明王
朝一家一姓的兴亡成了国家的首要核心。这与孟子所期望的恰
恰相反，统治者的特权得到了捍卫。晚期帝制中国的正统意
识形态虽然从孟子那里获得了很多理论资源，但是朱元璋及其
在翰林院的臣僚们却将孟子的思想裁剪、删改，并将删节本的
《孟子》作为考生被选拔进入文官体系的必读科目。[52] 尤其在
明初，在明王朝的官方修辞里，极权政治理想（认为皇帝手中
的国家权力不断在"丧失"）完全压制了孟子唯意志论的经学
框架（权力应该"归于"人民）。特别是在朱元璋统治期间，
孟子关于政治权力的观点被严重删减。[53]

然而，孟子的政治理想主义还是存活了下来。当1384—
1385年科举考试恢复时，朱元璋发现那些受孟子思想启迪的
文士对他处理君臣关系之方式的批评意见依然不绝于耳。但
在1385年的殿试中，朱元璋还是从这些人里挑选出了两名有
献身精神、毫不妥协的官员：练子宁（卒于1402年）和黄子
澄（卒于1402年）。而另外在1388年的殿试中，齐泰（卒于
1402年）也被朱元璋选中。[54]1402年靖难之变中，他们都因 85

为坚定地效忠于建文帝，拒绝承认朱元璋的儿子、燕王朱棣的皇帝身份而殉难。[55] 皇权也无法将文士们的异议彻底剪除。

科举考试在 1384—1385 年恢复之后，乡试和会试的要求也发生了变化。第一场考试中，"四书"（含删节版的《孟子》）的比重开始超过"五经"，尤其在衡量取士上，明廷给予了朱熹对《论语》、《大学》和《中庸》注疏无可置疑的权威地位。此外，第三场考试要求考生回答五道策问题，而不再是 1370—1372 年的一道策问。同时，正如在第一章中所指出的，朱元璋将他所关心的法律和国家治理议题的相关文章也放进了科考必读文献中，并且在第二场考试中增加了关于法律的试题。朱元璋冒险重开了此科科考，他通过把《大诰》列为科举考试的必读材料赋予皇帝的诏、诰与儒家经典等量齐观的地位。[56] 而殿试依旧是由皇帝本人出一道策问考题。此外，殿试的前几名首次可以直接进入翰林院，这一政策一直延续到了清末，这使得之后的翰林成为内廷最为重要的圈内人。[57]

86

1385 年的会试，黄子澄是会元，练子宁是会试第二名。而一年前，黄子澄在位于南京的应天府乡试中取得了第二名。然而在殿试中，练子宁被点为榜眼，黄子澄被点为探花，他们都只能排在夺得状元的福建考生丁显之后。主考官给丁显的排名原本不高，但是朱元璋力排众议将其钦点为第一名，既是因为丁显的名字可能与皇帝之前做过的一个梦相关（参见第六章），也是因为考官们选定的状元人选花纶过于年轻。[58] 从仕途生涯上来讲，日后丁显、花纶在朝中的重要性都远不如练子宁和黄子澄。

不过 1385 年科举最被人所铭记的，可能就是练子宁在回答朱元璋殿试策问时的对策中，大胆地以"孟子式"的应答回应了皇帝的考题。朱元璋的策问考题着重于他为把大明王朝建造成符合古人理念的国家所做出的巨大努力：[59]

> 朕自代元，统一华夷，官遵古制，律仿旧章。孜孜求
> 贤，数用弗当。其有能者委以腹心，多面从而志异……若
> 此无已，奈何为治？

练子宁的父亲是一位负责宫内起居注的官员，早先他曾向
朱元璋提过严厉的批评意见，因欺君犯上、妄议朝政而被贬谪
外任。他批评朱元璋的做法构成了法家当道的政治氛围，古代
法家那种"管（仲）、商（鞅）之谋"和狡诈的"申（不害）、
韩（非）之习"成了政治主流，这无疑背叛了儒家心目中皇帝
应该成为圣王的理想状态。但是皇帝如何在政局剧烈动荡之后
选任有用的官员人才呢？

> 夫人君之道，在于知人。人臣之职，在于任事。……
> 陛下责望之意，非不深也。委任之意，非不甚专也。然而
> 报国之效，茫如捗风，岂是数者之果不足以为治哉？亦徇
> 其名而不求其实之故也。

> 是故古之用人者，日夜思之，必其人之足以当是任
> 也，然后以是任畀之而不疑。今也不然，以小善而遽进
> 之，以小过而遽戮之。陛下求贤之急虽孜孜，而贤才不足
> 以副陛下之望者，殆此也。且夫天下之才，生之为难，成
> 之为尤难。陛下既知生之成之之难矣，又岂忍以区区之小
> 故，而即付于刀锯斧钺之地哉？……又何忍于杀戮而后曰
> "吾能用天下之才也哉"？ [60]

练子宁奇迹般地没有因他对当权者意识形态的大胆抗议
而受到任何惩罚，当然他的经义文章也用了在明初文士中常见

87

的"春秋笔法"。练子宁将他的观点掩藏在了制艺文中，他知道皇帝会读他的对策，练试图向皇帝陈述儒家经典中的治国之道不应该是统治者一人的独断。朱元璋已经处决了成千上万名试图争权夺利和贪污腐败的官员了。但也许是朱元璋看中了练子宁那种无法收买、绝不屈服的文人的呐喊，这正是他孜孜以求的人才。所以朱元璋不仅没有治罪，相反他和殿试主考还把他点为殿试第二名，并将他安排到翰林院任职。不过因为丁忧回乡，他没有正式入职。当回到明初首都南京时，他并没有在官僚队伍中缓慢升职，而是迅速被擢升为建文帝朝的御史大夫，成为后者重要的政治顾问。之后练子宁与夺位的燕王朱棣针锋相对时，他已经是副都御史了（见下文）。从1385年到1402年，练子宁作为文士儒生的理想主义没有丝毫变化，但是燕王朱棣的政治议程并不像乃父那样，练子宁只能要么选择妥协，要么选择死亡。

　　回到朱元璋的问题上。他对科举考试选拔人才的有效性一直抱有疑虑，虽然他对儒家典籍中孟子式的观点深恶痛绝，但他同时也对来自中国南方的文士存有长期的不信任。相比于在安徽农村出生、少时家境贫寒的朱元璋，这些南方文士生活富裕、优越，具有相当的文化声望。对于明清两代的统治者来说，"南方"一直意味着帝制中国最难归化，却也是最为重要的一片区域。[61] 此外，如果科举考试取消区域配额制的话，南方的考生将会在科举考试中压倒性地占据绝大多数中举名额。所以如何不让整个官僚队伍变得南方人一家独大，就成了明初政府的重要政策目标，以此目标设计出的南北闱配额制度，一直到1905年清王朝废止科举制时才成为历史（参见第十一章）。

南北进士配额问题

　　科举考试考查的是考生对基于古代流传下来的经学文本的

认识掌握，其考试的核心重点就是书面文言写作水平。文言文不同于白话文，也不同于明代时期各式各样的地方方言（尤其是在北方，随着非色目人的到来，北方方言受到了很大影响）。[62] 为了应对文官体系的日常需求，考生们必须要为通过科举考试而学习书面语（即文言文）。文言文在语言上非常精练，要求学子们在从童生到成人的整个阶段去记诵各种不常见的象形字以及极为古老的语法形式。[63]

自宋代开始，强调文学素养的经典教育一直被认为是文官体制成功的重要保证。[64]从北宋开始，科举考试的竞争一直就非常之激烈，只有很少的人能在科举中取得成功，而所有人梦寐以求的进士功名就更是少之又少了，而唯有考中进士方有可能出任高官。录取比例 1∶10 在最终的进士考试中并不罕见。比如 997 年，5200 多名考生要争夺 500 个进士资格，考中比例几乎十中取一。[65] 因为南方的经济产出和人口都胜过北方，所以居住在南方的考生所面临的乡试难度也要远超北方考生。[66]比如欧阳修曾说，在他所身处的时代，东南省份的考生在乡试中大概是 100 人中只有 1 人能够考取举人资格，而西北省份则是 10 人中就有 1 人考中举人。[67]

但是欧阳修补充道，因为南方的文化资源更为优越，所以在进士考试中，南方考生在科举考试中将诗赋文章写得花团锦簇，这更符合考官的口味和要求。因此，欧阳修说在经学修养上南方更"好文"，而北方更"尚质"，这也就不足为奇了。如果宋代考生能有选择的话（参见第一章），南方考生更愿意比拼文学素养，而北方考生则专注于经学。[68]1370 年朱元璋恢复科举考试之后，这种区域分化问题再次凸显，尤其是北方地区已经在超过两个世纪的时间里处于非汉族统治者的统治之下，所以他们在文化上更加不同于南方，1280 年之后南方与北方的文化一体性已经相当之弱了。朱元璋之所以一开始要采取元代的考试科目体系作为明代科考的模板，原因之一就是想摆脱唐、宋、金那种纯粹以文章取士的考试标准。1369年时，朱元璋曾对科考表示过不满，主要是"古人为文，或以明道德，或以通世务"，但是"自今翰林为文，但取通道理、明世务者，无事浮藻"。在朱元璋看来，这些文化人只能把精力放在空洞无用的读读写写上。[69]

明初1370—1372年的这次科举考试，南方士人取得了压倒性的胜利；对于朱元璋和他的后继者来说，这无疑成了一个棘手的问题。檀上宽认为1373年科举暂停就与此相关，因为之后南方人也会选任南方士子担任政府官职，朱元璋想要限制南方士大夫的一家独大，所以他叫停了之后的科举考试。他批评很多考生过于看重文词，这也被视作对南方文人的文化优越感的直接攻击，相反他表扬科考中那些重视实学和德行的文章，而这两者正是文化程度上没那么发达的北方考生所擅长的。[70]实际上，朱元璋也在努力寻找一个看似公平的取士办法，同时也避免南方士人的科举垄断。这也呼应了欧阳修在三个世纪之前关于东南考生"好文"、西北考生"尚质"这类区域文化迥异的论断。[71]

比如1371年的会试（参见表2.5），120名通过会试的考生中有89名来自南方诸省（占74%），只有31名来自北方（占26%）。所以朱元璋对明初科举中政治图景改造的目的之一，就是避免南方人垄断明廷的官僚队伍。但除了檀上宽所提出的观点外，我们还需注意朱元璋对于江南士人精英毫不掩饰的敌意，后者曾经支持过朱元璋的死敌、吴王张士诚（卒于1367年）。1365—1367年间张士诚的武装力量曾与朱元璋的部队全面开战，所以我们能清楚地看到，在明初科举考试被喊停和明廷经济政策之间一直都有着某种政治联系。[72]

朱元璋为避免江南大地主手中的土地太过集中（同时也是

为了报复），下令将很多地主的土地没收为国有财产，并由政府指定的佃户耕种。同时，他故意对江南地区课以惩罚性的重税，直到 1380 年才稍微减轻了一点，然后到 1393 年又再次加重。仅苏州地区的赋税就占了全国财政土地税收收入的 10%，松江地区则超过了 4%。[73] 朱元璋还避免任命苏州和松江人士就任户部职位，以防止这些来自富庶地区的官员控制财权，并想方设法以国家财政收入为代价来减免地方赋税。[74]

朱元璋在试图控制江南地区经济资源的同时，也想方设法不让江南地区在文化上的资源优势转化为科举考试上的成功。所以，当我们看到朱元璋治下 30 年间 6 次会试中，来自苏州地区的士子只有 4 人成为进士时就丝毫不会奇怪了。鉴于苏州地区士子在朱元璋去世之后屡屡取得科举考试的成功，我们得以清楚地看到朱元璋对于苏州地方精英的敌意之深是如何体现在科举考试的全过程之中的。与此相反的是，来自江西的考生则在明初科举中取得了现象级的成功（可参见表 2.6），比如吴伯宗（1371 年的状元）。[75]

建文帝和永乐帝身边都围满了江西籍的智囊。檀上宽注意到建文朝中央朝廷的主导权明显转向了南方文士——当然，除了江南文士。此外，除了江西文士外，很多朝廷官员也与浙东学派有着很深的渊源，比如方孝孺（1357—1402）。[76] 朱元璋治下，共有 200 名来自南方浙江省的考生考取了进士（而江西籍进士 141 名，参见表 2.9），但是只有 59 名来自当时还是京畿的江南地区考生考取进士。直到建文朝和永乐朝时，江南地区的进士数量才接近乃至超过浙江（但是仍赶不上江西）。第五章中我们会继续讨论为何之后江西文士精英们会在科举市场上渐渐败落。[77]

正如表 2.5 和表 2.6 所示，欠发达的北方地区宗族力量更弱，这使得他们在依旧偏向于考查考生对经学典籍文辞面向掌

92

握的文官选拔体系竞争中无法占到上风。[78]那些位于长江下游地区的力量雄厚的士绅宗族势力和新兴暴发的商人家庭，通过为家族中有读书天分的男孩提供优质的教育资源，保证了自己在地方上的优越地位。南方的宗族学堂被看作南方精英社会（尤其在江南地区）令他人艳羡的、需要保卫的私有财产，宗族之间通过对外输送人才，在社会地位、政治地位和学术地位的上升通路中彼此竞争。自宋代始，南方士绅和商人家族都通过宗族财产来保证后代在教育上的优势地位，所以家族财产在延续宗族的经济地位和政治地位方面都至关重要。到了明末，为商人子弟创设的学堂也在江浙地区不断涌现。[79]

朱元璋限制南方士人的科考政策，真的具有透彻理解南方在科举教育优势上的深层内涵吗？想来是没有的，表 2.6 显示了南方考生在科举考试上所取得的长期成功。比如 1381 年，朱元璋注意到其时中国"北方自丧乱以来，经籍残缺，学者虽有美质而无讲明"，[80]所以在中国北方的学校中颁赐四书五经。然而，南方士子在科举考试中的统治性地位，将成为明初政府长久需要面对的问题。

直到 1384 年，整整 9 年间明廷都采取地方官员荐举的办法来选拔任用官员。1382 年，共有 3700 名官员是凭借有司保举，并通过明廷在南京举行的制科考试被任命为官吏的。但是依靠荐举来选拔人才最终被证明无用，于是 1384 年官方又重启了科举制度，但这也是在朱元璋肃清了官僚体系的各分支、处决了一大批官员之后了（朱元璋认为这些官员参与了 1380 年和 1390 年由丞相胡惟庸或其党羽策划的密谋反叛活动）。之后，荐举做官一直都还是进入仕途的重要通路，直到 1457 年英宗发动重夺大统的宫廷政变之后，通过荐举做官的仕途通路才被关闭。英宗对通过保举进入仕途的江西籍大臣予以谴责，因为后者在他被瓦剌人俘虏后选择让他的弟弟（即景泰帝朱祁钰）继位以取代他。[81]

因此，当 1385 年会试举办时，472 名考生最后成为进士，这一方面表明朱元璋已经不再惧怕科举考试体系了，另一方面也是因为他亟须填补政治清洗过后官僚体系的真空。[82] 这是明代进士单科录取人数最多的一届，只有 1404 年永乐朝取中 472 名（一说 470 名）进士可与之媲美，而彼时永乐帝也亟须一批效忠于他的士子补充到他的官僚队伍之中（见下文）。此外，1384 年乡试的各省配额也提高了 6%。[83]1385 年的 472 名进士中，仍有 340 名（72%）来自南方诸省，只有 132 名（28%）来自北方。如果朱元璋想阻止南方士子在科举考试中取得压倒性胜利的话，那么他显然是失败了。

虽然各省参加会试的配额没有确定，但是考生们都还要参加乡试，朱元璋依旧非常关心"南闱问题"。1389 年，作为皇帝的朱元璋在讨论国家治理的问题时，与大臣刘三吾有一段有趣的谈话，后者对南方人、北方人之间的区别有不同看法。

刘：南北风俗不同。有可以德化，有可以威制。

朱：地有南北，人无两心。帝王一视同仁。岂有彼此之间？汝谓南方风气柔弱，故可以德化。北方风气刚劲，故当以威制。然君子小人，何地无之？君子怀德，小人怀威。施之各有攸当。乌可概以一言乎？[84]

94

朱元璋反对这种只有南方人才能跻身有德的士绅阶层的观点。

此外，在 1397 年的会试和殿试中，朱元璋发现所有 52 名进士都来自南方诸省。[85]皇帝责成主持本次考试的翰林院主考官刘三吾重新阅卷，重审会试落卷，以防止考官有对南方考生偏袒的情况。刘三吾是来自湖广地区的南方士大夫，考官们重新阅卷后回来报告说，名次无须更改，地区间所体现出的这种差异是完全合理的。刘向皇帝解释：科举取士不应分南北；长江以南地区有许多杰出文士；北方举子确实很难比得上南方人。朱元璋大怒："江之北无有人才乎？"

盛怒之下，朱元璋虽然考虑到刘三吾往日的功绩，宽免了他的死罪，但是仍处决了两名阅卷官（凌迟示众），当然或许还处死了更多的相关考官，我们现今不得而知。之后朱元璋阅读了参加会试的考生的试卷。在重新排定名次后，他主持了第二次殿试。极具讽刺意味的是，朱元璋重考的策问题目就是他在抱怨，为何他执政30年了，还需要通过刑法手段来补救文官治理的不足（其不循教者亦有，由是不得已施之五刑）。在这种来自皇权的压力之下，1397年会试、殿试又重新录取了61名进士，全为北方人。[86] 考官们仔细权衡了新科进士们的地理分布背景。一种官僚主义式的号房布局被设计出来以方便考官分清考卷对应考生的籍贯家乡；试卷送审是匿名的，所以考官按照"北卷""南卷"来给考生文章打分。

虽然朱元璋干涉了1397年的科举结果，但是他并没有为科举考试确立一种永久的进士配额制。他只是成功地提出了科举考试中的这一议题，并且予以官方监督。之后南方考生在科举中依旧占据统治性地位，80%的进士长年为南方人，直到1425年洪熙帝明仁宗朱高炽设立了地区配额制，规定在会试中北方考生的录取率要占到全部名额的40%，但是1425年、1426年两年并未举行会试。直到1427年宣德帝明宣宗朱瞻基治下（1425—1435年在位），才举办了第一次以区域配额制为录取标准的会试，但是配额制此时发生了一些微调，北方考生为35%，南方考生为55%，还有一部分来自"中央地区"的考生，则被分配到了10%的配额。中央地区配额这一制度设定于1427年，主要是为了解决配额制在南北区分界地带边缘不明这一难题。如表2.7所示，1489年之后这种区域分配比例大体确定，一直沿用到明末，直到清代都在效仿这种区域比例配额制。[87]

但是进士区域配额制并不针对官僚选任外派的地理背景严格设限，南方士绅还是在官员选派的竞争环节上取得压倒性的优势。此外，配额制也无法平衡殿试中一甲二甲这类高排名中的地理分布，排名高低往往能决定新科进士之后是在朝做官、在京做官，还是在各省，乃至各地方州县做官。从表 2.8 中可以看出，排名较高的进士多半来自南方诸省，他们更有可能进入翰林院任职，或是在都城谋得高位。

比如在 1424 年的殿试中（参见表 2.5），125 名进士来自南方（84.5%），8 名来自中央地区（5.4%），只有 15 名来自北方（10.1%）。而《明实录》中记载，到了洪熙朝的 1425 年，仅有 10% 的进士来自北方地区。这种趋势无疑非常明显。1425 年配额制改革就称文学才能（即指代南方考生）不应成为科举取士的唯一标准，科举必须还要重视考生的品德、实学方面（即指代北方考生）的能力考查，将其纳入考量范围。从 6∶4 的配额，到之后 1427 年调整的 55∶35∶10 的配额，这些措施确保有足够的北方人进入文官体系的低级别序列。[88]

永乐帝朱棣 1415 年决定迁都北京。整个迁都过程完成之后，经过了 1421 年的初步考量，朱棣终于在迁都十年之后（1425 年），建立了一套进士名额配额制。[89] 这一政策体现了当权者想要在分裂了两个多世纪之后，让南北士人重新联合的政治远见，也希望能够逐渐对南北考生一视同仁，尤其是迁都本身已然加强了北方士人在帝国政治中的重要性。比如说，北京话被制度性地规范成了"官员"（Mandarins）所使用的官方语言（Mandarin），这种语言混杂了蒙古语和女真话。这意味着 1425 年之后，国家内廷、官员中所盛行的主导性价值、理念、问题和讨论都是通过这种发音大体基于混合型官话的经

96

典语言来发声的。这种官话基于中国北方都城地区的方言，而非基于人口稠密、经济繁荣的南方地区，在 1368—1415 年间明代还定都于南京时，彼时的官话也是以南京方言为主的。中国被划分成了数个语言区，这无疑给了北方人一定的特别优势。南方人的地方口音与主流官话相去甚远，但是他们通过将财富转化为教育资源和应试技巧上的优势，希望可以克服语言上的劣势，但是其代价就是南方方言在重要性上开始低于北方官话。

不过，朱元璋解决这类问题的主要办法就是一刀切，他直接喊停科举考试，限定考中进士者的地域背景。因此洪武年间，科举考试并非国家取士选官的主要途径。朱元璋在位 30 年间，一共录取了 930 名进士。这等于每年只录取 31 名，与元朝科考取士的录取人数一样（参见第一章），如此低的进士录取率表明，科举并非官僚系统中官员选用的主要方式。[90] 因此，虽然进士的数量在年年增长，但是在明初通过科举考试得以日后身居高位的情况，并非特别常见。洪武帝朱元璋和永乐帝朱棣都因科举考试中的地域偏见而不认可这种取士方式。直到 1450 年之后，当一个各方都认可的进士配额制出台之后，科举考试才真正成为士人通往高官厚禄的主要途径。[91]

从篡位者到圣王：永乐帝朱棣

在靖难之役的分裂内战结束后，大明永乐朝于 1403 年开始，新朝的开启也伴随血腥的屠杀。到 1424 年永乐朝结束时，永乐帝朱棣在科举策问的考题中（见下文）已将自己接续到了尧、舜、禹的圣王序列之中。[92] 在他看来，汉、唐的皇帝并未能接续三代的圣王"治统"，但是他的父亲（即朱元璋）和他重新接续上了"道统"。[93] 如果没有文士的支持，朱棣将无法成功地声称自己继承道统。如果朱棣不重新厘清程朱理学与朱元璋之间重重的结盟关系，他是无法通过提升科举考试科目的规模和重要性来重新修复与文士的合作关系的。这与先前朱元璋对科举考试体系的功用处处设限的做法完全背道而驰。但是，在我们探讨道学教谕是如何逐渐渗透进明代的政治生活中，以及内廷 – 文官体系之间的关系是如何被修复之前，我们有必要先重构明帝国的文士是如何再次悲剧性地被屠戮的一连串史事，借此我们才能认识到明代道学正统叙事是如何书写自身的道统谱系的。

当原本封藩北平的燕王朱棣 1402 年通过武力谋得大统之后，他希望前朝杰出的士大夫方孝孺和副都御史练子宁能够效忠于他。练子宁于 1385 年殿试中被朱元璋点为榜眼，这本身极具话题性，因为他在殿试策问中斥责朱元璋处决了很多大臣官员；成为进士后练子宁先后辅佐了洪武帝和继位的建文帝两位皇帝。练子宁指责朱棣谋逆篡位，朱棣命人将其舌头割下以让他闭嘴。朱棣也试图证明自己武力占领京师南京并取代建文帝成为新皇的合法性，他说："予欲法周公辅成王耳。"[94] 据说被割舌的练子宁虽口不能言，但他用手指蘸了口中的血，在地上血书："成王安在？"[95]

而方孝孺对抗帝国至尊的惨剧也令人胆寒。方孝孺之前是建文帝的心腹重臣，燕王朱棣（彼时还未即位）询问方孝孺能否起草他登基的诏书，方孝孺拒绝从命，并将朱棣贴上了叛臣的标签，两人之间进行了火星四溅的对话。

　　燕王：我法周公辅成王耳。

　　方：成王安在？

　　燕王：渠自焚死。

　　方：何不立成王之子？

　　燕王：国赖长君。

　　方：何不立成王之弟？

98

99

　　燕：此朕家事耳！　⁹⁶

燕王变得极度愤怒，他命人给方孝孺笔，让他草诏。方孝孺将笔扔在地上，且哭且骂。

　　方：死即死耳，诏不可草。
　　燕王（大声）：汝安能遽死。即死，独不顾九族乎？
　　方：便十族奈何？

燕王意识到方孝孺——作为建文帝朝的亲历者——是绝不会承认他这个即将要登基的皇帝的，他命令手下用刀将方孝孺的双颊从口切开至耳根。然后，方被投回监狱，他的亲友和门生被一个个带到他面前。方拒绝跟他们见面，于是这些亲友门生都被处死。据说方孝孺死前七天极度痛苦，直到死前他都在嘲笑朱棣的虚伪，并且他还为后代留下了一首著名的词。⁹⁷

　　"成王"建文帝可能在南京沦陷时就已经死了。但明故宫大火后的残骸中只能找到皇后和建文帝长子的遗体。在 7 月 13 日南京陷落一周后的 7 月 20 日，燕王朱棣下令安葬失位的建文帝，不过建文帝从着火的明故宫中逃走的流言在整个明代一直口口相传。⁹⁸练子宁及其全家、亲族都被处决。练家共有 150 余人惨遭杀害，有些人甚至只是练子宁的远亲（九族、十族）。数百人被流放。而方孝孺全族亲友则共有 873 人被杀。除了方孝孺和练子宁外，效忠于建文帝的忠臣及其亲属也遭清洗，1402 年估计总共有一万名官员及其家庭成员在靖难之役前后被处决。⁹⁹

　　建文一朝也从史书中被删去，建文帝在位的 5 年被替换成了洪武帝朱元璋（卒于 1398 年，洪武三十年）的洪武三十一年到洪武三十五年。¹⁰⁰明初的《实录》被两次篡改，朱元璋洪武朝的《实录》掺杂了大量的虚假史料，以此来证明朱棣作为其父合法且唯一的继承人。[101] 朱棣将自己的年号定为"永乐"，他也成了一位权力极大的君主，他死后的庙号被定为"太宗"，被谥为"文皇帝"——称之为"文（皇帝）"虽说是一个聪明的选择，但也极具讽刺意味，因为正是这位"文皇帝"通过武力在 1402 年取代了自己的侄子"建文帝"成为新皇。1538 年后，永乐帝被时任皇帝的朱厚熜（嘉靖帝）追加了"成祖"的庙号，嘉靖像朱棣一样，在皇位传继的序列中另开一支。[102]

101

实际上，朱棣确实可称是明朝的第二创建者，他的父亲太祖朱元璋将明朝的第一个都城定在南京，而 1415—1421 年朱棣将都城迁至北京。在登基之后，朱棣积极地推广儒家经典，尤其是文士所推崇的道学。朱棣甚至自己撰写了《圣学心法》，该书完成于 1409 年，他还将其赐给太子，这象征着在他心中，他和他的后代已经可以成功地将道统与治统相统一，他们也得以证明其统治的合法性。[103]

而"圣人周公"也变成了"圣王"，宋代程朱理学在理想上将之视为典范，并将他的治理理念与上古的神圣统治者相联系，就像宋代的道学家们将自身与孔孟学说相联系一样。第八章中，我们会探讨晚期帝制中国这一独特的政治和文化同构（homology），是如何在 1425 年之后的明清两代科举考试区域扩大之后仍然发挥其作用的。有明一代，朱元璋和朱棣都将自身神圣化为尧、舜的继任者，正如程颐、朱熹自命继承了孔孟衣钵。在此可稍作举例，比如 1465 年山东乡试主考官吴启（1456 年进士）在《乡试录》的序言中的话就非常典型："我皇上法祖宗而为治，一皆本诸尧舜禹汤文武周公孔子之道，以儒道君天下，莫胜于今日。"[104]

然而，为了成为如此的道德楷模，朱棣也必须象征性地服从儒家经典的一些限制，即那种让方孝孺、练子宁为之献身，

102

但因此求仁得仁而被神化成士大夫殉道者的孟子式的政治理想主义。朱棣篡夺了建文帝的皇位，他不得不给建文帝贴上无能和忤逆的标签，并且将建文帝的手下称为奸臣，他同时也不得不从孟子的政治理论那里为自己弑君谋反的行为寻求合法性。他自己以腐败和背德之名赶走了原来的皇帝，因此他非常便捷地借用"顺应天命"的天命论来服务于自己的政治目的。而朱元璋确实也非常有远见地预见到了孟子学说可以为谋逆提供合法性基础，并因此激烈地反对孟子学说。[105]

事实上，朱棣虽然没有明说，但是彻底冒犯了他父亲的孟子学说很可能同样也并不受他待见，但孟子学说确实得以将他的军事造反行径正义化了。在他看来，他的侄子建文帝不配龙登九五，因此也理应被赶下政治舞台。虽然直到1409年会试时《孟子节文》依旧被当作官方认定的考试文本，但最早在1404年，朱棣就决定恢复孟子在帝王之学中的原有地位。[106]1409年，朱棣在他的《圣学心法》的序言中就全面且公开地概括了孟子的观点"民者国之本也"。朱棣还补充道："是故圣王之于百姓也，恒保之如赤子。未食则先思其饥也，未衣则先思其寒也。民心欲生也，我则有以道之。民情恶劳也，我则有以逸之。"[107]朱棣深知帝王通过借用儒家典籍既可以占据"民"的道德高地，又可以修复其与文人士大夫之间的关系，以此来获得后者的公开支持——朱棣尊孟的背后既隐藏了某些真实意图，也明示了某些政治目的。[108]

在这个意义上，道学的道德哲学被利用为政治意识形态的一部分，将人们的目光从1402年的靖难之役上引开。[109]然而，为建文帝殉难的大臣虽然都在清洗中身亡，但是他们在道德上受到文士政治理想主义的感召，在15世纪初的那个动乱年代，将仍属于道学题中之义的政治理想当成了为人、为臣的首要之务。然而，与此同时，朱棣作为谋反者在文化上挪用了道学的道德哲学，并希望以此成为大明圣君。无论是建文帝一方，还是朱棣一方，都声称自己代表了儒家正统。朱棣是政治权力世界的胜利者，而练子宁和方孝孺也成了让后世惊叹的传奇。

无论是旧臣的殉难还是新皇的圣化（sageliness），都被编织进了大明王朝宏阔的历史画卷之中。谁才是儒家经典理想的拥护者？朱棣，还是方孝孺？谁又有权力裁判他们？朱棣对于道学的支持仅仅是一种策略吗？抑或，朱棣支持道学只是为了在下令血腥屠杀士人之后，通过这种方式美化自己和他的臣僚，以此来获得文士们的支持？相比于哲学家，历史学家必须同时处理问题的两面。哪怕数千名官员惨遭横死，有关朱元璋和朱棣圣化的官方叙述却无比圆融，这种叙述在科举考试体系中被不断再造。明初的皇帝已经可以通过掌握对经典的官方阐释权来控制其政治合法性、文化合法性的公共记录。在此我想强调，正是因为朱棣在1402年的成功篡位，明初这种因"洗白"应运而生的圣王观念的文化理想化，被之后清初的满人皇帝所习得，乃至超越，后者以此来证明自己征服明朝并代替其统治"中国"的合法性（参见第十一章）。

正如我们所见，面对洪武、永乐朝道学与独裁帝制两者之间的结合，大部分官员都是共谋者。此外，明清两代统治者不断重复那些道学的意识形态功用绝非偶然。自汉、唐以来，儒家典籍及其注疏者就一直受到帝制的支持，同时他们也一直在为帝制背书。比如唐太宗李世民射杀了身为太子的兄长，并且逼迫他的父亲李渊（618—626年在位）主动退位。之后的638年，李世民下令编纂《五经正义》，为唐代科举所考查的经学提供权威的文本注疏。然而正如我们所见，并没有什么决定性的"唐统"出现。相反，唐代的皇帝（如李世民）对于文士们所创造的讲求文辞、典雅的士风持正面接受的态度——只要他们不挑战皇权就好。唐代科举考试中所发生的制度变化，源于文士们在科举科目是要追求文辞华丽还是要追求深研经义的争吵拉锯时此消彼长的政策倾向。[110]

然而宋朝灭亡之后，元明清三代的统治者都明智地选择了道学服务其意识形态目的。佛教、道教和其他民间宗教作为辅助选项虽然也有效地帮助蒙古人、汉人和满人统治者向普通民众证明了其合法性，[111] 但是统治者在与那些学问渊博并有影响力的汉人文士[112] 接触后，总是会被程朱理学所吸引。用韦伯（Max Weber）的话说，明王朝（明代统治者与官僚体系）与文士思想（道学）之间有一种自然的"选择亲和性"（elective affinity），明代统治阶层与文人阶层在道学上的亲和程度，是之前的元代统治者和文士所无法企及的。

尤其应该注意到，正如我们在第一章中所指出的，在道学的道德价值观和本土汉族士绅精英的社会价值观两相统合的背后，有一种隐匿的亲和性。元朝统治时期当汉人被统治者边缘化时，这种亲和性默默地在积蓄力量。当 14 世纪初元朝统治者对汉人开始从强力统治慢慢转向文化控制之后，他们也试图像宋代统治者那样通过科举考试来选拔官僚，借此赋予汉人精英以权力，并以此来重构蒙汉权力关系。而到了明初，明王朝教育体系所体现的文化价值也正好反映了地方士绅精英的道学思想，两者产生了共鸣。这些地方士绅精英也想利用在道学上的优势谋求更大的权势地位，因为科举考试所考查的，正是他们从小就孜孜以求的对儒家道学学说的精熟。潜藏在 1402 年狂风骤雨般的政治动荡之下的，是统治者和他的文士精英们在政治和文化层面上彼此各取所需的牢固同盟。[113]

另外，像方孝孺、练子宁这样的殉道者，他们没有选择向政治意识形态、社会权势地位妥协，反而是选择了以身殉主。但这种选择在道学上也一样说得通。无论是皇权，还是文士的理想主义，在某种程度上，它们都能在儒家经典中找到各自的依据。如果我们对明初皇权意识形态的文化内容本身进行分析，我们就可以准确地理解在靖难之役后，为何程朱理学可以在服务于皇权统治的政治目的的同时，也能够符合士大夫精英们的利益诉求。然而与此同时，练子宁和方孝孺坚贞不屈的传奇故事，不仅之后能够摆脱政治语境的现实束缚，还可以从历史的偶然事件一跃化身成永恒的殉道传说。

"建文殉臣"的所作所为既没有成为明代科举考试科目的一部分，（直到 17 世纪明王朝覆亡前夜）也没能成为官员们学习的榜样。但是他们的传奇事迹一直在流传，成千上万、一代一代的明清科举考生也一直在反复学习《尚书》中尽职尽责地辅佐侄子成王执政、被后世奉为圣贤典范的周公事迹。公共写作和私人阅读之间存在着某种断裂，前者国家可以予以监管，但后者却超乎帝制官府的管辖能力，就算朱棣声称自己取得了圣王的地位，他也无法弥合这两者之间的断裂。如果说明初是中国历史上最为恐怖的时代，因为朱元璋和朱棣对于官员的屠杀使整个时代满是血雨腥风，那么小部分文士因为不愿臣服统治者而甘愿牺牲他们自己乃至亲属的做法，也同样令人感到可怕。

晚期帝制中国道学经典科目的建立

虽然人们被禁止公开怀念练子宁和方孝孺，但是他们的传奇故事依旧流传，朱棣还是需要通过文教工作来增强他的合法性，同时他也想借机驯服作为政治正统思想的程朱理学。这项工作由另一些大臣负责，他们原先是建文帝的臣子，靖难之役后，他们并没有太多良心不安，而是直接效忠永乐帝。虽然像练子宁这样的人确实存在，但还是有很多翰林院的学者（侍读）决定转投新主。当燕王朱棣进入南京城时，杨荣（1371—

1440）就迎接了燕王的到来，并且还恰如其分地为他提供政治意见。杨荣也把名字从原来的"杨子荣"改成了后来的"杨荣"，以庆祝新主登基。杨荣于 1400 年考中进士，殿试位居第六，建文帝对他有知遇之恩。[114] 所有参与 1400 年进士考试的考官和110 名进士，不是建文帝的臣子，就是建文帝的门生，但是他们之中大部分都没有听从儒家经典"不贰臣"的教诲[115]，他们之前是建文帝的臣子、门生，之后又顺理成章地成了杀害建文帝的朱棣的股肱之臣。

明初的文士合作者

根据 1400 年殿试史料记载，方孝孺是建文帝的阅卷官之一，而解缙（1369—1415）则是负责收取考生考卷的官员。他们俩也都是翰林学士。但是解缙在 1402 年并没有跟方孝孺一样主动殉难，这位 1388 年的进士选择毫不反抗。为了表彰解缙的效忠，朱棣重新让他在翰林院任职，此外当年还立即让他代表自己遍览建文帝所留下的朝廷文件，并将其中提及他篡位事宜的违碍之处统统删去。接下来，还是 1402 年，朱棣命令解缙负责修订《太祖实录》，《实录》被修改成朱棣才是皇位的正当继承者，而建文帝则被诋毁为没有合法继承权的皇孙。在诸多修改中，有一条值得一说：修订版《实录》声称朱棣是朱元璋的正宫皇后马氏所生（他更可能是朱元璋的妃嫔所生）。在这版《实录》中（之后还有第二版修订版，见下文），朱棣让解缙将他描绘成是朱元璋活下来的儿子中最年长的。所以 1392 年朱元璋的长子去世后，朱棣理应被封为太子，但是因为建文帝身边不择手段的臣子从中作梗，太子就成了得位不正的"皇孙"（建文帝）。[116]

胡广（1370—1418）在 1400 年殿试被点为状元。与练子宁一样，他也是建文帝朝中身居高位的江西籍精英，他在同年的会试中位居第八，而在之前的江西乡试中名列第二。有趣的是，在胡广进翰林院之前，建文帝让他把名字改为"胡靖"，因为他原来的名字与一位汉代的大臣重名。[117]

另一位 1400 年考取进士的江西人是金幼孜（1368—1432），他会试名列第十三，殿试则位居第七。之前的江西乡试他考了第九。[118]金幼孜是练子宁的同乡。他们从小一起长大，年少时为准备科举一起修习《春秋》。[119]1402 年之后，胡广和金幼孜选择效忠永乐帝朱棣。他们之前并没有密谋反对建文帝，但当建文帝的叔叔成为新皇帝后，他们知道朱棣亟须在谋反叛乱之后与他们合作以重新赢得文士阶层的支持。

在面对占据道德高地的道学时，朱棣选择向他的文臣们让步，他并不惧怕练子宁的同人会在地方掀起对他的反击。胡广也立刻把名字从"胡靖"改回为本名。改名可能缓和了胡广所要面对的道德困境。[120]朱棣重新任命他为翰林院侍读学士，之后 1414 年他被委派负责《五经四书大全》的编纂计划，朱棣希望借此增强道学的正统地位。金幼孜也与胡广、杨荣一起负责这项对后世影响极大的文教工程。[121]

朱棣下令解缙修订《太祖实录》，第一版修订版完成于1403 年，之后 1404 年朱棣命令解缙组织 147 名学者一道将各类经史子集编修成一部大书；1404 年这项工作完成后，朱棣将之命名为《文献大成》。其实早在唐、北宋时期，朝廷也组织过类似的编书工程。此外，在朱元璋统治时期，解缙就曾于 1388年建议朱元璋授权自己将核心的儒家道学经典编纂成一部大书。早在 1373—1374 年，朱元璋已经表示过他有兴趣效仿唐太宗李世民（见上文），组织人力收录、编修一套文字考订权威的著作，内容涵盖经学经典和古代制度著作。当时这部书本来计划被命名为《群经类要》，准备用以解释四书五经等经典。[122]

永乐帝朱棣的这一修书工程匆匆忙忙就上马了，解缙刚刚完成在《太祖实录》中为朱棣洗白的工作，就被选中来搜集、编订这部内容浩瀚的大书。朱棣向解缙表达了自己编修此书的政治动机和文化动机："天下古今事物散载诸书，篇帙浩穰，不易检阅。朕欲悉采各书所载事物类聚之，而统之以韵，庶几考索之便，如探囊取物尔……凡书契以来经史子集百家之书，至于天文、地志、阴阳、医卜、僧道、技艺之言，修辑一书，毋厌浩繁。"[123]

除了编书之外，编纂者还要从各类书籍中搜检出对朱棣夺得皇位之合法性不利的内容。所以这样编书修书的工作看似功在千秋，但实际上也有其历史阴暗面。编修典籍背后的政治阴影一直延续到了 18 世纪，乾隆帝（1736—1796 年在位）深谙朱棣修书的动机，也熟稔永乐朝的种种史事，他于 18 世纪 70 年代和 80 年代下令修纂卷帙浩繁的《四库全书》，其部分目的也是搜检出其中对清政权不利的内容。[124]

当《文献大成》1404 年编修完成时，朱棣对其并不满意，这也证明了这一修书项目真正的政治目的并不在保存文化。[125] 1405 年朱棣下令让其心腹近臣姚广孝（1335—1418）接手这一修书项目。姚广孝总共管辖 2169 名编纂者，包括僧侣、医生，他们细细爬梳了一遍所有当时所知的书籍，并将其抄录。姚广孝是一名对儒家道学持某种批评态度的僧侣，[126] 他在朱棣决定谋篡建文帝的反叛活动中起了重要作用，直到去世时，他都是朱棣最亲近信任的政治顾问。此外，在 1407 年完成这部百科全书式的《永乐大典》项目后不久，姚广孝负责对《太祖实录》进行了第二次修订，这次修订从 1411 年一直持续到了 1418 年。之前所有解缙修订的版本，包括原始完成的抄本，都被完全销毁，只留下现在姚广孝第二次修订的版本。[127]

1404 年永乐朝举行第一次会试、殿试，共产生了 472 名进士，这是自 1385 年朱元璋在胡惟庸事件之后决定大举取士以弥补官僚队伍的空缺之后，明廷录取进士最多的一年。学者檀上宽认为，这次科考进士录取数量的激增反映出朱棣亟须立刻重建一支对他（而非建文帝）效忠的文官队伍。当主考官们询问朱棣1404年录取进士的人数时，朱棣表示他希望录取进士人数能够是有明以来最多的，但此后就不必每科录取如此多了。[128] 殿试结束之后，朱棣又下令在先前会试没考中的考生中再次进行特科文试。这样，额外又有60名"忠心"的考生被选入国子监学习，以准备下次会试。[129]

解缙是建文帝朝1400年会试、殿试的考官，永乐朝1404年又被任命为考官。[130] 这一年的殿试状元是曾棨（上文提及过）。事实上，这一科前七名进士都来自江西，其中状元、榜眼、探花都来自解缙与胡广的家乡吉水。1400年前后，江西进士遍布翰林院。总计470名进士（一说472名）中24%来自江西（参见表2.9），而浙江只占18%，江南仅占15%（表2.9中未注明）。

1406年，25%的进士来自江西；1411年这一比例上升到了32%。[131]1404年后，解缙被拔擢为大学士，[132] 这也证明了臣下（尤其是建文朝的政治精英）如果对朱棣表示效忠，很快就能得到回报。有一次，朱棣召见他最重要的七位大臣（包括解缙、胡广、杨荣、金幼孜），对他们在1402年靖难之役后给予自己的支持予以嘉勉，这七人中大部分是江西人。永乐一朝，江西籍考生在三年一次的会试、殿试中占据了被录取者的25%—30%，这一数字直到16世纪方才开始降低（参见第五章）。[133]

110

明初科举考试的意识形态

1404年、1406年以及之后的科举殿试策问和对策毫不令人意外地都对建文朝乃至靖难之役避而不谈。建文帝朝的《实录》也消失不见了。朱棣本人为1404年科举殿试亲自出了策问考题。在 1404 年的殿试策问中，朱棣让考生解释上古三代制度的古今异说和异制；而在 1406 年的殿试策问中，他则要求考生评议汉、唐、宋三朝的学校教化。朱棣 1404 年的策问关注点在于政治秩序，而 1406 年则将重心转移到了学校教育在维系社会秩序方面所发挥的作用。[134]

上文我们已经提及，曾棨在 1404 年殿试中的那篇让他高中状元的对策中承认"洪惟皇上，受天明命，居圣人之位"[135]的观点。1406 年的殿试状元林环也同样在其对策中将朱棣所关心的问题当成其文章的核心主题：

> 圣人之治天下，未尝不以稽古为道。而亦曷尝不本诸心，以为出治之本乎？钦惟太祖圣神文武钦明启运俊德成功统天大孝高皇帝（朱元璋），肇造洪基，抚有六合，垂统万世，厥功罕丽。皇上嗣膺宝图，思迈先烈，继述之美，克开前光。[136]

林环 1406 年的殿试对策几乎就是曾棨 1404 年对策部分内容（即向朱棣表忠心的段落，见上文）的翻版，这种表忠心的段落虽并非以代圣人立言为标准的科举文章所要求的，却兼具政治意义和文化意义。一开始，朱元璋被赋予了崇高的地位，因为他一手树立了明王朝的政治合法性，那么把皇位直接传给朱棣（这样他也不会谋反）在帝国公共话语（public discourse）中也是可以接受的理想化政治叙事（idealized political narrative）的题中之义。有明一代，在制艺文章中对明初帝王大唱赞歌一直都是明代科举的一个重要特征（参见第八章）。以永乐朝为例，这一时期的科举文章就以为永乐帝朱棣靖难之役文过饰非为主。

此外，自永乐朝始，道学中一个非常重要且极具张力的问题也被牵涉进了王朝政治。正如包弼德所指出的，南宋以来笃信程朱理学的士子有一个非常重要的立场特征，就是认为"后世无圣王"（latter-day rulers are not sages），所以"圣王的权威"（authority of sage-kings）自孔子之后就转移到了士大夫手中。[137] 在明代，对永乐帝统治持批评态度的知识分子一般都坚持这一立场（见下文）。然而，朱元璋和朱棣这两位明代的创立者，都利用各地的科举来粉饰自己，将自己与圣王直接联系，并强调是他们又复兴了孔子之后失落已久的、圣明的三代之治。实际上，明代帝王是借鉴学习了道学追随者们的圣人理想，然后在公开的政治修辞中，将道德的正统性作为道学的中枢，并用这种圣人理想取代文士群体作为其道德正统性的枢轴。然而，那些持异议的知识分子的私下著述依然强调，儒生在王朝文化生活中的重要性要高于统治者。虽然一方在朝，一方在野，但官方和非官方对道学的这两大阐释脉络都一直延续到明末。

　　1402 年靖难之役后，朱棣成功地运用了道学所爱宣讲的"传授心法"，借此以证明自身的合法性。于是自永乐朝 1404 年、1406 年科举考试开始，皇权开始强调一元化的帝王"心法"，"心法"之后也成了明清两代科举考试中最常被使用提及的口号。圣王心法之前一直是文士著述时经常提及的一个主题，但是在永乐朝这一哲学学说被转化成了在科举考试中占统治地位的皇权意识形态。自 1371 年至 1400 年，不止一次殿试策问的题目要求考生就"圣王心法"对策。[138]1404 年、1406 年殿试之后，"圣王心法"又反复出现在明代乡试、会试的考题中，上文已举过数例。[139] 这一主题最后一次出现是 1547 年，在当年的殿试中，嘉靖皇帝朱厚熜（1521—1566 年在位）让考生讨论洪武帝朱元璋和永乐帝朱棣何以"真有以上继皇王道统之正"。[140]

　　在翰林们的帮助下，朱棣于 1409 年完成了《圣学心法》一

112

书，并将之赐予太子［未来的洪熙帝朱高炽（1424—1425 年在位）］让其学习，这也是在教导他"道统"传承和"政治合法性"二者之间的统一。[141] 在朱棣写给于 1414—1415 年编定的道学纲要《性理大全》的序言中，他挑出了很多理学家的言论，重新赋予了程朱理学以文化和思想上的正统性。朱棣以《尚书》中著名的"道心"作为代表性例证来阐释他的观点。他引用了朱熹及其门人的很多观点，然后朱棣说他完全同意朱熹关于"道心"的观点，他将道心看作天理之所在，将私欲看作人心之所在，而人心需要服从道心的指引。事实上，朱棣挪用了朱熹的观点来教育他的儿子和大臣们。[142]

113 　　1409 年时，朱棣或许已将 1402 年的血腥屠杀抛到脑后，但是最早在 1404 年和 1406 年殿试时他几乎是强制性地塞入"心法"的内容，皇权此时已经不仅仅是倾向于道学了。作为一个圣王，朱棣从正反两面利用了道学：一方面他用程朱理学来为其政治合法性张目，而同时另一方面，他也成为宋代道学在明代最重要的守护者。那些支持朱棣的文士大臣们也同样正反两面利用了道学：他们一边借道学来恢复他们在宫廷中的影响力，一边小心呵护着道学，以便让其在官方话语中占据绝对主导。

　　然而，朱棣为《圣学心法》所写的序言却传达出了相当暧昧的含义。在谈及忠诚时，这位明代的统治者希望他的臣子能够身体力行儒家的忠君理念：

> 致其君为尧舜之君，致其民为尧舜之民，如皋、夔、稷、契为名世之臣，[143]岂不曰盛哉？是故抗节守义，莫大于忠。受君之爵，食君之禄，当忧国如家，忘身徇国，不避艰险，不计利害，坚其志操，确乎其不可以易者也。[144]

相比于转投朱棣而身居高位的解缙、胡广等人，练子宁、方孝孺和其他那些建文帝的殉臣都用死践行了他们的理想。虽然在公众场合提及这些建文旧臣会引起朱棣的不悦，但是1413年朱棣却也表示他原本非常希望练子宁能臣服于他。而另一边，胡广1418年去世时因其在任时的功绩而哀荣备至。但更早先，解缙却因陷入继承人纠纷而被朱高炽所记恨，他于1411年以"无人臣礼"的罪名而下诏狱，卒于1415年。[145]

道学经典

除了"修正"《明实录》中的历史记载外，朱棣还要求确立官方的教育文本，并将之刊布。朱棣希望可以以"圣王统治者、臣民师长、道学护法"[146]的面目示人。1415年出版刊布的儒家经典的三部大书将朱棣的文教事业推向了高潮：《四书大全》、《五经大全》和《性理大全》这三部大书旨在为科举考生提供由明廷定义的道学参考书，无论是官学还是乡里的考生都要根据这些书来准备科举考试。

翰林院的学者们先是着手前两项重大修典工作，它们将程朱理学圣化成明帝国的正统意识形态。这两部之后名为《五经四书大全》的典籍在极度匆忙中编定完成。从1414年到1415年，前后只花了9个月的时间，胡广及其助手综合了宋、元两代理学家们的注疏，撮其要旨写成了一段段的综述注疏，再重新编入"五经四书"之中。这部书之所以编写得如此匆忙，可能是因为它要作为1415年明朝中央政府即将开始的迁都北京计划的文化献礼。但这部书也因为其注疏缺乏全面性而备受批评。[147]这三部《大全》全部都由之前参加过修订《太祖实录》的翰林院官员编纂，同时他们还要协助编订《永乐大典》，所以后世学者怀疑编修三部《大全》的真正目的也是将建文朝彻底从经学典籍及其注疏中抹去。如顾炎武这样的清代学者就经

114

常批评，正是永乐帝的修典计划以及其科举考试所带来的无所不在的影响力，导致了明代经学的衰落：

115

> （朱棣）上欺朝廷，下诳士子，唐宋之时有是事乎？岂非骨鲠之臣已空于建文之代？而制义初行，一时人士尽弃宋元以来所传之实学，上下相蒙，以饕禄利，而莫之问也，呜呼！经学之废，实自此始。[148]

其他一些清代学者也经常指责，永乐修典计划及其对科举考试无远弗届的影响，导致了经学在明代的衰微。清代《明史》的编纂者也持同样的看法。[149]

当三部《大全》中的最后一部《性理大全》完成并获得官方许可刊布后，朱棣为其写了一篇序言。在这篇序言中，其修典的真实意图表露得再明显不过了。朱棣于1415年写就的这篇序言中说，所有的圣王都"以道治天下"。因此，他自己作为"缵承皇考太祖高皇帝鸿业"的现任皇帝命令翰林院的学士们编纂三部《大全》，"凡有发明经义者取之，悖于经旨者去之"。[150] 胡广和其他编纂者（包括杨荣、金幼孜）也附和朱棣，假装建文帝根本不存在，而他是唯一的合法继承者，并且以毫

116
无疑义的口吻颂扬他"未有大有为之君，能倡明六经之道，绍承先圣之统如今日者"。[151]

《性理大全》代表了官方在经学科目上对于宋代道学的支持，因为整个明代从地方试到乡试、会试、殿试都要求诵习宋代对道学经典的阐释。如上文所言，三部《大全》包含了未删节完整版的《孟子》，此时朱棣已经完全无惧自己谋逆的合法性了。[152] 正因为这种让步，三部《大全》体现出了四书五经被学子们修习、阐释时变动不居的政治环境。皇帝和他的文士顾问们合作无间，编修出一部在晚期帝制中国时期最负盛名的儒

家典籍纲要。三部《大全》作为儒家的文本典范，超越了其所诞生的历史语境，成为宋代朱熹之后，能够彻底挑战汉、唐儒家经典注疏统治地位的又一注疏传统。[153]

举例来说，为方便考生修习，明初《四书大全》的编修者着重强调了朱熹对《大学》、《论语》、《孟子》和《中庸》的阐释（即《四书章句集注》）。后来考生们所使用的《集注》在之后的 500 余年内成为帝制中国学习"四书"的基础文本。明廷将这一版本视作道学经典，并在帝国各处广为传布。而在宋、元两代，朝廷都没有这样一套钦定版的儒学典籍大全。而我们在第一章中提到过，朱熹学说在宋代科举科目中并没有什么特殊的地位，想要考进士的考生不仅要掌握宋代理学大师的学说，同样要掌握汉、唐注疏。[154]

而如今，在编纂三部《大全》时，汉、唐注疏作为无关紧要的著作被明人遗弃了，只是在连篇累牍的宋、元注疏中会偶尔选择性地引用一二。比如，明朝翰林院的学者们在有意见分歧的天理人欲学说上，武断地将程朱理学视作严格的道德主义。清代汉学的倡导者则批评明人的这一观点其实与佛家的善恶观并无不同，太过形式主义，反而缺失了儒学本身精微的二元论视角，而朱熹本人将这种二元论阐发得极为明晰。[155] 再比如，在编修《四书大全》的明初学者为《孟子》原文选择注疏的过程中，当他们处理孟子关于臣民对暴君的反抗行为具有合法性基础之类问题时，他们会选择那些对孟子原文做出种种条件限定的注释。对《孟子》中那些曾经激怒了朱元璋但之后又被朱棣容忍保留的段落，胡广选择了那些强调孟子的观点只是依据战国时代的历史情境才成立的注疏者的注释。因此，孟子变成了一位指引过去的先人，而非教导现世的典范。他对于暴君的批评，不能被当成启迪臣民们质疑在位的大明皇帝的先例。此外，编纂者还选用了元代文士胡炳文（1250—1333）

117

的注解，胡认为孟子本人也为其攻击暴君的观点设置了种种限定：

> 无孟子之说，无以警后世之为人君者……然孟子曰："有伊尹之志，则可。无伊尹之志，则篡。"[156]

虽然对孟子的政治学说做出了重大让步，但是永乐帝朱棣本人的统治合法性和大明王朝的君权，仍然是建立在以战场上凭武力得天下的君主政治权力至上论这一基础上的。对统治者及明王朝的忠诚，才是政治批评不可触碰的底线。如果文士对统治者的政策有异议，那么他们发表异议的形式在政治上同样要受到某种限制。虽然统治者被置于道德高地之上（哪怕他曾发动内战以夺取皇位），但是无论皇帝还是大臣，他们共同决定在科举考试中对孟子的政治理论施加双方都接受的前提限定。通过恢复未删节的完整版《孟子》，朱棣否认了他有直接凌驾于儒家经典阐释之上的企图。而一些在野的明末文士则一直试图挑战皇廷的君主至上论，他们同时还希望复原建文帝、方孝孺和练子宁等人的历史记载。[157]

此外，在诸如程颐、朱熹等学者的著述中对自我的道德修养的观照一直是道学的重中之重，但是朱棣在 1402 年的所作所为，可能在很大程度上赋予了文士们一些政治自主性和道德优势，这些对皇上的批评态度之后借由道德进谏的途径被制度化了。进谏是表达政治异议的一种方式，练子宁和方孝孺就是其中的典范人物，它用道学的普遍经典标准反过来考量统治者的言行。经历了 1402 年南京屠杀之后的朱棣看上去深谙此道，即使他支持道学的目的有着非常投机的一面。然而明清两代，统治者经常不是阻塞大臣发表异议的渠道，就是用对官僚体系的监视制度来压制异议。[158]

虽然完整版的《孟子》于 1415 年就被恢复使用了，但是那些 1372 年惹怒朱元璋的段落，也很少会被乡试或会试选为考试的论题。一个有趣的例外（同时也侧面证明了这一规律的存在）是 1624 年江西乡试考题，考题引用了孟子的名言"民为贵"来表达对宦官当权的不满。[159] 考生艾南英（1583—1646）的文章获得了极高的评价（参见第七章）；然而也正因为他在乡试上的答卷直接批评了权阉魏忠贤（1568—1627），在政治上欠谨慎，艾连续三科被禁止参加会试。虽然无法成为进士，但艾南英成为一部分明末文士中的文章楷模和意见领袖，这些文士试图重新评价 1402 年惨剧之后明成祖朱棣的政治合法性。明初皇权的短暂胜利被朝廷内外文士们日益高涨的异议之声渐渐淹没。[160]

正如我们所见，孟子的这些看法在明清两代科举中鲜被提及。未审查版的《孟子》（这是朱棣对文臣们所做出的重大让步）得以让孟子的很多观点为以应试考生为主的后世读者所知。毕竟，三部《大全》的刊布遍及帝国疆域内的各州、府、县。作为圣王的朱棣无疑是这些儒家经典的受益方。即使这些经典中存在些许违碍之处，但是它们修复了朱棣与文士精英间的合作关系，所以他也乐于遵从后者的价值观。

永乐的遗产

1415—1421 年明朝的都城从南京迁到北京，永乐帝朱棣最终也成为中国历史上最膨胀的统治者之一。有人把朱棣迁都离开南京的部分原因，归结于他想要离开这座长期笼罩在建文殉臣阴影里的城市。[161] 此外，1425 年之后，科举考试成为国家选拔官员填充官僚空缺的最主要手段。仅仅是上文所提及的 1385 年、1404 年这两科的会试，就让明初科举考试在选才范围和人数上接近了宋代选任文官的科举制度。

119

因此，虽然南宋朝廷 1241 年就开始在礼法上尊崇道学，而道学也于 1313 年成为元朝主导科举考试的正统思想——这两个时间点无疑都具有极为重要的象征意义——但它们只不过是程朱理学在国家文化政治生活中取得统治性地位的先声，明廷第一次将道学当作一种全国性的帝国意识形态，并将之应用到现实的统治实践当中。1425 年之后，科举考试成为官员选任的最主要途径，这确保了 1415 年以后将有数以百万计的考生都必须研习和掌握那些被确立为科举科目的经典，而这些科目用书都是基于道学和三部《大全》这种核心的科举儒学文本。在之后近 500 年的时间中，道学的文化再生产以这种形式被制度化了（参见第七章）。

虽然无数程朱理学的门徒都被朱元璋和朱棣所杀，但道学及支持它的文士们仍然时不时地从对道学持不冷不热态度的朱元璋和"矢志不渝"要推广道学的朱棣那里获益——这种获益是如此丰厚，以至于清代的文士，如朱彝尊（1629—1709）和全祖望（1705—1755），都天真地相信和羡慕明初的帝王是道学道统的忠实拥护者。[162] 但在明初，道学作为帝国意识形态也为其胜利付出了巨大的代价。在这一过程中，权力的独裁者与程朱理学的哲学话语互相利用、互相成就，这是苦涩而又甜蜜的结合：一边是中国历史上权力最大的皇帝朱元璋、朱棣，而另一边则是那些通过个人的自我修养来捍卫道学的道德理想的大臣。

虽然内廷皇帝与朝中大臣的合作关系得到了修复，但是对朱棣兴兵发动的靖难之役的记忆仍然拷问着大明王朝的良心。比如江西儒生吴与弼（1391—1469）就因不愿辅佐他眼中的篡位者永乐帝而拒绝参加科举考试。这样的行为也使他疏远了他的父亲吴溥（1363—1426），吴溥是 1400 年会试的会元（后在建文朝殿试中成为二甲传胪），他于 1403 年参与了

《太祖实录》的修订和重刊（也正因为此，他迅速被朱棣提拔为翰林院修撰）。之后，吴溥担任了《永乐大典》的副总裁。吴与弼个人的刚正不阿也影响了他在江西的弟子门人：胡居仁（1434—1484）在永乐帝朱棣去世之后仍然拒绝参加科举考试。胡还在自己的著述中间接地借孟子的话来反对朱棣的篡位。吴与弼和胡居仁超脱于政治之外的刚正不阿和道德品行，使得两位道学家成了之后明代儒生心目中的榜样。[163]

　　练子宁和方孝孺英雄主义式的传奇故事依旧给明朝统治者带来了不小的麻烦，"成王安在"的问题依然没有得到解答。1416年，当朱棣从刚刚自江西丁母忧服除回朝的胡广口中得知，建文殉臣的旁支家庭都无反叛之意后，也偶发慈悲，决定不再加以迫害。[164]朱棣之后的明代皇帝纷纷宽宥在靖难之役中殉难的建文帝旧臣的遗属。比如1425年，洪熙帝朱高炽赦免了方孝孺等人的后人。[165]第二年，宣德帝朱瞻基赦免了练子宁在世的亲属。[166]但直到1573年（即万历元年）所有建文殉臣才全部得以平反。[167]

　　晚期帝制时期的官僚生活和教育生活被明王朝在程朱理学的框架形式内赋予了合法性，从而形成了一种普遍"真理"，这种"真理"将儒家四书五经引入政府保守的政治议程之中。这种"君权至上论"所代表的政治权力一直以来都不可动摇，但是士大夫精英们依旧不断向皇廷传递那些对自身利益有益的政治信号。比如在弘治帝朱祐樘（1487—1505年在位）执政期间，朝廷中的文士就试图铲除他们眼中的"淫祠"。而早在朱元璋时代，朱元璋个人就想要将孟子的配享牌位从官方祭祀孔庙的大典中撤下。这一行为其实也不是没有先例，南宋道学一派的门人弟子就希望在官方文庙所供奉的儒学先哲中加入他们所崇敬的道学家，而将王安石从文庙配享中移去，只不过朱元璋移除孟子配享的举动并没有获得文士们的支持。

到了明代中叶文士们又有了新的提议，他们想要把孔子门徒的画像以及所有汉代的儒家学者的牌位从官方的曲阜孔庙中移出。明代文士对此进行了十分积极的讨论，并将这一提议上奏给了朝廷。但这一提议被吏部尚书倪岳（1444—1501）压了下来，他为那些将无价的儒家典籍妥善保存并流传后世的汉儒据理力争。然而1530年，东汉经学家郑玄（127—200）的牌位还是被移出了曲阜孔庙。郑玄牌位的移除也反映了明代程朱理学正统开始通过一系列礼教上的排他手段将自身神圣化的程度，但是这种自我神圣化是文士们自己推动的，而非来自皇权的授意。[168]

道学的道德哲学逐渐变成了晚期帝制时期的帝国意识形态和科举考试的正统指导思想，道学、帝国意识形态、科举制度彼此交织形成了一张政治、道德、制度等线索繁乱的大网，最后被固化成了永乐帝朱棣和他的文士合作者们所共同缔造的帝国统治形态。即使汉武帝、唐太宗、宋太祖是集文治武功于一身的历史意义非凡的前朝帝王，即使南宋的理宗和元代的仁宗（1311—1320年在位）已然将道学当成了国家礼法的基石和科举考试的正统指导思想，朱棣及他的官僚政府依旧给明清两代留下了影响极度深远的政治文化遗产。直到19世纪末帝制王朝和程朱理学一同走向倾覆时，它们的文化血统——即使还有宋、元两代的先驱者们——依然应该直接追溯到明初。

到了清代，满族康熙帝（1661—1722年在位，其实他有一半的蒙古血统）命令手下的翰林们编纂了一本名为《性理精义》（1715年刊布）的道学手册和一套叫作《古今图书集成》〔这部书之后于1728年雍正帝（1722—1735年在位）执政时修改刊布〕的类书。康熙帝及其官僚政府效仿永乐朝，统治者将自身塑造成了可以与精英们协作的道学圣王。乾隆帝及他的治下官员也是一样，1773 年他命令臣下编纂一部规模最庞大的集中国有史以来重要典籍的书目大全《四库全书》，这一计划的一部分目的就是从典籍中搜寻出反满的文字。它与前朝编纂《永乐大典》的意图类似，统治者确定哪些知识是可以接受的，并为其固定下了官方版本，以便进行文化控制。

康熙十二年（1673），明代流传至清的《性理大全》重新刊布时，康熙帝为之重新作了一篇序言，他声称清初政府作为治统的政治合法性，与朱元璋和朱棣的道学文化政策一脉相承。这种合法性基于儒家的"心法"，从之前的圣王那里一路延续转移到了清代的统治者手中，清代统治者重新借用了道，并把自己塑造成了道统的接收继承者。清代皇帝与先前的明代帝王一样，也成为程朱理学所认可的照耀千古的圣王。[169] 明清皇帝和他们的文臣都投身于圣王之道，他们将上古三代当成当朝国家治理所效仿的对象。此外，他们还声称，通过心与心的传承和程朱理学的教化，上古三代的道德准则从古代圣王那里一直延续到了现任的皇帝身上。因此，无论皇帝、官员还是道学，他们彼此之间都共享着一种亲和性。他们通力协作，塑造了晚期帝制中国科举考试制度的意识形态框架。

123

因此，晚期帝制中国的科举考试只是包括官员选拔、评定、晋升、惩戒在内的一系列平衡皇权利益和文士价值的行政过程的政治组成部分之一。孤立地来看，明清两朝的道学科目教育经常被看作哲学话语和历史话语中的文化场域，它仅仅是与四书五经乃至王朝正史相联系。当然，本土的文士致力于捍卫这一文化场域，但是"科举生活"（examination life）、准备科举生活所需的仪式、科举成功的不同阶段，同样也与一系列政治、社会、文化再生产复杂且互相作用的过程密切相关。[170] 这种文化身份授予型考试（licensing examinations）具有社会和政治试金石的功能，但正如下一章我们将要探讨的那样，科举考试还有一个深藏的目的，这就是它有目的地将没那么有文化的大众挡在门外，而把那些会全力与皇权体制合作的、受过全面经学教育的文士精英挑选出来。

明朝的这种选拔方式将原本元朝用以提高政治效能的手段方式进行了扩充，其独特之处就在于，它在达成制度设计初衷的向度上实在是成功得令人难以相信。如果我们分析科举体系本来的核心功能就会发现，这一文官体系选拔制度有效地重构了之后五个世纪中社会地位、政治权力和文化声望之间的复杂关系。晚期帝制中国的科举考试往往被认为不过是政府维系公共秩序和政治效能的众多工具中的一种。以帝制王朝的视角来看，不断复制再生产出那种训练有素、忠心耿耿的文士官员才是统治者的主要目的。正是由于教育和科举在为帝国贡献那种可资驱使的、有才干、忠心的官员方面的巨大成功，皇权对它的支持才不乏偶然性地被确立下来。

许多当代人将中国在经济和科学成就上的乏善可陈全部归咎于科举考试，这无疑是打错了靶子，因为精英教育的首要目的就是为王朝选拔官僚，而不是发展经济和科学。但是我们也不能简单地以为这种选拔程序仅仅是为皇权利益服务的。帝王及其朝廷无法通过科举选拔来控制作为官员的士绅们在思想和道德上的信念，中国的士大夫精英们也通过科举选拔体制获得了足够的社会文化认同和自主权。

124　　一旦科举在明代中叶被固定下来并被赋予了全面的合法性，这一文官系统选拔体制不但使晚期帝制中国在帝国疆域内的教育被完全标准化，而且也使得教育在前现代中国所辖各地的重要性得到了史无前例的显著提升。英国传教士约翰·亨利·格雷（John Henry Gray）1878 年写道："这种竞争性的考试体系，以及这种必须依靠对文章成就的认可来选任高级官员的情形，证明了科举对国家教育具有巨大的刺激作用。"[171] 通过帝制王朝的学校教育，以及自 15 世纪初开始走向成熟并一直延续到 1905 年的科举制度体系，那些从元、明两代文官处沿袭下来的种种社会惯习、政治利益和道德价值在官方主导之下被不断地复制再生产出来（虽然一直不乏非官方的和官方的异议者）。

注　释

1　探讨晚期帝制中国的中央政府很重要的一点就是，中央政府与各地方的官僚士绅并不是一体的（即，辖区官僚都是半自治的）。宫廷内的统治者通过血统来维系的皇室贵族，其政治利益与以文士为阶级基础的士绅精英并不一致。尤其在那些民族政权里，宫廷所关切的利益都代表了贵族精英的意志，这与官僚精英、地方精英的利益并不总是一样。

2　当然，也有不同的看法，我们接下来也将尝试调和这些不同观点，具体参见 F. W. Mote, "The Growth of Chinese Desposition," *Oriens Extremus* 8, 1 (Aug. 1961): 1-41；以　及 de Bary, *Neo-Confucian Orthodoxy and the Learning of the Mind-and-Heart*, pp. 158-168。

3　有趣的是，在明代的科举应试文章中，"道统"与"治统"二词一同出现的频率要远高于更早的唐、宋两朝，而在唐、宋两朝，在表述正统的政治合法性时更多地使用"正统"一词，对于这一概念更细节的论述，参见饶宗颐《中国史学上之正统论》（香港：龙门书店，1977）。

4　《皇明状元全策》，1591 年刻本，2.18a-2.19b，36a-b。虽然这篇对策是在明帝国某地考试中奉皇命完成的文章，但这种套路化表述当朝皇帝的方式，说明了皇帝本人也是希望可以通过采用道学话语的修辞，得到文士们的支持拥护。

5　参见拙文 "Philosophy (*I-li*) versus Philology (*K'ao-cheng*): The Jen-hsin Tao-hsin Debate," *T'oung Pao* 59, 4-5 (1983): 175-222。

6　《皇明状元全策》，2.19a-20a。

7　Chin-shing Huang, *Philosophy, Philology, and Politics in Eighteenth-Century China* (Cambridge: Cambridge University Press, 1995), pp. 157-168, 此书为清代在"道与治的传统方面提供了文献支持"。笔者在此为明初政治与文化同构的历史根源提供了文献证据的支持。

8　参见《进士登录录》，1547:3b-6b，殿试策问。前三名的对策回答都是试图解决合法性的道德和政治传承问题，参见 8a-b，19b-22b，24a-33b。

9　John Dardess, "The Transformation of Messianic Revolt and the Founding of the Ming Dynasty," *Journal of Asian Studies* 29, 3 (1970): 539-58；John D. Langlois, Jr., "Political Thought in Chin-hua under Mongol Rule," in Langlois ed., *China Under Mongol Rule*, pp.137-85, 此处见 pp.184-85；以及 Romeyn Taylor, "The Social Origins of the Ming Dynasty (1351-1360)," *Monumenta Serica* 22 (1963): 1-78. 关于明前期的国家建构过程，可参见张奕善《朱明王朝史论文集——太祖太宗篇》，（台北："国立"编译馆，1991），pp.14-19,40-48。

10　参见 Hymes, "Not Quite Gentlemen?" pp.11-85；以及 West, "Mongol Influence on the Development of Northern Drama," pp.435-442；Tao, "Political Recruitment in the Chin Dynasty," pp.24-34；以及 Bol, "Seeking Common Ground," pp.469-479, 495-501, 讨论了金代女真人的治理方式是如何的不同。

11　关于元代儒生精英团体，可参见萧启庆《元代的儒户——儒士地位演进史上的一章》，pp.151-170。

12　《明史》，3/1686, 3/1711；《皇明贡举考》，1.18a. 参见 Mote, "Confucian Eremitism in the Yuan

Period," pp.229-236；又见 Yan-shuan Lao, "Southern Chinese Scholars and Educational Institutions in Early Yuan", pp.131-133。

13 关于科举乡试在 1371 年是否真实举行过，其实是存疑的。参见《皇明贡举考》，2.7b-8b。《制义科琐记》，李调元，1.1，显示乡试在 1371 年举行过。

14 《皇明三元考》，张宏道、张凝道编，明末刻本（1618 年之后），1.1a-2a。此资料显示除了 1370 年、1372 年，1371 年也举行了乡试；参见 1.4a-5a。明代 1370—1573 年的各省举人配额，参见 Tilemann Grimm, *Erziehung und Politik in konfuzianischen China der Ming-Zeit* (Hamburg: Gesellschaft fur Natur- und Colkerkunde Ostasiens e.V., 1960), pp.61-64。林懋（Grimm）给出的数据是 1370 年共 510 名举子，到 1425 年增长到了 550 名，到 1573 年增加到了 1195 名。

15 参见吴伯宗《荣进集》，SKCS, 1233.218-221。参见《皇明贡举考》，2.2a-3b。

16 参见《礼记引得》（重印本，上海古籍出版社，1983），26/3。

17 参见吴伯宗《荣进集》，1233.218-25。又见李调元《制义科琐记》，1.4。

18 参见宋濂《会试纪录题辞》，收入《宋文宪公全集》，《四部备要》本（上海：中华书局，1927—1937），2.18b-19a。宋濂非常注意强调，考试中的实践内容胜于文学性。又见《皇明三元考》，1.2a-3a；以及《明代魏科姓氏录》，张惟骧编，清刻本（重印本，台北：明文书局，《明代传记丛刊》，1991），A.1a。参见李调元《制艺科琐记》，1.1。《皇明贡举考》，2.3b 指出，1370 年乡试中 500 余名考生里有 72 人获得了委任，虽然他们没有参加 1371 年的殿试。

19 《进士登科录》，1371 年殿试，收入《艺海珠尘》，清刻本，草林藏，第 4a 页及后两页。参见《会试录》，1371：13a-19b。

20 关于专经的频率分布，我会在第五章列出表格予以分析，并会在第九章探讨科举中的史学研究和自然科学时加以探讨。关于为什么不同时期的考生会偏爱不同的经典的全面解释，有待未来更多的研究，在第五章中我会给予一个基于语言学上的解答。在此还有一点需要补充，宋代胡安国对《春秋》的校释表明文士们对过去的皇帝进行批评。

21 参见吴伯宗《荣进集》，1233.225-233。

22 关于汉代礼与法的调和统一，可以参见拙著 *Classicism, Politics, and Kinship*, pp.257-266。

23 参见吴伯宗《荣进集》，1233.230-233。

24 例如，明初殿试的策问和对策可参见《皇明状元全策》1397 年、1411 年、1415 年、1421 年、1427 年、1430 年、1436 年、1448 年、1460 年、1472 年、1475 年和 1487 年记录。明代晚期的殿试案例，可参见《皇明策衡》（茅维编，吴兴刻本）中 1571 年、1577 年、1598 年和 1604 年的策问和对策。后者包含了科举考试在 1552 年、1582 年、1588 年、1594 年、1600 年和 1603 年乡试中关于律法问题的策问，参见 Dardess, *Confucianism and Autocracy*, pp.197-202。

25 参见 Edward Farmer, "Social Order in Early Ming China: Some Norms Codified in Hung-wu Period," in Brian McKnight ed., *Law and the State in Traditional East Asia* (Honolulu: University of Hawaii Press, 1987), pp.6-10。

26 《登科录》，1371:1a-1b。

27 参见《明状元图考》，顾鼎臣等编，1607 年刻本，1.4a-4b。吴承恩和程一桢补充了资料，使之记录截止到 1604 年。1607—1628 年的材料由不知名的编者编入。

28 参见吴伯宗《荣进集》，1233.230-234。吴伯宗对策中所引的核心文献，参见扬雄《法言》，收入《扬子云集》，郑朴编，明万历刻本，1.15b。

29 参见吴伯宗《荣进集》，1233.230-234。

30 参见《顺天府乡试录·序问和后序》，1654 年、1657 年、1660 年版。

31 例如，可参见姚乐野《明清科举制与中央集权的专制主义》，载《四川大学学报》，1990，第 98—104 页。

32 关于中国帝制时代的皇权，参见 S. R. Schram, ed., *Foundations and Limits of State Power in China* (London: University of London, 1987) 全书，其中收录数篇对此问题颇有见地的论文。

33 关于《周礼》与法家经典之间的关系，参见 Elman, *Classicism, Politics, and Kinship*, pp.125-126。

34 关于浙江金华政治顾问为皇帝寻找他所要求的专制意识形态合法性工具问题，可参见 Dardess, *Confucianism and Autocracy*, 全书。

35 参见《皇明通纪述遗》，陈建编，卜世昌、屠衡补，1605 年刻本（重印，台北：学生书局，1972），2.14a, 2.17a，内有朱元璋试图成为通晓典籍、有文化的读书人的事例。

36　参见《皇明通纪辑要》，9.5b-6a。

37　参见涂山《明政统宗》，约 1615 年刻本（重印本，台北：成文出版社，1971），5.11a；以及《孟子引得》（北京：哈佛燕京出版社，1941），56/7B/14。参见 James Legge, trans., *The Four Books* (Reprint, New York: Paragon, 1966), p.985。

38　《论语引得》，23/12/7。参见 Lau, trans., *Confucius: The Analects*, p.693。

39　参见 Elman, *Classicism, Politics, and Kinship*, pp.205-213。近来很多研究开始质疑之前关于汉代之前君权研究的可靠性。参见 Michael Nylan, "The *Chin Wen / Ku Wen* Controversy in Han Times," *T'oung Pao* 80 (1994): 83-136。

40　《皇明贡举考》，1.85b。又涂山《明政统宗》，5.11a；以及贺允宜《明初的礼部和郊祀》（台北：双叶书局，1980），第 95 页。

41　《明史》，139.398；以及《皇明通纪辑要》，9.5b-6a。参见贾乃谦《从〈孟子节文〉到〈潜书〉》，载《东北师大学报》2(1987)：43-44，文章认为并没有"洪武年间确凿的材料记录"提到这些事件，所以很可能有人篡改了这些材料。清代朱彝尊的看法与主流观点不同，他认为朱元璋审查孟子言论的说法不实，因为并没有足够的证据支撑。参见朱彝尊《曝书亭集》（上海：商务印书馆，1919-1937），69.8b-9b。

42　参见刘三吾《孟子节文・序》，1395 年刻本，第 1a 页，收入《北京图书馆古籍珍本丛刊》卷一。感谢史雅堂帮我核实了被删节的地方，大体与我上文所引用"非臣子所宜言"的内容相同。对于《孟子节文》删减段落的探讨非常有必要，但无关本文宏旨。也可参见朱荣贵《从刘三吾〈孟子节文〉论君权的限制与知识分子之自主性》，载《中国文哲研究集刊》6（1995）：173-95，文章认为这件事件彰显了文人（或今现代知识分子）在帝制中国的政治斗争中取得了胜利。《孟子节文》事件体现了在朱元璋的大清洗之后，皇权利益与文士利益的协同合作关系依然存在。

43　英译翻自贺允宜《明初的礼部与郊祀》，第 299 页。另一方面，永乐皇帝也认可了孟子的部分观点，比如，只要道德教化还在，王朝政权就能延续。参见朱棣 1409 年的《圣学心法・序》（1409；中国子学名著，重印本，台北，1978），第 27a—27b 页。

44　参见《明太祖御制文集》（重印本，台北：学生书局，1965），本书收录了洪武皇帝朱元璋的布告、诏令、檄文、殿试策问、诗歌的早期版本。

45　参见小林一美《朱元璋的恐怖统治》，收入《山根幸夫教授退休纪念明代史論叢・上》（东京：汲古书院，1990），第 40—43 页。

46　关于建文帝的统治时期，参见 Hok-lam Chan, "The Chien-wen, Yong-lo, Hung-hsi, and Hsuan-te Reigns, 1399-1435," in Frederick W. Mote and Denis Twitchett, eds., *The Cambridge History of China*, vol.7, Part 1, *The Ming Dynasty, 1368-1644* (Cambridge: Cambridge University Press, 1988), pp.184-193。

47　参见 Thomas Massey, "Chu Yuan-chang, the Hu-Lan Cases, and Early Ming Confucianism," 论文发表于哥伦比亚大学新儒家（理学）讨论会上，pp.53-54。

48　此处朱元璋引用了《尚书・洪范》中讨论"作福作威"的部分，理雅各（James Legge）将其翻译成"施恩"（confer favors）和"展显圣主之威"（display the terrors of majesty）。参见 Legge, *The Chinese Classics*, vol.3, *The Shoo King or The Book of Historical Documents*（重印本，台北：文史哲出版社，1972），第 334 页。

49　朱元璋的策问，参见"敕问文学之士"条目下，收入《明太祖御制文集》，11.4a-b。关于赵高的史事，参见司马迁《史记》（北京：中华书局，1972），1/273（卷六）。

50　参见拙文《明代政治与经学：周公相成王》，载《明代经学国际研讨会论文集》（南港：中研院中国文哲研究所，1996），第 95—121 页。

51　Tilemann Grimm, "State and Power in Juxtaposition: An Assessment of Ming Despotism," in S. R. Schram, ed., *The Scope of State Power in China* (London: School of Oriental and African Studies, 1985), pp.27-50。

52　贾乃谦：《从〈孟子节文〉到〈潜书〉》，pp.43-50。

53　小岛祐马：《中國の社會思想》（东京：筑摩书房，1967），第 75—92 页。

54　参见《明代人物传记辞典》，第 224 页，很显然采纳了《皇明贡举考》2.9a 的说法。两书认为齐泰在 1385 年成为进士，但他 1384 年应天府乡试夺魁时还叫齐德。《皇明三元考》1.13a 上记载彼时已成高官的齐泰在 1388 年成为进士。而之后 1.7a 的材料又更正了之前的说法，这里记录 1384 年应天府乡试的会元是廖孟瞻。

55 《皇明三元考》，1.6b-11a。尤其是黄和齐，他们主要负责建文帝的削藩政策，这一政策威胁到了燕王朱棣的地位。参见张奕善《朱明王朝史论文集——太祖太宗篇》，第215—226页。

56 《明太祖实录》第212.3页；以及《明太祖御制文集》，1-4。朱元璋的《大诰》频繁模仿《尚书》中提及周公作为周王首辅的段落。参见 Legge, *The Chinese Classics*, vol.3, p.362。关于科举考试必读儒家经典的问题，参见《皇明贡举考》，1.21a-21b，以及丘濬（1421—1495）的评论，第22a页引用了此说法。丘濬总结道，1384—1385年的科举考试是几百年间理学大师朱熹的思想第一次作为科举考试书目被正式确立使用。在第一章中我们看到，朱熹本人从未试图将科举考试的经籍科目限定在单一的儒家学说传统上。

57 《明代魏科姓氏录》，A.1b-2a。关于明代翰林院的核心地位以及之后明代中期内阁大学士制的出现，参见 Yun-yi Ho, *The Ministry of Rites*, pp.99—100；Charles Hucker, *The Ming Dynasty: Its Origins and Evolving Institutions* (Ann Arbor: University of Michigan, Center for Chinese Studies, 1978), pp.89-91；以及拙文 "Imperial Politics and Confucian Societies in Late Imperial China: The Hanlin and Donglin Academies," *Modern China* 15, 4 (1989): 383-386。

58 《状元图考》，1.5a-5b；《皇明三元考》，1.6b-11a；以及《皇明贡举考》，2.9a-11a。其中只有《皇明三元考》1.7a 所记载1384年的浙江乡试会元不是花纶；此外黄子澄1385年殿试探花的排名也有疑问；参见 L. Carrington Goodrich, "Who Was T'an-hua in 1385," *Ming Studies* 3 (1989): 9-10。

59 皇帝的策问和练子宁的对策都被保存在了练子宁的《练中丞公文集》里，1762年刻本，2.1a-7a。关于此问题的讨论，参见《皇明贡举考》，1.75a；Langlois, "The Hung-wu Reign," in Frederick W. Mote and Denis Twitchett, eds., *The Cambridge History of China*, vol.7, part 1, *The Ming Dynasty, 1368-1644* (Cambridge: The Cambridge University Press, 1988), p.150；以及 Dardess, *Confucianism and Autocracy*, p.263。

60 《练中丞公文集》，2.1b-7a。

61 关于清代皇家将南方看成是背德的"诱惑"这一问题，参见 Silas Wu, *Passage to Power: K'ang-hsi and His Heir Apparent, 1661-1772* (Cambridge: Harvard University Press, 1979), pp.82-105；以及 Philip Kuhn, *Soulstealers: The Chinese Sorcery Scare of 1768* (Cambridge: Harvard University Press, 1990), pp.187ff。

62 参见桥本万太郎"北方語"，收入《現語學大辭典》，vol.3：世界語言編，part 2-1（东京：三省堂书店，1992），第1088—1089、1091—1092页。

63 关于这一点更细节的讨论，参见本书第五章。

64 关于文学素养的经典教育，参见 Harvey Graff, *The Legacies of Literacy: Continuities and Contradictions in Western Culture and Society* (Bloomington: Indiana University Press, 1987), pp.2-5, 384-386。

65 《文献通考》，30.284。

66 参见 Hartwell, "Demographic, Political, and Social Transformations of China," pp.365-442。

67 《文献通考》，30.292。

68 同上。

69 《皇明通纪述遗》，2.6b-7a。

70 檀上宽：《明代科举改革的政治的背景——南北卷の創設をめぐって》，载《東方學報》58（1986）：499-524，本文把地理上的区域公平当作了明初政府在南北分化问题上所持态度的主要原因。

71 参见檀上宽《明代南北卷の思想的背景》，收入小谷仲男等《東アジア史における文化傳播と地方差の諸相》（福山大学，1988），第55—67页。

72 关于江南士人支持张士诚的问题，参见郑克晟《明代政争探源》（天津古籍出版社，1988），第16—24页。

73 同上书，第28—37页，详细介绍了这些政策细节。

74 《皇明科举辑要》，7.11b-12a。

75 比如在1400年，殿试前五名全都来自江西，在前十名中江西考生占了七席。参见《殿试登科录》，1400：1/11—16，收入《明代登科录汇编》（重印本，22册，台北：学生书局，1969）。

76 檀上宽：《明初建文朝の歴史的位置》，载《中國—文化と社會》7（1992）：167-175。

77 参见檀上宽《明代科举改革的政治的背景》，第514页；关于苏州，可参见简锦松《明代文学批评研究》（台北：学生书局，1989），第 109 页；以及 Ping-ti Ho, *The Ladder of Success in Imperial China*, pp.227, 246。

78　关于中国南北经济分化问题的历史根源，可参见 Philip Huang, *The Peasant Economy and Social Change in North China* (Stanford: Stanford University Press, 1985), pp.54-66；以及 Huang, *The Peasant Family and Rural Development in the Yangzi Delta, 1350-1988* (Stanford: Stanford University Press, 1990), pp.40-43。

79　参见 Evelyn Rawski, *Education and Popular Literacy in Ch'ing China* (Ann Arbor: University of Michigan Press, 1979), pp.28-32、85-88；以及 Elman, *Classicism, Politics, and Kinship*, pp.36-73。

80　《皇明通纪辑要》，7.15a。

81　萧一山：《朱明王朝》，第 78—104 页。也可参见 de Heer, *The Care-Taker Emperor*，各处。

82　比如之前 120 名进士中有 68 名被处死。参见 Langlois, "The Hung-wu Reign," pp.148-155。

83　《皇明贡举考》，1.32b。参见檀上宽《明代科举改革的政治的背景》，第 514 页；以及生驹晶《明初科举合格者の出身に関する一考察》，收入《山根幸夫教授退休纪念明代史论丛·上》（东京：汲古书院，1990），第 48 页。

84　《皇明通纪辑要》，9.1b-2a；《明史纪事本末》，谷应泰编，1685 年刻本（影印本，台北：三民书局，1969），第 153—154 页。

85　《皇明通纪辑要》，10.6a-6b。

86　参见《皇明贡举考》，2.37b-38a；《明代巍科姓氏录》，A.2b-3a；以及《皇明三元考》，1.20a-20b。这是唯一一年会试、殿试最后有两份花名册的，因此也包括两个状元在内的两套排名。

87　北方五省包括：北直隶京畿地区、山东、山西、河南和陕西。南方则包括东部地区，即南直隶京畿地区、浙江、江西、福建、湖广和广东。中央区域包括四川、广西、云南、贵州，西部一些州县以及南直隶的部分地区也被一并算入这一区域。参见《明史》，3/1686-1687、3/1697。参见檀上宽《明代科举改革的政治的背景》，第 499—507 页。

88　参见檀上宽《明代科举改革的政治的背景》，第 508—510 页。其中第 511—518 页中，檀上宽通过一些辅助性的明代史料将科举配额制的时间推到了 1427 年。《皇明状元全策》3.46a 也证实 1427 年三区配额制开始施行。但是董其昌（1555—1636）在他的《学科略》（上海：商务印书馆，《丛书集成初编》，1936）第 6 页中却认为三区配额制是从 1425 年开始的。

89　关于迁都的过程，参见新官学《南京还都》，收入《和田博德教授古稀纪念：明清时代の法と社会》（东京：汲古书院，1993），第 59—89 页。

90　参见檀上宽《明代科举改革的政治的背景》，第 514 页；生驹晶：《明初科举合格者の出身に関する一考察》，第 48 页。

91　傅吾康注意到了进士的平均数量从 1388—1448 年间的每三年 150 人，增长到了 1451—1505 年间的 290 人，再到 1508—1643 年间的 330 人。参见 Franke, "Historical Writing about the Ming," in Frederick W. Mote and Denis Twitchett, eds *The Cambridge History of China*, vol.7, part 1, *The Ming Dynasty, 1368-1644* (Cambridge: Cambridge University Press, 1988), p.726。可以将之与本书表 1.1—表 1.4 对比。

92　关于 1404—1424 年永乐帝殿试策问及考生写就的优秀对策文章，可参见《皇明状元全策》，2.18a-52b, 3.1a-40a。

93　参见朱棣《圣学心法·序》。

94　关于周公摄政辅佐其兄武王（公元前 1049/45—前 1043 年在位）幼子成王（公元前 1042/35—前 1006 年在位）时的圣人作为的核心经典文献可参见《尚书正义》，孔颖达（574—648）等编，收入《尚书类聚初集》（台北：新文风出版社，1984），vol.1, 198-202。又见司马迁《史记》，33/1518。

95　参见《明史纪事本末》，第 209 页中的记录。也可参见郭子章 1609 年给《练中丞公文集》所作序，明万历刻本，第 3a 页；以及周煌 1762 年为《练中丞公文集》所作序，第 1a—4a 页。1491 年王佐（1440—1512）第一次编定练子宁的文集，当时名为《金川玉屑集》。之后王又补入一些练氏文章，并将之命名为《子宁遗稿》，并藏在练氏一位老乡家中。文集于 1543 年重刻。李梦阳（1473—1530）彼时任江西按司提学副使，他在练出生地福建修建书院专祀练子宁，并协助于其文集重刻。参见李梦阳《练公遗事》，收入《练中丞公文集》附录，第 17a—17b 页。关于练子宁与燕王朱棣冲突史事有不同版本，在此选择引用了最广为接受的版本，参见《建文朝野汇编》，屠叔方编，万历刻本，10.15a-31a，收入《北京图书馆古籍珍本丛刊》，vol.11（北京：书目文献出版社，1988）。明末清初的练氏传记采用了这一说法。参见李贽（1527—1602）《续藏书》（台北：中华书局，1974），第283—285页；以及《明名臣言行录》，徐开任编，清刻本（重印本，台北：明文书局，1991），10.4a-7b。

96 《皇明通纪述遗》，3.66a—66b。此史还有非官方的晚明版本，参见《建文朝野汇编》，7.1a-28b。又见《明史纪事本末》，第206—207页；李贽《续藏书》，第287—288页；以及 Robert Crawford, Harry Lamley, and Albert Mann, "Fang Hsiao-ju in Light of Early Ming Society," *Monumenta Serica* 15 (1956): 305-307。

97 练子宁和方孝孺与朱棣对峙的事迹有很多重合之处，似乎是后人合并了二人的言行。收入《御批历代通鉴辑览》，乾隆刻本（重印本，台北：出版机构不详，出版时间不详），101.21b-22a，比如"成王故事"就只与方孝孺有关。

98 关于这些流言，以及朱棣并无主动平息流言的意愿，乃至清人修《明史》时是如何处理建文帝下落问题的，可参见《御批历代通鉴辑览》，101.21a-21b；以及 Harold Kahn, *Monarchy in the Emperor's Eyes: Image and Reality in the Ch'ien-lung Reign* (Cambridge: Harvard University Press, 1971), pp.14-46。

99 参见《明史纪事本末》，第206—219页。

100 参见《建文朝野汇编》，20.24a。

101 参见 Hok-lam Chan, "The Rise of Ming T'ai-tsu (1368-98): Facts and Fictions in Early Ming Historiography," *Journal of the American Oriental Society* 95 (1975): 679-715。又见 Romeyn Taylor, trans., *Basic Annals of Ming T'ai-tsu* (San Francisco: Chinese Materials Center, 1975), p.10；以及 Wolfgang Franke, "The Veritable Records of the Ming Dynasty," in W. G. Beasley and E. G. Pulleyblank, eds., *Historians of China and Japan* (Oxford: Oxford University Press, 1961), pp.60-77。《明史·太祖本纪》由清人编订，复原了朱元璋希望朱棣在未来臣服"皇孙"（建文帝）的史事。

102 关于嘉靖帝这一追改庙号的决定，可参见 Carney Fisher, *The Chosen One: Succession and Adoption in the Court of Ming Shizong* (Sydney: Allen & Unwin, 1990)；以及 Adam Schorr, "The Trap of Words: Political Power, Cultural Authority, and Language Debates in Ming Dynasty China" (PhD. diss., UCLA, East Asian Languages and Culture, 1994), pp.263-286。

103 参见朱棣《圣学心法·序》，第1a—28a页。参见《皇明贡举考》，1.82a。关于朱棣形象自我建构的综述，可参见李焯然《明成祖及其〈圣学心法〉》，载《汉学研究》17（1991）：211-225。李的观点多有掩盖朱棣1402年政治清洗的倾向。更为持正的观点，可参见朱鸿《明成祖与永乐政治》（台北：师范大学历史研究所，1988），第81—129页。参见 Wilson, *Genealogy of the Way*, pp.88-97、229-236。

104 参见吴启《山东乡试录·序》，第4b—5a页，1465，收入《明代登科录汇编》，第2册。

105 《皇明通纪辑要》，11.8a, 12.17b；以及《明史纪事本末》，16.193。

106 《皇明通纪述遗》4.8b-9b；以及李调元《制义科琐记》，1.29-30。

107 《圣学心法·序》，第10a页。

108 毛佩琦：《从〈圣学心法〉看明成祖朱棣的治国思想》，载《明史研究》1（1991）：119-130。

109 参见 Hok-lam Chan, "The Chien-wen, Yung-lo, Hung-hsi, and Hsuan-te Reigns," pp.214-21。

110 Howard J. Wechsler, "T'ai-tsung (reign 626-49) the Consolidator," in Denis Twitchett, ed., *The Cambridge History of China*, vol.3, part 1 (Cambridge: Cambridge University Press, 1797), pp.182-187, 214-215. 关于朱元璋对李世民的兴趣，可参见贾乃谦《从〈孟子节文〉到〈潜书〉》，第45页。

111 参见 Romeyn Taylor, "Official and Popular Religion and the Political Organization of Chinese Society in the Ming," in Kwang-ching Liu, ed., *Orthodoxy in Late Imperial China*, pp.126-57。又见 K'o-k'uan Sun, "Yü Chi and Southern Taoism during the Yuan Period," in Langlois, ed., *China Under Mongol Rule*, p.212-253；以及 James Watson, "Standardizing the Gods: The Promotion of T'ien Hou（'Empress of Heaven'）along the South China Coast," in David Johnson, Andrew Nathan, and Evelyn Rawski, eds., *Popular Culture in Late Imperial China* (Berkeley: University of California Press, 1985), pp.292-324。

112 关于"士"（literatus）的讨论，可参见 Bol, *This Culture of Ours*, pp.32-75。

113 又见本书第七章对此问题的讨论。参见 Pierre Bourdieu and Monique de Saint-Martin, "Scholastic Values and the Values of the Educational System," in J. Eggleston, ed., *Contemporary Research in the Sociology of Education* (London: Metheum, 1974), pp.338-371。

114 《进士登科录》，1400:1/14。

115 同上书，1400:1/1-68。这样看来，文士们在侍奉同一代前后两任皇帝时，并没有遭遇像在改朝换代时（比如元易代或是明清易代时）心理上陷入的那种道德困境。当面对同一朝代的两任皇帝时，大臣们选择性地对"不贰臣"的儒家教诲失聪了。

116 《进士登科录》，1400:1/3。关于解缙的一生，可参见《明史》中其传记，147.4155-23。《太祖实录》的捏造过程，可以参见 Hok-lam Chan, "The Rise of Ming T'ai-tsu," pp.688-691。

117 《皇明三元考》，1.34a-b。

118 《进士登科录》，1400:1/11, 15。

119 此处还有一个故事，练子宁曾对金幼孜说金日后必能成为"名臣"，而他自己则将成为"忠臣"。参见《建文朝野汇编》，10.15a-15b。

120 《状元图考》，1.13a。又见本书第六章对改名的文化意义的探讨。

121 参见林庆彰《五经大全职修纂及其相关问题探究》，载《中国文哲研究季刊》1（1991）：366-367。

122 《明史》，147.4115-4116；《皇明贡举考》，1.76a-81b；以及《皇明通纪辑要》，6.10b。又见邱汉生《明初朱学的统治地位》，《中国哲学》14（1988）：142-143。

123 《皇明贡举考》，1.81b。又见商传《永乐皇帝》（北京出版社，1989），pp.140-147；以及张忱石《永乐大典史话》，载《古代要籍概述》（北京：中华书局，1987），pp.187-192。

124 参见 Kahn, *Monarchy in the Emperor's Eyes*, pp.44-46。

125 《皇明贡举考》，1.81b；以及《皇明通纪辑要》，13.9a。

126 商传：《永乐皇帝》，p.147。

127 参见 Hok-lam Chan, "The Rise of Ming T'ai-tsu," pp.680-690。张忱石：《永乐大典史话》，p.188。

128 檀上宽：《明代科举改革的政治的背景》，第499-514页。此次科举乡试在1403年（而非1402年）举行的原因有二：一是因为靖难之役刚刚结束，二是因为如果乡试在1402年举办的话，此科举人就是建文年号下的举人了。基于同样的理由，会试也被顺延到了1404年（而非1403年）。参见《皇明三元考》，2.12a-2b；以及《皇明贡举考》，2.47-48a。北京被官方指定为1403年乡试的北方考场。1403年一些被荐举的考生也得到了任命。参见商传《永乐皇帝》，p.153。

129 《皇明通纪辑要》，13.6a。

130 同上书，13.4b。

131 《皇明进士登科考》，余宪编，1548年刻本，3.2a，收入《明代登科录汇编》。参见生驹晶《明初科举合格者の出身に関する一考察》，第48页。

132 《皇明通纪辑要》，13.7b。

133 《皇明通纪述遗》，4.12a。

134 《皇明状元全策》，2.18a-44a；以及《皇明进士登科考》，3.1a-20b。

135 《皇明状元全策》，2.18a-19b, 36a-b。

136 同上书，2.36b-43b，尤其是36b-37a。

137 参见 Bol, "The Neo-Confucian Position in Chinese History," pp.46-48。

138 参见《皇明状元全策》，2.1a-17a。关于更早时期于心法的运用，参见 de Bary, *Neo-Confucian Orthodoxy and the Learning of the Mind-and-Heart*, pp.1-73。

139 更多明初考题的例子，参见《进士登科录》，1412：1/275-285 中1412年殿试的内容，其将"帝王心法"与统治相联系，《进士登科录》，1512：6/2993ff 中1512年殿试的内容被收录在《皇明登科录汇编》中。又见《会录录》，1547:10a-b, 50a-57，其策问与对策都着重讨论了永乐帝的圣化。

140 《进士登科录》，1547：1b-8b。

141 《皇明贡举考》，1.82a。

142 参见朱棣《圣学心法》，pp.2b-3a。更多讨论参见拙文 "Philosophy (*I-li*) versus Philology (*K'ao-cheng*)," pp.177-180。

143 皋陶和夔辅佐舜；后稷和契辅佐尧。

144 参见朱棣《圣学心法·序》，pp.24b-25a。

145 参见《皇明通纪辑要》，14.11b、14.18b。关于解缙的失势，参见《皇明通纪述遗》，4.17a-17b。

146 Hok-lam Chan, "The Chien-wen, Yung-lo, Hung-hsi, and Hsuan-te Reigns," p.221.

147 现在有数部探讨明初修典计划和材料溯源的研究著作正在进展中。如，陈恒嵩《书传大全取材来源探究》，以及杨晋龙《诗传大全取材来源研究》，都收入在林庆彰《明代经学国际研讨会论文集》（台北：中研院中国文哲研究所，1996）。

148 《皇明贡举考》，1.82a-82b。又见顾炎武《日录录》，收入《四库全书》（重印本，台北：商务印书馆，1983—1986），858.801。另外，三部《大全》也得益于更早完成的《永乐大典》，后者为1415年编修的三部《大全》搜检注疏材料提供了极大的便利。参见 Timothy Brook, "Edifying Knowledge: The Building of School Libraries in Ming China," *Late Imperial China* 17, 1 (June 1996): 105。

149 参见18世纪80年代《四库全书》编纂者在《四库全书总目》中对于《四书大全》和《性理大全》的评论，《四库全书总目》，纪昀等编（重印，台北：艺文印书馆，1974），36.13b-14b、93.7b-9a。又见《明史》，282.7222。参见邱汉生《明初朱学的统治地位》，pp.147-153；以及林庆彰《五经大全之修纂》，pp.377-381。

150 朱棣：《御制性理大全序》，收入《性理大全》，1415年刻本（重印本，京都：中文出版社），pp.1a-3b。

151 参见胡广等《进书表》，收入《性理大全》，p.36。又见《大明太宗文皇帝实录》，明刻本（重印本，台北：中研院），158.2a-4a。

152 《皇明通纪辑要》，11.8a、12.17b；以及《明史纪事本末》，16.193。

153 邱汉生：《明初朱学的统治地位》，pp.144-147。

154 参见 Brook, "Edifying Knowledge," pp.106-107。

155 关于二元论，可参见胡广等在《论语集注大全》中选编的宋元理学中关于"仁"的部分，12.4b-5a，收入《四书大全》。又见拙文 "Criticism as Philosophy: Conceptual Change in Ch'ing Dynasty Evidential Research," *Tsing Hua Journal of Chinese Studies*, n.s., 17 (1985): 165-98。

156 《孟子集注大全》，2.28a-29b、8.5b-8b、10.34a-35b，收入《四书大全》。又见《孟子引得》，52/7A/31；以及 Lau, trans., *Mencius*, p.189。参见 Yun-yi Ho, "Ideological Implications of Ming Sacrifices in Early Ming," *Ming Studies* 6 (spring 1978): 55-67。

157 明末时期对于建文殉臣的重新肯定，参见拙文 "Where is King Ch'eng," pp.64-67。参见拙文 "Imperial Politics and Confucian Societies in Late Imperial China," pp.393-402。

158 参见 Hucker, "Confucianism and the Chinese Censorial System," in David S. Nivison and Arthur Wright, eds., *Confucianism in Action* (Stanford: Stanford University Press, 1969), pp.182-208。

159 参见 Andrew Lo, trans., "Four Examination Essays of the Ming Dynasty," *Renditions*, 33-34 (1990): 176-178。

160 参见艾南英《天傭子集》，1699年刻本（重印本，台北：艺文印书馆，1980），p.49（《传》，A.1a），以及10.16a-18a。又见《明史》，288.7402。

161 参见张奕善《朱明王朝史论文集——太祖太宗篇》，pp.280-93。

162 贾乃谦：《从〈孟子节文〉到〈潜书〉》，第43—44页。

163 胡居仁：《居业录》，SKCS，714.36-44。又见 Wing-tsit Chan, "The Ch'eng-Chu School of Early Ming," in William Theodore de Bary et al., *Self and Society in Ming Thought* (New York: Columbia University Press, 1970), pp.45-46。

164 《明史》，147.4125。

165 焦竑：《国朝献征录》，1616年万历刻本（重印本，台北：学生书局，1984），20.56a-56b。

166 参见皇帝诏令，pp.1a-3a，收入《连公轶事》《连中丞公文集》增补部分。

167 1573年万历大赦平反，可参见《连公轶事》《连中丞公文集》增补部分。

168 《明世宗实录》（重印本，台北：中研院，1965），119.3b-4a。又见《皇明贡举考》，1.88b-89a。郑玄在18世纪被当作汉学复兴的"守护者传人"（patron saint），1724年孔庙中又恢复了其牌位。参见《大清世宗宪皇帝实录》（重印本，台北：华文书局，1964），20.18b-20a。

169 参见康熙的《性理大全·序》，收于《四库全书》，710.1-2；更多讨论，参见 Huang Chin-shing,

Philosophy, Philology, and Politics in Eighteenth-Century China, pp.157-68。

170 参见 Bourdieu and Passeron, *Reproduction in Education, Society, and Culture*, pp.194-210。又见 Martin Carnoy, "Education, Economy, and the State," in Michael Apple, ed., *Cultural and Economic Reproduction in Education* (London: Routledge & Kegan Paul, 1982), pp.79-126。

171 参见 John Henry Gray, *China: A History of the Laws, Manners, and Customs of the People* (London: Macmillan, 1878), p.166。

第三章　晚期帝制中国科举考试的制度动态与精英流动

之前在第二章中，我们讨论了明代科举考试制度的起源，而在本章中，我们将对 1450—1850 年间晚期帝制中国科举的结构与程序进行制度分析。明代科举体系最重要的标志，就是它在宋、元科举模式的基础上精心架构了自身制度。因为明代经济强烈的商业化倾向，同时人口也缓慢但稳定地增长，人口数量在 1600 年时达到 1.5 亿，所以明代中期之后，一方面，从都城到 1400 余州县，文官系统的制度机器都有所扩张，官吏队伍也渐趋臃肿；另一方面，考生人数也长期居高不下，这一现象延续到了清代，以至于进士相对数量越来越少（相比于人口的增长），而地方生员和省一级举人的数量却不断增加，这也导致了考取进士的人的优势地位越来越强。

本章和下一章，我们将会在科举体制和考点考场的有限框架内，探讨明代科举的扩张所导致的社会历史后果。之后的章节（第六至九章）将会分析京城和省会层面的科举市场与精英文化史（elite cultural history）之间的互动关系。对于通晓科举基本制度的读者来说，本章及之后章节中有关科举制的细节描述可能并没有多少新颖之处。但无论普通读者还是专业学者都会发现，当我们以更为全面的方式来解析科举由上而下的制度细节时，我们就能更好地理解科举考试程序的本质及其制度的进化过程。虽然纯粹从功能论的角度说，科举制度就是整个官僚队伍的选拔过程，但这一选拔过程却也造成了许多未曾预见的社会、政治和文化后果，这些后果是功能论分析

（functional analysis）所无法解释的。如果仔细分析的话，科举体制的历史后果与其原始目标所试图达成的功能（intended function）并不相同。

除了一些特例（比如何炳棣的某些前沿性研究），关于晚

期帝制中国科举制的大部分研究基本将科举当成阻碍帝制中国现代化的制度障碍。[1] 但如果以更全面的视角来看，我认为现在多数学者的观点都过于强调 1860 年之后科举逐渐走向衰落的这段较为晚近的历史。在我看来，1850 年之前那些由科举制所不断生产出来的前工业社会时代作为政治 "管理者" 和社会 "管理者" 的士绅官员（gentry-official）管理精英，并不像学者们所认为的那样无比低效。事实上，基于非技术性的儒家经典道德和政治理论之上的古典教育，与早期现代欧洲民族国家（nation-states）里的那些精英所修习的作为古典教育核心的人文主义极为类似，它们都非常适合为王朝的最高权力阶层选拔出可以为其效力的精英。[2]

如果我们以学术专业化和经济生产率的现代视角去评价文士教育，就会对这一文化、制度体系的社会政治动力产生极大误解。因此，本章我们对于科举考试的分析，更多着力于其成功，而非其失败。明清两代很多制度发展都有可比性，本章将全面介绍明清两朝科举的重大事件和制度发展过程，同时也会强调明清之间某些值得注意的不同点。清朝很大程度上改变了明朝的文官体制，1644 年之后科举在实践层面也发生了一些重大变化。我将会在本章末和第十、第十一章中，着重讨论清代以及 1905 年帝制中国文官体系最终覆灭的这一时段中科举制发展的终局。

官吏的政治再生产

明代基本代表了文官统治的成熟形态，它将后蒙元时代的中国转化为一个独立的、世俗的个体，汉学家将其称为 "晚期帝国"。通过一套选举体系，晚期帝国的官僚体系不断地进行自我再生产，根据官修的《明史》，选举体系共有四大组成部分：（1）学校；（2）科目；（3）荐举和（4）铨选。但是《宋史》中宋代的官员选拔委任过程的组织形式并非如此，宋代的选官分为六条途径：（1）贡举；（2）学校；（3）铨选；（4）补荫；（5）保任；（6）考课。虽然相比于宋代，明清保留了考课的评价体系，但是其他一些选拔途径（比如补荫和保任）就被弃用了。[3]

明清两代，通过"科目出身"从而入职外任是走上仕途的必经之路，但这也只是庞大的行政流程的一部分，行政流程其实还包括在礼部学习，并通过吏部的委任和考绩。唐、宋的官员委任与考绩高低之间的关系相对随意，但是在明代文官体制中，铨选和考绩是严格相关的（即，一名官员是否可以被委任某一职务，只取决于他的考绩高低）。同时，宋代官员的后代有世袭荫补的特权，但这种违背了科举考试公平性的传统在明代也被废弃。[4]

科举考试相应地也促成了国家的官学体系，官学自宋代开始逐渐下沉到地方，到了明清两代，官学已然下沉到县一级。[5] 国家支持兴办的官学原本是为考生们备考而设立的。虽然最初官学作为整个帝国疆域内学校网络的组成部分取得了巨大的成功，但它最终彻底被科举制所消解，明清两代的官学已然名存实亡。这些官学确实也会组织一些教学活动，但是已然沦落为基于生员配额制的考生们各自备考以及领取微薄薪俸的过路站了。[6]

此外，进入官学就意味着要学习古典文言。训练白话和文言读写的工作都留给了私塾，20世纪以前的帝制中国的官学从不以大众教育为己任。何炳棣巧妙地将晚期帝制中国这种设计用来延揽人才的体制称为"进身之阶"（ladder of success），受过儒家经典教育成为在国家和地方事务上拥有发言权（社会、政治声望的象征）的必要条件。帝国统治者醉心于上古传统和古典文化所代表的意识形态，他们认为精英教育必须要基于儒家经学，这是政府核心工作的方针。中国士绅也将是否受过儒家经典教育作为衡量他们道德价值和社会价值是否正确的标尺。无论统治者还是士绅阶层，他们都笃信古人的智慧，主张国家选材应选用温良的君子，然后让他们在中央、省级的官僚体系，乃至地方衙门中学会行使政治权力。[7]

帝国对精英教育的控制权，是以政府可以选拔、升任官员为前提的。事实上，政府更在意的是将考试竞争变得更组织化、章程化，他们并不那么在意设立学校或是培训教师。当官场上各功能性机构中的官缺通过竞争性选拔被填满后，政府也有意愿将文言教育和应试训练的工作转向私塾老师、学者或是宗族学校这类私人性教育。

自1500年始，科举考试吸引了数以百万计或年轻或年长的男性参与到整个选拔体系中来。以两年一次的地方童生试为始，最后到三年一次的乡试和会试（以及之后的殿试），明代文官体系通过科举这一考试制度矩阵（institutional matrix）永不停息的运作，成功地实现了人才的流动。虽然几个世纪以来科举制不断受到批评，但同时它也在不断进行着改革（参见第四章）。所谓"科举生活"，[8]也与欧美格言中的死亡与税收一样，成为精英社会和流行文化中无法逃避的人生大事。

而对于王朝来说更重要的是，龙椅上坐的无论是好皇帝还是坏皇帝，无论是暴君还是昏君，科举选拔机器保证了每三年都能再选出新一批受过儒家古典教育、大多饱读诗书的成年男性，从而准许他们进入政府机构为国效力。这些新鲜血液、新生力量使明清的官僚体制不会完全陷入贪腐、专制和事不关己高高挂起的泥潭，虽然，这些新生力量最终也将步前人之后尘变得程式化。[9]比如1384年之后，明朝的乡试、会试安排犹如钟表一般准时，这一选拔官僚队伍的制度几乎从没断过。清代乡试、会试也同样是三年一次。有时为了庆祝皇帝的生日或其他吉事，清朝皇帝还经常下令开设额外的"恩科"。[10]

明清官僚都以年资排序的规则作为官僚体系自治的意识形态保障。在选拔和提拔官员时,严格的科层制流程远比官员的个人好恶重要得多。这种经过皇权许可的、相对意义上的官僚自治,在明初朱元璋、朱棣的强力干涉(参见第二章)之后又死灰复燃。虽然势头有所削弱,但是伴随统治者介入公共事务积极程度的变动不居,这种官僚自治并没有完全消亡。通过一些固定的人事制度,这些通过公平的科举考试获得仕途成功的文士官员,得到了一点与他们作为统治者的皇家合作者地位相称的自尊。实际上,王朝也默许精英们自身的利益空间,"反过来,精英们也投桃报李般地为王朝提供政治合法性的思想基础,以及他们经过训练的治理能力"。[11]

鉴于帝国政府中官员占人口总数比例较低,以及人口的稳步增长,国家利用童试、乡试、会试的定额将进士的数量控制在可接受的范围内。[12]施坚雅(G. William Skinner)注意到明清科举制已然整合了省内的地方州县的行政体系,因为"(考生们)沿着正规书院的阶梯步步上升,这也说明了行政治所的层级"。[13]地方州县的官学,甚至私人书院,都被有效地纳入帝国官僚体系的分支机构之中,从地方到全帝国辖域内的文士精英,都是先在这些教育分支机构中崭露头角。[14]所有省内的这种从县到州的嵌套式层级,与国家授权各级府州县学政官员对地方文、武生员资格的控制紧密相关。[15]

因为地方州县人口的不断增长,帝制中国地方行政单元数量的稳定只是虚假的表象(汉代1180,唐代1235,宋代1230,元代1115,明代1385,清代1360)。[16]但是官僚体系中州县官员的职位数量在同时期却没有太大变化,所以1500年以后,争夺这些官职的考生数量急剧增加(见下文)。行政机构中低学历出身的官僚比例不断上升导致了"政府效能的长期衰落"

（1585 年只有 4000 名低功名出身者在州县任职，到了 1850 年时已经上升到了 8500 人，其数量已经赶上了帝国初期地方官员的数量）。16 世纪时人口数量已达 1.5 亿，而到了 19 世纪则增长到了 4 亿到 4.5 亿，可怕的人口增长影响了国家税收调节和司法体系治理的能力。文官选拔体系依然是抵御行政能力衰落这一长期过程的重要保证，也是少数没有随行政能力衰落而衰落的例外，直到太平天国运动（1851—1864）爆发。[17]

地方精英一直通过科举考试寻找机会扩大其影响力，而教育部门的官员则希望通过精英流动的"阀门"来对其进行政治控制，长时间以来，两方对于自身权力的争夺此消彼长。经过一段时间里进士数量不同寻常地上涨之后，呼吁降低科举定额的呼声一直都是国家教育政策长期探讨的话题。比如说，清代皇帝治下进士录取人数多的年份，才勉强接近明代进士录取人数偏低的年份。[18]此外，正如第二章所示，1425 年之后明朝在会试中采取了额外的地域配额制，以保障区域平衡。

因为中国南方的经济优势（尤其是长江三角洲一带，还包括东南沿海的福建和之后的广东），南方考生总是能在会试中比来自经济欠发达的北方（华北平原）、西北（渭河流域）和西南地区（云南、贵州）的考生表现得更好。为了把南方人在科举中的优势压制在可控范围内，朝廷官员最后设立了 55：10：35（南：中：北）的比例，以使得南北之间高中进士的考生名额分配更加平衡。[19]

非常有趣的是，在政治和社会控制下的教育自治，在晚期帝制中国极少引发争论，哪怕明清两代帝王及其官员经常试图给游离于官学体系之外、不断发展壮大的私人书院设限。[20]几乎没有哪个统治者和臣民内心会怀疑儒家教育和公共秩序之间的互相作用。无论作为理想主义的终极目的，还是作为社会控制的现实手段，统治者和国家精英们都将社会秩序、政治秩

131

序与通过教育实现的道德教化、政治教化画上了等号。御史们可能在某种程度上会挑战帝王君权，但是却不会否定皇权对科举考试的控制，虽然总是有一小部分异议者试图挑战整个科举制，哪怕总是铩羽而归（参见第四章）。

然而，明清文士经常争论的一个焦点就是，何种教育才最适合文士们自我实现其社会身份、政治身份。不同的人有着不同的看法。一些品行高洁的官员和地方文士就一直追求教育和修身的相对自主性，他们将之称为"为己之学"，并把私人书院或是家塾看成是针对被竞争残酷的科举考试扭曲的经学教育的一剂解药。比如在明末，私人书院基本变成了异议政治观点的集散地。在派系斗争和权阉当道导致明帝国衰落之前，这些持异议观点的士人可以通过科考成功跻身于文官体系之中（参见第四章）。[21]

不过，虽然文士异议者所表达的异见有时相当刺耳，但他们很少会质疑由文官体系制定的社会选拔过程，也不会质疑朝廷通过教育政策来决定社会等级制度这种做法的正当性。王朝的教育政策本身，就是以男女以及士农工商由高到低的等级序列这样的社会身份为前提的。比如直到明代，商人的子孙在法律上还是不允许参加科举考试。此外，这种职业身份的限制还从所谓的贱民一直延伸到了道士和僧侣，包括他们在内的很多人都被隔绝在文官体系竞争之外。这种社会认知渐渐变得脱离实际，直到 14 世纪晚期，国家对于教育考试资格的看法才发生改变，商人之子也被准许进入科举考试的竞争之中。虽然明代偶有朝鲜人或是越南人参加科考，但到了清朝，朝廷坚决拒绝光绪朝（1875—1908）早期担任中国海关总税务司的罗伯特·赫德男爵（Sir Robert Hart, 1835—1911）的精熟儒家典籍的儿子参加顺天府的乡试，主要是因为当时的文士们因反对洋人而抗议这一应试请求。[22]

1860 年之前，文官行政体系中的官职享有在商业、手工业或是军队中所无法企及的声望、权力和薪资。步入仕途成为所有可以承受长时间的脱产教育，同时也负担得起学费来参加科举考试的人们的目标。政府最低的要求就是，帝国的教育体系可以坚定地拥护维系王朝的儒家道学意识形态所主张的政治、社会、道德价值，并将之不断巩固强化。这与文士们的诉求不谋而合，后者不断用各种修辞来提升程朱理学的神圣性，并指认了程朱理学作为社会价值、道德价值评价标尺在民间价值观体系中的优先地位。

王朝政府垄断了那些被儒家经学定义的合法文化象征，这种垄断使得统治者可以借由选拔人才以填充政府职位的契机，来为其制度现状的必要性正名。通过将基于商业成功和沙场军功积累的财富与权力重新转化成在文官体系中的官职，科举考试的等级制事实上就是被人们所广泛接受的社会等级制的再现。然而，正是因为只有极少数人可以成功进入官僚系统之中，所以王朝的政治合法性通过儒家教育而得以传承延续靠的不是赤裸裸的皇权，而是由各级科举考试竞争所带来一种重要的副产品——少数人社会地位的提升。

133

社会流动：地方科举考试的动态范围和量级

在明朝统治时期，这种将考试作为官僚体系选拔的途径，第一次从帝国的中心和省会下沉到了各县各府，受过经学教育的地方男性得以由此进入官场的精英世界。[23] 比如在唐代，只有都城长安才会举办科举考试。而在汉代和隋代，人们只能通过地方精英举荐的方式做官。[24] 到了宋代，科举考试扩展成了两层级，州府一级的解试和京城一级的省试。[25] 一些地方虽然举办科举考试，但是举荐方式仍然是以地方生员被委任官职为主。正如我们所见，元代地方科举的规模范围非常有限，这意味着科举无法成为士子日后身居高位的主要途径。[26]

正如表 3.1 中科举的流程所示，明代两年一次的岁考和三年一次的科考通常在县、州、府各级衙门举行，衙门筛选出合格的考生参加三年一次的省试（现在称为乡试）。[27] 理论上，两类地方考试每三年由县级、府级或省级的学政主持进行。[28]

乡试之后才是会试和殿试，这两类考试作为科举制度的最后阶段在京城举行。一般来说，考生会在秋季参加乡试（农历八月），然后如果乡试中举的话，就要在下一年的春季（农历三月），去南京（直到 1421 年止）或是北京（自 1415 年始）参加会试。[29] 所有会试考中的考生参加最终的殿试，殿试由皇帝本人亲自主持。皇帝通过殿试来确保考生对其政治忠诚，以及皇帝亲自确定最终排名可以保证公平、减少偏见。从唐到宋，科举最后阶段的殿试也经历了一些历史变迁，唐代考生对于主考官的忠诚要超过对于统治者的忠诚。而到了宋代，政府取消了向考官表达感恩之情的谢师仪式，同时更注重殿试的礼仪，皇帝变成了主考官（参见第四章）。[30] 各级地方考试和省级考试也有成体系的定额制（参见表 2.1 和表 2.7），北部、中部、南部各省份进京参加考试的名额也被确定下来。虽然在清代每场考试的试题经常变化，但总体而言三级考试的制度安排一直稳定地持续到了 1905 年（参见第十章）。

院考（生员资格考试）

地方生员资格考试（院考）与乡试和会试不同，乡试、会试的时间更长，考试形制的官僚主义作风也更加严重，考生需要匿名答卷，并且要参加三场考试（见下文）；而两年一次举办的院考却与之不同，它包括了一系列的单日考试，用以选拔可以进入官学的新生员，这种岁试（又名岁考）同时兼具别的目的，即庚续那些还不是举人的老生员（那些被授予资格参加更高级别的科举考试的考生）的考试资格。府县先是通过初级的县考、州考和府考来选拔出新生员。所有新生员和老生员被要求按顺序写作两篇文章，一篇基于四书引文，一篇基于五经引文。此外还要求写作一篇策论，1756 年后考题还包括试帖诗（参见第十章）。在清代，地方当局还会挑选一些没有进过官学的"童生"直接参加生员资格考试。[31]

在朱元璋的坚持下，明初地方考试还要考查考生是否掌握《大诰》这部满是道德训诫和刑典条例的手册（参见第二章）。之后，《圣谕六言》替代了《大诰》成为考生们需要记诵的对象，这表明明代之后的皇帝觉得有必要减少科举考试文辞方面的考查。[32] 到了清代，地方考试和乡约的道德训诫沿袭了明代先例，康熙帝 1670 年颁布了《圣谕》，而雍正帝则在 1724 年颁布了《圣谕广训》。[33]

衙门的书吏根据考生和学生答卷文章的书法、文风和内容来评判试卷、排定名次，这些书吏本身不允许参加科考，但是可以根据其在地方政府中的优异表现获得提拔。[34] 那些通过地方考试的学生还要在第二和第三轮考试中面对类似的考题，整个过程要持续数天，直到大部分人被淘汰。比如，松江府上海县杰出的书画家董其昌（1555—1636）在他年仅 17 岁第一次参加松江府府考时，就考取了第二名。当董其昌询问为何这次考试中他的侄子以第一的排名超过他时，他被告知自己的文章写得非常出彩，但是书法实在太差了——考虑到董其昌之后以书画双绝而名世，这就显得非常讽刺了。从此，董下定决心开始苦练书法。[35] 得以在反复的折磨中幸存的考生根据他们的文理水准被分成了六级，而这种文理水准也是根据程朱道学的教导来进行评价的。[36]

经过府县官员的筛选之后，那些成功通过考试的新考生会聚集在州府进行最后一轮生员资格考试（院考）。有时这一考试也会与三年一度的科考重合，后者的参与者主要是往届的生员，同一年两类考试合并进行的话，在组织上也方便了许多。省内的学政官员（明代称提学官，清代1644—1684年称督学道，之后统称学政）根据不同的考试安排定期穿梭于省内，决定哪些学生可以进入官学，成为新的生员。如果合适的话，学政在当年还会从新旧生员中选出一小拨分批参加乡试。无论是院考还是科考，学政在各级县、州、府考试中都会以同样的考试形式和科目内容来反复考查生员们的学业。

137

科考

能在县、州、府的官学中占据一席之地就意味着，作为生员，这些学生（包括童生）可以在学政的监督之下，参加三年一度的科考，同时也有去省城参加三年一度的乡试的特权。鉴于每个州府都只能分配到极少的名额，大部分考生都没有机会。那些乡试落选的人也会打道回府，准备参加下一次的岁考和科考。

正如我们所见，只有很少一部分生员能够成为举人，明朝要求生员一直参加地方岁考，以保住自身合法的生员身份。因此，地方州府岁考同时也兼作县、州、府院考，如此一次考试就会有志在考取生员的年轻考生（一般20岁以下）和旨在维系生员身份的年长考生（20—60岁）一同参加。前人的观点认为，不同地方考试之间没有重合之处，但是鉴于地方知州、知县、学政各自都还有其他政治职责，要他们每隔几年监督如此多不同的考试，从逻辑上说不太现实。表3.2基于清初史料，表明通州地区（又名南通）的地方考试经常互相重叠，这种情况非常典型。[37]

只要可能的话，新考生和老生员就在一起考试，虽然他们有大约20岁的年龄差。考试的问题不同，但针对每一组考生所进行考试的形制都是一样的。同样，当科考与院考同时举行时，新老生员也一样同时考试。[38] 事实上，从清初流传至今的地方考试记录上看，只要情况允许，院考、岁考和科考都会合并举行（岁科并试或岁科并入）。[39] 未冠的新生和已冠的老生在连续数天内，共同参加考试，分批答卷。[40]

配额

清代新生员的年龄基本分布在 17 岁至 37 岁之间，[41] 各地生员的配额取决于每个县、州、府当年的既定配额。政府会以米粮的形式向生员发放薪俸，生员的家庭也可以不用缴纳赋税。[42] 明代每一地区的生员总配额数开始是定为每府 40 人，每州、县 30 人。明宣德年间（1426—1435），南京、北京两个首府地区的配额上限被提高到了 60 人，其他地方府还维持在 40 人。1392 年，每个府的官学每年可招 2 人，县官学每年可招 1 人，而州官学每三年可多招 2 人。在 16 世纪时，这些配额限制规定都记载在册，但之后就被人们彻底忽视了。[43]

比如通州，明代还包括静庠在内，1465 年后共计有大约 2080 名生员。根据 1490 年之后的数据（此年之后才有数据），共有 8 名新生员通过院考正常进入官学。虽然此时官学内已有 33 人了（这一人数已然高得不正常了），但这 8 人还是于 1503 年成为生员。到了明末，通州官学的配额已经上升到了 27 名。明天启年间（1621—1627），新生员数量增长到了 36 人，此外 1626 年和 1627 年分别还有 18 名和 12 名监生。[44] 1370—1546 年福建省福城地区的数据显示，府级官学每三年要增加 7—12 名学生，1399 年、1408 年、1543 年比较低，每个年份只增长 3 人，但 1453 年却增长 20 人之多。三所县官学一般每三年增加 1—10 名新生员不等，1471 年增长多的时候闽县县学曾招了 14 名生员。[45]

与通过税收配额制来攫取物质资源以维系国家财政收支平

衡一样，王朝政府在地方考试和乡试中使用配额制也是希望可以控制精英人才的选拔通路。相比于明代被设计用来攫取地方社会财富和劳动力的赋税赋役体制，明代的取士政策不仅持续时间更长久，在吸收士绅精英任职上也更有效。明王朝在16世纪时失去了对物质资源征税的支配权，平民身上的税负越来越重，他们无法获得像地方官员家庭才得以享受的慷慨的赋税减免，而很多官员家庭则隐藏了他们真实的财富。无独有偶，清初政府花了很多精力整治中国南方普遍的逃税现象，但是处于晚期帝制中国的清政府，还是无法重新完全夺回对物质资源攫取的支配权。[46] 相比之下，通过地方选拔配额制和文官任命等级制，对精英阶层的政治选拔依然相对有效。直到19世纪中叶大规模的农民起义爆发，人口史无前例地增长，捐卖功名以筹饷的情况大肆横行，清代文官体系的效率和清正才受到严重的损害（参见第十一章）。[47]

140 　　根据考取和未考取的考生比例设定配额的方法始于997年，明朝正是发现了这种制度方式可以限制和制约精英们的权力，才决定施行这一配额选拔制度。朝廷通过对文举和武举的干涉来调整精英阶层的构成，这一方法对竞争性考试的最初阶段作用最为明显：府一级（宋）和县一级（明清）的院试决定了生员们是否有特权进入科举选拔的过程。[48]

　　在经过两个世纪的断裂之后，明王朝决定重新在帝制中国社会中推行科举考试这一制度安排，这一举措的两个直接产物就是士绅们的社会地位和官员们的政治职位。官员的政治再生产（political reproduction of officials）与地方士绅的再生产（social reproduction of local gentry）的过程不谋而合（参见第五章）。王朝有效地收服了精英，赋予他们所偏爱的儒家道学科目以合法性，并要求他们去掌握这些内容。然则，虽说儒家经典的理想披上了公正和平等的修辞外衣，但是实际上却成功地遮蔽了排他性极强的文官体系对于很多考生并非机会公平这一现实，科举考场上的成功演变成了地方社群中有钱有势家族的特权。在竞争地方配额和科举成功的路上，无人帮助的工匠、农民和普通职员，根本无法在理论上向所有人开放的文官体系中占得先机。因为，毫无意外，整个晚期帝制中国时期，只有占总人口1.6%—1.9%的人才得以跻身士绅阶层。[49]

科举考试市场

1500年时，大约6500万人口中，生员大概为3万人，大约每2200人中才有1名生员。[50]相比之下到了1700年，1.5亿人口中，生员为50万人，大概每300人中就有1名生员。然而，虽然随着时间流逝，生员人口比越来越高，但是正如我们所见，生员通过更高层级的科举考试从而在文官体系内获得一官半职的可能性，反而越来越低。事实上到了清代，生员的资格已然不再稀有和特别，生员成了得以留在精英阶层中的必要条件。[51]

141

然而自15世纪始，明代科举选拔每阶段的考试都将大部分考生挡在了门外，到了清代能够通过所有阶段考试而成为进士的概率，几乎仅为1∶6000（0.01%）。和田正广极富洞见地指出，弄清明代地方生员与最后成为举人、进士的人之间的人数比例，是理解明代士绅中科考取得成功之精英的社会动态的关键。明初，进士、举人和官学学生（监生）之间的比例是1∶3∶6，这一比例保持到了1570年。[52]但1570年之后，这一比例变成了1∶3∶9，明末官学中的监生数量明显增加了50%。整个明代大概有24450名进士、73150名举人和220050名监生。在考虑到近50万的生员（根据顾炎武的估计），[53]和田正广得出结论认为，明末时从顶层的进士到底层的生员比例大约是1∶3∶9∶21。我们可以据此推算，明代只有 14% 的生员通过乡试成为举人，而更少的人（4.8%）才能够考取进士。[54]

晚期帝制中国的人口也出现了大幅度增长。虽然潜在考生的数量急速攀升，但是京城、省级、地方的官位数量却增长缓慢（1500 年时大概有 20400 名文官；到了 1625 年则有 24680 名文官）。[55] 这意味着绝大部分生员终其一生都与仕途无缘，这同样也会引发一些地方安全问题：考生们的仕途预期无法被满足，不是导致地方叛乱，就是导致生员们不择手段想尽一切办法减免赋税、逃避徭役。官员们也很害怕过度增长的生员数量导致地方秩序紊乱、异端学说兴起和地方家长制式微。比如在近来的一些研究中，吕妙芬就认为王阳明（守仁，1472—1529）的心学的主要追随者多为 15 世纪时期的生员，这些生员都赞同王阳明对程朱理学的批评，同时也都对尊奉程朱理学且竞争日益激烈的科举市场异常不满。[56]

所以乡试和会试的考场看起来更像是监狱而非学校也就不足为怪了（参见第四章）。欧洲和日本的贵族和平民之间有绝对的壁垒，商业财富很难转化为精英地位。与欧洲或日本不同，明清两代土地财富和商业财富与科举上的成功是不分彼此、互为因果的，因此这也释放了一定的基于阶级矛盾而引发造反的潜在压力。

作为新兴政治群体的举人

明正统年间，朝廷根据居民人数将南北直隶地区的乡试录取配额定为 100 人，人口众多的省为 65 人，而人口较少的省份举人数量也逐步递减。直到明末，举人的配额数量才有所增加，南北直隶增至 130 人，人数较多的省份举人配额增至 100 人。1450 年之后举人和进士身份的竞争变得更加激烈，明代科举整体上第一次在考试的录取难度上堪比宋代科举。[57]

竞争的层级

无论是考举人还是考进士，屡试不第成为考生"科举生活"的典型特征，后世留下了很多文献。和田正广估计明代乡试落榜的考生数量从 1441 年的每次考试 850 人，上升到 1495 年的 3200 人，再到 1573 年的 4200 人，132 年内增加了近 3 倍。[58] 15、16 世纪乡试一级考试的竞争变得愈发激烈，到明末时，长江三角洲地区流行的歌谣这样描述应天府（南京）乡试："金举人，银进士。"举人一级的竞争变得极度激烈。[59]1630 年时，整个帝国大概有 49200 名考生，还不到盛清时考生数量的 45%，但他们要为三年一次的 1278 个举人名额而激烈竞争。其中只有 2.6% 的人能中举。[60]

在清代，大约有 200 万考生要参加三年两度的岁科两试。只有 3 万人（1.5%）得以取得生员资格。先前估计其中只有 1500 人（5%）可以通过三年一度的乡试，而在这其中又只有 300 人（20%）得以通过三年一度的会试成为进士，相比之下进士的考中率真是慷慨多了。[61] 相反，1850 年之前，保守估计全国所有十七省有资格考举人的考生总数只有 89600 人，其中只有 1300 人（1.5%）能够成为举人。[62]

如表 3.3、表 3.4 所示，在中国南方的南京（应天）乡试和杭州（浙江）乡试中，可以考举人的生员数量从 1465 年前的不足 2000 人，上升到 1550 年的 4000—4500 人，到了 1630 年，光是南京乡试就有 7500 人参加。考中举人的成功率从 5%—10% 下降到了 2%，在清代这一趋势变得越来越可怕，南方科举乡试中，每 100 人只有不到 1 人能够中举。表 3.5 显示北方也同样长久存在这种趋势，表 3.6 总结了明代其余诸省可以翻检到的信息，证明了这种趋势其实在有明一代一直存在。

举人身份

在明代，省一级乡试的举人资格，与之前唐、宋、元时期同等的科举中等资格有着深刻的不同，所以也导致了新的社会动态的产生。明以前，如果一名考生在乡试（省试）、殿试中落榜了，他必须回到家乡，重新从地区考试再考一遍，直到考中进士或是明经。[63] 到了明初，考试的要求发生了变化，那些会试落榜的举人并不会失去自己千辛万苦取得的省级举人资格；因此他们也自动获得了参加下一科会试的资格，同时他们也保留了出任低级别官员的资格。此外，他们可以进入国学（又称国子监）继续学业以在之后再次争取进士功名。[64]

根据和田正广的研究，这一制度安排意味着明代的举人阶层与宋、元非常不一样，他们有着自身独特的社会地位和政治特权。他们主要分为三种：（1）副榜有资格出任地方教育的相关官职；（2）举人可以进入国子监继续学习，之后出任低级别的官职；（3）还有一些举人选择回乡准备下一次进士考试。渐渐的，越来越多的举人宁愿回乡也不愿进国子监读书。政府推行了一些政策，希望这些举人进入国子监学习，但并没有多大成效。因为进士出身在仕途中变得越来越重要（记录见下文），举人们更愿意殿试后金榜题名，而非在地方上谋一个不太重要的官职。这种发展趋势表明，朝廷中高级别的官职只接受科举中考取进士的精英。所以许多文士更愿意待在家中备考，而不是入国子监读书。[65]

官学体系无法取得独立的地位，这一失败还要追溯到1383—1396年（即朱元璋统治末期），彼时明朝模仿宋朝官学的教育标准，在学校中设定等级，并给每个等级评分，根据等级和评分选拔人才。大部分考生选择通过考试这条路获得晋升发展的机会，在地方官学读书只是他们的最后出路。因为官学成了科举考试的一部分，而非独立的体系，作为志在金榜题名的潜在进士，国子监中的学生无法享受到这一身份带给他们的相应的社会利益与政治利益。结果，许多举人宁愿参加科举考试考进士，也不愿进入国子监等待任命。事实上，官学里全都是屡考不第、走投无路的举人。因为科举考试成为官员选拔渠道中最受人尊重的一途，从国子监到地方府学、县学、州学各级教育行政单位，科举所考查的儒家经典科目本身成为整个官学体系的根本基础。事实上，学校变成了考试中心。[66]

每季每月，官学都会组织考试，考查生员们的学习进度。外国学生或是在海外的中国学生（主要从琉球、日本、朝鲜、安南和暹罗而来）依照帝国朝贡体系的规定，也以朝贡国留学生的身份被准许在官学进行学习。虽然中国考生可以通过举荐、门荫、捐纳等选拔形式被任命为官员，但是明清时期，大部分高级别官职都会选用在地方考试、乡试、会试一路成功通过的进士出身的人来担任，尤其是 1459 年，明廷在土木之变后更是取消了举荐制（参见第二章和第五章）。[67]

146

元朝统治者提高了通过荫庇在朝为官的门槛，受荫庇者可以受封七品到五品的官职，他们更倾向于任用色目人中的精英，只有少数汉人得以被重用。1467 年，成化帝朱见深（1464—1487 年在位）将通过门荫特权为官的条件限定为在京三品以上官员的子女。相比之下，元朝规定除八品、九品官员外，其余八品以上官员的子女都可以享受荫庇。明代不同于宋代，世袭荫补的政策让位于科举市场的公平性，[68] 明代荫庇只能保证高官子女能够在中央或地方政府当一个小官[69]。

任命的层级

能否考上进士变得越来越重要。到了嘉靖朝，国子监对准备参加会试的考生的吸引力，已经远远不如书院和学校了。官学变得越来越没有价值，只能接收那些屡试不第、考不上进士的举人。那些待在官学里的考生，几乎没有什么机会参与到帝国政治之中，注定只能出任一些小官。事实上到了明末，凭借举人身份越来越难以在政府中谋得一份有声望的职位了。[70]

山东。如表 3.7 所示，山东地区举人为官的比例在 1369—1474 年间一路涨到了 50%。然而在 1500 年之后，举人为官的比例稳步下降，1600 年跌到了 33%，到了明末更是低到了 17%—19%。与举人为官下降趋势相对的，是进士为官的比例，如表 3.7 所示，明代晋升为进士的举人比例一直在上升。1369 年（27%）和 1384 年（36%）举人考中进士的比例已然不低了，这个数字在 1450 年降到了 10%。这段时间中，举人有很大的概率在政府中谋得有声望的官职。但在 1474 年之后，举人考中进士的比例逐渐上升。1549—1642 年，这一比例大体维持在 38%—46% 之间。

如表 3.8 所示，1369 年、1400 年分别有 13% 和 24% 的举人最后成了高级官员。到了 1501 年这一比例上升到了 44%，同时 27% 的当年举人成了县级官员。此外，成为地方官员的举人数量从 1549 年的 30% 下降到了 1624 年的 15%。他们的官位都被那些继续参加会试并成为进士的举人给占据了。我们能够获得记载资料的明代山东地区总计 842 名举人中，29% 的举人日后成了高级官员，但是这样的情况绝大部分都发生在 1450—1600 年。

明代前期，在省一级行政队伍中举人出身者还很常见，但他们最终被数量日益增长的进士所取代。[71]仕途的三条路——进士、举人和吏员（一般在地方衙门工作）——中，进士变成了想要身居高位、荣为精英的唯一途径。[72]表 3.9 追踪了山东一省 1404—1643 年间成为高官的进士数量。数据显示其中很多人都在中央和省一级政府身居高位，而 1500 年之后，很多进士被任命到了地方，从县到府不一，很多人只能在衙门中各级职位上充当副手。尤其1574年之后，进士出身的人只能去府县当官的情况越来越显著。1547年，26%的山东进士都只能在地方做官。到了1601年，只有17%的人能在州县任职。这一比例1625年上升到了19%，但1643年又回落到了17%。

作为教育官员的举人和进士。举人一开始也可以在府、州、县担任教育官员，明初和明中叶举人可以成为乡试官员。因为考试的时间长度和复杂性，三年一度的乡试和会试尤其需要补充很多考试官员以加强考试的组织管理。虽然自中古以来，科举考试的官员一直都很重要，但是从县级到会试、殿试级别的教育官员、考试官员完全的科层化直到15世纪中期才变得正规。[73]

148

"提学官"（或称提调官）从14世纪晚期地方官学的监督者，慢慢演化成了专业的、永久性的教育官员，负责地方和省级的教育和考试事务。作为"教育委员"，官学学政们的管辖权和影响力介于知府、知县与巡抚、总督之间。尤其在省内所有县、州、府考生要参加的院考和科考中，学政是有考生通过与否的最终决定权的。地方上的文士们也会被要求协助整个选拔过程。[74]

在省级学政之下，明代共有三类地方教育官员（学官，或曰教官）被指派负责地方官学。在府一级官学中，负责监督学生学业的是低级别或是无品级的教员（教授），并配有4名"训导"。在县一级官学中，教育官员被称为教谕，辅以2名助手。而在州一级官学中，教育官员则被称作学正（与清代的"学政"不同），在其之下配有3名训导。如果我们以明末的行政区域数量（140府、193州、1138县）来估算的话，那么整个帝国的地方上就有1471名教授，3415名训导（未将明代卫学的教育官员纳入统计），这些教育官员受十三省和南北直隶的学政所统辖。[75]

1385年，明代模仿元代的做法，[76]任命所有当年会试落榜的举人在地方官学担任教授，这表明举人出身仍然足以担任教育口的官职。14世纪末，地方教育官员也是由知府、知县推举，他们在更高层级的考试中落第了，但是都有生员的资格，于是成为地方官学里的监生，并且数量越来越多。此外，在明初任命进士出身的人为地方官员也并不罕见。但是到了15世纪中叶，许多有抱负的文士觉得教育类官职无法进一步升迁。[77]

比如1433年的殿试状元曹鼐（1402—1449）之前在会试落榜以后，就曾担任过训导一职。但是他再次进京赶考之前递交了申请，希望可以改派自己别的职务。直到1464年，朝廷是不鼓励教育官员离职再进京赶考的。1487年后，每六年朝廷会组织一次特别考试，从教育官员中选拔出一批人参加会试。之后，明廷鼓励举人出任地方教育官员，并且如果他们的学生乡试中举的话，他们本人也可以参加会试。[78]

值得注意的是，到了16世纪末，地方教育官员开始堕入末流，帝都、省级乃至地方所有重要的官位几乎都被进士出身的人占据了。越来越多的进士在府、县中为官，但是出于某些原因（下详），大多数学政职位也开始由进士担任。举人所能担任学政级别的官职急剧减少，唯一还能担任的就只剩下一些地方的教育官员了。甚至举人本身也不愿出任低级别的教育官职，因为这样他们才可以继续去竞争进士资格。

1394年，明朝曾试图从当时刚刚发明的乡试副榜中，招募一些举人作为地方教育官员，但是因为当时的学术风气，生员和举人都首选考进士，所以这一政策也并不成功。为了填补这些职位，1450 年开始明廷任命每年的岁贡生来出任地方教育官员，虽然通过找当地人来填充这些职位解决了某些问题，但这些职位也注定只能成为文官体系里较低的一级。[79]17 世纪初，吕坤（1536—1618）在文章中抨击明代的地方教育官员体系已然完全破产了："教授授以何术？学正正得何人？教谕谕以何事？训导导者何说？"[80]这段话是用"正名"的办法，声讨明代的教育官员完全对不起他们的职衔。直到雍正朝，清朝才再次尝试提高地方教育官员在科举中的地位以及这种教育制度的效能（参见第四章）。[81]

16 世纪 80 年代举人不再担任考官。明代科举选拔制度中选派人员的身份，也同样存在不断降级的趋势。表 3.10 显示，1465 年山东省乡试中，举人出身的考官大约占了 50%，职级最高的 12 名考官中，举人出身者占据了 7 席（58%）。此外，被任命为主考官和同考官的来自外省地方教育官员多达 7 人，他们都是举人出身的官学教授（以及 4 名训导）。1465 年的乡试中，只有 4 名考官是进士出身（13%），而他们也只是作为高阶监考官。同时还有 6 名县级官员和 2 名训导也都被派来协助乡试，他们全都来自外省，只能从事一些次要工作，如收掌试卷官（2 人）、受卷官（1 人）、弥封官（2 人）、誊录官（1 人）、封读官（1 人）和供给官（1 人）。这 8 人中有 6 人是举人出身，2 人为监生。1465 年时，那些没有考中进士的人，尤其是举人，都有很大的概率被任命为地方教育官员，并成为乡试中的考官。

表 3.11 和表 3.12 显示，1465 年山东省乡试的这种人员构成一直都没有变化，直到 1585 年。1465 年之后指派参加乡试的大部分主考官和同考官，都是从帝国指派去各个地方官学任职的 4200 名教育官员中挑选出来的（回避原则使得他们不

151

得在出生省份监考），他们大多数是举人出身。[82] 在 1585 年之前，举人首先会成为地方教育官员，然后去外省乡试出任主考或是同考，这也意味着地方上那些进士出身的人，在乡试科场中的任职经常还低于举人。比如 1549 年浙江省乡试中，许多进士就只能出任收掌试卷官、受卷官和弥封官，而主考和同考 10 人全为举人。[83] 同样，1567 年浙江省乡试中，6 名同考是外省举人，虽然 2 名主考是进士出身，但他们也是来自外省府级官学的教授。[84] 然而 1585 年之后，挑选乡试考官的政策发生了重大改变，正如从表 3.10 到表 3.13 所示。比如 1583 年，万历帝朱翊钧（1572—1620 年在位）开始从京城委派翰林院出身的官员出任地方乡试主考官，这也表明明廷希望加强对各省份的控制。[85] 之前，翰林院出身的官员一般主要被指派为会试和殿试的考官，就算是监考乡试，一般也是出任南北直隶应天府、顺天府两府的乡试考官。[86] 比如山东省，进士出身的主考、同考数量在 1585 年和 1594 年急剧增加。1594 年，全国所有科考官员中只有 22% 是举人出身，而 1465 年则有 50%。明末最后几年，进士基本已经取代了举人出任大部分乡试中的考官。1567 年江西省乡试，12 名主考、同考全为进士出身。1627 年，所有 17 名考官都为进士出身。1639 年陕西省乡试，14 名考官中的 11 位是进士出身，只有 3 人是举人出身。而在 1567 年，所有 7 名考官都是来自外省的举人。

152　　　此外，1585 年之后，被选作考官的进士经常也不再是教育官员了。1585 年，山东省 14 名同考官中有 3 名进士在外省任县官，另 2 名进士为外省推官。1627 年，江西省乡试中 15 名进士出身的同考官中，有 11 名在外省任县官，其余 4 名进士则是推官。1639 年陕西省乡试，8 名同考官为县官，1 人为推官，只有 3 名进士是府级官学的教育官员。外省府县的官员三年一度齐聚乡试，也给了他们一个重温儒家经学和道学志趣的机会，他们可以远离刑名司法和钱谷税收的公事俗务。这也意味着，这些官员们可以在一次次组织地方考试和乡试中不断重温儒家经学，而不是为官之后就把圣贤书抛在一旁。

如此，1585 年之后的明代，就同时产生了三种在政治和社会层面上相关联的组织过程：（1）进士取代了举人，成为乡试中的主考官和同考官；（2）外省府县的官员取代了外省官学的教授，成为乡试考官中的主力军；（3）举人层面的考试竞争变得愈发激烈，只有 2%—3% 的生员（参见表 3.3—表 3.6）可以乡试中榜。而随着进士人数的增加，他们也占据了大部分府县中更高级别的职位，这也唤起了举人和地方教育官员的政治觉醒。进士们也逐渐掌控了乡试举人的选拔过程。1585 年之前，举人们身为教育官员和考官，有权选拔他们新的同侪。但到了明末，他们的权力、地位和影响力都被进士所取代，这个社会地位每况愈下的趋势持续到了清代。

举人和教育官员地位的普遍下降，代表了晚期帝制中国在政治铨选的社会条件上发生了重大变迁，这一变迁从 1600 年一直延续到 1900 年，直到 20 世纪初的改革家们开始抨击清末的进士（参见第十一章）。明代科举考生数量的激增，部分是因为商业发展和人口增长，这也导致大部分人的科举身份注定贬值，但是高中进士的人还是能出任高官。举人社会身份的下降也造成了一些后果，个人和家族对于低级别科举功名的预期与现实的政治机遇之间的差距越来越大。明末官僚体系中大约有 24680 个官僚职位，最顶层的官位（如尚书、巡抚、学政）或知府、知县都是由进士出身者担任，剩下的才能由举人［参见下文李贽（1527—1602）的议论］、贡生、举荐的生员担任。

153

1600 年之后，已经鲜有举人可以取得可观的仕途成功，这意味着他们不得不降低自身的预期，并且还得利用仅存的优势保住自身被降低的社会地位，在地方政府中谋得一份低级别的公职差事。对于许多人来说，举人这个科举身份的前途已然走到尽头了，它只是通往无数人梦寐以求但无法企及的进士道路上的一站。明初时，数以百万计考生都怀有美好的科举梦，彼时通过科举进入仕途虽然概率同样不高，但总归还是有希望成功。而到了15—16世纪，随着科举市场的发展，科举梦和通过率两者之间所形成的和谐局面也被打破。虽然举人和生员们逐渐与高官厚禄渐行渐远，但是他们还是占据一些社会利益和司法利益以补偿他们在科举途上的失意，但这也仅仅是一种心理补偿了。然而，失败的压力也会造成个人和家族的焦虑，有些变成了空想，有些则变成了噩梦。明清两代很多精英都以临床记录的方式，非常虔敬地记载了这些梦魇，其中既有好奇，也有恐惧（参见第六章）。

会试和殿试考官的变迁。 进士出身者早先就已然在会试中被任命为主考官和同考官。表 3.14 表明，在 1371—1622 年北京的科举考试中，共有 17 科考试其高级别的考官中无一人是举人。然而，到了明末的科举市场中，进士数量明显过剩，不仅举人的地位逐步降低，就连很多二甲、三甲的进士也受到了影响。原先，那些一甲进士和二甲排名靠前的进士都可进入翰林院，成为皇帝的秘书（见下文）。1371—1415 年间少数被任命为会试考官的翰林院出身的官员，一般也只出任主考官。1478 年后，翰林在会试中所有主考、同考中的数量占到了 80%，甚至更多。

翰林们开始越来越多地出任会试同考官，这种有利于翰林的科举政策是 1453 年礼部尚书胡濙（1375—1463）建议的，他不认同任用教育官员为考官的做法，他本人也在 1454 年会试中开始让翰林担任考官。[87] 到了 1527 年，科举的政策也变成了由翰林院出身的官员充当乡试主考官（参见表 3.12）。1504 年时，主考官的人选就已经从举人出身的教育官员升级成了进士出身者。1523 年之后，大部分举人只能充当科举考试中低级别的受卷官、弥封官、誊录官和对读官（参见表3.15）。[88]

　　虽然 1527 年科举选派的变化趋势在 1534 年有所反转，但是到了 16 世纪，由顶级的进士出身者所组成的"翰林俱乐部"（在本章最后讨论）牢牢地占据了殿试（参见表 3.16）和会试的考官之位。而在乡试主考官的任命上，这一趋势也越来越明显了。我们能够清楚地看到，翰林院出身的官员也会被任命为乡试的同考官，至此翰林们以朝廷和礼部的名义，几乎完全掌控了举人和进士的选拔过程。自 16 世纪开始，位于北京的政治中心——皇帝和他的内阁大臣们——也同样直接掌控了帝国科举市场的中层和顶层选拔。[89]

　　这一趋势在清代康熙朝前期又进一步加速，翰林院出身的官员开始越来越多地直接参与到文官体系和科举乡试之中。1680 年后，翰林们散馆后开始出任直隶京畿地区的学政，而到了 1681 年浙江省和江苏省的学政也开始由翰林担任。1699 年翰林们还被例行派去监督京城的举人覆试，尤其是从南方省份（比如江苏）来的举人，进入会试考场前都要参加这一考试。此外，指派殿试状元出任乡试考官的传统也始于 1699 年。在此之前，专员们也经常被指派作为会试的同考官。[90]

　　福建省。如果我们看一下东南地区的福建省，便可以进一步证实，清朝的进士在科举身份市场上的地位也全面超过了举人。表 2.6 也向我们证明了这一点，清初福州府共有 1852 名举人，而进士则有 479 人。兴化府共有 1096 名举人和 349 名进士。在明初全国各府中，福州府举人的数量位居第二，进士数量位居第四，而兴化府在这两项中都排第六。福建一个省中就有两府在乡试和会试中取得了非比寻常的成功。[91]

表 3.17 显示了从明初到明末福建省各府所有举人和进士的分布情况。除了福州和兴化外，泉州府和漳州府也产生了大量举人和进士。总的来说，直至 1634 年，福建省所有举人（8808 人）中的 26% 取得了进士身份（2327 人）。这意味着 6481 名福建省举人没有成为进士，也无法在只有进士才能角逐的高级别官位层面上展开竞争。只有进士才能在全国范围内任职，而每个省都有大量剩余的举人，他们更多的是在地方谋职，比如教育官员这类职位（见上文）。

在福建省内诸多屈就于举人身份的人当中，就有日后声名狼藉的明代文学家李贽。他是福建泉州府人，在 1552 年福建乡试中名列第 23。李贽原是府级官学第三等的附学生，他的家族给他捐买了生员资格，后来他在 90 选 1 的考试中（1% 通过率）从 3000 名考生中脱颖而出。他成为举人之前一直精研《尚书》，但是他家庭的经济状况最终不允许他进京参加会试，这也断送了他的进士之路。[92]

虽然李贽日后以抨击程朱理学而闻名于世，但是在 1552 年，当年仅 25 岁的他通过一系列考试后，还是顺从地选择继续研读那些他将来大肆批判的儒家经典和注疏。因为仅有举人身份，李贽无法谋到重要的官职，但到了 1555 年，他幸运地被授予了河南辉县教谕一职。以上文分析来看，在 16 世纪，这已经是为数不多的一名举人可以孜孜以求的官职了。1561 年他游学至北京，等待了两年希望在国子监中谋得一席之地，这对于无官无职的举人来说是最后一根稻草，但是在接到祖父的死讯之后，他不得不放弃了这一打算。[93]

之后，李贽回到北京，在礼部任司务。1571—1576 年在南京刑部任员外郎。1578 年，李贽终于出任云南姚安知府，他在知府任上工作了三年，他乏善可陈的仕途也在知府任期结束后宣告终结。知府一职对于进士来说，只是仕途起步时的进身之阶。李贽所面对的种种磨难和困境，对于明代举人来说是非常典型的，他们中的大多数无法拥有李贽的名气（或曰骂名）。在一篇名为《圣教小引》的文章中，李贽形容其学生生涯时的思想是："余自幼读《圣教》不知圣教，尊孔子不知孔夫子何自可尊，所谓矮子观场，[94] 随人说研，和声而已。是余五十以前真一犬也，因前犬吠形，亦随而吠之，若问以吠声之故，正好哑然自笑也已。"[95]

表 3.18 进一步确认了在明代成为进士有多难。明代福建省福州累积的进士数量在全国范围内已经很高了，但 1370—1546 年间也只有 306 名进士。在 176 年中，年均约有 2 名进士。如果福州府 24.9% 对 75.1% 的比例也适用于福州的话，这里最多有 1227 名举人，年均 7 人。

从表 3.19 中我们可以看出，相比福建进士的名人地位，举人完全不可同日而语。在科举市场上进士中榜率高的地区，都会将进士的名字记录下来，这是地方声望的重要标志。这些进士的名字也会被写入各类地方志或是省志之中。明代（至 1636 年）福建总共出过 92 位翰林，33 名福建进士高中殿试鼎甲（前三名），53 位名列前五。家族性的科举成功，更是在地方记录中被大书特书。

然而非常明显的是，只有中了福建省乡试的解元，或是家中三代都中了解元，才会被州府记录下来，除此以外，考试名录经常只倾向于记录进士。罕有考中举人的事迹被重点记录，这表明举人在明代福建已经是一个非常平常的身份了。能够在记录里留名的只有解元，当然举人身份的重要性也足以在大部分县志当中留下一笔了，这也被视作当地精英的荣耀。通过各方志，我们可以看到科举考试的记录更偏向于进士，虽然县志仍然看重举人的

157

身份，也经常会记录一些地方社群中生员的名字。

进士与翰林"俱乐部"

通过讲求公平竞争的、由士大夫主导的政治选拔过程，最终再经由皇帝本人主持的殿试对所有成功通过京城会试的考生进行考查，新一科的政治官僚再生产过程就此尘埃落定。自唐、宋以来，皇帝事实上变成了王朝的主考官，那些未来将在朝廷中任职的成功考生们，象征性地表达对前者的效忠。自明初始，统治者被当作了程朱理学意义上的圣王。一身事二姓被看作背弃理想化的忠君理念，虽然事实上忠君理念经常被臣子背弃。科举考试确立了帝国秩序的政治合法性，这种合法性以选拔体制合法性的社会认同为先决条件。忠君的意识形态过程建构复杂而又绵密，它紧密围绕着国家与社会之间的协作关系（partnership）建立，甚至皇帝本人也要接受由科举考试选拔出来的儒家导师以帝制合法性为核心所开展的儒家理论教育。[96]

进士的配额与等级序列

会试录取人数并不存在一个绝对的配额数，虽然 1475 年后，三年一度的进士人数在 300—350 人间浮动。当然，在明初的动荡年代，进士配额的上下浮动幅度非常之大。比如，1385 年只有 32 人成为进士，而 1406 年进士人数则多达 472 人——这是明代科举史上的最低和最高录取纪录了。每科的进士人数在 100、200、250 和 350 之间不等，而何炳棣则估计整个明代平均每年产生 89 名进士（每次考试 289 名）。[97]

表 2.2 显示，1450 年之后，大概每科会试都有 3000—4000 名举人要争夺 250—350 个进士名额，这意味着仅有 7.5%—10% 的人可以成为进士。1550 年之后，参加考试的人数增至 4500—4700 人。然而进士配额的数量并没有显著变化，

这使得中榜率在 1601 年下降到了 6.4%。到了明末，1549—1589 年间超过 62000 名举人要在 14 次会试中争夺 4200 个进士资格。[98] 表 3.20 表明，随着明清人口趋势的变化，18 世纪中国人口翻了一番，清代会试通过率进一步下跌到了 3.5%。

　　自 1385 年始，一部分名次最高的进士才可以进入翰林院，1404 年朱棣挑选了 29 名进士授予翰林院庶吉士身份，之后再授各种官职，这一做法就此被确定下来。[99] 明代之后，清代也一直延续了让排名靠前的进士进入翰林院这一惯例。[100] 通常，鼎甲前三名都会被任命为翰林院修撰、编修，而第 20—40 名进士也有资格成为庶吉士。[101] 翰林院是晚期帝制中国最具声望的学术机构，它是最高等级的官僚人选在任职前学习和历练的地方。翰林院使得那些在科举考试中脱颖而出、荣耀满身的考生得以进入明清政治领域的中心地带。[102]

翰林院与朝廷

　　作为士大夫阶层在帝制社会中的最上层机构，翰林院的起源可以追溯到唐代。中古中国的帝王为其中意的人才设立了这座令士人一朝入馆、荣于华衮的机构，用以将这些人才当作特别顾问，留在朝廷之中效力。翰林院庶吉士并不是朝廷官僚体系中的正式成员，他们只是作为唐、宋帝王的私人顾问，皇帝根据他们的道德品行以及学术或政治上的资质，将他们选作身边的臣僚。在宋代，翰林有时也会参与为皇帝起草圣旨公文的工作。作为皇帝的私人秘书，翰林们得以成为天子近臣，并借此在官僚体系中获得一定的政治权力。翰林虽说为"清贵之选"，却具有微妙的政治地位。

　　在宋代，翰林的职权功能渐渐从处理政务转向了文化事务方面。翰林侍读被委任负责为皇帝讲读经史。这种工作重心的转移标志着翰林院的职权第一次深入到了文化和教育领域。在

159

元代，翰林院的政治影响力很大程度上衰退了，元朝统治者更倾向于通过军事组织而非官僚组织来维系统治，同时他们也更愿意选用色目人，而非汉人官僚。但是正如我们在第一章所提及的，翰林院的成员仍旧被委派负责文化事务，尤其是编纂修订汉人和非汉人的正史。[103]

明代恢复了汉人的统治，翰林院也变成了一个发展成熟的政府机构。朱元璋统治时期，尤其是胡惟庸被疑反叛之后，作为行政中枢的中书省被废弃，翰林院的政治职能渐增。15世纪时，翰林的职责包括监督殿试、会试和乡试（见上文），论撰文史，为一些特别的文化项目效力（如《永乐大典》、三部《大全》的编纂，参见第二章），为皇帝讲读经史，作为钦差临时出席一些对外活动。与唐、宋时期的翰林相比，明代翰林在政治决策上的作用有所降低，但是他们成为大学士以辅佐皇帝管理官僚队伍、影响科举市场的可能性却增加了。显然，翰林们的文化影响力和教育影响力得到了空前提升。[104]

翰林们的仕途

160

翰林学士和庶吉士并非位于政治边缘的驰于空想的士大夫。他们对于会试、殿试即将金榜题名的进士考生的评判意见，非常之重要。他们不仅是皇帝和内廷的耳目，而且注定会成为帝国位高权重的官僚。渐渐的，翰林院成为进士们重要的进身之阶，它成为在朝堂上具有政治影响力、通过科举制度走向官僚体系巅峰的必经之路，被礼部点为翰林的人也将变得极具文化影响力。[105] 比如殿试的状元、榜眼和探花，他们的升迁拔擢往往会遵循一条非常典型的翰林的仕途之路。由明至清，翰林院、礼部与内阁之间有着一种紧密的互补关系。晚期帝制中国时期，翰林们通过在政府组织内部彼此互补、彼此重叠的机构中不断升迁，形成了一种翰林仕途的升迁模式。官修《明史》的编纂者也注意到了这一现象："由是，非进士不入翰林，非翰林不入内阁，南、北礼部尚书、侍郎及吏部右侍郎，非翰林不任。"1646 年之后，会试、殿试的前几名一经揭晓，就可以进入翰林院。[106]

再比如，明代礼部的政治职能和组织结构与前朝基本类似，但是 1380 年中书省被废弃之后，皇帝本人及其直属臣僚渐渐成了教育事务和考试事务的主要协调者。礼部虽然从名字上听起来远离政治权力的核心圈，是一个边缘化的机构，但是在明代中国，礼部尚书及其公职人员一直活跃在政治舞台之上。例如礼部仪制清吏司就要负责所有典礼事务，之后还要负责帝国内官学系统的行政管理工作，以及监管各县、府直至乡试、会试、殿试的科举考试系统。实际上，礼部掌控着帝国的教育系统和科举市场。在某种程度上，礼部就是"教育部"。到 1600 年时，翰林们还要为皇帝和六部监督更高层级的文官选拔过程。

此外，礼部的主客清吏司要负责朝贡体系之下的对外关系。自永乐帝朱棣以后，中国又重启了与东南亚"属国"的关系，包括南征安南。[107]换言之，礼部长官的两个重要职责就是：教育／考试，以及朝贡体系／对外事务。通过严苛的科举选拔体系，进士们所受的儒家经典教育让他们得以对后蒙元时代的天下局势发表意见，并在外交舞台上实践那些儒家理念。只有成为进士才能够成为未来科举的考官。

礼部的祠祭清吏司掌管国家的祭祀事宜，而礼部也通过宗人府负责处理皇家事务，如此可见，明代的礼部不只是皇帝内廷治下的一个部门，它同时也是外朝官僚体系中职能完备的一个机构。它既可以内通宫闱、上达天听，也可以通过教育和科举的科层制将其政策影响扩散到京城之外的各府县。直到 18 世纪之前，位于帝国政治心脏近处的翰林院，一直作为内廷与官

161

僚体系间紧密合作的机构发挥着作用。但 18 世纪之后清朝设立军机处，内廷不再受翰林院和礼部的直接影响。[108]

在明代，内廷中最重要的成员都来自翰林院、内阁和太监。1380 年后，内阁逐渐负责协调监管六部，而礼部因其处于内廷、外朝的权力阶层之间的中间地带，其地位也愈发重要。而之后的明朝皇帝，尤其在 16、17 世纪，会让内廷成员代表自己处理国家事务，于是内阁和礼部之间的关系就变得更加紧密，这样的紧密关系也造就了政治影响和制度影响重大的仕途模式，其不仅在明代非常显著，而且也延续到了清代。

162
对这一现象的统计研究表明，明代大部分大学士来自礼部。[109] 礼部和内阁之间的紧密关系具有某种独有的特征。大部分大学士早年仕途起步时也曾是翰林院中的一员。明代的大学士群体（165 人）中，75% 的人曾为翰林（124 人）。此外，165 名大学士中，109 人（66%）曾在礼部供职，而 93 人（56%）是直接从礼部升至内阁的。[110]

可以看到，在明代政治生活中，翰林院、礼部和内阁一直互相缠绕在一起。一个明代典型官僚的仕途，就是成功通过殿试（一般还是高中前十几名），成为进士，然后首先在翰林院中任职，在这里做编修、修撰、乡试考官或是皇帝的私人秘书。接着他会担任一系列的官职，但最终会以固定模式进入礼部，经常作为殿试或是会试的考官。礼部一般作为晋升大学士的跳板，直到 18 世纪初之前，大学士一直都是官僚机构中最高等级的政治顾问。当军机处进入内廷决策体系之后，军机处的成员取代大学士，成为外朝官僚体系中的重要人物，这也极大地影响了会试和殿试。[111]

排名最高的新科进士都铁定可以进入翰林院，其他进士也可能因为各种各样的原因被选进翰林院。比如清代 1646—1659 年间，每科会试的会元，无论他们殿试排名如何，都可以自动被点为翰林。之后，不少解元也可以凭借乡试第一名的成就，得到被点为翰林的荣誉。事实上，从 1673 年到 1685 年，如果同一名考生会试、殿试连中两元，那么所有参加当科科举考试的乡试解元都可以进入翰林院。[112]

那些在翰林院中表现良好的庶吉士，结束在庶常馆为期三年的学习后，将会"散馆"，然后参加特别的文科考试，这一考试主要考查考生们的经学知识和诗赋水平。有趣的是，虽然自明初以来常规的科举考试并不把辞藻华美当成评判的标准，但是在翰林院的考试中，文学功底却是最核心的要素。如果庶吉士在翰林院考试中表现优异，就可以留馆做编修或检讨。如果未通过考试，则会被从翰林院"散馆"到中央政府或是地方政府任职。[113]无论如何，他们在翰林院的三年，都使他们成了进士中的精英。这个高级俱乐部的成员形成了一个特别的学者群体，明清两朝那些最重要职位的任职者，都将在他们之中产生。[114]

清初科举中满人、汉人的角色

在清朝军事和政治的双重管控下，明代的文官体系和武官体系在清军 1644 年入关进京后不久就恢复正常了。[115]1646 年第一科的状元和进士们被选拔了出来。1646 年通过殿试的 373 位进士被认为是一群极为优秀的人才，他们中的许多人日后都在清廷中身居高位。[116]清代遵循明代先例，对官员的选拔和评价也是分为四种途径：（1）学校；（2）科目；（3）荐举；（4）铨选。

清初科举考试中的满汉关系

不过，清初还是发生了一些重要的制度变化，尤其是对疆域扩大之后的帝国官学体系而言。比如说，除了官学体系外，清朝还在八旗（由满洲八旗、蒙古八旗和汉军八旗组成）中设立了特别的学校体系，同时还设立了服务于清皇室的宗学。[117]
清廷于 1627 年仿照明代建立起自己的官僚体系之后，1634 年
就在关外为满州旗、蒙古旗和汉军旗开设了用他们各自本民族
语言测试的考试了。比如诞生在盛京（今沈阳）的第一个汉军
旗状元沈文奎，祖籍就来自江西。[118]

1646 年清廷第一次举办科举殿试时，时年 8 岁的顺治帝
（1643—1661 年在位）身边的摄政王多尔衮（1612—1650）
和其他臣僚也提及了非常敏感的满汉关系问题。面对 373 名殿
试考生，摄政王的策问是想要探讨"今如何为政，而后能使满
汉官民同合志欤？"清代的第一位状元傅以渐（1609—1665）
来自山东，他在殿试对策中答道，满人和汉人是可以一同合
作、共兴清室的，但是这种双方主动合作的文化内涵必须来源
于作为圣王的统治者，而这个统治者需要深谙"二帝三王之治
本于道，二帝三王之道本于心"——明代的士大夫，已经把这
一程朱理学的道德乃至政治颂歌，塑造成了国家的正统意识形
态（参见第二章）。[119]

1649 年殿试中，皇帝又一次在策问中提出了满汉共处的
问题，这次是关于如何能最好地处理科举考试之中满汉人数配
额比例。顺治帝在策问中说："今欲联满汉为一体，使之同心
合力，欢然无间，何道而可？"清代的第二位状元刘子壮的殿
试对策，并没有直接讨论满汉考生比例配额的问题，而是强调
了满汉在文化上的一体。根据从宋代道学一直传承到明清的道
德修身的理想，再次定义了文化统一。

刘子壮将满汉关系与长久以来南北考生特质不同相比较：
"臣谓满人尚质，以文辅之；汉人尚文，以质辅之。"讽刺的
是，宋、明时代的科举考试，原本是道德感极强的北方大老粗
对抗浮华肤浅的南方文人，现在这种刻板印象却将满人变成了
重道德的北方人，而所有汉人则变成了文质彬彬的南方人。[120]

与元代一样，清朝的统治精英原先也感到北方人比南方人更可靠，更臣服。比如表 3.21 就显示，明代 1639 年、1642 年最后两次山东省乡试中，分别有 22%（85 名举人中的 19 人）和 34%（90 名举人中的 31 人）的人继续参加了清朝统治下开始于 1646 年的会试和殿试，并取得了进士身份。清政权显然对于接纳这些转投己方的士人感到非常焦虑。比如 1646 年的会试中，山东省进士中的 53% 来自之前一年山东省清代首科乡试中选拔出来的 95 名举人，他们很快通过了科举考试，成了进士。清廷 1644 年在军事和政治方面取得了一系列成功之后，在清初的科举考试策略上，又选择依靠来自北方的汉人士大夫合作，这无疑是清初科举体制的一个重要特点。[121]

为此，清廷在任命科举考官时小心翼翼。如表 3.22 所示，来自满州旗和汉军旗的人担任主考官时，其排位要在汉人考官之前。1658 年之前，大部分被任命为清廷科举考试主考官和同考官的明代进士都是北方人（1649 年 20 名同考官中有 18 名），直到 1658 年清廷已经培养了足够多忠诚的进士来填满那些科举考官的职位后，情况才有所改变。比如 1649 年，清廷第一次指派两名南方官员出任会试考官。到了 1658 年，所有 22 名主考官和同考官都成了汉人。1658 年会试的 20 名同考官中，有 13 名是 1655 年的进士，其中许多人来自南方。[122]

同样，乡试考官中北方人的比例在 1645 年、1646 年和 1648 年都非常高（超过 70%）。然而 1651—1660 年，南方考官的数量从 1651 年的 47% 缓慢上升到了 1657 年的 69%。在魏斐德（Frederic Wakeman, Jr.）看来，这种演进说明了"文士网络的复兴"，尤其是在南方。北方文士在清初科举考试中一家独大，但明季清初的南方文人网络之后也开始渐渐复兴，这种趋势在 1646—1658 年间殿试考生的分布中渐趋明显。在被北方考生统治的 1646 年之后，南方考生 1647—

1658 年间恢复了在进士数量上的优势地位，这与明代会试、殿试考生的地理分布相一致（参见第五章）。[123]

清初时，殿试满汉进士的配额比例是 4:6，这一比例借鉴了明代北方、南方进士的分配比例。直至 1655 年，旗人进士中的两个互相分离的群体（满州／蒙古军旗和汉军旗）都通过这一比例分配方式分享属于他们的进士配额，然而 1655 年也是最后一次采取 4:6 的考生配额制的科举考试了。比如 1652 年和 1655 年，清廷为汉人和旗人分开举办了各自的会试和殿试，但是到了 1658 年，两者重新又合并一处。此外，1652 年和 1655 年旗人进士的内部配额遵循了 4:2:4（满人：蒙古人：汉人）的比例。1655 年后，再也没有满军旗的考生位列鼎甲，直到 1883 年。为此，一些汉人考官因不允许满人染指状元而饱受批评（或曰赞誉），如洪承畴（1593—1665），他曾是来自南方的明臣，之后又作为清朝的官员出任会试和殿试的总裁。[124]

1651 年，清廷还为满州旗的考生设立了区别于汉军旗的特别考试。那些不懂文言文的满人考生可以以清文答卷。在康熙朝，这些特别考试被正式纳入科举体系，成了省一级的"翻译乡试"，满人可以选择用他们自己的语言答卷。（这样的特权于 1735 年延伸到了蒙古人）接着 1697 年，满室宗亲被鼓励和其他满人一同去参加科举考试。在第四章中我们会看到，旗人参加武举时作弊变得愈发常见。[125]

最初，满蒙的翻译乡试只有一场考试，考试内容是一道诏告表翻译，然后在四书五经里任选一段话，要求以此为题写一篇文章。之后乾隆朝，翻译科考试的要求变高了，清廷也鼓励满人和蒙古人用文言文来应试，这也是想努力统一对文官与武官的训练。试题也引入了宋代的经学和小学的问题，但是满人依旧无法在乡试和会试中与汉人抗衡。此外，翻译考试是在四夷馆举行的，四夷馆最早可以追溯到明初，属于翰林院管辖。

四夷馆负责与暹罗、伊斯兰世界，以及清初时与沙俄的礼仪交流问题。[126]

　　另外，汉人如果通过了殿试和朝考（1723 年之后）被点为翰林，那么他们在翰林院里不光是侍读、试讲、学士，同时也被要求学习满文，这一做法始于 1647 年。[127]1688 年，杭州的一名汉人考生凌绍雯在殿试中用满汉两种文字答题，之后因其双语能力，进入翰林院成为编修。即使如此，凌也只能在二甲进士中居于末席。[128] 翰林院学士负责这一特殊的满文考试，考试在宫中举行，要求新进翰林们将文言文内容翻译成满文，以保证日后写作诏告和奏文时都能准确地以两种语言来记录。[129]1748 年，乾隆皇帝责骂了 1745 年殿试的状元钱维城（1720—1772）和榜眼庄存与（1719—1788），因为他们在翰林院的满文学习表现实在太差了。[130]

　　清帝国的疆域在明帝国的基础上又有扩张，所以清廷也非常注重少数群体的科举考试情况，统治者认为少数群体也应在地方科举考试中得到足够的重视。为此，江西省学政在 1762 年也将江西棚民（清代在山上搭棚居住的流民）作为少数群体纳入了地方考试的体系，并给予了他们生员的配额，使得每 50 个考生中就有 1 名棚民得以成为生员。江西巡抚汤聘（同时也身兼学政）于 1763 年还为当地的棚民争取地方生员配额，并希望借此鼓励他们放弃山区游民生活，从而在某处安居，为此他还找出了 1731 年雍正朝的先例来支持自己的这一举措。[131]

　　然而，这样的少数群体配额，也成为垂涎科举这一进身之阶的西南地区汉人考生眼中的机会。1767 年，广西省学政梅立本（亡于 1767 年）在奏章中说，在其治下有 5 个府的部分汉人考生冒充少数族裔考生成为地方生员，因为少数族裔配额制使得他们得以减轻作为汉人考生在面对地方考试时的竞争压力。梅立本还补充道，想要辨识出考生到底是冒充土籍的汉人，还是真土籍的少数族裔是非常之难的。[132] 同样，坐镇西北的陕甘总督福康安（亡于 1796 年）作为镶黄旗的满人，在他的一份奏折中也讨论了需要在西北建立向回民传播程朱理学正统思想的学校。福康安是一位经验丰富的满人将领，他 1784 年率领军队成功平定了甘肃地区的回民起义，他清楚地意识到科举考试是一种将回民归化到帝国主流中的方式。他建议在地方的文举和武举岁试中把回民的生员配额分别增至 4 席。[133]

在其他很多清人的奏折和谕令文书中，也都提及了解决西南地区少数族裔科举选拔的特殊需求，当时的教育改革者陈宏谋（1696—1771）对此有详细的记述，他曾于 1733—1738 年在云南省任职。[134] 在 1807 年的一份奏折中，湖南省学政李宗翰（1770—1832）要求苗民考生参加乡试，并许诺给苗民一些特定配额，这样他们可以不用与准备更充分的汉人考生竞争。但是李宗翰随即也补充说，地方官员对这种行为必须谨慎，因为肯定会有汉人假称自己是苗民后裔，并以此来获取更易获取的苗民生员资格的配额。这类做法的目的，无疑也是要通过科举考试的地方配额，将苗民归化入文士的主流。[135]

清朝科举考试的早期政策

17 世纪 40 年代和 17 世纪 50 年代举人和进士都有很高的中榜率，但是之后清前期统治者开始于 1660 年故意降低配额总数（参见表 3.23），这一做法一直延续到了 18 世纪。统治者意识到，明末因各省份汉人的地方考试和乡试，明廷失去了对地方社会的士绅、商人和军户的控制。三年一科的举人配额总数从 1645 年的 1400 人，一下被砍到 1660 年的 796 人，几乎减少了一半，之后到 1770 年才又增长到了 1000 人。乡试的举人副榜自明代以来开始存在，大概占地方举人人数的 10%，这一制度于 1662 年也被废止了。之后举人副榜制度虽然于 18

世纪恢复了，但是却不被认为是成为进士的正途。诸如像王鸣盛（1722—1797）这样的文士，虽然已名列举人副榜，但还是选择再次参加 1747 年的江南乡试，以期考取正榜举人。此外，地方生员的配额也在下降，较大的府被降到了 20 人，较大的县为 15 人，规模较小的县只有 5 人。[136]

清统治者实行更为严苛的教育政策，目的是夺回他们对王朝人才的控制权，这也与他们在 17 世纪 60 年代集中打击长江三角洲地区偷税漏税的士绅大户以恢复王朝对地方物质资源控制的做法不谋而合。此外，因为满汉旗人在中央政府中需要占据相当大的官员比例，所以留给汉人的官职也不多了，不过在省一级乃至之下的地方任命中，满汉旗人官员的数量优势并不明显。清初进士的总数也从 1645 年的 399 人降到了 1667 年的 155 人（下降达 61%），在 1670 年人数短暂升至 299 人后又在 1676 年跌到了 109 人（下降达 30%）。[137]

在顺治朝初期，清廷的乡试配额数量还算是慷慨，比如江南地区（安徽省和江苏省）和直隶顺天府每科都有 160 名新晋举人顺利参加会试。在明末，这些地区的配额只有 100 人。然而到了 1660 年，乡试举人配额骤降到了每个人口大省 60 人。虽然之后在康熙朝配额人数有所上升，但是人数仍远低于明末，即使到了 1700 年帝国的人口总数已经突破了两亿。[138] 直至 1765 年，安徽省学政在一份题本中要求增加长江三角洲地区浙江、江苏和安徽三省的配额，题本中说对于如此富庶的地区来说，地方文举和武举的配额数太少。[139]

在明朝，虽然地方配额制在有效施行，但会试中榜人数并未设定绝对的配额。1646 年，共有 399 名进士产生，其中 58% 来自南方，38% 来自北方，4% 来自帝国的中央地区。这一比例大体符合明代一直执行的 55∶35∶10 的区域比例。最终，这一比例又演化成了南北比例 60∶40（参见表 2.5），中央地

171

区的配额被南北方瓜分。此外西南地区一些省份也有了自己的配额，如云南、四川、贵州和广西（云南、四川 2 人，贵州、广西 1 人）。清代皇帝在 1700 年给西南地区增加了一倍的配额，并在 1701 年会试中首次实行新的配额制。[140]

三年一度的会试和殿试所产生的进士数量一直在 300 人上下，人数最低的一科 110 人（1789 年），最多的一科 406 人（1730 年）。何炳棣计算了整个清代的进士数量，统计数字显示每科考试平均诞生 239 名进士（比明代少 50 人），而年均则大概产生 100 名进士（比明代多 11 人）。清代每科产生的进士数量低于明代，而年均人数却超过明代，其原因在于清廷经常会在三年一度的常科之外开设制科，如 1679 年和 1736 年的博学鸿词科。[141] 此外，清朝皇帝也经常跳脱出三年一度的时间惯例，他们经常加开特别的"恩科"，以庆祝统治的长久和皇帝本人的生日。[142]

公允地说，本章中所描述的晚期帝制中国科举体制的结构与过程，不应该从明清的教育实践、社会实践、政治实践的诸多面向中割裂出来再予以评价。通过了解明清两代科举制，我们得以发现生命力持久的科举制是如何将儒家道学的经典教谕当成首要教育方针的同时，成功地实现了精英的流动。同时我们也能看到，人数稀少的进士群体的社会声望与日俱增，1580 年后他们垄断了帝国上层官僚体系的职位，其社会地位完全超过了那些仅仅通过了乡试和地方考试的举人和生员，遑论数以百万计的县级考试中的童生。进士们的社会优势地位意味着，文士与宫廷之间的协作关系在 1600 年之后变得越来越局限在一个排他性极强的文士群体之中，而这一文士群体通常来自最富裕的家庭和兴盛的宗族。

通过取得进士功名来为本地士绅向朝廷争取利益的地方精英变得非常之少，但他们也还是让那些没那么成功的同人看到了皇权（无论是汉人皇帝还是满人皇帝）带给进士们的荣耀。

晚期帝制中国的这种基于知识和地位的"文化贵族制"，让人们对于多数人梦寐以求的进士身份趋之若鹜，这使得明清考取进士的难度远超元代和明初。同时，清代进士身份所带来的声望甚至超过了宋代，因为到了 18 世纪，随着人口的不断增长，只有 1% 的人得以通过乡试再去竞争名额更为有限的进士。越来越多的文士不得不面对科举考试的失败，而这样的失败也催生了很多针对科举体制的反抗形式。

下一章我们会进一步阐明科考这一卓越的前现代制度的政治动态张力，并更为全面地探究它所带来的激烈的公共抗争。下一章将重点探讨科举考场的实际运作模式，并分析为何科场成了帝国利益与文士利益交锋、妥协的所在。我们还将看到上文所讨论的举人与进士的仕宦生涯的目标，即他们是如何通过一系列在县、州、府各地方衙门和乡试考场举行的考试才攀登至金字塔顶端的。这些考试地点的不断升级，反映出了一个成功的考生一步步攀爬上科举成功阶梯的过程，也彰显了皇权和帝制的影响力是如何一级级下沉到地方的县乡。在这一过程中，无论是统治者还是地方精英，他们都试图让科举制服务于他们各有所图的政治议程和社会议程。

注　释

1　参见本书前言中所提及的何炳棣、徐泓、宫崎市定和其他学者的著作。

2　参见 Liang Ch'i-ch'ao, *Intellectual Trends in the Ch'ing Period*, translated by Immanuel Hsu (Cambridge: Harvard University Press, 1959), p.28。参见 Anthony Grafton and Lisa Jardine, *From Humanism to the Humannities: Education and the Liberal Arts in Fifteenth- and Sixteenth-Century Europe* (Cambridge: Harvard University Press, 1986), pp.161-220。

3　参见《宋史》, 5/3604；以及《明史》, 3/1675。

4　又见 Chaffee, *The Thorny Gates of Learning in Sung China*, pp.95-115；以及 Winston Lo, *An Introduction to the Civil Service of Sung China*, pp.30-31, 141-170。

5　宋代的学校体系也延伸到了州一级，但是乡试并不由府（相当于明代的省）或州（相当于明代的大城市）一级政府控制。

6 邓嗣禹:《中国考试制度》, p.140-148; 以及 Thomas Lee, *Government Education and Examination in Sung China*, pp.55-137。

7 Alexander Woodside, "Some Mid-Qing [Ch'ing] Theories of Popular Schools," *Modern China* 9, 1 (1983): 3-35; 以及 Ping-ti Ho, *The Ladder of Success in Imperial China*, pp.255-266。

8 参见 Chung-li Chang, *The Chinese Gentry*, pp.165-209。关于宋代士绅的科举情况, 可参见 Chaffee, *The Thorny Gates of Learning in Sung China*, pp.3-9, 166-181。

9 牟 复 礼 (Frederick W. Mote) 在 Frederick W. Mote and Denis Twitchett, eds., *The Cambridge History of China*, vol.7, *The Ming Dynasty* (Cambridge: Cambridge University Press, 1988), pp.6-7 的《导言》(Introduction)中提及, 他强调明代中国自律的官僚科层制的优势就是, 其官僚都是在竞争性考试机制里不断被再生产出来的。但是《剑桥中国史·明代卷》没有详述这样的考试机制到底是如何运作的。

10 在明代, 总共有 89 次会试和殿试, 平均每 3.1 年一次。而在清代, 共有 112 次会试和殿试 (平均 2.4 年一次), 其中 84 科为例行安排的正科, 2 科为加科, 27 科为恩科。参见黄光亮《清代科举制度之研究》, pp.137-152。Iona Man-cheong, "The Class of 1761: The Politics of a Metropolitan Examination" (Ph.D. diss., Yale University, History, 1991), pp.329-330 认为清代总共开设 25 届恩科, 共计 5555 人成为进士, 占清代进士总人数的 21%。

11 Winston Lo, *An Introduction to the Civil Service of Sung China*, pp.19-22, 217-218; Dardess, *Confucianism and Autocracy*, pp.13-84; 以及 Thomas Metzger, *The Internal Organization of Ch'ing Bureaucracy* (Cambridge: Harvard University Press, 1973), pp.397-417。

12 然 而 Susan Naquin and Evelyn Rawski, *Chinese Society in the Eighteenth Century* (New Haven: Yale University Press, 1987), pp.106-114, 123-127, 224-225 中认为历史学家低估了帝制中国行政体系的扩张规模。

13 参见 Skinner, "Introduction: Urban and Rural in Chinese Society," in Skinner, ed., *The City in Late Imperial China* (Stanford: Stanford University Press, 1977), p.272。

14 参见 Tilemann Grimm, "Academies and Urban Systems in Kwangtung," in Skinner, ed., *The City in Late Imperial China*, p.487-490, 496-498。

15 参 见 Skinner, "Cities and the Hierarchy of Local Systems," in Skinner, ed., *The City in Late Imperial China*, pp.338-339。

16 参见 Skinner, "Introduction: Urban Development in Chinese Society," in Skinner, ed., *The City in Late Imperial China*, pp.19-20。

17 同上书, pp.21-23。

18 Oxnam, *Ruling from Horseback*, pp.84-89; 以及 Lawrence Kessler, *K'ang-hsi and the Consolidation of Ch'ing Rule* (Chicago: University of Chicago Press, 1976), pp.154-158。参见 William Ayers, *Chang Chih-tung and Educational Reform in China*, (Cambridge: Harvard University Press, 1971), pp.44-50。

19 Chaffee, *The Thorny Gates of Learning in Sung China*, pp.119-56; 以及 Ping-ti Ho, *The Ladder of Success*, pp.222-254。又见本书第一章。

20 参见拙作 "Imperial Politics and Confucian Societies in Late Imperial China," pp.387-393。

21 参 见 John Meskill, *Academics in Ming China: A Historical Essay* (Tucson: University of Arizona Press, 1982), pp.66-138; de Bary, "Chu Hsi's Aims as an Educator," pp.195-197; 沟口雄三:《いわゆる東林派人士の思想》, 载《東洋文化研究所紀要 75》(1978 年 3 月): 111-341; 以及小野和子《東林黨考一》, 载《東方學報》52 (1980): 563-594; 以及小野和子《東林黨考二》, 载《東方學報》55 (1983): 307-315。

22 徐珂纂《清稗类钞》(上海: 商务印书馆, 1920), 21.85。

23 《明史》, 3/1724-25。又见 William Rowe, "Success Stories: Lineage and Elite Status in Hanyang County, Hupeh, c.1368-1949," in Joseph Esherick and Mary Rankin, eds., *Chinese Local Elites and Patterns of Dominance* (Berkeley: University of California Press, 1990), pp.51-81。

24 参见妹尾达彦《唐代の科舉制度と長安の合格儀禮》, 收入《律令制——中國朝鮮の法と國家》(東京: 汲古書院, 1986), pp.239-274。

25 参 见 Ch'ing-lien Huang, "The Recruitment and Assessment of Civil Officials under the T'ang

Dynasty," pp.24-28；以及 Twitchett, *The Birth of the Chinese Meritocracy*, p.12。关于宋代的解
试和省试可参见 Hymes, *Statesmen and Gentlemen*, pp.29-30；以及 Chaffee, *The Thorny Gates of
Learning in Sung China*, pp.23-24。

26　关于南宋和金代的地方考试，可参见《续文献通考》，41.3185。1406 年，明代在招募地方人才时，
　　仍然延续宋元时期的举荐制。之后正式的童生试才被创立。

27　然而出于传统的原因，因宋代的州府考试叫作解试，所以宋代之后的乡试第一名仍然被称作
　　"解元"。

28　商衍鎏：《清代科举考试述录》（北京：读书·生活·新知三联书店，1958），pp.1-21，商衍鎏认为
　　清代地方考试的组织形式脱胎于明朝。又见 Zi, *Pratique des examens littéraires en chine*, pp.35-80。

29　李调元：《制义科琐记》，1.29-30。

30　参见 Moore, "The Ceremony of Gratitude"。

31　参　见 Sheang [Shang] Yen-liu, "Memories of the Chinese Imperial Civil Service Examination
　　System," translated by Ellen Klempner, *American Asian Review* 3, 1 (Spring 1985): 54-56。狩 野
　　直喜和宫崎市定对此问题的看法（见下）是基于徐勋的《中国科举之实践》（*Pratique des examens
　　littéraires en chine*）一书，后者记载了 19 世纪中国的课程，但其中并未提及我们在此强调的 1860
　　年之前的课程情况。参见 Victor Purcell, *Problems of Chinese Education* (London: Kegan, Paul,
　　Trench, Trubner, 1936), pp.27-28，其中描述了清末地方考试中的经学题和试帖诗题。之后童生也可
　　以指"生员"。

32　大村兴道：《清朝教育思想史に於ける聖諭廣訓について》，收入林友春主编《近世中國教育史研究》
　　（东京：国土社，1958），pp.233-246。又见宫崎市定《科举史》，p.90。

33　参见陈梧桐《朱元璋研究》（天津人民出版社，1993），pp.156-170。《钦定大清会典事例》，386.2b
　　记载童生在参加岁考重试时，必须回答一道关于《圣谕广训》的问题。关于《圣谕》乃至康熙
　　之后继任者，可参见 Victor Mair, "Language and Ideology in the Written Popularizations of the
　　Sacred Edict," in David Johnson, Andrew Nathan, and Evelyn Rawski, eds., *Popular Culture in Late
　　Imperial Culture*, pp.325-359。直到大约 1670 年，清代地方考试还沿用了明帝国的《圣谕六言》。
　　比如一些具体的考试内容，可参见《四川省档案馆巴县档案·文卫（道光朝）》，缩微胶卷第 13 卷，
　　档案号 984 号（1850）；以及光绪朝缩微胶卷第 55 卷，档案号 6199 号（1888）。又见狩野直喜《清
　　朝の制度と文學》（东京：みすず书房，1984），pp.380-383；以及 Justus Doolittle, *Social Life of
　　the Chinese* (New York: Harper & Brothers, 1865), pp.392-393。

34　关于地方官员让衙门师爷和书吏批阅地方考试试卷，可参见狩野直喜《清朝の制度と文學》，
　　p.376。又见陆深《科场条贯》，收入《纪录汇编》，沈节甫编，明万历刻本（影印本，上海：商
　　务印书馆，1938），136.4a。关于书吏的拔擢，可参见 Dardess, *A Ming Society: T'ai-ho County,
　　K'iangsi, in the Fourteenth to Seventeenth Centuries* (Berkeley: University of California Press,
　　1996), pp.146-149。

35　Hummel, ed., *Eminent Chinese of the Ch'ing Period*, p.788.

36　关于明代地方考试的规章和标准，可参见《两浙学政》，1610 年刻本，pp.2b-5b，23b-25a，以及书
　　中其他各处。

37　参见 Miyazaki, *China's Examination Hell*, pp.18-38，其中过于理想化的看法是基于徐勋《中国科举
　　之实践》，pp.35-99 中对地方考试一板一眼的逐级介绍。事实上，如果地方文举与武举考试不合并
　　的话，州县将要不断举办和督察各类考试。许多情况下，地方官员都是把文举和武举生员召集在一
　　处考试，而非之前人们长期所认为的那样，觉得他们一定是分开进行考试的。

38　参见《国朝虞阳科名录》，王元钟编，1850 年刻本，4.1a-33b，内含清初常熟县岁考和科考的记录，
　　这些记录可以与晚明作比较。也可参见狩野直喜《清朝の制度と文學》，p.378。

39　参见《通庠题名录》，李芸辉编，1895 年刻本，2.5b-8a，其中 1661 年、1662 年、1668 年、1672
　　年、1674 年和 1676 年通州的考试都是联合举行的；以及《静庠题名录》，1895 年刻本，1.2b 中表
　　明，1656 年举办了联合考试。这些资料还可在《松江府属历科采芹录初编》（上海：国光石板影印，
　　1939），1.1a-10b 中得到证实，书中内容证实 1661—1675 年间地方的岁考与科考是联合举行的。

40　比如，可参见《国朝虞阳科名录》，4.2a-5a。

41　参见 Charles Ridley, "Educational Theory and Practice in Late Imperial China: The Teaching of
　　Writing as a Specific Case" (Ph.D. diss., Stanford University, Education, 1973), pp.150-153。

42 参见黄汝成《日知录集释》（台北：世界书局，1962），17.392-97。相关讨论又见牧野巽《顧炎武の生員論》，收入林友春《近世中國教育史研究》（东京：国土社，1958），pp.221-229。

43 参见《明史》，3/1680-1681。

44 《通庠题名录》，A.1a. 1.1a-29a 显示自 1368 年到 1643 年，地方的生员数量直线上升。1725 年之后，通州和静庠被一分为二。Ping-ti Ho, *The Ladder of Success in Imperial China*, p.177 (Table 20) 显示生员数量全部被计在了"南通"名下。

45 《福城乡进士题名记》（约 1546，其余信息无），pp.1a-61b。

46 Ray Huang, *Taxation and Government Finance in Sixteen-Century Ming China* (Cambridge: Cambridge University Press, 1974), pp.313-323；以及 Huang Ch'ing-lien, "The *Li-Chia* System in Ming Times and Its Operation in Ying-t'ien Prefecture," *Bulletin of the Institute of History and Philology* (Academia Sinica, Taiwam) 54 (1983): 103-155。

47 《皇朝续文献通考》，刘锦藻撰（上海：商务印书馆，1936），pp.8452-8453。参见《阳城田太册全稿》，1722 年刻本，1.32a，其中田从典（1651—1728）明确地比较了政府的取士与课税过程。

48 Thomas Lee, "The Social Significance of the Quota System in Sung Civil Service Examinations," *Journal of the Institute of Chinese Studies* (Chinese University of Hong Kong) 13 (1982): 287-318.

49 Wolfram Eberhard, *Social Mobility in Traditional China*, pp.22-23；Winston Lo, *An Introduction to the Civil Service of Sung China*, pp.22-34；以及 Frederic Wakeman, Jr., *The Fall of Imperial China* (New York: Free Press, 1975), p.22, 36n7。

50 王鏊（1450—1524）：《震泽长语》（台北：商务印书馆，1965），A.20（卷上）中认为正德年间（1506-1521）早期生员人数为 35820 名。

51 黄汝成：《日知录集释》，17.392-397 中关于生员配额的讨论。Ping-ti Ho, *The Ladder of Success in Imperial China*, pp.173-183；以及 Mi Chu Wiens, "Lord and Peasant: The Sixteenth to the Eighteenth Century," *Modern China* 6, 1 (1980): 9-12。

52 和田正广：《明代举人层の形成過程にする一考察》，pp.36-71。和田的数据来自《漳州府志》万历年间的记录，数据可以支撑其比例，具体详见此书的 p.64。

53 William S. Atwell, "From Education to Politics: The Fu She," in Wm. Thoedore de Bary, ed., *The Unfolding of Neo-Confucianism* (New York: Columbia University Press, 1975), p.338 中估计明末大约有 60 万生员。

54 和田正广：《明代举人层の形成過程にする一考察》，p.37。需要补充一点，这一比例直到 19 世纪的清代仍然具有可比性，清代总计也只有 25799 名进士。窦德士对"科举层级制升等"的数理分析的结论也与和田正广相同。参见 Dardess, *A Ming Society*, pp.166-167。

55 王鏊：《震泽长语》，A.20；以及 Dardess, *A Ming Society*, p.140。

56 参见 Lü Miaw-fen, "Practice as Knowledge: Yang-ming Learning and Chiang-hui in Sixteenth Century China" (Ph.D. diss., UCLA, History, 1997), chap. 1。

57 以宋代为例，超过 15000 名（992 年）和 17000 名（1124 年）考生要竞争当科的进士身份。而 1124 年那次科举，只有 800 人（4.7%）通过了考试。参见《五礼通考》，174.5b 以及 174.18b。宋代解试通过即可获得举人身份，南宋时期的通过率是 0.5%（1/200），而这一通过率在北宋被设定为完全不现实的 50%。但在 1100 年前，只有 10%—20% 的考生通过解试。南宋时，福州是产生进士最多的地区，其竞争从 1090 年 3000 人争夺 40 个举人名额（1.3%=1/75），发展到 1207 年 18000 人争夺 54 个举人名额（0.3%=1/333）。参见 Chaffee, *The Thorny Gates of Learning in Sung China*, pp.35-41。

58 参见和田正广《明代举人层の形成過程にする一考察》，p.43。

59 参见顾公燮《消夏闲记摘抄》，约 1797 年刻本，收入《涌芬楼秘笈》（上海：商务印书馆，1917），二集，B.2a。

60 这一估计源于对书后《附录 3》中一系列表格数据的综合分析得来。

61 进士中榜率非常高的观点，来自 Wakeman, *The Fall of Imperial China*, pp.21-23。Ichisada Miyazaki, *China's Examination Hell*, pp.121-122 中估计的数字相对更可靠一些，因为宫崎市定估算的是明清两代科举中榜率。参见 Allan Barr, "Pu Songling [P'u Sung-ling] and the Qing [Ch'ing] Examination System," *Late Imperial China* 7, 1 (1986): 92-103。

62 Chung-li Chang, *The Chinese Gentry*, p.168. 又见 T. L. Bullock, "Competitive Examinations in

China," in James Knowles, ed., *Nineteenth Century* (London), 36 (July 1894): 91。

63 参见 Chaffee, *The Thorny Gates of Learning in Sung China*, pp.30-34，贾志扬指出宋代进士落榜的举人不仅仅是生员，他们身上还具有一种非常模糊的半官员身份。举人身份赋予了他们在地方仪式上更高的声望，许多人得以免试（解试）参加位于京城的省试［类似于明清的会试，但宋代称省试（尚书省）。——译者注］。这种举人免试直接参加省试的资格期限可以长达 15 年，甚至更久，但是他们不会考虑做官，直到他们最终通过殿试成为进士。

64 和田正广：《明代举人层の形成過程にする一考察》，pp.38-39。

65 同上书，pp.37-63。

66 和田正广：《明代の科舉復活と監生》，载《集刊東洋學》49（1983）：19-36。又见《常談》，p.33。关于宋代太学学生，可参见 Chaffee, *The Thorny Gates of Learning in Sung China*, pp.30-31。

67 关于举荐为官和来华朝贡留学为官这两种情况的讨论，参见 Dardess, *A Ming Society*, pp.142-146, 160-161。

68 Chaffee, *The Thorny Gates of Learning in Sung China*, pp.108-113。

69 《明史》，3/1675-1676, 1677-1678, 1679, 1682, 1713；以及《清史稿》，40 册（北京：中华书局，1977），11/3108。参见 Wittfogel, "Public Office in the Liao Dynasty," pp.38-39。

70 《明史》，3/1717。

71 Dardess, *A Ming Society*, p.158 一书将举人官运的变迁归结于"分配政策"，但他没有看到进士数量的增长。

72 《明史》，3/1680, 3/1715。参见 Dardess, *A Ming Society*, pp.146-149。

73 参见 Tilemann Grimm, "Ming Education Intendants," in Charles Hucker, ed., *Chinese Government in Ming Times: Seven Studies* (New York: Columbia University Press, 1969), pp.130-139。

74 参见 Grimm, *Erziehung und Politik in kunfuzianischen China der Ming-Zeit*, pp.85-88。

75 《明史》，2/882, 3/1686。又见吴智和《明代的儒学教官》（台北：学生书局，1991），pp.19-20, 267-269。Dardess, *A Ming Society*, p.161 一书根据《明实录》中的数字一直统计到了 16 世纪：5244 个教职，1564 名教授，3680 名训导。张建仁的《明代教育管理制度研究》（台北：文津出版社，1991）一书中所给出的数字也差不多：159 府，234 州，1171 县；共 1564 座官学。

76 《五礼通考》，175.16b。又见萧启庆《元代的儒户——儒士地位演进史上的一章》，pp.165-167。

77 地方志中一般都记载了当地考取举人和进士者的名单。比如嘉靖年间《昆山县志》，1538:7.1a—14b，其中记载了这个位于长江三角洲县城的举人名录。明初时，许多举人都在外省出任教育官员。

78 参见《明太祖实录》，73.4b；《皇明贡举考》，1.40a；以及《明史》，69.1679-1680。又见吴智和《明代的儒学教育》，pp.25-32；以及 Tai-loi Ma, "The Local Education Officials of Ming China, 1368-1644," *Oriens Extremus* 22, 1 (1975): 11-27。

79 Tai-loi Ma, "The Local Education Officials of Ming China, 1368-1644," pp.17-21；以及吴智和《明代的儒学教官》，pp.26-28，80-93，256-257。

80 参见吕坤《教官之制》，收入《明代教育论著选》，高时良主编（北京：人民出版社，1990），pp.532-536。

81 荒木敏一：《雍正時代に於ける學臣制の改革》，收入《雍正時代の研究》（京都：同朋舍，1986），pp.503-518。

82 《明史》，3/1688 中给出了 4200 名教育官员这一数字，包括各级府县镇卫。我们之前的数据并未计算卫所。

83 《浙江乡试录》，1549:1a-6b。

84 同上书，1567:1a-6b。

85 《五礼通考》，175.20a-b, 23b。

86 《皇明贡举考》，1.41a。

87 陆深《科场条贯》，136.1b-2b；以及李调元《制义科琐记》，p.22。又见《明史》，3/1698-99。事实上，这一做法早在 1445 年就已开始施行。参见《会试录》，1445:1a-1b，收入《明代登科录汇编》，第 1 册中显示，主考官和 8 名同考官中的 4 位都为翰林。

88 《皇明贡举考》，1.34b-44a。又见《会试录》，1502:1a-4b，收入《明代登科录汇编》，第 5 册。

89 《制义科琐记》，1.11-33 中讨论了 1385—1454 年明代考试中所任命的主要官员。

90 参见《淡墨录》，3.16b-19b。参见《清稗类钞》，21.13。前清时期（1796—1820），状元也会被任命为江苏省的学政。参见《国朝虞阳科名录》，4b.62b；以及《制义科琐记》，4.137。

91　参见简锦松《明代文学批评研究》，pp.115-119。参见 Ping-ti Ho, *The Ladder of Success in Imperial China*, pp.246-247。

92　《福建乡试录》，1552:17a，收入《明代登科录汇编》，12/6015；以及《闽省贤书》，5.15a。

93　参见 *Dictionary of Ming Biography*, pp.807-808。

94　李贽在此是回应朱熹《朱子语类》中的话，参见《朱子语类》，1473 年刻本（重印本，台北：中正书局），116.14a，原文大意就是："正如矮人看戏一般。见前面人笑，他也笑。"

95　参见李贽《续焚书》，（北京：中华书局，1975），p.66（卷 2）。

96　Kahn, *Monarchy in the Emperor's Eyes*, pp.151-181.

97　参见 Ping-ti Ho, *The Ladder of Success in Imperial China*, p.189。

98　和田正广估计，明代参加三年一度会试的考生平均人数从明初（1370—1414）的 420 人增长到明中叶（1450—1505）的 3500 人，到明末（1549—1589）则增长到超过 4500 人。参见和田正广《明代举人层の形成過程にする一考察》，p.69。

99　《明代巍科姓氏录》，A.1b；《五礼通考》，175.21b。

100　Adam Y. C. Lui, *The Hanlin Academy: Training Ground for the Ambitious, 1644-1850* (Hamden, Conn: Shoe String Press, Archon Books, 1981).

101　《明史》，3/1695。

102　Jerry Dennerline, *The Chia-ting Loyalists: Confucian Leadership and Social Change in Seventeenth-Century China* (New Haven: Yale University Press, 1981), pp.18-21.

103　山本隆义：《元代に於ける翰林學士院について》，載《東方學》11（1955）：81-99。

104　又 见 Peter Ditmanson, "Intellectual Lineages and the Early Ming Court," *Papers on Chinese History* 5 (1996): 1-17.

105　关于明代翰林和庶吉士的文化活动，参见《国朝历科翰林馆课》，1603 年刻本，全书都涉及此类问题。

106　参见《明史》，3/1702，其中还有对此现象的评论。又见《制义科琐记》，4.131-132。

107　Wang Gungwu, *Community and Nation*, pp.77-146.

108　Yun-yi Ho, *The Ministry of Rites*, pp.60-75. 关于军机处，可参见 Beatrice S. Bartlett, *Monarchs and Ministers: The Grand Council in Mid-Ch'ing China, 1723-1820* (Berkeley: University of California Press, 1991), pp.2-7, 17-64.

109　Otto Berkelbach von der Sprenkel, "High Officials of the Ming: A Note on the Ch'i Ch'ing Nien Piao of the Ming History," *Bulletin of the School of Oriental and African Studies* 14 (1952): 98-99.

110　Yun-yi Ho, *The Ministry of Rites*, p.16. 参见 Ku Hung-ting, "Upward Career Mobility Patterns of High-Ranking Officials in Ch'ing China, 1730-1736," *Papers on Far Eastern History* (Australia), 29 (1984): 45-66。

111　Yun-yi Ho, *The Ministry of Rites*, pp.16-19. 又 见 Lui, *The Hanlin Academy: Training Ground for the Ambitious, 1644-1850*, pp.29-44. 吕元聪（Adam Y. C. Lui）将翰林的职能分为三类，与皇帝相关的、与文教计划相关的，以及与临时特别职能相关的。清代大体延续了明代的传统。关于军机处的影响，可参见 Iona Man-Cheong, "Fair Fraud and Fraudulent Fairness: The 1761 Examination Case," *Late Imperial China* 18, 2 (December 1997): 58-66。

112　参见《制义科琐记》，4.131-132。

113　例如考查庶吉士的散馆考试，可参见鄂敏（1730 年进士）、韩彦曾（1730 年进士）的翰林散馆试卷，藏于上海复旦大学中华古籍保护研究院古籍保护研究中心，nos.3852 和 3853。在此感谢古籍保护研究中心主任吴格允许我查阅了这些资料。

114　相关讨论，参见章中如《清代考试制度》（上海：黎明书局，1931），第 41—42 页。

115　满人的考试政策吸收了金朝初期从 1123 年到 1189 年间演进的女真人和汉人的科举制度。金朝的科举考试基于南宋重诗赋的特点，也成为元朝 1238 年第一次科举考试的范本。参见第一章。

116　参见《淡墨录》，李调元，收于《函海》（1881 年选集），李调元编，1.6a-8a。

117　《清史稿》，11/3099-3100。

118　《淡墨录》，1.3a-6a，以及 1.15b-16a；以及《清稗类钞》，21.8。

119　《状元策》，焦竑、吴道南等人编，1733 年刻本，8.1a-5b。

120　同上书，8.1a-10a。参见《淡墨录》，1.16a。

121　参　见　Wakeman, *The Great Enterprise: The Manchu Reconstruction of Imperial Order in Seventeenth-Century China* (Berkeley: University of California Press, 1985), pp.1129-1135，讨论了"一身事两朝的臣子"。

122　参见《国朝虞阳科名录》，1.2a—ab 中有讨论 1649 年会试的内容。又见《会试录》，1a-2b。

123　Wakeman, *The Great Enterprise*, pp.886-90。

124　《淡墨录》，1.10b-13a；《国朝山东历科乡试》也有 1649 年的会试记载。又见 Bielenstein, "The Regional Provenance," pp.6, 28。清代共有 114 名状元（1652 年和 1655 年每科满汉状元各一名），但是只有 112 科的会试和殿试。参见 Wang Chen-main, *Hung Ch'eng-chou* (Tuscon: University of Arizona Press, 1990)，原手稿中的 8:24 处；以及《清稗类钞》，21.0 和 21.127。

125　这些为旗人举行的考试和配额在《淡墨录》1.1a-3a 和 1.14a-15b 中有详细的阐述。最后到了 1660 年，汉军旗的科举已经跟汉人参加的科举别无二致，但是科举对于满州八旗和蒙古八旗来说依然非常之难。相关讨论，可参见《制艺丛话》，1.5b，其中针对蒙古考生的问题都是关于朱棣对四书五经的阐释的。参见《清稗类钞》，21.7；Man-kam Leung, "Mongolian Language and Examinations in Peking and Other Metropolitan Areas during the Manchu Dynasty in China (1644-1911)," *The Canada-Mongolia Review* 1 (1975): 29-44；　以　及 Oxnam, *Ruling from Horseback*, pp.122-24。

126　关于这些翻译乡试的内容，可参见《翻译会试录》，1739 年、1809 年、1811 年，藏于中研院明清档案。加州大学洛杉矶分校东亚图书馆（The UCLA East Asian Library）藏有这些资料的复印件。参　见 Pamela Crossley, "Structure and Symbol in the Role of the Ming-Qing Foreign Translation Bureaus (Siyiguan)," *Central and Inner Asian Studies* 5 (1991): 38-70。她注意到四夷馆最早可以追溯到中古中国。

127　参见《淡墨录》，1.9b-10a。

128　同上书，6.10b。

129　《清史稿》，11/3169。又见《皇朝续文献通考》，1/8424-8425, 8429, 8433, 8440, 8447, 8450。关于考察翰林满语水平的满语考试的资料，部分见于加州大学洛杉矶分校研究图书馆韩玉珊特别馆藏（Han Yü-shan Special Collection in the UCLA University Research Library）。感谢达特茅斯学院（Dartmouth College）的柯黛燕（Pamela Crossley）对这些满文收藏进行了辨识和分类。参见 Cheryl M. Boettcher, "To Make Them Ready for Official Employment': Literacy in Manchu and the Hanlin Cohort of 1655", UCLA History Department Writing Seminar Paper, winter-spring 1993。

130　参见 Hummel, *Eminent Chinese of the Ch'ing Period*, p.158。

131　参见《江西学政奏》，周煌（亡于 1785 年），收入《移会抄件》，1762，第八月第十九天，藏于中研院明清档案。又见《礼部移会》，1763，第四月，同样藏于明清档案，其内容为要求给江西棚民设立童生生员以配额。

132　参见《广西学政奏》，收入《移会抄件》，1767，第七月，其中包含了标记为第七月第二十八天的奏折材料。

133　参见《礼部移会内阁》中的题本，1785，第一月第二十六天。

134　参见 Rowe, "Education and Empire in Southwest China: Ch'en Hung-mou in Yunnan, 1733-38," in Elman and Woodside, eds., *Education and Society in Later Imperial China*, pp.421-433。

135　《皇朝续文献通考》，第 8438 页。

136　《钦定大清会典事例》，348.1a-b, 348.5a-b, 350.2b, 370.1a-b。又见黄光亮《清代科举制度之研究》，pp.377-425，其中讨论了地方生员配额的问题。关于王鸣盛故事，可参见《江南乡试录》，1747:26a。参见 Ping-ti Ho, *The Ladder of Success in Imperial China*, pp.179-181。

137　Kessler, *K'ang-hsi and the Consolidation of Ch'ing Rule*, pp.30-39。又　见 Oxnam, *Ruling from Horseback*, pp.87-88, 101-108。

138　《清史稿》，11/3157-3158。

139　参见《安徽学政题本》，1765，第七月第二十六天，藏于中研院明清档案。

140　《淡墨录》，3.19b-20a。

141　《清史稿》，11/3099, 3158-3159。又见 Ping-ti Ho, *The Ladder of Success in Imperial China*, p.189。

142 参见本章注释 8。清代 112 科会试 / 殿试中，75% 的科次是常科。作为"恩科"的会试 / 殿试是在 1659 年、1713 年、1723 年、1737 年、1752 年、1761 年、1771 年、1780 年、1790 年、1795 年、1796 年、1801 年、1809 年、1822 年、1832 年、1836 年、1841 年、1845 年、1852 年、1860 年、1863 年、1867 年、1890 年、1894 年、1901-1902 年（于 1903 年进行）和 1904 年举办。参见黄光亮《清代科举制度之研究》，pp.137-152。同时也有不同的统计数字，参见 Man-Cheong, "The Class of 1761," pp.329-331。

第四章　科场与王朝权力的局限

第三章对科举市场上的激烈竞争进行了分析，对这种激烈竞争的理解，有助于解释为何科举考试本身有如警察国家式（police-likc）的严苛，而无论是明代的汉人，还是清代的满人，他们都对科举考试这种系统化和程式化文化实践的教育形式表示支持。元代结束之后，对于统治者来说，科举并非一个理所当然的取士选择，彼时科举在官员选拔的诸多途径中，既不占据统治地位，也并未被广泛推行。但是明廷非常自觉地将这一套受宋代启发的科举制度重新施行，并推广到帝国各地的考场中。而政治力量和文化恐惧促使汉人和他们的满族统治者都表达了对于那个特殊的古老时代的认同，那时帝国秩序是由圣人来维护的，他们尊奉道学，并将其当作代表经学知识和官僚精英行为根源的文化秩序。

晚期帝制中国时代皇家和官僚体系的权威性，某种程度上是通过礼部、翰林院和科举考试等被普遍接受的文化机构，借由程朱理学的道德教化，再传达到基层的。政府对国家精英进行思想干预，阻挠他们与那些不被皇权接受的社会和政治思想形态自由结合，因此还会着力改变国家发展的社会条件。换言之，统治者可以将他的精英们转变为供其驱策的政治服务群体，虽然最终两者间更多是合作关系。宫崎市定在其著作中提及了唐代统治者是如何看到科举选拔过程的："在一次科举考试之后，看到新科进士们浩浩荡荡列队离开朝堂，唐太宗高兴地说：'天下英雄尽入吾彀中矣！'"作为一位通过武力夺权的实权帝王，太宗过分强调了他自身的雄才伟略，而忽视了中古中国的官僚体系。毕竟，王朝官学的科目极具延续性地反映了中古和晚期帝制中国时期文士的价值观和文化。[1]

此外，帝国各地的考场也处于文士官员们的监管之下，当无数考生聚集一处参加考试时，这些官员还负责掌管考场周边的军队和衙役等暴力机器。维系科举考试正常进行的花费甚巨，这使得朝廷很难增派更多的考官（参见第三章）。比如，朝廷必须给负责 1756 年顺天府会试的考官提供总计 35 天的考官人力和预算，这样才能举行一次科举考试。考官开列了一份工作清单，共需要 86 名阅卷官，工作周期为 27 天，同时还需要 706 名誊录官，其中大部分人工作周期为 26 天。一次科举营运的总花费高达白银 4089 两。当年晚些时候，日后官拜东阁大学士的陈宏谋提出有必要增加对超过 2000 名参加会试考生的考试资助。陈宏谋强调说，1763 年会试时白银 1738 两已然足够，但到 1766 年会试时则需要白银 2204 两，花费增长达 27%。乾隆皇帝最终批准了他的提议。[2]

晚期帝制王朝权力的局限在科举体系运转的问题上显露无遗。考官群体也产生了种种针对帝制特权的抵抗形式，而在考生中，不断蔓延的不满和腐败、作弊等行为逐渐战胜了考官们原本通过儒家经典为国量才取士的高尚目的。考场变成了各方势力角逐的场所，既有王朝的政治利益，也有精英们的社会利益，同时还有儒家道学的文化理想，这些势力的互相绞杀，最终形成了非理论所能想象的晚期帝制中国的科举实践。

作为"文化监狱"的科场

晚期帝制中国的文化体制要求官员们掌握道学的正统思想，并以此来巩固明清两代的文化合法性，而每一个地方考试、乡试以及会试的考场就成了我们观察晚期帝制中国文化体制最好的微观世界。在此，我并不是说这种科举人才选拔制度从理念到实践都是统一的。许多在科场外被私下抵制的事情，在科场内经常是公开尝试的，但是科举机器却对此毫无察觉。科举这一晚期帝国的抢才体系在公众中享有崇高的文化声望，帝国疆域内的百姓对科举取士的期许从明代开始一直延续到了1904年。这种建立在尊奉上古圣王和程朱理学阐释者们教谕之上的期许，意味着儒家的经学科目已经成为一种文士们所代表的民间理想，而科举造士就是通过文士们自己制定的标准来为国家政府机构选择合适的人才。[3]

然而，这种说法掩盖了汉人考生的真实焦虑，他们害怕自己落第而只能成为"不开化"世界中的一员。它同时也掩饰了晚期帝制中国中数百万考生心中的个人焦虑，他们每两三年就要再次加入地方考试、乡试、会试考场的人流之中。这种焦虑无法通过考试竞争的结果得到释放，因为在最终证明自身胜任未来的仕途之前，几乎所有人都要经历无数次的失败（参见第六章）。大部分考生甚至无法通过帝国各县、州、府的院考。对很多考生来说，能取得可以享受减免税赋和司法特权的生员身份（参见第三章），就已经相对满足了。

相比金榜题名，屡试不中才是科考选拔过程最常见的特征。那些知名文士的科举不第，也成了科举这门学问的一部分。比如小说家吴敬梓（1701—1754）是1729年地方院考的考生，他在明显喝醉的情况下依然参加了岁考，他的这一举动无疑冒犯了当值考官。他的文学才华受到了人们的广泛承认，但是他的道德品行却受到了质疑。在数次科举失败之后，他将自己的落榜写进了他对科举考试充满讽喻的短小故事中，之后这些故事被收入《儒林外史》中，并广为流传。这也说明明清时期这种具有公共抗议和娱乐色彩的文学形式，还是能被当局接受的。[4]

作为一种公共景观和私人经验的科考

地方政府如果没有特别为县考、州考、府考建造的考点的话，州县官一般会把院考和科考移至作为区域行政中心的地方衙门进行。明末时期，典型的府考参加人数在四千到五千名考生之间。[5] 比如，图 4.1 中所示 18 世纪中叶苏州府衙门的地方考试就占用了两个大的院落作为考场。外面右侧的拱道满是贩卖考试用品的商铺。当考试进行时，大门派有重兵把守，此外还有一群人在考场外转悠。吏员站在院外，手里拿着号角和铜锣，考试开始和结束时，他们会吹号鸣锣。内院有两排回廊，本是知府麾下六房（对应着中央六部）办公的地方，原为负责礼教、钱谷和人事的县丞办公的长桌此时也暂时给考生使用。在内院的后部，还有一间建于高台上的厅堂。主考官就座当中，进行点名、检查保人名单、分发答题试纸、出试题等工作事项。在主考官身边负责协助他的官员列立两厢，一起坐在桌子后面监考。每名考生都被分在一个互相监督的四人保组之中，大家互相严防他人作弊，所有人都在被监视之列，哪怕去衙门内如厕时也不例外。[6]

自唐以降，帝都殿试以其深孚文望的仪式排场最为著名，[7] 但是各级考试的盛况和仪式排场也令人瞩目，尤其明代各省乡试。每当为考试建造的特别考堂和数千间考房号舍中之前数年的秽物和垃圾被清理一新后，考场外立时就有了节庆庙会般的氛围。每三年，这里会变成一处人群会集的所在，文化礼教的展示、考场守卫的部署，以及对程朱理学的测试在此同时进行。在考场内有五千到一万名考生，还有考官们的一众随员，如收掌试卷官、印卷官、厨师、守卫和后勤人员。除了表 4.1 和表 4.2 中所列举的明代乡试和会试的各类考官外，如图 4.2 所示，现场还会有一些本地人士出现在考生号舍中。此外还有誊录官誊录考生的试卷，刻工则准备为印卷官刻印文案，厨师则要负责考官及其僚属们的一日三餐，后勤官员则要负责考生的供水问题。比如作为明清时期最大的科场之一的南京考场，在 1630 年已经能为 7500 名考生提供考试支持（到 1850 年这一数字升至 17000，参见图 4.3）。明代每次科考三场考试中，

图 4.1　府考考试场所

来源：《姑苏繁华图》手卷，徐扬，1759 年，此图截取原画部分内容。

图 4.2　万历朝甲辰科（1604 年）状元号舍醉酒图

来源:《明状元图考》,顾鼎臣等编, 1607 年刻本。

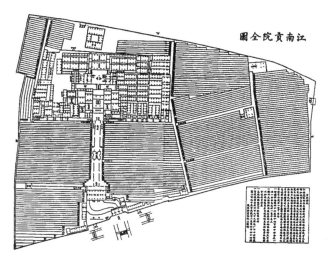

图 4.3　南京乡试考场

来源：徐𬀪《中国科举之实践》（*Pratique des examens littéraires en China*，上海：Imprimerie de la Mission Catholique，1894），插页。还可参见宫崎市定《科举史》（东京：平凡社，1987 年修订版，1946 年原版），pp.136-37。

总计共有 12000—15000 人待在考场内。为了跟得上考生数量的增长，明政府也增加了监考者的数量，但是考生增长数量始终要远多于政府投入人员的增长数量。[8]

　　争夺举人资格的考生才可以进入乡试考场，考场通常设在省城东城，考生每次只有在为期三天的考试开始前才能进入考场。为了确保考生有考试资格，生员一般都有自己的随行仆人，他们大约在 8—9 月（农历八月）的秋闱前一周来到省城，向地方政府出示县里出具的考生证明，为考生注册登记，确认考生资格，并将近亲直系家庭亲属关系以及他们的社会地位记录在案，以确保他们不在服丧期间参加科举考试。一旦考生资格被认可，考生就要准备一系列的随身考试用具，购买印有官印的空白试纸，带上必要的口粮和厕具，然后静待巡抚和考官入闱。[9]科场正门外，满是为考生提供各种文具、吃食的各式各样小店（参见图 4.1），店名招牌也都很有趣，比如"状

180

元考具""三考名笔"。诸如南京这样的省城都会还有娱乐区，娱乐区欢迎男性考生在脂粉和酒局的花花世界中逍遥自在，男性考生还可以根据妓女们的姿色用科举的等第对她们进行排名，而一些娼家女子还会扮作翰林考官的样子。[10]

考场内会给考生供应米饭和粥食，但是如果考生愿意给自己准备饭食的话，他们也可以用便携的炭炉烹饪一些食物。科场惯例允许考生的亲朋好友在考生进入科场南门前，给考生们送一些吃食。亲朋好友尽可能站得靠近考场大门，将这一商业气息浓厚得如庙会一般的三年一度的城市活动推向高潮。[11] 考生如果想秉烛夜战，也可以自带蜡烛，当然这也是考场火灾频繁发生的原因。例如 1438 年，顺天府乡试时，一把大火将整个考棚烧毁殆尽。另一份记录显示，1463 年会试的大火让千余名考生殒命当场，但有两个版本的记载表明大火烧死的考生人数为 90 人，而在次年春天重定时间举行的会试中又发生了火灾。1463 年的一名考生罗伦（1431—1478）逃过了火灾，但因父亲亡故，服丧三年的他直到 1466 年才能再度参加会试。而正是在这一年，他被点为殿试状元。[12]

181　　进入朝南的正门后，考官们一路向北走到考场内的官衙，他们及其属吏要在这里住上三周。直到三场考试全部考完，考官们在此完成阅卷评分和排名的工作后，方可离开。内帘官负责出试题（有时考题是由皇帝本人钦定的具体文本），此外还需监督整个阅卷评定和排名过程；外帘官负责处理一众行政性事务，诸如物品供应和监督考生。[13] 各类用途各异的屋子（包括休息、做饭、阅卷和印卷）组成了考场的中央指挥部，而在其东侧、西侧和南侧则是无数为考生安排的考棚号舍。随着考生数量的增加，南京科场的形状也逐渐从矩形（如顺天府，参见图 4.4）变成了不规则三角形（参见图 4.3）。南京科场北边仍旧是考官们的官衙所在地，但是

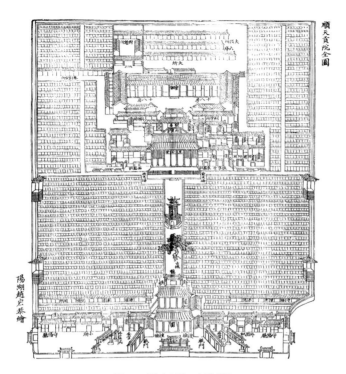

图 4.4 顺天乡试、会试考场

来源:《顺天府志》,1885 年刻本。

当 18、19 世纪考生人数增长到 15000—17000 人以后,以前没有安排考棚的东北区和西北区也都建造了号舍。[14]

考场外无比喧嚣的闹市与两道闱墙里考场内荒凉肃杀的气氛十分不同,外界无法窥测到科场内的情况。一间间分隔的考房号舍从东至西沿着南北向的主路通道一排排平行地铺散开来,每排考棚被不足 1.2 米的小道分开(参见图 4.5)。[15]每排考棚的入口处,都放着一个大陶缸(参见图 4.6),里面盛满了水,平时可以烧水,紧急时用以灭火救灾。每一排最后的号舍经常靠近公共厕所,那里臭气熏天、难以忍受。考生们将这类号舍称为考场里的"六苦"之一。[16]

182

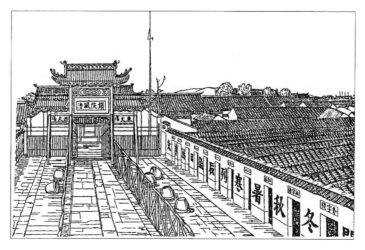

图 4.5　南京科场主入口

来源：徐劢《中国科举之实践》（*Pratique des examens littéraires en China*，上海：Imprimerie de la Mission Catholique，1894），p.104。

图 4.6　通往号舍的走道

来源：徐劢《中国科举之实践》（*Pratique des examens littéraires en China*，上海：Imprimerie de la Mission Catholique，1894），p.106。

　　每间号舍的入口从头到尾都是开放式的，以便考官从高于地面的亭中监视；也正因为此，号舍内很容易被雨水侵入，当然也有阳光照进来（参见图 4.7）。在民间传说中，考生的答卷被火烧毁或是被风刮跑也是常有的事。比如 1640 年，一名考生就梦到自己的答卷被火烧掉，以至于他不得不重写文章。[17] 考生们只得随身带一卷轻便的油布罩住自己的如厕工具、砚台、毛笔和答卷，以防被风雨和明火毁损，此外他们还得带着铺盖以便在没有大门的号舍内睡觉。在南方的某些科场内（如广州），这些油布补罩还能帮他们抵御蚊子的骚扰。[18]

　　为了防止作弊，考官们要求省内考生在进入考场之前，在指定时间到府衙正门外集合，在那里巡官和吏员会仔细检查考生背上背着的装满考试用品的考篮。当然更恶名远播的是脱衣搜身。考虑到考场内令人着恼的卫生状况和监视手段，这一做法更是让当时的人们觉得粗鄙，自唐代以来，很多愤怒的文士都记录了这一有辱斯文的搜身制度。每朝每代都有考生因为这

图 4.7　开放式的号舍

来源：徐劢《中国科举之实践》（*Pratique des examens littéraires en China*，上海：Imprimerie de la Mission Catholique，1894），p.141。

类非人性的科场限制惊恐得宁愿待在家中。[19]

那些通过搜身的考生在考场内也仍然处于严格的监视之下。他们所有的物品和衣物都要经常被搜检，任何印有或是写有字的纸制品都不准在考场内出现。如果考生被抓到长袍内褂上印有小抄的话（参见图 4.8），他们会被逐出考场，并受到一系列惩罚，比如禁止参加下一科（或下几科）的乡试，或许还会失去自己的生员资格。[20]一旦通过了每场考试之前设在正门前的搜检点，考生们就可以进入考场，到达指定的考棚小巷，这些小巷以《千字文》中的文字顺序排列，然后考生就可以在对应的考巷中寻找自己的号舍编码（参见图 4.5 和图4.6）。来自同一府（如在会试中，则是来自同一省）的考生被安置在提前设定的区域内。根据《千字文》来寻找对应的考巷也考察了考生的蒙学幼功，他们从小就要学着阅读、记诵《千字文》和《三字经》等启蒙书籍（参见第五章）。[21]

一旦到了考场里面，所有的考生、考官都被锁院，切断与外界的联系，没有人可以在接下来的两夜三天中进出考场。如果科场中有考生猝死或是重病，他们会被守卫从闱墙上的出入口中抬出。[22]每个号舍都有两块可以移动的木板，把它们架在合适的位置，就可以分别当成椅子、桌子和床（参见图 4.7）。在答题写卷时，考生一般背朝墙、面朝北，这样可以确保守卫们从号舍无墙的一侧监视考生（参见图 4.2）。一旦关门后，守卫就要等到次日清晨点名，确保每名考生都在其指定的号舍中。每场考试的主题（参见第一章）都会印在纸条上，然后还会以表的形式在科场中张贴。[23]

三场考试中，每一场考生都有两个整天来完成文章。一般而言，他们会用草书和行书先打草稿，然后再以正楷誊写到试纸上（参见图 4.9）。一些考生早早就写完了文章，而另一些则要奋战到最后一刻，如果他们自己没带蜡烛的话，甚至会跟

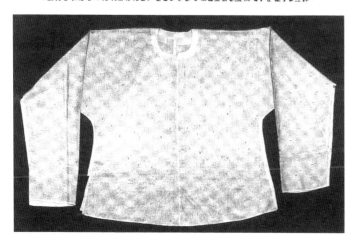

图 4.8　作弊褂（含细节）

来源：普林斯顿大学葛思德东方图书馆与东亚藏品馆（Gest Oriental Library and East Asian Collections，Princeton University）。感谢何义壮（Martin Heijdra）的帮助，使我得以看到这些图片（虽然这件作弊褂很可能并未实际用于作弊）。

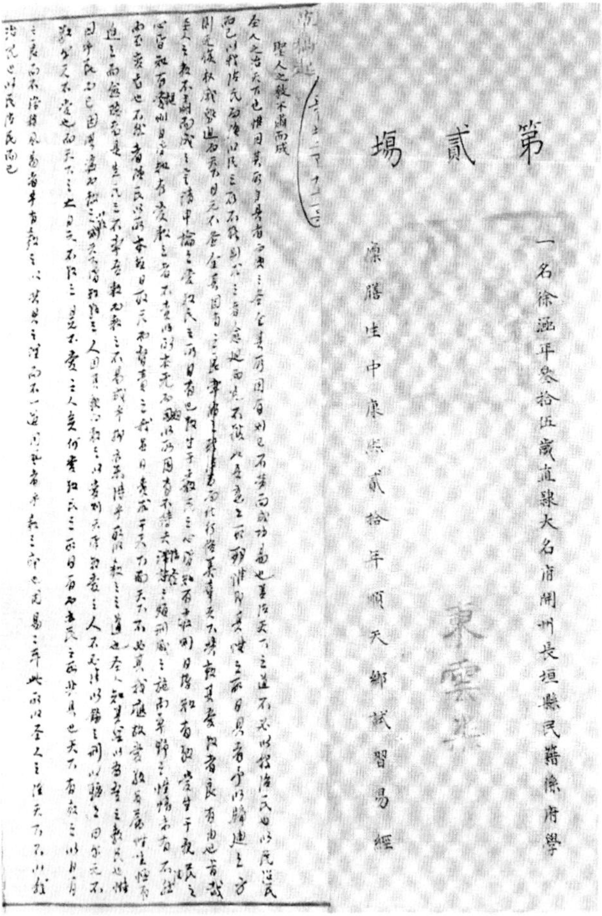
第貳場
一名徐涵年叁拾伍歲直隸大名府開州長垣縣民籍儒府學
廩膳生中康熙貳拾年順天鄉試習易經
聖人之教不肅而成

图 4.9　康熙朝乙丑科（1685 年）科场第二场“论”的草稿

来源：台北中研院明清档案。

考场官方索要一根，以便挑灯夜战。[24] 第三天傍晚，所有答卷要被收齐。在乡试科场度过两夜之后，考生们以府为单位（如 187
若会试，则以省为单位）一起结伴离开考场。第二场和第三场考试之间，考生被允许有一整个日夜的休整，之后他们再次进入科场，完成全部所有考试。[25]

考生自己会准备黑墨刻印的试纸（墨卷，参见图 4.10）， 188
之后会根据考卷所要送到的考房，盖上考房的印章，在那里考生的考卷要被评分，检查格式、书工和可能的违碍之处（如脏迹、修改过多，或是犯讳，等等）。之后这些考卷会被送到两三百名书吏那里誊录，书吏用红色的墨来誊录（即朱卷，参见

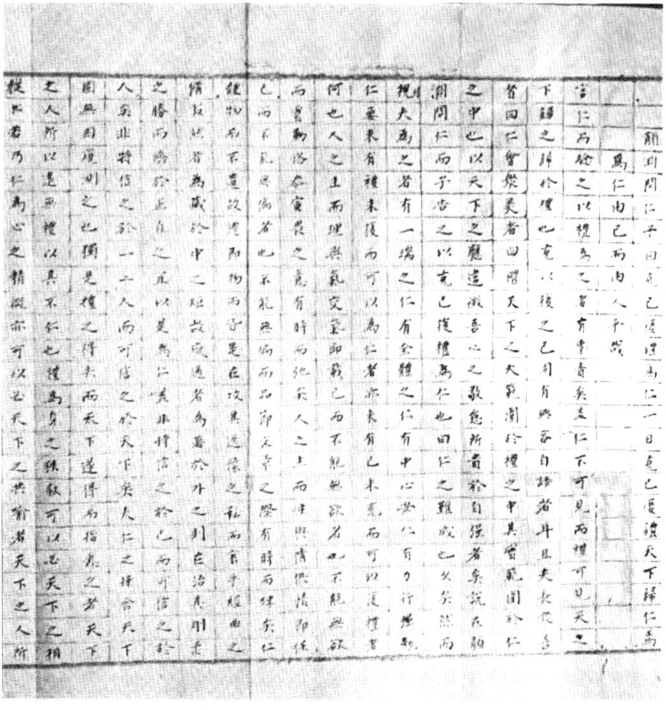
顏淵問仁子曰克己復禮為仁一日克己復禮天下歸仁焉
為仁由己而由人乎哉

图 4.10　墨卷试纸（1685 年）

来源：台北中研院明清档案。

扉四插图），朱卷上被标记密文以确保考生匿名。[26] 此外还有百余名校读书吏检查朱卷是否与墨卷一致，之后朱卷才会被送到各房考官处，考官们开始审阅匿名的考生答卷。为了考试的公平和试卷形式的完整，明代考官有时会用青笔在朱卷上做标记。[27]

考生一般会选择"五经"中的某一部专经刻苦攻读，这样在乡试和会试评卷过程中，不同专经的答卷会依照分卷制被分配到相应的考房。如表 4.3 和表 4.4 所示，每一经至少会安排一间考房以评阅（《易经》、《尚书》和《诗经》甚至会有数个考房），每类文章都会分别由被分配到此考房的同考官评审。五经中每一经最优秀的答卷（即五魁，或称经魁）则必定会是本次科考的前五名。[28] 换言之，乡试和会试中每一经的最优文章都必然会在前五名中占据一席之地。乡试至少会有 5 间考房阅卷，而会试根据考生专经的比例则有多达 20 间考房。[29]

自唐以来，这样的考房制度也促成了考官与考生之间的师生忠诚关系（见下文）。这样的师生关系自明代始变得尤为突出，考官考生间的座师、房师拜谒仪式所催生的导师－弟子联盟，也成为官场政治中的重要组成部分。比如嘉靖帝就命令考生中榜后不得向考房考官（房师）行礼表达敬意。万历年间（1573—1620），这种基于对座师、房师忠诚的师生关系尤为明显。之后，清代 1659—1679 年间，作为科举附带人际组织温床的考房被废止，以防止这类师生小圈子的蔓延。即使 1679 年考房制度被再度施行，康熙帝仍然命令考生不得向座师、房师行礼以确立特殊的师生关系。[30] 清代士大夫钱大昕（1728—1804）后来也批评那些考中的学生对待考官的态度，更像是对恩主（patron）而非老师。无独有偶，秦瀛（1743—1821）也将所谓的科举试官与 18 世纪考生中日益增长的腐败行为联系在一起（见下文）。[31]

189

主考官的任务是审阅被各考房同考官推举中榜的荐卷和 190
被黜落的落卷，然后再拟定最后的名次，张贴在科场外的闱墙
上。考虑到一次考试会有数千份考卷被写就、誊抄，同考官和
主考官大约要花费 20 天才能完成最后的考生名次排定工作。[32]
如 1466 年殿试，最终被点为状元的罗伦就写了一篇非常长的
策论，总共用了试纸 30 幅（约合 1 张半 /2 张余殿试卷，殿试
卷以 13 幅为一格本）。他甚至还跟考官索要了额外的试纸。
故事到此还没完，之后年迈的考官因读罗的策论时跪坐太久，
以至于在旁人的搀扶下才能起身。因此，之后殿试策论规定考
生须在 13 幅之内写完。[33]

明代乡试和会试也对文章的长度做出了限制。明初科考出
题是基于四书，要求考生作一篇至少 200 字的短文。而阐释五
经中某经的经义文，其标准则是作一篇至少 300 字的短文。然
而随着考生数量的增加，要在规定时间内完成阅卷和评定的压
力也陡增，因此无论是考生还是考官，都不可避免地将作文和
阅卷的注意力更多分配在第一场考试上。于是 1475 年后，考
生论述四书五经要义的八股文写作的好坏，就成了整个科举考
试的评判基准，而八股文也因此而恶名昭彰（参见第七章）。
此外，考试文章的长度也在逐渐变长，到了 18 世纪，一篇典
型的八股文大约要有 700 字。[34]在清代，所有誊录的朱卷最终
都要送至礼部，以备查检试卷中的错误和不合规之处。[35]

考生和他们的亲朋好友可以在考场外等待张贴考试名次的 191
名榜。事实上，明末画家仇英（约 1490—1552）所画的《观
榜图》[36]就选择了这一主题，他描绘了焦虑的考生们在发榜后
争看结果的情景。沿街叫卖者将中榜考生的姓名写在纸上，在
街上贩卖。那些乡试中举的举人会被邀请到巡抚衙门，戴上绣
带以庆祝考中。接下来还有各种正式或非正式的庆祝活动，考
中举人的消息也会从省城传回举人所在府、州、县，举人们在

一路吹吹打打的护送之下，回到乡里。[37] 虽然庆祝新举人中举的场面在省里面已经算是隆重的了，但相比在京城和乡里欢庆新科进士的活动，还是要逊色得多（参见图4.11）。自1388年始，当地士绅可以为新科状元在家乡树立牌坊，到了1404年，三年一度的每科所有进士的名字，都会按照名次被刻在石柱上，并被安放在南京国子监内。自迁都北京之后，这一传统从1416年一直持续到1904年。明代的举人和进士都可以在家门前或是宗族祠堂前树立旗杆或是匾额，以彰显他们的成就（参见图4.12）。[38] 然而大部分考生则面临落榜的命运，很多人考了数次举人、进士不第。不过他们也被允许取阅自己被考官黜落的文章，并看到考官的评语。[39]

用于监管和控制的政治建筑

作为一种自然而然形成但有时却充满竞争的选拔形式，这种选拔所造成的教育鸿沟将汉人与他们的蒙古或满人统治者们区分开来。一部分汉族精英从那些地位不高的汉族平民中脱颖而出。在礼部的主导下，科举制度通常能够引导人们在礼教体制下自觉自愿地服从。相比于武人用拳头说话，文章上定胜负要更为文明。那些考中的文士大体都掌握宋代程朱理学的价值体系，这些价值观念历经元朝而仍然得以存世，承载这些价值的儒家经籍文本也延续了下来。考监（即考房）在字面上并非监狱，真正的监狱里才会关押那些一旦官司被判决、刑罚被执行就要被收押的违抗当局意志的所谓罪犯。正规的监狱根据刑法典的条例，强制犯人遵守监狱中的种种规定。而晚期帝制中国的精英们公开地遵从一次次循环往复的登记、科考、再考的科场规定，他们在个人的层面默许了科举市场永不停歇地以各种评估手段和分类方式将他们分为赢家和输家。

将考监形容为"文化监狱"，[40] 虽然并非精准的比喻，但

图 4.11 甲辰科（1484 年）状元游街

来源:《明状元图考》，顾鼎臣等编，1607 年刻本。

图 4.12　辛未科（1571 年）状元梦遇朝廷赐状元圖

来源:《明状元图考》，顾鼎臣等编，1607 年刻本。

相比于那些非自愿地被关进监牢的所谓罪犯而言，考生们是自愿被锁进中国文举和武举的科场之中，这一科场也不允许未经许可的人进入。讽刺的是，地方精英的子孙走进科场，互相之间展开竞争，而农民和匠人的孩子却只能梦想着能像那些考生一样进入考场号舍，不过他们有时却能以守卫的身份进入科场，监督考生是否作弊。这种政治管控体制（a regime of political control）的社会接受度告诉我们，"文化监狱"与真正的监狱到底是有多么的不同，以及为什么在蛮荒时代过去之后，科场会被美化成"文明"的再造。在这个意义上，科场号舍更像是僧侣般的修行生活，而非刑罚。事实上，那种誓定独身的众僧与积福造德的信徒齐聚一堂的佛教寺庙庆祝场面，与科举考试中的很多政治呈现（political display）一样，代表了一种象征性的秩序。比如在唐代，科举考试进士登科后的"谢恩、过堂"仪式，就直接类仿佛教寺庙中的请职仪式（ordination rites），两者都基于同一套佛教词汇、行为和法器来运行。[41]

当科场闲置时，这片位于省城、帝都，为考试所特别建造的建筑群仿佛一座没有人居住的监狱。伴随两年一度、三年一度全国范围内的考试，科场会周期性地重漆、重修，当省城、帝都里上万间号舍中塞满了志在步入仕途的考生时，科场确实变成了一所"文化监狱"。[42]无休无止的为保留住生员身份的院试、管控严苛的监考流程，以及永不停息的考评发榜，所有这些在整个帝国中各负其责，将数百万名考生和数千名监考官动员进了考场，科举就是一套强制技术，将第一眼看上去人畜无害的个体对象化（objectified）为原子化的考生（atomized candidates）。他们都无名却也欣然地在这场科考中互相竞争。他们的身份变成了一份份匿名的试卷。科场内的一系列程序暂时抹去了他们的姓名、家庭和社会等级，在考官的眼中，他们被假定为地位平等的士子。

明清科场内监视体系的历史特殊性在很大程度上被忽视了。对于科举选拔制度的认识，多半过分强调其在社会流动和选拔人才方面的作用，而将自唐、宋以来的帝国考试体系中的监视环节视作一成不变的制度。然而，清代士大夫赵翼（1727—1814）在他的《廿二史札记》中注意到，相比于明清科场严格的监督，唐、宋时期的科举监考非常松懈。[43]与科举考试意识形态化的历史相反，对科考实际运行的检视，可以帮助我们重新认识王朝在活跃期短暂的、投入大量人力所举办的科举考场里监察考生的德行中所起到的作用。

文举和武举监督体系有着多层级的空间嵌套（spatial nesting），同时按照不同层级的考试，本着以节约时间为前提，将考生关在与世隔绝的考场里，并将他们按组分入不同的号舍内，方便进行机械式的控制。考生需要谨小慎微地遵守一切考场规定和行为规范。所有这一切表明，科举考试是一次文化和教育的实践，但它与其他任何极端强制性的教育制度并不一样。[44]如同英谚中的死亡和课税——或许还有官司——科举成了晚期帝制中国很多人不可逃脱的命运。

对考试体制的反抗形式

考场的守卫是防止考生作弊、行贿和违规。表 4.5 显示，1800 年之后的清代乡试和会试科场中，会有两名医官加入常规的考场官员队伍中。因为有越来越多的问题发生，所以也需要越来越多的监考官来充任"委官"。作为匿名的个体，考生被一一分派到这个无比精密的、负责监视和控制的政治建筑的各个物理空间中。

特派的守卫们总是会在考巷中监视着考生，以防止他们之间互传字条。而其他的监视者则在府衙顶上和科场闱墙墙角的塔楼上设岗，谨防考场外的人把东西传进来，也防止考场内的人相互传递信息。无论作弊者仅仅是想榜上高中，还是出于对严格监督考生行为的抗议，作弊和贿考等欺诈手法的出现代表了考生对于防范性考场监控的某种反抗。考生并不像他们所表现出来的那样驯服，他们设计了无数手法用以对抗他们所认为的科场程序的压迫。大多数人是想通过个人的实力考中，但也总是有一些人想要反抗权力，在他们眼里，权力不过是将自己伪装在道学的正统知识下。[45]

作弊和违规

考试作弊可以追溯至科举体制建立之初。唐、宋的科场考官时常讨论这一问题，并设计出一些考试程序以解决此类问题。比如1225年，南宋考试的作弊问题还是地方性的，而诸如抄袭这样的考试违规也早在13世纪30年代和13世纪40年代就已被注意到了。[46]到了明代，作弊者的很多久经考验的作弊技巧已然广为人知，其中很多有时需要考官们里应外合：（1）顶名——就是顶替他人考试，或枪替——坐在别的考生的号舍内考试（又名"一条葱"），这两者都是让有经验、经常也是年长的闱中高手进入考场，代替实际上理应参加考试的年轻考生；（2）传递——在考题宣读完之后，将考场内或考场外的人写好的文章传递给号舍内的作弊考生；（3）怀挟（参见图4.8）——在身上的衣物中[47]悄悄带着应试材料进入考场；（4）关节——贿赂考官；（5）曳割白卷——考卷本来都是糊名誊抄的，所以通过交白卷，给受贿的考官打暗号，此外还可以预先定下两三个字，在考卷答题时故意用这几个字，打暗号让考官知道；（6）卖题——提前从考官或是书吏那里买到考题。[48]在民间想象及小说、戏剧和当时流传的故事中，作弊被想当然地认为是科场考试的一部分，这些小说、戏剧多半由屡试不第的

197

考生所撰写。[49] 常见的悲情主人公，通常数次考试都不幸落榜，于是他们迫不得已只能通过作弊的方式来考中。故事里，考官变成了狠心的反派，很多通过合法考试进入权贵阶层并成为考官的成功者，在民间想象中其形象却遭遇了反转。

考官和书吏也想出了无数方法严防考生的违规行为。比如，在考题宣读后不久，书吏就会检查每一个号舍，并在试卷上盖印，以确保考生当时所写的试纸不被其他人所写的试卷替换取代。此外，书吏还会时常巡视号舍，检查考生的准考凭证上的座位号是否与号舍的号码一致。如果试卷印章和准考凭证上有任何存疑之处，考生的试卷就会被判成绩无效。比如蒲松龄就因此在 1687 年顺天府乡试中自动落榜，他之前也因无意中疏忽了试卷纸中的一页而漏写了文章等原因（至少他自称如此）数次落榜。[50] 其他防止作弊的手段还包括，根据地方院考、科考的成绩，将成绩最好的考生列在一排，坐在考官的眼皮子底下。这种"殊荣"使得科场中优秀考生与其他次优考生的交流机会大大减少。[51]

将数千名考生聚在科场，也会触发一些丑闻。原本在"老师"监督下忙于"代圣人立言"的生性驯顺的考生，有时也会人心浮动。正如上文所说，如此多的外来者来到省城或是京城的一个封闭的场所，被关上数天，只要有点火灾和传染病，就可以轻而易举地威胁整个考场的安全。另外，一些关于科场违规或考官腐败的案件和事件的谣言，有时也会触发暴乱。甚至考题中的一个错别字，都有可能导致考生抗议考官而罢考。[52]

比如 1567 年的南京乡试科场，当考生得知录取配额数锐减后，这些一心向往举人功名的考生引发了暴动。他们还对主考官口出恶言。[53] 之后 1603 年，苏州又发生了一起考生暴乱。地方知府在监考府试的时候，据说因管理不慎损毁了一些考生的试卷，导致这部分考生被蓄意逐出榜外，地方考生因此而愤怒异常。在下一轮考试开始时，一些考生在衙门中抗议，在知府的命令下，一名考生被打了。这引发了接下来的混战，四散跑出府衙的考生和人群引发了暴动，他们向府衙投掷石头和砖头，一场考试引发的抗议行为最终升级为一次公共暴乱。知府本人也受到了身体袭击，之后他自清议处。[54]

　　到了清代，考生抗议也会恶化升级为暴动。比如1699年顺天府乡试就有科场违规的报告，主考官本人虽然无辜，但是也受到了惩罚。1705年顺天府的考生在街上游行抗议，并象征性地将打扮成主考官模样的稻草人的头砍了下来。之后到了1711年，考生们看到发榜结果十分失望，他们指责满人主考官噶礼（卒于1714年）将举人资格卖给了盐商之子，导致扬州府发生了暴乱。抗议者在大街上游行，表达着不满，并且还冲进府学，将府学中的教育官员扣作人质。噶礼与汉人巡抚张伯行（1651—1725）就此案互相参劾。这一丑闻案件一直拖到了1712年，康熙帝不得不将两人都解职。[55]1711年，江南乡试的两名举人被发现文理不通，遵照1657年的先例，主考官因此被解职。负责调查的官员之后发现，考生早在八月乡试开始之前，就在科场里埋藏了作弊用的文字材料。甚至江南巡抚也牵涉到了这起案件之中，这起案件也成为之后科场案的先例。[56]

　　此外，18、19世纪的武举考试中旗人的作弊行径也同样臭名昭著。1758年，皇帝的近臣、江南学者庄存与在北京科场监考时过于严格，引发了旗人的暴动，庄存与几乎因此丢官。一开始，他被认为要对这起科场事件负责，但是乾隆帝为其开脱罪责，并一针见血地指出旗人舞弊成性的风气："即欲学习汉文，亦当潜心诵读，量力应考。若自揣不能成文而徒以传递怀挟，妄冀侥幸功名，是方其学习汉文时已视为玩法，舞弊之具人品心术尚可问耶？"[57]

贿赂及其后果

相比于志在考取功名的考生，书吏和守卫经常是社会地位较低、也不太富有的平民，所以那些来自富裕家庭的考生有时也会贿赂他们。书吏与考生之间的社会差异也是一个严重的问题，尤其 1384 年之后，书吏之子不准参加科举，这使得书吏的后代只能辈辈注定在地方衙门中谋一份差事，书吏们往往觉得他们为朝廷效力却没有得到足够的回报。[58] 一些情况下，书吏之子得以成功地贿赂地方官员。在得到官员的许可之后，书吏之子便可以参加县里的院考，之后再通过伪造递交省级单位审核的荐举表上的个人信息，成功参加乡试。[59] 如果书吏以这种方式贿赂知县的话，那么地方精英也能以同样的方式让自己的后代在乡试高中。事实上，明清两代国子监监生的资格也是合法买卖的，这等于官方认可用经济手段来换取同等的教育出身。但毕竟贿考和合法购买之间还是有些不同的，这反映了两类人在社会地位和财富上的差异。[60]

然而，对于王朝来说，最严重的问题还是贿赂主、副考官的情况，因为这通常涉及金额巨大的权钱交易，一旦被其他考生觉察到这种贿考行为的存在，很容易发生科场暴乱。省级的学政最容易被贿赂，因为他们一般只在省城任职三年，平日要定期去其治下的各府、州、县巡视。知府与知县也很容易给自己的亲朋好友行此方便，他们会故意在乡试中给予地方科考中的某些特定考生以较高名次。[61]

1580 年之后，监督乡试的主、副考官都是由礼部指派的外来进士担任，所以地方精英想要影响乡试结果是越来越难了。这些考官中很多都直接来自朝廷各部或是翰林院，如果没有关系很近的亲戚或朋友的话，地方考生几乎无法接近这些考官。[62] 但是有批评者注意到，如果一位翰林接到任命出任某地方的考官的话，他一路上的吃喝差旅，都由沿途的府、州、县承担。此外，一名翰林院的考官在考试前后，也会收到来自地方官员和士绅的很多礼物。[63]

同时在会试时，翰林院的考官同样也要面临来自朝堂的压力。高官向考官施压最著名的案例，就是明代内阁首辅张居正（1525—1582）。据传1574年会试时，当他的长子会试落榜后，他向会试考官施压，让他们重新权衡利弊，务必要取中其子，使其得以参加殿试。之后，张的次子于1577年考中进士，三子则成为1580年的殿试状元。张居正确实很有可能左右了考官们的选择，因为年幼的万历帝的日常政务都由张居正处理。但是这些指控从未被证实过。[64]

正因为贿考本身是一种结构性的行为，所以整个18、19世纪贿考之风弥漫全国。1741年，乾隆帝发布诏令，乡试中考官不得有违规行为。[65]之后到了1752年，会试中，一名学监收受了考生的贿赂，而这名考生与一名监试御史相互勾结传递关节，而关节上的字被该举人的叔叔认出。这名考生的身份被吊销，而相关人员也被剥夺了学监官职，连降两级。[66]乾隆帝也很害怕大学士和内阁成员会影响会试和殿试的结果，为各自的子侄行方便之门。鲁迅（周树人，1881—1936）的祖父周福清是翰林院庶吉士，也是绍兴周家第一位极具声望的学者，1893年他因为试图行贿一名被派往监考浙江省乡试的考官而被捕。这一丑闻不仅在经济上影响了周家的家道，也使得自家的社会地位一落千丈，鲁迅不得不离开了宗族学堂。[67]

18世纪，越来越多的科举考试施行了"回避原则"。那些来自名门望族的官员都更倾向于拒绝出任考官，生怕宗族子侄考试成功会给自己带来嫌疑。此外，清代法典对待科举考试中的腐败和贿考行为还有一条法令，即"通关节"。这条法令规定，如果官员取中了不合格的考生，或是阻挠合格的考生被取中，都要受罚被打数十重板。这一法令沿袭自明代法典。如果还涉及官员受贿的情况，刑罚还要加重。如果收取考生一两贿银的话，官员就要被打七十重板，然后每多收五两贿银都要加刑，直到暂时革职或永不叙用。如若受贿超过 80 两白银的话，就可被判绞刑。乡试和会试中如果发现有考官串通共谋情况的，按照不成文的清代惯例，罪臣是可以被处以斩立决的极刑的。虽然在实践中，这类极刑都会有所减免，比如上文所说的周福清（他并未因共谋而被处决，而是在狱中一直待到了 1901 年），但是按照法典，吏部应当全身心致力于维护科举考试体系的公正性。[68]

来自考生的指控和抗议

帝制中国的科举考试是当时的精英和准精英唯一可以大规模聚集一处的机会。科举的竞争分化了考生，但如果出现科场腐败或是作弊的话，这些分化的考生也会团结起来，尤其当考官的偏爱和不公异常明显时。[69] 如果考官被认为腐败而导致科场内暴动的话，那对所有人来说后果都非常严重。因为这样的指控往往是有不满情绪而又害怕落榜的考生们生造出来的，朝廷处理这种问题一般非常谨慎。1457 年的顺天府科考，考生指责考官阅卷不公。因为顺天府考试往往会有很多朝廷的高官子女参加，这件事激怒了明英宗（1457—1464 年第二次在位）。他依照 1397 年洪武帝的先例，下令重新举行考试。1460 年，同样的指控又对准了会试的考官，但是最后发现指控只是源自个别考生的私念。[70]

明代科举记载中，很多有名的文士在出任考官时，都有被指控科场舞弊的经历，其中有的指控成功，有的则未能证实。1499 年被委任为会试主考官的程敏政（1466 年丙戌科榜眼），在会试之后因受到考前出卖考题的指控而被下狱。[71]1589 年的状元焦竑（1540—1620）从翰林院外派出任 1597 年顺天府的副主考官。部分取中试卷上出现了道教习语，这被怀疑是考生给阅卷官识别身份的暗号，焦竑因此被指控舞弊，被从朝廷中驱逐，贬至福建省福宁州任同知。[72]

无独有偶，虽然可能官阶略低，但是著名画家董其昌在任湖广提学副使时，也在 1605 年主持地方考试时遭遇了考生示威。虽然最后的调查免除了他的嫌疑，但是董其昌之后还是辞官回家，过了 17 年的退休生活。[73] 汤宾尹（生于 1568 年）是 1595 年的会元、殿试探花，[74] 他也数次被指控在做考官时对考生有所偏袒，但这些指控之后都未能成立。比如，据说在他任 1610 年会试同考官时，就将韩敬的文章从落卷中挑出，并列为本房第一，并强迫主考官最终将韩敬置为会试头名。韩敬之后也一跃在殿试中被点为状元，他也成了明代科场 8 名会试、殿试连中两元的进士之一。[75]

钱谦益（1582—1664）1610 年殿试被点为探花，但同年因为父亲去世而回乡丁忧。十年后，他仕途再有起色，被派出任 1621 年浙江乡试主考官。在这次考试中，钱谦益上报一名考生有违规行为，这名考生在文章最后结尾处有不逊之辞，这可能是向考官表明自己的身份。当考生试卷上的秘语被破解后，大家发现考生曾试图贿赂其他考官，但考官们立即将此情况汇报给了作为主考官的钱谦益。钱谦益转而将此情况汇报礼部，但他自己也受到了轻微的惩戒，因为他未能阻止此类事情发生。七年之后的 1628 年，出任会试考官，同时也作为内阁首辅有力竞争者的钱谦益，被政敌攻击在 1621 年的乡试中收受贿赂，钱谦益于是被革职。罢官后，钱谦益回到自己苏州城外的常熟县家中，投入私人藏书的爱好中。[76]

同样的事情也出现在清初，满洲旗人和汉军旗人中的征服精英试图控制南方考生作弊的趋势。比如 1657 年的江南乡试，

204

当考官被指控卷入科场舞弊时，落榜考生的抗议差点酿成一场暴乱。考生们得知有个别考生提前写好了答卷文章，但没有写名字，这很可能是考官将考题提前泄露给了他们中意的考生。考生们聚集在地方文庙前，一边祭拜文昌王（参见第六章），一边哭嚎着唱着痛斥考官的愤怒歌谣。

调查官员仔细调查案件之后，皇帝立即罢免了正、副主考，并命令牵涉其中的考生进京以便进一步调查。此外，皇帝还下令让长江三角洲地区不涉此案的考生参加1658年举行的覆试。1657年江南科场丑闻还引发了对京城地区顺天府举人进行覆试的呼声，因为许多南方人其实是在京师进行登记考试的。

虽然主考官被革职了，但念在他们之前的功劳，总算保住了性命。而另一些南京乡试的同考官则被处决了，8名丁酉科（1657年）中举的举人也被剥夺了举人功名。这样严厉的对考官的处决，不由让人想起明初1397年殿试的旧事（参见第二章）。[77] 在殿试举行前，会试通过的贡士也会被要求参加覆试。清廷也会通过停止地方考试来回应考生的要求。[78]

然而，科场舞弊已然深入地方科举文化的骨髓中，并一直在持续。1754年，乡试的场外磨勘被恢复。这一磨勘程序始自1701年（1702年乡试时启用），并于1736年重申。这一审查程序针对考官及其僚属可能犯下的错误设定了一系列的标准和相应的惩罚措施。[79] 1768年，乾隆帝收到了一份奏折，上面建议加强对武举的监管，其中一项举措就是试题保密。乾隆帝本人选派了两汉两满的监察官，作为考官队伍的一部分。[80]

很多科场案只是在表面上解决了地方考试中违规的问题，下文将会提及一些这样的案例，以此来说明1850年之前这种舞弊成风的现象在地方有多么普遍。事实上，以长江三角洲为根据地的太平天国运动，就是因考生自明末以来对科举体制所建立的信任丧失殆尽才导致的（参见第十一章）。

科举考试、政治集团和组织化的异议者

自唐代以来，科举考试的一些礼仪惯习渐渐深入朝廷的派系斗争之中。很多庆祝考生成为进士的庆典仪式，很自然地使得考生和他们的考官之间形成了一种社会意义和思想意义上的同盟，以至于朝廷的党争更趋恶化，而这也正是以选贤用能为目的的科举考试一直宣称要避免的。在赴京赶考前，新科举人都会为作为恩主的考官摆下酒宴（如鹿鸣宴），而在京城殿试完毕之后，还会有所谓的谢恩仪式，以此建立考官与新科进士之间的恩主－受惠人之间的恩庇关系（patron-client relationships）。为了降低这种师生之谊的影响，自晚唐以来，朝廷一直禁止类似的谢恩仪式。[81]

虽然晚唐针对学生向座师谢恩的禁令并未能真正执行，但五代和北宋的科举典礼的重心已经从对考官效忠演变成了向皇帝本人效忠和感恩，禁止师生之间产生亲密联系的政策再度复活。宋朝对进士考试礼节的重视程度也体现在了殿试环节上，为此朝廷降低了文士作为殿试考官的核心地位，转而以皇帝本人担任主考官，同时也要求考生在参加国子监内的祭孔典礼前，先要参加向皇帝表示感恩的谢恩典礼。明清两代，在京师举办的由新科进士向皇帝感恩的谢恩典礼变得越来越隆重。即使谢恩的主要对象是皇帝本人，考生对座师、房师的效忠也从未停止（见上文）。正如明末传教士利玛窦（Matteo Ricci，1552—1610）所观察到的那样，很多新科进士在座师面前痛哭流涕。他还强调，那种相随一生的师生之谊往往就在这种场合被确定了。这种天然的政治联谊催生了新的政治联盟和科场舞弊，这一困扰统治者很久的问题在明清两代依然存在。[82]

此外，地方政治或国家突发情况也会使政府的注意力有所

偏移。科举长期以来的出题方法是从儒家典籍中引经据典，引一两句话作为题目，所以考官和考生必须要小心他们的考题和答卷文章不会被引申出对现实有所抨击的政治讽喻。虽然有各种社会和政治的离心力不停地牵扯着以考查考生政治面貌为主旨的科举制，但科举脆弱的平衡依然得以维系。如果未能避开某些特定的敏感话题，或是在文章中写下了违碍的文字，也会导致考官或考生的个人悲剧。考试中最常见的错误，就是考生在试卷中写了本该避讳的字。1456 年，主持顺天府乡试的翰林院主考官被指控考题中含有犯皇帝名讳的字。考官刘俨（1394—1457）和黄谏（1442 年壬戌科探花）也被指控纵容科场内舞弊。无独有偶，1537 年南京应天府乡试中的两名主考官也被指控给考生的考题中有欺君犯上的内容。[83]

207 这类指控背后，往往也暗藏着特殊的指控者本人的目的和利益。如 1456 年，大学士陈循（1385—1462）和王文（1393—1457）因他们的儿子陈瑛（生于 1431 年）和王伦（约活跃于 1465—1487 年间）在 1456 年顺天府乡试中落第而怒火中烧，他们认为这是因为作为他们政敌的主考官从中作祟。当时即将被废的景泰帝起先站在指控者一边，但他随后对考官予以免罪，但是也没有惩戒控告考官的原告。而在第八章中我们也会继续讨论，在 1457 年明英宗重登大宝后，王文被处决，而陈循则被流放发配。直到 1465 年成化帝朱见深登基之后，王伦才被允许再次参加乡试。[84]

1586 年，作为无锡县东林书院未来士人领袖之一的顾允成（1554—1607）参加了会试和殿试。在殿试策问中，他直言不讳地批评已于 1582 年去世的万历朝内阁首辅张居正："张居正罔上行私，陛下，以为不足信。"虽然语出不逊，但是顾允成还是以三甲身份考取了进士，这表明考官对他批评张居正的看法多有同情，这也与上文所提及的张居正干涉 1574 年、

1577 年会试结果的传闻相呼应。这一事件值得我们好好关注，因为东林党人日后也将利用在科举考试上的成功作为进身之阶，进而形成党派，并通过翰林院来影响朝廷。[85]

在张居正出任内阁大学士和主考官时，也即 1567—1572 年间，长江三角洲流域各地爆发了一系列的科场暴动。1567 年，暴动的生员因发现本该匿名的试卷上有数字编号的违规行为，指控乡试考官贪墨。暴动生员们的不满与明末地方群众对官声较差的官员和过重的赋税怨怼已久的社会情绪息息相关，这种抗议得到了东林党人的支持。[86]而作为明廷中枢的张居正采取了强硬政策，以此作为对南方生员士子们所引发的地方骚乱的回应。

1567 年科场骚乱爆发之后，施宽民（大约于 1565 年任职）出任常州知州，他被指控于 1572 年违法募集私人资金以修建武进县龙城书院。因为其个人的疏失，施宽民被免去了知州之职，但更让人担忧的是，明廷接下来下诏废除所有的私人书院，尤其是聚集在长江三角洲地区的大多数书院。书院所占用的土地被命令交还给地方，书院建筑用作官府衙门。公众聚会也被严令禁止（科举考试除外），地方御史和学政被命令要更为仔细地监督地方教育。[87]

张居正以私人募资被挪用建造龙城书院为借口，强制下令将长江三角洲地区的 64 所书院转为官方管辖。除了因为这些书院的学生参与了科场骚乱以外，张居正还有另一个理由促使他清理书院：1577 年他父亲去世，因万历帝"夺情"他免于丁忧守制，但这引发了骚乱。根据中国社会的传统礼法，政府官员的父母去世，官员本人需要辞官丁忧三年（实为 27 个月）。张居正因恋栈而置儒家礼法于不顾的做法，令许多品行高洁的文士气愤不已，他们纷纷以不守孝道为由弹劾张居正。而张居正之后则以关闭私人书院的做法作为报复，因为书院经

208

常是这些反对派士人形成组织性联系的场所。张居正不守礼教的夺情事件也催生出了明末的东林党和其他一些活跃的政治群体。[88]

1603 年，顾允成的兄长顾宪成（1550—1612）接受了同乡好友高攀龙（1562—1626）的建议，决定重修无锡县东林书院，并致力于恢复其文化声望。顾宪成是当时士大夫界的表率人物，享有很高的声望，1601 年他因直言大学士选任中的腐败现象而被逐出朝廷、削职为民。因此他吸引了一大批士子聚集在东林书院。此外，他还鼓励那些志同道合的官员一起加入东林书院的共同事业之中。这些文士与东林书院一起，迅速成为明末的道德指引和政治改革的先声。[89]

无锡东林书院吸引了数百名文士来此聆听讲学，此外靠近无锡县的龙城书院经正堂也会组织类似的活动，这使得张居正最终下令封禁私人书院。此外，周边一些州府也同样有书院举办讲学活动，如宜兴县的明道书院。因此可以说，东林党人遍布常州府主要州县的讲席。[90]

东林党人代表了明末文士道德修辞与政治激进主义（political activism）两者的结合，他们在影响力达到顶点时，成功地让考官将本党成员借由科举考试送入翰林院，从而引起了全国文人的注意。1620 年到 1623 年之间，在经历了最初的挫败之后，东林党人战略性地占据了京师官僚体系中的很多位置。鉴于翰林院是进士们通往内廷和外朝政治权力和影响力的方便之门（参见第三章），早在 1624 年翰林院中的很多重要位置都由东林党人把持。然而，政治密谋和朝局内讧最终导致了东林党的毁灭。他们遭受了一系列的失败，而与之相伴的则是权阉魏忠贤的崛起，后者成了年轻的天启帝（1620—1627年在位）的近臣。虽然东林党人在朝中大多身居高位——或许也正是因为这一点——但他们逐渐被魏忠贤及其党羽的势力削弱，最终仕途被彻底终结。

　　1625 年夏，魏忠贤对于东林党人的清洗达到高峰。东林
党的首领人物纷纷被逮捕和虐待致死，其后皇帝下诏严责私人
书院，认为它们是政治意义上的颠覆组织。1625 年东林书院
的部分建筑被毁，而当高攀龙 1626 年在无锡狱中自杀后，整
个东林书院被完全推倒。1595 年的殿试探花[91]、东林党人孙慎
行（1565—1636）于 1621 年被魏忠贤排除出了朝廷，又于
1627 年被遣戍宁夏，幸而因魏忠贤集团突然分崩离析而免于
流放之苦。[92] 天启帝还特别下发诏书，命令摧毁东林书院网络
体系内所有的书院。[93]

　　第七章中我们还将讨论更多的细节，比如艾南英因其在江
西乡试的策问中有讥刺魏忠贤语而被罚处停考三科会试。当时，
许多科举考官仍是东林党人，他们将朝堂政治带入各省科举的
考题之中。艾南英事件绝非第一次，也不是最后一次，类似的
事件时有发生。1624 年派往南京和杭州主持乡试的考官未对魏
忠贤表示足够的敬意，彼时魏忠贤正要下手铲除东林党人，于
是这些考官被罢官，并且在地方上被削籍。[94]

　　魏忠贤的恐怖政策并未能成功驾驭明末文士。1627 年魏
忠贤失势之后，私人书院和一些士人联盟再次出现。在这之
中，最为成功和组织良好的士人团体都与复社相关，复社以之
后在长江三角洲地区成为文化和商业中心的苏州为根据地。这
一难以对付的政治文化组织成立于 1629 年，它在朝廷派系斗
争中投入很大的精力支持本派成员，复社组织也成为有明一代
最大的政治利益集团。[95]

　　复社的成员们深知，在科举考试中取得成功一直以来都
是通往权力巅峰的必经之路，复社成员也想亦步亦趋。比如，
1630 年应天府乡试中 30 名复社成员考取了举人，其中包括
复社的创立者张溥（1602—1641，名列第 30 名）和陈子龙

（1608—1647，名列第 71 名）。复社之成员在南京科举总计
7500 名考生中脱颖而出，其通过乡试的人数占了 150 名新科
举人中的 20%。1631 年北京乡试时，复社成员又一次复制了
上次的科举大捷，347 名进士中有 62 名（18%）来自复社。
在成立两年后，数名复社成员已经被殿试考官选中进入翰林
院，因此他们在选拔举人的乡试和选拔进士的京城会试中的影
响力也与日俱增。[96]

　　复社成员对明末朝政的渗透在 1643 年达到顶峰，当年
400 名考生中，殿试的一甲前三名都出自复社。他们都具备了
直接进入翰林院的资格。自 1631 年以来，很多复社成员都出
任大学士一职。然而，随着明代的灭亡和清军入关，虽然一些
复社成员也考取了清廷的进士，但是复社在朝中的权势不复从
前。[97]明朝式的派系斗争消失了。而明朝灭亡的原因也部分归
结于诸如东林党、复社这样的试图通过地区科举来强力推行其
政治议程的政治党群，他们极大地冲击了明朝政治。

　　在清代，开始清统治者还能防止文人利用科举考试结党、
进而扩大自己的政治影响力这类现象的重现。但取而代之的，
是一些各自独立的煽动性的科场案件总是周期性浮出水面。比
如 1726 年江西省乡试，江西省主考官查嗣庭（1664—1727）
被劾诽谤皇帝。因为他在第一场八股文考试中出的题目引用了
《诗经》中的"维民所止"四字，其一首一尾的"维、止"看
上去像是雍正朝的年号去掉了文字最上面的部分，其意在弑
君。对于那些朝廷之外的观察者而言，这只不过是雍正帝本人
的受迫害妄想症。如果我们将此案例放置在一名精通古典文化
的汉人大臣和文化稍欠的满人君主的语境中，无论对于统治者
本人还是清廷，文字确实是非常敏感的议题。当然，根据近期
的一些研究，"维民所止"与查嗣庭被治罪并无关系，后者被
雍正帝"关照"主要是因为在其他考题中或暗含讥刺之意，且

也有一些朝廷政治权力方面的考量。

当然，之后通过对查氏藏书和诗文的调查，也不出意外地发现了悖逆的文字，雍正帝下令将查嗣庭投入大牢之中，查氏于第二年身死狱中。查死后仍被戮尸枭首。同时雍正帝的疑虑被证实了，于是查嗣庭出生的浙江省就被暂停了考试。他的两位长兄被逮捕，浙江省的举子也不得参加 1727 年的会试。[98] 然而在经过一系列彻底的调查并未发现更多悖逆的证据后，继任的浙江学政成功地说服了清廷，浙江于 1729 年重开乡试。[99]

而在 1740 年，乾隆帝也对 1712 年江西进士谢济世（1689—1755）颇为关注，因为后者对四书五经的注疏中可能存在悖逆之处。谢济世在康熙朝即是翰林院检讨。1726 年雍正朝他担任监察御史时，曾因上书弹劾天子近臣田文镜几被判死刑，被赦免后充军流放至蒙古。流放地的武官仔细审读了谢济世在流放时期的文章，尤其是他对《大学》的注疏，在其中发现谢有指摘朱熹的正统见解。谢济世的一些言辞也被解读成是对当朝皇帝的隐晦批评。虽然再次被判死刑，谢还是于 1730 年得到了释放，1735 年乾隆帝登基之后赦免了他。

谢济世在 1736 年的回忆录中，更是大胆地攻击科举殿试制度的内容僵化，批评考官们过度恪守固定的文字规则和书法。1740 年他任湖南粮道时，又被朝廷下令调查，而且也确实在其近作中发现了有"与程朱违悖抵牾"的文字，所有谢济世的著作及刻版全部被下令销毁。负责调查案件的总督向皇帝上书时，称谢济世有悔改之意。如果不是总督的陈情，谢就差点要第三次被判处死刑了。[100]

最后一个例证，是 1876 年四川省东乡的地方考试和 1895 年会试结束后爆发的公车上书这两个案例。这两个案例中大批的考生正是利用了科举考生集会的契机，对时政表达抗议。发生在四川的地方示威，让人不得不想起明末的城市抗议。这次事件的起因是东乡的考生们对之前 19 世纪 70 年代地方官员征税的暴力手段心怀不满。他们在试卷上写的是对四川地方官员的谴责而非引经据典的为圣人立言，考生们用这种方式向时任四川学政张之洞（1837—1909）表达了对四川官场的不满。张之洞向朝廷上书讲明他所见闻的东乡抗税的原由，并最终昭雪了东乡冤案，在地方上盘根错节的很多官员都被革职拿办。[101]而在国家层面，1895 年在北京参加考试的考生们在科举会试结束后的公车上书，则是一起史无前例的政治事件，标志着皇权在处理政治事务上走向弱势，而异议文士们却走向强势（参见第十一章）。

明末对科举的批判及改革的呼声

唐、宋、明诸代在批评科举体制时总会指出，科举体系无法完成其本来声称的目的——为国取士，选拔可以担任公职的人才。那些想要考取功名的考生，"所习非所用，所用非所习"，自唐代的文士赵匡（约活跃于 770 年）指出这一点后，历朝历代对科举的这一批评便时常出现。[102]但除非改革者能提出目标明确、行之有效的选拔取士的方案来取代科举制，对科举制进行改革是时人所无法想象的。没有切实可行的途径来改良科举，改革只能流于想法，而无法实践。但从科举制施行之初到最终停废，一直有改革者提出，学校教育是在科举体制之外一种具有可操作性的选才选任方式（参见第一章）。[103]

明代文士自 15 世纪永乐朝科举取士的规模接近宋代后，就开始对科举体制表示不满。陈真晟（1411—1474）在数次福建省乡试不第后，投身经学研究，将此作为一种反抗考试体制的方式，用这种身体力行来证明程朱理学陈义甚高的道德理想与科举考试科目制下强制性的所谓程朱理学正统之间的背道而驰：

> 科举虽日考理学以取贤才，而其实累贤才，妨正学，使后生晚进，奔竞浮薄。而士风大坏者，科举实为之也。故朱氏语录曰："人才不振，士风不美，在于科举之法。"岂不信然？我皇太祖神智，岂不知此？

陈真晟最后总结，科举"本非先王之法也。但世行已久，猝难蘧罢，然科举不罢，则正教不可得而行也"。陈延续了吴与弼、胡居仁等人的儒生传统，虽然他也是程朱理学的拥趸，但是他对科举和明初朝廷将道学作为皇家思想正统的做法很不以为然。[104]

甚至那些对科举制持褒扬态度的人，也看到了此制度可改进提升的空间。丘濬（1421—1495）和王鏊（1450—1524）都认同科举制和程朱理学经典，但是他们也认为经学学习中的考试专精化对经学研究是有害的。他们两人都认为策问在科举考试中的权重应该增加。颇具讽刺意味的是，明代中期的王鏊就是因其教科书般的制艺八股文写作而闻名（参见第七章），但他也认为科举太过注重以经义为核心的八股文，这种考试方式满足了考官的要求，但并没什么经世致用的功能。[105]关于科举考试重心的讨论在明末达到令人震惊的严重程度：就在明朝灭亡之前，一些文士甚至发出了废除整个科举选拔体制的呼声。

这一呼声与长江三角洲的复社密不可分，比如1636年陈启新（无生卒年，之后成为淮安的一名武举考官）主动向朝廷上书，呼吁废除科举，改为推荐选官制。与此同时，河南巡抚也向朝廷上书呼吁渐渐减少科举录取的人数规模，而用与宋代类似的保举制度来取代科举。[106]

陈启新和河南巡抚都请求朝廷恢复明初朱元璋定下的祖制，后者早在1373年废止科举的诏书中就抱怨通过科举选拔

215

的人才都太年轻，不足以胜任文官制的工作（参见第二章）。河南巡抚的变革呼吁，是建立在明末法律和社会秩序几近崩溃、明廷需要新一代有才具处理地方事务的官员的前提下的。他建议皇帝暂时停止科举。如果保举制也无法为明廷贡献更多人才，再重新施行科举制。如果保举制起作用的话，科举制则应彻底废除。[107]

而陈启新看到了明代军事实力的下降，因此并不认同河南巡抚渐进式改革的想法。陈在奏本中指出了明代制度的三大"病根"：

> 1. 科目取士是最根本的病灶所在。这样的考试制度选出的是德才都堪称"纸上空谈"的人；
>
> 2. 僵化地仰仗进士资格来选任官员，使得有才能的人不得其任。明初时，贡士和秀才都可出任高层官员，但嘉靖朝之后，只有进士才能出任朝廷重要的职位；
>
> 3. 推官、知县等官员职能重叠，地方上冗员无数。

本书第三章中曾分析过，晚期帝制中国时期几乎所有官职（甚至县官）都被进士们所占据，地方冗员众多、职能重叠的现象成为明朝的死穴。在陈启新看来，大量冗员理应革除。陈启新认为应该立即废除科举制，转而选拔与科举出身无关的孝廉，并裁汰地方冗官。[108]

崇祯帝（1627—1644 年在位）仔细地考虑了陈启新"力复祖制"的建议。然而陈启新的上书引发了朝中高官们（皆是进士出身）激烈的批驳，他们指责陈启新作为来自淮安卫的经验浅薄的武官，对整个文官体系心怀妒忌。御史詹尔选（1631年进士）在奏折中承认经科举取士在朝为官的大臣并非人人称职，但之后他列举了宋代以来的一大批杰出士大夫，如文天祥、

王阳明和于谦等人，以此证明科举取士仍然能选拔出有才干的
士大夫。朝中大臣对陈启新建议的逐条批驳中最致命的一条就
是，指责陈启新对士大夫阶层心怀不满，然后他们将此举与秦
朝"焚书坑儒"的法家恶政相提并论。最后这些大臣说，如果
皇帝采纳陈启新的建议，那么就无疑表明"是孔、孟不足法
也"。[109]

陈启新对上书建议的最后结果自然很失望，但面对朝内重
臣的反对，他能做的也仅限于此。鉴于朝中言官给陈启新扣
上了自以为是的大帽子，再考虑到明末党争的政治环境，陈启
新没有因此被重责就已然是万幸了。然而这一插曲也说明了科
举制的改革者们所必须面对的意识形态障碍。17 世纪 60 年代
当清朝统治者考虑废除科举时，也同样反复遇到了强大的阻力
（参见第十章）。明末朝廷对科举制度的捍卫，不动声色之间
就将诸如陈启新这种低级官员挡在了富贵大门之外。最终，崇
祯帝因没有采纳陈启新的意见，而被百官称赞为"窥破启新之
假骗"。[110]

应当注意，使明廷在 1644 年覆亡的农民起义军中的很多
领袖，本身就是在明末屡试不第的考生。关于陈启新建议的讨
论表明，18 世纪清廷在地方考试中允许文举和武举考生灵活
流动的政策变革（见下文），其实也是对在明末就已然成为问
题的文举制、武举制发展弊端的一种回应。[111]

217

在明朝统治末期，明廷在科举改革问题上感受到了持久的
压力。黄淳耀（1605—1645）于 1643 年明朝最后一科会试、
殿试中考取进士，他也看到了科举考试在人才引导上的重大误
区。他对科举体系根深蒂固的很多问题的细致分析，调和了科举
改革的支持派和反对派的很多观点。[112] 黄淳耀并未向崇祯帝上
书，相反他撰写了一组名为《科举论》的文章，借此向文士阶层
发声。黄淳耀《科举论》中的很多论断，也成为清初朝廷解决科

举只以文字考试测验考生能力之类缺陷的渊薮。[113]

在《科举论·序》中，黄淳耀总结了科举制的历史，他认为在设科取士这一问题上，最好的莫过于汉代的贤良方正，最差则无疑是唐代的诗赋取士。黄在此强调，宋代王安石就尝试矫正过度仰仗诗赋取士的科举之风，并代之以"经义"取士。明初诸帝也同样强调宋代道学和汉唐注疏的"义理"之学，并将之作为科举考试的修习科目。在科举考试之外，也有其他入仕做官的晋升通道。但在1465年之后，科举逐渐成为通往"富贵"的唯一路径。然而尤其值得注意的是，对考生的能力考查被局限在了科举第一场考试中引用四书五经以炮制八股文上。[114]

相比于陈启新彻底废除科举和詹尔选力挺科举制已臻完美这两种不切实际的两极态度，黄淳耀的观点是在寻求一种中间路线。如果改革得当的话，考试还是可以发挥其作用。在文章最后，黄针对明末科举选拔制度提出了自己的主要改革主张：（1）以文辞为主的经义文考试将被更重实学的考试取代；（2）重新推行汉代的察举制，将其作为科举之外的选官途径；（3）改革国子监体系，地方学校也可不局限于科举制艺来进行讲学教育。[115]

针对第一点，黄淳耀强调经义文的考查目的在于考较考生是否理解了经术（儒家经典中的统治之术）。不幸的是，经义文最后多半变成了"无益之空言"，只能让考生们在文体形式上"劳精神"。黄淳耀建议科举每次考试的第一场八股文的数量应从7篇减为5篇。考官应将更多的注意力放在乡试、会试中的第二、第三场考试上。尤其是第三场考试中的史、判、策三论，应优先得到考官的重视。[116]

黄淳耀还认为，复兴汉代的察举制，提名荐举有才能的人出任官员，也能避免朝廷仅凭"言词"取士。明代的科举改革派经常将"实学"一词挂在嘴边，黄淳耀推重这种师法汉制的选"贤良"政策，让地方官员向朝廷举荐这些"贤良"。如果地方官员的举荐带有个人偏见的话，官员本人会遭到惩罚。通过这种方式被荐举上来的人，还需要经过策论和经义问答，但是不需要通过形式主义的文章考试。明初洪武帝朱元璋就降低过科举考试的权重，并且强调注重察举取士，黄淳耀认为洪武帝的政策应该被重新采纳实施。只有这样，士大夫们才能再次"先德行而后文艺"，也只有这样朝廷才有可能野无遗贤，让地方上的杰出之士可以平步青云。[117]

但朝廷官学主要服务于科举一途，所以黄淳耀认为"人才之生于今，其能自立也难矣"。在黄淳耀看来，官学过度强调文章取士是有害的。这种教育方式，让无论是国子监还是府、州、县官学里的学生，都无法习得"教化天下"的本领。两、三年一度的全国性科举考试塑造了考生唯科举论的人生追求，他们希冀通过这一方式谋得功名，却无法担负其作为地方领袖和教育者的职责。黄淳耀提议地方的院考和科考应该合并，这样地方学者就有更多时间去履行他们在社会上的其他职责。在第三章中我们已经提到，清初地方考试合并的情况变得越来越频繁。[118]

在做总结陈述时，黄淳耀强调如果不改革科举制的话，那么"人材之日没也"。接着他又说，如果进行科举改革，那么朝廷只会得到一批"奇士"而非"中人"。这表明朝廷需要做强大的心理建设以战胜"墨守成规"的顽疾，因为科举制已经对无数年轻考生产生了极深的影响（参见第六章）。黄淳耀接着又写道："经义能困中人，岂能困奇士乎？"他大胆地质疑，每科300余进士中会有很多"中人"混迹其中。在黄淳耀看来，科举制的直接产物就是这些进士"所学非所用，所用非所学"（引赵匡语）。黄淳耀最后说："时势之变，日新月异。而天下大事独曰守常，痛乎成俗之难回也？"[119]

219

无论是死于 1645 年嘉定三屠中的黄淳耀，还是大明朝廷，他们都并无更多时日来推行那些科举改制计划。事实上，甚至当盛极一时的叛军首领李自成（1606—1645）于 1644 年攻占北京后，他也立刻沿袭明制举办乡试。[120] 如艾南英、顾炎武这样的明末文士，都以丰富的细节事实描绘了对于一名文士来说，科举考试中警察国家式的监控是何等的严苛。艾南英以大量生动的细节来描绘生员们在乡试中所需面对的恐怖环境。[121] 顾炎武在尖锐地批评明末科场中在考前背诵提前准备好的制艺文外，还将科场警察国家式的氛围追溯到了唐代。在顾炎武看来，科举体制的监视和控制体系中充斥着对考试违规行为的琐细惩戒条例，但忽视了科举要为国量才取士的根本目的，这才是科举制失败的最根本原因。[122]

其他很多士大夫，如黄宗羲等人，也一样不满于科场中过度的监视制度和对文士们的种种恫吓，但是他们并没有明确挑战科举机制背后帝制统治（imperial control）的意图。[123] 集中化的监控组织形式，是与专制独裁的皇权通过官僚制及其文士合作者管控处于权力结构底部的中国社会这一国家结构息息相关的。作为统治机制中的匿名工具，国家精英们的子女成为支撑晚期帝制中国权力关系的执行者，这让他们中的很多人以官员的身份进入了不同的政治领域。然而东林党和复社的出现值得我们注意：第一次有特定的文士群体公开对作为士大夫进身之阶的科举选拔、仕途晋升之路提出质疑。在东林党出现之前及复社覆灭之后，文士与皇权的合作都是建立在前者不得结党的大前提下。[124]

然而有趣的是，那些在明末被提出的科举改革建议在清初又被重提。清军攻占北京后不久，就于 1645—1646 年开始按照惯例举行科举考试。但令人惊讶的是，清廷非常关注科举改革的呼声。尤其 1663—1787 年间，清廷根据明末持异议者的批评意见，开始全力修正科举制度（参见第十章）。

1650—1850 年清廷加强对地方考生管控的努力

有清一代，清统治者一直对如何控制州、县参加地方官学考试的童生录取感到举棋不定。作为科举选拔制度的第一步，地方考试远离京师朝廷的直接管控。随着明末地方教育官员的减少，仅存的省级学政和知府、知县成为朝廷监控地方教育的可靠工具。综观历年清统治者针对不停暴露出的问题所采取的应对之法，就可以看出清廷在控制可靠性上遭遇了来自地方的很多阻力。清廷也清楚地意识到他们的科举政策一直备受争议。[125]

关于考生文理不通的情况

比如，1652 年，顺治帝下令地方考生在注册时以 5 人为一组登记参加地方考试，一组 5 人之间应互相检查对方是否正确注册。这样不仅让考生本人、考生的家族及其推荐人要为考生在衙门科场内的行为负责，同一组内的考生也要相互监视彼此的行为。这无疑借鉴了明代用于监督征税和地方强制徭役情况的里甲制。[126] 此外，清廷还规定那些文理不通者（参见第五章有关经义文辞教育的相关部分）和不懂经义者不得进入官方设立的学校。那些登记时作假、贿赂教育官员，以及犯下其他违规错误的考生，一经查实都立即面临地方官员的控告。[127]

1700 年，朝廷下令，如果地方考试中出现荒谬不通的考卷，州、县考试的所有试卷应立即送往礼部进行磨勘。这是因为地方教育官员收受贿赂后允许不通经义、胸无点墨的考生进入衙门科场参加考试的情况越来越多。18 世纪初，清廷已然不再相信知县们可以自行选拔出合格的地方考生成为生员。

直到 1723 年这一问题仍未得到解决，雍正帝下令，在授予生员资格之前，童生的考试试卷需由知府和学政做二次审核。那些行为不端之士，不能被授予生员资格。雍正帝同时还下令，学政必须对未通过地方院考和科考的考卷予以说明。同时为了增强地方考试的道德自律性，1725 年朝廷下令童生在参加院考和科考的覆试时，需要默写《圣谕广训》中的部分段落，这一做法自康熙朝院考时就已开始施行。[128]

关于地方武举考生的情况

222

然而自 1731 年始，一个新的问题又开始困扰朝廷。虽然地方的知府、知县都是文官，但是他们也要负责监督武举考试的院考和科考。这一安排，要求在地方上的文士们监管武选官的选拔过程。省内学政、知县和知府因此也必须知晓古代流传下来的兵法典籍，因为武举考试需要考查其中的内容。[129]

有趣的是，正因为此，无论对于地方上的文举考生还是武举考生，对他们在典籍经义上的要求越来越接近了，康熙朝 1713—1714 年后考生们可以合法地进行跨科考试以取得生员资格。[130] 虽然 1741 年朝廷又取消了这一优待，但 1744 年乾隆帝又要求所有地方上的文举和武举生员，每月定期一起接受背诵《圣谕广训》增订版的考试。在某些情况下，科举考生被获准参加武举的乡试和会试，以取得举人和进士的头衔。这种做法表明，政府体系内低级别的精英成功地使用手中的权力来满足自身的利益需要。[131]

然而允许童生和生员合法地跨科考试，使得在地方考试中检查考生资格的审核程序变得加倍的复杂困难。武举童生若想合法地被注册为考生，需要经过场外（骑射弓石）和场内（策论）两场考试，以防考生作弊。然而在 1723 年，清廷就已然觉得很多考生"谋杀故杀"，并且下令必须严惩。1727 年，雍正帝取消了康熙朝定下的政策，武举考生又一次不得参加科举考试。[132]

我们从 1733 年的清廷文书中可以看出地方考生的质量与理想中深通经义的生员形象差距有多远。"豪绅"作为一类人群被禁止参加院考。1735 年，朝廷命令从地方教育官员到省级学政都要监督文举和武举童生的资格审核，严防不端行为。乾隆元年（1736 年）这一政策被延伸至文举、武举生员的岁考，各省学政要向朝廷汇报每名生员的行为。那些有不轨行为的考生要从名单中剔除。太多不合规的考生最终进入了文举和武举的选拔进程中。[133]1820 年，衙门书吏的子孙也不得参加用于选拔文官的科举考试，而之前书吏的后代一直是被准许参加科考的。取而代之的是，他们被许可只能参加地方的武举考试，来竞争武官职缺。当文士精英、普通吏员和军人世家都不同程度有不通文理的后代时，他们所要进取的社会地位的通道变窄也就很难避免了。[134]

虽然汉人群体对待文举、武举长期持重文轻武的心态，但是朝廷收窄选拔渠道这一做法的目的也非常复杂。满洲的征服精英来自各旗，他们消灭了明朝，并将汉人军队置于自己的掌控之下。虽然早在 1629 年，汉军旗就可以参加旗人的考试，但是明代覆灭之后，一开始旗人是不得参加科举考试的，这是为了维护清朝原本的军事传统，并且防止军人最终变成文官。[135]

然而 1652 年后，旗人被准许参加科举常科考试，到了 1665 年旗人也可以选择参加翻译科的考试。[136]前者意味着很多精通经义的旗人更愿意走常规的科举仕途，这样可以更为方便地担任本来就留给旗人的武职官缺。[137]不过大部分旗人仍旧维持武职，而在北京举行的满、蒙、汉旗人混杂的翻译科考试，则一直以来贪腐猖獗。[138]此外，1655 年至 1904 年间，只有一名满州旗人（1883 年）在一般由汉人担任主、副考官的殿试中位列一甲。[139]

223

科举在乾隆朝的发展

乾隆一朝，科举制在此阶段历经了种种变革（第十章详述），朝廷也对地方院考中的条例被时常滥用的情况非常不满。清廷所不满的科举违规行为大部分在明代就已发生。1738年，地方教育官员被告知有考生找人替考。1743年，这种冒名替考的欺瞒行为越来越多。朝廷不得不下令对冒名顶替者进行体罚，如果被抓住的话，每个人都要打八十大板。[140]

同时，与日俱增的地方考生数量也引起了朝廷的关切。为了减轻地方官员的压力，乾隆帝于1743—1744年考虑取消州级地方考试中对童生配额的限制。选拔的标准，仅基于考生的"文风高下"。取消童生配额制的改革有其合理性因素，其实早在1700年就有先例。有人建议各府官学的官员可以有50人的配额参加文举、20人的配额参加武举。因为害怕配额制取消会带来很多实际问题，朝廷一再强调文理不通的考生不得被选拔参加更上一级的考试。[141]

然而，科场舞弊之风依然如旧。1745年江苏省考试，一些考生在多地参加岁考，一些考生贩卖考题和答卷。朝廷不得不再次下令各地考试官员要严查考生注册信息。1746年，朝廷又再次强调各州、县考试要仔细查核考生信息。那些被发现冒名顶替参加考试的童生将被剥夺生员资格，此外还要受到惩罚。1749年，州、县的正式考试结束后，当局不允许举行覆试。写出文理不通考卷的考生（参见第五章）被直接黜落。[142]

1752年朝廷又对科场违规行为三令五申。很多考生依旧冒名替考；书吏收上来很多完全一样的答卷，有时试卷的数量甚至是考生数量的3—4倍甚至4—5倍。学政不得不将这种猖獗的情况报告给巡抚，以求得上级指示。之后在1764年和1766年的童生考试中，朝廷官员注意到很多注册表单中注明是青年考生，但实际参加考试的考生有时却是四五十岁的中年人。在考试注册和入场时，教育官员必须将表格上的信息与即将入场考试的真人进行比对，以防舞弊。学政必须仔细审核考生的外貌。[143]

为了将科举制流程理顺，清廷于 1758 年允许地方考试打破周期规则，转而将岁考和科考合并（参见第三章）。一般而言，每个县都会举行自己的童生考试。但是如果出现一府两县的情况，比如常州府下辖杨湖和武进两县，那么这两县的院考和科考就可以合并举行。因为县考是朝廷取士流程最先开始的部分，地方考试的试卷要送到学政处复核以防止欺瞒的情况发生。新的科举流程意味着学政及其下属书吏、幕友可以一次性批阅两县的试卷。[144]

1820 年前舞弊之风的蔓延

自 1767 年始，又有一系列科举问题困扰着清廷。许多考生在完成注册后改名，这样他们的名字就与之前试卷上的名字不一致。有官员提醒乾隆帝，后者才意识到这样的做法会为考官本人窜改答卷大开方便之门，便于他们与考生串通，绕过种种规则以谋取私利。为了避免这种情况，乾隆帝下令地方教育官员不允许批阅本地的考生答卷，雍正朝曾经施行过的这一举措在乾隆朝又被重新启用（参见第三章）。地方书院的山长也不得被请去衙门阅卷。1792 年，有人在奏折中称州、县两级地方考试的答卷中充斥着各类问题。很多地方，知州、知县的幕友成了阅卷、评卷的实际考官，很多文理不通的试卷都照常被判定通过考试了。奏折认为这种师爷代为阅卷、评卷的情况应被纠正，出现这种情况的官员应受严惩。[145]

鉴于童生数量的激增（比如 1803 年江西省单独一地的考生人数就达到了数百人），地方考试中的违规现象也在同步增

226 加。[146] 自明代以来一些长期合法化的漏洞，到 1807 年也被部分堵住了。在明代，如果官员本人外任，远离其出生省份的话，他们的子女有在京畿地区参加地方考试和乡试的特权。到了明末，南方籍官员的家庭子女经常以这种方式参加科举考试，因为在长江三角洲、东南沿海这些人口稠密、文教成熟的地方参加科举考试的中榜概率极低。1807 年之后，那些在顺天府参加地方考试的考生，必须在本地居住相当长的时间（一般 20 年）。此外，这种特别考生登记也被要求仔细审核，如果出现欺瞒现象，考生会受到惩罚。[147]

但是对考生登记的监管流程中也出现了很多弄虚作假的行为。1819 年，一名男子控告他的两名表兄在两地进行考试注册，并且还在非出生地非法捐输了生员资格。虽然最后表兄们都被免罪，但是他们情绪上过度紧张，最后身死结案。[148] 1820 年后，道光朝时期（1821—1850）的清廷力图维持原来的科举程序，不推行大的变革举措。朝廷诏令中还提及，在考试评判结束之后窜改、调整官方排名的官员将会受到惩罚。这表明在考卷被评定之后，一些考官有时会视原始名次如无物，重新进行名次排定。考生请人冒名顶替参加考试的情况依旧普遍，1824 年朝廷下令参加院考覆试的考生不得借用灯烛延长考试时间。清廷在此对常规院考和经常举办的覆试采取了不同态度，这一做法在 19 世纪各级考试中全面推行（参见第十章）。当考试结果存疑时，朝廷倾向于再次进行考试。[149]

1826 年，清廷又一次感到需要纠正地方考试中考生注册环节的不正之风。1827 年，清廷责令地方官员不得有诸如私通考生这样的背德行为。这类行为不仅违背道德准则，而且还很容易造成考官在科举各个环节上产生偏颇。同年，皇帝亲自下令，衙门书吏的子孙只能参加武举考试，这一诏令其实早

227 在 1820 年就已颁布。这一政策可被解读为，朝廷希望可以减

少因书吏从考生处收受贿赂而对科举产生的影响。此外，衙门书吏也第一次被允许捐输低级别的考生资格。虽然取得低级别功名资格的限制有所放宽，书吏们也被纳入其中，但 1829 年清廷又下令，任何被依法控告的考生不得参加文举和武举的院考。另外，在广东的科举考试中，发现了以鸦片交易非法获利的行为，这也成为令清廷忧心忡忡的又一个麻烦。[150]

1850 年前考生资格捐输制度

1837—1848 年间，朝廷颁布了有关地方院考考生资格捐输的明确法规。19 世纪中叶，清廷进入了统治的第二阶段（第一阶段自 17 世纪 70 年代开始）[151]，朝廷亟须通过捐卖考生资格来筹集军费、应对战事。1815 年，普通平民可以通过在出生地捐输考生资格的方式取得生员身份，朝廷也可借此筹饷。1824 年，那些为朝廷在长江三角洲中部战事出资的安徽籍人士的儿辈和孙辈，获准可以捐输考生资格。1829 年，这一捐输政策的获准人群扩充到那些因照顾父母而无法参加科举考试的考生。[152]

如表 4.6 所示，18、19 世纪的种种变革，影响了清廷官僚体系的长期发展趋势。在代表性样本中，通过常规科举考试进入仕途的人数下降幅度超过 25%，从 1764 年的 73% 下降到了 1871 年的 44%，而通过一开始时捐输考生资格之后参加科举进入仕途的人数到 1895 年则陡增 27%，从 1764 年的 22% 增长至 1871 年的 51%。表 4.7 列出了 1850 年之前各省官学捐卖监生资格的具体数字。一名监生资格的平均售价为一百两银锭，在道光朝前十五年间，共有九省各捐卖了超过万余名监生资格。而到道光朝后十五年间（1836—1850），捐卖监生资格过万的地方下降到了六省。

然而从表 4.6、表 4.7 的数据可以看出，朝廷屈服于外部经费筹措压力所做出妥协的程度。清廷不得不违反自己所设立

的种种科场条规，但同时又要贯彻各种严查科场内贪墨舞弊行
为的政令。1820—1850 年间科场总共捐输了 315000 个监生
资格，这导致考生整体的学识水平下降，时任湖北学政的张之
洞在 1868 年给皇帝的奏折中也提及了这一点。张之洞仅在一
场童生考试的 50 余份答卷上，就发现了无数错误，考生们显
然既不通经义，也不通文理。张认为考生水平堪忧的部分原因
可归结为战火不断。此外，科场舞弊依然猖獗，张之洞主张朝
廷应该回到选拔取士标准严格的时代。这听上去无比反讽：一
边是朝廷因筹措钱银不得不捐卖生员和官学监生的资格，一边
是学政官员就科举的公德和制度发表长篇大论。[153]

　　1800 年之后，朝廷试图扭转科场舞弊大趋势的大部分努
力都宣告失败，朝廷越来越依靠捐卖生员资格以在地方筹措军
费，这也无疑激化了生员人数的泛滥。朝廷一边捐卖生员资
格，一边又冠冕堂皇地大谈科举的公正性和道德性，这种做法
对于抵制科举捐卖的人士来说无异于火上浇油。衙门科场内考
生与考官之间的贪腐行为，被合法的科举功名买卖所取代。道
光年间，之前被认为是科场舞弊的很多行为，在捐卖筹饷的政
局骚动中也被合法化了。[154] 作为清末的改良先驱和翰林编修，
冯桂芬（1809—1874）早在 1840 年就提出：

> 　　近十年来，捐途多而吏治益坏，吏治坏而世变益亟，
> 世变亟而度支益蹙，度支蹙而捐途益多，是以乱召乱之道
> 也。居今日而论治，诚以停止捐输为第一义。[155]

清廷对地方生员的控制，1650—1800 年

　　到了 1800 年，通过两年一次全国范围内的地方考试来监
督 200 万—300 万童生的做法变得越来越不可行，而清廷想

要监管、控制 50 万之巨的拥有功名的生员也变得愈发困难。1651 年，清廷就有意识地通过官员升降任免的手段来约束管理普通生员。地方官员有权剥夺那些有犯罪行为的考生的生员资格。考官将不会评阅这类考生的岁考试卷。[156]

此外，皇帝本人也不愿意明末东林、复社那种对朝局持异见的举人、进士群体再度出现，顺治帝于 1651 年禁止再建造书院，以防东林、复社式的党社复兴。康熙朝前期，清廷依旧对此有所忧虑。1662 年，朝廷下诏明示，生员应当将精力放在"士习"而非拉帮结派上。1663 年清廷还下诏指出，那些对官学中的庸碌生员不闻不问的地方官员和学政无疑有怠懒渎职之嫌。[157]

品行问题与雍正改革

雍正朝 1723 年，朝廷经过深思熟虑对生员政策做出了一系列改革。各省学政在评阅生员试卷时，不仅要审读答卷文章中的文理，也要重视考生的品行。1726 年，雍正帝要求所有生员都要意识到作为"四民（即士农工商）之首"应成为表率，不能有欺上瞒下或是违背圣人教诲的行为。如果出现"士习不端"的情况，那么"民风何由而正"？[158]

清廷注重道德劝诫，一直用政治地位作为考生考试成功的奖励，但对于那些表现不端的生员，清廷会以剥夺生员资格的方式进行惩罚。1726 年雍正帝对生员们批评告诫的言辞，是与他极高标准的道德诉求分不开的。他认为很多文士不仅不能成为表率，相反还鱼肉乡里，道德沦丧。地方教育官员的工作应该就是惩戒那些行为不轨的生员，重新恢复地方的公序良俗。通过委派省内举人和名次不高的进士担任低级别的教育官员职务，雍正帝试图重新赋予他们一定的政治地位（参见第三章）。清廷以这种方式寻找到了一套监管控制那些因在文举、武举中屡试不第而心生怨念、举止失当且人数庞大的生员们的新方法。[159]

一个困扰朝廷很久的问题就是，教育官员们把评阅匿名试卷当成了他们的核心职责，但对文士们是否背德、公序良俗是否崩坏则漠不关心。为了能够建立良好的公共道德秩序，雍正帝采取让巡抚和学政互相监督各自在教育活动中的言行举止的办法。此外，清廷还恢复了明代省级学政的任命人选从翰林院中选拔的旧制。

清初，大部分学政的人选来自六部和都察院。而到了康熙朝1684年，挑选翰林院出身的官员出任学政开始成为常例。雍正帝更是坚定地贯彻执行这一制度，以便让皇权的影响力直接下达到地方的教育和考试体系之中。通过选派翰林出任教育官员，雍正帝试图通过省一级学政来推行其旨在控制地方生员的改革政策。[160]

在诸多改革计划中，雍正帝还专门为地方学政举荐的一些人品端方的考生开设了特别的孝廉方正科考试，在各省学政完成三年任期后进行。大省的学政每人可以推举 4—5 名，小省的学政可以推举两名。皇帝本人会在京城亲自主持对这些考生的考试。这一举措代表了清廷对于以推举地方上贤良方正人才为主的汉代察举制（参见第一章）的某种回归，这一政策也是在地方考生所参加的科举、覆试这种正式制度体系之外的一种补充。[161]

1727 年，雍正帝在上谕中强调，自上古以来，古老传说中的社会流动一直就是科举选拔体系的核心要义。雍正帝引用了《尚书》中的"野无遗贤，万邦咸宁"[162]来证明自己的观点。然而因人品端方而被推举的士子还是少之又少。雍正帝不得不在上谕中大声疾呼："今直省府州县学贡生生员，多者数百人，少亦不下百余人，其中岂无行谊醇笃、好修自爱、明达之士乎？"雍正帝强调他更喜欢擅长实学实干而非只会舞文弄墨的人才。他一再重申，品行端方的满、蒙、汉各旗旗人也可以被推举做官。[163]

从 1728 年到 1730 年，雍正帝持续施压，以提升所选拔出的人才的道德品行。然而，各地学政还是无法按照品行要求来推举地方生员。清廷不得不一再强调，优秀的学生应该被直接选入国子监读书，而不合格的人必须逐出科举体系。所有生员应将主要的课业任务定为"以明理为主"，那些散播"妄之语"的生员应被剥夺生员资格。[164]

1729 年，清廷对各省学政依旧重文辞、轻品行的量才方式感到不满。那些品行不端的考生并未受到惩罚，而那些品行端方的考生也并未受到嘉奖。雍正帝为了表明心迹，开始重拾 1652 年顺治朝旧制，让地方注册童生 5 人一组（见上文），互相监督、互相评定品行，如一人有越轨不法之行为，其余 4 人皆要为此负责。雍正帝还下令，岁考的地方档案应记录生员们有无任何背德行为。任何不合要求者，应剥夺其生员资格和一切特权。1730 年，雍正帝抱怨虽然各省都开始举荐品行优异者进入国子监读书，但是现下的推举并未能达到推举制度所本应达到的效果。[165]

1733 年的生员抗议

然而，因为一次地方考试中地方生员与清廷改革者之间出现的紧张对立，雍正朝的科举改革不得不画上句号。1733 年，因新任的学政在禁止州、府内考生缺考和避考现象上过于严厉，河南省开封府的地方生员在所在县举行的岁试和科试中掀起了抗议活动。到了 1700 年，很多地方考官其实已经放弃查核每名生员是否参加了两年一度的岁考和三年一度的科考。这次抗议反映了生员们不愿回到严苛无情的科举制度下，抗议是他们仅有的进行公共表达的方式。他们拒绝进入科场。[166]

针对罢考抗议事件，1734年朝廷在诏书中认为地方生员胆敢用罢考来抵制朝廷对他们科场行为的监管，已然到了是可忍孰不可忍的地步。雍正帝在上谕中说，科举本是为国家量才取士，生员罢考的行为是对朝廷这种恩赐的背叛。考生如有不满，可以向相应的官员陈述意见，而不能利用科举来发动抗议。雍正帝下令，河南因私心之忿而罢考的考生，也不准参加之后的科举考试。此外，如果有人像1733年河南事件这样聚众联合罢考，该地区的文举、武举将停止举行。任何煽动考生罢考的教育官员也将免职。[167]

乾隆朝的科举改革

清廷科举改革的热情一直延续到了乾隆朝。1736年，各省学政被要求向朝廷汇报文举、武举生员在岁考中的行为表现。有违规行为的考生被逐出考场。但1739年，京畿直隶、湖南、福建多省生员的不法行为再次引起了清廷的注意。乾隆帝认为这类行为有损朝廷量才取士的信心，这些行为不轨的文士无法再作为民众可以效仿的表率。朝廷再一次忠告各地官员在处理此类事件时要更加警觉。此外，之后成为封疆大吏的陈宏谋于1741年上书，建议朝廷下令让所有举人、生员提供书面证据，证明家中没有未下葬的亲人或在服丧期中。但是推举贤良的诏令从未被认真执行过，因为朝廷官员认为这一法令不具备可操作性，而且很容易让一些行端履正的考生因受举荐而遭到无端指责。[168]

18世纪40年代乾隆帝时的清廷对科举制进行了一次大规模的重新评估，本书第十章对此问题也有涉及。乡试科场、地方衙门中的不法行为和舞弊事件已到了威胁科举选拔制度生死存亡的地步了。例如1741年，山西省就爆发了科场丑闻，担任当地学政的满人，自 1740 年开始就贩卖文举、武举的生员资格。山西巡抚主持了对此案件的调查，这名学政遭到革职。两名牵涉本案的知府本来要被革职，但是清廷法外开恩，将他们革职留任。[169]

1745 年，某些考生因外出游历而在官学缺勤严重，这种情况自明代以来就是科举的顽疾，而在清代这一情况愈演愈烈。这类生员如果缺勤的话，应该先知会地方教育官员；否则他们的名字将被从花名册中划去，不能参加岁考和科考。1746 年，士子生员们的很多行为让本就对他们感到异常头痛的清廷更加难以接受。乾隆帝将文士们种种不合礼义的行为看作礼教沦丧的标志。1747 年清廷重申，只要有正当理由，就可以对某些德行有亏的生员进行查检，一经查实就可革除生员的功名。[170]

1750 年，四川学政被曝受贿，这一舞弊丑闻再次震动朝野。早在 1741 年，就发生过外放担任学政的翰林院出身的官员被牵涉进舞弊案件中。清廷仔细调查了生员资格买卖的规模，发现学政通过出售生员和监生资格，总共收受贿银达四千至五千两。对功名的需求加重了官员的贪墨之风。1752 年乾隆帝在上谕中甚至表示，科举舞弊之风已经蔓延到了殿试。在四川发生的贿案牵涉到朝廷最高层的官员，四川学政朱荃（浙江人）受到弹劾，而他是雍正、乾隆两朝的内阁重臣张廷玉（1672—1755）的女婿，张廷玉本人于 1750 年已然致仕。乾隆帝对朱荃受贿、匿丧的行为十分不满，下令对其革职查办，因朱荃在归途中溺亡才作罢。[171]

234

至此，朝廷对于地方科举的不满，已经从道德劝诫的层面，升级到不满于对各地区生员的监管不在政府控制范围之内这一本质问题。1742 年乾隆帝已经下令地方考官不要全凭文辞来评定考卷，而需要更注重考生的品行。[172]18 世纪 50—60 年代，清廷不断密集地下发各类诏令，催逼地方官员：（1）对生员的德行情况进行上奏；（2）仔细核检有无生员资格买卖的问题；（3）必须对生员的品行做出评价；（4）居住在百里之外的生员也需向地方州、县的官员汇报自己的日常行为。1769年，礼部为品行俱佳的推举考生举行制科考试，这些考生都是各省学政在当地三年任期结束之后向朝廷推荐的。这次考试，乾隆帝为他们设立了录取定额，希望他们能成为全体士人的道德楷模。[173]

因为科场舞弊案屡屡出现，清廷对于学政和地方教育官员的行为高度关注。比如1752年进入翰林院的翁方纲（1733—1818），自1759年他时常被外派至各地出任乡试考官。1764年，他被外放，出任广东学政。然而两个任期之后，他被参劾误让数名与地方官学生员名录上年龄不符的考生入场考试。鉴于此类情况涉嫌徇私舞弊、案情严重，翁方纲被革职，虽然从理论上说他仍是翰林院编修。翁方纲赋闲一年之后，才被准许回到翰林院。[174]

最终，以品行高洁与否为重要评定标准的科举流程被确立了下来，18世纪70—80年代各省学政每三年都会保留一些配额给这些以品行操守见长的考生，让他们去参加制科考试。然而到了1789年，已然官复原职、出任江西学政的翁方纲注意到，那些品行优良的考生更愿意参加两年一度的岁考，三年一度的科考的含金量反而降低了，因为科考仍不注重考查考生的品行。科考看上去与品行推举并没多少关系，但仍是考生参加乡试，乃至进入仕途的主要途径。翁方纲向朝廷建言，他认为无论岁考还是科考，都应一视同仁地重视考评考生们的品行。[175]但是这种考评变得越来越难，阮元（1764—1849）在1795—1798年任浙江学政时，对优行生员的策问考题都曾提及科举大半精力都放在了严防考场舞弊上。[176]

1850年前生员数量的激增

1800年后，自嘉庆朝（1796—1820）开始，朝廷虽然仍然对地方考区生员控制的问题保持警觉，但已不再对其采取较为激进的立场。朝廷开始对之前一些政策所产生的并未预见的后果进行补救，比如之前学政在改派他任前可以提名本地一些品行优异的生员参加制科考试，1811 年之后朝廷将每省常例的优行配额定为 3 人。1819 年，朝廷下令，那些虽然生员资格被剥夺，但仍想重新申请恢复生员资格的考生，其请求可以递交给当地官员进行审核。这一举措明显是针对雍正、乾隆两朝科举改革将太多生员革除身份、赶出地方官学的情况而制定的。[177]

道光年间，朝廷再次警觉地加强了对地方生员的考核，也密切关注着各地不断增长的要求恢复生员身份的考生人数。1824 年，朝廷设法以"情节之公私"为准则，将剥夺、恢复生员功名的程序常规化，使之成为个案判定的唯一标准途径。其实清廷也清醒地意识到，新的不轨行为将沿着这条缺乏监管的路径继续渗入科举体系，很多得以恢复生员身份的人并未真的改过自新。1825 年，道光帝下诏斥责文士作为士农工商的"四民之首"，却不能起到为天下百姓树立表率的作用。[178]

236

19 世纪初，选拔品行优异的优行生员的取士制度被常例化了，1829 年正式在朝廷法令中予以明确。清廷责备那些将优行生员分成一等、二等德行楷模的学政。在清廷看来，这种官僚主义式的对道德品行的推崇，其做法实为敷衍。1835 年，道光帝在上谕中指出，社会风俗和道德品行是相辅相成的，他建议地方官员在考评生员时，要凭借实用的法则而非完全基于考试答卷文章中的文辞。[179]

然而 1851 年，广东南海县的地方考试中又爆发了考生抗议行动。西湖书院的学生向当地知县提出抗议：考生们向知县施加压力，让其在地方考试中照顾他们。但是知县并没有同意，所以考生们拒绝进入科场考试，并将这次大规模抗议的矛头对准知县。清廷对此事件极为震怒，并下令所有涉及此案的考生不得再参加地方考试。这一决定与之前1734年雍正帝处理开封罢考事件如出一辙。太平天国运动前夕，科举考试的政治化变得越来越普遍，咸丰帝（1850—1861年在位）充分注意到了这一点，并在1856年的上谕中提到了这种现象的存在。[180]

至1850年，地方考生和生员人数的猛增，已远远超出了朝廷的教育官员、考试官员通过自身人力资源可以维系的科举选拔公正性的能力极限了。衙门科场的考生承载能力也达到了极限，越来越多的考生其目标也只是想通过地方考试，至少混一个生员的资格。如表4.8所示，1850年之前全国只有50多万地方生员和20多万武举生员，地方教育官员和学政只要将他们登记造册、进行管理即可。此外，还有35万监生通过诸如捐输的非常规手段取得了生员资格。

而当全国的生员数量增长到110万时，其中只有2.2%的人可以取得更高的文举、武举中的举人、进士身份。清廷光是维系县、州、府各级考试和乡试、会试以及武举考试的公平性和可操作性就已然手忙脚乱了。[181]中国的人口也从1700年的1.5亿—2亿，增长到了1800年的3亿，王朝科举这座文化监狱的竞争之激烈已变得超出常人的忍耐程度了。大约超过300万童生涌向两年一度地方考试的独木桥。

然而1850年之后，因为太平天国运动，长江三角洲地区的科举之门被关闭了（参见第十一章），而此时清代中国的总人口已经达到了4.5亿。从表4.9中可以看出，生员人数在1850年之后已经达到了150万，比太平天国运动爆发前要高出36%，与此同时中国总人口增长约为50%。全国大约有65万文举生员和26万武举生员。1850年前后，科举考生中最大的一群人就是生员和监生，他们在道学经义上的水准相差极大。但我们还要再算上另外200多万想通过地方考试进入科举

体系中的无功名考生，所以 1850 年前清朝大约总共有 300 万
名受过儒家经典教育的男性，而在太平天国运动之后这一数字
增长到了 400 万—500 万。

　　我们不能简单地将 1850 年之后中国所发生的种种事件，
视作评判科举这一从 15 世纪到 20 世纪初延续 500 余年的晚期
帝制中国官僚再生产制度体系成败的标尺。1905 年以前，数
以百万计的汉人以及数万满人、蒙古人都希望通过科举求得富
贵，而同样有数以万计的文士想要反抗这一体制，无数考生不
惜用作弊来求得功名，所以当我们在探讨科举考试这一文化、
教育体制时应当尤为小心。每三年，总有 5 万—7.5 万（乃至
更多）、15—50 岁的男性生员，紧张地出现在十七省的乡试
科场大门前，而从明末到清代，只有 1%—3% 的人能够走到
最后。这种史无前例的盛况一直在发生，直到 20 世纪。

　　想要对这种教育体制及其运作方式的历史意义给予一个
中肯的评价，需要进行全面彻底的社会文化向度的研究，学
者们不能将晚期帝制中国的文官选拔机器当成理所当然的历
史产物。本章和之前章节中对于科举制运作机制的"深描"
（thick-description），是对某些轻视科举制的学术观点的拨乱
反正。此外，本章所讨论的问题依然不能解决为何科举制绵延
如此之久的问题。但不可否认的是，长久以来数以百万计、从
年幼到年长的中国男性与他们的家庭、亲人一起，都梦想着能
够有机会进入科场、博取功名、步入仕途、光宗耀祖。

238

注　释

1　参见 Miyazaki，*China's Examination Hall*，p.113。又见 Moore，"The Ceremony of Gratitude，" 其中

有关于唐代科考仪式的讨论。参见 Philip Rieff, *The Feeling Intellect: Selected Writings*（Chicago: University of Chicago Press, 1990）, pp.221-222, 247-248。

2　参见《顺天府题本》, 1767, 第五月第二十六天。又见《工科题本》, 第七月第十一天。两者皆见中研院明清档案。一两白银约 1.32 银币。

3　参见《五礼通考》, 173.3a-b, 关于上古理想中的"造士"。又见《礼记》。

4　参见 Paul Ropp, *Dissent in Early Modern China*（Ann Arbor: University of Michigan Prress, 1981）, pp.67-68。《儒林外史》这部小说当然不单单是对科举考试进行讽喻。

5　参见 Lach and van Kley, *Asia in the Making of Europe*, vol.3, book 4, p.1639, 本书引用了金尼阁（Nicolas Trigault）写于 1615 年的 *De Christiana Expeditione apud Sinas* 一书。

6　参见徐扬, 1759 年,《姑苏繁华图》（香港: 商务印书馆, 1988, 1990）第八卷。在图中, 参加苏州府考的学生成排坐在长桌后面, 长桌之间彼此平行摆放。此外还有一些地方科场的照片, 参见商衍鎏《清代科举考试录》,（北京: 生活·读书·新知三联书店, 1958）, pp.10-11。又见 Sheang [Shang] Yen-liu, "Memories of the Chinese Imperial Civil Service Examination System," pp.54-62。

7　殿试的仪式过程可参见《状元策》, 1733 年刻本, pp.1a-2a（清代）, pp.2b-3a（明代）。考试官员的等级和数量也被列在《状元策》中。又见 John Meskill, "A Conferral of the Degree of Chin-shih," *Monumenta Serica* 23（1964）: 351-71; 以及 Sheang [Shang] Yen-liu, "Memories of the Chinese Imperial Civil Service Examination System," pp.75-78, 商衍鎏在文章中对于清代 1667 年和 1904 年的殿试唱名典礼分别做了令人印象深刻的描述。对于宋代科举典礼, 可见 Chaffee, *The Thorny Gates of Learning in Sung China*, pp.158-61。对于唐代科举典礼, 可见 Moore, "The Ceremony of Gratitude"。

8　黄汝成:《日知录集释》, 卷 16-17, pp.376-419 中详述了明代科场的很多细节, 同样的细节又见《皇朝经世文编》, 魏源编, 1827 年和 1873 年刻本（重印本, 台北: 世界书局, 1964）, 57.1a-20a。又见《胪传纪事》, 缪彤编（上海: 商务印书馆,《丛书集成初编》, 1936）, pp.1-6, 其中记述了 1667 年乡试、会试、殿试状元一路高中的实际具体流程。

9　Gray, *China*, pp.172-173. 诸如登记格式、考试要求用纸等信息, 可参见 Zi, *Pratique des examens littéraires en China*, pp.20, 37, 61, 90-91, 112, 126, 129。又见 Birch, trans., *Scenes for Mandarins*, p.207。

10　参见徐扬, 1759 年,《姑苏繁华图》第八卷, 其中可看到苏州府试考场外的店铺。又见 Dorothy Ko, "The Written Word and the Bound Foot: A History of the Courtesan's Aura," in Ellen Widmer and Kang-i Sun Chang, eds., *Writing Women in Late Imperial China*（Stanford: Stanford University Press, 1997）, pp.82-90。

11　关于 19 世纪晚期的情况, 还可在 James Knowles, "Competitive Examinations in China," *The Nineteenth Century: A Monthly Review* 36（July-December 1894）: 87-99 得到确证。

12　参见《制义科琐记》, 1.13a 中涉及了明初的政策。考试期夜间点烛政策频繁地被提及讨论, 因为考虑到干燥的气候和强风, 火烛在北京晚间尤其危险。参见《状元图考》, 2.17b;《五礼通考》, 1229.25a;《制义科琐记》, 1.32, 1.46-47; 以及罗伦的事迹可参见 *Dictionary of Ming Biography*, p.984。又见《钦定大清会典事例》, 386.15a, 其中提及考生如果参加地方考试重试的话, 不允许在考试期间使用蜡烛。

13　黄光亮:《清代科举制度之研究》, pp.280-293 详述了清代内帘官和外帘官的科场体系, 并指出清制是以明代制度为基础的。

14　关于北京会试科场, 可参见胜又宪治郎《北京の科舉時代と貢院》, 载《東方學報》（东京）6（1936）: 203-239。

15　参见 Zi, *Pratique des examens littéraires en China*, pp.102, 104, 106, 139, 143。《故宫文物月刊》的科举特刊重制了号舍的图表（《故宫文物月刊》88（1990 年 7 月）: 35, 51。

16　参见 Sheang [Shang] Yen-liu, "Memories of the Chinese Imperial Civil Service Examination System," pp.66-67。

17　参见《前明科场异闻录》, 广东味经堂书坊刻本（重刻, 钱塘, 1873）, B.45b。另一个考卷被吹走的故事发生在 1451 年殿试中, 但考生被准许在新的答卷纸上重新写完对策。参见《制义科琐记》, 1.47。

18　参见 Sheang [Shang] Yen-liu, "Memories of the Chinese Imperial Civil Service Examination

System," p.67。

19　Wu Ching-tzu, *The Scholars*, translated by Yang Hsien-yi and Gladys Yang（Peking Foreign Languages Press，1957），pp.465-466，其中有对明末南京乡试科场开闱前搜身情况的描写。参见 Zi, *Pratique des examens littéraires en China*, pp.18；以及 Moore, "The Ceremony of Gratitude," 其中描绘了唐代科举考试现场的情况。

20　《皇明贡举考》，1.48a-b。

21　参见程端礼《程氏家塾读书分年日程》，1.1a-15b。参见 Ridley, "Educational Theory and Practice in Late Imperial China," pp.386-94。

22　参见 "Competitive Examinations in China：A Chapter of Chinese Travel," *Edinburgh Magazine*（London）138（July-December 1885），p.481。

23　台北中研院明清档案中，有 25 份我可以复制和查阅的这类"表"。它们的年份为 1699—1851 年。在这些表中，9 份出自乡试，7 份出自会试。

24　《皇明贡举考》，1.55a 表明这一做法可以追溯到 1384 年。

25　参见《临文便览》，1875 年刻本，《条例》，内含乡试、会试、殿试上书写的种种规定。

26　《制义科琐记》，1.13。

27　《皇明贡举考》，1.53a。笔者还未曾在清代科举的试卷上看到青笔。

28　同上书，1.63a-b，其中将这一做法追溯到了 1385 年。

29　同上书，1.41b 中认为自 1450 年始，同考官开始遵照惯例被分派入五经中某一经的考房中。又见黄汝成《日知录集释》，16.382，其中谈及明末会试有 18 间考房。此外，一份明代科考的上奏中提及此次考试安排了 17 间考房，参见《会试同年世讲录》，1556：13/6567-6570，收入《明代登科录汇编》。

30　《制义科琐记》，4.130。

31　参见《清代前期教育论著选》，李国钧等编（北京：人民教育出版社，1990，三卷本），3/147-148，3/256-257。

32　黄光亮：《清代科举制度之研究》，pp.292-293 中指出，清初乡试和会试中，考官们需要两周时间来进行阅卷工作。1687 年圣旨下令增加 5 天阅卷时间，1711 年又下令再增加 10 天，因此考官大约有 1 个月时间来完成所有阅卷排名工作。

33　《制义科琐记》，1.51-52。

34　参见《清史稿》，11/3152。

35　参见《钦定磨勘条例》，乾隆朝末期刻本，1.1b-2a。对科举考卷的查检始自 1701 年，至 1736 年此制度再次被确立。关于科举考试的奏报和资料仍有存世，其藏于北京第一历史档案馆和台北中研院明清档案。还有部分藏于日本、欧洲和美国。

36　此画现藏于台北"故宫博物院"。此画部分也曾于英文著作中出版，参见 Wakeman, *The Great Enterprise*, p.121。这幅画更为清晰的重印版可参见《故宫文物院刊》特刊 pp.4-5、6-7、8、25、26-27、28。

37　参见 Sheang [Shang] Yen-liu, "Memories of the Chinese Imperial Civil Service Examination System," p.68。Doolittle, *Social Life of the Chinese*, pp.412-420 描述了 19 世纪时的庆祝活动。

38　《制义科琐记》，1.18、1.22、1.134-135。

39　黄光亮：《清代科举制度之研究》，p.293。

40　我对使用"文化监狱"一词有些许担心。因为我们很容易将科场中的号舍（"cell"）与寺庙的静修之所以及佛教僧侣在寺院中闭关冥想的山亭相比较。但是与僧侣们不同，考生们一旦被锁院就不能外出了，他们的一举一动都要受到守卫和书吏的监控。在此感谢巴斯蒂夫人（Marianne Bastid）对此所提出的意见。

41　Jacques Gernet, *Buddhism in Chinese Society: An Economic History From the Fifth to the Tenth Centuries*, translated by Franciscus Verellen（New York：Columbia University Press，1995），p.240. 又见 Moore, "The Ceremony of Gratitude"。

42　有趣的是，明清时代无论监（prisons）还是狱（jails），都不是按照科场的规模去修建的，这表明晚期帝制中国可以在没有太多流放地和大型集中营式监狱的情况下保持一定的社会稳定。参见 L. Carrington Goodrich, "Prisons in Peking, *circa* 1500,"载《清华学报》，未详，10（1973）：45-53；Henry Brougham Loch, *Personal Narrative of Occurrences during Lord Elgin's Second Embassy to*

China in 1860（London，1900），pp.110-122；以及 Derk Bodde，"Prison Life in Eighteenth Century Peking，" *Journal of American Oriental Society* 89（April-June 1969）：311-333。卜德（Derk Bodde）推测 18 世纪清代的监狱可以承载大概 2500 人。

43　赵翼：《廿二史札记》（台北：广文书局，1974），pp.433-435（卷 25）。

44　参 见 Michael Dutton，*Policing and Punishment in China*（Cambridge：Cambridge University Press，1992），pp.97-184，内含关于在监察德行的惩戒体系中监狱所扮演的角色的分析。参见 Michel Foucault，*Discipline and Punish: The Birth of the Prison*，translated by Alan Sheridan（New York：Vintage Books，1979），pp.170-228。

45　参见《清稗类钞》，21.73，其中详述了千余名考生是如何因为试图带小抄进科场而被驱逐出了顺天府的科考。参见 Rieff，*The Feeling Intellect*，pp.272-273。

46　《续文献通考》，34.3141-3142。

47　贾晋珠（Lucille Chia）注意到廉价的"巾箱本"（满是蝇头小字的袖珍书）在考生中流行，很多考生偷偷把这一作弊物品带入考场。参见 Chia，"Mashaben：Commercial Publishing in Jianyang，Song-Ming，"paper presented at the Song-Yuan-Ming Transition Conference（加州箭头湖，1997 年 6 月 5 — 11 日），p.13。

48　《制义科琐记》，2.48、2.54、3.87 中——罗列了明代的这些作弊手段；以及《皇明贡举考》，1.53b-54a。清代科场作弊的内容可参见 Chung-li Chang，*The Chinese Gentry*，pp.188-97。比如在被称为"条子"的纸条上刻孔，这就足以向考官提示考生的身份。当考官阅卷时看到这页试卷时，考官将刻孔的条子放在试卷上，就能找出提前约定好的特定字眼。

49　参 见 Wu Ching-tzu，*The Scholars*；以 及 P'u Song-ling，*Strange Tales from Liaozhai*，translated by Lu Yunzhong，Chen Tifang，and Yang Zhihong（Hong Kong：Commercial Press，1988）。又见 Birch，trans.，*Scenes for Mandarins*，pp.200-206，其中吴炳的《绿牡丹》第五出中就描绘了种种科场内的交易把戏。吴炳原作可参见吴梅编《奢摩他室曲丛》（上海：商务印书馆，1928），vol.19，A.9a-12b。

50　Barr，"Pu Songling and the Qing Examination System，" p.89。

51　Doolittle，*Social Life of the Chinese*，pp.421-428 详述了 19 世纪时的科场程序条例。

52　《清稗类钞》，21.24-25 中举了一例：在一次县考中，一名书吏在考题中将"焉"字错写成了"馬"。

53　Yuan Ting，"Urban Riots and Disturbances，" in Jonathan Spence and John Wills，eds.，*From Ming to Ch'ing: Conquest, Region, and Continuity in Seventeenth-Century China*（New Haven：Yale University Press，1979），p.286。

54　同上书，pp.292-93。

55　同上书，pp.301-02。

56　参见黄光亮《清代科举制度之研究》，pp.262-264 提及了 1711 年这起科场案件。

57　上谕档（台北"故宫博物院"清史馆档），pp.038-050，乾隆卷 23，第二月。又见拙著 *Classism，Politics, and Kinship*，pp.107-108。

58　参见陆深《科场条贯》，136.4a，以及《皇明贡举考》，1.106b-107a。又见 Dardess，*A Ming Society*，pp.146-149。明清两朝曾尝试为书吏设立独立的考试。参见《清稗类钞》，21.164。相关 讨 论 参 见 T'ung-tsu Ch'u，*Local Government in China under the Ch'ing*（Stanford：Stanford University Press，1962），pp.36-55。

59　《清稗类钞》，21.126-127。

60　每当国家允许直接交易生员资格时，明代士人也会利用财政危机绕过"捐监"政策来达到他们本来的目的。参见 Dardess，*A Ming Society*，pp.163-164。关于清朝的部分，请参见下文。

61　Doolittle，*Social Life of the Chinese*，pp.425-428。

62　关于明代考官被指控收贿的案例，可参见《制义科琐记》，2.48-49，2.55，2.72-73。参见 Doolittle，*Social Life of the Chinese*，pp.26-27。

63　Chung-li Chang，*The Chinese Gentry*，pp.194-195。

64　《明史》，3/1702，7/5650；以及《制义科琐记》，2.63-64。参见 Ray Huang，*1587: A Year of No Significance*（New Haven：Yale University Press，1981），pp.9-26，33-41。1577 年，官员们因张居正在父亲去世后并未按例丁忧而参劾他。1582 年后，张居正自己和兄弟、儿子的家产遭到抄没。

65　乾隆帝 1741 年关于顺天府乡试作弊和贿考的诏令，参见《清代前期教育论著选》，3/7-8。

66　黄光亮:《清代科举制度之研究》，pp.270-271。

67　参见《清稗类钞》，21.87；以及 Howard Boorman and Richard Howard, eds., *Biographical Dictionary of Republican China*（New York：Columbia University Press，1967），p.417。关于此案件的更多细节，参见 Mary Buck, "Justice for All：The Application of Law by Analogy in the Case of Zhou Fuqing," *Journal of Chinese Law* 7, 2（fall 1993）：118-127。Man-cheong, "Fair Fraud and Fraudulent Fairness," pp.52-58 根据考官的亲属如何通过考官的政治影响力向社会上层流动的情况，详述了清代中期的考试回避原则和科举考试回避条例。

68　Mary Buck, "Justice for All," pp.127-137.

69　《钦定科场条例》中详列了对于考官和考生的条例细节，《钦定科场条例》，1832 年刻本。又见商衍鎏《清代科举考试述录》，pp.325-350；以及黄光亮《清代科举制度之研究》，pp.258-275，内含对于科举考试舞弊案的讨论。

70　《制义科琐记》，2.48-49。

71　参见 Ku Chieh-kang, "A Study of Literary Persecution during the Ming," translated by L. Carrington Goodrich, *Harvard Journal of Asiatic Studies* 3（1938）：282-285。

72　《制义科琐记》，2.78-79。

73　参见 Hummel, ed., *Eminent Chinese of the Ch'ing Period*，p.787。

74　《进士同年序齿便览》，1595：242-243。

75　《前明贡举考略》，黄崇兰编，1834 年刻本，2.32a-b。参见《制义科琐记》，2.72-77；以及《状元策》，1733 年刻本，A.6a。

76　《殿试登科录》，1610。参见《制义科琐记》，3.103-104。又见 Ku Chieh-kang, "A Study of Literary Persecution during the Ming," pp.291-293；以及 Wakeman, *The Great Enterprise*，pp.124-125。

77　参见《淡墨录》，2.8b-10a。又见黄光亮《清代科举制度之研究》，pp.259-261 讨论了 1657—1658 年的科场案。

78　参见《钦定大清会典事例》，382.13b。又见《清历朝秀才录》（清末稿本），pp.14-15，其中有地方岁考、科考于 1661—1662 年中断的史料。自 1881 年始，只有二甲和三甲进士需要参加覆试。一甲进士则被免除。

79　参见《淡墨录》，14.10b-11b；以及《常谈》，pp.37-38。又见《钦定磨勘条例》，1.1b-2a，其中有针对乡试和会试试卷展开审查程序的诸多细节。

80　参见《兵科题本》，1768 年奏折，第七月第二十六天，以及第九月第二十九天，藏于台北中研院明清档案。

81　Moore，"The Ceremony of Gratitude"。

82　参见 Pasquale M. d'Elia, S.J., ed., *Fonti Ricciane: documenti originali concernenti Matteo Ricci e la storia delle relazioni tra l'Europe e la Cina*（Roma：Libreria dello Stato，1942），vol.1，p.49，参见 Moore，"The Ceremony of Gratitude"。

83　参见 Ku Chieh-kang, "A Study of Literary Persecution during the Ming," pp.279-90；以及 Wakeman, *The Great Enterprise*, p.358n127。

84　参见 *Dictionary of Ming Biography*, pp.970-971。

85　《制义科琐记》，2.71-72。关于东林党与魏忠贤的党争，可参见拙文 "Imperial Politics and Confucian Societies in Late Imperial China," pp.393-396。关于此问题最重要的论著是小野和子的《明季党社考》（京都：同朋舍，1996）。

86　傅衣凌:《明代江南市民经济试探》（上海人民出版社，1957），pp.111-112。关于 1567 年常州府科举考试骚乱的问题，可参见 Wakeman, *The Great Enterprise*，pp.105-107，107n59。

87　John Meskill, "Academies and Politics in the Ming Dynasty," in Charles Hucker, ed. *Chinese Government in Ming Times: Six Studies*（New York：Columbia University Press，1966），pp.160-63；Ray Huang, *1587: A Year of No Significance*, pp.60-67；以及 Robert Crawford, "Chang Chü-cheng's Confucian Legalism," in William Theodore de Bary et al., *Self and Society in Ming Thought*（New York：Columbia University Press，1970），pp.367-404。

88　《明史》，8/5647-5648。

89　参见顾宪成《东林会约附》，收入《顾端文公遗书》，清康熙刻本，卷四，pp.14a-15b。又见《宜兴县志》，1869：4.44a-45a；以及 Charles Hucker, "The Tung-lin Movement of the Late Ming Period," in John K. Fairbank, ed., *Chinese Thought and Institutions*（Chicago：University of Chicago Press, 1973），pp.147-150。关于其社会语境，可参见 Richard von Glahn, "Municipal Reform and Urban Social Conflict in Late Ming China," *Journal of Asian Studies* 50, 2（1991）；以及 Yuan Tsing, "Urban Riots and Disturbances," pp.280-313。

90 参见顾宪成《经正堂商语》，收入《顾端文公遗书》，卷五，1.1a-7a。又见朱倓《明季党社研究》（重庆：商务印书馆，1945）；以及沟口雄三《いわゆる東林派人士の思想》，载《東洋文化研究所紀要》75（1978）：111-149。

91 《进士同年序齿遍览》，1595：49a。

92 孙慎行：《恩恤诸公志略》，收入《荆驼逸史》，陈湖编，道光刻本（1820—1849），1.2a。

93 关于当时东林殉亡者的名单，参见金日升《颂天胪笔》，1633 年刻本，卷一，1a-24a；以及《东林别乘》（广州 1958 年影录）。

94 《前明贡举考略》，2.38b。参见艾南英《天傭子集》，A.1a（p.49）；以及黄汝成《日知录集释》，16.388。

95 Atwell, "From Education to Politics," pp.333-367.

96 《应天乡试录》，1630：19b-22a；参见 Atwell, "From Education to Politics," p.341；以及 Wakeman, *The Great Enterprise*, pp.113-126。

97 Wakeman, *The Great Enterprise*, pp.230-231、279-280、890-891。

98 Bielenstein, "The Regional Provenance," pp.23-24. 浙江考生得以再次参加科考后，朝廷对浙江进行了补偿，1730 年、1733 年分别点中了 71 名和 43 名浙江籍进士，高于浙江于 1723 年（24 名）和 1724 年（36 名）的非官方殿试进士配额。

99 参见商衍鎏《清代科举考试述录》，pp.327-228. 参见 Hummel, ed., *Eminent Chinese of the Ch'ing Period*, p.22。

100 参见 1740 年乾隆帝对谢案的敕令，收入《清代前期教育论著选》，3/8。参见 Hummel, ed., *Eminent Chinese of the Ch'ing Period,* pp.306-307。

101 参见 Guangyuan Zhou, "Illusion and Reality in the Law of the Late Qing," *Modern China* 19, 4（October 1993）：442-443。

102 杜佑（卒于 812 年）《通典》（上海：商务印书馆，1936），vol.1, 17.97。参见 Pulleyblank, "Neo-Confucianism and Neo-Legalism in T'ang Intellectual Life," pp.91, 104-105。

103 参见 David Hamilton, *Towards a Theory of Schooling*（New York：The Falmer Press, 1989），p.151。

104 陈真晟：《程氏学制》，收入《明代教育论著选》，pp.134-136。

105 《皇明贡举考》，1.22b-25a、41b-42a、45a-46b。又见《续文献通考》，35.3158。

106 《复社纪略》（无页码明末手抄本），B.7-9。

107 同上书，B.7-9。

108 同上书，B.11-19。

109 同上书，B.18-28。又见《崇祯实录》（重印本，台北：中研院历史语言研究所，1967），9.3a-b。

110 《复社纪略》，B.23、B.38。

111 参见 Hummel, ed., *Eminent Chinese of the Ch'ing Period*, p.492。

112 《明史》，10/7258-59。

113 黄淳耀《陶菴集》，嘉定刻本（1676），3.1a-14b。又见 2.14b、2.36a。

114 黄淳耀《陶菴集》，3.1a-2b。

115 同上书，3.3a-11b。

116 同上书，3.3a-5a。

117 同上书，3.5a-8a。

118 同上书，3.8a-11b。

119 同上书，3.11b-14b。

120 Vincent Shih, *The Taiping Ideology: Its Sources, Interpretations, and Influences*（Seattle：University of Washington Press, 1967），pp.376-377。

121 参见《制义科琐记》，3.104-113，记载了艾南英对科举的评价；以及 Lung-chang Young, "Ku

Yen-wu's Views，" pp.52-56。

122　艾南英：《天傭子集》，3.3a-10a，28a-30a；以及黄汝成《日知录集释》，17.406-407。参见 Lung-chang Young，"Ku Yen-wu's Views，" pp.48-57。

123　David Nivison，"Protest against Conventions and Conventions of Protest，" in Arthur Wright，ed.，*The Confucian Persuasion*（Stanford：Stanford University Press，1960），pp.177-201。 又见 William Theodore de Bary，trans.，*A Plan for the Prince: Huang Tsung-hsi's Ming-i tai-fang lu*（New York：Columbia University Press，1993），pp.111-121。

124　参见拙文"Imperial Politics and Confucian Societies in Late Imperial China，" pp.390-393。

125　相关讨论，参见牧野巽《顧炎武の生員論》，pp.227-228。

126　Huang Ch'ing-lien，"The *Li-chia* System in Ming Times and Its Operation in Ying-t'ien Prefecture，" *Bulletin of the Institute of History and Philology*（Academia Sinica，Taiwan）54（1983）：103-155.

127　《钦定大清会典事例》，386.1a-2a。

128　同上书，386.2a。

129　参见 Sawyer，trans.，*The Seven Military Classics of Ancient China*，pp.16-18。

130　《清稗类钞》，21.6-7。

131　同上书，20.167-70。又见《钦定大清会典事例》，385.5a。

132　《钦定大清会典事例》，383.4a，386.2b；以及《清稗类钞》，20.169。

133　《钦定大清会典事例》，383.3a-b，383.15a。

134　同上书，386.14a。

135　《清稗类钞》，20.8-9。

136　同上书，21.65-66。这类翻译科考试于1698—1718年间被废止。1838年被再次废止，直到19世纪70年代重新恢复。

137　Wakeman，*The Great Enterprise*，pp.888-889，1041，1041n99.

138　《清稗类钞》，21.57-58。类似情况时有发生，比如1758年八旗科举，当翰林考官禁止满人考生在考试时传递信息、使用小抄时，考场爆发了骚乱，具体可参见拙著 *Classicism, Politics, and Kinship*，pp.107-108。

139　《清稗类钞》，21.127。商衍鎏作为一名汉军旗人，在1904年末科殿试中高中探花。参见《会试同年齿录》，1904：1a。1865年曾诞生过一名蒙古族状元。

140　《钦定大清会典事例》，386.4a。

141　同上书，386.4a-5a。

142　同上书，386.5b-6b。

143　同上书，386.7a-9a。

144　同上书，386.7a-8a。

145　同上书，386.9a-11b。

146　同上书，386.12a-19a。比如1829年，那些因为要照顾父母而无法参加地方考试的考生，被准许购买院考通过的资格。

147　同上书，386.12a-12b。

148　Derk Bodde and Clarence Morris，*Law in Imperial China*（Philadelphia：University of Pennsylvania Press，1973），p.408.

149　《钦定大清会典事例》，386.13b-15a。

150　同上书，386.16a-18a。又见徐珂纂《清稗类钞》，21.86。

151　《国朝虞阳科名录》，4A.19a-24 记载了1678年（34人捐买）和1682年（45人捐买）各地一百两银锭最多分别可以捐买多少名考生资格。1679年虞阳捐买考生资格的人数达到顶峰（106人）。

152　《钦定大清会典事例》，386.13a，15b，18a，19a-b。

153　同上书，386.19b-20b。

154　参见 Mary Wright，*The Last Stand of Chinese Conservatism: The T'ung-chih Restoration, 1862-1874*（Stanford：Stanford University Press，1957），pp.79-87。

155　冯桂芬：《校邠庐抗议》，1897年刻本（重印本，台北：文海出版社），1.17b-19a。英文翻译参考 Mary Wright，*The Last Stand of Chinese Conservatism*，p.85。

156 《钦定大清会典事例》，卷 383 记载有清廷是如何控制地方生员的内容。参见 383.1a-2a。

157 同上书，383.2a-3a。

158 同上书，383.3b-4b。

159 同上书，383.5a-5b。有关雍正朝复置教育官员的问题，可参见荒木敏一《直省教学の制を通じて観たる雍正治下の文教政策》，收入《雍正时代の研究》（京都：同朋舍，1986），pp.284-308。

160 《钦定大清会典事例》，383.5b。还可参见荒木敏一《雍正时代に於ける学臣制の改革》，pp.503-518。

161 同上书，383.6a-6b。又见冯梦祯《历代贡举志》（上海：商务印书馆，1936），pp.1-3。

162 参见《尚书通检》（重印本，北京：书目文献出版社，1982），p.2（03：0050）。

163 《钦定大清会典事例》，383.7a-7b。

164 同上书，383.9a-10a。

165 同上书，383.10b-12a。

166 参见荒木敏一《雍正二年の罢考事件と田文镜》，载《东洋史研究》15，4（1957 年 3 月）：100-104。荒木敏一将抗议的主要原因归结为地方强迫生员参加劳役。参见 pp.104-110。

167 《钦定大清会典事例》，383.12b-13a。

168 同上书，383.15a-19a。又见 Norman Kutcher, "Death and Mourning in China, 1550-1800"（Ph.D. diss., Yale University, History, 1991），其中讨论了 18 世纪中国丁忧制度的官僚化进程。

169 黄光亮：《清代科举制度之研究》，pp.266-267。

170 《钦定大清会典事例》，383.20a-21b。

171 黄光亮：《清代科举制度之研究》，pp.268-270。

172 《钦定大清会典事例》，383.19a。

173 同上书，383. 21b-24b。

174 Hummel, ed., *Eminent Chinese of the Ch'ing Period*, p.856.

175 《钦定大清会典事例》，383.25a-b。

176 参见《清代前期教育论著选》，pp.356-357。

177 《钦定大清会典事例》，383.26a-27a。

178 同上书，383.27a-b。

179 同上书，383.28a-29a。

180 同上书，383.30a-31b。同样的抗议事件也于 1886 年在湖南、安徽等省发生。参见 383.35a-b。

181 Chung-li Chang, *The Chinese Gentry*, pp.122-141. 又见附录 3 中的表 11.1；以及 Carsey Yee, "The Shuntian Examination Scandal of 1858: The Legal Defense of Imperial Institutions"（手稿，发表时间不详）。

第五章　文言读写能力与晚期帝制科举的社会维度

本章研究的新议题之一，是探讨作为官员正式用语的"官话"与"通文理"的文言读写能力（classical literacy）这二者在定义晚期帝制中国士人的社会地位时所起到的核心作用。除了探究科举成功者们的社会与地域出身，本章基于何炳棣及其他人的发现，刻画了在"公立"学堂缺席的明清中国，人们是如何在宗族私塾、慈善机构、庙宇寺院或私人家中进行传统经学教育训练的。年轻人需要借此通过地方院考与岁考，从而进入各地由政府主持的府、州、县学。正式进入地方官学，成为进一步在乡试和会试中获胜的敲门砖。

关于科举中第者社会地位的过往研究尽管很有价值，但人们对其相关趋势却产生了一个普遍的误解，这涉及士绅与商人精英如何利用他们对文化资源的垄断优势。我们将会看到，文官制度掩盖了社会筛选的过程，这一过程源自科举考试制度本身，它被设计为通过测试广义上的经学知识或狭义上的道学修为，来衡量文士们的品格。对掌握非俗语的文言经籍的教育指标构筑了一道语言壁垒，其中熟谙文言的一类人被获准在帝国科场中竞争，而另一类人却因无法通晓文言而被拒之门外。如此一来，那些通文言、有功名的士绅 - 商人精英，在地方社会几乎排他性地垄断了他们占主导地位的官僚体制与帝国利益之间的合作关系。

士绅精英的社会再生产

如果说帝制王朝强调对忠诚官僚进行政治再生产（political reproduction），从而分化官僚体系手中的权力，那么作为参加科考的忠顺子民则将考试体系视为达成个人、家庭和宗族成就的最佳途径。但这样的成功需要投入大量的时间、精力和训练。对于家庭、家族甚至宗族来说，从科举考生生源中进行政治筛选的王朝机制，被转换为一种以中第为目标的地方家族决策，从而确保其自身阶层的社会再生产（social reproduction）。相应地，那些为了让年轻人准备应付科考的人，会毫不犹豫地承受必需的经济与劳力代价（或曰"投资"）。孝道与金榜题名的关联在史料中被一次次地举证，具体表现为为孩子做出"牺牲"的家庭，以及用功的子孙通过科举及第来回报长辈们付出的努力。富有才华的年轻人有时在自身对家人亲属的社会义务与个人志向之间被迫做出抉择，而功名心往往又盖过了个人理想主义。[1]

王朝官学体系仅局限于那些通过训练和家学、用官话进行社交的科举考生。所谓"官话"，即官僚所说的方言，它最早源自明初的南京方言，1415 年至 1422 年迁都北京后则又以北京方言为主——这些人同时还掌握了文言文。官学默认考生已经具备了文言读写能力，因此将主要目标放在了备考科举上，而不是教授读写及其他基本技能。[2] 为子嗣步入仕途做好初级的训练和准备工作，成为宗族内部的私下义务，从而使他们作为士绅家族得以获得或维持其精英地位。科举考试尤其成为帝国利益、家族决策、个人希望与志向所共同瞩目的焦点。在其他行业缺乏与之相当的社会地位与政治声望的情况下，科举考试成为一名士大夫的人生目标，被置于首要地位。

在精英家庭内部，教育男性和抚养女性的方式存在明确的区分。女性被禁止步入科场（小说故事中女扮男装的情况除外），尽管这一举措仅仅具有文化上的强制性，在法律上并没有强制力。虽然自宋代以来，许多女性就已经不乏文化素养，但家庭中读书习文的性别差异基本没有改变，直到 17 世纪的精英家庭中女性教育才得以普及。[3] 许多精英家庭的男子都是从他们的母亲那里接受早年经学教育的。[4]

例如，著名的昆山徐氏兄弟［徐乾学（1631—1694）、徐秉义（1633—1711）和徐元文（1634—1691）］早年都是由他们的母亲教其读书识字的。[5] 与之类似，江苏常州的庄氏宗族在 18 世纪晚期出现了许多今文经学大家，这些男性成员的幼教也由他们的母亲完成。[6] 由此，男性和女性教育被赋予了不同意义，尽管二者的区别并不绝对（尤其是在精英家庭中）。而这种男女有别的教育模式实则基于一套宽泛的汉人性别意识形态，它确保了男性能够通过唐、宋以来科举考试的激烈竞争，获得政治、社会与经济上的主导权，而与此同时，女性则被定义为妻子、母亲和当家人等附属角色。[7]

直到 1450 年以后，官府职位和地方社会声望才被考取科举功名的人所垄断，而像商人、工匠和农民等没有科举功名的人则被排除在高层官员群体之外，除非他们通过考试或捐官等方式获得了一个低级别的功名。[8] 一位科举功名持有者即便在提升自身社会地位的情况下未能获得一官半职，他仍然享有税役上的福利（明代秀才可免除劳役）和法律上的特权（刑不上大夫），这些依然是科举考试择汰机制的重要副产品。[9] 即便水准更高的乡试和会试对一个年轻人来说可能是不可逾越的壁垒，在地方县学水准的院试竞争中获得生员资格对他们来说已具备充分的社会价值回报，使得之前准备科举而投入的家庭资源没有白费。[10]

在士绅社会中，像地方宗族那样组织良好的亲缘群体得以将其社会和经济实力转化为科举上的成功，这与他们在地方文化和教育资源上的主导权紧密相关。[11] 例如，窦德士注意到，自明代早期以来，江西泰和县的萧氏家族就维持着一所"初级学堂"，专门用来辅导家族中的孩童。窦德士总结说："维持父系家族的不是财富，不是官职，而是教育。"[12] 此后，地位显赫的宗族在全国范围内的数量不断增加，而在南方尤为密集——他们建立在合作性公田之上，从而将一系列彼此关联的地方宗族联合起来——这些宗族需要一些掌握文言、身任高官的领袖在不同的精英圈之间游走，从而代表族群在县、省，乃至国家领袖之间接洽。富有宗族（尤其是在繁荣的长江三角洲区域）所产生的经济盈余，使这些宗族内部的富人成员能够获得更好的经学教育，从而更有可能科举中第，并转而壮大他们在宗族之外的政治与经济势力。[13]

在早先的一项研究中，通过对族谱的广泛利用，我得以记录下江苏常州的两大显赫宗族——庄氏与刘氏——在明清时期如何积累其教育资源，让其子孙用官话融入更广泛的精英社交圈，尤其是作为官员的他们举家住在外省的时候；同时，我还讨论了他们如何为宗族中的男孩和女孩在家中提供严格的经学教育，这种条件对于多数宗族来说是无法提供的。两大宗族的年轻男性在 1600 年至 1800 年科举中所取得的成功，以及女性族人的文学修养，都十分出众，但实则这些都基于一种典型的社会文化模式。[14]

庄氏和刘氏宗族通过在社会与政治上建立优势，成就了光宗耀祖的伟业，而他们的优势来源于复杂的亲缘组织、两大家族间长期的联姻策略，以及对家族免税土地日益密切的合作开发。在利用经济资源与宗族义田培养族人教育这一策略上，他们在帝国范围内的文士家族中很具典型性。这种被地方文士所采用的文化谋略，使类似的宗族在科场上与其他人竞争时，具有显著的训练优势。的确，我认为尤其像庄氏和刘氏这样的宗族，在掌握学习官方经籍方面，坐拥更为适用的语言学训诂手段和师资教材配备。他们将自身巨大的经济资产转化为高人一等的教育资源，这才是两大宗族成为以姻亲为纽带的"职业精英"（professional elite）的隐含结构性原因，而他们在 18 世纪帝国官僚体系中的显著成功尽管前无古人，但依旧是晚期帝制中国的经济财富、文化资源、科举成功与政治威望彼此重合的一大重要标志。

周绍明（Joseph McDermott）在他近来的研究中展示了，这样的教育策略同样在徽州宗族中发挥着重要作用。周氏记录了明代中叶安徽祁门县的宗族建造了供奉先祖的祠堂，并开设私塾来教育族人。其中地位较高的宗族承担起联合地方不同宗族的义务，这就要求那些掌握文言的男性族人（有时甚至包括能文女性）与当地甚至帝国范围内的官员与士绅打交道，并对后者施加影响。例如，在徽州，地方宗族的领导权在明末逐渐被移交到秀才出身的宗族成员手中。由于生员的头衔太低而无法谋得正式官位，他们日益成为宗族田地的实际管理者。[15] 那些富有宗族（尤其是在富庶的长三角地区）所产生的经济剩余令这些宗族中的富人——如安徽桐城的姚氏和方氏、江苏扬州的王氏和刘氏、江苏苏州的惠氏——受到更好的经学教育，更有可能科举中第，并因此获得宗族以外的政治和经济权力资源。[16]

244

长期的科举成功取决于经济实力，因为对于宗族中年轻聪慧的男性成员来说，充足的经济后盾能使他们有条件在漫长教育过程中培养所需的通文言、晓经学的能力。与实力较弱的家庭和宗族相比，长三角地区的"顶级宗族"（super-lineages）通过依赖自身族群内经学学术的强大传统与仕途经历所带来的官话水平，在未来社会与政治进阶的道路上具有内在的地方优势。教育并不单纯是社会地位的标志。在一个多数人尚不识字，另一些半吊子文士（semi-literate）或"初阶文士"（primer-literate）仅仅通晓官话或地区方言俗语的社会，掌握官场话语、熟稔经典的文言书也蕴含着政治利益。

在魏达维的新书中，他细致地记录了福建的士绅在以家庭和宗族为中心的基础上，如何保持他所谓的"以教育为中心"的目标，从而提供教育资源，以履行宗族的私下义务，维系他们在地方上的社会与政治支配权。根据魏达维的研究，清代福建和台湾的文献表明，即便是中产小康之家，也会设立免税的、类似信托的组织，加强对子女的培养教育，寄希望于科举中第。当一个家庭有足够的资产时，他们会保留一部分来支持家中的年轻人参加文举或武举。对于那些力争夺得举人或进士等高阶功名的子孙来说，家族所需预留的资产成本相对较高，但如果只是为了考秀才的话，家人投入的成本则会显著下降。

例如，魏达维曾引用一份 1797 年的福建宗族协议，其中展示了一个韩姓家庭如何在父亲临终前决定建立一种类似教育信托（educational trust）的组织。从其父养老积蓄中扣除料理丧事的费用后，剩下的财产便用于投资这一组织。这份协议写道："我们感到教育能够提升宗族的社会地位，而其成就亦能够光宗耀祖……设计这个教育信托组织是为了鼓励子孙（在科举中）得胜，从而入仕高升，而其福祉又能向下惠及本宗。"[①] 财产的组织被分摊给了不同族人，而族人所争取的科举功名越高，其所获得的资助也就越多。

像韩氏教育信托这样的典型组织被设计成一种激励机制，犒赏家族中最成功的考生；而那些仅为了获取生员资格的家族所获得的奖励则少得多。对幼年教育的支持被认为是每个家庭的单独义务，而教育信托则被用以鼓励成年男性竞争乡试和会试。此外，举人和进士还能在他们的余生收到额外的信托收入，但他们不能在其去世后将这笔钱转交给他们的子孙。另外，当一个家族内部遇到分家的情况，那么就其教育资产而言，不仅信托收入要平摊给各个子孙，而且诸如书籍、房屋和

---

① 由于这里的原始文献查找未果，译者在此以意译方式翻译了英文原文。

其他教育财富也是如此。[17]

　　科举考试在俘获有志青年及其家人的梦想方面是如此成功，以至于士绅阶层的典型特征之一便是渴望金榜题名。而其社会性优势能轻而易举地转化为学术上的有利条件［皮埃尔·布迪厄会把它叫作"象征资本"（symbolic capital），而我则称之为"文化资源"（cultural resources）］。[18]财富与权力为必要的语言和文化训练提供资源，从而将其社会性优势正当化，并再次增加科举优胜者的财富与权力，由此形成科举循环。一旦经商家庭得以在法律上被获准参与竞争，他们便同入仕家族一样，在科举中看到了获取更多财富和权威性成就与力量的门路。作为长期维持宗族声望的必不可少的条件，在帝制科举中的成功以及之后的官职委任，赋予了那些考生及官员亲属直接的权力和声望。但地方声望的涵盖面还能辐射得更远，能够企及宗族内部不同分支的男系亲属，甚至包括姻亲家庭——如果有人与地方上垄断地方考试名额的传统世族结成亲家的话。[19]

　　然而，商人、工匠和其他平民往往缺乏获得恰当的语言训练与教育设施的途径，无从掌握文人的政治与道德话语。为了解决这个问题，义学的兴办愈发兴盛，其中一些由宗族筹办，但更多的义学则在宗族管辖之外。它们代表着士绅义学机构、基础教育与地方慈善的混合体，并与由王朝设立、指导地方上聪慧平民的"社学"相辅相成。在这样半官方的慈善机构中，一个来自贫困家庭或富裕宗族中衰败旁支的边缘学生能开始掌握"入门级读写能力"（primer literacy）。佛寺中的学堂也有类似功能。这些学校的典型科目往往可划分为面向初学者的蒙馆，以及更加针对科举考试、提供经学教育指导的经馆。

　　由宗族资助的学堂教育也为宗族中较为败落的成员提供了更多的机会考取功名，但这对于不甚显达的宗族而言几乎是不可能的。总体而言，聚居生活的后人族群（corporate descent groups）①能从这个宗族中任何一个获得科举功名的成员那里获益，无论他在族内的出身有多卑微。相应地，即便一个宗族中的某些家庭在几代人中都没能出现取得功名的人物、无法维持其举业成就，他们依然能够通过其他男系亲族或姻亲的科举成功来弥补自身的失利。当我们将宗族视作一个协作共生的法团整体时，其社会流动性便与个别家庭的盛衰有着显著差别。[20]

在文化日益崛起的长三角地区，有权势的宗族和商人家庭中的新贵，通过给他们有才华的男性子嗣提供优质的教育设施，从而维系自己的地方上流地位。宗族所筹办的学堂，以及商人资助的书院（如扬州盐商便为其子嗣兴办书院），成为让人嫉妒的、被死死守护的私有禁脔，而地方社会精英则在其中为了社会、政治和学术上的进阶而互相竞争。成功的合作性公田由此在维持固有经济和政治环境方面发挥了关键作用，而士绅与能够正当入仕的商人在这种社会语境中占据主流。而当他们以亲缘为名义筹办地方慈善时，它最青睐的还是地方社会上根深蒂固的宗族。[21]

身为工匠或农民的父母一般无力让他们的儿子花上若干年，专门培养文言读写能力，何况它还与俗语语法和日常方言脱节。那些偶尔出现的穷学生的故事——他们白天在田间劳作，晚上挑灯苦读，立志科举中榜——之所以广受赞扬，正是因为这类人实在太少了。尽管科举考试中的竞争在理论上是完全公开的，但其考试内容在语言上实则已将90%的中国人排除在外，他们在这条成功之路上甚至连入口都没找到。语言及文化资源的社会分配不平等源于一套道学教育科目，这套科目意味

---

① 此为人类学术语，指的就是在系谱上有共同先祖、同时聚居在一起共同生活的宗族。

着，相比于拥有深厚经学、文言素养的书香门第，那些读写能力有限的家庭无法在科举市场中成功地与前者竞争。科举考试被设计为考量年轻人的德行，但实际上大多数考生都来自具有文士或商人背景的家庭。[22]

一些出身贫贱的考生的罕见成功，有助于将科举考试流程神秘化。下层民众的教育缺失能够在意识形态上被合法化，只要他们（除了道士和佛僧）也承认，经学教育代表了文士科举成功的合法基石。那些平民在法律上是有资格参与科举选拔机制的，但事实上，他们的语言能力使之无法竞争，他们由此被要求接受自己的卑微命运，因为他们缺乏经学教育的相关训练。而受过训练的精英则转而将前者落选的责任归咎于不谙文言和民众的愚昧无知。

士绅的社会优势

晚期帝制中国的社会流动主要发生在掌握文化与语言资源的汉人阶层中，他们为其子孙准备了一整套基于文言记诵的严苛的科举学习流程。柯睿格与何炳棣曾估算，在通过会试的科举考生中，其直接父系祖先中至少三代都是平民身份的官员在宋、明、清三代进士登科录中所占比例分别是 53%、49.5% 和 37.6%。然而，最近的研究则显示这些数据有些被夸大，因为它忽视或低估了宗族中有旁系亲属是官员的平民，或是其姻亲族人中有当官的情况。对于那些乍看之下出身平民的考生来说，他的那些步入仕途的旁系亲眷或姻亲有时在其学业有成的过程中起到了决定性作用。[23]

科举考试的匿名属性使得统治者、精英和平民都相信，有关公共名望和社会进阶的文士梦想（以及噩梦，参见第六章）有望成真，由此歪曲了科举所实际产生的客观后果。自宋代以来，科举机制便要求对解试和省试考卷进行糊名，之后再由考官决定等第，从而阻断了由社会和政治地位所赋予的专横的世袭特权。这样的科举体系分散了人们的注意力，使人们未能发现，其实在科举考试前已然发生的人才择汰的本质。

因此，柯睿格、何炳棣等人通过科举考试所估算的社会流动中包含着一个未曾预见的陷阱。他们将科举中第者从更广大的考生群体中剥离开来，仅仅重构前者的社会背景，类似这样的分析是基于一个已经过科举裁汰的带有"幸存者"偏差的人群。而如果强调科举在创造熟习文言的男性这一广大阶层群体——它指所有参与科举择汰过程的竞争者，其中也包括落榜者——中所发挥的作用，这类研究可能更有帮助。但前人的分析忽略了获得科举功名者与另一因低下的教育水平或因法律规定的限制而被排除在外的群体之间的关联。科举考试的这种社会阶层看门人作用，实则是整个科举择汰过程背后缄默的、无法摆上台面的社会目的。[24]

那些缺乏足够文化与语言资源来培养其子孙的人被排除在了科举选拔之外，而一种帝国理念则成功地对此辩护说，这是因为公开的竞争只在全国范围内选拔"最好、最贤能"的人才辅佐皇帝。看似社会中立的国家，实则是虚构的（朝廷及其官僚体系中的文士则是共谋者），而私人学堂和书院的文化自治（只要其不介入政治）也同样不切实际。但正是基于对这些误解的确信，明清时期的多数文士反映出了基于文言读写能力的中国社会结构之现实。通过利用经学教育作为其指标，科举选拔实现了一种淘汰机制，而越是处于劣势的社会阶层，在这一机制中便被排除得越彻底。明代朝廷承认了这一现实，但仅仅矫正了南方精英相对于北方同人的压倒性优势（见第二章）。[25]

由于那些落榜生——他们甚至无法通过门槛最低的三级童试（县考、府考和院考），而这一最低要求依然颇有难度——

并非随机地分散在明清社会的不同社会阶层中，因此科举考试便将社会择汰伪装成人才选拔。不宁唯是，为了参加州府科考，考生还须反复在本县、本州参加岁试，以符合其严苛要求，这意味着需要依赖青壮劳力投入农业生产、工匠作业和行商活动的家庭，无法让儿辈花上数年时间学习、走完科举流程。此外，众多贫苦的读书人还须承担劳役和税赋，因此同样无法在科举市场上竞争。[26]

在科举选拔的资格考试阶段，大部分农民和匠人，以及胥吏[27]、僧道——更不必说所有女性——都被排除在外，这保证了科举竞争者仅限于在一小群人中进行自我选择。他们是来自文士或商人家庭、宗族和世系的年轻男性，这些家族握有充足的语言和文化资源，可以对其男性子孙进行教育投资。士绅阶层对帝国所要求的文化和语言资源的垄断，使得富裕或有权势的家庭在若干代以内得以持续独占这些资源。明清时期对文化资源的世袭传承，取代了唐朝和北宋对官爵的中世化世袭制（medieval hereditary）（参见第一章）。

科举中第者的社会出身

明代初年，洪武帝朱元璋曾命令户部完成一份登记疆域内所有家庭的"户帖"。所谓的"黄册"包含了户籍和人口记录，而"鱼鳞图册"则由土地调查构成。每个县城和省份的税赋配额于 1381 年被确立。而税赋配额又在 1391 年被重新修定，这一重大任务旨在估算明朝统治下的经济实力、平均分配土地赋税（按种类缴纳），并从所有住户中适当抽取劳役。户籍登记反映了明代对其物产和劳力资源的评估。[28]

比方说，明朝得以衡量文举和武举考试准入资格的重要标准之一，就是参考政府规定的、从社会和经济层面对总人口进行区别的官方分类，或曰"籍"。诸如平民、军士、工匠和

250

商人这样的户籍分类，反映了每个家庭在社会上的初始地位及其所需提供的劳力。每个户籍类别都被分配了特定的劳役，从而为官僚体系服务，而这些任务是通过每个村社中以 110 个住户为单位的里甲制度被组织起来的。一个商人住户预计要提供当时所需的商品或者货物，一个军人住户余丁中必须有至少两名士兵服役，一个匠人住户给朝廷作坊提供一名工匠，诸如此类。[29]

土地登记，理论上需要每十年修改一次，而每个家庭都被要求持续地提供劳役。然而，税收在理论和实践上的巨大差异，在 16 世纪极大地消弭了王朝对经济的控制。地方市场渐渐脱离了政府的直接管辖而转向白银流通，进一步指认了王朝对其农业税收资源的掌控在不断萎缩。[30] 约 1400 年前后，当明朝总人口从 6500 万升至 1.5 亿，同时明代经济愈发商业化时，最初适应乡村产品经济的税制体系就变得日益无关紧要。到了 1600 年，明朝政府已向现实屈服，通过一条鞭法，允许土地税与劳役体系合流为单一的白银货币支付形式。但是，针对其劳力资源，明朝初期对总人口的社会分类依然存在，尽管已非全然有效。[31]

除了决定每个家庭的税收和劳役义务，这些社会类别在文举和武举考试中，还提供了每位家庭成员在司法体制和社会地位中所处位置的部分指标。例如，我们已在第三章看到，商人的子嗣直到明代才首次被赋予参加科举的权利，而所谓的贱民依然没有获得资格。这一做法是为了在王朝掌权时，能够根据初始社会地位来对家庭中的个人进行区分。到了 18 世纪，雇工和匠人这些边缘群体的劳力解放，使得社会层面原有的人口区分方式变得可以商榷。[32]

明代诸如"官员"、"学者"、"平民"、"商贾"、"军士"和"工匠"等世袭的家庭分类，并非像种姓制度那样在法律上强制性地给人口施加特定的社会地位，但这仍意味着明代想要入仕的考生依然要根据其家庭的本业被区别对待——尽管其直系双亲可能不再从事相关行业。[33] 这样的社会分类被设想成描述一个人官方的世袭名"分"及其地方社会地位，但往往早已过时，可户籍类别仍然依例记载在所有档案中，以允许符合资格家庭的子嗣参加院考，进入文官体系的科举选拔市场。

而当人们努力在"成功之阶"上爬升时，那些符合条件的家庭依然根据他们在劳役记录上的家庭社会地位被归类，即便他们早已置身于上层精英群体，成为真正的文士。换句话说，到了晚期帝制时代，社会流动更为频繁，这使得明朝对劳役资源的户籍分类流于表面，因此明朝初期的社会分类到了王朝晚期已显得不合时宜。清朝的科举登记档案中不再记录考生的家庭地位，上述情况便是原因之一。

例如 1765 年，满人大学士傅恒（卒于 1770 年）与同僚一起上了一道奏疏，专门请求废除长期以来"官卷"和"民卷"的区分，因为军士子弟发现"官卷"的竞争过于激烈，因此越来越多的人选择了"民卷"考试（另见第四章）。这意味着在清初，科举试卷根据考生的社会类别加以区分，并根据每个社会群体的比例给出等第。而基于公平原则，这份奏疏希望改变这类科举规则，因为这种社会区分已不再具有现实相关性。[34]

明代的户籍官方记录，针对职业和地位流动性所设置的非强制性法律壁垒，到 1600 年时早已名存实亡。至 18 世纪，门荫制度——亦即官员的子嗣能够不参加科举而获得入监读书的待遇——的社会重要性已远远不如宋代。而受恩荫的子弟若被授予官职，也仅仅局限于朝廷末职，或是被任命为同知或县丞这样的小官。[35] 清初，商人子嗣（而非成为商人的平民后代）能够参加科举的比例在每个省份都是固定的。在这样的十个人中，仅有一名商人子嗣身份的考生能通过考试，而在更早的年份，连这样的比例都没有达到。[36]

除此以外，在复查了1786年的杭州科场案后，清廷再次重申，教育官员不应在官学录取学生时区分其平民或商人的家庭出身背景，从而巩固了这项始于明初的政策，当时的朝廷第一次允许商人后代参加科举考试。[37] 在1786年的乡试个案中，来自商人家庭的考生答卷与其他平民考生的答卷被放在一起。[38] 实际上，清代科举登记流程中真正重要的是，一名考生的前三代家庭成员曾担任过何种官职。[39]

253

例如，表5.1展示了明末至清初乡试举人的社会出身。来自这些省份的举人有超过半数都属于"民籍"，这意味着其家庭在明初并未被归类为上层精英。而到了1552年，这些人中有很多已成为本质上的上层文士精英。"民籍"也成为涵盖其他职业群体的社会类别，其中包括文士、农民、牙人和商贾。[40] 例如，明代中叶的著名军事将领、道德哲学家王阳明便出身于一个被归为"民籍"的浙江家庭，但他的父亲王华（1446—1522）曾是1481年的殿试状元，并于1507年升为吏部尚书。尽管王氏家族始终隶属于"民籍"，但他们长期以来都是宁波余姚县的地方精英成员。[41]

官员、工匠和商人家庭出身的举人数量格外少，除了1591年的浙江乡试，当时来自这些特殊家庭的举人占总数的16%。从1591年至1648年，这些"特殊"家庭出身的举人数量持续减少，到了1648年的山东乡试，这些举人的比例仅占2%。尽管在明初，被官方归为"商籍"的家庭很少，但到了16世纪，许多实际从事买卖和商业活动的家庭依然根据他们之前的社会地位被归为平民、军人或工匠。而有趣的是，将近20%的明代乡试举人来自军户——无论其家人到了明末是否依然从戎。浙江乡试中，军官家庭也培养出了其中7%的举人。

表5.2给我们提供了明代进士社会出身的对照数据，它揭

示出，除了 1411 年至 1436 年的明代初期（当时平民出身的进士比例高达 76% 至 83%）以及清代早期（1649 年）这两个特殊阶段，多数情况下平民出身的进士占到了 55%—64%。而与之前的结果相同，那些特殊家庭出身的进士仅有不到 10%，反倒是军户出身的明代进士占到了样本的 25%。通常另有 3% 到 4% 的进士来自军官家庭，其户籍可追溯至明代初年。而在满族统治下，这一来自军籍的进士群体人数出现了显著下降，1649 年仅占 13%，而 1651 年更只有 9%。有军官家庭背景的进士人数也减少了。正如上文所言，清代科举至此之后便停止登记有关家庭出身的考生信息，这部分是因为满族八旗子弟成了新一批军事精英。

　　何炳棣对持有特殊身份的明代举人的研究也证实了上述发现，表 5.3 则是对此的总结。[42] 我们可以看到，何炳棣将军籍归入"特殊"的社会类别，而它通常占据明代进士总人数的17% 到 31%。如果再加上那些出身于军官家庭的进士，那么考中进士的明代军人子弟的比例便呈逐年增长趋势，能达到进士总数的 18% 到 36%。[43] 值得注意的是，在何炳棣所调查的22604 名明代进士数据中，仅有 160 名（0.7%）出身"儒籍"，而大约有 14500 名（每年占 56% 至 80% 不等；平均每年占64%）通常出身于平民家庭。平民由此成为举人和进士中最大的社会类别，尽管这样的"平民"往往已经是地方文人精英的成员了。[44]

　　于志嘉已经注意到，明代与元代不同，容许军人子弟参加科举——尽管有证据表明，这一变化在元代业已萌芽。他也对大陆和台湾的早期研究持批判态度，因为相关研究低估了明代军籍家庭的社会地位及其社会流动性。之前的学者主张，元代的军人子弟只有不再负责军事任务后，才被允许成为衙门吏员。这些学者声称，在明初洪武年间，针对军户的政策仅仅做了有限的调整，允许军人子弟参加地方考试、获得生员资格而已。[45]

为了反驳这一论点，于志嘉详细考察了通过 1610 年殿试考试的 302 名进士的社会地位。这份进士名单尚不完全，但在我们的所知范围内，有 88 人来自军户或军官家庭，因此他们至少占了 1610 年进士总人数的 29%。现存的当年会试及殿试的历史记载给我们提供了可靠的信息，使我们能够了解军人家庭出身的进士中的 77 人（占当年进士总人数的 25%）。一个有趣的发现是，当年的科举将这些进士定义为武人家庭出身，这与其他年份殿试的家庭出身信息形成对照，因为来自同一家族的父辈或同辈进士，在其他场合被归类为平民。类似这样的错误进士记录暗示，至 1610 年，民籍和军籍二者并没有太大不同。事实上，1610 年的状元韩敬便来自一个浙江军籍家庭。他的父亲是 1571 年的进士。尽管韩氏家族已有三代直系族人成为明代官员，但这一家族依然被归为军籍。[46]

当年的科举文献记载还揭示，尽管到了明末，一些民籍家庭的社会地位已跃升至上层士绅宗族——比如常州的庄氏宗族，1610 的殿试中有兄弟二人成为进士——但它们的民籍分类依然保持不变。在整个明代，庄氏一族共出现了 6 名进士。而到了清代，庄氏更成为"顶级宗族"，共培养出 27 名进士和总计 97 位科举高阶功名持有者。11 名庄氏子弟进入了翰林院，其中有两人是兄弟：一个是 1754 年的状元庄培因（1723—1759），另一个则是 1745 年殿试中的探花庄存与。作为集财富与声望于一体的文士家族，他们严格来说依然还是平民家族的身份。[47]

起码在最开始，文官体制中军人家庭的重要性——明初的统治者出于感激，犒赏给他们土地与财产——可被归结为他们将早先作为军籍家庭的经济优势成功地转化为充足的教育资源，以供其子弟在科举市场上与他人竞争并从中胜出。此外，军籍家庭也依赖明代的武举来维持其社会地位，虽说有许多家庭选择了文举，以期获得更高的社会地位和政治官职。许多来自武人家庭的子弟在朝廷文官体系中升至高位，包括张居正（参见第四章）在内的若干人，都成了明朝的大学士。[48]

由于赋税义务在指定家庭中必须由起码一个家庭成员完成，所以用来区分并衡量明代科举考生的官方身份到了1600年已无足轻重。但这些户籍信息的确告诉我们，1400年后发生了多大的变化，由此确认了许多商人和士绅家庭中职业流动性的存在，以及科举市场中大量精英家族的内部循环。

科举中第者的地理分布

尽管生员和举人在每个地方和省份都有定额，而进士也根据不同地域施行配额制，但明清两代的官僚体制和宋代一样，无法抵消南方个别州县的经济优势，而这一优势又会转化为科举市场中优质的教育资源储备。例如，表5.4显示了江苏省所在的长江三角洲地区，苏州和常州考生往往在南京乡试中位居第一和第二，苏州考生经常在这个帝国科举体制内竞争最激烈的乡试中（俗语曰"金举人、银进士"）占据多达20%的名额。这打击了明太祖在14世纪末试图削弱苏州优越性的努力（参见第二章）——尽管这一压制举措直到15世纪中期依然十分有效。

正如表5.5所示，从唐代到晚清，苏州总共产生了50名一甲进士。其中，来自苏州的明代状元有9人，而到了清代更是多达26人。而其中又有九科（1562年，1622年，1659年，1673年，1676年，1712年，1715年，1811年，1852年），苏州进士在殿试前三名中占得两席。尤其是隶属于苏州的元和、吴县、长洲和常熟四个地区，其考生在乡试和会试中的表现都极为出色。[49]

257 　　在北方的京畿地区，争取科举功名的不仅仅有本地考生，其他省份的官员后代也被允许参加京城举办的乡试。这一通融官员子弟的科举登记举措尤其被南方人所利用，这一漏洞直到清代才被加以某种程度的限制。南方省份的科举竞争过于激烈，而熟稔文言的考生也比北方要多得多。[50] 表 5.6 告诉我们，清初有相当一部分在北京获得举人功名的考生来自其他省份。例如，1654 年，来自南方（江南、浙江和福建）的考生在顺天府乡试中获得了 20% 的举人头衔；1657 年，这一比例占到了 28%；1660 年，北方京畿地区的举人名额中有 19% 给了南方考生。而与之相反，在明代南京地区的乡试中，非南方考生成为举人的比例非常低。从南方涌向北京参加顺天府乡试的考生不仅增加了南方举人的数量，而且因此还增加了南方人夺得进士头衔的概率。

　　如表 5.7 所示，在整个清代，43% 的状元名额被江苏考生夺得，其中单是苏州人就占了江苏状元的一半，或者说所有状元人数的 23%。明初，江西和浙江考生在进士市场中的表现胜过了江苏考生（见表 2.9），但到了明代中期，来自长三角地区的状元最多。表 2.8 更使我们确认，从总体上看，明清两代来自长三角地区的男性在京城会试与殿试中拔得头筹的可能性最高。

　　表 5.8 证实了有关状元地理出身的相关趋势，呈现了我们所能得知的明代状元（占总数的 93%）的省份地理分布。长三角地区的江苏和安徽省在科举中被整体称作"江南"，而自明代中期（1473—1571）开始，这里便成为进士人数最多的地方，共占其中的 16%。而浙江在整个明代科举中位列第二，占进士名额的 14%，但如果安徽进士和江苏进士的人数没有叠加在一起的话，浙江进士的人数最多。江西在宋-元-明转型时期政治与文化生活中的重要性十分突出（参见第二章），在明

初（1371—1472）占据了当时进士总人数的 17%，在那一百年内跃居第一。而到了明代中叶，江西进士的占比跌至 10%，明末更下降到 8%，比例还不及明初的一半。有趣的是，作为江西人的王阳明于 1517 年至 1519 年间率军平息宁王朱宸濠叛乱后，江西便成了阳明心学的重要据点。[51]

科举中最为明显的世俗趋势之一，便是明初以后江西在文化声望方面的衰落，并在清代每况愈下。窦德士仅通过一个小小的泰和县城，揭示了明代江西地位陡降的谜团。当地剧烈的社会变动始于成化年间（1465—1487 年），并部分解释了江西的衰落。根据窦德士的记录，15 世纪晚期当地日益增多的阶层下沉导致了上流阶层的“萎缩”。他还注意到，人才向其他省份的外流似乎也有所增加，而越来越多本地的子孙后辈则在江西以外的乡试中获得举人功名。其他一些人则在另一些地区通过县城配额得以进入官学。此外，基于地域派系的政治混战——比如朝廷政治中江西人与山东人的争斗——很可能削弱了江西的影响力，并一定程度上阻碍了其通过本省举荐的方式进入官场的通路。尤其在明英宗第二次在位年间，这位皇帝将自己 1449 年被瓦剌俘获后的困窘处境部分归咎于江西人，因为在许多江西籍官员的支持下，明廷在其被俘后，扶持其弟弟代替自己登上皇位。而当英宗于 1457 年复位时，他支持了一些官员有关取消荐举制度的提议，并于 1459 年生效。江西本地人由此再也无法通过这条途径来谋取官职了。[52]

窦德士描述了明初泰和县文人“乐观主义的前景光明感”，并将之与 16 世纪泰和文人笔下乐观情绪的缺失相对照。根据他的研究，地方精英日益转向帝国范围内的政治和思想转型议题，而逐渐忽视了地方发展。这明显与宋代地域主义和本土主义的趋势背道而驰，而江西的政治与文化地位实则在宋－元－明转型期间得到提升（参见第一章）。[53] 不仅如此，江苏、安徽和浙江等长三角地区的省份成了明代的商业枢纽，其中包括一个由河渠、运河和湖泊构成的精密的交通网络，它连接着东西向的长江和南北向的大运河。这些省份利用自己作为跨区域贸易区这一地理战略优势，沟通着南北中国以及长江中上游地区。江西则逐渐成为发展壅滞的内地省份，而当地日益稀缺的经济资源也导致了江西家庭与宗族的教育资源逐渐落后。

通过记录 1385 年至 1622 年间八次殿试进士的省份分布，表 5.9 展示了这一世俗趋势的更多细节。正如上文所述，16 世纪的江南进士通常要多于浙江与江西进士，而后两者在 1385 年的登科人数共占到 34%，1442 年两地进士的总数更是升至 41% 之多。然而，自 1547 年起，浙江便超越了福建，在进士总数上跃居第二，而江西甚至落后于福建和山东。这一趋势一直延续到清代。[54]

毕汉思（Hans Bielenstein）给我们提供了有关清代"进士地域出身"最为详尽的数据测算。除了 1646 年至 1661 年间，大量的清初进士来自更为和平的北方省份（例如，1646 年 95% 的进士来自北方京畿地区、山东、河南或山西等省份），南方总体上依然保持着其在科举市场上的主导地位，尽管清代科举重新启用了 1427 年以来的进士地域配额制（参见第二章和表 5.10），规定科举的南北中地区以 55：35：10 的配额选拔进士。[55]

到了 18 世纪，配额体制逐渐向举业相对薄弱的省份倾斜——尤其是边疆区域——而对于南方省份的科举成就则加以遏制。这一变化的证据来自毕汉思的研究，他比较了满族统治下第一个世纪和最后一个世纪的进士地域占比。表 5.11 显示，尽管进士人数的省份排名并无太剧烈的变动，但明代和清初那些进士人数最多的省份，到了清末时，其进士占比下降了约 2% 到 3%。与之相反，像西北甘肃这样的边疆省份，到了清末，其进士配额是原来的三倍，而西南贵州的进士人数甚至增长了四倍。毕汉思注意到，在一甲或二甲进士中，出身于边疆省份的人数增加尤其显著，而南方人则日益被安排到了三甲进士的行列。[56]

表 5.12 将进士的地域出身占比与明清两代的人口数量相互关联，同样证实了长三角地区以及浙江在晚期帝制中国科举市场的长期主导地位，但表中的数据同样揭露了东南省份福建的特殊成就，尤其在明代，许多状元都是福建人。到了清末，福建在科举中实现复兴，其进士人数增长了 18%。省内的两个县成为 1776 年至 1904 年进士上榜人数最多的地区，而二者之前都无缘清代早、中期进士人数最多的前十大县城之列。[57]

然而，表 5.12 也揭示了，在清代所有省份的科举都深受人口增长的影响。在江南，人口均数下的进士数量下降了 63%，浙江下降了 58%，福建更是经历了高达 73% 的跌幅。只有西南（贵州与广西）和东北（盛京）等边境省份的教育机会才有所扩张，其省内进士的相关数据呈增长趋势。[58]

这一科举的地理趋势转化成了帝国政治的权力与影响力。正如我们在第二章所看到的那样，南方人在官僚中的极高占比成为困扰明代政治的长期问题，而清代的配额体系调整仅仅部分抵消了南方相对于帝国其他地区的教育优势，但同样无法根除这种状况。而我们如今之所以能像这样统计进士人数与出身，则要归功于明清两朝本身按照省份区划谨慎地做好科举考生的人数记录，以此努力维持科举市场的理性公正，并将金榜题名的机会向帝国范围内的所有考生开放。[59]然而，在权力金字塔的顶端，只有进士，尤其是获得一甲、入选翰林院的进士（参见第三、四章），才能将其地方乃至地域性的利益考量带入帝国官僚体系。

1900 年前的经学记诵及其文化社会学

261 　　晚期帝制的科举考试，在乡村从始至终都是一大社会景观，并与科场内外的政治景观相辅相成。富庶家庭中男性成员从童年到刚刚成年的人生礼仪，往往是通过这个男孩在特定年龄所掌握的经学文本的多少来衡量的。例如，一个十六至二十岁之间的"弱冠"少年，意味着他已掌握四书的全部内容以及五经中的一部——这是 1787 年前对任何有望参加地方科举考生的最低要求。[60] 但这并不是以年龄为衡量标准的教育体系。我们将会看到，科举同年中第者的年龄参差不齐。而尽管年龄差异巨大，但某一次科举考试的同年生所组成的团体自有其社会与文化影响，这也意味着无论是科举中的年轻人还是老年人，他们都无法与其同龄人团结在一起。同年中第考生也因此与西方的同学会大相径庭。

　　尽管自宋代开始，朱熹和其他道学家已经批评指出，死记硬背对于道德的自我修养与智性觉悟而言毫无用处，但其反讽之处在于，晚期帝制的科举运作恰恰要求熟练地记下程朱理学一脉的经学注疏，如此才能成功中第。这样的机械学习往往与道德修养背道而驰，因为科举无法直接考查考生的道德，也无从决定考生对道学教条的记诵是否随之带来更高的智性觉悟。它只是简单地预设了出色的文言文书写是一名文士有涵养的标志，但也有足够多的反例能够质疑这一苍白无力的教育理念。

记诵作为一种心智技艺

　　明代有句通俗的谚语："遗子黄金满籯，不如教子一经。"[61] 帝制中国的文言书写传统，通过学子逐字逐句记忆经学文本的能力，能够在口头上重现文本。口语和书写共同出现在科举形制中，同时加强了书写能力和记诵能力（参见图 5.1）。[62] 文

262

言文的读写通过三阶段的学习过程得以完成：（1）认记汉字；（2）阅读四书五经中的一经（到了 1786 年，所有五经内容都必须记住），还有史书；（3）文言写作。

书写典雅的科举制艺文的能力，是受教育男性（及女性）的至高成就。这一创造性的学习过程从童年的反复默诵开始，加之以少年时期的阅读，并以成熟的写作告终。作为循序渐进的学习过程，其基础则是虚岁三至八岁的孩童长时间的口头记诵。像明代遗民教育家陆世仪（1611—1672）这样的前现代中国文士相信，记性在年轻时最佳，而悟性则是一个人在人生中逐渐积累的结果，它来自个体对文学语言及其道德和历史含义的掌握。陆世仪认为五六岁的孩童即可教他读书，但成熟的学习只有到他十五岁时才真正开始。[63]

首先，孩童要学会识读汉字（参见图 5.2）。学生通常在他们八岁进入宗族私塾或寺庙学舍之前，就已经记住了《千字文》和《百家姓》，这些蒙学读物起源于宋代。此外，他们还需掌握《三字经》，这是一本系名于元初学者王应麟、宣扬道学的读本。[64] 这三部最著名的入门读物总共包括 2636 个汉字，其中不相重的字有 1500 个。家中的学前教育往往由母亲进行辅导，[65] 帮助孩童记诵经典书面语中特有的重要词序与词语组合。[66] 对这些入门书的记诵能通过书法练习得到进一步加强。[67] 正如传教士卢公明（Justus Doolittle）在 1865 年描述其发现的情形那样：

> 在学校里，学生并不阅读有关数学、地理和自然科学的书籍，而是学写有关孔孟之道的文言文。他们被要求记住这些文章，背对着书进行记诵——亦即"背书"。在课堂上没人教他们，而是每个人看自己感兴趣的书，并根据自身能力或多或少有所长进。他们都高声朗读文

图 5.1　庚戌科（1430 年）状元通过记忆题写文章

来源：《明状元图考》，顾鼎臣等编，1607 年刻本。

图 5.2　甲申科（1464 年）状元孩童时学习识字

来源:《明状元图考》，顾鼎臣等编，1607 年刻本。

章，甚至经常用最高分贝叫喊出来。他们首先学会汉字的念法，从而能够诵读并牢记文言文。通过若干年的学习，他们对自己记诵的文章之含义和用意有了洞察力。上学后，他们开始学写字，以纸上的汉字为样板，用毛笔和墨水进行临摹。这需要大量的练习，才能够既好又快地写出汉字。[68]

各式各样不同的教育家，诸如元代的程端礼，或是1821年的清代举人王筠（1784—1854），都认为临摹入门读物中的汉字是练书法的最佳途径。程端礼认为，经过一段时间后，学生需要将每日临写的汉字从1500字提高到4000字。[69] 又如王筠在他有关孩童教学方法的讨论中指出，识字是文言读写能力最基本的技能，只有在记住2000个不同汉字的情况下，孩子才有能力进行阅读和写作：

> 识千余字后，乃为之讲；能识二千字，乃可读书……识字时，专心致志于识字，不要打算读经；读经时，专心致志于读经，不要打算作文。然所识之字，经不过积字成句，积句成章也。[70]

接下来就开始了四书的记诵，而到了明代，还需要记住五经中的一部（1786年后，则要记诵五经的全部内容）。如果最低的文言读写能力［我称之为"入门级读写能力"（primer literacy）］需要掌握2000个不同的汉字，那么学生日后则要渐渐将其总量提升到10000个经典中的常见汉字，才能达到充分完备的文言读写能力。[71] 诗歌在唐、宋科举中曾是文言读写能力的重要一环，1756年以后，它又重新在清代科举中恢复。东汉许慎（58—147）所编的古文字学字典《说文解字》

以530个部首为单位，包含了9373个不同的汉字，而这一体例除了若干改动，成为前现代文言字典的基本编纂原则。[72]

由于创作诗歌、辞赋和美文的需要（参见第一章），标注发音的韵书在唐、宋时期作为科举辅助书籍被写成。如陆法言（活跃于约601年前后）的《切韵》包含了12000个不同的汉字。随后到了北宋，陈彭年（961—1017）将《切韵》扩充至26194个汉字，他与其他编纂者将其增刊本题为《广韵》。之后，《广韵》再次被扩充为《集韵》一书，共包括50000个汉字。[73] 南宋博学家郑樵（1104—1162）在其《通志》一书中分析了超过24000个汉字。清代的《康熙字典》成书于1716年，将47030个不同的汉字归编在214个部首下。到了晚期帝制时期，共计约有48000个不同的汉字，但其中有许多实是异体字。[74]

人们对每部经籍总字数的估计有分歧，但文士教育家的确根据每部经的字数规划其背诵次序。毋庸置疑，有许多汉字会反复出现。18世纪，在清代经学的诸多脉络中，汉学日隆，当时的王昶（1724—1806）在私人书院中传道授业。其时科举考试已要求将五经全部记诵下来，王昶于1789年在江西南昌的书院中告诉新进学生，每部经典中包含大量重字：《诗经》有40848个重字，《尚书》有27134个，《易经》有24437个，《礼记》（其中包括"四书"中的《大学》和《中庸》）有98994个，《春秋》则有15984个。王昶充满热情地推断说，如果学生足够努力，他们只要花690天就能记住超过20万字的五经的全部内容。[75]

宫崎市定以"十三经"为基准，给出了包括四书五经及《春秋》三传的大概字数。他提示说，科举考生必须记住约57万个汉字，其中有些字重复出现。我给宫崎市定的列表新增了有关考试要求的信息：[76]

《论语》	11705 字	明清科举考试要求
《孟子》	34685 字	明清科举考试要求
《孝经》	1903 字	至 1787 年为止的科举考试要求
《易经》	24107 字	明清科举的选修书目
《尚书》	25700 字	明清科举的选修书目
《诗经》	39234 字	明清科举的选修书目
《左传》	196845 字	明清科举的选修书目
《公羊传》	44075 字	明清科举的选修书目
《谷梁传》	41512 字	明清科举的选修书目
《周礼》	45806 字	非科举考试要求
《仪礼》	56624 字	非科举考试要求
《礼记》（其中的《大学》和《中庸》二章收入四书）	99010 字	明清科举的选修书目
总计 （对宫崎市定的统计有所修正）	621206 字（其中选修书目共计 470000 字）	1786 年后科举考试要求范围为 518000 字； 四书：约 75000 字； 五经：约 470000 字。

　　基于这一令人生畏的统计列表（尽管有些数据存在时代错置的问题），宫崎市定估计，若按每天记诵 200 字的速度，则一名学生需要花上六年才能记住总共 40 万个汉字，而即便其中有很多字重复出现，其期望时长也要比王昶预估的 690 天记下 20 万字消极得多。[77] 但是，王昶的乐观陈述却获得了商衍

鎏的认同，他是 1904 年科举末科殿试的探花，他回忆说：

> ……以上是我十二岁以前读书预备考试的课程。试想
> 当日计算的年龄，又是虚龄，照现在说是由五岁到十一岁
> 的孩子，要读如此多的书，而四书五经又要能背熟，略知
> 讲解，岂不甚难？其实只要每日皆不废读，是可以做到，
> 不足为奇的。[78]

这种基于反复背诵与抄写的学习习惯，是发展记忆的关
键，而它作为一种教育学工具，产生了一些当时语言教育的惯
例。而孩童的记诵能力也因此被文士和世俗社会所高度赞扬。
有关名人在儿时便展现惊人记忆力的传说，经常被记录下来。
东汉时期，山东的祢衡便记住了他在途中只看过一眼的"七
经"刻石——此刻石由官方命蔡邕（133—192）撰写在几百块
石碑上。祢衡只漏看了两个字，而这恰恰是刻石上被磨掉的那
两个字。邢邵（约卒于 560 年）是生活在南北朝时期（420—
589）的北方人，他能在短短五天内就记住整部《汉书》。[79]

在唐代，卢庄道据称 13 岁时不仅能顺着背出作品，还能
倒背如流。他的名声甚至传到了唐太宗那里，太宗在朝堂上
召见了他，并针对其个人加以考验，之后皇帝感叹说"此是
朕聪明小儿耶"，并任命他为长安县尉。宋代的胡沂因其 6 岁
便能记诵五经而闻名。同样的惊人之举还出现在元代，当时
一个名叫曾鲁（1319—1372）的神童据称在 7 岁时也能一字
无误地背诵五经。到了明代，桑悦于 1465 年考取举人，并成
为地方教育官员。当被问及为何焚弃书籍时，他回答说自己
总能记住任何一本他过目的书，并自许"已在吾腹中矣"。[80]

而对于那些没有相片式记忆（photographic memories）
的人来说，有关背诵技巧的辅导也是帝制中国古典教育的一部

269

分。押韵、四字成语，以及创作"属对"——即对仗工整的对句——等方式都能帮助口头记诵。王筠和其他许多教育家将记忆二字属对的方式作为建构文言经典记忆的重要基石。而在1756年诗歌再次被列入科举考试科目以后，考生被要求创作以唐代格律为准的律诗，这样一来对文体工整和对仗的要求就更加凸显了。[81]

为了促进考生写作文言文的能力，康熙帝于1704年下令编纂《佩文韵府》。此书于1711年完成，并于同年印刷出版，在1720年重刊。这一复杂精妙的参考类书，依照一万多个不同汉字的韵脚，对其短语和典故加以分类，从而可用于诗文的尾字押韵。在每个条目下，编纂者都对其文学掌故加以说明。《佩文韵府》的一个关键要点就在于，它便捷地整理出了对仗的词句，从而有利于科举考生记诵。[82]

北京大学校长蔡元培（1868—1940）于1890年会试过关，排名第八十一，[83]并于1892年高中进士，成为翰林院庶吉士。1923年，他在自己的回忆录中描述了当时的学习技巧：

> 对句是造句的法子，从一个字起，到四个字止，因为五字以上便是作诗，可听其自由造作，不必先出范句了。对句之法，不但名词、动词、静词要针锋相对，而且名词中动、植、矿与器物、宫室等，静词中颜色、性质与数目等，都要各从其类。……其他可以类推。还有一点，对句时兼练习四声的分别。例如平声字与平声字对，侧声字与侧声字对，虽并非绝对不许，但总以平侧相对为正轨。[84]

耶稣会士利玛窦因其超凡的记忆力在当时为世人所知，而他则将基于西方对事物排序的记忆术［史景迁（Jonathan Spence）将其称之为"记忆宫殿"（memory palace）］推介给了明末文士群体。例如，江西巡抚陆万垓自己曾于 1568 年考中进士，排名第二十四，他邀请利玛窦将提升记忆的技巧传授给他正在准备科举考试的三个儿子。利玛窦同样运用其记忆术，来提升文士们对基督教的兴趣。耶稣会士预见到了这些记忆技巧和入门刊物有利于传授词汇与教义，由此建构了他们自己的经典入门书，名为《天主圣教四字经》，从而创造了一部通俗的教理问答书籍，在 17 世纪的中国传播外国信仰。[85]

经学科目的范围

尽管程端礼的读书科目依然与南宋教育传统紧密相关，但他在元代地方州学积累了广泛的教书经验，从而为其程氏宗族学堂准备了一套读书日程。这套日程在明清时期依然具有持久的影响力，成为当时经学研习科目的典范（参见图 5.3）。由于它被广泛借鉴，在此值得细致分析一下。程氏规定孩童到了十五岁时，就应掌握程朱理学，并准备参加科举考试：[86]

学前文言经典读物（八岁前）：

· 《性理字训》

　　其他可选的替代性读物：《千字文》或《蒙求》等其他入门书籍。

· 《童子须知》：朱熹所撰的入门书籍。

入学后的文言经学读物（八岁至十四、十五岁）：

· 《小学》：朱熹所编的经学要义选集。[87]

· 四书（按阅读先后排列，在所有科举中均被列入考试要求）：

　　《大学》：包括正文与注释。

　　《论语》：仅正文。

图 5.3　庚辰科（1400 年）状元幼年读书情景

来源：《明状元图考》，顾鼎臣等编，1607 年刻本。

《孟子》：仅正文。

《中庸》：仅正文。

· 七经（按阅读先后排列，在所有层级科举考试中仅要求
  精通其中一经）：[88]

《孝经》（明清策问的考试要求）。

《易经》：正文兼宋代道学注疏。

《书经》：仅正文。

《诗经》：仅正文。

《仪礼》和《礼记》：仅正文。

《周礼》：仅正文。

《春秋》：正文及汉代三传。

· 高等进阶文言经学读物（十五岁后）：

《大学章句》：朱熹撰。

《论语集注》：朱熹撰。

《孟子集注》：朱熹撰。

《中庸章句》：朱熹撰。

《论语或问》：朱熹撰，与《论语集注》对读。

《孟子或问》：朱熹撰，与《孟子集注》对读。

273

凭借记忆，使用"抄法"来温习经籍原文。

通过三到四年的学习，掌握朱子读书法六条。[89]

除了程氏读书科目对"十三经"的重视没有被后代继承
下来，其他方面都在明代和清初科举科目中被采纳，后者强
调对四书以及五经中的一部经加以掌握。1645 年至 1757
年的乡试和会试科目与明代 1384 年至 1643 年间的一模一
样，这套科目我在第一章已做过介绍。下面我将展示清代科
举考试科目的形制。如果一名学生能够应对上述如此高强度
的机械训练，他便有可能早在十五岁时就通过地方院考，尽

管我们将会看到，大多数年轻人无法在二十一岁前获得生员资格。

1646–1756 年清初乡试、会试的科举形制

考试场数	考题数
第一场	
1."四书"	3 道
2.《易经》	4 道（可选）
3.《尚书》	4 道（可选）
4.《诗经》	4 道（可选）
5.《春秋》	4 道（可选）
6.《礼记》	4 道（可选）
第二场	
1.论	1 道
2.诏、诰、表	3 道
3.判语	5 条
第三场	
1.经史时务策	5 道

注：在第一场考试中，每位考生只需从五经中挑出一部专经，基于那一部经作答即可。

张謇（字季直，生于 1853 年）的"科举生涯"或许是晚期帝制时期记录最为详备的例子。他四十一岁时成为 1894 年的殿试状元，而他自虚龄四岁起便跟随父亲学习《千字文》，16 岁时便参加了 1868 年县内的院考，其间他创作了经义文和律诗，并在当年顺利通过了考试（另见图 5.4）。[90]

图 5.4　辛未科（1391 年）状元居家读书

来源:《明状元图考》，顾鼎臣等编，1607 年刻本。

如果我们将 14 世纪初程端礼的书单与 19 世纪晚期张謇
为了考中进士而遵循的经籍科目作比较的话，尽管其中有诸多
不同，我们仍能发现许多相似之处。这显示了 1315 年至 1756
年间面向精英的经学科目的教育统一性（除诗歌以外）——即
便科目内容本身发生了显著变化。最大的不同当然是诗歌的回
归，尤其在乾隆朝中期以后，科举考试要求创作符合唐代格律
的律诗（参见第十章）。张謇当年的教育内容如下所示，每个
年龄段都有需要掌握的某些特定文本：[91]

年龄	文本
4-5	《千字文》
5-11	《三字经》、《百家姓》、诗歌作品（1756 年后的科举考试要求）、《孝经》、《大学》、《中庸》、《论语》、《孟子》、《诗经》、文言写作入门书[92]
12	记诵四书
13	通览四书和五经、《尔雅》、诗歌写作训练[93]
14	《礼记》、《春秋》（含《左传》）、文章写作训练[94]
15	《周礼》、《仪礼》
17	诸如系名于朱熹的《资治通鉴纲目》（参见第九章）等史籍

张謇的读书编年列表反映了从初级文本到更难的四书五经
（到了张謇的时代，所有五经都被纳入科举考试范围，详见下
文）的循序渐进的掌握过程。"作文"被定义为不仅能以文言
文写作有关四书五经的文章，而且还能创作律诗，而"作文"
这一能力也是考生从孩童转变为年轻童生的标志。[95] 史籍的阅
读则是为了应对乡试、会试和殿试中的策问题（参见第八和第

九章）。

在他 16 岁那年，张謇通过了其家乡江苏通州的地方童生考试，尽管他的最终排名跌出了前 200 名。同一年，他通过了地方院考，成为一名生员，两年后又在地方州学科考中名列甲等。18 岁时，张謇尚且年轻，但已过了神童的年纪，他开始参加下一轮更高级别的乡试，但之后的他便不再顺风顺水，而是经历了一段艰难时期（详见下文）。[96]

文言文书写与写作精英的养成

晚期帝制时期科举考试的精英受众需要完备的文言读写能力，而与那些阅读通俗读物、掌握白话读写能力的受众相比，二者除了社会地位与政治权力的显著不同，其关键的文化差异在于前者优先考虑其文言写作能力。上述科举考生的阅读法则并不是为了将他们打造成"大众读者"，而"精英读者"的标签无疑只是这种读写训练的副产品。通过记诵与书法训练，他们在学习中成了"写作精英"群体的一员，其文言文创作也标志着作者是一位受过经典训练的文人。他通过地方院考、乡试、会试以及殿试中的文章创作，用手中的笔，书写出一条通往名声、财富和权力的路。[97]

"作文"由此也成为经学教育的最后阶段；阅读本身在这一文化语境中是远远不够的。写好文言文是一种文学技艺展示，其文化预期受众仅限于精英读书人，并由他们加以评判。因为这群精英不仅能够阅读文言，而且还能理解并根据其背后的文章规范加以再造。历代王朝利用科举选拔官员的目的，并非扩大"大众读者"，而是对这群"写作精英"加以约束、控制和选择。

因此，阅读被纳入教育科目是为了辅助达成其最终目标，即文言写作能力。作为一名有文化的士人，技巧娴熟、富有审美的写作是其不可或缺的能力，而有关八股文写作的具体规则在第七章有更详尽的论述。从朝廷和官僚体制的角度来看，文言文创作是一种在官僚政治运作中确保共同的语言特征与经籍记忆的手段。但从文人的角度看，写作本身就是致力于"斯文"，使作者能够企及古人，陈述其学林前辈的真理。无论是明清时期的帝国正统性，还是受教育文士敏锐的文化感知，二者的需求在科举制中均获得满足并达成妥协。是故，科举不是仅仅基于政治或社会权力的单向度的帝国霸权，也并非文士权威的自治领域。

而教育的任务是让年轻人在记住并达到最低要求的文言读写能力之后，训练其以文言文这一语言形式进行思考和写作。创作有关四书五经的文章，就是要求一个文人"代圣人立言"。一个孩童能够记住汉字、背诵诗句，甚至掌握属对技巧，但一套完备的经学教育还要求一定程度的理解力和思考能力，这种能力只能是由一个年轻的成年人在写作中实现并日臻成熟。[98]比方说，章学诚（1738—1801）在等待朝廷正式授予官职的赋闲时期，曾花大量时间在书院教授经学文言写作。他在1785年保定莲池书院教书时，就从写作的角度描述了精英孩童向成人转变的过程："今使孺子属文，虽仅片言数语，必成其章。……由小而大，引短而长，使知语全气足，三五言不为少，而累千百言不为多也。亦如婴儿官骸悉备，充满而为丈夫。"[99]

章学诚和其他清代教育家主张，随着年轻人写作技能的增强，他们能够写出更长、更复杂的文章。章氏秉持的观点是文章的整体性比任何部分都重要，关注文章段落反映了一种零碎的学习方式，章氏认为一个孩子能够成功模仿部分段落的笔法，但无法理解其意。而其他许多教育者则将文章段落的写作视为完成一整篇八股文的预备阶段，其训练能帮助一个男孩的写作臻于成熟。在孩童尚且不能将段落有效拼合成一篇完整文章的时候，教育者就辅导他们分别写作八股文的若干部分。但双方都同意，幼小的孩子无法创作有意义的文言文。无数写作入门书籍都被用于帮助学生达成从阅读向书写的转变。[100]

王筠认为一名学生在 16 岁时可以开始学文章作法。和章学诚一样，他以人的生理成长发育为隐喻，描绘了一个孩童如何从早期的记诵发展到成年后写作文章。文章规范可以通过机械的手段加以掌握，但欣赏文章风格及其道德意蕴所需要的美学感知则需要时间慢慢培养，并最终取决于学生的自身资质。而鉴于科举考试的要求，即使像章学诚这样对八股文形式之实用性提出质疑的文士（参见第七章），也依然选择这一制艺文体来传授写作技能。[101]

从孩童时期顺口而肤浅的语词向成年后严肃文言文写作的转变过程中，具有语法功能的虚字的使用是其文章成熟与否的重要标志，它帮助文章作者将工整的对句形式按照主题有机地转化成结构紧凑的经义文。元代的程端礼在他有关经义文的音韵学、文字学和语源学根基的精妙论述中，已经注意到了虚词在写作中的重要性，并指出虚词的使用技巧对于创作一篇受人推崇、值得效仿的严肃文章是必须的。[102] 清代早期文士刘淇所编写的《助字辨略》给广大科举师生提供了一套有关虚字及其用法的系统化字典，而他本人也坚持认为虚字及与之互补的"实字"是一篇优秀经义文的两大支柱。[103]

包括王筠和章学诚等许多教授学生写作的老师，将八股文视为一种必要之恶（necessary evil），但他们挑战了这一机械文章形式惯常的教学方法——其反抗方式是率先向学生展示如何模仿唐、宋大家的古文创作，而唐、宋古文在当时正经历着一场复兴。[104] 清代的许多文人将这些古文视作八股文的文体渊薮并认为其肇始于宋代，而明代科举则将这一制艺文章的形式朝着更机械、更教条的方向发展（参见第七章）。章学诚认为八股文对于大多数初学者而言过于困难，并推荐他们从小篇幅段落着手，开始学习写作。[105]

然而，在整个晚期帝制阶段，文言文写作始终处在两难之间：一边是像章学诚这样的经学教育家的理想，另一边则是以个人、家庭和宗族成功为核心的经义文（在清代还包括律诗）写作的现实处境。[106] 很少有学生能将作为一种文学形式的经义文从其政治及社会仕途奋斗的现实语境中剥离开来。我们将在第七章看到，许多埋怨文言写作的人最终自己掌握了这项技艺，从而为这一必不可少的苦差事寻找正当理由。在明代中期兴盛的"八股文"由此在 18 世纪被烙上了某种程度上的文学严肃性，在文士间一度受到尊重，并以此作为文言读写能力和古文写作令人引以为傲的标志。

明清时期的经典专门化趋势

明清科举考生在其学习过程中被允许专攻五经中的一部，这被称为"专经"。这种经学专门化的传统可追溯至汉代，当时朝廷任命专攻某部经的儒生为博士，入职于太学。而经学的专精化趋势在汉武帝时期尤为凸显，当时皇帝在太学任命了"五经博士"。[107] 唐、宋时期，除了明法、明书和明算等专科考试，针对某些特定儒家经典的"明经科"考试依然被延续下来。到了元代，以"专经"为基础的科举考试于 1314 年恢复。[108]

1787 年之后的科举考试要求精通所有五经内容（参见下文），而在此之前，秀才和举人在乡试和会试的第一场考试中，要分别引用四书以及考生自选的五经中的一部，以其所考引文为基础写作经义文。1370—1371 年，举人和进士考试要以其所选五经中的一部写作 500 字的经义文，并另写 300 字有关四书引文的文章。1384 年，科举写作要求增至三篇有关四书的经义文（每篇 200 字），以及四篇有关其"专经"的经义文（每篇 300 字）。经义文的篇幅也在逐渐发生变化，清代科举中所要求的有关四书和五经之"专经"的经义文字数呈增长趋势：1646 年为 550 字，1681 年为 650 字，1778 年为 700 字。[109]

科举考试的登记信息可以让考官们事先知道一名考生所选择的专经，而安排乡试和会试考场的吏员也负责将其答卷送至对应的考房，让负责某部特定经籍的考官评阅（参见第四章）。例如，王阳明在年仅 20 岁时就参加了 1492 年的浙江乡试，成为当年 2200 名考生中的一员。他一举通过考试，而当年的浙江考生中仅有 4% 成了举人，不过他的排名不太令人满意，在 90 位举人中仅列第 70 名。另外，他是专攻《礼记》的九名举人之一。如果我们假设专攻每部经的举人比例与全部考生相当，那么应有 610 名（28%）考生专攻《易经》,490 名（22%）专攻《尚书》，760 名（34%）研究《诗经》，120 名（5.5%）专治《春秋》，还有 220 名（10%）研读《礼记》。[110]

这一登记信息还透露出，在王阳明通过余姚乡试的时候，他很可能已经熟记 145000 字的儒家经籍，其中的三分之二来自《礼记》。除了《左传》,《礼记》在五经中篇幅最长，这也使王阳明成为选择它作为记诵对象的少数考生之一，尽管这一选择也有其便利之处，因为四书中的两部即出自《礼记》。王阳明成了考生中的少数派，而其他 85% 的人则致力于记诵《易经》、《尚书》或是《诗经》。考场内有关这几部经籍的竞争异常激烈；而对于专攻《礼记》和《春秋》的考生而言，其竞争要相对小得多。由此，为了记诵《礼记》所要额外付出的时间成本，却也相应地以竞争性不高（220 人中产生 1 名举人）得到回报。

1499 年的会试共产生了 300 多名贡士，时年 28 岁的王阳明是选择以《礼记》为题的 22 位（7.3%）贡士之一。王阳明的会试文章由同样是《礼记》专家的同考官——刘春（1487 年进士）和林廷玉（1455—1530；1484 年进士）——批阅。王阳明基于《礼记》中礼乐引文所写的会试文章，从当年总共255 名专攻《礼记》的考生中脱颖而出，被选为范文，收入官方的《会试录》。而作为五经中竞争较少的一块领域，王阳明的出色表现也使他在 1499 年会试的总排名中位居第二，成为"五魁"之一——"五魁"即五经中每一部经的最佳考生。[111]而假设他专攻《诗经》，他就要同 1285 名考生互相竞争，考《易经》则有 875 名竞争对手，考《尚书》有 840 名考生。王阳明最终在殿试中名列第九，当年殿试要求考生写作一篇有关礼乐对于社会之教化功用的策论。[112]

282 表 5.13 将王阳明所参加的 1492 年乡试中考生对专经的选择，置于明代所有浙江乡试的历史背景之下（另参见表 2.3 和表 2.4）。我们可以看到，从五经的各自占比来看，1492 年乡试是一场典型的明代中叶浙江地方考试。年轻文士选择专经的世俗化趋势，能帮助我们描述明代经典研习的历时变化，而在此我无法将其历史语境加以全面而恰当的分析，这有待将来有关文士思想潮流的研究。但我们能看出，基于五经中不同专经的比例变化，乡试和会试考场的相关经籍中榜人数也相应有所起伏。

比方说，治《春秋》在明初大行其道的一大原因，在于1395 年洪武皇帝对此的全力支持，他认为《春秋》是官方经典中最为全面的一部经，实乃"求圣人大经大法"。[113]此外，我们知道在明朝初期，宋人胡安国所作的《春秋传》比起冗长而古老的汉代《春秋》三传要更受欢迎，由此，早期的明代考生不需要记诵多达 28 万字的汉代《春秋》三传。然而，当科举考试改为从《左传》中出题后，多数考生开始转向其他经典，而选择《春秋》作为其专经的考生比例在 1500 年后仅为 6% 至 8%。[114]

　　整个明代的浙江乡试呈现出两大主要趋势：（1）《春秋》在考生中的热门程度逐渐衰退，从 1370 年高达 28% 的占比跌至 1501 年的 5.6%；（2）专治《易经》的考生比例出现急剧增长，从 1403 年的 10% 飙升至 1576 年的 42%。其他相对较小的趋势包括：（1）考生们对《尚书》的偏爱在 15 世纪流行开来，并于 1423 年达到 38% 的顶峰；（2）《诗经》作为专经在明末考生的占比中缓慢下降，从 1501 年的 36% 降至 1600 年的 27%；（3）在 1423 年之后的半个世纪中，《礼记》作为专经的比例逐渐增加，逐渐超过 10%，这一趋势一直持续至 1492 年——正是王阳明选择《礼记》作为专经参加会试的那一年。

　　上述趋势在表 5.14 中也能得到确认，该表显示了明代福建乡试的考生专经选择趋势。如果我们进一步将它们与表 2.3（明代会试）和表 2.4（明应天府乡试）进行比较，可以得出结论说，在全国范围内，《诗经》的热门程度始终保持稳定：选择它作为专经进行研读的考生维持在 30% 到 35%。如果说明末时期参加三年一度乡试的生员总数在 50000 到 75000 人之间，那么专经比例告诉我们，其中有 15000 至 22500 人选择了 40000 字的《诗经》加以记诵，当然还要算上 75000 字的四书。除了《诗经》长度较为合理（它是篇幅字数第三少的经籍）这一因素之外，其诗歌属性也使它具备押韵、对句等便于记忆的特点，因此成为明代科举考生记诵经典中的首选。

　　《尚书》和《易经》在明代考生中的吸引力也是经久不衰。作为五经中篇幅最短的两部经——每部约有 25000 字——《易经》和《尚书》最初的专经占比都超过了 20%，并且在不同时期，两部经分别都有超过 30% 的记录。但《尚书》在 15 世纪初最为热门，之后在明末又回到了 20% 的占比；相反，《易经》在明代中叶的占比超过了 30%，此后便始终广受欢迎，一度逼近作为科场首选的《诗经》的占比，后者有时可以吸引将近 40% 的考生。

到了清代，科举中的专经占比维持着惊人的稳定性。1645年顺天府乡试共产生 171 名举人，现根据其所治专经将其归类：49 人（28.7%）治《易经》、60 人（35.1%）治《诗经》、36 人（21.1%）治《尚书》、15 人（8.8%）治《春秋》、11 人（6.4%）治《礼记》。其他地方乡试或多或少都符合这一占比分布，参见表 5.15 和表 5.16。朝廷采用这种通过率占比是为了保证专攻五部经的任何一部都有机会成为举人和进士，尽管《易经》、《诗经》和《尚书》在考生中最为热门。考官们担心，如若明代的趋势持续下去的话，三部最短的经典最终占比会超过 85%，而这一比例是科举考试所规定分配给三者的最高比例，相反，几乎没有考生将会专攻《春秋》或《礼记》。[115]

1723 年还有报告称，由于烛火在冬季的乡试科举中被禁止使用，日照时间的变短使得基于五经引文所考的经义文写作经常被省略。地方考官按惯例，只给冬季应考的童生或秀才指定两篇出自四书引文的经义文写作题。这一惯例意味着许多秀才，尤其是那些仅仅为了谋取地方科举名次的人，甚至不会去掌握五经中的任何一部。为了弥补这一漏洞，雍正皇帝下令，在冬季举行的地方院考和岁考中，考生被要求写作两篇分别基于四书和五经的经义文。[116]

顾炎武等 17 世纪的文士业已批评明代经典学习流于表面，并将之部分归咎于专经政策下特定经籍的流行，从而导致了对经典有全面认知的考生变得越来越少。其他一些文士，如黄宗羲，也都属于这种重新强调五经重要性的学风浪潮中的一员。比方说，朱彝尊于 1681 年担任江南乡试的考官。在他准备的一道策问题中，朱氏实则考查了考生们的专经水平，他将这一治经传统追溯至宋、元时期，其时宋人的经典阐释第一次超越了汉、唐注疏。[117]到了18世纪，文士之间的一大共识逐渐显现，即仅仅通晓一部经籍是不够的。这一共识最终说服了清廷改革科举，考生需要学习五经的所有内容。[118]

正如附录3中的表格所示，乾隆朝初期曾为掌握全部五经内容的举人和进士设有一特殊门类。这一门类可追溯至1724年雍正朝，当时的皇帝在大部分地区分别增添了五个举人名额，专门分配给这一门类。这类特殊的"通五经"考生被鼓励写作二十篇经义文，即对五经中的每部逐一抽取四段引文进行创作，而不像其他考生，只需就一部经籍的四段引文写作四篇经义文即可。如果他们在乡试和会试的第一轮考试中出色地完成了二十篇经义文的写作任务，再加上三篇硬性规定的有关四书的经义文写作，那么他们就能免去除了诏、诰、表等公文写作的其他第二和第三场考试。[119]表5.15显示，参加1735年顺天府乡试的考生中，有8.2%的人选择了这条新门径，因此需要记诵47万字的经典，而那些仅就四书和五经中较短的一部进行记诵的考生，一般只需记住10万到11.5万字即可。表5.16暗示了在18世纪40年代，江南地区的考生仅有少于5%的人选择了这一新的科举渠道，这一数字在表5.17有关1742年北京会试的信息中也得到确认。而像嘉定著名的经学家王鸣盛，便在1747年的江南乡试中选择了这一全新应试门类，并借此机会脱颖而出。[120]

在1756年至1786年这三十年间，促进科举经学研究的改革历经三个阶段得以完成（更详尽的描述参见第十章）。1787年，清廷决定将（自1756年起）新加入的试帖诗题从第二场挪至第一场，使其重要性与四书等量齐观。这一举动惹怒了那些仍旧支持宋、元道学制艺文改革的清代文士（亦参见第十章）。律诗被重新纳入科举科目，意味着从地方乡试到京城会试的所有考生都必须掌握唐、宋古诗的著名诗选，其中最有名的要属《唐诗三百首》。[121]

与此同时，清代皇帝决定以 1788 年至 1793 年作为五年过渡期，逐步要求所有文士都必须掌握所有五经内容。由于五经总量的惊人篇幅（如包含重复汉字在内，共计约 47 万字），官方的科举要求无法一夜之间改变考生的记诵习惯。因此到了 1793 年后，要获得举人和进士身份的年轻考生，其记诵经典的指标较之前增加了四倍，此外在 1756 年后，还要外加学习几百首唐、宋古诗。宫崎市定基于中国考试记诵要求所描绘的"科举地狱"这一去历史化的图景，也因此适用于 1793 年至 1898 年的科举情形——这也是该体制存在的最后一个世纪。[122]这一变化影响了文士考生们为掌握考试科目所需花费的年数，并体现为中榜考生的老龄化趋势。

考中举人和进士时的考生年龄

晚期帝制科举体系的一大突出特点，在于它对老年考生并没有明显的排斥。在一个以孝道和尊老为其公共和私人道德基石的社会中，统治者、考官和考生都有充分理由让所有年龄段的人都能参加科举考试，即便是老人，只要其社会地位和文言水准被认可，只要他愿意，他就能一直参加科举考试。但事实上，科举考试会极大地改变人们对其社会地位的观感。比方说，老年生员不得不在年轻的举人面前卑躬屈膝，因为他们的政治地位产生了偏差，并进一步凸显成功青年人士的社会地位，而相应贬低了那些落榜的老年考生。晚期帝制时期以尊老为其公共意识形态，但也为少年得志及其青春活力留有余地，在此环境下，老年落榜生与金榜题名的年轻人之间反差巨大。

吴敬梓，一个 18 世纪的小说家兼科举落榜生，在其讽刺小说《儒林外史》中就曾挖掘了这一主题。他描绘了 1487 年一个刚通过州学科考的年轻生员，与一个年逾花甲、依然没有资格去考举人的私塾先生的会面："原来明朝士大夫称儒学生员叫做'朋友'，称童生是'小友'。比如童生进了学，不怕十几岁，也称为'老友'；若是不进学，就到八十岁，也还称'小友'。就如女儿嫁人的：嫁时称为'新娘'，后来称呼'奶奶'、'太太'，就不叫'新娘'了；若是嫁与人家做妾，到头发白了，还要唤做'新娘'。"[123]然而，起码在理论上，所有考生在科举考场中都站在同一起跑线上竞争。

表 3.19 简要勾勒了明代福建省的科举成就，其中也记录了中榜考生跨度极大的年龄段。这一有趣的数据似乎展示了，残酷的科举既可以成就少年得志的传说，也能解读为持之以恒的回报。超过四十位明代福建中榜生的年龄在 13 岁至 19 岁之间，考虑到当时的文人往往很早就开始记诵四书和五经中的一部，这一现象不是太令人惊讶。但是，超过八十位福建中榜生已年逾八旬，甚至有些百岁老人依然坚持参加科举考试。一名叫林春泽的人，就以一百零四岁的高龄被任命为地方知县！[124]

考虑到科举考试惊人的记诵要求——1756 年前的要求较低，而 1793 年后的记诵总量则异常庞大——那些二十岁之前获得举人头衔的男孩被世人赞许为神童。王世贞（1526—1590）据称 6 岁时便已熟记经籍，并在 17 岁时成为举人。1547 年，年仅 21 岁的王世贞通过了会试和殿试，从此文名日盛，并步步高升。[125]17 世纪最有名的文人戏曲家汤显祖（1550—1616），便在 13 岁那年成了江西故乡的一名秀才。童年时，他受教于自己的祖父，之后他在家塾中就读，得到罗汝芳（1515—1588）的指点，后者是阳明心学的追随者。汤显祖年纪轻轻便精通八股文写作，由此在 20 岁时便通过了 1570 年的江西乡试，成为汤氏家族中的第一个举人。然而之后的 1571 年，21 岁的他没能通过会试，并在之后的三科考试中（1574 年、1577 年、1580 年）连连失利，直到 1583 年，他才在 32 岁那年第五次参加京城科举考试时考取进士。[126]

又比如，翁方纲作为一名杰出士大夫的名声，部分源于他在 1744 年 11 岁时当上秀才这一惊人之举。后来在 1747 年，他又以闻所未闻的 14 岁的小小年纪考取了举人，并于 1752 年 19 岁时成为进士，当时科举考生只要求掌握五经中的一部经籍即可。1754 年，21 岁的翁方纲突然青云直上，成了一名翰林院庶吉士。1756 年后，诗歌被更广泛地纳入科举，而翁氏本人对实施这一举措起到了关键性作用。[127]

蒙古八旗士大夫法式善（1753—1813）曾写有《清秘述闻》，书中描绘了 17、18 世纪清代科举考官的诸多细节，而他本人在 1778 年 26 岁时成为一名生员。他早年的科举得志受益于其出身：他出生在蒙古八旗家庭，而他的父亲娶了一位颇有诗才、熟稔经籍的汉族女子，正是她教会了法式善研读四书五经。作为一位非汉族的奇才，法式善通过了地方乡试，并在两年后的 1780 年，以 28 岁的年纪在翰林院任职，尽管其进士排名仅为三甲垫底。他成了当时最知名的经学家之一。[128]

与之相似，清末文人张之洞年仅 15 岁就通过了 1852 年的顺天府乡试，这的确是与众不同的壮举，因为当时的科举考试已经包括了所有的五经内容，而他还是当年的解元。他有关四书的经义文、试帖诗以及第一道策问文章，均被作为范文收录在官方的《乡试录》中，在随后的考试中屡被传抄和效仿。11 年后，当时尚且年轻的张之洞以 26 岁的年龄通过了会试，并在 1863 年的殿试中作为探花进士及第。之后，他进入翰林院，又于 1867 年至 1877 年间被派往浙江、湖北、四川各地监考地方乡试。[129]

如果一名考生到了 40 岁仍没有通过地方科考的话，世人就会认为他年龄过大了，尽管湖北地方曾有记录说，一名考生年逾七十仍在参加地方考试。的确，有传言说在科场内曾有老年考生向年轻人解释相关的经典段落，而作为交换，年轻考生替他写作风格更为符合潮流的经义文答卷。[130] 官员们时常注意到，在给最年轻的童生准备的院考中，登记信息往往显示应试者是个年轻学子，结果来参加考试的却是个四五十岁的老先生。我们在上文已经看到，为了杜绝登记信息造假、防止冒名顶替者步入考场，监考官会责备相关负责官吏，没有仔细核实前来赶考的应试者与相关登记信息。[131]

在竞争异常激烈的明清乡试中脱颖而出的少数举人，其占比往往不到总考生人数的 5%，而他们的年龄一般在 25—29 岁之间。例如，表 5.18 显示，16 世纪应天府乡试的举人中有 63% 年龄在 21 岁至 30 岁之间，而只有 26% 的举人年龄在 31 岁到 40 岁。最年轻的举子年龄是 15 岁，而最年长的是 50 岁。而当我们将这一明代南京的乡试数据与表 5.19 的清代各地乡试数据作比较，就会发现，19 世纪中举考生的年龄出现明显增长。21—30 岁的举人比例在 1834 年至 1851 年间下降至 42%，而 31—40 岁的群体则在那两科分别占到 37% 和 36%——而 1531 年时，后者的占比仅为 26%。不仅如此，明朝时期的举人中，只有 7% 到 8% 的人年龄超过 40 岁，最大的也不超过 50 岁，然而到了清代，有 15% 到 17% 的举人已过不惑之年，1835 年和 1851 年的所有举人中则有超过 3% 大于 50 岁。这一年龄段的转变与上述科举制度的改革直接相关，即 1787 年专经制度的废止和 1793 年后记诵内容的陡然增加，显然使得应试考生需要花更长的时间准备科举考试。

我们之前已经提到 1894 年的状元张謇，他在 18 岁时便有资格参加 1870 年的江南乡试，但在接下来的十年中连续遭受五次失败（1870 年、1873 年、1875 年、1876 年和 1879 年），最终在 1885 年 32 岁时通过了乡试，名列第二。在这一年龄段成为举人在当时十分典型，其人数占到了 20%。而在这十年中，张謇还被要求参加数场复核性质的岁考、科考，以确保他仍有资格参加乡试。而在他姗姗来迟考取举人之后，张謇又连续参加了五次会试（1886 年、1889 年、1890 年、1892 年和 1894 年），终于在九年后的 1894 年成为贡士，时年 42 岁。尽管他在会试中仅排第 60 名，但在复核时被重新排为第十名，而他最终在 1894 年的殿试中夺得状元，并紧接着成为翰林院修撰。张謇的状元名声，实则建立在二十年科举失利的人生履历之上，这是他为了求取功名而坚持不懈的隐忍阶段。[132]

到了清末，年逾八旬的乡试应举考生已十分常见，而他们都被惯常地授予副榜举人的荣誉头衔，即便他们在考试中再次失利。例如，1852 年的乡试中，有 13 位 90 多岁的考生，他们被直接授予了举人头衔。此外，65 名超过 80 岁的考生也被纳入副榜举人的名单。1853 年，有 17 名考生超过 90 岁，另有 79 名超过 80 岁。[133]

那些在京城通过会试和殿试的考生，年龄段从二十岁至五六十岁不等，尽管其中的大多数在考取其梦寐以求的进士时多为三十五六到四十岁出头之间。表 5.20 和表 5.21 比较了明清两代状元的年龄段。我们可以看到，根据我们所能知道的状元信息，约 13% 的明代状元年龄在二十五岁以下，而到了清代，这一比例降至 6%。在 55 位明代状元中，超过半数年龄在 26—35 岁之间，清代的占比与之相似。在明代，83% 的状元年龄在 26—45 岁之间，清代的这一比例为 86%。超过 46 岁的年长状元则有明显增长，从明代的 4% 升至清代的约 8%。明代状元的年龄区间在 19 岁（1487 年）到 51 岁（1589 年）之间，而清代则为 24 岁（1737 年和 1778 年）到 59 岁（1703 年）之间。总体上看，从明代到清代，年轻状元的人数越来越少，而较为年长的状元则相应增多，其平均年龄也从 33 岁升至 36 岁。由此，我们可以断定，张謇作为 1894 年甲午科的状元，其年龄特征在当时非常典型，就算略显年长也并不算高龄。许多考生像他一样在乡试和会试中屡次失利，在其成年后为了备考而消磨了 10—20 年的人生，最终到达了科举的金字塔顶端。而这一旷日持久的努力所得来的成功，同样伴随情感和心理的代价，我们将在第六章对此加以评估。

表 5.22 和表 5.23 告诉我们，有关所有进士的大致年龄分段，不再仅限于像张謇这样的状元。从 1472 年和 1529 年的殿试数据中，我们可以看出，很少有进士年龄小于 20 岁，而大多数则在 26—45 岁之间（1472 年为 94%，1529 年为 82%）。但是，1529 年小于 25 岁的进士占比相对较大（16%）。到了清代，所有 1835 年进士中的 72% 年龄在 26—45 岁之间，1868 年占 80%，1894 年占 86%——这一数据与上述清代状元的年龄占比基本相同。

然而，与状元的相关数据不同，通过会试的年轻贡士（小于 25 岁）在 19 世纪出现增长，由此暗示了，尽管明清的进士平均年龄出现增长，但年轻进士的数量也在增多，尽管后者很少成为状元。1868 年，15% 的进士年龄在 25 岁以下；1894 年，这一比例为 11%。但在所有清代状元中，只有 6% 年龄小于 25 岁。当清代参加乡试的生员数量增加时，其平均年龄也增长了（见表 5.19）；但就参加会试、殿试以争夺进士的考生来说，年轻人较老年考生发挥得更为出色。那些超过 50 岁的会试考生占比，从 1835 年的 5% 跌至 1894 年的不到 1%。或许年轻应考生更能适应清末科举经义文的风格转变（参见第七章），又或许诗歌在 18 世纪后期被重新引入科举也是变化的原因之一。无论原因为何，相较于过去，更多的老年考生在科举中落榜。

而科举考官也奏报了落榜老年考生的反常增多，并对此表示担忧，因为他们意识到人口的增长速度远远超过了科举名额的增幅，致使当时的老人在科举中不断失利。比方说，1699 年的顺天府乡试中有个超过一百岁的广东考生黄章，他在其曾孙的扶持下在晚间进入北京贡院参观，声势甚为浩大。他的曾孙手提灯笼，上书"百岁观场"四个大字加以纪念。[134]另一方面的极端案例是，1770年，乾隆皇帝让负责顺天府乡试的考官将两名年轻考生评判成举人——他们一人11岁，另一个13岁——从而鼓励他们作为神童获得资格参加接下来的会试。[135]

到了1784年，老年考生参加会试的人数增长已引起时人的警觉。庄存与的一份奏章便指出，当年的会试应考生中，有1人年龄超过90岁，20人超过80岁，5人超过70岁。乾隆皇帝于是下令官员给予他们特别的恩典，哪怕他们最终没能通过正式考试。[136]1826年，另一位来自广东的104岁会试考生未能成为贡士，但朝廷对他进行了象征性的补偿，让他可以进入国子监任职。[137]

这一令人警醒的趋势，同样被当时的西方观察者所注意："除了中国，世界上还有哪个国家有可能见到如下情景？——祖父孙三代人同时在同一考场竞争同样的科举功名，而长寿以及不屈不挠的毅力，最终能让一个人在80岁时获得其梦寐以求的荣誉称号。"[138]

基于其在明清时期的持久性和精密性，晚期帝制科举体系成为一种维持中国社会特征之自我再生产的动态机制，这一社会特征是每个王朝及与之合作的文士共同制定的一套国家和社会规范。经籍研习、文士声望、王朝权力与文化实践都被吸纳进了这一考试机制，并且是如此根深蒂固，以至于明清科举本身成为精英文化、政治和社会的一套衡量标准。但科举对社会并没有约束力，文士则可以指定科举考试科目来规约政府。用教育术语来说，科举是教育权威得以代代相传的主要机制。[139]

尽管有种种公平性上的弊端——如某些通过非常途径获得的

制科出身、一部分官员的门荫特权、面向富人的捐官制度、地理意义上不同地方或城市 – 农村之间科举成功率的不均衡——直到19 世纪末，科举考试依然是晚期帝制中国最重要的富贵之路。科举实则导致了官员与士绅阶层的高度重合，而在公平、公开的外表下，它掩盖了下层民众在官员体系中被排斥这一事实。作为一套集政治、社会、文化于一身的机制，为选拔官员而设计的科举教育科目在中国实际上维护了阶层差异并将之合法化，其阶层的一端是统治者（即便是非汉族出身）和士绅官员，而另一端则是不识字或者未受过经籍读写训练的平民百姓。[140]

　　大体而言，本章所描述的那些在明清科举市场中互相竞争的士商群体，其社会阶层承受着持续的人口压力。在明初设立的科举制度到了 1850 年都没有太大调整，从而无法适应整体社会变化的步伐（参见第三章）。清代总人口从 1700 年的 1.5 亿，上升至 1850 年的 4.5 亿，几乎翻了三倍，而举人和进士名额则基本保持停滞。从县城到北京的各类科举考试，其竞争都变得异常残酷。如此的结果就是 19 世纪科举考试所规定的更高标准的记诵要求，它本身也是对科举市场竞争日益白热化的一种回应。[141]

　　我的大多数前辈学者都聚焦于 19 世纪晚期帝制科举及其经学考试内容和文学形式，并往往给予负面评价，但这一历史时段过于简短，也过于特殊。此外，他们对该体制的内容及形式的解读，离不开 20 世纪初中国知识分子对科举本身的仇视。而我则要指出，促使上一辈学者做出如此判断的历史认知形态在当下已不再适用，但与此同时我也理解其批判背后的情感动因，及其后见之明的部分有效性。

　　我这项研究的目标并非要为明清帝制科举正名。在科举废除将近一个世纪之后，我们可以意识到，科举是一项巧妙权衡、备受争议的运作机制，它作为教育和社会构造的关键一环，在帝国王朝与士绅主导社会的通力合作下得以发挥功用。这种上下合作在 1850 年前相对成功，但在这之后，文士文化与帝国政制同时出现了灾难性的衰落。这一为社会及政治精英循环流动而服务的文官选拔体制，实际上充当了一个不乏缺憾但也运转尚可的"教育陀螺"（educational gyroscope）。它每两到三年进行一次强有力的、自我旋转式的科场运作，成为士绅官僚与统治者在面对更广阔的社会时，维持其恰当平衡的不可或缺的制度性工具。但在 1850 年后，这一陀螺被国家不断调整，同时也渐渐失去了轴心。当时的朝廷及其官员没能意识到其王朝衰落的人口因素，而是最终抛弃了这一教育陀螺（参见第十一章）。

294

在第三到第五章，我从外部的、制度性的、社会及政治的角度对科举实践进行了分析，在之后的章节中，我将转向内在的、通俗的、文学的和经学的知识形式，后者同样影响着科举科目与晚期帝制文士文化。我接下来的研究对象将是那些存在于晚期帝制科举考场以外的文化维度。我们将要详细探讨一些文化形态和通俗形象，它们产生于专制政权，却与见多识广的文士精英形影相随，但它们不仅仅是某种偶发症状、空洞修辞或是迷信思想。如果它们只是带有文化形式的空壳，科举机制就无法持续如此之久，也无法将一幅理想而光明的帝国图景自觉纳入其"文化监狱"（cultural prison）之中。

注　释

1　Nivison, "Protest against Conventions and Conventions of Protest," pp.177-201；以及 Willard Peterson, *Bitter Gourd: Fang I-chih and the Impetus for Intellectual Change*（New Haven：Yale University Press, 1979），pp.44-63。

2　参见 Ridley, "Education Theory and Practice in Late Imperial China," pp.145-206。

3　关于才子佳人的浪漫故事中女性参加科举的记述，参见 Stephen Roddy, *Literati Identity and Its*

Fictional Representations in Late Imperial China（Stanford：Stanford University Press，1998），pp.172-175，282n5。宋代的情况可参考柏文莉（Beverly Bossler）《宋代妇女知识水平初探》（"Women's Literacy in Song Dynasty China：Preliminary Inquiries"），收入田余庆主编《庆祝邓广铭教授九十华诞论文集》（石家庄：河北教育出版社，1997），第 322～352 页；原为会议论文，于"宋 - 元 - 明转型学术研讨会"发表（加州箭头湖，1997 年 6 月 5—11 日）。

4　Hsiung Ping-chen，"Constructed Emotions：The Bond between Mothers and Sons in Late Imperial China，" *Late Imperial China* 15，1（June 1994）：97-99。

5　徐珂纂《清稗类钞》，20.33-34，20.36，其中提到了汉学家张惠言（1761-1802）的母亲教他读书识字的故事，并描述了所谓"女训"。另见 Ko，*Teachers of the Inner Chambers*，pp.29-67。

6　参见拙著 *Classicism, Politics, and Kinship*，pp.57-59。又见 Mann，*Precious Records*。

7　Patricia Ebrey，*The Inner Quarters：Marriage and the Lives of Chinese Women in the Sung Period*（Berkeley：University of California Press，1993），pp.21-44。

8　参见《皇明贡举考》，1.104a，文中提到了 15 世纪中期的捐官情况，当时是为解决由土木之变导致的边境危机而募集资金。又见 Arthur H. Smith，*Chinese Characteristics*（Port Washington，N.Y.：Kennikat Press，1984），书中第 28 页阐述了贩卖头衔为何没有"抑制考生的热情"。

9　参见 Bol，"The Sung Examination System and the Shih，" pp.155-171；以及 Murphy，*Social Closure*，pp.1-14。

10　Maurice Freedman，*Chinese Lineage and Society：Fukien and Kwangtung*（London：Athlone Press，1971），pp.68-96；以及 Chung-li Chang，*The Chinese Gentry*，pp.32-51。

11　参见拙著 *Classicism, Politics, and Kinship*，pp.22-25，52-59，我在书中详细描述了明末至清初常州庄氏和刘氏宗族以及他们在族人教育上的成功。

12　参见 Dardess，*A Ming Society*，pp.56-57，117。

13　Joseph Esherick and Mary Rankin，eds.，*Chinese Local Elites and Patterns of Dominance*（Berkeley：University of California Press，1990），文中相关各处。又见 Dardess，*A Ming Society*，p.70，书中指出明末的经济交易越发倾向于使用白银，这需要地方书吏的参与，其中的一部分即作为宗族代表开展业务。

14　关于庄氏和刘氏家族的讨论，参见拙著 *Classicism, Politics, and Kinship*，pp.36-73。我的发现可能只是这两大家族的特殊情况，但他们所利用的总体文化策略与其他学者早先的研究依然可以互参，例如 Hilary Beattie，*Land and Lineage in China*，相关各处。参阅 Harriet Zurndorfer，"Local Lineages and Local Development：A Case Study of the Fan Lineage，Hsiu-ning *hsien*，Hui-chou，800-1500，" *T'oung Pao* 70（1984）：18-59。许多其他相关的原始文献和二手资料，由于篇幅原因在此按下不表，可参见拙著 *Classicism, Politics, and Kinship*，pp.15-35。

15　Joseph McDermott，*The Making of a New Rural Order in South China. 1, Village, Land, and Lineage in Huizhou, 900-1600*（Cambridge：Cambridge University Press，2013）；原为会议论文，于"宋 - 元 - 明转型学术研讨会"发表（加州箭头湖，1997 年 6 月 5—11 日），pp.15，31-32。

16　Patricia Ebrey and James Watson，eds.，*Kinship Organization in Late Imperial China 1000-1940*（Berkeley：University of California Press，1986）。又见 Beattie，*Land and Lineage in China*，p.51；以及 Kai-wing Chow，"Discourse，Examination，and Local Elite：The Invention of the T'ung-ch'eng School in Ch'ing China，" in Elman and Woodside，eds.，*Education and Society in Late Imperial China*，pp.197-205；以及拙著 *Classicism, Politics, and Kinship*，pp.6-15。

17　参见 David Wakefield，*Fenjia：Household Division and Inheritance in Qing and Republican China*（Honolulu：University of Hawaii Press，1998），pp.174-178。

18　相关讨论参见 Elman，*Classicism, Politics, and Kinship*，p.xix。

19　Denis Twitchett，"The Fan Clan's Charitable Estate，1050-1760，" in David Nivison and Arthur Wright，eds.，*Confucianism in Action*（Stanford：Stanford University Press，1959），pp.122-123；以及 Rubie Watson，*Inequality among Brothers：Class and Kinship in South China*（Cambridge：Cambridge University Press，1985），pp.7，98，105，175。

20　关于宗族及其义学之规模和影响力的细致讨论，参见大久保英子《明清时代书院の研究》（东京：国书刊行会，1976），第 339—349 页；以及 Angela Ki Che Leung，"Elementary Education in the Lower Yangtzu Region in the Seventeenth and Eighteenth Centuries，" in Elman and

Woodside, eds., *Education and Society in Late Imperial China*, pp.382-391，梁氏在文中强调了宗族和义学在基础教育辅导中发挥的作用。关于义学在诸如云南等边缘省份所发挥的作用，参见 Rowe, "Education and Empire in Southwest China," pp.427-443。

21 Evelyn Rawski, *Education and Popular Literacy in Ch'ing China*（Ann Arbor: University of Michigan Press, 1979），pp.28-32, 85-88.

22 David Johnson, "Communication, Class, and Consciousness in Late Imperial China," in Johnson, Andrew Nathan, and Evelyn Rawski, eds., *Popular Culture in Late Imperial China*（Berkeley: University of California Press, 1985），文中第 59 页估测，清代起码有 500 万受过经学教育的男性平民，换言之，这些人大概占据 1800 年男性人口数的 5%，或是 1700 年的 10%。这一比例很可能在明代更低，因为当时的私立书院还不普及。参见大久保英子《明清时代の書院の研究》，第 78—85 页。

23 Kracke, "Family vs. Merit in Chinese Civil Service Examinations during the Empire," pp.103-23；Ping-ti Ho, *The Ladder of Success in Imperial China*, pp.70-125，尤其是第 114 页的表 10；以及 Hymes, *Statesmen and Gentlemen*, pp.34-48。

24 Etienne Balazs, *Chinese Civilization and Bureaucracy*, translated by H. M. Wright（New Haven: Yale University Press, 1964），pp.6-7. 参阅 Bourdieu and Passeron, *Reproduction in Education, Society, and Culture*, pp.141-167。

25 参阅 Kenneth Lockridge, *Literacy in Colonial New England. An Enquiry into the Social Context of Literacy in the Early Modern West*（New York: Norton, 1974），pp.3-7；以及 Bourdieu and Passeron, *Reproduction in Education, Society, and Culture*, pp.1-27。

26 Eberhard, *Social Mobility in Traditional China*, pp.22-23. 关于劳役对明代文士的影响，参见拙著 *Classicism, Politics, and Kinship*, p.45。

27 1384 年，胥吏被禁止参加明代科举考试。参见陆深《科场条贯》，136.4a。到了清末，胥吏的子孙有时被允许参加地方院考，参见本书第四章。

28 Wang Yuquan, "Some Salient Features of the Ming Labor Service System," *Ming Studies* 21（spring 1986）: 1-44.

29 参见 Langlois, "The Hung-wu Reign," pp.123-124；以及 Edward Farmer, "Social Regulations of the First Ming Emperor," in Kwang-Ching Liu, ed., *Orthodoxy in Late Imperial China*（Berkeley: University of California Press, 1990），pp.116-123. 参阅 Ray Huang, *Taxation and Government Finance in Sixteenth-Century China*（Cambridge: Cambridge University Press, 1974），pp.1-6。Wang Yuquan, "Some Salient Features of the Ming Labor Service System", 文中第 26—29 页提及了明代服役户籍的四十七个种类。

30 Mi Chu Wiens, "Changes in the Fiscal and Rural Control Systems in the Fourteenth and Fifteenth Centuries," pp.53-69.

31 Ray Huang, *Taxation and Government Finance in Sixteenth-Century China*, pp.112-33；以及 von Glahn, *Fountain of Fortune*。

32 1771 年政府曾下令，先前属于社会边缘群体的劳力，在解除身份后的第四代方可参加科举考试。关于 1771 年政令，参见《大清会典事例》，158.32。有关 18 世纪 20 年代的劳力解放，又见 Philip Kuhn, *Soulstealers*, pp.34-36。

33 关于作为一种财政类别的"文士"群体，参见 Dardess, *Confucianism and Autocracy*, pp.14-19。有关明代对社会分类的具体实施举措，参见 Ping-ti Ho, *The Ladder of Success in Imperial China*, p.67。

34 参见《礼科题本》，1765 年第五月，傅恒等人的奏疏，存于台北中研院明清档案。

35 Wittfogel, "Public Office in the Liao Dynasty," p.39.

36 参见《大清会典事例》，381.1a-3a。

37 《清史稿》，11/3150-3151；《明史》，3/1694；以及《皇朝续文献通考》，1/8423。又见 James J. Y. Liu, *The Art of Chinese Poetry*（Chicago: University of Chicago Press, 1962），pp.26-29。

38 参见《钦定大清会典事例》，381.8a-8b。

39 在这一点上，何炳棣是正确的，他认为"在明代，职业流动性广泛存在，并最终导致了社会地位的流动"。参见氏著，*The Ladder of Success in Imperial China*, p.71。然而，这样的职业流动并不是科举考试的结果，后者更便倾向于犒赏那些占据教育与文化资源的群体，而不论其明代初期的家庭职业地位。关于清代的科举考试登记，参见 Zi, *Pratique des examens littéraires en Chine*, pp.19-21。

40 Ping-ti Ho, *The Ladder of Success in Imperial China*, pp.70-71.

41 《殿试登科录》，1499：9b。

42 关于军户的职业与地位流动性，参见 Ping-ti Ho, *The Ladder of Success in Imperial China*, pp.59-62。

43 参见于志嘉《明代军户的社会的地位について》，载《东洋学报》71，3-4（1990）：122，表9。

44 关于科举与社会流动性的议题，可资参考的宋代证据见 Hymes, *Statesmen and Gentlemen*, pp.29-61。精英社会地位往往是获得科举成功的先决条件，而一旦科场告捷，科举成功又将指认并提升自身地位。Ping-ti Ho, *The Ladder of Success in Imperial China*, p.73, 文中称自宋代以来，"科举成为社会流动最为重要的渠道"，这显然高估了当时社会流动的实际情形。

45 于志嘉：《明代军户的社会的地位について》，第91—129页。又见萧启庆《元代的儒户——儒士地位演进史上的一章》，第151—170页。

46 于志嘉：《明代军户的社会的地位について》，第96—106页。又见《万历三十八年庚戌科序齿录》，载《明代登科录汇编》，第21册，第11931页；以及《殿试登科录》，1610：1a。在同一场殿试中，来自士人名门的著名学者钱谦益被登记为平民出身。

47 《万历三十八年庚戌科序齿录》，第11727—11964页，尤其可注意第11755页的庄起元（1559—1633）和第11776页的庄廷臣（1559—1643）。更多讨论，参见拙著 *Classicism, Politics, and Kinship*, pp.52-54。

48 于志嘉：《明代军户的社会的地位について》，第106—121页。

49 李嘉球编《苏州状元》，第261-334页。参阅李调元《制义科琐记》，4.125。

50 Bielenstein, "The Regional Provenance," p.17.

51 有关明初的相关趋势，参见生驹晶《明初科举合格者的出身に关する一考察》，第45—71页。又见 Lü Miaw-fen, "Practice as Knowledge: Yang-ming Learning and *Chiang-hui* in Sixteenth Century China"，第一章。

52 参见 de Heer, *The Care-Taker Emperor*，相关各处；以及 Dardess, *A Ming Society*, pp.105-106, 110-111, 144-145, 167-169, 202-203。而在第203页，窦德士告诫说，实际上政治派系的"界限十分模糊"。

53 Dardess, *A Ming Society*, pp.248-253.

54 参见 Ping-ti Ho, *The Ladder of Success in Imperial China*，第228页（表28：清代进士的地理分布）。福建在清朝统治下同样在进士占比上出现严重下滑趋势。

55 Bielenstein, "The Regional Provenance," pp.6-178.

56 同上书，第17—18、30、32、33页。

57 同上书，第21、30、77—78页。

58 参见 William Rowe, "Education and Empire in Southwest China," pp.417-457。

59 檀上宽:《明代科举改革的政治的背景—南北卷の创设をめぐって》，第55—66页声称，官员将科举竞争的"公正性"视作其科举制成功必不可少的条件。

60 John Dardess, "The Management of Children and Youth in Upper-Class Households in Late Imperial China"，论文于1987年美国历史协会太平洋海岸分会（Pacific Coast Branch of the American Historical Association）上宣读［加州帕萨迪纳，西方文理学院（Occidental College）］。弱冠之礼在清代的北方地区似乎没有那么普遍。在更晚近的研究中，窦德士总结说，"相邻代际的家庭成员之间的共同点很少"，"无法调和的哲学差异"在他所研究的明代江西文士中十分典型。而由于窦德士的分析并未涉及文言文的学习，他忽视了语言的持续性实际会加深经学论辩。参见 Dardess, *A Ming Society*, p.173。

61 引自吴晗《朱元璋传》（北京：生活·读书·新知三联书店，1965），第235页。

62 Ridley, "Educational Theory and Practice in Late Imperial China," pp.150-152; Willard Peterson, *Bitter Gourd*, pp.44-47. 参阅 Jack Goody, *The Interface between the Written and the Oral*（Cambridge: Cambridge University Press, 1987），pp.59-77, 86-91, 234-243。

63 参见陆世仪关于区分"小学"与"大学"的文章，收入《清前期教育论选》，1/129-44。

64 将《三字经》系于王应麟名下最早见于1666年王相的注释，尽管最近的学术研究对此提出质疑，因为很难想象如王应麟这样的饱学之士会写出如此具有意识形态倾向性的经学入门书。参见 Michael Fish, "Bibliographical Notes on the *San Tzu Ching* and Related Texts"（master's thesis, Indiana University, 1968）, pp.26-34。参阅 Langley, "Wang Ying-lin," pp.xix-xx。又见 Hoyt Tillman, "Encyclopedias, Polymaths, and *Tao-hsueh* Confucians," *Journal of Sung-Yuan Studies* 22（1990-92）: 89-108。英文翻译可参见 Herbert Giles, trans., *San Tzu Ching: Elementary Chinese*（1910; reprint, Taipei: Wen-chih Press, 1984）。Cynthia Brokaw, "Commercial Publishing in Late Imperial China: The Zou and Ma Family Businesses of Sibao, Fujian," *Late Imperial China* 17, 1（June 1996）: 74, 文中提供了许多证据，证明在明代福建存在"大量的三字经版本"。

65 Ko, *Teachers of the Inner Chambers*, p.128.

66 参见张志公《传统语文教育初探》（上海教育出版社, 1962）, 第 3—86 页；Angela Ki Che Leung, "Elementary Education in the Lower Yangtzu Region," pp.393-396；以及 Rawski, *Literacy and Popular Literacy in Ch'ing China*, pp.136-139。

67 Sheang [Shang] Yen-liu, "Memories of the Chinese Imperial Civil Service Examination System," pp.49-52.

68 参见 Doolittle, *Social Life of the Chinese*, pp.377-378。John Henry Gray 在他的 *China: A History of the Laws, Manners and Customs of the People* 第 167—168 页中, 描绘了 19 世纪 70 年代"从中国学堂中发出喧嚣的叫嚷声", 这噪声是由于学生大声朗读文章, "致力于背书"而造成的。

69 Ridley, "Educational Theory and Practice in Late Imperial China," pp.391-392. 有关宋代的入门读物——包括《千字文》和《百家姓》——的研究, 参见 Thomas H.C. Lee, "Sung Schools and Education before Chu Hsi," in de Bary and Chaffee, eds., *Neo-Confucian Education*, pp.130-131。

70 参见王筠《教童子法》, 收入《清代前期教育论著选》, 3/484-492。

71 关于读写能力及其完备性, 参见 Graff, *The Legacies of Literacy*, pp.10-11。

72 参见拙著 *From Philosophy to Philology*, pp.213-225。

73 Thomas H. C. Lee, "Sung Schools and Education before Chu Hsi," pp.131-132.

74 相关讨论参见 T. H. Tsien, *Written on Bamboo and Silk*（Chicago: University of Chicago Press, 1962）, p.24；S. Robert Ramsey, *The Languages of China*（Princeton: Princeton University Press, 1987）, pp.116-124；John DeFrancis, *The Chinese Language: Fact and Fantasy*（Honolulu: University of Hawaii Press, 1984）, pp.82-85；以及 Tillman, "Encyclopedias, Polymaths, and *Tao-hsueh* Confucians" pp.94-98。

75 王昶:《春融堂集》, 1807 年刻本, 68.9a-b。根据其说法, 五经一共有 207397 个汉字。参阅 Alexander Woodsie and Benjamin A. Elman, "The Expansion of Education in Ch'ing China," in Elman and Woodside, eds., *Education and Society in Late Imperial China*, p.534。

76 参见宫崎市定《科举史》, 第 294—297 页, 文中作者对晚期帝制中国"十三经"的陈述基于《程氏家塾读书分年日程》一书, 1796 年刻本。宫崎市定指出, 他的统计排除了《尔雅》（此书在唐代便被奉为经典）, 尽管我们在下文将会看到, 它始终是一部被广泛研究的语源学字典。从 1370 年至 1786 年, 所有科举考生（除了一些特例）都专经五经中的一部。而 1786 年之后直到 1900 年, 考生则必须掌握五经的所有内容。参阅 Miyazaki, *China's Examination Hell*, 第 16 页提供了四书（其中两种为《礼记》的两个章节）和五经的字数统计。而宫崎市定又在《科举史》中给出了《春秋》三传——《左传》《公羊传》《谷梁传》的字数统计,《科举: 中国的考试地狱》（*China's Examination Hell*）一书仅列出了《左传》的字数。宫崎氏的两部著作都未给出宋代胡安国《春秋传》（参见第一章）的字数统计, 它在明清科举中属于考试要求范围, 直到 1793 年才从科举中被移除（参见第十章）。

77 Miyazaki, *China's Examination's Hell*, p.16.

78 Sheang [Shang] Yen-liu, "Memories of the Chinese Imperial Civil Service Examination System," p.52.

79 这些故事被记载于《古今图书集成》, 第 606 册, 112.32a-34a。参阅 Tsien, *Written on Bamboo and Silk*, pp.73-76。

80 《古今图书集成》, 第 606 册, 112.34b。参阅 Jonathan Spence, *The Memory Palace of Matteo Ricci*（New York: Viking Penguin, 1985）, pp.156-157。

81 王筠:《教童子法》, 第 486 页。

82 参见 Ssu-yü Teng and Knight Biggerstaff, comps., *An Annotated Bibliography of Selected Chinese*

Reference Works，2nd edition（Cambridge：Harvard University Press，1971），pp.97-98。相关讨论可参见 James J. Y. Liu，*The Art of Chinese Poetry*，pp.146-150。

83　《恩科会试录》，1890：27b。

84　《蔡元培全集》（台南：王家出版社，1968），第 462 页。参阅 Ridley，"Educational Theory and Practice in Late Imperial China，" pp.404-405。

85　Spence，*The Memory Palace of Matteo Ricci*，pp.3-4，140-141，160-161. 又见 Eugenio Menegon，"The Catholic Four-Character Classic（*Tianzhu Shengjiao Sizijing*）：A Confucian Pattern to Spread a Foreign Faith in Late Ming China"，1992 年秋季加州大学伯克利分校课程论文。关于起源于希腊、拉丁文学的西方记忆术，参见 Frances Yates，*The Art of Memory*（New York：Penguin，1969）。

86　参见程端礼《程氏家塾读书分年日程》，1.1a-15b。

87　参见 M. Theresa Kelleher，"Back to Basics：Chu Hsi's*Elementary Learning*（*Hsiao-hsueh*），" in de Bary and Chaffee，eds.，*Neo-Confucian Education*，pp.219-251。

88　唐、宋时期，儒家经典往往被编为"七经"、"九经"或"十三经"。自元代和明代开始，"五经"成为科举考试中指称"经"的基础文本，尽管明清时期的出版物依然非正式地指称"七经"或"十三经"。相关讨论可参见第一章。

89　参见拙著 *From Philosophy to Philology*，pp.212-213。

90　Ridley，"Educational Theory and Practice in Late Imperial China，" pp.153-156，346-350，376-377.

91　同上书，pp.376-379。

92　有关写作入门书，参见张志公《传统语文教育初探》，第 87—92 页；以及 Ridley，"Educational Theory and Practice in Late Imperial China，" pp.64-85。

93　参见张志公《传统语文教育初探》，第 92—106 页。

94　同上书，第 118—143 页。

95　参见 Ridley，"Educational Theory and Practice in Late Imperial China，" pp.440-458，文中讨论了写作教学问题。

96　同上书，第 155 页。

97　相关讨论可参见张志公《传统语文教育初探》，第 118—134 页。近期有关明、清时期出版与印刷文化的研究，急于采纳罗杰·夏蒂埃（Roger Chartier）有关早期现代法国文化史中书籍、出版与被动阅读的典范研究，而忽视了中国文士文化中写作的积极影响。参见 Chartier，"Gutenberg Revisited From the East，" *Late Imperial China* 17，1（1996）：1-9；其他若干篇论文也登载于同一期刊物，题为"Special Issue：Publishing and the Print Culture in Late Imperial China"。这些论文内容丰富，但不加批判地借鉴了西方文化实践的很多看法，以此投射到明清时期的阅读与写作形式之上。而夏蒂埃的全集却从未展现早期现代的西方人是如何积极地学习写作的。类似的局限可参见 Alberto Manguel，*A History of Reading*（New York：Viking Press，1996），相关各处。

98　梁章钜：《制艺丛话》，1.10b。

99　参见章学诚《论课蒙学文法》，收入《章氏遗书》（重印本，上海：商务印书馆，1936），"补遗"，第 3a 页。

100　参见张志公《传统语文教育初探》，第 139—143 页讨论了八股文教学。有关写作训练的不同观点，参见 Ridley，"Educational Theory and Practice in Late Imperial China，" pp.447-449。关于清代文言写作入门书籍概述，见 pp.64-83。

101　王筠：《教童子法》，收入《清代前期教育论著选》，第 485—486 页。参阅 Ridley，"Educational Theory and Practice in Late Imperial China，" pp.449-457。

102　参见程端礼《程氏家塾读书分年日程》，"学作文"，2.5b-9a；同书，"作科举文字之法"，2.9b-12b；同书，"议论体"，2.17b-20b。

103　参见 Ridley，"Educational Theory and Practice in Late Imperial China，" pp.458-461。

104　参见 Theodore Huters，"From Writing to Literature：The Development of Late Qing Theories of Prose，" *Harvard Journal of Asiatic Studies* 47，1（June 1987）。

105　王筠：《教童子法》，第 491-492 页；以及章学诚《论课蒙学文法》，第 1b—2a 页。

106　有关这一问题，可参见 Nivison，"Protest against Conventions and Conventions of Protest，" pp.195-201。

107　参见汤志钧等《西汉经学与政治》（上海古籍出版社，1994），第 61—82 页。

108 《五礼通考》，173.26a-27a，174.14a，174.16a。

109 参见李调元《制义科琐记》，1.4，1.10；又见《清史稿》，11.3151-3152（卷108）。

110 《浙江乡试录》，1492：16a-21a。

111 《皇明贡举考》，1.63b-64a。参阅梁章钜《称谓录》，24.27a-b。

112 参见《会试录》，1484年（未标页码），1487：6b，1499：5a-11b；以及《殿试登科录》，1499：9b（考生名单），1a-6a（御制策问）。

113 《皇明贡举考》，1.72b-73a。

114 Ridley，"Educational Theory and Practice in Late Imperial China，" p.210.

115 参见梁章钜《称谓录》，114.27a-b。

116 Ridley，"Educational Theory and Practice in Late Imperial China，" p.214.

117 参见朱彝尊《曝书亭集》，《四部备要》版，60.10a-b。

118 黄汝成：《日知录集释》，第471—473页（卷19）。相关讨论可参见拙著 *From Philosophy to Philology*，pp.113-18.

119 《国朝两浙科名录》，1857年刻本（北京），第139a页；以及梁章钜《制艺丛话》，1.2a-ab。

120 参见《江南乡试录》，1747：26a。那些选择某部专经的考生仅须完成有关"表"的写作；而那些选择精通"五经"的考生则被要求写作诏、诰、表全部三种公文体例。参见1724年会试及1741年顺天府乡试的科举"题目"通告，存于台北中研院明清档案。

121 参见翁方纲《石洲诗话·自序》，收入《清诗话续编》，郭绍虞编（上海古籍出版社，1983），第1363页，文中描述了翁氏在1765—1768年担任乡试考官和地方学政时，他与所有衙署官吏讨论将诗歌加入科举科目之事。

122 参见李调元《淡墨录》，16.10a-12a。参阅 Miyazaki，*China's Examination's Hell*，p.111-29。

123 吴敬梓：《儒林外史》，第17—18页。相关讨论可参见 Ropp，*Dissent in Early Modern China*，pp.61-75。

124 《闽省贤书》，1.38a-42a。

125 *Dictionary of Ming Biography*，pp.1399-1400.

126 参见 Cyril Birch，*Scenes for Mandarins*，pp.10-13；以及 Hummel，ed.，*Eminent Chinese of the Ch'ing Period*，pp.708-709。

127 参见翁方纲《石洲诗话·自序》，第1363页。参阅 Hummel，ed.，*Eminent Chinese of the Ch'ing Period*，p.856。

128 法式善：《清秘述闻》（北京：中华书局，1982）。参阅 Hummel，ed.，*Eminent Chinese of the Ch'ing Period*，p.227。恒慕义（Hummel）将法式善成为秀才的年龄误作16岁。

129 《顺天乡试录》，1852：44a。张之洞有关四书文的写作，见第31a—38b页，诗歌见第38b—39b页，策问回答见第53a—56页。

130 参见徐珂纂《清稗类钞》，21.25，21.38，21.42。

131 一个1741年发生的案例，可参见《钦定大清会典事例》，386.8b。

132 Ridley，"Educational Theory and Practice in Late Imperial China，" pp.154-156.

133 徐珂纂《清稗类钞》，21.95。1736年，乾隆皇帝恩赐了那年所有参加会试的老年考生。又见《续增科场条例》，1855年版，第9a、27b—28a、40a—41a、50b—52b页。

134 黄崇兰编《国朝贡举考略》，1834年刻本，1.30b；以及徐珂纂《清稗类钞》，21.67-68。

135 《礼科题本》，1770年十月五日，存于台北中研院明清档案。同一天的《礼科题本》记录还讨论了两位年龄分别为85岁和80岁的高龄考生，如果他们未能正式通过考试的话，将特别授予其举人功名。

136 参见庄存与在1784年会试考试结束后所题写的奏章，载《礼科题本》，1784年，三月二十九日。

137 《国朝贡举考略》，3.26b。

138 参见 Arthur H. Smith，*Chinese Characteristics*，p.29；以及 E. L. Oxenham，"Ages of Candidates at Chinese Examinations；Tabular Statement，" *Journal of the China Branch of the Royal Asiatic Society*，n.s.，23（1888）：286-287，文中列出了1885年十个地方乡试的年龄分组。欧森南（Oxenham）注意到："中国科举制度的一大特殊之处在于对竞争者没有年龄限制。下从12岁到15岁的孩童，上至80岁的耄耋老人，他们都能在同一考场平等竞争。那些年老书生很少能高中，反而每个中榜名单中都能找到两个、三个甚至四个未及弱冠的神童。"又见 Doolittle，*Social*

Life of the Chinese，书中第 398 页描述了八旬老人被授予荣誉科举头衔之事。

139　Rieff，*The Feeling Intellect*，pp.234-245.

140　Hsiao Kung-chuan，*Rural China: Imperial Control in the Nineteenth-Century*（Seattle：University of Washington Press，1960），pp.67-72.

141　又见 Bielenstein，"The Regional Provenance，" p.11。

第六章　焦虑情绪、科举美梦与备考生活

　　由于青年考生和老年考生要在科举市场上"公平"竞争，他们都为考生的科场生活带来了截然不同的个体经验。年轻一辈对榜上有名的风光庆祝心向往之，而对功名可望而不可即的年长的考生也会对名落孙山的折磨感到同病相怜。然而，对于他们所有人而言，与之相随的紧张情绪——对于年轻一辈来说是漫长的寒窗苦读，而对年长考生而言是更为漫长的屡试不第——不过是人们对帝国科举制度的自然情感表现。科举考场对于登科及第的青年考生来说是充满机遇的地方，而对从未成功的年长考生来说却是"文化监狱"。[1]科举及第的压力也形塑了他们的个性。对于他们大多数人而言，坚持不懈地应举成了一种生活方式，第五章所述状元张謇的科举生涯便是其中的代表。其他人则将科场失意升华为精英与通俗情感表达的文化象征，有时也意味着对深受其折磨的文化监狱进行政治抵制。

　　科举考试机制介乎精英思想话语与文士日常生活之间。而焦虑情绪则是他们生活中的催化剂，它给一些人带来了名望和财富，却使大多数人陷入失望乃至绝望。[2]本章记录了文士们频繁地乞灵于宗教和占卜术的种种行为，他们试图通过这类方式疏导在竞争激烈的地方院试、乡试和会试等典型科举场合的

情绪反应。在1904年的晚清末科殿试中，商衍鎏被点为探花，他曾写下自己的考试经历："（衍鎏兄）二十岁中辛卯科举人，翌年到北京会试后还广州，一病而逝。我母亲说：'聪明太过不主寿，不如你笨些的好。'"[3]

　　像吴敬梓《儒林外史》这样的通俗小说，或是蒲松龄（1640—1715）写的文言短篇故事，其作者都是科举落榜的书生，因此他们会用大众流行的市井方言来嘲讽这一取士选拔的过程。而这些虚构故事并非"透明的文本"。其叙事必须被

解读为文化建构的产物，并以落榜者的视角框定了科举过程。由于这些作品同时吸引了包括精英与非精英在内的"大众"读者，我在此特意对"大众－精英"（popular-elite）的二元对立提出质疑，并力图展现这两极之间复杂而灵活的互动。[4]那些被记录下来的梦境与吉兆是最突出的非官方记载，它们反映了潜在的、集体性的考生心理压力，并为外界提供了一套关于个体成败的解释。[5]

因此，科举所产生的焦虑心态是一种历史现象，并主要是男性个体的深刻体验，这也符合父权社会的性别意识形态。但男性的家庭成员，如他的父母、姊妹、亲眷也无法摆脱这种焦虑。他们替他分忧、提供慰藉与鼓励，但关乎科举成败的直接个人经验依然属于成千上万的男性考生。正如我们看到的，男性考生间彼此激烈竞争，而登科及第的概率也越来越小。社会形态与政治决策之间的巨大鸿沟，也使得考官的官方经典标准（见第八章）与考生所运用的那些宗教手段背道而驰，后者更被考生当作缓解担忧与负面情绪的良方。

科举考生的落榜失意自隋、唐以来就是一个常见主题。[6]为了能写经义文（1756年后又要学会写律诗），需要相当程度的典籍记诵、古诗文的广泛阅读，以及经年累月的写作训练。这就占用了一个考生从童年到青年的人生阶段，并成为帝国范围内历代精英家庭子弟的共同经历，这一点不受方言与地域的差异性影响。至于那些仅仅受过短期教育的人则只掌握了科举范文，而没有像其他人那样广泛记诵，即便这样，如若他们想要通过地方性的院考、科考步入官场的话，他们依然需要具备文言文读写能力。

在地方性考试中，不通文言文的考生很常见，就像我们在第四章所讨论童生和生员的情况那样；但在各省举办的乡试中，不通文言的考生基本已经被淘汰了，但考场舞弊和考官受

297

贿则成为获得举人乃至进士头衔更行之有效的捷径。三年一次的乡试规模在明代达到了 5 万至 7.5 万考生，而到了清代更增至 10 万到 15 万，考试的难度并非向考官展现自身的文言文读写能力（这是地方考试对童生所进行的文化区隔），而是写出雅驯的八股文，并且要在海量的文章中脱颖而出，这些文章的作者个个都是在写作上砥砺多年的青年和老年考生。当一个不识文言的考生试图通过受贿步入仕途，他买下科举头衔的行为会被迅速发现和曝光。清廷对此的监管尤为严格。[7]

科举及第通常也意味着事业上的成功，尽管所谓的成功标准在明代和清代已发生了戏剧性转变（见第三章）。在明末，除了进士以外的科举头衔均已贬值，而到了清代，即便是进士也通常要候缺数年才能被任命为知县或知府——如果他们在进士群体中的资历能熬出头的话。即便如此，生员和举人所积累的地方社会声望、法律特权，以及免除徭役等种种好处，依然令众多出身精英家族的青年和老年考生甘愿在科举市场上竞争。但 19 世纪后通过科举获得成功的机会越发渺茫，这严重加剧了人们的紧张情绪。自从科举在唐宋时期扩张开始，这一紧张气氛便与科举市场形影不离。没有一个朝代在精英人口的增长方面能和清朝相提并论。[8]

对于在明清精英家族中成长起来的男性成员而言，他们自有一套预先设定的、存在已久的社会化人生之路。成年人为成千上万的幼年士族男性的童年定下了日常备考章程。男性焦虑与文士挫败感实为一体两面。我所谓的"男性焦虑"是一种属于精英的社会与思想现象，它产生于男性个人与家庭生活的相关历史经验。正如蔡九迪（Judith Zeitlin）所注意到的那样，明代医师诊断出一种特定类型的"郁"，他们将这种可识别的"思郁"症状与落榜考生在谋求成功过程中的持续受挫联系在一起。这种情感压力仅见于乡绅—商人精英自发的陈述。然而，汉人精英纾解压力的方法着实不少，它们被用来应对备考生活中的男性焦虑、无情的科举考试机器，以及选拔过程中产生的种种紧张心态等诸多历史现实。9

科举的宗教面向及其世俗稳定性

在世俗的想象中，"命"通常被拿来解释内在于科举选拔过程核心的社会与文化不平等。很多人对自身成败的接受，源于他们相信科举排名的背后有神明的旨意。10 那些在科举考试竞争中落败的精英子弟，会自我治疗式地援用"命"来看待那些成功的人，尽管后者实际上看不出有任何方面比前者优秀。11 当面对日常生活中的不确定因素时，许多中国人——无论是精英还是农民——都会求神问佛、礼拜寺庙，并参加当地的宗教活动，以此作为协调自洽、使其生活复归常态的手段。文士生活的一大讽刺就在于，科举教育制度考查的是像四书五经这样大体上去宗教化的经典，它禁止道士、佛僧步入考场，宗教典籍也被排除在官方科举科目之外，但这样的科举制度却充斥着许多外在的宗教感性，以至于备考生活与宗教生活之间已无明确的界限（参见第八章）。例如，唐代官方曾下令，如果科举考试持续至夜间，而考生在考试结束后无法回家的话，他们被允许在光宅寺留宿。而在宋代，供奉孔子的文庙在考试前成了科举考生的祈福之地。12

自隋、唐以来，考生为了缓解学习与考试压力，就会向地方神灵寻求道德支持。这样的宗教实践方式被用以疏导学生对成功的焦虑，并在科举市场上助其一臂之力。道教中有文昌神信仰，文昌帝君在中古时期被视为掌管文运之神，而到了南宋，他更作为预测科举功名之神而被士人群体所信仰。在元代，这一信仰得到了官方认可。虞集曾支持蒙古人在1314—1315年间恢复科举（见第一章），他这样描述文昌神对文士的吸引力：

> 宋亡，蜀残，民无孑遗，鬼神之祀消歇。自科举废，
> 而文昌之灵异亦寂然者四十年余。延祐初，元天子特出睿
> 断，明诏天下以科举取士。而蜀人稍复治文昌之祠焉。[13]

祁泰履（Terry F. Kleeman）根据《梓潼帝君化书》（又
名《文昌化书》），推定文昌帝君七十三化在 1181 年，而书中
第七十三章《桂籍》更确立了文昌帝君在科举中的精神影响：

> 儒家桂籍隶天曹，得失荣枯数莫逃。
> 梦契真诚题义显，榜随阴德姓名高。
> 封妻荫子由寒裔，曳紫腰金自白袍。
> 为报难窗无寐客，勉心文行莫辞劳。
> 帝以予累世为儒，刻意坟典，命予掌天曹桂籍，凡士
> 之乡举里选、大比制科、服色禄秩、封赠奏予，乃至二府进
> 退，皆隶焉。[14]

《化书》继续记录了 1194 年关于李登的一个故事，也具体展现
了文昌神的显灵。李登是个颇有才华的考生，他向叶静法师询
问自己为何历经四十载，却依然考不上进士。法师向文昌神核
实后说：

> 李登初生时，赐以玉印，十八岁魁乡荐，十九岁作
> 状元，三十三岁位至右相。缘得举后，窥邻女张燕娘，事
> 虽不谐，而系其父张澄于狱，以此罪展十年，降第二甲；
> 二十八岁后，侵兄李丰宅基而夺之，致刑于讼，以此又展
> 十年，降第三甲；三十八岁得举后，长安邸中淫一良人妇

> 郑氏，而成其夫白元之罪，又展十年，降第四甲；四十八岁得举后，盗邻居王骥家室女庆娘，为恶不悛，已削去其籍矣，终身不第。

在有关科举的宗教话语中，这样的道德严词把更好理解的通俗含义和道德意蕴附加在文学性的科举之上，而它对科举考生名次等第的解释也来自上天的制裁，而非经义文章写作的内容与技巧。[15]

到了明代，文昌神崇拜空前繁盛。15世纪关于科举考生的记载经常提到他们在各自的家乡，或是在奔赴省会、进京赶考的路上组织文昌社。比方说，十余位科举考生于1441年造访了山西太原的文昌行宫，"为文昌社，上表以祈功名"。又如1454年，即将跻身士大夫之列的明人丘濬尚在准备京城会试，而早在十年前他就通过了广东省乡试。一次，他在梦中见到了文昌帝，帝君称赞他持诵《文帝孝经》甚勤，并保证他在接下来的科举考试中必能高中。明代考生自称供养"文昌帝君"得以中第成为一时风尚，连王阳明的弟子杨起元（1547—1599）也不例外，他因在科举制艺中融入了禅宗思想而为世人所知。[16]

明清科举士人经常崇拜的另一个民间宗教信仰便是关帝，这位历史人物被神化为战神，有时还充当财神。关羽在中古时期开始被封神，他作为历史上的忠臣武将在小说《三国志通俗演义》中被浪漫化，由此化身为关公，成了怜悯众生、保障商贾致富、护佑文士中举的神明。[17]帝国范围内的关帝信仰，根据善恶标准来评判人们的行为，由此弘扬忠义、福佑善人。清代的雍正皇帝更将关帝崇拜纳入整个帝国的庙宇等级体系中，朝廷由此将之整编为王朝的官方守护神。[18]

据说在1547年，一个名为张春的考生梦见关帝请求他医治其耳疾，并以乡试、会试中第作为回报。张春当时居住的寺庙有幅关帝画像，在他醒来后，张春发现画上关帝的耳朵恰好被蜂蜜堵住了，他便把蜂蜜从画上除去。第二天晚上，张春又梦见关帝前来答谢他，并表示不会忘记他的善行。在明末，一个身患痼疾的考生梦见关帝告诉自己将会康复并通过下一场科举考试。但之后，由于此人痊愈后变得贪得无厌，他最终在科举中落榜。事后，这名考生去庙里求签询问自己为何失败，关帝解释说"天理"不容侵犯。1619 年通过会试的贡士中，有八位据说在梦中见到关帝，并在其呈示的名单上榜上有名。[19]

另一个晚期帝制时期科举信仰中人气颇高的历史人物是明初名臣于谦。在对抗瓦剌的战役和土木之变中，当明英宗被瓦剌俘虏、后者索要赎金之时，于谦及其他朝廷官僚扶持他的幼弟来取代原来的皇帝（见第一章）。这位新即位的景泰帝之后成功地守护了京城。而当明英宗回京并度过了若干年南宫幽禁的生活后，他在 1457 年的夺门之变中重新夺回了皇位。之后他便以谋逆罪处死了于谦和其他官员，原因是他们在 1449 年抛弃了自己。于谦在 1466 年得以昭雪平反，他的儿子于 1489 年请求在其父位于杭州的坟墓旁建立纪念他的祠堂。之后，于谦的谥号于 1590 年被改为忠肃，其祠堂也改名为忠肃祠。另一处祠堂也在北京建造。[20]

于谦的墓地与祠堂（世人称之为"于忠肃祠"）成为明末、清代浙江省科举考生青睐的场所，他们在前往乡试和会试的路上常在此驻足停留，祈求于谦在天之灵指引或启示未来的科举成功之路。和关帝一样，于谦这一历史人物所代表的忠义之举超越了他的时代，而其清明的精神足以影响其他人的命运。于谦崇拜的影响范围仅限于当地，并没有遍及整个帝国疆域的其他地方。许多科举考生事后将他们的登科与祠堂中所做之梦联系起来。例如，1652 年的状元邹忠倚，尽管来自江苏无锡，但他将自己的成功追溯至儿时拜访于忠肃祠的经历。当时他梦见了于谦，后者预言了邹忠倚未来的状元头衔。[21]

通俗故事与民间宗教

上述这些宗教信仰在清代备受推崇，无数科举考生都曾参拜过这些神灵。他们乞灵于文昌、关帝和于谦的诸多事迹被刊行在两册《异闻录》中。这些故事取材自明清考生的叙述，并强调了科举市场灵异、神秘的一面。志怪小说在中古时期便开始盛行，而作为它的一个子类，明清《异闻录》是早先唐、宋时期有关科举异闻记载的延续，并且代表了回荡在科场内外中国民间式的通俗视角。[22]但基于明代科举在县、府、省地方各级的定期扩张，以及帝国范围内考生人数的增加，这些科举异闻在当时急剧增长，以至于考官经常将这些异闻作为考题本身，在科举考场上向考生发问，下文将就此展开论述。[23]

除了这些晚期帝制时期的信仰，佛寺道观也作为宗教场所，帮助文士调理他们的科举心态与情感需求。这些寺庙经常与遍布全国的文昌祠和关帝庙彼此重合。例如，关帝在唐代已经被奉为佛教神明，而到了晚期帝制时期，关帝令人生畏的塑像已矗立在了许多佛寺门前。[24]这里举一个例子，1550年，一位佛僧运用相术预测了徐中行（1517—1578）将在当年举行的京城会试中入选，但又说他的余生将注定只是个举人，并不会获得比知县更高的官职。当徐中行对其命运流露出一丝不满时，僧人告诉他，若想要摆脱面相的"定数"，就得积"阴德"。徐中行表示同意，虽然当时他是个穷书生，但依然通过卖文代写赚得了三十个金锭，他将其全部用来买鱼，并偷偷掷入太湖放生。当这位僧人再次见到他时，他立即发现徐中行阴德满面，并声称他将于第二年高中进士。

由于徐中行随后当上了高官，关于他改变命运的故事成为白银时代科举市场的一个寓言。[25] 这显然是对用金银买通考官获得科名的一个道德反转式叙事，类似的情形还有在寺庙祠堂中烧"冥钱"给死者，或是偿还良心债。在徐中行关乎业报的"善行"中，金锭和冥钱一样转化成精神上的"报酬"，并换得了世俗的成功。正如经典教育所投入的文化资源为考生取得科名提供了掌握文言文的关键，对祠堂、庙宇的参拜及其精神信仰给他们带来了内心的平静与希望，并在面对可能的失利时提供慰藉。[26]

无独有偶，1594 年，一名道士数落了一个叫张畏岩的考生，因为后者在当年乡试结果公布时，因自己落榜而攻击了考官。道士此前便嘲笑了张畏岩，并称自己能从其面相中看出他的制艺文写得平平无奇。张畏岩愤怒地质问道士如何得知他的文章不够格，道士回答说"作文贵心气和平"。他还补充道，张畏岩落榜后的暴戾之举，正表明他心气不平和。

张畏岩因此寻求道士的指点，后者告诉他上天将根据一个人的善事决定其命运。张畏岩回答说自己是个穷书生，没钱行善事，道士便提出了"阴功"的观念。他声称"阴功"生自人心，而此无量功德并不取决于财富，而是基于情绪沉静与精神平和，而张畏岩攻击考官的举动则白白浪费了心力。张畏岩闻此顿悟。此后的 1597 年，他梦见当年的乡试榜单仍缺一人，此人需能为善积德、没有差池。而张畏岩符合了这一条件，并在 1597 年的乡试中排名第 105 位。[27]

为了在晚期帝制中国的科举考试中取得成功，除了应对外在压力和符合经学教育的要求，还需要考生在精神上保持内在的心理健康。在上述故事中，道家精神顿悟的理想得以传达给一位高度紧张的考生，后者显然已为乡试筹备多年，他在最终揭榜时无法接受自己的失败。而宗教教谕与道德感化不仅是处理科举失利、使考生不至归咎于考试制度的正当排解方式，就连登科也最终会与精神顿悟和情感上的成熟相挂钩。宗教与文士生活共同创造了一个十分健康的心理避难所，把考生从严酷的科场现实中解救出来。

道德是关乎科举成败的典型而灵活的考量标准。例如，在1481 年京师会试开始前，王阳明的父亲王华住在一位富贵人的家中，其主人尽管有多个侍妾，但始终膝下无子。一天晚上，主人派其中一名侍妾来到王华房中，并带来一张便条，说这是主人自己的意思，想借王华让自己有个后嗣。王华拒绝了这种苟且，并在回信中说此举"恐惊天下"。第二天，一名道士被请至富人家中祈福先祖，但他在中途陷入了沉睡。等他一醒来，这位道士讲道，他在天宫参加了一场考试，状元也在当场公布出来。当被问及具体情形时，道士不敢泄露状元之名，但他记得在梦中行进的队列持有"恐惊天下"的旗帜。[28]

业力与果报同样在晚期帝制时期作为文化建构概念被用来解释科举市场。袁黄（1533—1606）是明末有志于融合儒释道三教的主力之一，他提倡利用善书来衡量个人社会地位与价值。袁黄声称"科第全凭阴德"，他同样坚持科考的成功不取决于考生的能力，而靠的是祖先所积累的福报。袁黄及其追随者以簿帐记录道德，将之称为"功过格"，它相当于民间宗教中关于善行、道德重生与世俗成功等观念的文士版。[29]

这一科举市场的多数考生，尤其是举人和进士，通常认为他们彼此的文言文读写与记诵能力相差无几（他们很少将考试失利归咎于自身），他们大多数人都在寻找理由来解释为何水平相当的两人中一人登科，另一人却落榜了。对于为了科举熟练掌握程朱理学的文士而言，佛教与道家在其精神生活中的影响十分普遍。[30] 有时，比如明末，一些宗教教义——尤其是禅宗——甚至被人写进科举制艺文（见第七章）。但在多数情况下，考生能够在制艺文中固守科举所要求的道学科目，与此同时，其精神生活却暴露了其更为宽泛的思想来源，这些思想为

307

他们提供了个人启示与道德支持。

许多文士相信轮回。在 1642 年的一场乡试中，有位考生在梦中见到一位吉相满面的妇人，他从这位妇人那里预先获知了考题，事后他得知此女正死于自己出生当日。[31] 又比如，有人发现 1659 年的会试会元朱锦生平中有若干巧合之事，便称他于一个世纪前有一前身，后来投胎为朱锦。[32] 陈元龙三四岁时经常梦见佛偈，但他的母亲敦促他致力于儒学，并说佛门教义不值得效仿。在他母亲去世后，陈元龙为其守丧而拒不应举。1679 年，博学鸿词科的考官鼓励陈元龙接受举荐、参加考试，但结果却铩羽而归。陈元龙最终在 1685 年殿试中名列探花，此后得以身居高位。而佛门义理与入仕生活的冲突始终困扰着他，他花了数十年方才彻底解决这一困境。[33]

尽管入仕生涯有种种看得见的好处，明清宗教文学依然为年轻人指引了一条与应试科举截然不同的人生道路。明代早期的宝卷中普遍传播着宗教价值观，文中记载了有德之士如何获得救赎，而世俗佛教中的业报观念与文士对悟道的追求往往结合在一起，并有时将迈向名利的科举仕途视为堕落沉沦之路。世俗的成功与超验的顿悟之间的彼此对抗，同样足以挑战日常生活中的家族观。佛僧与道士成了善男信女的榜样，鼓励后者远离社会羁绊、过一种禁欲生活。[34]

这一宗教理想也有遭受挫折的时候。如在 18 世纪初次刊印的《刘香宝卷》中，名为香女的女主人公反驳了丈夫的科举事业，她说："要读书何用？只要你学道，禄在其中矣……一世为官万世仇，冤冤相报几时休。奴奴指你西方路，奉劝夫君趁早修，趁早修。"而愤怒的婆婆禁止儿子与香女见面，并勒令他准备科举考试。结果，她儿子高中状元，但其代价却是玉帝判定他及其家人的早亡。[35] 相反，香女则成为宗教圣徒与领袖，并因此度过了每个挡在她面前的世俗难关。

这些鼓舞人心、或登科或遁世的故事却也有其阴暗的对立面，那就是以恶报来断言科举失利。一个儿子曾梦见自己已过世的母亲，她说儿子在三世前生中所犯的罪过已经显现，在他洗清自己前世的罪孽之前，无法入学识字——而最终他得以偿还了业债。在科场之内，过往的鬼魂会在考生面前显灵，提醒他们曾犯下的过错。在这些故事中，许多年轻人发了狂，甚至命丧科场。[36] 实际上，很多考生接受了一种关于科举习俗的传言，即"相传点名毕，监临有祭旗的事，说用红黑两旗麾，呼喊'有冤者报冤，有仇者报仇'"。[37]

鬼神还会捉弄考生的心智，以此考验其心理承受能力。文昌神能够轻而易举地预测一名考生在 1640 年会试中的答卷将会因科场号舍内的小火炉而着火，因此命令这位考生抄录两份答卷，并将其中一份作为备用。考生按文昌神的指示做了，结果一场火果真烧了他的答卷，但他凭借备用的那份录文通过了考试。[38] 神灵也会给一位考生错误的考题，以确保他将毫无准备地走进科场，并把第一名的位子拱手让给别人。[39]

神灵同样也会影响考官，正如 1726 年，考官张垒在江南乡试中便声称他借助神灵之力，找到了具有"隐德"的上佳之作。[40] 据称，1783 年江西省乡试的考官因神灵托梦而选出了头名解元的文章。1804 年，有个神灵出现在一位乡试考官的梦里，并向他解释某篇制艺文引经据典的种种优点。神灵指出了那位考生在其八股文的某一股中巧妙地运用了《尔雅注疏》这部字典书的义项（见第五章）。[41]

1657 年，一位考生在乡试的科场号舍内写完了自己的文章，正在等待考官回收试卷。这时，魁星在他眼前翻跃而来，并声称他将会成为当科科举考试的状元。魁星因而请这名考生在他提供的纸上写下"状元"二字。考生听闻这一吉讯欣喜若狂，并开始写下第一个"状"字，而此时魁星突然弄翻了他的砚台，随之便离开了。由于其正式答卷上的污迹，这位考生直接就被除名了。[42]

而在稍早的 1618 年乡试中，故事的结局却截然相反。一名考生在科场中患病，陷入了沉睡，从而未曾动笔写作。在他向收卷吏员上交白卷后，这位考生理所当然地认为自己落榜了，可事后却获悉他的名字出现在中榜名单之上。当看到考官所呈示的自己的答卷时，他发现了一篇用工整的楷书写就的制艺文，他将之归功于考场中襄助他的某位神灵。[43]

310

通常情况下，放荡的生活的确会导致科举失利。1664 年，一位考生在等待会试放榜结果时，喝得烂醉以至于不省人事。恍惚之际，他回忆起了过去亏待双亲的种种不孝之举，而等他醒来后，他理所当然地发现自己落榜了。[44]1849 年的江南乡试中，一名考生来自显赫的昆山徐氏世家，这一宗族在清初出了很多进士。而这位考生在第二场考试结束后，便以为自己写的关于四书五经的八股文足以确保他在乡试中名列前茅，就径自跑去喝酒，结果喝得大醉，耽误了第三场考试的点名，未能进入考场完成策论题。考官最初的确曾将他的八股文列在后来选定的那位解元的答卷之前，但由于这位徐氏没有提交他的第三篇文章，结果抱憾落第。[45]

相反，改过自新的生活则能通向成功。年轻时的张之洞曾在一次生活变故中戒掉了他的酒瘾。当时其堂兄张之万（1811—1897）在 1847 年拿下了状元头衔。张之洞下定决心以兄长张之万为榜样，先在 1852 年的顺天府乡试中夺得解元，但在最后 1863 年的殿试中仅仅名列探花。尽管张之洞依然取得了巨大成功，但他与梦寐以求的状元头衔失之交臂，并将之归因于早年的嗜酒成性。[46]

在世俗眼光中，混乱的男女关系对科举成功是个巨大的妨碍。例如，一名考生在 1612 年江南乡试开始的前一夜克制了自己的性欲，并因此榜上有名，而另一位纵欲的考生则落榜了。[47] 被抛弃的女人常常出现在身处科场号舍的考生情人面前蛊惑他，致使其科举失利。如若这名女子已然自杀，她便会以妖娆荡妇的模样勾引负心汉，并在后者走投无路时抛弃他。[48] 另一个常见的主题是灵魂附体，通常是一个狐仙侵入考生体内，夺其心志。比如在1879年，一个已经附身的狐仙借一名杭州考生之口说着江西方言，并称自己只有吃到瓜果才能离开宿主，在她离开时又化作一位少妇的模样。[49]

这些传说异闻展现了科举考试复杂的体制机构与严苛的科目内容通常如何在通俗文化中被消解为伦理故事，从而适应政府与社会中的公平、公正主题。对于这些娱乐性的"科场异闻"志怪小说集，我们无需承认其历史性。但这些故事集的确揭露了一种普遍的意识——在晚期帝制中国，精英与平民都把科举自然而然地接纳为生活的一部分，并对其注入一种宗教与宇宙论性质的叙事，从而完全认可了科举体制，并将它在考生及其家庭的情感生活中的地位正当化。[50] 明代善书擅长运用宗教的治疗性功能——柏士隐（Judith Berling）将之描述为"道德资本（moral capital）管理"——并将之延伸到科举生活。作为一名科举考生，其情感经验的重塑伴随着人格的转变，从而使他得以应对惶恐情绪和失败所导致的空虚感。那些有关科举成败的宗教故事，同样使文士科举成为道教与佛教寓言故事中的正当性说教主题。民间宗教与信仰［所谓"信仰"即"团体的自我整合意图，具有令人信服的象征意味"（some compelling symbolic of self-integrating communal purpose）］帮助人们度过艰难岁月，并让他们更了解自己。[51]

预测科举的技巧

为了更好地应对科举压力，并洞察下一轮考试的出题内

311

容，考生及其家属也利用一种存世已久的沟通灵界的技巧，由此预测科举成败、获得考官抽取四书引文的线索、卜测出算命者的谜题或是从天神、鬼怪与祖先那里泄露的梦境。明清科举考生痴迷于"看命"，他们想要在令人望而却步的科举市场中为自己的前景寻找一丝希望的征兆。[52]

312 　　用于分析科举的占卜术具有多种文化形式，其中最主要的有用《易经》算命、看相、[53]扶乩、[54]拆字或测字、占梦、观兆和风水。每种技巧又有若干操作方式，司马富关于晚期帝制时期算命家的翔实论述，使当时的仪轨情形十分明了。[55]然而在这些占卜术中，民间宗教、佛教与道教，以及精英思想生活之间的沟通是如此频繁，以至于它与我们早先所描述的"儒家式不可知论"或精英无宗教信仰等历史认识大相径庭。[56]我们将会看到，晚期帝制时期的科举考官试图对这些民间占卜技巧加以思想限制。但即便他们对科举的策问题加以设计，用以揭露盲目接受一套严格的天人感应理论的荒谬性，他们依然是在徒劳地试图影响这个话语世界，后者很大程度上并不受其掌控。

　　许多科举考生对算命一事十分上心。基于对佛道观念中业力与善恶报应的接受（这些观念已经被接纳为明代科举的有机组成部分），他们试图通过运势推测、吉凶择日、生辰八字等方式，来分辨自己的"缘分"如何。中国传统的"占星术"也在算命师、佛僧与道士中被广泛运用。它包括基于《易经》的卜筮以及用来辨别历算模式的象数系统。[57]

313 　　例如，算命在明代是如此之盛，以至于有部17世纪的绘本记录了1640年以前所有状元的生辰八字——根据传统占卜术，八字是此人降生之年、月、日、时的干支结合。这四对干支采自通行而权威的皇历和通书，被称为此人命运的"四柱"，并与其未来的仕途、财富与社会地位紧密相关。[58]这一明代集子的编者还在合适的位置加入了每位状元的官阶、赏罚记录或是英年早逝的情况，从而揭示他们的生辰八字与其命运之间的联系。编者又增添了《状元命造评注》，用来解释许多状元的算命之法。[59]

算命师也会利用占星术来解读一个人的"星命"，从而将此人的命运与上天联系起来，并预测其科举成功的可能性。这些技巧通常与星象结合，对应十二生肖与十二地支之一。例如，一张黄应澄所绘的版画（见图 6.1）——它被收录在《明状元图考》一书中，顾鼎臣（1473—1540）初编，后由他人续编成书——展示了一位占卜师向 1502 年的状元康海（1475—1540）指出天空中的南斗，并说这一星象保证了他将科举高中。[60]

根据这位占卜师的说法，文星当时的位置"入楚浅，入秦深，魁当在陕西"，有利于西北考生，而由于康海恰好来自陕西，他在殿试中的运势因此胜过了会试的会元和其他南方考生。[61] 　314

《易经》卜筮被算命师广泛使用，而考生也时常通过《易经》来获取其未来仕途发达的线索。这些占卜仪式通常发生在关帝庙，人们用竹签算卦，通过考生生辰八字的信息推断他哪一年参加科举更吉利（见图 6.2）。[62] 算命家基于随意抽取的六十四卦中的一卦来加以判断，并从每一爻、三爻合成的卦象，以及六爻相重所得的别卦呈现出的图式——对它们之间相互关系的解读被认为是占卜准确与否的关键——来决定其所包含的多重象征意蕴。用《易经》占卜的预言技术需要借助蓍草或其替代物。通常人们会通过摇竹签来卜上一卦，从而用于科举算命。[63] 　315

　316

例如，清代士大夫王杰（1725—1805）是 1761 年的殿试状元，而陈宏谋在 1759 年陕西省乡试之前替他算过命。陈宏谋曾任山西巡抚，而王杰则是其幕僚。陈宏谋告诉王杰，其所占之卦为佳兆，或将有好事临门，[64] 并说竹签还显示了王杰

图 6.1 指点魁星（1502 年）

来源:《明状元图考》，顾鼎臣等编，1607 年刻本。

图 6.2　登科预兆

来源:《点石斋画报》，第 2 册，第 11 集（1887），丑集，第 57b—58a 页，江苏广陵古籍刻印社重印本，1983 年。

的名次，但他想等乡试结束之后再加以核实。

　　出人意料的是，王杰在 1759 年乡试中的表现并不出色，仅名列正榜举人之外的副榜。结果，陈宏谋的确在竹签中准确地预见了王杰位列第 8 名，但这实是副榜名次。对王杰而言，这一排名并不十分吉利，他在 1760 年又参加了陕西省恩科乡试。这一次陈宏谋保证王杰必能成功，事实证明他是对的，王杰最终位列第 7 名。巧合的是，1760 年的解元雷尔杰之名也叫"杰"，契合了第二次占卜的预测。

　　当王杰动身去北京参加会试与殿试时，他又用竹签按照《易经》占了一卦，从中得知他在会试中无法排进前十，但他在殿试中的运气却不可限量。陈宏谋也赞同这一卦释，他告诉王杰"有数在"，后者很可能最终成为状元。1761 年殿试的热门考生中，赵翼是王杰的主要竞争对手，他是一位来自常州的文士，后来成为显要的军事要员和史学大家。赵翼在会试中摘得会元，而王杰正如卦象所示，位居第 11 名。

在决定殿试排名时，考官最初将赵翼列为状元，而王杰则位至探花。但当乾隆皇帝最后过目榜单时，发现王杰来自陕西，陕西在清代尚未出现过状元，而赵翼则来自状元高产的江苏省，乾隆便因此对调了二人的名次，将王杰置于状元之位，而让赵翼屈居探花。基于清代状元历史传统的地方比例，皇帝的干预是合乎政治平衡的。但从王杰所依赖的《易经》算卦与陈宏谋的占卜来看，这一名次的对调在王、陈二人而言不啻命运的正当变数。皇帝的行为恰恰证实了灵界卜筮之灵验。[65]

而赵翼在这一突然的名次变更的事实面前却表现得异常沉着冷静，这被人们解读为他对自身命运的接受；赵翼本人则认为他与军机处的官员们过从甚密，并一度担任军机章京，这是他名次降级的政治原因。赵翼哀叹自己在朝中的人缘太好，并坚持认为是乾隆皇帝不愿偏袒与军机处重臣来往密切的文职人员。而 1754 年的一个例子则展现了无法承受其命运变数之人的下场。瞿丽江同样来自江苏常州，他在会试中获得第三名，并在殿试的最初排名中夺得状元。然而，当主考官突然将瞿丽江与第三名探花——他的同乡庄培因——对调时，据说瞿丽江是如此沮丧，以至于他出于激怒而气绝当场。如果说瞿丽江不同于赵翼，无法在情感上接受自己命运的突转，那么同样来自常州的庄氏家族则早已向科举市场的司命神偿还了他们的良心债。[66]

例如，在之前 1745 年的殿试中，庄存与被点为榜眼而他的武进县同乡钱维城独占鳌头，摘得状元。钱维城在后来 1754 年的殿试中身任考官之一，很可能正是因为他的干预让庄存与的胞弟庄培因在那年摘得状元，而根据民间流传，这部分是为了对庄存与1745年屈居第二之事加以补偿。[67]
1754年这一考官内部变更名次的密室政治，由此被公众解读为早先1745年事件的延续，并合理化为对庄氏的回报和对其先前损失的弥补。而在科举考试所谓公正公平的标准之下，这类干预毫无疑问是不正当的，但这个明显的事实却遭到忽略，而被人们解读为一个关乎命运与迟来的发迹的故事。

318

如果再往前追溯，早在1727年，庄存与和庄培因之父庄柱（1670—1759）在殿试最初的排名中实为状元，但随后他的名字与来自苏州的第10名彭启丰（1701—1784）相对调，后者是此前会试的会元。雍正皇帝直接干预了最后的排名，因为江苏考生近年来包揽了进士的头名，而雍正想要在边远省份中择取一位状元。他误认为长三角地区没有彭姓人氏，而当他发现彭启丰恰恰来自苏州——长三角的文化中心——时，雍正皇帝拒绝再做任何变更，并决定利用此举表彰彭启丰，因为他是早先1676年的状元彭定求（1645—1719）之孙。[68]

但是，庄柱的时运对他本人及其家族而言尽管令人失望，但在情感上尚能接受，这是因为他的母亲曾梦见三位天神，他们在她面前权衡了庄氏与彭氏家族在即将到来的殿试考试中的胜算。就"隐德"而言，三位天神发现彭、庄二氏不相上下。只是在"惜字"这一点上，彭氏之德胜过了庄氏。因为彭氏家族能妥当地收集、清理他们能发现的所有带有字迹的纸张，并将之焚弃在一个特制火炉中，他们还得体地礼拜了主司文章之神的文昌帝君，正是文昌帝君认为彭启丰更有资格被点为状元。这一梦中神启，解释了庄柱名次被调换的缘由。此后，苏州彭氏与常州庄氏便频繁联姻，而庄氏也成了"惜字会"的积极组织者，而这显然也能用来解释日后1745年庄存与的榜眼之名和1754年庄培因的状元头衔。[69]

在大众的想象中，彭家和庄家的金榜题名与其家族世代的善行及其对民间宗教的扶持息息相关，这要比他们为其子孙所投入的文化资源更被世人看重。这一善行与福报的故事，日后也被套用在了那个不幸的常州瞿氏家族。如在 1814 年会试开考前，瞿溶，即那位命运不济的瞿丽江之孙，梦见庄培因出现在自己面前。他递给自己一株杏花，并说道：我前来归还原本属于你们家族的东西。这一吉兆暗示，就六十年前瞿溶祖父与状元头衔失之交臂，因而含恨暴卒一事，庄氏前来偿还他的亏欠。[70] 由此，瞿溶成了当年会试的会元，并最终在殿试中位列第 5 名。报应之说同样能说明瞿溶的名次为何会在刘逢禄（1776—1829）之前，后者因其母系姻亲而成为常州庄氏家族今文经学的最后传人，在考试中仅名列第 36 位。常州显要家族子孙之间的激烈竞争造成了科举的种种艰难困苦，这一叙事具有劝诫意味，并最终达成了一个善恶报应的闭环。所有个体所注定的命运皆已被兑现，而善行终将获得福报。[71]

扶乩仪式是由灵媒借助灵器被动传达上天的旨意，早在唐、宋时期它就被运用于科举。在宋代，扶乩还涉及诗歌和其他文学形式的创作，这就需要灵媒掌握科举考试中的诗赋写作形式。[72] 到了明末，尽管科举考试不再考诗赋，这一沟通灵界的形式却仍然被使用，灵媒自己也开始著书说教。考生在奔赴地方考试、乡试和会试的路上，会拜访沿途知名而灵验的庙宇，并请当地的灵媒预测考题。这一行径在当时不仅十分"自然"，而且在其文化氛围中也是可以理解的。通常情况下，询问者与灵媒互赠诗句，从而彰显他们的古典修养和诗歌品位。而客人往往假设扶乩的灵媒实是古代某位著名诗家或文人的化身。[73]

例如，一名考生在赶赴京城参加 1688 年会试科考的途中，请灵媒与"笔神"沟通，借此预测考试第一部分的四书引文。神仙通过灵媒乩书"不知"二字。考生因而问道："神仙岂有不知之理？"灵媒于是乩示了第二次回答："不知，不知，又不知。"

当时，庙里还聚集着一群人，他们很可能也是赴考文士，并一齐嘲笑了这个不甚灵验的神灵的无知，大部分人始终未能领悟其深意。而当这位考生已入座科举号舍，他突然意识到神仙实则准确地预言了四书的第一处引文，那就是《论语·尧曰》的最后一段话，其中包含了三处"不知"："孔子曰：不知命，无以为君子也；不知礼，无以立也；不知言，无以知人也。"显然，第一篇八股文所要求回答的引文中，"不知"出现了三次。这位考生没能意识到神仙乩书之意，同样显示出他身为君子却不足以知命。[74]

一些有趣的文化演变为扶乩仪式设定了古典与文学背景，其中之一便是几个世纪以来科举实际科目的变动。在唐宋诗赋向明清经义的转变中（见第一章详述），不仅考生将自己的学习调整为以经典为本，那些神仙（尤其是作为中介的灵媒！）也必须与时俱进，以期在被祈求预测考题时，提供与科举科目内容相应的指导。因此，从1370年开始，直至1756年恢复诗赋考试，当灵媒被问起科举之事时，就没有必要以诗句这一文字形式作答。但他们对其他事务的乩示仍有用诗体表达的情况。[75]

我们将会在第十章看到，1740年后的科举科目设置不断变化，其中包括1756年增加了有关唐代律诗的试帖诗题。例如，蔡九迪曾转述清代汉学家纪昀（1724—1805）所遭遇的异事。他同一群学者于18世纪末在杭州西湖旁探访一位会扶乩的灵媒，而神灵通过后者所写下的诗篇隐喻了一位中古时期著名的歌妓兼才女苏小小，她的坟冢又恰巧就在附近，因此人们认为正是苏小小之灵写下了这首诗。[76]

但令纪昀困惑的是，此诗平仄符合唐代律诗，而近体格律在苏小小生活的南齐时代（479—502）尚未被发明出来。"仙姬生在南齐，何以亦能七律？"纪昀问道。这位扶乩之人回答说，魂魄虽处幽界，但亦与世推移。纪昀于是又请此人创作一首具有南朝风韵的诗歌（尚能作永明体否？），灵媒又挥笔写就。可纪昀仍然未被说服，他不认为自己面前的灵媒真的在与六朝歌妓苏小小之灵沟通，而是饶有趣味地总结道，扶乩之人更有可能是被一位后代的无名之鬼附体，因为她对唐代律诗过于熟悉。我们或许可以说，作为一个 18 世纪末的灵媒，在为科举考生预测试帖诗题时也需要应对全新的创作挑战。[77]

与扶乩之术相应，一种名为"拆字"或"测字"的占卜技巧同样来自灵媒或产生于梦境。它效仿了汉字六书这一文字学规则，后者在许慎所编的《说文解字》中便被加以运用，并根据 540 个部首，以六书规则将约十万个汉字以声或以形分类。这种文字学分析方式逐渐被通俗文化中的算命先生和占卜师所挪用，并经常拿来解读通过扶乩所得的隐晦信息。[78]

经学家通过结合一个汉字的表意部首及其附属的表音成分，从而断定该字的古义；而一些聪明的算命之人则反其道而行，他们将汉字拆解为若干结构部分，再试图重新组合，以此考量通过汉字所传达的隐秘信息或双关含义。例如，1406 年，福建文士林环在他参加春闱会试和殿试前夕，梦见自己的朋友赠予他一盘"犬肉"（见图 6.3）。随后，林氏意识到这是个先兆，预示着自己注定成为 1406 年的状元。

林氏和他的翰林同僚在分析"犬"字时，首先发现它构成了"状元"之"状"字的右半部分。其次，"犬"字不仅本身是部首，而且和"状"字在同一部首之下，并且是"犬"部的第一个字。这两种"拆字"手段证实了林环命中注定成为"状元"。从本质上说，这一技巧充分发挥了阐释者的想象力，并用以建构可信而即兴的汉字"解析"，以此迎合阐释者的直接

图 6.3　李文渊送犬肉（1406 年）

来源:《明状元图考》，顾鼎臣等编，1607 年刻本。

需求。[79]

这一技术还可被用来预测未来的成败。比如，纪昀曾在通过 1754 年会试之后，与一位擅长拆字的浙江人会面，试图预知自己在殿试进士榜单上的名次。纪昀为此人写下了"墨"字，让后者以此字分析预测自己的排名。这个浙江人答复，纪昀成为一甲前三名已经无望，因为墨子的上半部近似"里"字，将之颠倒后，恰好可拆分为"二甲"，也就是纪昀的进士等第。

然而，这位拆字师接着说道，纪昀注定会进入翰林院，因为"墨"字中间的四点正可充当"庶"字之脚，而"墨"字底部的"土"字与"士"字相近，又是"吉"字之首，将之串联在一起便是"庶吉士"。纪昀最终位列二甲第 7 名，并进入翰林院成为庶吉士。[80]

由于算命很大程度上依赖于个人的生辰及其身份，故另一种用来改变科举考生命运或逃避扰乱凶兆的常见方法就是改名。考生名字的更改意味着其身份的转换，从而能够重新分配其业缘。又或者，改名能使其迎合某一吉兆，只要他符合特定的姓氏或名字。梦见"天榜"（许多考生都做过类似的梦）意味着预先看见人间最终的进士榜单。[81] 很多情况下，改名字仅仅是基于占梦或政治因素而采取的策略性决定，这种手段可以避免人名中因带有双重含义而可能产生的歧义。

比方说考生袁黄，他相信"科第全凭阴德"。1577 年会试时，他所登记的名字尚且是其原名"袁了凡"，那一年他落榜了。随后，他梦见有一位叫"袁黄"的人注定成为会元，因此他也把自己的名字改为"袁黄"。在 1586 年的殿试中，他作为"袁黄"，的确名列进士榜单第 190 位，但依然落后于会试头两名——袁宗道（1560—1600）和黄汝良（1562—1647）——185 位。那个梦最终被证明，准确预言了会试头两名的姓氏，即袁氏和黄氏。而袁宗道和袁黄一样，也是佛道修炼之术的实践者。[82]

1690 年，陆祖禹被科举主司劝告说，如果他想在满族统治下通过科举，就必须改名，因为他的原名"饩满"稍涉嫌疑，带有"以满族为祭"的语义暗示。正因如此，陆氏之名才没有出现在中举正榜中，尽管主考官想要把他置于榜首的前五名。陆氏后来又梦见一人告诉他"易而名，则得中式"。而在他改名为"陆祖禹"后，名列副榜的他最终成功地在随后的考试中脱颖而出。[83]

又比如，陈宏谋的玄孙陈继昌以"陈守叡"之名获得了乡试举人榜的解元，但在 1820 年的会试中，他根据一个梦将自己的名字改为"陈继昌"。最终，他在会试和殿试中均夺得第一名。得益于一个预示吉兆的梦境，陈继昌成为清代仅有的连中解元、会元和状元的两人之一，而他同样以"陈守叡"的原名在三场地方考试中名列第一，时谓"大小三元"。[84]

最后一个例子关乎魏芸阁，他在参加 1821 年浙江省乡试时梦见自己看到了"天榜"。名列榜首的是个叫魏士龙的杭州人。魏芸阁之后查阅了所有来自杭州的考生，却查无此人。他于是就把自己的名字改成"魏士龙"，从而对应天榜中的头名。但梦中的天榜并未确指是哪一年，因此改名为"魏士龙"的魏芸阁在 1821 年乡试中落选了。直到 1844 年，他梦中的预言才得以成真，魏士龙最终夺得了那年的浙江省乡试解元。而这类记录的编纂者徐珂却将之定性为"迷信"，并进一步质疑 24 年的等待是否值得。[85]

隐匿与替身是改变命运这一主题的变形。王安（Ann Waltner）曾研究过一个关于周克昌的有趣故事。根据蒲松龄的描写，周克昌在年幼时便消失了，而其魂魄则在暗中替代了他本人。周克昌的魂魄十分勤勉，长大后考取了功名。尽管业已成家，作为鬼魂的他却无法圆房，因其没有子嗣而被母亲训斥。而当周克昌本人再次出现时，此前收养周克昌的一个商人安排了他与自己魂魄的第二次对换。周克昌本尊于是替代了鬼魂，并生下后代，而周家也由此双喜临门，被称作"科举闺帏福"。而那个鬼魂虽然用功读书，但其存在时间太长，已无其用武之地。这样的故事反映了身份转变的实际功用，而灵界被带入此世，科场得意。[86]

与之相似，用于占卜墓地、住所和寺庙选址吉凶的风水之术也在科举市场中发挥作用。有名的风水师十分抢手，因为他们能成功地选择带来福祉的宗祠墓地。人们认为这样的墓地也能护佑族人科举中第，因为祖先祭祀默认了代与代之间福报的承负与转移。比如，我们已经看到袁黄曾教导说，科举的成败不取决于考生的个人能力，而在于其祖先所积攒下的阴德。显然，晚期帝制时期的文士因为种种或务实质朴，或精神慰藉的理由，借助这些方法手段助自己一臂之力。这些做法成了民间宗教这一文化资源的有机组成部分，吸引着汉族与非汉族的统治精英们。[87]

明代状元的梦与志

如前所述，自中国远古时期以来，最具代表性的此世与彼岸之间的沟通方式或许就是做梦。[88] 有关科举考生梦境的占卜与显兆，在中古时期就已十分普遍，[89] 而到了明代更被广泛记录，成为颇为精微的文化形式。[90] 甚至明代开国皇帝朱元璋也曾有《纪梦》一文，收录于他的御制文集。在梦中，朱元璋重新度过了他登基前一年的生活，其中有若干征兆显示，他注定通过军事力量统一中国。和民间宗教与文士生活中的表现一样，成功的预兆也出现在他梦里。首先，神仙派来一只瑞鹤出现在朱元璋的梦境中，并指引他接见僧人与道士，后者授予其绛旗、宝剑诸物。随后，他们嘱咐他继续前行。这个梦实际上肯定了一个农家子白手起家、黄袍加身这一叙事的正统性，这位主人公的命运由彼岸幽冥之界所决定，并成为此在世界中全新的大"明"王朝的奠基者。[91]

科举考试所带来的巨大身心压力催生了考生的生活焦虑，并形成相应的"文化监狱"，而晚期帝制文士所见的幻象则是上述情况的自发反映，它们为我们提供了一个独特的窗口，得以窥探其所唤起的精神世界，并通过算命先生、占卜者、巫师、僧人和道士的解释转化为语言文字和视觉图像。科举的梦境市场涉及一种"睡眠冥想"的宗教形式，而它提供了科举文化建构的忠实副本，这一文化建构同科举市场的社会与政治张力如影随形。[92]这些梦境中的交易往往导致个人的得与失，并会以幽默的语言被记录下来。

例如，诗人兼书法家何绍基（1799—1873）1820年在京城会试的前夕做了个梦，梦中他来到一个有很多馒头的商铺，在他选了一个馒头并吃完以后，他正要拿起第二个，突然间一个陌生人经过他身边，并偷走了他的馒头。后来，他意识到这个偷馒头的人恰好是1820年的状元陈继昌。我们在上文已经提及，他在参加完乡试后改了名字，并在会试和殿试中均拔得头筹。何绍基意识到自己碰到了劲敌，正如那个梦所暗示的那样。何绍基成为1835年的乡试解元，对应梦中他所吃的第一个馒头，但在1836年的会试和殿试中，他没能复制陈继昌连中三元的殊荣（其中两次是以"陈继昌"之名获得的），因为第二个馒头被陈继昌吃了。[93]

自古以来，汉人就将梦视为灵界所传达的信息，并以此补充占命、扶乩、风水、面相、测字等其他沟通方式。[94]对于那些夜间造访寺庙的人而言，"祈梦"和"睡眠冥想"是他们的共同目标。在寺庙中由发愿而产生的梦，被认为是沟通文昌、关帝和其他神灵圣贤的绝佳途径，并与特定庙宇所供养的神灵

328

有关。有时，催眠术也被添加进"图梦"这一手段中，人们借此说出他们在梦中所见的含义。例如，杭州有座为明代名臣于谦修建的庙宇，它成了睡中冥想与酝酿梦境的重要所在。这一科举传统一直持续到 20 世纪，并很可能在 21 世纪随着该庙在杭州的重建而复兴。[95]

梦作为一种治疗手段在科举市场以外的领域也被广泛运用，并成为一种治疗和恢复健康的标志。[96] 例如，张凤翼（1527—1613）从 1565 年北京会试失利中恢复过来以后，着手编了一本书，题为《梦占类考》。因灰心丧气而酗酒的他一直体弱多病，直到 1567 年末，他梦见了道家全真教的八仙。吕洞宾在他的梦中为其把脉，并给了他一粒白色药丸，助其痊愈。张凤翼总共在四次会试中落榜，之后便甘心隐退，过着闲适安康的日子，并在他苏州老家创作戏曲。他的那本释梦之书，是基于 1565—1567 年自己所受磨难而写成的。[97]

陈士元于 1562 年编有一本《梦占逸旨》，书中详细地展开论述了晚期帝制时期的两大释梦传统：（1）以梦为兆；（2）以梦为幻。科举市场不同于文学世界，梦的功能对前者而言主要还是沟通灵界的手段。尽管梦、觉二者截然不同，却都是使人理解命数与征兆的实现方式。在陈士元看来，"科甲爵品莫不有前兆"。他随后又追溯了由唐至明的文献证据，以证明梦可以作为科举成功的吉兆。[98]

又比如，据说有至少五位明朝皇帝，根据所做之梦选择殿试中的状元。前文已经提到，洪武皇帝在一篇自传性质的记述中，描绘了自己注定称帝的著名梦境。而在 1385 年，他又梦见了钉和丝这两种事物，因此选择了丁显作为当年的状元。洪武皇帝如此选择的原因是：（1）丁显的姓氏与"钉"字同音；（2）繁体的"絲"字是繁体"顯"字的组成部分，这正影射了丁显之名。[99]1421 年，永乐帝据说在殿试前也做了个梦，梦中出现了一只象征道教仙人的鹤。根据这个征兆，他选拔曾鹤龄作为当科的状元，因为其名字带有"鹤"字。

之后的1448年，正统帝在殿试前梦见了一个文人、一名道士和一位僧人。他于是就根据考生的知识背景选择了三名鼎甲：状元彭时（1416—1475）占儒籍；榜眼陈鉴（1415—1471）曾是一所道观里的乐童；探花岳正（1420—1474）曾在佛寺中修行。1544年，嘉靖皇帝选择了一个名字中带"雷"字的状元，因为他在梦中听见了雷声。浙江的秦鸣雷（1518—1593）成了这一梦兆的受益者。[100]

在关于历史上的君王与神仙鬼怪沟通的这套叙事话语中，我们无法去确证这些关于帝王之梦的记述是否确有其事。其中许多都是君主的杜撰，另一些则系假托之辞；即便是杜撰伪说，这些梦也体现出以历史为鉴、道德故事伸张的文化阐述模式。例如，于谦的鬼魂曾出现在他被流放的妻子面前，并借用了她的眼睛，从而能够以常人之形出现在皇帝面前鸣冤。到了早上，于谦之妻便失明了，而于谦则在宫殿大火中显形，面见了皇上。皇帝于是意识到于谦在1457年所受之刑的不公，因而赦免了他的妻子。这显然是个伪造之梦，因为于谦的妻子早在数年前就在流放途中去世了，成化帝不可能赦免一个死人。但皇帝的确恢复了于谦的名誉，并允许同样于1457年被弃市的王文的儿子参加1465年的科举考试（参见第八章）。这个杜撰的梦解释了皇帝当时为于谦洗刷罪名、拨乱反正的政治政策，因此作为一个历史谎言，它同样有助于我们解释事情应当如何发生。[101]

我们还知道，超过一半的明代状元在其生涯中经历过奇妙的梦境，而释梦则起到了至关重要的作用。[102]梦被解释成对应彼界的人间之"象"（参见第九章），人们对其加以图示，以分析理解一个人的品性和行止，从而定其命数。比方说，《明状元图考》一书便将 1371 年至 1571 年的状元之梦加以图示，并附上评论。它最初由 1505 年的状元顾鼎臣（见上文）编成，并由他的孙子顾祖训续编，书中重述了所有明代状元命中注定的成功。吴承恩和程一桢之后又有所增添，使该书的状元名录一直记录到 1604 年。到 1607 年，此书又得以重刊，这本半官方性质的图录甚至得到了明末内阁首辅兼翰林院编修沈一贯（1531—1615）的题序，从而代表了朝廷对此书的认可，将它视作著名的科场得意者们金榜题名梦的可靠传记记录，而这类故事在明代颇为盛行。[103]

这些有关预言科举及第的梦境，不仅被写下并流传开来，而且通过明代雕版印刷中别具一格的版画技术加以图绘，把梦形象化地呈现为主人公沉睡时从其心智中解放出来的意识之"象"（vision）。[104] 诸如南斗的天象、犬肉的吉兆，以及不同寻常的巧合，都充实了明代的相关信仰，人们认为处于休眠状态的心智很可能编织出视觉幻象与象征符号的一系列文化母体，其表面所指能用来研究其所包含的梦境显现内容（manifest content）①。这些梦境之象（dream-visions）或许能被解释为历史建构的产物，而非需要解析的实际梦境。很可能所有这些记录都是为了应景的事后建构，而并非如它们所展现的那样是显性梦境（manifest dreams）。在此，我们有必要将明代关于释梦的解答作为分析对象，以此考察这些梦境与文化阐释在科举市场中是如何发挥作用的。[105]

基于我们的目的，这一文化母体的"显现内容"部分疏导了男性焦虑，但有时也诱发了科举生活中考生的心理压力。尽管我们永远无法参透状元们"潜性梦境的想法"（latent dream-

---

① "显现内容"与下文"显性梦境"均为精神分析理论术语，指表面上的梦境情节。

thoughts）①——因为它们总是在明代特有的显性文化话语中被
编码、置换、修改和扭曲——我们却能开始解读一些外部关联，
看看声称做梦的男性或其家属的心理构造与其社会历史经验和
压力之间有何联系。他们的压抑与升华②与我们今天凭直觉所
能达到的理解相去甚远，因为他们有意识地接受或抗拒自身思
想的文化术语取决于他们自身的时代语境，而非当下的思潮。
的确，将其知觉中的心理活动称为"意识流"、"压抑"或"升
华"更能反映出我们的思维方式，而非明代文士的真实想法，
因为在时代的变迁中，在各个文化中间，已经发生了对人之能
动性（human agency）自觉或非自觉的内在感知这一历史性
变革。106 然而，通过图示所记录下的状元们的"梦境之象"，
我们能生动地捕捉到，当他们在古时的科场号舍中度过难熬的
考试时，是什么俘获了他们的心智——这些已成为过去的历史
场景再也无法原样复制出来，对此我们似乎应该感到庆幸。107

图 6.4 是黄应澄为《明状元图考》所作的一幅明末版画，
图中有"人首三颗"出现在 1445 年的梦境之象中。版画反映
了一个名叫商辂（1414—1486）的人声称自己反复做着同一
个梦，更确切地说是"白日梦"；此事很可能发生在 1435 年
前，当时他还是个在家族学舍中读经的年轻人。相关记载表明
有个被称作洪士的教书先生与他同住，帮助他准备科举考试。
书房布置雅致，整洁的几案上陈列着书法家必备的文房四宝
（见第五章），再加上一名西席先生留宿本家，所有这些都暗
示了浙江的商氏一族家底殷实，能够使商辂有足够的时间和文
化资源来研习经史。这绝非一个布衣逆袭的故事。108

①　"潜性梦境"与"显性梦境"相对，后者实是前者通过扭曲与伪装的"编码"而呈
现的图景。
②　此处的"压抑"（repressions）与"升华"（sublimations）同为精神分析学派用
语，是心理防御机制（defense mechanisms）若干形式中的两种。

图 6.4　三首三元（1445 年）

来源:《明状元图考》，顾鼎臣等编，1607 年刻本。

但版画中的商辂并未在发奋苦读——这本应是他在研修经术、备考科举的精神常态。相反，画中的他在书房打盹，而西席先生也不在身边，从他脑海中呈现出一个梦境之象，其中有个人提着三颗人首的头发，将其献给商辂。我们在此需要对"首"字稍加探索，在中文和英文语境中，"首"（head）既可指人头，又有"首位"、"第一"（first）的意思，从而出现了文化语义上的巧妙重合。有趣的是，梦中出现的意指人头的汉字用的是"首"而非"头"，尽管两个汉字都能用来表达第一、冠军、领袖等观念，"头"的语义更具物理性，使人联想到现实中与躯干相连的头部。因此，此处用"首"字而非"头"字，也相应规避了血腥的场景（如图文中并未涉及对血的描绘），也不会产生直接的恐惧感，但三颗人首是作为战利品进献给商辂的，意指他将在科场上打败其他大多数人。商辂睡得很安详，所以我们能确定这是个令人心生向往的梦，而并非源自显见的焦虑或惩戒。

但显然，这份馈赠十分丰厚，而一个神秘的人提着三个人头的图画十分有冲击力，并在某种程度上使人联想起献祭。我们不妨推想，在帝制中国，往往是将士而非书生会砍下敌人的脑袋，并将其作为战利品进献给首领，以此作为完胜的标志。又或者，我们可以注意到，斩首是大明律中的一种刑罚手段，尤其针对死刑案例中的"重罪"，从而与判处绞刑的"轻罪"形成对照。或许对商辂之梦进行军事或刑法层面的解读与科举市场的关联不大，在科举竞争中获胜还意味着他人的落第。而在缺乏关于此梦潜性含义的更详细信息的情况下，我们只有明末编者所直观图绘出的一幅平和梦境。而根据明代的文化标准，这绝不是噩梦，因此我们不必对其进行过于血腥的解读。[109]

醒来以后，商辂立刻将梦的显现内容告诉了他的老师，后者不但没有责备他读书时偷懒打盹，反而认为这是场"吉梦"。

334

"人首三颗"预示着商辂作为科举考生的未来。当然，凭借后见之明，这个梦的表面含义很容易破解。商辂命中注定的成功在他 21 岁时第一次应验，当时他通过了 1435 年的浙江乡试，并拿下第一名解元头衔。十年后，他继续拿下了会试的头名会元，并在 1445 年殿试中夺得状元，从而获得了他最后的"三首"（三元）嘉奖。在当时，商辂是明代极为罕见的在科举中连中三元的文士。由于他后来作为考官的影响力，使得当时有可能连中三元的有力挑战者王鏊与状元失之交臂，致使无人能复制他当年的荣耀，因此商辂保持了科举考试中罕逢敌手的"三元"纪录（见第七章）。

以后见之明来看，商辂的梦被冠以应景的合理化解释，并将其成功体现为命定的自然结果。而获得这一非凡成就所需要的勤学苦读与经籍记诵却在此被忽略了，取而代之的是通往名誉、财富和高官的亨通坦途。[110] 但如若我们历史地去看，这个平和的梦境掩盖了商辂曾有过的焦虑，在他通过 1435 年的乡试之后，他很可能在 1436 年、1439 年和 1442 年的会试中接连失利。考虑到他在 1435 年已过弱冠之年，商辂还很有可能在竞争激烈的浙江省乡试中饱尝过若干次失败。那么商辂就跟许多考生一样（见第五章），必须等到而立之年以后，才能获得梦寐以求的进士头衔并步入仕途。

当我们将这些科场失利的历史事实置入商辂的故事中时，命定的成功这一叙事就显得漏洞百出了。儿时的记诵（比如商辂以治《尚书》见长）、幼年在书房的广泛阅读和制艺训练等经历都被遗忘了。实际上，1445 年的《会试录》表明，商辂的八股文并不十分出众。他以四书为题的三篇闱墨都未被选为最优范文，只有他关于《尚书》引文所写的四篇闱墨中的一篇被选中。商辂在第二场考试中脱颖而出，他的论和诏告被评为最优，而第三场中也有他的一篇策论中选。对明末读者而言，单一的梦境之象替代了考生发奋苦读的日日夜夜，并无视了商辂在如此竞争激烈的考试中仍能拔得头筹或许仅仅是因为他极端走运罢了。[111]

1583 年的状元朱国祚同样做了一个相似的梦，相关的梦境之象如图 6.5 所示。《状元图考》的明末编纂者在其评语中说，在朱国祚还是个年轻考生时，一次，他参加完通州地方考试后准备回家，一个朋友邀请他登舟饮酒，之后他们停靠于一个渡口，那个友人把朱国祚拉进一个有娼妓招待的酒家。朱国祚警觉之下急忙冲出门，步行 20 里回到了通州寓所。后来在乡试应举时，他在斋室中做了一个白日梦，梦中有个双头人出现在他前方。他感到很奇怪，就扬鞭策骑追上并超过了这个双头人。

朱国祚所表现出的方正之行，为其梦境之象提供了某种道德背景诠释。这个梦的真实内涵直到殿试排名公布后才昭然于世。朱国祚在乡试和会试中皆未夺魁，所以他的状元头衔相当于"一头"。而当他意识到自己在殿试中胜过了李廷机，他才明白了梦的显白含义：李廷机在乡试和会试中均夺得第一，因此就是梦中的那个"双头人"。朱国祚在梦中赶超了李廷机，由此确信，自己的梦暗示的其实是他赶超了已夺二元的某个人。"一元"在这个例子中胜过了"二元"。[112]

明代状元的一种典型梦境是实现自己成为殿试状元这一心愿的美梦，而这同时也反映了此类书籍编纂者的宗教信仰。如图 6.6 描绘了 1454 年的状元孙贤身处典雅的书房，正趴在书上打瞌睡，桌案上还有一壶茶和茶杯，此时一名金甲神人出现在他的梦境之中，并在他家门口传宣这位未来状元。这位传令的神人手持一面黄旗，上书"状元"二字，并身着朝廷规制的护卫铠甲——朝廷向公众宣布金榜排名的人也是这身着装。编者还告诉读者，还曾出现若干预示吉兆的梦，这只是其中之一。[113]

类似达成心愿的梦境也发生在许多明代状元及其家人身上。秦鸣雷在他成为 1544 年状元以前，经常梦见自己骑马飞

336
337
338

图 6.5　双头人骑马（1583 年）

来源:《明状元图考》，顾鼎臣等编，1607 年刻本。

图 6.6　金甲神人持黄旗（1454 年）

来源:《明状元图考》，顾鼎臣等编，1607 年刻本。

339 升天门。图 6.7 展示了从一处幽静亭阁的二层所梦见的梦境之
象，那处楼阁俯瞰周围的山川，是秦鸣雷做白日梦的地方。梦
中，他扬鞭策马来到高墙城池的一处紧闭的大门之外。科举考
试通常被视作晋身仕途的阶梯，但秦鸣雷的梦境更具体地指向
高墙围绕的紫禁宫城，寓指皇帝的居所。而秦鸣雷作为状元得
以凯旋般地以翰林院修撰的身份出入宫墙、在朝为官。此梦的
另一个版本是乘龙而跃，1472 年的状元吴宽（1435—1504）
便在殿试前做过这样的梦。[114]

　　美味的盛馔、与权贵之士共饮是考生梦境的另一大主题特
征。图 6.8 描绘了柯潜（1423—1473）在供台前的床席上闭
目沉睡的场景。他梦见自己在九里庙与宾友宴饮，而他恰好位
于首席之座。此时，宰夫将一盘羊头作为珍馐进献于桌前。通
过拆字术，我们可以破解这对柯潜预示着什么。根据干支纪
年，1451 年恰好是辛未年，生肖上属羊年；而羊头则意味着
柯潜在羊年高中状元。[115]

　　达成心愿的梦境经常记载通俗文化和宗教语境中的吉兆，
由此确认考生及其家人的愿望与志向。梦中所描绘的这些预兆
往往是地方信仰中直白的象征符号，或展现为佛教或道教中的
一系列神祇圣贤。作为《明状元图考》一书的原编者，顾鼎臣
也是 1505 年的状元，他的梦境之象也被记载在书中，图中有
一只黄鹤从天而降，让顾鼎臣得以近距离观察它（见图 6.9）。
黄鹤是道教中的瑞鸟，在此也象征着父子关系。顾鼎臣此前曾
恭敬地每夜焚香上表，祈求五十多岁才生下自己的父亲能延年
益寿。这只黄鹤便携带着祈表来到顾鼎臣面前，不仅给他带来
了未来金榜题名的吉兆，还将这一成功的喜悦分享给他的父
340 亲。顾鼎臣的孝心终于在其父年过八旬时得到回报，老父亲亲
眼看见自己的儿子成为大明状元，而顾鼎臣也致力于搜集记录
其他所有类似的祥兆，从而证明自己的鸿运并非特例。[116]

图 6.7　骑马上天门（1544 年）

来源：《明状元图考》，顾鼎臣等编，1607 年刻本。

图 6.8　羊头献于前（1451 年）

来源:《明状元图考》，顾鼎臣等编，1607 年刻本。

图 6.9　黄鹤飞来（1505 年）

来源：《明状元图考》，顾鼎臣等编，1607 年刻本。

341　　1541 年的状元沈坤（约卒于 1560 年）在卧室寝居时做了一个起初预示吉兆的梦（见图 6.10）。在沈坤的寝室外漂浮着他的梦境之象，其中有个道教仙人给了他一粒药丸。沈坤在梦

342　中吃下了这颗仙药，醒来后顿觉"胸中有物"，而一股奇异的香气也扑鼻而来。沈坤梦中服下的仙药，显然帮助他成了江苏淮安郡有史以来的第一个状元。

　　但这颗仙丹的药效直到 18 年后，也就是 1559 年才全部

343　发挥出来，当时丁士美成为来自淮安的第二名状元。而就在丁士美成为状元之时，沈坤的政治生涯已在走下坡路，他因谗人构陷而被捕下狱，最终死于狱中，而朝野没有人站出来替他说话。当时，民间还流传着"新状元入朝，旧状元入牢"的童谣。针对沈坤辉煌的科场得意与灾难性的悲剧结局，《明状元图考》的编者将其视作服食药丸后命定的人设（"荣辱祸福事皆前定"）。[117]

　　令人感兴趣的是，图 6.11 描绘了丁士美本人的梦境：在他成为 1559 年状元以前，曾梦见道教仙姑乘鹤翩然而下，给自己送来黄旗。而就在骑鹤仙女到来之际，另有一群天仙在空中作乐，仙音袅袅。随后便又乘鹤而上，留下黄旗立于门边，这是天神选中丁士美的吉兆。在他的梦中未曾提及关于沈坤审讯与受刑的任何关联，我们仅能看出丁氏对道教的神往。通往灵界的途径并非彼此关联，这表明梦境之叙事服务于特定的故事情节发展，其本身是片段式的文化建构。[118]

　　尽管在此分析的有关科举市场的梦境和占卜术与大众通俗信仰和道教仪式息息相关，但佛教的影响也不可忽视。比如 1553 年的状元陈谨（1525—1566），《明状元图考》中黄应澄所画的陈氏梦境之象就是本部分的最后一个例子。画中的梦境漂浮在简雅的建筑群上方，陈谨被描绘成以结跏趺坐的"莲花坐式"在莲座上冥思，周围有三人护持（见图 6.12）。所有

图 6.10 仙以药丸食之（1541 年）

来源：《明状元图考》，顾鼎臣等编，1607 年刻本。

图 6.11　仙女乘鹤（1559 年）

来源：《明状元图考》，顾鼎臣等编，1607 年刻本。

图 6.12　状元乘莲（1533 年）

来源:《明状元图考》, 顾鼎臣等编, 1607 年刻本。

人都立于天际的云端，展现了从高处俯瞰尘世的梦中情景。三位腾云驾雾前来襄助的神人分别以仙人、仙童和仙女的身份登场。三人邀请陈谨登莲花而上，他欣然应允。而当他们升入云端时，陈谨心生怯意，就在此时，仙人抱来了金冠绯袍让他穿上，预示着他将成为状元，并以朝服面见皇帝。

344　　陈谨在梦中以佛家的禅定姿势打坐，却身着文人的冠服，而在他克服最初的恐惧之后，图中的他显得安详而克制。这幅版画投射出一个有序而命定的图景，从而打破了我们对科举市场的历史印象——即这是一个竞争激烈、舞弊横行之所，这里的男性个个都满怀焦虑。陈谨以佛陀入定的姿势端坐于莲花之上，漂浮至345　灵界，并在那里获得祝福，允诺他在人世间的成功。与之前所有的例子类似，此处不曾提及的是考生们多年的勤奋苦读、记诵和制艺训练——而这是每个富家子弟都曾经历过的备考生活。一种克服明代科举市场之砥砺与苦难的治疗性胜利由此达成。[119]

科举考试对占卜术的抵制

346　　而当占卜术无法达到预期效果时，对幻想破灭的深切感知往往随之而来。许多人抨击科举市场对占卜、风水、释梦等手段的滥用，将其视为对灵界不切实际的寄托。类似的批评也反复发生在科场之内。很多会试和乡试考官都曾质疑鬼神信仰以及与之沟通的占卜手段，他们利用科举这一王朝"文化监狱"中的政治议题，来约束精英对命运的世俗化理解及与灵界沟通方面的信仰。科举体制强化了考官们消解非官方信仰的权力。[120]例如，在第三环节的政治策文中（其内容范围详见第九章），考官有时会以"灾异"为题，询问考生如何解释这样的事件。[121]

1558 年的顺天府乡试及其对自然灾异的解读

1558 年，主持位于京畿的直隶顺天府乡试的考官出了一道有关"灾异"的政治策问——"灾异"通常被视作不祥的自然灾害——这一考题代表了精英们公开与民间宗教及占卜术划清界限的大体趋势。[122] 在所有3500名应试考生中，仅有135人（占比3.86%）中举。关于当年第三场的五道策问题，考官出了两道直接或间接与"自然"相关的题目：（1）事天（其中包括对天文和治道的讨论）；（2）建官；（3）用才；（4）灾异（其中讨论了天人感应）；（5）四夷。超过3500名考生必须准备回答关于自然研究的两道策问，这意味着，明代中晚期的乡试通过自身的影响力，敦促考生学习"中国科技"的各个方面（参见第九章）。[123]

在有关"灾异"这道策问题的开头，考官首先提出了天人之际交相呼应的征验及其背后的微妙之理。通过引用儒家的核心典籍《尚书·洪范》，考官要求考生解释人之"五事"何以配天之"五行"。在其他许多科举场合，类似议题被用来强调五行本身。[124]

自上古以来，作为官员的文士就天灾的社会作用及其政治影响的话题争论不休。关于这一议题的讨论，往往受制于战国时期荀子的论述，或是后世董仲舒对前者的根本性修正——他极具说服力的"贤良三策"，使自己成为西汉最具影响力的帝国建言者。[125] 对荀子来说，天人之间确实互有关联，但人类的命运取决于自身有效统治的能力。故《荀子·天论》云："怪之，可也。而畏之，非也。"[126] 相反，董仲舒认为自然的灾异是上天之谴："凡灾异之本，尽生于国家之失。"[127] 而在1558年的这道策问题中，考官要求考生定义"天人之际"对当时的明代文士意味着什么。

此处的关节点在于，不要过于轻易地沉溺于现世与灵界的沟通。1558年戊午科的考官这样写道：

347

348

> 以五行应五事，何所验欤？省则或以岁，或以月，或
> 以日，何若是分欤？乃孔子作《春秋》，书灾异，不书事
> 应，抑又何欤？说者谓其恐有不合，反致不信，然欤？否
> 欤？[128]

在此，考官引用了欧阳修在《新唐书·五行志》中有关灾
异的讨论。欧阳修十分谨慎地在文中讨论了孔子将人事与天道
相关联的观点。根据欧阳修的解释，孔子将灾异视为"天之所
以谴告"，使君子"恐惧修省而已"。欧阳修着眼于孔子对待
"事应"的审慎态度（"盖慎之也"），并不试图将灾异与人事
彼此勾连（"天道远，非谆谆以谕人"）。[129]考生们被要求在策
论中评价这位著名宋代士大夫关于灾异的解释。

最后，这道策问转向了以下史实：公元 1 世纪的汉代士大夫
往往将灾异解读为不祥的政治事件，而在当时，这种基于谶纬的
预言和启示在宫廷十分流行。艾博华（Wolfram Eberhard）详细
论述过征兆在汉代政治文化中所起到的作用，而天文学、占星术
和气象学被其描述为带有"纯粹政治性"倾向的学问。[130]汉代官
员相信反常的自然现象与社会政治生活息息相关，并将这种信仰
当作意识形态武器，用于当时的政治斗争中。尽管艾博华有点过
度阐释了这个案例，并忽视了汉代历法专家在制定阴历与准确预
测月食方面所取得的技术突破，但毋庸置疑，明代考官揭露了汉
人对征兆的盲目执着，并要求考生回答他们如何看待在帝国治理
中将政治与灾异相关联的做法。[131]

明代考官所举的例子有公孙弘（公元前 121 年去世）、公
孙卿、京房（公元前 77—前 37）和翼奉，他们都是曾被皇帝
询问过有关自然灾异之含义的高级官员。例如，当被问及大禹
时期（约公元前 2200 多年前）为何洪水滔天时，公孙弘回答
说，大禹的功绩在于治水有方，正是其德行的体现，可见道德

与灾异互不相容："天德无私亲，顺之和起，逆之害生。"[132]

与之类似，汉代官员公孙卿解释了干旱等自然灾害发生的原因，而魏郡太守京房却因言获罪被流放，他一直上疏称邪说必导致天变，因其不幸言中而最终被判入狱并处刑。[133]翼奉曾回答了汉元帝有关当时灾异的疑虑，主张"考天心，以言王道之安危"。[134]考官在策题中暗示说，上述的大部分言论皆"不足称"，但考生仍被要求反思其中是否有可取之处（"所言亦有合道者欤"）。最后考官总结说，关于这类灾异的解释必定依循着某些原则（"夫其理虽微，必有一定之说，不可弗知也"）。[135]

考官又以"尧之水九年"、"汤之旱八年"为凶事之例，请考生加以评论。由于后世没有如此恶劣的凶事被记录下来，是否有可能说明之后的王朝反胜于尧、汤之世？如若天本"无意"，那又何须惧怕那些凶事噩兆？如若上天的确"有意"，那么必定"以好生为心"，但灾异又如何能体现其好生的天意？

考虑到占卜术在明代文化生活中的盛行，1558年的顺天府乡试考官反其道而行，抵制北京及其他地方的这一关乎科场的公共文化，并在科场内出了一道反对占卜的考题。考生努力将占卜预知术比附于汉代官员对异兆的解读，此类关联在当时非常流行，这也是考官们所致力于批评的对象。但是，有关状元梦的搜罗编纂，反映了16世纪至17世纪的民间通俗传说的旨趣，此类内容被当成传记性的材料受到世人称颂，这说明相比于在科场，文士与灵界的交流在政府和社会层面是被容许的。

汉代以来，不同的私人和官方书写中都有关于异事怪闻的记录，相关的文学写作试图将彼岸世界引入人世间，文人们将这类关于彼岸世界对日常生活产生特殊影响的写作归入"志怪"。实际上，自220年汉代灭亡以来，志怪写作就逐渐从子

350

部的小说类向史部转移。唐代以后，当科举考试被重构、扩张后，上文所讨论的诸多《异闻录》便以记载科场故事和考生心态为主。本质上说，它们已成为志怪的一个重要子类。[136]

与志怪相关的记载在数量上日益庞大，并在诸如《太平广记》（978 年成书）这样的宋代类书以及其他笔记中被广泛收录。傅大为曾考察了北宋时期志怪写作的进程，他发现在诸如沈括这样的宋代士大夫群体中，存在着某种趋势：对于有关鬼神灵异之事的记载往往避而不谈，并试图修正唐代关于自然异象的分类。例如，傅大为认为在沈括的《梦溪笔谈》中，沈括保留了汉、唐时期对神迹与异象的着迷，但同时也努力想消除"鬼怪的超自然光环"。在傅大为看来，宋代文士致力于确立一种官方的思想立场，使精英们能与通俗民间传说保持距离，而后者则往往与汉、唐贵族文化相关，它们被作为志怪故事记载下来。[137]

又比如，根据吴以义的描述，北宋士大夫文士采取了所谓"实用的不可知论"（pragmatic agnosticism）这一态度——尽管吴氏的表述过于目的论导向——来对待天象异变，并因此在1006 年目睹客星、1066 年发现彗星（即哈雷彗星）两次事件中压过了司天监的专职官员。范仲淹对天象异变（如 1006 年的超新星爆发和 1038 年的流星雨），乃至将这种异变视作上天与人世间的人事、政治之间的感应的看法尤为谨慎。与之相似，欧阳修也抨击了当时十分流行的观天传统，他试图将政治与天象异变区别开来。宋代士大夫的立场强调了政治世界中人的主体能动性，而明代考官也意图效仿这一理念。相比于董仲舒将灾异视为政治失策征兆的这种汉代解读方式，荀子将上天与人事相区隔的态度在此更受青睐。[138]

洪迈（1123—1202）便是此类宋代士人中的代表，就像沈括的《梦溪笔谈》那样，他对奇闻逸事的搜集也涵盖了包括占卜术在内的宋代民间通俗故事，以供精英们阅读消遣。洪迈喜欢将这些流传后世、喜闻乐见的故事收录在《夷坚志》中。但当情节涉及政治议题时，他会小心地将政治失败的缘由判断为统治者的决策不当，而不是以天象作为类似事件的终极原因。如天象历数曾预示了王安石的崛起，但在洪迈看来，这上天之兆并未阻止北宋于 1127 年遭金兵入侵、城破亡国之事，而洪迈将之归咎于王安石灾难性的新政变法。对洪迈而言，"以真为假，以假为真，均之为妄境耳"。[139]

相应地，我们可以看到，通过引述欧阳修对待天人关系的审慎态度，1558 年的明代顺天府考官更垂青先秦（荀子）和宋代（欧阳修）的观念，即对志怪的记载相对包容，但同时也对此类臆想之辞的严肃性加以质疑和制约。此外，顺天府考官也公开批评了汉代士人操纵征兆与异象以达到其政治目的的行为，由此试图控制占卜术在官方场合甚至个人生活中的影响力，并转而强调人的自身担当与道德修养等道学观。

1558 年这道关于"灾异"的策问题，旨在让考生们重申宋人对过度解释此间与灵界关联的审慎保守态度。而考官所挑中的最优策论，同样反映了他们的这种宇宙观。这份答卷的作者名为吴绍，是来自浙江嘉兴的一名监生，他在顺天府乡试中举榜单中名列第三。他的闱墨被考官们视为"穷理"的典范，吴绍将穷理视为沟通天人之际的桥梁。在其策论开头，吴绍同意考官所说的"天人之际""微眇难言"，但他同时强调"在天有实理，在人有实事"。天之"实理"基于阴阳流转，人之"实事"则是在人的控制之下方能达成。由此，吴绍总结说："谓天以某灾应某事，是诬天也；谓人以某事致某灾，是诬人也。皆求其理而不得，曲为之说者也，君子奚取之哉？"[140]

由于理论上天人之际是能够统一的，根据吴绍之言，君子能够找到成功权衡天地流转的原则。孔子笔削的《春秋》，就

352

昭示了这一求索途径。孔子关于灾异事变的记载，并未将天人二者加以勾连以解释灾变；相反，正由于他天下为公的立场及其持正的原则，孔子并未强行拿事变来迎合观念，由此证明灾异是命中注定的。吴绍进一步解释说："故愚以为，论灾异者，必当以《春秋》为准。其意真，其辞直，确乎不易者也。"[141]

在回答困扰尧、汤等圣王的灾异这个难题时，吴绍指出，类似灾异不曾出现在后世并不意味着尧和汤德行有缺，问题实则出自流转于天地之间的"气"（介乎虚实之间的物质和能量世界）的运行。有时，"气"与人事之间关系和谐，但有时则彼此对立冲突，甚至像尧和汤这样的圣王，在"气"数与之相悖时也无法控制其运行。后世有幸处在"气"之运行相对和谐的时期，仅此而已。根据吴绍的说法，与其担心这类天灾的发生，君子更应明白"天有天之道，而人有人之为"。对天地之运的忧惧，能在人事领域内通过自制与自省机制得到疏导与缓解。[142]

为了解释灾变之"所以然"，吴绍转而解释说，"天道运行，微乎微矣，而岂夫人可能测识者哉"。"天之大德曰生"，即便"天心"被灾病中的人间困苦所打动，上天也依然无法替代道之流行。以灾异责备天意乃是诬天，并曲解了其好生之德。像京房那样的古人对灾变的预言并非印证了天意，而仅仅展现了灾难发生时，人们基于种种目的将之归咎于天意。而类似灾异的真实缘由，实则永远无法被确知。

之后，吴绍又将天之灾异与人之疾病作比较。吴绍认为，正如人能通过诊脉判断出病症并且对症下药，"灾亦有征：在天则见于象纬，在地则见于山川，在物则为鸟兽草木之妖，在人则为奸宄寇贼之戾"。如果这些征兆能被恰当审视，那么疾病和天灾都能得到妥善处理。正如治病和恢复身体元气离不开医生和药物，人们同样需要培养道德准则和基于天理的判断来处理灾异，从而恢复王朝的元气。[143]

吴绍最后总结了自己的回答，并称"善论治者，不计灾与不灾，但视备与弗备"。尧用九年治水，汤用七年筹赈旱灾，都是通过制订稳妥的计划来克服灾异。那些未曾面临严峻灾情的治国者，则不需要费心去想那些应对方案。由此，根据吴绍的说法，正是由于尧和汤战胜了灾异，重建了世间秩序，才被后人封为圣王。实际上，吴绍完全将灾异与凶兆的讨论反转过来，它们成了对伟人的考验，而并非超自然力量干涉人间的征兆。旱涝之灾，恰恰是尧和汤圣明的证明。[144]

这道策问题及其答案，反映了科举考试中较受青睐的典型宇宙观，字里行间对自然灾异保持审慎的态度，明显反对有关天人之际"不合"的解读。根据考官的提问和考生的回答，人类必须承认自己对宇宙的认知有限。否则的话，如将人的价值和意图强加于自然灾异——正如预言和占卜术所设定的那样——那就是将上天拟人化，并把人类知识转化为人对天的恐惧和无知。更进一步，考生对圣王的崇敬在于后者勇于直面彼时的困境并加以克服，从而表明在灾异面前退缩的命运观对于公共领域的正统文士而言是不可接受的。在此，旱涝灾害的政治象征意义无关紧要，重要的是具体政策能够跟进，从而缓解灾情。在那个世人对天道运行的方式鲜有知晓的世界，人治依然占据优先地位。

清代科举中对算命的看法

理想宇宙观与通俗占卜术之间的张力，在晚期帝制阶段从未被真正成功解决：前者意谓自然与政治世界的遥相呼应在一定程度上被容许，而后者则将这一理论危险地落实为宗教和民间习俗中与灵界的沟通形式。尽管文士们对此的不满在清代日益明显，但其实早在 16 世纪，民间宗教和占卜世界中的占卦师、算命家和道士对明代科举生活的干预就已令文士们侧目。

例如，浙江的学者兼藏书家胡应麟（1551—1602）于1576年考取举人，但在1577年至1598年间，他曾八次在会试中名落孙山。他对科举制度的厌烦情绪被带入了私人生活。自15岁起，他便广泛阅读，并开始写笔记小说。1594年至1595年，当他正在京城准备春天即将举行的他人生中第七次会试时，他记录了自己的一个梦，而这个梦实则是对考生中颇为流行的梦境之象的戏仿。[145]

胡应麟以"天上主司"为题记录了整个梦境。1595年会试前夕，他忽然梦见一人身着冕服坐于殿上，并邀请他入殿参加考试。就在他步入考场时，胡应麟发现一个名叫易水生的人已经就座。而当唯一的考卷从殿上散落、翻飞不定时，胡应麟和易水生便争相抓取那张试卷，结果被后者抢先一步，但胡应麟依然认出了试卷上的七个字。正当他梦见自己在这场天庭比试中落败之时，他从愤怒中醒来，之后依然闷闷不乐。而当现实中会试第一场考试开始时，胡应麟惊讶地发现，他在梦中瞥见的七个字经由适当的解读，恰恰可以精准预言会试的第一场考试的试题引文。

然而，等到揭榜之时，胡应麟发现自己第七次落榜了。而当他看到1595年会试会元的名字——汤宾尹时，他发现其姓氏汤（繁体作"湯"）与梦中那个与他争夺考卷的"易水生"这个名字有着惊人的契合。"易"与构成"湯"姓的右半部分十分相似，而"水"字则是其左边部首"氵"。到目前为止，胡应麟所讲述的故事直接反映了科举考生得意失意的缘由及其各自命数。

但他继而指出，天廷主考官一定"不识字"，因为"易"字乃"易"字的形讹，中间缺了一横。换句话说，天上主司不懂构字法：尽管"氵"构成了"湯"字的形旁部首，但"易"（yì）字却是错误的声旁，因为"湯"（tāng）字从"易"

（yáng）声。通过这一拐弯抹角的批评，胡应麟总结道："观此，则天上主司且不识字，何尤于浊世司衡者乎？"[146]

胡应麟实际上把典型的明代释梦故事反转了过来，他质疑了灵界的可信性。他对梦境的戏仿讽刺了占卜术，因为后者承认灵界对人间所占据的支配地位。但最终，胡应麟能做的只是挥袖离去，退隐到私人生活中。但他的观念回应了明代科举文士的情感——他们在命运和登科的信仰中陷得太深。而这个梦使胡应麟这样的凡人认识到，天上主司的文言文语言学功底也很差，而这本应是所有考生们幼年时就已掌握的基本知识。

至清，考生们在科举生活中对占卜术的抗拒有所增加，但考虑到 1700 年后应举考生人数的爆棚（见第四章），这类抗拒在现实中的体现有限。戴名世（1653—1713）是当时广受欢迎的桐城派古文家，他作为旁观者经常批评科举排名制度的不公，并且取笑那些认为科举名次受命运摆布的世俗信仰。在戴名世给 1702 年优秀乡试制艺文集所写的序言中，他尖锐地批评了那些将成败诉诸命运、鬼神或占卜之术的读书人。在他看来，如第四章中所概述的那样，学习写作典范八股文所要付出的勤奋，才是科举成功的关键。由此，则"人有权，而鬼为无权矣"。戴名世重新强调幼年记诵与八股文习作，而不是由命运说了算，以至于轻易地忽略了上述的努力。[147]

又如 18 世纪的吴敬梓，他早年求取功名时曾迷信风水预测，但当他屡试不第之后，便在自己著名的小说《儒林外史》中嘲讽了这一做法。其族人将他们清代早期所获得的科举成就，归功于风水家所挑的家族墓葬这片福地。在《儒林外史》第 44 回中，吴敬梓借迟均（迟衡山）这一人物之口说道：

> 小弟最恨而今术士托于郭璞之说，动辄便说："这地可发鼎甲，可出状元！"请教先生（指余特）：状元官号，

始于唐朝，郭璞晋人，何得知唐有此等官号，就先立一法，说是个甚么样的地，就出这一件东西？这可笑的紧！若说古人封拜都在地理上看得出来，试问淮阴（韩信）葬母，行营高敞地，而淮阴王侯之贵，不免三族之诛，这地是凶是吉？[148]

无论清代一些文士对有关算命的宗教仪式多么抗拒，这都不会影响到后者在科举市场上的流行。当然，我们完全可以在吴敬梓的讽刺中看到孔夫子所提倡的那种理想文士态度，亦即"敬鬼神而远之，可谓知矣"。[149]然而，那些品行高尚、笃信四书的士大夫们的去宗教化立场仅流于形式，他们并无法根除民间宗教及其占卜技术资源对文士生活的渗透。古典式的淡漠态度和文学性讽刺，最多只能削弱一些公众对民间宗教的认可，并将其控制在一个相对次要的范畴。但是，甚至乾隆帝本人也被 1768 年的一次集体癔症（mass hysteria）搅得寝食难安，当时有谣言说巫师正在施展妖术摄取人的灵魂。他们还剪断汉人的发辫来收魂，而发辫正象征着汉人自明朝覆灭以来对清王朝的臣服。[150]

尽管释梦在清代依然是文士生活中重要的一部分，但相比于明代精英对梦境的狂热，其历史意义显然已消退不少，转向通俗故事的大众读物之中。清末流行的旬报《点石斋画报》，也记载了有关命定的科举成功的故事，并带有那些注定可以金榜题名的清代文士梦境之象的插图。如在图 6.13 中，我们看见一位来自黄氏家族的年轻人在满是书香气息的书房中打盹，而书房紧挨着一处园林。他的白日梦发生在 1822 年山西省乡试之前，这位年轻人梦见自己在地方上的文昌庙中受到接待，并在里面拜见了保佑文士才子的守护神。这个故事名为"登科有兆"，预示着主人公将在乡试中夺魁，成为解元。[151]

图 6.13　登科有兆（1822 年）

来源:《点石斋画报》，第 2 册，第 11 集（1890），戌集，第 91b—92a 页，江苏广陵古籍刻印社重印本，1983 年。

类似故事的流行意味着，即便考生的科场制艺文正确地按照考官的既定要求对命运及异象进行批评，身处科场中的考生们也不愿在实际生活中对天意"视而不见"。例如，《明状元图考》就增加了清代状元的名录。但是，这一名录仅提供了每个状元最基础的科举资料和仕途成就，且这些清代状元小传中没有一处提及状元们的科举命定与梦境，这与有关明代状元们的记述产生了鲜明的对比。因此，也没有清代状元梦境之象的插图可被收录。而殿试榜眼和探花以及会元的简略记载也会被增补入集中。

另外，此类状元简介自1682年之后不再被记述，这意味着整个清帝国疆域内占据话语权的文士精英们对占卜技巧与梦境不再感兴趣，因此这类书无法再像明末家刻本那样广泛流传。这本定名为《状元图考》的书，最终涵盖了1371年至1682年间的明清状元故事，这三百余年也是晚期帝制科举考试机制及其文化繁荣的鼎盛期，但发生在1644年后的梦境叙事却遭遇了某种接受断层。之后鲜有出版物如明代状元故事集那般，积极地为梦境和占卜术配置插图。[152]

相反，梦境叙事在通俗流行文学中得以延续，或见于蒲松龄的小说家言，[153]或见于《异闻录》所载科场趣闻，或见于诸如《点石斋画报》等清末报刊。尤其是《国朝科场异闻录》一书，在太平天国运动结束之前，它一直都是科举传闻最为丰富的资料库，这类书的性质相当于宋、明时期的志怪小说。这些世俗成分同样出现在两部极有影响力的有关明清科举的著作中：梁章钜编《制义丛话》（出版于1843年），以及李调元的《制义科琐记》。

将科举经历的奇闻逸事重新分类并加以归化的趋势，总体上与唐、宋时期志怪体裁的演进同步，后者在中世时期作为有关奇异现象和人类命运的记述，逐渐被精英接受。明末对释梦的狂热兴趣在清代从未真正泯灭，但其官方色彩变得更加学究气、更显淡漠，这也许是受到了头脑清醒的精英阶层日益转向考证学这一风气的影响（见第九章）。如欧阳修那样的宋代士大夫在当时就与占卜活动保持距离，而宋学和汉学在明清的大量追随者也同样与先贤站在同一立场。[154]

清季民初，精英们对于民间习俗的看法在现代化视角下被重构，这一趋势在徐珂的《清稗类钞》中有集中体现。《清稗类钞》中有关科举的传说故事被重新分类，分别归入"考试类"、"方伎类"和"迷信类"等子目中。徐珂将这本 1917 年出版的笔记小说集视为宋代《太平广记》的延续，但崭新的文化语境却意味着，这样的故事只有被定性为"迷信"才能在现代知识分子群体中被公开接受。[155]在此我们可以看到，清代文士对占卜术的看法，与日后"五四"时期知识分子对帝制中国"迷信"思想的敌意实是声气相通的。

应对科举失利的其他出路

为了总结本章关于科举生活的记述及其在晚期帝制时期以通俗形式所呈现的文化表达，我将在此简短地刻画明清时期读书人及科举考生的心理肖像（psychological portraits）。将公共的科举失利内在化，几乎成为所有在科举市场上竞争的年轻人的共同命运，而宗教和世俗的占卜术则为考生及其家属提供了相应的治疗方案，并借此以非同寻常的方式将落榜的内在心理活动合理化。而这样的治疗方法一旦被接受并加以有效利用，就能让男性焦虑控制在可接受的、保持个人身心健康的社会边界内，并防止梦境与幻想进一步失控，从而逾越明清时期文化健全机制的标准。但这种介于外部公共压力与内在情感的平衡，本质上依然是不稳定的，而每个个体都必须成功驾驭自身的这一内在平衡。

蒲松龄有关科举生活与异化的讨论

蒲松龄本人就曾屡次名落孙山，而他的许多故事都在嘲讽科举体制，从而永久地记录下受困于晚期帝制科举考试残酷机制的广大考生们的煎熬。蒲松龄在一篇名文中对年轻考生们进行了十分贴近现实的描摹，他将考生之态概括为"秀才入闱有七似焉"：

> 秀才入闱，有七似焉。初入时，白足提篮，似丐。唱名时，官呵隶骂，似囚。其归号舍也，孔孔伸头，房房露脚，似秋末之冷蜂。其出场也，神情惝怳，天地异色，似出笼之病鸟。迨望报也，草木皆惊，梦想亦幻，时作一得志想，则顷刻而楼阁俱成，作一失志想，则瞬息而骸骨已朽，此际行坐难安，则似被絷之猱。忽然而飞骑传入，报条无我，此时神情猝变，嗒然若死，则似饵毒之蝇，弄之亦不觉也。初失志，心灰意败，大骂司衡无目，笔墨无灵，势必举案头物而尽炬之；炬之不已，而碎踏之；踏之不已，而投之浊流。从此披发入山，面向石壁，再有以"且夫"、"尝谓"之文进我者，定当操戈逐之。无何，日渐远，气渐平，技又渐痒，遂似破卵之鸠，只得衔木营巢，从新另抱矣。[156]

这段叙述显然有虚构成分，但它忠于现实的文化内涵十分鲜明地展现了像蒲松龄这样的考生，在清政府文化监狱的里里外外所经受的巨大心理压力。生活于清末的商衍鎏注意到，蒲松龄"似秋末之冷蜂"这一比喻或许更适合于山东考场，但对于他个人亲历并获得举人头衔的广州乡试而言，"似热锅上蚂蚁"才是更恰当的描述。[157] 就本章的意旨而言，蒲松龄所呈现的 1700 年前后男性焦虑的文学表述，反映了他所处的社会与时代如何描写多数年轻人的科举体验，他们在此期间度过了年少时满怀希望，或成人后失落彷徨，以及暮年成熟练达等不同的人生阶段。蒲松龄的故事告诉了我们许多他对科举的看法、科举经历给他带来的创伤，以及其他同道的失利，后者同样在努力应对社会压力并争取个人成功。而在黄应澄于《明状元图考》中所设计的令人欣羡的版画场景中，明代状元在书房做着金榜题名的白日梦，这与上述有关科举失败的叙事形成鲜明反差。

如果对蒲松龄的"七似"加以自传体解读，那么我们可以说，蒲松龄对自己的经历进行了某种排解，并将之转化为富有文化意义的虚构故事，而其现实基础与成熟表达对于同时代的那些读者们来说十分有吸引力。白亚仁（Allan Barr）准确地指出，通过对幻象、命运与神灵进行带有嘲讽意味的发掘，蒲松龄成功地将其失望转变成清代日常生活的一系列治愈小说。尽管他的讽刺十分尖锐，但他不曾试图推翻科举霸权。相反，蒲松龄尝试着在体制内部直面其失败，并通过将其精力转向文学创作来疏导自己的科举失意。在此过程中，蒲松龄成功地避免了某些治疗方式——而在这片目睹了太多考生名落孙山、而白日做梦的状元寥寥无几的土地上，很多人一定对这些治疗手段产生了情感依赖。正如第五章所展现的那样，即便是状元，也要在他们命中注定的登科来临之前经历若干次失败。[158]

在蒲松龄所描绘的心理叙事中，科举考生——其典型代表是来自士绅家族的年轻人，他一般用十多年时间准备地方院试，又需要花五到十年参加乡试（见第五章）——变成了跪求进入王朝文化监狱的求乞者。而当他步入考场，在自己的号舍准备写作制艺文时，他又受制于被持久监视和辱骂的囚徒身份，同时他又与其他考生彼此隔离，独处的他由此被定性为一个在政治权力体制中寻找认可的孤独个体。

而在考生离开考场后，短暂的囚禁所造成的心理负担，导致了片刻的逃离与幻想。在接下来的日子里，他将心惊胆战地等待科举张榜，期待高中的希望与对落榜的担心并存。欢欣仅仅属于榜上有名的 1% 的考生，蒲松龄则告诉我们那 99% 的落榜者所承受的情感代价。他们的面庞变得惨白，身躯无法动弹，因为他们的希望破灭了。在此，我们看到科举生活所带来的心理及生理症状，而蒲松龄所身处的历史情境也在其文学表征中留下了印记。

科举落榜很快使考生变得灰心丧气，蒲松龄细致地呈现了，这类情绪如何变成针对考官的愤怒和对科举制度本身的批判。在极端情况下，考生会放弃学业、焚烧书籍，若如此还不足以泄愤，他过分执着于失败的情感则会反映在踩踏本人付出数年心血的书籍并将之作为垃圾集中丢弃等行为中。科举失利与宗教信仰相辅相成，这成为晚期帝制时期被广泛接受的心态。蒲松龄对逃离科场这一举动做了文化叙事，从道教和佛教观念入手，将之比附为远离尘世、入山修道，从而使俗人之机心无法牵累自己。那个曾在科场号舍独自奋战的科举考生，如今却离开朋友和家人，希望在山林中独立生活。

蒲松龄的记述甚至对成功的考生来说，在很多方面也是程式化的。亚瑟·伟利（Arthur Waley）曾在注解 18 世纪诗人兼文体家袁枚（1716—1797）的一首诗时，描述了这类逃离尘世之梦的唐代小说根源。袁枚 1765 年偶遇了一位舆夫，其神情相貌令他觉得似曾相识，而袁氏此诗正捕捉到了这种追忆的惆怅：

……

舆夫拭其目，再视再叹嗟。

道我新婚时，渠曾推婿车。
翩翩小翰林，容色如朝霞。
胡为久不见，一老如斯耶。
舆夫言未终，我心生隐痛。
如逢天宝翁，重说黄粱梦。

袁枚的诗引用了"邯郸梦觉"的典故，并言及安史之乱前的盛唐图景（见第一章）。亚瑟·伟利十分凝练地概括了这一寓言故事：

> 一个年轻人来到京城，试着碰碰运气。他在一家客栈点了晚饭，而在等待黄粱煮熟之时，他把头靠在一个枕头上睡着了，这个枕头是另一位客人送给他的。他梦见自己来到京城之后考中进士、屡屡升迁，之后陷入困境而被贬官，但又重新被朝廷召回。他还经历了远途的劳累、被诬告甚至险些被处死，但在紧要关头获救，最终以高寿辞世。当他从梦中醒来时，他发现黄粱竟还未煮熟。在短短一个梦的时间里，他却已经历了一位公众人物的跌宕起伏的一生。他由此领悟"宠辱之道、穷达之运、得丧之理、死生之情"彼此相依、接踵而至，从而回到了他离开的家乡。另一位客人所赠送的枕头原是灵物，而他本人实则是通晓神仙术的道士。[159]

无论是对落榜生还是进士而言，宗教领悟的治疗作用，以及关于无牵无挂的生活之梦，对于逃离科举生活及之后的事业煎熬都有所助益。

尽管蒲松龄对名落孙山所导致的愤怒的戏仿描写，才是大多数当下读者的关注点，但故事最重要的部分其实出现在结尾，因为它向科举考生传达了他们最终能够克服困难这一心理暗示。蒲松龄认为对落榜造成情绪低谷的诊断，无论对他自己还是其他人而言，都不是科举生活的终局。身心的康复、回归内心平静、找回个人自信才是其终极忠告。在此，蒲松龄明智地告诉了我们，那99%的落榜生为何并且如何治愈了他们的身心创伤，并在不久之后重回考场号舍之内，一次又一次地重返竞争。也许他们并不比以前更聪明，但在情绪控制方面却日益强大而成熟，同时也对科举市场的若干运作方式、晚期帝制成就命运的不同出路更为熟稔。

365 　　相应地，蒲松龄对现实的描绘是有其治疗性意图的。反抗与打倒权威是科举落第时十分常见的反应，但考生们最终还是坚持了下来，成为剩下的庞大人群中的一分子。在反复参加科举考试的同时，他们也各自踏上了自己的人生之路。就蒲松龄个人而言，他的排解方式是创作笔记小说，以此作为文化生活与生计的另一条出路。一些考生能将其科场上的挫折加以利用，为地方出版商编纂历年科举考题等书籍，或者他们自己便从事地方出版业，如福建四堡的马氏与邹氏刻书坊。另一些人则被强压击垮，如一位名叫颜元（1635—1704）的北方文士，他无力面对自身家族危机与地方科举的屡次失利。由此，颜元最终将其情感挫折加以转化，充满憎恶地将程朱理学视为学究的教条，并批判科举非人道的一面。[160] 无独有偶，一名浙江的秀才在1819年被剥夺了地方考试名次，父亲把他赶出家门，最终在孔庙被官府逮捕，因为他在恸哭和抱怨的同时故意损坏了孔夫子的牌位。[161] 蒲松龄的治疗性回应远没有达到反抗科举体制的程度，其态度在考生中十分典型，但也不是唯一的选择。科举失败导致考生情绪失控，乃至激烈地抨击帝国及其高压的科举体制——这种情况也并不少见。[162]

　　长久以来，人们想当然地认为在晚期帝制的历史记述中，地方上的闹事者往往来自当地秀才群体，他们徒劳地想要得到其梦寐以求的举人和进士功名。的确，1644 年攻占北京、在北方将明朝打垮的西北起义势力中，有些领袖人物就是地方上的科举考生，他们在谋求官位的仕途道路上屡屡受挫。尽管东林党祸（见第四章）以后，明末的经济危机——饥荒、贪腐和战事也使经济形势雪上加霜——是其衰落的主要原因，但像李自成那样心怀怨怼的男性也决意在王朝危机之时拿起武器造反，这在科举机制内部实则是可以预见的，因为它造成了太多的失败，从而也积聚了过于沉重的失望与愤怒情绪。[163]

洪秀全及其科举反象

像蒲松龄这样的书生将自己辛酸的考试失利转变成"健康的"、去政治化的文化生产形式，这在明清时期是常态。但另一群人则逾越了社会与王朝所能容忍的政治与文化底线。第四章特地描述了清廷如何徒劳地试图将地方秀才和考生控制在政治与法律规制之内。乾隆皇帝便担心推翻满族统治的图谋会出现在科举失败的文士群体当中。[164]

洪秀全（1814—1864）便是典型的例子。他的幻觉（hallucinations）和反象（countervisions）带有宗教神启的色彩，并成为太平天国运动意识形态的根基。很多人就像这位未来的太平天国运动领导者一样，屡屡在地方科举考试中败北以后，全然失去了通过竞争而成功迈入仕途的希望，从而导致心态彻底崩溃。尽管洪秀全在 19 世纪中叶通过基督教义来佐证其观点的做法十分特殊，但以宗教形式进行反抗活动在中国由来已久。他显然也借助了这一势力，打击清王朝的科举制度以及满族统治者的文化合法性。[165]

1827 年，13 岁的洪秀全当时名叫火秀，他从广东的故乡出发，来到花县参加科考。他自 7 岁起，就在自己客家村落中的学校念书，所有记载都说洪秀全在那五年间十分好学，而周围人对他也有很高期许。他的师长和家人都认为洪秀全的文辞天赋能助他谋得高位，甚至能进入翰林院。洪秀全在首次参加花县科考时便得以通过，但在他前往广州参加院试时却失败了。通常认为，洪秀全前往广州——这一清代中国合法开放的对外贸易与交流的唯一港口——参加考试时，他第一次接触到一个充斥着商业贸易、外国人，甚至基督教文学的新世界。[166]

基于他在县考中的成功，洪秀全在村里成了一名教书先生，而他的教书生涯也使他有闲暇继续准备下一轮的地方科举考试。1836 年，24 岁的洪秀全在年轻考生中已经算是大龄前辈了，他第二次来到广州参加院试，但依然未考中秀才。1837年，他再次落榜。经历过三次失败后，洪秀全回到故乡，身染重疾。他病了四天（之后太平天国运动的记述者则说他病了四十天，以此对应耶稣禁食四十天），而在精神恍惚错乱之际，洪秀全做了一个奇异的梦。[167]

洪秀全担心自己将不久于人世，故而请父母原谅自己未能通过科举考试，但随后就在梦中看见了异象。梦里的他先看到了一龙、一虎和一只雄鸡；接着，一群奏乐手乘着美丽的轿子前来接引他。他们所到之地，其中的男女相貌端正美丽，并欢迎洪秀全的到来。一位老妇把他带到河边，为他清洗，并告诫他不要再因下界的人而沾染污秽。洪秀全随后步入了一间堂皇的大厅，里面有位"天上至尊的老人"让他礼拜自己，因为他自言"世界人类皆我所生"。这位至尊老人给了洪秀全一柄宝剑，用来战胜所有妖怪、保卫世间的同胞，又给了他一块封印恶灵的印绶，以及甘甜的金黄色美果一枚。这三件物品相当于带有皇家象征意味的标志，而洪秀全立刻就告诫周围的所有人，让大家一起尊奉这位至尊老人，因为后者授予了他未来权力的三大神器。[168]

一般而言，洪秀全在 1837 年梦见的一系列奇妙的异象，被后来的西方学者或是采取西化研究的学者加以剖析，把它认作洪秀全"狂热"或宗教皈依的证据。在前者看来，洪秀全沦为急性偏执妄想症（acute paranoia）的牺牲品，"这种形式的病症会出现宏大的妄想、幻觉，以及不合时宜的骄傲和仇恨情绪，而所有这一切都以符合逻辑的方式被系统化，致使个人真的相信自己紊乱的认知"。而采取西方式研究的学者则坚持说，洪秀全停留广州时已受到基督教的决定性影响，这些经历"成了催化剂，通过救赎思想与耶稣基督的'神人'双重属性这一概念，其紊乱而受挫的心智得以转变"。与之相对，中国学者则将洪秀全的宗教异象加以祛魅，把它理性化地解释为一种中国新政治秩序的预兆，这一新秩序将能替代传统帝制。[169]

本章先前讨论了中国帝制科举传闻故事中的占卜术与预知梦，这些分析揭示出，对洪秀全的原初梦境加以现代性的、心理历史学的或是社会历史式的表述都是不充分的。如果把洪秀全的异象置于明清中国释梦文化的历史语境中，那么与其把它理解为一个汉人的个体偏执妄想症，不如将之视作汲取中国宗教文化生活中丰富象征传统的广义叙事——对于适应力强的明代状元和清代文士而言，他们都能融入这一宗教文化传统，而这一传统本身也在 17 世纪末以前的上层精英社会群体中被广泛接受。中国帝制晚期与欧洲早期现代对心智健全的文化边界有不同的划分，而洪秀全的谵妄恰恰是他面对科举压力、家庭与师长的极高期许时做出的激烈反应。不同于蒲松龄这样最终顺应现实的大部分文士，洪秀全则遭遇了崩溃并予以反击。

洪秀全奇怪的"异梦"成了其特殊未来遭际的征兆，并确认了他被指定为太平天国运动领袖的命运，而太平天国运动的参与者及洪秀全本人都得益于这一后见之明。除了传统中国宗教与占卜的丰富象征宝库——其中包括仙人、神祇、妖怪和精灵——洪秀全起初还无意识地加入了天国唯一的至尊老人这一基督教信仰，并统合道教与佛教的彼岸多神体系，最终化身为一个身陷科举生活泥潭的年轻人。他开始对现实世界进行干涉。洪秀全的梦中之象，在具有治疗能力的同时（洪秀全在没有得到任何成功治疗的情况下自行痊愈了），也包含了不祥的因素，所有这一切最终僭越文士批判、戏仿考官及科举制度的常规底线。

洪秀全的梦不再像明人的程式化梦境那样，只是为科场得意提供某种保障，或是预言他本人即将成为状元；洪秀全梦中出现的天界老人将皇家的标志授予了他，并责命其净化下界人世。洪氏族人叫来了地方大夫给洪秀全治病，并请一位占卜师解读异象、祛除占据其身体的妖怪。但没有相关材料记载后者如何处理这些棘手的梦中征象；我们只知道洪秀全斥责了前来给他治病的驱魔师。在满人治下的清王朝，洪秀全明显的梦境表面之下掩藏着大逆之罪。[170]

洪秀全康复之后变得更有自信，并且又过了几年波澜不惊的生活。但洪秀全根据他所做的梦，把自己的名字从"火秀"改为"秀全"，某些学者认为，"全"字通过拆字法可以释读为"人王"。上文已经描述了释字和拆字法等传统占卜技艺，而洪秀全通过改名回应并迎合了梦中异象。1843年春，洪秀全再次试图获得他所孜孜以求的生员资格。到那时为止，他的情绪平复过程与蒲松龄的描述别无二致，考生像"破卵之鸠"那样"衔木营巢，从新另抱"，重新回到了科举生活。

然而，当他经历人生中第四次科举失利时，洪秀全的反应不再是精神错乱，而是愤怒。在他乘船从广州回乡的途中，他诅咒了科举考官，并写下一首暗示对抗清政权的诗歌。在他回到家乡后，洪秀全依然怒气未消。他声讨了清王朝及其官员，扔掉经书并公然喊道："等我自己来开科取天下士罢！"洪秀全威胁说自己成为主考官的言论最终实现了。我们将在第十一章看到，他激进地修订了清代科举科目，使其符合太平天国运动的意识形态与基督教教义，1851 年他以天国的名义下令重开科举。[171]

通过拒绝这种顺应科举的心理定式——用倪德卫（David Nivison）的话说，自唐代以来，文士对科举的反抗就被世俗化了——洪秀全的反抗在内容上是革命性的，但其抗争的制度形式依然遵循着传统。1843 年后，洪秀全的"异梦"就被他本人及拜上帝教所利用，从而展现他曾升入天堂，与上帝和耶稣基督会面。他们有关净化人间的命令意味着驱逐满人、推翻清王朝，同时消除正统的孔孟之教。作为太平天国的天王，洪秀全找到了自己的使命，并在长三角地区为那里的年轻人设立新的科举制，其内容宗旨以融合中国传统与西方基督教义的太平天国真理为基础。而那些停废了明初以来科举官方文士正统（见第十一章）的清末改革家们，实则接手了洪秀全未竟的反叛事业。两者的觉醒其实一脉相承，无论他们自己承认与否。[172]

本章描述了科举考试非官方的民间面向，它以各种非同凡响的方式影响着精英和普通人的生活。民间文化渗透进王朝的科举领域，而翰林院的考官们则徒然地试图将占卜技艺排斥于考场之外。尽管类似的努力最后以失败告终，但他们仍有效地限制了宗教与民间文化对正统科举考试内容的影响范围，直到 19 世纪50 年代太平天国的宗教热忱爆发，并进一步侵蚀科举体制（见第十一章）。下一章将接着考察科举文化范畴的精英面向，以及明代出现的经义八股文写作。之后的第八章和第九章则转而讨论1800 年以前决定科举考试成败所适用的评卷标准。

注 释

1　参见方以智（1611—1671）写于 1637 年的《七解》，文中展示了出身富庶家庭的年轻人可选的人生道路，其中一条便是以"逢伍子"为代表的科举功名之路；此文英译可参见 Willard Peterson，*Bitter Gourd*，pp.44-47。

2　参见 Nivison，"Protest against Conventions and Conventions of Protest，" pp.177-201。参见 Walter Abell，*The Collective Dream in Art*（Cambridge：Harvard University Press，1957），pp.57-66。

3　Sheang [Shang] Yen-liu，"Memories of the Chinese Imperial Civil Service Examination System，" p.52. 这条史料要感谢墨子刻（Tomas Metzger）的惠示。

4　参 见 Robert Hegel，"Distinguishing Levels of Audiences for Ming-Ch'ing Vernacular Literature：A Case Study，" in David Johnson，Andrew Nathan，and Evelyn Rawski，eds.，*Popular Culture in Late Imperial China*，pp.125-126；以及 Ropp，*Dissent in Early Modern China*，pp.18-32。参见 Miyazaki，*China's Examination Hell*，pp.58-60。由于"大众文化"和"精英话语"互相排斥的二元对立无法充分解释科举制度对精英与非精英文化生活的双向渗透，我在此使用"大众"（popular）一词来指代"非官方"，而不是"非精英"。因此，我所谓的"大众"包括了精英与非精英，他们都使用类似手段占卜算命、乞灵于宗教以安身立命。我要感谢林郁沁对这个问题的建议。

5　参见 Judith Zeitlin，*Historian of the Strange: Pu Songling and the Chinese Classical Tale*（Stanford：Stanford University Press，1993），书中第 132—181 页记载了明末文学中对梦的运用。关于宋代科举及文士的科举美梦，参见 Chaffee，*The Thorny Gates of Learning in Sung China*，pp.177-181。

6　《唐宋科场异闻录》，钱塘俞氏刻本，广东味经堂书坊藏版（重印本，广州，1983）。又见 Chaffee，*The Thorny Gates of Learning in Sung China*，pp.169-177。

7　参见《钦定磨勘条例》，1.1a-19b。

8　这方面可以参考 18 世纪末章学诚的人生志业，倪德卫（David Nivison）在《章学诚的生平及其思想》（*The Life and Thought of Chang Hsueh-ch'eng, 1738-1801*）一书中有详细描述。又见拙著 *From Philosophy to Philology*，pp.130-131。参见 David Johnson，"Communication，Class，and Consciousness in Late Imperial China，" pp.50-67。

9　关于"男性焦虑"这一概念的早期使用，可见 T'ien Ju-k'ang，*Male Anxiety and Female Chastity: A Comparative Study of Chinese Ethical Values in Ming-Ch'ing Times*（Leiden：E. J. Brill，1988），pp.83-89；书中十分有效地将明代学者的失意与科举考试中令人望而却步的激烈竞争联系在一起。但是，田汝康（T'ien Ju-k'ang）却把"男性焦虑"界定为长三角地区所有文士唯一而直接的共同回应，也因此过分夸大了它的规模，从而变成帝国晚期女性贞节观兴起的唯一解释。参见罗溥洛（Paul Ropp）关于此书的书评，载 *Journal of Asian Studies* 48，3（August 1989）。又见 Martin Huang，*Literati and Self-Re/Presentation: Autobiographical Sensibility in the Eighteenth-Century Chinese Novel*（Stanford：Stanford University Press，1995），书中第 26—27 页提出一类"成问题的文士自我"（problematic literati self），阐述了反映在清代中期小说中的文士思想焦虑。关于科举考生的相关疾病，见张介宾《景岳全书》（上海科学技术出版社，1984），第 357—359 页。男性在这种"情绪郁积"之下，往往也可能使女人的性欲望无法得到满足。在此感谢蔡九迪向我提供了这方面材料，她也在一篇未发表的论文中讨论了作为疾病的这一"情绪郁积"，论文标题为"Making the Invisible Visible：Images of Desire and Constructions of the Female Body in Chinese Literature，Medicine，and Art"。

10　参见 C. K. Yang，*Religion in Chinese Society*（Berkeley：University of California Press，1967），pp.265-268。明末时有一个命运决定科举排名的例子，见《前明科场异闻录》，B.31a；B.53a-b 又记载了行贿的于事无补，因为科举成败早已命中注定。宫崎市定在他的《科举：中国的考试地狱》［由谢康伦（Schirokauer）翻译成英文］中也提及了诸多逸事趣闻等相关资料，可惜宫崎没有对这些故事加以系统分析。关于宋代的情况，见 Chaffee，*The Thorny Gates of Learning in Sung China*，pp.177ff。

11　Ropp，*Dissent in Early Modern China*，pp.91-119；以及 Barr，"Pu Songling and the Qing Examination System，" pp.103-109。但是，如与诸如南亚及东南亚佛教，或是印度教农民所普遍信仰的"宿命论"

意识形态相比，中国的意识形态依然提倡通过科举及第促进社会阶层流动，这的确使农民相信读书的益处，并在下层读书人群体中营造了科举显达、光宗耀祖的氛围，他们梦想着金榜题名所带来的荣耀，而当他们的希望反复破灭时，便往往导致政治反抗。

12 参见 Gernet, *Buddhism in Chinese Society*，p.226。参见 Liao Hsien-huei, "Popular Religion and the Religious Beliefs of the Song Elite, 960-1276"（Ph.D. diss., University of California, Los Angeles, 2001），该博士论文探讨了宋代科举与民间宗教诸多方面的关联。参见 Valerie Hansen, *Changing Gods in Medieval China*，各处相关段落；以及 Julia K. Murray, "The Temple of Confucius and Pictorial Biographies of the Sage," *Journal of Asian Studies* 55, 2（May 1996）: 269-300。

13 虞集:《四川顺庆路蓬州相如县大文昌万寿宫记》；参见 Terry Kleeman, "Introduction," pp.49, 73-75, in Kleeman, trans., *A God's Own Tale*。

14 Kleeman, trans., *A God's Own Tale*, pp.290-291.

15 参见 C. K. Yang, *Religion in Chinese Society*, pp.270-271。

16 参见《前明科场异闻录》，科举文士参拜太原文昌行宫之事见 A.14a，丘濬事见 A.17a-b，杨起元事见 B.13a。更多讨论见梁其姿《施善与教化：明清的慈善组织》（台北：联经出版公司，1997），第132-134 页。

17 关羽最初被尊称为"关公"，后又被封为"王"，直到明末才成为"关帝"。

18 参见 C. K. Yang, *Religion in Chinese Society*, pp.159-161；以及 Prasenjit Duara, "Superscribing Symbols: The Myth of Guandi, Chinese God of War," *Journal of Asian Studies* 47, 4（November 1988）: 783-785。

19 《前明科场异闻录》，A.46a, B.30a-31a, B.32b-33a。

20 *Dictionary of Ming Biography*，pp.1608-1611。

21 见徐珂纂《清稗类钞》，74.91-92, 74.95。参见《国朝科场异闻录》，钱塘俞氏刻本，广东味经堂书坊藏版（重印本，广州，1873），1.15b-16a。当我 1995 年 8 月造访杭州的于谦祠时，它正在整修，不对外开放，但浙江省社会科学院的吴光教授和我被允许入内参观。

22 参见 Kenneth DeWoskin, "The Six Dynasties *Chih-kuai* and the Birth of Fiction," in Andrew Plaks, ed., *Chinese Narrative*（Princeton: Princeton University Press, 1977），pp.21-52；以及 Glen Dudbridge, *Religious Experience and Lay Society in T'ang China*（Cambridge: Cambridge University Press, 1995），p.64。关于通俗文化在精英社会中如何"回响"，可参见 Paul Katz, *Demon Hordes and Burning Boats: The Cult of Marshall Wen in Late Imperial Chekiang*（Albany: SUNY Press, 1995），pp.113-115。

23 见《前明科场异闻录》以及《国朝科场异闻录》，上文皆有引述。

24 参见 Timothy Brook, *Praying for Power: Buddhism and the Formation of Gentry Society in Late-Ming China*（Cambridge: Harvard-Yenching Institute Monograph Series, 1993），pp.288-290。

25 见 Richard von Glahn, "The Enchantment of Wealth: The God Wutong in the Social History of Jiangnan," *Harvard Journal of Asiatic Studies* 51, 2（December 1991）: 695-704。

26 《前明科场异闻录》，A.47a-b。关于隋、唐时期佛僧预言的根源，参见 Gernet, *Buddhism in Chinese Society*，pp.250-253, 286-297。

27 《前明科场异闻录》，B.24b-25a。

28 同上书，A.24b。又见 Miyazaki, *China's Examination Hell*，pp.96-97，但文中的英文翻译与中文原意不符。

29 更多的讨论见 Cynthia Brokaw, *The Ledgers of Merit and Demerit: Social Change and Moral Order in Late Imperial China*（Princeton: Princeton University Press, 1991），pp.17-27, 68, 231-232。

30 例如 1595 年的一个故事中，一位考生梦见状元必须来自"三代不食牛肉"的家庭，见《前明科场异闻录》，B.24a。参见徐珂纂《清稗类钞》，74.99，其中记载了观音如何预测了 1750 年的科举结果。

31 李调元:《制义科琐记》，3.97-98。

32 同上书，4.119-120。

33 徐珂纂《清稗类钞》，21.91-92。

34 参见 Daniel Overmyer, "Values in Chinese Sectarian Literature: Ming and Ch'ing *Pao-chüan*," in Johnson, Nathan, and Rawski, eds., *Popular Culture in Late Imperial China*, pp.219-254。

35 同上书，pp.245-250。

36 《小试异闻录》，钱塘俞氏刻本，广东味经堂书坊藏版（重印本，广州，1983），3a-4b，12a-b。参见《前明科场异闻录》，A.38b-39a。

37 Sheang [Shang] Yen-liu（商衍鎏），"Memories of the Chinese Imperial Civil Service Examination System," pp.65-66。

38 《前明科场异闻录》，B.45a-b。

39 同上书，B.54b。

40 徐珂纂《清稗类钞》，74.124-125。

41 同上书，74.102-103，74.105。

42 李调元：《制义科琐记》，4.118。

43 《前明科场异闻录》，B.30a。

44 李调元：《制义科琐记》，4.140-141。

45 徐珂纂《清稗类钞》，21.82。

46 同上书，21.107。

47 《前明科场异闻录》，B.27a。

48 关于1633年一位被抛弃妇女的复仇故事，见李调元《制义科琐记》，3.88-89。另一个类似的故事发生在1639年，见《前明科场异闻录》，B.44a，45a。参见 Miyazaki, *China's Examination Hell*, pp.46-47。

49 徐珂纂《清稗类钞》，74.168。参见 Zeitlin, *Historian of the Strange*, pp.174-181。

50 参见 C. K. Yang, *Religion in Chinese Society*, pp.267-268。

51 参见 Judith Berling, "Religion and Popular Culture: The Management of Moral Capital in *The Romance of the Three Teachings*," in Johnson, Nathan, and Rawski, *Popular Culture in Late Imperial China*, pp.208-212. 又见 Philip Rieff, *The Triumph of the Therapeutic*（New York: Harper & Row, 1968），pp.1-27。

52 Richard Smith, *Fortune-Tellers and Philosophers*, p.173.

53 祝平一的《汉代的相人术》（台北：学生书局，1990）揭示了这一占卜术的根源。

54 参见 Terence Russell, "Chen Tuan at Mount Huangbo: A Spirit-writing Cult in Late Ming China," *AsiatischeStudien* 44, 1（1990）: 107-140。

55 Richard Smith, *Fortune-Tellers and Philosophers*, pp.131-257. 参见王明雄《谈天说命》（台北：皇冠文化出版有限公司，1988），书中概述了上述这些技巧，并一直沿用至今。

56 例如参见 Herrlee Creel, *Confucius and the Chinese Way*（New York: Harper & Row, 1960）。作为这一主题的延续，有种观点认为"理学与同时期的清教徒有诸多相似点"，因而在文士生活中，偶像、神灵崇拜，以及民间宗教的地位逐步削弱，参见 Pei-yi Wu, *The Confucian's Progress: Autobiographical Writings in Traditional China*（Princeton: Princeton University Press, 1990），p.230。更细致入微的论述可参见 Martin Huang, *Literati and Self-Re/Presentation*, pp.143-152。

57 关于清代科举考生"看命"的例子，参见徐珂纂《清稗类钞》，73.100-119。关于这一占卜实践背后的理论依据，参见 Richard Smith, *Fortune-Tellers and Philosophers*, pp.174-186；以及王明雄《谈天说命》，第87—102页，尤其是其中对佛教占卜术的论述。

58 关于八字算命法，参见 Chao Wei-pang, "The Chinese Science of Fate-Calculation," *Folklore Studies* 5（1946）: 313；以及王明雄《谈天说命》，第67—72页。

59 《状元图考》，6.38a-42b，6.43a-48b。又见 Richard Smith, *Fortune-Tellers and Philosophers*, pp.43, 176-177；以及氏著 *Chinese Almanacs*（Hong Kong and Oxford: Oxford University Press, 1992），pp.25-33。

60 《状元图考》，2.36b-37b。这本集子最初的编者顾鼎臣本人就是1505年的状元，并由他的孙子顾祖训续编，并将此书题为《明状元图考》。这一版本涵盖了1371—1571年的明代状元。吴承恩和程一桢又为其增添，收录了直至1604年的状元材料。之后1607—1628年的材料也由其他未知姓名的编者加入。它的续作被称为《状元图考》，由陈枚和简侯甫补编，在这一明代集子的基础上又收录了1631—1682年清代状元的资料，我们将在下文加以讨论。我受益于蒋竹山对这本集子的研究，这是他为我1990年在台湾清华大学所开设的研讨班而准备的论文。另外，我对上述两个版本都有所借鉴，但我通常引用的是清代版本。

61 同上。又见《金史》，第 301 页。

62 《前明科场异闻录》，B.39a-b。

63 见 Richard Smith, *Fortune-Tellers and Philosophers*，pp.94-119。

64 徐珂纂《清稗类钞》，73.77-78。参见 Richard Smith, *Fortune-Tellers and Philosophers*，pp.108-119，文中叙述了《易经》占卦的其他例子。

65 徐珂纂《清稗类钞》，73.78。又见 Hummel, ed., *Eminent Chinese*，p.75。

66 《国朝科场异闻录》，7.32b。关于赵翼与军机处的关系，参见 Man-Cheong, "Fair Fraud and Fraudulent Fairness," pp.66-75。

67 《会试录》，1754；以及《国朝科场异闻录》，5.29a-b。

68 《国朝科场异闻录》，4.6a。又见 Hummel, ed., *Eminent Chinese*，pp.616-617。

69 《国朝科场异闻录》，4.6a。又见梁其姿《清代的惜字会》，载《新史学》（台北），5，2（1994）：83-113；以及拙著 *Classicism, Politics, and Kinship*，pp.52-59。

70 见 Wolfram Eberhard, *LexikonchinesischerSymbole*（Cologne: Eugen Diederichs Verlag, 1983），p.23。

71 《国朝科场异闻录》，7.32b。相关讨论参见拙著 *Classicism, Politics, and Kinship*，pp.59-73。

72 见许地山《扶乩迷信的研究》（长沙：商务印书馆，1941），第 49—50 页。Russell, "Chen Tuan at Mount Huangbo," pp.108-116，文中强调了扶乩之术在大众文化与宗教生活中的普及程度，以及诗歌创作对于灵媒的重要性。

73 见徐珂纂《清稗类钞》，73.13-14。又见 Overmyer, "Values in Chinese Sectarian Literature," p.221；Richard Smith, *Fortune-Tellers and Philosophers*，pp.226-228；以及 Judith Zeitlin, "Spirit-writing and Performance in the Work of You Tong（1618-1704），" *T'oung Pao*, 84. 1/3（1998）：102-135。

74 徐珂纂《清稗类钞》，73.16。参见《论语引得》，42/20/3。又见 Lau, trans., *Confucius: The Analects*，p.160。

75 Russell, "Chen Tuan at Mount Huangbo," p.123.

76 Zeitlin, "Spirit-writing and Performance," p.3.

77 参见纪昀《阅微草堂笔记》（上海古籍出版社，1980），18.451-452。

78 徐珂纂《清稗类钞》，73.90-91。参见 Richard Smith, *Fortune-Tellers and Philosophers*，pp.43, 201；以及 Wolfgang Bauer, "Chinese Glyphomancy," in Sarah Allan and Alvin Cohen, eds., *Legend, Lore, and Religion in China*（San Francisco: Chinese Materials Center, 1979），pp.71-96。

79 《状元图考》，1.15a-b。

80 徐珂纂《清稗类钞》，73.92；文中将纪昀会试年份误作 1748 年。

81 关于明代 1619 年会试"天榜"的一个例子，可参见《前明科场异闻录》，B.30a-b 及相关各处。

82 李调元：《制义科琐记》，2.66；参见《会试录》，1586：18a-36b，收入《明代登科录汇编》，第 20 册。

83 徐珂纂《清稗类钞》，74.84。

84 同上书，74.54。此处陈继昌乡试的年份是 1813 年，但随后 74.109 的一条记载则称陈继昌夺得解元在 1819 年。

85 徐珂纂《清稗类钞》，74.111。

86 参见蒲松龄《聊斋志异》（上海古籍出版社，1962），3/1067-1068。参见 Ann Walter, *Getting An Heir: Adoption and the Construction of Kinship in Late Imperial China*（Honolulu: University of Hawaii Press, 1990）的封面故事。

87 参见 Richard Smith, *Fortune-Tellers and Philosophers*，pp.131-159。

88 参见姚伟钧《神秘的占梦》（南宁：广西人民出版社，1991），第 3—18 页。关于宋代科举之梦，参见 Chaffee, *The Thorny Gates of Learning in Sung China*，pp.179-180。

89 参见刘文英《中国古代的梦书》（北京：中华书局，1990），第 1—65 页；以及 Roberto Ong, *The Interpretation of Dreams in Ancient China*（Bochum: StudienverlagBrockmeyer, 1985），pp.8-46。参见 Carolyn Brown, ed., *Psycho-Sinology: The Universe of Dreams in Chinese Culture*（Lantham, Md.: University Press of America, 1988）。

90 Lien-che Tu Fang, "Ming Dreams," *Tsing Hua Journal of Chinese Studies*, n.s., 10, 1（June 1973）：61-70。

91 参见《明太祖御制文集》，16.8a-14b。参见 Romeyn Taylor，"Ming T'ai-tsu's Story of a Dream，" *MonumentaSerica* 32（1976）：1-20。

92 参见 Michel Strickmann，"Dreamwork of Psycho-Sinologists：Doctors，Taoists，Monks，" in Carolyn Brown，ed.，*Psycho-Sinology: The Universe of Dreams in Chinese Culture*，pp.25-46；以及 Russell，"Chen Tuan at Mount Huangbo，" p.122。参见 Kathleen Kelleher，"Seems Taking a Final Exam Is Everyone's Worst Nightmare，" in *Los Angeles Times*，Tuesday，May 28，1996，E-1 and E-4。

93 徐珂纂《清稗类钞》，74.109。这则记载中，陈继昌通过乡试的年份是 1819 年，但根据之前的 74.54 一条，陈继昌夺得解元之事在 1813 年。关于收集科举考试逸事趣闻的专书，可参见王志东《中国科举故事》（台北：汉欣文化事业有限公司，1993），书中第 212—286 页涉及明清时期的相关故事。

94 姚伟钧在《神秘的占梦》第 19—35 页中讨论了古代中国用于释梦的主要技巧。

95 徐珂纂《清稗类钞》，73.55。又见 Ong，*The Interpretation of Dreams in Anicent China*，pp.36-46；以及 Richard Smith，*Fortune-Tellers and Philosophers*，pp.245-246。

96 关于梦的治疗效果，参见 C. G. Jung，*Dreams*（Princeton：Princeton University Press，1974），pp.39-41，73-74。荣格（Carl Gustav Jung）将此称为"精神补偿的过程"。

97 参见张凤翼《梦占类考·序》，明末刻本，第 1a-b 页。又见 Lien-che Tu Fang，"Ming Dreams，" pp.59-60；以及 Ong，*The Interpretation of Dreams in Ancient China*，pp.165-166。

98 参见陈士元《梦占逸旨》（《百部丛书》重印本，台北：艺文印书馆，1968），1.1a，1.5a，1.6a，6.1a-7a，8.9a-11b。书序写于 1562 年。

99 《状元图考》，1.5b。又见 Lien-che Tu Fang，"Ming Dreams，" p.60；以及 Rudolph Wagner，"Imperial Dreams in China，" in Carolyn Brown，ed.，*Psycho-Sinology: The Universe of Dreams in Chinese Culture*，pp.11-24。

100 《状元图考》，1.21a；李调元《制义科琐记》，1.39；以及《前明科场异闻录》，A.45a-b。参见 Lien-che Tu Fang，"Ming Dreams，" pp.60-61。

101 参见 Lien-che Tu Fang，"Ming Dreams，" pp.69-70；以及 Hegel，"Heavens and Hells in Chinese Fictional Dreams，" pp.1-10。

102 关于记载中国历史上所有状元的梦境、趣事与逸闻的晚近资料汇总，参见邹绍志、桂胜《中国状元趣闻》（台北：汉欣文化事业有限公司，1993）；书中第 1—144 页涵盖了明代以前的故事。

103 参见《状元图考·凡例》，第 1a-b 页，以及沈一贯序，第 1a—b 页。参见上文注释 60 有关《状元图考》清刻本的讨论，关于此书明刻本的讨论则见第七章。

104 蔡九迪在其 *Historian of the Strange* 一书中，将这类描绘梦境的版画技术称作"梦之泡影"（dream bubble），见原书第 137、173 页。

105 参见《状元图考》各处。

106 关于人之能动性的历史化进程，参见 Friedrich Nietzsche，*On the Genealogy of Morals*，translated by Francis Golffing（Garden City，N.Y.：Anchor Books，1956），文中相关各处；以及 Nietzsche，"Preface" to *Beyond Good and Evil*，translated by Walter Kaufmann（New York：Vintage Books，1966）。参见荣格关于"探索内文"（taking up the context）的讨论，它被用来决定梦中的关联性，见 *Dreams*，pp.71-72。

107 Abell，*The Collective Dream in Art*，pp.62-70。梦境作为"达成愿望的尝试"最经典或最浅显的例子，就是在挨饿口渴时梦见食物和水。参见 Sigmund Freud，*New Introductory Lectures on Psychoanalysis*，translated by James Strachey（New York：Norton，1964），pp.7-30；尤其在第 43—44 页，弗洛伊德叙述了自己治疗了一名为准备博士考试而心力交瘁的学生，并借此讨论了"梦与神秘主义"（dreams and occultism）。

108 关于商辂的生平，参见《明史》，7/4687-4691；以及 *Dictionary of Ming Biography*，pp.1161-1163。

109 参见 Bodde and Morris，*Law in Imperial China*，pp.133-134，552。

110 如商衍鎏在其 "Memories of the Chinese Imperial Civil Service Examination System" 第 52 页中就这样描述准备科举时的读书经历："其实只要每日皆不废读，（背诵四书五经）是可以做到，不足为奇的。"

111 参见《会试录》，1445：14a，收入《明代登科录汇编》，第 1 册。

112 《状元图考》，3.33a-34a。

113 同上书，2.11b-13a。

114 同上书，3.12b-13b、2.21b-22b。"龙头"和"龙神"同样出现在 1478 年和 1526 年的状元之梦中，见同书 2.24b-25b、3.4a-b。

115 《状元图考》，2.10b-11a。又见同书 3.14a-15a，图中描画了为庆祝 1547 年状元所举行的宴饮。

116 同上书，2.38a-39a。参见 Eberhard, *Lexikonchinesischer Symbole*, pp.163-164。参见 Ong, *The Interpretation of Dreams in Ancient China*，书中第 112 页还提到了苏轼名文《后赤壁赋》中的梦境，文中诗人同样把鹤认作道教仙人的化身。

117 《状元图考》，3.11a-12a。又见 *Dictionary of Ming Biography*, p.924。

118 同上书，3.20a-21a。

119 同上书，3.17b-18a。

120 相关背景可参考 Deborah Sommer, "Confucianism's Encounter with the Evil Arts of Herodoxy：Ch'iu Chün's（1420-1495）Visions of Ritual Reform"，论文在"理学研究"大学研讨会（University Seminar on Neo-Confucian Studies）上宣读（纽约：哥伦比亚大学，1990 年 12 月 7 日）；丘濬是明代中期很有影响力的科举考官。关于他对明代各种会试录、乡试录所作之序，参见《四库全书》，1248.163-192。

121 关于 1558 年、1561 年、1573 年、1582 年、1588 年、1594 年、1597 年、1603 年和 1604 年乡试与会试中有关"灾异"的策问题，参见《皇明策衡》，此书涵盖了 1504—1604 年间各类政治议题，其中包括有关异端、天文、五行、天象与博物的各类策论。又见《应天府乡试录》，1597：5a-6b、34a-42b，文中记载了关于"天命"与"灾异"的一道策问及其策论；以及《会试朱卷》，1604：26a，记载了以"永命"为题的一道策问。

122 《顺天府乡试录》，1558：12a-13a。又见 1594 年顺天乡试，以及 1597 年江西、湖广和云南乡试中有关"灾异"的策问，载《皇明策衡》，卷 12、15、16。

123 《皇明策衡》，2.24a。又见《顺天府乡试录·序》，1558：2b。关于五道策问题，参见第 8a—14b 页。

124 例如，1582 年南闱应天府乡试中，第二道策问题便提出五行是天人之间的"事应"。参见《皇明策衡》，7.26a；《南国贤书》，4.37a-42a。有关五行的策问在 1597 年河南省乡试中也重复出现，见《皇明策衡》，16.73a。

125 汉武帝的提问和董仲舒的回应载于《汉书》，第 2495—2524 页。到了 18 世纪，董仲舒著名的策文在乾隆朝成了这位皇帝心目中治国理念与世界秩序的指导方针之一。参见 Chun-shu Chang, "Emperorship in Eighteenth-Century China," *The Journal of the Institute of Chinese Studies of the Chinese University of Hong Kong*, 7, 2（December 1974）：554-556。

126 《荀子集解》，（台北：华正书局，1979），第 209-213 页。

127 苏舆编《春秋繁露义证》（京都：中文出版社，1973），8.24a-24b。

128 《顺天府乡试录》，1558：12a-12b。

129 欧阳修、宋祁：《新唐书》（北京：中华书局，1971），34.873。

130 Eberhard, "The Political Function of Astronomy and Astronomers in Han China," in John K. Fairbank, ed., *Chinese Thought and Institutions*（Chicago：University of Chicago Press, 1957），pp.33-70.

131 参见 Nathan Sivin, "Cosmos and Computation in Early Chinese Mathematical Astronomy," *T'oung Pao* 55（1969）：53-54n1।

132 《汉书》，58.2617।

133 《史记》，12.472-473；《汉书》，75.3162।

134 《汉书》，75.3171-3172।

135 《顺天府乡试录》，1558：13a।

136 参见 Dudbridge, *Religious Experience and Lay Society in T'ang China*, pp.31-42；以及 Robert F. Campany, *Strange Writing: Anomaly Accounts in Early Medieval China*（Albany：SUNY Press, 1996），pp.28-29, 150-155，文中更正了一些学者的早期论断，见 DeWoskin, "The Six Dynasties *Chih-kuai* and the Birth of Fiction," pp.21-52।

137 参见 Daiwie Fu, "A Contextual and Taxonomic Study of the 'Divine Marvels' and 'Strange Occurrences' in the *Mengxibitan*," *Chinese Science* 11（1993-1994）：3-35।

138 参 见 Yiyi Wu, "Auspicious Omens and Their Consequences: Zhen-ren (1006-1066) Literati's Perception of Astral Anomalies" (Ph.D. diss., Princeton University, History, 1990), pp.131-163, 171-252。又 见 Yung Sik Kim, "The World-View of Chu Hsi (1130-1200): Knowledge about the Natural World in 'Chu-tzu ch'üan-shu'" (Ph.D. diss., Princeton University, History, 1980), pp.14-40, 147-216。

139 洪迈:《容斋随笔》(上海古籍出版社, 1978), 1/218。参见 Yves Hervouet, ed., *A Sung Bibliography* (Hong Kong: Chinese University Press, 1978), pp.304-305。相 关 讨 论 参 见 Yiyi Wu, "Auspicious Omens and Their Consequences," pp.268-270; Zeitlin, *Historian of the Strange*, pp.190-191; 以及 Valerie Hansen, *Changing Gods in Medieval China*, 相关各处。

140 《顺天府乡试录》, 1558: 68a-69b; 以及《皇明策衡》, 2.24b。

141 《皇明策衡》, 2.24b-26a。

142 同上书, 2.26a-27a。

143 同上书, 2.27a-28b。

144 同上书, 2.28b-29b。

145 参见胡应麟《甲乙剩言》(《百部丛书》重印本, 台北: 艺文印书馆), 第4b—5b页。

146 同上书, 第4b—5b页。

147 参见戴名世《壬午墨卷序》, 载《清代前期教育论著选》, 2/238。

148 参 见 吴 敬 梓《 儒 林 外 史 》, 第 490-491 页。又 见 Richard Smith, *Fortune-Tellers and Philosophers*, pp.160-171。

149 《论语引得》, 11/6/22。参见 Lau, ed., *Confucius: The Analects*, p.84。

150 参见 Philip Kuhn, *Soulstealers*, pp.94-118。

151 参见《点石斋画报》, 第2册, 第11集 (1890), 戌集, 第91b—92a页 (江苏广陵古籍刻印社重印本, 1983)。感谢孟悦为我指出了这则关于清代科举登科梦的材料。

152 《状元图考》, 4.23a-32a。参见 Richard Smith, *Fortune-Tellers and Philosophers*, p.251。

153 相关讨论参见 Zeitlin, *Historian of the Strange*, pp.164-181。

154 Campany, *Strange Writing*, pp.116-119, 122-129. 又 见 Smith, *Fortune-Tellers*, pp.160-171。关于考证学, 参见拙著 *From Philosophy to Philology*, pp.27-36。

155 参见 Zwia Lipkin, "Soothsayers, Clients and the State in Republican Canton", 论文在现代中国史研究生会议上宣读 (加州大学圣地亚哥分校, 1996年春), 文中讨论了晚期帝制时期占卜活动在现代化趋势浪潮下的遗存延续。

156 此段文字被转抄在徐珂纂《清稗类钞》, 21.62-63。这一著名的阐述又被商衍鎏引用, 见其 "Memories of the Chinese Imperial Civil Service Examination System," pp.67-68, 英译参见 C. T. Hu, "The Historical Background: Examinations and Control in Pre-modern China," *Comparative Education* 20, 1 (1984): 16, 另有不完整的翻译见于 Miyazaki, *China's Examination Hell*, pp.57-58。又参见蒲松龄《聊斋志异》。相关讨论见 Barr, "Pu Songling and the Qing Examination System," pp.87-111。

157 Sheang [Shang] Yen-liu, "Memories of the Chinese Imperial Civil Service Examination System," pp.68.

158 参见 Barr, "Pu Songling and the Qing Examination System," pp.107-108。

159 Waley, *Yuan Mei: Eighteenth Century Chinese Poet* (Stanford: Stanford University Press, 1956), pp.103-104. 参见袁枚《诗话》, 3.7b, 收入《随园全集》(上海: 文明书局, 1918)。我要感谢当时主持台湾福布赖特项目 (Fulbright Foundation) 的王明雄给我指出了这则材料。

160 参见 Jui-sung Yang, "A New Interpretation of Yen Yuan (1635-1704) and Early Ch'ing Confucianism in North China" (Ph.D. diss., UCLA, History, 1997), Chapters 2 and 3。

161 此例可参见 Bodde and Morris, *Law in Imperial China*, pp.271-272。

162 Barr, "Pu Songling and the Qing Examination System," pp.88-91. 又 见 Nivison, "Protest against Conventions and Conventions of Protest," pp.198-201; 以 及 Brokaw, "Commercial Publishing in Late Imperial China," pp.62-65。

163 关于明末的经济危机, 参见 William Atwell, "The T'ai-ch'ang, T'ien-ch'i, and Ch'ung-chen Reigns, 1620-1644," in Frederick W. Mote and Denis Twitchett, eds., *The Cambridge History*

of China，vol.7，part 1，*The Ming Dynasty, 1368-1644*，pp.615-640。有关日后成为抗议者的科举考生，见顾公燮《消夏闲记摘抄》，B.3a-3b。参见 Miyazaki，*China's Examination Hell*，pp.121-124。

164　Philip Kuhn，*Soulstealers*，p.227.

165　王庆成:《论洪秀全的早期思想及其发展》，收入《太平天国史学术讨论会论文选集》（北京：中华书局，1981），第 244—249 页。

166　参见 Jonathan Spence，*God's Chinese Son: The Taiping Heavenly Kingdom of Hong Xiuquan*（New York：W. W. Norton，1996），相关各处。史景迁认为，一个美国传教士曾给了洪秀全一张基督教传单，洪秀全日后利用它来揭示自己生病与做梦所隐含的神意。

167　参见苏双碧《洪秀全传》（北京：大地出版社，1989），第 13—15 页；以及陈华新等《洪秀全思想研究》（广州：广东人民出版社，1991），第 9—11 页。又见 Franz Michael and Chung-li Chang，*The TaipingRebellion*，vol.1，*History*（Seattle：University of Washington，1966），pp.22-23；以及 Chien Yu-wen，*The Taiping Revolutionary Movement*（New Haven：Yale University Press，1973），pp.15-19。

168　关于洪秀全的梦，参见苏双碧《洪秀全传》，第 17—18 页。另一种不同的版本见 Chien Yu-wen，*The Taiping Revolutionary Movement*，pp.15-16，书中参考了韩山明（Theodore Hamberg，又译韩山文）1854 年的记述，见氏著 *The Visions of Hung-siu-tshuen, and Origin of the Kwang-si Insurrection*（影印本，北平：燕京大学图书馆，1935），第 9—11 页。由于洪秀全之梦的相关记载都经过了太平天国运动参与者的粉饰加工，因此后来的一些学者认为整个故事是杜撰出来的。但出于我们的目的，洪秀全的梦即便是历史的编造，也依然是有效的历史建构的生成物，因为它揭示了 19 世纪中期人类经验如何被组织、改造和重塑。相关讨论见陈华新等《洪秀全思想研究》，第 10—12 页。

169　参见 P.M. Yap，"The Mental Illness of Hung Hsiu-ch'üan，Leader of the Taiping Rebellion，" *Far Eastern Quarterly* 13，3（May 1954）：287-304；以及 Hamberg，*The Visions of Hung-siu-tshuen*。又见 Vincent Shih，*The Taiping Ideology*，pp.448-449。关于洪秀全之梦的政治解读，参见陈华新等《洪秀全思想研究》，第 12—13 页。

170　Chien Yu-wen，*The Taiping Revolutionary Movement*，pp.17.

171　同上书，第 19-20 页；苏双碧：《洪秀全传》，第 21—34 页；以及陈华新等《洪秀全思想研究》，第 20—21 页。

172　苏双碧：《洪秀全传》，第 21-34 页；以及陈华新等《洪秀全思想研究》，第 14—37 页。又见 Michael and Chang，*The Taiping Rebellion*，pp.24-37。

第七章　科举考试的文化范畴与作为精英写作的八股文

为国抢才的科举考试、选拔，都有为生员、举人、进士等不同级别的成功考生相应设置的符合他们不同社会政治地位和文化特权的公开典礼。对经义文辞的谙熟，对道学思想的掌握，可以写出短小精悍但文笔优雅的制艺文章，所有这一切都是一名受到良好教育的文士的公开标志，而他的名字也很有可能出现在科场门外的进士榜上。除去科举制度的政治功能和社会功能（前几章已多有涉及），科举竞争也催生了由朝廷官方认可的儒家科目，这种儒家科目课业，将帝国内的士绅、军人和商户家庭团结成了一个在文化上被定义的功名拥有者（degree-holders）的身份群体（status group），他们都共享同一种经义话语和对同一套儒家经典的记诵。

这种部分被科举考试的规定科目所定义的思想文化、文辞学问的内在化（internalization），也同样影响了文士们在公共和私人意义上对于道德品行和社会公德的定义。[1]一种观点认为，在考生记诵科举科目内容的过程中，关于国家、社会和个人不同角色的认知，在这些精英储备官员的心中不断巩固。士人们的士习（参见表 8.5 和表 8.6）长久以来一直是朝廷的关注重点，朝廷一直想尽各种办法使其从科举市场中选拔出来的官员可以在皇家的名义下，行使公职、服务百姓。作为社会的最上层群体，士被认为是王朝的合作者，也被认为应该成为在政治和社会意义上比他们更低的农、工、商的表率，即"四民之首"。而对于士人来说，国家王朝是否符合儒家经典的理想、是否能坚守程朱正统理学就显得尤为重要了，文士们自己也参与到了宋－元－明转型的进程之中（参见第一章）。因此，士人们逐渐转变为百姓与统治者之间的政治公务人员（political servant），这种功能角色意义上的文化转型与道学的文化再生产（cultural reproduction）有着密不可分的关系。

语言、经学、书法与文化再生产

当我们了解到文言文是政治选拔过程中占据统治性地位的语言后，就会发现对程朱理学的道德内涵和哲学意义的重视，其实与对于社会价值与政治权力的讨论如影随形。这些讨论往往是由那些可以娴熟地掌握帝国正统思想的文言文表述，同时又是由正在积极准备投身仕途的文士们发起的。换言之，将语言的问题纳入我们对科举考试的讨论范畴，可以有效地帮助我们分析作为社会、政治政策语言工具的文言文是如何被官方所认可，又是如何成为受到经典教育的文士们之间的通用语（lingua franca）的。[2]

1898 年前，晚期帝制中国已经没有公立的蒙学学堂，所以大部分男性平民（尤其是农民、匠人、商贩）都在语言学习和文化层面上被排除出了科举市场。语言学习资源和文化资源的不平等分配，意味着那些缺乏文教传统的家庭，在科举市场上无法与那些书香门第竞争（参见第五章）。[3]事实上，科举考试的目的就在于，具有排他性地将地方精英中的成员选拔出来，让他们加入维系社会秩序的王朝官僚队伍中。

当然，诸如孝悌、敬祖这样的道德价值观，确实也超越了帝制中国的阶级和文化壁垒，成为全民认同的价值取向。甚至诸如《千字文》《百家姓》《三字经》这样几乎所有家庭和地方学堂都拿来训练儿童识字阅读、学习书写 1500 余个常用汉字的童蒙读本，也都是根据社会上认可的儒家传统价值观编订的。以通俗白话为主的民间文学在非精英人士中流传异常广泛，[4]但只有这种文化水准的人是无法与受到良好文言、儒家经籍教育的士人阶层享有同样的政治话语权的。自上古到中古以来的帝制中国，白话、半文半白与文言之间的分野，确保了深谙文言文写作的文人士大夫得以进入一个地方社会鲜有人能够深入了解和参与的书写话语世界（a world of written discourse）。[5]

与早期现代欧洲可以拉丁语和地方白话来区分的进阶教育和初等教育相似，[6]1415—1421年后，晚期帝制中国的高等教育所教授的口语（官话，Mandarin）和书面语（文言文），与中国北方地区之外所使用的日常语言截然不同，这种官方语言作为一种精英训练（elite discipline）只传授给少数人。1787年之后，每个考生大约要记诵50万字的内容，才能掌握四书五经等科举考试的科目内容。这一数量统计还不包括千余卷的正史（宋代时已有十七史，到清代以后"官方承认"的王朝正史有廿二史）；1756年之后，考生还需要掌握一定数量的唐诗知识。魏斐德也注意到了这一点："科举学徒想要达到优于平均水平的程度，意味着5岁时就要认字，11岁时可以记诵四书五经，12岁时会作试帖诗，之后还要学习八股制艺的作文之法。"[7]

自明初开始，在朝廷和官员间所盛行的主流价值、观念、问题和讨论，都已经被转化成了一套简明的文言文语汇，其发音标准是基于中国北方京畿地区的官话（在蒙古人入主中原之后，以及在1415—1421年明代从南京迁都北京之后），而非人口众多、经济富庶的南方方言，虽然明代仍存在一种南方官话，主要在陪都南京所设的、与北京六部平行的行政机关中使用。这种政策安排代表了一种"语言地域分化"（linguistic gerrymandering）的早熟形态，1425年以后，朝廷用这种办法将中国分为不同的地理语言单元，并借此限制南方的经济优势地位（参见第二章）。明代官方认可的语言（即北方官话和南方官话）还有一套文字话语和口头话语的形式，只有受过良好教育、拥有一定社会关系，并且掌握数门方言的人才能受惠于这种话语形式，而一个外来者往往需要花费数年时间训练，才可以熟练运用这些语言。在清代，满语和蒙古语甚至成为军事精英们的官方语言，而文士们所精通的文言文，则一直都是官僚体制对外发声的主导性语言。没有了陪都南京，清代的北京方言就成了官员们相互交流的唯一的标准语言了。[8]

这种政策陷无数不通经义和文墨的平民于不利境地——这些人一般很少出游，只会讲自己的本地方言（大部分是非京畿地区），或者最多只能做一个"初等识字者"（primer-literate）。这些人可以成为抄书吏、刻印工，甚至还能起草一些打官司用的诉状，但是他们并没有足够踏进科场的知识水准，政治精英都是从社会精英中选拔出来的。[9]要想成为文官体系的一员，必须要接受一套正规的文化训练，大部分立志参加科举考试的考生（尤其是那些南方士子）其核心要务就是掌握一门新的方言口语（北方或南方官话）作为其第二语言，同时还要精通书面语（文言文）写作。文言文在语言上更为精炼，包含数千个非常用字和古旧的语法，考生们需要从小到大一直记诵这些内容。[10]

精英们想要获得政治上的成功，就必须修习文士之学，这使得明代两京地区官场所共享的口头和书面语言开始不断被学习和沿袭。中国南方和东南地区士子所说的地方语言，与清代占主导地位的、作为官方语言的北京官话相差很大。相比说北方话的士子，他们必须克服先天的语言劣势，但是这种克服的代价就是承认自身方言的局限性，但同时这也会在语言文化上与全帝国更广大地区的精英产生共鸣。儒家经学所传达的价值和历史思维，在那些想要挤入仕途的考生心中不断繁殖再造，这意味着整个帝国的士绅、军人和商人家族彼此在文化和语言上有着更多的共通之处。同时这些精英也与他们所在区域的社会更低层产生了一定距离，后者仍然被那些无法超越地方生活的本地传统、寺庙信仰和区域方言所捆绑。因此精英们可以在地方上、省内和京师各个圈子里游刃有余，非精英们只能在操着同样方言、共享着同样传统的地方群体内生活。而如果想进入文官体系的话，就需要掌握一套儒家正统，同时还要洞悉因为地区不同而形成的文言文、思想、认知、审美和行为体系。从阶级和个人的意义上说，科举的社会和政治再生产在某种程度上既影响了"文人文化"（literati culture），也影响了作为"文化之人"（man of culture）的文人，虽然科举考试本身存在于一个混杂了地方性和区域性、宗教信仰和智识思想，文人生活既被人文化也被个体化的现实世界之中。

例如，在接受了十余年的经学训练后，一名来自广东的考生也可以跟来自山东、四川，或是别的与广东有全然不同的方言之地区的全国各地考生共享同样的语言（官话）和书面语（文言文）。1415—1421年明廷迁都北京后，宫廷中所使用的北京方言经过制度化，以一种时人未曾预见的方式成了官方交流语言。而文官选拔考试对于古老的经籍文本的要求也催生了语言上的分裂：一边是深通古典学问的文士和会说一口官话的精英，他们被外派到各县、州、府、省中做官，是一群"外来者"；而另一边则是非精英们，他们有时粗通文墨，有时则是只会讲方言的本地人。商人阶层和士绅阶层虽然从概念上讲是两类人群，一个居于当乡本土、热衷民间文化和宗族传统，另一个则游宦四方、掌握着作为政治权力喉舌的文言文和官话，但他们两方有时却在语言上有共通之处。一名来自西北的山西省文士，在与其广东同袍交流时，几乎可以很容易地就克服一些白话上的障碍，即使有时口头交流有困难，他们也可以通过比画和写字进行沟通。[11]

通过文官选拔考试来进行的政治和社会再生产，带来了精英们在文化和语言上的高度统一性，而这些是只有古典教育才能提供的。然而这种普遍性的语言统一也导致了不同地区的经籍文本解读传统和地方的"学派"，他们彼此利用科举考试在本地和官僚体系内对对方展开意识形态和政治攻击。[12] 然而，被明清文士们当成文官体制核心意识形态的道学，包含了一整套语言符码的文化库（cultural repertoire，超过50万字的文献）、文体类别（八股文这种修辞形式）和道德观念（道学理论），所有这些确保了晚期帝制时期的精英政治权力是被一个共享一套话术的群体所定义的，而这套话术被当局和文士们本身所共同接受。无论好坏，也无论故意还是无意，宋代的道学成了王朝政治合法性和文化合法性的经典准则，这同时也提高了士阶层作为主导性身份群体的社会特权。文士们是儒家典籍文化建构的完全参与者，也正是因为他们深度参与了改革及其运行，科举体系作为一种教育制度得到了政治和社会上的双重支持。

相比那些"粗通文墨"的平民，能够流利地讲官话和精通文言文写作，成为精英家族延续自身主导地位的重要手段。编修族谱，订立契约，起草诉状，制作收养协议和抵押凭据都需要有一定语言水平和政治人脉的亲族内的精英才能完成。古典教育成为获得社会文化认可的通行证。很多15、16世纪的欧洲精英必须尽量不说白话，在接受中等教育时必须要以古典拉丁文作为学习语言。与他们类似，大部分明清时期的汉人、满人和蒙古人，如果想要接受更高等的教育、通过科场的考试，他们也必须收起自己的家乡话，使用官话和文言文。[13]

晚期帝制中国时期，与士绅家族类似，商人也成了古典学术重要的文化赞助者。事实上，明朝时作为世袭身份和称谓的"商户"（参见第五章）虽然已经不存在了，但这一称谓仍被广泛使用，然而很多商人和士绅精英简直难以区分。比如在长江三角洲地区，商人提供了建立地方学校和私人书院的资源。[14]
其结果是，文士和商人的社会策略和利益逐渐合二为一。商人
在地方社会，尤其是在城市中心的成功表明，商人通过贸易的
获利是与其较高的社会地位密不可分的。正是依靠着商人的赞
助，儒家经学学术也蓬勃发展，相比之前，大量的典籍被收集
整理、印刷出版。[15]

明清两代，科举考试的内容都是文士们的精英文化，而当
一种被后人称为"八股文"的以严格的骈体对仗为特征的文体
成为所有考生在答卷作文时必须遵守的硬性标准之后，这种科
举精英文化又被进一步加强了。这一在日后臭名昭著的文体将
那些只是"粗通文墨"，并未学习过精英话语的商人、农民、
匠人挡在门外。[16]这种文化期待的门槛不断被提升，考生们必
须满足种种成为士的要求。精通书法技艺就是其中之一，这是
一种训练文士们掌握书写古体汉字的、秘传的和特有的文化
形式。

中国古人有一套广为流传的书写汉字的仪式，考生们必
须从幼童时期就开始对着童蒙课本一遍遍地书写里面的汉字，
然后还要置办一套与文士文化相关的长期随身使用物品：笔、
墨、砚、碑拓、丝帛和宣纸（参见图7.1）。其中笔、墨、纸、
砚又被称作"文房四宝"。中国的上流文化不仅要求士人掌
握繁复的言语形式，还要求他们接受艺术训练，写出漂亮的
书法。[17]

国家考试要求考生用楷书在宣纸上答卷，试卷不得有涂抹
和粘补。在地方考试中，考生试卷不是弥封糊名的，所以县、
府的考官评定名次时，童生们的书工与文章同样重要。同样，
在殿试和朝考中，不会有誊录官誊抄考生试卷，所以书法就成
为最后排定名次的重要因素了。因为只有殿试中的少数考生才
有资格进入翰林院，所以书法也对哪些进士能够进入翰林院起

图 7.1　洪武朝戊辰科（1388 年）状元任亨泰的书写随身用具

来源:《明状元图考》，顾鼎臣等编，1607 年刻本。

到了很大作用，而翰林院日常也要举行针对庶吉士和编修们的考试。[18] 比如 1850 年的殿试中，著名的汉学家俞樾（1821—1907）虽然也通过了考试，顺利进入翰林院，但被认为不精"小体"书法。直到 1851 年，作为一种考试衡量手段的书法的重要性才有所下降。[19]

学生们在答卷作文时，一般写官方所认可的楷书，但是文人也同样可以写草书、行书，到了清代甚至很多人会写古老的篆书。篆书、草书对一般人来说仿佛天书，但却是博学渊深的象征。因此，在更高的层面上，阅读和书写文言文更是被这种历史悠久的书仪给神秘化了。比如，当军机大臣和珅（1750—1799）因为孙星衍（1753—1818）在朝考中写了他不认识的字，误将其当成了错别字，加之孙星衍与他曾有过节，和珅于是没有让他散馆后留任翰林院，而是命其去刑部任职。这让孙在他的文人朋友们中间声望大增。[20]

虽然书法的重要性也不应被过度强调，但是一个"业余"的文士典范 ["amateur" literati ideal，这真的绝对只是"理想"（ideal）！]，就是要有与自身社会地位相匹配的经学、文学和书法上的文化表达水准，如果一名年轻考生还未能博取功名，那么这些修辞性的文化造诣就显得尤为重要了。[21] 这种"士绅"的典范形象被社会广泛认知，但成为这种士绅所需要的文化和审美感性，以一种明显是有闲阶级才能消费得起的高雅文化形式（绘画、书法、诗歌等），使得非精英们无法参与其中。

虽然明代科举的策问也包含司法、医学、制度和财政方面的专业性问题（参见第八章和第九章），但在南宋之后的文官体系选拔流程中，却取消了技术类科目考生的种种社会和政治特权。[22] 这一系列事件的转向并不意味着科技领域像列文森（Joseph Levenson）所说的那样，注定被人们不自觉地遗忘。相反，司法、医学、天文和财政上的专业训练经常成为平民书吏、衙门官吏、师爷们，甚至回民和在华欧洲人的技术自留地，他们广泛地任职于明清两代官僚体系中偏重于科技的衙门。只有当17世纪面对清朝统治、18世纪人口革命爆发以及19世纪西方资本主义入侵后，才有相当数量的文士又一次转向了文官体制之外的这些衙门职位，而之前元朝时期也有类似情况。[23]

380

尤其在明清两代，文化再生产为政府政治目标的达成大开方便之门，虽然这种再生产不是被王朝统治者，而是自发地被社会精英们垄断。考生用官话发音死记硬背四书和五经中的某一经（1787年之前），虽然一直饱受批评，但无人有决心将其革除，对汉人来说死记硬背那些儒家经典变成了一种意义非凡的文化行为。早期现代欧洲同样重视秩序和同一性，因此一些死记硬背的学习［如教义问答（catechism）］在教育过程中扮演了极为基础性的角色。[24]而在晚期帝制中国，教育者们仍然高度褒扬正统道学，并且僵化地接受这些正统思想。科举考试也成为众多对文化共识产生影响，同时也影响了在精英社会中流行的论证、修辞方式的核心因素之一。[25]

八股文和1475年之后日渐盛行的文学形式主义

大部分对于晚期帝制中国时期制艺八股文的观点，都抱有一种现代主义式的歉意。20世纪对声名不佳的八股文（一种讨论四书五经的文言文体，自明代中期以来才有此称谓）的种种文化抨击，包括认为八股文成了中国文学"极致追求的代名词"（byword for perfection），或是认为八股文本身成了19世纪中国文化停滞和经济倒退的原因之一，导致大部分研究中国文学史的著作，不是忽视了作为一种文学形式的制艺八股文，就是在讨论八股文时毫不掩饰作者本人对它的蔑视。[26]

且不论八股文在文学上的功过是非，晚期帝制中国的科举制艺文，是和由唐至宋从讲究文辞到 11 世纪王安石提倡经义（本书第一章对此已有讨论）分不开的。然而，直到明初，古文作为一种重要文体在全国性的科举考试中还未被确立。直到 1850 年前，虽然彼时八股文已然非常盛行，但是不同的学者仍然不断尝试追索八股文的历史源头，希望找出这一文体理念的文学传承。

大部分明清文士都将这一问题追溯到 1057—1071 年间北宋时期关于科举是应诗赋取士，还是应经义取士的争论。[27]一些人仅仅把诗赋看成将唐代科举盛行的律赋移用到了新的文体之上。而另一些人则认为，从儒家经典中截取只言片语，然后命考生作文的方法，是间接来自唐代的帖经传统，即唐代考生们读到一两句经典的原文，然后凭借记忆背诵出上下文。还有一些人认为，八股文受到了金、元时期戏曲创作中戏剧"口气"发展的影响。[28]

每种观点其实都有一定的道理，科举经义文体的历史确实可以追溯到汉代的策论、唐代明经科的骈体文，乃至北宋欧阳修、王安石殊途同归的古文运动等诸多文学史渊源。事实上，无论骈文还是古文的支持者，他们都声称八股文与他们所支持的文体类型同宗共祖，希望借此在 18、19 世纪的文学传统之争上取得合法性优势，这种做法一度非常流行。事实上，经义文章中的"股"确实被认为是指句法的对仗和平衡，而这种对仗平衡在两种文体中也都有体现（参见下文顾炎武观点）。

比如，清代汉学家李兆洛（1769—1841）和阮元都认为，八股文体中的"时文"直接来源于要求"四六之流派"的骈体文。当然也有人反驳这种观点，比如桐城派学者方苞（1668—1749）和姚鼐（1732—1815），前者受乾隆之命编选了《钦定四书文》，后者则将八股文与古文和程朱理学相联系。[29]

然而从历史的角度说，那种被称为"八股文"的考试文体最早是在明成化年间初期才出现的。但是，古人在建构八股文的历史谱系时，却是往前追溯到汉、唐、宋诸朝，经常忽略八股文是在15世纪80年代突然出现，并且被考试体制接纳而成为考试的制艺文体的。不可否认，八股文确实与汉、唐、宋的文章传统有着极深的渊源，但是本章主要探讨的是，八股文在明代中期是如何第一次作为一种被人们意识到的文体，出现在士人的视野之中的，以及这种在文人士子中极度流行的文体的文化内涵。事实上，那么多学者将八股文追溯到更早的文体，其实是想通过这种方式使八股文获得某种正当性，将其当成前代文学传统和经学发展成熟后的正当成果。而在此之前，是文士们本身（而非皇廷）最先推动了这种经义写作的新趋势。

贬低八股文的学者要到20世纪才能觅得知音，在晚期帝制中国时期，八股文写作的拥护者不仅数量众多，而且遍及学术立场各异的明清文士。一直攻击传统儒家观念[30]的明末思想家李贽就将八股文视作一种经义文体的进化，这种进化具有一种张力，它使得当时的文士不断地在古代思想中寻找价值理念。对于李贽来说，这种八股时文名副其实，它在选拔贤良方面已然证明了自身的价值。在他看来，很多官员之所以道德高洁，正是因为在科举考试中使用这种正统文体来写作经义文章。[31]

同样，明末文人如袁宏道（1568—1610）、李渔（1611—1680）都以其不合传统的文学审美而闻名，但他们都视八股文为当时文学潮流的一面可靠的镜子。对于这些文人来说，八股文已然超越了作为正式考试文章的文体诉求，成了一种独立存在的、重要的文学文体写作。它已经不仅仅是一种考试文章的标准要求，而是成为一种文化形式，无论在科场内外，无论老

383

幼，只要受过古典教育的文士都用它来进行写作。[32]

翰林院庶吉士梁章钜（1775—1849）在其 19 世纪初出版的《制义丛话》中，虽然提及了八股文在选拔体制中与日俱增的缺陷，但仍高度评价了这种浸染在中国人生命中的文体的艺术和文化水准。梁章钜强调，在他所身处的时期，仍然没有一种可被广泛接受的替代文体可以取代八股文。[33]梁章钜作为一名清代文士，在为这本旨在宽慰考生、指导他们如何写作八股制艺文章的书的序言中，高度赞扬了清人在发展这种明代文体上的贡献。[34]

八股文"文型程式"的根源

梁章钜在其影响力极大的《制义丛话》一书的序言中提及，浙江藏书家杨文荪（1782—1853）将八股文体追溯到宋代的经义文章，同时认为其在明初最终定型，经义文章已经不可逆转地取代了律赋。[35]这种看法也并非没有道理，因为科举以文辞诗赋取士的做法一直从唐延续到了宋、金、元数代（参见第一章）。偏向于经义风格的文章始于 1071 年的科举改革，诗赋在科举中的重要性略微降低。诸如像吕祖谦（1137—1181）的《古文关键》这样的著作，作为指导文章技巧的书，在宋代之后被广泛使用。[36]

384

要想条分缕析地解释清楚八股文文体形制的演进无疑非常复杂，但是很多关于八股文起源的讨论，都提到了宋、明制艺文章风格之间的延续性。明文结构的很多方面，一望可知是承袭了宋文。[37]但是，认为八股文是在明初定型的观点又有些言过其实了。关于之后被称作"八股文"的这种文体起源于明代何时，一直存在两种不同的观点。《明史》的作者将这一时代上溯到了明初的太祖朱元璋时期："盖太祖与刘基所定。其文略仿宋经义，然代古人语气为之，体用排偶，谓之八股，通谓之制义。"[38]

持明初论观点的学者很多，包括涂经诒在内的学者经常会拿黄子澄（卒于1402年）1385年会试时考中会元的经义文章举例（在殿试中，他被点为探花），尤其是他第一场考试讨论《论语》中"天下有道，则礼乐征伐自天子出"的文章，这篇文章反映了八股文的一些结构特征和修辞风格。[39] 然而17世纪末的学者顾炎武对此有不同看法，他在其讨论科举的文章中，将八股文的历史起源精确地追溯到了15世纪晚期：

> 经义之文，流俗谓之八股，盖始于成化以后。股者，对偶之名也。天顺以前，经义之文不过敷演传注，或对或散，初无定式……成化二十三年，会试《乐天者保天下》[40] 文，起讲先提三句，即讲乐天，四股；中间过接四句，复讲保天下，四股；复收四句，再作大结。
>
> 弘治九年，会试《责难于君谓之恭》文，起讲先提三句，即讲责难于君，四股；中间过接二句，复讲谓之恭，[41] 四股；复收二句，再作大结。每四股之中，一反一正，一虚一实，一浅一深，其两扇立格，则每扇之中各有四股，其次第文法亦复如之。故今人相传谓之八股……嘉靖以后，文体日变，而问之儒生，皆不知八股之何谓矣。[42]

385

作为八股文定型者的王鏊

有趣的是，顾炎武虽然将八股文的成型期追溯到了成化年间，却未能将这种文体形式具体到某个特定的文人士大夫身上。如果有这样一个士大夫存在的话，那么他无疑就是作为诸多最负盛名的八股文早期创制者之一的王鏊。他1474年从应天府2300名考生中脱颖而出，成为135名中举者中的魁首。[43] 王鏊接着以会元的身份通过了会试。[44] 这两场考试都在成化年间。

然而在殿试中，王鏊不幸遭遇了明代科举历史上罕见的

"连中三元"的主考官商辂。他不希望王鏊成为又一个取得"连中三元"殊荣的人，所以虽然王鏊的策论排名一开始被排在第一，但商辂最终将他点成探花。[45] 商辂之所以能够一眼认出王鏊的试卷，是因为殿试不同于乡试、会试，殿试的试卷不会誊抄。1474 年，浙江乡试解元谢迁（1449—1531，同样与商辂一样来自浙江）被点为 1475 年的状元。于是，王鏊会试、乡试的"二元"，相比起那些殿试、会试接连取得头名的"二元"和诸如谢迁这样的殿试、乡试都取得头名的"二元"，成色上相对要差一些。王鏊只在会试和乡试上取得了会元和解元，这让他在科举的顶级优胜者中只能屈居第三级别。[46]

明代：	8 名"二元"[47]	清代	10 名"二元"[48]
1391	许观（状元、会元）	1673	韩菼（状元、会元）
1472	吴宽（状元、会元）	1676	彭定求（状元、会元）
1490	钱福（状元、会元）	1685	陆肯堂（状元、会元）
1499	伦文叙（状元、会元）	1703	王式丹（状元、会元）
1604	杨守勤（状元、会元）	1727	彭启丰（状元、会元）
1610	韩敬（状元、会元）	1733	陈倓（状元、会元）
1613	周延儒（状元、会元）	1742	金甡（状元、会元）
1619	庄际昌（状元、会元）	1757	蔡以台（状元、会元）
		1780	汪如洋（状元、会元）
		1802	吴廷琛（状元、会元）
明代：	2 名"三元"	清代	2 名"三元"
1445	商辂，三元	1781	钱棨，三元
元、明两代"三元"1 名：	1391	1820	陈继昌，三元

注释：自唐代至清代，共诞生了 45 名"二元"、14 名"三元"。苏州一地就诞生了 8 名"二元"（18%）和 1 名"三元"（7%）。

虽然名次降格，但是王鏊的经义文在科场外获得了广泛的 [387]
赞誉，其文名甚至远播翰林院外，坊间盛传"文让王鏊，貌让
谢迁"。虽然科场名次可以被像商辂这样嫉贤妒能的高官操纵，
但是如果论及对八股文这种文体的进化、确立、定型之功，商
辂的成就则远远比不上王鏊。[49]

比如同样来自浙江的王阳明，就非常赞赏王鏊会试中关于
儒家中"性"的策论文章，这篇文章也被选为 1475 年乙未科
会试第二场策问中最优的策论文章。王阳明给王鏊写的小传中
记载，南京乡试的考官们读到王鏊 1474 年乡试时写作的文章
都大为震惊，他们将王文与宋代大文豪苏轼的文章相提并论。
乡试考官在呈报中将王鏊论、策逐字逐句地录入，不敢修改
一字。[50]

此外，与 1477 年致仕的商辂不同，王鏊在 15 世纪晚期频
繁出任会试考官，而就在他所监考的科场内，王鏊的文章被成
千上万名考生当作科场作文的范本。王鏊 1487 年出任会试的
同考官（约 4000 名举人参加考试），1496 年则是当年会试的
两名主考官之一。顾炎武认为，八股文的形制最先被有意识地
作为考卷评判标准，是在这两次会试中确立的。1490 年王鏊也
是会试的同考官，而 1508 年他又再次被任命为会试主考官。[51]
事实上，1759 年在一次清代河南省乡试中，第三场策问的考
题就是关于制艺的，考题中直白地问考生，王鏊是否可以被看
作八股文的创制先驱？[52]

因此，在 1487 年八股文被明确当成正式考试文体之
前，我们可以追溯一下最早出现的具有八股体裁倾向的经
义文章，即王鏊 1475 年会试第一场根据《孟子》"周公兼 [388]
夷狄，驱猛兽，而百姓宁"所作的经义文章。[53]这次会试
中，王鏊根据三句《诗经》引文中的两句所作的文章、一篇
表，以及另外两篇策论，都因其"理明辞达"而被考官们单

独挑出来。著名的士大夫丘濬于1454年成为翰林学士，也是本次会试的主考官之一，他评价王鏊阐述《孟子》的文章"修辞深而意远"。王鏊第三场策论的文章也被考官们称赞说"有考据"，考官们的很多评点我们会在第八章予以更细化的讨论。[54]

清人俞长城意识到了王鏊在八股文文体成型中的核心地位，他认为王鏊之于八股文，就好比司马迁（公元前145—?）之于史学、杜甫之于作诗、王羲之（303—361）之于书法。俞长城之后还说："前此风会未开，守溪无所不有；后此时流屡变，守溪无所不包。"[55]

我们可以阅读一下王鏊的两篇八股文，它们经常被之后的清人收入各类八股范本选集中。一篇是根据《论语》中的"百姓足，君孰不足?"所作的制艺文，主要解决统治者如何为其人民提供生计这一责任问题。[56]另一篇则是基于《论语》中著名的"有朋自远方来，不亦乐乎?"的制艺文，主要讨论道学中的道德修身问题。[57]两篇文章都被一代代的科举考生抄写、刻印和研读。[58]

389

【1. 破题】

百姓足，君孰不足?

民既富于下，君自富于上。

【2. 承题】

盖君之富藏于民者也。民既富矣，君岂有独贫之理哉?

【3. 起讲】

有若深言君民一体之意以告哀公，[59]盖谓公之加赋以用之不足也。欲足其用，盍先足其民乎。

【4.起股】

诚能

百亩而彻，恒存节用爱人之心，

什一而征，不为厉民自养之计，

则

民力所出，不困于征求，

民财所有，不尽于聚敛。

闾阎之内，乃积乃仓，

而所谓仰事俯育者，无忧矣。

田野之间，如茨如梁，

而所谓养生送死者，无憾矣。

390

【5.续股】

百姓既足，君何为而独贫乎？

【6.中股】

吾知

藏诸闾阎者，君皆得而有之，

不必归之府库，而后为吾财也。

蓄诸田野者，君皆得而用之，

不必积之仓廪而后为吾有也。

取之无穷，何忧乎有求而不得？

用之不竭，何患乎有事而无备？

【7.后股】

牺牲粢盛，足以为祭祀之供；玉帛筐篚，足以资朝聘之费。

借曰不足，百姓自有以给之也，其孰与不足乎？

饔飧牢醴，足以供宾客之需；车马器械，足以备征伐之用。

借曰不足，百姓自有以应之也，又孰与不足乎？

【8. 大结】

吁！彻法之立，本以为民，而国用之足乃由于此，何必加赋以求富哉？

王鏊的文章被收录在乾隆初年方苞编定的《钦定四书文》中。方苞评价王文："层次洗发，由浅入深。题义既毕，篇法亦完。此先辈真实本领，后人虽开阖照应备极巧变，莫能继武也。"[60]

八股文的认知问题

王鏊的第一篇文章之所以写完之后立刻赢得时人瞩目，主要是因为他极度夸张地遵循了形式对仗和类比技巧的结构要求。王文通篇采用对句和属对的手法，但王鏊浓墨重彩地通过三股来形成自己文章的立论，并以此架构出整篇论述。在此过程中，王鏊严格遵照对仗和类比的手法，将之使用到极致。[61]经义文章的长度从明末的 500 字，增加到清代中期的超过 700字，但文章的基本结构并没有变化。然而嘉靖年间，山东省1543 年乡试中发生了争议性事件，有考生在八股文最后一股"大结"中隐晦地批评了皇帝，这导致之后的八股"大结"过分讲究修辞文采的情况有所减少。[62]康熙年间，大结在八股文体中的重要性再次下降，并被更简洁的总结（收结或落下）所取代。[63]清代八股文后通常还会再加一股，这意味着对圣人引言的主题表述是由四个完美的对仗部分写就，它们在数字上也更趋于平衡。[64]

此类八股文中所使用的链式论证，是由成对的互补论述构成的，这些论述脱胎于千百年来的文学传统，这一传统则是基于从早期中国到中古时代的讲究对偶的骈体文和古文传统。[65]此类骈体文是以成对的互补型对句和段落来推进论证的，它具有高度形式化和程式化的类比，力图避免松散的文句和无焦点的叙述。于是乎，八股文体就成了士人用"对仗视角"来确证四书五经中的圣人视角的手段，考卷文章的各股严格遵从对仗句法。[66]

王鏊在上文首股里，就将遵从圣人教诲的统治者行为与其之后所连带发生的一系列经济后果直接联系了起来。在中股部分，王鏊使用了一系列对句，上半句将农户的财产与国君的府库作类比，下半句将农户的田地与国君的仓廪作类比，并给出了个人评价。最后一股，王鏊根据君主的礼法和朝廷的粮食用度，得出了最终的结论。王文全篇自始至终都在强调人民在财富与税收中的优先地位。通过对仗平衡的三股，文章得出了提高人民赋税与圣人的统治方法不相吻合的结论。

王文的首股几乎是对因（低赋税）、果（人民的财富）作了亚里士多德式直白的修辞联系。[67]第二股则说，如果将财富保留在人民手中，那么低税收将增加天下臣民的整体财富。通过这种方式，第二股进一步地阐发了首股中的观点。而末股则通过证明低赋税不仅能施惠于民，而且还能让整个王朝受惠，来完成整个论证过程。借由这种论证方式，一个可能违反国家主义者直觉的关于王朝财富与权力的结论呼之欲出。这种借用法家传统（参见第二章）的中央经济统制论式话语（statist discourse），被成功地循循善诱到了基于民本思想的儒家理想政体的轨道中。

无数的文献都一直把时间浪费在批评中国文化史中理性

392

的角色（或缺失）上。[68] 在此，我并不想补上一刀。如果我们能看到作为这种基本的、被广泛运用的八股文的文学文体背后的认知面向的话，我们就能意识到，八股文这种被全帝国上百万中国男性精英从小学习、准备以此来考取功名的文体，其实是一种论证方式的修辞形式。至于八股文是否在归纳法和演绎法层面上与亚里士多德的三段论（syllogism）一样，这就是象牙塔哲学家才需要考虑的问题了。如果引入休斯（E. R. Hughes）所谓的"比较认识论"（comparative epistemology）[69] 概念，从历史的角度看待八股文的话，中国经义文章中的"八股"，其实就是一种自上古一直演化至晚期帝制时期的说理性修辞风格罢了。在这种经义文章写作盛行的风尚下，我们可以清楚地看到文士们是如何在科举语境中，用公共言辞的话语，并在像有关法律这样的相关领域中，通过经义文章组织、表达和捍卫自己的观点的。[70] 就连晚期帝制时期的医科科举考试，也要求考生用八股文作答，而太平天国运动时期，太平天国也在考试中让考生用八股文来对中式基督教论题进行阐发（参见第十一章）。[71]

19世纪在中国传教的天主教传教士，明显是以民族白话（vernaculars）兴起之前、盛行全欧的拉丁语话语为主的中世纪、文艺复兴时期的论证形式，来看待八股文的修辞属性的。因此，当把八股文翻译成拉丁文时，他们一般都尊重八股文的文学手法，同时也注意探究这种手法是如何用文言文，并以演说式的、充满诗意的技巧来得出足以说服其他文士的结论。[72]

传教士们在1882年时将文言文修辞等同于拉丁文的认知，显然受限于当时他们的文化视野。但讽刺的是，他们对八股文"前现代式"（premodernist）的分析，却远比形成于20世纪"后五四"时代（"post-May Fourth" era）的观点中肯得多，

这些受到启蒙的中国和西方的"现代主义者们"（modernists）
手术刀般精确地对八股文文化精深的一面避而不谈，相反完全
把八股文当成只能创造一些毫无生命的文化冗余的、毫无思想
内涵的文体形式。相比今天大部分学者，很多西方传教士要更
熟悉文言文，也更尊重这种文体。我在下文列出八股文修辞形
式的拉丁文翻译以复前人旧观：[73]

394

1. 破题；Apertura

2. 承题；Continuatio

3. 起讲：Exordium

4. 起股：Anterior pars

5. 续股：Propositio

6. 中股：Media pars

7. 后股：Posterior pars

8. 大结：Conlusio

　　无论是骈体、古文还是八股，如果我们想要准确把握这
些在文士的文化生活中葆有持久生命力的认知系统的历史意
义的话，就必须要认识到经义文章中严格的对句手法的认知
论（epistemological）意义。文辞、修辞、论证，所有这些
都在 15 世纪 70 年代被形式化的八股文"文型程式"（grid）
所定型。科举不仅将数以万计的考生锁进科场，同时也通过
八股文将这些考生的语言天赋锁进了八股文这种文体当中。
通过精确的衡文断字，科举在身体上锁定和认知上锁闭考生
这一点上达到了统一。我在这里使用"文型"（grid）而非
"文体"（genre），主要是想强调科举考试文章自宋代开始到
1475 年后在明清两代定型的这种延续性。文型这一概念可以
帮助我们认识更早的科举文章"文体"是如何一步步随着时

间而演进，最终在 15 世纪被形式化成了一种修辞技法的。明
清考官实际上以这套修辞技法来给考卷评分、排名。乡试和
会试的考官会仔细阅读匿名答卷，并根据考生所展示的抽象
思维能力、说服力和修辞律法来评定其优劣。[74]

　　基于"八股文型"特定的形式化对仗，考官和教师们会
根据对句、句法、用字，逐字逐句查看文章的内容、股数和
字数。在那些被考官首肯并圈点的考卷中，我们可以看见无
数用于标记考卷文章每股属对和骈体句的小圆圈。[75]甚至在
会试和乡试的第三场策论考试中，虽然这一场考试不要求考
生用八股格式作答，但是考官们仍会用长双下划线（＿＿）
来划分大旨段落，用"一或亅"来划分段落，用小三角形
（△△）来标记要字，用小圆圈（○○）和雨滴标记（丶丶丶）
来标识条对。[76]

　　经义文的文型为考官们提供了一种简单、中立的判卷立
场，钱穆称之为"一种文体形式化的经学"。[77]八股文文型还
包括文章在试卷上的呈现形式，文章必须用大小合适的方块字
从右往左书写。比如敬呈皇帝的抬头就要在最高格处顶列书写
（抬格），并且不能有犯讳的字，而文章的主体部分则要每列
低数格书写。从清初保留至今的考试稿纸来看，八股文每部分
都被誊写进不同列和行内，这样便于考官查阅文章对句的标准
文型（参见图 4.10）。[78]

　　如果一名考生未能严格遵循文型的长度、对句和文章结
构等要求，那么他的文章就会被判为劣等。[79]考生在为某一
股遣词造句时一个字用错，或是某个字出现频率太高或太低，
都会导致落榜。而举办地方考试和乡试的科场和衙门内有数
以万计的考生，如果考官们看到的试卷可以准确地遵循这些
程式化和套话式的八股文文型要求，那么他们就可以在短时
间内更简单也更公正地给数千份试卷阅卷和评分。

　　然而，这种要求有时也会反噬。比如 1745 年的榜眼、翰林编修庄存与于 1756 年出任浙江省乡试考官，他更偏爱清初那种短小的八股文，但是他错误地将一篇只写了两股文章的考生定为头名。当最终排名公布后，大家发现这篇文章的作者是一名不善经学和文章的官学学生。[80] 到了明末，诸如顾炎武、方以智（1611—1671）这样的文士开始察觉，虽然考试要求很僵化，但考生可以学习近几科中榜者的文章，这样无论考题引用的是哪部经典，他们都可以如法炮制出说得过去的制艺文。1637 年，方以智写就了《七解》，在这篇文章中他向来自富裕家庭的年轻考生们传授了士人的几种入仕之道："独咕哔一卷，诵制义数千篇，一踰年而又不适时用。则又编新得第者之章句而诵之。"[81]

　　然而，八股文文型的有趣之处就在于，它要求考生写作的字数不多，明代只要求 500 字，清代则为 700 字，但是考试必须使用对仗的修辞形式来"代圣人立言"。[82] 第一场经义文考试——让文人作为正统道学发声者的考试——与第三场策论考试异曲同工，它们都要求考生以圣王（参见第二章）的政治理念框架的继承者身份向明清两代的君主建言。即使考生们利用八股文写作取得了"道统"，仍旧需要帝王本人赋予这些与其享有同样文化权威性视野的文士以权力。如此皇帝本人才能建立起自己的"政治合法性"，即治统。

　　考生们无须调和不同注家和经师们的观点，他们只需假装自己是那些写作儒家经典的圣人，并用他们的口吻来诠释经典即可。"代圣人立言"让清代很多学者想到了金、元两代的杂剧（或曰曲剧），比如钱大昕和焦循（1763—1820）。八股文的修辞形式同样要求考生使用感叹词和单字虚词，通过这些手法来表现设想中古代圣人们的措辞和情感。换言之，考生写在卷面上的文章，也要具备一定的口头演说色彩，并且是要用

396

397

有调性声律感的对仗词句表现出来（参见第十章关于诗赋的部分）。[83]

在第一篇制艺文章"百姓足，君孰不足？"中，王鏊用极度严格的对仗结构，驳斥了想要借孔子门徒有若的观点来提升赋税的统治者。在有若看来，国民与国君的利益是高度一致的。王鏊以一种在孟子时代之前的口吻，用极富戏剧技巧的八股结构论证，反复表达了民贵君轻（参见第二章）这一有违统治者直觉的观点。如果人民富有的话，那么统治者就无不足、无欲、无忧。而如果君主直觉上想要提高赋税，以增加帝国的财富，实际上却对人民的利益毫无助益。通过这种套话式的八股文型，王鏊用他的文章表达了长久以来文士们（当然，读起来是"圣人"口吻）对于统治者的谆谆告诫。

王鏊的第二篇文章，是讨论"有朋自远方来，不亦乐乎"的，在这篇文章中，王鏊借《论语》中孔子之口，同时也借程朱理学对于志趣相投的士人共同体（同类＝朋）[84]的见解，称颂了文士知识群体。王鏊的八股文型，在此不但没有沦为无意义的空话堆砌（这类文章的一些常见观点），相反他以其高超的技巧和文字力量，在这张规定格式的曲谱上，谱写了一曲没有音符的音乐剧。[85]

【1. 破题】

有朋自远方来，不亦乐乎？

即同类之信，从而学之，成物可知矣。

【2. 承题】

夫学所以成己而成物也。远方之朋而有以来之，不可以验其所得乎？

【3. 起讲】

且天下之德无孤立之理。吾人之学有类应之机。

学而至于说，则所以成己者至矣。岂无所以及物者乎？

【4. 起股】

盖

天下之逊志时敏者众矣。其先觉之思犹之吾也。

惟不能自淑斯，无以发其信从之志耳。

天下之勇往从道者多矣。其同志之求犹之吾也。

惟不能自成斯，无以动其归向之心耳。

【5. 续股】

今唯学而说也，则

意气之所招徕不御于远，而学吾之学者，自相感而来焉。

风声之所鼓舞不遗于远，而说吾之说者，自相应而来焉。

【6. 中股】

虽封疆之界若有以域之也，然彼方幸先觉之有

人，而与亲炙之念涉履之劳，固其所轻者矣。

虽山溪之险若有以限之也，然彼方谓同志之多

399

助，而有聚首之思往还之烦，固其所愿者矣。

【7. 后股】

是非吾之有求于彼也。人性之善在朋也，

犹夫己也。吾诚自淑矣。虽在百世之下，

> 犹兴起焉，而况生同斯世者乎。
>
> 亦非彼之有私于吾也。人心之同其远也，
>
> 犹夫近也。吾诚自成矣。虽在百世之上，
>
> 将尚友焉。而况生同斯世者乎。

【8. 大结】

> 吁！学至于此，
>
> 则即其及人之众，
>
> 而验其成己之功。
>
> 向之说者，有不能不畅然而乐矣。学者可不免哉。

王鏊此文的要旨就是将自己的观点与圣人们的看法捆绑在一起，同时这也是在称颂同时代的文士，即使他们中有一些被流放到了边远之地。王鏊的文章表明，明代文士仍然在恪守道学规训，在很多文士看来，人心本同、人心本善的观念适用于所有人。对于元朝、清朝这样的王朝来说，这种普世性的道德观念非常适用，它们能帮助我们理解，为何元朝和清朝统治者会支持这种基于经学典籍的教育体制，尤其在全社会中只有一小部分汉人精英可以完全掌握八股文章的前提下。更值得注意的是，当明代的汉人成了自身民族命运的主宰者后，道学依旧保留了自身的正统地位。

考试文章的印刷与出版

400 　　明代科举墨卷先要在乡试和会试科场的刻印处刊刻，一群誊录官、刻工和印工在考官们的监督下刻印考中之考生的试卷。刻印的答卷上包括考官的评语，考生能够看出考官的量卷标准。这些刻印的答卷文章被称为"闱墨"。[86] 乡试、会试科场内由官方编定的答卷文集又被称作"朱卷"；虽然它们是用

黑色油墨刻印，但其底本是考官们在科场内阅卷时所读的糊名的誊录版本（用红墨写成）。考试结束后，如果考生要求的话，原始试卷最后会发还给考生。无论闱墨文集、朱卷文集还是墨卷文集，都会包括术业专攻的各房同考官们的评语，考官和试卷会根据"五经"被分派到不同的考房（参见第四章）。因此，当这些文章被印刷出来张贴在科场外时，它们又被称为"房稿"。此外，乡试、会试各三场考试中最优的文章还要收入官方的考官录中，进呈朝廷，供翰林们磨勘。[87]

明末出版业发展蓬勃，文化商品化的现象也日益加剧，所以最早把考生们的文章公开编纂成集并广泛传播的是明朝人。[88]在宋代，人们同样能读到很多可以当成经义文范本的科举文章，其中很多被收录到了之后南宋的类书中，如《古今源流至论》，[89]此书于元末明初又被重新刊刻。[90]刘祥光认为，刊刻八股文章的风尚源于八股文程式在成化年间被正式确立为官方考试文体，这导致了明代中期私人商业性制艺文集刊刻之风大盛。随着明清两代常规的地方县考和府考中又增添了副榜，科举市场进一步扩张，全国范围内对这些应试文集感兴趣的考生数量激增（第三章），从100万（明代）增长到了200万—300万（清代）。这部分扩大市场的影响力也应纳入考量。唐代大概总共有6万名注册考生有资格参加京城的科举考试。而到了宋代，大约有40万名考生可以参加解试（相当于乡试）和省试（相当于会试）。[91]

梁章钜的《制义丛话》记载了明末不断攀升的八股范文作者数量，嘉靖朝33名、万历朝41名，天启和崇祯两朝（1621—1644）共47名。[92]万历朝除了"房稿"出版很流行外，1587年第一次出现了根据"四书"内容分类的八股范文选；其中收录了弘治、正德和嘉靖朝的诸多文章。这是"时文"选本出版的开端，这类选本收录了过去和当时科举考试中写得最好的八股文范

401

例。另一种选本于 1592 年刊布。另外自弘治朝（1488—1505）始，还有一种文选在当时非常流行，就是单一作者的文集，又称"稿本"，其中的文章也不尽然是考试时写的文章。比如王鏊的八股文就被收录在《守溪文稿》中出版，之后经常被重印出版。[93]

明末清初，很多其他类型的科举出版物也开始出现了。尤其是福建、长江三角洲地区的商业印刷的扩张，使得明清的考生相比于宋、元时期能更简单快捷地看到科举时文。当然近来的研究越来越注意到，科举应试出版物并非当时的印刷机构和出版商的主要产品，各种汇要、历书和流行文学呈现井喷的出版态势。而随着 16、17 世纪科举时文数量的增多，无论是白话文学还是文言文学的出版量（至少绝对数字）都在激增。[94]清末时，儒家典籍和官修正史的销量较之市面流行的八股范文选本还是有所不如，而八股选本的销量虽然仅次于白话小说，但在销售数量上比起后者却差得很远。[95]

除了诸如复社（参见第四章）这样的明末文学和政治团体为了扭转文风会出版以文人社团为单位的"行卷"选本外，[96]这些当时的举人、进士的应试文集虽然很快就被追逐潮流的考生们遗忘，但在短时间内却非常有利可图。比如曾经是神童的王世贞（参见第五章），他的文集就被广泛盗印。[97]如果一名翰林的科举文章异常出彩，那么他的文章和观点就被认为是代表了朝廷内部翰林们的看法，而这些广受认可的成功文章也会影响到文士们的口味。王世贞其子王士骐（1566—1601）虽然未能身居高位，但是却成为第一个编订制艺文选本并且为之批点的人。[98]

科场之外的文人观点之争

对"写作"和阅读不断增长的大众需求（参见第五章），也使那些在科举考试中颇不得志的士人找到了可以发挥才华的智识空间，他们纷纷通过私人印刷机构出版自己的文章，以获得公众的认可。[99] 比如归有光（1507—1571），他乡试先后 6 次不第，直到 1540 年才中举，但在中举前他已经因其古文写作声名鹊起，甚至可以与当时的文坛领袖王世贞一较高下。饶是这样，归有光直到 1565 年才以 60 岁高龄考中进士，而且名次也是 394 名考生中比较靠后的。[100]

1624 年浙江省乡试时，艾南英写作了一篇极具争议性的八股文，在文中他含蓄地批评了朝廷权阉当道，这篇文章让他之后 9 年都被排除在京城会试之外（参见第四章）。虽然未能有机会考中进士，但艾南英却成了当时公认的八股文大师。他将自己的考试文章编订成集，并予以评点，这部书在明末极受士人欢迎，并成为明末清初此类文集的典范之作。[101] 之后，艾南英的一些在政治上可能会引起激烈争论的文章，又在清代被奉敕编纂八股范文选本的方苞收入《钦定四书文》中，其中就包括艾南英根据《孟子》中的"民为贵"所写就的文章。[102] 正是这篇文章打破了人们对于八股文在政治上毫无威胁的固定印象（大部分八股文确实如此！），也正是它让我们联想到明初《孟子》所面对的政治审查（参见第二章）。我将这篇文章作为又一范例予以细读，并借此来分析八股文文型中另一些有趣面向。

【1. 破题】

民为贵。

极论民之所为贵，而君之所以待民者可思矣。

【2. 承题】

夫君与社稷，至不能与民比重，而顾可轻其民哉？

404

【3. 起讲】

　　且夫天之为夫民也，必使出类之才，首而君长之，而后承以诸侯大夫师长以宣其力。又为之坛壝社稷。春祈秋报，以求其想于冥之表。

【4. 起股】

　　然则

　　民之与社稷与君，其轻重何如哉？吾谓民为贵，而社稷次之，君为轻。

　　原夫生民之初，不能自君长也。

　　　必有德之大者，而后百里之民从而听命焉。

　　于是有诸侯之国，合诸侯之国又不能自君长也。

　　　又就其德之愈大者，而后四海之民从而听命焉。

【5. 中股】

　　于是乎

　　为天子，是得乎丘民而为天子也。

　　然既为天子矣，

　　　天子必建国，

　　　诸侯必立家，

　　　大为侯甸藩卫，

　　　小为亚圉陪隶，

　　于是

　　有得乎天子而为诸侯，

　　得乎诸侯而为大夫者，

　　　然

　　皆不若得乎丘民者，而遂为天子，

虽然尤未足以见民之贵也。

405

【6. 后股】

彼得乎天子而为诸侯矣，

　　上凭天子之威而下有大夫之奉。

　　然上则天子有大司马九伐之权。

　　而下则大夫有贵戚卿易位之柄。

为其失民心而危社稷也，

　　然则为社稷而变置诸侯，

岂为社稷哉？

为失民而已矣。

406

【7. 四股】

何也？

彼社稷者尚未能免夫此也。

社稷贵为上，公尊比诸侯，

而所司者水旱凶荒之事，

　　则既有分藩之职，

所享者牺牲粢盛之荐，

　　则又有侯国之奉，

使斯民之责独重绳诸侯而轻绳社稷，

　　则非天为民而立。

天子使之百神受职，而祭祀以驭其黜陟之意。

故

　　旱干水溢，则变置社稷。

　　所谓年不顺成，八蜡不通而伐鼓于社。

　　朱丝胁之皆有责谴之意。

明乎社稷不能为民捍灾御患，

　　则不能无功而坐食其报。

况于诸侯之失民心乎？

407

【8. 收结】

虽然

言诸侯社稷而不及天子，何也。

民心既散，

诸侯皆叛，

天子将无与立而不忍言之者，所以尊天王大一统也。

然而

群臣至于南郊称天而诔之，

则以变置之微权也。

当我们把艾南英这篇文章与王鏊那篇章法严格、对仗工整的优秀制艺文两相比较，就会从艾南英这篇在政治上极易引发争议的文章中发现，明末八股文的长度已从 500 字增加到超过600 字。虽然文学精神并未有本质改变，但本应严苛的属对格式和对称的结构形式确实没以前那样严格了。这可能也是为何考官对他孟子式的政治批评（参见第四章）有所同情（毕竟是他们出的题目），但最终没给他很高名次的原因。方苞引用了他人对艾文的评价："艾之天分有限……则读书多、用功深之效。"[103] 艾文所传达政治信息的语气和严肃性也一目了然，他以古鉴今的历史见解也极具预言性。事实上，大明的"社稷"在 20 年后就变了天地。

虽然明代遗民吕留良（1629—1683）为艾南英的文集做了批点选评，但吕留良的八股文造诣和在清初文士中的受欢迎程度实在艾南英之上。据说吕留良 8 岁时即可写作八股文，但是他并未能在竞争激烈到可怖的浙江省乡试中脱颖而出，他1666 年退出科场转而行医。此外，他自己也是一部非常畅销的八股文选本的编者，他会针对考官的排名给出自己独到的见解，同时也对清朝的野蛮统治表示不屑。这使得雍正朝时，已然去世多年的他仍旧引发了一系列丑闻事件，他本人惨遭开棺戮尸枭示的刑罚。[104]

虽然吕留良屡试不第，但他的经学造诣还是受到了广泛承认。1679 年康熙帝开博学鸿词科，吕留良本受到推举去北京参加这次制科考试，但他却婉拒了这一机会。正是在野的自由度，使得他可以放手去批评当时科举的风潮趋势，也可以对考官们选择、黜落考生的评阅标准加以非议。在 1658 年为某一书贾刊刻的时文选本所撰的序言中，吕留良认为科举在当时之所以纯粹沦为文辞操练，无法成为量才取士的途径，其实是因为科场的贪腐。吕留良没有像顾炎武、黄宗羲这些同时代人一样，把当时贫瘠的思想氛围归罪于八股文（参见第四章）。吕留良实际上一直都在通过编选优秀的、符合他心目中的道学理想的制艺文章，来为八股文辩护，当然也借此补贴家用。[105]

无独有偶，戴名世虽然 17 世纪 80 年代也同样在江南乡试中屡试不第，但仍因其在经义文写作上的成就而享誉海内。他编定的文集选本有着完整的评注和分析，被时人广泛地阅读和翻刻，哪怕他自己在乡试中屡屡受挫。1701 年，在戴名世考中举人前 4 年，他出版了自己的文集，文集对科举所包含的基本类目都有涉猎。一般而言，一般的知名学者是先科场告捷、为人所知，然后再出版个人文集。1709 年，戴名世在会试中拔得头筹，在殿试中被点为榜眼，并作为编修进入翰林院。这一成功更是确认了他作为文章圣手的名声，但他也因为入朝为官而失去了很多文化自主权。1711 年，他因在《南山集》的一篇书信中提及了 1644 年后南明王朝的史事及年号，被指控大逆罪。戴名世于 1713 年被凌迟处死，其所有著作也被

408

销毁。106

戴名世曾为很多科举范文选本作序，在这些选本的序言中，戴名世对八股文作了公开的评价。在他看来，科场中充斥着追名逐利的考生，但在小小科场之外，八股文依然扮演着文化仲裁者和道学理想的角色。戴名世以在科举文章中重现伟大的唐、宋古文之文脉为己任。作为安徽桐城本地人，戴名世事实上一直都在追索古文写作的传统，无论是方苞（之后也受到了戴名世《南山集》案的牵连）还是再之后生于安徽桐城的姚鼐，都一直在捍卫着这一古文传统。对于戴名世而言，"文章风气之衰也，由于区古文时文而二之也"。107

像吕留良、戴名世以及之后的李绂（1673—1750）这样的士大夫，他们对于八股文优劣的评定往往是与科场考官们的判断截然相反的。事实上，对于八股文这一文体，确实有两套公共评价体系。一个当然是基于考生排名的评价体系。另一个则是代表了科场外文士观点的评价体系，他们对于优秀的文章和考官的批评也能反映出文士生活中对于八股文最具普遍意义的口味选择，在这个评价体系里，科举失意者的文章要远多于中举者的。科举失意的士人作为文化仲裁者，更倾向于对那些普遍的文士观点表示赞同，相应地，也更多的会抱怨考官有眼无珠。1702年，戴名世在一篇谈及八股文排名的文章中说："有定者在天下，而无定者则在主司而已矣。"108

然而，对考官标准大肆批评绝非"职业批评家们"的工作。迎合文士们的文化诉求的"职业化"工作者，无疑是那些依靠编纂、编订和评点在科场中大获成功的制艺八股文为生的职业文人，但是在前现代中国的文化经济中，这些职业文人并未把这种文章选编者的角色当成一种正式工作或是职业。109

四书学的进化

佐野公治在其重要的专著《四书学史的研究》中，详细描述了明清两代的四书学如何变得越来越倾向于时文写作。朱熹和其他南宋道学学者选定了"四书"，并将之建构为一体，当成传授先秦儒家学说的新教材，以此取代当时已然成为经典的汉、唐注疏阐释的"五经"。"四书"自此成为官方教育科目中的一部分。然而当四书自身成为经典之后，它就成了科举经义文章的主要思想来源。开始是在元代，之后就是整个明代。[110]

洪武帝朱元璋及其继任者都选用宋代学者注解的"四书五经"作为教学科目中的正统学说。"四书"方面，考生需要掌握《朱子集注》中的相关阐释。而"五经"方面，朱熹的观点也同样是首选。如《周易》，考生就需要掌握程颐的《周易程氏传》和朱熹的《周易本义》。朱熹曾命蔡沉（1167—1230）为《尚书》作注，所以蔡沉注本（即《书集传》）也被认为是研习《尚书》的必要教材。同样朱熹针对《诗经》作注的《诗集传》也是考生必读书目。

朱熹并没有为《春秋》和《礼记》作注疏，所以其他宋代学者的观点就成了考试标准。作为对《春秋》三传注解的《左传》《公羊传》《谷梁传》，胡安国和张洽（1161—1237）对它们的注疏也是考试常考的内容（张洽的书后被弃用）。与蔡沉一样，张洽也曾师从朱熹。而《礼记》方面，汉唐注疏原来都是必读书目，但之后到了明代，陈澔（1260—1341）的《礼记集说》逐渐脱颖而出，受到人们的重视。

相比清代，明代人更易接触到"四书"中的道德哲学教导，所以在明代的科举考试和文士文化中，"四书"的地位要远比更为难懂的"五经"重要。"四书"的优先地位很大程度

410

上也是因为考生只需要掌握"五经"中的一经就足矣（参见第五章）。[111] 很少有文人能够掌握"五经"（通五经），但是所有人都必须熟背"四书"，后者无疑是程朱理学道德正统和哲学正统的核心。"四书"中的每一个词、每一句话都会被学生、教授、考官、文章家们仔细地阅读、讨论，最终被收录进那些应试的制艺范文选本里。

这些制艺范文选本主要都是关于"四书"的考试范文，并按照所讨论引文的出处——《论语》《孟子》《大学》《中庸》——来分门别类。这些选本象征着对"四书"的尊崇开始遍布全国。很多明末的选本都在编者栏署上著名学者的名，复社活动家张溥就发现自己成了很多此类著作的编者。[112]

对于帝制中国正统学说的斗争

李攀龙（1514—1570）、李梦阳（1473—1530）以及其他一些明代著名的以古文写作著称的文学文体家被称为"前七子"，因为他们试图效法汉、唐时代的文章写作风格——他们也编订了一些关于"四书"的作品以传播其观点。毕竟，"四书"看上去像是非常典型的汉代作品，其简洁、对偶的特征正是古文所孜孜以求的。比如，李攀龙的《四书正辩》所出版的年代，正是王阳明反对朱熹《大学》观点的时代，而丰坊（1523 年进士）和一些人在此时也伪造了《大学》的"古文本"，并称其是从石刻上发现的。[113]

此外，这一时期佛教和道教也非常有影响力，诸如王阳明这样的文人学者对当时流行的"三教合一"非常赞同。比如林兆恩（1517—1598）就于 1551 年放弃了科举入仕的念头，转而开始传授学生他自己独有的心学之法。袁黄也是明末各学说融合思潮的领导者之一，他认为自己在善书中的道德见解与程朱理学有很多相同之处。为此，他编订了《四书删正》。佛教和道教也就此潜入科举考试体系之中。[114]

　　我们可以从"四书"的范文选本和制艺文章中看出，王　　412
阳明对于《大学》的观点对当时文士的影响程度：在那些四书
文、制艺文中，王阳明的教谕可谓俯拾皆是。在王阳明自己对
《大学》"古文本"的重构中，他认为朱熹通过自己关于"格
物"的注解，错误地诠释了《大学》的原始版，并把这些段落
当成儒家典籍的要义传授给学生，而原始的儒家典籍注解都未
强调这些部分。第八章也会涉及此问题，余英时认为这种文本
之争成为明末开始逐渐流行的训诂、考据之学的渊薮，训诂、
考据正是为了通过研究解决此类难题。[115]

　　王阳明 1492 年在其所在的浙江省考取举人（参见第五
章），而当浙江省 1516 年举办乡试时，2200 名考生被要求在
第二道策问题中讨论"道统"和"心法之传"的地位。这道题
的最优策论来自吾谨（大约活跃于 1516—1517 年间），但是
他在文章结尾时同时攻击了作为道教主张的"虚无"和作为佛
教观念的"寂灭"。此外，这一时期文士在学术取向上更偏向
于枯燥的文本训诂和词章的现象更加凸显。吾谨对佛教、道
教以及古典语文学（训诂）的攻击表明，当时的文士已经开
始反抗程朱理学的教诲，这种倾向在 16 世纪初的杭州已然十
分明显。[116]

　　在明代最后几年，程朱理学的另一个坚定的捍卫者艾南
英在他为《历科四书程墨选》所作的序言中认为，在嘉靖元年
（1522 年）之前，王阳明的观点还并未被科举考生们所广泛接
受。甚至 1516 年的一些科举文章还间接地攻击过他的立场，　　413
很多考官也憎恶王氏学说。然而在 1523 年的会试中，考官出
了一道策问考题，意在批评王阳明的学说，几名来自江西的王
阳明门人离开考场以示抗议。但另外一名叫欧阳德（1496—
1554）的考生却借此机会大力揄扬老师王阳明的观点，并且最

后还高中进士。很多进士对欧阳德力捧阳明心学的考试文章印象深刻，尤其是这科的殿试探花徐阶（1503—1583）。徐阶之后进入了翰林院，并成为内阁大学士。在徐阶掌权时期，朝廷中对王阳明学说的攻击之声略有减少。据艾南英所言，在隆庆朝（1567—1572）期间，1568 年的会试考官很多都是王氏门人，他们在考试里取中了很多在八股文中赞成王阳明对《论语》诠释的考生。在艾南英和很多人看来，王阳明的"邪学"已经逐渐渗透进科举考试之中。[117]

嘉靖年间很多对"四书"的注评也部分反映出，士人们有从正统的程朱理学逐渐转向王阳明及其门人的新观点的趋势。[118] 比如徐旷在 1563 年编订的一本名为《四书初闻》的注本中，就特别强调王阳明的观点，并将之奉为解读"四书"经典的最重要的门径。在徐旷的书中，王阳明"致良知"的观点成为解读"四书"之匙。"心学"也成为解释"心法之传"的重要途径："心即道，道即心。心是道之主宰。"[119]

414 同样，1589 年被点中状元、之后进入翰林院的焦竑，并不以其经学学术见长。焦竑于 1594 年编订了一本表彰百名明代最优秀的文士学者的范文选本，以凸显明人对道德原则的阐释，王阳明及其门人的文章，以及尊奉正统程朱理学的文章都被选入其中。[120] 这种泛普世主义的做法，在程朱理学的信徒中也并不少见，比如东林党的创建者顾宪成，他对 17 世纪初那些王阳明的激进门徒的批判，要远胜于其对王阳明本人的批评。在各种选本中的经学普世主义，也能在科举教材市场上招徕更多的买家和读者。[121]

那些坚定地支持着道学正统的关于"四书"的集注大多也流传了下来，比如汤宾尹（1595 年进士、会元）的《四书衍明集注》和许獬（1601 年进士、会元）编订的《四书崇熹注解》。在汤宾尹所编订的《四书衍明集注》中，他声称如果朱熹在世，也会同意他所收录的对"四书"的阐释。[122] 但是那些完全没有受到阳明心学影响的著作，却很少流传下来。明末清初的程朱学说在很大程度上是程朱理学在后王阳明时代的复兴，王阳明的思想深刻地影响了科举考试和各类"四书"注疏中对道学的阐释。越来越多的注疏选本公开地吸收了万历年间阳明心学的观点，同样，科举制艺文和经典注疏也并不排斥佛教和道教的阐释。[123]

以清人的视角回看明代八股文。比如俞长城（桐川）就批评了王阳明的亲传弟子王畿（1498—1583），认为由他开始禅宗佛学观念进入了文士思想之中，在八股文领域这一倾向最早可以追溯到杨起元。俞长城引用了艾南英的观点，艾南英在文章中将杨起元所受到的禅学影响追溯到了其师罗汝芳那里。罗汝芳为了追寻真谛，一直在道教和佛教找寻内心的寄托之所，之后他于1543年考中江西举人，并于1553年考取进士。杨起元本人考中了广东省的举人，并于1557年考中进士。艾南英和顾炎武都抨击杨起元1577年会试的八股文中充斥着禅学奥义。[124]

415

这些释道思想影响了一大批文人士子，他们把这些异端的观念引入了对"四书"的八股文写作之中。除此以外，另一种学术潮流也在明末兴起，这就是非常重视汉唐注疏传统的汉学的复兴，它们在很大程度上背离了明初官方所设定的经学科目。明代学者对于永乐年间编订的《大全》三部曲的批评之声愈演愈烈，这些学者结合了对"四书"的考据学研究，试图找到一条复兴经学研究的新路径。1516年浙江省乡试时，一道策问考题已经在批评这种考据式的取向了，在第八章中我们会更进一步地考察15世纪之后考据学对明代科举的渗透性影响。而同时，清人方苞也在批评明代中期的八股文显然对汉唐注疏理解不够。[125]

以此脉络来看，明末复社领袖人物张溥的《四书考备》其实就是一部关于"四书"中所涉及人物的考据学著作。这部1642年出版的著作可以说是步薛应旗（1500—1573？）1557年刊刻《四书人物考》之后尘。之后在清初，考据学者阎若璩（1636—1704）出版了名为《四书释地》的地理学专著。[126]考据训诂式的分析开始被应用于针对已被经典化的"四书"的研究中。

当18世纪80年代纂修《四库全书》的四库馆臣回看四书学由明至清的发展时，身处16世纪的他们是如此评价四书学的发展变化的："明代儒生以时文为重。时文以四书为重。遂有此类诸书（此处指薛应旗《四书人物考》）。襞积割裂以涂饰试官之耳目。斯亦经术之极弊。"[127]清人的这种傲气表明，四书学从明代的程朱理学正统，到王阳明的心学，再到考据学，其间已然发生了怎样巨大的转向。

清初对"四书"的注疏秉承明末传统。1645年清廷下令，乡试和会试考题的三段经典引文必须出自"四书"。其中必须要有一道考题出自《大学》和《中庸》两书中。另外两道考题引文可以出自《论语》和《孟子》。1658年，顺治帝亲自从"四书"中挑选引文作为会试试题。[128]上文提及的吕留良和戴名世所编纂的范文选本，与艾南英的选本就很不一样，前者试图调和程朱理学与汉唐注疏。而当18世纪汉学发展走向高峰时，科场八股文中对于宋代之前注疏的引用达到了顶峰。比如1779年，乾隆帝本人亲自审读了顺天府乡试的四书文，他批评一些考生的文章与汉、唐经典注疏观点不符。[129]

经学的古学（即考据学）转向始于明代，而最终在清代达到顶峰，它不仅影响了经学本身，更是影响了科场文章的写作方向。毛奇龄（1623—1716）等强调"四书"汉唐注疏重要性的文人，影响了之后像戴震（1724—1777）这样的学者，后者对程朱理学的儒学阐释多有抨击（参见第八章）。其后，著名汉学家阮元编纂了一部讲述"四书"历史和科举考试中"四书"注疏的重要著作。这本名为《四书文话》的书，与李调元编纂的于1843年刊刻的极具影响力的《制义丛话》非常类似，它们都以包括士大夫和官员在内的文人群体为假想读者，详细地记述了八股文的文义和文体机制。[130]

417

文学口味的官方化

清帝国官方的制艺文选本仿效明朝。明代和清初选本中的范文基本遵循古文的写作原则，在官方的督导下，由尊奉宋学的学者、桐城派文章家方苞编选，他将这部书命名为《钦定四书文》。周启荣注意到，在1704—1750年间已经有数量巨大的古文风格的选本被刊刻出版。方苞虽然在戴名世《南山集》案中受到牵连，但当他走出政治低谷之后，他将程朱理学与古文写作的文学传统相融合。在那个深受汉学影响的考据学正在走向全盛的时代，方苞给八股文注入了全新的活力和实用性。[131]

盖博坚（R. Kent Guy）描述了方苞如何将这部选本的明代文章（共486篇）细分成4个部分（集），同时将一直到雍正朝之前的清代文章（共297篇）独立分在一个部分（集）。此外，方苞还在此书《凡例》中简略阐述了八股文在1465年之后的演进过程。在方苞看来，成化朝和弘治朝年间（1465—1505）属于第一阶段，那些精熟四书五经文本并且笃信注疏的"恪遵传注"的考生沿袭了明初士子的制艺文章传统。他们文章的语言完全恪守成规，但是经常会误解前人注疏。[132]

正德、嘉靖朝年间（1506—1566）属于第二阶段，方苞认为这一阶段涌现了像唐顺之（1507—1560）、归有光这样

418

的杰出文章家，他们能够"以古文为时文"，将明代的文章推向高峰。隆庆、万历年间（1567—1620）属于第三阶段，方苞认为这时的士人过度注重文章"机法"，对文章的实质不太上心，这导致了八股文有所衰落。而到了天启、崇祯年间（1621—1644），方苞认为八股文继续衰落，此时的时文都是"凡胸中所欲者皆借题以发之"。虽然对第四时段的时文，方苞给予了很多批评，但是方苞所选的这一时段的文章却多于其他时段。[133]

方苞在点评他所收录的清人文章时，非常谨慎。方苞曾被清朝统治者下狱，这使得他清楚地意识到文学和政治是不可分割的高危话题。收录艾南英批评天启朝政局的文章已经是方苞的极限了。相反，对于清代的文章，方苞大力褒奖，称它们对明代各时段文章的优点兼收并蓄，然后他概括选本内的清代文章是对"正学"的"发明义理"，这无疑表明方苞的选文标准是以道学为参照的。毕竟，方苞的意图是要用这些科举制艺文来捍卫宋学的地位，因为彼时汉学和骈文通过将自身与宋以前的骈体文相关联（见前文）来挑战道学的地位。[134]

然而，相比归有光等在政治上较为边缘但本人又是古文文体大师的明代文人，方苞还是成功地巩固了八股文在中国文学史中的尊崇地位。在这一点上，艾南英、吕留良和戴名世的想法高度一致，他们都想把八股文文型从贫瘠的文化监狱中拯救出来，并且希望这种文体可以有生命力，并能够在出版市场上独立存活。八股文在科场之外的文士生活中的文学传承非常有限，而一种文型只有当它在正式考试之外依然有生命力，才能获得自身的文学自主性。方苞将八股文的文学传承带入了大清帝国的文化视野之中，并且大力揄扬这种文章形式。这种赞扬平衡了（实际上也挑战了）传统两年一度、三年一度长期举行的科举考试的运作。例如，许多被方苞选入文集中的文章，都出自在科举中屡试不第的士子之手。[135] 事实上，清朝统治者非常乐于见到八股文这种文型既能被用于科举考试，也能投合文士志趣。

此外，方苞选本也对明清两代抨击八股文的批判传统表示反对，诸如顾炎武这样的17世纪的文士就对八股文持批评看法，现代学术界错误地把诸如顾炎武这类的意见当成主流而非例外。1730—1793年清廷对科举科目进行了一系列重要改革（参见第十章），在这期间方苞的范文选本仍旧得到了来自清廷的支持。而八股文也从批评者的责难声中存活了下来，不仅依旧是科举考试的考试文体，也成为一种被文士们接受的文学文体。1781年以及之后的1814年，在方苞编选的选本已经多次重刻刊布之后，朝廷官员表示需要编选新的科举制艺文选本。[136] 清末时期对八股文的攻击在1898年戊戌变法前后达到高峰（参见第十一章），批评者们否定了八股文的文学传承地位，并将这种文体的意义和重要性从文士生活中彻底抹去。

很多写于18世纪的作品，仍然对八股文超长的文学生命，以及它在自明初以来长达5个世纪内以量才取士为目的的科举考试中所扮演的角色赞赏有加。李调元的《制义科琐记》就是这样一部作品。李调元对明清科举做出了开创性的研究。虽然他详尽地列举了八股文的诸多弊端，但他也看到了八股文对人们日常生活的影响，以及18世纪末人们对科举考试整体上较为正面的看法。

这种正面评价，在作为考官的文士群体中更加普遍。他们作为科举考试官员，有责任为科举制艺文设立可被接受的文学和学术标准，并且还要周期性地改变官方科目中所需考查的知识范围。第八章中我会进一步分析，文士们的科举生活是如何受到考试体制的影响，而当文士们出任考官时，又会如何设立或是在多大范围内修正他们希望考生所要掌握的政策议题。在如何评价科举市场这一议题上，文士考官们无疑与朝廷站在同一战线上。

注　释

1 Rieff, *The Feeling Intellect*, pp.233-235，其中引用了涂尔干（Durkheim）的观点。

2 Waltner, "Building on the Ladder of Success," pp.30-36 表明很多文献缺乏语言学意识。参见 Pierre Bourdieu, "The Economics of Linguistic Exchanges," translated by Richard Nice, *Social Science Information* 16, 6（1977）: 645-668。

3 David Johnson, "Communication, Class, and Consciousness in Late Imperial China," p.59 估计清代大约有 500 万受过良好文言书写和儒家经典教育的男性平民，1800 年时他们只占人口的 5%，而 1700 年时有近 10%。

4 Angela Ki Che Leung, "Elementary Education in the Lower Yangtzu Region," pp.391-396. 又见 Rawski, *Education and Popular Literacy in Ch'ing China*, pp.140-154。

5 Ridley, "Educational Theory and Practice in Late Imperial China," pp.369-390 从技术层面讨论了文言文与白话的不同。又见 Rawski, *Education and Popular Literacy in Ch'ing China*, pp.1-23。

6 Houston, *Literacy in Early Modern Europe*, pp.23-24.

7 Miyazaki, *China's Examination Hell*, pp.16-17；以及 Wakeman, *The Fall of Imperial China*, p.23。

8 参见 Pamela Kyle Crossley, "Manchu Education," in Elman and Woodside, eds., *Education and Society in Late Imperial China*, pp.340-348。又见 Man-kam Leung, "Mongolian Language and Examinations," pp.29-44。参见 Boettcher, "'To Make Them Deady for Official Employment'"。

9 参见夫马进《讼师秘本的世纪》，载小野和子编《明末清初の社会と文化》（京都大学人文科学研究所），pp.189-238，夫马进认为大多数诉状是由地方生员写就的。如果夫马进能考虑到那些讼师也有可能是想要参加地方考试的考生，而非仅仅是官学生或生员的话，那么其观点就更完备了。加州大学洛杉矶分校（UCLA）的中国史博士研究生唐泽靖彦将在其博士论文中对夫马进的观点予以修正。

10 Hsiao-tung Fei, *China's Gentry: Essays on Rural-Urban Relations*（Chicago: University of Chicago Press, 1953），pp.71-72.

11 邓嗣禹：《中国考试制度史》，pp.343-347；以及 DeFrancis, *The Chinese Language*, pp.53-66。

12 各地在经学研究上的差异问题，可参见拙文 "Ch'ing Schools of Scholarship," 载《清史问题》4, 6（1979 年 12 月）: 51-82。

13 Houston, *Literacy in Early Modern Europe*, p.31；以及 James Watson, "Chinese Kinship Reconsidered: Anthropological Perspectives on Historical Research," *China Quarterly* 92（1982）: 601。

14 Angela Ki Che Leung, "Elementary Education in the Lower Yangtzu Region," pp.381-391. 参见 Harriet Zurndorfer, "Chinese Merchants and Commerce in Sixteenth Century China," in Wilt Idema, ed., *Leiden Studies in Sinology*（Leiden: E. J. Brill, 1981）。

15 大久保英子：《明清時代書院の研究》，pp.221-361；以及 Pint-ti Ho, *The Ladder of Success in Imperial China*, pp.130-168。又见大木康《明末江南における出版文化の研究》，载《廣島大學文學部紀要》50, 1（1991）。

16 邓嗣禹：《中国考试制度史》，pp.81-82；Ching-i Tu, "The Chinese Examination Essay: Some Literary Considerations," *Monumenta Seria* 31（1974-75）: 393-406；以及 Woodside, "Some Mid-Qing Theorists of Popular Schools," pp.11-18。

17 Lothar Ledderose, *Mi Fu and the Classical Tradition of Chinese Calligraphy*（Princeton: Princeton University Press, 1979）；以及 Ledderose, "An Approach to Chinese Calligraphy," *National Palace Museum Bulletin* 7, 1（1972）: 1-14。又见 Marilyn and Shen Fu, *Studies in Connoisseurship: Chinese*

Paintings from the Arthur M. Sackler Collections in New York, Princeton, and Washington, D.C.（Princeton：Princeton University Press，1973），p.9。安徽省黄山附近出产的毛笔和墨在文士中受到极高的评价，因为黄山盛产巨大的松树，可以为墨提供可压制的煤烟。

18 关于清代考试中书法的重要性，可参见徐珂纂《清稗类钞》，21.117，21.135-36。又见傅增湘《清代殿试考略》（天津：大公报社，1933），pp.9b-11b 中表明 1760 年以后，书法取代文理，变成了殿试中最重要的名次决定因素。

19 书法一直是科举体系中的重要组成部分，甚至在糊名考试时仍是如此。唐、宋时期，朝廷甚至会举办书法考试；宋代甚至还会选拔书法博士。1706 年，一名考生因为书法优异而考取进士。参见《常谈》，pp.28-29。又见徐珂纂《清稗类钞》，21.112，21.116-131。

20 参见拙著 *From Philosophy to Philology*，pp.191-97；以及 Hummel. ed.，*Eminent Chinese of the Ch'ing Period*，p.676。

21 关于作为官员的文人的"专业性"面向，可参见 Dardess，*Confucianism and Autocracy*，pp.13-84，虽然他夸大了某些事实，但还是有很多不错的观察，比如文人们有义务参加公益活动，当然也会得到相应的回报。

22 参见张鸿声《清代医官考试及题例》，载《中华医史杂志》25，2（1995 年 4 月）：95-96，其中记载了医学专科考试是如何从明代延续到清代的。

23 Chaffee，The Thorny Gates of Learning in Sung China，pp.70-71；以及 Joseph Levenson，"The Amateur Ideal in Ming and Early Ch'ing Society：Evidence from Painting，" in John Fairbank，ed.，*Chinese Thought and Institutions*（Chicago：University of Chicago Press，1957），pp.320-341。18、19 世纪的人口压力意味着通过乡试和会试的考生也不必然有职位可以就任，于是乎许多文士转向了教学和学术作为替代选择。参见拙著 *From Philosophy to Philology*，pp.67-137。

24 Houston，*Literacy in Early Modern Europe*，pp.56-58。

25 Bourdieu，"Systems of Education and Systems of Thought，" pp.189-207。

26 有些学者对将八股文视为一种文学癌疾的 20 世纪主流观点持保留态度，参见邓云乡《清代八股文》（北京：人民大学出版社，1994），pp.277-301；Ching-i Tu，"The Chinese Examination Essay，" pp.393-394；以及 Andrew Lo，trans.，"Four Examination Essays of the Ming Dynasty，" pp.167-168（"Editor's Introduction"）。有些较为老旧的观点，赞扬八股文有一种"客观的评价标准"，参见 Ch'ien Mu，*Traditional Government in Imperial China: A Critical Analysis*，trans.，Chü n-tu Hsueh and George Totten（Hong Kong：Chinese University Press，1982），pp.112-113。

27 参见《五礼通考》，174.14a-b。

28 关于文体起源，参见陈德芸《八股文学》，载《岭南学报》6，4（1941 年 6 月）：17-21，陈罗列了明清文人总共 6 种不同的观点立场。

29 陈德芸《八股文学》，pp.20-21。相关讨论，还可参考拙著 *Classicism, Politics, and Kinship*，pp.290-295。又见《李申耆年谱》（南林：嘉业堂，约 1831 年），2.7a-7b。

30 参见 William Theodore de Bary，"Individualism and Humanitarianism in Late Ming Thought，" in de Bary et al.，*Self and Society in Ming Thought*（New York：Columbia University Press，1970），pp.188-222。

31 参见李贽《时文后序》，收入《焚书》（北京：中华书局，1975），第 117 页。

32 参见 Andrew Plaks，"Pa-ku Wen，" in William Nienhauser，ed.，*Indiana Companion to Traditional Chinese Literature*（Bloomington：Indiana University Press，1986），pp.641-643。又见 Plaks，"The Prose of Our Time，" in *The Power of Culture: Studies in Chinese Cultural History*，edited by W. J. Peterson，and Y. S. Yu（Hong Kong：Chinese University Press，1994），pp.206-217。

33 梁章钜：《例言》，收入《制义丛话》，第 1a—4a 页和第 1.4b—5a 页。关于"制义"一词的使用，参见后注 82。

34 参见《制义丛话》1843 年刻本所收序言。

35 参见杨文荪《序》，第 3a 页，同上。

36 Ridley，"Educational Theory and Practice in Late Imperial China，" pp.419-424。

37 《常谈》，第 16—17 页表明，有一些八股文结构的术语，如破题、接题等，在宋代就开始被使用了。

38 《明史》，3/1693。

39 参见《明代巍科姓氏录》，A.1b；以及钱基博《明代文学》（上海：商务印书馆，1939），第109—110页。又见《论语引得》，33/16/2；以及Lau, trans., *Confucius: The Analects*, p.139。参见Ching-i Tu, "The Chinese Examination Essay," p.396。文中，涂经诒误把会试时间写成1836年。

40 《孟子引得》，5/1B/1；以及Lau, trans., *Mencius*, p.62。

41 《孟子引得》，26/4A/1；以及Lau, trans., *Mencius*, p.118。

42 顾炎武：《日知录》，第479—480页（卷16）中的《试文格式》。

43 参见《进士登科录》，1475：无页码手稿。

44 参见《会试录》，1475：18a。

45 《制义丛话》，4.6a-b。《进士登科录》，1475中还记载刘戬在殿试中被点中榜眼，但在之前的会试和应天府乡试中都取得了第一。因此商辂一共阻止了两位江南考生复制他自己所创造的纪录。李调元《制义科琐记》，2.46中记载黄观于1391年也取得过"三元"，但是这三元分别是在元、明两朝取得的。入明后，他将姓氏改为了"徐"。

46 参见《南国贤书》，1.6b；以及王阳明《阳明全书》，《四部备要》版（台北：中华书局，1979），25.12b。又见《皇明三元考》，4.13a；以及《状元策》，A.6a-13a。

47 《明状元图考》，1607年刻本；黄光亮：《清代科举制度之研究》，pp.166-185。

48 参见《国朝贡举考略》，1825年刻本。

49 商辂本人的制艺文，参见《会试录》，1445：45a-47a，其中包括了他关于"诚"的论。商辂殿试的策问答卷，可参见《皇明状元全策》，4.18a-24a。又见《制义丛话》，4.6b。

50 《会试录》，1475：49a。又见《阳明全书》，25.12a-14b。

51 《会试录》，1487：3a-4a；1490：无页码手稿；1496：2.12a。又见《会试录》，1508，其中王鏊所作《序》；以及《皇明程世典要录》，晚明刻本，2.31b。

52 《河南乡试录》，1759。

53 《会试录》，1475：6b-8b。又见《孟子引得》，25/3B/9；以及Lau, trans., *Mencius*, p.115。

54 《会试录》，1475：6b-7a，21a-b，40a，48a-52b，62b-69a。

55 Ching-i Tu, "The Chinese Examination Essay," p.403中引用了俞长城《百二十名家集》。

56 《论语引得》，23/12/9；以及Lau, trans., *Confucius*, p.114。

57 《论语引得》，1/1/1；以及Lau, trans., *Confucius*, p.59。

58 第一篇文章可参见方苞《钦定四书文》（1738；重印本，台北：商务印书馆，1979），vol.1, 3.3a-4a。又见宋佩韦《明文学史》（上海：商务印书馆，1934），第228-230页，英译源自Ching-i Tu, "The Chinese Examination Essay," pp.400-02，内含一些错字。涂经诒也参考了Ch'en Shou-yi, *Chinese Literature: A Historical Introduction*（New York: Ronal Press, 1961），pp.506-508。第二篇文章被选入《明文钞》，高嵣（1781年刻本），"上论"，浦安迪（Andrew H. Plaks）曾进行过英译，参见Plaks, "The Prose of Our Time," pp.206-217。我下面会给出我自己的翻译。

59 《礼记引得》，4/48，49；以及《春秋经传引得》（台北：成文出版社，1966），478/A页 8/2Tso在。有若是孔子的重要弟子。

60 参见方苞《钦定四书文》，vol.1, 3.3a-4a。此书收录王鏊其他文章可见vol.1, 2.21a-22a, 3.7a-8b, 4.9a-10b, 6.3a-6b, 6.9a-12b, 6.19a-20b。又见Ching-i Tu, "The Chinese Examination Essay," pp.402。

61 Plaks, "The Prose of Our Time," pp.206-210。

62 《制义科琐记》，1.37-38。

63 参见商衍鎏《清代科举考试述录》，第234、257页。

64 参见《制义丛话》，2.8a-b；以及Ridley, "Educational Theory and Practice in Late Imperial China," pp.459-69。关于科举八股文长度的变化，参见陈德芸《八股文学》，第48—49页。

65 参见Yu-shih Chen, *Images and Ideas in Chinese Classical Prose: Studies of Four Masters*（Stanford: Stanford University Press, -1988），pp.1-13, 109-114。

66 参见E. R. Hughes, "Epistemological Methods in Chinese Philosophy," in Charles Moore, ed., *The Chinese Mind*（Honolulu: University of Hawaii Press, 1967），pp.28-56。

67 参见Chung-ying Cheng, "On Implication（tes 则）and Inference（ku 故）in Chinese Grammar," *Journal of Chinese Philosophy* 2, 3（June 1975）: 225-243。

68 相关讨论，参见Hart, "Proof, Propaganda, and Patronage," chap.1。

69　参见 Hughes, "Epistemological Methods in Chinese Philosophy," pp.92。

70　关于对仗和类比的手法从文章诗赋影响到法律文书写作的问题，可参见 Fu-mei Chang Chen, "On Analogy in Ch'ing Law," *Harvard Journal of Asiatic Studies* 30（1970）：212-224。又见王荫庭《办案要略》，收入《入幕须知》，张廷骧编（浙江书局，1892），第 36a—38a 页，其中提到了刑名人员的法律文书写作与八股文非常明显的重合之处。然而，在更低级别的司法程序中，能够"粗通文墨"已然足以代理那些不善文言文写作的平民和乡人们的诉求。更多讨论，可参见 Wejen Chang, "Legal Education in Ch'ing China," pp.309-310。在加州大学洛杉矶分校（UCLA）就读的唐泽靖彦目前正就相关问题撰写其博士论文。

71　《清稗类钞》，21.165-166, 21.173。

72　参 见 Jacques Le Goff, *Intellectuals in the Middle Ages*（Cambridge and Oxford：Blackwell, 1993），pp.88-92 对此进行了学术讨论。

73　参见 P.Angelo Zottoli, S.J., *Cursus Litteraturae Sinicae*, Vol.V：*Pro Rhetorices Classe pars Oratoria et Poetica*（Shanghai：Catholic Mission, 1882），pp.12-14。这本著作内有大量翻译成外语的八股文。

74　Hughes, "Epistemological Methods in Chinese Philosophy," pp.92, 99. 关于"文体"的讨论，参见 Campany, *Strange Writing*, pp.21-24。

75　参见《明文钞》中的八股文，内含对八股文内容进行分隔的标点符号和内注。关于标注问题，又见 T. C. Lai, *A Scholar in Imperial China*（Hong Kong：Kelly & Walsh Ltd., 1970），pp.16-18。

76　《近科全题新策法程》，刘坦之评点，1764 年刻本，"凡例"，第 1a—2a 页。

77　Ch'ien Mu, *Traditional Government in Imperial China*, p.113。

78　关于试卷纸书答时的书写格式，参见《临文便览》，1875 年刻本，《条例》，第 1a—5b 页。又见 1661 年、1664 年、1667 年和 1685 年会试第一场考试八股文写作朱卷格式，现存台北中研院明清档案。加州大学洛杉矶分校东亚图书馆藏有复印件。

79　关于八股文各结构部分更详尽的分析，参见陈德芸《八股文学》，第 23—48 页；以及商衍鎏《清代科举考试述录》，第 231—238 页。

80　《淡墨录》，13.12b-13b；以及陈德芸《八股文学》，第 48 页。

81　黄汝成：《日知录集释》，第 386—387 页。参见 Lung-Chang Young, "Ku Yen-wu's Views," p.51。又见 Willard Peterson, *Bitter Gourd*, p.47。

82　《制义丛话》，1.10b。有趣的是，"代圣人立言"的典范也是儒家的核心经典，即《春秋公羊传》，因为据说孔子听说西狩获麟的事情，于是绝笔不作《春秋》。在《公羊传》的注释中，孔子是"制春秋之义以候圣人"。参见《春秋经义引得》，vol.1, p.487（哀 14）。这句话也经常用来指代制义，即考生写作八股文是在模仿孔圣人。

83　相关讨论，参见陈德芸《八股文学》，第 19—20 页，商衍鎏《清代科举考试述录》，第 230 页；以及 Chang-i Tu, "The Chinese Examination Essay," p.405。关于八股文的声律，可参见启功《说八股》，载《北京师范大学学报》1991 年第 3 期，第 56—58 页。

84　参见朱熹《论语集注》，第 47 页，收入氏著《四书章句集注》（台北：大安出版社，1991）。

85　Plaks, "The Prose of Our Time," pp.211-217 中成功地把握到了本文的一些复杂精微之处，虽然经过慎重考虑仍对浦安迪的某些翻译持保留意见。

86　在唐代，"闱"指的是举办进士考试和明经考试的宫殿。

87　台北中研院内还保存有很多按顺序存放的、供科场内部使用的八股刊刻资料，内含 1699 年、1702 年的江西省乡试，1699 年江南省的乡试，1702 年山西省、湖南省、浙江省乡试的刻印件。加州大学洛杉矶分校东亚图书馆藏有这些资料的复印件。

88　Craig Clunas, *Superfluous Things: Material Culture and Social Status in Early Modern China*（Urbana：University of Illinois Press, 1991），p.118。

89　林骏、黄丽翁编《古今源流至论》，明初刻本（重印本，台北：新兴书局，1970）。

90　《常谈》，第 18—19 页。据《制义科琐记》，4.133 记载，康熙朝的考试记录有缺档。考试记录的传统可以追溯至唐代。又见 Lucille Chia, "The Development of the Jianyang Book Trade, Song-Yuan," *Late Imperial China* 17, 1（June 1996）：38。

91　参见刘祥光《时文稿：科举时代的考生必读》，载《近代中国史研究通讯》（台北中研院）1996 年第 22 期，第 49—68 页；以及刘的论文 "Examination Essays: Timely and Indispensable Reading for Students in the Ming"，讲演于第 49 届亚洲研究协会（the Association for Asian Studies）年会

（芝加哥，1997 年 3 月 13-16 日）。刘文将明代个人文集的增长归结于考试竞争的日益激烈，但是他无法解释为何宋代科举同样竞争激烈，却没有类似的编订文集。这一问题的答案可能是不同朝代的考试制度，即唐代一级考试，宋代两级考试，明清三级考试。参见 Peter Bol，"The Examination System and Sung Literati Culture，" in Léon Vandermeersch，ed.，*La société civile face à l'Etat*（Paris：École française d'Extrême-Orient，1994），p.55。在宋代，有 4000 到 1 万名乃至更多的考生参加府考，而有 1 万名以上的考生参加州考。参见 Chaffee，*The Thorny Gates of Learning in Sung China*，pp.33-36。宋代考生的总人数要远低于明清地方院考的参加人数。

92　梁章钜：《制义丛话》，卷 4-6。又见刘祥光《时文稿》，第 54 页。

93　商衍鎏：《清代科举考试述录》，第 244—245 页。

94　参见大木康《明末江南における出版文化の研究》；以及 Ellen Widmer，"The Huanduzhai of Hangzhou and Suzhou：A Study in Seventeenth-Century Publishing，" *Harvard Journal of Asiatic Studies* 56，1（June 1996）：77-122，尤其 pp.118-119。又见 Lucille Chia，"The Development of the Jianyang Book Trade，Song-Yuan，" pp.10-48；以及 Brokaw，"Commercial Publishing in Late Imperial China，" pp.49-92，都刊载于 *Late Imperial China* 17，1（June 1996）。又见 Lucille Chia，"Commercial Publishing in Ming China：New Developments in a Very Old Industry，" 论文宣讲于第 49 届亚洲研究协会（the Association for Asian Studies）年会（芝加哥，1997 年 3 月 15 日），pp.11-12。

95　参见康有为《日本书目之识语》中的《序》，重印版见陈平原主编《二十世纪中国小说理论资料（第一卷）》（北京大学出版社，1989），第 13 页，康有为提及，在他与一名上海印刷工人的对话中提到了这一问题。

96　参见刘祥光《时文稿》，第 62—65 页。

97　*Dictionary of Ming Biography*，pp.1399-1400.

98　参见戴名世《庚辰会试墨卷序》，收入《清代前期教育论著选》，李国钧编，（北京：人民教育出版社，1990，三卷本），2/223。

99　参见 Kai-wing Chow，"Writing for Success"。

100　关于归有光的科举八股文，参见《归有光全集》（台北：盘庚出版社，1979），第 375—381 页。参见 *Dictionary of Ming Biography*，pp.759-61；以及 Willard Peterson，*Bitter Gourd*，pp.53-53。

101　参见艾南英《艾千子先生全稿》，清初刻本（重印版，台北：伟文图书出版公司，1977）。

102　方苞：《钦定四书文》，vol.9，9.34a-36a。又见 Andrew Lo，trans.，"Four Examinations Essays of the Ming Dynasty，" pp.176-178。

103　方苞：《钦定四书文》，vol.9，9.35a-36a。

103　参见容肇祖《吕留良及其思想》（香港：崇文书店，1974），第 1—18 页；以及 Hummel，ed.，*Eminent Chinese of the Ch'ing Period*，p.551。又见戴名世《九科大题文序》，收入《清代前期教育论著选》，2/226-228。

105　吕留良于 1658 年的序言和其他一些评论，收入《清代前期教育论著选》，2/11-16。

106　关于戴名世的仕途，学界有极为精彩的研究，参见 Pierre-Henri Durand，*Lettrés et pouvoirs：Un procès littéraire dans la Chine impériale*（Paris：École des hautes Études en sciences sociales，1992）。参见 Hummel，ed.，*Eminent Chinese of the Ch'ing Period*，p.701。

107　参见戴名世的序，及其在文集中对其 1694 年、1697 年、1699 年、1700 年和 1702 年科举文章的评注，收入《清代前期教育论著选》，2/123-140。参见拙文 "Ch'ing Schools of Scholarship"，pp.15-17。

108　参见戴名世《壬午墨卷序》，收入《清代前期教育论著选》，2/238。关于李绂，可参见《清代前期教育论著选》，2/330-333。

109　参见拙著 *From Philosophy to Philology*，pp.88-137，其中讨论了晚期帝制中国的学术职业化。参见 Chow，"Writing for Success，" pp.128-130，未经严谨论证地列举出了很多所谓的明末"职业批评家"。

110　参见佐野公治《四書學史の研究》，（东京：创文社，1988），pp.103-155，365-368。

111　关于四书和五经的不同，可参见拙著 *From Philosophy to Philology*，pp.46-49。

112　参见 Chow，"Writing for Success，" pp.130-132。

113　参见佐野公治《四書學史の研究》，pp.371-373；以及 James J. Y. Liu，*Chinese Theories of Literature*（Chicago：University of Chicago Press，1975），pp.90-92。

114　袁黄：《凡例》，收入《四书删正》（无出版时间），第 1b 页；以及《皇明浙士登科考》中的《诏令》，第 20a—23a 页。相关讨论，可参见 Brokaw, *The Ledgers of Merit and Demerit*, pp.17-27, 231-32; Judith Berling, *The Syncretic Religion of Lin Chao-en*（New York：Columbia University Press，1980），pp.49-61，73-74; 以及 Wei-ming Tu, *Neo-Confucian Thought in Action: Wang Yang-ming's Youth*（Berkeley：University of California Press，1976）。

115　参见佐野公治《四書學史の研究》，pp.375-378; 又见 Yü Ying-shih, "Some Preliminary Observations on the Rise of Ch'ing Confucian Intellectualism," *Tsing Hua Journal of Chinese Studies*, n.s., 11, 1 and 2（December 1975）：125; 以及林庆彰《清初的群经辨伪学》，第 359-368 页。参见 Bruce Rusk, "Chen Que（1604-77）and the Critique of the Great Learning"（B.A. Graduating Essay，Department History，University of British Columbia，1996），pp.46-60。

116　《浙江乡试录》，1516：5/2679-2681，以及 5/2787-2794，收入《明代登科录汇编》。

117　艾南英：《天傭子集》，1.28a-30a。又见李调元《制义科琐记》，2.61; 以及 *Dictionary of Ming Biography*，p.1103。

118　我在此依靠藏于台北的"中央图书馆"中国研究中心的关于明末清初的"四书"注疏刻本来进行此项研究。虽然这些注疏中的观点非常多元，但是确实发现了全新的思潮趋势。总体而言他们并未像周启荣在其论文《为功业而文章》（"Writing for Success," pp.122，130-144）中所过分夸张的那样，"是对儒家经典开放且多元化的阐释"，周启荣教授是基于同样的文献得出这一结论的。他未能吸收佐野公治教授 1988 年关于明代"四书"版本的研究，后者针对明末科举文章中新的思潮趋势给予了非常精微的论述。

119　《四书初闻》，3.98b。又见蒋应奎《序》，第 1b—3a 页，他将"心学"等同于孔子的教育体系。

120　参见焦竑《新鍥皇明百名家四书理解集》（约 1594 年），A.8b。又见 Edward Ch'ien, *Chiao Hung and the Restructuring of New-Confucianism in the Late Ming*（New York：Columbia University Press，1986），pp.67-113。

121　参见拙著 *Classicism, Politics, and Kinship*，pp.76-77，104-105。

122　参见汤宾尹所撰《凡例》，收入《四书衍明集注》（出版时间不详）。1619 年汤又编撰了一部《四书脉讲义》。许獬是《四书崇熹注解》的合编者，书贾借前一年许獬新科会元的名头来牟利，所以才出版此书。

123　又见《四书主心得解》，周延儒（1593—1644）、朱长春编，周延儒是 1613 年殿试状元。周启荣认为很难确定古籍上所声称的作者是否是书的真实作者。参见 Chow, "Writing for Success," p.132。

124　参见梁章钜《制义丛话》，5.10b。又见《制义科琐记》，1.40，其中涉及 1448 年科举殿试。参见佐野公治《四書學史の研究》，pp.406-418。参见 *Dictionary of Ming Biography*，pp.975-978。关于禅宗对科举的进一步影响，参见田从典《阳城田太师全稿》，2.14a; 以及顾炎武《日知录》，3.111-112。

125　参见佐野公治《四書學史の研究》，pp379-380，420-424。

126　参见张溥《序》，收入《四书考备》（约 1642 年），第 1a 页。相关讨论参见拙著 *From Philosophy to Philology*，pp.47，103，and 187。

127　《四库全书总目》，37.14a-b。

128　参见《常谈》，第 33、35 页。

129　参见佐野公治《四書學史の研究》，pp.420-422。

130　参见杨一昆《四书教子尊经求通说》（无出版年份），B.17a-b，其中引用了毛奇龄的观点。又见毛奇龄《四书改错》（上海：商务印书馆，《丛书集成初编》，1936），第 19 页。参见商衍鎏《清代科举考试述录》，第 248 页。

131　参见 R. Kent Guy, "Fang Pao and the *Ch'in-ting Ssu-shu Wen*," pp.168-75; 以及 Kai-wing Chow, "Discourse, Examination, and Local Elite," p.187，两篇文章皆收入 Elman and Woodside, eds., *Education and Society in Late Imperial China*。

132　方苞：《钦定四书文》，《凡例》，第 1a—2a 页。然而，方苞并未提及明代使用的典籍注疏其实源于永乐朝的三部《大全》，而并非直接来源于汉唐注疏本身。参见第二章。相关讨论还可参见郑邦镇《八股文守经遵注的考察：举〈钦定四书文〉四题八篇为例》，清代学术研讨会（高雄：中山大学，第一卷，1989），第 219—243 页。又见 Ching-i Tu, "The Chinese Examination Essay," pp.403-404。

133　方苞：《钦定四书文》，《凡例》，第 1a—2a 页。关于唐顺之和归有光的部分，参见卷二，2.9a。

134 方苞:《钦定四书文》,《凡例》,第 2b—3a 页。关于这方面的讨论,参见 Guy, "Fang Pao and the *Ch'in-ting Ssu-shu Wen*," pp.167-168;以及 Chow, "Discourse, Examination, and Local Elite," pp.188-190。

135 Guy, "Fang Pao and the *Ch'in-ting Ssu-shu Wen*," pp.166-167. 然而,盖博坚注意到 122 位清代作者中只有 98 位考中进士。方苞在遴选清代八股文时,并非依据作者在清初科举考试中的成败。

136 参见《礼科题本》,第二月,福建御史董之铭的奏折,他请求朝廷再编订一部类似于之前方苞所编纂的范文选本。相比于方苞的选本,董之铭希望翰林编修们选录更多的清代制艺文。这一请求在同一题本的第三月中又再次提出。

第八章　评卷标准、文士阐释与王朝对知识控制的局限性

本章探讨的是明清两代科举考试标准如何确立，以及考官们如何成功地通过科举来践行道学的正统理念。官僚机构以巨大的财政投入来维系帝国范围内科举考试体制的人员配备和体系运转。讽刺的是，考官们逐渐无暇仔细阅读每一份试卷，考生激增所造成的这种严重后果早在明末就已开始显现，而到了18世纪晚期开始急剧恶化。哪怕对于八股文这种易于评定的文体来说，最终的考生排名依然充满了偶然性。虽然道学科目对考生所产生的教育影响不言而喻，但我们还是不应对考官们所秉持的经学判卷标准做过度解读，毕竟身在科场中的考官们都无比疲倦，他们不可能以绝对一致且一以贯之的道学标准来检视所有考卷。诚然，科举考试履行着捍卫官方经典的职责，然而考官们在以一系列标准确定考生最终排名的问题上所扮演的角色，越来越像是一个复杂的猜谜游戏。

以解释经籍为己任的士人群体、儒家经典所设立的标准，乃至对正规知识进行制度化的管控——这些都是存在于科举考试体系和全帝国范围里所有科场中的核心特征。但公共政治权力既无法进入那种基于"文人趣味"的封闭的智识世界，同时也无法转化为一成不变的"道学正统"。相反，如果我们仔细研读自明初以来的科举制艺文，尤其关注这类文本在语言修辞上的历史延续性和变迁，以及其道德论证的逻辑链，就会发现它们都以公式化的问答为外在表现，以对道学问题语义式（semantic）和主题式（thematic）的建构为内在核心。这使得考官和考生们可以根据彼时士人们的道德态度、社会氛围（social disposition）和政治压力（political compulsions）来标识和区分他们的认知世界（cognitive world）。士子们在帝国科举考试中论证道德问题时所采用的分析框架，已然预

先假定他们在道德类型（moral categories）何为和文辞卓越（literary distinctions）与否等问题上，会给出符合应试要求的修辞预设，但这类预设的行为后果往往是，考生之后其实并无法在具体的行为实践上切实践行他们的修辞预设。然而，考官既是官员，也是具有能动性的文士知识制造者（agents）。他们对试卷文章的评判，代表了朝廷对晚期帝制中国辖内所有生员、举人和进士的某种认可。

科举考试的考官作为一个精通经义和文辞的士人群体，服务于朝廷；他们阐释儒家经典，制定考试制度，决定以何种文辞标准来给考生们排定名次。通过这套文化和制度机制，考官在理论上控制了学子们进入官僚体系、出任重要职位的通路。明初，儒家经典的历史地位被确立了下来（参见第二章），直到18世纪之前这些被官方认可的儒家经典基本没有太大变动，但在这之后，作为清廷政治顾问的文士开始劝说清朝统治者对科举的主要科目进行重大改革（参见第十一章）。

有明以来，考官们一直在仔细研读四书五经、正史这些互有征引（intertextual）的经籍书目，这些考官作为士绅精英中的一员，大部分人曾经也是科举考生，也一样要在他们现在所监考的这种科举考试中力求脱颖而出。作为考生中的佼佼者，他们实际上成了被认可的儒家道学传习者。他们拥有对儒家经典的解释权，这使得他们可以对这些经典的含义进行再生产和改造。然后，考官们再借助科场来传扬正统道学劝诫的权威观点。考官对经义文章中的道学解释拥有控制权，这确保了王朝的文化保守主义得以建立在一系列地位稳固的经典的权威性之上。然则，考生并不总会在制艺文的诠释辨析过程中遵循那些解释已经被固化的权威经典。而新奇的观点和文辞上的独出机杼，也不一定会被考官们全盘否定。此外，正如第七章所言，新的文体风格、新的诠释观点使得科举经义文最终得以进化成科场之外的文士生活中的重要文体。[1]

基于制艺文中的种种语法、修辞和对仗所形成的韵文规则，科举考场上的较量最终从对儒家经义的见解认识，转变了文辞写作上的高下之分。考官基于考生文章中对道学的正统阐释、按规定格式写成的对道德修辞的链式论证，以及考官自身对文章的偏好，进行筛选，所以考官不仅仅是朝廷和官僚体系的代表，同时也是文士文化的参与者，与文脉风尚的兴衰变迁息息相关。对儒家经典的诠释风尚限定了考生们所使用的文言语汇，只有那些预设的道学观念被析出，科举文章被局限在某种受推崇的文体体裁之中，与此同时还保留了一些类似于诗歌式的语言美感（1756年之前）。[2]

在科举考试中，考官要求考生用典雅和公式化的语言，将先秦时期的史事和学说进行象征性的重构（symbolic reconstruction），并以书面语传达他们对于古代圣贤的看法。而这种针对先秦思想的象征性重构，建立在程朱理学对儒家经典的重构之上。虽然明王朝覆灭之后，文士学者中又出现了新的经学学术潮流，但在此之前，最让明代一流学者心折的学说还是所谓圣学（sagehood）。虽然无数考生用死记硬背的应试办法来研习道学不可避免地稀释了道学教化的题中之义，但是道学对于作为士人安身立命之根本的道德至善的强调，依然在他们心中占有一席之地。如果每一位士人都能变成道德表率，那么无论是王朝国家，还是士人精英，乃至广大的农民阶级，都会走向繁荣昌盛。在明代中后期的王阳明看来，知行合一里道德的"知"与人们的"行"应该等量齐观。无论阳明心学，还是程朱理学，政治和谐、社会和谐和文化和谐都是建立在每一个人在道德方面的严于律己之上的。

在考场写作时，无论是八股文，还是论、策，考生们都被要求详尽且系统地论述天地之间相辅相成的关系。通过对造就

423

世间万物的宇宙观中的分异与构成的深思，考生在文章中陈述他们对修身立命，以及对一个治理有序、鼎新有法的中华帝国文明的理解。正如下文所说，自我道德修养的达成是基于每个个体的心智能力，正是这种心智能力使得士人得以达到道学中的至善之境，而至善则是士人领悟道德上的正当性与理性上的宇宙观过程中至关重要的一步。

考官们的评卷标准遵循着一套在官场中被广泛认同的区分形式。无论是科场外的异议者，还是民间信仰，乃至前文讨论过的梦中预言，都无法真正动摇科举制艺文的道德基础。这些在考场上用文言文写作的科举文章，它们以具体的一套文体（古文、骈文）写就，并通过八股文型的程式表达出来，于是乎经义文变成了王朝选拔人才、文士阐明对圣王之道看法的交流平台。从约 1475 年前后王鏊身处的那个时代，一直到 1900 年，以八股文程式作答的文体要求，就被选定为所有考生都必须遵奉的一种准则。

四书与考生的最终排名

424 然而，科举的制度化需要对八股式的文辞形式主义（literary formalism）进行实质性的改良，以适应科举考试的实践需要。[3] 而在具体实践当中，明代科举考试的规模和人数令人震惊（参见第三章）。比如 1523 年乡试主考官就记录了考官和考生的悬殊比例，17 位同考官和 2 名主考官被分入 15 个考房（参见表 4.3），总计要批阅 3600 卷考生文章，以 3800 名考生计算，大约一名考生三场考试的答文就要占到一卷。55 名考试官员每人大约要处理 69 名考生（参见表 3.15）和 65 卷文章。每名同考官大约要批阅 220 卷。[4]

到了清代，地方考试和乡试的考生人数更是节节攀升，以至于考官品秩的节节攀升赶不上他们面前考生试卷数量的节节

攀升。例如 1742 年会试主考官鄂尔泰（1677—1745）就在
《会试录》中汇报，4 名主考官、18 名同考官总共要批阅 5913
名考生的 5073 卷考试文章，而考官们还得从 319 名录取贡士
的文章中精挑细选 22 篇列入《会试录》存档。每名同考官大
约要批阅 328 名考生的 282 卷文章。[5]

　　虽然自 1711 年开始，阅卷的截止时间有所延长，但考官
工作量依然巨大，1729 年广东省乡试的主考官在上表给朝廷
的《乡试录》的序中所统计的数据表明，考官必须在 20 天内
从 9000 余名考生的文章中挑选出 78 名举人（0.9%）以及 22
篇最优秀的科场范文。[6]清代学者钱大昕于 1759—1774 年间
共监考了 4 次乡试，当他在为 1762 年湖南省乡试状况撰写官
方奏报时，真实地记录了考官在面对如此海量试卷时还要保证
极高的阅卷认真度的种种难处：

　　　　湖南应举士子四千余人。三场之卷凡万二千有奇。合
　　经书义论策诗计之不下五万六千篇。臣等自阅卷之始至于
　　撤棘，计十八昼夜。文卷浩繁而时日有限。谓所去取者必
　　皆允当而无一遗才，臣诚未敢自信也。然臣之心力不敢不
　　尽矣，宽其途以收之，平其心以衡之。[7]

　　前文第三章中已详举了由明至清两代科举考官数量的增
长。明清两代，第一场考试针对"四书"引文的答卷文章，考
官一般看得极仔细，而剩下第二、第三场考试的答卷则经常是
在第一场考卷大体确认完中榜者之后被用来确认考生的最终排
名。然而在明清易代之际，第一场四书文在科举考试中的评卷
重要性也发生了重要变化（参见表 8.1）。

　　明代，考官们倾向于根据考生第一场四书文的水准来判
定头几名考生的排名。1465 年后，乡、会试的前三名经常是

第一场考试中针对三句"四书"引文作文章最优的考生。换言之，解元、会元往往是因为某篇四书文特别出色，而第二名则是因为另一篇四书文写得优秀，第三名则是因为剩下的那篇四书文写得极佳。之后，再根据他们的经义文、第二场考试中的论（参见表10.1）或是第三场考试中的时务策（参见表8.2）来区分彼此间的名次。1787年以前，科举考试前5名是根据五经的专经从每一经中挑选一人。因此虽然讨论"四书"的八股文在评卷中占有极大的分量，明代科举考官仍需要评阅考生的所有答卷。

　　然而到了清初，大概是由于考官们关注重心的转移，这种评卷方式发生了根本性的转变。表8.1也表明，自1654年有可靠记载开始，直到19世纪90年代，乡试、会试的考官更倾向于根据一名考生所写的三篇四书文来判定考生成绩，四书文写作决定了排名高低，其优劣与否的重要性要远超其他两场考试的文章。换言之，科举的规则变成了选拔四书文写作最好的考生。这一评卷程序的变化使得科举选拔产生了极大的变化，而考生们也从最终的科举排名和考官公开的科举《乡试录》《会试录》中意识到了这一巨变。这意味着，清代考官可以不用像明代人那样在头三名考生不分伯仲时，再花宝贵的时间去评阅他们其他两场考试的答卷，清人只需依据他们的四书文，即可确定最终的排名。这种对考生第一场四书文的关注，意味着考官只会将考生其他考试场次中关于五经的文章、论和时务策当成在第一场四书文科举名次之外进行辅助判断的手段。

　　我们可以通过明清两代对于优秀考卷评语的文字长度来证实这一评卷变化的存在。在明代，考官会在最终的《乡试录》《会试录》中写几句评语（见下文）。而到了清代，考官几乎没时间写长评，1788年考官们还会以8个字（"思深力厚，气足神究"）来作评，[8]到了1831年就减少到了4个字（"学有本原")[9] 或 1882 年的 1 个字（"取"或"中"）。[10] 这些短评丝毫没有体现出所取中的答卷文章与其他落榜文章有何不同。有清一代，考官的试卷评语长度大概也是从 8 个字左右缩减到了 1 个字。[11]

在明代，朝廷已经对科举考试不重视第三场时务策的倾向表达了不满。1527 年以及 1564 年，嘉靖帝要求考官也关注策论部分，他下旨说，不管四书经义文的质量如何，那些在其他场考试中毫无价值的答卷理应被黜落。[12] 表 8.2 表明，虽然策问没那么重要，但是明代考官还是认真对待这部分答卷的（参见第九章）。乡试、会试中最优的答卷经常是由当科前 5 名考生所写，考官们评阅所有的文章之后再确定最终的名次。比如，1445 年商辂夺得解元、会元、状元（连中三元），但他在会试中没有一篇八股文写得被士人们认为是当科最好的。不过，他仍旧凭借在第一场经义文、第二场论、表和第三场时务策中整体优异的表现，名列鼎甲。[13]

然而，清代四书文在科举评卷中的权重增加的后果就是，第三场策问在评卷过程中的重要性每况愈下，即使乡试、会试中那些考官所出的长篇策问考题对我们理解清代的思想趋势来说仍然是非常重要的线索（参见第九章）。如表 8.2 所显示，1654 年之后，那些策论文章被评为最优，并且文章被收录进《乡试录》《会试录》等官方记录中的考生，越来越多地出现在当科考试的前十名开外。策问只在 17 世纪和 19 世纪晚期迎来了短暂的复兴，大部分时务策文章最优的考生有时甚至排名在第 88 名（1693 年）或第 90 名（1852 年）。

事实上，1852 年顺天府乡试第三场 5 道策问题考试回答最佳的考生在最后张榜时，只能排到第 68 名，这种情况在明代闻所未闻。那些苦恼的清代考官越来越倾向于选择一名 5 道策论题回答皆优的考生作为第三场考试的最佳，这样就不需要

427

针对每道策问题选择一篇佳作列为最优了。清初在第一场四书文评卷过程中所发生的那些故事，在清末第三场策论文中又再次上演了。

很多清代考生从别人的经验中得知，科举最终排名主要取决于第一场考试文章的结果，这导致他们在第二、三场考试时仅仅采取走过场的态度。虽然从理论上说，第一场四书文需要有良好的八股文功底和经学科目知识，只有这样才能写出那种在修辞文体形式上考究的文章，但是评卷、排名的逻辑让考官和考生都偏离了科举原本以品行端正、文辞典雅为核心要旨的"经义之本"。最终，并不是科举的每一道考题，考生们都会用端正的经学知识认真作答。而那些作为王朝文化的能动者（cultural agents）和代表了历朝的文学、经学发展趋势的考官们，他们都有选择性地影响了考生对道学学说、经典注疏、历史知识乃至文学风尚的理解。他们在阅卷时间不足但工作量巨大的压力下，基于在评卷过程中的现实考虑做出了种种取舍，这种取舍最终在实践中战胜了道学科目形式主义的经义标准。这种发展趋势在清代变得越来越明显。[14]

充满随机性的科举考试排名

428

一直以来，无论考试级别高低，每一次的科举考试排名相比前一次的考试排名，都显得缺乏可预期的连续性。这极大削弱了科举考试在考查经学科目问题上的权威，也削弱了科举市场本身的声誉，并且使得解梦算命等相关的科举迷信得以在考生中广泛传播渗透。很少有考生能够每次考试都名列前茅，任何人都可能在某次特定的考试中拔得头筹，有些人在这次考试中可能是第一名，但到了下一次考试搞不好又会垫底。

部分原因可能是考官本人不能胜任阅卷工作，或是有贪墨的行为（参见第四章），但是更为重要的是，从明代开始，那些受过良好经学教育的各地男性的数量就已经在不断增长，在全国范围内，这些受过正式教育的男性在考试市场中实力旗鼓相当。那些不通经义、粗通文墨、半吊子的考生早已在科考和院考中被淘汰。而到了乡试的环节还要在剩下的考生中再淘汰99%，一般而言，考生们必须要参加数次考试之后，才能有机会突破举人这一关，再去京城参加进士考试。15

　　甚至如表 8.3 所示，明代每科的会试和殿试排名也缺乏相关性。事实上，1469 年殿试状元在会试中居然排在第 240 名，而在乡试时也只排第 83 名。1568 年殿试状元在乡试中排第 84 名，而在会试中仅排第 351 名（共录取 410 名贡士）。如果仔细研究一下这张表的话，同一考生数次考试排名之间相关性很高的人寥寥无几。这也就是为什么 1445 年商辂取得"三元"会如此荣耀，很可能也就是因为"三元"过于难得，所以 1475 年他才会全力阻止后生晚辈复制他的成功（参见第七章）。1586 年会试、殿试的最终排名也比较接近，但这也证实了科举考试体系最高两级考试（会试、殿试）彼此排名之间的相关性之小。16

　　如表 8.4 所示，考试排名的随机性趋势贯穿整个清代。除了像 1820 年的"三元"陈继昌或是 1685 年考取"两元"的陆肯堂（1650—1696），乡试、会试、殿试排名有相关性的清代状元少之又少。其中 21 人（占样本的 35%）排在百名开外，有 7 人（12%）的会试排名甚至在 200 名开外。只有 16 名状元（29%）在会试中排前十名；而仅有 15 名状元（25%）在乡试中排名前十。样本中总计只有区区 5 名状元（8%）在乡试和会试中都排在十名以内。

429

　　之后的第十章也有所提及，1756 年之后科举又恢复了试帖诗的考试科目，而第二场考试的论则在 1793 年之后被取消了，这些变动也相应改变了考官对每名考生的每篇文章的评价标准和排名。新制度在 1786 年颁布之后，科举考试的新形势要求考生们必须记诵五经，这一举措也改变了科场内考生们重四书、轻五经的态势。简而言之，本节对明清两代考官在现实情况下对经典的注疏（详见第九章）所作的简要的语境化解读（contextualization），揭示了日益严峻的科场体制是如何成功地让考官们在评卷标准、经学观点和对正规知识的管控问题上做出了让步。也正因为如此，科举也经常面对文士们的异议观点、民间信仰和算命解梦的倾轧。

明清民间通俗文学中经常会借鉴一些现实故事，将科举考官描绘成装模作样的蠢货，并将其置于一个喜剧式的科举取士的故事背景中。甚至一些有权势、有影响力的翰林或朝廷的大学士也沦为考生们口中的笑柄。比如庄存与（参见第七章）就因为他任考官时"好短文"而被考生讥笑。于是就有传言说，只要是庄存与出任科举考官，那种少于 300 字的八股文（清代中期一篇八股文一般为 550 字左右）就有望高中。但事实上庄存与每次考试需要评阅上千份试卷，这完全是超出常人工作量的任务，却无人对此表示同情。[17]

科举考试与明清时期的经学正统

科场中，科举考试的标准在理论上应完全遵照儒家正统学说。但科场之外，这些道学标准却经常遭到挑战。此外，在那些思想极度活跃的时代总会有一些学说，诸如 16 世纪王阳明的学说以及 18 世纪的汉学，它们不仅对道学的正统标准提出了挑战，同时也渗透进科场中。这些新观点不断与传统的旧学说发生碰撞和对抗。官方认可的正统注疏并未能阻挡明清两代文人在抒情感怀、吟人咏史时恪守道学教条，文士们经常提出对程朱理学的不同看法。考官们的命题和所批改的答卷中反映的正统思想，往往与当时走在学术前沿的学者们动辄对正统经义的质疑态度形成鲜明对比。

科举考题中的"克己"

《论语》中孔子的弟子颜渊向孔子请教"仁"的道德教义，孔子回答他的问题时讲了一段非常重要的话，这段话也成为正统道学和晚期帝制中国国家意识形态的重要组成部分。孔子是这样回应颜渊的："克己复礼为仁。一日克己复礼，天下归仁焉。为仁由己，而由人乎哉？"[18]

在朱熹的注解中，他对这一段给出了如下解读："克"意为"胜"，"己"则指的是"身之私欲"。据朱熹的解读，这句话的意思是："故为仁者必有以胜私欲而复于礼。"只有在这个意义上，人们才能做到朱熹眼中可以与天理等同视之的"本心之全德"。[19]

然而在科场之外，很多明末学者都不同意朱熹用"胜私欲"来解释"克己"。泰州学派（泰州，属扬州）是王阳明学说的激进信徒，他们在这一句的注释上与朱熹有着根本性的分歧，他们认为朱熹完全将人欲从天理中剥离开是错误的。在他们看来，朱熹因自己区分"理"与"气"的观点而曲解了《论语》中的这一段。

虽然明人对正统的朱熹注疏有很多异见，但是在乡试、会试这样重要的科举舞台上，朱熹的观点仍旧占据了统治性地位，考官们也经常会在第一场考试中从"四书"中选取这段关于"仁"的引文来出题。在第七章中我曾提及，16世纪时王阳明的影响已然通过考生和考官渗透进了科举考试体系中。之后到了18世纪，考据学者的观点立场对经学研究产生了重大影响，对儒家经典的朴学解释（philological interpretations）开始出现在时务策的答卷之中。[20]

1465年阳明心学还未兴起时，山东省乡试的试卷中正统观点还占据绝对主导地位。山东省乡试第一场考试就以上文所提及的《论语》段落出题，这道题考查考生是否掌握了朱熹关于仁的实践与"复礼"的解读。1465 年山东省乡试第二名王伦关于这段《论语》的解读被评为当科乡试的最优文章，这篇文章也被收入官方的《乡试录》中。一名考官这样评价这篇文章："此篇词理通畅、足见讲贯之学。"[21] 然而，在这篇文章的文辞之下，却潜藏着极深的政治内蕴。

早在 1456 年，王伦就参加了京畿地区举行的乡试，那时他的父亲王文是明廷的大学士。当王伦落第之后，王文参劾主考官贪墨，但是在经过调查之后，朝廷驳回了王文的参劾。1456 年的乡试是在土木之变（参见第一章）之后举办的，而王文在此前后支持大臣于谦（参见第六章）的建议，拒绝用赎金赎回 1449 年被瓦剌人俘虏的明英宗朱祁镇。之后明英宗被迎回京城，并在 1457 年发动夺门之变，改元天顺，于谦和王文都被当成叛臣处决。结果王伦因为父亲的原因无法参加乡试，直到成化帝即位并在 1465 年恢复了王文的名誉。次年，王伦改名宗彝，并接连通过会试、殿试，最终官至吏部尚书。[22]

在王伦 1465 年的经义文中，他强调了朱熹对于仁的阐释。他认为朱熹所说的"本心之全德"不仅不是外向型的发散，相反深得"吾心之天理"的真谛。在文章中，王伦简明扼要地向考官阐明了天理与人欲之间的分歧，并且认为"圣门传授心法"的教谕才是理解天理人欲的关键。王伦认为，"天理"战胜固执的"人欲"是一个斗争不休的过程，而他则捍卫了孔子的"四勿之说"。在父亲被冤杀后八年，王伦成功地在山东省乡试中用程朱理学的正统观念为自己个人和家庭正名。

而就在《论语》这段关于仁的讨论之后，孔子提出了"非礼勿视，非礼勿听，非礼勿言，非礼勿动"。朱熹对于这一段的阐释已然成为公开的权威正统解读，科举考官们希望诸如王伦这样的考生用自己的话，重新复述朱熹在道德准绳和人欲这对针锋相对的概念之间二元论立场的核心内涵。虽然当时的科举考试也并非完全不允许考生质疑朱熹的阐释，但是更为激进的王阳明式的观点彼时并未出现。在 15 世纪的科举考题和答卷中，大部分考生跟王伦一样，他们论证和肯定那些早已被判定为正确的观点，同时绝不会进入对经典文本提出异见的危险领域，后者令考生的文章看上去有严重的道德倾向问题。[23]

在考题中引用《论语》这段"论仁"的段落，并让考生对此进行讨论的做法，在清初的科举考试中也非常盛行。清初文士对阳明心学非常反感，[24]1685 年会试时第一道考题又从四书中引了孔子、颜渊师徒间的对话。被这一科的考官王鸿绪（1645—1723）评为"正道"的优秀范文，就是由最终殿试的状元陆肯堂写就的，他同时也是当科的会元。1681 年江南乡试时，他就是五经魁之一。陆肯堂在其八股文中，充分展现了程朱理学对待"克己"和"复礼"这类重要议题的正统立场，其具体要义上文已有简述。1685 年陆肯堂的文章，在论述上几乎是完全遵照了 1465 年明代王伦文章中所反映的正统道学诠释。然而从 1465 年到 1685 年间，经学阐释的学术发展并非一成不变。阳明心学的影响力在明末达到巅峰，但到了清初，传统的程朱理学则迎来了思潮上的回归，这一点在科举试卷中体现得尤为明显。[25]

陆肯堂讨论"仁"的文章，强调了人欲与天理间的张力。陆强调，为了能够"治私"，人们必须"治私之所感犹显也"。如果个人的人欲可以被克服的话，那么此人将无往而不利。而一个人如果想在他的行为中展现出"仁"的一面，就必须"一事清于理"。作为此次科举考试中最受众人推崇的文章，陆肯堂这篇大作肯定了宋代道学的文化价值，同时依照政权当局所能接受的正统的理学划分思路来拆分现实世界。[26]

但是到了 17 世纪末、18 世纪时，《论语》中的这一著名段落在文人群体中有了不同的解释。礼学学者颜元和李塨（1659—1733）就公然攻击正统学说，然而在 18 世纪末前，考证学对科举考试的影响微乎其微。朱熹将人欲严格地定义为邪恶，这一论断是朱熹解读《论语》的关键所在。但对于颜、李而言，他们更倾向于用"礼"来解读《论语》，强调"约之以礼"而不是"去私"。[27]

当 18 世纪汉学和考证学在清代学者中成为主流后，类似对正统道学立场持批评态度的观点开始侵入科举考试之中。清代博学鸿儒戴震在讨论《论语》相关段落时，注意到："老、庄、释氏，无欲而无私。圣贤之道，无私而非无欲。谓之'私欲'则圣贤固无之。"[28]

434　　针对人欲的肯定和否定，引起了一系列的理论论争。在戴震看来，朱熹理解儒学的路径过于偏重天理，但对人性的要义却过于鄙薄："圣人治天下，体民之情，遂民之欲……于宋儒，则信以为同于圣人。理欲之分，人人能言之。故今之治人者，视古贤圣体民之情，遂民之欲，多出于鄙细隐曲，不措诸意……"[29]朱熹对诸如"仁"这样的经学术语的诠释的直接后果就是传统经学所秉持的价值成了扼杀人民利益的手段。戴震因此才会重新评价朱熹的儒学观，并对其展开了一系列政治批判。

科举考题中的"人心与道心"

除了上文提及的《论语》中关于"克己"的这段文本外，《尚书》中还有两段文字也是程朱理学所热衷讨论的文本。在《尚书·周官》中，周王说："呜呼！凡我有官君子，钦乃攸司，慎乃出令，令出惟行，弗惟反。以公灭私，民其允怀。"[30]

这是在文人话语和帝国政治话语中讨论公先于私问题时，经常被引用的经典文本。[31]

而在《尚书·大禹谟》中，"人心与道心"之间的不同被第一次详细阐述。舜劝诫即将即位的禹说："人心惟危，道心惟微，惟精惟一，允执厥中。"[32]

这两段《尚书》中的话成了元明清三代正统道学立场的核心支柱。中国古代的政治文化总是将有着无上智慧的圣王们所身处的过去的黄金时代奉为理想，正统道学寄希望于借助古典的理想社会，来为当世指正方向。因此，程颐对作为不受控制的人欲之代表的"人心"与作为天理的"道心"做了极为明确的区分："人心惟危，人欲也。道心惟微，天理也。惟精惟一，所以至之。允执厥中，所以行之。"[33]

朱熹在北宋程颐的学说基础上，将"人心道心"两者之间的区别纳入他自己的哲学体系中，使之在理论上有了新的推进："夫谓人心之危者，人欲之萌也。道心之微者，天理之奥也。"[34]朱熹认为他对"理"与"气"的区分，与舜对道心、人心间分异的解读异曲同工。前者可以被视作道德，也即天理之源，而后者则被视为人欲，也即欲望和邪恶之源。在朱熹的概念里，"理"与"气"是一对互相排他的、毫无交集的概念，朱熹的道学立场，可以被解读为天理的道德世界与人欲的物质世界之间的截然对立。

朱熹的《中庸章句》后来成为年轻的科举考生在备考时的必读书（参见第五章）。朱熹在1189年为这本书所写的名序中，对将道心、人心之间的分异与他自己的"理气观"相联系做了直白的阐述。此外，他还将道心、人心之间的分异和"公"与"私"之间的分异做了类比，并对《尚书·周官》做了这样的解读："不知所以治之，则危者愈危，微者愈微，而天理之公，卒无以胜夫人欲之私矣……一则守其本心之正而不离也，从事于斯无少间断，必使道心常为一身之主，而人心每听命焉。"[35]

朱熹将四书五经中的概念信手拈来，在上古时代思想世界的基础上将这些经典当成一个整体来阐发。朱熹的"道心人心观"在其学生蔡沉那里被推向了高峰，后者用"道心人心观"来整体性地解释《尚书》的所有章节，蔡的这一观点也在明代的科举考试课程中被奉为圭臬。蔡沉1209年在其注疏《尚书》的研究著作中言道："然二帝、三王治本于道。二帝、三王之道本于心。得其心，则道与治，固可得而言矣。何者？精一执中。尧、舜、禹相授之心法也。"[36]

而蔡沉在解读《尚书·大禹谟》中的"人心、道心"部分，以及《尚书·周官》中的"公私观"分异部分时，其观点非常直白。在他看来，精神的自律是道心、人心之间张力的核心。圣王成为他自己的主人，他迫使自己的人欲遵从他本人的意愿："人心易私而难公，故危。道心难明而易昧，故微。……道心常为之主，而人心听命焉，则危者安，微者著。……盖古之圣人，将天下与人，未尝不以其治之之法并而传之。"[37]

此外，蔡沉也清楚地指出，道心、人心也反映出了公私之间的分异。在注解《尚书·周官》的"以公灭私"时，蔡沉写道："以天下之公理灭一己之私情。"[38]朱熹在与他的门徒讨论"克己"的必要时，就早已给其人性观下了定论，在他看来，仁是自身通过克己、践行公理、排除私欲等控制个人欲念后的产物："公是仁之方法。人是仁之材料。有此人，方有此仁。……若无私意间隔，则人身上全体皆是仁。……然人所以不仁者，以其私也。"[39]

通过将公心当成仁的重要德行，孔子"克己"的警诫被放置在了一个道德框架之中，在这个框架中，个人的情感和抱负都被认为是需要摒弃的私欲。此外，仁的公共面向中还包括了友爱和互惠等道德实践，而自我的私人面向的那部分则被精准地剪除干净了。朱熹将经典文本嫁接进他对天理的公共面向和人欲的私人面向的分析框架中，成功地发展出符合他自己义理理想的经学理论。然而，15 世纪初的明代士大夫把朱熹的人本主义哲学（humanistic philosophy）发展成了僵化的程朱理学，后者更适合成为王朝及其科举科目的理论支撑（参见第二章）。

对于代表了公德至善、传袭万世的皇权而言，宋代道学公先于私的理想对他们来说无疑极具吸引力。除了明末王阳明的信徒外，道学对"公"的解释没有给对私欲和私利的追求留下多少辩护空间。朱熹以主从关系为喻来解释心与欲的道学理论，为其政治哲学开辟了充分的意识形态空间，但这一理论的非企及性的阐释后果就是，明王朝皇帝的代言人们发现，朱熹的理论可以被用于证明作为程朱理学之圣王守护者的皇权的合法性。

比如 1516 年浙江省乡试中，第三场考试的第二道策问题就是关于"道统之传"和"心法之传"如何使道心臻至"精一执中"的。考官在考题中强调，精神心术之妙是解开个人道心的自我修行与政府全面的公共治理手段之间关系的关键。宋代的性理之学重构了上古尧、舜的思维方式，作为圣王的尧将治理的中庸之道传授给了他所选择的继任者舜。2200 名考生被要求调和朱熹的观点与精一执中的经学教义。[40]

考官们眼中这道策问题的最优策论是吾谨所撰，他在这一科的乡试中最终考取第三名。一位考官认为吾谨的文章是阐发道学和道统的典范之作。另一位考官则认为吾谨的文章"可与（诸儒）论道矣"。吾谨的答卷肯定了自上古圣王之后心性和心传的正统地位："古今异时而此心之法则无异也。"吾谨以极为坚定的态度捍卫了朱熹的观点和蔡沉的注解；先贤们围绕道德观与传道之法所做的种种解读，受到了吾谨的高度赞扬。吾谨写道："论德必以中庸为归，讲学必以求仁为要。"

为了完善其论证，吾谨将《论语》中关于"仁"的论述（见上文）引入了他的答卷中，并以此证明克制欲望（人心）与掌握天理（道心）之间的内在连续性。"异世而同心。异迹而同理。"在吾谨看来，仁的终极目标就是"尽吾心本然之量"和"复吾心自然之体"。

吾谨这篇考场范文，以驳斥释、道二教的教义和文士们所钟爱的训诂词章之学（参见第七章）作为结束。在他看来，正是由于很多文士误入歧途，"人心之所以日衰，而去道之所以日远"。在 16 世纪初，王阳明以更为包容的眼光来看待佛教和道教，这种看法在明帝国疆域内极具影响。吾谨则视王阳明为异端，通过攻击王阳明式的观点，他向考官们明示了自己的思想立场是基于朱熹所构建的正统道学之上的。[41]

吾谨文笔颇佳，这使他于 1517 年成功地通过了会试，并于同年考取了三甲进士。然而有趣的是，吾谨早早就致仕回乡，过上了闲适的生活，治学交游、吟诗作赋，还与当时的文坛领袖李梦阳有着不错的交谊。吾谨在年轻时所作的科举文章中，思虑周详地驳斥了与程朱理学相悖的学说，但本人似乎却并未完全将理学付诸实践。诸如吾谨这样的考生非常清楚在制艺文中应该说些什么，但这并不意味着相信它们。或是吾谨本人改变了想法，抑或是科举对于他来讲仅仅是个练手的敲门砖，当然也可能是他对正德朝和嘉靖朝的严酷现实（尤其是 1522—1524 年震动朝野的大礼议事件）有了清晰的认识，从而失去了从政的兴趣，总之，吾谨告别了官场。而李梦阳虽然一直居庙堂之高，但 1521—1522 年时也还是被罢官。早在 1514 年，李梦阳就因为在江西任学政时的"欺压同列、挟制上官"而被投入大牢。[42]

虽然宋代道学在科场的号舍之外经常被人批评，但是它却完好无损地扛过了阳明心学对其的冲击，并且一直到 18 世纪依旧不衰。明末时，颇有号召力且创办无锡东林书院的士林领袖顾宪成就认同朱熹的看法，认为恶是出于人心中内在的不稳定，如果不加以察点的话，那么恶就会遮蔽"道"："道心有主，人心无主。有主而活其活也，天下之至神也。是谓众妙之门。无主而活其活也，天下之至险也。是谓众祸之门。"通过诉诸道心的"威仪"（commanding presence），顾宪成用政治话术反复确认了经义话语中程朱理学的权威地位，同时也驳斥了王阳明的观点。[43]

同样，常州的东林党人钱一本（1539—1610）也认同朱熹对于道心、人心分异的看法，但他做了非常重要的政治转义（political twist）：他将道心等同于统治者，将人心等同于臣民。而道心是朱熹理论中的主，所以在明末的钱一本为程朱理学所作的注疏中，统治者也是其臣民的主。将政治权力视为至高无上的皇权由上而下辐射至万民的这种观点，在道德理论中也有其一席之地。[44] 这样的解读，要么出自教条的道德主义文士之手，要么出自形式主义的政治投机者之手，他们为政治独裁者提供了意识形态武器。他们奉行政治投机主义的策略，一边要达成层出不穷的短期目标，一边致力于维护权力群体和特权阶级的长期稳定。但他们却无法限制地方文士们的所思所想，这些或在朝、或在野的文士们往往思维迥异。

清朝入关后，清统治者依然遵奉程朱理学，将其置于帝国意识形态和科举考试标准的至高无上的地位。在 1685 年的京城会试中，"道心"的选段在第三场考试第一道策问题中又被考官提及。因为这段话是在《尚书》中讨论人心与道心的异同时出现的，考官总结了朱熹和蔡沉的观点："问古帝王治本于道。道本于心。自尧以执中授舜，舜扩其旨以授禹。"[45] 究其本质而言，考官认为"存诚"和"格物"是建立在"心学"的基础之上的。陆肯堂受到考官们好评的文章，就以与考官的立场相一致的、对于"心"在理学中的中心地位的综述为开篇："帝王皆以学治者也，则皆以心学者也。"[46]

1730 年科举常科和 1737 年恩科的会试中，第三场策问题又要求考生回应"人心与道心"的段落。1730 年第一道策问题中，考官直接就道心与人心间的异同提问，让考生们讨论"太极"形而上的本质。会试会元、殿试榜眼沈昌宇（1700—1744）的答卷被收录进了官方的《会试录》中刊行，一名主考官表扬他的文章"学有本原"。沈昌宇的范文展现了宋儒的宇宙观，即太极生阴阳，阴阳生五行及天地万物。

441　　　这段对宇宙观的讨论，只是为了给接下来剖析"心与性"形而上的基础作铺垫。在沈昌宇看来，性"以为心之准"。接着，此文继续探讨心性之间的关系又是如何支持了程朱理学对人心、道心两者分异的学说。本质上无需任何道德划分，心是由性而生，根植于太极之中，不受任何外物影响。而"仁"的实践则需要通过"惟一阙中"来"养性"。此外，沈还总结道，如果"人心"统摄了整个人，那么包括了天理在内的天性就会丧失。沈昌宇这份写给雍正帝的答卷，以极具技巧的修辞表明了对"正学"的向往。[47]

1737 年为庆祝乾隆帝登基举办了恩科考试，考官在第一道策问题中又几乎逐字逐句重复了数年前的考题，让考生们分析"治统"与"道统"之间的一致性，这与"治法"和"心法"之间的分异息息相关。考官们在考题中称这些概念一起组成了统治的"一贯之道"，于是他们希望考生阐述程朱理学对于由道心、人心二者分异而生的"心法"和"惟精惟一，允执阙中"的题中之义。[48]

来自江西的考生何其睿在殿试中取得了第六名，他的文章被考官选为这一道策论题的范文。虽然何其睿在会试中考取会元，但殿试结束后，乾隆帝还是利用手中的终裁特权将他移出了二甲第一名传胪的高位。何文以正统视角，总结了危险性极大的人欲与拯救由天而生的天理这两者间的不同。程朱理学的心法修习，需要恪守中庸的臣道，还要能够领会圣王们的"微言大义"。所谓身心无二法，道治无二统。[49]

何文的主旨就是为朱熹的核心学说辩护，后者一直致力于为道心的道德修养提供一个理论框架。何其睿所要捍卫的，正是像"致知"和"居敬"这种由朱熹所提出的理念。根据何文，朱熹辨析这些理念的目的，就是"所以教人作圣者"。在正统的道德理论中，圣与仁是互为表里的。基于心法的修身之道，是以政治有序为先决条件的。从这样的策论答卷中我们可以看到，八股文是如何阐释《尚书》中"人心惟危，道心惟微；惟精惟一，允执厥中"这段话的，而在之后1797年的河南省乡试中，这段经典文本又一次被考官们当作考题。[50]

经义文章中多种立场的竞争

从上文所涉及的诸多考生答卷中，可以看到明末至清中期这段时间内，考卷中所反映出的那种公共观点高度一致的倾向无疑是整个科举选拔再生产过程的缩影。这种考卷回答的一致性，与文士们在私人空间里观点的多样性，形成了鲜明的对比。16、17世纪，文士们在私人空间中的讨论，经常也会影响科举考试的评卷标准。明清两代，不同价值取向的文士，都会捍卫各自不同的学术观点和经学立场。然而，在科举体系范畴中，观点的多样性很大程度上是不被允许的，而16世纪和18世纪晚期则是两个例外时段。程朱理学因其对绝对性和普遍性原则的揄扬而成为明清两代统治者可资利用的理论体系。这或许不是程朱理学的本意，但其却因此成为一种"意识形态"，

442

并与那些跟当时的现实政治、道德观念相悖的学说（如王阳明的学说等）针锋相对。

在理论层面上，朱熹公先于私的观点，与其对政治派系分野的负面看法相辅相成。理想型的个人处世和政治行为可以被简化成同样一套准则：对以道心为公的准则的肯定，对人心的自私倾向的否定。加入某个政治派系，就意味着会趋向于个人私利，而私利最终也是建立在私欲的基础之上。派系或是朋党，天生就自然而然地趋向于"人心"——因为派系、朋党本身就是人心的横向（horizontally）集合——它与道心的普遍标准完全相悖，后者将那些以无可动摇的坚定忠诚、遵奉纵向的等级制度（hierarchically）来事君的大臣视为榜样。[51]

然而，虽在第九章中还会详述，但在此也可稍作提示：17、18世纪科举考试中所考的官方的正统理学，与清代学者经史学术的观点开始渐行渐远；宋学与汉学对于经学正统解释权的汉宋之争的影响，开始在科举乡试和会试的层面展现。程朱理学所力挺的圣学或许在八股文中仍旧是正统理想，但是在经验认识层面上推崇考据学的清代学者看来，宋明理学关于自我修身的经学思想未免太过天真和不切实际。

考官评卷标准和策问的类型

如上文所述，明清科举考官在乡试、会试中评判考生策问文章时的主要问题就是，第三场的策问文章在最后排定名次时的权重远远不如第一场考试的四书文。这一评卷倾向使得很多历史学家低估了策论文章的重要性，并且对自汉代为始到1905年科举停废为止这段时间内策论的长期演进过程多有忽视。事实上，我们应当将策论放置在一个长达两千年的历史延续性框架下对其进行评判。直到宋代开始才有人研究科考文章，而八股文型也仅仅维系了400余年，对于我们全面考察策论在科举科目课业中的地位来讲，这种时段长度是远远不够的。

从历史角度来讲，对策问的研究有助于我们厘清晚期帝制中国的科举与秦汉帝国、中古中华帝国不同时段之间的思想变迁（在第一章中已有阐述）。晚期帝制时代的策论题往往并不是针对当时朝廷"政策"的探讨。相反，考官们所出的策问题经常是从四书五经或是正史中选取内容，让考生们进行讨论，考生们可以从经学的、文学的、非义理性的、经史时务策的角度阐发观点。[52] 诸如董仲舒这样有影响力的儒家经典的汉代注家，在文体上一直都为后世所褒扬、模仿。比如唐顺之，他作为明代重要的讲究文体的文学家，就把董仲舒的文章作为"古文文体"的范本，收录进自己所编订的一本名为《文编》的文章选集之中。[53]

444

所以，策论与八股文一样，除去其内容本身外，明人大体是以审美和文学的标准来衡量策论这种文体的。事实上，唐顺之把董仲舒的策论收入文集中，也是将其当成重要的古文文章，而非科举时文的范文。自汉代以来，策论作为朝廷量才取士选拔过程中的一环，一直延续了下来，即使到了晚期帝制时期它的重要性已经远在八股文之下了。尤其是那些明清两代的状元、榜眼、探花，他们在三年一度的殿试中所写的策论会被收录进本朝的官方记载之中。[54] 除了殿试策问，考生们还要在乡试、会试的第三场考试中分别回答 5 道策问题。可能中国历史上最著名的策论答卷，就是南宋著名忠臣文天祥于 1256 年殿试中所写就的万言书了（实际在 9600 字左右，参见第一章）。文天祥写作这篇策论的时候，南宋都城杭州正面临着日益严峻的蒙古南侵威胁，但文天祥的策论对时局却没有过多讨论，从中可以看出，皇帝所出的策问题更多是考查亘古不变的道学观点，而非现实政治。[55]

自元代始，诗与律赋因为过于讲究虚浮的文辞（参见第一

445　　章），被部分移除出了科举考试的文体科目，而那些考查学生对四书五经中所推崇的治世范式理解的经义文章，逐渐成为晚期帝制中国科举考试体系中的核心科目。策问题被保留下来就是为了考查考生们的经世致用之学。[56]虽然在很长一段时间内，策问题的地位不如关于四书五经的经义题，但是在很多对经学理论和治理实务都有侧重的考官和学者看来，策论非常重要，好的策论经常受到高度评价。

　　策论的权重在明朝后期的嘉靖和万历年间日益提升，考生策论的长度经常可以达到 3500 字。[57]在这期间，共有两本优秀的策问题和策论答卷的范文文选出版。第一本是完成于 1604 年的《皇明策衡》。[58]这本书以年号和主题为单元编订，汇总了 1504—1604 年间各省乡试和各科会试的范文。1633 年这本策论文选还将 1504—1631 年科举第二、三场的范文增订进来，并将之命名为《皇明乡会试二三场程文选》。[59]

　　会试的策问考题经常由皇帝本人亲自选择。在清代翰林院的学士们经常会拟好一份考题主题的列表上呈皇帝，然后皇帝
446　　再从中圈出他想要的会试、乡试的考题方向。[60]殿试策问题经常也会被分成四个完全不同的主题。除了圈定殿试策问题的方向外，明清两朝的帝王作为统治者还会批阅殿试阅卷官们核定的前十本试卷，并决定最终名次，而其余二甲和三甲的考生名次，则由殿试阅卷官们决定。[61]然而，清代的皇帝们经常只会批阅殿试的前三本考卷。[62]

　　在清代前期，清帝王就一直批评考官和考生在出题和答题上都暧昧不明。第十章也会涉及此问题，雍正帝和乾隆帝就经常哀叹考生的试卷都在文辞上过度雕饰，而他们都鼓励考生们多去关注实务。[63]事实上，礼部在 1760 年山西省乡试磨勘后的奏疏中指出，山西省考官甚至都没给第三场的策论评分。翰林们猜测其他省份的考官也会有同样的过失。[64]

　　科举考官本人也有类似担忧。如翰林院编修吴省钦（1729—1803），他在乾隆朝曾多次担任科举乡试官员的负责人。1771年，他在湖北省乡试的策问题中，让考生回顾科举考试中策问的历史，并且评价此类策问题的长度。考官利用策问题来反映他们的个人观点，这种情况越来越成问题，而与此同时，考官们的注意力也不再更多地停留在那些水准低劣的策论答卷上。[65]

447

　　考官出的策问考题经常长达 300 字，而因为策论在最终排名确定的过程中并不重要，考生的策论答卷字数往往还不及考题的字数多，很多官员对此非常失望。当然，也有人认为，考官很多题目的问法就是在鼓动考生对考题里的观点鹦鹉学舌。这些都被称为"熟习题"和"自问自答"。[66] 为了避免问题比答案长的情况再次发生，1786 年科场出台了新规定，要求策论的字数至少为 300 字（参见第十章）。18 世纪，策问题一直是朝廷和翰林院考官争论的焦点。朝廷害怕科场上出现未经官方意识形态核准的策问题，而考官则试图让考生觉得考官都贯通经史，这也影响了当时的经学和文学风尚。

　　有趣的是，明清两代策问题在科举中权重的下降，却给了乡试、会试的考官们一个在第三场策问中直抒胸臆、以相对较长的篇幅表达自己对经学、史学和实务问题看法的机会。对于历史学家来说，考官的策问题与考生的策论答卷一样，都是从历史的角度来说非常有趣，也非常重要的文化生产。随着考生的策论越来越短，考官的题目却日益见长。第一、二场考试中，考官们只是从经典中挑选出引文，让考生们据其作文。而策问题却允许考官引导考生去关注很多不同的议题方向，因此它们能够传达出很多科举考官的思想重心，乃至不断变化的历史语境。

　　幸运的是，很多资料完整地保存了下来，如明代应天府和清代浙江省的历科策问题，这让我们可以重构策问题中所反映

出的科举学术领域的范畴广度。现存应天府乡试资料覆盖了从
1474 年到 1600 年这 126 年内 47 科完整的策问试题，而浙江
省乡试资料则涵盖了从 1646 年到 1859 年横跨 213 年的 92 科
策问试题。表 8.5 和表 8.6 统计了明清两代这两个南方地区科
举策问题涉及的范围和出题频率。

　　读者当然可以从不同角度解读这些数据，但有一些历史趋
势还是非常明显。首先，明清两代经学题出现的频率（从 4.3%
到 14.1%）和概率（从 19.4% 到 63.7%）都大幅提升，经学题
在明代应天府的出现频次仅仅排第 7 位，到了清代的浙江省却
升至第 1 位。而由明至清出题频率和概率下滑明显的试题类型
就是"道学"类策问题，从第 2 位跌至第 6 位。18 世纪时，经
学和史学联手让道学从策问题的名单上几近消失，当然考虑到
乾隆、嘉庆年间汉学和考证学的兴起，这一发现也并没有多少
新奇之处。[67]

　　第二、第三场考试中关于历史的策问题，也从明代应天府
的第 13 位（频率 2.6%，概率 11.8%）攀升到了清代浙江省的
第 5 位（频率 7.4%，概率 33.4%）。此外，浙江省乡试 73%
的历史策问题都出现在 1777 年之后，这也印证了 18 世纪晚期
史学研究升温的历史语境（参见第九章）。换言之，现存记录
中浙江省乡试的 33 道历史策问题中，只有 9 道出现在 1646—
1777 年间，其余 24 道都出现在 1777—1859 年间，之后档案
记录因太平天国运动而中断。事实上在 1777—1859 年间，历
史策问题出现的频率已经仅次于经学题了。

　　第三，科举中关于自然科学的策问题，从明代应天府的频
率第 7 位（3%）下滑到了清代浙江省乡试中几乎可以忽略不
计的位置（第 15 名开外，在所有策问题中占比仅为 0.9%）。
明清两代间自然科学的策问题无论在频率还是概率上，都呈现
极端下滑的趋势。17 世纪后中国文士受到了耶稣会传教士的

影响，他们对本土中国科学传统的兴趣已然透支了，他们更多的把兴趣转移到了欧洲科学上，但这一点并未反映在科举考试之中（参见第九章）。

明清之间策问题的变迁趋势，并非因为君主统治者的关注点发生了变化。比如康熙帝就对自然科学和数学抱有极大的热情。他对耶稣教会所传授的科学知识非常着迷，还鼓励身边的士大夫学习那些耶稣教会称之为"格物学"的天文学和数学知识。然而康熙帝对自然科学的热情却在科举考试的策问题中鲜有体现。我们将在第九章进一步探讨此问题。[68]

然而，这些初步的发现还需要进一步证实，尤其有两点值得注意：（1）我们只有长江三角洲两个相邻省份的完整记载作为证据；（2）我们在这里也只考察了乡试第三场（也是最后一场）考试策问题的主题分布。关于第一点，即使江苏（即明代应天府所在地）和浙江两省不能代表全国所有其他省份，但对于中国南方以及东南沿海地区的富庶省份（含福建、广东）来说，江浙的数据足够具有代表性。南方精英家庭更有财力和文化资源让自己宗族的后辈考生根据考试趋势的变化来准备应考，这使得南方省份在这一方面远超中国北方和其他地区。

至于第二点：1475年之后，乡试、会试中策问题的重要性毫无疑问要远低于考查四书五经掌握能力的八股文。明末时期，八股文的长度一般为500字左右，而到清代更是增至700—800字，策论答卷的长度却逐渐变短。因此，甚至第三场策问考试的性质都发生了改变，而道学依旧是第一场考试的核心内容。所以无论考官还是考生都深知，第一场考试才是决定最终排名的关键。因此考官们将策问题设计得很长，借此来直抒胸臆，甚至对时局中的种种弊病提出自己的看法（参见第十章）。

虽然这些反面因素值得我们注意，但如果我们看一下

表 8.7 就会发现，在乾隆帝力图恢复第三场策论考试在科举体系中地位的 18 世纪 50、60 年代，策问题的范围和频率的总体分布与反映清末策论题的表 8.8 几乎一致。总体而言，在乾隆朝中期，政治经济、经学、文学、地理和历史类的策问题占据了前五位。

450

身为士大夫和汉学倡导者的孙星衍 19 世纪初就曾建议乡试、会试的策问五个主题应该固定下来，这样以 18 世纪末"考据学"为纲的"实学"才能受到考生们的重视。孙星衍还力主策问考题应该关注儒术、经学、诸子百家、地方古迹和河渠畜牧积贮这样的实务领域。[69] 到了 19 世纪，无论在形式还是内容上，策问考题虽未固化下来，但其演进大体仍是在一个框架之内进行。

表 8.8（基于北京中国第一历史档案馆和台北中研院明清档案中 19 世纪乡试的档案统计）显示，1840 年 9 省和 1849 年 15 省乡试中考官最常出的策问题，在频次与概率上与表 8.6 和表 8.7 一致。基于这些统计结果，清末乡试第三场 5 道策问题大体是：（1）经学；（2）史学；（3）诗文；（4）法度理财；（5）地理。当然，这并不是说策问题顺序有硬性规定，或是这五种类型的题都必须出现在第三场考试中，但是如果我们通读 19 世纪清代乡试的策问和策论就会发现，它们大体遵照着这种形式和顺序。

如果我们转而考察明代乡试中实际出现的关于"考据"的策问题和策论文章，就会发现在准备科举考试过程中，"考据"作为新的治学领域的重要性已有显现。在下一章中，我们将会考察这种治学风尚上的变化是如何影响史学和自然科学的，尤其是当它在科举策问考试中有所体现时；这种影响的结果就是，整个清代考试中史学题出现的概率大大增加，而关于天文和历法的策问题出现的频率却大大降低。

考据学与考据在明代策问题中的应用

如果仔细考察明代的科举策问题，就会发现作为一种正式的治学类型的清代"考据学"，其概念性的根源早在明代中期就有显现，之前将考据学的起源追溯到 17 世纪明清易代之际的看法显然不能令人满意。[70] 近来，史雅堂对于明人杨慎（1488—1559）的研究也表明，很多关于"考证学"在明清两代发展过程的传统看法都有夸大其词和目的论之嫌。[71] 一直以来，余英时也认为经学研究中的语文学（或曰朴学）转向可以追溯到 16 世纪围绕《大学》古本的论证：王阳明声称要恢复《大学》的古本原貌，并以此来挑战朱熹对四书中"格物"的"流于表面"的观点。余英时的这一观点值得继续探讨。[72]

自明中期以来，考官们经常用"考据学"这一说法称赞考生的文章"学有所据"。考据学这个术语是用来形容那些在面对乡试、会试策问时，试图用证据来回答问题的治学方式。比如早在 1445 年的会试中，考官们就用这一术语来形容当科考试的第五道策问题，这一题是让考生探讨朝廷取士的问题。当时还任翰林院经筵讲官的马愉（1395—1447）出任主考官之一，他对江西考生李庸修的答卷给予了很高的评价，后者的策论也被认为是这一道题的最优文章。李庸修在会试中高中第 13 名，之后又在殿试中取得了第 24 名。马愉在给他的官方评定中说："批策有考据；善答所问；有识之士也。"[73]

1465 年的山东省乡试中，乡试考官同样用"考据"一词来评定解元王伦的第一道策问题答卷文章，上文中我们还讨论过王伦关于"仁"的八股文。同考官罗绚是湖广地区黄州府的儒学训导，他于 1453 年考中江西省的举人，他在评价王伦的这道关于国家刑法的策论时说："考据详明；条答通畅；宜置首选。"而王伦第一场关于程朱理学的经义文也被考官们认为是范文。而在第三场策论中，他也同样非常娴熟地使用了明代考官们称之为"考据"的论学方法。[74]

1471 年的广西乡试中，考据又一次成为评判诏诰表和时务策文章优劣的标准。在第二场诏诰表的文章写作中，考生们被要求以北宋刑部尚书欧阳修的口吻写一篇谢表，这道题的最优闱墨是最终在 55 位中举者中名列第 32 名的考生黄晋写就的。同考官董珏是 1450 年浙江省的举人，之后在福建出任建宁府儒学教授，他在评价黄晋文章的评语中称赞其诏诰表文"表有考据"。[75]

1471 年的乡试中，考官在评定 5 道策问题的最优答卷时，有 4 道题的最优答卷都参照了"考据"的标准。1471 年广西乡试的考官们在评价大部分考卷时，都强调文章是否基于研究和信息的准确传达之上。这 5 道策问题包含了各个领域：（1）先皇留下的诸如《大诰》等关于治国的作品；（2）文士吏治；（3）地理；（4）心性；（5）钱法。[76] 有趣的是，所有考题中除了第四题关于道学之外，其余都与"学有所据"相关。最终排名第四的考生秦武的第一道策问题答文最优，广东省南雄府儒学教谕的考官单暠认为他的文章"策有考据，可嘉可嘉"。而第二道策问题，同为教谕的考官袁敬（湖广）和张瑄（浙江）都对考生李澄（最终高中乡试解元）的策论文章写了长评：[77]

> 袁敬：士风一策往往得此失彼；惟此篇视有考据，词有断制，佳作也；宜表出之。
>
> 张瑄：是策正欲观士子之立心何如；此作考据详明，议论正当；足见大意。

而第三道策问题中，考官董珏在评价最终高中第二名的举人王时关于山川地理问题的文章时说："此论考据明白，文词

敷畅，宛如挹先生于堂上也。宁不为之起敬？"[78] 而关于钱法
治国之术的第五题，更是 1471 年广西乡试中最为重要的一道
考据题。三名考官认为最佳的策论是郭弘（最终第五名中举）
的文章，他们都明确地称赞了郭文注重实务和对制度了然于胸
的一面：[79]

> 邹祥（湖广长沙府儒学训导）：批答此策者率多臆
> 说，殊无可观；惟此篇考据精详，且善于断制；有识之
> 士也。
> 张瑄：考究古之钱法、沿革得失；节断明白，且处置
> 得宜；可取。
> 单禺：钱法一问，场中多为所窘；惟此卷独能考古准
> 今，末复归之所司尤当。

454

在 1475 年的会试中，同为翰林学士的主考官徐浦（1428—
1499）和丘濬也用考据学的分类法来确定科举五道策问的主题。
策问的五个主题分别是：（1）君臣；（2）性；（3）理财用人；（4）
风俗；（5）地理。日后成为名臣的王鏊在此次会试中高中会元，
并在殿试中高中榜眼（参见第七章），他的会试第二道策问题的
策论是当科这道题的最优。丘濬在给这篇文章的评语中说："五
策有考据、有断制，而问性一题，尤见其深于理学。"[80]

第三道策问题的最优答卷是由之后的殿试状元谢迁所作。
丘濬在为谢文所撰的评语中强调他这篇关于理财用人的文章
"通古学"，并且认为由谢迁的文章可以看出他是"有据有用
之才"。[81] 丘濬官居高位，其关于治国的著作在学林也颇有影
响，所有这些都影响了 15 世纪的文士治学，正是从那时开始，
人们开始重新审视自永乐朝开始地位被极大提升的道学（参见
第二章）。[82]

1508 年，会试策问题又一次以考据作为标准来进行评阅。第二和第五道题都是考查经世致用之学的时务策，考官们根据考生是否论据充分、言之有物来评定文章优劣。在会试中名列第四、殿试中名列第九的考生江晓（1482—1553）的第五道策问题回答最优，同考官林庭棉（1472—1541）在《会试录》中认为他的五篇策论都有千余字，这些文章观点齐备，建立在已有学术积淀之上，其对制度史的研判精确，文辞流畅。所以考官们认为这名考生富有学识见解。[83]

16 世纪这种趋势可以在当时全帝国各地的科举文献中找到记录，如 1519 年山东省乡试，1520 年、1544 年、1619 年京城会试，1522 年、1540 年南京应天府乡试，1528 年浙江省乡试，1537 年山西省乡试，1552 年福建省乡试和 1558 年浙江省乡试。[84] 在这些考试的判卷过程中，"考据详明"或"考据精详"已经成为明代科举考官们解释评定考生为何策论尚佳时的标准术语。

最后一个例子，我们来看看明代策问题中考据的涉及范围——这道题是 1535 年的会试考题，在这科会试、殿试中，著名的常州士子薛应旂虽然殿试中只名列三甲，却在会试中高中第二名。薛应旂讨论《孟子》引文的八股文被认为是这场考试的最优四书文，而其另一篇关于《诗经》的文章也同样位列最优。[85] 不过薛应旂作为学者的博识通才，却体现在他对策问第三道题的回答上。文字学、训诂学和古音学是清代考证学中的三个重要领域，所以我们有必要对明代关于文字学的考题予以考察，并借此认识明代科举中的考据学的本质，以及它与清代"考证学"的不同。[86]

1535 年的其他 4 道策问题的主题分别是：（1）天戒；（2）纪纲；（3）星官；（4）财赋。[87] 此次会试五道策问题的主要关注点还是集中在强调考据的实务和具体的经济问题。考官在这道关于文字学的策问题中，将六经称作"万古帝王经世之典"。他们要求考生区分从上古到秦汉不同时期六经的流传过程和所使用的书体方式。策问题认为对六经书体方式的"还其初"，可以让士人们据此"复古"。[88]

薛应旂在他的策论范文中，将不同的书体与不同的古代时期相联系，虽然相比清代文字学，薛应旂的观点错漏之处颇多（蝌蚪文不早于大篆）。秦汉时期，汉字的书写形制已经演进到了大篆，而汉代流传下来的经典多是用古文或隶书写就的。薛应旂认为，如想要复原古老的书体传统的话，那么许慎的《说文解字》就显得尤为重要（参见第五章）。许慎的六书说，成为理解六经文本历史的关键。[89]

薛应旂还认为，基于更早之前明代类书中的文字学的技术性讨论是完全必要的，这是为了让 16 世纪的文士们更好地理解，如何借助书体形制的发展过程来解读经籍的历史、经籍文本的原始内容，以及那些写就这些经籍的圣王们的意图。薛应旂最后总结道："则人皆因经以求道，书必援古以证今，而字学可正矣。字学正则经术不患其不明矣。经术明则道德不患其不一矣。道德一而风俗同。"在薛应旂看来，文字考据之学也是治国术。[90]

七名考官一致以"有志乎复古矣"来评定薛文。同考官周文烛（翰林院修撰，1526 年浙江省进士）在评阅薛文时，直白地将这道文字学策问题与 16 世纪明代意义上的"考据"相联系："古人字学，士子罕能究心，子能考据条答，岂游艺而有得者耶。"[91] 不过考官们或许并不知道，就在常州武进县的薛氏宗族学堂内，许多跟薛应旂一样的考生早就在家塾私试中开始练习回答诸如六经演进过程中的古代书体这样的策问题了。[92]

1537 年，当薛应旂出任浙江宁波府慈溪县知县时，被委任前往福建省乡试监考。薛在此次乡试的策问中，就出了一道

457

有关文本问题的策问题，考生需要清楚地了解自秦代恶名昭彰的"焚书"事件之后的经典流传情况。薛应旂问考生，如何才能在"焚书"的客观前提下辨别经典的真伪？而书体形制又一次被视作"复古"的工具。[93] 在此我们可以看到，考官所出的考题是如何影响科举的考试内容的，这一科举命题趋势在 18世纪的清代日益明显（参见第九章）。[94]

我们可以将 1500 年看作明代科举考试中清晰的"考据学"方法开始成为阅卷标准的标志性年份，从这一年开始，考官们开始经常性地使用考据标准来评判策问题。[95] 第三场考试评卷中所用的考据学标准，就如同第一场八股文考试评卷中所使用的文学标准（参见第七章）一样，成为科举判卷的主要标尺。虽然在决定最终排名的过程中，第三场考试远没有第一场重要，但是从明代策问题的评语细节来看，考官们对这些考卷都给予了严肃对待，第三场策问考试也无疑成了科举考试排名确定过程中不可分割的有机组成部分。在明代中期，策问的重要性几乎等同于古文在宋代科举中的重要性了，明末一些策论的长度有时甚至会超过 1500 字。明末一些策论范文文选中的文章，有时甚至会超过 3000 字。[96]

如果说明代策问考卷里作为评卷标准的"考据"只是具有语言学意义上的自我意识的话，那么当清代四库馆臣在 18 世纪 70、80 年代编纂《四库全书》的过程中，为尽可能收录那些有资格被选入皇家图书计划的书籍时所采用的被称为"考证"的评价方式，就完全成了一种不言自明的学术标准。四库馆臣对经史研究的评价标准是基于对文本源流的合理解读和辨析，这种考证强调的是治学的精审和对语文学（小学）方法的使用。如果一本书被四库馆臣贴上了"考证之资"的标签，就意味着这本书最终会被收录进皇家的图书馆藏之中。[97]

当然，明代的考据和清代的考证还是有很大不同的。明代考据毕竟还是要屈居程朱理学之后；而到了清代，考证则直接挑战了道学作为经学正统的地位。最明显的就是，明人更多地喜欢把考据学与治国相联系。但明人眼里的考据却并不直接指代朴学或文本研究，而这些正是清代考证学的核心关注点。例如，明代策问题中关于文字学的文本层面的关切，仍然是在治国语境下的经学语文学（classical philology）。

明人眼中考据学意义上的文本研究，就是类似于分析《说文解字》中书体形制的变化过程，书写在这个意义上成为考古问源的关键所在。[98] 明代对于书体文字的关注，之后慢慢演化成了训诂学，学者们以训诂的方式追索文字本来的意义。然而，清代考证学更新的关注点，在于他们对音韵变迁（尤其是诗赋的韵部）和字形的区分，这可靠地重构了经籍文本的复古意义。

459

古音韵学作为一个具体的文本研究领域出现在明末，但可以肯定的是，这门学问的成熟和繁荣要到 18 世纪，直到那时古音韵学才成为考证学的核心学科，而文字学和训诂学都被降格成了辅助性学科。[99] 明代的策问题很少将古音韵学作为一个经学学科来提问；当音韵学这门学科的地位提升之后，人们对它的关注迅速盖过了书体形制。在清代的策问题中，音韵学成了一个更为常见的话题，直到 19 世纪今文古文之争才使得文字学重新回到了经学研究的核心位置。[100] 然而，作为策论评卷标准的明代考据，代表了专业性学术研究逐渐渗透到科举考试的第一阶段，之后它渐渐被人们称为考证学。

在下一章中，我会继续探讨晚期帝制中国科举考试中策问题的演进过程，这部分内容会与本书对八股文的讨论互相印证。正如上文所说，从明至清科举策问题所考查的知识领域所历经的种种变迁，也反映了文士们在学术关注上的转变。史学、自然科学和考证学都以各自的方式发展演进，这真切地反映出 18、19 世纪文士群体从宋学转向汉学的趋势之盛。但与之前的历朝历代一样，朝廷和官僚群体也在与时俱进，他们逐渐也将那些引领时代的精英们的文化观点和学术旨趣内化到了王朝统治之中。

注　释

1　参见 Frank Kermode, "The Canon," in Robert Alter and Kermode, ed., *The Literary Guide to the Bible*（Cambridge: Harvard Univesity Press, 1987）, pp.600-610。又见 Kermode, "Institutional Control of Interpretation," *Salmagundi* 43（1979）: 72-86。

2　参见 Kenneth Burke, *On Symbols and Society*（Chicago: University of Chicago Press, 1989）, pp.63-70。

3　参见 Eliot Freidson, *Professional Powers: A Study of the Institutionalization of Formal Knowledge*（Chicago: University of Chicago Press, 1986）, pp.1-17。

4　《会试录》，1523:《序》，第 1b 页。

5　《会试录》，1742:《序》，第 1a 页。

6　《广东乡试录》，1729:《序》，第 5a—b 页。

7　参见钱大昕《湖南乡试录序》，收入《潜研堂文集》，《国学基本丛书》版（台北：商务印书馆，1968），23.327-28。

8　《顺天府乡试录》，1788: 1a（范文答卷）。

9　《顺天府乡试录》，1831: 45a。

10　《顺天府乡试录》，1882: 33a。

11　参见《明代登科录汇编》，通篇可见明代考官的类似评语；以及下文 "K'ao-chü-hsueh and the Use of Evidence in Ming Policy Questions"。清代部分，参见《清代硃卷集成》（重印本，420 册，台北：成文出版社，与上海图书馆合作出版，1993—1994），通篇可见。

12　《皇明贡举考》，1.25a。又见《明史》，3/1685, 1688-1689, 1693-1694, 1698-1699。

13　《会试录》，1445，收入《明代登科录汇编》，2/369-441。

14　参见《清史稿》，11/3149, 3152，其中记载了清廷为修正这一问题所做出的最终未能成功的种种努力。参见 Freidson, *Professional Powers*, pp.209-230。

15　文朵莲（Iona Man-Cheong）的《公平式欺骗与欺骗式公平》（"Fair Fraud and Fraudulent Fairness"）一文着重强调了科场贪渎的问题。

16　参见《会试录》，1568: 20/11135-11174，收入《明代登科录汇编》。

17　《淡墨录》，13.12b-13b。

18　着重号为作者所加。参见《论语引得》，22/12/1；英文翻译为 Lau, *Confucius: The Analects*, p.112。相关讨论，请参见拙文 "Criticism as Philosophy," pp.165-198。

19　参见朱熹《论语集注》，6.10a-11a。

20　沟口雄三:《孟子字义疏證之歷史的考察》，载《東洋文化研究所紀要》48（1969）: 144-145, 163-165。

21　《山东乡试录》，1465: 2/685, 719，收入《明代登科录汇编》。

22　参见《明史》，7/4515-4518；以及 *Dictionary of Ming Biography*, pp.970, 1610。

23　《山东会试录》，1465: 2/719-722。英文翻译为 Lau, *Confucius: The Analects*, p.112。

24　参见拙著 *From Philosophy to Philology*, pp.42-56。

25　参 见 Kai-wing Chow, *The Rise of Confucian Ritualism in Late Imperial China*（Stanford: Stanford University Press, 1994）, pp.50-53。

26　《会试录》，1685：7a, 32a-34b。又见《清代状元谱》，周腊生编（北京：紫禁城出版社，1994），p.237。

27　参见《颜李丛书》（重印本，台北：广文书局，1965），1/70，3/904。

28　戴震：《孟子字义疏证》（北京：中华书局，1961），p.56。

29　戴震：《孟子字义疏证》（北京：中华书局，1961），p.9-10。相关讨论，可参见拙文 "Criticism as Philosophy," pp.173-174。

30　《尚书通检》，40/0281-0313（第 21 页）。参见 Legge, *The Chinese Classics*, vol.3, *The Shoo King*, p.531。

31　参见沟口雄三《中國の公と私》（东京：研文出版，1995），pp.21-28。

32　《尚书通检》，03/0517-0532（第 2 页）。我对陈荣捷在论文中的翻译略作修改，原译见 Wing-tsit Chan, "Chu Hsi's Completion of Neo-Confucianism," *Études Song-Sung Studies* 2, 1（1973）：79。

33　《二程全书》，收入《河南程氏遗书》，《四部备要》版（上海：中华书局，1927—1935），19.7a-7b。

34　朱熹：《朱子大全》，《四部备要》版（上海：中华书局，1927—1935），67.19a。参见朱熹在《朱子语类》，78.26b-34a 面对学生求教时的回答。

35　《朱子大全》，76.21a-22a。

36　蔡沉：《书集传》之《序》（台北：世界书局，1969），第 1—2 页。

37　同上书，第 14 页。

38　同上书，第 121 页。

39　《朱子语类》，95.32b-33a。

40　《浙江乡试录》，1516：5/2679-2681，收入《明代登科录汇编》。

41　同上书，5/2787-2794。又见 Lü Miaw-fen, "Practice as Knowledge"。

42　《浙江乡试录》，1516：5/2787-2794。又见《明人传记资料索引》（台北："中央图书馆"，1965），第 187 页；以 及 Carney Fisher, "The Great Ritual Controversy in the Age of Ming Shih-tsung," *Society for the Study of Chinese Religions Bulletin* 7（fall 1979）：71-87。

43　参见顾宪成对朱熹道学立场的转述，收入《小心斋劄记》，5.7a，收入《顾端文公遗书》，康熙刻本。

44　又见钱一本《龟记》，约 1613 年刻本，1.11a；及氏著《范衍》，约 1606 年刻本，1.9a-9b。

45　《会试录》，1685：11a。

46　《会试录》，1685：71a。

47　《会试录》，1730：41a-43a。

48　《会试录》，1737：4a-5a。

49　《会试录》，1737：40a。

50　《会试录》，1737：38a-40a。又见《河南乡试录》，1798：31b-34a。

51　《朱子大全》，11.9b-10a，12.4b，以及 12.8b。早期的道学运动确实存在一些志趣相投的士绅在横向上互通声气、结成团体的特征，一些反对者也对这种行为表示了批评。然而朱熹自己的理论之后却被他人挪用来攻击一些士绅人士的小团体，而朱熹也是这类团体中的一员，但朱熹本人从未在其政治理论中为这种行为正名。参见 James T. C. Liu, "How Did a Neo-Confucian School Become an Imperial Orthodoxy," pp.483-505。

52　关于策问的历史重要性，可参见《常谈》，第 21—24 页。

53　唐顺之《文编》被收录进了 18 世纪 80 年代编修的《四库全书》（重印本，台北：商务印书馆），1377/101-117。

54　如《皇明状元全策》、《状元策》，1733 年怀德堂刻本；以及《状元策》，嘉靖刻本。还有许多当代文章选本也会包括类似文章，如《历代金殿试鼎甲珠卷》。

55　参见《宝祐四年登科录》，第 1a—7a 页，第 104a—129b 页。还有一份非完整版的策论被收录进了《南宋登科录两种》（重印本，台北：文海出版社，1981），第 301—349 页。文天祥的策论答卷在明清版多文选和《四库全书》中有收录。关于文天祥的一生，可参见《宋历科状元录》，朱希召编，明刻本（重印本，台北：文海出版社），8.10a-15b。

56　元代的策问题参见黄潜《金华黄先生文集》（上海：商务印书馆，《四部丛刊》，1919—1937），第

191—200 页。明初苏伯衡（1329—1392？）于 1385 年所出的策问题被收入《皇明文衡》（上海：商务印书馆，《四库丛刊》，1919-1937），23.220-222。又见明代第一位状元吴伯宗（参见第一章）于 1370—1371 年乡试、会试、殿试的策论，被收录进《四库全书》，1233/217-236。

57 比如，可参见《举业正式》，嘉靖刻本，第 1a—58b 页，其中举了 1529—1553 年的策问考题；又见《明万历至崇祯间乡试录会试录文辑》，明末刻本。

58 《皇明策衡》。

59 《皇明乡会试二三场程文选》，陈仁锡编，1633 年，白松堂刻本。

60 参见台北中研院明清档案，清代科举档案，大学士陈世倌（1680-1758）奏本，1757 年，第十月，第六日；奏本请乾隆帝选择武（举）会试的策问主题。皇帝作为统治者过于忙碌，无暇自己出题；在某些情况下，针对经义理论出一道字数较长的考题也超出了皇帝自身的智识能力范围。

61 参见台北中研院明清档案，清代科举档案，大学士来保奏本，1757 年，第五月，第九日，奏本请乾隆帝圈定殿试的头十本试卷。相同的请求还可参见礼部尚书观保（卒于 1776 年）题本，1768 年，第七月，第二十六日，收入《礼科题本》。

62 参见台北中研院明清档案，清代科举档案，殿试阅卷官奏本，1775 年，第四月。关于清代国殿试策问题四部分内容，可参见 1646—1904 年 220 份殿试试卷，收入加州大学洛杉矶分校特别馆藏部，韩玉珊特别馆藏。卢汉超教授协助我将清代殿试试卷收藏中的四部分逐一分类。

63 参见《清廷磨勘条例》，2.7b-13b 和 2.21b-25a。

64 参见翰林院奏疏，1760 年，第十月，第十五天，收入《礼科题本》，其中记录，当年山西乡试中，只有第一场的八股文考官们给予了评分。

65 见吴省钦《乾隆三十六年湖北乡试策问二首》，收入《清代前期教育论著选》，3/167。

66 参见 Wejen Chang, "Legal Education in Ch'ing China," pp.294-295, 234-235n17-20。

67 参见拙文 "The Unravelling of Neo-Confucianism," pp.67-89。

68 参见 Catherine Jami, "Learning Mathematical Sciences during the Early and Mid-Ch'ing," in Elman and Woodside, eds., *Education and Society in Late Imperial China, 1600-1900*, pp.223-256; 以及 Willard Peterson, "Fang I-Chih: Western Learning and the 'Investigation of Things'" in William Theodore de Bary et al., *The Unfolding of Neo-Confucianism*（New York: Columbia University Press, 1975），pp.399-400。

69 参见孙星衍《观风试士策问五条》，收入《清代前期教育论著选》，3/285-286。

70 比如可参见 Chow, *The Rise of Confucian Ritualism in Late Imperial China*, pp.15-43，其中有关于明代后期汉学逐渐兴起的表述，周启荣称之为"礼教伦理"（ritualist ethics）。又见 Huang Chin-Shing, *Philosophy, Philology, and Politics in Eighteenth-Century China*, pp.32-46，黄进兴处理了王阳明学说对正统道学阐释的冲击，并且也指出了周启荣对明末考据学解读的局限。然而就在最近，周启荣又在著作中重申了自己的看法，他认为明代的书籍印刷和印刷制品"在经解注疏上的戾气与混乱"引发了考证的潮流。参见 Chow, "Writing for Success," p.46。关于明代考据学，可参见林庆彰《明代考据学研究》（台北：学生书局，1984）。

71 参见 Schorr, "The Trap of Words," 通篇可见。又见 Schorr, "Connoisseurship and the Defense against Vulgarity: Yang Shen（1488-1559）and His Work," *Monumenta Serica* 41（1993）：89-128。

72 参见 Yü Ying-shi, "Some Preliminary Observations on the Rise of Ch'ing Confucian Intellectualism," p.125, 16 世纪时一些儒家经典出现了文本危机，比如王阳明就对朱熹所集注的《大学》有所批评，余英时将之与明代后期考据学的出现联系在了一起。关于明末《大学》新版真实性的讨论，可参见林庆彰《清初的群经辨伪学》，第 369-386 页。参见 Rusk, "Chen Que（1604-77）and the *Critique of the Great Learning*," pp.46-60。

73 《会试录》，1445：1/347-349, 438-441，收于《明代登科录汇编》。

74 《山东乡试录》，1465：2/771-776。

75 《广西乡试录》，1471：3/1097-1098，收于《明代登科录汇编》。

76 同上书，3/1033-1042。

77 同上书，3/1107。

78 同上书，3/1111-1112。

79 同上书，3/1120-1121。

80 《会试录》，1475：9b-17b，以及 48b。

81 同上书，第53a页。

82 参 见 Hung-lam Chu, "Ch'iu Chün（1421-95）and the 'Ta-hsueh yen-I pu': Statecraft Thought in Fifteenth-Century China"（Ph.D. diss., Princeton University, East Asian Studies, 1983），pp.225-228。又见朱鸿林的其他研究，参见 Hung-lam Chu, "Intellectual Trends in the Fifteenth Century," Ming Studies 27（1989）: 1-16。

83 《会试录》，1508：43b，57a。

84 《山东乡试录》，1519：6/2957, 2965，收于《明代登科录汇编》。《会试录》，1520：50b 和 1544：49b，53a。又见《会试录》，1619：73a-b，收入《明万历至崇祯间乡试录会试录汇辑》。《应天府乡试录》，1522：6/3391, 3410 和 1540：9/4974，两者都收入《明代登科录汇编》。《浙江乡试录》，1528：7/3585, 3605，收入《明代登科录汇编》。《山西乡试录》，1537，收入台北中研院历史语言研究所傅斯年图书馆珍稀善本收藏。《福建乡试录》，1552：12/6126, 6142，收入《明代登科录汇编》。《浙江乡试录》，1558：13a-14a。考官在这些科考最后一场的评卷中使用到"有所考证"。虽然考证和考据大体可以相互替换，但"考证"取代"考据"成为清代考证学最常见的术语。比如，参见滨口富士雄《清代考据學の思想史的研究》；以及木下铁矢《清朝考證學とその時代》。

85 《会试录》，1535：4b-6b，14b-16b。

86 参见拙著 From Philosophy to Philology, pp.165-166。

87 《会试录》，1535：9a-13b。

88 同上书，11a-12a。

89 同上书，46a-48a。

90 同上书，49a。

91 同上书，45b。

92 薛应旂：《方山先生文录》，苏州刻本（1533），20.12a-15b。

93 同上书，20.16b-21a。

94 比如，薛应旂也成为1552年浙江省乡试考官。

95 又见《山东乡试录》，1489：3/1460, 1478，其中两道策问题也需要用到考据学的评卷标准；以及《湖广乡试录》，1489：3/1628。两者都收入《明代登科录汇编》。

96 《明万历至崇祯间乡试录会试录汇辑》包含了1595—1628年间的科举考试文献。比如，钱谦益1606年应天府乡试中关于"用人理财"的策论，就被收入了这本书中。值得注意的是，明末出版物中收录这些策论，就是为了更广泛地传播这些策论。

97 参见拙著 From Philosophy to Philology, pp.65-66。

98 又见1561年应天府乡试中关于文字学的策问题和策论答卷，收入《皇明策衡》，1.48-53a。

99 参见拙著 From Philosophy to Philology, pp.216-221。关于音韵学与文字学的相关关系，参见滨口富士雄《清代考據學の思想史的研究》，pp.175-217。

100 参见拙著 Classicism, Politics, and Kinship, pp.xxv-xxx, 188-203。

第九章　科举考试中的科学、史学与汉学

无论明廷还是清廷，对于官方所接受的那些关于四书五经和正史的书籍的出版和传播，都抱以鼓励的态度，因为这些出版物皆是科举科目和文士学习的基础。明清两代，所有受过古典教育的中国文士都能够接触、阅读到那些文士经典。[1] 正如第八章有关科举第三场考试策问的讨论，明清两代考官在经学问题的学术倾向上发生了有趣的变化，考官们越来越重视考据，并将之当成评判策论优劣的标准。

本章旨在探讨晚期帝制中国及其科举考试中文士们在不同领域的学术认知，如自然科学和史学。然而无论何种学术领域，都能反映出帝国朝廷和文士考官们在其中的影响，前者出于政治原因扩大或限制乡试、会试中的策论题范围，后者则因被指派监督考场、评阅试卷，所以他们的经学观点往往反映了其所处时代的思想潮流。科举考题所涉及的话题并不能完全代表特定时代的学术倾向，但是它们确实能代表特定时间、特定考试中考官们所使用的评卷标准。很多这类"地方性知识"（local knowledge）在各地乡试、会试中不断出现，它们往往

与随着时间流转而变迁的文士观点有关。正如汉学在清代科举考试中的兴起所彰显的那样，个体考官的私人学术兴趣对于我们评判科举中学术取向的变迁也同样重要。

在 18 世纪晚期的乾隆朝和嘉庆朝，科举考试科目开始逐渐向在南方文士中极为流行的汉学和考证学靠拢。考官在第三场考试出策问题时，其题目的范围和内容越来越能反映出考据之风对明清经学在学术上的侵袭。程朱理学的正统，越来越让位于讲究文本细读和精详有据的朴学。[2] 科举体制中宋学（道学）和汉学（朴学）之间竞争性的紧张关系，在各个地区都有显现，18、19 世纪的清廷也试图调和两种学术倾向之间的矛盾。

明代策问题中的自然研究

关于科学在晚期帝制中国所扮演的角色，一种在学者间非常普遍的看法是，自 16 世纪耶稣会士来华传教之前，包括天文学、数学在内的科学就在中国处于逐渐衰落的过程中。[3] 比如作为天主教在中国传教开拓者的利玛窦，就认识到中国人在科学方面的现状，他注意到中国人"不仅在道德哲学方面有不小的成就，而且在天文学，还有数学的一些分支上也颇有建树。他们曾经非常精通算学和几何学，但在对这些科学分支的研究和教学上，中国人却不太在行"。利玛窦在谈及国子监中的算学机构和南京钦天监时，认为很多中国人的数学知识都来源于撒拉逊人（the Saracens）。然而，他还是认为：

> 很显然，这里没人会为了精通数学或是医学而埋头苦读，只要有一点出人头地的希望，他们就会在哲学领域多下功夫。这导致很少有人会献身于科学研究，那些放弃对被中国人认为是更高级的经学进行研读的人，不是出于家庭的原因，就是因为在经学方面资质有限。对数学和医学的研究并不为人们所看重，对于那些志在光宗耀祖并出人头地的学生来说，精通科学并不能像熟稔哲学那样带来荣誉。从他们投入在道德哲学上的兴趣就能轻而易举地看出，对于他们而言，科学与哲学孰轻孰重。那些在道德哲学的科举领域中最终金榜题名的人，无疑达到了中国人人生大喜的巅峰，足以荣耀一生。[4]

在很多人看来，中国的数学和天文学研究在宋、元两朝达到巅峰，然而进入明代之后它们的地位直线下降。[5] 近来很多研究都挑战了这一对中国科学史的传统看法：在耶稣会士到达

462

中国之前，数学和历法改革一直都备受明代文士们的关注。[6]
此外，席文还认为耶稣会士有意识地曲解了一些当时的欧洲天
文学知识，以符合他们在明代中国传播基督教的宗教诉求。这
种为传教不顾欧洲天文学新动向，反而生造错误知识的自利做
法，削弱了明末文士在向晚期帝制中国的后辈文士传授欧洲科
学时所带来的成功。[7]从新的学术观点看来，明末学者并不是
通过与耶稣会士的接触从而了解了欧洲天文学后，才得以从自
身科学知识的"衰落"中被拯救出来。相反，他们自身已经着
手对本土的天文学学术遗产进行重新评估，并成功地将由耶
稣会士带来的欧洲科学的可取之处吸收进了自身的天文历法研
究中。[8]

自耶稣会士来华后，有一种普遍观点认为，明代的文士不
像宋、元时代，他们是严格意义上的人文主义文明的参与者，
明代文士中的精英分子越来越囿于文学理想，这也让他们对自
然世界毫无兴趣。[9]历史学家也在帝国的科举制中找到了进一
步的证据。比如利玛窦就说：

> 在对中国进士、举人学衔授予问题的论述即将告一段落
> 时，仍有一些——或许在欧洲人看来很古怪，且多少有些不
> 足的选才方法——不应被我们忽视的地方。所有科举考试的
> 考官和监考人——无论考试是关于军事、算学还是医学——
> 永远来自精通道德哲学的文人团体（senate of philosophy），
> 尤其是在考查考生道德哲学水准的考试中。科举中没有一名
> 军事专家、一名数学家和一名医学家的身影。那些在伦理哲
> 学领域拥有出类拔萃的智慧的人，受到人们的极高推崇，他
> 们被认为有能力对任何学科的问题发表见解，哪怕考试内容
> 跟他们自身的专业范畴完全扯不上关系。[10]

天主教学者敏锐地意识到科举在中国文化问题上所扮演的政治和社会制度的角色，耶稣会士以早期现代欧洲的标准为参照，意识到了文官选拔体系是如何使得明代教育达到了标准化的程度，并且使其重要性得到了前所未有的肯定。[11]之后，欧洲人也尝试仿效中国的科举制度。[12]

北宋时，考试的社会风尚在很长一段时间也侵入了医学、司法、财政和军事领域。比如沈括（1031—1095）的书中就曾记录，皇祐朝（1049—1054）的考生参加科考时要写一篇关于天文仪器的文章。然而考生们关于浑仪的文章大部分令人费解，而考官也对这一问题知之甚少，于是所有的考生都以优等通过这场考试。[13]南宋之后，只有武举作为跟文举平行的官员选拔制度设置被保留了下来。[14]根据这种观点，明代科举考试实际上让精英们的关注点重新集中在了强调道德哲学和文辞标准的道学科目之上（参见第二章），相比之前的时代，考生们对于专精化或是技术性的研究兴趣逐渐减弱。学术界普遍的看法至今依然认为在唐、宋科举中经常出现的明法（法律）、医举（医学）、明算（数学）等考查技术领域的科目，在明代考试中并未被沿袭。[15]

这些学者对 1400 年之后知识分子的文士生活的粗线条描述，大体上是准确的。比如我们在第一章中已经指出，在面对非汉族统治者时（一开始是元朝，之后是清朝），包括那些在两到三年一次的科举中铩羽而归的落榜考生，他们之中相当数量的人都选择了在科举之外另觅生路，比如从医。在 18、19世纪，当人口压力使得举人和进士都无法保证在政府中担任实缺职位，于是乎许多文士转而教书或从事学术作为替代职业选择。但是正如第六章中所表明的那样，明代的考官会针对自然事件或异象来出策问题，这种考题旨在让那些在考生群体中弥漫的民间信仰和预言型迷信远离敏感的政治争议话题。[16]

明代科举对自然科学研究的兴趣

如果仔细阅读现存于海峡两岸以及日本的档案馆、图书馆

465 内的明代科举的文献记载的话，我们就会发现，这些考试本身实际上还是会考查考生对于天文、历法和其他自然世界中那种我们今天可以称之为"自然之学"（Chinese sciences）的知识的掌握情况。[17] 自元代始，中国的"自然科学"经常被归入"格致"的类目下，直到 20 世纪初，"科学"作为"现代科学"的学科分类称谓取代了"格致"。[18] 比如，早期耶稣会士将讲解亚里士多德的四元素说的书，翻译为《空际格致》（1633年），而把阿格里科拉（Agricola）的《矿冶全书》（*De Re Metallica*）翻译成《坤舆格致》，他们都将"格致"一词等同于书名中的拉丁语 *scientia* 一词。[19]

这些以"格致"为名的书或许表明，我们对于耶稣会士来华以前的文士思想生活（intellectual life）的看法多少有片面之处。[20] 四书五经在正统教育科目中的绝对主导地位当然还是毋庸置疑，但是与宋代不同，明代乡试、会试的考生仍然要求掌握包括历法、天文和音乐在内的技术性知识。事实上在宋代，出于安全考虑，宋廷禁止出版唐、宋两代关于算学和星占学的书。只有国朝司天监中负责历法的专业人士才被允许掌握此类知识，但实际上印刷的年历和历书在宋代不仅随处可得，而且广受欢迎。[21]

比如在明初，永乐帝就将历学、实学置于仅次于顶层的官方文士学术的位置。他命令 1404 年会试主考官解缙（参见第466 二章），注意在命题中考查考生是否"博学"（这科考试共从千余名考生中选出了 472 名进士，这些人之后将担任朝廷高官）。解缙所出的策问题，包括了天文学、法学、医学、礼学、音乐和制度，永乐帝对当年策论第一的考生非常满意。更重要

的是，永乐帝将"自然科学"的地位合法化了。因此，这样的策问题经常出现在明代的科举考试中。²²

虽然在明代文士们眼中，经、史之间历时悠久的学术关系仍是他们最为关注的重点，但作为一名官员所必要的"博学"一部分的"自然科学"，其重要性同样得到了皇廷的认可。不过，经学的普适性与实学的专精性之间存在着某种鸿沟，这也是毋庸置疑的。即使这样，天文学和历学仍然成功地渗透进明帝国文官体制之中，文官们出任乡试、会试的主考官时，都被要求周期性地在第三场策问考试中出一些有关自然科学的考题。

第二章已经大体分析过明代乡试、会试考生的专经方向，其中60%—65%的考生不是专经《易经》（30%—35%）就是专经《诗经》（30%）。只有约20%选择《尚书》，而仅有6%—7%的考生选择《春秋》或《礼记》。如果我们将《易经》看作处理"自然科学"里宇宙观问题的学科的话，那么科举考试第一场中针对《易经》出的考题也都能被看成处理"自然科学"的问题，这样格致类考题的出现频率也就非常之高了。然而，我们也不能过分夸大这些关于《易经》的经义文的科学面向，这些经义文基本还是在科举文学体裁的框架下被写就的，也就是说它们本质上遵循八股文文型，而非符合格致科学原理的文章。

为了理解自然科学对科举所产生的影响范围之大，我们必须要考虑科举在创造人才和选拔人才方面所扮演的角色。科举不仅创造了一大批对经史文章娴熟的男性，同时还裁汰了一大批同样极具竞争力的落榜者。我们可以大致估算出25%的进士、举人选择了包含天文学和历学的经史文本（《尚书》和《春秋》），还有30%的中榜者选择了《易经》这部包含了大量宇宙观文本的经典，而在那些落榜者中也大致有同样比例的考生选择了这些专经领域。

我们的这一推测也有一定的事实佐证。在乡试和会试中，所有考生会根据他们所选择的专经不同，被分入不同的考房。据顾炎武留下的文字记载，明代1580年和1583年的考试总共有18房，其中《易经》和《诗经》各5房，《尚书》4房，而《春秋》和《礼记》各2房。[23]到了清代，虽然专经的要求于1787年被取消了，但在此之前清廷依然按照考生专经的情况分配考房，大体专经《易经》的考生有5房或6房，专经《尚书》的有4房，专经《诗经》的也有5房或6房，而专经《春秋》和《礼记》的只有各1房。[24]因此，研读历史类经典的考生在明末大约占总考房的33%，而在清代大约占28%—31%。专经《易经》的考生大约占据了28%—33%的考房（参见第四章）。

由此我们可以推算出，明末应天府每三年有1250—1875名考生选择《尚书》或《春秋》作为他们三年一度科举考试的专经方向。而大概有同样数量的考生选择了《易经》。同样，在17、18世纪的清代江南地区，有2500—4250名考生选择历史类经籍作为专经方向，而大约相同数量的考生选择了《易经》。鉴于明末至清人口规模的大幅度增长，我们看到考试规则和配额制使得越来越多的考生在十七省乡试中选择研习那些历史类经籍（即《尚书》和《春秋》）和《易经》中所记载的自然科学。但是我们仍然需要注意，考生的这种意识倾向并不代表着他们对格致学的兴趣有所增长。对于那些以《易经》为专经对象而作出八股文的考生而言，他们对那些被宋代道学筛查的注疏中的上古宇宙观，其实也并没有多少深刻的见解。

然而我们可以合理地推断，对于明代参加乡试、会试的考生来说，天文学的策问题是在预期范围之内的。三年一度的每一科乡试中，全帝国范围内都有50000—75000名考生可能要针对这类天文策问题作答（参见表8.5），当然我们只能看见最优秀的策论答卷。有趣的是，到了清代，这类策问题在科举中出现的概率变得可以忽略不计（参见表8.6），考生们所要回答的问题越来越侧重于解决文本议题，这种情况是拜18世纪末达到顶峰的考据学所赐。然而我们还应该注意，天文、医学、算学和其他技术相关问题的解决能力，都属于在明末清初发轫的新式经学研究的核心工具。只是在1860年之前，清代科举考试并不考查这些内容。[25]下文中，我会从明代科举考题中列举一系列策问和策论，用以解释关于自然科学的策问在实际考试中所遇到的种种情况。

历学研究

在1525年的江西省乡试中，考官就出了一道解决"历法"问题的策问题。在这道题的第一部分中，考官让考生解释古人所使用的确定年历的方法，考官在策问开题就说："自古帝王之治天下，莫不以治历明时为首务。"[26]接下来考官提醒考生们汉、唐、宋三朝都遵循了汉代三统历的先例，这种历法从某一特定历元（a set epoch）累积的积年为基础来展开计算。考官的问题是：（1）为何历法"行之未久，辄复更易"？（2）为何当时的历法体系要在先前置闰法之上再引入岁差？以及（3）为何当时的历法体系虽然没有设立历元，但仍可以在不用修正的前提下，在两百年内保证历法基本准确？

如果想要回答这些问题，就需要考生有扎实的数理天文及其历史的知识，考生们可以从正史中了解到这些历法知识，尤其是在金、元两朝以治国为方针的类书中也有很多关于历法的记载。该题回答的要点在于，当三统历采用黄钟日法八十一之后，每个朔望月的长度变成了29.53日。积日数则要从143727年前的历元开始计算，所以其月长常数29.53086日与

468

469　现代值29.53059日不可避免地有一些误差，这等于每310年就会产生1天的误差，这种误差天长日久积累下来就变得足以为人们所察觉。[27]

　　之后的历法计算体系仅仅是调整了积年、日法，并未意识到这种算法会不可避免地导致错误。最终，元代的授时历完全抛弃了原来的历法计算方法，而明代的大统历几乎完全继承了元授时历。1280年由元人郭守敬（1231—1316）设计的授时历，在三统历以来的历法体系基础上做出了改进，对太阳年时长给出了更为精准的测算。元代的历法体系使用了更为精准的十进制的常数，并且选择1279年12月的至日而不是一个遥远的上古年份作为历元。如果没有之前错误的数据源，对系统的修正也就没有必要了。

　　岁差是一个常数，用以补偿回归年或"太阳"年（太阳在黄道上两次通过同一个点所用的时间，如两次冬至之间的时间）与恒星年（太阳两次与同一恒星相对于天赤道对齐所用的时间）之间的微小时差。在功能上（也仅限功能上），岁差（the Annual Difference）就是西方天文学中的分点进动（the precession of the equinoxes）。它第一次出现在元代的历法体系中，因为元人引入了球面三角进行计算，因而必须处理沿赤道的运动和沿天宫黄道的运动之间的误差。

　　考官还提醒考生，天体运行轨道是无形的，而合朔（conjunctions of the sun and moon，即天文学中的"合"）的现象却是可以被观察到的，于是策问的第四部分就在问考生：为何《尚书》、《诗经》和《春秋》中记载的日食现象都出现在朔日［按定义来说，就是相交之日（the day of conjunction）］，而自汉代以来很多日食却发生在晦日？日食不在朔日的现象并非如考官所提示的那样是到汉代才发生的，在汉代的典籍中有记载，在先秦时期就存在日食不在朔日的现象。究其原因，首先是因为典籍中记载的时间未必精确，其次是汉代及之前的天文观测和计算都无法精准地确定日月相交（即真正的新月）和日食的发生时刻。

策问的第五部分要求考生对改进元、明历法的种种建议提出自己的看法，因为元、明历法与之前的历法一样，最终都会产生一些累积的误差。"古今论历者，或曰有一定之法，或曰无一定之法，不过随时考验以合于天而已。若果有一定之法，则皆可以常数求，而考测推步之术为不足凭。是皆载诸史册，班班可考。"[28] 不像前四道策问题，这道历法策问题并没有一个准确答案。但它确实提出了一个中国古代天文学中长久以来的问题，即依靠长期不断的天文观测、记录和推断得出的规律预测，与依靠严密的数学运算但没有持续的新数据补充的数理推测之间的内在矛盾。[29]

而某考生在回答这道策论题时（考生不详，但其策论是当科此策问题的最佳答卷），将关注点放在了历法主要理论问题的研判上。这名考生的策论从文章的角度来看无懈可击，在形式上也谨守文法陈规，在古天文学的角度上则信息量极大。然而，我们无法推测其他考卷到底是否也像这篇闱墨一样博识。这名考生以一组对立命题开篇：因为据我们所知，自上古以来天象并没有发生变化，所以"曰无一定之法，吾不信也"；然而日月星辰的轨道运动出现了无可置疑的不规律现象，所以"曰有一定之法，吾不信也"。考生接着援引了考题中出现的上古经典中的内容，对每个难懂的词都逐一解释，并以此来总结上古先秦的天文学，他给出了汉代积年、日法的准确数值。接着引用了很多历史上的学者对其的批判，其中包括天文地理学家和经学学者杜预（222—285）对它的批评："治历者当顺天以求合，非为合以验天。"通过引经据典，考生自然而然地得出了自己的判断："天有不齐之运，而历拘一定之法，不知

470

顺天以求合故也。"[30]

策论接着回应了策问第二部分关于历法技术及其与之相关的技术能力的发问。策论认为，上古时期的很多误差，因误差值太小而未被注意。虽然授时历是第一个准确考虑到误差的历法，但自虞喜（约4世纪初）以来的天文学家，一直致力于利用经验性修正来缩小因岁差导致的历法误差。此考生将诸多史实一一罗列，并准确地归纳了不同时期的历法修订者所使用的技术。这位考生需要对有关记载有相当深的理解，才能认识到这些修正是元代岁差法的先驱；他显然吃透了《元史》中采用授时历之前各家学说的评述。[31] 他最后简要而又精巧地以排比收束的形式述说了元代的革新："夫古未有闰也。至尧而后置闰，闰法立则四时之气候齐矣。古未有岁差也，至虞喜诸人而后有岁差，岁差立则七政之缠度明矣。二者相用而不可偏废者也。"[32]

考生对于策问第三、第四部分的回答非常相似。他并未深究历法的准则，而是总结了在确定合朔、交食时间方法上的一系列的科技改进。与此改进相匹配的是在计算中用日、月真运动取代平运动，以达到可以在150余年避免误差的精确度。考生在此并未完全依赖《元史》中的记载，他还引述了明代的历法改良。[33]

对策问中最后一个小问题所提及的当时人的讨论，考生做了简短的回应："愚以为得其人则可，不得其人恐未可轻议也。"他直接引用了《元史》所载李谦的历议，其中明确指出当时已经用时间跨越两千余年、地域甚或超出中国国境的天象记录对授时历进行了严密验证。考生由此得出了一个并非完全准确的结论，即那些批评其精确性的看法多为言之无物。人们可以通过观察记录，纠正那些无法忽视的历法错误，所以岁差中产生的周期性误差并不能彻底否定掉之前历法的基本可靠性。他甚至认为，元代历法改革中所制造出的那些精密的天文仪器都有文献记载，今人应该按照文献重新制造这些仪器，以便继续积累观测（他并未意识到这些仪器早在 1421 年就已被重新锻造，并在考生作策论时仍然存在）。[34] 这篇文章写完五十余年后才有西洋的耶稣会士访华，而在当时，这名考生就已经建议重新复原司天监自 1280 年郭守敬历法改革以来所继承的天文观测仪器。[35]

这篇文章在耶稣会士来华前五十余年便呼吁改革历法和恢复仪器虽然颇不寻常，不过，此种呼吁很快就回归到程朱理学的修辞框架中。作者以华丽的辞藻给策论作结，还引用了朱熹的话。文章结尾已经跟数理天文学无关了，作者把焦点又移回了皇权统治："王者修德行政，用贤去奸，能使阳盛足以胜阴，则月常避日而不食。"考生最后在文末循例声明："下士素无师传，姑举经史所载者云耳，而未敢以为然也。"[36]

一名考生能够熟记如此多古代文献中的技术数据，并且能准确地回忆、引用它们，这种能力即使对今天的中国天文史家而言也格外突出。此外，他还呼吁复建元代的天文仪器，以在 16 世纪求得准确的天文测量数据，这表明明代的这类策问题之所以用这种方式出题，其实也是希望从考生处听取一些如何完善越来越不准确的明代大统历的反馈。因此，考生建议国家应该依仗专业仪器来改革历法。然而，他虽然没有细究技术要点，却引用了很多正史里的记载信息，这也表明科举考官们对答卷的期许是希望考生可以言明历法在政治生活中的角色，同时也能意识到保证官方历法的准确性和时效性的困难之所在。

很明显，考官们并不仅仅是因为答卷中大量细节性的论证才对其推崇备至的。这篇文章不仅在天文学方面内容翔实，而且志趣高洁，完全拥护儒学正统的看法（因此会引用朱熹的话），并且博采众长，将各种世俗看法熔炼一处，更难能可贵的是还做到了文辞的工整和对仗。换言之，这篇文章在天文历法议题上展现出了一般在讨论德性和治术的闱墨佳构中所能见到的品质。帝国正统意识形态所抱有的人文偏向，并未彻底使得那些以举业仕途为重的考生完全走向追名逐利，他们并没有全然排斥科学、医学、技术、统计、财政等实务方面的知识，而明代天文历法方面的科举文章就是明证。1525 年嘉靖乙酉科的考生如果想榜上有名，就必须对历法有透彻的研究，并且对高度技术化的文献可以做到旁征博引。

象纬

接下来，我们转向另一道具有代表性的策问题，这道关于"天象"的题出现在 1561 年的浙江省乡试中。[37] 题目开篇就向考生指出，圣王尧命令大臣羲、和二人描绘日月星辰运行的轨迹，并由此确定四时。接着考官又说，后人依靠这些象纬来预测未来。然后，国家设立了太史一职，让其观察天文、记录四时。于是考官发问，为何太史的占卜和政治这两大功能在后世会被分开。[38]

我们仍旧不清楚这道策问题的策论作者是谁，但是有趣的是，1561 年的这篇留存至今的最优策论在一开篇处就将占星之"数"等同于天理："运造化之妙者数也，亦理也。探造化之妙者心也，非迹也。理也者乘乎数者也。心者也具乎理也者也。"[39]

这名考生准确地引用了《尚书·尧典》里的话，这与考官的考题形成了呼应，考生指出日月之行、星辰之旋，依靠的都是"气"。只有人心才能体察到天象与理之间那种可被观察到的对应现象，因为人心就是有"自具之理"。这名浙江考生的回答，无疑接受了其著名同乡王阳明将心视作儒学重中之重的观点，他"心即理"的哲学观点，已经成为 16 世纪流行的口号。[40]

策论认为，古人早就知道自然之理。正因为古人知天，所以才会在《易经》中留下大量的图示，供后世之人学习。考生

在策论中扼要地重述了一系列历史记载，还总结了《晋书》中
关于伏羲等传说人物观察天象、研习数道的内容。接着考生又
言及黄帝得到了河图，发现了天象，并根据星辰的位置做出
预言。策论重新复述了元代关于伏羲以来一直到夏、商、周
负责观察天象的大臣们的固定叙事。[41] 接着又厘清了历朝历
代负责天文观测之机构的功能角色定位，还讨论了郭守敬基
于自己在 13 世纪制造的天文仪器所得出的数据及据此形成的
仪表。[42]

接下来，文章转向讨论一元之气。在天地未分之时，在太
虚中只有水、火存于世间。当火达到"极清"之时，便形成了
天、日、星（含辰）、风、雷。当水达到"极浊"时，便形成
了山岳、雨露、霜雪。那些可见的事物（可象）由气组成，而
那些不可见的事物（不可象）则是神。天理就是依靠阴阳之力
的作用而运行的，不同程度的气造就了天地万物。

日月都按照常规的路径在天球上运动。当它们的路径相交
时，就会发生日食、月食。此外，策论还将季节的更替与日月
在穿过北极星、二十八星宿和其他众星时的相互关系联系在一
起。[43] 接着，策论分析了五大行星的运动，重点讨论了日、月
和辰星运动路径上的一致性，以及水星与金星之间运动的关
系。金星每运行一周天（绕日）要花一年。火星需要两年，木
星需要 12 年，土星需要 28 年。通过北极星，当时的人们可以
测算出各个行星的相对速度，因为北极星是不动的，其他行星
则相对地在移动，古人通过北极星的参照来计算不同行星之间
的距离。[44]

策论认为，古代的天文官员已经意识到了天兆对于统治
稳定的重要性。无论是作为国朝合法性象征的明堂，还是灵
台，都被设计用来作为观测天文象纬对人间之事影响作用的
观测地点。然而年深日久，上古宇宙体系的学说不幸失传了。

正是因为盖天（天有盖）、宣夜（地无垠）的理论没有流传下细节，所以后人很难在实际运用中，根据这些理论来寻找象纬或是修订历法。缺乏"定论"导致后世皇家天文机构中的天文学家只能"泥于数"，他们都无法通晓其背后的原理（遗其理），最后认为古人"弗通以心，又何足以上达天载之神也哉"。[45]

最后，策论转而讨论测天仪器，尤其是浑天仪。基于这种浑天仪所反映出的宇宙观，人们便可以洞悉行星运动背后的原理，这种仪器可以测量宇宙中日月星辰的常规运动。策论认为古代圣王以璿玑和玉衡为工具来标记天宇。策论接受了东汉马融及其他经籍注家的看法，认为璿玑原本是在帝喾、虞舜的改良之下，成为日后浑天仪的前身，而从黄帝始，历代上古帝王都用这种天文仪器来确定历法。[46]

策问认为，浑天仪一直流传到了元代，然后郭守敬制造了简化版的浑天仪（简仪）、半球形日晷（仰仪）和其他天文仪器，相比之前存世但过时的古代仪器，郭守敬的改造大大提高了天文观测和测量的精确度。文章说，这些天文观测方法不仅被记载在了《元史》之中，而且当时也还在使用。因此，无论对于那些参加科举并要回答类似这种策问问题的明代考生，还是那些研究中国天文史的学子而言，正史都显得尤其重要。[47]

因为天子代表了天地之间的联系，所以其皇权的德（imperial virtue）也体现在了日月星辰的运行之中。皇权的合法性通过对星象和行星周期性运动的准确预测而得到加强。未能准确预测出的日月食，则被视为帝德有亏、刑罚不明的道德反馈。同样，五星和日月一样影响四季更替，也是帝国官僚体制的象纬。考生最后用华丽的辞藻强调了"心"在领悟天地之间的联系时所扮演的角色，他在文末总结道："观天而观之以心，观心而观之以尧舜之心，斯其为善观天者矣。"[48]

这篇策论除了非常熟稔地解释了一系列支撑明王朝用以推算天事的技术基础，同时也凸显了这名通才型文人所身处的智识氛围，其策论使用以"心"为核的阳明心学来解释行星的运动。作者在论述天文事务时，引用了心法学说（见第二章），并以此来阐释道学要义中的道统和治统是如何在自然哲学中运作的。考生在文章中排比运动中的天体时，无疑将"理"置于经验性的观察之上。尽管在传统的经学知识阶序中道学更受推崇，但这位考生的策论却成功地结合了天文学知识和道学的道德哲学。这无疑表明，在考官和考生的眼里，天文与道学这两者之间在学术范畴的本质上是互相重叠的。

477

律与乐理

晚期帝制中国里音乐的地位和功能，与皇权统治是分不开的。在正史中，关于音乐的数理协律总是与历法联系在一起，因为它们都象征了同样的自然法则。[49]自秦、汉以来的历朝历代，都有太常寺乐府这样的机构致力于制作、搜集、整理宫廷音乐、民间音乐，并用它们来提升统治者在百姓心目中的公共德行，同时设立官方音律标准。作为一个可被数理化的学科，当时的人们从十二律吕和极具象征性的政治诠释视角来定义音乐，他们将音乐视作基于数字、量度（measurement）和平衡的一门技能。朝廷的音乐机构用一种名为"黄钟"的律管的单一音高作为长度、音量和重量的官方量度标准。有了固定的标准，音阶律列内在的比率系数也就相应被朝廷的标准化和规制化确立下来了。[50]

在席文看来，音乐的数理协律"从根本上意味着数字及对数字的运用进入了真实世界"。与天文占星类似，音乐的内在和谐的协律体系对于皇权统治和官方度量衡标准而言极其重要，所以关于天文和音律的问题也经常出现在明代的科举考试

478 之中。[51]如在 1567 年应天府乡试的第三道策问题中，主考官让考生在文章中论述自上古流传至后世的十二乐律问题。[52]策问题包含很多音乐技术知识，考题将音乐视作一套以 12 个半音音程组成的体系，即在一个八度内含有 12 个半音音阶，就是这一体系构成了中国音乐中的音调。

黄钟标准并非音高本身，它用来确定包括音调在内的（还有重量乃至其他度量衡）标准，[53]考官先是引用了宋人的看法，宋人认为虽然用器可以发出声，但人们应该更注重声，而非器。还有些人认为"审音之难不在于声，而在于律"。这种观点认为，"（审音之难）不在于宫，而在于黄钟"。考生们被要求在策论中调和各种互相矛盾的学说立场。[54]

然后，考官还要求考生对于古典经籍中所记载的有关黄钟长度的文本进行讨论。历朝历代都力图确定历法的起始点，无独有偶，千余年里人们也都想要弄清黄钟的正确长度以作帝国正统礼乐之用。一些文献记载黄钟律管的长度为 9 寸，而另一些则认为是 3 寸 9 分（1 分是 1/10 寸）。黄钟尺寸的标准直到明代还在被不断修正，策问要求考生们阐明，如何测定可以发出标准黄钟音高的律吕的长度。此外，考生们还要讨论蔡元定（1135—1198）的《律吕新书》，这本书在原始十二律的系统上增加了 6 个变律，即降律和半律，这些变律解决了之前人们在阐释上古音调系统时的很多不足和无法自圆其说的地方。[55]

479 这一科此道乡试策问题的最优策论（我们仍旧不知道考生姓名），开篇处就在辨析"作乐之本"和"作乐之具"两者的差别。依据五经之一的《礼记·乐记》中的音乐理论，策论认为音乐是从存乎于世界内在的自然（造化）和情感（性情）中而生，然后延展到基本的社会关系之中，最终体现在人类风俗之中。因此，音乐通过提升社会的公序良俗（"达之伦理，验之风俗"）而超越了作为声音之源的乐器本身。[56]然而策论接下去笔锋一转：在考生看来，音乐在技术面向上仍然需要声律的和谐，因此也就需要规制精确的律管。而金石律吕之学中仍旧存在着很多错误。没有精确的乐器，哪怕是像孔子这样的圣王也无法制作出律吕和谐的音乐。[57]

策论接着阐述，因为很多关于音律的记载和经籍都已经失传，所以人们对这方面所知不多。"是以为论愈多，为法愈淆。"甚至学养深厚如宋儒也对古代的律吕之学不甚明白。在此，考生准确地指出考官在考题中所引述的话出自朱熹之口："审音之难不在于声，而在于律；不在于宫，而在于黄钟。"朱熹准确地意识到，认识古代律吕体系的关键，在于制作量度精确的黄钟，因为只有这样，后人才能找到象征性的基础音高。[58]

考生接下来总结了自西汉时期的官方史学家司马迁以来，众多学者对于计算十二律吕的不同见解。司马迁在《史记·律书》中详细记载了如何将九寸黄钟作为基础音高来区分六阳律与六阴律，之后宋人蔡元定在其《律吕新书》中又重申了这一观点。策论言道，十二律吕也是古人宇宙观意义中，造化万物相生相应（a correspondence system）中的一部分。在考生看来，《易经》中的卦象跟律吕体系一样，也是经过一系列的数理推导计算出来的。

律吕与历法、四时和天象之间的对应关系，也同样符合宇宙造化万物的构成形式。确定的律都被配对，以对应十二月、十二时以及其他的官方度量、时历标准。策论还认为，律调是否准确与气的升降有很大关系，自冬至始，气的变化开始轮转一个周期。[59]气的升降变化会影响绝对音高。因此，为了测得正确的律列就需要用到一种叫作"候气"的技术，律列测算是否准确与每个月气的升降息息相关。这一候气技术非常之难，也经常无法使用，因为黄钟律管与气之升降之间的关系几乎无法被察觉——李约瑟（Joseph Needham）对于候气之术的看法也证实了这一点："在明代，疑古之风盛行。"[60]

考生接着讨论了其他测算律列的方法，如刘恕在《通鉴外纪》中记载，黄帝下令用竹子制作三寸九分长的黄钟律管，以此作为一种替代性的基准音，作为绝对音高的标准。晚近的儒家学者使用这种方法来计算"元声"及其相应的六阳、六阴之律。如果使用这种长度的律管作为绝对音高，那么整个十二律吕就是以"三分损益"律律相生的乐理来计算律列，如此最后一个计算出的音调就是基准律。

三分损益法，就是以一套数学公式来计算律律相生的连续性音高，其音高比例就是在 4∶3 或 2∶3 之间交替，大体等于在一个整数上增加或是减去 1/3。这套律律相生的算法，在前一个音律的基础上交替乘以 2/3 和 4/3，以求得下一个音律。用这种算法，黄钟律管所推导出的第七律（蕤宾）就是九寸长，而基础律的长度就是三寸九分，即最开始的基准数。因此，策论最后总结道，司马迁笔下黄钟九寸的说法是错误的，因为只有蕤宾这一律是以这种算法推导出来的。[61]

为了论证其观点，考生还引述了其他权威的看法，尤其强调了朱熹对于使用现存经籍来考证上古音律的怀疑。朱熹认为，当代学者应该对上古之后那些所知更为广博的学者的意见多加关注。正是在这一意义上，这篇写于 1567 年的策论认为，16 世纪的学者对古代律列有更好的认识。事实上，以后见之明来看，明代数学家、音乐家朱载堉（1536—1611）就成功地解释了平均律律吕体系正确的数学计算公式。他在 16 世纪末对于十二律吕的前沿性研究，纠正了之前律吕之学的很多自相矛盾之处。1606 年朱载堉将其著作献给明廷。朱载堉的研究，无可辩驳地证明了黄钟律管的长度不可能是九寸。[62]

这道关于十二律吕的策问题极具技术性，无论是在乐理概念层面，还是在用数学来定义律列中十二律的方法使用层面。

鉴于这类考题在科举考试中的出现频率，乡试、会试的考生必须要掌握足够应付考试的乐理知识。此外，这类考题的高频出现，也证明了数理协律对于王朝统治有多么重要。

清初考试对于自然科学的排斥

未来的汉学研究应该可以纠正今人的很多偏见，尤其是很多人对自然科学在晚期帝制中国里的文化地位方面的看法。上文所举的三个例子表明，如果我们认为明代的统治者跟清朝统治者一样，以为他们将作为道德哲学的道学、自然科学与技术相对应的话，那么这种想当然的观点无疑是极其危险的。但我们也应该注意到，相比那些在钦天监、太常寺中被雇请的专家型人才，科举考试里所考查的那些天文、历法和音乐协律的专业知识使得士大夫们（literati-officials）在文化声望和社会地位上都与专家型人才有所不同。作为精通经学、长于文墨的道德通才，儒家正统经典赋予了这些士大夫们最高的社会、政治和文化声望。明代的科举考官们同样需要知晓天文、算学、历学和律吕方面的知识，以适应正统礼教机器对他们的要求。他们考取进士、举人绝非是要成为"科学家"，但他们在理解自然现象在国家统治中所起到的作用这一问题上也毫无拒斥感。

此外，长久以来文人团体作为一种合理的政治存在，他们通过科举考试，取得了儒家经学的功名，这些功名巩固了他们作为道德楷模的官方地位，也与他们在官僚体制中的地位息息相关。儒家经学的治国之术，就是以经学和政治能力的结合为前提的，而这种政治能力并非通过文士们在"自然科学"方面的专精程度来考量的。然而，作为经学知识的一部分，文士们也必须懂得，如何使用这些知识来理解历法与律吕在统治中所扮演的角色。以上文讨论的策问题为例，考查学生是否懂得技术知识并非这些考题的终极目的。相反，考官希望考生能够将技术知识熔炼于圣王所遗留下的有关天下大治的经学叙事之中。

因此，关于"自然科学"的策问题被局限在官僚统治的治术相关领域，对这些问题的讨论也在儒家经典的范畴内，至少较早的注疏都是如此解读这些议题的。其他诸如医学、冶炼等领域，则被认为不适合成为考试的科目内容。天文和算学因为在先秦经籍中占据一席之地而变得很重要，医学和冶炼则不能享受同等待遇。"五行"和"灾异"，都是一种将政治统治在大自然中的运行，根据皇权所改造的经学要义进行合理化论证的宇宙论解释。考生如果以非正统的方式来考察天地中的自然现象，就会对掌权王朝的合法性构成挑战（参见第六章），这样的策论也就会被评定为"错误"的答卷。

作为公共事件，明代每个考区科场中的策问和策论，都通过将"自然科学"置于文官体系选拔的考试科目课程之中，使其成为儒学正统体系中的一部分（或曰正统的人质）。通过推广这种正统语境下的技术知识，考官们成功地驯化了天文、律吕和历法等学科。朝廷借此可以选拔出那些可以加入政府队伍中的文士，正是因为这些文士知道，让他们得以取得政治成功的道德准则是以专门知识从属于道学文化知识为前提的，而这些道学知识可以通过重重考试而最终转化为官僚权力。

文化等级与社会等级、政治等级几乎一样，如果从文化等级的视角去看待晚期帝制中国的"自然科学"的话，我们就会发现，这些科学知识通通被那些遵奉儒学的道德通才们正当化成为经学的一部分，因为只有这样才能把这些知识纳入儒家的正统体系之中。只要精通科学的专业人士能够顺从王朝正统及其合法性的代表，那么他们就可以成为国家文化等级、政治等级和社会等级的必要组成部分。精通经学的士大夫可以与精研历法的专业人才在官僚机器中共存，但前者无疑享有更高的政治层级、文化地位和社会声望。因此，明代科举并不因其囊括了有关自然科学的策问题，而值得后世称赞。明代科举值得"称赞"的地方在于，它成功地将自然科学封印在确保王朝、士大夫与程朱理学的长期统治的政治、社会和文化再生产体系之中。因此，士大夫并没有变成"科学家"，但他们将对科学专精人才的依靠转化为了一套服务于王朝统治和程朱理学的政治话语。[63]

但是相比明代，为何在清代有关自然科学的策问题如此之少且情况不明，当代学者仍有不解之处。比如在 17 世纪 60 年代，山东省乡试曾出过一道关于天文的策问。一名考生对此问题茫然无知，于是只能转而讨论地理问题。他以为自己必然落榜无疑，却在张榜之日赫然发现榜上有名，在领到考卷时他发现考官的评语是这么写的："题问天文而兼言地理，可称博雅之士。"[64] 在更早的中国历史中，地理与天文原本是有所重合的学科。但是正如下文所述，它们之间的联系在清初发生了某种断裂，清廷禁止科举中再出现有关天文和历法的考题。因此，地理题（尤其是区域地理题）开始在乡试、会试策问题中频繁出现（参见第八章）。[65]

鉴于耶稣会士利用西方天文学知识取代了钦天监中的传统历法，而清初的统治者也对天文学饶有兴趣，科举考试中本应能保留一些明代遗留下来的天文、历法的影响。但是，这种预期可能被某种先天预设给限定了，我们先天地认为自然科学是进步的，从而忽视了清统治者试图垄断这一有可能发生不稳定事件的学术专业领域的可能性。清初，清朝统治者对 17 世纪 50、60 年代的科举考试进行了一系列的管控（比如科举在 1664 年进行了彻底的改革，又在 1667 年进行了去改革化，参见第十章），而当时耶稣会士与士大夫之间也爆发了激烈的历法论争。这些明清易代之际的事件，挑战了正统的文化体系，它们或许互相之间产生了影响，使得清廷对于是否在科举考试中出有关历法这样会造成分裂的策问题感到犹豫不决。[66]

明王朝的覆灭和继而统治中国的清政权给了那些天文、律吕的专业人才以机会，1685年之后，他们有机会摆脱在士大夫官僚体制中低人一等的窘境，并可以在具体问题上挑战那些为了政治权力而在新一代清统治精英手下谋得一官半职的、名声扫地的前明政治精英们。当新的王朝试图尽快重新建构其在历法与律吕上的存在合法性时，作为专业学科的天文学的文化重要性与日俱增，在很长一段时期内就算不是彻底胜过，至少也挑战了文士们通过经学研究所积攒下的文化优越性。

直到17世纪80年代，清朝统治者已经基本肃清了其在政治和军事上的敌人，清初年间的那种社会流动才开始消失。汉人文士和清廷精英在最高层的政治、社会等级上形成了一种微妙的平衡（而历法专家们则又一次回到了官僚体系的中层，乃至接近底层），这种情况持续到了18世纪。在这一过程中，乡试、会试中第三场策问考题实际上已经不再针对自然科学提问。这或许是道学在17世纪80年代经过激烈的斗争才取得的胜利，但这背后也有精明的清代帝王的操纵。于是乎，在明代科举中占有很大权重且被文士们成功接纳的自然科学，在清代却被排除在了科举考试之外。

1715年，康熙帝禁止外界公众研习天文和历学，因为这两者都关乎清廷的王朝合法性。其实早在1713年，康熙帝就下令乡试、会试考官不得在考试中考问学生有关天文、律吕和算学的策问题（"朕常讲易及修定天文律吕算法注书，尔等考试官断不可以此注书出题"）。康熙帝将天文、历法的重任委派给了耶稣会士，而清代的考官和考生则被禁止阅读有关天文、历法的自然科学的最新著作。清廷明文禁止对自然科学的

485

阅读研究，这与前者禁止在公共讨论中谈及占卜术和吉凶异象的做法如出一辙。[67]

沈新周1712年在其《地学》一书的序言中，公开提及清廷严禁汉人文士学习天文、星象和律吕的行为。沈新周指出，到了康熙朝所有关于天文的讨论（"言天文"）都被禁止了。通过这篇公开讨论清廷政策的序言，我们可以看出，明初永乐帝在科举考试中鼓励自然科学的行为是何等重要，1404年他要求在科举考试的策问题中考查学生的自然科学知识。同样的，我们也能理解康熙帝禁止自然科学策问的行为如何影响了之后清代知识分子们的思想生活。文士精英学习自然科学的行为在明代被鼓励，在清代却被禁止——这听上去非常反直觉，但仔细一想却有其历史合理性。天文、历法、算学这种自然科学被禁，取而代之的则是历史地理学作为一门清廷可以接受的学科的欣欣向荣，当然地图绘制仍然是只有统治者才能掌控的秘密。雍正帝也对康熙帝的政策做出了一些调整，他允许研习天文学的监生（天文生）进入官学。[68]我们在第十章和第十一章中还会讨论相关话题，皇帝和他的文士官员们都为科举考试的科目课程改革贡献了各自的力量，当然，皇帝是出于对拱卫皇权的私人考虑，文士考官们则是出于他们的学术兴趣。

史学知识在明清策问题中的地位变迁

清中叶，来自浙江的历史学家章学诚直白地说出了一句在晚期帝制中国和现代中国的知识界被广泛讨论的金句："六经皆史也。"自汉代以来，儒家经典就被人们当成"圣经"（sacred Classics），之后四书更是成为学校和家庭中经学教育的基础。为了能成为国家官员，研习五经成为人们的必经之路，当清廷于1787年后废除了专治一经的规定，转而要求考生们兼修五经，五经的重要性不断提升（参见第十章）。

486

然而在章学诚的时代，经学优先于其他学科领域的地位遭到了挑战。18世纪一批学问超卓的士大夫，如章学诚、钱大昕、王鸣盛和赵翼，都试图复兴史学在文人学术中的至高地位。早在清初，顾炎武就对宋、明时期史学衰落的情形极为不满，他认为当时的文士将他们的才华和注意力过度地放在了考试之上。他急迫地希望，恢复唐代考试制度中对史学的关注。[69]

章学诚的名言也反映了18世纪经学和史学两者之间思想变迁的轨迹。到了清末，史学研究已经逐步取代经学，成为人文学术研究中的主导学科。20世纪初，经学研究几乎完全消失。20世纪20年代，顾颉刚以及其他参与古史辨运动的学者都将儒家经籍看作历史研究的对象，而非历史研究的前提。[70]

比如，经学和史学两者长久以来的关系虽然是18世纪正统文士们极为关心的话题，但伴随着史学地位的不断上升，其487 重要性开始几乎等同于经学，经学的普适性与正史的专精性两者间的分歧开始受到学者们的广泛质疑。这种质疑也逐渐渗入帝国的文官选拔考试中。著名考据学者卢文弨（1717—1796）任湖南学政时，曾在1767年湖南省科试的考题中直接要求考生在五道策问题之一道中回答经、史之间的关系："史之与经，异用而同源。《尚书》、《春秋》圣人之史也，进乎经矣。后世祖之，分为二体。可得而析言之欤？"[71]

另外一些学者无疑走得更远，他们声称经、史之间无甚差别。钱大昕就认为，在先秦时代并不存在对经籍类目的人为划分。但是在东汉灭亡之后，第一次出现了以"四部"法划分典籍类目的分类法，经第一次被与史、子、集等诸部区分开。在这一基础上，钱大昕否定了经学在史学之上的优越地位，他总结道，如果想要了解上古圣王们的智慧，就必须将经、史都看成是核心的史料。将经籍放在合适的历史语境中予以讨论，这种想法在章学诚那里被总结为"六经皆史"并被广泛引用，这反映了 18 世纪文士学术逐渐增强的历史化意识。[72]

当我们检视明清两代科举中的策问和策论的性质时，我们在很大程度上发现史学知识与经学研究在地位权重上此消彼长的变化是真实存在的。根据表 8.5 和表 8.6，我们可以大致总结出，晚期帝制中国时代那些出题的考官们在出题时，将策问题很大一部分重心放在了史学研究上，这一趋势在清统治时期得到了进一步增强。此外，大部分考题并未直接将历史作为学术讨论的对象关注点，而是假定无论考题是关于制度、经籍，还是关于防洪治水、地方治理，考生都会从史学的角度来回答该策问题。

此外，五经中的两经（《尚书》和《春秋》），本质上从形式到内容都是历史的。因为在 1787 年前，选择专经《尚书》或《春秋》的考生占了相对很大的比例（25%—27%），我们甚至可以说 1787 年前史学是科举第一场考试中最重要的一部分，由明至清策问题中的史学题出题频率也在逐渐增长。大约 20% 的考生选择专经《尚书》，另有 6%—7% 的考生则选择《春秋》（参见第五章）。如此，大约乡试考生中有 25% 是选择史学相关的典籍作为自己的专经科目。这一比例相当可观了，但仍旧比不上以形而上学和宇宙观为核心的《易经》（30%—35%）以及关于文学的《诗经》（30%—35%）。

如果将专经历史经籍的考生数占总考生数 25% 这一比例投射到那些落榜考生中的话，那么明末应天府大概有 1250—1875 名举子选择专经《尚书》或《春秋》。同样，在 17、18 世纪的安徽和江苏，整个江南地区有 2500—4250 名乡试考生选择历史经籍作为专经对象（参见第三章）。随着整个清代考生数量的不断增长，那些研习历史经籍并在三年一度的十七省乡试中回答史学策问题的考生数也与日俱增。

488

下一节我们将讨论各省的史学策问题，这些策问题都将问题重心放在了作为一门学科的历史学和作为一个学术问题的史料编修学（historiography）上。但是我们要注意，很少有策问题在讨论历史的变迁与发展时不涉及对道德真理的阐发。道德哲学与历史学在策问题中实际上是密不可分的。

1516 年浙江省策问题中的道学化历史

明代 1516 年浙江乡试第三场中的第三道史学策问题，与之前的两道题一脉相承：第一道题要考生讨论统治者的圣王典范，而第二道题则是关于帝王个人修身之德中的道统与心法的作用。我将首先分析史学策问题，然后将之与同次考试的其他策问题相比较，以此来进一步阐释浙江乡试中所考查的史学知识的性质。我们并不清楚 1516 年的乡试策问题是否具备足够的代表性。比如，1489 年山东省乡试的史学策问题就丝毫不涉及下文所讨论的任何道学议题，而 1489 年湖广乡试策问题要求考生在讨论王朝合法性时，也并未让后者对作为史学家的司马光、朱熹等宋人作出回应，1502 年的会试也是同样。[73]

1516 年的史学策问题（共 345 字）开篇就试图厘清历史著作的主要体裁："问朱文公有言，古史之体可见者，《书》、《春秋》而已。而《春秋》编年通纪以见事之先后。《书》则每事别记以具事之始末。"[74] 长久以来，历史被分为纯粹的编年体［即编年史（annalistic history）］和纪传体，前者的典范无疑是《春秋》，而后者则是《尚书》。

因此，这道考题有一个隐含的前提，即历史研究可以用纯粹的编年（如编年体）或具体的主题（如纪传体）这两种方式来探讨。以"过程 vs. 结构"（Process versus Structure）的阐释视角来类比明代文人如何看待历史写作体裁，或许未免有些过于现代，但很明显，明代的学者和考生都已然能够从历史变迁的本质与历史延续性的作用的角度来考察历史。[75]

在 1516 年浙江省乡试的考官看来，无论是司马迁的《史记》还是班固（32—92）的《汉书》都是历史著作中的代表作，但是它们都未能遵循之前史书的写作体裁，所以它们也受到了后世的批评。考官含蓄地指出，这些汉代的历史学家未能遵从上古的历史写作体裁。但当考官论及两汉之后史家所著的《三国志》时，就直白地指责作者是"春秋罪人"。考生们被要求针对"然则作者何人"作答，同时还要讨论这样的指控是否正确。[76]

接着，考官又罗列了唐、宋史家，并让考生对这些古人做出评骘。事实上，这些问题只是考官真正问题的前奏，接着考官笔锋一转，开始讨论司马光的《资治通鉴》和朱熹据前者删削而成的《通鉴纲目》。在考官看来，司马光的著作师法《左传》，而朱熹的缩编本更是"得春秋之义"。

在结尾处，考官提及了胡安国的看法，并称他为良史。北宋胡安国对《春秋》的注疏非常权威，后来也成为 1313—1793 年科举考试所需要修习科目的一部分。考官们还提到了宋末元初的学者金履祥（1232—1303），他的《通鉴前编》填补了一些《资治通鉴》留下的空白。考官让考生解释胡安国所谓的《春秋》乃"传心要典"的说法。最后，考官问："今之志于史者，宜何从以媲良史，而希圣人传心之要点（即《春秋》）耶？愿闻其说。"[77]

事实上，考官将这道史学策问题熔炼在了经学的学术框架之下，考官将孔子《春秋》等同于强调"心传"的宋代道学。此外，汉代和两汉之后的史学著作受到了考官们的批评，而宋人的历史著作却得到了褒扬。正是因为汉、唐文士未能准确传达圣王关于"道统"的道德教化，所以他们的历史著作未能贯通孔子《春秋》的大义要旨。而当史服务于经时，像朱熹这样的学者反而能够成为历史学家，并且可以最"得春秋之义"。

考官们并不介意朱熹曾贬低过《春秋》的言论，他认为《春秋》不过是将春秋时代那些细碎且互不相关的旧事记录下来而已。正如清代考证学者所指出的那样，宋明学者一般不在意事实，宋人关于"心"的那些理论并未在《春秋》中有所体现，"心"的理论更多是从四书乃至释、道文献中而来。此外，朱熹仅仅是编订了一部简要的《通鉴提要》，为后来者编写更为详尽的《通鉴纲目》提供了一套更为详尽的史学写作指导纲要。与朱熹的《家礼》和《小学》类似，为朱熹在明代积累了大量声誉的《通鉴纲目》，事实上都是由他身后的弟子编定完成的。[78]

这道策问题的最优策论是龚辉的答卷（共 960 字），他是一名来自余姚县学的考生，专经《诗经》，在这科乡试中排名第二。这科浙江省乡试中，有超过 2200 名考生竞争 90 个举人名额，大概是 1∶24 的中举率。在中举的考生中，34.4% 专经《周易》，17.8% 专经《尚书》，34.4% 专经《诗经》，7.8% 专经《春秋》，仅有 6.6% 专经《礼记》。龚辉就是一个例子，他是一名典型的考生，选择了《诗经》而并没有主攻历史类的经籍，但他却仍有足够广泛的史学知识支撑他写完这篇全场最佳的史学策论。

一名同考官称赞他的文章"策士以史正欲观该博之"。而两名主考官中的一人则认为他"记识博洽，而议论精当，深于史学也。"因此，无论考生选择五经中的哪一部作为专经对象，也无论考生关于四书的八股文写的有多好，最优秀的考生依然会研习历史。[79]

在文章开始处，龚辉首先借用了通行的观点来陈述他对历史基础原则的看法："以天下之公作史，而后文可以传。以天下之公评史，而后论始定史也者。是非之权衡，公天下之大法也。"正是"天下之公"的治史原则，使得历史被赋予了以古鉴今的重要地位。此外，龚辉的策论还强调，孔子编定的《尚书》和写就的《春秋》这两本书，代表了"至公之所在"的治史境界："故曰，《书》者，经中之史。而《春秋》者，史中之经也。后之作者类皆以《尚书》、《春秋》为宗。"[80]

接着龚辉讨论了两本不符合正统经学传统标准的史书，即司马迁的《史记》和班固的《汉书》，龚认为这两本书过度重视黄老之学，将其放置在六经之前，所以这两部著作缺乏道德内涵。同样，陈寿（233—297）的《三国志》也未能很好地处理多个竞争性王朝的政治正统性问题，因此也使后世读者陷入了道德困惑之中，也难怪被人们称作"春秋罪人"。[81]

然后龚辉又说到了被考官们予以很高评价的宋代史家司马光和朱熹的史学著作。龚辉的文章认为，这两位宋人对长达1362年历史（公元前403年—公元959年）的编年史著的编纂，延续了孔子《春秋》的风尚。此外，朱熹对《资治通鉴》进行缩编而写成的《通鉴纲目》就是以《春秋》为范本而作的，朱熹因此应该被视为作为良史的孔子的后继者。朱熹之前的胡安国认为《春秋》中的"褒贬"可以被等同于天理，因此《春秋》是一部真正意义上的"传心之要典"。何为史著的典范之作？龚文认为，朱熹而非司马迁才可被称为孔子之后的"良史"。[82]

有趣的是，我们一般将朱熹与反映晚期帝制中国正统道德哲学的"道学"相联系，但1516年浙江省乡试的考官却同样认为他是一名重要的历史学家。但如果我们考虑到，考官所考查的内容其实类似于今人所谓"道德化史学观"（moralizing historiography）的话，或许就不会对"史学家朱熹"这一提法感到惊讶了。考官在策问题中提出的编年、纪传在史学取向上的不同，也一样要被放置思想史语境中予以考察。

492

　　在之后的很多史学策问题中，我们还会看到，考题所探讨的议题已经不再仅仅是哪一种体裁的史学写作才能够成为道德治理与政治治理的"镜鉴"，两种体裁各异的历史写作的不同本身就成了一个议题。在1516年的史学策问题中，只有真正能体现出"经"的本质的史，才是真的"史"。因此，《史记》和《汉书》仅仅是在反映各自时代的史著；而《春秋》和《通鉴纲目》才是超越时代的史著。无论1516年浙江乡试的史学策问题是否具有代表性，浙江省乡试考官还远未将史学看作在地位上与经学可以等量齐观的独立学科。经是神圣和至高无上的，这确实反映了明代文士们的看法。

　　就在史学策问题前的第二道策问题中，考官主要让考生讨论"道统之正"的议题与"心法之传"的作用，以期可以用道心臻至"精一执中"。我们将两题稍加比较就会发现，它们在考查内容和论述方式上是完全相同的。看上去，一题在考查"道学"，另一题则在考查历史。然而实际上，史学题也被考官融入"道学"之中，两道策问题反映了完全相同的道德观与哲学观。比如，考官在第二题中强调精神心术之妙是解决个人内在道德的自我修身与国家外在的公共治理之术这两者之间关系的核心要义。尧将中庸之道传授给了自己的继任者舜，而宋人对于人性与天理的研究，重新建构了圣王尧的思想倾向。[83]

　　在结束对1516年浙江省乡试的讨论前，我们再来看一下本次乡试策问的第一题。此题考查的是学生对于帝王之道的认识，这道题也是考官心目中最为重要的一道策问题。明代科举考试用策问题来指认统治者政治权力的合法地位，这已经近乎一套标准操作。比如第一道策问题就让考生评价汉文帝、宋仁宗二帝和上古三王是如何心忧天下的。这道策问题所强调的"忧天下"，可以被看作讨论当今的统治者应该如何基于"敬忧天下之志"而在内心中做到"修身之德"。

考官认为，在上古时期那些修身治国的理想都曾实现过，但之后鲜有君王能够达到这一理想境界（比如宋朝）。考官指出，唐代的统治者尤其荒疏朝政。策问结尾处，考官用非常华丽的辞藻，撇清了明朝建立之初的历史叙事与这些前朝旧事之间的相似之处，避免让人认为考官们在针砭本朝政治："国家由洪熙（1425 年在位）逮弘治百余年矣。五宗继体率，皆存敬畏以不怠，忧天下而不遑守成法祖。盖有以符三代者，重熙累洽太平之盛。"84

通过考问举子们谁能比统治者更为知晓忠孝和敬忧，考官们成功地将策论的答卷方向限定在让考生以雅驯的文辞来表达他们效忠王朝的誓言。然而，当时的明朝皇帝正德帝（1505—1521 年在位）以放荡好色而闻名，他还对佛教颇有涉猎。以传统视角观之，正德帝实在难以当得起考官和考生们的称颂。正德年间，朝局开始由权阉刘瑾（死于 1510 年）把持，跟他对着干的文士多数都铩羽而归，比如王阳明因为上疏反对刘瑾而被关进大牢，忍受廷杖之苦，最后于 1506 年被流放。权阉小集团（即八虎）成了宫廷政治中的实权派。85

值得一提的是，王阳明是浙江人，他幼年大部分时间是在绍兴度过的，1492 年他在杭州考取举人。1516 年浙江乡试的考官和考生或许内心都清楚，第一道策问题对明代帝王的过度称颂有多么偏离事实真相。那么，这种华而不实的赞颂是一种变相的批评吗？如果是的话，那么以 1516 年的政治环境而言，这种举动未免风险太高。任何人只要被抓到对当朝皇帝有任何隐晦的批评，等待他的都是严厉的惩罚。我们可以看一下同样是来自余姚的当科解元张怀（1486—1561）对第一道策问题的回答。张怀专经《周易》，他的策论是当科此题的最优答卷，考官对他的策论不吝赞美之词。没有考生敢于将策问题直白地解读为对当今圣上行为举止有失检点的批评——尤其是第一名的举人就更不能如此解读试题了，否则张怀也无法考中解元。[86]

简而言之，张怀谨慎而又巧妙地结撰了这份开篇策论，这篇策论代表了考生们在回答 1516 年策问前三题时的某种预期。第一题中，考生们的任务是用最清晰的文辞，确认他们对由上古先贤缔造，而又在当今重现的政治体系的个人忠诚。第二题中，考生则需要声明他对作为道学正统的政治哲学的认同。第三题中，考生需要跟随考官的指引，将史学研究与帝国正统思想相关联。就本质而言，策问的前三题及其答卷文章，就是一次针对正统的政治、经学和历史信仰进行礼教化的思想交流，这些正统信仰旨在赋予王朝统治合法性，而策问则旨在让考生写下对帝国效忠的誓言。时务策问答就是考官与考生的二重唱，考官要展现帝国的权威，考生则要对这种权威表示效忠，因此就算考官、考生想对时局有所批评，也最好隐晦一点。史学策问题的功能同样是让考生通过文章拥护作为帝国正统意识形态的经学基础。在策问中，统治者既是臣民的圣王，也是科场考生的老师；而同样，朱熹在这个意义上既是道德哲学家，也是无与伦比的历史学家。

1594 年福建省乡试策问题中的道德化史学

1594 年福建省乡试中，考官命题时同样出了一道史学策问题，其中一份超过 3000 字的策论答卷被收录到了《皇明策衡》中。这篇策论作者的姓名我们不得而知。但无论是这道策问题，还是《皇明策衡》中的答卷文章，都体现出了与 1516 年策问、策论的某种连续性和统一性。除了福建省外，顺天府、陕西省和四川省也都在 1516 年的甲午科乡试的命题中出了相似的史学策问题。[87]

史学策问题是 1594 年福建省乡试策问的第三题，前两道题一道是考查用人，一道是考查弭灾。之后的第四、五两道题则是针对井田和倭事。这组考题非常有趣，没有任何一道题采用道学或是经学的术语来考查考生。但事实上，福建省乡试的五道策问题中，每一题都是或直接或间接地让考生就时务的历史面向做出解答。

史学策问题开篇还是提出了史书编年体和纪传体的不同，接着就问考生"其得失亦可指言之欤？"。策问言道，司马迁是古代史学著作书写体裁从编年体转向纪传体的开风气之先的历史学家。司马迁所中意的纪传体之后也变成了"正统史书"的书写模式，而《春秋》这种编年体的著作事实上几乎绝迹了。考官让考生评述这种史学写作体裁的嬗变所造成的后果。

接着考官又指出，编年体在司马光之后得到了复兴，司马光扭转了之前世人只重纪传体的趋势。考官问考生，司马迁的纪传体与司马光的编年体孰优孰劣？最后，考官讨论了朱熹在司马光《资治通鉴》上又提纲析目而作的《通鉴纲目》。无论是考官的后见之明，还是事实果然如此，在策问最后，考官指出编年体是最古老的史学书写体裁，但有很多人"云马迁之外无史"。1594年史学策问题的考查意图，旨在让考生们批驳司马迁乃"良史"的传统认识。司马迁不遗余力地发挥纪传体这种史学写作体裁的长处，但在明代科举的考官、考生看来，司马迁的历史书写在道德上误入歧途，同时他还对那些声名存疑的历史人物过度迷恋。[88]

这份策论开篇即用华丽的辞藻论证了史学对于统治者的重要性。统治者虽然有权力废黜没有价值的史著，提携有价值的史著，但这要基于对历史是非判断的准确权衡之上。同时，统治者的权力也有其局限性，对历史是非曲直的判断可以在各个向度上展开，这些判断可以为统治者提供一套治世良方。"史有辞有义，义有是有非。"优秀的历史学家可以用鲜活、优美的语言来书写历史，但文辞本身并不足以书写历史。只有圣人

496

才能够领会史著的"义法",才能对文辞背后的是非曲直进行"权衡"。[89]

这道策论对史著型的经籍（historical Classics）和纯史著做了非常清晰的区分。在考生看来，圣人通过三部经典诠释了其述史的原则：（1）《尚书》；（2）《诗经》；（3）《春秋》。《尚书》包含了对于圣王治世的方向和指导，但《尚书》流传存世的内容多有阙失。所以为了弥补《尚书》对古人的郊庙登歌和闾阎讴咏的记载不足，于是就有了《诗经》，它扭转了世风不古的趋势。而孔子在《春秋》中记叙鲁国的历史，并在其史著中表达了对于历史是非的判断，孔子的这一述史之法准确地抓住了圣王的"心法"。[90]

虽然考生没有直说，但是他的策论明显将孔子的编年史著置于诸如司马迁纪传体史著这样的纯史学著作之上。策论接着称赞了左丘明，他为《春秋》编订了权威的注释，使得后世可以知晓《春秋》其微言大义中的"事"与"义"，因此左丘明也就成了"素王之忠臣，麟经之鼓吹矣"。作为编年体的《春秋》，无疑是上古理想的史学写作的范本。[91]

在考生看来，司马迁所创制的纪传体作为编年体之后的另一种史著体裁，瓦解了古老的述史传统。正因如此，司马迁的《史记》自汉代之后成了正史体裁的标准范本。考生顺着考官在策问题中的引导，在策论中指斥了这种新的述史传统，他指出司马迁将黄老之术置于尊崇孔子和六经的汉儒之上，这种做法堪称谬妄。此外考生还认为，司马迁在其历史叙述中，包含了大量鸡鸣狗盗的游侠和处士，对读者着实有害无益。历史叙述的是非观，在司马迁那里变得晦暗不明。然而更重要的是，纪传体的述史之法过于强调个人的力量和缺陷，忽视了对历史事件方方面面的探讨，无法正确地总结出王朝"国运"兴衰的根源。[92]

策论接下来讨论了西汉之后的史学家，像班固、陈寿等人都在沿袭司马迁的述史方式。编年体史著几乎绝迹，但是仍有一少部分人通过编纂单一王朝的编年史延续了这种述史方式，考生据此驳斥了前人所谓"（左）丘明之后无史也"的说法。然而，直到 11 世纪司马光写就《资治通鉴》，编年体这种体裁才算是真正得以复兴。这部书记述了 16 个王朝、横跨 1362 年的历史，朱熹称赞这部书是自汉代以来最重要的历史著作。[93]

虽然司马光遵奉孔子《春秋》的体裁写法，但是他过于大刀阔斧的历史编纂手法，还是未能对反映汉代之前的分裂时代中各王朝政治合法性的重大历史事件给予明确的阐述。考生认为《资治通鉴》仍有疏失之处，司马光的历史分析在道德议题上未能尽善尽美，在合法的统治者和非法的僭越者之间无法做出"王霸之辨"。

弥补《资治通鉴》缺失的历史学家是朱熹。朱熹对孔子《春秋》里有关政治合法性的经学原则深有心得，朱熹将司马光的《资治通鉴》缩编为《通鉴纲目》，并写下了《凡例》阐明其编纂纲领。朱熹最终将司马光的著作改写成了一本高度符合《春秋》"一字之褒，荣于华衮；一字之贬，严于斧钺"要旨的政治伦理教科书："窃谓涑水（司马光）用春秋之法，而时得其意。紫阳（朱熹）得春秋之义，而善用其法。自麟经以后，仅有此编。"[94]

策论结尾处概述了宋代之后的史学著作。后世史学家依据《资治通鉴》的体例并结合后来的史事，每隔一段时间便及时以编年体记载之前的历史。此外成化年间，朝廷下令编纂宋、元以来至 1368 年大明王朝建立期间的这段历史，作为对《资治通鉴》的补充。但除了《春秋》体外，截止到明朝，中国还是依据正史的模式编修了二十一史，然而策论笔锋一转，转而在结论处开始调和纪传、编年两种体裁。在考生看来，两种体裁的分化肇始于司马迁充满误导性的著史方式。在他之前，两种体裁其实是一体的。

498

所以，考生认为"尊纪传而抑编年，非也。治编年而略纪传，亦非也"。当代历史学家所要做的，就是重新拟合两种体裁，并且准确地领悟司马迁之前经学式的述史精神。[95]

总的来说，1516 年浙江省乡试和 1594 年福建省乡试的策论，在主旨精神上高度契合。考生们都站在道德著史角度，批评了司马迁及其纪传体史著。纪传体的史学书写在风格和语言上都有尚佳表现，但纪传体的史学家们大多只见树木、不见森林。这些史家缺乏道德化的视角，所以历史事件在他们那里变得了无意义。虽然两篇策论相隔 78 年，但他们都将道德化的史学视为回应考官策问的重中之重。两篇策论一致认为，在孔子之后只有朱熹才重新洞悉了王朝兴衰中"正统"的核心地位。"政治合法性"与道统具有历史相关性，而道学无疑越过汉、唐，直接回溯到孔、孟。而汉代以后的儒生，无论是在理学层面还是史学层面，都已经遗失了对道的追求和理解。直到宋代，上古的道德观才通过经学和史学研究逐渐复原。[96] 作为宋代道学家的后继者，明人通过策问、策论确认了他们对于宋代道统遗产的继承。

1654 年、1685 年中的汉学化史学

我们再将目光转向清初的史学策问题。就如同之前所说，18 世纪的经史之争在此时已然初现端倪，学术思想的变迁轨迹已然可循。到清代中叶和清末时期，早先科场对于道学化史学的关注逐渐消退，道德化的历史研究变得不再重要。在这一过程中，司马迁、班固重新成为史家典范，他们的书作为两汉最优秀的史著，也成了清人效法的对象。清代的汉学家强调，汉代的经学远超当时已饱受质疑的宋明理学，而 18、19 世纪汉学方面的历史学者，也将司马迁和班固视作典范型的史家，而不是之前明人所看重的朱熹。[97]

比如 1654 年的广东省乡试，第二道策问题就在考问经籍与史籍（正史）两者间的关系。共有 2600 余名考生参加了此次乡试，总共录取 86 人（3.6%）。录取的举人中，25.8% 专经《周易》，17.2% 专经《尚书》，43% 专经《诗经》，6.5% 专经《春秋》，7.5% 专经《礼记》。正如上文估算，约有 25% 的考生在参加 1654 年广东省乡试时选择了历史类的经籍作为专经对象。此外，所有的考生还需要在策问环节回答经、史之间的边界为何的问题。[98]

本科主考官张凤抱是崇祯末科 1643 年的天津籍进士，他在当科《广东乡试录》的序言中提到了明代广东地区的一些杰出学者，如精通道学的陈献章（1428—1500）和重要的史学家陈建（1497—1567），这些都表明广东在当时已是经史研究的人文荟萃之地。陈建于 1528 年考中举人，但之后接连两次会试都遗憾落榜。讽刺的是，他所编写的论述时间止于 1521 年的编年体明代史书《皇明通纪》却成了考生们手边的常备参考书。此书初刻于 1555 年，之后又重刻了数版。事实上，我们需要全面地了解张凤抱及同考官为此科所出的五道乡试策问题，这五道题要求考生对不同的策论领域都要有极具历史感的理解：（1）为年轻统治者而设的经筵；（2）经史；（3）发掘人才及用人；（4）军制和军屯；（5）因时改革。与 1594 年福建省乡试的策问类似，五道题无一直接针对道学发问。[99]

1654 年的策问与明初的考题极为不同。考生们被要求详细论述经学的"源流"和历史的"本末"。换言之，考生们要勾勒出从六经到十三经这一脉相承的经学演进过程。论述完经学后，还要继续讨论从左丘明到司马迁、班固等人的历史书写的演进过程。考官们本质上是将经、史等量齐观的，之前的文士们认为经学更多的是关乎心术，但史学则关乎事功。司马光和朱熹不再是科场中人关注的重心了。[100]

　　本科这道策问的最优策论是一位名叫陈一熊的考生所写的一篇 2300 字的文章。考官们认为此文引人入胜、观点全面、文辞典雅，这些评语表明考官们既重视考生对于历史知识的具体把握，同时也看重考生的文风写作。这篇策论开篇比较常见，考生大而化之地讨论了历史的重要性，但是陈一熊注意到经、史一同反映了公共之善（public well-beings）的普遍标准，他认为经学是天下的星辰日月，史学则是五岳江河。通过格物致知，人就能够掌握经的要义。《春秋》就是一部人人都应该通晓的经，因为其中包括了对于公序良俗至关重要的"是非"。[101]

　　经学在这个意义上仍是道学之源，后者要在行为上遵奉格物的教导。同样，《春秋》也是正统的道德化史学的核心。在这个意义上，陈一熊的文章在本质上与之前明人的观点是一致的。此外，陈文还认为，虽然历史环境可能改变，但隐含在变迁之下的天理仍是永恒的，在明清易代之际，这样的论述无疑是让当局安心的表达。经已经包含了史的核心，而史也是建立在一元化的经学观点之上的。然而，这种一元性观点在两汉覆灭之后就已经遗失了，直到宋代道学家们的出现才又复活了这种古老的史观，而对历史"本义"阐释得最好的就是朱熹了。[102]

　　从表面上看，相比之前明人那些将史学消解在道学化经学哲学中的策论，陈一熊的文章并没有什么不同。但实际上，两者之间却又有一些重要的区别。首先，陈文是在考官试题的框架下从经学和史学的角度讨论了汉、唐的兴衰变迁，而明人在此之前一直都低估此类问题的重要性。更重要的是，陈文虽然将孔子的《春秋》捧得很高，却几乎未对广受明代考官、考生推崇的，作为史家范本的司马光的《资治通鉴》和朱熹的《通鉴纲目》有太多提及。1654 年陈一熊的策论中对朱熹只是一笔带过。同时，在提到朱熹时，考生也更多的是对他的经学成就有所称颂，而对其史学成就则不着一词。事实上，考官在出这道经史策问题伊始，就将经、史之前的分野做了某种初现端倪却显而易见的区分。[103]

在文章结论部分，陈一熊强调史家们的历史研究应该基于《春秋》"心法"，但这更像一种公式化的陈词，而非发自内心的剖白。在明代文章中，"心法"都是在司马光和朱熹对编年体史著的复兴上而被人们所认识理解的，这是一种有关政治伦理的教科书式的官方表述。如果我们不看陈文最后部分道学化的条条框框，也忽略之前他对两汉及之后的史家们的异端学说的抨击，陈文对道学术语本身的使用其实已经不太符合规范性的定义。换言之，陈一熊的策论少了几分在明代策论中俯拾即是的道学式自以为是的坚定。[104]

本节最后，为了能对史学在 17 世纪的地位变迁做一个总结，我们可以用 1685 年会试试题与之前的乡试题、会试题进行一番比较研究。1685 年时，康熙帝已经下诏开设明史馆近 20 年了，这一举措或许也影响了史学界对史著的版式形制的看法。1685 年会试的第二道策问题考问了学生经学和史学的不同之处。与 1654 年广东省乡试类似，考官同样要求考生详细探讨十三经和二十一史的形成演进过程。接着考官们又强调了中国史学的源头，这种表述在清代文人中是一种常见的学术立场，即《春秋》是历史的经学，而司马迁和班固则是史学的鼻祖。明末那种将汉代史家逐出正统史学谱系的做法，在康熙年间就已然不复存在了。[105]

考官们所在意的，也不再是编年体和纪传体两种史著体裁的分裂。相反，他们让考生们讨论，为何后世史家正确地将司马迁、班固的史著当成效法的典范。两汉及之后的史家，此时反而成为考生们需要称颂的对象。相比明代史学策问题的那种"封闭性"，清代的史学策问具有某种开放性，它允许像金居敬这样的考生的策论被列为这道经史题的最优答卷，金居敬在

502

文中将二十一史作为断代史作品一一列举。因此，他也对诸如司马光《资治通鉴》这样的通史著作避而不提。金居敬的策论还批评了像刘知几（661—721，他显然被1516年和1594年乃至明代大部分科举考试的史学策问题所忽视）这样的唐代学者个人写作的断代史，但是这种批评的目的并非是要降低正史的重要性。相反，这种批评是为了匡正人们之前对于正史的看法，让人们重新思考正史的意义。[106]

朱熹是被当成经学家而非史学家讨论。无论是考官还是金居敬，他们都认同编年体和纪传体都是经学遗产本身的一部分，纪传体并非司马迁的发明。金居敬在他这篇范文的开篇即表明，上古的史书也是经学的一部分，《尚书》就遵循了纪事本末的体例，《春秋》则遵循了编年体的体例。在此过程中，纪传体史书被接受成为"国史"的编修形式。与明人对于史学的看法不同，清代的科举考官并不认为司马光、朱熹所激赏的编年体优于纪传体。清初时，人们对于纪传体的喜爱要胜过编年体。[107]

1685年会试中的史学策问题比1654年广东省乡试的题目又更进了一步，后者在试题和答卷中多少还提及了道学"心法"，前者则完全没有触及这一话题。与之相对，1654年广东省乡试将"心学"放在了第一道策问题的位置，以凸显其重要性，这道题完完全全是在讨论"道统之正"。虽然与史学策问题分隔开来了，正统道学依旧占据着主导地位。

但是，在经史策问题中，道学的覆盖范畴明显被缩减了。朱熹也不再被看成一名历史学家。历史开始不再被自动简化成经学的一部分。史学也不再被自然地当成道德化的历史研究。但是无论哪部经仍然不会被简化成历史。史类经籍也不敢自居在经学之前。学术界在酝酿着一场大变局，直到一个世纪之后，像章学诚这样的18世纪文人学者开始否定经学的统治地位，他们将经学纳入史学研究的范畴。整体而言，清代 1685 年会试的考官在史学策问题中的看法，反映了学术发展的某种新倾向。[108]

清代策问题中的汉宋之争

17、18 世纪，长江三角洲城市中心，有越来越多的深通典籍的饱学宿儒对四书五经和正史进行文本细读。在这一地区，考据学缓慢而又稳步地开始发展成型，这门学问以语文学研究（philological research）为中心——主要是：（1）辨别经学著作文本、史学著作文本的真伪；（2）解索上古古典语汇的词源学；（3）重构古代汉语的音韵学；（4）厘清古汉字书写的古文字学——成为一门具备一套学术话语的、有着自我认同的学科领域。正如我们所见，这些学术趋势在明末已然初现端倪，直到清代发展至高峰。

明代的考据（参见第八章）和清代的考证在研究过程中积累了大量可靠的文本知识，这使得长江三角洲地区的经学学者在思想和认识论上都产生了重大的再调整（reorientation）。考证学者更喜欢将研究重点放在那些当时可见的汉、唐文献上，并以此重构新的经学传统。因为汉代在时间上距离经籍实际编纂时代更近，越来越多的清代学者开始使用汉代文献（因此，这种学术倾向也被称为"汉学"）来重新评价经籍。这种学术重心上的变化使他们开始拒斥用宋代学者所著的文献（因此，后者也被称为"宋学"）来研究经籍，因为宋代距离上古先秦已有至少 1500 年的时间间隔。此外清人还认为朱熹道学和阳明心学不自觉地在儒学经典中掺杂了很多释、道的异端教义和理论。[109]

《尚书》今古文之争

《尚书》今古文之争可以被看作清代考证学思潮在各个学

术领域蔓延的代表性案例，许多考证学者都认为《尚书》中的古文部分并非上古圣王的著作，而是 3 世纪时期的汉人伪造的。此学术论争成了清代汉学家中的一宗公案，但与此同时，科举考试体系仍然会用《古文尚书》中的"人心、道心"来考查学生是否掌握正统宋学的相关知识。考生们被要求记诵四书五经中程朱理学所持有的学术立场，并向帝国的科举考官们解释这些概念，但就连考官们也越来越觉得，传统的正统解释在朴学的意义上有颇多可疑之处。

自宋代以来，关于《古文尚书》真伪的怀疑就一直没有停息，但直到清儒阎若璩，才算对此问题下了定谳之论。在阎若璩被广泛流传的未刊手稿《尚书古文疏证》中，这一问题总算得到了解决。[110] 基于阎若璩对《古文尚书》真伪的否定性研究，一些官员于 17 世纪 90 年代和 18 世纪 40 年代两次上疏朝廷，奏请将科举考试官方文本中的古文段落删去。但是每次这些动议都被搁置。之后，出生于苏州的汉学核心人物惠栋（1697—1758）又于 18 世纪 40 年代进一步推进证实了阎若璩关于《古文尚书》的研究。惠栋认为，几个世纪以来一直有人对《古文尚书》表示怀疑，现在这一议题已然能有定论了。惠栋之后，又有很多汉学家将其对《古文尚书》未竟的研究继续了下去。其中，来自常州的孙星衍的著作最具决定性意义，他将今古文《尚书》比对的研究几乎终结了当时有关这一议题的种种争议。孙星衍针对两汉文献的分析，无疑使得清代汉学术的声望达至顶点。[111]

《尚书》今古文之争无疑是经学研究、皇权合法性，乃至公共政策等多重议题汇聚之所在，政治保守势力与宋学支持者们对于传统经典的维护，反映了他们在明清两代皇权正统性问题上的文化凝聚力。汉学对正统的《古文尚书》的怀疑，无疑威胁到了明初以来就确立的科举考试课程所一直珍视的道学共识。许多人拒绝接受考据家们对于经典文本的学术发现。

比如翰林院编修庄存与，他经常被派到各地担任乡试考官，之后又成为常州今文学派复兴的领袖。他在 18 世纪 40 年代担任乾隆朝内阁学士时就注意到了汉学家对《古文尚书》的意见，他认为如果长期以来被人们所普遍接纳的《尚书·大禹谟》被质疑是伪作的话，那么有关人心、道心的传统道学学说，乃至皋陶（舜帝的大臣）"与其杀不辜，宁失不经"的刑法法令都将被彻底颠覆。庄存与认为，这些道学教导都是受到传统经学认可的。所以站在意识形态的立场上，庄存与试图限制不断发展壮大、渐趋主流的汉学，以此希冀传统经籍可以免受汉学考证的批评。[112]

然而正如第八章所言，1685 年、1730 年和 1737 年的会试仍然引用了《古文尚书·大禹谟》中关于人心、道心的段落，并且丝毫没有提及有关这些内容真伪争议的朴学讨论。同样，如果我们检视明代考生的文章，哪怕考生的策论中涉及了考据问题，也从不会提及这些文本真伪的讨论。他们都笃信程朱理学对于圣王心传之法的阐释，并在文章中一再复述程朱理学的观点。

无论这种做法是在向朝廷展现自己的文化忠诚，还是真心诚意对正统文人价值表示认同，科举考试首场八股文的形式设计本身就无法进行严谨的文本分析。将朴学议题带入讲究文辞的八股实践无疑是一种冒险的行为，经义文本身旨在考量学生在文化和政治上是否可靠。而乡试、会试第三场的策论考试，无疑就成为考生们对经典进行朴学考据分析的最佳舞台了。但是明代的策问、策论往往与治国安邦联系在一起，考生们无法借题对程朱理学进行文本层面的批判。

然而，18 世纪末经学的学术倾向开始发生转变，乡试、会试的考官时常在第三场策问考试中，在技术层面上考问学生

506

之前不在科举课程范围中的考证问题。不过以时间而论，汉学式的策问题在 19 世纪达到顶峰，彼时距离乾隆朝最后 20 年间考证学在南方文人团体中取得决定性的思潮胜利，已然又过去了整整一代。比如在 1810 年安徽和江苏所举办的江南乡试中，第三场策问的第一题就直截了当对《古文尚书》真伪性议题提问。

考官在试题一开始就以《尚书·序》与原版孔子删削的百篇《尚书》之间的关系提问。考官在策问中说："何以有不入百篇之目者？"接着，考生们被要求解释，为何西汉时期从秦代"焚书"事件中幸存下来的《今文尚书》的篇目数会有争议（一说 28 篇，一说 29 篇）。再接下来，考官要求考生阐述《尚书》的编纂，如作为孔子后人的汉代五经博士孔安国（公元前156—前74？）为《尚书》所作的《序》，以及之后他将当时刚被发现的《古文尚书》29 篇补入到之前的《今文尚书》之中。考官问："何以云五十九篇（实为五十八篇）？"

507 论述完西汉文献后，考官又将问题转向了东汉经学家郑玄，他被清代汉学家们视作汉代学术的"守护者"，他在其著作中列出了《尚书》原版的百篇名目，但这与孔安国有所遗失的《尚书》在目次上并不一致。考官也考问学生这里的原因何在。接着，策问话锋一转，又提到了唐、宋两代学者的《尚书》注疏。考官问，为何唐代负责编定经学科举科目经籍文本（参见第一章）的孔颖达（574—648）会将汉代之后的第三版《尚书》视为伪作？为何朱熹会对孔安国在《尚书》的序言和注疏中不常见的措辞方式（以汉人的文辞而言）表示怀疑？[113]

这道策问的架构和内容都表明，与汉学相关的很多语文学（小学）发现乃至考证学都开始渗透进科举考试体系之中。虽然科举依然是一套考查学生们的文化忠诚、政治忠诚的考试体系，但考官们却对清代经学研究的繁荣赞许有加，科场围绕着《尚书》文本变迁的探究要求考生们掌握精确的知识，并借此向考官表明他们对萦绕在这部经籍周围的真伪之争早已了然于胸。虽然这道策问题并未质疑传统道学的文化正统性，但它确实潜在地发起了对正统"真相"的某种挑战。作为《古文尚书》重要篇目的《大禹谟》，是道学经义中"治统"和"道统"的理论基础，但现在很多清儒却认为这是汉代人的伪作。[114]

或许很多人认为，这类考证观点只局限在长江三角洲地区，因为这一地区的学术共同体一直都以志在复兴汉学的前沿研究学者为主，他们惯用考证学的方法从事经学、史学研究。但其实正相反，由于科举考试是在全国举行的，被任命为科举考官的文士又多来自江浙一带，他们非常熟悉这些学术新知，因此也将这一地区经学家们的最新研究发现推广到全国。长久以来，长江三角洲地区的学者都是帝都会试和殿试中的赢家（参见第五章），因此他们有更大的概率在翰林院或礼部任职。而大部分乡试考官往往从人员互有重叠的这两个位于帝都的核心官僚机构中选派。就算是那些科举边缘省份，如北方的山东、西南的四川、西北的陕西，1750 年之后在这些地方所举办的科举乡试中，仍然能看到跨地域、多领域的清代学术转向。

508

山东省乡试

虽然 1810 年山东省乡试的考题中并未出现朴学式（语文学）的考证，但 1771 年山东乡试中就已然有关于儒家经典的语文学试题了。虽然考题里道德哲学式的话题仍旧平常无奇，但山东省乡试的考官在策问题中还是涉及了一些文本分析的议题。比如 1771 年的乡试策问题就提到了《尚书》今古文之间颇为复杂的异同，考题旨在引导考生对儒家经典统一性的阙失各抒己见，并且让考生针对不同观点尽可能得出一个共识性的结论，以及为何朱熹和程颐在这一问题上观点不一致。[115]

考证学的一些其他学术面向，也在科举的考试范围内。比如 1807 年山东省乡试的第三道策问题就在考问音韵之学。之所以会出这道题，可能因为考官是孙星衍。作为生于常州的著名考证学家，孙星衍无疑是借出任山东省乡试考官的机会，在考生中扩大他的影响力。这道试题突出强调了《诗经》中上古音韵体系在重构音韵之学过程中的重要性。考官希望考生在回答问题时，能够在解释韵部分类时，将作为语言学概念的四声的发展纳入论述之中。[116]

在 1819 年山东省乡试中，考官特别在第一道策问题中让考生用考证的方法来辨析经学中《尚书》今古文之争的起源：

> 王伯厚（应麟，1223—1296）谓周官据今文，然经中古文仍不少，而注中每易以今文，何故？仪礼注有从古文者，有从今文者，有今古文兼从者，能分别之否？

在之后 1831 年的山东省乡试中，考生被要求回答两道关于朴学的策问题。第一道题就是在考问《尚书》今古文，第二道题则是在考查学生是否可以从古文字学的角度区分今古文。山东省乡试的考生原本只需掌握程朱理学那一套道德哲学以应付第一、二场考试即可，现在却同样面对着来自第三场考试的巨大压力。[117]

1741 年在中国北部的顺天府乡试中，第二道策问最佳答卷是梁国治（1723—1786）所写。这道题旨在考查学生对经籍注疏的历史发展的掌握情况，考官称赞梁的策论：考证精详。梁国治在 1741 乡试中高中第七名，之后又在 1748 年的殿试中被点中状元。1795 年顺天府乡试中，考官认为古文

字学、词源学和音韵学是理解经学的重要工具。在一道考查小
学（传统语文学）的试题中，考生们被要求用这三个领域的方
法来评论重要的经学著作，清代考证在概念层面已经完全突破
了明代的界限。[118]

四川省乡试

另一方面，从 1738 年四川省乡试来看，在考官们心中，
正统宋代程朱理学的思维方式仍然牢不可破。自 14 世纪以来，
四川在经济地位和文化方面已经不再位居帝国的前列。伴随着
长久以来在世俗层面的衰落，经学教育在四川直到 18 世纪早
期才略有成型，作为科举支柱的程朱理学，直到此时方才深入
到了四川省各地的官学之中。[119] 比如，1738 年四川省乡试的
策问考题，问的就是程朱理学所注重的心法，这道题几乎原封
不动照搬了上一科会试的题目（前文有所分析）。1738 年的第
一道策问题关注的是一统性的"道统"经学观，这种经学观长
期建立在对"人心、道心"和程朱理学所强调的"惟精惟一，
允执厥中"这两者的区分之上。[120]

再比如 1741 年和 1747 年的四川省乡试，虽然策问题中
提及了一些朴学议题，在整个 18 世纪占统治地位的宋学仍然
是考题的主导思想。然而在 1800 年的乡试中，汉学思潮开始
影响策问题的命题。此次乡试策问题第二题中，考生被要求比
较汉唐注疏之学与宋代义理之学，并且要说出程朱理学与汉唐
注疏的不同之处。考官更是在第三题中直白地要求考生用"考
据"的方法分析评价彼时史学研究的准确性。而在第四道题
中，考官更是将古词源学、古音韵学、古文字学归为小学（语
文）的主要分支学科，让考生作答以阐明对于小学的认识理
解。[121]

在之后的四川省乡试中，汉学、宋学之争被频繁提及。比

510

511

如 1832 年四川省乡试，考官就在策问题中让学生讨论四书的写作形制中的书法历史和古篆历史。之后 1846 年，乡试第三道策问题又直接在考证学的语言学前提下命题："通经以识字为始，识字以《说文》为先。"这些策问、策论无疑让我们联想到了三个世纪前薛应旂在关于古文字学的策问题中对考据的讨论。

1859 年四川省乡试的策问题中，考生被要求对那些关于《古文尚书》真伪性的怀疑作答："《书》古文若《大禹谟》等二十五篇，好古者多以为伪，其出之何代，传之何人，疑之者始于何人？"之前宋学这些关于人心、道心的阐释所依据的文本，1860 年前后却在各地科举乡试的策问考题中遭到了公开的质疑。

然而这种发展变化虽然是累积性的，但也并不是不可逆的，尤其是太平天国运动之后，文化保守主义与正统宋学之间的关系日益紧密（参见第十一章）。1885 年的乡试中，考官又在第一道策问题中提及了今古文之争，但第二题又是一道非常典型的考问学生对于宋学"正学"相关知识理解的试题。事实上在同一场考试的不同问题中，经常会同时出现汉学和宋学议题，这也反映了汉学、宋学这两种互有竞争的学术倾向之间的某种糅合。在经学思想占意识形态主导地位的最后一个世纪中，这种糅合已经成为学术最重要的一个特征。[122]

陕西省乡试

同样，在清军入关后的第一个世纪里，陕西省乡试的大部分考题一直都围绕着以宋学为主体的程朱理学的主题与议题。比如 1756 年的乡试中第一道策问题，其目的就是考查学生对作为当时理学标准的"圣贤之道之传"的教义的知识掌握，而这一教义就是基于《尚书·大禹谟》中的人心、道心之间区别的文本。1788 年陕西省乡试几乎是一字不差地复制了这一考题。《大禹谟》作为《古文尚书》的核心章节，其真实性仍被地方教育界认可。

512

然而 1759 年开始，考题的主旨多少发生了一些变化。1759年乡试第一道策问题开始关注唐代之前的经学传统，并且一直追溯到了汉代经学教育中心——太学——中所使用的"家法"。考生们被要求概述《尚书》及其他经籍的历史流传过程。1795 年和 1800 年的陕西省乡试的第一道策问题，都专门考问了关于作为汉代经学集大成者的郑玄的问题。

1795 年的考生需要讨论郑玄在汉儒经学研究中的典范地位。而 1800 年的考题，则再次强调了郑玄对于经学的贡献，并让学生讨论郑玄对《周易》的认识。1800 年乡试第三道策问题，则需要学生掌握金石学和古文字学的专业知识，考官让学生就所掌握的知识对汉代石经石刻的特征展开论述。同样，第四道考题则又是一道关于现存的《诗经》三百篇和亡佚篇目之间关系的朴学试题。

由此看来，汉学和考证学成了陕西省乡试的常规考题方向。1825 年乡试中第一道考题，就是关于五经的历史问题的。比如以《尚书》为例，考官考问学生，孔安国的《序》是否包含作伪的成分。而针对《易经》与《诗经》，考官也出了相似的语文学考题。1831 年乡试，第一道策问题是关于汉代"家法"问题。1833 年乡试中，考官更是公开表达了对于《古文尚书》真伪性的怀疑，第一道策问题就认为："圣朝经学昌明，考疑订伪。"

清廷的政治合法性之前是通过程朱理学来传扬，而现在则换成了考证学，考生们同样可以通过他们对考证学的掌握来表达对于清廷的忠诚。[123]

会试考题的变迁

513　　或许是出于维护文化合法性的原因，清廷在很长时间里仍然使用宋学理学的修辞来捍卫其合法性，所以会试、殿试题目中的汉学转向相比于乡试要来得更晚。王朝的文化、学术思潮变迁始于长江三角洲城镇地区，并首先影响了乡试一级的科举，之后才逐渐在帝都的全国性选拔中现出端倪。饶是如此，清廷帝王单方面下诏，认为"自然科学"不适合出现在所有考试之中，即使清代经学的潮流已经转向了汉学。汉学渐在科举的进阶之梯上步步高升，而考证学者们也一步步爬到了作为科举进阶之梯的顶端，并开始出任科举考官。

　　1685 年的会试中，考官们所出的考题还只要求考生掌握宋代理学的道德哲学与政治理论。虽然也会出现一些考问经学文本及其传承的试题，但科举中宋代理学的思维框架并没有丝毫动摇。比如，1730 年的会试几乎原样复制了 1685 年关于"人心、道心"的考题。1737 年类似考题再次出现。

　　1739 年、1742 年、1748 年、1751 年和 1752 年的会试，第一道策问题都极具典型性，它们的提问都是关于治统与道统的。帝都会试考官的目的非常清楚，就是给考生传达一个明确的信息："明性之本"就能够掌握"心法"，而"心法"则是讨论"帝王之治法"的必要条件。1739 年会试策问题的最佳答卷，是由来自长江三角洲地区的考生陈晋所写。他在策论中同时强调了君主治国时"外王"和"内圣"的两重要义。[124]

　　1742 年会试中，考官在策问中还特别考问学生程朱理学对于性的观点。来自杭州的考生金甡（1702—1782）的策论被评为这道题的最优答卷。其文章强调"心性、人性"，并且认为"道心"要比"人心"更为重要。而 1748 年会试策问题更是以"圣人之心"为主题。考官在策问中道："孔子之学以诚敬为主

欤？夫诚敬之理，孔子以前始见于何经？"该题的最优策论为
李中简（约1721—1781）所写，他将治统与道统之间的联系
一路追溯到了由尧至舜、由舜至禹的经典叙述之中。[125]

　　1751年会试第一道策问题就在谈论"性源于天心"。为了
能够"复性"就需要"执中"，并且将道心放在首要位置。然而，
与之前的策问略有不同，考官在此让考生比较朱熹和王阳明对于
"尊德性"与"道问学"这两极观点的不同看法。在浙江籍文士
周澧（1709—1753）的策论中，他概述了朱熹的观点，并认为
朱子"性即理"的观点要远胜王阳明的"心即理"。[126]

　　之后1752年，关于"人心、道心"的道学核心文本，再次
在考试的第一道策问题中被提及了。这道策问题的最佳答卷是
由考生纪复享（生卒年不详）所写，在他看来"心法"即"治
法"。纪复享认为，为了能尽可能领悟心法，就必须"明道之
学"。这样的磨炼砥砺是建立在"居敬穷理"的前提之上的。[127]

　　虽然在某些会试策问题中也会涉及经籍文本的问题，但考
官的核心思维还是通过科举体系选拔再生产出一批坚定地维护
宋明理学正统的考生——甚至在一举诞生了五名著名汉学家的
1754年科举会试中，也仅有一道策问题是关于经籍文本问题
的［这一科诞生的五名18世纪末著名汉学家分别是：钱大昕、
纪昀、王昶、王鸣盛和朱筠（1729—1781）］。这次会试的
第一道策问题是讨论非常正统的程朱理学所关心的"家法"问
题，此类概念被后来的汉学家斥为"空谈"。[128]

　　钱大昕在1754年会试所写的第二道策问题的答卷是当科
的优秀策论，这道题目主要让学生讨论四书五经的文本流传
问题。虽然考官强调了朱熹在经学研究中的重要性，尤其是他
对于四书中《大学》章节的合理安排，但是这一考题还是涉及
了围绕着四书的一些文本技术层面的问题。钱大昕的策论极长
（这表明与当时大部分考生不同，钱大昕对待第三场策问考试

的态度极其严肃认真），在策论中他以纯熟的手法将非常复杂的经学文本议题剖析得清晰异常。

钱大昕的策论虽然没有直接指斥正统宋学，但他指出四书的提法直到宋代才出现，朱熹及其门人将《论语》、《孟子》、《大学》和《中庸》汇编一处，并将它们视作一套经学的核心文本。四书的地位在1384年前后开始超过五经，但是钱大昕认为，原本四书的地位是次于五经的，两篇是从五经中衍生而来。钱大昕文章中言道：“《六经》者，圣人之言。”因此与五经相比，四书的经学权威性要差一些，因为它们都是由宋人编定的。钱大昕还表达了对《古文尚书》真伪的怀疑。[129] 钱大昕还抨击方苞赋予将宋代风格古文视为典范的八股文以正统地位的做法①。[130]

越来越多关于儒家经学文本的策问题，开始从之前引导考生去认同宋代程朱理学道德话语的强制性要求，渐渐转变成了考查学生经学知识的掌握情况。比如1766年会试中，考生在策问题中被问到了涉及汉学中的音韵学问题。考官在策问中说，“汉去古未远”，所以汉传《诗经》中的声韵最接近于上古音韵的实际发音。[131]

之后1793年至1823年间的会试策问题表明，清代汉学已然深深渗透进科举考试体系之中。1793年会试中，考生被要求剖析围绕孔子《春秋》的三种正统注疏的种种争议，尤其是关于《左传》可靠性的讨论。《左传》为左丘明所作，虽然他被认为是孔子的亲传弟子，但18世纪的今文学家对作为古文经的《左传》中的很多观点提出了挑战。1792年，纪昀上书乾隆帝，他认为《春秋》注疏种类甚多，而自明代之后，宋人胡安国注才被列为官学中的四种《春秋》注疏之一。因此纪

---

① 参见第七章，即编定《钦定四书文》。

昀奏请将胡注移出学校的官方课程文本，因为胡注所作的时间距离《春秋》已有 1500 余年。乾隆帝准许了纪昀的奏请，这标志着汉学在朝中的一次重大胜利。所以之后只有三种《春秋》注疏被朝廷认可，胡注则逐渐被人们遗忘。[132] 之后，作为 1796 年会试主考官的纪昀在《会试录·序》中说，这科会试的考官们应"以宋学为宗，而以汉学补苴其所遗"。[133]

在此之前，1758 年就有学者批评《春秋》胡注比较武断。取而代之的是，这些汉学家受到顾炎武的影响，认为《左传》杜预注应该被广泛阅读以"复古学"。[134] 此外，对于将一种宋代经注移除出五经注疏这一学术事件，诸如洪亮吉（1746—1809）这样认可汉学的士大夫，更为推崇汉代经师，他们希望通过汉代经注重建早期帝国的儒学家法，并以此取代道学所谓的人心、道心之传（参见第一章）。洪亮吉家法的典范人物是孔子，而非朱熹。[135]

此外，18 世纪末的清儒还抨击明初所编定的三部《大全》。这三部《大全》由永乐帝下令编修，是为科举考试量身定做的一套重要的关于四书五经的宋元注疏合集（参见第二章）。孙星衍就对这三部《大全》表示不满，他曾上书朝廷，认为应该使用宋代编定、涵盖了汉唐注疏的《十三经注疏》取代三部《大全》，因为后者在反映上古的真实面貌上多有阙失："科场风气，关系人才升降，但使人人争读注疏，则士尽诵经，通经则通达朝章国典，经义遂为有用之学。"[136]

无独有偶，当孙星衍出任乡试监考官时，张海珊（1782—1821）给他寄了一封信。在信中张海珊哀叹，明代永乐帝编定三部《大全》作为科举的官方科目课业之后，明代的学术就开始一蹶不振。张海珊认为，汉、唐经学的学术遗产在这一过程中被束之高阁。[137] 而作为桐城古文派门人的刘开（1784—1824），虽然尊奉程朱理学，对宋代道学有着全面认识，但还是认为明初的程朱理学出现了肤浅粗疏的学风。[138]1664—1667年间鳌拜的科举改革宣告失败后，针对明初三部《大全》的批评一度被边缘化了，而汉学家在学术舞台的登场则重新点燃了批判《大全》三部曲的炽焰。

18世纪长江三角洲学术共同体的考证学者，无论是作为专精的学术研究者，还是学术著作的编撰者、学堂的教师，[139]他们多少都被隔绝在科举考试体系之外。但到了18世纪末19世纪初，他们的经学观点逐渐变成了主流。1756年、1787年的科举逐渐利好于精通考证学的饱学之士，很多人在乡试、会试学风改弦更张的过程中在科场上取得了成功。[140]除了古文《尚书》的真伪问题外，清中期的科举考试中，很多其他重要的经学文本议题也经常被考官们问及。例如1795年湖南省乡试中，第二道策问题就是让考生分析明末出现的"古本《大学》"这种复杂精微的问题——王阳明曾质疑，朱熹通过操纵原始文本的概念理解，以使其对作为重要经学文本的"格物"段落的阐释能够说得通，这道策问题无疑重新激活了这一议题。[141]

著名考证学者王引之（1766—1834）出任了1823年会试的考官，这科会试中有三道策问题是关于经学议题的。第一题是关于经籍的历史流传。这道题的最优策论是由当科会试第56名、殿试被点中探花的周开麒所写。他的策论重点讨论了东汉郑玄在经学史上的地位，并将其视作经学真义流传后世的关键性人物。

第二道策问题要求考生描述自汉代以来，重要儒家学者所构建的经学史的起源、发展和内容。这道题的最优策论仍是周开麒所写。第三道策问题则是考问，儒在帝国治国体系中所扮演的角色。这道题的最优策论是由当科会试第26名、殿试状元林召棠（生卒年不详）所写。他详细陈述了帝王如何以不同的方式来推广那些著名儒士的学说。林召棠详述了程朱理学是

518

如何于 1242 年受到了宋理宗的褒扬，而之后，明太祖朱元璋又是如何长期推广汉武帝的顾问、西汉大儒董仲舒的学说。[142]

1847 年、1852 年两科会试第三场考试中，有关汉学的策问题已然被固化下来。1847 年会试头两道策问题的最优策论是由当科会元许彭寿所写。这道题同样是关于经学研究的，许彭寿以词源学应对第一题，又以诗韵、声律之学作答第二道题。而 1852 年会试第一道策问题就要求考生具备对经籍文本的考证学功底。这篇策问的最优策论是由之后的三甲进士徐河清所写。他概述了汉、唐儒家学者对于经籍研究的贡献。在策论结尾处，徐河清对清儒的"研究""穷经"大加褒扬，并且认为读书人都应该在学问上追随这些学者。同样在 1894 年，江南乡试的主考官在上奏朝廷的《乡试录》的序言和跋语中，对长江三角洲地区的清代考证学传统大加揄扬。[143]

因此，18 世纪末 19 世纪初正在进行的思想转型的学术话语，通过科举的策问题逐渐反映在帝国的科举考试体系中。会试头场、二场仍然以四书五经的考试为主，在很大程度上，正统的程朱理学阐释仍然统治着整个科场，其思想内容并无太大变化（不过八股文在长度上却有所增加，其文体有了新的发展），但是汉学思潮和考证议题却成功地通过第三场的策问考试渗透进乡试和会试之中。

在西方开始影响中国以及在太平天国运动之前，许多文士已经开始重新评价中国的文化传统与教育形式。这些来源于过去的传统与形式，通过科举体系的繁殖再造，使其所一贯秉承的本土价值（native values）得以不断延续。然而新的学术风向和教育自主性不断积蓄力量，最终得以在私人书院和省一级乃至国家一级的帝国科举体系中崭露头角。虽然在改革启动之后，传统的道德态度、形式主义仍然在科举中占据核心位置，

519

但 1750 年之后，科举侧重内容表达的功能性一面逐渐变得越来越重要，并受到了人们的重视。[144]

考生们依然被要求在考试中表达对君主的政治忠诚和对正统道德的臣服，所有这些都赋予了当时的政治现实合法性。然而在 18 世纪考证学运动的作用下，正统道德哲学体系已然出现了一些可见的裂隙，这类经学观点上的不自洽，在 19 世纪最终浮出水面，并且其结论被吸纳到科举科目体系之中。然而直到 19 世纪末，这些经学观念震荡的政治意义才真正被时代所感知（参见第十一章）。如果说，长久以来科举的第一场考试仍然秉承着程朱理学的正统道学学说的话，那么 18 世纪末 19 世纪初科举第三场策问则表明科举考官们已然有意识地将汉学的学术成果注入清代的经学、史学研究之中。这一点也反映在了人数更众的 19 世纪士大夫群体中，他们试图让汉学、宋学得以共存，因此也努力在道德教化和博览群经间取得某种平衡。针对科举科目的改革，无疑成为明清两代科举的重要不同。我们将会在下一章重点讨论这一问题。

乾隆年间，汉学家对自明代开始的宋明理学化的科举考试的批判达到了顶峰。从 1384 年明代科举最终定型为起始点，直到 1756—1793 年间清廷科举科目改革最终结束为止，科举头场、二场所考查的经学知识几乎没有任何变化。清代也沿用了这一在文化上、政治上都能确保王朝合法性的科举考试体制。然而，虽然文化面向上的汉宋之争在清代文人群体中愈演愈烈，但清朝统治者却并不认为这些学术争论有政治上的危害。有证据表明，哪怕在太平天国运动之前，科举考试体系依然是清廷进行政治再生产、社会再生产的核心制度。但科举本身在考试内容和思想风尚上，已然经历了一次缓慢而又重要的内部嬗变。

科举制虽然在 1850 年前早已备受批评，但大部分中国文士认为相比于察举制等其他替代性措施，科举依然是国家选才取士的不二之选。在第十章中，我们将会看到清政府是如何与时俱进，在 18 世纪推动一系列重要的科举科目改革的。这些改革在乾隆朝为科举重新注入了活力。自 11 世纪以来，除了北宋王安石，还没有哪朝哪代像清政府这样，在科举科目改革这一议题上付诸如此巨大的努力。[145]

注　释

1　可能阅读儒家经典的汉人精英要比可以接触到《圣经·旧约》、《圣经·新约》的欧洲识字者数量还要多。参见 Stephen Ozment, *The Age of Reform, 1250-1550*（New Haven: Yale University Press, 1980），p.202；以及拙著 *From Philosophy to Philology*, pp.140-169。

2　参见拙著 *From Philosophy to Philology*, pp.57-85。

3　Keizō Hashimoto（桥本敬造），*Hsu Kuang-ch'i and Astronomical Reform*（Osaka: Kansai University Press, 1988），p.17。这里讨论的大部分策问"话题"都是基于中国的学科分类。我在此所说的"自然科学"（natural studies），是基于融合了"星象学"（astrology）、"历法学"和"算学"的格致学。参见表 8.5 和表 8.6。关于帝制中国中"定量"和"定性"的科学研究，参见 Sivin, "Introduction," in Sivin, ed., *Science and Technology in East Asia*（New York: Science History Publications, 1977），pp.xii-xiii。根据席文的看法，帝制中国还没有对于"科学"统一的认知，但历法学和算学本质上属于"定量"科学，而星象学的相关领域则属于"定性"科学。

4　*China in the Sixteenth Century: The Journals of Matteo Ricci: 1583-1610*, translated into Latin by Father Nicolas Trigault and into English by Louis J. Gallagher, S.J.（New York: Random House, 1953），pp.31-33.

5　关于通行的看法，参见 Needham, *Science and Civilization in China*, vol.3, pp.173, 209；以及 Ho Peng Yoke, *Li, Qi, and Shu: An Introduction to Science and Civilization in China*（Hong Kong: Hong Kong University Press, 1985），p.169。

6　参见 Hart, "Proof, Propaganda, and Patronage," 全文随处可见。又见 Willard Peterson, "Calendar Reform Prior to the Arrival of Missionaries at the Ming Court," *Ming Studies* 21（1986）: 45-61；以及拙著 *Classicism, Politics, and Kinship*, pp.78-79。后者讨论了唐顺之对于历法学的学术兴趣，唐顺之于 16 世纪中叶力图打通历法学与文人学术。

7　Sivin, "Copernicus in China," in *Colloquia Copernica II: Étude sur l'audience de la théorie héliocentrique*（Warsaw: Union Internationale d'Histoire et Philosophie des Sciences, 1973），pp.63-114.

8　Jacques Gernet, *China and the Christian Impact*, translated by Janet Lloyd（Cambridge: Cambridge University Press, 1985），pp.15-24。又见 Sivin's "Wang Hsi-shan（1628-1682）," in *Dictionary of Scientific Biography*, vol.14（New York: Scribner's Sons, 1970-78），pp.159-168。

9　参见 Michael Adas, *Machines as the Measure of Men: Science, Technology, and Ideologies of Western Dominance*（Ithaca: Cornell University Press, 1989），pp.41-68, 79-95。

10　Ricci, *China in the Sixteenth Century*, p.41.

11　Donald F. Lach, *China in the Eyes of Europe: The Sixteenth Century*（Chicago: Phoenix Books, 1968），pp.780-783, 804.

12　参见 KiyosiYabuuti（薮内清），"Chinese Astronomy: Development and Limiting Factors," in Shigeru

Nakayama（中山茂）and Nathan Sivin, eds., *Chinese Science: Explorations of an Ancient Tradition*（Cambridge: MIT Press, 1973），pp.98-99。又见 George H. Dunne, S.J., *Generation of Giants: The Story of the Jesuits in China in the Last Decades of the Ming Dynasty*（Notre Dame: University of Notre Dame Press, 1962），pp.129-130；以及 Elman and Woodside, ed., *Education and Society in Late Imperial China, 1600-1900*，全书随处可用。关于中国科举制度作为欧洲文官体系考试源头的研究，参见 Ssu-yü Teng, "China's Examination System and the West," in Harley Farnsworth., *China*（Berkeley: University of California Press, 1946），pp.441-451。

13　参见 Needham, *Science and Civilisation in China*, vol.3, p.192。感谢史嘉柏先生为我提供了相关信息。

14　参见 Joseph Needham, "China and the Origins of Qualifying Examinations in Medicine," in Needham, *Clerks and Craftsmen in China and the West*（Cambridge: Cambridge University Press, 1970），pp.379-395；Hartwell, "Financial Expertise, Examinations, and the Formulation of Economic Policy in Northern Sung China," pp.281-314；McKnight, "Mandarins as Legal Experts," pp.493-516。

15　然而，可参见张鸿声《清代医官考试及题例》，第 95—96 页，清朝政府沿袭了明代先例，也会选择有限数量的医官。又见梁峻《中国古代医政史略》（呼和浩特：内蒙古人民出版社，1995）。

16　Hymes, "Not Quiet Gentlemen?" pp.11-85；Jonathan Spence, *To Change China: Western Advisors in China, 1620-1960*（Middlesex: Penguin Books, 1980）；以及 Levenson, "The Amateur Ideal in Ming and Early Ch'ing Society," pp.320-341。又见拙著 *From Philosophy to Philology*, pp.67-137。

17　Nathan Sivin, "Introduction," in Sivin, ed., *Science and Technology in East Asia*, pp.xi-xv. 又见 Sivin, "Max Weber, Joseph Needham, Benjamin Nelson: The Question of Chinese Science," in E. Victor Walter, ed., *Civilizations East and West: A Memorial Volume for Benjamin Nelson*（Atlantic Highlands, N.J.: Humanities Press, 1985），p.45。

18　比如参见元代朱震亨（1281—1358）关于医学的著作《格致余论》，收入《四库全书》，vol.746-637。梁其姿（Angela Leung）在其发表于"宋－元－明转型学术研讨会"［Song-Yuan-Ming Transitions Conference（加州箭头湖，1997 年 6 月 5—11 日）］上的论文《宋、明之间医学知识的传播》（Transmission of Medical Knowledge from the Sung to the Ming）的第 10 页中注意到朱震亨非常反对宋代的医学处方。

19　参见 Pan Jixing, "The Spread of Georgius Agricola's *De Re Metallica* in Late Ming China," *T'oung Pao* 57（1991）：108-118；以及 James Reardon-Anderson, *The Study of Change: Chemistry in China, 1840-1949*（Cambridge: Cambridge University Press, 1991），pp.30-36, 82-88。

20　参见 Roger Hart, "Local Knowledges, Local Contexts: Mathematics in Yuan and Ming China," 论文发表于"宋－元－明转型学术研讨会"［Song-Yuan-Ming Transitions Conference（加州箭头湖，1997 年 6 月 5—11 日）］。

21　参见 Lucille Chia, "*Mashaben*," pp.4-5。

22　参见《皇明三元考》，2.3b；以及《状元策》，1733 年怀德堂刻本，《总考》，第 15a 页。有关 1404 年科举考试的政治背景，参见第二章。

23　参见顾炎武《十八房》，收入《日知录集释》，16.382-383。

24　参见《进士三代履历便览》，无出版日期。

25　参见 Yuan-ling Chao, "Medicine and Society in Late Imperial China: A Study of Physicians in Suzhou"（Ph.D. diss., UCLA, History, 1995）；以及 Chu Ping-yi, "Technical Knowledge, Cultural Practices and Social Boundaries"。参见拙著 *From Philosophy to Philology*, pp.61-64, 79-85, 180-184。

26　《皇明策衡》，1.19a。类似这种关于历法的策问和策论，在 1594 年贵州省乡试中也出现过。参见《皇明策衡》，4.32a。感谢席文教授对这道策问题和策论技术层面的指导。

27　《皇明策衡》，1.19b-23a。具体细节性的解释可参见 Sivin, "Cosmos and Computation," pp.1-73, esp. pp.12, 29。有考生给出了 144511 年的历元期，这可能是时间终端的误差，而非计算错误。

28　《皇明策衡》，1.19a。

29　参见席文对这一天象研究危机的讨论，"Cosmos and Computation," p.63，在他看来"多拜中国古人坚持长期不间断地观察天象所赐，中国古代的历法天文学才得以如此卓越"。

30　这些论述究其源头可追溯至《元史》，51.1130-1131，杜预及其之后的学者被认为是元代历法计算体系的先驱。

31 《皇明策衡》，1.21a-21b。

32 同上书，1.21a-21b。

33 同上书，1.21b-22a。

34 关于元代天文仪器其中一种的图示，可参见 Sivin, "Science and Medicine in Chinese History," in Paul S. Ropp, ed., *Heritage of China: Contemporary Perspectives on Chinese Civilization*（Berkeley: University of California Press, 1990），pp.164-96, esp., p.175；更具体的内容，参见潘鼐《南京的两台古代测天仪器——明制浑仪和简仪》，载《文物》7（1975）：84-89。

35 《皇明策衡》，1.23a。

36 同上书，1.22b-23a。

37 这道策问题的考题分类被很典型地标记为"天文"。同样的情况还可参见《皇明策衡》，4.49a 的 1573 年湖广省乡试题和 21.7a 的 1603 年福建省乡试题。又见 Edward Schafer, *Pacing the Void: T'ang Approaches to the Stars*（Berkeley: University of California Press, 1977），pp.63ff。

38 《皇明策衡》，2.54a。

39 同上书，2.54a-54b。

40 同上书，2.54b。相关讨论，参见 William Theodore de Bary et al., *Self and Society in Ming Thought*（New York: Columbia University Press, 1970），全书随处可见。

41 《皇明策衡》，2.54b-55a。又见 Ho Peng Yoke, *The Astronomical Chapters of Chin Shu*（Paris: Mouton, 1966）；在何丙郁（Ho Peng Yoke）所著 *Li, Qi, and Shu*, pp.115-116 中也有提及。

42 《皇明策衡》，2.55a。

43 同上书，2.55a-56a。

44 同上书，2.56a-56b。感谢席文在此问题上对我的帮助。

45 《皇明策衡》，2.56b-57b。

46 同上，2.56b-58a。关于璇玑作为天文仪器的争议，参见 Christopher Cullen and Anne Farrer, "On the Term *hsuan chi* and the Flanged Trilobate Discs," *Bulletin of the School of Oriental and African Studies* 46, 1（1983）：52-76, 此文认为璇玑这一术语原本与天文观测无关，直到汉人对《尚书》相关段落的注解中才出现类似记载，所以"璇玑"一词指的是一种与拱极天区星宿图相似的天文仪器，而"玉衡"则指一种窥管，或指某一星。又见 Ho Peng Yoke, *Li, Qi, and Shu*, pp.117-118。

47 《皇明策衡》，2.58a-58b。

48 同上书，2.58a-59b。

49 参见 Needham, *Science and Civilization in China*, vol.4, part 1, pp.126-228；Kenneth DeWoskin, *A Song for One or Two: Music and the Concept of Art in Early China*（Ann Arbor: University of Michigan Center for Chinese Studies, 1982），pp.29-39；以及 John Henderson, *The Development and Decline of Chinese Cosmology*（New York: Columbia University Press, 1984），pp.22-23。

50 Needham, *Science and Civilization in China*, vol.4, part 1, pp.157-176.

51 除了下文即将提及的 1567 年的音律策问题外，1579 年江西省乡试中也有关于音律的策问题，见《皇明策衡》，卷六；以及 1582 年浙江省乡试题，见《皇明策衡》，卷七。又见 Sivin, "Introduction," in Sivin, ed., *Science and Technology in East Asia*, p.xiii；Willy Hartner, "Some Notes on the Chinese Musical Art," in Sivin, ed., *Science and Technology in East Asia*, pp.32-54；R. H. Van Gulik, *The Lore of the Chinese Lute*（Tokyo: Charles Tuttle Co., 1961），pp.23-27；以及 Gene J. Cho, Lu-Lu: *A Study of Its Historical, Acoustical, and Symbolic Signification*（Taipei: Caves Books, 1989），pp.1-18。此领域可称为首创的研究是钱德明（Joseph-Marie Amiot）神父的 *Mémoire sur la musique des Chinois, tantanciens que modernes*，该书于 1776 年出版于法国巴黎，是基于李光地（1642—1718）的《古乐经传》而写成的。

52 关于律列，参见 Needham, *Science and Civilization in China*, vol.4, part 1, pp.165-171。又见罗泰（Lothar von Falkenhausen）的近作 *Suspended Music: Chime-Bells in the Culture of Bronze Age China*（Berkeley: University of California Press, 1993），pp.310-324。

53 Lothar von Falkenhausen, "On the Early Development of Chinese Musical Theory: The Rise of Pitch Standards," *Journal of the American Oriental Society* 112, 3（1992）：433-439；以及 Hartner, "Some Notes on the Chinese Musical Art," p.38。

54 《皇明策衡》，3.1a。又见《南国贤书》，4.7a-12a。关于宋代音乐理论，又见 Rulan Chao Pian,

Song Dynasty Musical Sources and Their Interpretation（Cambridge: Harvard University Press, 1967）；以及小岛毅，《宋代の樂律論》，载《東洋文化所紀要》109（1989）：273-305。

55 《皇明策衡》，3.1a。又见 Cho, *Lu-Lu*, pp.41-42, 65-71；Pian, *Song Dynasty Musical Sources and Their Interpretation*, p.7-9。朱熹为蔡元定的书撰写了序言。

56 《皇明策衡》，3.1a-1b。又见 Van Gulik, *The Lore of the Chinese Lute*, pp.23-27。

57 《皇明策衡》，3.1b-2a。

58 同上书，3.1b-2a。

59 Derk Bodde, "The Chinese Cosmic Magic Known as Watching for the Ethers," in S. Egerod and E. Glahn, ed., *Studia Serica: Bernhard Karlgren Dedicata*（Copenhagen: Ejnar Munksgaard, 1959），pp.14-35.

60 《皇明策衡》，3.2b-3a。又见 Needham, *Science and Civilisation in China*, vol.4, part 1, pp.186-92；Hartner, "Some Notes on the Chinese Musical Art," p.38；以及 Henderson, *The Development and Decline of Chinese Cosmology*, pp.163, 188。

61 《皇明策衡》，3.2b-4a。近来的研究表明，自周代后期律列发展之后，用阴阳之学来比附音律的情况才出现。参见 Lothar von Falkenhausen, "On the Early Development of Chinese Musical Theory," pp.436-437。

62 《皇明策衡》，3.5a-5b。参见 *Dictionary of Ming Biography*, pp.367-70；以及 Cho, pp.73-88。有趣的是，清代帝王也采用朱载堉的音乐理论而非上古的律吕之学来作为音乐计量单位的标准。

63 在这个意义上，明代文士与当代科技史学者有着很多共同点，后者虽然是科学家，但是却能够对政府和社会对于科学的社会性、政治性和文化性使用进行批评。

64 参见徐珂纂《清稗类钞》，21.65。

65 参见沈新周《地学·序》（上海：扫叶山房刻印，1910）。感谢哈佛大学的祝平次提示此文献。

66 参见 Jonathan Spence, *Emperor of China: Self-Portrait of K'ang-hsi*（New York: Vintage Books, 1974），pp.xvii-xix, 15-16, 74-75；以及 Catherine Jami, "Western Influence and Chinese Tradition in an Eighteenth Century Chinese Mathematical Work," *Historia Mathematica* 15（1988）：311-331。关于 17 世纪 60 年代康熙宫廷生活中杨光先（1597—1669）的反耶稣会士教案，可参见 Chu Ping-yi, "Scientific Dispute in the Imperial Court: The 1664 Calendar Case," *Chinese Science* 14（1997）：7-34，其概括了台湾清华大学黄一农教授的很多重要的最新发现。比如，参见黄一农《清初天主教与回教天文学家的争斗》，载《九州学刊》5，3（1993）：47-69。

67 参见《皇朝政典类纂》，席裕福编（重印本，台北：成文出版社，1969），191.7b-8a。对于朝廷编纂此类著作的讨论，参见拙著 *From Philosophy to Philology*, pp.79-80。

68 参见沈新周《地学·序》；又见《清朝通典》（上海：商务印书馆，1936），18.2131。然而科举市场之外，文士仍然是科学的研习者。

69 顾炎武：《三场》，收入《日知录集释》，16.385-86；以及《史学》，收入《日知录集释》，16.391-392。相关讨论，可参见井上进《六經皆史說の系譜》，收入小野和子编《明末清初の社會と文化》，pp.535-585，其中对明代先例有所讨论。

70 杜维运：《清乾嘉时代之史学与史家》（台北：台湾大学文史丛刊，1962），第 13—48 页，第 99—121 页。

71 卢文弨：《抱经堂文集》（上海：商务印书馆，1937），4:327。

72 钱大昕：《廿二史考异·序》（上海：商务印书馆，1935-37），第 1 页。

73 《浙江乡试录》，1516：5/2643-2830，收入《明代登科录汇编》，第 5 册。又见《山东乡试录》，1489：2/1370-1372（策问），2/1460-1467（策论）；《湖广乡试录》，1489：2/1531-1533（策问），2/1628-33（策论）；以及《会试录》，1502：5/2236-2238（策问），5/2361-2370（策论），皆收入《明代登科录汇编》，第 2—5 册。

74 《浙江乡试录》，1516：5/2681。

75 在中国的纪传体史书中，诸如政治制度、社会家庭史和经济过程等主题，很少以结构分析的方式体现，中国史家还是比较强调历史变迁中人的能动性（human agency）。

76 《浙江乡试录》，1516：5/2682。汉代历史学家的著述一直被作为典范性的文本，唐代科举的试题经常以汉代史学家的著述为主要讨论对象，因此明代考官在此问题上与唐人多有分歧；参见 McMullen, *State and Scholars in T'ang China*, pp.197-199。

77 《浙江乡试录》，1516：5/2682-2684。

78 参见《朱文公文集续集》，《四部备要》版（上海：商务印书馆，1934—1935），2.6b。关于朱熹在编定《通鉴纲目》上的有限地位，参见宋濂《宋文宪公全集》，12.14b-15a。又见 Patricia Ebrey, *Confucianism and Family Rituals in Imperial China: A Social History of Writing about Rules*（Princeton: Princeton University Press, 1991），pp.102-144, 167-187；以及 M. Theresa Kelleher, "Back to Basics," pp.221-224。

79 《浙江乡试录》，1516：5/2794-2795。

80 同上书，5/2795-2797。

81 同上书，5/2797-2798。

82 同上书，5/2799-2802。相关讨论还可参见 Hervouet, ed., *A Sung Bibliography*, pp.75-76。

83 《浙江乡试录》，1516：5/2679-2681。

84 同上书，5/2676-2679。

85 *Dictionary of Ming Biography*, pp.308-309, 1409-1410。

86 《浙江乡试录》，1516:5/2778-2780。又见《明清进士题名碑录索引》（台北：文史哲出版社，1982），3/2504。然而有趣的是，第四道策问题讨论的是臣子直谏的议题："臣以善谏为忠，君以从谏为圣。"参见《浙江乡试录》，5/2684-86。这道题表明考官们并非皇权愚忠的仆役，他们会用策问来证明，自己在面对像正德帝这样的统治者时，仍旧占据着道德高地。

87 《皇明策衡·目录》，第10a—10b 页。

88 《皇明策衡》，13.17a。类似的策问、策论还可参见1582年广东省乡试中对《史记》问题的问答，见《皇明策衡》，7.54a-59a。

89 《皇明策衡》，13.17b。

90 同上书。

91 同上书，13.18a-b。称孔子为"素王"，以及称《春秋》为"麟经"，典出《公羊传》而非《左传》，这篇策论以一种有趣的方式从修辞上忽略了这一点。相关讨论参见拙著 *Classism, Politics, and Kinship*, chaps.4-7。

92 《皇明策衡》，13.19a-b。

93 同上书，13.19b-22a。

94 同上书，13.22a-23a。

95 同上书，13.23a-25a。

96 如果我们将1594年福建省乡试的策问、策论与同年顺天府、陕西省的试题答卷相比较，两者间最大的不同在于，顺天府、陕西省更注重两种编年体与纪传体本质上的不同，但是对于道学道德化史学并未太过关注，甚至有时完全忽略了这一点。参见同上书，12.12a-18b，13.83a-90a。

97 比如可参见《顺天乡试录》，1831：4a-5a，pp.64a-66b；以及《会试录》，1685:13a-15a，74b-77a。后者可见下文。

98 《广东乡试录·序》，1654：pp.1a-5a，以及同记载的pp.15a-20a。

99 《广东乡试录·序》，1654：pp.10a，以及同记载的pp.8b-14b。参见 *Dictionary of Ming Biography*, pp.148-151,153-156。

100 《广东乡试录》，1654：10a-11a。

101 同上书，1654：61b-63b。

102 同上书，1654：63b-64b。

103 同上书，1654：64b-69b。

104 同上书，1654：69a-70a。

105 《会试录》，1685：13a-15a。

106 同上书，1685：74a-76a。

107 同上书，1685：74b。

108 同上书，1685：11a-13a。

109 参见拙著 *From Philosophy to Philology*, pp.26-36。又见 Ping-yi Chu, "Ch'eng-Chu Orthodoxy, Evidential Studies and Correlative Cosmology: Chiang Yung and Western Astronomy," *Philosophy and the History of Science: A Taiwanese Journal* 4, 2（October 1995）: 71-108。

110 近期的研究，可参见刘人鹏《论朱子未尝疑〈古文尚书〉伪作》，《清华学报》，新增序列，22，4

（1992 年 12 月）：399-430。

111 相关讨论，参见拙文 "Philosophy（*I-li*）versus Philology（*K'ao-cheng*），" pp.175-222。

112 参见拙著 *Classicism, Politics, and Kinship*, chaps.3-5。

113 《江南乡试题名录》，1810：9a-9b，藏于北京第一历史档案馆。为了讨论不致太过散漫，本节不对其他清代重要学术论争予以探讨，我会在别处分析。如，参见拙文 "Ming Politics and Confucian Classics," pp.93-171。在此，我选择了相对知名且有代表性的《尚书》今古文之争予以简述，将之作为我讨论 18、19 世纪科举考试策问题的嬗变的例证。

114 相关讨论，参见拙著 *From Philosophy to Philology*, pp.177-180, 200-202, 207-212。

115 《山东乡试题名录》，1771：无页码手稿，藏于北京第一历史档案馆。1783 年、1807 年、1808 年、1810 年、1813 年、1819 年、1831 年、1832 年、1855 年、1859 年、1885 年、1893 年和 1894 年的山东乡试中都有分量极重的朴学（语文学）试题。

116 《山东乡试题名录》，1807：无页码手稿。孙星衍作为朝廷的科举考官，在其私人书院的模拟考中，还出过一些其他的策问考题，参见《清代前期教育论著选》，3/279-281，285-288。

117 《山东乡试录》1819 和 1831：均为无页码手稿。

118 《山东乡试录》1741：36a，39a；1759：无页码手稿。

119 Yu Li, "Social Change during the Ming-Qing Transition and the Decline of Sichuan Classical Learning in the Early Qing," *Late Imperial China* 19, 1（June 1998）：26-55. 这篇文章认为经学的复兴发生在 19 世纪晚期，我对此作了修正。余力（音译）认为"并没有经验证据可以支撑以下观点，即这些策问题代表四川学者将注意力转向了考证学（pp.41-42）"。很显然在这位研究者看来，18 世纪成都府每科乡试 3400～5000 名考生（参见表 3.6）并无法构成足够的证据。余力同时认为策论题"相对来说并不重要"，而且"明代乡试考生也并不重视策问题"。我在第八章和此处对余力立场的反驳并非基于档案研究，我在此不带任何批评色彩地再次重申，关于明末科举批评家们的说辞我已在第四章中予以讨论。

120 《四川乡试题名录》，1738：无页码手稿，藏于北京第一历史档案馆。

121 同上书，1800：无页码手稿。

122 同上书，1831、1846、1859、1885：均为无页码手稿。1885 年四川省乡试中，考官坚信宋学又重新占据了学术界的主导地位。关于汉宋合流，参见拙著 *From Philosophy to Philology*, pp.245-248。

123 《陕西乡试题名录》，1690 年、1741 年、1756 年、1759 年、1788 年、1795 年、1800 年、1825 年、1831 年和 1833 年：均为无页码手稿，藏于北京中国第一历史档案馆。

124 《会试录》，1739：4a-4b，36a-38b。

125 同上书，1742：4a-5b，35b-39a，1748：4b-6a，33a-35a。

126 同上书，1751：4a-6a，37a-41a。

127 同上书，1752：4a-6a，33b-36a。

128 同上书，1739：6a-6b，1748：6a-7b，1751：6a-8a，1754：4a-5a。

129 同上书，1754：39a-45b。

130 《清代前期教育论著选》，3/148-150。

131 《会试录》，1766：3a-4b，50a-53b。

132 同上书，1793：15a-17a，以及《皇朝续文献通考》，第 8429 页。又见拙著 *Classism, Politics, and Kinship*, chaps.5-8。

133 纪昀的序参见《清代前期教育论著选》，3/114-118。

134 参见《常谈》，第 14—15 页；相关讨论还可参加拙著 *Classism, Politics, and Kinship*, pp.156-157, 166-168。

135 洪亮吉的观点，参见《清代前期教育论著选》，3/269。

136 孙星衍的奏本，参见上条注释，3/278-279。

137 同上书，3/453。

138 同上书，3/476。关于桐城派，参见拙著 *Classism, Politics, and Kinship*, pp.290-295。

139 参见拙著 *From Philosophy to Philology*, pp.88-136，这部分主要讨论了学术的职业化过程。

140 关于这种现象，以及科举考试是如何有利于长江三角洲地区的学者的，参见 Chow, "Discourse, Examination, and Local Elite," pp.195-205。然而，周启荣未能注意到造成这种学风变迁的根源就在于科举考试课业的变化。

141　参见《湖南乡试录》，1795：第二道策问题。

142　《会试录》，1823：16a-19b，61a-72a。

143　同上书，1847：17a-20a，62a-70b；1852：17a-18a，62a-65b。又见《江南乡试录》，1894:《序》，第 2b—3a 页，以及《后序》，第 2a—b 页。

144　参见 Chad D. Hansen, "Ancient Chinese Theories of Language," *Journal of Chinese Philosophy* 2（1975）：245-280。

145　李调元：《制义科琐记·序》，pp.1a-2a。

第十章 19 世纪之前清政府科举科目改革的加速

　　在第九章中，我们看到了自 18 世纪末始在全帝国的范围内，汉学和考证学在何种程度上渗透进科举考试体系之中。这种渗入一开始还只是少数来自长江三角洲区域的文士考官们的个体选择，他们在乾隆朝时期服膺考证，并将这种细究文本的学问看成恢复经学至高地位的合法途径。[1] 本章则具体探讨汉学的一系列原则是如何在普遍意义上被科举科目实践应用的。自 18 世纪 40 年代始，翰林院和礼部的官员开始质疑自明初以来就固化下来的科举科目，并提起了一连串的改革动议。本书在第一章中涉及的为程朱道学所抗拒排斥的唐、宋科举中重文辞、轻义理倾向，结果在此时又有了复苏的苗头。清代的官员们决定恢复某些在宋代之前存在，但在元、明两朝被弃置的科举考试面向。

科举科目的连续性：从明代到清初

　　我们在第三章中已对明清科举考试的制度形式做过探讨，科举形制在明清自 1384 年至 1756 年间的相对稳定，也意味着朝廷在科举经学科目上保持了异常一致的连续性，尤其是相比于 650—1250 年间唐、宋两代争论不断且改制频繁的科举体系（参见第一章）。自明初以来，官学和公开考试的经学科目一直在强调四书五经和正史。除了明代永乐朝开始使用的《四书五经大全》和《性理大全》外（参见第二章），清廷在康熙朝还刊布了《性理精义》，这本书将道学在哲学、道德方面的正统教诲摘录汇编于一处，以便儒生们使用。[2]

1384—1756 年间科举乡试、会试形制

第一场	第二场	第三场
1.四书，3 句引文	1.论	1.经史时务策 5 道
2.五经，每经 4 句引文	2.诏诰表	
	3.判语	

注：1787 年前，所有考生只要求专治五经中的一经即可。

　　清代科举的头场文章，仍然要求用八股文文体写作。清初时，第一场关于四书五经的八股文要求考生每篇最多 550 字。之后 1681 年这一字数要求提升到 650 字，1778 年又再次提升至 700 字，这一字数要求一直沿用到科举末科。[3] 然而，考试文章长度的增加也加重了阅卷官批阅试卷的任务量，考官数量也按比例增长。但自明中期开始直至清代，考生数量增长迅猛，这进一步加剧了对考官数量的需求，大量的阅卷工作使考官们不再将注意力放在第二、三场的考生文章上。

　　最明显的就是，第三场时务策考试的 5 道策问题被考官和考生彻底忽视。1786 年，清廷甚至颁布规定，要求每道策问题的答卷至少要在 300 字以上，这表明之前考生们的答文经常比考题还要短。很多时候，策问题本身就多达 500—600 字，往往是考生答卷字数的两倍，不过 1735 年考官们被要求删减他们辞藻华丽的策问试题。[4] 京城里负责磨勘的官员被要求检查负责各省乡试的考官所出策问题是否过长，以及试题是否涵盖答案或是包含考官的预设偏见。考题被限定不超过 200 字。[5]1771 年，因为科举考题的可预测性太高，考官们被要求扩大乡试、会试中第一、二场经籍引文的挑选范围，这些引文原本都是基于官方选择、刊刻的儒家经典。[6]

　　与明代一样，清代科举考生也被要求在其文章中体现他们对于程朱理学对儒学正统阐释的掌握。河南省考生汤斌于

523

1648 年考取本省举人，在 1652 年的会试中，这位日后的理学名臣和所有考生一样，被要求论述帝国道统的规训（"理学为天下宗者"），以重申这一正统意识形态的核心地位。1655 年，清廷恢复了传统的经筵讲授，臣子们在经筵上向皇帝讲授帝国道统，讲授者的满汉比例还被反复讨论。[7] 到了康熙朝，清廷继续完整移植了明代的科举体制。

但不同的是，自清代开国以来，乡试、会试和地方考试的频率有所增加。清代的"正科"会试大概有 84 科，略少于明代的 89 科。自 1659 年始，满人开始周期性地增加"恩科"，有些恩科是为庆祝新皇即位，有些则是庆祝皇帝或太后的寿辰。27 科的恩科中，绝大部分都开设在 1736 年之后，乾隆帝尤其欣赏文士，因此总共在 60 年的执政期间增设了 7 次恩科，在清代帝王中名列第一。这类恩惠在合适的时候，也会延展到乡试和地方考试。有清一代 112 次会试中，有 24% 都属于此类"恩科"，恩科总共诞生了 26747 名进士，要比明代恩科多了 2153 名（8.7%，参见表 1.1）。[8]

1645—1750 年文士、官员的科举改革之争

早在清初即 1645 年，汉人大臣就已向清统治者表达过，降低八股文在会试和乡试中的重要性。日后官至左都御史、礼部尚书的安徽合肥籍士大夫龚鼎孳（1616—1673）就上奏顺治帝，请求降低第一场科举考试中所需要写作的 5—7 篇八股文在排名时所占的权重（如 7 篇的话，其中 3 篇针对四书文本，另 4 篇则由五经中择一经而作）。龚鼎孳还奏请在第二场考试中增加诗题，并取消第三场的策问考试，代之以在第二场考试中增设诏告类考题。当时的摄政王多尔衮，最终决定效仿明代的科举科目，将科考的重心放在程朱理学对四书五经的注疏之上。[9]

同样在清初，被朝廷分配到各地的很多考官也都希冀清廷

可以效仿明初的意识形态修辞，借此赋予当时的科举形制以合法性。比如 1657 年顺天府乡试，每位主考官都在《乡试录》中强调了程朱理学的复兴和四书五经的核心地位，如果各项举措施行到位，将会为清廷带来天下大治的局面。1657 年《顺天府乡试录》跋语为明朝 1643 年末科的榜眼、后在清廷中出任翰林院编修的宋之绳（1612—1668）所写，他将皇帝求贤（求人）与考官的求文相联系。宋之绳将人才和文章并举是基于明初科举所公开传扬的套话修辞，1371 年的状元吴伯宗（参见第二章）就持此观点。与吴伯宗一样，宋之绳也信奉汉代思想家扬雄"言为心声"的观点。宋之绳认为，如果想要对经学正本清源，就必须明确一些学术原则，想要梳理学统，就必须厘清心性之学。[10]

1660 年顺天府乡试中，考官又重申了求人即求文的说辞。在这一科《顺天府乡试录》的序言中，庄朝生更是直接将求才与搜选优秀的科举文章两者相提并论。庄朝生 1649 年考取进士，他来自江浙一带著名的常州庄氏家族。庄朝生坚持认为，文章建立在"心术"之上，因此它可以作为准确衡量儒生才华的标尺。在庄朝生看来，考生文章中所阐述的程朱理学教诲与他们处理经济的实务治理能力息息相关。这科《乡试录》的后序为 1658 年刚刚考取进士的熊赐履（1635—1709）所写，他重申了庄朝生关于"士心"与"治文"之间的关系。[11]1659 年会试中，1628 年的明朝进士刘正宗担任主考官，他在上奏给朝廷的《会试录》的序言中说，元、明两代的部分文士三百年间其思想几乎无变化可言。刘正宗最后总结道，清廷完全可以信赖科举考试制度的效力。[12]

虽然清廷在开国之初秉承着保守主义式的施政方针，但明代很多对（即对自 1384 年以来鲜有改革的）科举有所不满的异见分子们的声音（参见第四章）在清初越来越多地被传播。

比如 1657 年顺天府乡试的第四道策问题就让考生根据科举文章取士的历史写作一篇策论，并在其中讨论历代文体修辞的兴衰变迁。虽然无论策问还是策论都强调了文章与士心之间的关系（文者天地之心也），这不过是鹦鹉学舌般地不断重复宋之绳在《乡试录》中的那套说辞而已，但科举科目已经明显发生了一些重大改变。虽然考官们一再强调，自元、明以来科举科目和考试内容并未改变，但科举的考查内容却与当时的朝廷事务和施政重心之间的关系越来越弱。潜藏在保守主义的科举修辞之下的，是考官们对于科举科目是否需要改革的初步探讨。之后的清统治者——尤其在乾隆朝期间——得以成功地推动科举科目改革，而这一改革早在明代就被文士们所广泛讨论。[13]

清初士大夫对科举文章的私人观点

同样在 1645 年，江浙学者陆世仪在他的《制科议》中就对科举科目有所批评。陆世仪和明末的科举批评者黄淳耀（见第四章）有所接触。事实上，黄淳耀曾为陆世仪针对科举制艺文发表观点的文集作序。陆世仪称赞黄淳耀将道德哲学与治国之术相结合的能力。[14]清初时期，关心科举体制的文士中包括很多明遗民，他们虽然反对清朝、对明廷忠心耿耿，却无力改变清廷可以利用科举制选拔效忠新朝的汉人官僚的事实。类似陆世仪这样笃信程朱理学的汉人文士，只能在他们的私人写作中论述其对科举考题改革和形制改革的想法，这些都远非颠覆式的整体变革。

陆世仪的基本观点是，明代科举将过多的关注点放在了探讨经义的八股文上了，却对论、策有所忽视。明末的考官必须在很短的时间内评阅数千份考卷，因此只能关注第一场关于四书五经的考试答卷，经常对之后两场考试中关于道德（如第二场考试里有关《孝经》的论）乃至时务策的试卷视而不见。于是乎，被明清两代人称作"时文"的经义文，成为考生们考取功名的必经之路。相比培养写作形式主义化的八股文才华，对于书本知识的掌握理解成为相对次要的学习目标，前者无疑耗费了考生们的大部分精力。在陆世仪看来，科举所谓的博学仅限于对特定考试主题的记诵，考官有时甚至在出题时会故意不理会句读和语义，用截搭题来迷惑考生。[15]

527

　　陆世仪于1657年被邀请协助江苏学政评阅镇江府地方考试的试卷，陆世仪在其著述中写道，科举所有级别的考试都需要完善。在陆世仪看来，地方考试无需让考生参加数场考试，只需在一场考试中让考生写一篇四书文，然后从五经中选择一经写篇经义文，再完成一篇策论即可。陆世仪还进一步建议，乡试、会试都只进行两场考试就足够了，因为第二场诏告表、判语的考试长久以来就被证明是没有任何实际用处的考试。虽然第一场考试还应继续将重心放在通过考查考生对四书五经的理解来判断他们是否"明道理"，但第二场应该重新凸显"时务"策问的重要性，并应该将这场考试当成评判考生最终排名的决定性因素。尤其陆世仪还主张，会试的三道策问题中，至少两道要围绕如《文献通考》[元代人马端临（1254—1323）撰著]这样的基本制度典籍。如此这般，科举的考生排名就不会偏向于头场的经义文。专心读书将取代应试技巧，再次成为生员们科举成功的关键，这种科举策略会选拔出更多具备实务知识的进士、举人。[16]

　　另一位明代文人刁包（1603—1669）于1627年考中举人，清人入关后他就选择隐居。他在其私人写作中提及了明代文士群体，刁包将明代"真学"的衰落归结为应试制艺文无所不在的影响力。在刁包看来，八股文这种文体浪费了数十代人的才华。这些文章之所以能存在，只是因为它们的写作立场是基于四书五经的正统教化，但也导致了严重的后果，"四书五经之亡，八股亡之也"。刁包认为，有"真学"才能有"真文章"。没有"真文章"，四书五经中的"真经济"也就没有了，只剩下一堆与实际社会情状无关的花样文章。而刁包提出的解决方案是，将八股文完全逐出科举选拔考试的体系，转而强调四书五经中的"真学"。但是刁文并未讲明什么才是"真文章"，以及考官应该如何评定这些"真文章"。[17]

很多明末遗民，如顾炎武、黄宗羲（1610—1695）也都将科举中的种种教育弊端作为明清易代的重要原因，这也令明王朝的覆灭平添了一丝酸楚。许多清初文士，如数学家梅文鼎（1633—1721），认为过度注重文体的考试是明代灭亡的原因。[18]顾炎武在其初刻于1670年的著作《日知录》中，用两卷来讨论明代科举的各个面向，并抨击了其运作方式。[19]除了批评科举中过度强调八股文文体、轻视策问，如此种种使得明代经学面临衰落外，顾炎武也详细记录了科举中所充斥的不公、舞弊乃至考官们任凭个人喜好肆意妄为的现象（在第四章中多有提及）。科举体系的首要特征，居然是严密地监控考生在考场中的一举一动，这更多是恫吓而非教化："今日考试之弊，在乎求才之道不足，而防奸之法有余。"[20]

黄宗羲的《明夷待访录》于1663年刊刻，并在私人之间流传。在书中黄宗羲说："取士之弊，至今日制科而极矣。"黄宗羲引用了南宋朱熹对于经义文的批评（参见第一章），他同样认为需要重新评判科举三场考试对于选拔人才的合理性，并且应在最后排定考生名次时考虑到第三场策问文章的优劣，而非只通过第一场考试成绩来排序。正如朱熹所说，"真才"是无法通过文辞来检测的。此外黄宗羲还指出，自唐代以来，入仕之路在很大程度上被限定在科举一途。以这种方式从百万考生中取士选才未免局限性太大。问题在于科举限制了取士的通道，从而不能像汉代那样通过荐举的方法搜罗人才。黄宗羲认为，科举确实能选拔出一些人才，这些人才为科举制增辉，但科举本身却是问题重重。[21]

　　与此同时，清初效忠清廷的汉人文士中也不乏认同这类观点的人，如邵长蘅（1637—1704）就在著述中发表过对科举弊端的看法。其家族1662年时涉嫌税赋欠缴，邵长蘅被从生员中除名，不得参加科举考试（直到1684年）。他在其文章中认为清廷不应继续以八股取士，而应用论、策取代原有的官僚选拔标准。在邵长蘅看来，明末时期的八股文已经完全堕入了形式主义的舞文弄墨中。[22]无独有偶，另一位清代士人魏禧（1624—1681）于1647年他24岁时就拒绝再写八股文，之后在其一篇名为《制科策》（上下篇）的文章中，他认为策问题应该取代科举考试中其他所有考题。他建议将策问从第三场移到第一场，并且将八股文体从科举考试中完全废除。魏禧所谓的"变法"，是让志在入仕的考生们，一下子从以四书五经为主的传统考试体系转轨到以考查政治事务和历史兴衰为主的新式体系。实用的学问将取代空泛的文辞，当国家出现紧急状况时，这些掌握实学的学者和官员可以从容应对、找出解决之道。这篇文章写于1645年，从写作时间点上推测，魏禧同样认为明末时期的文官选拔机制并未能为大明搜罗出真正的人才。[23]

　　清初数十年间，士大夫们在私人撰述中所表达出的对八股文的反感可谓毫不遮掩。诸如吕留良、陆陇其和刘献廷（1648—1695）这样的清初文士，都对明初时期的科举政策持反对、抨击的立场，而这种思潮在18世纪末又卷土重来。[24]

鳌拜改革

　　清初文士群体中有关明代科举的争论，绝不仅仅是明遗民的看法。自1645年后，清代又以三年一次的频率举行了六轮科举考试，乡试、会试仍旧遵循着自明代以来确立的三场考试、注重文辞的传统，八股依旧占据着最重要的首场考试，而策问依旧在最后一场。然而自1663年起，由康熙帝的辅政大臣鳌拜所实际掌控的清廷决定进行科举改革。1663年是一个具有象征意义的年份，魏禧在同年完成了《制科策》。1663年，清廷突然宣布废止恶名昭著的八股文，并将于下一轮科举的地方考试、乡试、会试中正式施行。而在地方的院试、岁试和科试中，将只会存在一种文体形式，策、论考题将取代来自四书五经中的引文考题。[25]

　　1657年顺天府乡试的丑闻、多宗科场舞弊案以及南方省份的逃税案（参见第四章），这些都让摄政的满人辅政大臣丧失了对科举取士可靠性的信心。他们想要通过1661年的税案来控制江浙一带的文士群体，这种做法与明太祖朱元璋限制苏州地区的士人，以及之后的南北榜案、科举录取配额制的做法如出一辙（参见第二章）。

　　辅政大臣鳌拜先前是一名满人将领，成为清帝国军政大臣的他同样对纯粹以文辞选拔官员的体制的有效性有所怀疑。虽然清初科举改革遭到了身事两朝的汉人士大夫的大力反对，但是清廷的科举改革还是清楚地表明，清廷的汉人政治顾问们也明显意识到了文士群体对于八股文的不满，也正是得益于清朝统治者的支持，科举考试文体的改革才成为可能。废除科举中有关八股文体的考试要求，使得舞文弄墨的制艺之学大大贬值。改革将从四书五经中寻章摘句作为考题的数量大幅缩减，只有一道考题是出自四书五经，而这道题也被放置在了第二场考试中。在改革后的至少十年里，那种以童蒙诵读儒家经典以应对经义考试的科举制度被废止了，而这种科举模式自明洪武十七年（1384年）以来就鲜有改变（参见第五章）。事实上，鳌拜科举改革使得从明代到清初一直都对考生们至关重要甚至可以说是决定他们最终排名的乡试、会试头场考试被彻底降级了。

　　鳌拜批准了当时仍负责科举的礼部所提交的改革方案，方案将原本第三场的五道策问题移至第一场，以此来凸显颇具实用意味的政府政策、政治制度议题的重要性。但在辅政大臣看来，第三场考试仍是必要的，但在之后改革的实际运行过程中，第三场考试却被取消了。在鳌拜改革期间，乡试、会试都不举办第三场考试。而第二场考试中添加了基于大清律的一道表和五道判语的考题，这意味着考试形制的重心发生了微妙的转变。原来第二场的论被完全取消了。[26] 如下表所示，第二场考试的考查内容被缩减了，并且简化到了从四书、五经中各选取一句引文来考查考生。一道表和五道判语的考试本来被安排在第三场，但最终考试时却被上调到了第二场。鳌拜改革于1664 年、1667 年会试和 1666 年乡试正式施行。[27]

1663 年清初乡试、会试科举改革后的考试科目表
（1667 年废止）

考试场数与内容	考题数
第一场	
①经史时务策	5 篇策论
第二场	
①四书	1 句引文
②五经	1 句引文
第三场	
①表	1 篇表
②判语	5 篇判语

　　注：这次科举改革不再要求考生专经五经中的某一经。此外，经义文也不再要求必须按照八股格式。从现存的科举档案来看，第二场和第三场考试在实际施行过程中合并了。改革同时取消了原本第二场中的论。

　　这次改革的核心，是降低四书五经记诵在考试选拔过程中的重要性，相比上文提及的作为传统科举异议者的明代遗民，

改革更多的是在清朝的汉人群体中引起了骚动。这次改革迅速在 1667—1668 年被叫停，正好赶在 1669 年乡试之前，彼时康熙帝正处于与鳌拜的权力角逐之中。许多汉人生员觉得自己已经耗费了很多家财和精力用于记诵经典、准备考试，所以仍旧以严苛的明式标准来备战科举，对种种改革举措充耳不闻。这也不难理解。而仍有一些人对科举改革持中立立场，比如李因笃（1631—1692），他被征召参加 1679 年博学鸿词的制科考试；李因笃在其私人撰述中认为，相比看重考生"行"、"实"，重"言"、重"名"的科举体制无疑是有缺陷的。李因笃认为八股的考试文体无须废弃，但需要拓宽取士选才的通路，在评判官员是否可以被提拔入更高层级时，要更多参考他们的"行"。[28]

此外，清初江浙一带和台湾仍存在反清复明的政治、军事力量，很多反对改革者都将科举改革视作清朝征服精英们对长期以来占正统地位的程朱理学的背叛。辅政大臣鳌拜其实是听取了很多礼部汉人官员的意见，这些礼部官员往往是诸如顾炎武、黄宗羲、魏禧等明代遗民在朝中的耳目。但在科举改革加剧了反清复明运动的政治舆论作用下，支持改革的汉人士大夫们的意见也变得不重要了。赞成科举改革的想法在文士群体中确实不占主流，而年轻的康熙帝也希望尽快安抚大多数汉人的情绪。1665 年礼部侍郎黄机（卒于 1686 年）上书，请愿恢复明代三场考试的科举旧制。他在奏本中说："今止用策论，减去一场，似太简易。且不用经书为文，人将置圣贤之学于不讲。请复三场旧制。"[29]

为避免如 1646 年、1649 年殿试中所发生的那种满汉官员之间的潜在的文化冲突（参见第三章），反对鳌拜旧政的康熙帝同意了黄机等汉人大臣的建议，准许恢复以八股文体为主的科举旧制。在经历了两科会试、一科乡试之后，鳌拜的科举改革宣告终结，明代那种强调经典记诵和八股文辞的三场考试的旧制又卷土重来。虽然改革派文士能够说服清廷的辅政大臣们，却无法说服汉人文士同僚，而站在这些文士身后的则是康熙帝。诸如王士禛（1634—1711）、何焯（1661—1722）这样为康熙帝所赏识的士大夫，都是八股文体的热衷支持者，他们都认为八股文是衡量考生学识才华的正确方式。何焯是清初著名的八股文章家，但他从未在乡试、会试中考中举人、进士，1703年他在未通过任何科举考试的情况下被赐予了进士身份，并借此入仕。何焯的入仕之路或许可以反映文学在清初的文士生活中聊胜于无的地位。[30]

很明显，虽然17世纪的批评者指出了科举中存在的种种问题，但科举所蕴含的政治、社会和文化功能却被他们低估了，而这些功能却被极具政治头脑的康熙帝充分利用了。政治选拔仅仅是科举测验的一个面向罢了。而科举的社会和文化面向，则进一步指认了程朱理学作为正统官方意识形态在地方中的社会地位和文化稳定性，无论是地方士绅，还是商户、军人世家都不希望看到程朱理学的正统地位遭到挑战。康熙帝治下的清廷，迅速理解了科举这种固有的文化体制能够历久弥坚的内在原因，这无疑增进了满汉之间的和谐关系。[31]

讽刺的是，明代遗民们大声疾呼科举应该重策论、轻八股，而清廷却更愿意沿袭明制，科举改革所面临的困难简直无法逾越。[32]20世纪的中国民族主义者往往认为清统治者从一开始就试图用科举和八股来控制汉人，但事实上是1664—1667年的科举改革失败造成了这一后果。清统治者比明代帝王更具改革意识。在让汉人精英将精力消耗在八股文竞赛的做法上，清帝王与之前的汉人、女真和蒙古统治者殊无二致，他们都深刻地理解了对于文士考生们来说，科举这种竞争方式是一种多么有效的政治、社会控制手段，即使它在智识层面上是如此乏善可陈。或许这也正是统治者们的目的。[33]

　　绝大多数文士仍旧执着于较量八股文章技艺的科举本身。其他像吕留良、陆陇其和戴名世这样的文士虽然注意到了科举八股考试的局限性，但依然为之辩护。他们都认为，制艺文作为彰显程朱理学的重要手段仍旧有其价值。在这些文士看来，明王朝最终覆灭并非八股取士这种科举制度本身有问题，而是这种经义文的精髓被追名逐利的考生给败坏了，他们用异端邪说曲解了夫子们的微言大义，这并不能说明八股经义文本身是错误的。陆陇其在文章中写道，如果考生们都能将朱熹视为文士道德修行的楷模并以此来要求自身，科举经义文就可以再次发挥其原本的功用，即成为考查考生用道学的道德修养观念来展现其未来政治行为之意识形态出发点的能力的一种文体。作为朱熹的信徒，吕留良认为，如若废除八股文这种让考生代圣人立言的文体形式，程朱理学的影响力可能会被削弱。而戴名世则不仅对科举本身异常厌恶，同时也讨厌那种基于从内容到形式都充斥着八股说教和笔法的文人志业（参见第八章）。1685 年之后，当清政权趋于稳定之后，包括张伯行在内的很多理学家也不再批评八股经义文了。相反，他们开始逐渐认识到八股文在确立道学正统地位中的核心作用。[34]

　　生于中国北方的礼学学者颜元认为，文学创作并不能作为一名士大夫的标志，文学仅仅是"文人"所写的作品，而与道德品行和"实学"无关。1690 年之前很少有上层士大夫认同颜元这一观点。[35] 而到了 17 世纪末，作为礼学学者的颜元通过其弟子李塨已经逐渐在南方有了一定影响，而颜元关于八股取士导致儒学衰落的观点也为越来越多的人所知。他预言般地呼吁复兴学校，并将之作为考查学生品行、发现有用之才的重要途径。颜元认为，用文章来考核考生，只能催生出无能的行政官僚。颜元、李塨重返上古，将通过"六艺"来衡量人才

535

品行的办法视为国家取士的基础标准。颜元只是一个贫苦的学者，在低级科举考试中耗尽了大部分精力，并未能向前走得更远，但他的观点无疑能引起很多人的共鸣。但张伯行和其他身居高位的儒生显然不会采纳颜元等人的建议，在程朱理学看来，颜元的观点无疑属于异端学说。[36]

17 世纪 70 年代后，康熙帝的统治渐趋稳固，清廷又一次准备对科举进行改革。康熙帝在其文章中明确提及，他认为现在的取士选拔过程是有不足的，但他也理解制度改革只能在有"势"的前提下进行，如此清帝国才能彻底摆脱科举。[37]1687年，礼部就取消了科举中的诏、诰考试，这与之前陆世仪的建议不谋而合。这一变动其实鼓励考生将更多的精力放在五经上。不过因为文士们的反对，这又是一次短命的改良。直到1756 年，诏、诰考试被再次取消。科举在宋 – 元 – 明转型的过程中花了四个世纪终于完成了从诗赋文辞到经义文章、表、判语的转向（参见第一章）。

科举第二场的论，同样也面临变革。1690 年，因为考官们可以在儒家经典中选摘的引文数量和范围非常有限，礼部不得不将其他经典（如《孝经》）也列入考试范围。一些道学著作［如《性理精义》、周敦颐（1017—1073）的《太极图说》］以及很多宋代道学家们的著作也被第二场论的考试纳入可以选摘引文的道学经典范围。1718 年，《性理精义》单独被选作第二场论的考试论题，而其他著作都未被选入。然而到 1723 年，针对《孝经》落选考试经典书目的不满声音，礼部被迫重新将其纳入第二场论的考试题目中。事实上到了 1736 年，御史李徽在其奏章中甚至建议将《孝经》加入四书之中，这样"五书"看起来与五经就更加平衡了。但因《孝经》的今古文之争，李徽的提议被搁置了。1757 年，关于第二场论的争议又重新进入舆论视野（见下文），这次《孝经》和《性理精义》

536

被认为应给予同等程度的重视。[38]

雍正朝与乾隆朝前期的改革努力

然而，无论是雍正帝还是他的继任者，都对科举过于重视八股文章表示不满。1728 年，雍正帝批准了礼部加强第二、三场考试在科举取士中权重的提议，雍正帝还补充道，考官不应只重视头场的八股文而忽视第三场的策问策论。事实上，这就是之前鳌拜科举改革（废除八股文）的旧事重提。[39]1732 年，雍正帝又对现行的科举体制表达不满，他认为第二、三场考试涉及重要的国家治理实务，但文士们却完全忽视这些考题，因为考官只关注考生们的头场考试成绩。虽然雍正帝试图让地方教育官员推行改革，但他想要纠正科举只重经义文章倾向的意图却失败了。[40]

不过，在翰林院的支持下，雍正帝还是成功地给新科进士们增加了一轮考试。1723 年，翰林院开始举行朝考，这一考试只针对殿试中成绩最优的考生，考试将决定哪些考生可以进入翰林院。之前，少数精英进士被遴选进入翰林院、成为庶吉士之后，才会进行考试。而从 1724 年直到清末，进士们必须经过朝考才能进入翰林院。[41]

相比科举会试、殿试的考试形制，雍正帝要求以四种文体形式来考查这些志在成为庶吉士的进士：（1）论；（2）诏；（3）疏；（4）五言八韵诗（试帖诗）。尤其是论，1793 年乡试、会试甚至都不再考论了，但朝考仍旧要求考这种文体。这也是自元代以来，试帖诗第一次回到文官选拔的考试体系之中，这也预示了 1757 年试帖诗重新回归乡试、会试的考试科目之中。之后嘉庆帝（1796—1820 年在位）下令移出诏考，将朝考的诗文写作数量缩减到三篇。讽刺的是，雍正帝所确立的朝考形式成功地将翰林院重新定义成了一个提供文章写手的文学机构。翰林院开始变得以诗赋为重心，这无疑让人们想到了唐代的翰林院。[42]

虽然私人和公开层面对科举制艺文的抨击日渐增多（参见第四章），但是鲜有人能够真正回答如何解决时文的"无所发明""全无实用"。关于科举应重视第三场策论和关注时事实务的呼声一如既往地此起彼伏。然而 1738 年乾隆朝初期，清廷的论调发生了一些转变。[43] 不过这次的主角不再是多半只能在私人撰述中对科举的功用与无用发表意见的汉人文士，两名持不同观点的满人要员站在了舞台中央讨论是否要废除科举，一个是之后成为大学士的鄂尔泰，另外一个则是兵部侍郎舒赫德（1710—1777）。[44]

舒赫德饱读经书，他于 1744 年上疏乾隆帝，并列出四条理由论述科举为何要废科目。他在奏疏中写道："今之时文徒空言而不适于用。此其不足以得人者一。"第二，他认为考生的试卷经过誊录匿去考生姓名后，誊抄本在各个考房间兜兜转转，考官们却只会给出一些看似中肯但实则空洞的评语。第三，文士的子孙人人都精擅一经，他们只用花费数月之功就可以掌握一部经籍中的所有可能考到的引文，远远领先于其他普通人。[45] 最后，舒赫德认为许多考题（尤其第二场的论）的答卷都是敷衍了事、"无所发明"。科举需要以"遴拔真才实学之道"来变革。[46]

1742 年，已然入值军机处的鄂尔泰监考了壬戌科会试，在《会试录》的序言中，他为制艺文进行了辩护。[47]1744 年作为军机大臣的鄂尔泰上奏乾隆帝，在奏疏中鄂尔泰承认科举中的诸多问题其实尽人皆知，改革也势在必行，但并没有人能够提出一个针对现行体制的足够完备的替代方案，也没有人能提出一个可以在不伤及科举益处的前提下改良考试体制的解决办法。鄂尔泰接着回顾了自唐人赵匡以来，历代科举批评者们连篇累牍的意见，这些意见多数不是认为科举制艺文章内容贫乏，就是觉得科举教育事倍功半。鄂尔泰还总结了三代、两汉、魏晋、隋唐各代的选拔机制。最后他总结道，隋人、唐人最终将"文章"考试确立为取士的解决之道，并且这一做法为日后历朝历代君王所效仿。鄂尔泰承认之后各代都有人认识到科举的问题，但无人能提供一个替代性的解决方案。在这个意义上，鄂尔泰认为赵匡等科举批评者将科举考试过度割裂成了"学"和"习"两部分。[48]

539　　1744 年，当 1.3 万名考生参加南京的江南乡试时，考官们在命题时触及了科举改革的议题。在第三场考试的第五道策问题中，考官让考生讨论制艺文的历史演变，以及自明初以来制艺文在乡试、会试中的作用。事实上，考官们巧妙地利用了科场这一场合，以考试的方式不动声色地搜集考生们对于考试形制的看法。这道题目就是让考生提纲挈领地阐述，自 1384 年明代首次科举考试以来科举的源流、得失。[49]

最终这科乡试只有 126 人考中举人（中举率不超过 1%），其中这道策问题的最优策论是由来自安徽泾县的二等捐生胡承福所写，最终这篇策论被收入呈交京师的《江南乡试录》中。在策论中，胡承福强调了制艺八股文在明代科举中的重要性，并坚定地站在了力挺八股文的立场上。但胡承福同时也提及了科举文章略显阴暗的另一面：

> 虽然人知文以载道者制艺也，[50] 文以晦道。修辞立诚，修辞作伪。而不知文以晦道者亦惟制艺。人知修辞立诚者制艺也，而不知修辞作伪者亦惟制艺，岂非不明乎理法之当然，而有失科场取士之意哉？

不过胡承福最后还是坚持认为科举就算有问题，问题也不在八股。他还补充说，这科乡试的第二、三道策问题也是关于实学的。[51]

第二年乙丑科殿试（1745）的策问题同样是关于科举的历史演进，这道题如果不是乾隆帝本人出的，也一定是乾隆帝授意大臣命题的，同时这也是 1744 年军机处中鄂尔泰和舒赫德关于科举改革分歧的延续。殿试 313 名贡士为这次改革论争提供了一个讨论平台，乾隆帝在策问中向这些即将成为进士的考生们发问：通过遴选最优秀的经义文章来选拔任命称职的官员是否太不现实了。乾隆帝希望考生能够就"夫政务与学问非二途"给出答案。[52]

1745 年乙丑科的状元钱维城在他的殿试策论中为他的观点披上了正统道学的外衣："臣闻治天下以道，而道莫备于经古者。"钱在文章最后总结道，学问与修身是不分彼此的。所以选拔官员必须基于他们经术通晓的深浅。[53] 这科榜眼庄存与的策论也保存了下来，他在文章中写道，朝廷长期的平稳都有赖于"以造士为本，得贤为基"的科举体制。无论钱维城还是庄存与，他们都没有将自身在科举上的成果归结为命（如第六章）。庄存与回顾了宋代关于科举文学内容的讨论，并引用了苏轼和朱熹关于文章取士的不同观点。庄存与最后总结道，哪怕是朱熹也仅仅是试图改革科举体系，但并没有认为科举的"常法"应该被废止。庄存与在这次朝堂讨论中无疑是站在鄂尔泰一边的。[54]

乾隆帝听取了两方的意见后，最后通过礼部针对此问题给出了结论性的回复：

　　将见数年之后，士皆束身诗礼之中，潜心体用之学，文风日盛，真才日出矣。然此亦特就文学而已。至于人之贤愚能否，有非文字所能决定者，故立法取士不过如是。

而治乱兴衰，初不由此。无似更张定制为也。所奏应毋庸
议。[55]

虽然鄂尔泰与张廷玉这两位在乾隆朝初期同殿称臣的大学
541 士关系紧张，但 1743 年时张廷玉（后者作为程朱义理之学的
拥护者，在雍正朝就反对废除八股文）在此问题上也支持鄂尔
泰，反对舒赫德完全废除科举的想法。当乾隆帝询问作为军机
处大臣的张廷玉，舒赫德的建议是否有可取之处时，张廷玉也
承认舒赫德指出的现行科举体制所累积的问题是确实存在的，
但他认为舒赫德的改革建议太过激进。在他看来，科举体制改
革应以实现其原本的选拔功能为宗旨。[56] 不无讽刺的是，1664
年想要废除八股文却最终失败的是满人辅政大臣鳌拜，而乾隆
初年捍卫以八股文为核心的文章科举的是另一位满人大臣鄂尔
泰。鄂尔泰取得了胜利。最终，科举形制在清帝国范围内大体
以其原本的形态继续施行。

18 世纪 40 年代科举改革讨论的后果

然而，乾隆帝并不想让科举改革的话题就此偃旗息鼓。
很多大臣不断通过礼部向朝廷建言改良科举选拔过程，许多
建议最终形成诏令而被付诸施行。由明初至清末，乾隆朝是
科举改革最为积极的时段。[57]1736—1755 年间乾隆帝在大量
训谕中指出现行科举体制在文学、经学和社会层面存在诸多
问题。乾隆帝在许多前沿问题上有所动作，进退有度地平衡
正统的程朱理学与后来居上的考证学两者之间的诉求（参见
第七章）。此外，他还公开表示科举文章是"虚文"，会消磨
满汉旗民的意志。[58]

542 整个 18 世纪四五十年代，乾隆帝都试图让所有参与科举
改革论争的朝臣们感到满意，但程朱理学的宋学派和考证学的

汉学派之间的争论却越来越两极化。比如 18 世纪 30 年代末，乾隆帝对于重德行、轻文体的态度有所保留，他准许方苞编选刊印一部从明代到清初的关于四书的文章选集，作为可供考生参考的范文选本（参见第七章）。[59] 然而到了 1742 年，乾隆帝又公开表示评定科举文章不能纯粹依据文辞标准，考官应注重考生德行等实学面向。[60]

1751 年，乾隆帝又通过保举的途径，选拔任命了 50 名优秀生员进入官僚机构，这无疑是想向外界强调，对于生员们来说通晓经术要比八股写作更加重要。[61] 此外，1769 年乾隆帝还下令礼部增设一科孝廉方正的制科考试，各省学政在完成三年任期后都可以推荐本省品行方正的生员参加考试。[62] 整个 18 世纪 50 年代，乾隆帝都在哀叹科举考试过分注重八股文章的写作，他一直希望科举可以更多关注考生的实际品行。[63]

这一轮科举改革的议题第一次被较为宽泛的提及，就是在科举考试的考题中。如 1754 年殿试中，乾隆帝就在殿试考题五点的倒数第二点中提出有关科举改革的问题。当科状元庄培因在策论里对这一问题的回应，完全是围绕着乾隆帝的经义文章须以六经为本的观点展开的。从问题到答卷中，都没有任何迹象表明科举科目需要进行大规模变革。但庄培因的策论确实表明，无论是明代风格的经义文章，还是宋代风格的诗赋文章，皆可满足经学考试的预设前提。[64]

1754 年甲戌科榜眼，日后清代杰出的汉学考证学者王鸣盛，同样在策论中对科举议题表达了个人看法，其策论概述了从宋、元肇始的经义文章的文体形式。王鸣盛强调自唐、宋以来，科举考试的文体变得过于浮夸，新的文体风尚遮蔽了先贤们的思想内涵。诸如欧阳修这样的有识之士，试图扭转这种坏掉了的文风，他们希望将文风、士风引导至言之有物的方向。王鸣盛的言下之意也异常明了，就是在说如今的八股文风也需要扭转，八股文应该回到经学文章的本质根源，即通过"正文体"来阐明"正学"。1754年清廷中的种种迹象和风向，以及整个18世纪40年代朝廷内部的争论表明，科举科目改革将在不久之后有大动作。[65]

第二场论的考试在1718年已经开始改革，1723年又恢复成了原来的考法。但1756年第二场的论与表和判语一起被废除出科举科目，这些考试内容自明初以来就一直是第二场考试的核心内容。然而不到一年，由于反对派的意见，论又迅速被恢复了。从现存的1757—1758年关于科举改革的奏折中可以看出一些端倪：1758年山西监察御史吴龙见（1694—1773）要求恢复第二场论试，因为论对于巩固程朱宋学和皇权正统的合法性来说异常重要。

吴龙见将论与宋学直白地联系在一起的举动也表明，将第二场论试移除出科举考试，遵照的是乾隆年间亲汉学的改革者们的整体思路，后者更为重视五经。从明代至清初，能够在乡试、会试中写出优秀的论的考生，往往也在四书文的写作中名次很高。如表10.1所示，能写出佳论的考生的排名与最终科举考试排名之间的相关性，自1654年就开始下降。将四书文和论联系在一起的道学的地位无疑遭到了挑战。[66]

一方声称论这种文体百无一用，而另一方则反驳说如果论试被取消，那么王朝的道德基础也就岌岌可危。康熙帝下令于1715年刊行《性理精义》，并力主考生在准备论试时研读此书。如果第二场论试被取消的话，那么从周敦颐到朱熹等宋儒作为道统代代相传的"道学"也就将逐渐失传，这同样会危及王朝君权。吴龙见催促乾隆帝将论试安排到精简后的第一场考试中，以体现皇帝本人对于程朱理学的支持，如此一来，论试在考生群体中的受关注度居然还变高了。事实上，吴龙见此举也是顺应了乾隆帝改革科举的意愿，只不过

544

他的建议是为了确保道学仍旧是科举科目中的重要组成部分。乾隆帝最终同意了他的意见，并将以《性理精义》为主的论试安排到了第一场。[67]

乾隆朝后期的变革

自1756—1757年始，已有372年未曾改变的乡试、会试发生了重大的转变，虽然最初的改革直到1759年才真正施行。[68]正如上文所说，清初包括顾炎武在内的很多学者都不满于元、明两代科举因过于注重四书而使得五经的重要性有所下降，这种重要性的下降反过来也导致了经学的严重衰落。

第一场考试仍然是从四书中寻章摘句来作考题，这并不是汉学所认可的治学方法。同时也因为考生需要在五经中选择专一经，所以五经引文中可能包含的问题也大体清晰，于是第一场考试移除了五经，五经成了第二场考试的核心内容。取而代之的是，论试被从第二场移到了第一场。[69]除了根据五经引文来作文章，考生们还被要求在第二场中写一首八韵律诗，这也意味着唐、宋两代将诗歌看作衡量考生文化修为的观念的复兴。不过，策问试仍旧被安排在了最后第三场考试。[70]

到了18世纪60年代，当清廷再次强调策问考试重要性的企图（清廷希望考官、考生以对待八股文的态度对待策论）失败之后，乾隆帝命考官将1756年、1759年、1760年和1762年的乡试最佳策论编纂刊刻成文集。这本范文选本名为《近科全题新策法程》。其编纂形式取法于之前方苞的"时文"选本《钦定四书文》。这本于18世纪中叶编定的策论选本，包含策问和策论，空白处还有编纂者的评语，以向考生指明某篇策论的妙处（参见第八章）。[71]

545

自元代以来就被安排在科举考试第二场中的表和判语被一举废除了，这些文体作为从唐、宋诗赋科举向宋、元经义科举转型过程中的象征符号意义也渐渐被人们淡忘了（参见第一章）。而作为对取消表、判语考试的补充，唐代盛行的诗题考试自元代之后再次复兴，所有考生将在科举考试第二场中作试帖诗。这次改革中不同类型试题的此消彼长，不仅反映出了科举中文学表达的复苏，同时也折射出乾隆朝文士群体对于宋以前汉唐学术日益增长的学术兴趣。事实上，清代中叶的科举改革者所做的正是削弱元、明以降以程朱道学为支柱的科举科目的影响力。他们试图在科举科目中融入更多汉唐学术的元素。[72]

诗题的复兴

546

虽然有些犹疑，但乾隆帝仍然对礼部于 18 世纪 50 年代提升试帖诗在科举评价体系中权重的做法表示支持，18 世纪 60 年代他又准许试帖诗成为官学科目中的一部分，并要求每月进行考试。[73]乾隆朝后期见证了以唐诗为典范的诗赋科举对元、明两代以经义为核心的科举的逆袭。古学（ancient learning）的复兴（参见第七章），尤其以宋代之前的文士写作和汉唐注疏传统彻底唤醒了清人对于唐、宋诗赋科举的回忆，他们逐渐意识到唐、宋科举中诗赋的作用。[74]

科举制艺文章的转型从宋代开始，经由元代，最后到明初达到高峰，制艺文体风尚的转型跨越三代才终于完成，到了明初诗歌最终完全被排除出了科举考试形制。而清廷则非常缓慢，但也异常坚决地否定了很多元、明科举中的核心元素。首先，康、雍、乾三朝的科举改革派官员都不断挑战论、表、判语的合法地位。其次，诗题被再次认为是朝廷取士量才的合适标准。清帝王将自身视作金代统治者的后裔，或许他们也将科举诗题的复兴看作金代诗赋科举的某种回归（参见第一章）。[75]

在回顾评价以 1756—1757 年为开端的长达 40 年的科举改革历程时，像章学诚这样重程朱、轻汉学的清代传统主义者（traditionalist），认为朝廷重新以诗为题、希望借此一改"科场（文风的）有名无实之弊"的做法并不可取，诗题只能区分文学品位，而科举中的经义诗赋自此就开始流于"日新月异"。在章学诚看来，改革之初原本对"实学"的推崇在改革之后荡然无存。[76] 但奇怪的是，虽然章学诚等人将清代科举中诗题的复兴看作对道学传统的背叛，但清代科举的试帖诗却长期不被文化史家和清诗研究者们重视。[77]

诗歌写作是唐代进士科选拔的重要内容，这也使得诗成为文人间流行的一种写作形式。余宝琳认为，"作诗需有法有度"（fidelity to prosodic regulations）的特征吸引了唐代的考官群体，他们将之作为一种固定文型（grid）来测试考生，就像 1475 年后官方开始采用的八股文文型一样。余宝琳指出，唐代之后，古诗和律诗无论在科举考试还是文人生活中都逐渐失去了原本的"优势地位"。在她看来，虽然元、明两代因为程朱理学的兴起导致诗歌的特殊地位有所下降，但清人仍力图保留唐诗"在审美旨趣上的不落流俗"（aesthetic incorruptibility）。因为在他们看来，唐代距离有着古风古韵的古代（antiquity）在时间上更近，而且未像宋人那样受到佛教的影响。[78]

元（虽然只有一段时间）、明两代的科举彻底抛弃了诗题，清人注意到了这一点，1757 年恢复了科举中的诗题，并在 1786 年之后强化了诗题在科举中的重要性。不过无论唐诗、宋诗，一直都是明清文士群体热衷的话题。但是他们吟诗作对的热情并非仅仅局限于私人场合。科举考生们在五经中往往最愿意选择《诗经》作为专经对象（参见第五章），乡试、会试中有超过 30% 的考生记诵这部经籍，并引用其中的名句。随

547

着明末复古之风的兴起，如李攀龙这样推崇古文的明代文人群体，更是提出了"文必秦汉，诗必盛唐"的口号。[79]

在明代和清初时期，地方考试、乡试、会试和殿试中也不考诗题，但是在更高和更低级别的考试中都会涉及诗题。之前我们曾提及明清两代针对翰林院庶吉士的书面考试中会包含诗题。[80]翰林院会定期举办文学考试，赋也是这一时期考试的重要文体。在如博学鸿词这样的制科考试中，也要测试考生的诗、赋的写作能力。比如1679年，康熙帝就在制科考试中要求考生以璿玑和玉衡这两种上古圣王用来观测天象的天文仪器来作赋（参见第九章）。[81]

此外，1658年戊戌科江南乡试因之前的贪墨事件而被迫重新举行（参见第四章），考官们弃用了惯常的考试形制，改用古文诗赋来命题。[82]而满州八旗考生在参加翻译科考试时，除了策问，也要作试帖诗。[83]1723年的翰林院朝考中，同样加入了五言八韵诗的考试内容，那些刚刚在殿试中名列前茅的新科进士，必须同样在朝考中取得好名次，才能进入翰林院。1749年，拔贡考试也第一次要求考律诗、古文和词。[84]

1756年礼部正式宣布五言八韵诗回归到科举试题中，成为考试必考的文体；1757年会试中这项新规定第一次施行，1759年乡试也纳入了诗题。[85]诗题被安排在了第二场考试中，正好取代了之前寿命长达四个世纪的表、判语考试。而四个世纪之前，正是在明初道学鼎盛之时，表、判语考试取代了诗题考试。1758年，诗题考试也延伸到了科考中，之后1760年岁考、院考也开始要求考生作试帖诗。比如新的岁考就要求考生作文两篇，第一题根据四书引文，第二题根据五经引文，此外第三题就是试帖诗。而在科考中，生员们需要写一篇四书文，一篇策论，然后最后作一首试帖诗。[86]

为了能更好地应试转型，考生们不得不记诵大量新知识，包括非常机械的诗歌格律、韵部，以及符合作诗法的种种规则，官方也为了考生们能够顺利应试，刊刻和发行了很多格律类的入门书。1762年，周大枢编了一本名为《应试排律精选》的优秀诗作的范例选本，其中包含了唐、宋、元、明、清历代的律诗，非常适合考生们模仿学习。[87]男童（甚至女童）也可以根据《声律启蒙》这样的写诗入门书来学习五言、七言律诗，这类书都包括一些不同字数的短语、短句如何对仗之类的内容。[88]

考生除了根据四书五经作八股文，还要作一首八韵律诗，这标志着唐、宋两代将诗歌作为衡量考生文化修养的标尺的科举旧制终于迎来了复兴。短短十年内，各类唐、宋诗选的私人刊布和再版风行一时。[89]甚至很多明代诗话类著作也重新刊刻，包括翁方纲和袁枚在内的很多清代学者都编定了一些新的诗歌选本。现代学者郭绍虞估计，终清一代清人总共生产了300—400种诗话作品。[90]翁方纲在诗话中也记录过，自己在1765—1768年间出任乡试考官和地方学政时，曾多次与衙门中的官员讨论在科举科目中加入诗题。翁方纲先后四次出任过乡试考官，分别是1759年（江西）、1762年（湖北）、1779年（江南）和1783年（顺天），所以翁方纲在举人群体中拥有相当的影响力。这也表明，当时无论是文士阶层还是皇帝本人都异常支持诗歌。[91]

另一位乾隆朝的士大夫沈德潜（1673—1769）以诗歌、文学写作而驰名。他在18世纪50年代的苏州地区非常有影响力。他出任紫阳书院山长时，甚至还没有考取功名——最终他在66岁时成为举人，在此之前他总共乡试落榜17次！沈德潜从小就是诗歌神童，1739年考中进士之后，他便进入了翰林院，成了乾隆帝最恩宠的诗人，并且开启了清廷新的诗风。诗题正式成为科举科目之后，沈德潜的影响力逐渐扩散到了整个行省。1752 年，乾隆帝还为沈德潜的诗文集撰写了序言，同时沈德潜本人也为考生们编订了数种唐诗和先唐诗歌选本。1756 年律诗诗题正式成为科举的必考题后，沈德潜编订的诗歌选本就显得尤为重要了。[92]

1800 年，诗歌写作已经成为官学和私人书院中习以为常的学习科目。阮元 1801 年出任浙江巡抚时，在当时的汉学中心杭州创办了诂经精舍，精舍中包括"经古试"，要求学生写作宋代经义文和律诗。19 世纪的地方考试中，官员和考生都习惯将制艺文和试帖诗称为"经古"、"童古"或是"生古"。[93]

551 宋人编修的《千家诗》被清人黎恂（1785—1863）选注之后，成了当时的学子和考生们最为重要的律诗选集参考书。[94]

与其他科举科目改革的案例类似，清廷也让考官们在考试中通过询问第一批参加考法更改后的应试举子们的反馈，来"测试"新的律诗诗题的反响。在全国范围内，1759 年和 1760 年乡试第三场策问题都涉及了科举改革的议题，其中也包括诗学与制艺。[95] 之后，考官们也会在科举框架内不时搜集考生们对于改革后科举考试的看法，尤其是礼部和翰林院经常采用这个办法来权衡文士们的意见，并据此希望进一步提升诗题的地位，甚至在 1787 年的乡试、会试中将诗题移至第一场考试，以增加其重要性和受重视程度。

比如 1759 年陕西乡试，共有 4000 名考生参加了这科形制改革之后的考试，最后 61 人考中（考中率 1.5%）。这科乡试第一场考四书文和论题，第二场考五经文和诗题。而第三场策问考共有五道题，所涉及主题也是混搭式的：（1）经学；（2）史体；（3）历代诗学；（4）吏治考绩；（5）仓法储蓄。陕西省关于诗歌的策问题（第三道）清晰地反映出其他各省也都可能出了相似的考题，从中我们可以看出考官们一致希望推进清帝国科举新政策影响力的意图。[96]

在第三道策问题中,陕西省乡试考官先让考生们讨论圣人编定的《诗经》中,自古代流传下来的三百余首诗歌的重要意义。之后考官又让考生们评价历代诗歌,尤其是唐、金、元、明的大诗人的诗歌。考题中忽略了宋代,却提及了金代、元代这两个民族政权,金、元时期的诗歌创作依旧繁盛,之后到了明代才兴起了尊奉宋代理学的经义文。

接着考官将话题转向格律和音韵学,考官希望考生可以评点宋、金、元和明历代所使用的韵书。考官如此命题,显然是将新兴的诗题与18世纪考证学中所流行的音韵学挂钩。之后考官还颇为自得地提到了清代完成的类书巨制《佩文韵府》。康熙帝于1701年下令编修此书(1711年刊刻),以修订、纠正之前元、明类书中关于韵语的错漏,清廷希望可以出版一本功绩超越千古的鸿篇巨制。在策问题的最后部分考官们提到,乾隆帝在科举第二场考试中增添了唐风八韵律诗写作的考题以"陶育人才",所以这科的考生们是第一批有幸能够享受到圣上恩惠的举子。[97]

这道题的最佳策论由当科解元王勋所作。王勋策论起始部分就讨论了古代音律与诗歌之间的关系,富有音律性的诗歌反映了人心,因此圣王们才会编定《诗经》。之后,王勋综述了历代诗歌名篇,其中也包括宋诗。在策论的最后部分,王勋并未深入讨论而仅仅是列举了东汉末年至清代近两千年间所编修的各类韵书,然后重复了一遍考官们在策问题中的话,将《佩文韵府》奉为集大成之作。显然,王勋绝不是反对新诗题的改革抗议者,他清楚地说了考官们所喜闻乐见的话。[98]

不过这一科最优秀的试帖诗,是由名列乡试第17名(共录取61人)的李家麟所写。如表10.2所示,1759年之后乡试、会试第一名考生的排名不再仅仅取决于经义文、论和策论是否

552

优秀（参见第八章）。如果对比表 10.1 的话，我们可以看到明末之后，第二场论对于最终排名的权重呈下降趋势，而表 10.2 则表明试帖诗也成为四书文（即经义文 / 八股文）之外一个重要的确定乡试、会试最终排名的要素。当然，也可能是考官刻意将第一场四书文考第一的考生也列为诗题科目的第一名，但是这简简单单 50 个字的程式化的试帖诗所体现出的形式主义内涵，却表明考官们有了一种更为新颖也更加高效的判卷工具。自 1475 年以来八股文成为主要的判卷工具后，试帖诗实际上成了八股判卷之外的一种补充。[99]

李家麟的试帖诗是五言八韵诗，共 16 句。这种诗体要求每句 5 个字 / 音节（共 80 字），每联的第二句（第 2、4、6、8、10、12、14、16 句）都要押同一个韵部的不同字。此外写作律诗还要掌握许多平仄合律规则，然后在中间数联还需要属对。[100] 一首典型的五言绝句，每一句都有 5 个字，并且能够被构造成 2 字—3 字切分的抑扬顿挫的韵律，如下所示：

平平 / 平仄仄

仄仄 / 仄平平（用韵）

仄仄 / 平平仄

平平 / 仄仄平（用韵）

此外，考官们还会选择某一个特定的字来指定韵部。在诗歌的最后一节，李家麟还需按照要求"颂圣"。[101]

1759 年陕西乡试的考官在诗题中命题"赋得'海上生明月'"，这出自唐人张九龄（678—740）的五言律诗；当然，考官们不会把诗歌背景知识直接告诉考生。考官们选择"光"作为诗题韵部，这与张九龄原诗的韵部并不一样。[102] 下面我们来看一下李家麟的这首五言八韵的试帖诗（共 16

句）。我在此会用英文翻译此诗，以便让英文读者了解此诗的结构：103

皓月当秋夜，104	white moon midst autumn night
圆灵渐吐光。105	round spirit gradually spits light
重轮离海峤，	double wheel leaving sea and peaks
一鉴印中央。	single mirror inscribes the center
蟾影丹霄度，106	moon-toad reflection is red in sky passing
冰壶碧落张。107	ice jug emerald sky displays
金波初泛彩，	gold waves first float colors
玉宇乍生凉。	jade world abruptly produces chill
始起蓬瀛窟，108	starts rise from P'eng Ying cave
旋符云汉章。	rotates and matches Milky Way display
菱花浮贝阙，109	caltrop flowers float on jade palace
桂子落龙堂。	cassia buds fall on dragon hall
上下清规合，	above and below pure and regular join
高卑素色长。	high and low white color expands
文明钦圣治，	culture is bright as imperial sage orders
水镜照遐方。	water mirror illumines distant place

555

李家麟这首八韵诗名列第一的最主要的理由，就是他几乎完全遵照了试帖诗文格的种种要求。考生的试帖诗但凡出韵，就会因未按格律要求作诗而排名靠后。110 李家麟的格律和对仗都是合乎规范的，其五言诗 2 字—3 字切分的抑扬顿挫感也如考官的批语所说"音节和雅"。其次，李家麟诗中的关于月亮的用典，不仅有《诗经》，同时还有唐代大诗人李白（701—762）的相关诗句。此外，李家麟还有很多诗句借鉴了唐、宋诗歌中关于月亮的意向。李家麟的试帖诗是一种巧妙的对文学经典文本、名句通喻的再造（re-creation）。这种作诗法并没有什么创造性，但是却可以向考官传达一个信号，即此考生懂得作诗之法的关节要点。李家麟在试帖诗中展现了其纯熟的作诗技巧和中正的审美取向。最后，此诗的末两句强调了月亮的光华，意在借此反映、指代圣王统治下天下大治的盛世文化。这种诗歌措辞是一种保守主义式的安全表达，这与唐诗、宋诗更多将情感隐藏在言外的诗歌传统并不相符。把作者所身处的时代在这里比喻成圣王治下的盛世文化，这一比喻无疑也是在歌颂乾隆帝的伟大功绩。

556

通读这首诗，我们就能理解考官们为何会欢迎试帖诗这种考试文型，在原有的判卷方式外，试帖诗为考官们增添了一种有可操作性的排名方法。考官们可以借诗题来考查这些志在入仕的考生们在压力下的写作和思考能力，并根据试帖诗的优劣进行排名。新的诗题取代了之前长期被敷衍对待的表和判语，在清代中期考生人数激增时期，诗题毫无疑问也增加了地方考试、乡试、会试的难度（参见第四章）。诗题被加入科举科目中后，那些本来就经术不精的考生现在劣势更为明显了。[111]

而在其他省份，1759 年己卯科乡试中关于新增诗题的策问题也都大同小异。在位于京畿地区的顺天府考区，考官们在策问中强调，诗题试帖诗的复兴，正是在乾隆帝本人酷爱唐、宋诗歌的大背景下才应运而生的。[112] 这不禁让人们联想到，清廷还于 1707 年下令编修刊刻在当时具有权威性的《全唐诗》。[113] 在江南，策问要求考生们一一列举、评点自古代到明代的各个诗派。[114] 浙江省考官在一道策问题中让考生评价赋这种文体的写法，而在另一道策问题中则考问了作诗之法，这也表明了清代中期那种更接近于唐宋古文、诗歌创作的复古回潮。[115] 在所有乡试中，无论是策问还是策论，都明显地将诗歌与王朝试图完成社会规训、社会转型的"治化"理想相联系。正如圣王们编定《诗经》以记录民风教化，清代的统治者也希望效仿这种做法，记录民心民情。[116]

1760 年陕西乡试恩科，这一科共有 4000 名举子应考，只有 61 人中举，另有 12 人名列副榜。诗题于 1759 年科举已正式施行，1760 年的诗题考试中，考官选取了《诗经·豳风·七月》[117] 中的"八月其获"一句作为考题，并规定押"时"韵。而第三场策问考试（第三题）再次考问了制艺文与新的诗题。不过这次考题的立场更加中立，不论是对作为古文典范的八股文（方苞的影响力不言而喻），还是对以考查考生对韵部格律掌握情况的律诗，策问题都引导考生对二者大唱赞歌。[118]

不仅如此，考官还会延伸性地考查一些别的知识领域，比如近来的音韵研究是如何超越了清代之前的韵书，前朝韵书在朴学意义上是如何逊于清代。这一科试帖诗的第一名雷尔杰同时也是本科的解元，而第三道关于八股文与试帖诗策问题的最优策论则是由江得符所写，他最终只名列第 16 名。这科八股文第一名的考生同时在试帖诗科目中也名列第一。[119]

江得符的策论开篇即化用中国文学史上最有名的两句断语于自己的论述之中：周敦颐的"文以载道也"和《尚书》中的"诗言志"，"诗言志"后又在《诗大序》中被深入阐发。这些断语被考生们一次又一次在回答关于文学的策问题时所引用。江得符引用这两句名言旨在说明，无论文还是诗，都将道学和经学作为自身的关注对象。接着他又追溯了唐代科举中律诗及其用途的流变，之后王安石等宋人才将注意力转向经义文，江得符将之视为八股文之渊薮。江得符就此抛出了其论点：文体会因时代不同而变。[120]

558

对于唐代风格的诗歌，尤其是律诗而言，江得符提及了宋人编纂的唐代文学类书《文苑英华》，这本书由李昉（925—996）等人编修，清代中期的士子们如果想要通过科举的话，一般都要仔细通读一遍此书。在策论结论部分，江得符对乾隆帝所强调的唐诗"言志"和宋文"载道"的常见论调大加推崇。江得符尤其称颂了诗歌，认为诗歌是一种"复古"的途径，可以让今人重新追索汉、唐等古代理想。[121]

1766 年的乡试中，翰林院的考官们确认了科举考试中诗、文并重的新标准。这科会试策问第一题，就是关于古文出自《尚书》的辨析："《书经》为古文之祖，三百篇为声韵之祖。"而第五道策问题则是关于八股文的，考题引用了明代文人归有光将古文等同于制艺时文的观点。很明显，翰林们通过策略性地忽略唐、宋文人之间的差异，对朝廷选拔取士应重文辞诗赋还是经义文章的论战（参见第一章）持一碗水端平的态度。但这次论战已有定论。无论唐代风行的律诗，还是宋代推崇的文章，都被宣称为国朝正统。[122]

之后，科举改革派开辟了新的战场，改革派希望可以提升诗题的地位，希望它可以彻底取代原本在第二场的表和判语考试；而另一派则仍希望清廷重视论考，1756 年后论考被成功地移到了第一场。双方都试图对科举做出一些调整。1777 年，河南省乡试中诗题就被安排在了第一场考试中，但在浙江省乡试中则仍旧在第二场。[123] 这些科目之争，也反映了礼部不同考区的考官之间的矛盾，论这门考试渐渐成为宋学追随者所力争保留的道学科目。而汉学家们则更愿意强调科举中唐代风格的律诗考试，因为这种考试和文体在宋之前就已经成熟，更易让人们将其联系到古学。汉学家们希望先降低论考的重要性，并最终将其完全逐出科举科目。

乾隆朝的音韵学与诗歌

18世纪80年代清帝国的乡试、会试又启动了进一步的 科举改革，这轮科举改革最终定型于1787年和1793年。清廷批准了礼部1782年的动议，将诗题从第二场考试移至第一场，直接安排在了四书八股文之后，这一规定自1783年乡试、1784年会试始开始执行。论考在1784年被再次取消，但1785年又再次复置，并且这门以《性理大全》为主要命题对象的考试被移到了第二场，紧接在五经文的考题之后。策问题仍然在最后一场，并且也依旧是最不重要的一门考试。[124]

为了反击汉学带来的考风新潮，1785年礼部尚书姚成烈（1716—1786）上书皇帝，恳请将诗题移至第三场考试，并在第一场中用更倾向于以《孝经》命题的论考代替诗题。军机处最后采取了妥协的态度，朝廷恢复了第二场的论考，但仍将诗题保留在第一场考试中，并紧跟在四书文考试之后。[125] 在一些府县的地方考试中，偶尔会出现用五经的制艺文取代四书文的情况，但当诗题被重新引介入科举之后，四书八股文的考试科目自1788年之后开始全面在地方考试中恢复。清廷在这个问题上以复杂精微的手段维系着平衡，试图让汉、宋两派学者都感到满意。[126]

事实上，1787年清廷下令取消以程朱理学为核心的论考这一决定，无疑让18世纪的道学家们大感失望，他们无不抱怨论考的取消都是拜唐风律诗考试所赐。道学在元、明两代通过经义文取得的胜利，在清代中叶因汉学的复兴而被削弱了。1756年后，乾隆朝通过其诗、文并重的考试形式，表达出一种向往宋代科举诗赋、经义并重的立场，因为在宋之后，就是道学全盛的明代科举了。（参见第一章）[127]

之后，清廷又一次在乡试中设置相关议题，考官在策问题

559

560

中让士子们讨论新的改革方案，清朝统治者用这种办法来试探士人群体对于朝廷 1787 年改革动议的反应。1788 年的江西省乡试中，考官们精心设计了第一道策问题，这道题是关于朱熹对制艺文的看法。考官问考生为何朱熹个人的看法最终未能在其时代变成宋廷的政策。接着，考官又让考生讨论明代的科举政策，明代科举在五经方面是让考生选择一部经籍研修，这导致考生们经常选择《诗经》研习，对其他经籍知之甚少。清廷要求考生必须通五经，以此取代之前专一经的要求，这道策问题明显就是为了证明这一改革举措的合理性而设计的。在第四道策问题中，江西省乡试考官强调了作为一种写作形式的"文"是如何超越了古今对"文"的不同认识（文无古今），当"文"以顺应其时代的规范被正确地书写时，它也实现了其最大的价值功用。[128]

1788 年陕西省乡试考官也在第四道策问题中询问考生，如何理解诗赋在唐代科举中的地位作用，此外还让考生比较唐代科举与汉代通过经术选拔取士的体制的异同。这道题的题眼在于其希望考生在回答时，能够强调朝廷在考查、选拔文士时将道德品行置于文学形式之上。[129]1788 年、1793 年顺天府乡试同样问了关于科举制本身的策问题。1788 年，考官在第二道策问题中考问有关诗歌与声韵、音律的问题。1793 年，考官又在第三道策问题中将议题指向了"文"，清廷一直将对"文"的推崇作为其对高级文化（high culture）重视的象征，考官让考生论述赋自上古到后世的演进过程。[130]

与此相似的是 1789 年河南省乡试，考官设置的五道策问题分别是：（1）经传；（2）史学；（3）诗学；（4）取士；（5）六书。18 世纪晚期，因乾隆年间汉学开始成为学术趋势，所以乡试第三场策问题的命题倾向也呈现出非常规的情形，但策问题命题多数还是正常的五大领域主题：（1）经学；（2）史学；

（3）文学；（4）经济；（5）地理。1789年河南省乡试的诗学策问题是让考生阐述不同风格诗歌的作诗之法，并且还要求考生将这些作诗之法与《诗经》中的古风与音乐相联系。第四道策问题是关于科举取士的，考题主要考查应试者对于自唐代以来历代所施行的科举取士形制知识的掌握情况。[131]

诗学策问题的最优策论是由考生葛昂所写，他在71名中举者中名列第8（共有4700余名考生参加了这科乡试）。考官们尤其欣赏葛昂将诗歌与音乐相联系的论述角度，葛昂详解了《诗经》三百余篇诗歌中的音韵学，并认为后世的五言诗、七言诗都是从上古诗歌中演化而来。考官同时还将葛昂第四道科举策论和第五道古文字学（六书）策论列为当科第一。综合考虑的话，1789年河南省乡试的策问、策论的整体设置正好阐释了诗、文和朴学为何能作为历朝历代的文化标识和选拔工具。清朝统治者对诗、文和朴学类的策问都非常重视（参见第九章），清廷吸取融合了前朝科举文化遗产中最优秀的部分，并将之为己所用。[132]

当然这类科举改革之所以能够成功，也是因为考官们在批阅数量急剧增多的考卷时，亟须一种简明的文型形式以方便选拔。砍掉长长的"论"，代之以短小的"诗"，再加上1756年之前被废除的三篇表和五份判语，所有这些都意味着考官判卷的工作量锐减。不过科举也增设了一些新的学习类目，如研习唐、宋诗赋，记诵五经，对于不断增长的应试人口来说，科举科目的难度无疑更大了。第一场的诗题和第三场的策问之所以能获得考生们的重视，主要还是因为这两类试题联结了试帖诗格律与乾隆年间考证学中的朴学（philology）所最擅长的音韵学。

有趣的是，清帝国各地士大夫们在古音、声韵方面的水准不断提升，诗歌能够如此繁荣也少不了考证学派中音韵学的助益。如前文所说，唐、宋两代诗赋占科举主导地位时（参见第五章），坊间产生了大量教辅式的音韵类书。如果我们能够将科场之外的清代考证学与科场内的诗赋复兴联系起来的话，我们就会发现考官之所以将诗题和音韵学的内容加入经学考试之中，正是基于清代考证学居于主流的学术大环境。[133]

滨口富士雄近来针对 18、19 世纪考证学家们文本研究的每一个阶段的分析，很好地梳理了朴学在清代是如何一步步发展和演进的。滨口的研究表明，清代考证学家们长久以来一直在尝试恢复作为文化遗产的上古时代的文本原貌。诸如戴震这样的文士，内心始终预设了一套系统的研究议程，他们希望在古文字学和古音韵学的基础上重构经籍、四书中字句的意义（以音求意）。[134]

之后，王念孙（1744—1832）及其子王引之拓展了戴震的治学方法，并试图以辨析汉字的"义"作为方法，以此重构圣王的"意"，因为文字都是由远见卓识的圣王们创造的。此外，18、19 世纪考证学在研究古典语言的历史时，越来越追求精准和确凿，因此技术化的音韵学也成了考证学的重要工具。为了能够重构圣王之"意"，考据学者借助了一系列的朴学方法研读经籍，如音韵学（古音学）、文字学和训诂学。[135]

这些朴学研究方法也带来了一件副产品，音韵学、文字学和训诂学使得士大夫们意识到诗歌（尤其是律诗）对于重构古代历史有多么重要。比如清人梁章钜，他是中国第一批科举考试制度研究者，但同时也编选了一部诗歌研究的选本，内含学诗门径及律诗规则。在这本书中，梁章钜回顾了诗学历史，讨论了宋、元两代的诗歌选本，他认为他的选本和观点对于当下的士人都有范例作用。最后，梁章钜还回顾了清代经学家们是如何厘清了《诗经》中的声韵体系。这些学者明晰了律诗的创作规则，为音韵学研究的进步做出了巨大贡献。[136] 考官们的现实需求，以及士大夫学术范式的转向，最终一同导致了科举科目的转型。

废除专经

科举在五经中要求考生专治一经的要求，自1756年后就 563 形成了惯例。五经文在1756年科举改革后，成为第二场考试的绝对重点，每一经都会选摘4句引文作为考题让考生就此作文。而在此之前五经文虽在第一场，却排在四书文之后。但是，多数考生依旧将注意力放在《诗经》和《易经》上，而对其他经籍不加研习，尤其是《春秋》和《礼记》。比如1756年，身为四川总督的阿尔泰就在奏章中记录了四川省乡试中60名中举者的专经分布情况：14人（23%）专《易经》，13人（22%）专《尚书》，21人（35%）专《诗经》，9人（15%）专《春秋》或《礼记》；3人（5%）通五经。这份奏章及其所附文件表明，即使清廷在1756年改革时将五经挪至第二场考试，希望借此鼓励考生多多研修《春秋》《礼记》，但这一举措并没有什么实质效果。1765年四川省乡试的专经分布情况几乎与第五章中涉及的1750年前的情况完全相同。[137]

如前文所述，因为诗题重新回归科举，各地考官都在策问题中出了有关科举科目的考题，1788年顺天府乡试的考官在设置策问题时也让考生回答科举专经的优点。顺天府此次乡试的第一道策问题是让考生梳理五经长久以来在科举中的地位，并让考生针对科举应考几经表明立场，因为诸如朱熹这样的大儒都对科举经籍的数量范围发表过意见。[138]这道题的最优策论由汪德钺写就，他在232名中举者中名列第17，他在策论中回溯了中华帝国历史上专经、兼经之争的历史。

此外，汪德钺还梳理了唐、宋两朝科举考试的经目数量，从"九经"到"十三经"，之后又细分成了"大经"和"小经"。接着汪德钺指出，明代将科举经目的数量限定在"五经"，并遵循前朝先例采取专经的考试政策。在结尾处，汪德钺肯定了清廷通五经的新的科举政策："夫不通五经者决不能通一经，故专经之法非不善也。然而士子因陋就简，遂并其一经而失之，遂不得不以兼通之法补救其间。"[139]

564

为了解决这类难题，朝廷决定调整专经的考试规则。清廷决定在三年一度的地方科考、乡试、会试中，由考官而非考生来决定当科选择五经中的哪一部作为寻章摘句出题的经籍。如此这般，生员们就必须全面掌握所有五经，不过乡试、会试考官一般会根据轮转顺序提前指定某一部经籍作为选取引文的文本对象。1788 年，《诗经》被选为全国乡试第二场的考试经籍；1789 年的会试则考《尚书》；1790 年的恩科乡试考《易经》；1790 年的会试则在第二场中考《礼记》。1792 年的浙江省乡试中，所有考生要根据最难的《春秋》里的 4 句引文来作文，《春秋》因其注疏较长而成为五经中最为艰深的一部。之后，在科举文献记载中再也找不到关于专经考试的内容了。[140]

565

专经考试改革的最后一步始于 1792 年，1787—1792 年间的乡试、会试中五经已经完整地轮转了一次，1792 年最后一部《春秋》也已考毕。经学考试难度的提升（参见第五章）与清代科举的考生人数激增（参见第四章）相辅相成。中国人口地理的现实能够部分解释科举改革的动因，科举在内容上变得越来越难，考中的概率随着竞争人数的猛增几乎让人望而却步。下表简明地描绘了 1793—1898 年科举考试的大体形制。直到太平天国运动之后，清廷才开始考虑增加录取人数（参见第十一章）。[141]

自 1793 年始，在乡试、会试的第二场考试中，考官会从五经的每一经中选出一句引文作为题目，让考生据此作文。考官们又一次利用策问题来搜集考生反馈，并以此评价新的改革举措。如1794年广东省乡试中，第二道策问题问的就是自汉、唐以来的经学科目的变迁，这道题试图表明新的科举改革沿袭了宋代之前的五经经学体系。在官方《乡试录》中这道题的最优策论由颜槚所写，颜槚名列这一科第13名，在策论中他对推崇五经的汉学一脉持接受态度，此外他还强调了东汉时期的经师（如郑玄）基本能做到通五经，而不是仅仅专精一部经籍。[142]

566

不过1788年，乾隆帝也对新的诗题表达了不满。他认为诗题与八股无异，同样有着重视文辞技巧而忽略实用吏治的弊端，但是他也并未恢复之前的考试形制。[143]而论这种考试形式，虽然有宋学的力挺，但最终仍旧于1787年被逐出乡试、会试。饶是如此，论依旧存在于翰林院的朝考之中，虽然朝考中的论更注重的是其文辞，而非实用的面向。1787年之后，虽然宋学士大夫们在情感上仍然喜欢"论"这种考试形式（见上文），但他们的建议都被清廷策略性地搁置了。

但倾向于汉学的士大夫们也并非全然满意。作为乾隆朝考证学派领军人物之一的钱大昕，就在其个人撰述中建议科举应将四书——而非五经——的考题移至第二场考试，而将五经文升至第一场。钱大昕认为，经历了四个世纪地方考试、乡试、会试之后，四书中绝大部分的文本都已经被考官拿来当过考题。[144]如此，考生们只会专注于阅读书贾刊印流传的四书范文选本，而根本不会读四书本身了。因此钱大昕以为，五经因其内容广博、难解，所以可选作考题的引文文本仍旧没有被穷尽。

同样，另一位汉学核心人物孙星衍对明初朝廷将汉、唐注疏移除出科举考试科目的做法批评有加。与顾炎武类似，孙星衍也将明代经学的衰落与科举对汉、唐注疏的忽视联系在了一起。孙星衍在给皇帝的奏折中，呼吁在科举科目中恢复汉、唐注疏，以弥补包括明初三部《大全》（见第二章）在内的宋代理学的不足。但这一建议并未被施行，孙星衍只得将此奏章收入自己编定的个人文集之中。[145]

然而在另一领域，汉学家群体却成功地按照自己的意愿对科举考试科目的内容做了修正，其过程轻而易举到出乎意料。1792 年礼部尚书纪昀上奏，建议清廷在科举科目中废止胡安国所注《春秋》。这本胡安国所撰《春秋传》成书于北宋朝，我们在第一、第九章中都有论及，像纪昀这样的汉学家皆认为此书中很多宋学论题都有模糊时代背景之嫌。纪昀认为，胡安国只不过借《春秋》来阐释自己对于北宋灭亡和建炎南渡的看法。纪昀更认同时代距离上古更近、注解更为可靠的《春秋》三传，三传在康熙朝被编定为《钦定春秋传说汇纂》刊行于世，书中对于胡安国的观点多有驳斥。乾隆帝当即准奏，并于1793 年始在地方考试中废止胡安国注。[146]

不过纪昀的胜利并不彻底。表 10.3 表明，除 1794 年初，其余多数科举考试中，五经文在决定考生最终排名的权重上仍不如四书文。汉学家们在让所有应考者都重视研读五经的问题上无疑是成功的，但他们仍旧无法挑战四书在地方考试、乡试、会试中对榜单前几名的垄断地位。事实上，因为考官要给五经中每一经的文章分别排定名次，相比四书文，这种分经排名的方式本身就削弱了五经文对最终排名的影响力。而四书文（参见表 8.1）则是作为一个整体来评定排名的。清廷倾向于妥协的改革态度，使得乾隆朝的科举改革得以在官僚制体系内取得成功，同时也安抚了彼此对立的宋学、汉学的支持者们。

虽然之后的嘉庆帝和道光帝（1820—1850 年在位）所统辖的清政府并未对科举科目再做更动，他们更多是将注意力放在科举的程序问题上，但 19 世纪初的文士们开始追念起乾隆朝科举改革时期人们对之前科举制不满的种种讨论（参见第四章）。如果说乾隆帝成功地顺应了时势，是以考查实学的科举改革来对抗强调八股文辞的制艺考试的话，他的继任者们则完全无法跟上时代。

无论是嘉庆朝还是道光朝，都对科举选拔过程中所暴露出的特定的、科目之外的异常情况视若无睹，比如对经籍引文的选取，以及处理落卷的方式。他们未能认识到科举考试体系的一个重要面向，就是周期性地在科举体系之内对科举本身的合理性进行质询从而提升科举在科举体系之外的公信力。我们将在下一章（也即最后一章）中详细地考察这一问题。[147]

568

注　释

1　很多读者可能比较认同近来一些将汉学的崛起与"礼教主义"（ritualism）相联系的学术观点，在这些读者们彻底无条件地接纳周启荣在其《清代儒家礼教主义的兴起》（*The Rise of Confucian Ritualism in Late Imperial China*）一书中随处可见的此类观点前，我建议先阅读日本汉学界对此问题的相关看法。关于重新评价清代考证学的问题，可参见滨口富士雄《清代考據學の思想史的研究》，以及木下铁矢《清朝考证学とその时代：清代の思想》。山井涌、岛田虔次和沟口雄三于 20 世纪 60、70 年代出版的研究作品也同样值得参考。

2　《清史稿》，11/3101，3147。

3　相关讨论参见梁章钜《制义丛话》，1.5a-6b。

4　《清史稿》，11/3101，3115，3152-3153。又见《皇朝续文献通考》，1/8442。

5　《清廷磨勘条例》，1.14a。

6　参见《礼科题本》，1771 年，第三月第一天，御史赵瑛（生于 1678 年）向内课进呈题本。

7　参见《淡墨录》，1.18b-19a，2.3a，2.3b-4b。

8　此外，清代会试还有两次"加科"。会试恩科增设在 1659 年、1713 年、1723 年、1737 年、1752 年、1761 年、1771 年、1780 年、1790 年、1795 年、1796 年、1801 年、1809 年、1819 年、1822 年、1832 年、1836 年、1841 年、1845 年、1852 年、1860 年、1863 年、1876 年、1890 年、1894 年、1901—1902 年（举办于 1903 年）和 1904 年。其中 7 科增设于乾隆朝，道光、光绪朝分别增设 5 科。当然，道光、光绪朝因跨越时间短于乾隆朝，所以这两朝恩科的频率要高于乾隆朝。有文献可考的乡试恩科分别设于 1736 年、1752 年、1760 年、1770 年、1789 年、1794 年、1795 年、1797 年、1816 年、1819 年、1831 年、1835 年、1851 年、1859 年、1862 年、1875 年、1893 年和 1900—1901 年。参见黄光亮《清代科举制度之研究》，第 137—152 页。Man-cheong, "The Class of 1761: The Politics of a Metropolitan Examination," pp.329-330 给出的统计是清代总共 25 科恩科，其中产生了 5555 名进士，占清代进士总数的 21%。

9　参见徐珂纂《清稗类钞》，20.52-53。

10　《顺天府乡试录》，1657：《后序》，第 1a—8a 页。

11　《顺天府乡试录》，1660：《序》，第 1a—10a 页，以及《后序》，第 1a—10a 页，相近的观点也可以在清初多次会试的主考官笔下看到。

12　《会试录》，1659：《序》，第 1a—10a 页。

13　《顺天乡试录》，1657：9b-11b（试题），以及 62a-67b（答卷）。

14　参见黄淳耀《陶菴集》，2.40b-42a；以及陆世仪《思辨录辑要》（江苏书局），1877，5.7a。

15　《陆子遗书》，京师太仓审受祺刻本（约 1900 年），vol.8，1.1a-2b。

16　同上书，1.3a-5b。虽然陆世仪算是程朱理学的信奉者，但他也强调如治水、天文这样的专业知识，并认为这些内容也应纳入科举科目之中。参见 5.8a。其实明代科举是包含天文类的问题的，但这一传统在清代被废弃。参见本书第九章。

17　参见习八股《废八股兴四书五经说》，收于《清代前期教育论文选》，1/14-16。

18　清初对明代科举的批评，参见梅文鼎《王先生八十寿序》，收于《清代前期教育论文选》，2/73-74。又见 2/172-174［万斯同（1638—1702）观点］，2/183-185［潘末（1646—1708）观点］，收入《清代前期教育论文编》，第 7.1a—13a 页。

19　黄汝成：《日知录集释》，第 376—418 页（卷 16-17）。

20　同上书，第 383-384、385-386、406-407 页（卷 16-17）。

21　《皇朝经世文编》，7.1a-1b，8a-8b。又见 Frank, *The Reform and Abolition of the Traditional Chinese Examination System*, pp.20-22。关于《明夷待访录》，参见 William Theodore de Bary, "Chinese Despotism and the Confucian Ideal: A Seventeenth-Century View," in John K. Fairbank, ed., *Chinese Thought and Institutions*（Chicago: University of Chicago Press, 1957）; 以及 de Bary, trans., *Waiting for the Dawn: A Plan for the Prince*。

22　参见邵长蘅《拟江西试策一时文》，收入《清代前期教育论著选》，2/144-146。

23　《皇朝经世文编》，7.4b-6a。又见 Hummel, ed., *Eminent Chinese of the Ch'ing Period*, pp.847-848。

24　参见《清代前期教育论著选》，2/15、2/21、2/187。

25　《通庠题名录》，2.6a 记载了 1668 年通州地方考试中被修改过后的考试形制。在 1672 年联合举行的岁考、科考中，恢复了基于四书五经写作的八股文。又见《虞阳科名录》，4A.16a 记载了 1667 年常熟地区地方考试所采用的新考试形制，考试含有四书五经。1670 年考试则恢复了八股文。

26　1664 年、1667 年两科的科举改革考试朱卷表明，会试第三场考试被取消了。这些朱卷藏于台北中研院明清档案。其影印本藏于加州大学洛杉矶分校东亚图书馆。

27　《常谈》，第 36 页。

28　参见李因笃《用人》，2/57-58，收入《清代前期教育论文选》。

29　《清史稿》，11/3149。又见《淡墨录》，1.10a-b。

30　参见王士祯在 1671 年四川省乡试所写的《乡试录·序》和为 1691 年会试所写的《会试录·跋》，收入《清代前期教育论文选》，2/81-83、85-86。又见何焯其文集的序言，同上书，2/279-280。参见 Hummel, ed., *Eminent Chinese of the Ch'ing Period*, 283-285。

31　参见《淡墨录》，1.10a-10b。

32　北宋士大夫们也曾向统治者建言，应当提升策论的地位，但无功而返。参见冯梦祯《历代贡举志》（上海：商务印书馆，1936），第 5 页。参见第一章。

33　然而，我们也应该注意到邹容（1885—1905）对晚清政府的指责也非全无道理，清末时期清廷在重要职位上一味任用满人，而汉人则不得不参加残酷的科举考试，就算通过了也只有少数剩余的职位。参见 Ch'ien Mu, *Traditional Government in Imperial China*, pp.134-137。

34　参见吕留良《戊戌书房序》，2/11-13；陆陇其《黄陶庵先生制艺序》，2/25-27；戴名世多次为清代科举的制艺文文集撰写序言，2/213-240；以及张伯行《紫阳书院示诸生》，2/193-196，以上文章皆收入《清代前期教育论著选》。

35　参见颜元《答何千里》，2/101，收入《清代前期教育论著选》。相关讨论可参见 Jui-sung Yang, "A New Interpretation of Yen Yuan（1635-1704）and Early Ch'ing Confucianism in Northern China"。

36　《颜李丛书》，卷一，第 176—177 页。关于李塨，参见《取士》，收入《清代前期教育论选》，2/270-271。

37　参见康熙帝《乡举里选解》，2/244-245，收入《清代前期教育论选》。

38　《清史稿》，11/3149-3150。又见 Kutcher, "Death and Mourning in China, 550-1800"。

39　徐珂纂《清稗类钞》，21.11。

40　《钦定磨勘条例》，2.7b-10b。

41　相关讨论参见《常谈》，第 25 页；以及杨学为等编《中国考试制度资料选编》，第 351 页。相关例证，参见《钦取朝考卷》，藏于京都大学东方图书馆。又见《历科朝元卷》，藏于东京大学东方图书馆。

42　参见章中如《清代考试制度》，第 38—41 页。章中如注意到了朝考同样也是为拔贡生和优贡生设立的。

43　参见霍备 1738 年名为《正文体以端士风》的奏疏，收入《皇清名臣奏议》，约 1796—1820 年刻本，35.20a-22a。

44 《皇朝经世文编》，7.13a-14a。Frank, *The Reform and Abolition of the Traditional Chinese Examination System*, pp.29-30 认为这次争论发生在 1744 年。但事实上这是这轮争论结束的年份。《清代科举制度之研究》，第 308—309 页；以及 Hummel, ed., *Eminent Chinese of the Ch'ing Period*, pp.601-603, 559-561。

45 顾炎武也注意到了这一问题，参见《日知录集释》，16.386-387；以及本书第五章的讨论。

46 参见《淡墨录》，13.7a-7b；梁章钜《制义丛话》，1.4a-b；以及《皇朝经世文编》，7.13a-14a。

47 《会试录》，1742，第 1a-4a 页。

48 《淡墨录》，13.7b-10b；梁章钜《制义丛话》，1.4b-5b；以及《皇朝经世文编》，7.14a。

49 参见《江南乡试录》，1744：22a-23b，第五道策问题。

50 这一理想最初是北宋周敦颐的构想。相关讨论参见 James J. Y. Liu, *Chinese Theories of Literature*, pp.114, 128。

51 《江南乡试录》，1744：74a-76a。

52 《状元策》，1733 年刻本，卷八，第 503a—503b 页。

53 同上书，第 504a—509a 页。

54 同上书，第 509a—513b 页，尤其是第 511a—512a 页。

55 《皇朝经世文编》，7.14a。

56 参见《国朝张廷玉先生年谱》，收入《历代年谱大成》，刘师培编（清末抄本），无页码。张廷玉对舒赫德意见的反驳收入《清代前期教育论著选》，2/315-317。又见徐珂编《清稗类钞》，21.11；以及 Frank, *The Reform and Abolition of the Traditional Chinese Examination System*, p.29。

57 比如可以参见乾隆朝 1738 年、1750 年赞成科举改革的奏议，收入《皇清名臣奏议》，35.20a-22a，46.5a-11a，46.1a-6a。

58 参见乾隆帝本人 1736—1788 年关于教育与科举考试的训谕，收入《清代前期教育论著选》，3/2-17。参见《清稗类钞》，21.41，其中有汉学兴起和科举的相关内容。

59 Hummel, ed., *Eminent Chinese of the Ch'ing Period*, p.236。又见乾隆帝在训谕中所提及的命方苞编纂四书文选本的相关内容，收入《清代前期教育论著选》，3/2-3。

60 《钦定大清会典事例》，383.19a。

61 《淡墨录》，14.1a。

62 《钦定大清会典事例》，383.23a。其中还引了一段文字，说明保举考生的要求。

63 参见《钦定磨勘条例》，2.7b-13b 和 2.21b-25a。又见《文闱乡试案例》，1832 年刻本，其中有关清廷希望增加策问题重要性的部分参见第 4a—5a、20a—22b 页。

64 《状元策》，第 569a—576b 页。又见《本朝浙闱三场全题备考·续》，第 5a—5b 页，关于 1756 年科举改革部分。

65 《状元策》，第 579b—580a 页。

66 《礼科题本》，1758，第四月第二十六日。此档案无页码标识，藏于台北中研院明清档案，待出版。

67 《礼科题本》，1758，第四月第二十六日。

68 《浙江乡试录》，1759：7a-8a。又见《本朝浙闱三场全题备考·续》，第 1a—4b 页。

69 参见朱彝尊的评价，收于《皇朝经世文编》，7.10a。参见拙著 *From Philosophy to Philology*, pp.46-49。又见 Lung-chang Young, "Ku Yen-wu's Views," pp.50-52。

70 《淡墨录》，14.12a。

71 《近科全题新策法程》，1764 年刻本。

72 《国朝两浙科名录》，第 128b 页；《清稗类钞》，21.59，21.97，21.99。

73 《钦定大清会典事例》，382.6b。

74 参见《常谈》，第 26—27 页。

75 同上书，第 24—25 页。

76 参见章学诚《章氏遗书》（重印，上海：商务印书馆，1936），29.54a。

77 相关清诗研究，可参见一直以来对我的研究惠示良多的近藤光男《清诗选》（东京：集英社，1967），pp.9-35；以及王镇远《清诗选》（台北：乐群文化，1991）。以上两书均提及科举科目中的诗题与试帖诗。

78 Pauline Yu, "Canon Formation in Later Imperial China," in Theodore Huters et al. ed., *Culture and State in Chinese History: Conventions, Accommodations, and Critiques* (Stanford: Stanford

University Press, 1997），pp.83-104 已开始从文学视角来看待这一问题。又见 Stephen Owen, *The Great Age of Chinese Poetry*, pp.5-26 也谈及了唐诗的兴衰流变。

79 关于清初"词"的复兴，参见 David R. McCraw, *Chinese Lyricists of the Seventeenth Century*（Honolulu: University of Hawaii Press, 1990），pp.1-9。相关讨论，可参见 Richard Lynn, "Orthodoxy and Enlightenment: Wang Shih-chen's Theory of Poetry and its Antecedents," in William Theodore de Bary et al., *The Unfolding of Neo-Confucianism*（New York: Columbia University Press, 1975），pp.217-219, 232-241。关于清代的文风偏好，参见拙著 *Classism, Politics, and Kinship*, pp.291-293。

80 参见《淡墨录》，3.18a-b，其中有关于以诗题选拔翰林的相关内容；以及《清稗类钞》，21.142，有记载 1694 年翰林院诗题考试。

81 参见《常谈》，第 26—27 页。这次制科赋题答卷的复印本藏于台北中研院明清档案。

82 《制义科琐记》，4.123。

83 参见史彪古翻译科的答卷，藏于台北中研院明清档案。

84 关于朝考，参见《常谈》，第 25 页。又见 Ridley, "Educational Theory and Practice in Later Imperial China," pp.217。1742 年之前拔贡考试每六年举行一次。之后则每十二年举行一次。参见章中如《清代考试制度》，第 40—41 页。

85 《淡墨录》，14.11b-12b。又见 James T. C. Liu, *The Art of Chinese Poetry*, pp.26-29，以及 Eva Shan Chou, *Reconsidering Tu Fu*, pp.56-59。

86 商衍鎏：《清代科举考试述录》，第 251 页中讨论了地方考试的形制，考官只要求考生作一首五言六韵诗。根据生员的记录，地方考生与举人、进士一样是被要求写五言八韵诗的。如 1761 年的地方考试，参见《虞阳科名录》，4B.19b。其他地方的考生可能会只要求作六韵诗。如 1760 年的地方考试，参见《通庠题名录》，《例言》，第 1b 页。关于地方院考和科考，参见《虞阳乡试录》，4B.19a-b，其中记录了诗题于 1761 年被正式列为科考科目，于 1763 年被列为岁考科目。参见《钦定大清会典事例》，382.6b；以及《清朝通典》，18.2133。

87 参见《应试排律精选》（1762 年稿本），藏于台北图书馆善本书室。

88 Ridley, "Educational Theory and Practice in Later Imperial China," pp.400-401, 437n73. 书中有关教授作诗技巧的相关内容，参见 pp.409-415。

89 同上书，pp.416-425。

90 参见郭绍虞《清诗话》（上海古籍出版社,1963），内含翁方纲《五言诗平仄举隅》，第 261—268 页，此外还有王士禛等清代诗人的诗作。又见郭绍虞《清诗话续编》（上海古籍出版社,1983），《序言》，第 1 页。参见 Waley, *Yuan Mei*, pp.166-204；以及 Pauline Yu, "Canon Formation in Late Imperial China," pp.83-104。

91 参见翁方纲《石洲诗话·自序》，收入《清诗话汇编》，第 1363 页。又见《国朝贡举考略》，1.9a。

92 参见《清诗话》，第 22—23 页，其中讨论了沈德潜的《说诗晬语》，刊刻于 1731 年。又见 Hummel, ed., *Eminent Chinese of the Ch'ing Period*, pp.645-646，内中提及了沈德潜所编订的数本诗歌选本；以及 *Yuan Mei*, pp.168-171。

93 《清稗类钞》，21.43。又见《四川省档案馆巴县档案·文卫（光绪朝）》，缩微胶卷第 65 卷，档案号 6231 号（1901），内有关于清末改革之前的地方考试中的试帖诗。

94 Ridley, "Educational Theory and Practice in Later Imperial China," pp.398.《千家诗》的作者身份现在仍有争议。

95 《近科全题新策法程》中包含有关"诗学源流"的策问和策论范本，见第 9a—11b 页。此外，类似策问题还出现在了以下省份己印科（1759 年）的《乡试录》：浙江、江西、江南、河南、广东、山东、山西、顺天、四川和云南。类似的考题在 1760 年的广东省乡试和 1762 年的湖广乡试中也有出现。

96 参见《陕西乡试录》，1759：8a-12b（策问题），以及第 42b—55a 页（策论）。

97 《陕西乡试录》，1759：8a-12b。又见《后序》，第 1a 页。

98 《陕西乡试录》，1759：42b-55b。

99 同上书，14a-b。

100 Ridley, "Educational Theory and Practice in Later Imperial China," pp.399-403.

101 参见王士禛《律诗定体》，收于《清诗话》，第 113—115 页。关于科举中的律诗形制，参见启功《说八股》，第 61—62 页。参见 James J. Y. Liu, *The Art of Chinese Poetry*, pp.26-27；以及萧驰《论中国古典诗歌律化过程的概念背景》，载《中国文哲研究集刊》9（1996）：131-62。

102　参见《新译唐诗三百首》，邱燮友编（台北：三民书局，1976），第 175 页。有关张九龄这首诗的格律，参见第 170—172 页。张九龄《望月怀远》的英译，参见 Burton Watson, ed. and trans., *The Columbia Book of Chinese Poetry*（New York: Columbia University Press, 1984），p.273。

103　《陕西乡试录》，1759：7b-8a。

104　李家麟这里使用《皓月》，是化用了《诗经》中的"月出皓兮"。参见《诗经今注今译》，马持盈（台北：商务印书馆，1971），第 197 页。又见 *The Book of Songs*, translated by Arthur Waley（New York: Grove Press, 1937），p.41。此外，以下以及下一句，都明显典出李白的诗：（1）《友人会宿诗》，内有"皓月水影若浮天"一句；（2）《关山月》，内有"明月出天山"一句。参见《新译唐诗三百首》，第 52—53 页。

105　这一句所描绘的景象，会让人想起唐人杜甫诗中的"山吐月"。感谢史嘉柏的惠示。

106　丹药之所以是红色，是因为它被有着千年寿命、肚中藏有丹书的蟾蜍所映射。再次感谢史嘉柏帮我找到《抱朴子》中的相关段落。

107　"冰壶"是唐诗、宋诗中涉及"冰壶秋月"主题时常用的语词。比如苏轼《赠潘古诗》。

108　这句指的是神话中的仙境蓬莱、瀛洲。

109　"贝阙"也是一个常见的诗歌喻指，贝阙珠宫说的是用美玉或是珠宝装饰的洞府，也经常用来指长江水域或黄河河神。参见苏轼《登州海市诗》。

110　关于试帖诗出韵的例子，可参见《清稗类钞》，85.11，其中记载了乾隆年间秦涧泉在翰林院散馆考试回答诗题时，忘记明押"心"字。又见《续增科场条例》，第 3b 页，其中记载了 1852 年会试诗题有考生记错某字平仄的故事，但他因为考官的疏忽而通过了会试，之后不被允许参加殿试。

111　Pauline Yu, "Canon Formation in Late Imperial China," pp.83-104.

112　《顺天府题名乡试录》，1759：无页码稿本。

113　相关讨论，参见周勋初《康熙御定全唐诗的时代印记与局限》，载《中国文哲研究通讯》（台北中研院）5，2（1995 年 6 月）：1-12，不过此文似乎夸大了满人的"汉文明化过程"（Han civilizing process）。

114　《江南乡试录》，1759：17b-18a。

115　《浙江乡试录》，1759：9b-13a。参见 Huters, "From Writing to Literature"。

116　又见《江西乡试录》，1759，第五道策问题；《四川乡试录》，1759，第三道问题；《广西乡试录》，1759，第二道策问题；以及《云南乡试录》，1759，第二道策问题；这些乡试考题体现出的一致性背后的联系不言自明。

117　参见《诗经今注今译》，第 214 页；以及 Waley, trans., *The Book of Songs*, p.165。感谢余宝琳惠示。

118　《陕西乡试录》，1760：7b，11a-12a。

119　同上书，15a-21b，44b-45a，52b-53a。

120　同上书，52b-53a。又见《湖广湖北乡试录》，1762：14a-15a，考官们在策问题命题时，就文、诗的议题再次引用了"文以载道"和"诗言志"的断语。相关讨论，参见 James J. Y. Liu, *Chinese Theories of Literature*, pp.69, 144。

121　《陕西乡试录》，1760：53a-54b。参见 Owen, *The Great Age of Chinese Poetry*, pp.4, 64-65, 225-246, 253-256。

122　《会试录》，1766：3a-b，9a-10a。

123　参见《河南乡试录》，1777：45a；以及《浙江乡试录》，1777：6a-8a。

124　《国朝虞阳科名录》，1.39b，其中提及 1782 年诗题被移到第一场考试，而论被移到了第二场。《本朝浙闱三场全题备考》，1783：3a，其中记载了浙江省于 1783 年施行这一科举新形制。

125　姚成烈的奏本参见《礼科题本》，第九月第十天。

126　《国朝虞阳科名录》，4B.38a。

127　参见《礼科题本》，1758 年，第四月第二十五天，内含朝臣反对这些科举改革的内容。

128　《江西乡试录》，1788。

129　《陕西乡试录》，1788。

130　《顺天乡试题名录》，1788：3a-4a（策问），23a-27b（策论）；1793：无页码抄本。

131　《河南乡试录》，1789：7b-13a。

132　同上书，41b-44b。

133　相关讨论，参见拙著 *From Philosophy to Philology*, pp.212-221。

134 值得注意的是，周启荣在其《清代儒家礼教主义的兴起》（*The Rise of Confucian Ritualism in Late Imperial China*, pp.188-191）中错误地把戴震当成了讨论礼教问题的"宋（学）儒"，并因此忽视了戴震古文字学和古音韵学的学术面向。周启荣在其著作中引用的戴震有关礼的论述，实际上是后者对朱熹礼教观念的直接抨击。参见《戴震集》（上海古籍出版社，1980），第 317-319 页。

135 参见滨口富士雄《清代考據學の思想史の研究》，pp.175-575。滨口特别强调了戴震、钱大昕、段玉裁（1735—1815）、王念孙、王引之、焦循和阮元的著作。虽然礼是这些学者的重要研究对象，但礼教主义（ritualism）本质上并未推动他们的研究。参见拙著 *From Philosophy to Philology*。

136 参见梁章钜《退庵随笔》，收入《清诗话续编》，第 1949—1997 页。梁章钜还编选了《诗律丛话》，这部书与其另一部科举著作《制义丛话》互补。

137 参见《礼科题本》，1765 年，第九月第五天，四川省奏折。

138 《顺天乡试录》，1788：2a-3a。

139 同上书，第 18a-22b 页。

140 《浙江乡试录》，1792：6a。又见《国朝两浙科名录》，第 139a 页。

141 参见李调元《淡墨录》，16.10a-12a。

142 《广东乡试录》，1794：9a-10b，36a-39b。

143 参见乾隆帝 1788 年的上谕，其中对当时重文学技巧的风潮有所谴责，参见《清代前期教育论著选》，3/15-17。又见《本朝浙闱三场全题备要》，1788：1a-2b。

144 钱大昕《十驾斋养新录》，1804 年刻本（重印，台北：广文书局），18.15a-16a。

145 参见孙星衍《拟科场试士请兼用注疏折》，收入《清代前期教育论著选》，3/278-279。

146 参见《皇朝续文献通考》，84.8429-8430。

147 参见《中国近代教育史资料汇编》（上海教育出版社，1990），pp.57-76，其中讨论了 19 世纪对于科举的官方态度，以及 pp.414-434，这部分讨论了文士们的看法。相关讨论参见第十一章。

第十一章 去合法化与去经典化：进退失据的清末科举改革

晚期帝制中国的科举考试之所以在变动不居的情况下仍能保持运转，一个重要的客观条件就是王朝统治者对科举的改良和改革始终保持关切。过去，前人对于中国教育和现代化的表述，往往低估了 1860 年洋务运动开始之前帝制中国体系内部的自我批评与改革动力。在之前的章节中，我们讨论了官僚体系内外的很多人都将作为仕途必经之路的科举考试视为一个令人憎恶的选拔方式，但是他们也承认另一现实，即这些科举批评者并未能找到一个足以取代这种通过严格糊名的考试制度来考查年轻人是否可以进入文官体系的选拔机制的替代品。明清两代，从州县衙门的地方考试到在紫禁城举行的殿试，对于平民来说，科举被认为是一种他们得以获取精英地位、取得政治权力的不言自明的公平途径。[1]

出于对现状的满意，这种每两至三年就能选拔出一批进士的制度被视为一种 "理所当然"（natural）的形式，虽然具体的选拔标准被人们反复地仔细反思检视。这类反思检视经常消融在文士们的言辞之中；同时，王朝的科举体制仍旧岿然不动，并诱使着数以百万计的考生前赴后继、诵读经典、彼此竞争。清朝最后的那些年，科举逐渐丧失了自身的文化光环，并被士大夫们视作 "违背常理"（unnatural）且应被废止的教育体制，进而成为他们嘲弄的对象。那些浸淫旧学已久的清末士林领袖们的思想转变，不仅是决定性的，同时也是必然的。常见的历史阐释往往认为，帝国科举制度在面对西方列强及其对中国的影响时，最终走向了不可避免的覆灭，然而本章将一反这种主流叙事。文士们对帝制中国科举教育体制的态度从 "理所当然" 转变成 "违背常理"，确实经历了一系列的历史发展过程，这一过程既不是必然出现的，也绝不是没有争议。包括很多道学家在内的改革异议者也同样承认，宋代以来的科举体制事实上早已将道学的教育理想摧毁殆尽。

自明初以来，科举被认为是"明智之士"向公众证明自身的文化教育水准的重要手段，直到 1904—1905 年之前，晚期帝制中国改革、废弃科举的呼声从未真正意义上威胁到考生们义无反顾地步入科场、参加考试的原动力。[2] 那么，那些伴随着永不停歇的科举选拔机器齿轮一同转动的仪式性的抗议，其背后真正的意图何在？[3] 为什么那些对科举的批评、抱怨之声不是被忽视，就是被敷衍了事，又是为什么科举体制还在一直坚持运转？最后，当文士中的科举批评者说服统治者相信，只有废止文举、武举，并用欧式学校体系及新的考试制度来选拔人才才符合朝廷利益时，又引发了怎样的后果？[4] 晚期帝制中国教育改革的故事耳熟能详，但是本章将对过去的分析提出一些新的看法，这些看法将质疑过去我们关于中国现代化叙事中种种固有的结论，科举成为一个假想敌，被人们当成靶子进行攻击。

19 世纪初科举改革的呼声

虽然嘉庆朝和道光朝只是照章定期举办科举，在此之外并未进行改革，可谓无功无过，但文士们此时却开始追溯历代士大夫对于科举问题的争论，从宋代（参见第一章）、明末（参见第四章）一直到清初士人对考试科目的不满（参见第十章）。乾隆帝在 1740 年至 1793 年间一直都以科举政策改革者的面目出现，但他的继任者却并未能留心到那些批评科场贪墨与日俱增、经学教育亟须改良的少数派文士精英的意见。[5]

19 世纪初，很多文士都陷入到汉学、宋学之争中，其中一些人开始呼吁将两者融会贯通，形成一种汉宋兼备的经学混合体。比如福建地方的士人陈庚焕（1757—1820）就建议将汉学、宋学融贯一处，并将这种互补的学问作为科举策问的考试标准。自 1787—1793 年科举改革以来，考官在出策问题时一般不是倾向汉学，就是倒向宋学（参见第九章），但是那种会通汉宋的考题却少之又少。无独有偶，担任过翰林和考官的王廷珍（1757—1827）也曾呼吁八股文应该兼顾程朱理学与汉学。[6]

如福建学者陈寿祺（1771—1834）这样的士人，他虽然对汉学颇有好感，然而当他于 1807 年出任河南省乡试的两位主考之一时，明确在《乡试录》的《后序》中认为汉学、宋学合二为一才是儒家治理经术的基础。[7] 而另一边，张海珊虽然心向宋学，但他也在其文章中承认两种学术传统都取得了极其重要的成就。1819 年考中进士的安徽学者胡培翚（1782—1849）日后官至内阁中书，他就公开呼吁汇通汉宋，而不是强行将两者区分。[8]

另一个例子可以参见刘开，他是桐城派学者姚鼐的追随者，并深受安徽桐城派道学传统的影响。从他身上我们可以看见 19 世纪初那些宋学学者是如何试图对汉学做出妥协的：他将宋学的至圣朱熹与汉学的鼻祖宗师郑玄相提并论（且朱子之与康成，固异世相需者也）。作为江西省地方资深贡生的尚镕（1785—?）写了一篇名为《经学辨》的文章，其中他批评了很多文士在汉宋之争中选择简单站队的行为。尚镕认为，应该对两种学术传统的长处兼收并蓄。[9]

572

我们之前已经提及了梁章钜的名作《制义丛话》的巨大影响力。[10] 梁章钜的这部入门书中的很多内容，之后也被收入在《清稗类钞》中。书中很多基于实际科举经历的血泪描述，反映了清代文士们在科场中所要面对的严酷现实，这其中不仅包括火灾、暴动，还有许多考官们学术倾向的捉摸不定。[11]

比如陈寿祺在其一篇题为《科举论》的名文中，抨击科举考试科目过分强调了那些缺乏实用价值的学问。他引用了朱熹和明末的归有光等前人的观点，陈寿祺重述了一代代文士是如何为了入仕而埋首于作科举文章之中的。在长达千年的时间里，将文官选拔与文学才能相联系的错误一直没有得到纠正。有趣的是，陈寿祺在其1804年广东省乡试、1807年河南省乡试的《乡试录》的《后序》中都并未提及他的这种疑虑，就更不要说公开呼吁推进重大科举改革了。[12]

许多道光朝的学者，如包世臣（1775—1855）、龚自珍（1792—1841）和魏源（1794—1857）等都越来越意识到，如果清政府想要解决官僚行政体系僵化的问题，就必须采取更为积极的治国举措。[13]在他们的全盘改革战略中，也包含了对科举考试的批评，他们认为科举使得治学土壤变得贫瘠，文士们对王朝所面对的具体问题越来越缺乏关注。包世臣是一个不太富裕的学者，他屡试不中，在落榜12次后终于考取举人。包世臣认为科举考试本来的目的是吸引人才加入政府的文官体系。但是事实正好相反，科举注重的却是实用价值暧昧不明的文章写作和通晓经学。在包世臣的私人著述中，他呼吁科举废弃八股文，转而凸显跟史事、实务更相关的策问题的重要性。这类策问题的内容往往是基于由宋到清的类书。[14]

573　　龚自珍在会试中也屡试不中，他抱怨其落榜是因为考试选拔过程只关注那些无关紧要的琐细之事。魏源迟至50岁才考取进士，他在私下里说，文官体系中缺乏有实务能力的官员，因为整个选拔过程根本不重视行政才具。文章和经学才是一个想要考取功名的文士生活中的两大支柱，但当王朝面对前所未有的威胁时，这两项才能对于朝廷来说百无一用。[15]

然而虽然有很多不满之声，道光朝却并未基于前朝的科举改革而推出新的改革举措。比如1835年时就有御史上书道光帝，要求在五道策问题中将司法刑名问题确立为常设考题来进行考查，虽然刑名类策问题时常出现在乡试、会试之中，但这一动议最终未获推行。[16]19 世纪初的清廷并没有多少动力去推进科举改革，像未来太平天国运动的领袖洪秀全这样的一些人，最终彻底丧失了在科举市场上出人头地的希望（参见第六章），他们采取了比简单的改革更为激进的立场，并致力于推翻清王朝的统治。

太平天国运动和新式科举

在太平天国运动时期，许多省份的地方考试和乡试都暂停了。比如早在 1852 年，湖南省那些忠于清统治者的官员就因太平军的军事威胁而决定暂停当科乡试。[17]之后当太平军占领并定都南京后，长江三角洲地区受到重创，其乡试于 1859 年中断。那些能够逃至浙江的江苏籍考生不得不在浙江参加乡试，而安徽考生则可以在未受战乱影响的地方参加乡试。在浙江省会杭州，自 1860 年始地方考试停滞了三轮，直到 1865 年才又重新恢复。但直到 1869 年，这些地区的地方考试才在完全意义上回到正轨。[18]自明代以来，在帝国科举考试中，长江三角洲地区的考生在成绩上占统治性地位。但在太平天国运动以及平叛战争的破坏下，江南地区的考生们再也无法在全国性的科举竞争中所向披靡了。诸如长江中游的湖南、地处华南的广东的考生们在会试中的成绩越来越好。

科举对地方的重要性还可以从另一个地方看出来，在太平天国治下的地区，新的统治者也设计了新的文举和武举，并且指派武官在地方上监督这些考试的正常运行。[19]虽然洪秀全和太平天国的最高领导者中的很多人都因在科举中失利而无法进入清朝的文官体系，但他们都意识到了科举对于增强太平天国政权的合法性、向地方文士打开官僚准入机制大门的重要意义。[20] 自 1851—1853 年始,太平天国政权开始周期性地举办地方考试和乡试、京试,其制度基本是清代科举的翻版。但也有一些变化:相比清廷,太平天国科举是没有配额的,考中的概率大大提升。考生们参加天国的考试也完全不需要报告自己的家庭出身。在 1854 年湖北的一次考试中,1000 余名考生中有 800 名通过了考试,相比之下,清廷乡试的中举率只有 1%—5%。此外,清廷是每三年举行一轮会试——大概是希望地方官员可以自己完成更新换代,而太平天国一开始则是每年都举办会试。[21]

根据一些史料,太平天国的科举是第一次对女性开放的科举。如果属实的话,那么这种变化无疑是亘古未有。[22] 但是有些学者,如商衍鎏和郦纯都对这些史料持怀疑态度,因为在绝大多数太平天国史料中没有相关记载,所谓的女科只有一次高级别的考试。很多历史学家可能据此假定还存在着低级别的女科考试,但是并没有任何关于低级别女科考试的记载。不过商衍鎏和郦纯都肯定了太平天国政权对提高女性教育水平所做的贡献。[23]

575 　　洪秀全一开始并不确定太平天国科举应该遵循何种考试科目形制。他在谕旨中询问因庆祝自己生日而开设的恩科的主考官意见:

> 以科举取士,其弊实多,朕所不喜。今甫建国,百事待理。非多选读书者不可。故借万寿暂以行之。然《论》《孟》诸书,其旨多悖圣教,必不可用。汝亦有善法以处此欤?[24]

考官建议使用洪秀全的《天条书》和其他太平天国的宗教宝诰作为恩科考试的内容,这么做当然是为了取悦"天王"。这种考试形制无疑是在模仿明太祖的《圣谕六言》，明代皇帝都在科举中考问与此相关的内容。[25]洪秀全的圣训取代了康熙帝1670年颁布的《圣谕》和雍正帝1724年颁布的《圣谕广训》，清代生员都需在院考中默写这些内容。[26]

这种用基督教"经典"来树立太平天国政权合法性的做法，与明清统治者利用道学、五经来确立自身合法性的手段如出一辙。比如说在太平天国科举中，四书五经这类科举科目就被中文版犹太 – 基督教《圣经》中的《旧约》、《新约》以及那些被当成是洪秀全所撰著的太平天国圣训文本取代。再比如，东王杨秀清（卒于1856年）在1853年的策问题中选用了这样的引文："真道岂与世道相同？"制艺文的考试引文是："皇上帝是邦国大父母，人人是其所生，人人是其所养。"而东王杨秀清所出的试帖诗题，则明显是为了证明其自身合法性："四海之内有东王。"[27]

虽然《圣经》被翻译成了半口语化的形式（参见上文中制艺文题），但太平天国科举的文章形式和考试形制仍然是与明清科举一脉相承。比如，考生们仍被要求以八股文的文格基于考官所选的《圣经》引文来写作文章，代圣人立言。此外，试帖诗格律韵部的考试要求也与自1756年始清廷所施行的律诗标准一模一样，即基本遵从唐代律诗的形式。而单篇策论的长度也要求不得低于300字。[28]洪秀全及其他太平天国的领导者，对考试形制的关注远不及他们对考试内容的关切，这表明无论清廷还是太平天国政权，长久以来形成的制艺文、试帖诗和策论的考试文体要求以及分场考试的方式，并不仅仅是儒家经学科目的专利，它们作为判断一名考生智识高下的标准拥有了其独立的文化生命力。[29]

有趣的是，太平天国政权在八股文考题中选取了有关统治者"真神"的引文，这种确认洪秀全统治合法性的方式，也

576

与明清两代统治者用道学中纯粹的"道心"来证明自身合法性的做法殊无二致。长江三角洲地区的一些考生，几乎不费什么事就可以在两种科举考试中自由切换。事实上，之后清廷指斥很多学者在变乱中支持太平天国政权。比如王韬（1828—1897），他后来在19世纪60年代成了理雅各（James Legge）在香港和苏格兰英译儒家经典时的合作者。在此之前，他被清廷指控以黄畹的化名参加了太平天国的殿试，并成为当科的状元，虽然商衍鎏等学者驳斥了这类指控。但是，王韬确实曾为太平天国政权在苏州地区的行政长官献计献策，之后当清廷追捕太平军叛逆时，王韬因受到在上海的英国人的保护才免受缉捕。[30]

1859年始，洪仁玕（1822—1864）开始推行政治改革，他对太平天国的文举和武举都进行了调整，这些改革不仅仅是换套名字，而是在体制上与作为其前身的清代科举模式更加一致。[31]在一份刊布于1861年的关于太平天国政权延揽文士的简介中，洪仁玕及其同僚建立了三年一度的乡试、会试体制，不过他们取消了先前举人们的考试特权——自明代以来，会试落榜的举人不需要再回头去重考乡试（参见第三章）。因此与宋代一样，太平天国的举人也无法形成自身的身份群体。[32]而考官们在被委派之前，也需要经过特殊的考试选拔。

此外，洪仁玕新的考试规章还强调，在选拔过程中要道德、才具并重。为此，太平天国的考试开始允许从《论语》和《孟子》中选择适当的引文为题让学生作文。经过太平天国政权删改的节版四书五经，成为与之前的基督教文本构成互补关系的考试内容。虽然洪仁玕对八股文多有批评，但直到1864年覆灭之前，改革后的太平天国科举仍然保留了考试文章的文体形式。[33]从这些举措中可以看出，科举考试这种形式不仅可以，而且确实服务了不同时间、不同朝代、不同意识形态的教育意图，无论是讲究词赋的唐宋，还是重视道学的明清，抑或是 19 世纪 60 年代信仰基督教的太平天国。

后太平天国时代的科举改革

太平天国政权在血流成河的战争之后惨烈落幕。虚弱的清王朝及其士大夫们不得不面对如何在越来越由弱肉强食的西方工业化国家所主导的世界秩序中求得生存的新课题，这对清廷文官体系选拔的教育目标提出了全新的要求。然而第一次鸦片战争（1840—1842）在清廷中并没有引发多少希望在科举科目中引入"西学"的有分量的呼声，而在太平天国政权覆灭后，情况发生了极大的改变。1865 年之后，很多赞成改革的士大夫们，都将西式学校和日本教育政策作为具体的改革模式引入国内，希望借此可以改良，甚至替代之前如日中天的科举考试。此外，清廷也开始严肃地思考，之前宋、明、清的科举批评者们对于文官体系选拔的种种改革意见的可操作性（参见第一、四、十章）。

很多改革派新锐不是成为有施政吏能的经济长才，就是变成了诸如曾国藩（1811—1872）、李鸿章（1823—1901）等清末洋务派重臣的幕僚，冯桂芬和薛福成（1838—1894）都是其中的代表人物，前者是翰林院编修，在太平天国平定之后的恢复生产建设工作中发挥了重要作用，而后者则因太平天国运动未能参加科举。无论冯桂芬还是薛福成，在扮演改革行动者的同时，也都在各自的私人著述中，从一个新的角度抨击科举制度。他们认为科举科目应引入更多西学，以更贴近实用。在各种针对科举改革议题的关注和讨论中，西学模式被当成了一种具有合法性的客体。比如李鸿章在 1867 年就建议朝廷"八科取士"，将算数格致、机器制作也列为单一的考试科目。[34]

578

在清政权的最后几十年中，一些士大夫对实现"富强"充满执念。冯桂芬就是其中之一，他在上海通商口岸躲避太平军时就写作了一篇名为《改科举议》的文章，在文中他试图在当时文官选拔体制的现实力量与未来朝廷的人才需求这两者间求得某种平衡。冯桂芬的文章开篇便回顾了之前种种科举改革的意见，这些意见往往因为时文、八股的无用而呼吁朝廷废止这类文体。在冯桂芬看来，这些呼吁背后的思维其实有些被误导了，因为这些改革呼吁者并没有深入分析为何八股文被使用了如此之久。自王安石时代开始，经义文一直都在演进，它通过测试考生对孔孟之道的掌握情况，来判定他们是否聪明、智巧。冯桂芬认为，八股文的症结在于它已经成为文士生活的一部分，以至于八股文写作对于考生应试而言变得越来越简单，但对于帮助考官辨别考生的才能高下而言，却是越来越困难。因此，文章取士只能走向失败。而正因为唐、宋两代的诗赋题也遭遇了完全相同的命运，所以明清时期诗赋题也长时间在科举考试科目中消失。[35]

基于清初顾炎武的批评建议，冯桂芬认为科举考试的难度要增加，这样才能选拔出人才。因此，改革后的科举应考一些比诗赋、文章写作更具挑战性的知识。冯桂芬建议乡、会试中采取新的考试科目分场：（1）经学阐释；（2）策、论；（3）古学。第一眼看上去，冯桂芬的建议高深且传统，但实际上冯桂芬非常清楚什么样的改革举措才有可能让反对者们买账，因为这些反对者是反对明目张胆地将西学引入科举科目之中的。相反，冯桂芬是在本土的传统科目框架下改进了知识内容。比如冯桂芬所谓的经学，还包括了考据和小学，这些原本是乡试、会试中策问题的内容。此外，他将数学（算学）也纳入经学的范畴，并且悄然间将文章、诗赋降到了最后一场考试中。[36]

冯桂芬建议地方考试和殿试也应分三场进行，并采取与乡试、会试同样的考试形制。此外，他还希望能够拓宽取士的渠道通路，鼓励人才荐举，并拔擢有行政才干的胥吏到更高的岗位上。为了拓宽人才选拔的途径，冯桂芬的建议无疑是对汉代荐举制的某种回归。他认为，如果想要改革，就要将科举体系一分为二，新加入以制器尚象（机械、物理）为主的考试内容。最后，冯桂芬呼吁废除武举，因为将所有潜在人才汇聚到一个单一的考试流程之中是最好的选才办法，而现在的文举、武举两分法过于武断。如果可以施行这些改革的话，那么"我中华始可自立于天下"。另外，冯桂芬非常有先见之明地推断，中国有可能会成为一些躲在"自强"口号背后的本土好战主义分子的牺牲品。[37]

　　冯桂芬 1840 年殿试考取榜眼之后立即进入翰林院，他的这些建议都令人印象深刻。此外，他还多次被皇帝委派在一些场合出任考官。约 1861 年前后，冯桂芬还在其他一些文章中呼吁增强官僚队伍的知识专精化，并要更重视西学。这些建议并未明确与科举考试挂钩，但冯桂芬的态度已经很明显了：世界已经发生了如此剧变，上古流传的那套治国模式不再适用了。他注意到，西学的一个重要面向就是数学，因此他想将数学引入科举考试之中。冯桂芬还认为，地理学与历法同样是文士们应该掌握的核心知识，但历法自康熙朝以来就禁止在官学中教授（参见第九章）。然而直到 1887 年，算学考生才在特定配额的限制下被许可参加乡试，虽然他们之前已经达到了可参加经学考试的考试要求。[38]

　　即使李鸿章等清廷重臣一开始无法说服朝廷推行其中的大部分改革，但越来越多的清末文士逐渐被这类争论所影响。薛福成也曾草拟过一些改革意见，并呈交给李鸿章及其他大臣，这些文章于 1864 年和 1873 年公之于众，最后成为一篇由三部分构成的、名为《选举论》的文章。在《选举论·上》中，薛福成就认为经义文的文章作法消磨了数以百万计士人的才干，他们全都转而去追求文学才华。对儒家经典不求甚解，缺乏史观，过分纠缠于性理的微言大义（如程朱理学），当时的文士们彻底放弃了他们治国治世的责任。早先顾炎武就认为："八股盛而六经微，十八房兴而廿一史废。"薛福成认为，制艺文原本的意图是考查学生是否有真才实学，但最后却"别制艺于实学之外"。薛福成认为这些问题的解决之道就是科举改革。经义文已经占据科场中心五百余年了，科举考试的内容是时候转向更为经世致用的方向了。[39]

在《选举论·中》里，薛福成又在顾炎武对清初科举的观察之上阐述了自己的观点，他认为官僚体系把太多的时间和精力花在了避免科场贪墨和考生作弊上。那些烦冗的规章制度逼迫着考官们必须遵守，所以他们几乎都忘了科举的核心要义：取士。相反，考官们成了负责监考的机器。在监督机制的裁汰下，只有十分之一的考生能通过考试，而这其中可能又只有十分之一的考生有潜德、有实学。如此这般，哪怕监考机制异常成功，朝廷也只不过能从一百人中得到一名人才。

薛福成建议科举的流程应该简化，而选拔的通路应该拓宽，朝廷应该引入其他招揽人才的途径。薛福成接着又提到了汉代的征辟制，通过荐举，朝廷在每十名被举荐者中就可以淘到四至五位可用之材。此外，他还建议将常科和制科制度化。常科考试注重策、论。论主要以四书五经为主。而策主要关注古今史事。制科考试每数年至十年举行一次（或一二十年，或五六年），由皇帝本人亲自主持廷试，从那些地方官员荐举的人当中考查和挑选出有才具之士。其体例名目，可仿照之前康熙、乾隆朝的博学鸿词等科，这些科名一直可以追溯至宋代（参见第一章）。[40]

在《选举论·下》中，薛福成再次抨击了制艺文内容思想上的贫乏。此外，除了文体过分形式主义外，他还指出自乾隆朝中期小楷试帖的书法逐渐在考生群体中流行。考官对书法的重视更加剧了科举取士过程中对于实学的忽视，选拔机制的目标变得愈来愈暧昧可疑。最终导致了"所用非所学，所学非所用"。很多翰林仅仅靠擅长小楷书法便可升迁。很多官员在仕途生涯中，都宛如严师在侧的童生一样认真写字。然后当他们外放考差时，就以严师的眼光来审视考生的书法。薛福成嘲讽般地补充道，19世纪中期很多人才能够涌现还要拜太平天国运动所赐，正是这些凭借军功上位的臣子在试图解决科举选才的积弊。当务之急是摆脱科举取士过分注重书法的积习，在常规的科举考试中用策、论代替经义文。[41]

19世纪80年代前期，买办出身的学者郑观应（1842—1921）和广东文人陈澧（1810—1882）发表的科举改革意见在改革力度上走得更远，他们的想法足供广义上的文士群体反思之用。陈澧在广东学海堂的讲学生涯中，影响了一代的地方生员，其中也包括后来著名的学者和改革家康有为（1858—1927）、梁启超（1873—1929）。郑观应于1884年建议政府在各省资助办学教授西学，并且这些学科要独立于科举考试科目之外。郑观应本人赞成专精化的教育方式，他是第一个倡导将现有的官学、私学合并纳入小学、中学的现代教育体系的改革者。[42]

而陈澧在其精心结撰的文章《科场议》中也提出了非常明确的限制科举的举措，并列举了非常具体的改革实施办法。首先，陈澧指出了八股文的两个局限。因为八股文让考生们以"代圣人立言"的方式来阐发道德真理，所以考生的文章无法引用汉代之后的人的观点，这使得经义文经常过时腐朽。其次，陈澧认为八股文的文体是形式主义的操练，它禁锢了考生的心智。有鉴于此，陈澧认为考试的文章应该可以不拘泥于文体地讨论经学、史学议题。[43]

583　　在《科场议·二》中，陈澧先是勾勒出了修改之后传统的科举三场考试的顺序和内容，接着提出了五条建议，用以修正当时科举存在的问题。或许是借鉴了冯桂芬的看法，陈澧认为考试首先应考"经解"，以此代替八股文。其次，之前考生在五经中只需专经一经的要求（于1787年废除）应当恢复，在陈澧看来，现实中几乎无人能够通五经。其三，策问题应该改为史学题，这类史学题使得考生必须要通晓前代的治乱兴亡、典章制度，并且能够掌握《御批通鉴辑览》，此书是基于司马光的《资治通鉴》和朱熹据前书编订的《通鉴纲目》（参见第九章）所作。其四，试帖诗题应该改为赋题。最后，陈澧建议改变三场考试的顺序。五经题最为重要，应放在第一场，四书题应该被移至第二场，而第三场则是史学题和诗赋。[44]

　　《科场议·三》中陈澧先是搬出了宋人欧阳修的科举建议，后者认为考生应该先考策问题。只有过了第一关策问，策论合格通过的考生才可以进入文学类的考试阶段，然后根据这场考试的表现来定夺名次。欧阳修认为这种制度设计使得考官可以同时对考生的实学、文学两方面的才能予以关注。此外，这种考试流程允许考官在考试进行过程中黜落考生，这样他们就无需批阅数千名考生所有三场考试的答卷了。陈澧认为有一种理想的办法，就是让乡试、会试在形制上与当时州、府、县施行的地方考试保持一致，每完成一场考试，都要淘汰一部分考生。如果这一改革举措付诸实施，考官将有余力批阅完所有试卷，而不会像现在这样只注重第一场考试的八股文。[45]

　　太平天国运动之后，虽然文士群体中要求科举改革的呼声日益高涨，很多意见部分吸收了北宋和清初的改革理念，但礼部一直没有采纳任何具体的科举科目改革动议。同治年间，翰林院的首要任务是全力将科举考试的范围和规模恢复到太平天国运动之前的水平，随着地方生员和书院总数的增加，这一政策目标大体实现了。从当时主考官们在《乡试录》、《会试录》的《序》和《后序》中的总结来看，动乱之后的科举考试确实已经恢复了元气。[46] 如第四章所说（参见表4.8和表4.9），太平天国运动之后的生员和监生总数达到了约150万人，这比我们估算的运动爆发前的总人数要高了36%，而此时清帝国总人口增加了约50%。

584

表11.1显示了所有科举考试级别中，所有有功名的文士的数量增幅。我们尤其应当注意，通过正常考试途径考取功名的士人数量从75万增长到了92万，增幅达23%。无论功名高低，参加科举的应试考生的数量极为庞大，所以科举选拔过程中任何一点科目改革，都会直接影响海量的考生。此外，还有一个更大的考生人群要参加两年一度的科考，1850年后这类考生的人数可能达到了300万（暂且估计每县有2000名考生参加童试，共1500县），然后再加上150万地方考试、乡试、会试的考生，这意味着清帝国的考试体制总共要动员超过400万的士人。

然而，清廷维持现状的代价，就是错过了整体改变科举人才储备结构的良机；在嘉庆朝、道光朝的五十年间，科举制度几乎没有任何改变，而咸、同年间清廷又一次失去了接续、深化乾隆朝科举改革的历史机遇。直到1898年，命运多舛的改革者们这次又提出了许多改革理念，他们希望将这些建议一股脑地塞进僵化不堪的官僚体系的手中，清廷最终迫于文士们的压力而决定变革。但无论朝野内外，1865年之后，仍然有很多文士认为"中学"应该在科举科目中占据主导地位，他们将本土的"中学"与"西学"截然分开。很多人仍然在褒扬科举制度，认为它在数百年间造就了无数国家栋梁之材，他们认为实质性的科举改革毫无必要。清王朝仍然对人数严格控制的科举定额制充满信心，并笃信严格的科举科目设置是实现地方政治、社会和文化控制的重要工具。[47]

1895 年到 1898 年改革的种种动议

585

1895 年清政府输掉了甲午战争，文士们越来越感到清帝国政治前景一片晦暗。太平天国运动之后数十年的洋务运动，似乎根本无法扭转大清帝国每况愈下的颓势。事实上，许多人已经觉得之前希冀通过"自强"来实现"富强"的想法已经破产了，因为国家的教育体系是有缺陷的，自 1865 年以后帝国并未能够很好地处理这一问题。1890 年会试的四名主考官之一曾在《会试录》中提及顾炎武对八股文的批评，但此举是要为八股文进行辩护。之后的北京大学校长、生于绍兴的蔡元培参加了 1890 年庚寅科考试，他在这一科会试名列第 81 位。对八股文的辩护显然说明这种文体遭到了诟病。[48] 在 1934 年回忆自己所受的早年教育时，蔡元培提到在他读书时，八股文已经被减到了六股，他嘲笑八股是一种过时的文体，在 17 岁时他的兴趣就转向了考证学与文学作品。[49]

严复（1854—1921）也因对科举的前景感到无望，而在 1866 年进入了福州船政学堂。在他成为公众人物之后，他也在为 1895 年后涌现的改革派媒体撰文时抒发了长久以来科举考试和八股文带给他的苦闷回忆。1885 年之后，严复乡试落榜 4 次。[50]19 世纪 90 年代，很多像严复这样的人都开始将清代中国的积贫积弱与声名狼藉的八股文相联系，他们认为八股文浪费了一代代才具之士的心智。此外，严复和其他一些改革者还将西方的强大与它们现代化的学校制度相联系——学生在现代学校中接受注重实学的现代科目的训练。之前的改革派还建议清廷取消科举制，代之以汉代式的荐举制，清末的改革者都将学堂视为替代科举医治中国顽疾的一粒万灵丹。[51]

　　对于严复及很多改革派而言，西式学校和西化的日本教育是清王朝可以仿效的对象。标准化的课堂体系，人员组成相似、人数相近的学生群体，这样的大众学校教育的扩张和推广至少看上去像是一条将中国从帝国科举的泥潭里拉出来的可行道路。19世纪90年代传统经学教育的有效性遭到了极大的质疑。西式学校、日本式的西化教育作为国家走向富强的成功案例，被士人群体不加鉴别地广泛接受。[52] 有趣的是，这类呼吁兴办西式学校的动议经常没有回应，因为绝大部分经过深思熟虑的教育和科举改革议程都无法解决新式教育所使用的语言是文言还是白话的问题（见下文）。[53] 接受儒家经学训练的政治精英们被认为无法胜任现代政府中的工作，而国家又缺少一个大众教育的成熟体系，这种孪生问题非常显而易见。然而，支撑帝国范围内科举网络的财政支出与兴办新式学堂的成本花费，二者之间同样存在着激烈的竞争关系。

　　那些参与了1898年戊戌变法的改革派们认为，政治改革也需要建立在基本的教育变革之上，而只有科举被改革了，教育变革才能成为可能。科举改革自明末起就被频繁呼吁，而到了19世纪末20世纪初真正意义上的变革才被正式推动，这场变革来得既太早了，也太晚了。说它早是因为清廷仍旧没能找到一个可以与科举相提并论的官僚选拔体系将其取代，说它晚是因为此时变革已经无力再跟上时代的步伐了。在科举最终被粗暴地于1904—1905年废除前，清廷花费了6年时间来讨论和争辩，最终就是1898年反对戊戌变法的那群大臣们同意终结科举制。又过了7年，清王朝终于寿终正寝。

　　但是科举停废和现代学校兴起的故事远比我们想的要复杂，这不仅仅是帝国的科举考试制度走到了终点，也不单单是现代教育的兴起使得中国从科举考试转向了学校教育那么简单。在每个人眼中，科举作为浸淫在经学传统下的文士群体的价值坐标、帝国王朝权力和精英士绅地位的象征，其联结社会、政治、文化意义的网络功能（nexus）彻底解体了。[54] 我们要注意，清朝的官僚体系在不期然间成为促使其自身统治合法性丧失的始作俑者。科举考试科目的内容经过了一个去经典化的过程，这一过程始自 18 世纪汉学对程朱理学的批评，而到了 19 世纪末文士们希望从那种他们的前辈与之缠斗，却最终无法逃避的、僵化的"科举人生"的命令式压迫中解放出来。然而在清王朝看来，如果科举考试能够在去经典化的改革中幸存下来的话，那科举仍旧可以成为数以百万计的考生们进入仕途的通道，他们将响应清王朝的号召顺从地走进科场。[55]

1900 年义和团运动造成了北京局势的混乱，慈禧太后所掌控的清廷忘记了之前帝王们所深刻理解的历史教训。而最终当科举体制的去合法化行动一旦完成，就引发了一系列超乎清廷和文士们想象的后果。[56] 清廷之所以如此快速地建立新的选拔体制，也是 1900 年包括日本在内的西方八国联军占领北京的后果。义和团的民粹运动和西方列强及日本对此的反应，彻底打破了北京的权力结构，外国势力开始对地方督抚和国家中央的领导者施加极大的压力。西方列强中支持中国改革的外国势力，也增强了地方改革派督抚们的政治资本，如袁世凯（1859—1916）、张之洞，他们也都反对义和团。袁世凯因其善于处理义和团瓦解之后的对外关系，而深受慈禧太后的倚重。[57]

科举停废之后，清朝统治者迅速丧失了他们最忠诚，也最倔强的支持者，即那些科举考生。当清代官僚机构温顺地放弃他们最重要的文化控制武器时，失去文士群体支持的政治后果也就不难预料了，尤其是这一文化控制武器曾在数个世纪里成功地令文士们接受了帝制体系。一些人其实已经注意到义和团运动之后的改革过于激进，几乎加速了清王朝的覆灭。[58] 不过要注意的是，很多诸如兴办新式学堂这样的激进改革，一开始并未取得成功，因为他们无法轻而易举地替代科举体制。毕竟这个足以调动数以百万计的考生在科场中应试的、成熟的公共制度自明初就已存在。

清廷迈向自杀式覆亡的脚步（当然这是从清朝统治者的视角出发）始于1895年春天举行的会试之后，同时也是中日甲午战争之后。康有为此时也在北京，那时他还只是一名等待殿试的贡士。他和一些广东同乡考生借考生在京师聚集的时机，试图对清廷施加影响，希望朝廷对战后的危机局面有更为积极的应对之道。康有为参加了考生抗议，并且参与推动了公车上书，在士人间广泛传阅他们对于政治政策的改革意见。[59]康有为在会试中列第5名，殿试策问回答完毕后，他最终考取了进士，名列第51位；他向光绪帝提出了一套改革愿景，其中他将改良科举放到了非常优先的位置。不过，康有为所有的科举改革动议也都是建立在前人的意见基础之上，只不过朝廷自18世纪末以来从未真正注意过这些观点。[60]

康有为借用太平天国运动平定之后朝野上下"自强"的改革修辞，在殿试策论中向皇帝建议，在科举选拔官员的过程中重视经世致用之学，要避免唐人赵匡那句一直萦绕在历代文人耳畔的警语"习非所用，用非所习"。康有为的改革模式主要还是针对科举中的经学，这也是北宋司马光所倡导的（参见第一章）。此外，康有为还认为武举百无一用，理应停废。在这些问题上，他与冯桂芬基本持相同看法，后者在30多年前就提出了类似观点。科举制艺文确实很难产生那种让人眼前一亮的见解和文章，但是康有为的改革图景更像是对过去旧体制的招魂，而非一个面向未来的全新的教育愿景。[61]

1896年，康有为的弟子梁启超起草了一篇更为冷静，也没有那么激进的讨论科举的文章，名为《论科举》。这篇文章

589

也是面向文士群体，供他们传阅的。梁启超在文章中从历史角度详细地论述了科举制度的成功与失败。他的评判清楚地表明了一点：即使现行的科举制需要改革，这一制度在过去历朝历代确实也起到过选拔有才干的官员的功用。只要学校体制和选拔机制的目标是统一的，科举制度就能通过对学术科目的关切而取得学与用之间的平衡。梁启超认为，自宋代王安石的学校改革失败后，科举开始主导文官选拔的过程，学校的地位一落千丈，随之也使得文士之学一蹶不振。因此，对于大部分士子而言，他们关心的只是应试而已。[62]

梁启超指出，科举考试对于治学造成了有害的影响。大部分考生只掌握科举科目所要求的那些内容，无论是唐代的六科，还是宋代名目繁多的考试类目，抑或明清两代的经义文。因此科目改革势在必行，只有改良了科举科目，才能改变那些想要进入仕途的考生们的求学风尚。因此，梁启超提出了上、中、下策三项改革策略。上策，他认为清王朝应该远法三代、近采泰西，将科举制度与学校体系合二为一。中策，建议复原汉、唐两代的种种考试科目，如明经、明字、明算、明法，鼓励考生钻研经学、小学、算学和刑名。下策，改革科举三场考试，对三场考试给予同等的关注，尤其是新学的相关内容。第一场考试还是考四书五经，但是第二场要包括中外历史的策问考题，而第三场则主要考天文、地理和其他自然科学的科目。[63]

梁启超认为学校体系才是改革的关键所在。之所以还提出了其他两个解决方案，只不过是觉得兴办学堂的动议或许太过激进，施行不易。在另一篇他于 1906 年写的题为《学校总论》的文章中，他认为帝制中国的衰落就是因为学堂的没落。因此兴学堂就是兴中国，科举之制必须改革，师范学堂必须建立，专门之业必须提上议事日程。1896 年，梁启超和其他很多文士都将"合科举于学校"视作科举改革的重要一步。同样在 1896 年，刑部侍郎李端棻一针见血地指出，如果科举不改革，那么学堂就没有了立足之本。[64]

科举、学堂的争论一直延续到 1898 年，改革者们在百日维新期间聚拢在光绪帝周围，试图解决科举制中的种种顽疾，虽然只停留在纸面阶段。当然朝中也有比较温和的改革声音，其代表人物就是张之洞，他撰写了极有影响力的《劝学篇》，并于 1898 年中进呈给光绪帝。张之洞自小就以神童闻名于世（参见第五章），在其辉煌的仕途中历任学政、山长、总督和军机大臣，《劝学篇》对科举进行了非常全面的批评。在他的居间疏通下，很多改革派官员才得以参与到 1898 年的变法之中，他也是少数在 1898 年戊戌政变中幸存的改革派官员。

张之洞很多科举改革的观点也吸收了前人对于科举的批评意见，最引人注目的就是欧阳修重策问、轻经义的选才逻辑，欧阳修认为这样才能检测出有真才实学的考生。基于欧阳修和在此之前陈澧的见解，张之洞建议科举三场官方考试，每一场都裁汰一部分考生。不过张之洞的意见更进一步，他认为策问题应该同时考中学和西学，尤其应该考查关于典章制度和政治实务的内容。此外，虽然张之洞提倡兴办学堂，但他并没有设想要用学堂来取代或是辅助科举考试的功能。相形之下，他希望可以在保留现有功名体系的基础之上，平衡科举和学堂的关系。[65]

康有为于 1898 年上呈了很多奏折，与张之洞类似，他也回溯了之前明清文士们对于八股文的种种批评。很显然，康有为的意见确实受到了如陈澧这样更早的文士的影响。废除八股文的建议，成为最终只存留于纸面的戊戌变法最重要的主题之一。1898 年 6 月，康有为坚定地表示，如果清统治者希望推动实学、延揽真才的话，那么改进考试文体就是必要的开端。康有为和他的同侪一次次地抱怨时文写作（制艺文）对数以

591

百万计的年轻学子们造成的恶劣影响。不过，这样的改良呼声实际上更多的是针对科举的文体，而非内容。康有为事实上把元代、明初的科举当成了清末改革的范本，他认为元末明初的科举制要优于晚期帝制中国的八股文。然而，康有为同时也坚持认为儒家"四书"依然应该是选拔制度的核心标准。[66]

康有为及其他一些改革派们似乎真诚地相信，只要科举能与兴办学堂相结合，对科举考试形式的改良就一定能取得成果，从而逆转清帝国的衰落之势，重新走向"富强"。同样是在1898年6月，康有为频繁上书发表意见，他提出另一项自明末就有人提及的改革建议，即用策问取代八股文。康有为在奏疏中对1663年八股文短暂的停废表示了激赏，他聪明地、同时也错误地将此次停废归功于康熙帝的圣明，并将之作为可以证明1898年科举改革合法性的本朝先例（参见第十章）。康有为想用策问题作为在科举中引入诸如数学、地理、天文和电学等这类西学的突破口，不过康有为不知道或者他懒得提及的是，正是康熙帝将天文历法的考试内容从科举中移除了。这些改良意见其实冯桂芬都提过，康有为的观点与光绪帝之前所下发的诏书不谋而合。光绪帝在诏书中声称圣人的教化依旧是清王朝科举的核心，但也应该提升更注重实用的西学的地位。康有为建议科举应该在地方考试、乡试、会试中考策问（以及考新的内容）。[67]

康有为、梁启超之所以对科举改革持续关注，其原因我们可以在康有为另一些改革建议中找到答案。即使兴办学堂是一种理想的解决方案，当时实际上能够建立的学堂也无法为教育改革或是培育新的精英人才提供实质性的贡献。因此康有为认为百万考生还是需要以科举为目标来学习，废除科举是不可能的。清廷所能做的就是改良科举的形式与内容，让科举的考查目标与实学和当时清王朝的人才需求保持一致。对于康、梁来说，核心的诉求在于尽快用策问代替八股文。

1500 余州县的百万名考生（这个数据是以每个县的生员配额来估算的整体生员数，康有为估算的人数是清初顾炎武估算数的两倍）[68] 反反复复参加科举，康有为认为这仅在过去三十年间所造成的人才浪费就已可谓惊人。他非常不满于王朝的活力都浪费在这些无用的八股文上。所以只要清王朝有一点点意愿来转变科举文体的风尚，他们就全力支持。一旦新式学堂建立，科举制本身也就应该被停废。虽然康有为也意识到科举在当时的帝制中国所扮演的如活化石一般的角色，但他低估了科举废除后其所裹挟的社会功用、政治功用、文化功用沦丧的程度。康有为天真地以为，只要建立了新式学堂，一切问题就能迎刃而解。[69]

除了科举改良，康有为还建议清廷立即停废武举，转而建立军事学校。这一建议同样不脱改革派们将传统科举视为恶的思维定式，他们还用西方国家从来没有国家层面的考试制度这种含糊的观点来为自己背书。康有为可能没有意识到，西欧国家多么迅速地在中国考试模式的基础上建立了自己的国家考试体系。[70] 学堂又一次被改革派们当成了改革的万灵药。

然而，像康有为这样的改革派并不是要用学堂来取代文举、武举，在他们看来，学堂是异议分子和多元主义的避风港。他们希望学堂可以成为一个在中国社会进行社会、政治和文化再生产及控制的全新机制。科举未能满足清王朝的需求。所以他们认为，学堂可以发挥科举的作用，而且可以比科举做得更多更好。但这些未经验证的假设，只是这些改革者们一些模棱两可的认知。[71]

1898 年 6 月，康有为建议朝廷"尊孔圣为国教，立教部、教会，以孔子纪年而废淫祀"。虽然 16、17 世纪的耶稣会会士早已在欧洲话语中发明了"孔教"（Confucianism）一词，但康有为奏疏中的"孔教"乃是基于儒家今文典籍之上的。[72] 这一套自利的修辞，其实是通过在作为汉学正统的今文学派中寻找理论资源以提升清帝国的权威。康有为寄予希望的是一个"现代"民族国家，这种想法很大程度上是基于以1867年日本明治维新为模板的民族统一（national unification）。从日本身上他看到了将清王朝迅速转化成现代民族国家的可能。哪怕在1905年科举停废后清廷建立起了学部，[73] 康有为仍旧认为王朝的正统应该建立在一种全新的今文经学"孔教"之上，他将孔教视为国家教育走向正确方向的唯一道路。康有为的这种做法无疑与他对本土民间宗教的排斥情绪相抵牾，之前他曾在奏疏中提出要"改书院、淫祠为学堂"，而学堂则主要教授中学、西学。[74] 张之洞针对佛寺、道观也提出过类似建议。无论康有为还是张之洞，都没能理解清王朝在何种程度上恩庇了那些在中国大地上遍地开花的宗教信仰，而这些宗教政策又是在何种程度上进一步加强了清王朝在地方群落中的合法性。[75] 清王朝背弃了普通民众的宗教信仰，他们为平息改革派文士的不满付出了巨大代价。无独有偶，儒家精英们的反宗教情绪与之后五四运动中打破旧习、打倒孔家店的偶像抨击如出一辙。

康有为在1898年重新发明"孔教"的做法，其实是通过单方面宣称那个已然在历史意义上走向失败的儒学仍旧永恒地占据着道德高地来对儒学进行一种"象征性补偿"（symbolic compensation）。这种颇为"现代"的文化补偿方式让我们不由得想起南宋覆灭之后，元朝统治者也将宋代道学置于一个极高的道德价值的地位，正因如此，一个理想化的"宋代"逐渐在宋－元－明转型过程中幸存的汉人文士中被颂扬（参见第一章）。虽然1905年之后因为公共学堂的建立而导致经学彻底走向衰落，但康有为对"孔教"的发明却在20世纪彻底完成。当"现代中国知识分子"在民国初年无可逆转地取代了清末儒生的位置后，无论在中国还是西方，"孔教"不得不站在被现代学术严加审视的审判场之上。[76]

从1901年科举改革到1905年科举停废

1898 年戊戌变法没有得到真正意义上的施行，政变之后慈禧太后重新掌权，变法人士纷纷被驱逐。1898—1900 年间，各县、州、府、省以及帝都的科举考试一成不变地在举行。甚至 1898 年春天的会试也未受到变法派意见的影响。[77] 作为戊戌变法里昔日科举改革的支持者，王先谦（1842—1917）只能徒劳地想保留一点改革遗产，他在私人著述中与已然逃往日本的"康党"划清了界限，然后试图将最近的这次科举改革与之前 1664 年和 18 世纪 40 年代的改革相联系。在其随后写于 1899 年的讨论科举的文章中，王先谦对 1875 年科举改革的呼声表达了赞同——那次改革动议主要是废弃八股文，19 世纪 70 年代时作为乡试考官的王先谦还反对过这一意见。王先谦一再强调这些观点绝非康有为那种政治观点激进的突发奇想，他试图向清廷说明，1898 年的科举改革动议是与以康熙朝、乾隆朝为典范的文官体系改革的长远利益相一致的。[78]

1900 年，因义和团运动和八国联军占领北京，中国北部各个层面的统治一度瘫痪，其中也包括 1900—1901 年的科举考试，直到动乱结束科举改革的议题才被清廷再次提上议事日程。[79]1901 年 1 月，还在西安避难的清廷就紧急下令要求朝中高官提交改革意见的奏疏。[80] 时任湖广总督的张之洞看到了机会，他于 1901 年 6 月与两江总督刘坤一（1830—1902）联署上奏。张、刘等人都反对清廷试图借重义和团的想法，他们在奏疏中强烈表示要全盘改革科举的考试内容，还以日本的小学、中学、大学为模板，勾勒出了中国学校体系的概貌。[81]

595

此外，张、刘二人还敦促清廷尽快将学堂与科举体系合并，他们将这个视为十年之后最终彻底废除科举的第一步。政府的功名和官缺将更倾向于分配给学堂的毕业生，这无疑占据了原属于科举考生们的名额。他们还建议所有官学、私学都要尽快转型成为新式学堂。最后，两人建议废除所有武举，并送一部分学生留洋学习。[82]

张之洞、刘坤一科举改革意见中的大部分内容其实已经被讨论了数个世纪，戊戌变法中的改革派虽然并未成功地实施大部分改革计划，但他们已然做出了某些尝试。但 1901 年 8 月，1664—1667 年之后八股文被清廷第一次正式宣布废除，礼部也服从了这一命令。地方考试的考官开始要求童生和生员在院试和科试中回答有关中学、西学的考题。此外，乡试、会试的考试形制也更为强调第一、二场中的论、策。[83]

596　　　第一场考试，考生要回答 5 道关于中国政治、制度的考题。第二场考试则包含了 5 道关于西方政治、制度的策论题。最后一场考试则要求写 3 篇经义文，其中 2 篇是根据四书引文来写，1 篇根据五经引文来写。理论上说，考官是根据三场考试的平均成绩来决定最后的排名。但是考官们会将经义文的评分权重降到最低而更为看重考论、策中的表现吗？[84]

1902 年改革推行以后的第一次科举借闱河南开封。原要举行会试的顺天府贡院，毁于八国联军解东交民巷使馆区义和团之围时的兵燹之中，会试无法在北京举行。1902 年举办的开封会试第一场 5 道论题分别是：（1）管子内政寄军令论；（2）汉文帝（公元前 180—前 157 年在位）赐南粤王佗书论；（3）威之以法，法行则知恩；限之以爵，爵加则知荣论；（4）刘光祖言定国是论；（5）陈思谦言诠衡之弊论。而第二场考试，5道策问题分别是讨论（1）西方人将游历当作学习的一部分；597　　　（2）日本学制，改用西法；（3）各国商会、银行的财政政策；

（4）警察与法律；（5）作为富强立国之本的工业。第三场考试一共三段选文，分别出自《论语》、《中庸》、《易经》，考生被要求每题写 500—550 字的文章一篇。[85]

第一眼看上去科举改革似乎已经落实了，虽然第三场考试的经义文仍然类似于八股文那种严格的写作文体。[86]然而奇怪的是，礼部和翰林院按传统方式委任的各省考官所表现出来的判卷标准依旧是按照三场考试的传统顺序来定夺考生们的最终排名。考官们不顾四书五经的考试被安排在第三场，首先依据这场经义文的考试优秀与否来确定主要的名次顺序。之后，他们才会关注论试的文章，尽管其实这才是第一场考试。最后，优秀的策论最不被考官们看重，宛如策论仍旧是第三场考试一般。

换言之，虽然 1902 年的考试已经按照 1901 年清廷诏令调换了科举三场考试的顺序，但考官们在定夺考生名次时所表现出的评判次序依旧是（1）经义文；（2）论；（3）策。事实上，考官们在实践层面上背离了他们在理论上所接受的新式科举的改革方案。考官们这种"在地反抗"（local resistance）无疑与改革者们原本的愿望相悖，但是二者之间确实存在着某种调和，本次科举改革的最终结果也反映了这种互相妥协。1902 年科举考试中考官们所表现出的这种隐秘的反抗也表明，并不是所有文士（尤其是考官群体）都支持改革派。而清廷也颇不情愿地站在改革派一边。[87]

之后刊印的第二道"日本学制，改用西法"策问题的最优策论答卷，可以让我们一窥考官们对这类新式策问题的偏好。这道题的最优策论是由当科会元周蕴良所写，他的策论写作策略颇为警世。周蕴良在策论中写道，日本以前尊崇汉学（即中学，而非考证学），但自明治维新之后开始完全转向西方的税收、司法和教育模式。诸如福泽谕吉（1835—1901）这样的日本人鼓吹全盘的"欧化主义"。但之后日本也产生了反对这种全盘模仿欧洲的呼声，一些日本人认为要回归国粹。最后周蕴良总结道，中国应当从日本的错误中吸取教训，不要一头扎进对全盘欧化粗放型的一味模仿中。中国应该在化用外国模式和理念的过程中保持一定的选择性。[88]

那些在 1902 年科举中考取功名的考生，大抵采取了相似的回答策略。江西考生谢慕韩（生于 1864 年）最终在 315 名进士中名列第 103 名，他在其策论一开篇就言明学堂才是培养人才的基础。但他随后又说，学校教育应该注意德、心、体之间的平衡，所以中外教育、古今教育之间并没有什么本质不同；然而今人一旦提及教育体制，言必称日本模式；但在唐代，日本还建立了佛教学堂；而到了明代，日本又在学习中国的四书五经。

接着谢慕韩又写道，明治维新时期日本模仿欧洲建立了学校，并开始强调讲求让国家走向富强所必要的实学。中国的学问因其空泛而备受质疑。像伊藤博文（1841—1909）这样的政治家开始送留学生赴欧美学习他们的政治制度。相应地，日本其后也建立了自己的教育体系，从小学到更高级别的学校，如东京帝国大学。各类财经、政治和科学人才不断涌现，日本因此也迈向了国家富强。

但是谢慕韩在其策论中也有警诫之语。他认为日本仓促地转向模仿欧洲也产生了很多问题。比如日本人开始迷信西学，鄙视中学。他们过分强调了心、体上的训练，从而忽视了道德。谢慕韩认为，正是教育中的这种偏颇倾向，最终导致了日本风俗和价值观的沦丧。不过 1889 年日本政府制定了《大日本帝国宪法》，很多条款内容实际上也与"中学"所提倡的忠、孝、信、礼的四德息息相关。道德又一次成为日本最为推崇的价值传统。第九房的考官认为谢慕韩对日本学术变迁的评价非常准确，但是他们最为满意的还是谢慕韩的"中学"才是道德教育的核心的表述。[89]

来自云南的考生袁嘉谷（生于 1872 年）在 1902 年会试中名列第 135 名，他在策论一开篇同样提到了日本人对于学习机械制造的迷恋，并认为这也导致了他们转向全面学习西学，乃至开始学习西方的法律制度。袁嘉谷认为，日本的极速转型虽然剧烈，但同样也是建立在日本人上下一心、事半功倍的基础之上。在他看来，日本人在思想上是从中国的道德教化中汲取了力量，比如日本人对天皇的崇敬，袁嘉谷认为这种崇敬源自儒学经典《春秋》。因为《春秋》中就有镇压叛乱、驱逐外敌的关键就在于忠君的史事先例。袁嘉谷接着写道，兴办学堂是制定宪法和自强的前提，而在这一过程中，最关键的"德"就是皇帝将"中学"（即取代程朱理学的中国之学）作为教育的核心，并强调国家的德行与权威。

在接下来的策论中，袁嘉谷始终在谈中国而非日本。在"中学为体、西学为用"的思想基础上，袁嘉谷认为"中学"需要有西学的加持才能更为完备。但近来"中学"因为三种学术倾向而变得越来越局限：考据、文章和书法。宋学所复兴的那种"通圣"的理想被士人抛诸脑后，在世人的印象里，"中学"（即汉学）充斥着争名逐利的朽败气息。人们如今都笃信西学，而认为"中学"不足。

袁嘉谷认为世人应重新发掘"中学"的真谛，道德教化远比照搬日本学习欧洲的做法更为重要。最后他总结道，士人只需用西方实学来弥补一些不足，而中国教育的核心仍旧是中国的人文价值和人际关系。考官们赞同袁嘉谷对（考官们称之为）"东学"的认同与推崇，但可能是因为袁嘉谷对于日本所知甚少，所以他的排名要比周蕴良、谢慕韩低。[90]

这道策问题的其他策论答卷基本遵循了同样的模式，即在捍卫"中学"的同时，对热情拥抱西学的日本多有批评。考生们并未像科举改革者在设计国际政策类的策问题时所希望的那样，对日本的教育体制予以详尽的阐述，相反大多数考生只是在重复关于西学的陈词滥调，比如承认西学的功用，但认为还是应以"中学"为中心。1902年策论文章基本在480—600字之间，这与经义文的长度基本一致，所以对于考生而言也很难在这种篇幅中谈出什么实质性问题。唯一能拉开考生档次的标准，或许就是考生们对于明治维新了解的程度，以及在文章中所展现出的关于日本近来改革行动与国力增强相关知识的多寡。[91]

考官们在排定考生最终名次时，还是觉得主要依据经义文更为方便，或许也可以理解。河南考生史宝安（生于1876年）最终名列第5位，其中一位主考官给他留的评语非常典型："经义纯粹，论、策高超。"我们还能看见考房对史宝安每一场考试的评价，不过在考官的评语中，经义文才是"第一场"，论则是"第二场"，策被当作了"第三场"。[92]

考生策论中"中学"的兴起可以说是与"西学"相辅相成，19世纪时处于学术核心地位的汉学、宋学的对峙，逐渐融合转变成了一种名为"汉学"的新型本土学术。后者等同于"中学"，这里的"汉"从"汉朝"变成了"汉人"。针对这一术语转变，英文世界使用了"Sinology"（中国研究/汉学）一词，其后Sinology变成了"研究中国的专业人士"（China Specialist）对中国研究的标准称谓。而满人和清王朝逐渐消失在了这一套新的话语体系之中。[93]

短期来看，1902年科举改革因为考官们的某种固执并未取得预期的成绩，但科举整体的视野和关注确实更为国际化，也更为制度化了。[94]从一份1903年编纂的改革后的科举策问目录中，我们看到策问题总共分成了29个类别：[95]

治道	算学
学术	格致（上）
内政	格致（下）
外交	财政
时事	币制
科举	军政（上）
学校	军政（下）
官制	防务
议院	农政（上）
政体	农政（下）
公治	工政
刑律	商政
教务	路矿
天学	舆地
地学	史学
历学	外史

不过，考官们对于"中学"的偏好遍及各个策问类别。比如 8 道关于自然科学的考题中，有 5 道是这样的：

（1）欧洲格致多源出中国，宜精研绝学以为富强之基策。

（2）格致之学中西异同；以中学驳西学策。

（3）问西法悉本中国，能详征其说否。

（6）问西人格致之学多本于中国诸子之说，试详证之。

（7）《墨子·经上》及《墨子·经说上》已启西人所

602

言历学、光学、重学之理，其条举疏证以闻。[96]

其他有关科举考试和学堂的策问和策论，大抵在形式上承认了改革派们的看法，即策、论优于经义、学堂优于科举。但是由于 1902 年兴办学堂困难重重，而很多官员在取消科举制对授予考生功名的垄断权的问题上非常抵触，改革派们不得不重新审视那种科举、学堂互助互补、相辅相成的理想论述。很多人开始认同李端棻和梁启超于 1896 年所发表的看法，即只要科举考试垄断功名仕途的现状不改变，新式学堂的发展之路就走不远，而且也很难获得大众的支持。[97]

袁世凯此时已经官至直隶总督、北洋大臣，负责一系列军事、教育改革，他与张之洞于 1903 年上奏提议逐渐减少科举一途的进士配额，相反，增加学堂毕业一途的文官任命人数。否则大部分学生仍然会继续坚持选择科举而非学堂作为他们步入官场仕途、赢得社会声望的最佳道路。他们援引了 1744 年乾隆朝的类似诏令为先例，当时乾隆帝下令缩减乡试举人配额人数。但是批评者迅速指出乾隆帝只是想要推动科举改革，并非要废除科举，他们纷纷上表弹劾张、袁二人。虽然因为弹劾的奏章清廷暂时搁置了张、袁二人的动议，但他们二人的建议无疑表明，改革派们已经认识到废除八股文并不像他们所想的那样能解决所有问题："废去八股、试帖，改试策论、经义，然文字终凭一日所长，空言究非实诣可比。"[98]

张之洞、袁世凯清楚地认识到，那种觉得只要废除八股就能够涌现出一批新的、没那么文绉绉的精英的想法是多么不切实际。而如今，策问、策论被证明也只不过是守着一套礼法修辞的空谈，北宋苏轼早已看破了这一点（参见第一章）。科举的诸多优点，如它保证了朝廷对于精英群体，以及分布在各个"古已有之"的考区的人数超过 400 万的考生们的文化控制，都被清廷遗忘了。学堂的学位，成为政府培养、选拔那些得以进入仕途之官吏的新的万灵药。

1903—1904 年清廷成立了总理学务处，很多官员于 1904 年向清廷建议，用学堂取代科举作为人才进入仕途的主要通路。这道奏折就是著名的《奏请递减科举注重学堂折》。不过，改革派依然要面对来自保守派的反对，完全废除科举要等到 1912 年，直到那时学堂才被认为是完全占据了主导地位。但是自 1906 年始，很多考试的配额都缩减了 1/3。[99]

一种强有力的共识此时已然达成：在张之洞、袁世凯看来，"除兴学堂外，更无养才济世之术"。在国家危难之际，清朝的高级官员都视科举为一个在未来的教育改革过程中迟早会遭遇的基础性问题，而非之前统治者们眼中控制文化精英的制度手段。1904 年 1 月 13 日清廷颁布的上谕，认同了官员们提出的新的改革观点："方今时事多艰，兴学育才实为当务之急。"这份预示着改革走向的奏折和上谕，被刊载在了上海商务印书馆创刊于 1904 年的《东方杂志》上，这自然对所有被这次教育改革所波及的士人群体产生了巨大的震动。[100]

日后商务印书馆《辞海》的主编、民国初期的教育家和史学家舒新城（1893—1960）也回忆过当年巨变所引发的社会压力："我国清末之改行新教育制度，在表面上似乎是教育界的自动，实则当时的外交内政四处都碰着此路不通的钉子，非变法无以图存，教育不过在此种不得已的情境之下偶然被动而已。"[101]

《东方杂志》1904 年第 8 期登载了一篇转载自广东某日报的文章，其中有言："科举之毒我中国人者，千有数百年。"这种充满情感煽动性的修辞，其实是数个世纪以来的科举异议者们用来抨击臭名昭著的八股文的话语策略，而现在这套修辞被新兴的汉人知识界用来直指那个已然废除了八股文的科举考试。[102]1904 年，清廷颁布包括《奏定学堂章程》在内的一系列教育改制文件，拟定了学堂章程，通过授予学堂学生学位功名的办法（"各学堂毕业学生，已定有出身，与科举无异"），将学堂和学堂考试作为科举正式的一部分。晚期帝制中国正式从科举考试制度转向学校考试制度，这一制度渐进转型的重大历史进程，终于在 1904 年成为不可逆的时代选择。[103]

　　然而，1904—1905 年间在中国东北爆发的日俄战争彻底冲溃了公众情绪最后的防洪闸。鉴于当时激烈的政治气氛，陈旧腐朽的帝国科举制在 1905 年成为战争再合适不过的替罪羊。无数朝臣、地方督抚此时也都联署张之洞、袁世凯，于 1905 年 8 月 31 日上呈奏折呼吁立刻停废各级科举。在奏折中，这些朝廷重臣表示科举考试是建立学堂不可逾越的障碍，因为科举功名依然要比同等的学堂学位更有分量，这使得清廷普及学校教育的理想根本无法施行。

605　　慈禧太后迅速于 9 月 2 日批准了大臣们的奏章，并在上谕中明示，自 1906 年起，学生若想取得入仕所需要的功名出身，必须从 1904 年根据学堂章程兴办的新式学堂毕业。人们未曾料想到，1903 年的乡试会成为科举史上的最后一次乡试；而 1904 年的甲辰科会试是中国历史上最后一次会试；而 1905 年各地举行的科考、院考也毫无征兆地成为科举这项在晚期帝制中国绵延了五百余年的制度的终章。[104] 突然之间，数以百万计可以参加科举以期进入仕途的地方考生、生员和官学学生被告知，要去新式的公共学堂注册、学习，毕业后才能有资格进入官僚体系。值得注意的是，虽然生员人数众多，但鲜有抗议事件爆发，这或许是因为他们希望可以在新的教育系统中成为学生或是老师。[105]

学校改革和考试

　　1905 年后学堂成了教育、政治改革者们所关心的重点，但考试依旧是学生生活中的重要元素。1905—1909 年的《东方杂志》中登载了大量关于如何提升公学、私塾的办学水平的文章。[106] 然而，很多人仅仅将从科举到学堂的转变看成晚期帝制中国的朝廷所尝试的一种替代性统治手段，即从通过科举对士人进行控制转为通过学堂来对士人进行控制。或者换言之，很多人认为公共学校体系的出现，只不过是一种为文官体系选拔人才的科举新形式而已。[107]

1905 年末《东方杂志》上转载了一篇首刊于《中外日报》上的名为《论废科举后补救治法》的文章。这篇文章写作时间较早，在清末中国各地方、各省一系列调整不断、转型缓慢的士绅教育建立之前就已写好，其论述相当直截了当。文章作者说，中国花了 20 年的时间批判科举考试才取得了成效。然后他写道："今一举而废之，社会必有大不便之缘。"长久以来将人生抱负放在科举上的考生希望破灭了，但这种人生抱负不应该溃变为不满。

这篇文章认为，在从老式向新式教育体制转变的时期，解决改革矛盾的办法就是建立更多的小学堂，学生们可以正常地在那里学习新学，备战科举考试。尤其私塾，应该成为 1905 年之后被空置在科场之外的考生们的避风港。等改革完毕后，新式学堂就可以成为学生们迈向仕途的新途径了。事实上，地方生员也确实在扩张的学校体系中寻觅教职，学校体系慢慢成为地方精英们的文化活动和政治活动的场所，这实在是新的教育制度所未曾企及的后果。[108]

韦思谛（Stephen Averill）认为这样的学堂"对于很多农村地方精英们来说，成了他们社会生存和文化生存最后的，也是最好的希望所在了"。[109] 到 1910 年，根据政府统计数字，大概整个帝国共兴建了 35000 所学堂，大概有 64000 名教师及 875000 名学生。然而相比 1910 年清帝国约 4.06 亿的总人

606

口而言，只有不到 1% 的人进入学堂读书。此外，原来确保明清精英可以在地理分布上更为平均的各地方、各省配额制，随着 1905 年的科举停废也终结了。新的学校体制也并未考虑到那些文化、教育欠发达地区所面临的问题。[110]

很多学堂试图引入小学堂、中级学堂和高级学堂这样嵌套累进型的教育层级的构想也失败了，因为学生们根本没有财力支付入学的费用。鲍雪侣（Sally Borthwick）是这样解释的："缺乏财力并未成为考生们参加科举考试的障碍，科举制仅仅通过设定考试标准和确保考取后的功名回报，就可以向整个帝国的考生明确其目的性和制度路径。"虽然鲍雪侣的观点忽视了明清考生在备战科举时所需要调动的文化资源，但是新式学堂体系（尤其是层级较高的学堂）确实需要向长期或持续在读的学生收费，这一点与更倾向于自我调节的科举制非常不同，学堂更多地将上学的负担转移到了个人和家庭。清廷原本对学堂寄予厚望，认为学堂是推广大众教育和培养人才的万灵药，然而到头来他们却发现很少有学子能够负担得起学费（尤其是那些贫困的学者，他们原本通过私人授课或是其他方式补贴应考花销）。在通过院考乃至考取配额、进入官学之前，国子监的监生们也为自己的科举成功付出过经济代价。就算他们最终未能考中进士，他们也依旧可以受聘于私人家庭或是私塾。然而，新式学堂的学生先要支付学费，而后只有成功毕业之后才有资格教书，不过之前那些并未考取进士的生员也有资格被任命为学堂教师。因此，比起一名科场失意的失败考生，学堂毕业的学生能够找到的教职机会其实更少。周锡瑞（Joseph Esherick）注意到，湖北省很多举人、生员 1905 年之后都选择了参军，所谓"投笔从戎"。[111]

科举停废后，学堂招生依然困难。这种情况又引发了一轮如何妥善资助学堂的讨论。很多人提议，1905 年之前那种单

独资助地方考生旅行去省城、京城参加乡试、会试的川资应该
被移作学堂学费。之前资助考生参加科举的费用，也应转为兴
办学堂之用。[112] 不过 1906 年春，严复在一篇名为《论教育与
国家之关系》的文章中承认，包括他自己在内的许多人，都对
骤然取消科举制有了新的想法。[113] 无独有偶，1895 年考取进
士的胡思敬（1869—1922）跟康有为一样，对清末科举改革
产生了幻灭之感，他们开始抨击西式学校。在一份奏疏中，胡
思敬力主恢复科举制，其他一些官员也都纷纷上奏。1911 年
辛亥革命结束后，胡思敬辞官致仕，回到江西老家。[114]

608

在清王朝支持兴办学堂数年之后，很多人认为学堂既不
能为国家培养人才，也未能达到预期的教育目标。严复对科举
有着苦涩的回忆，他始终未能在科场中寻得人生突破，但他仍
然强调了新式教育才是国家的希望所在，并号召所有中国人能
够担起在新式教育的德、心、体等诸多新面向上学习进取的重
任。还有些人呼吁教育者们像科举中的程朱理学那样，提供一
种统一的新式教育思想视阈，这样学堂学生在竞争时才会有一
套更为清晰的标准。[115]

去经典化与去合法化的后遗症

科举停废不仅动摇了清王朝那些考生数量巨大的“古已有
之”的考区，而且科举的去合法化也留下了一片巨大的文化真
空，即经学被去经典化，代之以新式西学以及人们对传统“中
学”（无论是程朱理学还是今文汉学）正统地位的挑战。学堂
最终成了有效联结城市精英和乡村精英的手段。在韦思谛看
来，各级学堂等级化的网络结构，将清末文化和政治的新潮流
带入了地方社会。新教科书的涌现，改变了精英的孩子们的阅
读需求。[116]

1905 年 12 月，清廷创设了一个独立的学部以管理学堂，

609

监督各地方、省、区域涌现出的半官方教育会（又名学会）。学部的成立也反映了一些汉人大臣影响力的与日俱增，比如袁世凯，他于1903年出任直隶总督时就开设了学务处负责教育事务。中央政府教育权力的萎缩在1906年达到了顶点，1905年以前主要由位处中央的礼部来任命负责各省科举事务的考官，而1906年后，清廷下令学部取代原本位居中枢的礼部、翰林院，以管理广义上的教育事务。[117]

自1909年始，上海商务印书馆主办的最早数期《教育杂志》从《东方杂志》手中接过了为清帝国教育事务提供一个舆论舞台的重任，[118]中国的教育者们开始讨论，小学堂是否应该继续要求进行儒家经典教育。在1909年第四期《教育杂志》上，一位名叫顾实的作者抗议当时学部缩短学生们学习儒家经典的课时的做法。顾实诉诸1904年的《奏定学堂章程》，认为朝廷的诏令中包含了要求学童读经的相关规定。他认为学部因一些外国人对中国学堂的批评而游移不定："海内外教育家莫不有异议。如日人某诋我学堂为科举之变相，仍用腐败旧法教授。"[119]

顾实呼吁学部不要受误导，小学堂读经既不合乎传统，也不符合西方教育方式。比如19世纪90年代，像郭沫若（生于1892年）、李宗黄（生于1886年）都曾在宗族学堂里学习过一些基础的入门教材，如《三字经》《千字文》。在学习作诗和诸如四书这样的儒家经典之前，他们10岁左右就被要求掌握——实则是记诵——"四书"这样的经学基础典籍。后来成为北京大学教授的马叙伦（字夷初，生于1884年），说他15岁之前虽然一直被表扬书法尚佳，但其实他根本不懂那些儒家经典是什么意思。胡适（1891—1962）回忆童年时也说，他3岁就认识千余个汉字并开始背诵律诗，但他几乎完全不懂律诗的内容。郭沫若也视作诗法为"诗的刑法"，不过他倒是逃过了八股之苦。[120]

　　经过了 6 年多的儒家经学教育之后，能够掌握经学的学生在 15 岁时进入私学深造，并修习四书五经，主要以朱熹（及其门人）对儒家经典的正统注疏为主。学生们在书院学习的一半时间要花在练习写作八股文以及论、策上。然而随着科举地位的每况愈下，记诵四书五经对于考生们来说逐渐失去了吸引力，读经的必要性不存在了，绝大部分基于程朱理学的僵化的经学教育陷于没落。而 1909 年顾实在文章中所说的读经，其实是被 20 世纪初的新式学堂误以为是古典修为的经学残余。事实上，20 世纪的中国教育，自始至终都极为重视作为品格培养的道德教育在国民教育中所扮演的重要作用，道德教育一直以来都是中国教育界的主要命题。[121]

　　之后一期的《教育杂志》刊登了顾实异议文章的下半部分，文章最后认为，如果只是填鸭式地向学童灌输儒家经典的话，学堂教育就会成为"于无学、无理由之教育"。1911 年，《教育杂志》刊载了作者何劲的一篇名为《说两等小学读经讲经科之害》的文章。何劲认为那些鼓吹"国粹"和被"尊经"口号蒙蔽的人使得很多学堂开始重新教授儒家经学、教导学童学写经义文章。

611

　　何劲认为，这种经学教导不仅没有任何实用价值，而且事实上对学生有害。在他看来，《大学》《中庸》的内容对于 13 岁、14 岁的孩子们来说太过深奥，这类儒家经籍的文言也太难。此外，要求 8 岁、9 岁的孩子掌握《孝经》《论语》也不合情理。秉持传统主义立场的文士与新学教育家们之间产生了教育理念的深深裂隙，他们对于经学在 20 世纪中国将扮演的角色有着完全不同的看法。而清廷学部的政策立场也越来越倾向于教育现代化的拥护者，他们先是将晚期帝制中国所精心规划的以经学文化为本的童生教育抛诸脑后（参见第五章讨论），然后废除了以经学修养和文章写作为核心的学校教育机制。[122]

　　虽然 1909 年《教育杂志》创刊号就宣称文学板块可以接受白话文文章的投稿，但文士对教育改革中的精英文言和大众白话之争始终缺乏关注。[123]教育改革中的重要一环仍然缺失：在学校教学和书面考试中明确文言、白话的使用范围和方法。直到民国初年"文学革命"的拥趸们开始大规模发声后，全面性的教育改革才被真正推动。民国教育部开始推动教育的书面语言改革之后，普及教育才从理想走向了现实。

　　1911 年春，庄俞（1879—1939？）在《教育杂志》上发表了一篇文章，概述了 1910 年的学部教育令，并将之与 1903 年、1909 年改革的章程作了比较分析。庄俞是上海《教育杂志》编辑部的成员，来自为清帝国输送了无数官员、学者的常州庄氏宗族。[124]除了与 1909 年改革同样取消了一至五年级日常科目里的国史、地理和生物课外，1910 年学部还取消了各小学堂班级学习有关"修身"和"读经讲经"内容的课程要求。

　　1909 年朱熹的"小学"曾经也被缩编成了插图本的教科书给一年级童生当作修身课本，但 1910 年学部下令，一至四年级不再沿用之前根据朱熹学说缩编的插图本，转而采用学部新编的教科书。1903 年时，很多小学堂还要求讲授四书、《孝经》，以及简化版的《礼记》（仅五年级）。然而到 1909 年、1910 年，《论语》、《孝经》和简本《礼记》也仅要求三至五年级的学生学习了。一至二年级的童生，不需要阅读任何儒家典籍。[125]

　　学校里的经学急剧衰落，尤其是作为研习四书五经核心经学框架的正统的程朱理学，几乎一夜之间被学子们抛弃（1910年程朱理学的信徒在礼部似乎也被孤立，并被排除出了决策层），但学部也要面临新的问题，即如何统计记录 13000 余名

612

进士（即学堂毕业生）、66960名举人（即中学堂毕业生）和353380名贡生（即小学堂、蒙学堂毕业生）自新式学堂建立以来每年的学历和升学情况。学部非常自豪于教育改革的成果，学堂年均进士数量比科举时代增长124倍，举人增长125倍，贡生增长346倍，但学部也必须面对不断产生的海量新问题，比如怎样让所有学堂的教学质量在横向上可以比较，如何保证各地、各校毕业生们的技能水准基本一致。[126]

为了确保学校的教学质量，并能以一套统一的全国教育标准衡量学生能力，学部从一开始就制定了面向各级学堂的标准化考试。无论官学、私学，入学考试、毕业考试都非常之普遍。此外，学部还用标准化考试来检验那些人数不断增长但还未找到差事的游学毕业生的学业能力。清廷利用反复的考试确认考生之前的考试结果；这不禁让人想起之前清廷为了防止考生舞弊所举办的"覆试"（参见第四章）。每次学部主持的国家级考试开始前，都要详细向考生说明文凭、考试要求、评分、奖惩等诸多防止作弊的手段。通过考试的学生可以被叫作文科举人、文学进士。[127]

1903年7月清廷已经开始举办"经济特科"以延揽人才。[128]此外，1910年清廷通过"特科"来选拔司法官员，这种做法还是宋代明法科考试以来第一次。这类考试的主考官都是进士出身，但考生中包括一些从日、欧回国的海外留学生。[129]最后，我们还要注意一点，清廷于1907年、1909年和1910年举办了为1905年之前被荐举的科举考生开设的特科考试；大部分考生只是象征性地参加一下考试，不过也有一些考生被委任职务。[130]

讽刺的是，1904年科举常科的末科殿试中，一名叫作商衍鎏的汉军旗人被点中探花，他也是清代第三位被点中探花的汉军旗人。1909年他被委派担任在北京举办的唐、宋式明经科考试的主考官，清代的旗人们无疑还坚守着老旧的科举科

613

目。[131] 商衍鎏后来也为后世留下了有关清代、太平天国科举的
权威记录。[132] 同样，后来成为燕京大学第一任校长的吴雷川
（1870—1944）也是最后一个取得进士出身的基督徒，同时也
是唯一一个进士出身的新教徒（于1898年考取），他获准于
1909年参与清廷开设进士馆的工作。之前他赋闲候补待缺时，
还参与过浙江省的教育工作，担任了浙江高等学堂（浙江大学
前身）的监督。[133]

社会各界对测验学生的学业进步与否的学校考试也给予
了越来越多的关注，因为教师们将越来越多的时间花在考前为
学生们备考应试上。1910年冬，日后的佛教研究和中国哲学
学者蒋维乔，就对教师们将大把的课内时间花在教学生如何应
试上颇多非议。蒋维乔认为这些宝贵的时间应该花在实际讲课
上。在它看来，老师们将精力、时间花在讲课上也能降低学生
之间的竞争感，为应试而竞争显然是事倍功半的学习手段。

《教育杂志》也针对学校考试是否有用，教师们投入多少精
力、时间在备考上展开了论证。很多人认为，考试是唯一一种
可以公平地检测学生的实际水平和国家层面的学校教学质量的
方法。许多教育者到了1910年已经忘记了，正是明清两代对于
标准考试执念背后的教育逻辑，使得那些官学成了为准备科举
应试而开设的"考试中心"。[134]

1910年冬，江为龙以笔名"我一"在当期的《教育杂志》
上发表了题为《考试感言》的评论文章。在文章中他大谈当时
新式学堂中种种让人颇感讽刺的现状。江为龙一开篇就回顾了
1905年科举停废的种种原因，以及要兴办学堂的理由。很显
然，这些举措本来都是为了培养有真才实学的人，用推崇实学
的学堂培养出来的学生取代那些百无一用、追逐科举的应试书
生。但，结果呢？江为龙认为，学堂已经存在了十年之久，结
果却令人震惊："学堂之成效未收，科举之旧态复活。"

江为龙接着说，学部认为老师给学生的评价和打分并不可靠，由地方提学使和督抚举办的考试同样不足信。相反，学部更偏爱通过国家性的标准考试来测试所有考生的优劣。覆试要求那些头一次考试没通过的考生不断去应考。江为龙讽刺道："长此不变，则所谓大学、高等学、中学皆尽可停止。凡欲博奖励者，闭门自修，及时应试，一如科举。"[135]

对于那些留洋回来的学生也要参加标准化考试，江为龙表示非常不理解。[136]很多留学生留洋时间短则3—4年，长则8—10年。然而，如果无法通过学部为留学生举办的特科考试的话，他们就算有文凭也无法在官僚制中任职。根据这套教育考试逻辑，在世界各地留学数年的师生，其学力还抵不过三四天的学部考试。江为龙问道："各国大学之博士、学士、诸教员，不若我国之阅卷襄校诸官为有学问乎？"

接着，江为龙又转而评价针对游学毕业生的考试和覆试，在他看来，这些游学生聚集在京师仿佛与往昔的科举殊无二致，只不过现在他们参加的是学部组织的国家考试罢了。参加各类考试的花费和川资、吃穿用度对于各省的考生们来说，简直是惊人的昂贵。江为龙评价道，这种隐性的不平等，着实影响到了中国教育的未来。[137]

往日，科举考生们常常被金榜题名的荣耀所欺骗，觉得可以求到一官半职，或是进入翰林院就可以光宗耀祖。江为龙认为这是"醉心科举，至死不变"。然而甲午战争和庚子之变后，科举考试被认为要为国家现在的危亡负重要责任。新式学堂被建立，鼓励学生留洋学习。但在江为龙看来，科举事实上仍旧存在。唐人赵匡对科举的看法直至当时仍旧适用："所习非所用。"江为龙认为，学校又一次仅仅变成了考场大战的前线罢了，但是他并未注意到，学校也成了伴随着清政权覆灭而涌现的新一代以"中国人"为主导的现代民族国家（a new

Chinese-dominated nation-state）的教育前线。[138]

通过这些基于学校的国家级考试，清廷徒劳地想要维系其对那些被去合法化的旧式科举制的文化控制权，同时还希冀能够获取对新式学堂的教育控制权。但自 1905 年科举停废，清廷在教育方面的话语权逐渐旁落，他们再也未能重新建立起对各省、各地方的教育体系的有效控制。帝国的权力逐渐转向了新式学堂，当然，也转向了这些学堂所服务的汉人士绅群体。[139]清王朝中央政府的羸弱也体现在民事司法权上，这些权力被让渡到了各地方州、县商会这样的非政府性组织手中。事实上，正是士、商联合所结成的委员会在监管各地方和各省的学会，商会的出现只是清王朝权力的萎缩和对各省影响力下降的整体过程的一个局部变化罢了。[140]

许多非官方的教育组织和团体，在各个层级的教育改革过程中发生了激烈的争吵，因此这也进一步侵蚀了清廷对于教育政策的控制力。1905 年后，清王朝逐渐失去了对教育机构的垄断性统治力，在与体制外精英们争论教育未来走向的问题上，清王朝越来越落于下风。[141]通过掌控地方教育的入口，地方体制内官员和体制外精英接管了中央官僚制所长久把持的教育领域。随着清廷及其中枢权力的日益衰落，区域和地方一级的权力机构开始兴办教育机构，这最终加速了清王朝的覆灭，同时也成了 1912 年中华民国成立后的教育支柱。[142]清廷在延揽训练州、县官员储备人才过程中所推动的根本性的科举改革，最终成为一项影响更为深远的政治革命。[143]

617　　此外，1905 年成立的学部也一直延续到了民国时代，不过更名为"教育部"，民国教育部仍然坚持新式学堂、新式科目的教育方针。1911 年后中华民国的教育机构基本直接来自清末改革的遗产。[144]孙中山（1866—1925）还创造了"考试院"这么一个机构作为其 20 世纪 20 年代"五权分立"的组成部分，但其实这也是清末教育制度在 20 世纪的最后回响。无论是在大陆，还是之后在台湾地区，那种与大学、公立学校入学考试息息相关的 20 世纪的"考试生活"，无疑是明清科举制下科举生活的某种文化遗存。[145]

比如 1913 年 12 月，中华民国政府规定所有现在和将来委任的县官，在正式上任前都要通过专门为他们设计的省县公职候选人考试。作为未来县官的考生，要在首都参加县官考试，并回答四类考题：（1）论题；（2）司法程序和国际法题；（3）地方行政事务题；（4）关于地方习俗和历史过往的口试。1913 年民国政府的这一县官考试政策，其实是基于清廷首次于 1909 年举行的类似考试。事实上直到 1917 年，超过 73% 的县长仍是进士、举人这样的传统功名出身；1923 年，仍有 63% 的县长是在清朝统治时期考取的功名。[146]

诚然，这些历史的延续性非常重要，但不可否认的是，1898—1911 年之间，无论是中国的科举还是教育，其实都发生了巨大的断裂。一边是长久以来将希冀通过科举获取权力、富贵和地位的想法内化到自身行为中的中国家庭和宗族。他们让子孙识文断字、修习儒家经典，然后参加各地方、省、京城的科举考试。而另一边则是越来越倾向于以西方、日本模式为改革模板来改造其所设想的新的政治制度的清王朝。相比新式学堂的毕业生或是海归留学生，以经学为中心的传统科举考试功名开始贬值，这也使得那些最为传统的科举考生的社会文化地位以及程朱理学的重要性一落千丈，当然与宋学相对应的汉学也如是。传统的中国家庭对于教育的期许与新兴的清廷改革后所产生的目标机会之间，产生了越来越大的裂隙。这意味着很多保守家庭在子孙教育问题上要从他们所继承的传统教育、文学等文化资源转向新式学院文凭教育，在这一过程中，很多家庭将不可避免地遭遇失败。[147]学生群体教育意向的革命性转变，也伴随着 1905 年后政府公职招聘、选拔条件的剧烈变化。[148]
清王朝丢掉了手中原本掌控着的国家层面的、各省和各地的文
化、教育机构，事实上清王朝自己也成了其政治瓦解的掘墓人
之一。

终 论

1400—1900 年间，晚期帝制中国的科举考试体现了一种
王朝权力与士商精英之间协同运行良好的合作关系，遍及整个
帝国疆域的地方考试、乡试、会试都由不同层级的教育机构负
责维持，帝国的利益与文士们的价值体系通过这些机构达成了
双赢。本书的每一章都是在向读者展现，科举制作为一项可行
的教育和文化制度，是如何通过其自身的延续和变革来服务于
它所参与建设的国家与社会的政治、社会和思想需求。因此，
它的覆灭给末代帝国统治者和改革者们所带来的后果，是他们
所始料未及的。

本书第一、二章主要探讨了处于宋－元－明转型过程中
的本土王朝与民族政权在试图驯化文官制度和士人学说时所身
处的历史情境。虽然明初统治者曾展开多次政治清洗，以建立
明代的"独裁统治"，国家与社会之间的合作关系长久处于明
廷皇权压迫士大夫官僚的态势，但文士们依然成功地提升了程
朱理学在晚期帝制中国统治中的地位。正是因为在这个问题上
皇权与文士们达成了一致，明初文士才能确保明王朝可以在内
廷和官僚体系间维持一种政治平衡，并以程朱理学作为取士的
标准。

由于明代商业化的发展以及人口增长，明代文官选拔的范
围第一次从京城会试、省城乡试扩展到了 1200 余州县。此外因
为明清两代考生人数的激增，相比人数不断增长的举人和其他
地方性功名，进士出身有了更为卓然的优势地位。16 世纪末

开始，会试、乡试和地方政府中大部分有声望的职位都为进士所垄断。不过，透过考试体制，我们也能看到帝国王朝权力的局限性。考官群体形式多样的反抗举动，考生群体中对科举的不满，以及科场腐败，所有这些与王朝的统治目标时不时地展开拉锯战。除了考生之间的较量，科场也成为多方精英势力竞争的场所。王朝的政治利益，精英的社会利益，还有道学的文化理想，它们在实践中此消彼长、互相妥协。

第一至五章中，我的讨论主要针对明清文官体系的精英选拔过程的一系列社会历史后果，所以讨论基本限定在科举考试体制之内。之后的章节，主要探讨科举考试市场与精英文化史之间的互动关系。文士们为了能够理解他们自身因各级考试竞争过于激烈而产生的情感反应，并试图将之合理化，于是纷纷开始转向宗教或是算命、解梦等迷信活动。文官体系的考试竞争创造了一套王朝的科举科目，这套科目将士绅、军人、商人家庭团结为一个在文化上被定义为一体的身份地位群体，他们享有共同的一套以科举功名为标识的特征：（1）通用的古典文言文；（2）诵读儒家经典的共同经历；（3）对八股文文体写作的共同经验。精英文人文化的内向化（internalization），部分是由科举科目所决定的，但科举科目同时反映了文士们对帝国利益所持的看法也能够产生深远影响。对于文士阶层的道德教化，长久以来都是朝廷最为关心的议题，正因如此，他们才需要科举市场来保证他们所选择的官员可以服务于统治者家族。

官僚制一直在财政上支持着科举体制的运转，但是明末以后，他们所面临的最主要的问题就是，考官再也无法有时间、精力去仔细阅读数千份答卷。哪怕有八股文作为衡量手段，考生的最终名次仍然具有极大的不确定性。因此事实上，科场内的经学标准无法反映出一套首尾一致或一以贯之的正统观

620　念。为了回应这些挑战，于18世纪中叶始，清王朝顺应了当时的汉学风潮，科举中出现了一系列倾向于汉学的科目改革。对于数量不断增长的考生们而言，这无疑是增加考试难度的举措。1756年科举考试重新考试帖诗，而1787年则要求所有考生兼通五经。此外，试帖诗形式主义的考题要求，也赋予了考官们在八股文"文型程式"之外又一个评判考卷的工具，因此考卷批阅会更高效一些。然而1860年后，为了面对太平天国运动和西方帝国主义所带来的挑战，科举又经历了更为激进的改革。

　　科举策问题的话题类型在整体上并不具有代表性，但在特定时间、特定地点的策问题确实可以成为彼时彼地的思想知识标尺。晚期帝制中国文士们的某些治学领域，在科举中也能有所体现，比如自然科学和史学。这种兼容并包也体现了朝廷对于科举的影响力，出于政治原因朝廷有时也会放宽或是收窄科举策问题的议题范围。与此同时，我们也能在考题中看到考官们所透露的经学见解又是如何呼应了他们身处时代的思想史潮流。18世纪时，汉学的学理准则也被应用到了科举考试中。结果，道学所拒斥的唐、宋重文辞的科举考试方式（参见第一章）又卷土重来。清代中期的官员们决定在科举中恢复一些元、明时被淘汰但在宋代以前存在的考试内容。

　　晚期帝制中国的教育、文化和宗教机构也反映了王朝政权内部的复杂秩序。在这个意义上，文士文化（literati culture）成为一套在社会、宗教、政治生活的价值与地位的等级体系中最为适用的一种文化实践。[149]当这套等级系统被摧毁时，不仅仅是思想智识层面会发生巨变。儒家经典的文本，在前现代中国的历史实践中之所以能够取得思想智识权威的地位，依靠的是儒家经籍的正统地位，以及当士人们正确掌握它们后所获得的社会地位、政治地位、经济地位和文化地位的提升。当这套地位体系被动摇时，它所仰仗的儒家经典的权威地位也将被动摇；士人社会与王朝权力之间原本合作无间，他们最为珍视儒家意识形态，并从中获得了丰厚的回报。但最后，对于那些皓首穷经的士人们来说，儒家经典再也不能给他们提供一个可靠的庇护所了。

1900 年后，文士们经学研究的文本遗存仿佛一个考古发掘现场，其价值从未被它的批评者和继承者们所完全否认。简言之，当中国传统的儒家经典再也不是那些身居高位的官员们的必修知识后，经典不再是分析的基础，而成了分析的对象。作为一个后儒家经典时代的外来者，我们的阐释策略不应是在实际研究的过程中简单描述那些曾被当成理所当然的真理（儒家经典），以及那些已经一去不复返的真理化身（科举制）——前者无疑就是有着亘古不变的权威的儒家经典，后者则是在前现代社会和政治规范中将这种权威实体化的科举制度。固然，科举因其触角遍及行省的每个角落，所以考试市场成为帝国不断再塑自身权威的重要舞台，但儒家经典和道学思想同时也经由国家官学、私人书院教授给了那些远离帝国王朝权威中心的僻居一隅的人们。

1900 年后中国的教育、科举改革与清王朝所重新确立的学习西方的国家目标息息相关，学习西方这一国家目标取代了之前明清两朝保守的帝国统治目标，即不断再塑王朝权力、给予士绅地位上的优待，并将道学确认为国家正统的意识形态。国家统一的理想取代了对王朝一家一姓的效忠，乱象丛生的多民族的清帝国被艰难前行的以汉人为主体的中华民国取代，而最后中国成为一个多民族的共产主义国家。正如第一章中所说，自宋－元－明转型以来，帝国最终形成了统一，这种统一导致我们现在能够清楚地看到汉人经历了长达四百余年的"蛮夷统治"。直到 1911—1912 年辛亥革命结束、中华民国建立后，这套王朝统治的历史叙述才最终宣告终结。满人、蒙古人和之前一度被称为色目人的人群，最终隐退到了 20 世纪中国共和政体的宏大背景之中。

从清末到民国的转型过程中，新涌现的政治、制度和文化形态挑战了晚期帝制中国传统的信仰体系，同时也折射出了后者的政治制度。皇帝及其官僚体系，还有文士文化形态等，都迅速变成了腐朽落后的象征。比如传统上中国人对自然世界的很多知识都被不加分辨地贴上了"迷信"的标签，而欧、美流传过来的"现代科学"则被知识分子们视为通往知识、启蒙和国家权力的通途大道。[150] 在这其中最具代表性的变革或许就是明清两代自 1370 年到 1905 年的科举体制的政治、社会和文化功能的彻底瓦解。

诸如科举制这样的帝国制度土崩瓦解得如此之快，以至于统治集团都无法找到合适的替代方案，无论是清末的改革者还是民国初年的革命者都未能料到这一跨越两个朝代、延续五百余年的历史制度在公共生活中是如此根深蒂固。当 1890 年后他们希望在短短二十年内将这项制度去合法性时，汉人文士们所一并葬送的不仅是清王朝，还有绵延数千年的皇权统治。虽然杜赞奇并未将科举制纳入其"文化网络"（cultural nexus）之中，但他和其他一些研究印度殖民地经验的学者仍然极富洞见地指出，像中华民国这样刚刚出现的国家，一定要"赶在他们自己所释放出的那些去合法性的力量将自身击倒之前，建立起新的合法性形态"。[151] 科举制 1905 年的戛然而止，无疑就是杜赞奇观点最好的注脚。

科举制的落幕，意味着一千年以来对文士价值的精英信仰和五百多年来作为帝国正统学说的程朱理学都将寿终正寝。但这套文化和信仰体系被摧毁后所留下的文化遗产，以及其所奉行的人类经验的核心框架都不应被我们误读或是低估。因为皇权的政治、社会和文化功用长久以来被视作理所当然，并在科举考试的日常礼教实践中被长期接受，所以人们对皇权的政治、社会和文化功用所抱有的象征性幻想，仍然要比他们对某些激进改革派们所力主兴办的不切实际的学堂清楚得多，甚至那些意图良好的激进改革者们自己也未必能够完全理解他们所作所为的意义何在。在这一点上，至少永乐帝和康熙帝思考得要比慈禧皇太后及其朝廷深入太多。前者试图通过军事行动和文官官僚制来巩固自己的权力，后者则太阿倒持，几乎所有的教育权最终都流转到了汉人精英手中。

然而，1905 年覆灭的不仅仅是我之前称之为"文化监狱"的教育体制。以社会层面而言，科举功名再也不能成为士绅身份的有效指认，所以士绅阶层的子孙们纷纷转向其他升学途径，并且试图在仕途之外另谋生路。本书中多次提及的常州庄氏宗族就是一例，他们迅速从郡望声誉卓著、宗族规模巨大的书香门第，沦落为一个衰败的家庭群体。16 世纪时庄氏宗族在投资子孙参加科举考试上不惜血本，最终换来了宗族内部长年有人身为高官，而科举停废后，越来越多来自衰败家庭的子孙只能外出谋生。比如庄俞和庄适（1885—1956），他们不仅成为由新一代文明士绅构成的中国知识分子圈的一员，也成为日后现代中国知识分子的雏形。[152]

就文化层面而言，文士地位与道学思想两者之间长久以来的亲和性在 1905 年也中断了。换言之，文化精英们对官方经学知识的垄断，无论在社会层面还是政治层面上都变得不再重要。精英们转向西学和现代科学，继续研习传统经学（汉学）和程朱理学（宋学）的人越来越少，1900 年前汉学和宋学都还是帝国合法性的基础、文士们激烈争论的焦点。在此之后，经学、儒学（Confucianism）、道学（Neo-Confucianism）只能被当成历史文化的国故遗存在学部兴办的公共学堂里教

623

授，而在以白话文授课的大学里，它们则成了可以被讨论争鸣的学术领域。建立在对四书五经、正史的记诵和对唐诗作诗法的掌握之上的这套绵延千年、雄踞文化等级最高处的文士之学彻底灰飞烟灭了，尽管如今中国还保留了某些可以被称为"儒学资源"（Confucian repertoire）的技艺和习俗的文化余续，且或许有朝一日它们会迎来再次复兴。[153]

624 　　由城市化、现代化的精英们建立起的新式学堂引发了平民和农民的暴乱（参见图11.1），科举废、学堂兴带来的不仅仅是传统精英们登科告捷的"黄粱梦"的破灭，同时还附带冲击了民间文化和民间宗教。[154]过度自信的西化精英们对那些科场考生和当地民众经常聚集之场所的文化意义毫不在意，对宗教和迷信活动更是嗤之以鼻，所以很多寺院和祠庙都被强行改建成学堂。鲁迅和毛泽东（1893—1976）都意识到了农民对于强行塞到他们生活世界中的那些不知所云的"假洋鬼子"西学有多么抵触。毛泽东在文章中写道：

> "洋学堂"，农民是一向看不惯的。我从前做学生时，回乡看见农民反对"洋学堂"，也和一般"洋学生"、"洋教习"一鼻孔出气，站在洋学堂的利益上面，总觉得农民未免有些不对……乡村小学校的教材，完全说些城里的东西，不合农村的需要。小学教师对待农民的态度又非常之不好，不但不是农民的帮助者，反而变成了农民所讨厌的人。故农民宁欢迎私塾（他们叫"汉学"），不欢迎学校（他们叫"洋学"），宁欢迎私塾老师，不欢迎小学教员。[155]

　　鲁迅在其小说《孔乙己》中也塑造了一个屡试不第，直到科举停废也未能混出个名堂的漫画式的悲剧形象，"孔乙己"这个文学形象讥刺般地使今人得以回望那群在1905年后被他

图 11.1　农民捣毁新式学堂。

来源:《星期华报》，No.1（1906）。

们所身处的体制彻底遗弃的 400 多万童生和生员的凄惨命运。孔乙己原本经常造访一间小酒馆，可是后来因为窃书被打断了腿，成了一个可怜的小贼。他最终消失在了人们的视线中。可在此之前，这位身着长衫、与孔老夫子同宗的科举考生在酒馆里收获的也都是讥嘲而非尊重：

625

> "孔乙己，你当真认识字么？"孔乙己看着问他的人，显出不屑置辩的神气。他们便接着说道，"你怎的连半个秀才也捞不到呢？"孔乙己立刻显出颓唐不安模样，脸上笼上了一层灰色，嘴里说些话；这回可是全是之乎者也之类，一些不懂了。在这时候，众人也都哄笑起来：店内外充满了快活的空气。[156]

那个被考官、考生、誊录官、对读官、守卫挤得满满当当的科场、号舍及其背后巨大的制度机器不复存在了。同样消逝的还有数以百万计各村、各镇、各州或年轻、或年长，梦想着当官发财、光宗耀祖的考生们的希望与梦想。这个自 1450 年以来一直在晚期帝制中国长盛不衰的文化体制最终归于尘土。为科举制度陪葬的，是帝国王朝及其文士群体的文化自信心，统治者和文士们曾经在这种文化自信的前提下联手维系政府秩序、帝国威严和文士之学。明清两代统治者与士绅、军人和商人精英之间令人啧啧称奇的合作关系，在 1905 年后被颇为随意地抛诸脑后。尽管科举的一些制度遗产仍旧活在 1911 年后中国的现代文官体制和大学入学考试之中，但清王朝的覆灭，毫无疑问标志着帝制中国文官选拔的科举制度的文化史已然寿终正寝。

注 释

1 参见 Foucault, *Discipline and Punish*, pp.231, 272。

2 Wolfgang Frank, *The Reform and Abolition of the Traditional Chinese Examination System*, pp.28-47，其中对此问题给予了一个良好且全面的概览。

3 Nivison, "Protest against Conventions and Conventions of Protest," pp.177-201.

4 参见 Sally Borthwick, *Education and Social Change in China: The Beginnings of the Modern Era*（Stanford: Hoover Institution Press, 1983），pp.4-6, 38-64, 153-154；Marianne Bastid, *Educational Reform in Early 20-Century China*, translated by Paul J. Bailey（Ann Arbor: University of Michigan China Center, 1988），pp.10-13；以及佐藤慎一《近代中國の知識人と文明》（东京大学出版会），pp.19-26。

5 参见《中国近代教育史资料汇编：鸦片战争时期教育》，陈元晖编（上海教育出版社，1990），第 57—76 页，其中有涉及官方对教育改革问题的回应，以及第 414-434 页则包含了文士们的观点。

6 参见《清代前期教育论著选》，3/305-307，3/326-327。

7 参见陈寿祺 1807 年《乡试录》的《后序》，同上书，3/392-393。

8 同上书，3/455-456，3/459-460。

9 同上书，3/472，3/515-517。

10 参见梁章钜《制义丛话》，22.1a-18a。《中国近代教育史资料汇编》经常引用此书。

11 参见徐珂纂《清稗类钞》，1.1-178。

12 陈寿祺：《左海文集》，清刻本（约 1796—1849 年），3.22a-25a，1.25a-28b。

13 相关讨论，参见拙著 *Classicism, Politics, and Kinship*, pp.275-306。

14 参见《中国近代教育史资料汇编》，第 414—417 页。参见 Hummel, ed., *Eminent Chinese of the Ch'ing Period*, pp.610-611。

15 参见《中国近代教育史资料汇编》，第 417—430 页。

16 《清史稿》，11/3151-3152；以及《皇朝续文献通考》，1/8448。

17 《清政府镇压太平天国档案史料》（北京：社会科学文献出版社，1992），第三册，第 318、334 页。

18 参见《清历朝秀才录》，第 48a—55a 页。

19 参见徐珂纂《清稗类钞》，21.171-78；以及商衍鎏《太平天国科举考试纪略》（北京：中华书局，1961），第 24—25 页。

20 Vincent Shih, *The Taiping Ideology*, pp.42-43.

21 简又文：《太平天国典制通考》（香港：简氏猛进书屋，1958），第 263—278 页；以及 Vincent Shih, *The Taiping Ideology*, pp.98-99。

22 徐珂纂《清稗类钞》，21.177-178。

23 商衍鎏：《太平天国科举考试纪略》，第 74—80 页；以及郦纯《太平天国制度初探（下）》（北京：中华书局，1990），第 574—575、632—640 页。又见简又文《太平天国典制通考》，第 263—278 页。Vincent Shih, *The Taiping Ideology*, pp.62-65，这本书没有任何批判性地接受了罗尔纲 1933 年关于女性参加太平天国科举的观点。

24 引译自 Vincent Shih, *The Taiping Ideology*, pp.42.［参见《太平天国野史》，王文濡著，第 17 卷第 1 篇；此处引文所用版本为华文书局（无版权页，出版年份不详）刊印《中华文史丛书之六十一》（影印本）中的《太平天国野史》，《卷 17·文学传》，p.1（435）。——译者注］

25 参见大村兴道《清朝教育思想史に於ける聖諭廣訓について》，pp.233-246。又见苏双碧《洪秀全传》，第 83—88 页。

26 Vincent Shih, *The Taiping Ideology*, pp.110-33，其中讨论了太平天国的教义圣训及其基础经典文本。

27 商衍鎏:《太平天国科举考试纪略》，第 19—20 页。

28 徐珂纂《清稗类钞》，21.173-174。商衍鎏《太平天国科举考试纪略》，第 53—54 页，书中收入 1859 年天京（今南京）举行的太平天国科举八股文范文的例子，其试题引文是关于"天父上帝"。

29 商衍鎏:《太平天国科举考试纪略》，第 51—52、58—59 页。又见《中国近代教育史资料汇编》，第 461-479 页；以及郦纯《太平天国制度初探》，第 617—630 页。

30 商衍鎏:《太平天国科举考试纪略》，第 82—93 页，书中驳斥了王韬是太平天国科举状元的说法。又见 Hummel, ed., *Eminent Chinese of the Ch'ing Period*, pp.836-37。关于"真神"的考题和答文引自徐珂纂《清稗类钞》，21.174-175。

31 郦纯:《太平天国制度初探》，第 641—648 页；以及 Vincent Shih, *The Taiping Ideology*, pp.268-271。

32 明代以前，如果考生未能通过地区性的中级考试，他会以生员身份回到原籍，然后再重新开始考地区考试。参见和田正广《明代舉人層の形成過程に関する一考察》，pp.36-71。

33 简又文:《太平天国典制通考》，第 285—302 页。又见《中国近代教育史资料汇编》，第 448-461 页；以及郦纯《太平天国制度初探》，第 596 页。

34 《中国近代教育史资料汇编》，第 431—434 页。又见《洋务运动大事记》，收入徐泰来编《洋务运动新论》（长沙：湖南人民出版社，1986），第 349—448 页；以及 Hummel, ed., *Eminent Chinese of the Ch'ing Period*, pp.240-243, 331-333。

35 冯桂芬:《校邠庐抗议》，1897 年刻本（重印，台北：文海出版社），B.55a-56b。

36 冯桂芬:《校邠庐抗议》，B.56b-57a。郑观应也很早就提倡在科举原框架中纳入西学。参见下文以及 Borthwick, *Education and Social Change in China*, pp.40-42。不像他的大部分同时代人，郑观应很早就将兴办西式学校当作解决中华存亡问题的办法。

37 冯桂芬:《校邠庐抗议》，B.57a-64a, 72b-74b。

38 同上书，B66a-70a；以及 Wolfgang Frank, *The Reform and Abolition of the Traditional Chinese Examination System*, p.31。又见《光绪政要》，沈桐生编（上海：崇义堂刻本，1909），vol.10, 13.18a-20a。

39 参见《薛福成选集》（上海人民出版社，1987），第 1—2 页。

40 同上书，第 3—5 页。

41 同上书，第 3—5 页。

42 Paul J. Bailey, *Reform the People: Changing Attitudes towards Popular Education in Early Twentieth Century China*,（Edinburgh: Edinburgh University Press, 1990），

p.21.

43 《中国近代教育史资料汇编》，第 96 页。又见 Hummel, ed., *Eminent Chinese of the Ch'ing Period*, pp.90-92。

44 《中国近代教育史资料汇编》，第 97—98 页。

45 同上书，第 98—99 页。

46 参见 Mary Wright, *The Last Stand of Chinese Conservatism*, pp.79-84, 127-133；以及 Barry Keenan, *Imperial China's Last Classical Academies: Social Change in the Lower Yangzi, 1864-1911*（Berkeley: Institute of East Asian Studies, University of California, Berkeley, 1994），pp.9-28. 又见注 47。

47 参见主考官给《四川文乡试录》所写的《序》和《后序》，《四川文乡试录》，1893：4a-4b 及 69a，考官在书中对科举的完备性做了辩护。又见《中国近代教育史资料汇编》，第 435—445 页；以及 Wolfgang Frank, *The Reform and Abolition of the Traditional Chinese Examination System*, p.32.

48 《会试录》，1890：《后序》，第 86a—86b 页。

49 参见《蔡元培选集》（台北：文星书店，1967），第 462—463 页。

50 参见严复《救亡决论》，收入《戊戌变法》（上海：神州国光社，1953），3/60-71。又见 Benjamin Schwartz, *In Search of Wealth and Power: Yen Fu and the West*（New York: Harper Torchbooks, 1969），pp.22-41。

51 Bastid, *Educational Reform in Early 20th-Century China*, pp.12-13；以及 Borthwick, *Education and Social Change in China*, pp.38-64。又见 Y. C. Wang, *Chinese Intellectuals and the West, 1872-1949*（Chapel Hill: University of North Carolina Press, 1966），pp.52-59。

52 Paula Harrell, *Sowing the Seeds of Change: Chinese Students, Japanese Teachers, 1895-1905*（Stanford: Stanford University Press, 1992），pp.11-60.

53 Bailey, *Reform the People*, pp.73-75，其中有关于白话自 1899 年到 1909 年在实际教育中使用情况的讨论。

54 关于"文化网络"（cultural nexus）的概念，参见 Duara, *Culture, Power, and the State*, pp.5-6,38-41, 247-248. 有趣的是，在 pp.38-39 部分，杜赞奇否定了科举体制作为那种有组织性地勾连社会和政府的文化网络的一部分的看法。

55 参见 Chuzo Ichiko, "The Role of the Genry: An Hypothesis," in Mary Wright, ed., *China in Revolution: The First Phase, 1900-13*,（New Haven: Yale University Press, 1968），p.299；Ernest P. Young, *The Presidency of Yuan Shih-k'ai: Liberalism and Dictatorship in Early Republican China*（Ann Arbor: University of Michigan Press, 1977），pp.7-8；以及 Helen R. Chauncey, *Schoolhouse Politicians: Locality and State during the Chinese Republic*,（Honolulu: University of Hawaii Press, 1992），pp.10-11。

56 参见《大清德宗实录》（重印本，台北：华文书局），476.4378-4379（卷 79）。又见 Bailey, *Reform the People*, pp.26-27，其中强调了义和团运动是"清廷走向改革的转折点"。

57 参见 Stephen R. MacKinnon, *Power and Politics in Late Imperial China: Yuan Shi-kai*

in Beijing and Tianjin, 1901-1908（Berkeley: University of California Press, 1980），pp.3-4, 216-217。关于改革对湖南、湖北城市精英的影响，参见 Joseph W. Esherick, *Reform and Revolution in China: The 1911 Revolution in Hunan and Hubei*（Berkeley: University of California Press, 1976），pp.40-52。关于浙江省，参见 Mary B. Rankin, *Elite Activism and Political Transformation in China: Zhejiang Province, 1865-1911*（Stanford: Stanford University Press, 1986），pp.172-188。

58　参见 MacKinnon, *Power and Politics in Late Imperial China*, p.4。又见 Joseph Esherick, *The Origins of the Boxer Uprising*（Berkeley: University of California Press, 1987），pp.271-313，其中注意到义和团运动"彻底使得之前那些推翻了戊戌变法的保守政策失去了合法性"。

59　参见 K'ang Yu-wei, "Chronological Autobiography," in Jung-pao Lo, ed, and trans., *K'ang Yu-wei: A Biography and a Symposium*（Tucson: University of Arizona Press, 1967），pp.63-65。Wolfgang Frank, *The Reform and Abolition of the Traditional Chinese Examination System*, pp.32-33. 傅吾康认为康有为早期上呈的奏疏有一些是真实的，但并非所有。参见 Tang Zhijun and Elman, "The 1898 Reform Movement Revisited," *Late Imperial China* 8, 1（June 1987）: 205-213。

60　参见《康有为政论集》，汤志钧编（北京：中华书局，1981），第 106—109 页。参见 Luke S. K. Kwong, *A Mosaic of the Hundred Days: Personalities, Politics, and Ideas of 1898*（Cambridge: Harvard University Press, 1984），pp.90-93。邝兆江（Luke S. K. Kwong）认为康有为在殿试中名列第 49 名。康有为声称自己一开始在会试、殿试中高中会元、状元，但之后被政敌构陷。参见 K'ang Yu-wei, "Chronological Autobiography," p.66。

61　参见《康有为政论集》，第 107 页。鉴于康有为奏折的真伪问题，如果我们相信他在 1895 年所说的"令各省、州、县遍开艺学书院""稍改科举，大增学校"，未免会离事实太远。参见 Bastid, *Educational Reform in Early 20ᵗʰ-Century China*, pp.12。又见 Wolfgang Frank, *The Reform and Abolition of the Traditional Chinese Examination System*, pp.37-40，其中讨论了李端棻（1833—1907）1896 年奏折中明确将科举改革与兴办学校联系起来的观点。参见 Harrell, *Sowing the Seeds of Change*, pp.23-29。

62　梁启超:《饮冰室文集》（台北：中华书局，1970），1.21-23。参见 Wolfgang Frank, *The Reform and Abolition of the Traditional Chinese Examination System*, p.40。

63　梁启超:《饮冰室文集》，1.24-29。

64　同上书，pp.1.14-21, 1.27-28。又见 Wolfgang Frank, *The Reform and Abolition of the Traditional Chinese Examination System*, p.38；以及 Bastid, *Educational Reform in Early 20ᵗʰ-Century China*, pp.12。

65　参见 Wolfgang Frank, *The Reform and Abolition of the Traditional Chinese Examination System*, p.41-43；以及 Harrell, *Sowing the Seeds of Change*, pp.26-28。又见 Ayers, *Chang Chih-tung and Educational Reform in China*, pp.44-50；以及 Hummel, ed., *Eminent Chinese of the Ch'ing Period*, p.30。

66　《康有为政论集》，第 247—249、285—287 页。

67 同上书,第264—265、315—316页。又见第305—307页,内含康有为对学校的观点。

68 黄汝成:《日知录集释》,16.392-396。

69 《康有为政论集》,第268—271页。

70 参见 Teng Ssu-yü, "China's Examination System and the West," pp.441-451。

71 《康有为政论集》,第272—274页。

72 参见 Lionel Jensen, "The Invention of 'Confucius' and His Chinese Other, 'Kong Fuzi'," *Positions: East Asia Cultures Critique* 1, 2 (fall 1993): 414-449。

73 参见 Borthwick, *Education and Social Change in China*, p.73。

74 不过或许康有为对民间宗教的"排斥"也是一种精心算计。他也曾对参禅悟道表示过兴趣,但当他于19世纪90年代在北京声名鹊起之后一度闭关修隐。

75 《康有为政论集》,第279—283、311—313页。对于张之洞,参见 Wolfgang Frank, *The Reform and Abolition of the Traditional Chinese Examination System*, p.43。清初黄宗羲已经提过类似看法 (参见第四章)。关于康有为今文经学方面的著作以及将孔教重新发明为一种宗教的做法, 参见 Hsiao Kung-chuan, *A Modern China and a New World: K'ang Yu-wei, Reformer and Utopia, 1858-1927* (Seattle: University of Washington Press, 1975), pp.41-136。关于明清两代王朝在地方宗教中所扮演的角色, 参见第六章; 以及 Duara, "Subscribing Symbols," pp.778-795。

76 Charlton M. Lewis, *Prologue to the Chinese Revolution: The Transformation of Ideas and Institutions in Hunan Province, 1891-1907* (Cambridge: Harvard East Asian Research Center, 1976), pp.152-153.

77 参见《光绪戊戌科会试第九房朱卷》。

78 参见王先谦《虚受堂文集》(台北: 文华出版社, 1966), 1.1a-6a, 2.4a-8b。

79 David D. Buck, "Educational Modernization in Tsinan, 1899-1937," in Mark Elvin and G. William Skinner, ed., *The Chinese City between Two Worlds* (Stanford: Stanford University Press, 1974), pp.173-177.

80 Wolfgang Frank, *The Reform and Abolition of the Traditional Chinese Examination System*, p.48.

81 关于中国所采取的日本教育改革模式, 参见 Harrell, *Sowing the Seeds of Change*, pp.40-106。又见 Y. C. Wang, *Chinese Intellectuals and the West*, pp.59-61。

82 Wolfgang Frank, *The Reform and Abolition of the Traditional Chinese Examination System*, p.49-54, 其中详细讨论了张之洞、刘坤一的奏疏。

83 参见《静庠题名录》, 其中可以看到地方考试改革的例证。

84 对1903年乡试更为主流的描述可参见 Lewis, *Prologue to the Chinese Revolution*, pp.148-149。

85 《光绪辛丑壬寅恩正并科会试闱墨》, 1902: 1a-26a。

86 舒新城:《我和教育》(台北: 龙文出版社, 1990), 第22—23页, 其中提到了直到1904年很多地方私学仍然要求学生掌握八股文, 并要会作八韵诗。范沛潍:《清末癸卯甲辰会试述论》, 收入《中国近代史》(1933.3): 81-86, 其中对改革后的科举给予了积极评价。

87 参见《光绪辛丑壬寅恩正并科会试闱墨》, 第1a、7a、17a页。又见《光绪辛丑壬寅恩正并科会试墨卷》，1903：第九考房试卷，无连续页码号。

88　参见《光绪辛丑壬寅恩正并科会试闱墨》，第 19a—20a 页；以及《光绪辛丑壬寅恩正并科会试墨卷》，第 7a—8a 页，第 5a—6b 页（单独抄本）。又见《中外时务策问类编》，1903 年刻本，7.11b-13a。参见 Harrell, *Sowing the Seeds of Change*, pp.65-66。

89　《光绪辛丑壬寅恩正并科会试墨卷》，第 7a—8a 页（单独抄本）。

90　同上书，第 5a—6b 页（单独手稿）

91　关于学生对明治时期日本的了解情况，参见胡适《四十自述》，收入《胡适自传》（合肥：黄山书社，1986），第 43—44 页。

92　参见《中外时务策问类编大成》，7.12a—13a，其中包含其他策论。参见《光绪辛丑壬寅恩正并科会试墨卷》，第 1a—1b 页，内含主考官对史宝安的最终评价以及考房考官对于其每场考试文章的评价。

93　参见 Levenson, *Confucian China and Its Modern Fate*, 1/100-08 中对此的讨论。

94　科举改革对于家学的影响，参见《郭沫若选集》（成都：四川人民出版社，1979），第 38 页。

95　参见《中外时务策问类编大成·目录》，第 1a—28b 页。

96　同上书，第 13a—13b 页。

97　参见《中外时务策问类编大成》，6.1a-6b，7.1a-17a。又见 Wolfgang Frank, *The Reform and Abolition of the Traditional Chinese Examination System*, p.54-56。

98　关于袁世凯在教育改革中所扮演的角色问题，参见 MacKinnon, *Power and Politics in Late Imperial China*, pp.138-151。关于张之洞，参见 Daniel H. Bays, *China Enters the Twentieth Century: Chang Chih-tung and the Issues of a New Age, 1895-1909*（Ann Arbor: University of Michigan Press, 1978），pp.108-124。参见 Wolfgang Frank, *The Reform and Abolition of the Traditional Chinese Examination System*, p.56-57；以及 Ssu-yü Teng and John Fairbank, *China's Response to the West: A Documentary Survey, 1839-1923*（New York: Atheneum, 1967），pp.206-207，其中翻译了奏疏的部分内容。

99　1904 年清廷奏疏的英译参见 Wolfgang Frank, *The Reform and Abolition of the Traditional Chinese Examination System*, p.59-64，后面还有清廷上谕。

100　参见《东方杂志》1904 年第 1 期，教育版块，第 121—124 页。

101　舒新城：《近代中国教育思想史》（上海：中华书局，1932），第 6—7 页。英译见 Borthwick, *Education and Social Change in China*, p.38。

102　参见《东方杂志》1904 年第 8 期，教育版块，第 178—180 页。

103　Chuzo Ichiko, "Political and Institutional Reform, 1901-11," in John K. Fairbank and Kwang-ching Liu, eds., *The Cambridge History of China*, vol.11, part 2（Cambridge: Cambridge University Press, 1980），pp.376-383；以及 Wolfgang Frank, *The Reform and Abolition of the Traditional Chinese Examination System*, p.65-67。关于中日两国自发的中文媒体的兴起，参见 Esherick, *Reform and Revolution in China*, pp.45-46；Leo Ou-fan Lee and Andrew J. Nathan, "The Beginning of Mass Culture: Journalism and Fiction in the Late Imperial Ch'ing and Beyond," in David Johnson, Andrew Nathan, and Evelyn Rawski, eds., *Popular Culture in Late Imperial China*, pp.361-378；以及 Harrell, *Sowing the Seeds of Change*, p.102ff。

104　参见《静庠题名录》，2.24a，其中包含 1905 年最后一次州县考试的内容。

105 Wolfgang Frank, *The Reform and Abolition of the Traditional Chinese Examination System*, p.69-71. 又见 Cyrus Peak, *Nationalism and Education in Modern China*（New York: Columbia University Press, 1970），p.71. 于加利福尼亚大学洛杉矶分校就读的丛小平正在写一本讨论新式师范学校传统的博士论文［即之后修改出版的《师范学校与中国的现代化：民族国家的形成与社会转型，1897—1937》（*Teachers' Schools and the Making of the Modern Chinese Nation-State, 1897-1937*）一书。——译者注］。

106 比如可参见《东方杂志》2, 2（1905），教育板块，第 23—217 页；2, 11（1905），第 283-287 页。参见阿部洋《〈東方雜誌〉にみられる清末教育史資料について（上下）》，载《歴史評論》137, 1（1962）：23-33；137, 2（1962）：22-23。

107 参见郭沫若《郭沫若选集》，第 61 页。参见阿部洋《＜東方雜誌＞にみられる清末教育史資料について（上下）》，p.27。

108 参见《论废科举后补救治法》，载《东方杂志》2, 11（1905），教育版块，第 251—254 页。

109 关于清末士商精英及其新式的公共观点，参见 Joan Judge, "Public Opinion and the New Politics of Contestation in the Late Qing, 1904-1911," *Modern China* 20, 1（January 1994）: 64-91. 关于教育协会，可参见 Stephen Averill, "Education and Local Elite Politics in Early Twentieth Century China," 论文于 1996 年 4 月在夏威夷火奴鲁鲁（Honolulu, Hawaii）举办的北美亚洲学年会上发表。

110 统计数字刊载于《教育杂志》，2, 7（1910）：1861-1862。

111 《东方杂志》2, 12（1905），教育版块，第 301—309 页。又见 Borthwick, *Education and Social Change in China*, pp.77, 105-108；以及 Esherick, *Reform and Revolution in China*, pp.147-148。

112 参见《清国行政法》（东京：临时台湾旧惯调查会金港堂，1910-14），III/521-531。

113 《东方杂志》3, 3（1906），教育版块，第 29-34 页；以及 3.1（1906），pp.1-3. 又见严复《救亡决论》，3/60-71。

114 Averill, "Education and Local Elite Politics in Early Twentieth Century China," pp.23-24. 又见 Joan Judge, *Print and Politics: "Shibao" and the Culture of Reform in Late Qing China*（Stanford: Stanford University Press, 1996），pp.151-152。

115 齐藤秋男：《中國學制改革の思想と現實》，载《專修人文論集 4》（1969 年 12 月）：1-25，其中重点分析了辛亥革命之前的新式学堂。

116 Mark Elvin, "The Collapse of Scriptural Confucianism," *Papers on Far Eastern History* 41（1990）: 45-76. Harrell, *Sowing the Seeds of Change*, p.214，其中注意到了清政府文官体系中所任用的接受过海外训练的官员中，有 90% 的人是从日本学校毕业的。关于此问题，参见 Y. C. Wang, *Chinese Intellectuals and the West*, p.24. 又见 Averill, "Education and Local Elite Politics in Early Twentieth Century China," pp.35, 43；以及王建军《中国近代教科书发展研究》（广州：广东教育出版社，1996），全书都涉及此问题。

117 参见 Bailey, *Reform the People*, pp.37-48；以及 David Buck, "Educational Modernization in Tsinan," pp.178-186。

118 阿部洋：《〈東方雜誌〉にみられる清末教育史資料について（上下）》，p.23；以及

Bailey, *Reform the People*, pp.64-67。

119 《教育杂志》1，4（1909），言论，第58—62页。

120 参见舒新城《我和教育》，第14—18页；郭沫若《郭沫若选集·第一卷上》，第32-37页；以及李宗黄《李宗黄回忆录》（台北：地方自治学会，1972），第41页。参见马叙伦《我在六十岁以前》（上海：生活书店，1947），第2—8页；以及胡适《四十自述》，第20—25页。胡适从未写过制艺文，1901年科举改革后八股停废，因此他也躲过了八股文。参见第27、43—44页。

121 舒新城《我和教育》，第39—45页；以及李宗黄《李宗黄回忆录》，第50—52页。参见 Bailey, *Reform the People*, pp.116-17；以及 Xiaoqing C. Lin, "Social Science and Social Control: Empirical Scientific and Chinese Uses." *Chinese Science* 14（1997）。

122 《教育杂志》1,5(1909)，言论，第67—70页，以及3.5(1911)，言论，第52—54页。

123 Bailey, *Reform the People*, pp.73-75，其中讨论了1899-1909年间白话在教育中的使用情况。又见 M. Dolezelova-Velingeroova, "The Origins of Modern Chinese Literature," in Merle Goldman, ed., *Modern Chinese Literature in the May Fourth Era*（Cambridge: Harvard University Press, 1977），pp.19-20。

124 参见《毗陵庄氏增修族谱》，1935年刻本（常州），7B.26a。参见 Elman, *Classicism, Politics, and Kinship*, chap.2。

125 《教育杂志》3，2（1911），言论，第21—32页。但小学堂的高年级班仍需要学习《孟子》、《大学》和《中庸》等经籍。参见3.2（1911），法令，第9—13页。参见 Bailey, *Reform the People*, pp.140-141。

126 相关数量参见《教育杂志》2，1（1910），评论，第3-4页中的表三。

127 参见《教育杂志》1，8（1909），法令，第51—54页中有关学部宣布此类考试规章的内容；1，11（1909），法令，第63—67页。又见徐珂纂《清稗类钞》，21.61-62。

128 参见房杜联喆《经济特科》，载《中国现代史丛刊》3（1969）：1-44。又见 Ernest Young, *The Presidency of Yuan Shih-k'ai*, p.67, 270n38。

129 参见《宣统庚戌科第一次考试法官同年录》，1910刻本，全书都涉及此问题。

130 参见《光绪三十三年丁未科科举贡考职同年齿录》，1907年刻本；以及《宣统二年庚戌科直省举贡会考齿录》，1910年刻本。又见 Meribeth Cameron, *The Reform Movement in China, 1898-1912*（Stanford: Stanford University Press, 1931），pp.82-83。

131 参见《宣统乙酉科简易明经通谱》，1909年刻本，全书都涉及此问题。

132 参见商衍鎏《清代科举考试述录》，前几章有讨论相关问题，商衍鎏对于太平天国运动时期科举的论述在本章前文已有论及。

133 Sin-Jan Chu, *Wu Leichuan: A Confucian-Christian in Republican China*,（New York: Peter Lang, 1995），pp.5-6.

134 《教育杂志》2，8（1910），主张，第3—4页；2，10（1910），质疑问答，第23—32页。蒋维乔与庄俞一样，都是来自常州的学者。

135 《教育杂志》2，5（1910），评论，第13页。

136 Y. C. Wang, *Chinese Intellectuals and the West*, pp.68-71，其中讨论了留学生考试。

关于留学生考试的规定在 1903 年的条例中语焉不详，但直到 1905 年 14 名留日学生归国，清廷才正式开始举办此类考试。1908 年，此时的留学生考试分为两阶段，第一阶段是学部试，第二阶段是天子试，考毕即可任职。对于科学科目的考生来说，汉文儒家经典不是必考科目，但是最终排名一定会向他们倾斜。留学生增长人数如下：38（1907 年），107（1908 年），400（1911 年）。

137 《教育杂志》2，5（1910），评论，第 13—15 页。

138 同上书，第 15—16 页。

139 David Buck, "Educational Modernization in Tsinan," pp.173, 182-185.

140 参见 Ma Min and Li Yandan, "Judicial Authority and the Chamber of Commerce: Merchant Dispute Mediation and Adjudication in Suzhou City in Late Qing," 本文发表于加州大学洛杉矶分校中国研究中心（the Center of Chinese Studies at UCLA）于 1993 年 8 月 8—10 日资助举办的晚期帝制中国的法与社会学术研讨会（the Conference on Law and Society in Late Imperial China）上。

141 参见 Bailey, *Reform the People*, pp.136-39; Borthwick, *Education and Social Change in China*, pp.93-109; 以及 Chauncey, *Schoolhouse Politicians*, pp.22-24, 59-64。

142 John Fincher, "Political Provincialism and the National Revolution," in Mary Wright, ed., *China in Revolution: The First Phase, 1900-13*（New Haven: Yale University Press, 1968），pp.188-189. 参见 Chuzo, "The Role of the Gentry," p.302; 以及 Ernest Young, *The Presidency of Yuan Shih-k'ai*, pp.9-14。

143 Odoric Wou, "The District Magistrate Profession in the Early Republican Period," *Modern Asian Studies* 8, 2（April 1974）: 217-245.

144 参见 Mary Wright, "Introduction: The Rising Tide of Change," in Wright, ed., *China in Revolution: The First Phase, 1900-13*, pp.30-44，其中讨论了"建设新社会"的问题。又见 David Buck, "Educational Modernization in Tsinan," pp.179-181。

145 Julia Strauss, "Symbol and Reflection of the Reconstituting State: The Examination Yuan in the 1930s," *Modern China* 20, 2（April 1994）: 211-238. 参见 Roland Depierre, "Maoism in Recent French Educational Thought and Practice," in Ruth Hayhoe and Marianne Bastid, ed., *China's Education and the Industrialized World: Studies in Cultural Transfer*（Armonk, N.Y.: M. E. Sharpe, 1987），pp.199-224。

146 Odoric Wou, "The District Magistrate Profession in the Early Republican Period," pp.219-224.

147 参见拙著 *Classism, Politics, and Kinship*, pp.22-25，其中有讨论 1900 年以前的中国家庭和宗族的文化资源是如何通过科举考试的成功被转化为社会地位和政治权力的。

148 参见 Pierre Bourdieu, *Homo Academicus*（Stanford: Stanford University Press, 1988），pp.156-165。

149 参见 Rieff, *The Feeling Intellect*, pp.221-222, 247-248。

150 参见 Peter Buck, *American Science and Modern China*（Cambridge: Cambridge University Press, 1980），pp.91-121。

151 参见 Duara, *Culture, Power, and the State*, pp.242-243。此外在此书 pp.38-39 中，

杜赞奇更喜欢将科举制放置在早先的中国帝制权力历史范式中去理解，他认为帝制范式最终被"士绅社会"的范式取代了。在杜赞奇看来，士绅社会范式如今应该要被"文化网络"范式取代了。不幸的是，他所认为的范式转移只是用新的学术解释来取代旧的学术解释，而他们最应该阐释的是之前的学术观点解释了哪些问题，它是否能解释更多的现象。结果，虽然杜赞奇并未将科举制纳入其对晚期帝制中国的文化网络中，但我在本书中依然试图向读者展示，晚期帝制皇权的文教制度设计是如何将城市士商精英和农村普通平民一齐纳入其对科举考试制度文化功能的考量之中的。

152 参见《毗陵庄氏增修族谱》，1.27a，7B.26a。

153 参见 Wei-ming Tu, ed., *Confucian Traditions in East Asian Modernity* (Cambridge: Harvard University Press, 1996)，全书都涉及此问题。

154 参见 Borthwick, *Education and Social Change in China*, pp.105-118。

155 参见 Lu Xun, "The True Story of Ah Q," in *Lu Hsun: Selected Stories*, translated by Yang Hsien-yi and Gladys Yang (New York: Norton, 1977)，pp.65-112；以及 Mao, "Report on an Investigation of the Hunan Peasant Movement," in William Theodore de Bary et al., ed., *Sources of Chinese Tradition* (New York: Columbia University Press, 1960)，2/214-215。

156 Lu Hsun, "K'ung Yi-chi," in *Lu Hsun: Selected Stories*, p.21.

附录一　科举考试一手文献，1148－1904（1042种记载）

I. 南宋（1127－1279）科举考试：记载2种

1148年，《绍兴十八年同年小录》。进士录。明代1491年、1595年两种刻本及1835年刻本后序。

1256年，《宝祐四年登科录》（1256年殿试录）。

又见：

《中国状元全传》，车吉心、刘德增编，济南：山东美术出版社，1993。

《历代金殿殿试鼎甲硃卷》，2册，仲光军编，石家庄：花山文艺出版社，1995。

《历代贡举志》，冯梦祯编，上海：商务印书馆，1936。

《宋会要辑稿》，台北：世界书局，重印本，1964。

《宋历科状元录》，朱希召编，明嘉靖刻本，台北：文海出版社，重印本。

《宋元科举三录》，徐乃昌辑，1923年版（在以前刻本基础上重刊）。

《太平御览》，李昉等编，台北：商务印书馆，重印本，1968。

《唐宋科场异闻录》，广东味经堂书房刻本；钱塘，1873年重印本。

《韵略条式》，南宋科举考试稿本。

《文献通考》，马端临编，收入《十通》，上海：商务印书馆，1936。

《五礼通考》，秦蕙田撰，1761。

《玉海》，王应麟编，台北：华文书局，重印本，1964。

II. 元代（1280－1368）科举考试：记载8种

1314年，《江西乡试录》

1315年，《会试录》

1315年，《廷试进士问》

1317年，《会试录》

1318年，《廷试进士问》

1321年，《会试录》

1324年，《会试录》

1327年，《会试录》

1330年，《会试录》

1333 年,《会试录》

1333 年,《元统元年进士录》

1334 年,《御试策》

1335 年,《湖广乡试录》

1350 年,《山东乡试题名记》

1351 年,《进士题名记》

1360 年,《国子监贡士题名记》

1362 年,《山东乡试题名碑记》

1366 年,《国子监贡士题名记》

又见:

《程氏家塾读书分年日程》,程端礼编,1315 年序,清刻本(台北:艺文印书馆,重印本)。

《续文献通考》,王圻编,收入《十通》,上海:商务印书馆,1936。

《历代金殿殿试鼎甲硃卷》,2 册,仲光军编,石家庄:花山文艺出版社,1995。

《宋元明三朝状元及第》,明刻本。

《元进士考》,钱大昕编,北京图书馆善本部所收藏清代稿本。

III. 明代(1368—1644)科举考试记载:京城及各省记载 153 种

(1)《明代殿试登科录》等:54/48 种记录

天一阁:50+ 种记录;现存中国大陆其他地区及台湾地区的共 56 种

1371,1400,1411,1412,1433,1436,1457,1466,1469,1472,1475,1490,1493,1496,1499,1504,1505,1508,1517,1521,1529,1535,1538,1541,1544,1547,1553,1556,1559,1562,1568,1571,1577,1580(2),1583(2),1586(2),1595,1598(2),1599,1601(2),1604,1607,1610(2),1622,1634,1637,1640,1643

又见:

《状元传》,曹济平编,郑州:河南人民出版社,1992。

《状元策》,焦竑、吴道南编,1484—1640 年间殿试文章,明末刻本;1487—1637 殿试文章,清 1733 年刻本。

《状元图考》[原名《明状元图考》(见下)],顾鼎臣等编,后陈枚和简侯甫增补了明代 1631—1682 年的记载。

《中国状元全传》，车吉心、刘德增编，济南：山东美术出版社，1993。

《皇明进士登科考》，俞宪编，明嘉靖刻本。

《皇明状元全策》，蒋一葵编，收录1371—1589年殿试，1591。

《皇明历科状元录》，陈鎏编，明刻本。

《皇明三元考》，张弘道、张凝道编，明末刻本，1618年后。

《科名盛事录》，张弘道、张凝道编，明刻本。

《广东历代状元》，陈广杰、邓长琚编，广州文化出版社，1989年。

《历科廷试状元策》，焦竑、吴道南编，从1478年到1640年，明末刻本。

《历代金殿殿试鼎甲硃卷》，2册，仲光军编，石家庄：花山文艺出版社，1995。

《明登科录索引稿》，日本京都大学人文研究学部编，明末清初社会和文化研究团体，1995。

《明状元图考》，顾鼎臣编，其孙顾祖训补订，内含1371—1571年的记载。1607年刻本则由吴承恩和程一桢根据截至1604年的史料增补。1607—1628年的相关史料由不具名的编者完成编纂。

《苏州状元》，李嘉球编，上海社会科学院出版社，1993。

（2）《明代会试录》等32种，按年编录

天一阁：40种；现存中国大陆其他地区及台湾地区的共54种

1371，1400，1415，1445，1469，1472，1475，1478，1481，1484，1487，1490，1496，1499，1502，1508，1520，1523，1535，1541，1544，1547，1559，1562，1568，1571，1583，1586，1601，1619，1622

又见：

《前明科场异闻录》，广东味经堂书房刻本；钱塘，1873年重刻本。

《前明贡举考略》，黄崇兰编，内含1370—1643年间会试和乡试，1834。

《制义科琐记》，李调元，关于明清科举考试，收入《丛书集成初编》，1935—1937。

《举业正式》，内含1529—1553年间会试，嘉靖刻本，约1553。

《皇明程世录》，1469—1499，会试，明末万历刻本。

《皇明程世典要录》1371—1625，会试，明末刻本。

《皇明乡会试二三场程文选》，1504—1633 策问及策论，1633 年刻本。

《皇明贡举考》，张朝瑞编，1371—1577 年间会试，明万历刻本。

《皇明策衡》，茅维编，1504—1604 年间策论及策论；吴兴，1605 年刻本。

《明代登科录汇编》，22 册，台北：学生书局，1969。

《明代巍科姓氏录》，张惟骧编，1371—1643 年间会试和殿试；清代刻本，收入《明代传记丛刊》，台北：明文书局，1991 年重印本。

《明万历至崇祯间乡试录会试录汇辑》，内含 1595—1628 年间科举考试，明末刻本。

《南雍志》，黄佐（1490—1566）编，明代刻本重刊，8 册；台北：伟文图书公司，1976。

（3）《明代乡试录》等：67/43 种记录

天一阁 280 种；现存中国大陆其他地区及台湾地区的共 324 种

1399，1465，1468，1471，1489（2），1492（2），1501，1504，1507，1516，1519，1522（2），1525，1528，1531（4），1532，1534，1537（2），1540，1544，1546，1549（2），1552（3），1555，1558（4），1561，1564，1567（3），1573（2），1576，1579（2），1582，1585，1591，1594（2），1597，1600（4），1606（2），1618，1624，1627，1630，1639（3）

又见：

《举业正式》1534—1543 年乡试，嘉靖刻本，约 1553。

《皇明乡会试二三场程文选》，1504—1633 策问及策论，1633 年刻本。

《皇明贡举考》1370—1579 乡试。

《皇明策衡》，茅维编，乡试策问及策论，1504—1604；吴兴，1605 年刻本。

《明万历至崇祯间乡试录会试录汇辑》，内含 1595—1628 年的科举考试，明末刻本。

《太学文献大成》，20 册，北京：学苑出版社，1996。

A.《浙江乡试录》，内含记载 18 种

1468，1492，1507，1516，1522，1525，1528，1546，1549，1555，1558，1567，1576，1582，1591，1600，1606，1618

又见：

《皇明浙士登科考》，1370—1619 浙江乡试，约 1621 年刻本。

B.《应天府乡试录》，内含记载 9 种

1399，1492，1501，1522，1532，1540，1549，1597，1630

又见：

《南国贤书》，张朝瑞编，1370—1600 三年一度的乡试名录，1633 年刻本。

《南国贤书》约 1600 年刻本，1474—1600，共载 43 次应天乡试。

C.《山东乡试录》，内含记载 10 种

1465，1489，1504，1519，1544，1552，1561，1585，1594，1639

又见：

《皇明山东历科乡试录》，内含 1369—1643 年间山东乡试，约 1642 年刻本。

D.《顺天乡试录》，内含记载 6 种

1531，1537，1552，1558，1600，1609

E.《云贵乡试录》，内含记载 5 种

1531（Y-K），1537（K），1573（K），1579（Y）

F.《江西乡试录》，内含记载 4 种

1558，1567，1609，1627

G.《河南乡试录》，内含记载 3 种

1531，1579，1606

H.《山西乡试录》，内含记载 3 种

1531，1537，1639

I.《福建乡试录》，内含记载 2 种

1552，1600

又见：

《福城乡进士题名记》，内含 1370—1546 福建乡试，约 1546 年稿本。

《闽省贤书》，邵捷春编，共汇录福建 1370—1636 年间三年一度乡试共 88 次；约刊刻于 1636 年。

J.《陕西乡试录》，内含记载 2 种

1567，1639

K.《广西乡试录》，内含记载 2 种

1471，1624

L.《湖广乡试录》，内含记载 1 种

1489

M.《广东乡试录》，内含记载 1 种

1558

N.《四川乡试录》，内含记载 1 种

1564

IV. 清代（1644 – 1911）会试、乡试和地方科举考试记录 869 种（含俄罗斯馆和回回馆史料）

（1）《清代殿试登科录》，内含记载 56 种

1649，1651，1652，1655，1658，1659，1661，1664，1667，1670，1673，1685，1697，1700，1703，1706，1712，1713，1718，1724，1730，1733，1739，1748，1751，1752，1754，1757，1760，1761，1763，1766，1769，1780，1796，1801，1802，1805，1818，1819，1820，1823，1829，1835，1836，1838，1841，1852，1853，1859，1860，1868，1874，1892，1901—1902，1903

又见：

《钦定鼎甲策》，内含 1853—1883 年间科举文章，出版年份不详。

《清朝的状元》，宋元强编，长春：吉林文史出版社，1992。

《清代状元奇谈》，周蜡生编，北京：紫禁城出版社，1994。

《清代状元谱》，周蜡生编，北京：紫禁城出版社，1994。

《状元策》，嘉庆刻本，内含 1646—1769 年间殿试文章。

《中国历代状元录》，沈阳出版社，1993。

《中国历代殿试卷》，邓洪波编，海南出版社，1993。

法兰西公学（Collège de France），东亚图书馆，巴黎，殿试卷原本，1684—1904 年间，共 34 种。

复旦大学图书馆善本部，清代殿试考卷和翰林散馆试卷。

《广东历代状元》，陈广杰、邓长琚编，广州文化出版社，1989。

《国朝虞阳科名录》，王元钟编，清进士名册 1647—1850，1850 年刻本。

《历科状元策》，台北，广文书局，清末刻本重印本，1976。内含1808—1876 年间策论。

《历代金殿殿试鼎甲硃卷》，2 册，仲光军编，石家庄：花山文艺出版社，1995。

《苏州状元》，李嘉球编，上海社会科学院出版社，1993。

《鼎甲征信录》，阎湘蕙编，1864 年刻本。

加州大学洛杉矶分校研究图书馆韩玉珊特别馆藏（Han Yü-shan Special Collection in the UCLA University Research Library），内含1646—1904年间记载56种。

（2）金榜进士题名，56种

1667，1673，1676，1703，1712，1718，1724，1727，1736，1737，1739，1742，1745，1748，1752，1754，1757，1760，1763，1766，1769，1771，1772，1775，1778，1780，1784，1787，1789，1790，1796，1799，1801，1805，1809，1817，1820，1822，1826，1832，1835，1838，1841，1845，1847，1852，1856，1876，1877，1880，1883，1886，1890，1892，1894，1895

又见：

《进士三代履历便览》，内含1646—1721年间进士资料，出版时间不详。

（3）《清代会试录题名录》等，内含记载64/62种

1647，1652，1655，1658，1659，1664，1667，1679，1682，1685，1691，1694，1700，1703，1710，1720，1724，1729，1730，1734，1737，1739，1742，1748，1751，1752，1754，1760，1763，1766，1793，1796，1802，1808，1811，1823，1832，1835，1838，1842，1844，1845（2），1847，1850，1852，1859，1860，1862，1865，1868，1874，1883，1886，1889，1890，1892，1894，1895，1898，1901—1902，1902—1903，1904（2）

又见：

《制义丛话》，梁章钜编，1843年刻本；台北：广文书局，重印本，1976。

《钦定科场条例》，1832年、1887年刻本。

《钦定磨勘条例》，清代乾隆末年刻本。

《清代硃卷集成》，台北：成文出版社，重印本，与上海图书馆合作出版，共420册，1993—1994。

《续增科场条例》，1855年刻本。

《选举志事迹》台北故宫博物院，清代科举考试部分资料。

《国朝科场异闻录》，广东味经堂书房刻本，钱塘，1873年重印本。

《国朝贡举考略》，黄崇兰编，内含1645—1826年间会试和乡试资

料，1834年刻本。

台北中研院明清档案，1655—1903，含会试，殿试和乡试档案。

北京，中国第一历史档案馆，1646—1904，含会试，殿试和乡试档案。

《淡墨录》，李调元，收入《函海》，1881年由李调元编定。

（4）《清代乡试题名录》等共623/109种［1645—1903 = 258年；每2.22年（258/116）；年均5.67种］

（缺：1663，1666，1669，1675，1687，1717，1804）

1645，1646，1648，1651，1654，1657，1660，1672，1678，1681，1684，1690，1693，1696，1699，1700，1702，1705，1708，1711，1713，1720，1723，1726，1729，1732，1735，1736，1738，1741，1744，1747，1750，1752，1753，1754，1756，1759，1760，1762，1765，1768，1770，1771，1774，1777，1779，1780，1783，1786，1788，1789，1792，1794，1795，1798，1799，1800，1801，1807，1808，1810，1813，1816，1818，1819，1821，1822，1825，1828，1831，1832，1833，1834，1835，1836，1837，1839，1840，1843，1844，1846，1849，1851，1852，1855，1856，1858，1859，1861—1862，1864，1867，1870，1873，1875，1876，1879，1882，1885，1888，1889，1891，1893，1894，1897，1900，1901，1902，1903

又见：

《近科全题新策法程》，刘坦之评点，1764年刻本。

《国朝海宁举贡表》，内含1646—1903年乡试名录，清末稿本。

《国朝虞阳科名录》，内含1645—1851年乡试名录。

《太学文献大成》，20册，北京：学苑出版社，1996。

A.《顺天乡试录》等共70种

1654，1657，1660，1684，1693，1702，1705，1708，1723，1726，1729，1732，1735，1736，1738，1741，1744，1747，1750，1752，1753，1754，1756，1759，1768，1779，1780，1788，1789，1795，1801，1807，1808，1810，1813，1816，1818，1819，1821，1822，1825，1828，1831，1832，1835，1837，1838，1844，1849，1851，1852，1855，1858，1859，1861，1864，1867，1870，1873，1875，1879，1882，1885，1888，1889，1891，1893，1894，1897，

1900

B.《清代江南乡试录》等共51种

1648，1651，1657，1672，1678，1681，1684，1687，1690，
1696，1699，1702，1711，1713，1714，1720，1729，1735，1738，
1741，1744，1747，1750，1753，1756，1759，1760，1770，1807，
1810，1813，1816，1822，1825，1831，1832，1835，1839，1843，
1849，1851，1852，1859，1864，1885，1889，1893，1894，1897，
1902，1903

C.《四川乡试录》等共59种

1684，1687，1689，1690，1696，1699，1702，1705，1708，
1711，1713，1729，1732，1735，1736，1738，1741，1744，1747，
1750，1752，1753，1756，1759，1760，1768，1770，1771，1786，
1800，1807，1810，1816，1821，1822，1825，1828，1831，1832，
1834，1835，1844，1846，1849，1851，1855，1858，1859，1870，
1875，1879，1882，1885，1888，1893，1894，1900，1902，1903

D.《浙江乡试录》共41种

1699，1702，1705，1711，1723，1735，1747，1750，1753，
1759，1762，1765，1768，1770，1771，1777，1792，1807，1813，
1816，1819，1831，1834，1835，1837，1839，1840，1844，1846，
1849，1851，1852，1855，1858，1882，1885，1893，1894，1897，
1900—1901，1902

又见：

《浙东课士录》，薛福成编，1894年刻本。

《国朝两浙科名录》，1646—1858年间乡试，1857年刻本（北京）。

《本朝浙闱三场全题备考》，内含1646—1859年间科举考试记载，
清末刻本。

E.《山东乡试录》等共42种

1648，1651，1672，1678，1687，1702，1711，1713，1724，
1738，1747，1753，1759，1762，1768，1771，1783，1795，1807，
1808，1810，1813，1818，1819，1822，1831，1832，1839，1851，
1855，1858，1859，1861—1862，1870，1873，1875，1879，1885，
1888，1894，1897

又见：

《国朝山东历科乡试录》，内含1645—1777年间山东科举考试记载，

约 1777 年刻本。

F.《福建乡试录》等共 26 种

1684，1690，1708，1711，1741，1752，1753，1755，1756，1758，1759，1765，1798，1807，1822，1831，1849，1851，1852，1855，1875，1885，1891，1893，1897，1902

又见：

《制义丛话》，卷 16—17。

G.《陕西乡试录》等共 35 种

1645，1646，1651，1672，1684，1687，1690，1700？，1741，1744，1750，1756，1759，1760，1765，1788，1795，1800，1807，1810，1822，1825，1831，1833，1834，1835，1836？，1843，1851，1861，1885，1893，1894，1897，1903

H.《广西乡试录》等共 44 种

1701，1723，1724，1735，1738，1741，1747，1753，1759，1760，1765，1768，1770，1771，1779，1783，1795，1799，1804，1807，1808，1810，1813，1816，1818，1819，1822，1828，1831，1839，1843，1844，1846，1849，1856，1861，1862，1864，1867，1870，1875，1893，1894，1897

I.《广东乡试录》等共 44 种

1651，1654，1699，1702，1705，1729，1735，1737，1738，1741，1747，1759，1760，1762，1765，1768，1770，1794，1795，1807，1808，1810，1813，1816，1818，1819，1822，1825，1831，1832，1837，1844，1849，1851，1856，1862，1856，1875，1882，1885，1893，1894，1897，1900

J.《河南乡试录》等共 32 种

1702，1705，1723，1735，1738，1741，1760，1762，1774，1777，1780，1789，1795，1798，1807，1808，1810，1813，1819，1822，1831，1843，1849，1851，1858，1875，1885，1891，1893，1894，1897，1902—1903

K.《云南乡试录》等共 38 种

1672，1684，1687，1699，1705，1711，1726，1729，1735，1736，1738，1741，1744，1747，1750，1756，1759，1760，1762，1768，1770，1807，1810，1813，1816，1819，1821，1831，1851，1855，1864，1882，1885，1891，1893，1894，1897，1903

L.《贵州乡试录》等共 30 种

1693，1699，1705，1711，1736，1741，1750，1759，1760，1762，1771，1795，1797，1801，1807，1811，1813，1818，1819，1822，1828，1831，1832，1835，1840，1846，1851，1873，1885，1893

M.《江西乡试录》等共 32 种

1672，1693，1696，1699，1702，1708，1724，1735，1736，1741，1750，1756，1759，1762，1768，1788，1807，1808，1813，1822，1831，1851，1862，1875，1876，1882，1885，1891，1893，1897，1900，1903

N.《山西乡试录》等共 26 种

1702，1708，1711，1729，1735，1741，1744，1760，1762，1794，1795，1807，1808，1816，1818，1819，1831，1840，1849，1851，1862，1885，1893，1894，1900，1903

O.《湖广湖北乡试录》等共 9 种

1684，1690，1702，1756（H-P），1762（H-P），1765（H-P），1768（H-P），1795（H-P），1807（H-P）

P.《湖南乡试录》等共 26 种

1738，1746，1747，1753，1762，1767，1777，1795，1788，1807，1813，1816，1819，1822，1825，1831，1832，1839，1851，1858，1862，1882，1885，1893，1894，1903

Q.《湖北乡试录》等共 12 种

1759，1831，1849，1851，1858，1873，1876，1882，1885，1891，1893，1897

R.《甘肃乡试录》等共 6 种

1882，1885，1893，1894，1900—1901，1903

（5）清代朝考等共 25 种

1852，1853，1856，1858，1859，1860，1862，1863，1864，1865，1867，1868，1870，1871，1873，1874，1875，1876，1877，1879，1880，1883，1889，1890，1909

又见：

《历科朝院卷》，内含 1868—1886 年间进士朝考试卷。

（6）清代拔贡等共 10 种

1742 年之后通常每十二年举行一次；在此之前是每六年一次。

1789，1801，1813，1837，1849，1870，1873，1881，1885，
1909

又见：

《安徽选拔贡卷》，1909。

《国朝虞阳科名录》，拔贡名录，1644—1790。

巴县档案文卫资料，清末拔贡史料。

（7）清代岁科考等共 12 种

1656，1708，1712，1843，1844，1867，1875，1888，1891，
1902，1904，1905

又见：

《长兴县学文牍》，孙德祖编，清光绪十六年（1890）山阴许纯模刻本。

《浙江考卷》，学政阮元校订，再到亭刻本，约 1795—1798。

《浙江诗科》，学政阮元校订，再到亭刻本。

《浙士解经录》，学政阮元校订，再到亭刻本。

《江西试牍》，龙湛霖编，约 1891 年刻本。

《清历朝秀才录》，内含 1645—1905 年间地方科举考试史料，清末
稿本。

《锡金科第考》，内含 1646—1903 年间地方科举考试，约 1910。

《小试异问录》，钱塘，1873 年刻本。

《广东校士录》，内含广东地方科举考试，1904。

《国朝海宁举贡表》，清末稿本。

《国朝杭郡秀才录》，内含 1772—1899 年间地方记载，清末稿本。

《国朝虞阳科名录》，内含 1645—1850 年间生员名录。

巴县档案教卫资料，清末巴县地方科举考试史料。

《毗陵科第考》，赵熙鸿、钱人麟等编，1868 年刻本。

《陕甘学录》，内含陕西、甘肃地方科举考试，清道光年间未标页数刻
本，约 1820—1850。

《苏州长元吴三邑科第谱》，陆懋修等编，内含 1645—1904 年间文
举和武举史料，1906 年刻本。

《松江府属历科采芹录初编》，内含 1645—1904 年间松江地方科举

考试，上海：国光印书局，影印石印版，1939。

《东三省试牍》，王家璧编，约1879年刻本。

《通庠题名录》，顾金楠编，1645—1906年间地方生员名录，1931。

《吴江县学册》，内含1645—1794年间科举考试史料，出版时间不详。

《吴兴科第表》，内含1646—1873年间地方科举考试名录，约1872—1873。

《越镌采风录》，瞿鸿禨编，内含浙江地方科举考试资料，1888年刻本。

（8）清代翻译考卷等：23种记载

A.《翻译乡试录》

1816，1818，1832，1843（2），1858，1859，1861，1891，1893，1894，1897

B.《翻译会试录》

1739，1809，1811，1832，1856，1883，1892，1894，1895，1898

C.俄罗斯馆试卷

1861，其他未标日期卷宗

D.回回馆试卷

未标日期卷宗

附录二 摩门族谱图书馆馆藏科举考试一手文献

在丛小平和葛松文的协助下编定

北京第一历史档案馆科举史料微缩胶卷

I. 会试录［1208751-753］（卷宗号：751）

1647，1682，1685，1694，1703，1737，1739，1742，1748，1751，1752，1754，1766，1793，1811，1823，1832，1847，1852，1859，1860，1862，1886，1890，1892，1898，1901，1902，1904

II. 登科录

（卷宗号：752）

1673，1700，1706，1712，1713，1718，1730，1739，1748，1751，1752，1757，1760，1761，1780，1801，1805，1819，1820，1823，1829，1835，1836，1841，1852，1859

（卷宗号：753）

1892，1894，1895，1898，

III. 金榜进士卷［1357550-551］

（卷宗号：550）

1667，1673，1676，1703，1712，1718，1724，1727，1736，1737，1739，1742，1745，1748，1752，1754，1757，1760，1763，1766，1769，1771，1772，1775，1778，1780，1784，1787，1789，1790，1796，1799，1801，1805，1809，1817，1820，1822，1826，1832，1835，1838，1841，1845，1847，1852，1856，1876，1877，1880，1883，1886，1890，1892，1894，1895

IV. 文乡试录［1357533-549］

1.《浙江乡试题名录》

（卷宗号：543）

1699，1702，1705，1711，1723，1735，1747，1750，1759，

1768，1770，1771，1807，1813，1816，1831，1834，1835，1837，1839，1840，1844，1846，1849，1851，1852

（卷宗号：544）

1855，1858，1893，1894，1897

2.《江西乡试题名录》

（卷宗号：534）

1894，1897

（卷宗号：546）

1672，1696，1702，1708，1724，1735，1736，1741，1750

（卷宗号：547）

1756，1759，1762，1768，1788，1807，1808，1813，1822，1831，1851，1862，1885，1893，1903

3.《江南乡试题名录》

（卷宗号：534）

1672，1696，1714，1735，1738，1750，1770，1807，1810，1813，1816，1831，1832，1835，1849，1852，1859，1893，1894，1897

（卷宗号：542）

1672，1687，1690，1702，1711，1729，1738，1741，1744，1747，1753，1756，1759，1760，1807，1813，1816，1822，1831，1843，1849，1851，1864，1885，1893，1894，1897

4.《福建乡试题名录》

（卷宗号：541）

1684，1690，1708，1711，1741，1752，1755，1758，1765，1798，1807，1822，1831，1849，1851

（卷宗号：542）

1855，1885，1893，1897，1902

5.《河南乡试题名录》

（卷宗号：544）

1705，1723，1725，1738，1741，1760，1795，1798，1807，

1808，1810，1813

（卷宗号：545）

　1819，1822，1831，1849，1851，1858，　损　坏，1875，1891，
1893，1894，1897，1902

　　6.《湖广乡试题名录》

（卷宗号：534）

　1684，1690

（卷宗号：547）

　1702

　　7.《湖南乡试题名录》

（卷宗号：545）

　1738，1747

（卷宗号：546）

　1788，1807，1813，1816，1819，1822，1825，1831，1832，
1839，1851，1858，1862，1882，1885，1893，1894，1903

　　8.《湖广湖北乡试题名录》

（卷宗号：546）

1756，1762，1765，1768，1795，1807，1831

　　9.《湖北乡试题名录》

（卷宗号：546）

1759，1847，1858，1873，1882，1885，1891，1893

　　10.《甘肃乡试题名录》

（卷宗号：534）

　1882，1893，1894

（卷宗号：546）

　1885，1893，1894

　　11.《广东乡试题名录》

（卷宗号：534）

1735，1760，1762，1765，1770，1807，1808，1810，1816，
1818，1819，1825，1831，1832，1844，1849，1893，1894

（卷宗号：544）

1651，1699，1702，1705，1737，1741，1747，1759，1760，
1762，1768，1770，1795，1807，1808，1816，1818，1822，1825，
1831，1851，1875，1894，1897

12.《广西乡试题名录》

（卷宗号：534）

1738，1741，1747，1753，1779，1807，1808，1810，1819，
1831，1832，1839，1856，1861，1893，1894

（卷宗号：545）

1701，1723，1724，1735，1747，1759，1760，1768，1770，
1771，1783，1795，1804，1808，1810，1813，1816，1818，1819，
1822，1831，1843，1844，1846，1849，1861，1862，1864，1867，
1870，1893，1897

13.《贵州乡试题名录》

（卷宗号：534）

1699，1759，1807，1811，1813，1818，1819，1828，1832，
1835，1846，1893

（卷宗号：548）

1693，1699，1705，1711，1736，1741，1750，1759，1760，1762，
1771，1807，1813，1818，1822，1831，1840，1851，1885，1893

（卷宗号：549）

1894，1897，1903

14.《山东乡试题名录》

（卷宗号：547）

1651，1672，1687，1702，1711，1713

（卷宗号：548）

1724，1738，1747，1753，1759，1762，1768，1795，1807，1810，
1819，1839，1851，1855，1858，1859，1885，1893，1894，1897

（卷宗号：753）

1678，1771，1783，1807，1808，1810，1813，1818，1819，
1831，1832，1855，1859，1861，1862，1885，1893，1894

15.《山西乡试题名录》

（卷宗号：547）

1702，1708，1711，1729，1744，1760，1795，1807，1808，
1819，1831，1840，1849，1851，1885，1893，1894

16.《陕西乡试题名录》

（卷宗号：542）

1645，1672，1684，1687

（卷宗号：543）

1744，1750，1760，1765，1807，1822，1825，1831，1834，
1851，1861，1885，1893，1894，1897

（卷宗号：753）

1690，1741，1756，1759，1788，1795，1800，1825，1831，1843

17.《顺天乡试题名录》

（卷宗号：540）

1684，1705，1708，1723，1726，1729，1732，1735，1736，
1738，1741，1747，1750，1752，1759，1768，1789，1801，1810，
1813，1821，1822，1828，1831，1832，1835，1837，1855，1859，
1861，1864，1885，1889，1891，1894

（卷宗号：534）

1735，1780，1808，1810，1816，1818，1819，1831，1832，
1838，1844，1861，1864

18.《四川乡试题名录》

（卷宗号：539）

1684，1687，1690，1699，1702，1705，1708，1711，1713，
1729，1732，1735，1736，1738，1741，1744，1747，1750，1752，
1753，1756，1759，1760，1768，1770，1771，1807，1816，1821，
1822，1831，1835，1844，1849，1851，1855，1870，1875，1885，
1888，1893，1897，1903

（卷宗号：753）

1696，1699，1736，1738，1741，1747，1759，1760，1770，
1786，1800，1810，1816，1825，1832，1834，1846，1855，1859，
1885，1893，1894

19.《云南乡试题名录》

（卷宗号：534）

1735，1738，1747，1760，1762，1768，1770，1807，1810，
1813，1816，1819，1864，1851，1893，1894

（卷宗号：541）

1672，1684，1687，1699，1705，1711，1729，1735，1736，
1747，1750，1756，1759，1762，1807，1810，1813，1831，1851，
1855，1893，1894，1897，1903

V. 翻译／年

1.《翻译乡试录》

（卷宗号：549）

1816，1818，1832，1843（2），1849，1858，1859，1861，
1891，1893，1894，1897

2.《翻译会试录》

（卷宗号：751）

1832，1856，1883，1892，1894，1895，1898

附录三　表

表 1.1　元代 1315—1366 年每科进士人数表

年	进士数	年	进士数
1315	56	1345	78
1318	50	1348	78
1321	64	1351	83
1324	84[a]	1354	62
1327	85[a]	1357	51
1330	97	1360	35
1333	100	1363	62
1342	78	1366	73
共计			1136

资料来源:《元进士考》,钱大昕编。又见黄光亮《清代科举制度之研究》(台北:嘉新水泥公司文化基金会,1976),pp.60-61。

[a] 杨树藩:《元代科举制度》,载《宋史研究集》14(1983):208,其中认为1324 年和 1327 年的进士数都为 86 人,而元代进士总人数为 1139 人。

表 1.2　宋、金、元、明年均举人、进士人数表

朝代／年份	年均举人	年均进士	
元代			
1315—1333	116	30	
1315—1368	—	21	
1280—1368	—	13	
明代			
1368—1398	100	31	
1399—1401	167	37	
1402—1425	167	76	
1388—1448	190	50	
1451—1505	385	97	
1508—1643	400	110	
			(总进士数)

续表

朝代 / 年份	年均举人	年均进士	
宋代合计	—	124[a]	（39711）=36%
金代合计	—	149	（16484）=15%
元代合计	—	13	（1136）=1%
明代合计	—	89	（24594）[b]=23%
1368—1450	—	44	
1451—1644	—	109	
清代合计	416	100	（26747）=25%
960—1911 年间总计		114	（108672）=100%

资料来源：John Chaffee, *The Thorny Gates of Learning in Sung China*（Cambridge: Cambridge University Press, 1985; New Edition, Albany: SUNY Press, 1995, pp.132-133 认为宋代进士共计 39605 名，表格是以地理上的各路和略作分期的时段的口径去统计的。在第 192—195 页中，贾志扬又汇总了宋代科举的年均进士数，基于此表数字可合计得出两宋进士总人数为 39711 人。又见 Wolfgang Frank, "Historical Writing during the Ming", in *The Cambridge History of China*, Volume 7, Part 1: *The Ming Dynasty, 1368—1644*（Cambridge: Cambridge University Press, 1988），p.726; Ping-ti Ho, *The Ladder of Success in Imperial China*（New York: Columbia University Press, 1962），p.189 和 Chung-li Chang, *The Chinese Gentry: Studies on Their Role in Nineteenth-Century Chinese Society*（Seattle: University of Washington Press, 1955），pp.157-59。黄光亮《清代科举制度之研究》（台北：嘉新水泥公司文化基金会，1976）中也计算了唐、宋、元、明、清各代的进士总人数。黄光亮的数据来源是：宋代取自《古今图书集成》（1728 年刻本）卷 71。我统计了黄对宋代历朝进士人的合计数据（黄自己的数据中，两宋进士总数与历朝进士合计数不符）为 42852 人。其中南宋理宗朝特赐进士人数激增至 4335 人。如果排除这组数据，宋代共有 38517 名进士。虽然无论黄光亮（除了 1241—1262 年间）还是贾志扬都并未在计算数据时排除"特奏名进士"，因为特奏名进士并不意味着这些进士头衔的获得者可以自然而然获得一官半职，但他们根据两宋历朝的进士数合计统计出的正常进士数大致相当。

[a] 陶晋生估计北宋进士年均人数为 194 人，而南宋为 149 人。参见 Tao, "Political Recruitment in the Chin Dynasty," *Journal of the American Oriental Society* 94,1（January-March 1974）: 28。John Chaffee, *The Thorny Gates of Learning in Sung China*, pp.132-33 中认为两宋进士总人数为 39605 人。

[b] 黄光亮:《清代科举制度之研究》, pp.72-81 中认为明代进士人数为 24480 人。在此我采信了何炳棣的统计人数。

表 1.3　两宋历朝进士人数统计表

统治时期	时段	年数	科举次数	进士人数		年均进士数
				贾志扬	黄光亮	
太祖	960—976	16	15	188	（173）	13
太宗	976—997	21	8	1400	（1368）	67
真宗	997—1022	25	12	1651	（1675）	69
仁宗	1022—1063	41	13	4555	（4255）[a]	114
英宗	1063—1067	4	2	450	（450）	150
神宗	1067—1085	18	6	2395	（2395）	141
哲宗	1085—1100	15	5	2679	（2679）	191
徽宗	1100—1125	25	8	5831	（5495）	243
钦宗	1126—1127	1	0	0	（0）	0
北宋	960—1127	167	69	19149	（18490）	115
高宗	1127—1162	35	11	3246	（3697）	93
孝宗	1166—1189	26	9	4066	（4066）	156
光宗	1189—1194	5	2	953	（953）	238
宁宗	1194—1224	30	10	4727	（4352）	163
理宗	1224—1264	40	13	6404	（6294）[b]	164b
度宗	1264—1274	10	4	1606	（665）[c]	129c
恭宗	1274—1276	2	0	0	（0）	0
端宗	1276—1278	2	0	0	（0）	0

续表

统治时期	时段	年数	科举次数	进士人数		年均进士数
				贾志扬	黄光亮	
帝昺	1278—1279	1	0	0	（0）	0
南宋	1127—1279	152	49	20562	（20027）	135
合计	960—1279	319	118	39711	（38517）	124

资料来源：关于宋代进士人数，John Chaffee, *The Thorny Gates of Learning in Sung China*（Cambridge: Cambridge University Press, 1985; New Edition, Albany: SUNY Press, 1995），pp.132-133认为是39605人，表格是以地理上的各路和略作分期的时段的口径去统计的。在第192-195页中，贾志扬又汇总了宋代科举的年均进士数，基于此表数字可合计得出两宋进士总人数为39711人。又见《文献通考》，马端临编，收入《十通》（上海：商务印书馆，1936），30.284；黄光亮：《清代科举制度之研究》（台北：嘉新水泥公司文化基金会，1976），pp.41-51。黄光亮的数据来源是，宋代取自《古今图书集成》（1728年刻本）卷71。我统计了黄对宋代历朝进士人数的合计数据（黄自己的数据中，两宋进士总数与历朝进士合计数不符）为42852人。虽然无论黄光亮（除了1241—1262年间）还是贾志扬都并未在计算数据时排除"特奏名进士"，因为特奏名进士并不意味着这些进士头衔的获得者可以自然而然获得一官半职，但他们根据两宋朝的进士数合计统计出的正常进士数大致相当。

ª《宋史》，脱脱（1314—1355）等编（台北：鼎文书局，1980），5/3616（卷155）中认为仁宗朝共产生了4570名进士。

ᵇ 理宗朝，阙失了有关1253年进士人数的文献。

ᶜ 度宗朝，阙失了有关1265或1274年进士人数的文献。我们可以认为这些阙失数据的年份进士人数约为500人（因为1268年的进士数为664人，1271年为502人），度宗朝的年均进士数量超过200人。John Chaffee, *The Thorny Gates of Learning in Sung China*, p.133将1253年和1265年的进士数分别估算为500人。

表 1.4　元代历朝进士人数统计表

统治时期	时段	年数	科举次数	进士人数	年均进士数
仁宗	1311—1320	8	2	106	13
英宗	1320—1323	3	1	64	32
泰定帝	1323—1328	4	2	169	42
文宗	1328—1332	4	1	97	24
宁宗	1333—1368	25	10	700	28
合计	1315—1368	53	16	1136	21
	1280—1368	88	16	1136	13

资料来源：《元进士考》，钱大昕编，清稿本。转引自黄光亮《清代科举制度之研究》（台北：嘉新水泥公司文化基金会，1976），pp.60-61。

表 1.5　明代历朝进士人数统计表

统治时期	时段	年数	科举次数	进士人数	年均进士数
洪武	1368—1398	31	6	933	30
建文	1398—1402	4	1	110	37
永乐	1402—1425	23	8	1849	84
洪熙	1424—1425	1	0	0	0
宣德	1425—1435	10	3	300	30
正统	1435—1449	14	5	650	46
景泰	1449—1457	7	2	549	78
天顺	1457—1464	8	3	694	87
成化	1464—1487	23	8	2398	104
弘治	1487—1505	18	6	1798	100
正德	1505—1521	16	5	1800	113
嘉靖	1521—1567	45	15	4924	105
隆庆	1567—1572	6	2	799	133
万历	1572—1620	48	16	5082	108
泰昌	1620	1	0	0	0
天启	1620—1627	7	2	700	100
崇祯	1627—1644	17	16	1950	115
明初	1368—1450	82	23	3636	44
明末	1451—1644	193	65	29958	109
总计	1368—1644	276	89[a]	24594 （24536）[b]	89

资料来源：黄光亮:《清代科举制度之研究》（台北：嘉新水泥公司文化基金会，1976），pp.72-81。转引自 Ping-ti Ho, *The Ladder of Success in Imperial China* (New York: Columbia University Press, 1962), p.189。

[a] 1397 年举行了两次殿试。

[b] 此处根据补充数据修正了黄光亮的统计数字，我们可以将他对明代进士人数的合计数字提高到 24536 人。何炳棣给出的合计数为 24594 人。

表 1.6　宋、明两代私人书院

朝代	书院数量	年数	年均指数
北宋	56	166	.33
（白新良统计）	（73）	（166）	（.44）
南宋	261	153	1.64
（白新良统计）	（317）	（153）	（2.07）
两宋建立时代不确	108	—	—
（白新良统计）	（125）	—	—
合计：两宋	425	320	1.33
（白新良统计）	（515）	（320）	（1.61）
元代	320	88	3.64
（白新良统计）	（406）	（88）	（4.61）
明代			
1370—1470	90	100	.90
1470—1505	120	35	3.43
1506—1572	495	66	7.50
1573—1620	221	47	4.70
合计：明代	926	250	3.70
（白新良统计）	（1962）[a]	（250）	（7.85）
合计：清代（白新良统计）	（4365）	（267）	（16.35）

补注：非括号中的数字来源于不同的数据，并且存在一定的出入。参见 Linda Walton-Vargo, "Education, Social Change, and Neo-Confucianism in Sung-Yuan China: Academies and the Local Elite in Ming Prefecture（Ningpo）"（University of Pennsylvania, Ph.D. diss., History, 1978）, pp.244-45; John Chaffee, *The Thorny Gates of Learning in Sung China*（Cambridge: Cambridge University Press, 1985; New Edition, Albany: SUNY Press, 1995）, p.89;　以及 John Meskill, *Academies in Ming China: A Historical Essay*（Tucson: University of Arizona Press, 1982）, pp.28, 66。转引自朱汉民《中国的书院》（台北：商务印书馆, 1993）；丁钢，《书院与中国文化》（上海教育出版社, 1992）；盛朗西《中国书院制度》（台北：华世出版社, 1977 年重印 1934 年版）。

　[a] 括号中的数据来自白新良《中国古代书院发展史》（天津大学出版社, 1995）, pp.271-273。白新良认为北宋共有 73 座新旧书院，南宋共有 317 座，还有 125 座宋代书院时代划分不明，此外元代有 406 座书院，明代有 1962 座。此外，白新良认为清代共有 4365 座书院（但白在另一处表格中给出了 4355 座书院的错误统计）。

表 2.1　明代 1370—1630 年乡试举人配额

省份	年						
	1370	1384	1440	1453	1550	1600	1630
北直隶	40	50	80	135	135	135	140
南直隶	100	80	100	135	135	135	150
浙江	40	50	60	90	90	90	98
江西	40	50	65	95	95	95	102
福建	40	45	60	90ª	90	90	95
河南	40	35	50	80	80	80	85
湖广	40	40	55	85	90	90	95
山东	40	30	45	75	75	75	82
山西	40	30	40	65	65	65	70
陕西	40	30	40	65	65	65	71
广东	25	40	50	75	75	75	80
广西	25	20	30	55	55	55	60
四川	—	35	45	70	70	70	75
云南	—	10	20	30	40	40	45
贵州	—	—	—	—	25	25	30
合计	510	545	740	1055	1175	1185	1278

ª 1453 年福建省实际上有 137 名举人，而非配额所规定的 90 人。

表 2.2　明代 1371—1601 年会试中举人考中占比及其与唐、宋同类
占比的比较

年	考生数	录取数	百分比（%）
唐进士科	1000	10—20	1—2
唐明经科	2000	20—40	1—2
977	5200	500	9.6
1044	南		100:1 比例
	北		10:1 比例

续表

年	考生数	录取数	百分比（％）
1124	15000	800	5.3
1371	200	120	60.0
1409	3000	350	11.7
1439	1000	100	10.0
1451	2200	200	9.1
1475	4000	300	7.5
1499	3500	300	8.6
1520	3600	350	9.7
1526	3800	300	7.9
1549	4500	320	7.1
1547	4500	300	6.7
1601	4700	300	6.4

资料来源:《文献通考》，马端临编，收入《十通》（上海：商务印书馆，1936），30.284;《皇明程世典要录》（明末刻本）;《会试录》，1599，1562，1568。

表 2.3　明代 1371—1637 年会试五经专经的占比分布

五经	年									
	1371	1400	1415	1433	1466	1508	1544	1571	1601	1637
《易经》	18%	17%	16%	22%	19%	25%	28%	31%	30%	30%
《尚书》	20%	32%	36%	30%	27%	23%	21%	19%	21%	21%
《诗经》	23%	30%	30%	26%	33%	37%	36%	36%	34%	34%
《春秋》	33%	16%	11%	10%	11%	7%	8%	8%	8%	8%
《礼记》	6%	5%	6%	12%	10%	8%	6%	6%	7%	7%
考生数	120	110	350	99	353	350	320	399	300	300

资料来源:《会试录》，1371，1400，1415，1433，1466，1508，1544，1571，1601，1637。

表 2.4　明代 1399—1630 年应天府府试五经专经的占比分布

五经	年								
	1399	1450	1474	1501	1525	1549	1576	1600	1630
《易经》	10.5%	20.5%	17.8%	20.7%	29.6%	30.3%	32.6%	33.6%	33.3%
《尚书》	30.6%	28.5%	25.9%	24.4%	20.7%	18.5%	20.7%	21.4%	22.0%
《诗经》	39.5%	33.0%	39.3%	43.7%	40.0%	37.8%	34.8%	31.1%	31.3%
《春秋》	17.6%	11.0%	9.6%	5.2%	5.2%	7.4%	5.9%	6.4%	6.7%
《礼记》	1.7%	7.0%	7.4%	5.2%	4.4%	5.9%	5.9%	6.4%	6.0%

　　资料来源:《南国贤书》,张朝瑞编（约 1600 年和 1633 年刻本）;《建文元年京闱小录》（未标记页码稿本）;《应天府乡试录》,1630 年刻本。

　　补注:1370—1440 年间,应天府举人配额数在 80—100 人之间,少数年份除外（如 1450 年达到了 200 人）;1474—1588 年间配额数到了 135 人。1600 年,配额增至 140 人;1630 年达到 150 人。

表 2.5　明初科举南、北进士人数占比

年	进士数	南方（%）	北方（%）
1371	120[c]	89（74.2）	31（25.8）
1385	472	340（72.0）	132（28.0）
1388	95	80（84.2）	15（15.8）
1391	31	22（71.0）	9（29.0）
1394	100	78（78.0）	22（22.0）
1397[a]	51	51（100）	0（0.0）
1397[a]	61	0（0.0）	61（100）
1400	110	96（87.3）	14（12.7）
1404	470[d]	427（90.9）	43（9.1）
1406	219	195（89.0）	24（11.0）
1411	84	79（94.0）	5（6.0）
1412	106	96（90.1）	10（9.9）
1415	351	311（88.6）	40（11.4）
1418	250	207（82.8）	43（17.2）
1421	201	170（84.6）	31（15.4）

续表

年	进士数	南方（%）	北方（%）
1424	148	133（89.9）	15（10.1）
1427[b]	101	70（69.3）	31（30.7）
1430	100	72（72.0）	28（28.0）
1433	99	67（67.6）	32（33.4）
合计	3169	2583（81.5）	586（18.5）

资料来源：《皇明贡举考》，卷2。转引自檀上宽《明代科举改革の政治的背景：南北卷の創設をめぐって》，p.514；以及生驹晶《明初科举合格者の出身に闘する一考察》，收入《山根幸夫教授退休紀念明代史論叢·上》（东京：汲古书院，1990），p.48。檀上宽和生驹晶的统计数字略有差异。

[a] 1397年共举行了两次进士考试，春天、秋天各一次。

[b] 1425年，明廷建立了南方60%、北方40%的配额制度。1427年会试中，这一配额比被修订成了南方55%、北方35%、中部10%。上表中，1427—1433年中部省份的配额被计入了南方地区。南方省份包括：南直隶、浙江、江西、湖广、福建、广东、广西、四川、云南和贵州；北方省份包括：北直隶、河南、山东、山西、陕西。中部省份包括：广西、贵州、云南、四川和部分的南直隶。

[c] 1371年，一名朝鲜考生考取了进士。

[d] 一些史料的数据为472人。

表 2.6　明初及明中叶各州府举人、进士排名

州府	举人总数	进士总数
江西，吉安	2197	744
南直隶，苏州	1273	574
浙江，绍兴	1303	552
福建，福州	1852	479
福建，兴化	1096	349
江西，南昌	1085	338
南直隶，松江	642	234
山西，平阳	1260	169
山西，太原	1083	160

资料来源：简锦松：《明代文学批评研究》（台北：学生书局，1989），pp.115-19。简锦松的统计大体基于16世纪明代的史料。转引自Ping-ti Ho, *The Ladder of Success in Imperial China*（New York: Columbia University Press, 1962），pp.246-47，其中也统计了明清两代的进士数。

表 2.7　明清两代乡试举人配额及清代各省进士分布

省份	配额占比（%）	进士总数	进士占比（%）
南直隶	10.8	4119	16.3
浙江	8.0	2798	11.1
北直隶	11.6	2702	10.7
山东	5.9	2250	8.9
湖广	8.0	1954	7.7
江西	8.0	1887	7.5
湖南	6.3	1691	6.7
山西	5.4	1438	5.6
福建	7.7	1400	5.5
陕西	5.3	1387	5.5
广东	6.4	971	3.8
四川	5.7	798	3.2
广西	4.0	573	2.3
贵州	2.8	604	2.4
云南	4.0	696	2.7
合计	100	25260[a]	100

资料来源：林奇贤：《科举制度的明清知识分子》，载《教育研究所集刊》32（1990）：52-53。

[a] 何炳棣认为清代进士总人数为 26747 人。

表 2.8　明清两代各省殿试一甲与会试会元统计表

省份	明代（1370—1643）					清代（1646—1905）				
	状元	榜眼	探花	会元	共计	状元	榜眼	探花	会元	共计
南直隶[a]	23	19	20	23	85	58	34	46	49	187
浙江	20	18	14	20	72	20	29	26	32	107
江西	16	11	22	17	66	3	10	5	2	20
福建	10	12	9	9	40	3	6	1	2	12
湖广	3	3	3	5	14	5	10	11	4	30
北直隶	3	4	2	4	13	3	2	3	11	19

续表

省份	明代（1370—1643）					清代（1646—1905）				
	状元	榜眼	探花	会元	共计	状元	榜眼	探花	会元	共计
广东	3	2	2	4	11	3	4	4	2	13
四川	1	3	2	0	6	1	1	1	0	3
陕西	2	2	2	3	9	1	2	0	1	4
湖南	2	3	2	0	7	1	2	2	1	6
山东	3	1	2	1	7	6	5	3	6	20
山西	0	2	3	0	5	0	1	3	0	4
广西	0	1	1	0	2	4	1	0	1	6
云南	0	0	0	0	0	0	0	0	0	0
贵州	0	0	0	0	0	1	0	0	0	1

资料来源：《状元图考》，顾祖训、吴承恩编（1607年刻本），6.30a-37b；《清朝的状元》，宋元强编（长春：吉林文史出版社，1992），p.109。宋元强统计的数据略有不同。又见刘兆璸《清代科举》（台北：东大出版公司，1979），pp.89-96。

[a] 清代南直隶被称为"江南"，包括了江苏、安徽两省。清代两省数据经常合并计算，到18世纪两省才被分离。如果只看江苏省的话，清代江苏共产生了49名状元和40名会元。

表2.9　明初南部江西、浙江进士占比

年	进士数	江西（％）	浙江（％）
1371	120	27（20.0）	31（26.0）
1385	472	59（12.5）	97（20.5）
1388	95	18（19.9）	23（24.2）
1391	31	5（16.1）	8（25.8）
1394	100	14（14.0）	24（24.0）
1397	51	18（35.3）	17（33.3）
1397	61	0（0.0）	0（0.0）
1400	110	23（20.9）	20（18.2）
1404	470[a]	112（23.8）	86（18.3）
1406	219	54（24.7）	41（18.7）
1411	84	27（32.1）	18（21.4）

续表

年	进士数	江西（%）	浙江（%）
1412	106	28（26.4）	16（15.1）
1415	351	94（26.8）	60（17.1）
1418	250	65（26.0）	38（15.2）
1421	201	73（36.3）	27（13.4）
1424	148	42（28.4）	24（16.2）
1427	101	31（30.7）	10（9.9）
1430	100	18（18.0）	21（21.0）
1433	99	22（22.2）	17（17.2）
合计	3169	730（23.0）	578（18.4）

　　资料来源:《皇明贡举考》，卷2；以及《皇明经世登科考》，卷3。转引自檀上宽《明代科举改革の政治的背景：南北卷の創設をめぐって》，p.514；以及生驹晶《明初科举合格者の出身に關する一考察》，p.48。

　　ᵃ 一些史料认为此年总进士人数为472。

表 3.1　明清两代科举考试流程

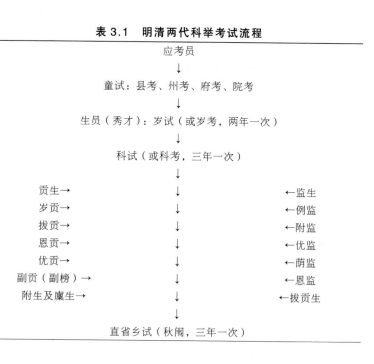

应考员

↓

童试：县考、州考、府考、院考

↓

生员（秀才）：岁试（或岁考，两年一次）

↓

科试（或科考，三年一次）

↓

贡生→	↓	←监生
岁贡→	↓	←例监
拔贡→	↓	←附监
恩贡→	↓	←优监
优贡→	↓	←荫监
副贡（副榜）→	↓	←恩监
附生及廪生→	↓	←拔贡生

↓

直省乡试（秋闱，三年一次）

续表

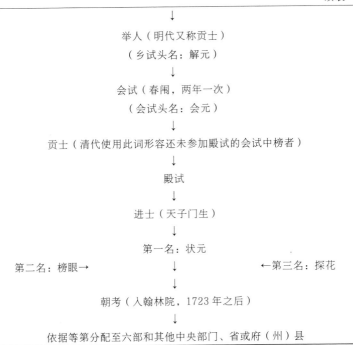

↓

举人（明代又称贡士）

（乡试头名：解元）

↓

会试（春闱，两年一次）

（会试头名：会元）

↓

贡士（清代使用此词形容还未参加殿试的会试中榜者）

↓

殿试

↓

进士（天子门生）

↓

第一名：状元

第二名：榜眼→   ↓   ←第三名：探花

↓

朝考（入翰林院，1723年之后）

↓

依据等第分配至六部和其他中央部门、省或府（州）县

表3.2　清代1645—1695年通州、静庠地方考试生员配额

年	考试类型	通州生员	静庠生员
1645	科考	27	2
1646	岁考	28	3
1648	科考	28	1
1649	岁考	26	2
1650	科考	29	8
1651	岁考	28	6
1654	科考	30	6
1655	岁考	33	6
1656	科考	31	6
1659	岁考	10	7（岁考、科考）
1661	岁考、科考	15	
1662	岁考、科考	15	

续表

年	考试类型	通州生员	静庠生员
1668	岁考、科考	15	
1672	岁考、科考	15	
1674	岁考、科考	15	
1676	岁考、科考	15	
1677—1678	岁考、科考	8	
1680—1681	岁考、科考	19	
1682	岁考	15	
1683	科考	15	
1686—1687	岁考、科考	30	
1689	岁考	20	
1690	科考	20	
1691	岁考	20	
1692	科考	20	
1695	岁考	20	

资料来源：《通庠题名录》，顾金楠编（同光刻本）。地方生员档案卷宗，1645—1906。又见《陕甘学录》（道光刻本），其中记载了 1843 年、1844 年针对地方童生和生员的考试日程安排；以及《四川省档案馆巴县档案·文卫（光绪朝）》，微缩胶卷第 55 卷，档案号 6207—6230 号（1891—1896），确认了此表中很多数据。

补注：1725 年之前，通州和静庠的生员是合并统计的。

表 3.3 明代应天府（江南）乡试举子中榜占比

年	举子人数	举人人数	中榜占比（%）
1393	800	88	11.0
1396	1000	300	30.0
1399	1500	214	14.3
1453	1900	205	10.8
1465	2000	135	6.8
1477	2500	135	5.4
1480	2700	135	5.0
1492	2300	135	5.9
1519	2000	135	6.8
1549	4500	135	3.0
1555	4.911	135	2.7

年	举子人数	举人人数	中榜占比（%）
1561	5400	135	2.5
1630	7500	150	2.0
1684	10000	73	0.7
1738	17000	126	0.7
1744	13000	126	0.9
1747	9800	114	1.2
1864	16000[a]	114	0.7
1893	17000	145	0.8

资料来源：《南国贤书》，张朝瑞编（约1600年和1630年刻本）；《应天府乡试录》，1555年、1630年刻本；以及《江南乡试录》（参见附录一）。

[a] 根据号舍数量计算。

表 3.4　明清两代浙江省乡试举子中榜占比

年	举子人数	举人人数	中榜占比（%）
1468	1800	90	5.0
1492	2200	90	4.1
1516	2200	90	4.1
1528	2800	90	3.2
1546	3000	90	3.0
1558	4000	90	2.3
1582	2700	90	3.3
1607	3800	90	2.4
1859	12000[a]	94	0.8
1865	10000	94	0.9
1870	11000	112	1.0

资料来源：《浙江乡试录》（参见附录一）；《皇明浙士登科考》（约1621年刻本）。转引自 G. E. Moule, "Notes on the Provincial Examination of Chekeang of 1870, with a version of one of the essays," *Journal of the Royal Asiatic Society, North-China Branch 6 (1869—70)*: 129-37；以及 Chung-li Chang, *The Chinese Gentry: Studies on Their Role in Nineteenth-Century Chinese Society*（Seattle: University of Washington Press, 1955），pp, 167-70。

[a] 根据号舍数量计算。

表 3.5　明清两代顺天府、山东省乡试举子中榜占比

地点	年	举子人数	举人人数	中榜占比（%）
顺天府	1531	1900	135	7.1
	1558	3500	135	3.9
	1609	4600	140	3.0
	1654	6000	276	4.6
	1657	6000	206	3.4
	1660	4000	105	2.6
	1748	10000 号舍	229	2.3
	1874	13000	229	1.8
山东省	1465	1000	75	7.5
	1504	1400	75	5.4
	1585	2000	75	3.8
	1747	4000	69	1.7
	1759	4800	69	1.4
	1873	12900	69	0.5

资料来源:《顺天乡试录》；以及《山东乡试录》（参见附录一）。

表 3.6　明清两代其余省份乡试举子中榜占比

地点	年	举子人数	举人人数	中榜占比（%）
江西	1456	2000	65	3.3
	1534	3000	95	3.2
	1558	4300	95	2.2
	1571	4000	95	2.4
	1609	4400	95	2.2
	1627	5300	102	1.9
福建	1552	3000	90	3.0
	1753	7400	85	1.1
河南	1579	2400	80	3.3

续表

地点	年	举子人数	举人人数	中榜占比（%）
湖广	1489	1600	85	5.3
湖南	1762	4000	46	1.1
	1795	4000	45	1.1
广西	1816	2400	45	1.9
	1819	2900	45	1.6
	1844	2400	45	1.9
	1862	2700	102	3.8
	1864	3900	92	2.4
	1867	4500	52	1.2
广东	1558	2700	75	2.8
	1729	9000	78	0.9
	1794	4600	71	1.5
	1813	4600	71	1.5
	1822	7600[a]	71	0.9
	1844	7500	72	1.0
	1846	8000	72	0.9
	1861	8154[a]	72	0.9
	1863	8654[a]	72	0.8
	1867	11708[a]	109	0.9
	1870	9000	72	0.8
贵州	1537	800	25	3.1
山西	1531	1400	65	4.6
陕西	1567	2000	65	3.3
	1759	4000	61	1.5
	1760	4000	61	1.5
	1894	5000	66	1.3
四川	1564	1750	70	4.0
	1735	5070	66	1.3

续表

地点	年	举子人数	举人人数	中榜占比（%）
	1750	3900	60	1.5
	1768	3900	60	1.5
	1770	3400	60	1.8
	1844	7700	60	0.8
	1882	14000	98	0.7
	1888	14000	103	0.7
云贵	1531	1400	55	3.9
云南	1540	2000	40	2.0
	1573	1300	45	3.5
	1579	1300	45	3.5
	1736	5000	69	1.4

资料来源：各省《乡试录》（参见附录一）。又见 Chung-li Chang, *The Chinese Gentry: Studies on Their Role in Nineteenth-Century Chinese Society*（Seattle: University of Washington Press, 1955）, pp, 167-70。

ª 根据号舍数量计算。

表 3.7　明代山东举人仕途道路

年份	举人数	直接成为官员		考取进士	
		数量	占比（%）	数量	占比（%）
1369	15	4	27	4	27
1384	45	8	18	16	36
1400	41	15	37	5	12
1403	61	16	26	12	20
1417	203	88	43	1	0.5
1426	42	12	29	6	14
1450	109	43	39	11	10
1474	71	35	49	14	20
1501	79	37	47	23	29
1525	73	31	42	19	26

续表

年份	举人数	直接成为官员		考取进士	
		数量	占比（%）	数量	占比（%）
1549	81	27	33	35	43
1576	78	24	31	30	38
1600	76	25	33	33	43
1624	87	15	17	33	38
1642	90	17	19	41	46

资料来源:《皇明山东历科乡试录》(约 1642 年刻本)。

表 3.8 明代山东举人出任官职一览

年	举人	推官	知州	同知	通判	共计	占比（%）
1369	15	1	0	1	0	2	13
1400	41	3	1	2	4	10	24
1426	42	4	0	2	0	6	14
1450	109	20	7	5	3	35	32
1474	71	24	5	1	3	33	46
1501	79	21	6	4	4	35	44
1525	73	13	6	1	5	25	34
1549	81	14	1	2	7	24	30
1576	78	11	4	5	3	23	29
1600	76	14	4	2	1	21	28
1624	87	8	1	2	1	12	14
1642	90	14	2	0	0	16	18
合计	942	147	37	27	31	242	29

资料来源:《皇明山东历科乡试录》(约 1642 年刻本);《国朝山东历科乡试录》(约 1777 年刻本)。

表 3.9 明代山东进士仕途道路

官职	年										
	1404 (N=17)	1427 (N=6)	1451 (N=6)	1475 (N=21)	1502 (N=19)	1526 (N=30)	1550 (N=24)	1574 (N=23)	1601 (N=35)	1625 (N=36)	1643 (N=24)
部臣	1	0	1	1	1	1	2	0	5	2	2
总督	0	0	0	0	0	0	0	0	1	0	0
巡抚	0	0	0	0	0	2	1	2	3	3	0
御史	3	1	3	3	4	2	5	4	2	6	6
侍郎	0	1	0	1	0	2	1	1	2	1	0
郎中	2	1	1	2	1	0	0	0	2	2	0
主事	0	0	0	0	0	0	1	2	2	5	1
知府	0	0	0	1	0	0	1	1	1	1	0
同知（府）	0	1	0	0	0	0	0	4	2	3	1
推官	2	0	0	1	0	3	0	4	4	7	1
知州	2	0	0	1	4	0	2	2	2	0	3

续表

官职	年										
	1404 （N=17）	1427 （N=6）	1451 （N=6）	1475 （N=21）	1502 （N=19）	1526 （N=30）	1550 （N=24）	1574 （N=23）	1601 （N=35）	1625 （N=36）	1643 （N=24）
同知（州）	1	0	0	0	0	0	0	1	0	2	0
通判	0	0	0	0	1	0	0	1	0	0	2
判官	0	0	0	2	3	0	1	0	1	0	4
主簿	1	1	0	0	0	0	0	0	0	0	0

资料来源：《皇明山东历科会试录》（约1643年刻本）。

补注：有些职位在实际历史中由山东籍进士担任，但文献中并未记载。

译者注：作者在此处对中文职官进行了英译转写，很多具体官职被合并为一处，此处译者根据明代官制做了一些技术处理，请读者谅解。

表 3.10　明代 1465 年山东乡试考官表

职衔	人数	举人	教官	进士	监生
监临官	1	1	0	0	0
提调	2	0	0	2	0
监试官	2	0	0	2	0
考官	2	2	2	0	0
同考	5	5	5	0	0
印卷官	1	0	0	0	1
收掌试卷官	2	1	0	0	1
受卷官	2	1	0	0	1
弥封官	2	2	0	0	0
誊录官	2	2	0	0	0
对读官	2	0	0	0	2
巡绰官	2	0	0	0	0
搜检官	4	0	0	0	0
供给官	3	1	0	0	1
总计	32	15	7	4	6

资料来源:《山东乡试录》,1465:7a-9b。

补注:明代举人经常也被称为"贡士"。入清后,贡士一般专指已通过会试但还未参加殿试的考生。参见梁章矩《称谓录》(1875 年刻本),24.21b。

表 3.11　明代 1594 年山东省乡试考官职级表

职衔	人数	举人	教官	进士	监生
监临官	1	0	0	1	0
提调	2	0	0	2	0
监试官	2	0	0	2	0
考官	2	0	0	2	0
同考	12	8	8	4	0
印卷官	2	0	0	0	2
收掌试卷官	3	1	0	0	2

职衔	人数	举人	教官	进士	监生
受卷官	3	0	0	0	3
弥封官	3	1	0	0	2
誊录官	3	2	0	0	1
对读官	3	1	0	0	2
巡绰官	5	0	0	0	0
搜检官	5	0	0	0	0
供给官	26	3	0	0	12
总计	72	16	8	11	24

资料来源:《山东乡试录》，1594：1a-5b。

补注：有 13 人无任何科举功名。

表 3.12　明代 1465—1639 年主考 / 同考及其科举功名一览表

年份 / 省份	考官情况				
	主考 / 同考	翰林	进士	举人	儒学教官
1465 山东	2/5	0	0	6	6
1489 山东	2/7	0	0	9	9
1504 山东	2/7	0	1	8	8
1519 山东	2/7	0	0	9	9
1552 山东	2/5	0	1	6	7
1585 山东	2/14	0	7	9	9
1594 山东	2/12	0	6	8	8
1468 浙江	2/6	0	0	8	8
1507 浙江	2/6	0	0	8	8
1516 浙江	2/8	0	0	10	10
1525 浙江	2/7	0	0	7	9
1528 浙江	2/10	2	2	10	10
1549 浙江	2/8	0	0	10	10
1576 浙江	2/6	0	0	8	8

续表

年份 / 省份	考官情况				
	主考 / 同考	翰林	进士	举人	儒学教官
1582 浙江	2/5	0	0	7	7
1492 应天	2/7	0	2	7	7
1501 应天	2/9	1	2	9	9
1522 应天	2/9	2	2	9	9
1540 应天	2/9	2	2	9	9
1549 应天	2/9	2	2	9	9
1555 应天	2/8	1	2	8	8
1558 江西	2/9	0	0	11	11
1567 江西	2/10	0	0	12	12
1627 江西	2/15	1	17	0	0
1531 顺天	2/9	1	8	3	4
1537 顺天	2/9	1	3	7	8
1600 顺天	2/13	2	12	3	3
1609 顺天	2/14	2	15	1	1
1567 陕西	2/5	0	0	7	7
1639 陕西	2/12	0	11	3	3

资料来源:《浙江乡试录》1468,1507,1516,1525,1528,1549,1576,1582;《江西乡试录》1558,1567,1627;《福建乡试录》1552;《河南乡试录》1579;《湖广乡试录》1489;《广东乡试录》1558 年;《广西乡试录》1471;《贵州乡试录》1537,1573;《山西乡试录》1531;《山东乡试录》1465,1489,1504,1519,1537,1552,1594;《陕西乡试录》1567,1639;《顺天乡试录》1531,1600,1609;《四川乡试录》1564;《应天乡试录》1492,1501,1522,1540,1549,1555;《云贵乡试录》1531;《云南乡试录》1573,1579。

翰林基本是进士。进士则基本是教官。

表3.13 明代浙江省乡试考官历年统计表

职衔	科/人数				备注
	1492 （2200 名考生）	1522 （2800 名考生）	1567 （3000 名考生）	1582 （2700 名考生）	
监临官	1	1	1	1	皆为进士
提调	2	2	2	2	皆为进士
监试官	2	2	2	2	皆为进士
考官	2	2	2	2	1492—1522年间 举人； 1567—1582年间 进士
同考	8	8	6	7	皆为举人
印卷官	2	2	6	9	皆为进士
收掌试卷官	2	2	2	2	举人，监生
受卷官	3	5	6	9	皆为进士
弥封官	3	5	8	10	皆为进士
誊录官	3	5	9	11	皆为进士
对读官	3	5	9	11	皆为进士
巡绰官	2	4	8	6	地方官
搜检官	8	6	8	6	地方官
供给官	10	14	18	25	举人，监生
合计	51	63	87	103	
比值 （考生/考官）	43	44	34	26	

表 3.14 明代会试主考 / 同考情况

年	考官情况				
	主考 / 同考	翰林	进士	贡士	儒学教官
1371	2/4	0	0	0	0
1400	2/6	1	1	0	0
1415	2/8	2	9	0	0
1478	2/12	10	14	0	0
1499	2/14	10	16	0	0
1502	2/14	11	16	0	0
1541	2/17	13	19	0	0
1547	2/17	?	19	0	0
1556	2/17	11	19	0	0
1559	2/17	15	19	0	0
1562	2/17	11	19	0	0
1568	2/17	12	19	0	0
1586	2/18	13	20	0	0
1598	2/18	?	20	0	0
1601	2/18	14	20	0	0
1619	2/20	14	22	0	0
1622	2/20	?	22	0	0

资料来源:《会试录》。参见附录一。

翰林基本是进士。

表 3.15　明代会试考官表

职衔	科／人数						备注
	1371 （200名考生，120名通过）	1400 （1000名考生，110名通过）	1415 （3000名考生，351名通过）	1523 （3800名考生，400名通过）	1547 （4300名考生，301名通过）	1598 （4600名考生，300名通过）	
知贡举事	2	1	2	2	2	2	1523年后皆进士
主文官	2	—	—	—	—	—	无进士
提调官	3	1	2	2	2	2	皆进士
监试官	2	2	2	2	2	2	1415年后皆进士
考试官	4	2	2	2	2	2	1415年后皆进士
同考官	—	6	8	17（11名翰林）	17	17	1523年后皆进士
收掌试卷官	1	2	2	2	2	2	多数为进士
印卷官	2	1	1	2	2	2	1415年后皆进士

续表

职衔	科/人数						备注
	1371（200名考生，120名通过）	1400（1000名考生，110名通过）	1415（3000名考生，351名通过）	1523（3800名考生，400名通过）	1547（4300名考生，301名通过）	1598（4600名考生，300名通过）	
受卷官	1	2	2	4	4	4	1400—1415为进士；
弥封官	1	2	2	4	4	4	1523年起普举人
誊录官	1	2	4	4	4	4	1523年起举人
对读官	2	5	8	4	4	4	1523年起举人
巡绰官	1	2	4	6	6	6	1523年起为地方官和举人
搜检官	1	2	—	—	—	—	地方官
监门官	2	2	6	0	0	0	地方官

续表

职衔	科/人数						备注
	1371 （200名考生，120名通过）	1400 （1000名考生，110名通过）	1415 （3000名考生，351名通过）	1523 （3800名考生，400名通过）	1547 （4300名考生，301名通过）	1598 （4600名考生，300名通过）	
供给官	1	3	6	4	6	6	1523年起为地方官和举人
掌行文字	9	—	—	—	—	—	
合计	35	35	51	55	57	57	
比例（考生/考官）	6	29	59	69	75	81	

资料来源：《会试录》，1317，1400，1415，1523，1547，1598。

表3.16 明代殿试考官表

职衔	科/人数					备注
	1400（110名考生）	1411（84名考生）	1499（300名考生）	1541（300名考生）	1580（300名考生）	
读卷官	10	8	15	16	13	1499年后皆进士；1400年起出现翰林
提调官	—	2	3	2	3	1499年后皆进士
监试官	—	2	2	2	2	1499年后皆进士
受卷官	2	4	4	4	4	多为进士
弥封官	2	4	10	14	14	多为进士；也有举人
掌卷官	2	3	5	4	6	多为进士；也有举人和翰林
巡绰官	2	4	9	12	9	地方官
洽贡举官	2	—	—	—	—	
印卷官	1	2	4	4	3	1499年后皆进士
供给官	2	3	5	8	4	进士和举人
合计	22	32	57	66	58	
比例（考生/考官）	4.8	2.6	5.3	4.5	5.2	

资料来源：《登科录》，1400、1411、1499、1541、1580。

表 3.17 明代 1370—1634 年福建省各州府举人、进士一览表

州府	举人数	进士数	举人考中进士占比（%）
福州	2554	637	24.9
泉州	1961	558	28.5
兴化	1860	522	28.1
漳州	1055	320	30.0
建宁	558	138	24.7
汀州	248	49	19.8
延平	247	38	15.4
邵武	177	32	18.1
福宁	148	33	22.3
合计	8808	2327	26.4

资料来源：《闽省贤书》，邵捷春编（约 1636 年）。

表 3.18 明代 1370—1546 年福建省福州举人考中进士情况表

年	进士数	年	进士数	年	进士数
1370	8	1384	8	1387	4
1390	0	1393	4	1396	1
1399	5	1403	10	1405	9
1408	1	1411	11	1414	13
1417	6	1420	6	1423	3
1426	6	1429	2	1432	0
1435	3	1438	3	1441	3
1444	1	1447	8	1450	10
1453	7	1456	2	1459	4
1462	5	1465	9	1468	8
1471	4	1474	7	1477	7
1480	9	1483	7	1486	4
1489	3	1492	5	1495	4
1498	1	1501	0	1504	7

续表

年	进士数	年	进士数	年	进士数
1507	4	1510	8	1513	5
1516	10	1519	4	1522	12
1525	9	1528	5	1531	5
1534	15	1537	2	1540	4
1543	2	1546	3		
合计：	306 名进士				
合计年均：	1.74				

资料来源：《福城乡进士题名记》（约 1546 年稿本）。

表 3.19 明代 1370—1636 年福建籍考生综合情况表

福建籍翰林	92
福州	33
兴化	20
泉州	11
建宁	12
漳州	7
会试前三名	33
1391、1406、1412、1415、1592 年：前三名中两人来自福建	
1430：前三名全部来自福建	12
会试前五名	53
乡试第一名	
兴化	32
福州	23
泉州	22
漳州	11
七代人皆有科举功名	2
六代人皆有科举功名	4

续表

五代人皆有科举功名	8
四代人皆有科举功名	13
五代人皆中进士	1
四代人皆中进士	2
三代人皆中进士	6
父子进士	96
父子皆为福建省第一	1
祖孙进士	56
兄弟进士	65
五兄弟高中	1
四兄弟高中	2
三兄弟高中	18
三代皆福建省第一	1
年轻至 13—19 岁考中	43
年长至 80—104 岁考中	84

资料来源:《闽省贤书》,邵捷春编(约 1636 年)。

表 3.20　清代 1691—1850 年会试考生上榜概率

年	考生人数	上榜人数	概率（％）
1691	2500	156	6.2
1742	5993	319	5.3
1761	5059	217	4.3
1850	6000	209	3.5

资料来源:《会试录》,1691,1742,1761,1850。

表 3.21　清代统治时期明末、清初山东籍举人考取进士统计表

年 （进士数）	历年进士人数								
	1646	1647	1649	1652	1655	1658	1659	1661	1664
1639（85）	13	—	3	0	2	0	0	—	1
1642（90）	14	—	6	5	4	1	1	—	0
1645（95）	50	2	8	4	2	—	1	2	—
1646（96）	—	10	19	7	7	2	—	2	1
1648（95）	—	—	24	12	5	5	9	5	2

资料来源：《皇明山东历科乡试录》（约 1642 年刻本）。

表 3.22　清初科举主考 / 同考履历时间对照表

	主考 / 同考	主考	考中进士时间	同考	考中 进士时间
1645 年顺天	2 / ?	山西 1 人	1622	不详	不详
		江西 1 人	1643		
1645 年江南	2 / ?	湖广 1 人	1643	不详	不详
		直隶 1 人	1643		
1646 年会试	4 / 20	汉军旗 2 人		12	1643
		满人 1 人		3	1622
		顺天 1 人	1613	2	1628
1647 年会试	5 / 17	满人 1 人		11	1646
		汉军旗 2 人	1613	2	1637
		1	1643 满人举人	4	1621—1643
		河南 1 人	1625		
1648 年山东	2 / 15	江南 1 人	1631	8	1646
		直隶 1 人	1643	7	1647
1649 年会试	5 / 20ª	满人 1 人		1	1640
		1	1638 满人举人		
		河南 1 人	1625	4	1643

续表

	主考/同考	主考	考中进士时间	同考	考中进士时间
		汉军旗2人		15	1646
1651年会试	2/12	满人1人	1646	1	1646
		满人1人	1649	7	1649
				4	1647
1654年广东	2/13	直隶1人	1642	1	1639举人
		江南1人	1649	3	1642
				1	1643
				2	1646
				1	1649
				1	1652
1655年会试	4/17	满人2人		6	满人
		江南1人	1619	1	1631
		顺天1人	1646	1	1643
				19	清（进士）
1658年会试	2/20	山东1人	1628	13	1655
		直隶1人	1646		

资料来源：《会试三代履历便览》，1649；《会试录》，1651，1655，1658；《山东乡试录》，1648；《广东乡试录》，1654；《国朝虞阳科名录》；《清秘述闻》，法式善（北京：中华书局，1982）。

a：1649年会试18名同考官皆来自中国北方。

表3.23 清代1645—1900年各省举人配额一览表

省份	年							
	1645	1660	1700	1750	1800	1850	1881	1900
直隶	168	105	217	229	233	239	229	400
江南	163	63	83	114	114	114	114	290
浙江	107	66（1677）	81	94	94	94	94	214

续表

省份	年							
	1645	1660	1700	1750	1800	1850	1881	1900
江西	113	57（1672）	75	94	94	94	104	104（1897）
福建	105	63	74	85	85	85	133	192
河南	94	47	72	71	71	73	71	82（1897）
湖广	106	63（1684）	53	—	—	—	—	—
湖南	—	—	—	45	45	47	45	56（1897）
湖北	—	—	—	47	47	47	51	75（1894）
山东	90	53	60	69	69	69	69	94
山西	79	40	53	60	60	60	60	91（1894）
陕西	79	40	40	61	61	61	61	66
甘肃	—	—	—	30	30	30	—	84（1897）
广东	86	71	64	71	71	71	72	88（1897）
四川	84	49（1684）	53	60	60	60	60	108
云南	54	29（1762）	45	54	54	54	54	64（1897）
广西	60	32	43	45	45	45	45	51（1897）
贵州	40	20	33	40	40	40	40	50（1897）
合计	1428	796	1046	1269	1273	1283	1302	2109

资料来源：《钦定科场条例》，1832 年、1887 年刻本。又见 Chung-li Chang, *The Chinese Gentry: Studies on Their Role in Nineteenth-Century Chinese Society*（Seattle: University of Washington Press, 1955），pp.124, 167-68。

补注：自 1795 年至 1875 年，陕西、甘肃两省都是联合举行科举考试。

我们这里还可以列举出 19 世纪某些年份举人配额总数：1834 年 1371 人；1840 年 1246 人；1851 年 1770 人；1881 年 1302 人（福建省 1875 年有 133 个举人配额）；1885 年 1521 人；1891 年 1529 人。一般标准举人配额总数是 1439 人，但因为各省人数都有增减，所以总数一直会出现变化。

表 4.1 明代科举乡试官员统计表

职衔	1465 年山东 （1000 名考生 75 名中举，中举率 7.5%）	1609 年顺天 （4600 名考生 140 名中举，中举率 3%）
	数量	数量
监临官	1	—
提调官	2	2
监试官	2	2
考官	2	2
同考	5	14
印卷官	1	1
收掌试卷管	2	2
受卷官	2	2
弥封官	2	2
誊录官	2	2
对读官	2	2
巡绰官	2	4
监门官	—	4
搜检官	4	6
供给官	3	19
合计	32	64
比值（考生／考官）	31	72

资料来源：《山东乡试录》，1465：7a-9b；《顺天乡试录》，1609：1a-5a。

表 4.2 明代科举会试官员统计表

职衔	1415 年 （3000 名考生 351 名中榜，中榜率 12%）	1598 年 （4600 名考生 300 名中举，中举率 6.5%）
	数量	数量
知贡举事	2	2
提调官	2	2
监试官	2	2
考官	2	2
同考	8	17
收掌试卷官	2	2

续表

职衔	1415 年（3000 名考生 351 名中榜，中榜率 12%）	1598 年（4600 名考生 300 名中举，中榜率 6.5%）
	数量	数量
印卷官	1	2
受卷官	2	4
弥封官	2	4
誊录官	4	4
对读官	8	4
巡绰官	4	6
搜检官	—	—
监门官	6	0
供给官	6	6
合计	51	57
比值（考生／考官）	59	81

资料来源：《会试录》，1415，1598。

表 4.3 明代科举会试专经考房数量统计表

专经	历年考房数					
	1415	1481	1523	1547	1598	1622
《易经》	2	4	5	5	6	6
《尚书》	2	4	3	3	4	4
《诗经》	2	4	5	5	6	6
《春秋》	1	1	1	1	1	2
《礼记》	1	1	1	1	1	2
合计	8	14	15	15	18	20

资料来源：《五礼通考》，秦蕙田等编《进士三代履历总考》；《进士履历便览》；《会试录》，1415，1481，1523，1547，1598，1622。

表 4.4 清代会试专经考房数量统计表

专经	历年考房数					
	1646	1679	1703	1725	1747	1802
《易经》	6	5	5	5	5	6
《尚书》	4	4	4	4	4	4
《诗经》	6	5	5	5	5	6
《春秋》	1	1	1	1	1	1
《礼记》	1	1	1	1	1	1
合计	18	16	16	16	16	18

资料来源:《进士履历便览》,1646—1713;《会试录》,1747;《会试齿录》,1703,1802。

补注:依据考生专经五经中的某一经来分考房的做法在 1768 年被废止了,但考房仍然作为同考官阅卷流程的基本单位。一般而言,负责《春秋》和《礼记》试卷的考房会各分配 2 名同考官,其余每个考房分配 1 名同考官。因此,如果有 18 房的话,就有 20 名同考官;如果只有 18 名同考官的话,则只有 16 间考房。

表 4.5 清代科举会试官员统计表

职衔	历年考官数量				
	1691	1737	1742	1850	1890
	2500 名考生	5000 名考生	5933 名考生	6000 名考生	6000? 名考生
	154 名中榜	321 名中榜	310 名中榜	209 名中榜	328 名中榜
	中榜率 6%	中榜率 6.4%	中榜率 5.2%	中榜率 3.5%	中榜率 5.5%
知贡举事	1	1	1	2	2
总裁官	0	0	0	1	1
考官	4	2	4	4	4
同考	18	18	18	17	18
主监官	0	8	6	9	10
主监试官	0	0	0	0	0
监试官	12	7	6	10	10
稽查官	0	6	6	12	12
提调官	2	2	2	2	2
印卷官	2	2	2	6	6
供给官	4	4	5	5	7

续表

职衔	历年考官数量				
	1691 2500 名考生 154 名中榜 中榜率 6%	1737 5000 名考生 321 名中榜 中榜率 6.4%	1742 5933 名考生 310 名中榜 中榜率 5.2%	1850 6000 名考生 209 名中榜 中榜率 3.5%	1890 6000？名考生 328 名中榜 中榜率 5.5%
收掌试卷官	2	2	2	3	2
受卷官	6	4	4	8	8
弥封官	5	4	4	4	4
誊录官	7	4	4	4	4
对读官	4	4	4	4	4
监门官	2	2	2	2	2
巡绰官	2	2	2	7	7
搜检官	2	2	2	0	0
听事书吏	0	6	5	38	43
京厨、茶夫	4	8	8	0	0
号手、抬榜	0	2	2	2	2
合计	77	90	89	140	148
比值（考生／考官）	32	56	67	43？	41？

资料来源:《会试录》, 1691, 1737, 1742, 1850, 1890。转引自 Iona Mancheong, "The Class of 1761: The politics of a Metropolitan Examination" (Yale University, Ph.D. diss., History, 1991), pp.98-99。

表 4.6 清代地方官出自科举、荫补、捐纳比例表

年	官员数量	科举	荫补	捐纳	其他
1764	2071	72.5%	1.1%	22.4%	4%
1840	1949	65.7%	1.0%	29.3%	4%
1871	1790	43.8%	0.8%	51.2%	4.2%
1895	1975	47.9%	1.2%	49.4%	1.5%
增／降		-24.6%		+27.0%	

资料来源: Ho Ping-ti, *The Ladder of Success in Imperial China* (New York: Columbia University Press, 1962), p.49, table 2。转引自李铁《中国文官制度》(北京: 中国政法大学出版社, 1989), p.171。

表 4.7 道光朝 1821—1850 年间各省捐纳监生人数及金额一览表

省份	1821—1835		1836—1850		合计		
	捐纳数（两）	监生数	捐纳数（两）	监生数	捐纳数（两）	监生数	占比（%）
江西	2383790	22368	1757290	16184	4141080	38552	12.3
广东	2667061	24950	1436082	13314	4103143	38264	12.2
江苏	2548746	23956	1174364	10513	3723110	34469	11.0
浙江	2080258	19474	1464856	14395	3545114	33869	10.5
湖南	1865732	17117	1158266	10596	3023998	27713	9.0
河南	1332410	12629	1083558	10134	2415968	22763	7.2
福建	1200582	11450	939932	8685	2140514	20135	6.4
湖北	1401990	13220	727290	6740	2129280	19960	6.3
安徽	874682	8241	722268	7443	1569950	15684	4.7
四川	1093950	10314	502440	4653	1596390	14967	4.7
陕西	940976	8850	316062	2927	1257038	11777	3.7
山东	680716	6409	491131	4550	1171847	10959	3.5
广西	591198	5535	436716	4044	1027914	9579	3.0
山西	475794	4545	162846	1505	638640	6050	1.9
云南	199332	1868	238798	2214	438130	4082	1.3
甘肃	287196	2520	123528	957	410724	3477	1.2
贵州	179540	1687	166266	1548	345806	3235	1.0
总计	20803953	195133	12901693	120402	33705646	315535	100

资料来源：Chung-li Chang, *The Chinese Gentry: Studies on Their Role in Nineteenth-Century Chinese Society*（Seattle: University of Washington Press, 1955）, p.153, table 23。张仲礼（Chung-li Chang）此表中的数据经过重新调整。

表 4.8 清代 1850 年前各省生员配额、数量分布

来源	文举配额	文举生员	武举配额	武举生员	生员合计	占比（%）
直隶	2845	59745	2418	24180	83925	11.4
陕西	1865	39165	1585	15850	55015	7.4
山东	1830	38430	1556	15560	53990	7.3
浙江	1800	37800	1530	15300	53100	7.2
河南	1631	34251	1386	13860	48111	6.5
山西	1536	32256	1306	13060	45316	6.1
江苏	1402	29442	1192	11920	41362	5.6
四川	1366	28686	1161	11610	40296	5.4
江西	1350	28350	1148	11480	39830	5.4
广东	1326	27846	1127	11270	39116	5.3
云南	1323	27783	1130	11300	39083	5.3
安徽	1289	27069	1096	10960	38029	5.1
湖南	1219	25599	1006	10060	35659	4.8
福建	1187	24927	1009	10090	35017	4.8
湖北	1087	22827	924	9240	32067	4.3
广西	1019	21399	866	8660	30059	4.0
贵州	753	15813	640	6400	22213	3.0
旗人	109	2289	93	930	3219	0.4
奉天	71	1491	60	600	2091	0.3
商户	81	1701	—	—	1701	0.3
合计：	25089	526869	21233	212330	739199	100
生员：					739199	68
监生：					355535	32
合计士绅数：					1094734	100

资料来源：Chung-li Chang, *The Chinese Gentry: Studies on Their Role in Nineteenth-Century Chinese Society*（Seattle: University of Washington Press, 1955），p.150, table 20 和 p.111, table 8。张仲礼此表中的数据经过重新调整和修正。又见黄光亮《清代科举制度之研究》（台北：嘉新水泥公司文化基金会，1976），pp.377-425。

补注：陕西省也包含了甘肃省的数据。

表 4.9　清代 1850 年后各省生员配额、数量分布

来源	文举配额	增额	文举生员	武举配额	武举生员	生员合计	占比（%）
直隶	2888	2892	60732	2545	25450	86182	9.4
浙江	2177	2214	46494	1948	19480	65974	7.2
江西	2020	2087	43827	1837	18370	62197	6.8
四川	1918	1972	41412	1735	17350	58762	6.5
山东	1953	1965	41265	1730	17300	58565	6.5
河南	1868	1892	39732	1665	16650	56382	6.2
江苏	1768	1804	37884	1587	15870	53754	6.0
广东	1748	1789	37569	1574	15740	53309	5.9
湖南	1647	1689	35469	1486	14860	50329	5.5
山西	1626	1634	34314	1438	14380	48694	5.3
安徽	1604	1636	34356	1440	14400	48756	5.3
福建	1555	1590	33390	1399	13990	47380	5.2
湖北	1534	1577	33117	1388	13880	46997	5.2
云南	1372	1372	28812	1207	12070	40882	4.5
陕西	1236	1246	26166	1096	10960	37126	4.1
广西	1132	1143	24003	1006	10060	34063	3.7
甘肃	889	890	18690	783	7830	26520	2.9
贵州	767	767	16107	671	6710	22817	2.5
奉天	159	162	3402	143	1430	4832	0.5
旗人	142	145	3045	128	1280	4325	0.5
商户	110	131	2751	—	—	2751	0.3
合计：	30113	30597	642537	26806	268060	910597	100
生员：						910597	63
监生：						533303	37
合计士绅数：						1443900	100

资料来源：Chung-li Chang, *The Chinese Gentry: Studies on Their Role in Nineteenth-Century Chinese Society* (Seattle: University of Washington Press, 1955)，p.152, table 22 和 p.111, table 8。张仲礼此表中的数据经过重新调整。又见黄光亮《清代科举制度之研究》(台北：嘉新水泥公司文化基金会，1976)，pp.377-425。

表 5.1 明清两代科举乡试考生社会背景

年／考试	合计	平民背景		军功背景		官员背景[a]		特殊背景[b]	
		人数	占比（%）	人数	占比（%）	人数	占比（%）	人数	占比（%）
1552/顺天	135[c]	67	50	26	19	8	6	5	4
1591/浙江	110	73	66	11	10	1	1	18	16
1600/顺天	153	87	57	22	14	10	7	8	5
1618/浙江	98	44	45	20	20	0	0	8	8
1639/山东	82	46	56	24	29	4	5	3	4
1648/山东	89	45	51	14	16	2	2	2	2

资料来源：《浙江同年齿录》，1591，1600；《北畿壬子同年录》，1552；《山东乡试录》，1639，1648；《山东乡试同年录》，1600。

[a] "官"在明代作为一种社会地位也适用于武官及其家庭。参见 Ping-ti Ho, *The Ladder of Success*, pp.68-69。

[b] "特殊背景"含有医户、盐灶和匠户。

[c] 社会身份合计数的统计信息并不完备。比如 1552 年 135 名举人中，29 人无足够的信息来确认其社会背景。

表 5.2 明清两代科举会试、殿试考生社会背景

年／考试	合计	平民背景		军功背景		官员背景[a]		特殊背景[b]	
		人数	占比（%）	人数	占比（%）	人数	占比（%）	人数	占比（%）
1411/殿试	84[c]	70	83	10	12	1	1	2	2
1436/殿试	100	76	76	19	19	2	2	1	1
1499/殿试	300	165	55	88	29	15	5	19	6
1508/殿试	349	196	56	89	25	21	6	31	9
1541/殿试	298	177	59	77	26	11	4	26	9
1547/殿试	300	181	60	79	26	11	4	22	7
1598/殿试	292	186	64	80	27	10	3	14	5
1604/殿试	308	188	61	82	27	10	3	23	7
1622/会试	412	245	59	80	19	15	4	17	4
1649/殿试	143	114	80	18	13	4	3	6	4
1651/殿试	57	35	61	5	9	0	0	0	0

资料来源：《会试同年齿录》，1622；《登科录》，1411，1436，1499，1508，1541，1547，1598，1604，1649；《廷试齿录》，1651。

[a] "官"在明代作为一种社会地位也适用于武官及其家庭。参见 Ping-ti Ho, *The Ladder of Success*, pp.68-69。

[b] "特殊背景"含有医户、盐灶和匠户。

[c] 社会身份合计数的统计信息并不完备。比如 1411 年 84 名进士中，有 1 人无足够的信息来确认其社会背景。

表 5.3　明代 1371—1643 年民户、军户、匠户进士分布

社会地位	1371—1445	1448—1484	1487—1523	1526—1562	1565—1604	1607—1643	合计
军	250	1010	1339	1149	1185	676	5609
军官	18	165	222	197	204	99	905
匠	29	161	198	211	189	66	854
盐户	7	51	82	79	94	75	388
儒	79	34	18	15	7	7	160
医民	3	17	18	7	4	2	51
医官	0	10	8	8	4	2	32
富户	5	15	4	3	1	0	28
邮驿	3	3	9	6	0	1	22
养马者	0	0	0	4	2	2	8
厨役	0	1	0	4	1	0	6
司天	0	2	3	0	0	0	5
皇族	0	0	0	0	0	4	4
巫士	0	0	1	0	0	0	1
猎户	0	0	0	1	0	0	1
商户	0	0	0	0	0	1	1
共计	394	1469	1902	1684	1691	935	8075
所有进士	1465	3588	4311	3999	4674	4567	22604
匠户（%）	27	41	44	42	36	20	36
军户（%）	17	28	31	29	25	15	25

资料来源：Ping-ti Ho, *The Ladder of Success in Imperial China*（New York: Columbia University Press, 1962）, p.68, table 4。何炳棣指出，《国朝历科题名碑录初集》（1746 年刻本）中 1418 年、1421 年和 1427 年殿试的记载有阙。何认为进士总人数为 22577，但根据他的数据相加的合计数量为 22604。

表5.4　明代应天府（南京）举人地理分布

州／省	1501		1525		1549		1576		1600		1630	
	人数	占比（%）	人数	占比（%）	人数	占比（%）	人数	占比（%）	人数	占比（%）	人数	占比（%）
苏州	21	16	21	16	23	17	20	15	26	19	30	20
常州	18	13	12	9	13	10	17	13	27	19	27	18
松江	15	11	13	10	12	9	5	4	9	6	6	4
应天	12	9	9	7	6	4	4	3	3	2	6	4
徽州	5	4	13	10	10	7	11	8	5	4	7	5
扬州	5	4	7	5	2	1	5	4	4	3	2	1
太平	3	2	5	4	1	1	1	1	3	2	4	3
桐城	0	0	2	1	1	1	4	3	7	5	2	1
浙江	5	4	1	1	1	1	7	5	5	4	4	3
福建	1	1	1	1	1	1	1	1	4	3	1	1
江西	0	0	2	1	1	1	2	1	5	4	3	2
湖广	0	0	1	1	1	1	2	1	0	0	0	0
合计	135		135		135		135		140		150	

　　资料来源：《南国贤书》，张朝瑞编（约1600年刻本）；《应天乡试录》，1630。

　　补注：明代其他省份的考生如果其父在南京而非北京供职的话，可以在应天府地区参加乡试。许多来自偏远省份的考生其籍贯地阙失。有一些籍贯不明。

表5.5　869—1874年历代苏州籍状元人数分析

朝代	状元数量	在历代苏州状元（50人）中的占比
唐代	7	14%
北宋	0	0%
南宋	8	16%
元代	0	0%
明代	9	18%
清代	26	52%

　　资料来源：《苏州状元》，李嘉球编（上海社会科学院出版社，1993），pp.259-60。又见《苏州长元吴三邑科第谱》，陆懋修等编（1906年刻本）。

表 5.6 清初顺天府科举考试举人各省地理分布

来源	1654		1657		1660	
	人数	占比（%）	人数	占比（%）	人数	占比（%）
直隶	103	37	87	42	60	57
顺天	96	35	40	19	14	13
江南	37	13	32	16	13	12
浙江	17	6	20	10	4	4
福建	2	1	5	2	3	3
陕西	5	2	3	1	1	1
山东	7	3	7	3	4	4
辽东	2	1	2	1	0	0
河南	2	1	3	1	0	0
湖广	2	1	3	1	1	1
宣镇	3	1	3	1	2	2
奉天	0	0	1	1	2	2
旗人[a]	（59）	（21）	0	0	0	0
合计	276					
考官	69		56		57	
考生	6000		6000		4000	
中举率（%）		4.6		3.4		2.6
考生/考官	87		107		70	

资料来源：《顺天府乡试录》，1654，1657，1660。

[a] 旗人于1654年被纳入科举中，但是有独立的配额，并且不计入举人总配额中。1657年和1660年旗人也未被列入科举的人数统计中。

表 5.7 清代各省状元分布

省份	数量	占比（%）
江苏	49	42.8
（苏州府）	（26[a]）	（22.8[a]）
浙江	20	17.5
安徽	9	7.9

续表

省份	数量	占比（%）
山东	6	5.3
广西	4	3.5
直隶	4	3.5
江西	3	2.6
湖北	3	2.6
福建	3	2.6
广东	3	2.6
旗人	3[b]	2.6
湖南	2	1.8
贵州	2	1.8
河南	1	0.8
陕西	1	0.8
四川	1	0.8
合计	114[b]	100

资料来源：《清朝的状元》，宋元强编（长春：吉林文史出版社，1992），pp.105-9。又见《苏州状元》，李嘉球编（上海社会科学院出版社，1993）；《清代状元奇谈》，周腊生编（北京：紫禁城出版社，1994），p.188。

[a] 苏州府一府状元的人数占了江苏全省的53%，常熟则占了12%。

[b] 在会试高中后，两名满榜状元都参加了后一科的殿试，时间分别为1649/1652年和1697/1700年。历史上共有两名满人状元，分别出现在1652年和1655年制科考试，此外1865年还出现了一名蒙古族状元。

表 5.8　明代进士地理分布

省份	1371—1472	1473—1571	1572—1644	合计	排名	占比（%）
江南	663	1728	1366	3757	1	16
（江苏）	（478）	（1235）	（1008）	（2721）	（2）	（12）
（安徽）	（185）	（493）	（358）	（1036）	（11）	（4.5）
浙江	653	1581	1046	3280	2	14

续表

省份	1371—1472	1473—1571	1572—1644	合计	排名	占比（%）
江西	706	1078	616	2400	3	10
福建	448	895	773	2116	4	9
顺天	323	1022	553	1898	5	8
山东	177	814	732	1723	6	7.5
河南	272	690	636	1598	7	7
湖广	192	640	562	1394	8	6
广东	241	699	337	1277	9	5.5
山西	137	551	421	1109	10	5
陕西	122	476	383	981	11	4
四川	144	390	257	791	12	3
云南	17	107	217	341	13	1.4
广西	26	101	46	173	14	0.7
贵州	7	31	47	85	15	0.3
辽宁	10	36	11	57	16	0.2
合计	4138	10839	8003	22980		

资料来源：Ping-ti Ho, *The Ladder of Success in Imperial China*（New York: Columbia University Press, 1962），p.227。何炳棣指出某些年份进士的出身地缺乏记载；另外，何忽视了来自朝鲜和安南的进士。这里对何炳棣其书中表 27 的一些错误予以了订正，另外对广东地区进士数量的一些无意中的漏算也补正了。江南地区在此处未被分为江苏和安徽，而是合并作为单一省份统计，但江苏、安徽分区的数字以括号标注。

表 5.9　明代 1385—1622 年各省进士分布

省份	1385		1442		1517		1523	
	数量	占比（%）	数量	占比（%）	数量	占比（%）	数量	占比（%）
南直隶	25	5	18	13	38	11	35	11
江南	41	9	12	8	56	16	56	17

续表

省份	1385		1442		1517		1523	
	数量	占比（%）	数量	占比（%）	数量	占比（%）	数量	占比（%）
浙江	97	21	29	20	45	13	30	9
江西	59	13	33	23	26	7	29	9
福建	55	12	11	8	40	11	37	11
湖广	55	12	6	4	13	4	20	6
四川	2	0.4	9	6	23	7	18	6
山东	15	3	5	3	22	6	30	9
山西	42	8	3	2	10	3	14	4
陕西	17	4	5	3	22	6	18	6
河南	33	7	10	7	31	9	19	6
广东	12	5	3	2	15	4	14	4
广西	8	2	0	0	5	1	5	2
云南	0	0	0	0	3	1	3	1
贵州	—	0	—	0	—	—	—	—
合计	472	100	144	100	349	100	328	100

省份	1547		1580		1607		1622	
	数量	占比（%）	数量	占比（%）	数量	占比（%）	数量	占比（%）
南直隶	33	11	27	9	19	6	35	8
江南	48	16	44	14	49	16	73	18
浙江	52	18	46	15	37	12	53	13
江西	29	10	26	8	27	9	34	8
福建	27	9	34	11	33	11	26	6
湖广	14	5	26	8	18	6	36	9
四川	16	5	15	5	15	5	15	4
山东	23	8	31	10	33	11	38	9

续表

省份	1385		1442		1517		1523	
	数量	占比（%）	数量	占比（%）	数量	占比（%）	数量	占比（%）
山西	22	8	8	3	17	6	26	6
陕西	10	3	12	4	19	6	24	6
河南	12	4	28	9	17	6	23	6
广东	4	1	4	1	7	2	13	3
广西	5	2	0	0	2	1	5	1
云南	—	—	5	2	3	1	9	2
贵州	—	—	3	1	4	1	2	0.5
合计	295	100	309	100	300	100	412	100

资料来源：《进士同年齿录》，1442，1523，1547，1622；《进士履历便览》，1607。

表 5.10　清末各省进士配额与实际中榜人数一览表

省份	1889		1890		1892		1894	
	配额	实录	配额	实录	配额	实录	配额	实录
江南	42	43	43	42	42	40	42	45
浙江	24	23	25	22	24	23	25	25
直隶	23	20	24	25	23	23	24	16
山东	21	19	22	22	21	22	22	22
江西	22	19	22	22	21	21	22	22
福建	20	17	20	23	20	17	20	15
旗人	17	18	20	15	18	25	17	22
河南	17	15	17	16	17	20	17	16
广东	16	13	17	18	16	19	16	16
湖南	14	14	14	13	14	11	13	14
湖北	14	16	15	14	14	14	14	14
四川	14	13	14	14	13	15	14	14
陕西	14	14	14	15	14	15	14	11

续表

省份	1889		1890		1892		1894	
	配额	实录	配额	实录	配额	实录	配额	实录
广西	13	11	13	14	13	9	13	15
云南	12	11	12	13	12	10	12	13
贵州	11	10	11	12	11	11	11	10
山西	10	9	10	11	10	9	10	9
甘肃	9	8	9	9	9	10	9	9
奉天	3	2	4	5	3	3	3	3
台湾	2	1	2	1	2	1	2	3
合计	318	296	328	326	317	317	320	314

资料来源：Etienne Zi, S.J., *Pratique des Examens Litteraires en Chine*（Shanghai: Imprimerie de la Mission Catholique, 1894），p.179；Hans Bielenstein, "The Regional Provenance of *Chin-Shih* during Ch'ing," *Bulletin of the Museum of Far Eastern Antiquities*（Stockholm）64（1992）: 13。

表 5.11 清初、清末进士地理分布比较

1646 — 1775			1776 — 1904		
省份	合计数	占比（%）	省份	合计数	占比（%）
江南	2208	17.8	江南	1904	14.6
浙江	1601	12.9	直隶	1239	9.5
直隶	1450	11.7	浙江	1204	9.2
山东	1201	9.7	江西	1055	8.1
河南	930	7.5	山东	1042	8.0
山西	843	6.8	河南	785	6.0
江西	821	6.6	福建	756	5.8
福建	643	5.2	广东	596	4.6
湖北	641	5.2	湖北	589	4.5

	1646—1775			1776—1904	
省份	合计数	占比（%）	省份	合计数	占比（%）
陕西	539	4.4	山西	581	4.4
广东	417	3.4	湖南	521	4.0
四川	237	1.9	四川	522	4.0
云南	205	1.7	陕西	504	3.9
湖南	202	1.6	云南	488	3.7
贵州	175	1.4	广西	437	3.4
广西	129	1.1	贵州	425	3.3
甘肃	79	0.6	甘肃	258	2.0
奉天	59	0.5	奉天	126	1.0
不明	18		不明	11	
合计	12398	100	合计	13043	100

资料来源：Hans Bielenstein, "The Regional Provenance of *Chin-Shih* during Ch'ing," *Bulletin of the Museum of Far Eastern Antiquities*（Stockholm）64（1992）：16。

表 5.12　明清两代各省平均每百万人口进士数

省份	明代		清代	
	每百万进士数	排名	每百万进士数	排名
福建	428	1	117	3
江南	354	2	134	1
浙江	307	3	130	2
直隶	283	4	117	3
江西	260	5	99	9
河南	258	6	81	13
湖广	246	7	109	6

续表

省份	明代		清代	
	每百万进士数	排名	每百万进士数	排名
山西	209	8	108	7
山东	205	9	100	8
四川	172	10	38	16
广东	144	11	63	14
陕西	144	12	59	15
云南	120	13	94	10
辽宁	57	14	91	11
贵州	42	15	116	5
广西	40	16	90	12

资料来源：Ping-ti Ho, *The Ladder of Success in Imperial China*（New York: Columbia University Press, 1962），p.229。因数据估算较为武断，本表并未采信何炳棣《明清社会史论》（*The Ladder of Success in Imperial China*）中表 29 的旗人进士数据。江南地区在此处未被分为江苏和安徽，而是合并作为单一省份统计。何炳棣对于数据的处理是基于其《明清社会史论》一书第 223 页表 25 的人口数据计算得来。

表 5.13　明代 1370—1600 年间浙江省五经专经占比分布表

五经	年									
	1370	1399	1403	1423	1450	1474	1501	1549	1576	1600
《易经》	21.9%	15.6%	10.3%	14.8%	15.1%	22.2%	31.1%	37.8%	41.6%	38.9%
《尚书》	15.6%	26.6%	36.8%	38.1%	27.6%	25.6%	18.9%	18.9%	18.0%	20.0%
《诗经》	31.3%	34.4%	34.6%	23.3%	30.0%	33.3%	35.6%	26.7%	25.8%	26.7%
《春秋》	28.1%	18.8%	14.0%	9.5%	13.8%	7.8%	5.6%	10.0%	7.9%	7.8%
《礼记》	3.1%	4.7%	4.4%	14.3%	16.4%	11.1%	8.9%	6.7%	6.7%	6.7%
人数	32	64	136	189	152	90	90	90	90	90

资料来源：《皇明浙士登科考》（约 1621 年刻本）。

补注：从 1370 年到 1440 年，浙江省举人配额大致在 40 人至 60 人之间。直到 1426 年才有较为例外的状况。1403 年有 136 名举人；1414 年 168 人；1420 年 205 人；1423 年 189 人。1453 年配额变为 90 人；1621 年则有 100 人。

表 5.14　明代 1399—1636 年间福建省五经专经占比分布表

五经	年						
	1399	1453	1501	1549	1600	1624	1636
《易经》	17.5%	16.8%	33.3%	36.7%	33.3%	32.6%	32.6%
《尚书》	36.8%	25.6%	16.7%	20.0%	18.9%	20.0%	20.0%
《诗经》	29.8%	31.4%	33.3%	28.9%	34.4%	33.7%	33.7%
《春秋》	12.3%	11.7%	6.7%	7.8%	6.7%	6.3%	6.3%
《礼记》	3.5%	14.6%	8.9%	6.7%	6.7%	7.4%	7.4%

资料来源:《闽省贤书》,邵捷春编。

补注：从 1399 到 1453 年福建省举人配额数在 46 人到 128 人之间浮动。1465 年始,福建省举人配额数被设定在 90 人,直到 1624 年才增至 95 人。

表 5.15　清代 1654—1759 年间顺天府五经专经占比分布表

五经	年						
	1654	1657	1660	1729	1735	1756	1759
《易经》	28.3%	29.6%	29.5%	29.7%	31.4%	29.6%	27.9%
《尚书》	20.3%	20.4%	20.9%	22.3%	20.8%	22.9%	19.7%
《诗经》	38.0%	35.4%	34.3%	31.4%	26.1%	30.4%	33.2%
《春秋》	7.3%	8.3%	7.6%	11.4%	8.9%	11.9%	13.9%
《礼记》	6.2%	6.3%	7.6%	4.9%	8.2%	5.1%	4.8%
五经	—	—	—	0.4%	8.2%	—	—

资料来源:《顺天府乡试录》,1654,1657,1660,1729,1735,1756,1759。顺天府还要接纳京畿地区一些来自他省的考生参加乡试。

补注：1654 年顺天府举人配额数为 276 人。1657 年和 1660 年乡试配额数先是减至 206 人,其后继续减至 105 人。1729—1759 年,顺天府科举配额人数在 229 人至 253 人之间浮动。

表 5.16　清代 1678—1747 年间江南五经专经占比分布表

五经	年						
	1678	1684	1720	1738	1741	1744	1747
《易经》	31.5%	31.5%	35.2%	31.7%	29.4%	30.9%	31.6%
《尚书》	23.3%	23.3%	17.0%	23.0%	22.2%	19.0%	18.4%
《诗经》	31.5%	31.5%	30.7%	29.4%	30.2%	31.8%	34.2%
《春秋》	6.8%	6.8%	11.4%	5.6%	6.3%	6.3%	7.0%
《礼记》	6.8%	6.8%	5.7%	5.6%	7.1%	7.1%	4.4%
五经	—	—	—	4.8%	4.8%	4.8%	4.4%

资料来源:《江南乡录》, 1678, 1684, 1720, 1738, 1741, 1744, 1747。此处江南举人数据包含江苏、安徽二省。

补注: 1678 年和 1684 年江南举人配额人数被设为 73 人。1720 年乡试时增至 99 人, 但其中 11 人姓名阙失。虽然 1744 年江南举人配额数为 114 人, 但 1738—1747 年间的其他科, 配额人数均为 126 人。乾隆朝期间, 考生在选择某一经的考题作答外, 还可以就其他四经的考题作答, 因此五经只能专经作答的考规至此被废止。

表 5.17　清代 1655—1760 年间会试五经专经占比分布表

五经	年					
	1655	1659	1691	1742	1754	1760
《易经》	30%	31%	30%	28%	27%	26%
《尚书》	21%	20%	20%	20%	25%	24%
《诗经》	36%	35%	35%	35%	35%	30%
《春秋》	7%	7%	8%	7%	7%	13%
《礼记》	6%	6%	7%	9%	7%	7%
五经	—	—	—	4%	—	—
中榜人数	385	350	156	319	241	191

补注: 专经的考规于 1787 年被修订, 清廷会从五经中以一定的循环顺序选择具体经书出题进行科举考试, 专经的考规于 1793 年在乡试、会试中被正式废止。

表 5.18 明代举人乡试中举年龄分布

年龄	1531 年应天府	
	中举人数	占比（%）
20 岁及以下	5	3.7
21—25 岁	29	21.5
26—30 岁	56	41.5
31—35 岁	24	17.8
36—40 岁	11	8.1
41—45 岁	8	5.9
46—50 岁	2	1.5
50 岁以上	0	0.0
合计	135	100

资料来源：《南畿同年方齿录》（1531 年刻本）。

表 5.19 清代举人乡试中举年龄分布

年龄	1834		1851	
	中举人数	占比（%）	中举人数	占比（%）
20 岁及以下	51	3.7	78	4.4
21—25 岁	212	15.5	324	18.3
26—30 岁	365	26.6	426	24.1
31—35 岁	301	22.0	401	22.6
36—40 岁	234	17.1	242	13.7
41—45 岁	112	8.2	163	9.2
46—50 岁	51	3.7	72	4.1
50 岁以上	45	3.2	64	3.6
合计	1371	100	1770	100

资料来源：《直省同年全录》，1834，1851。又见 Chung-li Chang, *The Chinese Gentry: Studies on Their Role in Nineteenth-Century Chinese Society*（Seattle: University of Washington Press, 1955），p.126。

表 5.20　明代 47 名科举状元中榜年龄

登科年	年龄	登科年	年龄	登科年	年龄	登科年	年龄
1391	28	1487	19	1535	38	1577	44
1400	36	1490	30	1538	30	1583	25
1404	32	1493	34	1541	35	1586	38
1442	49	1499	33	1544	27	1589	51
1445	32	1502	28	1547	38	1595	35
1451	22	1505	33	1556	34	1607	31
1457	34	1508	34	1559	39	1610	31
1463	27	1511	24	1562	28	1616	41
1466	36	1517	34	1565	39	1637	40
1472	38	1523	36	1568	33	1640	40
1481	28	1526	26	1571	34	1643	30
1484	39	1532	22	1574	25		

资料来源:《明状元图考》，顾鼎臣等编（1607 年刻本）。

明代状元平均年龄为：33 岁。

年龄范围：19—51 岁；19 岁 = 青年；51 岁 = 老年。25 岁及以下的人：6 人，占比 12.8%。26—35 岁的人：25 人，占比 53.2%。36—45 岁的人：14 人，占比 29.8%。46—55 岁的人：2 人，占比 4.3%。超过 55 岁的人：0 人，占比 0%。30 岁以下的人：16 人，占比 34%。

表 5.21　清代 67 名科举状元中榜年龄

登科年	年龄	登科年	年龄	登科年	年龄	登科年	年龄
1646	37	1724	28	1790	35	1847	37
1647	44	1727	27	1793	25	1850	35
1649	40	1733	38	1795	35	1856	27
1652	30	1736	35	1799	42	1859	33
1655	35	1737	24	1801	39	1868	30
1659	26	1739	27	1802	30	1871	40

续表

登科年	年龄	登科年	年龄	登科年	年龄	登科年	年龄
1667	41	1742	41	1811	30	1874	34
1670	52	1745	26	1817	28	1877	30
1673	37	1748	26	1819	35	1880	39
1676	32	1752	38	1820	31	1883	25
1679	38	1754	32	1822	42	1886	30
1682	31	1760	31	1832	35	1890	46
1685	36	1761	37	1835	39	1894	42
1703	59	1769	33	1836	32	1895	31
1706	50	1772	38	1840	38	1903	30
1709	47	1778	24	1841	28	1904	33
1713	45	1780	26	1845	43		

资料来源:《清朝的状元》,宋元强编(长春:吉林文史出版社,1992),pp.186-88;《清代状元奇谈》,周腊生编(北京:紫禁城出版社,1994),pp.184-85。下文括号中为周腊生统计的数据。

清代状元平均年龄为:36岁(周:共统计75人,平均年龄34岁)

年龄范围:24—59岁;24岁=青年;59=老年(周:75人,年龄在17—84岁之间)。25岁及以下:4人,占比6.1%(周:30岁以下,18人,占比24%)。26—35岁:34人,占比51.5%(周:30—40岁,43人,占比57%)。36—45岁:23人,占比34.8%(周:40岁以上,12人,占比19%)。46—55岁:4人,占比6.1%。55岁以上:1人,占比1.5%。30岁以下:14人,占比21%。

表5.22 明代殿试进士年龄分布

年龄	1472		1529	
	中榜人数	占比(%)	中榜人数	占比(%)
20岁及以下	1	0.4	6	1.9
21—25岁	10	4.0	45	13.9
26—30岁	47	18.8	67	20.7
31—35岁	97	38.8	101	31.2
36—40岁	72	28.8	67	20.7
41—45岁	20	8.0	31	9.6

年龄	1472		1529	
	中榜人数	占比（％）	中榜人数	占比（％）
46—50 岁	3	1.2	6	1.8
50 岁以上	0	0.0	0	0.0
合计	250	100	323	100

资料来源：简锦松，《明代文学批评研究》（台北：学生书局，1989），p.44；《进士同年便览录》，1529。

表5.23 清代殿试进士年龄分布

年龄	1835		1868		1894	
	中榜人数	占比（％）	中榜人数	占比（％）	中榜人数	占比（％）
20 岁及以下	3	1.1	4	1.8	1	0.4
21—25 岁	17	6.1	29	12.8	26	10.6
26—30 岁	45	16.1	48	21.2	54	22.0
31—35 岁	59	21.1	51	22.5	64	26.1
36—40 岁	63	22.6	49	21.6	63	25.8
41—45 岁	44	15.8	33	14.5	29	11.9
46—50 岁	35	12.6	9	3.9	6	2.4
50 岁以上	13	4.6	4	1.7	2	0.8
合计	279	100	227	100	245	100

资料来源：《会试同年齿录》，1835，1868，1894。又见 Chung-li Chang, *The Chinese Gentry: Studies on Their Role in Nineteenth-Century Chinese Society* (Seattle: University of Washington Press, 1955), p.122。

表8.1 明清两代四书文在科举最终排名中的重要性分析

年	考试类型	地点	四书文篇目	最终排名
1400	会试	南京	第1篇	1
			第2篇	3

年	考试类型	地点	四书文篇目	最终排名
			第3篇	32
1445	会试	北京	第1篇	3
	（商辂会元）		第2篇	13
			第3篇	不详
1465	乡试	山东	第1篇	2
			第2篇	4
			第3篇	3
1468	乡试	浙江	第1篇	1
			第2篇	6
			第3篇	2
1475	会试	北京	第1篇	5
			第2篇	3
			第3篇	1
1489	乡试	山东	第1篇	2
			第2篇	1
			第3篇	3
1516	乡试	浙江	第1篇	1
			第2篇	3
			第3篇	2
1535	会试	北京	第1篇	3
			第2篇	1
			第3篇	2
1558	乡试	顺天	第1篇	1
			第2篇	3

年	考试类型	地点	四书文篇目	最终排名
1562	会试	北京	第 3 篇	2
			第 1 篇	2
			第 2 篇	3
1579	乡试	云南	第 3 篇	1
			第 1 篇	1
			第 2 篇	2
1586	会试	北京	第 3 篇	3
			第 1 篇	1
			第 2 篇	2
1594	乡试	山东	第 3 篇	1
			第 1 篇	1
			第 2 篇	4
1604	乡试	顺天	第 3 篇	8
			第 1 篇	1
			第 2 篇	3
1627	乡试	江西	第 3 篇	2
			第 1 篇	1
			第 2 篇	11
1630	乡试	应天	第 3 篇	28
			第 1 篇	1
			第 2 篇	2
1648	乡试	江南	第 3 篇	3
			第 1 篇	1
			第 2 篇	3

年	考试类型	地点	四书文篇目	最终排名
			第3篇	2
1654	乡试	顺天	第1篇	1
			第2篇	1
			第3篇	1
1654	乡试	广东	第1篇	1
			第2篇	3
			第3篇	4
1655	会试	北京	第1篇	1
			第2篇	1
			第3篇	1
1660	乡试	顺天	第1篇	1
			第2篇	1
			第3篇	1
1684	乡试	江南	第1篇	1
			第2篇	1
			第3篇	3
1691	会试	北京	第1篇	1
			第2篇	1
			第3篇	1
1703	会试	北京	第1篇	1
			第2篇	1
			第3篇	1
1735	乡试	顺天	第1篇	1
			第2篇	1

年	考试类型	地点	四书文篇目	最终排名
			第3篇	8
1742	会试	北京	第1篇	1
			第2篇	1
			第3篇	1
1747	乡试	江南	第1篇	1
			第2篇	1
			第3篇	2
1759	乡试	浙江	第1篇	1
			第2篇	1
			第3篇	1
1770	乡试	四川	第1篇	1
			第2篇	1
			第3篇	1
1788	乡试	顺天	第1篇	1
	（经学第一名考		第2篇	1
	生：总排名 第八）		第3篇	1
1825	乡试	顺天	第1篇	1
			第2篇	1
			第3篇	1
1843	乡试	江南	第1篇	1
			第2篇	1
			第3篇	1
1852	乡试	顺天	第1篇	1

续表

年	考试类型	地点	四书文篇目	最终排名
	（张之洞解元）		第2篇	1
			第3篇	1
1875	乡试	福建	第1篇	1
			第2篇	1
			第3篇	1
1890	会试	北京	第1篇	1
	（夏曾佑状元）		第2篇	1
			第3篇	1

资料来源：各省《乡试录》及《会试录》。

表 8.2　明代和清初策论在科举最终排名中的重要性分析

年	考试类型	地点	策论篇目	最终排名
1399	乡试	应天	第1篇	34
			第2篇	7
			第3篇	1
			第4篇	2
			第5篇	20
1400	会试	南京	第1篇	8
			第2篇	不详
			第3篇	不详
			第4篇	1
			第5篇	不详
1445	会试	北京	第1篇	1（商辂）

年	考试类型	地点	策论篇目	最终排名
			第2篇	8
			第3篇	不详
			第4篇	15
			第5篇	不详
1465	乡试	山东	第1篇	2
			第2篇	1
			第3篇	3
			第4篇	1
			第5篇	10
1489	乡试	山东	第1篇	4
			第2篇	1
			第3篇	5
			第4篇	2
			第5篇	3
1507	乡试	浙江	第1篇	3
			第2篇	4
			第3篇	1
			第4篇	2
			第5篇	5
1516	乡试	浙江	第1篇	1
			第2篇	3
			第3篇	2
			第4篇	6
			第5篇	5

续表

年	考试类型	地点	策论篇目	最终排名
1535	会试	北京	第1篇	3
			第2篇	1
			第3篇	2
			第4篇	5
			第5篇	4
1558	乡试	顺天	第1篇	2
			第2篇	5
			第3篇	1
			第4篇	3
			第5篇	不详
1562	会试	北京	第1篇	2
			第2篇	3
			第3篇	5
			第4篇	1
			第5篇	4
1579	乡试	云南	第1篇	1
			第2篇	2
			第3篇	3
			第4篇	4
			第5篇	5
1586	会试	北京	第1篇	2
			第2篇	16
			第3篇	3
			第4篇	5

年	考试类型	地点	策论篇目	最终排名
1594	乡试	山东	第5篇	13
			第1篇	1
			第2篇	52
			第3篇	3
			第4篇	2
1604	乡试	顺天	第5篇	5
			第1篇	1
			第2篇	3
			第3篇	2
			第4篇	4
1627	乡试	江西	第5篇	7
			第1篇	16
			第2篇	24
			第3篇	17
			第4篇	14
1630	乡试	应天	第5篇	不详
			第1篇	17
			第2篇	13
			第3篇	9
			第4篇	16
1648	乡试	江南	第5篇	15
			第1篇	1
			第2篇	13
			第3篇	14

年	考试类型	地点	策论篇目	最终排名
			第 4 篇	15
			第 5 篇	16
1654	乡试	顺天	第 1 篇	22
			第 2 篇	16
			第 3 篇	46
			第 4 篇	8
			第 5 篇	77
1654	乡试	广东	第 1 篇	11
			第 2 篇	2
			第 3 篇	9
			第 4 篇	21
			第 5 篇	19
1655	会试	北京	第 1 篇	19
			第 2 篇	7
			第 3 篇	11
			第 4 篇	2
			第 5 篇	16
1660	乡试	顺天	第 1 篇	7
			第 2 篇	18
			第 3 篇	6
			第 4 篇	15
			第 5 篇	15
1682	乡试	江南	第 1 篇	7
			第 2 篇	18

续表

年	考试类型	地点	策论篇目	最终排名
			第3篇	8
			第4篇	7
			第5篇	14
1693	会试	北京	第1篇	88
			第2篇	3
			第3篇	12
			第4篇	6
			第5篇	28
1703	会试	北京	第1篇	1
			第2篇	1
			第3篇	1
			第4篇	1
			第5篇	1
1735	乡试	顺天	第1篇	1
			第2篇	41
			第3篇	9
			第4篇	2
			第5篇	8
1742	会试	北京	第1篇	1
			第2篇	2
			第3篇	3
			第4篇	3
			第5篇	2
1747	乡试	江南	第1篇	7

年	考试类型	地点	策论篇目	最终排名
			第 2 篇	7
			第 3 篇	7
			第 4 篇	7
			第 5 篇	6
1759	乡试	浙江	第 1 篇	30
			第 2 篇	30
			第 3 篇	30
			第 4 篇	30
			第 5 篇	30
1770	乡试	四川	第 1 篇	1
			第 2 篇	5
			第 3 篇	23
			第 4 篇	23
			第 5 篇	23
1788	乡试 （策略第 70 名： 汪德铖）	顺天	第 1 篇	70
			第 2 篇	70
			第 3 篇	2
			第 4 篇	70
			第 5 篇	2
1794	乡试	广东	第 1 篇	1
			第 2 篇	13
			第 3 篇	33
			第 4 篇	11

续表

年	考试类型	地点	策论篇目	最终排名
			第 5 篇	29
1795	乡试	湖南	第 1 篇	21
			第 2 篇	1
			第 3 篇	21
			第 4 篇	41
			第 5 篇	27
1825	乡试	顺天	第 1 篇	68
			第 2 篇	68
			第 3 篇	68
			第 4 篇	68
			第 5 篇	68
1843	乡试	江南	第 1 篇	28
			第 2 篇	28
			第 3 篇	28
			第 4 篇	28
			第 5 篇	28
1852	乡试	顺天	第 1 篇	1
			第 2 篇	90
			第 3 篇	90
			第 4 篇	90
			第 5 篇	90
1882	乡试	顺天	第 1 篇	3
			第 2 篇	3
			第 3 篇	3

续表

年	考试类型	地点	策论篇目	最终排名
			第 4 篇	3
			第 5 篇	3
1890	会试	北京	第 1 篇	1
	（第一名：夏曾佑）		第 2 篇	1
			第 3 篇	1
			第 4 篇	1
			第 5 篇	1
1894	乡试	陕西	第 1 篇	8
			第 2 篇	8
			第 3 篇	8
			第 4 篇	8
			第 5 篇	8

资料来源：各省《乡试录》和《会试录》。

表 8.3　明代 1371—1610 年 47 名殿试状元的乡试、会试名次样本统计

名字	进士登科年	会试名次	乡试名次
吴伯宗	1371	25	1
胡广	1400	8	2
马铎	1412	40	18
陈循	1415	—	1
李骐	1418	—	1
林震	1430	15	—

名字	进士登科年	会试名次	乡试名次
周璇	1436	95	—
施槃	1439	—	10
商辂	1445	1	1
彭时	1448	3	—
黎淳	1457	25	24
王一夔	1460	2	—
彭教	1464	2	1
罗伦	1466	3	—
张昇	1469	240	83
吴宽	1472	1	3
谢迁	1475	3	1
李旻	1484	—	1
费宏	1487	16	20
毛澄	1493	25	—
朱希周	1496	107	95
康海	1502	179	—
顾鼎臣	1505	55	86
吕柟	1508	6	10
杨慎	1511	2	2
唐皋	1514	4	—
舒芬	1517	11	23
杨维聪	1521	10	1
姚涞	1523	2	7
林大钦	1532	—	6

续表

名字	进士登科年	会试名次	乡试名次
茅瓒	1538	244	22
沈坤	1541	210	—
秦鸣雷	1544	107	80
李春芳	1547	10	—
唐汝楫	1550	10	—
陈谨	1553	24	—
诸大绶	1556	2	16
丁士美	1559	267	19
申时行	1562	28	3
罗万化	1568	351	84
张懋修	1580	13	12
朱国祚	1583	81	19
唐文献	1586	149	47
焦竑	1589	7	79
翁正春	1592	—	35
张以诚	1601	37	8
韩敬	1610	1	8

资料来源:《明状元图考》。此书一开始囊括了明代1371—1571年间的状元。吴承恩、程一桢增补材料至1604年。之后1607—1628年的状元材料由未具名的编者增补。以上信息多有赖于1990年台湾清华大学(新竹)我所开设的讨论课上的参与者蒋竹山先生的研究论文。参见《皇明三元考》《明代登科录汇编》《会试录》;以及《中国状元全传》,车吉心、刘德增编(济南:山东美术出版社,1993),pp.487-722。

译者注:1418年会试,李骐成绩应为第一(会元),参见本书第七章相关内容;但涉及原书中统计数据分析的问题,这里保留"不详"。

表 8.4　清代 1664—1852 年 60 名殿试状元的
乡试、会试名次样本统计

名字	进士登科年	会试名次	乡试名次
严我斯	1664	268	91
缪彤	1667	36	44
蔡启僔	1670	205	111
韩菼	1673	1	16
彭定求	1676	1	22
归允肃	1679	46	24
蔡升元	1682	163	52
陆肯堂	1685	1	5
沈廷文	1688	118	46
戴有祺	1691	126	7
胡任舆	1694	7	1
李蟠	1697	27	46
汪绎	1700	2	56
王式丹	1703	1	6
王云锦	1706	260	14
赵熊诏	1709	27	57
王世琛	1712	77	90
王敬铭	1713	21	219
徐陶璋	1715	86	8
汪应铨	1718	64	4
邓钟岳	1721	129	102
于振	1723	29	5
陈德华	1724	115	26

名字	进士登科年	会试名次	乡试名次
彭启丰	1727	1	74
周霭	1730	136	29
陈倓	1733	1	42
金德瑛	1736	241	7
于敏中	1737	33	72
庄有恭	1739	36	21
金甡	1742	1	118
钱维城	1745	41	15
梁国治	1748	123	7
吴鸿	1751	20	1
秦大士	1752	15	18
庄培因	1754	3	79
蔡以台	1757	1	204[a]
毕沅	1760	2	29
王杰	1761	10	7
秦大成	1763	3	39
张书勋	1766	120	56
陈初哲	1769	54	43
龙汝言	1814	67	—
吴其濬	1817	231	—
陈沆	1819	189	6
陈继昌	1820	1	1
戴兰芬	1822	192	45
林召棠	1823	26	226

续表

名字	进士登科年	会试名次	乡试名次
朱昌颐	1826	12	85
李振钧	1829	204	43
吴钟骏	1832	85	28
汪鸣相	1833	160	36
刘绎	1835	14	31
林鸿年	1836	64	26
钮福保	1838	91	46
李承霖	1840	2	10
龙启瑞	1841	57	2
孙毓溎	1844	104	13
萧锦忠	1845	166	9
张之万	1847	112	23
章鋆	1852	242	27

资料来源:《状元策》(乾隆朝刻本),未标记页码稿本;《历代状元策》(台北:广文书局,清末刻本,重印本,1976);《国朝贡举考略》,黄崇兰(1825年刻本);《中国状元全传》,车吉心、刘德增编(济南:山东美术出版社,1993),第735-1013页。

ª 一些考生可能并非来自顺天府,但会在顺天府参加乡试,如蔡以台是浙江考生,但在顺天府参加乡试。

表 8.5　明代 1474—1600 年策论论题分类统计表

排名	论题类型	占比(%)	每科策论出题可能性(%)
1	养才 / 用人	9.6	43.4
2	道学	3.8	37.5
3	太祖,成祖	7.4	33.5
4	治国	7.0	31.6

续表

排名	论题类型	占比（%）	每科策论出题可能性（%）
5	理财	5.7	25.8
6	君臣	5.2	23.5
7	国防	4.3	19.4
7	经学	4.3	19.4
9	法 / 刑	3.5	15.8
9	兵事	3.5	15.8
11	诗文	3.0	13.6
11	自然	3.0	13.6
13	史学	2.6	11.8
13	农政	2.6	11.8
13	风俗	2.6	11.8

资料来源：《南国贤书》，张朝瑞编（约1600年刻本）。

补注：每道策问题出现在一场策问考试中的概率的计算方式，是基于每次策问考试都会选择主题互相独立的五道策问题的假设之上。如果五道题的主题选择是相互关联的话，可能每种策问题出现的概率会更高。这里的考题主题类型划分是古代中国人的分类方式。我自己也增加了个别类目，如"自然"（natural studies），其包含了"天文"、"历学"和"音律"。而经学（classical studies）和朴学（philology）之间肯定也存在重合的方面，我将之拆分统计以展现后者在清代的重要性（参见表8.6）。

表 8.6　清代 1646—1859 年策论论题分类统计表

排名	论题类型	占比（%）	每科策论出题可能性（%）
1	经学	14.1	63.7
2	养才 / 用人	10.7	48.4
3	理财	9.6	43.4
4	治国	7.8	35.3
5	史学	7.4	33.4

排名	论题类型	占比（%）	每科策论出题可能性（%）
6	道学	6.1	27.6
7	诗文	5.1	23.1
7	吏治	5.1	23.1
9	小学	4.2	18.9
10	国防	3.8	17.2
11	法／刑	3.1	14.0
11	士习	3.1	14.0
13	农政	2.7	12.2
13	兵事	2.7	12.2
15	民生	2.2	9.9

资料来源:《南国贤书》，张朝瑞编（约1600年刻本）。

补注：每道策问题出现在一场策问考试中的概率的计算方式，是基于每次策问考试都会选择主题互相独立的五道策问题的假设之上。如果五道题的主题选择是相互关联的话，可能每种策问题出现的概率会更高。这里的考题主题类型划分是古代中国人的分类方式。我自己也增加了个别类目，如"自然"（natural studies），其包含了"天文"、"历学"和"音律"。而经学（classical studies）和朴学（philology）之间肯定也存在重合的方面，我将之拆分统计以展现后者在清代的重要性（参见表8.5）。

表 8.7　清代 1756—1762 年 70 道科举乡试策问题分类对照表

类型	1756	1759	1760	1762	增补题 [a]	合计	占比（%）
理财	1	2	5	3	3	14	20
经学	2	0	2	2	2	8	11
诗文	2	3	3	0	0	8	11
地理	1	1	3	0	1	6	9
史学	2	1	1	1	0	5	7
吏治	2	1	3	0	0	5	7
养才／用人	1	1	1	1	0	4	6

续表

类型	1756	1759	1760	1762	增补题 [a]	合计	比例（%）
道学	1	1	2	0	0	4	6
礼教	1	0	0	0	2	3	4
格致	0	1	0	1	0	2	3
治国	0	0	2	0	0	2	3
小学	0	0	1	1	0	2	3
国防	0	0	1	0	1	2	3
兵事	0	2	0	0	0	2	3
法 / 刑	0	0	0	0	1	1	1
士习	1	0	0	0	0	1	1
农政	0	0	0	0	0	0	0
民生	0	0	0	0	0	0	0
合计	14	13	24	9	10	70	100

资料来源：《近科全题新策法程》，刘坦之评点，1764 年刻本。

[a] 增补策问题。

表 8.8 清代 1840 年、1849 年各省乡试策问题分类合计

类型	1840		1849	
	出题省的数量	占比（%）	出题省的数量	占比（%）
经学	7	78	15	100
史学	7	78	14	93
养才 / 用人	7	78	6	40
诗文	5	56	4	27
地理	5	56	8	53
理财	4	44	11	73
小学	4	44	6	40

续表

类型	1840		1849	
	出题省的数量	占比（%）	出题省的数量	占比（%）
农政	2	22	1	1
治国	1	11	1	1
法 / 刑	1	11	2	13
兵事	1	11	1	1
诸子	1	11	1	1
格致	0	0	1	1
道学	0	0	0	0
吏治	0	0	4	27
国防	0	0	0	0
士习	0	0	0	0
民生	0	0	0	0
题数合计	45	100	75	100

资料来源：《直省同年录》，1840，1849。

补注：1840 年的数据是以 9 省乡试、45 道策问题为基础；1849 年的数据是以 15 省乡试、共 75 道策问题为基础。

表 10.1　明代、清初论在科举最终排名中的重要性分析

年份	考试类型	考试地点	论试排名	论试第一考生最终排名
1399	乡试	应天	最优	12
1400	会试	南京	最优	1
1445	会试	北京	最优	1（商辂）
1465	乡试	山东	最优	1
1489	乡试	山东	最优	1
1516	乡试	浙江	最优	1

年份	考试类型	考试地点	论试排名	论试第一考生最终排名
1520	会试	北京	最优	2
1535	会试	北京	最优	1
1558	乡试	顺天	最优	1
1562	会试	北京	最优	1
1579	乡试	云南	最优	2
1586	会试	北京	最优	1
1594	乡试	山东	最优	2
1597	乡试	应天	最优	2
1604	乡试	顺天	最优	1
1627	乡试	江西	最优	11
1630	乡试	应天	最优	12
1648	乡试	江南	最优	1
1654	乡试	顺天	最优	1
1654	乡试	广东	最优	8
1655	会试	北京	最优	10
1660	乡试	顺天	最优	17
1684	乡试	江南	最优	14
1691	会试	北京	最优	106
1703	会试	北京	最优	2
1735	乡试	顺天	最优	41
1742	会试	北京	最优	3
1747	乡试	江南	最优	7
1759	乡试	浙江	最优	6
1770	乡试	四川	最优	1

年份	考试类型	考试地点	论试排名	论试第一考生最终排名
1788	乡试	顺天	最优	9
1789	乡试	河南	最优	1
1792	乡试	浙江	最优	11

资料来源：各省《乡试录》和《会试录》。

补注：1793年论试被废止。除个别考生外，我们无法系统了解这些考生在其他科目中的表现。因此，一个可能的情况是，明代考官们会确保论考最优的考生同时也是四书文考试最优的考生之一。

表10.2　清末试帖诗在科举最终排名中的重要性分析

年份	考试类型	考试地点	试帖诗排名	试帖诗第一考生最终排名
1759	乡试	浙江	最优	1
1759	乡试	陕西	最优	17
1760	乡试	陕西	最优	1
1770	乡试	四川	最优	1
1788	乡试	顺天	最优	9
1789	乡试	河南	最优	2
1792	乡试	浙江	最优	1
1794	乡试	山西	最优	1
1794	乡试	广东	最优	11
1795	乡试	贵州	最优	1
1795	乡试	湖南	最优	3
1799	乡试	广西	最优	6
1825	乡试	顺天	最优	1
1835	乡试	浙江	最优	1
1843	乡试	江南	最优	1
1849	乡试	浙江	最优	1
1852	乡试	顺天	最优（张之洞）	1
1867	乡试	广西	最优	1
1875	乡试	福建	最优	1
1882	乡试	顺天	最优	1

年份	考试类型	考试地点	试帖诗排名	试帖诗第一考生最终排名
1885	乡试	浙江	最优	2
1888	乡试	四川	最优	1
1894	乡试	陕西	最优	1

资料来源：各省《乡试录》和《会试录》。

补注：1793 年论试被废止。除 1759 年、1770 年、1788 年、1789 年和 1792 年等与表 10.1 和表 10.2 重合的特定考生外，我们无法系统地知晓所有科目中考生的名次情况，以及某一科目的名次是否与其他科目的名次相关。

表 10.3　清末五经考题在科举最终排名中的重要性分析

年份	考试类型	地点	五经考题	五经文最优者的最终排名
1794	乡试	山西	第一（《易》）	1
			第二（《书》）	1
			第三（《诗》）	1
			第四（《春秋》）	1
			第五（《礼》）	1
1794	乡试	广东	第一	1
			第二	1
			第三	1
			第四	1
			第五	1
1795	乡试	贵州	第一	20
			第二	20
			第三	20
			第四	20
			第五	20
1795	乡试	湖南	第一	10
			第二	13
			第三	13

年份	考试类型	地点	五经考题	五经文最优者的最终排名
			第四	10
			第五	24
1799	乡试	广西	第一	1
			第二	1
			第三	11
			第四	1
			第五	5
1825	乡试	顺天	第一	64
			第二	28
			第三	26
			第四	11
			第五	52
1835	乡试	浙江	第一	45
			第二	45
			第三	1
			第四	3
			第五	3
1843	乡试	江南	第一	20
			第二	45
			第三	31
			第四	20
			第五	31
1849	乡试	浙江	第一	14
			第二	14
			第三	14
			第四	14

续表

年份	考试类型	地点	五经考题	五经文最优者的最终排名
			第五	14
1852	乡试	顺天	第一	3
			第二	3
			第三	3
			第四	3
			第五	3
1867	乡试	广西	第一	4
			第二	4
			第三	4
			第四	4
			第五	4
1875	乡试	福建	第一	87
			第二	1
			第三	1
			第四	1
			第五	5
1882	乡试	顺天	第一	3
			第二	3
			第三	3
			第四	3
			第五	3
1885	乡试	浙江	第一	32
			第二	32
			第三	44
			第四	6
			第五	38

续表

年份	考试类型	地点	五经考题	五经文最优者的最终排名
1888	乡试	四川	第一	15
			第二	15
			第三	15
			第四	15
			第五	15
1894	乡试	陕西	第一	33
			第二	33
			第三	33
			第四	33
			第五	33

资料来源：各省《乡试录》和《会试录》。

表 11.1　太平天国运动前后各等级科举功名者人数比例分布一览

功名等级	1850 年前		太平天国运动后	
	人数	占比（％）	人数	占比（％）
较高等				
科举进士	2500	23.8	2600	20.6
（翰林）	（650）		（750）	
（武进士）	（1500）		（1500）	
举人	8000	76.2	10000	79.4
（武举人）	（13000）		（13500）	
合计（只进士）	10500	100	12600	100
贡生				
岁贡	20000	61	20000	50
恩贡	5000	15	12000	30
拔贡	3500	11	3600	9

功名等级	1850 年前		太平天国运动后	
	人数	占比（%）	人数	占比（%）
优贡	500	2	500	2
副贡	3600	11	3800	9
合计	32600	100	39900	100
生员				
文举	460330	68	549698	67
二等捐生	37153	5.5	37337	4.5
三等捐生	368000	57	475000	58
附生	37177	5.5	37361	4.5
武举	212000	32	268000	33
合计（文举及武举）	672330	100	817698	100
监生（非常规）	310000	89	430000	81
优监	40000	11	100000	19
合计（非常规）	350000	100	530000	100
士绅合计	1100000	100	1450000	100
常规	750000	68	920000	64
上层	（80000）	（7）	（100000）	（7）
下层	（670000）	（61）	（820000）	（57）
非常规	350000	32	530000	36
上层士绅（估）	120000	11	200000	14

资料来源：Chung-li Chang, *The Chinese Gentry: Studies on Their Role in Nineteenth-Century Chinese Society*（Seattle: University of Washington Press, 1955），pp. 122-41。

附录四　650－1905 年间科举考试科目时间轴

1. 唐代进士科、明经科科举规制

年	考试形式、场次和内容	考题数
初唐明经科	1：经文大义	10
	2：时务策	3
675－733	老子策	
680－681 年间进士科	1：诗赋	每种文体各 1 篇？
（首次出现杂文）	2：策	
7 世纪 80 年代	武则天首创殿试	
713－722 年间进士科	诗赋或颂（多为杂文）	
8 世纪 20 年代	忽视九经	
724 年进士科	从考诗题，转变为考文章（杂文）	
734 年进士科	诗、赋文章题	各 1 篇
741－763	763－764 年间呼吁废除之前科举规制	
752 年进士科	1：帖经	
	2：诗赋	
	3：策	
754	在如博学鸿词的制科中采用诗赋	
8 世纪 60 年代至 70 年代	希望将诗赋题排除出科举的呼声失败	如之前规定，每种文体各 1 篇
787 年进士科	1：诗赋	各 1 篇
	2：论	1
	3：策	
	4：帖经（增加）	

续表

年	考试形式、场次和内容	考题数
786—789 年间明经科	自开元二十年（732）后明经科考试规制一直延续至唐末，993 年宋人开始沿用唐制	
789	制科（礼）：三礼（《礼记》《仪礼》《周礼》）及其他礼法	
805	诗赋改革失败	
822	常科（史）：三史（《史记》《汉书》《后汉书》）	
823	制科开始考《春秋》三传（多为考生不愿掌握的历史文本）	
833—34 年间	诗赋试约略成为杂文试	

资料来源：《五礼通考》，秦蕙田撰（1761 年刻本）；《文献通考》，马端临编，收入《十通》（上海：商务印书馆，1936）；David McMullen, *State and Scholars in T'ang China*（Cambridge: Cambridge University Press, 1988）；Arthur Waley, *The Life and Times of Po Chü-I*,（London: Allen & Unwin, 1949）；Robert des Rotours, *Le tratié des examens: traduit de la nouvelle histoire des T'ang*（Paris: Librairie Ernest Leroux, 1932）；罗联添，《唐代文学论集》（台北：学生书局，1989），pp.379-97。

2. 北宋进士科、明经科科举规制

年	考试形式、场次和内容	考题数
宋初（帖经墨义）	1：诗赋论	各 1 篇
	2：策	5
	3：帖论语	10
	4：《春秋》或《礼记》墨义	10
963	下诏重开科举	
975	省试和殿试分离	
978 年进士科	1：论（增设）	
1029 年进士科	诗赋取士抑或论策取士的争论	

续表

年	考试形式、场次和内容	考题数
1044 年进士科 （欧阳修）	1：策（2）：经 / 时务	2
	2：论	1
	3：通考	1
1044—1045 年间进士 科（欧阳修上奏建议）	1：策（3）：经旨和时务	3
	2：论	1
	3：诗赋（以此取最终排名）	2
1057 年明经科	8 场考试	
	三经帖经（大中小经）	6 道考题
	时务策	3 道考题
1065	开始三年一试	
	（960—1057 年间每年开试，1057 —1063 年间两年一试）	
1070—1071 年间进士 科（王安石）	1：专五经之一：经义	10（只需答专 经题）
	2：论	1
	3：策	3
	4：之后：《论语》、《孟子》	每部 3 道
1070—1071 年间殿试	仅一道策（取代之前诗赋论三题）	1
1071	新科明法	
1078	专经分布：	
	1078 年前：《诗经》，40%—50%	
	《尚书》，10%	
	1078 年后：《诗经》，30%、 　　　　　《易经》，30%	
	《尚书》，20%	
	《周礼》《礼记》， 共 20%	
1080	制科道家考试出现	
1081	增设新科明法科	

续表

年	考试形式、场次和内容	考题数
1086	废止新科明法科	
1087	禁考释、法二家的经籍	
1089年进士科 （专经进士）	1：专经义（3）和《论语》（1）	4
	2：专经义（3）和《孟子》（1）	4
	3：策	3
1089年进士科 （诗赋进士）	1：经义和《论语》/《孟子》	3
	2：诗赋（1086年司马光复置）	1
	3：论	1
	4：时务策	2
11世纪90年代	试图平衡经义和诗赋	
1110	强调对偶和词学的经义文开始发展成型	
1120	制科道家考试废止	

资料来源：《宋史》，脱脱（1314—1355）等编（台北：鼎文书局，1980）；《宋会要辑稿》（重印本，台北：世界书局，1964），第108册；《韵略条式》（宋稿本影印，约1134—1223）；《文献通考》，马端临编，收入《十通》（上海：商务印书馆，1936）；《五礼通考》，秦蕙田撰（1761年刻本）。又见荒木敏一《宋代科举制度研究》（京都：同朋舍，1969），pp.357，450-56；以及 Thomas H. C. Lee, *Government Education and Examinations in Sung China*（New York: St. Martin's Press, 1985），pp.145-54。

3. 辽代在988—1114年间及金代（1115—1234）科举乡试、省/会试规制

年	考试级别	考试场次或类型	考题数
977—983年间 （辽）	所有级别考试	1：帖经	
		2：诗赋	
		3：策	

续表

年	考试级别	考试场次或类型	考题数
988—1030 年间（辽）	所有级别考试	1：诗赋 2：法律 3：策	每种文体 1 篇
1115—1139 年间（金，非常规）	所有级别考试	1：诗赋或经义 2：策	每种文体 1 篇
1139—1150 年间（金，北选）	所有级别考试	1：诗赋 2：策	每种文体 1 篇
1139—1150 年间（金，南选）	所有级别考试	1：经义 2：策	
1151—1158 年间（金）	所有级别考试	1：仅诗赋 2：策被废止	每种文体 1 篇
1171（金）	所有级别考试	增设策、论	
1188—1234 年间（金）	所有级别考试	1：诗赋或经义 2：策	

资料来源:《金史》，脱脱等编（北京：中华书局，1965），51/1129-55；Karl Wittfogel, "Public Office in the Liao Dynasty and the Chinese Examination System," *Harvard Journal of Asiatic Studies* 10（1947）：13-40；Tao Ching-shen, "Political Recruitment in the Chin Dynasty," *Journal of the American Oriental Society* 94, 1（January-March 1974）：24-34；Peter Bol, "Seeking Common Ground: Han Literati under Jurchen Rule," *Harvard Journal of Asiatic Studies* 47, 2（1987）：461-538；Hoyt Tillman and Stephan West, eds., *China under Jurchen Rule*（Albany: SUNY Press, 1995）。

4.南宋科举进士科考试规制

年	考试形式、场次和内容	考题数
1128—1132年间	1：诗赋	2
	2：论	1
	3：策	3
1143—1145年间	1：经义、诗赋（两科）	每科2道题，共4道
	经义：论语或孟子	2
	诗赋：（1）360字、（1）五言六音	2
	2：论	1
	3：策（子、时务）	2
或	1：经义	3
	2：论	1
	3：策	3
约1187—1195年间	朱熹个人提议：科举应侧重治经和诸科	
十年内据十二地支循环：	A：经义	3组题
子年、午年：	1：易、诗、书	2道考题
卯年：	2：《周礼》、《仪礼》、二戴之礼	2道考题
酉年：	3：春秋三传	2道考题
	B：诸经（如四书）	
	4：《大学》《论语》《中庸》《孟子》	各1道考题
分年：	C：论（四科）	共4部分
	朱子	

续表

年	考试形式、场次和内容	考题数
分年：	D：策	
	6：诸史	5 组题
	1）上古史	
	2）后汉史	
	3）唐史	
	4）五代 5）通鉴	
	7：时务	4 组题
	1）音乐与历法	2 部分
	2）礼与诏告	2 部分
	3）兵法与刑法	2 部分
	4）通典	2 部分
13 世纪 20 年代	道学观点开始影响科举中的"论"	
13 世纪 30—50 年代	道学观点对论、策的影响与日俱增	
13 世纪 60 年代	道学观点开始主导论、策题的意识形态	

资料来源：《宋会要辑稿》（重印本，台北：世界书局，1964），第 108 册；《韵略条式》（宋稿本影印，约 1134—1223）；《文献通考》，马端临编，收入《十通》（上海：商务印书馆，1936）；《五礼通考》，秦蕙田撰（1761 年刻本）；《朱子大全》（SPPY），69.18A-26a。又见荒木敏一《宋代科举制度研究》（京都：同朋舍，1969），及 Hilde De Weerdt, "The Composition of Examination Standards: *Daoxue* and Southern Sung Dynasty Examination Culture"（Harvard University Ph.D.diss, in East Asian Civilizations and Cultures, 1998）。

5. 元代在 1237 年、1314—1366 年和明初时期（1370—1371）科举考试乡试、会试规制

年	考试级别	考试场次或类型	考题数
1237—1238	会试	1：论	1
（儒户）		2：经义	1
		3：诗赋	各 1 篇
13 世纪 60 年代		道学反对文章取士	
1275（舆论）	所有级别考试	以经义文取代重文辞的诗赋文章	
1284（舆论）	所有级别考试	1：罢诗赋	
		2：重经学	
1313（舆论）	所有级别考试	1：考察经术，及	
		2：词章	
1314	乡试	2：赋	1
1315（蒙古人）	会试	1：经问和四书	5 条 / 1 问
		2：时务策	1 道
1315（汉人）	会试	1：明经经义（四书，专经义）	2 问，各 1 篇
		2：古赋（律赋不用诗）	1
		2：诏告表	1 道
		3：经史时务策	1 道
1333（汉人）	会试	1：经义	1
		2：赋	
1333（所有人）	殿试	1：策	1
1335（汉人）	乡试	2：赋	1
1370—1371 年间	乡试及会试	1：经义（四书）	1

续表

年	考试级别	考试场次或类型	考题数
（明代）		1：专经义	1
		2：论	1
		3：策	1
		4：五艺：骑射书算律	5事

资料来源：《元进士考》，钱大昕编，清稿本，《元统元年进士录》。转引自《五礼通考》，秦蕙田撰（1761年刻本）；吴宗伯，《荣进集》，收入《四库全书》，1233.218-21；安部健夫，《元代知識人と科舉》，收入氏著《元代史の研究》（东京：创文社，1972），pp.3-53。

6. 明代和清初（1384—1756）科举考试乡试、会试规制

考试场次与内容	考题数
第一场	
1：四书	3句引文
2：《易经》	4句引文
3：《尚书》	4句引文
4：《诗经》	4句引文
5：《春秋》	4句引文
6：《礼记》	4句引文
第二场	
1：论	1句引文
2：诏告表	3篇诏告表
3：判语	5段判语
第三场	
1：经史时务策	5篇策论

补注：第一场考试中，考生需专经五经中的一经，并只能根据此经来作文。

7. 清初 1663 年改革期间的科举考试乡试、会试规制（于 1667 年废止）

考试场次与内容	考题数
第一场	
1：经史时务策	5 篇策论
第二场	
1：四书	1 句引文
2：五经	1 句引文
第三场	
1：表	1 篇表
2：判语	5 段判语

补注：关于所有考生必须在五经中专经一经的要求取消了。此外，考试文章形制不再需要局限于八股文。在实际的考试文献中，第二、三两场考试合并在了一起。"论"考被取消了。

8. 清代中期（1757—1787）科举考试乡试、会试规制

考试场次与内容	考题数
第一场	
1：四书	3 句引文
2：论	1 句引文
第二场	
1：《易经》	4 句引文
2：《尚书》	4 句引文
3：《诗经》	4 句引文
4：《春秋》	4 句引文
5：《礼记》	4 句引文
6：诗题	1 首诗例
第三场	
1：经史时务策	5 篇策论

9. 清代在 1787—1792 年间科举考试乡试、会试规制

考试场次与内容	考题数
第一场	
1：四书	3 句引文
2：诗题	1 首诗例
第二场	
1：《易经》	4 句引文
2：《尚书》	4 句引文
3：《诗经》	4 句引文
4：《春秋》	4 句引文
5：《礼记》	4 句引文
6：论	1 句引文（1793 年取消）
第三场	
1：经史时务策	5 篇策论

补注：第二场中的五经由考官按照循环次序选择出题。

10. 清末（1793—1898）科举考试乡试、会试规制

考试场次与内容	考题数
第一场	
1：四书	3 句引文
2：诗题	1 首诗例
第二场	
1：《易经》	1 句引文
2：《尚书》	1 句引文
3：《诗经》	1 句引文
4：《春秋》	1 句引文
5：《礼记》	1 句引文
第三场	
1：经史时务策	5 篇策论

11. 清末 1901 年改革后科举考试乡试、会试规制（于 1905 年废止）

考试场次与内容	考题数
第一场	
1：中国政治史事论	5 篇策论
第二场	
1：各国政治艺学策	5 篇策论
第三场	
1：四书义	2 篇文章
2：五经义	1 篇文章

补注：1787 年，清廷废止了考生只需专经五经中的一经的规定。1901 年后，考试文章不再要求必须以八股文形式写成。

附录五　除地方志外科举考试史料的主要类型

1. 岁考（两年一次）和科考（三年一次）。它们也经常被称为童试（首次资格准入，参见第三章）、县考、州考、府考和院考。在第一场考试中，根据选定的四书五经中的引文进行文章考试，在1756年之后，开始考试帖诗。

除地方志外地方考试史料来源：

《秀才录》

《贡举录》

《试牍》

2. 拔贡：1742年之前，每六年举行一次，1742年以后每十二年举行一次；考试含两场。对于政治地位较低的人来说，这是一种非常规的选拔途径。

《撰拔贡卷》

《各省拔贡录乡试录》

《各省撰拔明经同谱》

《各省选拔同年齿录》

《国子监请考选拔贡文》

3. 乡试（三年一次），1399—1639，1645—1903

正科或恩科考试：含三场

《乡试录》

《乡试题名录》

《乡试同年齿录》

《乡试同年履历便览》

4. 会试（三年一次），1371—1622，1674—1904

正科或恩科考试：三场

《会试录》

《会试题名录》

《会试同年齿录》

《会试同年履历便览》

5. 殿试（三年一次），1371—1643，1652—1903

正科或恩科考试：一场

《进士登科录》

《进士同年齿录》

《进士履历便览》

6. 朝考（三年一次）：1723 年之后，由朝廷举行的特殊考试。此外还有针对拔贡生所进行的特殊朝考（见上）。

《钦取朝考卷》：一场，含三道题，分别为论、疏和诗

7. 翻译考试：为满洲人、蒙古人设立

《翻译乡试录》

《翻译会试录》

《俄罗斯文馆试》

《回回馆试》

8. 博学鸿词科考试：一场；赋、论、策

《博学鸿儒》

《博学鸿词》

Abe Takeo 阿部建夫. "Gendai chishikijin to kakyo" 元代知識人と科舉 (Yuan dynasty intellectuals and the civil service examination). In *Gendaishi no kenkyū* 元代史の研究 (Research on the history of the Yuan dynasty). Tokyo: Sōbunsha, 1972.

Abe Yō 阿部洋. "Tōyō zasshi ni mirareru Shimmatsu kyōikushi shiryō ni tsuite, jō ge" 東方雑誌にみられろ清末教育史資料について上下 (Materials on late Ch'ing educational history appearing in *Eastern Miscellany*, parts 1 and 2). *Rekishi hyōron* 歴史評論 137, 1 (1962): 23–33; 137, 2 (1962): 23–33.

Abell, Walter. *The Collective Dream in Art.* Cambridge: Harvard University Press, 1957.

Adas, Michael. *Machines as the Measure of Men: Science, Technology, and Ideologies of Western Dominance.* Ithaca: Cornell University Press, 1989.

Ai Nan-ying 艾南英. *Ai Ch'ien-tzu hsien-sheng ch'üan-kao* 艾千子先生全稿 (Complete drafts of examination essays by Ai Nan-ying). Early Ch'ing edition. Reprint, Taipei: Wei-wen t'u-shu Press, 1977.

——. *T'ien-yung-tzu chi* 天傭子集 (Collection of the Heavenly Hired Hand). 1699 edition. Reprint, Taipei: I-wen Press, 1980.

Amano, Ikuo. *Education and Examination in Modern Japan.* Translated by William K. Cummings and Fumiko Cummings. Tokyo: Tokyo University Press, 1990.

"An-hui hsueh-cheng t'i-pen" 安徽學政題本 (Memorial of the An-hui education commissioner). 1765, 7th month, 26th day. In the Ming-Ch'ing Archives, Academia Sinica, Taiwan.

Appleby, Joyce, et al. *Telling the Truth about History.* New York: Norton, 1994.

Araki Toshikazu 荒木敏一. "Yōsei ninen no hikō jiken to Ten Bunkei" 雍正二年の罷考事件と田文鏡 (T'ien Wen-ching and the 1725 examination boycott). *Tōyōshi kenkyū* 東洋史研究 15, 4 (March 1957): 100–104.

——. *Sōdai kakyo seido kenkyū* 宋代科舉制度研究 (Study of the Sung dynasty civil service examination system). Kyoto: Dōbōsha, 1969.

——. "Chokusho kyōgaku no sei o tsujite kantaru Yōsei chika no bunkyō seisaku" 直省教學の制を通じて觀たる雍正治下の文教政策 (Yung-cheng era educational

---

See also Appendices 1 and 2 for primary examination sources, which are not in the bibliography.

policies viewed through the provincial education system). In *Yōsei jidai no kenkyū* 雍正時代の研究, pp. 284–308. Kyoto: Tōmeisha, 1986.

———. "Yōsei jidai ni okeru gakuchin sei no kaikaku" 雍正時代に於ける學臣制の改革 (The reform of education officials in the Yung-cheng age). In *Yōsei jidai no kenkyū* 雍正時代の研究, pp. 503–18. Kyoto: Tōmeisha, 1986.

Aramiya Manabu 新宮學. "Nankei kando" 南京遷都 (Restoring the capital to Nanking). In *Wada Hakutoku kyōju koki kinen: Minshin jidai no hō to shakai* 和田博德教授古稀記念：明清時代の法と社會. Tokyo: Kyuko shoin, 1993.

Atwell, William S. "From Education to Politics: The Fu She." In William Theodore de Bary, ed., *The Unfolding of Neo-Confucianism*. New York: Columbia University Press, 1975.

———. "The T'ai-ch'ang, T'ien-ch'i, and Ch'ung-chen Reigns, 1620–1644." In Frederick W. Mote and Denis Twitchett, eds., *The Cambridge History of China*, vol. 7, part 1, *The Ming Dynasty, 1368–1644*. Cambridge: Cambridge University Press, 1988.

Averill, Stephen. "Education and Local Elite Politics in Early Twentieth Century China." Paper presented at the annual meeting of the Association of Asian Studies, Honolulu, Hawaii, April 1996.

Ayers, William. *Chang Chih-tung and Educational Reform in China*. Cambridge: Harvard University Press, 1971.

Backus, Robert. "The Relationship of Confucianism to the Tokugawa Bakufu As Revealed in the Kansei Educational Reform." *Harvard Journal of Asiatic Studies* 34 (1974): 97–162.

Bailey, Paul J. *Reform the People: Changing Attitudes towards Popular Education in Early Twentieth Century China*. Edinburgh: Edinburgh University Press, 1990.

Balazs, Etienne. *Chinese Civilization and Bureaucracy*. Translated by H. M. Wright. New Haven: Yale University Press, 1964.

Barfield, Thomas. *The Perilous Frontier: Nomadic Empires and China, 221 B.C. to A.D. 1757*. Cambridge: Blackwell Publishers, 1989.

Barr, Allan. "Pu Songling and the Qing Examination System." *Late Imperial China* 7, 1 (1986): 92–103.

Bartlett, Beatrice S. *Monarchs and Ministers: The Grand Council in Mid-Ch'ing China, 1723–1820*. Berkeley: University of California Press, 1991.

Bastid, Marianne. *Educational Reform in Early 20th-Century China*. Translated by Paul J. Bailey. Ann Arbor: University of Michigan China Center, 1988.

Bauer, Wolfgang. "Chinese Glyphomancy." In Sarah Allan and Alvin Cohen, eds., *Legend, Lore, and Religion in China*. San Francisco: Chinese Materials Center, 1979.

Bays, Daniel H. *China Enters the Twentieth Century: Chang Chih-tung and the Issues of a New Age, 1895–1909*. Ann Arbor: University of Michigan Press, 1978.

Beattie, Hilary. *Land and Lineage in China: A Study of T'ung-ch'eng County, Anhui, in the Ming and Ch'ing Dynasties*. Cambridge: Cambridge University Press, 1979.

Bendix, Richard. *Higher Civil Servants in American Society*. Boulder: University of Colorado Press, 1949.

Berling, Judith. *The Syncretic Religion of Lin Chao-en*. New York: Columbia University Press, 1980.

———. "Religion and Popular Culture: The Management of Moral Capital in *The Romance of the Three Teachings*." In David Johnson, Andrew Nathan, and Evelyn

Rawski, eds., *Popular Culture in Late Imperial China*. Berkeley: University of California Press, 1985.

Bielenstein, Hans. "Chinese Historical Demography, A.D. 2–1982." *Bulletin of the Museum of Far Eastern Antiquities* 59 (1967).

————. "The Regional Provenance of *Chin-shih* during Ch'ing." *Bulletin of the Museum of Far Eastern Antiquities* (Stockholm) 64 (1992): 6–178.

Birch, Cyril, trans. *Scenes for Mandarins: The Elite Theater of the Ming*. New York: Columbia University Press, 1995.

Birge, Bettine. *Holding Her Own: Women, Property and Confucian Reaction in Sung and Yuan China (960–1368)*. Cambridge: Cambridge University Press, 1997.

Bodde, Derk. "'The Chinese Cosmic Magic Known as Watching for the Ethers." In S. Egerod and E. Glahn, eds., *Studia Serica: Bernhard Karlgren Dedicata*. Copenhagen: Ejnar Munksgaard, 1959.

————. "Prison Life in Eighteenth Century Peking." *Journal of the American Oriental Society* 89 (April–June 1969): 311–33.

Bodde, Derk, and Clarence Morris. *Law in Imperial China*. Philadelphia: University of Pennsylvania Press, 1973.

Boettcher, Cheryl M. "'To Make Them Ready for Official Employment': Literacy in Manchu and the Hanlin Cohort of 1655." Seminar paper, UCLA History Department, winter–spring 1993.

Bol, Peter. "Seeking Common Ground: Han Literati under Jurchen Rule." *Harvard Journal of Asiatic Studies* 47, 2 (1987): 461–538.

————. "Chu Hsi's Redefinition of Literati Learning." In William Theodore de Bary and John Chaffee, eds., *Neo-Confucian Education: The Formative Stage*. Berkeley: University of California Press, 1989.

————. "The Sung Examination System and the *Shih*." *Asia Major*, 3rd ser., 3, 2 (1990): 149–71.

————. *"This Culture of Ours": Intellectual Transitions in T'ang and Sung China*. Stanford: Stanford University Press, 1992.

————. "The Examination System and Sung Literati Culture." In Léon Vandermeersch, ed., *La société civile face à l'État*. Paris: École Française d'Extrême-Orient, 1994.

————. "Chao Ping-wen (1159–1232): Foundations for Literati Learning." In Hoyt Tillman and Stephen West, eds., *China under Jurchen Rule*. Albany: SUNY Press, 1995.

————. "The Neo-Confucian Position in Chinese History, 1200–1600." Paper presented at the Song-Yuan-Ming Transitions Conference, Lake Arrowhead, Calif., June 5–11, 1997.

Boorman, Howard, and Richard Howard, eds. *Biographical Dictionary of Republican China*. New York: Columbia University Press, 1967.

Borthwick, Sally. *Education and Social Change in China: The Beginnings of the Modern Era*. Stanford: Hoover Institution Press, 1983.

Bossler, Beverly. "Women's Literacy in Song Dynasty China: Preliminary Inquiries." Paper presented at the Song-Yuan-Ming Transitions Conference, Lake Arrowhead, Calif., June 5–11, 1997.

Boudon. *The Analysis of Ideology*. Translated by Malcolm Slater. Chicago: University of Chicago Press, 1989.

Bourdieu, Pierre. "Systems of Education and Systems of Thought." In Michael Young, ed., *Knowledge and Control: New Directions for the Sociology of Education*. London: Collier Macmillan, 1971.

———. "The Economics of Linguistic Exchanges." Translated by Richard Nice. *Social Science Information* 16, 6 (1977): 645–68.

———. *Distinction: A Social Critique of the Judgement of Taste*. Cambridge: Harvard University Press, 1984.

———. *Homo Academicus*. Stanford: Stanford University Press, 1988.

Bourdieu, Pierre, and Monique de Saint-Martin. "Scholastic Values and the Values of the Educational System." In J. Eggleston, ed., *Contemporary Research in the Sociology of Education*. London: Metheun, 1974.

Bourdieu, Pierre, and Jean-Claude Passeron. *Reproduction in Education, Society, and Culture*. Translated by Richard Nice. Beverly Hills, Calif.: Sage Publications, 1977.

Brokaw, Cynthia. *The Ledgers of Merit and Demerit: Social Change and Moral Order in Late Imperial China*. Princeton: Princeton University Press, 1991.

———. "Commercial Publishing in Late Imperial China: The Zou and Ma Family Businesses of Sibao, Fujian." *Late Imperial China* 17, 1 (June 1996): 49–92.

Brook, Timothy. *Praying for Power: Buddhism and the Formation of Gentry Society in Late-Ming China*. Cambridge: Harvard-Yenching Institute Monograph Series, 1993.

———. "Edifying Knowledge: The Building of School Libraries in Ming China." *Late Imperial China* 17, 1 (June 1996): 93–119.

Brose, Michael. "Uighur Elites in Yuan and Ming: A Case of Negotiated Identity." Paper presented at the Song-Yuan-Ming Transitions Conference, Lake Arrowhead, Calif., June 5–11, 1997.

Brown, Carolyn, ed. *Psycho-Sinology: The Universe of Dreams in Chinese Culture*. Lantham, Md.: University Press of America, 1988.

Buck, David D. "Educational Modernization in Tsinan, 1899–1937." In Mark Elvin and G. William Skinner, eds., *The Chinese City between Two Worlds*. Stanford: Stanford University Press, 1974.

Buck, Mary. "Justice for All: The Application of Law by Analogy in the Case of Zhou Fuqing." *Journal of Chinese Law* 7, 2 (fall 1993): 113–43.

Buck, Peter. *American Science and Modern China*. Cambridge: Cambridge University Press, 1980.

Bullock, T. L. "Competitive Examinations in China." In James Knowles, ed., *Nineteenth Century* (London) 36 (July 1894): 87–99.

Burke, Kenneth. *On Symbols and Society*. Chicago: University of Chicago Press, 1989.

Busch, Heinrich. "The Tung-lin Academy and Its Political and Philosophical Significance." *Monumenta Serica* 14 (1949–55): 1–163.

Cahill, James. *Hills beyond a River: Chinese Painting of the Yuan Period, 1279–1368*. New York: Weatherhill, 1976.

———. *Parting at the Shore: Chinese Painting of the Early and Middle Ming Dynasty, 1368–1580*. New York: Weatherhill, 1978.

Cameron, Meribeth. *The Reform Movement in China, 1898–1912*. Stanford: Stanford University Press, 1931.

Campany, Robert F. *Strange Writing: Anomaly Accounts in Early Medieval China*. Albany: SUNY Press, 1996.

Carnoy, Martin. "Education, Economy, and the State." In Michael Apple, ed., *Cultural and Economic Reproduction in Education.* London: Routledge & Kegan Paul, 1982.

Chaffee, John. "Chu Hsi and the Revival of the White Deer Grotto Academy, 1179–81." *T'oung Pao* 71 (1985).

————. *The Thorny Gates of Learning in Sung China.* Cambridge: Cambridge University Press, 1985. 2nd edition, Albany: SUNY Press, 1995.

Chan, Hok-lam. "The Rise of Ming T'ai-tsu (1368–98): Facts and Fictions in Early Ming Historiography." *Journal of the American Oriental Society* 95 (1975): 679–715.

————. "Chinese Official Historiography at the Yuan Court: The Composition of the Liao, Chin, and Sung Histories." In John D. Langlois, Jr., ed., *China under Mongol Rule.* Princeton: Princeton University Press, 1981.

————. *Theories of Legitimacy in Imperial China.* Seattle: University of Washington Press, 1982.

————. "The Chien-wen, Yung-lo, Hung-hsi, and Hsuan-te Reigns, 1399–1435." In Frederick W. Mote and Denis Twitchett, eds., *The Cambridge History of China*, vol. 7, part 1, *The Ming Dynasty, 1368–1644.* Cambridge: Cambridge University Press, 1988.

Chan, Wing-tsit. "The Ch'eng-Chu School of Early Ming." In William Theodore de Bary et al., *Self and Society in Ming Thought.* New York: Columbia University Press, 1970.

————. "Chu Hsi's Completion of Neo-Confucianism." *Études Song-Sung Studies* 2, 1 (1973).

————, trans. *Instructions for Practical Living and Other Neo-Confucian Writings by Wang Yang-ming.* New York: Columbia University Press, 1963.

————. *Reflections on Things at Hand. The Neo-Confucian Anthology Compiled by Chu Hsi and Lü Tsu-ch'ien.* New York: Columbia University Press, 1967.

Chang Ch'en-shih 張忱石. "Yung-lo ta-tien shih-hua" 永樂大典史話 (Historical remarks on the Great compendium of the Yung-lo era). In *Ku-tai yao-chi kai-shu* 古代要籍概述, pp. 187–92. Peking: Chung-hua Bookstore, 1987.

Chang Chieh-pin 張介賓. *Ching-yueh ch'üan-shu* 景岳全書 (Complete works of physician Chang). Shanghai: Science & Technology Press, 1984.

Chang Chien-jen 張建仁. *Ming-tai chiao-yü kuan-li chih-tu yen-chiu* 明代教育管理制度研究 (Research on the educational review system of the Ming dynasty). Taipei: Wen-chin Press, 1991.

Chang Chih-kung 張志公. *Ch'uan-t'ung yü-wen chiao-yü ch'u-t'an* 傳統語文教育初探 (Preliminary inquiry into traditional language education). Shanghai: Education Press, 1962.

Chang, Chun-shu. "Emperorship in Eighteenth-Century China." *Journal of the Institute of Chinese Studies of the Chinese University of Hong Kong* 7, 2 (December 1974).

Chang Chung-ju 章中如. *Ch'ing-tai k'ao-shih chih-tu* 清代考試制度 (Ch'ing civil examination system). Shanghai: Li-ming Bookstore, 1931.

Chang, Chung-li. *The Chinese Gentry.* Seattle: University of Washington Press, 1955.

————. *The Income of the Chinese Gentry.* Seattle: University of Washington Press, 1962.

Chang Feng-i 張鳳翼. *Meng-chan lei-k'ao* 夢占類考 (Classified studies of dream interpretations). Late Ming edition.

Chang Hsueh-ch'eng 章學城. *Chang-shih i-shu* 章氏遺書. (Bequeathed works of Mr. Chang Hsueh-ch'eng). Reprint, Shanghai: Commercial Press, 1936.

————. *Wen-shih t'ung-i* 文史通義 (General meaning of literature and history). Taipei: Han-shang Press, 1973.

———. "Lun k'o-meng hsueh wen-fa" 論科蒙學文法 (On teaching students to write). In Chang Hsueh-ch'eng *Chang-shih i-shu*, 章氏遺書, "Pu-i" 補遺 (Supplement).

Chang Hung-sheng 張鴻聲. "Ch'ing-tai i-kuan k'ao-shih chi t'i-li" 清代醫官考試及題例 (Ch'ing dynasty examinations for medical officials with examples). *Chung-hua i-shih tsa-chih* 中华醫史雜誌 25, 2 (April 1995): 95–96.

Chang I-shan 張奕善. *Chu-Ming wang-ch'ao shih-lun wen-chi—T'ai-tsu, T'ai-tsung p'ien* 朱明王朝史論文輯—太祖太宗篇 (Collected historical essays on the Chu's Ming dynasty—Emperors T'ai-tsu and T'ai-tsung). Taipei: Kuo-li pien-i kuan, 1991.

Chang Po-hsing 張伯行. "Tzu-yang shu-yuan shih chu-sheng" 紫陽書院示諸生 (Informing students at the Tzu-yang Academy). In *Ch'ing-tai ch'ien-ch'i chiao-yü lun-chu hsuan* 清代前期教育論著選 (Selections of writings on education from the early Ch'ing period), edited by Li Kuo-chün et al., 3 vols. Peking: People's Education Press, 1990.

Chang P'u 張溥. *Ssu-shu k'ao-pei* 四書考備 (Search for completeness in the Four Books). Ca. 1642.

Chang, Wejen. "Legal Education in Ch'ing China." In Benjamin Elman and Alexander Woodside, eds., *Education and Society in Late Imperial China, 1600–1900*. Berkeley: University of California Press, 1994.

Ch'ang-chou fu-chih hsu-chih 常州府誌續志 (Continuation of the gazetteer of Ch'ang-chou Prefecture). 1513 edition.

Ch'ang-t'an 常談 (Everyday discussions on the civil examinations). Compiled by T'ao Fu-lü 陶福履. In *Ts'ung-shu chi-ch'eng ch'u-pien* 叢書集成初編. Shanghai: Commercial Press, 1936.

Chao Hsin-i. "Daoist Examinations and Daoist Schools during the Northern Sung Dynasty." Seminar paper, UCLA History Department, 1994.

Chao I 趙翼. *Nien-erh shih cha-chi* 廿二史箚記 (Reading notes to the twenty-two dynastic histories). Taipei: Kuang-wen Bookstore, 1974.

Chao, Wei-pang. "The Chinese Science of Fate-Calculation." *Folklore Studies* 5 (1946).

Chao, Yuan-ling. "Medicine and Society in Late Imperial China: A Study of Physicians in Suzhou." Ph.D. diss., UCLA, History, 1995.

Chartier, Roger. "Gutenberg Revisited from the East." *Late Imperial China* 17, 1 (1996): 1–9.

Chauncey, Helen R. *Schoolhouse Politicians: Locality and State during the Chinese Republic*. Honolulu: University of Hawaii Press, 1992.

Chen, Fu-mei Chang. "On Analogy in Ch'ing Law." *Harvard Journal of Asiatic Studies* 30 (1970): 212–24.

Chen, Min-sun. "Three Contemporary Western Sources on the History of the Late Ming and the Manchu Conquest of China." Ph.D. diss., University of Chicago, History, 1971.

Chen, Yu-shih. *Images and Ideas in Chinese Classical Prose: Studies of Four Masters*. Stanford: Stanford University Press, 1988.

Ch'en Chen-ch'eng 陳真晟. "Ch'eng-shih hsueh-chih" 程氏學制 (Study system of Master Ch'eng). In *Ming-tai chiao-yü lun-chu hsuan* 明代教育論著選 (Selections from writings on education during the Ming dynasty). Peking: People's Education Press, 1990.

Ch'en Ch'ing-hsin 陳慶新. "Sung-ju Ch'un-ch'iu tsun-wang yao-i te fa-wei yü ch'i cheng-chih ssu-hsiang" 宋儒春秋尊王要義的發微與其政治思想 (Propagation of the key meaning to honor the ruler in the Spring and Autumn Annals by Sung Confucians and their political thought). *Hsin-Ya hsueh-pao* 新亞學報 1A (December 1971): 269–368.

Ch'en Heng-sung 陳恒嵩. "Shu-chuan ta-ch'üan ch'ü-ts'ai lai-yuan t'an-chiu" 書傳大全取材來源探究 (Inquiry into the sources selected for the *Complete Collection of Commentaries for the Documents Classic*). In Lin Ch'ing-chang 林慶彰, ed., *Ming-tai ching-hsueh kuo-chi yen-t'ao-hui lun-wen chi* 明代經學國際研討會論文集. Taipei: Academia Sinica, 1996.

Ch'en Hua-hsin 陳華新 et al. *Hung Hsiu-ch'üan ssu-hsiang yen-chiu* 洪秀全思想研究 (Research on the thought of Hung Hsiu-ch'üan). Canton: Kuang-tung People's Press, 1991.

Ch'en Liang 陳亮. *Lung-ch'uan wen-chi* 龍川文集 (Collected essays of Ch'en Liang). *Ssu-pu pei-yao* 四部備要 edition. Shanghai: Chung-hua Bookstore, 1927–35.

Ch'en Shih-kuan 陳世倌. "Tsou-che" 奏摺 (Memorial), 1757, 10th month, 6th day. Ch'ing dynasty examination materials in the Ming-Ch'ing Archives, Academia Sinica, Taiwan.

Ch'en Shih-yuan 陳士元. *Meng-chan i-chih* 夢占逸旨 (Remaining points on dream interpretation). *Pai-pu ts'ung-shu* 百部叢書 edition. Reprint, Taipei: I-wen Publishing, 1968.

Ch'en Shou-ch'i 陳壽棋. *Tso-hai wen-chi* 左海文集 (Collected essays of Ch'en Shou-ch'i). Ch'ing edition ca. 1796–1849.

Ch'en, Shou-yi. *Chinese Literature: A Historical Introduction*. New York: Ronald Press, 1961.

Ch'en Te-yun 陳德芸. "Pa-ku wen-hsueh" 八股文學 (Eight-legged essay literature). *Ling-nan hsueh-pao* 嶺南學報 6, 4 (June 1941): 17–21.

Ch'en Wu-t'ung 陳梧桐. *Chu Yuan-chang yen-chiu* 朱元璋研究 (Study of Chu Yuan-chang). T'ien-chin: People's Press, 1993.

Cheng, Chung-ying. "On Implication (*tse* 則) and Inference (*ku* 故) in Chinese Grammar." *Journal of Chinese Philosophy* 2, 3 (June 1975): 225–43.

Cheng K'o-ch'eng 鄭克晟. *Ming-tai cheng-cheng t'an-yuan* 明代政爭探源 (Inquiry into the origins of political struggle during the Ming dynasty). T'ien-chin: T'ien-chin ku-chi Press, 1988.

Cheng Pang-chen 鄭邦鎮. "Pa-ku-wen 'shou-ching tsun-chu' te k'ao-ch'a: Chü Ch'in-ting Ssu-shu wen ssu-t'i pa-p'ien wei li" 八股文守經遵注的考察：舉欽定四書文四題八篇為例 (Analysis of the eight-legged essay in terms of 'preserving the Classics and honoring the commentaries': Using eight essays on four quotations in the *Ch'in-ting Ssu-shu wen* as examples). In *Ch'ing-tai hsueh-shu yen-t'ao-hui* 清代學術研討會, vol. 1. Kao-hsiung: Chung-shan University, 1989.

Ch'eng Hao 程顥. "Ch'ing hsiu hsueh-hsiao tsun shih-ju ch'ü-shih cha-tzu" 請修學校尊師儒取士劄子 (A directive for building schools and honoring teachers and scholars to select literati). In *Erh Ch'eng wen-chi* 二程文集 (Collected essays of the Ch'eng brothers). Taipei: I-wen Press, n.d.

Ch'eng I 程頤. *Ho-nan Ch'eng-shih i-shu* 河南程氏遺書 (Bequeathed writings of Ch'eng I). In *Erh-Ch'eng ch'üan-shu* 二程全書. Shanghai, 1927–35.

Ch'eng Tuan-li 程端禮. *Ch'eng-shih chia-shu tu-shu fen-nien jih-ch'eng* 程氏家塾讀書分年日程 (Daily and yearly reading schedule in the Cheng clan school). *Pai-pu ts'ung-shu* 百部叢書 edition. Reprint, Taipei: I-wen Press.

Cherniack, Susan. "Book Culture and Textual Transmission in Sung China." *Harvard Journal of Asiatic Studies* 54, 1 (1994): 5–125.

Chi Yun 紀昀. *Yueh-wei ts'ao-t'ang pi-chi* 閱微草堂筆記 (Note-form writings from the straw hut for reading subtleties). Shanghai: Ku-chi Press, 1980.

Ch'i-kung 啟功. "Shuo pa-ku" 說八股 (On the eight-legged essay). *Pei-ching shih-fan ta-hsueh hsueh-pao* 北京師範大學學報 3 (1991): 56–58.

Chia, Lucille. "The Development of the Jianyang Book Trade, Song-Yuan." *Late Imperial China* 17, 1 (June 1996): 10–48.

———. "Commercial Publishing in Ming China: New Developments in a Very Old Industry." Paper presented at the 49th annual meeting of the Association for Asian Studies, Chicago, March 15, 1997.

———. *"Mashaben:* Commercial Publishing in Jianyang, Song-Ming." Paper presented at the Song-Yuan-Ming Transitions Conference, Lake Arrowhead, Calif., June 5–11, 1997.

Chia Nai-lien 賈乃謙. "Ts'ung Meng-tzu chieh-wen chih Ch'ien-shu" 從孟子節文致潛書 (From the Abridged text of the Mencius to the Submerged writings). *Tung-pei shih-ta hsueh-pao* 東北師大學報 2 (1987): 43–44.

Chiang An-fu 江安傅. *Ch'ing-tai tien-shih k'ao-lueh* 清代殿試考略 (Survey of Ch'ing period palace examinations). T'ien-chin: Ta-kung Press, 1933.

Chiang Chu-shan 蔣竹山. "Seminar Paper on the *Chuang-yuan t'u-k'ao* 狀元圖考. Tsing Hua University, Hsin-chu, Taiwan, 1990.

Chiao Hung 焦竑. *Hsin-ch'ieh huang-Ming pai-ming-chia Ssu-shu li-chieh chi* 新鍥皇明百名家四書理解集 (Newly carved collection of commentary on moral principle in the Four Books by one hundred famous writers of the august Ming). Ca. 1594.

———. *Kuo-ch'ao hsien-cheng lu* 國朝獻徵錄 (Record of verified documents during the Ming dynasty). 1616 Wan-li edition. Reprint, Taipei: Student Bookstore, 1984.

Ch'iao Kuo-chang 喬國章. "Lun T'ung-ch'eng-p'ai ku-wen ho Ch'ing-ch'ao te wen-hua t'ung-chih" 論桐城派古文和清朝的文化統治 (On the ancient-style prose of the T'ung-ch'eng school and Ch'ing dynasty cultural control). In *T'ung-ch'eng-p'ai yen-chiu lun-wen chi* 桐城派研究論文集. Ho-fei: An-hui People's Press, 1963.

Chieh Hsi-ssu 揭傒斯. *Chieh Wen-an kung ch'üan-chi* 揭文安公全集 (Complete collection of Chieh Hsi-ssu). *Ssu-pu ts'ung-k'an* 四部叢刊 edition. Shanghai: Commercial Press, 1920–22.

Chien Chin-sung 簡錦松. *Ming-tai wen-hsueh p'i-p'ing yen-chiu* 明代文學批評研究 (Research on Ming dynasty literary criticism). Taipei: Student Bookstore, 1989.

Chien-wen ch'ao-yeh hui-pien 建文朝野彙編 (Compendium of unofficial records on the Chien-wen reign). Compiled by T'u Shu-fang 屠叔方. Wan-li edition. Reprinted in *Pei-ching t'u-shu-kuan ku-chi chen-pen ts'ung-k'an*, vol. 11. Peking: Shu-mu Press, 1988.

Chien Yu-wen 簡又文. *T'ai-p'ing t'ien-kuo tien-chih t'ung-k'ao* 太平天國典制通考 (Comprehensive study of the Taiping Heavenly Kingdom's ordinances and institutions). Hong Kong: Chi-cheng Book, 1958.

Ch'ien Chi-po 錢基伯. *Ming-tai wen-hsueh* 明代文學 (Ming dynasty literature). Shanghai: Commercial Press, 1939.

Ch'ien Chung-lien 錢仲聯. "T'ung-ch'eng-p'ai ku-wen yü shih-wen te kuan-hsi wen-t'i" 桐城派古文與時文的關係問題 (Concerning the question of the relation between ancient-style prose of the T'ung-ch'eng school and contemporary-style [examination] essays). In *T'ung-ch'eng-p'ai yen-chiu lun-wen chi* 桐城派研究論文集. Ho-fei: An-hui People's Press, 1963.

Ch'ien, Edward. *Chiao Hung and the Restructuring of Neo-Confucianism in the Late Ming*. New York: Columbia University Press, 1986.

Ch'ien I-pen 錢一本. *Fan-yen* 範衍 (Exposition of models). Ca. 1606 edition.

———. *Kuei-chi* 龜記 (Records on tortoise shells). Ca. 1613 edition.

Ch'ien-lung 乾隆 emperor. "1788 edict decrying literary fads." In *Ch'ing-tai ch'ien-ch'i chiao-yü lun-chu hsuan* 清代前期教育論著選 (Selections of writings on education from the early Ch'ing period), edited by Li Kuo-chün et al., 3 vols. Peking: People's Education Press, 1990.

Ch'ien-Ming k'o-ch'ang i-wen-lu 前明科場異聞錄 (Recording unusual matters heard in the earlier Ming examination grounds). Wei-ching-t'ang shu-fang 味經堂書坊 edition. Canton; reprint, Ch'ien-t'ang, 1873.

Ch'ien-Ming kung-chü k'ao-lueh 前明貢舉考略 (Brief study of civil examinations in the earlier Ming dynasty). Compiled by Huang Ch'ung-lan 黃崇蘭. 1834 edition.

Ch'ien, Mu. *Traditional Government in Imperial China: A Critical Analysis*. Translated by Chün-tu Hsueh and George Totten. Hong Kong: Chinese University Press, 1982.

Ch'ien Ta-hsin 錢大昕. *Shih-chia-chai yang-hsin lu* 十駕齋養新錄 (Record of self-renewal from the Ten Yokes Study). 1804 edition. Reprint, Taipei: Kuang-wen Bookstore.

———. "Hsu" 序 (Preface). In *Nien-erh-shih k'ao-i* 廿二史考異 (Examination of variances in the twenty-two dynastic histories). Shanghai: Commercial Press, 1935–37.

———. "Hu-nan hsiang-shih lu hsu" 湖南鄉試錄序 (Preface to the Hunan provincial examination). In *Ch'ien-yen-t'ang wen-chi* 潛研堂文集 (Collected essays from the Hall of Subtle Research), 8 vols. *Kuo-hsueh chi-pen ts'ung-shu* edition. Taipei: Commercial Press, 1968.

Chin Chung-shu 金中樞. "Pei Sung k'o-chü chih-tu yen-chiu" 北宋科舉制度研究 (Research on the Northern Sung civil examination system). *Sung-shih yen-chiu chi* 宋史研究集 (Taiwan) 11 (1979): 1–72; 13 (1981): 61–188; 14 (1983): 53–189; 15 (1984): 125–88; 16 (1986): 1–125.

Chin Jih-sheng 金日升. *Sung-t'ien lu-pi* 松天臚筆 (Display of writings in praise of heaven). 1633 edition.

Chin-k'o ch'üan-t'i hsin-ts'e fa-ch'eng 近科全題新策法程 (Models of complete answers for new policy questions in recent provincial civil examinations). Compiled and annotated by Liu T'an-chih 劉坦之. 1764 edition.

Chin-shih 金史 (History of the Chin dynasty). Compiled by Toghto (T'o T'o) 脫脫 (1314–55) et al. Peking: Chung-hua Bookstore, 1965.

Chin-shih san-tai lü-li pien-lan 進士三代履歷便覽 (Overview by region of backgrounds to three generations of civil *chin-shih* graduates from 1646 to 1721). N.d.

Chin-shih t'ung-nien hsu-ch'ih pien-lan 進士同年序齒便覽 (Overview of *chin-shih* graduates in the same year), 1595.

Ch'in-ch'i ch'ao-k'ao chüan 欽取朝考卷 (Imperially selected [Ch'ing] court examination papers). In the Kyoto University Oriental Library.

Ch'in-ting hsueh-cheng ch'üan-shu 欽定學政全書 (Imperially sponsored collection of writings by education commissioners). Ca. 1773 edition.

Ch'in-ting k'o-ch'ang t'iao-li 欽定科場條例 (Imperially prescribed guidelines for the civil examination grounds). 1832 edition.

Ch'in-ting mo-k'an t'iao-li 欽定磨勘條例 (Imperially prescribed guidelines for post-examination review of civil examination papers). Late Ch'ien-lung (r. 1736–95) edition.

Ch'in-ting Ta-Ch'ing hui-tien shih-li 欽定大清會典事例 (Collected statutes and precedents in the great Ch'ing). Taipei: Chung-hua Bookstore, 1968.

Ching-hsiang t'i-ming lu 靜庠題名錄 (Record of civil service graduates in Ching-hsiang). Compiled by Li Yun-hui 李芸暉. 1895 edition.

Ching, Julia. "Truth and Ideology: The Confucian Way (Tao) and Its Transmission (Tao-t'ung)." *Journal of the History of Ideas* 35, 3 (July–September 1974): 371–88.

Ch'ing-ch'ao hsu wen-hsien t'ung-k'ao 清朝續文獻通考 (Comprehensive analysis of civil institutions of the Ch'ing dynasty, continuation). Compiled by Wang Ch'i 王圻. In *Shih-t'ung* 十通 (Ten comprehensive encyclopedias). Shanghai: Commercial Press, 1936.

Ch'ing-ch'ao t'ung-tien 清朝通典 (Complete institutions of the Ch'ing dynasty). In *Shih-t'ung* 十通 (Ten comprehensive encyclopedias). Shanghai: Commercial Press, 1936.

Ch'ing cheng-fu chen-ya T'ai-p'ing t'ien-kuo tang-an shih-liao 清政府鎮壓太平天國檔案史料 (Archival historical documents on the Qing government suppression of the Taiping Heavenly Kingdom). Beijing: She-hui k'o-hsueh wen-hsien Press, 1992.

Ch'ing li-ch'ao hsiu-ts'ai lu 清歷朝秀才錄 (Record of local licentiates [in Su-chou] during Ch'ing reign periods). Manuscript, late Ch'ing.

Ch'ing-shih kao 清史稿 (Draft history of the Ch'ing dynasty). Compiled by Chao Erh-hsun 趙爾巽 et al. Chung-hua Press edition, 40 vols. Peking, 1977.

Ch'ing-tai ch'ien-ch'i chiao-yü lun-chu hsuan 清代前期教育論著選 (Selections of writings on education from the early Ch'ing period). Edited by Li Kuo-chün 李國鈞 et al. 3 vols. Peking: People's Education Press, 1990.

Ch'ing-tai chu-chüan chi-ch'eng 清代硃卷集成 (Ch'ing examination essays). Reprint, 420 vols., Taipei: Ch'eng-wen, published in cooperation with the Shanghai Library, 1993–94.

Ch'ing-tai chuang-yuan p'u 清代狀元譜 (Accounts of Ch'ing dynasty *optimi*). Compiled by Chou La-sheng 周臘生. Peking: Forbidden City Press, 1994.

Ch'iu Han-sheng 邱漢生. "Ming-ch'u Chu-hsueh te t'ung-chih ti-wei" 明初朱學的統治地位 (The hegemony of Chu Hsi learning in the early Ming). *Chung-kuo che-hsueh* 中國哲學 14 (1988): 142–43.

Cho, Gene J. *Lu-Lu: A Study of Its Historical, Acoustical, and Symbolic Signification.* Taipei: Caves Books, 1989.

Chou, Eva Shan. *Reconsidering Tu Fu: Literary Greatness and Cultural Context.* Cambridge: Cambridge University Press, 1995.

Chou Hsun-ch'u 周勛初. "K'ang-hsi yü-ting Ch'üan T'ang-shih te shih-tai yin-chi yü chü-hsien" 康熙御定全唐詩的時代印記與局限 (The setting and limitations of the K'ang-hsi emperor's edition of the Compete T'ang Poems). *Chung-kuo wen-che yen-chiu t'ung-hsun* 中國文哲研究通訊 (Academia Sinica, Taiwan) 5, 2 (June 1995): 1–12.

Chou Yen-wen 周彥文. "Lun li-tai shu-mu chung te chih-chü lei-shu-chi" 論歷代書目中的制舉類書籍 (On examination encyclopedias in book catalogs over the dynasties). *Shu-mu chi-k'an* 書目季刊 31 (June 1997): 1–13.

Chow, Kai-wing. "Discourse, Examination, and Local Elite: The Invention of the T'ung-ch'eng School in Ch'ing China." In Benjamin Elman and Alexander Woodside, eds., *Education and Society in Late Imperial China.* Berkeley: University of California Press, 1994.

———. *The Rise of Confucian Ritualism in Late Imperial China.* Stanford: Stanford University Press, 1994.

———. "Writing for Success: Printing, Examinations, and Intellectual Change in Late Ming China." *Late Imperial China* 17, 1 (June 1996): 120–57.

Chu Chen-heng 朱震亨. *Ko-chih yü-lun* 格致餘論 (Views on extending knowledge). In *Ssu-k'u ch'üan-shu* 四庫全書 (Complete collection of the four treasuries). Reprint, Taipei: Commercial Press, 1983–86.

Chu-chüan 硃卷 1661–85 (Anonymous vermillion papers from the [Ch'ing] metropolitan examinations). In the Ming-Ch'ing Archives, Academia Sinica, Taiwan. Copies available in UCLA East Asian Library.

Chu Hsi 朱熹. *Chu-tzu yü-lei* 朱子語類 (Conversations with Master Chu [Hsi] classified topically). 1473 edition. Reprint, Taipei: Chung-cheng Bookstore.

———. *Chu Wen-kung wen-chi* 朱文公文集 (Chu Hsi's collected essays). Ming edition (ca. 1522–66). *Ssu-pu ts'ung-k'an* 四部叢刊 photolithograph, Shanghai: Commercial Press, 1934–35.

———. *Chu-tzu ta-ch'üan* 朱子大全 (Master Chu [Hsi's] Great Compendium). *Ssu-pu ts'ung-k'an* edition. Shanghai: Commercial Press, 1920–22.

———. "Hsueh-hsiao kung-chü ssu-i" 學校貢舉私議 (Personal proposals for schools and civil examinations). In *Chu-tzu ta-ch'üan* 朱子大全 (Complete collection of Master Chu Hsi). Shanghai: Commercial Press, 1920–22.

———. *Chu-tzu ta-ch'üan* 朱子大全 (Master Chu [Hsi's] Great Compendium). *Ssu-pu pei-yao* 四部備要 edition. Shanghai: Chung-hua Bookstore, 1927–35.

———. *Chu Wen-kung wen-chi, hsu chi* 朱文公文集續集 (Continuation to the collected essays of Chu Hsi). *Ssu-pu ts'ung-k'an* edition. Shanghai: Commercial Press, 1934–35.

———. *Chung-yung chang-chü* 中庸章句 (Parsing of phrases and sentences in the *Doctrine of the Mean*). Ming edition. Reprint, Taipei: Commercial Press, 1980.

———. *Lun-yü chi-chu* 論語集注 (Collected notes on the Analects). In Chu's *Ssu-shu chang-chü chi-chu* 四書章句集注. Taipei: Ch'ang-an Press, 1991.

Chu Hung 朱鴻. *Ming Ch'eng-tsu yü Yung-lo cheng-chih* 明成祖與永樂政治 (The Ming Emperor Ch'eng-tsu and politics in the Yung-lo reign). Teacher's College Institute of History Monograph. Taipei, 1988.

Chu, Hung-lam. "Ch'iu Chün (1421–95) and the 'Ta-hsueh yen-i pu': Statecraft Thought in Fifteenth-Century China." Ph.D. diss., Princeton University, East Asian Studies, 1983.

———. "Intellectual Trends in the Fifteenth Century." *Ming Studies* 27 (1989): 1–16.

Chu I-tsun 朱彝尊. *P'u-shu-t'ing chi* 曝書亭集 (Collection from the Pavilion for Honoring Books). *Ssu-pu ts'ung-k'an* edition. Shanghai: Commercial Press, 1919–37.

———. *Ching-i k'ao* 經義考 (Analysis of meanings in the Classics). Shanghai: Chung-hua Press, 1927–35.

———. *P'u-shu t'ing-chi* 曝書亭集. *Ssu-pu pei-yao* 四部備要 edition.

Chu Ping-yi 祝平一. *Han-tai te hsiang-jen shu* 漢代的相人術 (The technique of physiognomy in the Han period). Taipei: Hsueh-sheng Bookstore, 1990.

———. "Technical Knowledge, Cultural Practices and Social Boundaries: Wan-nan Scholars and Recasting of Jesuit Astronomy, 1600–1800." Ph.D. diss., UCLA, History, 1994.

———. "Ch'eng-Chu Orthodoxy, Evidential Studies and Correlative Cosmology: Chiang Yung and Western Astronomy." *Philosophy and the History of Science: A Taiwanese Journal* 4, 2 (October 1995): 71–108.

———. "Scientific Dispute in the Imperial Court: The 1664 Calendar Case." *Chinese Science* 14 (1997): 7–34.

Chu Ron-Guey 朱榮貴. "Ts'ung Liu San-wu Meng-tzu chieh-wen lun chün-ch'üan te hsien-chih yü chih-shih fen-tzu chih tzu-chu-hsing" 從劉三梧孟子節文論君權的限制與知識分子之自主性 (Limits on the ruler's power and the autonomy of intellectuals as viewed from Liu San-wu's Abridged text of the Mencius). *Chung-kuo wen-che yen-chiu chi-k'an* 中國文哲研究集刊 6 (1995): 173–95.

Chu, Sin-Jan. *Wu Leichuan: A Confucian-Christian in Republican China.* New York: Peter Lang, 1995.

Chu T'an 朱倓. *Ming-chi she-tang yen-chiu* 明季社黨研究 (Research on Ming dynasty societies and parties). Ch'ung-ch'ing: Commercial Press, 1945.

Chu Ti 朱棣. *Sheng-hsueh hsin-fa* 聖學心法 (The method of the mind in the sages' teachings). 1409; *Chung-kuo tzu-hsueh ming-chu chi-ch'eng* 中國子學名著集成 reprint, Taipei, 1978.

———. "Yü-chih Hsing-li ta-ch'üan hsu" 御製性理大全序 (Imperial preface to the official presentation of the *Great Collection of Works on Nature and Principle*). In *Hsing-li ta-ch'üan* 性理大全. 1415 edition. Reprint, Kyoto: Chūbun Press.

Ch'u, T'ung-tsu. *Law and Society in Traditional China.* Paris: Mouton, 1961.

———. *Local Government in China under the Ch'ing.* Stanford: Stanford University Press, 1962.

Chü-yeh cheng-shih 舉業正式 (Correct models for examinations). Chia-ching edition.

Ch'üan Te-yü 權德輿. *Ch'üan Tsai-chih wen-chi* 權載之文集 (Collected essays of Ch'üan Te-yü). *Ssu-pu ts'ung-k'an* 四部叢刊 edition. Shanghai: Commercial Press, 1919–37.

Chuang Chi-fa 莊吉發. "Ch'ing Kao-tsung Ch'ien-lung shih-tai te hsiang-shih" 清高宗乾隆時代的鄉試 (Provincial examinations during the reign period of the Ch'ien-lung Emperor of the Ch'ing dynasty). *Ta-lu tsa-chih* 大陸雜誌 52, 4 (December 1975).

Chuang Chu 莊杜. *P'i-ling k'o-ti k'ao* 毘陵科第考 (Record of examination success in Ch'ang-chou). 1868 edition.

Chuang-yuan ts'e 狀元策 (Policy answers of *optimi*). Compiled by Chiao Hung 焦竑 and Wu Tao-nan 吳道南. Late Ming edition.

Chuang-yuan ts'e 狀元策 (Policy essays by *optimi*). Compiled by Chiao Hung 焦竑, Wu Tao-nan 吳道南, et al. 1733 edition.

Chuang-yuan t'u-k'ao 狀元圖考 (Illustrated survey of *optimi* during the Ming dynasty). Compiled by Ku Tsu-hsun 顧祖訓 and Wu Ch'eng-en 吳承恩. 1607 edition. (See also *Ming chuang-yuan t'u-k'ao.*)

Ch'un-ch'iu ching-chuan yin-te 春秋經傳引得 (Combined concordances to the *Spring and Autumn Annals* and commentaries). Taipei: Ch'eng-wen Publishing, 1966.

Ch'un-ch'iu fan-lu i-cheng 春秋繁露義證 (Proofs of meanings in [Tung Chung-shu's] The Spring and Autumn's Radiant Dew). Compiled by Su Yü 蘇輿. Kyoto: Chūbun Press, 1973.

Chung-kuo chin-tai chiao-yü-shih tzu-liao hui-pien 中國近代教育史資料匯編 (Compendium of sources on the history of Chinese modern education). Shanghai: Education Press, 1990.

Chung-kuo chin-tai chiao-yü-shih tzu-liao hui-pien: ya-p'ien chan-cheng shih-ch'i chiao-yü 中國近代教育史資料匯編：鴉片戰爭時期教育 (Compendium of sources on the history of Chinese modern education: Opium War education). Compiled by Chen Yuan-hui 陳元暉. Shanghai: Education Press, 1990.

Chung-kuo li-tai chuang-yuan tien-shih chüan 中國歷代狀元殿試卷 (Palace examination papers over the dynasties in China). Compiled by Teng Hung-p'o 鄧洪波 et al. Hai-nan: Hai-nan Press, 1993.

Chung-wai shih-wu ts'e-wen lei-pien ta-ch'eng 中外時務策問類編大成 (Great compendium of policy questions on Chinese and foreign affairs classified topically). 1903 edition.

Ch'ung-chen shih-lu 崇禎實錄 (Veritable records of the Ch'ung-chen reign). Reprint, Taipei: Academia Sinica Institute of History and Philology, 1967.

Chuzo, Ichiko. "The Role of the Gentry: An Hypothesis." In Mary Wright, ed., *China in Revolution: The First Phase, 1900–13*. New Haven: Yale University Press, 1968.

———. "Political and Institutional Reform, 1901–11." In John K. Fairbank and Kwang-ching Liu, eds., *The Cambridge History of China*, vol. 11, part 2. Cambridge: Cambridge University Press, 1980.

Cleverley, John. *The Schooling of China: Tradition and Modernity in Chinese Education*. London: Allen & Unwin, 1985.

Clunas, Craig. *Superfluous Things: Material Culture and Social Status in Early Modern China*. Urbana: University of Illinois Press, 1991.

Cole, James. *Shaohsing: Competition and Cooperation in Nineteenth-Century China*. Tucson: University of Arizona Press, 1986.

Collins, Randall. *The Credential Society: An Historical Sociology of Education and Stratification*. Orlando: Academic Press, 1979.

"Competitive Examinations in China: A Chapter of Chinese Travel." *Edinburgh Magazine* (London) 138 (July–December 1885).

Crawford, Robert. "The Biography of Juan Ta-ch'eng." *Chinese Culture* 6 (1965): 28–105.

———. "Chang Chü-cheng's Confucian Legalism." In William Theodore de Bary et al., *Self and Society in Ming Thought*. New York: Columbia University Press, 1970.

Crawford, Robert, Harry Lamley, and Albert Mann. "Fang Hsiao-ju in Light of Early Ming Society." *Monumenta Serica* 15 (1956): 305–07.

Creel, Herrlee. *Confucius and the Chinese Way*. New York: Harper & Row, 1960.

Crossley, Pamela K. *Orphan Warriors: Three Manchu Generations and the End of the Ch'ing World*. Princeton: Princeton University Press, 1990.

———. "Structure and Symbol in the Role of the Ming-Qing Foreign Translation Bureaus" (*Siyiguan*). *Central and Inner Asian Studies* 5 (1991): 38–70.

———. "Manchu Education." In Benjamin Elman and Alexander Woodside, eds., *Education and Society in Late Imperial China*. Berkeley: University of California Press, 1994.

Cullen, Christopher, and Anne Farrer. "On the Term *hsuan chi* and the Flanged Trilobate Discs." *Bulletin of the School of Oriental and African Studies* 46, 1 (1983): 52–76.

Dale, H. E. *The Higher Civil Service of Great Britain*. London: Oxford University Press, 1941.

Danjō Hiroshi 檀上寛. "Mindai kakyo kaikaku no seijiteki haikei—nanbokuken no sō setsu o megutte" 明代科舉改革の政治的背景—南北卷の創設をめぐって (The political background to Ming dynasty reform of the civil service examination—concerning the establishment of quotas for northern and southern candidates). *Tōhō gakuhō* 東方學報 58 (1986): 499–524.

———. "Mindai nanbokuken no shisō haikei" 明代南北卷の思想的背景 (The intellectual background to the northern versus southern examination papers case during the Ming dynasty). In Kotani Nakao 小谷仲男 et al., *Higashi Ajiashi ni okeru bunka denpa to chihōsa no shosō* 東アジア史における文化傳播と地方差の諸相, pp. 55–67. Fuyama University, 1988.

———. "Minsho Kenbunchō no rekishi teki ichi" 明初建文朝の歴史的位置 (The historical position of the Chien-wen court in the early Ming). *Chūgoku—bunka to shakai* 中國—文化と社會 7 (1992): 167–75.

Dardess, John W. "The Transformation of Messianic Revolt and the Founding of the Ming Dynasty." *Journal of Asian Studies* 29, 3 (1970): 539–58.

———. *Conquerors and Confucians: Aspects of Political Change in Late Yuan China*. New York: Columbia University Press, 1973.

———. "The Cheng Communal Family: Social Organization and Neo-Confucianism in Yuan and Early Ming China." *Harvard Journal of Asiatic Studies* 34 (1974): 7–53.

———. "Ming T'ai-tsu on the Yuan: An Autocrat's Assessment of the Mongol Dynasty." *Bulletin of Sung and Yuan Studies* 14 (1978).

———. *Confucianism and Autocracy: Professional Elites in the Founding of the Ming Dynasty*. Stanford: Stanford University Press, 1983.

———. "The Management of Children and Youth in Upper-Class Households in Late Imperial China." Paper presented at the meetings of the Pacific Coast Branch of the American Historical Association, Occidental College, Pasadena, Calif., summer 1987.

———. *A Ming Society: T'ai-ho County, Kiangsi, in the Fourteenth to Seventeenth Centuries*. Berkeley: University of California Press, 1996.

Davis, Richard L. "Historiography as Politics in Yang Wei-chen's 'Polemic on Legitimate Succession.'" *T'oung Pao* 69, 1–3 (1983): 33–72.

———. *Wind against the Mountain: The Crisis of Politics and Culture in Thirteenth-Century China*. Cambridge: Harvard University Council on East Asian Studies, 1996.

de Bary, William Theodore. "Chinese Despotism and the Confucian Ideal: A Seventeenth-Century View." In John K. Fairbank, ed., *Chinese Thought and Institutions*. Chicago: University of Chicago Press, 1957.

———. "Individualism and Humanitarianism in Late Ming Thought." In William Theodore de Bary et al., *Self and Society in Ming Thought*. New York: Columbia University Press, 1970.

———. *Neo-Confucian Orthodoxy and the Learning of the Mind-and-Heart*. New York: Columbia University Press, 1981.

———. "Chu Hsi's Aims as an Educator." In de Bary and John W. Chaffee, eds., *Neo-Confucian Education: The Formative Stage*. Berkeley: University of California Press, 1989.

———. "Confucian Education in Premodern East Asia." In Wei-ming Tu, ed., *Confucian Traditions in East Asian Modernity*. Cambridge: Harvard University Press, 1996.

———, ed. *The Unfolding of Neo-Confucianism*. New York: Columbia University Press, 1975.

———, trans. *A Plan for the Prince: Huang Tsung-hsi's Ming-i tai-fang lu*. New York: Columbia University Press, 1993.

de Bary, William Theodore, and John W. Chaffee, eds. *Neo-Confucian Education: The Formative Stage*. Berkeley: University of California Press, 1989.

de Crespigny, Rafe. "The Recruitment System of the Imperial Bureaucracy of Later Han." *Chung Chi Journal* 6, 1 (November 1966).

DeFrancis, John. *The Chinese Language: Fact and Fantasy*. Honolulu: University of Hawaii Press, 1984.

de Heer, Philip. *The Care-Taker Emperor: Aspects of the Imperial Institution in Fifteenth-Century China As Reflected in the Political History of the Reign of Chu Ch'i-yü*. Leiden: E. J. Brill, 1986.

d'Elia, Pasquale M., S.J., ed. *Fonti Ricciane: Documenti originali concernenti Matteo Ricci e la storia delle relazioni tra l'Europa e la Cina*. Vol. 1. Rome: Libreria dello Stato, 1942.

Dennerline, Jerry. *The Chia-ting Loyalists: Confucian Leadership and Social Change in Seventeenth-Century China*. New Haven: Yale University Press, 1981.

Depierre, Roland. "Maoism in Recent French Educational Thought and Practice." In Ruth Hayhoe and Marianne Bastid, eds., *China's Education and the Industrialized World: Studies in Cultural Transfer*. Armonk, N.Y.: M. E. Sharpe, 1987.

de Rachewiltz, Igor. "Yeh-lü Ch'u-ts'ai (1189–1243): Buddhist Idealist and Confucian Statesman." In Arthur Wright and Denis Twitchett, eds., *Confucian Personalities*. Stanford: Stanford University Press, 1962.

———. "Personnel and Personalities in North China in the Early Mongol Period." *Journal of the Economic and Social History of the Orient* 9, 1–2 (1966): 88–144.

des Rotours, Robert. *Le traité des examens traduit de la nouvelle histoire des T'ang*. Paris: Librairie Ernest Leroux, 1932.

De Weerdt, Hilde. "Aspects of Song Intellectual Life: A Preliminary Inquiry into Some Southern Song Encyclopedias." *Papers on China* (Harvard University) 3 (1994): 1–27.

———. "The Composition of Examination Standards: *Daoxue* and Southern Sung Dynasty Examination Culture." Ph.D. diss., Harvard University, East Asian Civilizations and Cultures, 1998.

DeWoskin, Kenneth. "The Six Dynasties *Chih-kuai* and the Birth of Fiction." In Andrew Plaks, ed., *Chinese Narrative*. Princeton: Princeton University Press, 1977.

———. *A Song for One or Two: Music and the Concept of Art in Early China*. Ann Arbor: University of Michigan Center for Chinese Studies, 1982.

Dictionary of Ming Biography. Edited by L. Carrington Goodrich et al. 2 vols. New York: Columbia University Press, 1976.

Dirks, Nicholas. *The Hollow Crown: Ethnohistory of an Indian Kingdom*. Cambridge: Cambridge University Press, 1987.

Ditmanson, Peter. "Intellectual Lineages and the Early Ming Court." *Papers on Chinese History* (Harvard University) 5 (1996): 1–17.

Dolezelova-Velingeroova, M. "The Origins of Modern Chinese Literature." In Merle Goldman, ed., *Modern Chinese Literature in the May Fourth Era*. Cambridge: Harvard University Press, 1977.

Doolittle, Justus. *Social Life of the Chinese*. New York: Harper & Brothers, 1865.

Duara, Prasenjit. *Culture, Power, and the State: Rural North China, 1900–1942*. Stanford: Stanford University Press, 1988.

———. "Superscribing Symbols: The Myth of Guandi, Chinese God of War." *Journal of Asian Studies* 47, 4 (November 1988): 783–85.

Dudbridge, Glen. *Religious Experience and Lay Society in T'ang China*. Cambridge: Cambridge University Press, 1995.

Dull, Jack. "A Historical Introduction to the Apocryphal (*Ch'an-wei*) Texts of the Han Dynasty." Ph.D. diss., University of Washington, 1966.

Dunne, George H., S.J. *Generation of Giants: The Story of the Jesuits in China in the Last*

Decades of the Ming Dynasty. Notre Dame, Ind.: University of Notre Dame Press, 1962.

Dunnell, Ruth. *The Great State of White and High: Buddhism and State Formation in Eleventh-Century Xia.* Honolulu: University of Hawaii Press, 1996.

Durand, Pierre-Henri. *Lettrés et pouvoirs: Un procès littéraire dans la Chine impériale.* Paris: École des Hautes Études en Sciences Sociales, 1992.

Durkheim, Emile. *Education and Sociology.* Translated by Sherwood Fox. Glencoe, Ill.: Free Press, 1956.

Dutton, Michael. *Policing and Punishment in China.* Cambridge: Cambridge University Press, 1992.

Eberhard, Wolfram. "The Political Function of Astronomy and Astronomers in Han China." In John K. Fairbank, ed., *Chinese Thought and Institutions.* Chicago: University of Chicago Press, 1957.

———. *Social Mobility in Traditional China.* Leiden: E. J. Brill, 1962.

———. *Lexikon chinesischer Symbole.* Cologne: Eugen Diederichs Verlag, 1983.

Ebrey, Patricia Buckley. "Patron-Client Relations in the Later Han." *Journal of the American Oriental Society* 103, 3 (1983): 533–42.

———. "Conceptions of the Family in the Sung Dynasty." *Journal of Asian Studies* 43, 2 (February 1984): 219–43.

———. *Confucianism and Family Rituals in Imperial China: A Social History of Writing about Rules.* Princeton: Princeton University Press, 1991.

———. *The Inner Quarters: Marriage and the Lives of Chinese Women in the Sung Period.* Berkeley: Universty of California Press, 1993.

Ebrey, Patricia Buckley, and James L. Watson, eds. *Kinship Organization in Late Imperial China, 1000–1940.* Berkeley: University of California Press, 1986.

Egan, Ronald C. *The Literary Works of Ou-yang Hsiu (1007–72).* Cambridge: Cambridge University Press, 1984.

———. *Word, Image, and Deed in the Life of Su Shi.* Harvard-Yenching Institute Monograph Series, no. 39. Cambridge: Harvard University Council on East Asian Studies, 1994.

Elias, Norbert. *The Civilizing Process: The History of Manners.* Oxford: Blackwell, 1994.

Elman, Benjamin. "Ch'ing Schools of Scholarship." *Ch'ing-shih wen-t'i* 4, 6 (December 1979).

———. "Philosophy (*I-li*) versus Philology (*K'ao-cheng*): The *Jen-hsin Tao-hsin* Debate." *T'oung Pao* 59, 4–5 (1983): 175–222.

———. "The Unravelling of Neo-Confucianism: From Philosophy to Philology in Late Imperial China." *Tsing Hua Journal of Chinese Studies,* n.s., 15 (1983): 67–89.

———. *From Philosophy to Philology: Social and Intellectual Aspects of Change in Late Imperial China.* Cambridge: Harvard University Council on East Asian Studies, 1984.

———. "Criticism as Philosophy: Conceptual Change in Ch'ing Dynasty Evidential Research." *Tsing Hua Journal of Chinese Studies,* n.s., 17 (1985): 165–98.

———. "Imperial Politics and Confucian Societies in Late Imperial China: The Hanlin and Donglin Academies." *Modern China* 15, 4 (1989): 379–418.

———. "Ch'ing Dynasty Education Materials in the Department of Special Collections, UCLA." *Late Imperial China* 10, 2 (December 1989): 139–140.

———. *Classicism, Politics, and Kinship: The Ch'ang-chou School of New Text Confucianism in Late Imperial China.* Berkeley: University of California Press, 1990.

———. "Education in Sung China." *Journal of the American Oriental Society* III, 1 (January–March 1991): 83–93.

———. "Social, Political, and Cultural Reproduction via Civil Service Examinations in Late Imperial China." *Journal of Asian Studies* 51, 1 (February 1991): 7–28.

———. "Where Is King Ch'eng? Civil Examinations and Confucian Ideology during the Early Ming, 1368–1415." *T'oung Pao* 79 (1993): 23–68.

———. "Ming Politics and Confucian Classics: The Duke of Chou Serves King Ch'eng" 明代政治與經學：周公相成王. In *International Conference Volume on Ming Dynasty Classical Studies* 明代經學國際研討會論文集. Nankang, Taiwan: Institute of Chinese Literature and Philosophy, Academia Sinica, 1996.

Elman, Benjamin, and Alexander Woodside, eds. *Education and Society in Late Imperial China, 1600–1900*. Berkeley: University of California Press, 1994.

Elvin, Mark. "The Collapse of Scriptural Confucianism." *Papers on Far Eastern History* 41 (1990): 45–76.

Erh-Ch'eng ch'üan-shu 二程全書 (Complete writings of Ch'eng Hao and Ch'eng I). In *Ho-nan Ch'eng-shih i-shu* 河南程氏遺書 (Bequeathed writings of Ch'eng I). *Ssu-pu pei-yao* 四部備要 edition. Taipei : Chung-hua Bookstore, 1927–35.

Esherick, Joseph W. *Reform and Revolution in China: The 1911 Revolution in Hunan and Hubei*. Berkeley: University of California Press, 1976.

———. *The Origins of the Boxer Uprising*. Berkeley: University of California Press, 1987.

Esherick, Joseph W., and Mary Rankin, eds. *Chinese Local Elites and Patterns of Dominance*. Berkeley: University of California Press, 1990.

Fa-shih-shan 法式善. *Ch'ing-mi shu-wen* 清秘述聞 (Gleanings on Ch'ing secrets). Peking: Chung-hua Bookstore, 1982.

Fairbank, John K. *Trade and Diplomacy on the China Coast: The Opening of the Treaty Ports, 1842–1854*. Stanford: Stanford University Press, 1969.

Fan P'ei-wei 范沛濰. "Ch'ing-mo kuei-mao chia-ch'en hui-shih shu-lun" 清末癸卯甲辰會試述論 (Account of the 1903–04 metropolitan examinations at the end of the Ch'ing). *Chung-kuo chin-tai shih* 中國近代史 (1993.3): 81–86.

Fang Pao 方苞. *Fang Pao chi* 集 (Collected writings of Fang Pao). Shanghai: Rare Books Press, 1983.

———, comp. *Ch'in-ting Ssu-shu wen* 欽定四書文 (Imperially authorized essays on the Four Books). 1738; reprint, Taipei, Commercial Press, 1979.

Fang Tu Lien-che 房杜聯喆. "Ching-chi t'e-k'o" 經濟特科 (Special examination in economics). *Chung-kuo hsien-tai-shih ts'ung-k'an* 中國現代史叢刊 3 (1969): 1–44.

——— [Lien-che Tu Fang]. "Ming Dreams." *Tsing Hua Journal of Chinese Studies*, n.s., 10, 1 (June 1973): 61–70.

Farmer, Edward. "Social Order in Early Ming China: Some Norms Codified in the Hung-wu Period." In Brian McKnight, ed., *Law and the State in Traditional East Asia*. Honolulu: University of Hawaii Press, 1987.

———. "Social Regulations of the First Ming Emperor: Orthodoxy as a Function of Authority." In Kwang-Ching Liu, ed., *Orthodoxy in Late Imperial China*. Berkeley: University of California Press, 1990.

Fei, Hsiao-tung. *China's Gentry: Essays on Rural-Urban Relations*. Chicago: University of Chicago Press, 1953.

Feng Kuei-fen 馮桂芬. *Chiao-pin-lu k'ang-i* 校邠盧抗議 (Protests from the cottage of Feng Kuei-fen). 1897 edition. Reprint, Taipei: Wen-hai Press.

Feng Meng-chen 馮夢禎. *Li-tai kung-chü chih* 歷代貢舉志 (Accounts of the civil examinations over several dynasties). Shanghai: Commercial Press, 1936.

Fincher, John. "Political Provincialism and the National Revolution." In Mary Wright, ed., *China in Revolution: The First Phase, 1900–13*. New Haven: Yale University Press, 1968.

Fish, Michael. "Bibliographical Notes on the *San Tzu Ching* and Related Texts." Master's thesis, Indiana University, 1968.

Fisher, Carney. "The Great Ritual Controversy in the Age of Ming Shih-tsung." *Society for the Study of Chinese Religions Bulletin* 7 (fall 1979): 71–87.

———. *The Chosen One: Succession and Adoption in the Court of Ming Shizong*. Sydney: Allen & Unwin, 1990.

Foucault, Michel. *Discipline and Punish: The Birth of the Prison*. Translated by Alan Sheridan. New York: Vintage Books, 1979.

Franke, Herbert. "Tibetans in Yuan China." In John D. Langlois, Jr., ed., *China under Mongol Rule*. Princeton: Princeton University Press, 1981.

———. "The Role of the State as a Structural Element in Polyethnic Societies." In S. R. Schram, ed., *Foundations and Limits of State Power in China*. London: University of London, 1987.

Franke, Herbert, and Denis Twitchett, eds. *The Cambridge History of China*. Vol. 6, *Alien Regimes and Border States, 907–1368*. Cambridge: Cambridge University Press, 1994.

Franke, Wolfgang. *The Reform and Abolition of the Traditional Chinese Examination System*. Harvard University East Asian Monograph. Cambridge, 1960.

———. "The Veritable Records of the Ming Dynasty." In W. G. Beasley and E. G. Pulleyblank, eds., *Historians of China and Japan*. Oxford: Oxford University Press, 1961.

———. "Historical Writing during the Ming." In Frederick W. Mote and Denis Twitchett, eds., *The Cambridge History of China*, vol. 7, part 1, *The Ming Dynasty, 1368–1644*. Cambridge: Cambridge University Press, 1988.

Freedman, Maurice. *Chinese Lineage and Society: Fukien and Kwangtung*. London: Athlone Press, 1966.

———. *The Study of Chinese Society*. Edited by G. William Skinner. Stanford: Stanford University Press, 1979.

Freidson, Eliot. *Professional Powers: A Study of the Institutionalization of Formal Knowledge*. Chicago: University of Chicago Press, 1986.

Freud, Sigmund. *New Introductory Lectures on Psychoanalysis*. Translated by James Strachey. New York: Norton, 1964.

Fu-ch'eng hsiang-chin-shih t'i-ming chi 福城鄉進士題名記 (Record of graduates of local, provincial, and palace examinations from Fu-ch'eng, Fu-chien). Manuscript, ca. 1546.

Fu, Daiwie. "A Contextual and Taxonomic Study of the 'Divine Marvels' and 'Strange Occurrences' in the *Mengxi bitan*." *Chinese Science* 11 (1993–94): 3–35.

Fu I-ling 傅衣凌. *Ming-tai Chiang-nan shih-min ching-chi shih-t'an* 明代江南市民經濟試探 (Exploration of the urbanite economy in Chiang-nan during the Ming period). Shanghai: People's Press, 1957.

Fu, Marilyn Wong. "The Impact of the Re-unification: Northern Elements in the Life and Art of Hsien-yu Shu (1257?–1302) and Their Relation to Early Yuan Literati Culture." In John D. Langlois, Jr., ed., *China under Mongol Rule*. Princeton: Princeton University Press, 1981.

Fu, Marilyn Wong, and Shen Fu. *Studies in Connoisseurship: Chinese Paintings from the Arthur M. Sackler Collections in New York, Princeton, and Washington, D.C.* Princeton: Princeton University Press, 1973.

Fu-she chi-lueh 復社紀略 (Abridged records of the Return to Antiquity Society). Unpaginated manuscript, late Ming.

Fuma Susumu 夫馬進. "Sōshi hihon no sekai" 訟師秘本の世紀 (The world of the secret handbooks of pettifoggers). In Ono Kazuko 小野和子, ed., *Mimmatsu Shinsho no shakai to bunka* 明末清初の社會と文化. Kyoto: Meibun Press, 1996.

Gardner, Daniel. "Principle and Pedagogy: Chu Hsi and the Four Books." *Harvard Journal of Asiatic Studies* 44, 1 (June 1984): 57–81.

———. "Transmitting the Way: Chu Hsi and His Program of Learning." *Harvard Journal of Asiatic Studies* 49, 1 (June 1989): 141–72.

Garrett, Valery M. *Mandarin Squares: Mandarins and Their Insignia.* Oxford: Oxford University Press, 1990.

Gernet, Jacques. *Daily Life in China on the Eve of the Mongol Invasion, 1250–1276.* Stanford: Stanford University Press, 1962.

———. *China and the Christian Impact.* Translated by Janet Lloyd. Cambridge: Cambridge University Press, 1985.

———. *Buddhism in Chinese Society: An Economic History from the Fifth to the Tenth Centuries.* Translated by Franciscus Verellen. New York: Columbia University Press, 1995.

Giles, Herbert, trans. *San Tzu Ching: Elementary Chinese.* 1910; reprint, Taipei: Wen-chih Press, 1984.

Goodrich, L. Carrington. *The Literary Inquisition of Ch'ien-lung.* Baltimore: Waverly Press, 1935.

———. "Prisons in Peking, circa 1500." *Tsing-hua hsueh-pao* 清華學報, n.s., 10 (1973): 45–53.

———. "Who Was T'an-hua in 1385." *Ming Studies* 3 (1976): 9–10.

Goody, Jack. *The Interface between the Written and the Oral.* Cambridge: Cambridge University Press, 1987.

Graff, Harvey. *The Legacies of Literacy: Continuities and Contradictions in Western Culture and Society.* Bloomington: Indiana University Press, 1987.

Grafflin, Dennis. "The Great Families of Medieval South China." *Harvard Journal of Asiatic Studies* 41 (1981): 65–74.

Grafton, Anthony, and Lisa Jardine. *From Humanism to the Humanities: Education and the Liberal Arts in Fifteenth- and Sixteenth-Century Europe.* Cambridge: Harvard University Press, 1986.

Gray, John Henry. *China: A History of the Laws, Manners, and Customs of the People.* London: Macmillan, 1878.

Grimm, Tilemann. *Erziehung und Politik in konfuzianischen China der Ming-Zeit.* Hamburg: Gesellschaft für Natur- und Volkerkunde Ostasiens e.V., 1960.

———. "Ming Education Intendants." In Charles Hucker, ed., *Chinese Government in Ming Times: Seven Studies.* New York: Columbia University Press, 1969.

———. "Academies and Urban Systems in Kwangtung." In G. William Skinner, ed., *The City in Late Imperial China.* Stanford: Stanford University Press, 1977.

———. "State and Power in Juxtaposition: An Assessment of Ming Despotism." In S. R. Schram, ed., *The Scope of State Power in China.* London: School of Oriental and African Studies, 1985.

Grove, Linda, and Christian Daniels, eds. *State and Society in China: Japanese Perspectives on Ming-Qing Social and Economic History.* Tokyo: Tokyo University Press, 1984.

Guy, R. Kent. *The Emperor's Four Treasuries: Scholars and the State in the Late Ch'ien-lung Era.* Cambridge: Harvard University Council on East Asian Studies, 1987.

————. "Fang Pao and the *Ch'in-ting Ssu-shu wen.*" In Benjamin Elman and Alexander Woodside, eds., *Education and Society in Late Imperial China.* Berkeley: University of California Press, 1994.

Haeger, John W. "1126–27: Political Crisis and the Integrity of Culture." In Haeger, ed., *Crisis and Prosperity in Sung China.* Tucson: University of Arizona Press, 1975.

Hamaguchi Fujio 濱口富士雄. *Shindai kokyogaku no shisō shi teki kenkyū* 清代考據學の思想史的研究 (Research on the intellectual history of Ch'ing dynasty evidential studies). Tokyo: Kokusho kankōkai, 1994.

Hamberg, Theodore. *The Visions of Hung-siu-tshuen, and Origin of the Kwang-si Insurrection.* Reprint, Peking: Yenching University Library, 1935.

Hamilton, David. *Towards a Theory of Schooling.* New York: Falmer Press, 1989.

Han-shu 漢書 (History of the Former Han dynasty). Compiled by Pan Ku 班固. 7 vols. Peking, Chung-hua Bookstore, 1962; Taipei: Shih-hsueh ch'u-pan-she, 1974.

Hansen, Chad D. "Ancient Chinese Theories of Language." *Journal of Chinese Philosophy* 2 (1975): 245–80.

Hansen, Valerie. *Changing Gods in Medieval China, 1127–1276.* Princeton: Princeton University Press, 1990.

Harrell, Paula. *Sowing the Seeds of Change: Chinese Students, Japanese Teachers, 1895–1905.* Stanford: Stanford University Press, 1992.

Hart, Roger. "Proof, Propaganda, and Patronage: A Cultural History of the Dissemination of Western Studies in Seventeenth-Century China." Ph.D. diss., UCLA, History, 1997.

————. "Local Knowledges, Local Contexts: Mathematics in Yuan and Ming China." Paper presented at the Song-Yuan-Ming Transitions Conference. Lake Arrowhead, Calif., June 5–11, 1997.

Hartner, Willy. "Some Notes on the Chinese Musical Art." In Nathan Sivin, ed., *Science and Technology in East Asia.* New York: Science History Publications, 1977.

Hartwell, Robert. "Financial Expertise, Examinations, and the Formulation of Economic Policy in Northern Sung China." *Journal of Asian Studies* 30, 2 (1971): 281–314.

————. "Historical-Analogism, Public Policy, and Social Science in Eleventh- and Twelfth-Century China." *American Historical Review* 76, 3 (June 1971): 690–727.

————. "Demographic, Political, and Social Transformations of China, 750–1550." *Harvard Journal of Asiatic Studies* 42, 2 (1982): 365–442.

Hashimoto, Keizō. *Hsu Kuang-ch'i and Astronomical Reform.* Osaka: Kansai University Press, 1988.

Hashimoto Mantarō 橋本萬太郎. "Hoppogo" 北方語 (Northern Chinese language). In *Gengogaku daijiten* 現語學大辭典, vol. 3, *Sekai gengo hen* 世界語言編, part 2-1. Tokyo: Sanseido Press, 1992.

Hayashi Tomoharu 林友春, ed., *Kinsei Chūgoku kyōikushi kenkyū* 近世中國教育研究 (Research on education in early modern China). Tokyo: Kokutosha, 1958.

Hegel, Robert. *The Novel in Seventeenth-Century China.* New York: Columbia University Press, 1981.

———. "Distinguishing Levels of Audiences for Ming-Ch'ing Vernacular Literature: A Case Study." In David Johnson, Andrew Nathan, and Evelyn Rawski, eds., *Popular Culture in Late Imperial China*. Berkeley: University of California Press, 1985.

———. "Heavens and Hells in Chinese Fictional Dreams." In Carolyn Brown, ed., *Psycho-Sinology: The Universe of Dreams in Chinese Culture*. Lantham, Md.: University Press of America, 1988.

Henderson, John. *The Development and Decline of Chinese Cosmology*. New York: Columbia University Press, 1984.

Herbert, P. A. "Civil Service Recruitment in Early T'ang China: Ideal and Reality." *Chūgoku kankei ronsetsu shiryō* 中國關係論說資料 28, 3B, I (1986): 30–36.

———. "T'ang Objections to Centralised Civil Service Selection." *Papers on Far Eastern History* 33 (1986): 81–112.

———. *Examine the Honest, Appraise the Able: Contemporary Assessments of Civil Service Selection in Early T'ang China*. Canberra: Australian National University, 1988.

Hervouet, Yves, ed. *A Sung Bibliography*. Hong Kong: Chinese University Press, 1978.

Hevia, James L. *Cherishing Men from Afar: Qing Guest Ritual and the Macartney Embassy of 1793*. Durham and London: Duke University Press, 1995.

Hexter, J. H. *Reappraisals in History: New Views on History and Society in Early Modern Europe*. Chicago: University of Chicago Press, 1979.

Ho, Peng Yoke. *The Astronomical Chapters of Chin Shu*. Paris: Mouton, 1966.

———. *Li, Qi, and Shu: An Introduction to Science and Civilization in China*. Hong Kong: Hong Kong University Press, 1985.

Ho, Ping-ti. "The Salt Merchants of Yang-chou." *Harvard Journal of Asiatic Studies* 17 (1954): 130–68.

———. *The Ladder of Success in Imperial China*. New York: Wiley & Sons, 1962.

———. "An Estimate of Total Population of Sung-Chin China." In Francoise Aubin, ed., *Études Sung en Memorium Etienne Balazs*. Paris, 1970.

Ho, Yun-yi. "Ideological Implications of Ming Sacrifices in Early Ming." *Ming Studies* 6 (spring 1978): 55–67.

———. *The Ministry of Rites and Suburban Sacrifices in Early Ming*. Taipei: Shuang-yeh Bookstore, 1980.

Holcombe, Charles. *In the Shadow of the Han: Literati Thought and Society at the Beginning of the Southern Dynasties*. Honolulu: University of Hawaii Press, 1994.

Houn, Franklin. "The Civil Service Recruitment System of the Han Dynasty." *Tsinghua hsueh-pao* 清華學報, n.s., 1 (1956): 138–64.

Houston, R. A. *Literacy in Early Modern Europe: Culture and Education, 1500–1800*. New York: Longman, 1988.

Hsiao Ch'i-ch'ing 蕭啟慶. "Yuan-tai te ju-hu—ju-shih ti-wei yen-chin shih-shang te i-chang" 元代的儒戶—儒士地位演進史上的一章 (Yuan dynasty literati households—a chapter in the historical change in status of literati). *Tung-fang wen-hua* 東方文化 16, 1–2 (1978): 151–70.

———. "Yuan-tai k'o-chü yü ching-ying liu-tung" 元代科舉與菁英流動 (Yuan dynasty civil examinations and elite mobility). *Han-hsueh yen-chiu* 漢學研究 5, 1 (June 1987): 129–60.

Hsiao Ch'ih 蕭馳. "Lun Chung-kuo ku-tien shih-ko lü-hua kuo-ch'eng te kai-nien pei-ching" 論中國古典詩歌律化過程的概念背景 (The conceptual context for the process of the formation of classical regulated verse). *Chung-kuo wen-che yen-chiu chi-*

k'an 中國文哲研究集刊 9 (1996): 131–62.

Hsiao, Kung-chuan. *Rural China: Imperial Control in the Nineteenth-Century.* Seattle: University of Washington Press, 1960.

———. *A Modern China and a New World: K'ang Yu-wei, Reformer and Utopian, 1858–1927.* Seattle: University of Washington Press, 1975.

Hsiao-shih i-wen-lu 小試異聞錄 (Recording unusual matters heard in the local examination grounds). 1873 edition. Ch'ien-t'ang.

Hsieh Ch'ing 謝青 et al., eds. *Ching-kuo k'ao-shih chih-tu shih* 中國考試制度史 (History of the Chinese examination system). Ho-fei: Huang-shan Press, 1995.

Hsin-i T'ang-shih san-pai-shou 新譯唐詩三百首 (New translations of 300 T'ang poems). Compiled by Ch'iu Hsieh-yu 邱燮友. Taipei: San-min Bookstore, 1976.

Hsiung Ping-chen. "Constructed Emotions: The Bond between Mothers and Sons in Late Imperial China." *Late Imperial China* 15, 1 (June 1994): 87–117.

Hsu Hsieh 許獬. *Ssu-shu ch'ung-Hsi chu-chieh* 四書崇熹註解 (Notes to the Four Books honoring Chu Hsi). 1602 edition.

Hsu K'o 徐珂. *Ch'ing-pai lei-ch'ao* 清稗類鈔 (Classified jottings on Ch'ing dynasty unofficial history). Shanghai: Commercial Press, 1920.

Hsu Tao-lin 徐道鄰. *Chung-kuo fa-chih-shih lun-chi* 中國法制史論集 (Collected essays on China's legal-institutional history). Taipei: Cheng-chung Bookstore, 1961.

Hsu Ti-shan 許地山. *Fu-chi mi-hsin te yen-chiu* 扶乩迷信的研究 (Research on spirit-writing superstition). Ch'ang-sha, 1941.

Hsu-tseng k'o-ch'ang t'iao-li 續增科場條例 (Continuation to the Imperially prescribed guidelines for the civil examination grounds). 1855 edition.

Hsu wen-hsien t'ung-k'ao 續文獻通考 (Comprehensive analysis of civil institutions, continuation). Compiled by Wang Ch'i 王圻. In *Shih-t'ung* 十通 (Ten comprehensive encyclopedias). Shanghai: Commercial Press, 1936.

Hsu Yang 徐揚. "Ku-Su fan-hua t'u" 姑蘇繁華圖 (Painting of prosperous Su-chou) (1759). Hong Kong: Commercial Press, 1988, 1990.

Hsuan-t'ung chi-yu k'o chien-i ming-ching t'ung-p'u 宣統己酉科簡易明經通譜 (Record of graduates of the 1909 simplified examination to clarify the Classics). 1909 edition.

Hsuan-t'ung erh-nien keng-hsu k'o chih-sheng chü-kung hui-k'ao ch'ih-lu 宣統二年庚戌科直省舉貢會考齒錄 (Record of recommendees from each province in the 1910 metropolitan civil examination). 1910 edition.

Hsuan-t'ung keng-hsu k'o ti-i-tz'u k'ao-shih fa-kuan t'ung-nien lu 宣統庚戌科第一次考試法官同年錄 (Record of graduates of the first examination for legal officials in 1910). 1910 edition.

Hsueh Fu-ch'eng hsuan-chi 薛福成選集 (Selected writings of Hsueh Fu-ch'eng). Shanghai: People's Press, 1987.

Hsueh-hai-t'ang chi 學海堂集 (Collected writings from the Hsueh-hai Academy). Compiled by Juan Yuan et al. 4 series. Canton: Hsueh-hai-t'ang, 1825–86.

Hsueh Ying-ch'i 薛應旂. *Fang-shan hsien-sheng wen-lu* 方山先生文錄 (Recorded writings of Hsueh Ying-ch'i). Su-chou edition. 1553.

Hsun-tzu chi-chieh 荀子集解 (Collected notes to the Hsun-tzu). Taipei: Hua-cheng Bookstore, 1979.

Hu, C. T. "The Historical Background: Examinations and Control in Pre-Modern China." *Comparative Education* 20, 1 (1984).

Hu Chü-jen 胡居仁. *Chü-yeh-lu* 居業錄 (Record of the enterprise of sitting in reverence). In *Ssu-k'u ch'üan-shu* 四庫全書 (Complete collection of the four treasuries). Reprint, Taipei: Commercial Press, 1983–86.

Hu Kuang 胡廣 et al. "Chin-shu piao" 進書表 (Words on presenting the [three] books). In *Hsing-li ta-ch'üan* 性理大全. 1415 edition. Reprint, Kyoto: Chūbun Press.

Hu Kuang 胡廣 et al. *Lun-yü chi-chu ta-ch'üan* 論語集注大全 (Great collection of the collected notes to the *Analects*). In *Ssu-shu ta-ch'üan* 四書大全.

Hu Shih 胡適. "Ssu-shih tzu-shu" 四十自述 (Autobiography at age forty). In *Hu Shih tzu-chuan* 胡適自傳 (Autobiography of Hu Shih). Ho-fei: Hsin-hua Bookstore, 1986.

Hu Ying-lin 胡應麟. *Chia-i sheng-yen* 甲乙剩言 (Leftover words from heavenly stems one and two). *Pai-pu ts'ung-shu* 百部叢書 edition. Reprint, Taipei: I-wen Press.

Huang-ch'ao cheng-tien lei-tsuan 皇朝政典類纂 (Classified materials on Ch'ing dynasty government regulations). Compiled by Hsi Yü-fu 席裕福. Reprint, Taipei: Shen-wu Press, 1969.

Huang-ch'ao ching-shih wen-pien 皇朝經世文編 (Collected writings on statecraft from the Ch'ing dynasty). Edited by Wei Yuan 魏源. 1827 and 1873 editions. Reprint, Taipei: World Bookstore, 1964.

Huang-ch'ao hsu wen-hsien t'ung-kao 皇朝續文獻通考 (Comprehensive survey of state documents during the Ch'ing dynasty, continuation). Compiled by Liu Chin-tsao 劉錦藻. Shanghai: Commercial Press, 1936.

Huang Chin 黃溍. *Chin-hua Huang hsien-sheng wen-chi* 金華黃先生文集 (Collected essays of Huang Chin from Chin-hua). *Ssu-pu ts'ung-k'an* edition. Shanghai: Commercial Press, 1919–37.

Huang, Chin-shing. *Philosophy, Philology, and Politics in Eighteenth-Century China*. Cambridge: Cambridge University Press, 1995.

Huang Ch'ing-lien. "The *Li-chia* System in Ming Times and Its Operation in Ying-t'ien Prefecture." *Bulletin of the Institute of History and Philology* (Academia Sinica, Taiwan) 54 (1983): 103–155.

———. "The Recruitment and Assessment of Civil Officials under the T'ang Dynasty." Ph.D. diss., Princeton University, East Asian Studies, 1986.

Huang-Ch'ing ming-ch'en tsou-i 皇清名臣奏議 (Memorials of famous officials during the August Ch'ing). Ca. 1796–1820 edition.

Huang Ch'un-yao 黃淳耀. *Tao-an chi* 陶菴集 (Collection of Huang Ch'un-yao). Chia-ting edition. 1676.

Huang I-long 黃一農. "Ch'ing-ch'u t'ien-chu-chiao yü hui-chiao t'ien-wen-chia te cheng-tou" 清初天主教與回教天文家的爭鬥 (The struggle between Catholic and Muslim astronomers in the early Ch'ing). *Chiu-chou hsueh-k'an* 九州學刊 5, 3 (1993): 47–69.

Huang Kuang-liang 黃光亮. *Ch'ing-tai k'o-chü chih-tu chih yen-chiu* 清代科舉制度之研究 (Research on the Ch'ing dynasty civil examination system). Taipei: Chia-hsin Cement Co. Cultural Foundation, 1976.

Huang, Martin. *Literati and Self-Re/Presentation: Autobiographical Sensibility in the Eighteenth-Century Chinese Novel*. Stanford: Stanford University Press, 1995.

Huang-Ming ch'eng-shih tien-yao lu 皇明程世典要錄 (Digest of records of metropolitan examinations during the Ming dynasty). Late Ming edition.

Huang-Ming chin-shih teng-k'o k'ao 皇明進士登科考 (Study of the accession to *chin-shih* status during the august Ming dynasty). Compiled by Yü Hsien 俞憲. 1548 edition. In *Ming-tai teng-k'o lu hui-pien*, vols. 1–2.

Huang-Ming chuang-yuan ch'üan-ts'e 皇明狀元全策 (Complete set of policy questions prepared during the Ming dynasty by *optimi* for the palace civil examination). Compiled by Chiang I-k'ui 蔣一葵. 1591 edition.

Huang-Ming hsiang-hui-shih erh-san-ch'ang ch'eng-wen hsuan 皇明鄉會試二三場程文選 (Selection of model examination essays from the second and third sessions of the provincial and metropolitan civil examinations during the Ming dynasty). Compiled by Ch'en Jen-hsi 陳仁錫. 1633 *Pai-sung-t'ang* edition.

Huang Ming kung-chü k'ao 皇明貢舉考 (Survey of civil examinations during the Ming dynasty). Compiled by Chang Ch'ao-jui 張朝瑞. Ming Wan-li edition.

Huang-Ming san-yuan k'ao 皇明三元考 (Study of the provincial, metropolitan, and palace civil examination *optimi* during the Ming dynasty). Compiled by Chang Hung-tao 張弘道 and Chang Ning-tao 張凝道. Late Ming edition. After 1618.

Huang-Ming ts'e-heng 皇明策衡 (Weighing civil policy examination essays during the Ming dynasty). Compiled by Mao Wei 茅維. Wu-hsing edition. 1605.

Huang Ming t'ung-chi chi-yao 皇明通紀集要 (Collection of essentials to the Comprehensive Accounts of the August Ming dynasty). Compiled by Ch'en Chien 陳建, and appended by Chiang Hsu-ch'i 江旭奇. Late Ming edition. Reprint, Taipei: Wen-hai Press.

Huang-Ming t'ung-chi shu-i 皇明通紀述遺 (Additions to the Comprehensive Accounts of the August Ming dynasty). Compiled by Ch'en Chien 陳建, and appended by P'u Shih-ch'ang 卜世昌 and T'u Heng 屠衡. 1605 edition. Reprint, Taipei: Student Bookstore, 1972.

Huang-Ming wen-heng 皇明文衡 (Balancing of essays from the Ming dynasty). *Ssu-pu ts'ung-k'an* edition. Shanghai: Commercial Press, 1919–37.

Huang, Philip. *The Peasant Economy and Social Change in North China*. Stanford: Stanford University Press, 1985.

———. *The Peasant Family and Rural Development in the Yangzi Delta, 1350–1988*. Stanford: Stanford University Press, 1990.

Huang, Ray. *Taxation and Governmental Finance in Sixteenth-Century Ming China*. Cambridge: Cambridge University Press, 1974.

———. *1587: A Year of No Significance*. New Haven: Yale University Press, 1981.

Huang Tsung-hsi. *The Record of Ming Scholars*. Edited by Julia Ching. Honolulu: University of Hawaii Press, 1987.

Hucker, Charles O. "Confucianism and the Chinese Censorial System." In David S. Nivison and Arthur Wright, eds., *Confucianism in Action*. Stanford: Stanford University Press, 1969.

———. "The Tung-lin Movement of the Late Ming Period." In John K. Fairbank, ed., *Chinese Thought and Institutions*. Chicago: University of Chicago Press, 1973.

———. *The Ming Dynasty: Its Origins and Evolving Institutions*. Ann Arbor: University of Michigan Center for Chinese Studies, 1978.

———, ed. *Chinese Government in Ming Times: Seven Studies*. New York: Columbia University Press, 1969.

Hughes, E. R. "Epistemological Methods in Chinese Philosophy." In Charles Moore, ed., *The Chinese Mind*. Honolulu: University of Hawaii Press, 1967.

Hui-shih chu-chüan 會試硃卷 ([Ch'ing] metropolitan examination essays). Ming-Ch'ing Archives, Academia Sinica, Taiwan.

Hui-shih t'ung-nien ch'ih-lu 會試同年齒錄 (Record of same year metropolitan graduates). 1895, 1904.

Hui-shih t'ung-nien shih-chiang lu 會試同年世講錄 (Record of same year metropolitan graduates). 1556. In *Ming-tai teng-k'o-lu hui-pien* 明代登科錄彙編 (Compendium of Ming dynasty civil and military examination records), 22 vols. Taipei: Hsueh-sheng Bookstore, 1969.

Hummel, Arthur, et al., eds. *Eminent Chinese of the Ch'ing Period.* Reprint, Taipei: Ch'eng-wen Bookstore, 1972.

Hung Mai 洪邁. *Jung-chai sui-pi* 容齋隨筆 (Miscellaneous jottings from Jung Studio). Shanghai: Ku-chi Press, 1978.

Huters, Theodore. "From Writing to Literature: The Development of Late Qing Theories of Prose." *Harvard Journal of Asiatic Studies* 47, 1 (June 1987).

Hymes, Robert. "Marriage, Kin Groups, and the Localist Strategy in Sung and Yuan Fu-chou." In Patricia Buckley Ebrey and James L. Watson, eds., *Kinship Organization in Late Imperial China.* Berkeley: University of California Press, 1986.

———. "Not Quite Gentlemen? Doctors in Sung and Yuan." *Chinese Science* 7 (1986): 11–85.

———. *Statesmen and Gentlemen: The Elite of Fu-chou, Chiang-hsi, in Northern and Southern Sung.* Cambridge: Cambridge University Press, 1987.

———. "Some Thoughts on Plague, Population, and the Sung-Yuan-Ming Transition: The McNeill Thesis after Twenty Years." Paper presented at the Sung-Yuan-Ming Transitions Conference, Lake Arrowhead, Calif., June 5–11, 1997.

Hymes, Robert, and Conrad Schirokauer, eds. *Ordering the World: Approaches to State and Society in Sung Dynasty China.* Berkeley: University of California Press, 1993.

I-hsing hsien-chih 宜興縣志 (Gazetteer of I-hsing county). 1869.

Ihara Hiroshi 井原弘. "Chūgoku chishikijin no kisō shakai—Sōdai Onshū Yōka gakuha o rei to shite" 中國知識人の基層社會—宋代溫州永嘉學派を例として (The social basis of Chinese intellectuals: The Sung dynasty Wen-chou and Yung-chia scholarly traditions as examples). *Shisō* 思想 802 (April 1991): 82–103.

Ikoma Shō 生駒晶. "Minsho kakyo gokakusha no shushin ni kan suru ichi kōsatsu" 明初科舉合格者の出身に關する一考察 (A study of birthplaces of successful examination candidates during the early Ming). In *Yamane Yukio kyōju taikyū kinen Mindaishi ronshū jō* 山根幸夫教授退休紀念明代史論叢 上. Tokyo: Kyoko shoin, 1990.

Inoue Susumu 井上進. "Rikkyō mina shi setsu no keifu" 六經皆史說の系譜 (The descent of the thesis that the "Six Classics are all histories"). In Ono Kazuko, ed., *Mimmatsu Shinsho no shakai to bunka.* Kyoto: Meibun Press, 1996.

Jami, Catherine. "Western Influence and Chinese Tradition in an Eighteenth Century Chinese Mathematical Work." *Historia Mathematica* 15 (1988): 311–31.

———. "Learning Mathematical Sciences during the Early and Mid-Ch'ing." In Benjamin Elman and Alexander Woodside, eds., *Education and Society in Late Imperial China, 1600–1900.* Berkeley: University of California Press, 1994.

Jen Yu-wen (Chien Yu-wen). *The Taiping Revolutionary Movement.* New Haven: Yale University Press, 1973.

Jensen, Lionel. "The Invention of 'Confucius' and His Chinese Other, 'Kong Fuzi.'" *positions: east asia cultures critique* 1, 2 (fall 1993): 414–49.

Jin, Qicong. "Jurchen Literature under the Chin." In Hoyt Tillman and Stephen West, eds., *China under Jurchen Rule.* Albany: SUNY Press, 1995.

Johnson, David. "Communication, Class, and Consciousness in Late Imperial China." In David Johnson, Andrew Nathan, and Evelyn Rawski, eds., *Popular Culture in Late Imperial China.* Berkeley: University of California Press, 1985.

Johnston, Alastair. *Cultural Realism: Strategic Culture and Grand Strategy in Chinese History.* Princeton: Princeton University Press, 1995.

Juan Yuan 阮元. *Ssu-shu wen-hua* 四書文話 (Comments on examination essays on the Four Books). N.d.

Judge, Joan. "Public Opinion and the New Politics of Contestation in the Late Qing, 1904–1911." *Modern China* 20, 1 (January 1994): 64–91.

———. *Print and Politics: "Shibao" and the Culture of Reform in Late Qing China.* Stanford: Stanford University Press, 1996.

Jung, C. G. *Dreams.* Princeton: Princeton University Press, 1974.

Jung Chao-tsu 容肇祖. "Hsueh-hai-t'ang k'ao" 學海堂集 (Study of the Hsueh-hai Academy). *Ling-nan hsueh-pao* 領南學報 3, 4 (June 1934): 1–147.

———. *Lü Liu-liang chi ch'i ssu-hsiang* 呂留良及其思想 (The thought of Lü Liu-liang). Hong Kong: Ch'ung-wen Bookstore, 1974.

Kahn, Harold. "The Education of a Prince: The Emperor Learns His Roles." In Albert Feuerwerker et al., eds., *Approaches to Modern Chinese History.* Berkeley: University of California Press, 1967.

———. *Monarchy in the Emperor's Eyes: Image and Reality in the Ch'ien-lung Reign.* Cambridge: Harvard University Press, 1971.

Kamo Naoki 狩野直喜. *Shinchō no seido to bungaku* 清朝の制度と文學 (Ch'ing institutions and literature). Tokyo: Misuzu Bookstore, 1984.

K'ang-hsi 康熙 emperor. "Hsiang-chü li-hsuan chieh" 鄉舉里選解 (Explication for selecting local talent). In *Ch'ing-tai ch'ien-ch'i chiao-yü lun-chu hsuan* 清代前期教育論著選 (Selections of writings on education from the early Ch'ing period), edited by Li Kuo-chün et al., 3 vols. Peking: People's Education Press, 1990.

K'ang Yu-wei 康有為. "Chronological Autobiography." In Jung-pao Lo, ed. and trans., *K'ang Yu-wei: A Biography and a Symposium.* Tucson: University of Arizona Press, 1967.

———. *K'ang Yu-wei cheng-lun chi* 康有為政論集 (Collection of K'ang Yu-wei's political writings). Compiled by T'ang Chih-chün 湯志鈞. Peking: Chung-hua Bookstore, 1981.

———. "Hsu" 序 (Preface), to his *Jih-pen shu-mu chih shih-yü* 日本書目之識語 (Guide to Japanese bibliography). Reprinted in Ch'en P'ing-yuan 陳平原 et al., *Erh-shih shih-chi chung-kuo hsiao-shuo li-lun tzu-liao ti-i chüan* 二十世紀中國小説理論資料第一卷. Peking: Peking University Press, 1989.

Katsumata Kenjirō 勝又憲治郎. "Hokukei no kakyo jidai to kōin" 北京の科舉時代と貢院 (The examination hall and Peking in the age of civil examinations). *Tōhō gakuhō* 東方學報 (Tokyo) 6 (1936): 203–39.

Katz, Paul. *Demon Hordes and Burning Boats: The Cult of Marshall Wen in Late Imperial Chekiang.* Albany: SUNY Press, 1995.

Kelleher, Kathleen. "Seems Taking a Final Exam Is Everyone's Worst Nightmare." *Los Angeles Times,* May 28, 1996.

Kelleher, M. Theresa. "Back to Basics: Chu Hsi's *Elementary Learning (Hsiao-hsueh).* In William Theodore de Bary and John Chaffee, eds., *Neo-Confucian Education: The Formative Stage.* Berkeley: University of California Press, 1989.

Keenan, Barry. *Imperial China's Last Classical Academies: Social Change in the Lower Yangzi, 1864–1911.* Berkeley: Institute of East Asian Studies, University of California, 1994.

Kermode, Frank. "Institutional Control of Interpretation." *Salmagundi* 43 (1979): 72–86.

————. "The Canon." In Robert Alter and Kermode, eds., *The Literary Guide to the Bible*. Cambridge: Harvard University Press, 1987.

Kessler, Lawrence. *K'ang-hsi and the Consolidation of Ch'ing Rule, 1661–1684*. Chicago: University of Chicago Press, 1976.

Kim, Yung Sik. "The World-View of Chu Hsi (1130–1200): Knowledge about the Natural World in 'Chu-tzu ch'üan-shu.'" Ph.D. diss., Princeton University, History, 1980.

Kinoshita Tetsuya 木下鉄矢. *Shindai koshōgaku to sono jidai* 清代考證學とその時代 (Ch'ing dynasty evidential research and its times). Tokyo: Sōbunsha, 1995.

Kleeman, Terry, trans. *A God's Own Tale: The Book of Transformations of Wenchang, the Divine Lord of Zitong*. Albany: SUNY Press, 1994.

Knowles, James. "Competitive Examinations in China." *The Nineteenth Century: A Monthly Review* 36 (July–December 1894): 87–99.

Ko, Dorothy. *Teachers of the Inner Chambers: Women and Culture in Seventeenth-Century China*. Stanford: Stanford University Press, 1994.

————. "The Written Word and the Bound Foot: A History of the Courtesan's Aura." In Ellen Widmer and Kang-i Sun Chang, eds., *Writing Women in Late Imperial China*. Stanford: Stanford University Press, 1997.

Kobayashi Kazumi 小林一美. "Shū Genchō no kobu seiji" 朱元璋の恐怖政治 (Chu Yuan-chang's reign of terror). In *Yamane Yukio kyōju taikyū kinen Mindaishi ronshū jō* 山根幸夫教授退休紀念明代史論叢 上. Tokyo: Kyoko shoin, 1990.

Kojima Tsuyoshi 小島毅. "Sōdai no gakuritsu ron" 宋代の樂律論 (Theories of musical pitch in Sung times). *Tōyō bunka kenkyūjo kiyō* 東洋文化研究所紀要 109 (1989): 273–305.

Kondo Mitsuo 近藤光男. *Shinshi sen* 清詩選 (Selections of Ch'ing poetry). Tokyo: Shūeisha, 1967.

Koryō sa 高麗史 (History of the Koryō dynasty). Seoul: Yonsei University, 1955.

Kracke, E. A. "Family vs. Merit in Chinese Civil Service Examinations during the Empire." *Harvard Journal of Asiatic Studies* 10 (1947): 103–23.

————. *Civil Service in Early Sung China*. Cambridge: Harvard-Yenching Institute, 1968.

Ku Chieh-kang. "A Study of Literary Persecution during the Ming." Translated by L. Carrington Goodrich. *Harvard Journal of Asiatic Studies* 3 (1938): 282–85.

Ku-chin t'u-shu chi-ch'eng 古今圖書集成 (Synthesis of books and illustrations past and present). 1728 edition.

Ku-chin yuan-liu chih-lun 古今源流至論 (The best discourse essays past and present). Compiled by Lin Chiung 林駉 and Huang Lü-weng 黃履翁. Early Ming edition. Reprint, Taipei: Hsin-hsing Bookstore, 1970.

Ku-ching ching-she wen-chi 詁經精舍文集 (Collected essays from the Ku-ching ching-she Academy). Edited by Juan Yuan 阮元 et al. Taipei: Commercial Press, 1966.

Ku Hsien-ch'eng 顧憲成. "Ching-cheng-t'ang shang-yü" 經正堂商語 (Discussions at the Hall of Classical Correctness). In *Ku Tuan-wen kung i-shu* 顧端文公遺書 (Bequeathed writings of Ku Hsien-ch'eng). Ch'ing dynasty K'ang-hsi edition.

————. "Hsiao-hsin-chai cha-chi" 小心齋劄記 (Random notes from the Pavilion of Watchfulness). In *Ku Tuan-wen kung i-shu* 顧端文公遺書 (Bequeathed writings of Ku Hsien-ch'eng). Ch'ing dynasty K'ang-hsi edition.

————. "Tung-lin hui-yueh fu" 東林會約附 (Addition to the statutes for meetings at the Tung-lin). In *Ku Tuan-wen kung i-shu* 顧端文公遺書 (Bequeathed writings of Ku Hsien-ch'eng). Ch'ing dynasty K'ang-hsi edition.

Ku Hung-ting. "Upward Career Mobility Patterns of High-Ranking Officials in Ch'ing China, 1730–1796." *Papers on Far Eastern History* (Australia) 29 (1984): 45–66.

Ku Kung-hsieh 顧公燮. *Hsiao-hsia hsien-chi chai-ch'ao* 消夏閑記摘抄 (Selected notes jotted in leisure to pass the summer). Ca. 1797 edition. In *Han-fen-lou mi-chi* 涵芬樓秘笈. Shanghai: Commercial Press, 1917, *erh-chi* 二集.

Ku-kung wen-wu yueh-k'an 故宮文物月刊 (Palace Museum Monthly) 88 (July 1990).

Ku Yen-wu 顧炎武. *Jih-chih lu* 日知錄 (Record of knowledge gained day by day). 1780s manuscript, included in *Ssu-k'u ch'üan-shu* 四庫全書 (Complete collection of the four treasuries). Taipei: Commercial Press, 1983–86. Reprint, punctuated version, Taipei: P'ing-p'ing Press, 1974.

———. *Jih-chih lu chi-shih* 日知錄集釋 (Record of knowledge gained day by day, collected notes). Taipei: Shih-chieh Bookstore, 1962.

———. *Ku T'ing-lin shih-wen chi* 顧亭林詩文集 (Collected essays and poetry of Ku Yen-wu). Hong Kong: Chung-hua Bookstore, 1976.

Kuang-hsu cheng-yao 光緒政要 (Important issues of governance in the Kuang-hsu reign). Compiled by Shen T'ung-sheng 沈桐生. Shanghai: Ch'ung-i-t'ang, 1909.

Kuang-hsu hsin-ch'ou jen-yin en-cheng ping-k'o hui-shih mo-chüan 光緒辛丑壬寅恩正併科會試墨卷 (Compositions of graduates in the 1901/1902 combined special and regular metropolitan civil examination). 1903 edition.

Kuang-hsu hsin-ch'ou jen-yin en-cheng ping-k'o hui-shih wei-mo 光緒辛丑壬寅恩正併科會試闈墨 (Compositions of graduates in the 1901/1902 combined special and regular metropolitan civil examination). 1902 edition.

Kuang-hsu san-shih-san nien ting-wei k'o chü-kung k'ao-chih t'ung-nien ch'ih-lu 光緒三十三年丁未科舉貢考職同年齒錄 (Record of the recommendees for office in the 1907 civil examination). 1907 edition.

Kuang-hsu wu-hsu k'o hui-shih ti-chiu-fang chu-chüan 光緒戊戌科會試第九房硃卷 (Examination papers from the ninth ward of the 1898 metropolitan examination). Manuscript, 1898.

Kuei Yu-kuang 歸有光. *Kuei Yu-kuang ch'üan-chi* 全集 (Complete essays of Kuei Yu-kuang). Taipei: P'an-keng Press, 1979.

Kuhn, Philip. *Soulstealers: The Chinese Sorcery Scare of 1768.* Cambridge: Harvard University Press, 1990.

Kuhn, Thomas. *The Essential Tension: Selected Studies in Scientific Tradition and Change.* Chicago: University of Chicago Press, 1970.

———. *The Structure of Scientific Revolutions.* 2nd edition. Chicago: University of Chicago Press, 1970.

K'un-shan hsien-chih 昆山縣志 (K'un-shan county gazetteer). 1538 edition. Ning-po: T'ien-i-ko.

Kung-pu t'i-pen 工部題本 (Memoranda including memorials from the Ministry of Works). In the Ming-Ch'ing Archives, Academia Sinica, Taiwan.

Kung Tzu-chen 龔自珍. *Kung Tzu-chen ch'üan-chi* 全集 (Complete writings of Kung Tzu-chen). Shanghai: Shanghai People's Press, 1975.

Kuo-ch'ao Chang T'ing-yü hsien-sheng nien-p'u 國朝張廷玉先生年譜 (Chronological biography of the Ch'ing dynasty's Chang T'ing-yü). In *Li-tai nien-p'u ta-ch'eng* 歷代年譜大成 (Compendium of chronological biographies over the ages), compiled by Liu Shih-p'ei 劉師培. Manuscript, late Ch'ing.

Kuo-ch'ao k'o-ch'ang i-wen lu 國朝科場異聞錄 (Recording unusual matters heard in the Ch'ing examination grounds). Wei-ching-t'ang shu-fang 味經堂書坊 edition. Canton; reprint, Ch'ien-t'ang, 1873.

Kuo-ch'ao kung-chü k'ao-lueh 國朝貢舉考略 (Summary of Ch'ing civil examinations). Compiled by Huang Ch'ung-lan 黃崇蘭. 1834 edition.

Kuo-ch'ao li-k'o Han-lin kuan k'o 國朝歷科翰林館課 (Series of examinations for Ming dynasty Hanlin academicians). 1603 edition.

Kuo-ch'ao liang-Che k'o-ming lu 國朝兩浙科名錄 (Record of examinations in Che-chiang during the Ch'ing dynasty). 1857 edition. Peking.

Kuo-ch'ao Yü-yang k'o-ming-lu 國朝虞陽科名錄 (Record of civil service graduates in Yü-yang under the Ch'ing dynasty). Compiled by Wang Yuan-chung 王元種. 1850 edition.

Kuo Mo-jo 郭沫若. *Kuo Mo-jo hsuan-chi* 選集 (Selected writings of Kuo Mo-jo). Ch'eng-tu: Ssu-ch'uan People's Press, 1979.

Kuo Shao-yü 郭紹虞, comp. *Ch'ing shih-hua* 清詩話 (Ch'ing works on poetry discussions). Shanghai: Ku-chi Press, 1963.

———. *Ch'ing shih-hua hsu-pien* 清詩話續編 (Ch'ing works on poetry discussions, continuation). Shanghai: Ku-chi Press, 1983.

Kutcher, Norman. "Death and Mourning in China, 1550–1800." Ph.D. diss., Yale University, History, 1991.

Kwong, Luke S. K. *A Mosaic of the Hundred Days: Personalities, Politics, and Ideas of 1898.* Cambridge: Harvard University Council on East Asian Studies, 1984.

Lach, Donald F. *China in the Eyes of Europe: The Sixteenth Century.* Chicago: Phoenix Books, 1968.

Lach, Donald F., and Edwin J. Van Kley. *Asia in the Making of Europe.* Vol. 3, *A Century of Advance,* book 4, *East Asia.* Chicago: University of Chicago Press, 1993.

Lai-pao 來保. "Tsou-che" 奏摺 (Memorial), 1757, 5th month, 9th day. In the Ch'ing dynasty examination materials from the Ming-Ch'ing Archives, Academia Sinica, Taiwan.

Lai, T. C. *A Scholar in Imperial China.* Hong Kong: Kelly & Walsh, 1970.

Lam, Yuan-chu. "On Yuan Examination System: The Role of Northern Ch'eng-Chu Pioneering Scholars." *Journal of Turkish Studies* 9 (1985): 197–203.

Langley, Charles B. "Wang Yinglin (1223–1296): A Study in the Political and Intellectual History of the Demise of the Sung." Ph.D. diss., Indiana University, East Asian Languages and Cultures, 1980.

Langlois, John D., Jr. "Chinese Culturalism and the Yuan Analogy: Seventeenth-Century Perspectives." *Harvard Journal of Asiatic Studies,* 40, 2 (December 1980): 355–97.

———. "Political Thought in Chin-hua under Mongol Rule." In Langlois, ed., *China under Mongol Rule.* Princeton: Princeton University Press, 1981.

———. "Law, Statecraft, and *The Spring and Autumn Annals* in Yuan Political Thought." In Hok-lam Chan and William Theodore de Bary, eds., *Yuan Thought: Chinese Thought and Religion under the Mongols.* New York: Columbia University Press, 1982.

———. "The Hung-wu Reign." In Frederick W. Mote and Denis Twitchett, eds., *The Cambridge History of China.* Vol. 7, part 1, *The Ming Dynasty, 1368–1644.* Cambridge: Cambridge University Press, 1988.

———, ed. *China under Mongol Rule.* Princeton: Princeton University Press, 1981.

Lao, Yan-shuan. "Southern Chinese Scholars and Educational Institutions in Early

Yuan: Some Preliminary Remarks." In John D. Langlois, Jr., ed., *China under Mongol Rule*. Princeton: Princeton University Press, 1981.

Latham, Ronald, trans. *The Travels of Marco Polo*. Harmondsworth: Penguin Books, 1958.

Lau, D. C., trans. *Mencius*. New York: Penguin Books, 1976.

———. *Confucius: The Analects*. Harmondsworth: Penguin Books, 1979.

Ledderose, Lothar. "An Approach to Chinese Calligraphy." *National Palace Museum Bulletin* 7, 1 (1972): 1–14.

———. *Mi Fu and the Classical Tradition of Chinese Calligraphy*. Princeton: Princeton University Press, 1979.

Lee, Cheuk-yin 李焯然. "Chih-kuo chih Tao—Ming Ch'eng-tsu chi ch'i Sheng-hsueh hsin-fa" 治國之道—明成祖及其聖學心法 (The art of rulership—the Ming Emperor Ch'eng-tsu and his *The Method of the Mind in the Sages' Teachings*). *Han-hsueh yen-chiu* 漢學研究 17 (1991): 211–25.

Lee, John. "The Dragons and Tigers of 792: The Examination in T'ang History." *T'ang Studies* 6 (1988): 25–47.

Lee, Leo Ou-fan, and Andrew J. Nathan. "The Beginnings of Mass Culture: Journalism and Fiction in the Late Ch'ing and Beyond." In David Johnson, Andrew Nathan, and Evelyn Rawski, eds., *Popular Culture in Late Imperial China*. Berkeley: University of California Press, 1985.

Lee, Thomas H. C. *Government Education and Examinations in Sung China*. Hong Kong: Chinese University, 1982.

———. "The Social Significance of the Quota System in Sung Civil Service Examinations." *Journal of the Institute of Chinese Studies* (Chinese University of Hong Kong) 13 (1982): 287–318.

———. "Sung Schools and Education before Chu Hsi." In William Theodore de Bary and John Chaffee, eds., *Neo-Confucian Education: The Formative Stage*. Berkeley: University of California Press, 1989.

Legge, James, trans. *The Four Books*. Reprint, New York: Paragon, 1966.

———. *The Chinese Classics*. Vol. 5, *The Ch'un Ts'ew with the Tso Chuan*. Reprint, Taipei: Wen-shih-che Press, 1971.

———. *The Chinese Classics*. Vol. 3, *The Shoo King or The Book of Historical Documents*. Reprint, Taipei: Wen-shih-che Press, 1972.

Le Goff, Jacques. *Intellectuals in the Middle Ages*. Cambridge and Oxford: Blackwell, 1993.

Leung, Angela Ki Che. "Elementary Education in the Lower Yangtzu Region in the Seventeenth and Eighteenth Centuries." In Benjamin Elman and Alexander Woodside, eds., *Education and Society in Late Imperial China*. Berkeley: University of California Press, 1994.

——— (Liang Ch'i-tzu 梁其姿). "Ch'ing-tai te hsi-tzu hui" 清代的惜字會 (Societies for cherishing written characters during the Ch'ing dynasty). *Hsin shih-hsueh* 新史學 (Taiwan) 5, 2 (June 1994): 83–113.

———. *Shih-shan yü chiao-hua: Ming-Ch'ing te tz'u-shan tsu-chih* 施善與教化：明清的慈善組織 (Performing merit and transforming through culture: Charitable institutions in Ming and Ch'ing). Taipei: Lien-ching Press, 1997.

———. "Transmission of Medical Knowledge from the Sung to the Ming." Paper presented at the Song-Yuan-Ming Transitions Conference, Lake Arrowhead, Calif., June 5–11, 1997.

Leung, Man-kam. "Mongolian Language and Examinations in Peking and Other Metropolitan Areas during the Manchu Dynasty in China (1644–1911)." *Canada-Mongolia Review* 1 (1975): 29–44.

Levenson, Joseph. "The Amateur Ideal in Ming and Early Ch'ing Society: Evidence from Painting." In John Fairbank, ed., *Chinese Thought and Institutions*. Chicago: University of Chicago Press, 1957.

———. *Confucian China and Its Modern Fate: A Trilogy*. 3 vols. Berkeley: University of California Press, 1968.

Lewis, Charlton M. *Prologue to the Chinese Revolution: The Transformation of Ideas and Institutions in Hunan Province, 1891–1907*. Cambridge: Harvard University East Asian Research Center, 1976.

Li-chi chin-chu chin-i 禮記今註今譯 (Modern notes and translations for the Record of Rites). Annotated by Wang Meng-ou 王夢鷗. 2 vols. Taipei: Commercial Press, 1974.

Li-chi yin-te 禮記引得 (Concordance to the Record of Rites). Reprint, Shanghai: Ku-chi Press, 1983.

Li Chih 李贄. *Hsu ts'ang-shu* 續藏書 (A book to be hidden away, continuation). Taipei: Chung-hua Bookstore, 1974.

———. *Hsu fen-shu* 續焚書 (Continuation to a book destined to be burned). Peking: Chung-hua Bookstore, 1975.

———. "Shih-wèn hou-hsu" 時文後序 (Afterword for contemporary-style essays). In *Fen-shu* 焚書 (A book to be burned). Peking: Chung-hua Bookstore, 1975.

Li Ch'un 酈純. *T'ai-p'ing t'ien-kuo chih-tu ch'u-t'an hsia* 太平天國制度初探下 (Preliminary analysis of the Taiping Heavenly Kingdom's institutions, vol. 2). Peking: Chung-hua Bookstore, 1990.

Li Hsin-ta 李新達. *Chung-kuo k'o-chü chih-tu shih* 中國科舉制度史 (History of the civil service examination system). Taipei: Wen-chin Press, 1995.

Li-k'o ch'ao-yuan chüan 歷科朝元卷 (Examination papers from court examinations over several cycles). In Tokyo University, Oriental Library.

Li Kung 李塨. "Ch'ü-shih" 取士 (Selecting literati). In *Ch'ing-tai ch'ien-ch'i chiao-yü lun-chu hsuan* 清代前期教育論著選 (Selections of writings on education from the early Ch'ing period), edited by Li Kuo-chün et al., 3 vols. Peking: People's Education Press, 1990.

Li-pu t'i-pen 禮部題本 (Memoranda including memorials from the Ministry of Rites). Collected in the Ming-Ch'ing Archives, Academia Sinica, Taiwan.

Li Shen-ch'i nien-p'u 李申耆年譜 (Chronological biography of Li Chao-lo). Nan-lin: Chia-yeh-t'ang 嘉業堂, ca. 1831.

Li-tai chin-tien tien-shih ting-chia chu-chüan 歷代金殿殿試鼎甲硃卷 (Examination essays of the top three graduates of civil and palace examinations of several dynasties). Compiled by Chung Kuang-chün 仲光軍 et al., 2 vols. Shih-chia-chuang: Hua-shan Arts Press, 1995.

Li-tai kung-chü chih 歷代貢舉志 (Accounts of the civil examinations over several dynasties). Compiled by Feng Meng-chen 馮夢禎. Shanghai: Commercial Press, 1936.

Li T'iao-yuan 李調元. *Tan-mo lu* 淡墨錄 (Record of skilled civil examination papers). In *Han-hai* 函海 (Seas of writings), by Li T'iao-yuan 李調元. 1881 collectanea.

———. *Chih-i k'o-so chi* 制義科瑣記 (Collection of fragments about the crafted eight-legged essays for civil examinations). *Ts'ung-shu chi-ch'eng ch'u-pien* 叢書集成初編. Shanghai: Commercial Press, 1936.

Li Tse-fen 李則芬. *Yuan-shih hsin-chiang* 元史新講 (New lectures on Yuan history). 5 vols. Taipei: Chung-hua Bookstore, 1978.

Li Tsung-huang 李宗黃. *Li Tsung-huang hui-i lu* 回憶錄 (Recollections of Li Tsung-huang). Taipei: Chinese Educational Society for Local Autonomy, 1972.

Li Yin-tu 李因篤. "Yung-jen" 用人 (Employing people). In *Ch'ing-tai ch'ien-ch'i chiao-yü lun-chu hsuan* 清代前期教育論著選 (Selections of writings on education from the early Ch'ing period), edited by Li Kuo-chün et al., 3 vols. Peking: People's Education Press, 1990.

Liang Chang-chü 梁章鉅. *Chih-i ts'ung-hua* 制藝叢話 (Collected comments on the crafting of eight-legged civil examination essays). 1859 edition. Reprint, Taipei: Kuang-wen Bookstore, 1976.

Liang-Che hsueh-cheng 兩浙學政 (Education commissioners in western and eastern Chechiang). 1610 edition.

Liang Ch'i-ch'ao 梁啟超. *Intellectual Trends in the Ch'ing Period*. Translated by Immanuel Hsu. Cambridge: Harvard University Press, 1959.

———. *Yin-ping-shih wen-chi* 飲冰室文集 (Collected writings from the Ice-Drinker's Studio). 8 vols. Taipei: Chung-hua Bookstore, 1970.

Liang Chün 梁峻. *Chung-kuo ku-tai i-cheng shih lueh* 中國古代醫政史略 (Historical summary of medicine and government in ancient China). Huhehot: Inner Mongolia People's Press, 1995.

Lien Tzu-ning 練子寧. *Lien Chung-ch'eng Chin-ch'uan chi* 練中丞金川集 (Collection of Lien Tzu-ning from Chin-ch'uan). 1762 edition.

———. *Lien Chung-ch'eng kung wen-chi* 練中丞公文集 (Collected writings of Lien Tzu-ning). Late Ming Wan-li edition.

Lin Ch'ing-chang 林慶彰. *Ming-tai k'ao-cheng-hsueh yen-chiu* 明代考證學研究 (Study of Ming dynasty evidential research). Taipei: Student Bookstore, 1984.

———. *Ch'ing-ch'u te ch'ün-ching pien-wei hsueh* 清初的群經辨偽學 (Study of forged classics in the early Ch'ing). Taipei: Wen-chin Press, 1990.

———. "Wu-ching ta-ch'üan chih hsiu-tsuan chi ch'i hsiang-kuan wen-t'i t'an-chiu" 五經大全之修纂及其相關問題探究 (Inquiry into the compilation of the Complete Collection [of commentaries] for the Five Classics and related issues). *Chung-kuo wen-che yen-chiu chi-k'an* 中國文哲研究集刊 1 (1991): 366–67.

———, ed. *Ming-tai ching-hsueh kuo-chi yen-t'ao-hui lun-wen chi* 明代經學國際研討會論文集 (Conference volume for the International Conference on Ming Dynasty Classical Studies). Taipei: Academia Sinica, 1996.

Lin-wen pien-lan 臨文便覽 (Overview for writing down essays). 1875 edition.

Lin, Xiaoqing C. "Social Science and Social Control: Empirical Scientific Theories and Chinese Uses." *Chinese Science* 14 (1997).

Lipkin, Zwia. "Soothsayers, Clients and the State in Republican Canton." Paper presented at the Graduate Student Conference on Modern Chinese History, University of California at San Diego, spring 1996.

Lipset, Seymour M., and Richard Bendix. *Social Mobility in Industrial Society*. Berkeley: University of California Press, 1960.

Liu Chao-pin 劉兆濱. *Ch'ing-tai k'o-chü* 清代科舉 (Examination system during the Ch'ing period). Taipei: Tung-ta Books, 1979.

Liu Hsiang-kwang 劉祥光. "Shih-wen kao: K'o-chü shih-tai te k'ao-sheng pi-tu" 時文稿：科舉時代的考生必讀 (Examination essay compilations: Required reading for examination students). *Newsletter for Modern Chinese History* (Academia Sinica, Taiwan) 22 (1996): 49–68.

———. "Education and Society Development of Public and Private Institutions in Hui-chou, 960–1800." Ph.D. diss., Columbia University, History, 1997.

———. "Examination Essays: Timely and Indispensable Reading for Students in the Ming." Paper presented at the 1997 Annual Meeting of the Association for Asian Studies, Chicago, March 13–16, 1997.

Liu I-cheng 柳詒徵. "Chiang-su shu-yuan chih ch'u-kao" 江蘇書院志初稿 (Preliminary draft of a gazetteer for Chiang-su academies). *Kuo-hsueh t'u-shu-kuan nien-k'an* 國學圖書館年刊 4 (1931): 1–112.

Liu, James J. Y. *The Art of Chinese Poetry*. Chicago: University of Chicago Press, 1962.

———. *Chinese Theories of Literature*. Chicago: University of Chicago Press, 1975.

Liu, James T. C. *Reform in Sung China*. Cambridge: Harvard East Asian Center, 1959.

———. *Ou-yang Hsiu: An Eleventh-Century Neo-Confucianist*. Stanford: Stanford University Press, 1967.

———. "Yueh Fei (1103–1141) and China's Heritage of Loyalty." *Journal of Asian Studies* 31 (1972): 291–97.

———. "How Did a Neo-Confucian School Become the State Orthodoxy?" *Philosophy East and West* 23, 4 (1973): 483–505.

Liu, James T. C., and Peter Golas, eds. *Change in Sung China: Innovation or Renovation?* Lexington, Mass.: D. C. Heath, 1969.

Liu Jen-p'eng 劉人鵬. "Lun Chu-tzu wei-ch'ang i ku-wen shang-shu wei-tso" 論朱子未嘗疑古文尚書偽作 (Chu Hsi never doubted the authenticity of the Old Text Documents). *Ch'ing-hua hsueh-pao* 清華學報 n.s., 22, 4 (December 1992): 399–430.

Liu, Kwang-Ching, ed., *Orthodoxy in Late Imperial China*. Berkeley: University of California Press, 1990.

Liu Wen-ying 劉文英. *Chung-kuo ku-tai te meng-shu* 中國古代的夢書 (Dream books from ancient China). Peking: Chung-hua Bookstore, 1990.

Lo, Andrew, trans. "Four Examination Essays of the Ming Dynasty." *Renditions* 33 and 34 (1990): 176–78.

Lo, Jung-pang. "The Decline of the Early Ming Navy." *Oriens Extremus* 5, 2 (1958): 147–68.

Lo Lien-t'ien 羅聯添. *T'ang-tai wen-hsueh lun-chi* 唐代文學論集 (Collected essays on the T'ang dynasty literature). Taipei: Student Bookstore, 1989.

Lo, Winston. "A New Perspective on the Sung Civil Service." *Journal of Asian History* 17 (1983): 121–35.

———. *An Introduction to the Civil Service of Sung China*. Honolulu: University of Hawaii Press, 1987.

———. "Wan-yen Tsung-han: Jurchen General as Sinologist." *Journal of Sung-Yuan Studies* 26 (1996): 87–112.

Loch, Henry Brougham. *Personal Narrative of Occurrences during Lord Elgin's Second Embassy to China in 1860*. London, 1900.

Lockridge, Kenneth. *Literacy in Colonial New England: An Enquiry into the Social Context of Literacy in the Early Modern West*. New York: Norton, 1974.

Lu Chiu-yuan 陆九渊. *Lu Chiu-yuan chi* 集 (Collected writings of Lu Chiu-yuan). Taipei: Ch'i-hai Press, 1981.

Lu Hsun. "The True Story of Ah Q." In *Lu Hsun: Selected Stories*, translated by Yang Hsien-yi and Gladys Yang. New York: Norton, 1977.

Lu Lung-ch'i 陸隴其. "Huang T'ao-an hsien-sheng chih-i hsu" 黃陶菴先生 制義序 (Preface to a Collection of Huang T'ao-an's examination essays). In *Ch'ing-tai ch'ien-ch'i chiao-yü lun-chu hsuan* 清代前期教育論著選 (Selections of writings on education from the early Ch'ing period), edited by Li Kuo-chün et al., 3 vols. Peking: People's Education Press, 1990.

Lu Shen 陸深. *K'o-ch'ang t'iao-kuan* 科場條貫 (Rules in the examination compound). In *Chi-lu hui-pien* 紀錄彙編, compiled by Shen Chieh-fu 沈節甫. Ming Wan-li edition. Lithograph, Shanghai: Commercial Press, 1938. Also in *Yen-shan wai-chi* 儼山外集, Ming Chia-ching edition; and *Huang-Ming kung-chü-k'ao.*

Lu Shih-i 陸世儀. *Ssu-pien lu chi-yao* 思辨錄輯要 (Collection of essentials in the record of thoughts for clarification). Chiang-su Bookstore, 1877.

———. *Lu-tzu i-shu* 陸子遺書 (Bequeathed writings of Master Lu). Yang-hu edition ca. 1900.

Lu Wen-ch'ao 廬文弨. *Pao-ching-t'ang wen-chi* 抱經堂文集 (Collected essays from the Hall for Cherishing the Classics). Shanghai: Commercial Press, 1937.

Lü K'un 呂坤. "Chiao-kuan chih chih" 教官之制 (The institution of education officials). In *Ming-tai chiao-yü lun-chu hsuan* 明代教育論著選, compiled by Kao Shih-liang 高時良. Peking: People's Press, 1990.

Lü Liu-liang 呂留良. "Wu-hsu fang-shu hsu" 戊戌房書序 (Preface to the 1658 examination ward essays). In *Ch'ing-tai ch'ien-ch'i chiao-yü lun-chu hsuan* 清代前期教育論著選 (Selections of writings on education from the early Ch'ing period), edited by Li Kuo-chün et al., 3 vols. Peking: People's Education Press, 1990.

Lü Miaw-fen. "Practice as Knowledge: Yang-ming Learning and *Chiang-hui* in Sixteenth Century China." Ph.D. diss., UCLA, History, 1997.

Lui, Adam Y. C. *The Hanlin Academy: Training Ground for the Ambitious, 1644–1850.* Hamden, Conn.: Shoe String Press, Archon Books, 1981.

———. *Two Rulers in One Reign: Dorgon and Shun-chih, 1644–1660.* Canberra: Faculty of Asian Studies, Australian National University, 1989.

———. *Ch'ing Institutions and Society (1644–1795).* Hong Kong: Centre of Asian Studies, University of Hong Kong, 1990.

"Lun fei k'o-chü hou pu-chiu chih fa" 論廢科舉後補救治法 (Ways to rectify matters since the abolition of the civil examinations). *Tung-fang tsa-chih* 東方雜誌 2, 11 (1905), *chiao-yü* 教育, pp. 251–254.

Lun-yü yin-te 論語引得 (Concordance to the Analects). Reprint, Taipei: Chinese Materials and Research Aids Service Center, 1966.

Lung-ch'eng shu-yuan k'o-i 龍城書院科藝 (Instruction at the Lung-ch'eng Academy). Compiled by Hua Miu 华繆. 1901 edition.

Lynn, Richard. "Orthodoxy and Enlightenment: Wang Shih-chen's Theory of Poetry and Its Antecedents." In William Theodore de Bary, ed., *The Unfolding of Neo-Confucianism.* New York: Columbia University Press, 1975.

Ma I-ch'u 馬夷初. *Wo tsai liu-shih-sui i-ch'ien* 我在六十歲以前 (My life before I was sixty). Shanghai: Sheng-huo Bookstore, 1947.

Ma Min and Li Yandan. "Judicial Authority and the Chamber of Commerce: Merchant

Dispute Mediation and Adjudication in Suzhou City in the late Qing." Paper presented at the Conference on Law and Society in Late Imperial China, sponsored by the Center for Chinese Studies, UCLA, August 8–10, 1993.

Ma, Tai-loi. "The Local Education Officials of Ming China, 1368–1644." *Oriens Extremus* 22, 1 (1975): 11–27.

MacKinnon, Stephen R. *Power and Politics in Late Imperial China: Yuan Shi-kai in Beijing and Tianjin, 1901–1908.* Berkeley: University of California Press, 1980.

Mair, Victor. "Language and Ideology in the Written Popularizations of the *Sacred Edict*." In David Johnson, Andrew Nathan, and Evelyn Rawski, eds., *Popular Culture in Late Imperial Culture.* Berkeley: University of California Press, 1985.

Makino Tatsumi 牧野巽. "Ko Enbu no seiin ron" 顧炎武の生員論 (Ku Yen-wu's "Essay on Licentiates"). In Hayashi Tomoharu, ed., *Kinsei Chūgoku kyōikushi kenkyū.* Tokyo: Kokutosha, 1958.

Man-cheong, Iona. "The Class of 1761: The Politics of a Metropolitan Examination." Ph.D. diss., Yale University, History, 1991.

———. "Fair Fraud and Fraudulent Fairness: The 1761 Examination Case." *Late Imperial China,* 18, 2 (December 1997).

Manguel, Alberto. *A History of Reading.* New York: Viking Press, 1996.

Mann, Susan. *Precious Records: Women in China's Long Eighteenth Century.* Stanford: Stanford University Press, 1997.

Mao Ch'i-ling 毛奇齡. *Ssu-shu kai-ts'o* 四書改錯 (Changes in the Four Books). *Ts'ung-shu chi-ch'eng ch'u-pien* 叢書集成初編. Shanghai: Commercial Press, 1936.

Mao P'ei-chi 毛佩琦. "Ts'ung Sheng-hsueh hsin-fa k'an Ming Ch'eng-tsu Chu Ti te chih-kuo li-hsiang" 從聖學心法看明成祖朱棣的治國理想 (A view of Ming Ch'eng-tsu Chu Ti's ideals of ordering the dynasty from his *The Method of the Mind in the Sages' Teachings*). *Ming-shih yen-chiu* 明史研究 1 (1991): 119–30.

Mao Tse-tung. "Report on an Investigation of the Hunan Peasant Movement." Translated in William Theodore de Bary et al., eds., *Sources of Chinese Tradition.* New York: Columbia University Press, 1960.

Massey, Thomas. "Chu Yuan-chang, the Hu-Lan Cases, and Early Ming Confucianism." Paper presented at the Columbia University Neo-Confucian Seminar, New York City.

McClelland, Charles E. "The Aristocracy and University Reform in Eighteenth-Century Germany." In Lawrence Stone, ed., *Schooling and Society. Studies in the History of Education.* Baltimore: Johns Hopkins University Press, 1976.

Mc Craw, David. *Chinese Lyricists of the Seventeenth Century.* Honolulu: University of Hawaii Press, 1990.

McDermott, Joseph. "Land, Labor, and Lineage in Southeast China." Paper presented at the Song-Yuan-Ming Transitions Conference, Lake Arrowhead, Calif., June 5–11, 1997.

McKnight, Brian. "Mandarins as Legal Experts: Professional Learning in Sung China." In William Theodore de Bary and John Chaffee, eds., *Neo-Confucian Education: The Formative Period.* Berkeley: University of California Press, 1989.

McMullen, David. *State and Scholars in T'ang China.* Cambridge: Cambridge University Press, 1988.

McNeill, William H. *The Pursuit of Power: Technology, Armed Force, and Society since A.D. 1000.* Chicago: University of Chicago Press, 1982.

Mei Wen-ting 梅文鼎. "Wang hsien-sheng pa-shih-shou hsu" 王先生八十壽序 (Preface to the 80th anniversary of Mr. Wang). In *Ch'ing-tai ch'ien-ch'i chiao-yü lun-chu hsuan* 清代前期教育論著選 (Selections of writings on education from the early Ch'ing period), edited by Li Kuo-chün et al., 3 vols. Peking: People's Education Press, 1990.

Menegon, Eugenio. "The Catholic Four-Character Classic (*Tianzhu Shengjiao Sizijing*): A Confucian Pattern to Spread a Foreign Faith in Late Ming China." Seminar paper, University of California at Berkeley, fall 1992.

Meng Sen 孟森. *Ming-Ch'ing-shih lun-chu chi-k'an* 明清史論著季刊 (Collection of articles on Ming-Ch'ing history). Taipei: World Bookstore, 1965.

———. *Ming-tai shih* 明代史 (History of the Ming period). Taipei: Chung-hua ts'ung-shu wei-yuan-hui, 1967.

Meng-tzu chi-chu ta-ch'üan 孟子集注大全 (Great collection of the collected notes to the Mencius). In *Ssu-shu ta-ch'üan* 四書大全. In *Ssu-k'u ch'üan-shu* 四庫全書 (Complete collection of the four treasuries). Reprint, Taipei: Commercial Press, 1983–86.

Meng-tzu chieh-wen 孟子節文 (Abridged text of the Mencius). In *Pei-ching t'u-shu-kuan ku-chi chen-pen ts'ung-k'an* 北京圖書館古籍珍本叢刊. Peking: Shu-mu Press, 1988.

Meng-tzu yin-te 孟子引得 (Concordance to the Mencius). Peking: Harvard-Yenching Publication, 1941.

Meskill, John. "A Conferral of the Degree of *Chin-shih*." *Monumenta Serica* 23 (1964): 351–71.

———. "Academies and Politics in the Ming Dynasty." In Charles O. Hucker, ed., *Chinese Government in Ming Times: Seven Studies*. New York: Columbia University Press, 1969.

———. *Academies in Ming China: A Historical Essay*. Tucson: University of Arizona Press, 1982.

Metzger, Thomas. *The Internal Organization of Ch'ing Bureaucracy*. Cambridge: Harvard University Press, 1973.

Michael, Franz, and Chung-li Chang. *The Taiping Rebellion*. Vol. 1, *History*. Seattle: University of Washington, 1966.

Min-sheng hsien-shu 閩省賢書 (Book about civil provincial examination worthies in Fu-chien). Compiled by Shao Chieh-ch'un 邵捷春. Late Ming edition.

Ming-Ch'ing chin-shih t'i-ming pei-lu so-yin 明清進士題名碑錄索引 (Index to the stelae rosters of Ming and Ch'ing *chin-shih*). Taipei: Wen-shih-che Press, 1982.

Ming chuang-yuan t'u-k'ao 明狀元圖考 (Illustrated survey of *optimi* during the Ming dynasty). Compiled by Ku Ting-ch'en 顧鼎臣 and Ku Tsu-hsun 顧祖訓. 1607 edition. (Wu Ch'eng-en 吳承恩 and Ch'eng I-chen 程一禎 added materials that brought it up to 1604. Materials for 1607–28 were later added by unknown compilers. See also *Chuang-yuan t'u-k'ao*.)

Ming-jen chuan-chi tzu-liao so-yin 明人傳記資料索引 (Index to Ming persons in biographical sources). Taipei: Central Library, 1965.

Ming ming-ch'en yen-hsing-lu 明名臣言行錄 (Record of words and actions of famous Ming officials). Compiled by Hsu K'ai-jen 徐開任. Ch'ing edition. Reprint, Taipei: Ming-wen Bookstore, 1991.

Ming-shih 明史 (Ming history). Taipei: Ting-wen Bookstore, 1982.

Ming-shih chi-shih pen-mo 明史紀事本末 (Record of the beginning and end of recorded events in Ming history). Compiled by Ku Ying-t'ai谷應泰. San-min Bookstore version of the 1658 edition. Taipei, 1969.

Ming Shih-tsung shih-lu 明世宗實錄 (Veritable records of the Ming dynasty Shih-ts'ung reign). Reprint. Taipei: Academia Sinica, 1965.

Ming-tai chiao-yü lun-chu hsuan 明代教育論著選 (Selections from Ming dynasty educational writings). Compiled by Kao Shih-liang 高時良. Peking: People's Press, 1990.

Ming-tai teng-k'o-lu hui-pien 明代登科錄彙編 (Compendium of Ming dynasty civil and military examination records). 22 vols. Taipei: Hsueh-sheng Bookstore, 1969.

Ming-tai wei-k'o hsing-shih lu 明代魏科姓氏錄 (Record of names on the highest examinations during the Ming dynasty). Compiled by Chang Wei-hsiang 張惟驤. Ch'ing edition. *Ming-tai chuan-chi ts'ung-k'an* reprint, Taipei: Ming-wen Bookstore, 1991.

Ming T'ai-tsu shih-lu 明太祖實錄 (Veritable records of Ming T'ai-tsu). In *Ming shih-lu* 明實錄. Taipei: Academia Sinica, Institute of History and Philology, 1962.

Ming T'ai-tsu yü-chih wen-chi 明太祖御製文集 (Collected writings of Chu Yuan-chang). Reprint, Taipei: Student Bookstore, 1965.

Ming Wan-li chih Ch'ung-chen chien hsiang-shih-lu hui-shih-lu hui-chi 明萬曆至崇禎間鄉試錄會試錄彙集 (Digest of provincial and metropolitan civil examination records from the Wan-li and Ch'ung-chen reigns of the Ming dynasty). Late Ming edition.

Ming-wen ch'ao 明文鈔 (Copies of Ming writing). Compiled by Kao Tang 高嵣. 1781 edition.

Miu T'ung 繆彤. *Lu-chuan chi-shih* 臚傳紀事 (Autobiography and record of occurrences). *Ts'ung-shu chi-ch'eng ch'u-pien* 叢書集成初編. Shanghai: Commercial Press, 1936.

Miyakawa, Hisayuki. "An Outline of the Naito Hypothesis and Its Effects on Japanese Studies of China." *Far Eastern Quarterly* 14 (1954–55): 533–52.

Miyazaki Ichisada 宮崎市定. *Kakyoshi* 科舉史 (History of the civil examination system). Revision of 1946 edition. Tokyo: Heibonsha, 1987.

———. *Kyūhin kan jinhō no kenkyū: Kakyo zenshi* 九品官人法の研究 : 科舉前史 (Research on the nine grades of civil officials: The early history of the civil examinations). Kyoto: Dōbōsha, 1956.

———. *China's Examination Hell*. Translated by Conrad Schirokauer. New Haven: Yale University Press, 1981.

Mizoguchi Yūzō 溝口雄三. "Mōshi jigi soshō no rekishi teki kō satsu" 孟子字義疏證の歷史的考察 (Historical analysis of the Evidential Analysis of the Meaning of Terms in the Mencius). *Tōyō bunka kenkyūjo kiyo* 東洋文化研究所紀要 48 (1969): 144–65.

———. "Iwayuru Tōrinha jinshi no shisō" いわゆる東林派人士の思想 (The thought of the members of the so-called Tung-lin faction). *Tōyō bunka kenkyūjo kiyo* 東洋文化研究所紀要 75 (March 1978): 111–341.

———. *Chūgoku no kō to shi* 中國の公と私 (Public and private in China). Tokyo: Kembun Press, 1995.

Moore, Oliver. "The Ceremony of Gratitude." In Joseph P. McDermott, ed., *Court and State Ritual in China*. Cambridge: Cambridge University Press, 1998.

Mote, F. W. "Confucian Eremitism in the Yuan Period." In Arthur Wright, ed., *The Confucian Persuasion*. Stanford: Stanford University Press, 1960.

———. "The Growth of Chinese Despotism." *Oriens Extremus* 8, 1 (August 1961): 1–41.

———. "The T'u-mu Incident of 1449." In Frank Kierman, Jr., and John Fairbank, eds., *Chinese Ways in Warfare*. Cambridge: Harvard University Press, 1974.

————. "Introduction." In Mote and Twitchett, eds., *The Cambridge History of China*, vol. 7, *The Ming Dynasty*. Cambridge: Cambridge University Press, 1988.

Mote, F. W., and Denis Twitchett, eds. *The Cambridge History of China*. Vol. 7, part 1, *The Ming Dynasty, 1368–1644*. Cambridge: Cambridge University Press, 1988.

Mou Jun-sun 牟潤孫. "Liang-Sung Ch'un-ch'iu-hsueh chih chu-liu, shang hsia" 兩宋春秋學之主流上下 (Main currents in studies of the Spring and Autumn Annals during the two Sung dynasties, parts 1 and 2). *Ta-lu tsa-chih* 大陸雜志 5, no. 4 (Aug. 1952): 113–15; no. 5 (September. 1952) 170–72.

Murakami Masatsugu 村上正二. *Chūgoku no rekishi 6: Yuboku minzoku kokka: Gen* 中國の歷史 6: 游牧民族國家：元 (Chinese history 6: Nomadic tribal nations: The Yuan). Tokyo: Kodansha, 1977.

Murphy, Raymond. *Social Closure: The Theory of Monopolization and Exclusion*. Oxford: Clarendon Press, 1988.

Murray, Julia K. "The Temple of Confucius and Pictorial Biographies of the Sage." *Journal of Asian Studies* 55, 2 (May 1996): 269–300.

Nan-kuo hsien-shu 南國賢書 (Book about civil provincial examination worthies in Ying-t'ien 應天 prefecture). Compiled by Chang Ch'ao-jui 張朝瑞. 1633 edition.

Nan-Sung teng-k'o-lu liang-chung 南宋登科錄兩種 (Two types of records of ascension to the *chin-shih* degree in the Southern Sung). Reprint, Taipei: Wen-hai Press, 1981.

Naquin, Susan, and Evelyn Rawski. *Chinese Society in the Eighteenth Century*. New Haven: Yale University Press, 1987.

Needham, Joseph. *Science and Civilisation in China*. Multiple vols. Cambridge: Cambridge University Press, 1954–.

————. "China and the Origins of Qualifying Examinations in Medicine." In Needham, *Clerks and Craftsmen in China and the West*. Cambridge: Cambridge University Press, 1970.

Neskar, Ellen. "The Cult of Confucian Worthies." Ph.D. diss., Columbia University, East Asian Languages and Cultures, 1994.

Nietzsche, Friedrich. *On the Genealogy of Morals*. Translated by Francis Golffing. Garden City, N.Y.: Anchor Books, 1956.

————. "Preface." In *Beyond Good and Evil*. Translated by Walter Kaufmann. New York: Vintage Books, 1966.

Nivison, David S. "Protest against Conventions and Conventions of Protest." In Arthur Wright, ed., *The Confucian Persuasion*. Stanford: Stanford University Press, 1960.

————. *The Life and Thought of Chang Hsueh-ch'eng (1738–1801)*. Stanford: Stanford University Press, 1966.

Nylan, Michael. "The *Chin Wen/Ku Wen* Controversy in Han Times." *T'oung Pao* 80 (1994): 83–136.

Ojima Sukema 小島祐馬. *Chūgoku no shakai shisō* 中國の社會思想 (Social thought in China). Tokyo: Chikuma Bookstore, 1967.

Ōki Yasushi 大木康. "Minmatsu Kōnan ni okeru shuppan bunka no kenkyū" 明末江南における出版文化の研究 (A study of print culture in Chiang-nan in the late Ming). *Hiroshima daigaku bungakubu kiyō* 廣島大學文學部紀要 50, 1 (1991).

Ōkubo Eiko 大久保英子. *Min-Shin jidai shoin no kenkyū* 明清時代書院の研究 (Research on academies in the Ming-Ch'ing period). Tokyo: Kokusho kankōkai, 1976.

Omura Kōdō 大村興道, "Shinchō kyōiku shisōshi ni okeru Seigo kōkun ni tsuite" 清

朝教育思想史に於ける聖諭廣訓について (Concerning the Amplified Instructions of the Sacred Edict in the history of educational thought in the Ch'ing dynasty). In Hayashi Tomoharu, ed., *Kinsei Chūgoku kyōikushi kenkyū.* Tokyo: Kokutosha, 1958.

Ong, Roberto. *The Interpretation of Dreams in Ancient China.* Bochum: Studienverlag Brockmeyer, 1985.

Ono Kazuko 小野和子. "Tōrin tō kō (ichi)" 東林黨考一 (Study of the Tung-lin party, part 1). *Tōhō gakuhō* 東方學報 52 (1980): 563-594.

———. "Tōrin tō kō (ni)" 東林黨考二 (Study of the Tung-lin party, part 2). *Tōhō gakuhō* 東方學報 55 (1983): 307-15.

———. *Minki dōsha kō* 明季黨社考 (Study of Ming dynasty factions and societies). Kyoto: Dōbō sha, 1996.

———, ed. *Mimmatsu Shinsho no shakai to bunka* 明末清初の社會と文化 (Late-Ming early-Ch'ing society and culture). Kyoto: Meibun Press, 1996.

Ou-yang Hsiu 歐陽修. *Ou-yang Wen-chung kung chi* 歐陽文忠公集 (Collection of Duke Ou-yang Hsiu). Taipei: Commercial Press, 1967.

Ou-yang Hsiu 歐陽修 and Sung Ch'i 宋祁. *Hsin T'ang-shu* 新唐書 (New history of the T'ang dynasty). Peking: Chung-hua Bookstore, 1971.

Overmyer, Daniel. "Values in Chinese Sectarian Literature: Ming and Ch'ing *Pao-chüan.*" In David Johnson, Andrew Nathan, and Evelyn Rawski, eds., *Popular Culture in Late Imperial China.* Berkeley: University of California Press, 1985.

Owen, Stephen. *The Great Age of Chinese Poetry: The High T'ang.* New Haven: Yale University Press, 1981.

Oxenham, E. L. "Ages of Candidates at Chinese Examinations; Tabular Statement." *Journal of the China Branch of the Royal Asiatic Society,* n.s., 23 (1888): 286-87.

Oxnam, Robert. *Ruling from Horseback: Manchu Politics in the Oboi Regency.* Chicago: University of Chicago Press, 1975.

Ozment, Stephen. *The Age of Reform, 1250-1550.* New Haven: Yale University Press, 1980.

Pai Hsin-liang 白新良. *Chung-kuo ku-tai shu-yuan fa-chan shih* 中國古代書院發展史 (History of academy development in ancient China). T'ien-chin: T'ien-chin University Press, 1995.

Pan, Jixing. "The Spread of Georgius Agricola's *De Re Metallica* in Late Ming China." *T'oung Pao* 57 (1991): 108-18.

Pan Ku. See under *Han-shu.*

P'an Nai 潘鼐. "Nan-ching te liang-t'ai ku-tai ts'e-t'ien i-ch'i—Ming chih hun-i ho chien-i" 南京的兩台古代測天儀器—明制渾儀和簡儀 (Nanking's two ancient instruments for astronomical observation; the armillary sphere and the simplified instrument of the Ming). *Wen-wu* 文物 7 (1975): 84-89.

Pao-yu ssu-nien teng-k'o-lu 寶祐四年登科錄 (Record of the ascension to *chin-shih* rank on the 1256 palace civil examination). Ming edition.

Parker, Franklin. "Civil Service Examinations in China: Annotated Bibliography." *Chinese Culture* (Taiwan) 27, 2 (June 1986): 103-110.

Parsons, James. "The Ming Bureaucracy: Aspects of Background Forces." In Charles O. Hucker, ed., *Chinese Government in Ming Times: Seven Studies.* New York: Columbia University Press, 1969.

Peake, Cyrus. *Nationalism and Education in Modern China.* New York: Columbia University Press, 1970.

Peterson, Charles. "First Sung Reactions to the Mongol Invasion of the North, 1211–17." In John Haeger, ed., *Crisis and Prosperity in Sung China*. Tucson: University of Arizona Press, 1975.

———. "Old Illusions and New Realities: Sung Foreign Policy, 1217–1234." In Morris Rossabi, ed., *China among Equals: The Middle Kingdom and Its Northern Neighbors, 10th–14th Centuries*. Berkeley: University of California Press, 1983.

Peterson, Willard. "Fang I-chih: Western Learning and the 'Investigation of Things.'" In William Theodore de Bary, ed., *The Unfolding of Neo-Confucianism*. New York: Columbia University Press, 1975.

———. *Bitter Gourd: Fang I-chih and the Impetus for Intellectual Change*. New Haven: Yale University Press, 1979.

———. "Calendar Reform Prior to the Arrival of Missionaries at the Ming Court." *Ming Studies* 21 (spring 1986): 45–61.

P'i-ling Chuang-shih tseng-hsiu tsu-p'u 毘陵莊氏增修族譜 (Revised genealogy of the Chuang lineage in Ch'ang-chou). 1935 edition. Ch'ang-chou.

Pian, Rulan Chao. *Song Dynasty Musical Sources and Their Interpretation*. Cambridge: Harvard University Press, 1967.

Ping-pu t'i-pen 兵部題本 (Memoranda including memorials from the Ministry of Military Personnel). In the Ming-Ch'ing Archives, Academia Sinica, Taiwan.

Plaks, Andrew. "*Pa-ku wen* 八股文." In William Nienhauser, ed., *Indiana Companion to Traditional Chinese Literature*. Bloomington: Indiana University Press, 1986.

———. "The Prose of Our Time." In W. J. Peterson, A. H. Plaks, and Y. S. Yu, eds., *The Power of Culture: Studies in Chinese Cultural History*. Hong Kong: Chinese University Press, 1994.

Po Chü-i 白居易. *Po Chü-i chi-chien chiao* 集箋校 (Collated notes to the collected writings of Po Chü-i). Shanghai: Ku-chi Press, 1988.

P'u Sung-ling 蒲松齡. *Liao-chai chih-i* 聊齋志異 (Strange tales of Liao-chai). Shanghai: Ku-chi Press, 1962.

———. *Strange Tales of Liaozhai*. Translated by Lu Yunzhong, Chen Tifang, Yang Liyi, and Yang Zhihong. Hong Kong: Commercial Press, 1988.

Pulleyblank, Edwin. "Neo-Confucianism and Neo-Legalism in T'ang Intellectual Life, 755–805." In Arthur Wright, ed., *The Confucian Persuasion*, pp. 77–114. Stanford: Stanford University Press, 1960.

Purcell, Victor. *Problems of Chinese Education*. London: Kegan, Paul, Trench, Trubner, 1936.

Ramsey, S. Robert. *The Languages of China*. Princeton: Princeton University Press, 1987.

Rankin, Mary. "'Public Opinion' and Political Power: *Qingyi* in Late Nineteenth-Century China." *Journal of Asian Studies* 41, 3 (May 1982): 453–84.

———. *Elite Activism and Political Transformation in China: Zhejiang Province, 1865–1911*. Stanford: Stanford University Press, 1986.

Rawski, Evelyn. *Education and Popular Literacy in Ch'ing China*. Ann Arbor: University of Michigan Press, 1979.

Reardon-Anderson, James. *The Study of Change: Chemistry in China, 1840–1949*. Cambridge: Cambridge University Press, 1991.

Reed, Bradly. "Scoundrels and Civil Servants: Clerks, Runners, and County Administration in Late Imperial China." Ph.D. diss., History, UCLA, 1994.

Ricci, Matteo. *China in the Sixteenth Century: The Journals of Matteo Ricci: 1583–1610*.

Translated into Latin by Father Nicholas Trigault and into English by Louis J. Gallagher, S.J. New York: Random House, 1953.

Ridley, Charles. "Educational Theory and Practice in Late Imperial China: The Teaching of Writing as a Specific Case." Ph.D. diss., Stanford University, Education, 1973.

Rieff, Philip. *The Triumph of the Therapeutic*. New York: Harper & Row, 1968.

——. *The Feeling Intellect: Selected Writings*. Chicago: University of Chicago Press, 1990.

Roddy, Stephen. *Literati Identity and Its Fictional Representations in Late Imperial China*. Stanford: Stanford University Press, 1998.

Rogers, Michael. "Foreign Relations during the Koryŏ Dynasty." In John Duncan, ed., *The Cambridge History of Korea*, vol. 2. Cambridge: Cambridge University Press, forthcoming.

Ropp, Paul. *Dissent in Early Modern China*. Ann Arbor: University of Michigan Press, 1981.

——. "Review of *Male Anxiety and Female Chastity*." *Journal of Asian Studies* 48, 3 (August 1989).

Rossabi, Morris. "The Muslims in the Early Yuan Dynasty." In John D. Langlois, Jr., ed., *China under Mongol Rule*. Princeton: Princeton University Press, 1981.

——. *Khubilai Khan*. Berkeley: University of California Press, 1988.

——, ed. *China among Equals: The Middle Kingdom and Its Neighbors, 10th–14th Centuries*. Berkeley: University of California Press, 1983.

Rowe, William. "Success Stories: Lineage and Elite Status in Hanyang County, Hupeh, c. 1368–1949." In Joseph Esherick and Mary Rankin, eds., *Chinese Local Elites and Patterns of Dominance*. Berkeley: University of California Press, 1990.

——. "Education and Empire in Southwest China: Ch'en Hung-mou in Yunnan, 1733–38." In Benjamin Elman and Alexander Woodside, eds., *Education and Society in Late Imperial China*. Berkeley: University of California Press, 1994.

Rusk, Bruce. "Chen Que (1604–77) and the *Critique of the Great Learning*." A.B. graduating essay, Department of History, University of British Columbia, 1996.

Russell, Terence. "Chen Tuan at Mount Huangbo: A Spirit-writing Cult in Late Ming China." *Asiatische Studien* 44, 1 (1990): 107–40.

Saito Akio 齋藤秋男. "Chūgoku gakusei kaikaku no shisō to genjitsu" 中國學制改革 の思想と現實 (Ideas and reality in the reform of China's education system). *Senshū jimbun ronshū* 專修人文論集 4 (December 1969): 1–25.

Sakai, Naoki. "Modernity and Its Critique: The Problem of Universalism and Particularism." *South Atlantic Quarterly* 87, 3 (summer 1988): 475–504.

Sano Kōji 佐野公治. *Shisho gakushi no kenkyū* 四書學史の研究 (Research on Four Books studies). Tokyo: Sōbunsha, 1988.

Sariti, Anthony W. "Monarchy, Bureaucracy, and Absolutism in the Political Thought of Ssu-ma Kuang." *Journal of Asian Studies* 32, no. 1 (November 1972): 53–76.

Satō Shin'ichi 佐藤慎一. *Kindai Chūgoku no chishikijin to bunmei* 近代中國の知識人と文明 (Intellectuals and civilization in modern China). Tokyo: University of Tokyo Press, 1996.

Sawyer, Ralph, trans. *The Seven Military Classics of Ancient China*. Boulder, Colo.: Westview Press, 1993.

Schafer, Edward. *Pacing the Void: T'ang Approaches to the Stars*. Berkeley: University of California Press, 1977.

Schirokauer, Conrad. "Neo-Confucians under Attack: The Condemnation of *Wei-hsueh.*" In John Haeger, ed., *Crisis and Prosperity in Sung China.* Tucson: University of Arizona Press, 1975.

Schorr, Adam. "Connoisseurship and the Defense against Vulgarity: Yang Shen (1488–1559) and His Work." *Monumenta Serica* 41 (1993): 89–128.

———. "The Trap of Words: Political Power, Cultural Authority, and Language Debates in Ming Dynasty China." Ph.D. diss., UCLA, East Asian Languages and Culture, 1994.

Schram, S. R., ed. *Foundations and Limits of State Power in China.* London: University of London, 1987.

Schwartz, Benjamin. *In Search of Wealth and Power: Yen Fu and the West.* New York: Harper Torchbooks, 1969.

Senor, Denis, ed. *The Cambridge History of Early Inner Asia.* Cambridge: Cambridge University Press, 1990.

Seo Tatsuhiko 妹尾達彥. "Tōdai no kakyo seido to Chōan no gokaku giri" 唐代の科舉制度と長安の合格儀禮 (The Tang civil service system and graduate rituals in Ch'ang-an). In *Ryūreisei—Chūgoku Chōsen no hō to kokka* 律令制—中國朝鮮の法と國家. Tokyo: Kyūko shoin, 1986.

Serruys, Henry. *Sino-Mongol Relations during the Ming.* In *Mélanges chinois et bouddhiques.* Vol. 1, *The Mongols in China during the Hung-wu Period, 1368–1398.* Vol. 2, *The Tribute System and the Diplomatic Missions.* Brussels: Institut Belge des Hautes Études Chinoises, 1959 and 1967.

Shang Ch'uan 商傳. *Yung-lo huang-ti* 永樂皇帝 (The Yung-lo emperor). Peking: Peking Press, 1989.

Shang-shu cheng-i 尚書正義 (Orthodox meanings in the Documents Classic). Compiled by K'ung Ying-ta 孔穎達 (547–648) et al. In *Shang-shu lei-chü ch'u-chi* 尚書類聚初集. Taipei: Hsin-wen-feng Press, 1984.

Shang-shu t'ung-chien 尚書通檢 (Concordance to the Documents Classic). Reprint, Peking: Ch'ao-jih wen-hsien Press, 1982.

Shang Yen-liu 商衍鎏. *Ch'ing-tai k'o-chü k'ao-shih shu-lueh* 清代科舉考試述略 (Summary of civil examinations during the Ch'ing period). Peking: San-lien Bookstore, 1958.

———. *T'ai-p'ing t'ien-kuo k'o-chü k'ao-shih chi-lueh* 太平天國科舉考試紀略 (Survey of civil examinations under the Heavenly Kingdom of the Taipings). Peking: Chung-hua Bookstore, 1961.

——— (Sheang Yen-liu). "Memories of the Chinese Imperial Civil Service Examination System." Translated by Ellen Klempner. *American Asian Review* 3, 1 (spring 1985): 48–83.

Shang-yü tang 上諭檔 (Imperial edict record book). Ch'ing dynasty archives preserved in the Palace Museum, Taiwan.

Shao Ch'ang-heng 邵長蘅. "Ni Chiang-hsi shih-ts'e i shih-wen" 擬江西試策一時文 (Drafting the first policy question on contemporary-style essays for Chiang-hsi). In *Ch'ing-tai ch'ien-ch'i chiao-yü lun-chu hsuan* 清代前期教育論著選 (Selections of writings on education from the early Ch'ing period), edited by Li Kuo-chün et al., 3 vols. Peking: People's Education Press, 1990.

Shen Hsin-chou 沈新周. "Hsu" 序 (Preface). In *Ti-hsueh* 地學 (Geographical studies). Lithograph, Shanghai: Sao-yeh shan-fang, 1910.

Shen Te-ch'ien 沈德潛. "Shuo-shih sui-yü" 說詩晬語 (Words on poetry in the past year of my life). 1731 edition.

Shih-ching chin-chu chin-i 詩經今註今譯 (New notes and meanings for the Poetry Classic). Compiled by Ma Ch'ih-ying 馬持盈. Taipei: Commercial Press, 1971.

Shih-ching yin-te 詩經引得 (Index to the Poetry Classic). Reprint, Taipei: Ch'eng-wen Bookstore, 1972.

Shih Piao-ku 史彪古. "Translation examination paper." In the Ming-Ch'ing Archives, Academia Sinica, Taiwan.

Shih-san-ching chu-shu 十三經注疏 (Notes and commentaries to the Thirteen Classics). 1797. Reprint, Taipei: Hsin wen-feng Press, n.d.

Shih, Vincent. The Taiping Ideology: Its Sources, Interpretations, and Influences. Seattle: University of Washington Press, 1967.

Shinkoku gyōseihō 清國行政法 (Ch'ing executive institutions). Tokyo: Rinji Taiwan kyū kan chōsankai, 1910–14.

Shu Hsin-ch'eng 舒新城. Chin-tai Chung-kuo chiao-yü ssu-hsiang-shih 近代中國教育思想史 (Intellectual history of modern Chinese education). Shanghai: Chung-hua Bookstore, 1932.

―――. Wo ho chiao-yü 我和教育 (Education and I). Taipei: Lung-wen Press, 1990.

"Shun-t'ien fu t'i-pen" 順天府題本 (Memorials from Shun-t'ien prefecture). In the Ming-Ch'ing Archives, Academia Sinica, Taiwan.

Sivin, Nathan. "Cosmos and Computation in Early Chinese Mathematical Astronomy." T'oung Pao 55 (1969).

―――. "Wang Hsi-shan (1628–1682)." In Dictionary of Scientific Biography, vol. 14. New York: Scribner's Sons, 1970–78.

―――. "Copernicus in China." In Colloquia Copernica II: Études sur l'audience de la théorie héliocentrique. Warsaw: Union Internationale d'Histoire et Philosophie des Sciences, 1973.

―――. "Introduction." In Nathan Sivin, ed., Science and Technology in East Asia. New York: Science History Publications, 1977.

―――. "Max Weber, Joseph Needham, Benjamin Nelson: The Question of Chinese Science." In E. Victor Walter, ed., Civilizations East and West: A Memorial Volume for Benjamin Nelson. Atlantic Highlands, N.J.: Humanities Press, 1985.

―――. "Science and Medicine in Chinese History." In Paul S. Ropp, ed., Heritage of China: Contemporary Perspectives on Chinese Civilization. Berkeley: University of California Press, 1990.

―――, ed. Science and Technology in East Asia. New York: Science History Publications, 1977.

Skinner, G. William. "Cities and the Hierarchy of Local Systems." In Skinner, ed., The City in Late Imperial China. Stanford: Stanford University Press, 1977.

―――. "Introduction: Urban and Rural in Chinese Society." In Skinner, ed., The City in Late Imperial China. Stanford: Stanford University Press, 1977.

―――. "Introduction: Urban Development in Imperial China." In Skinner, ed., The City in Late Imperial China. Stanford: Stanford University Press, 1977.

Smith, Arthur H. Chinese Characteristics. Port Washington, N.Y.: Kennikat Press, 1894.

Smith, Joanna Handlin. "Benevolent Societies: The Reshaping of Charity during the Late Ming and Early Ch'ing." Journal of Asian Studies 46, 2 (May 1987): 309–31.

Smith, Richard. *Fortune-Tellers and Philosophers: Divination in Traditional Chinese Society.* Boulder, Colo.: Westview Press, 1991.

———. *Chinese Almanacs.* Hong Kong and Oxford: Oxford University Press, 1992.

Sommer, Deborah. "Confucianism's Encounter with the Evil Arts of Herodoxy: Ch'iu Chün's (1421–1495) Visions of Ritual Reform." Paper presented at the University Seminar on Neo-Confucian Studies, Columbia University, December 7, 1990.

Spence, Jonathan. *Emperor of China: Self-Portrait of K'ang-hsi.* New York: Vintage Books, 1974.

———. *To Change China: Western Advisers in China, 1620–1960.* Middlesex: Penguin Books, 1980.

———. *The Memory Palace of Matteo Ricci.* New York: Viking Penguin, 1985.

———. *God's Chinese Son: The Taiping Heavenly Kingdom of Hong Xiuquan.* New York: W. W. Norton, 1996.

Ssu-ch'uan sheng tang-an-kuan Pa-hsien tang-an, "Wen-wei" 四川省檔案館巴縣檔案, "文衛" ("Cultural and health materials" in the Ssu-ch'uan Provincial Archives, Pa-hsien County Archives). Tao-kuang 道光 through Kuang-hsu 光緒 microfilms.

Ssu-k'u ch'üan-shu 四庫全書 (Complete collection of the four treasuries). Reprint, Taipei: Commercial Press, 1983–86.

Ssu-k'u ch'üan-shu tsung-mu 四庫全書總目 (Catalog of the complete collection of the four treasuries). Compiled by Chi Yun 紀昀 et al. Reprint, Taipei: I-wen Press, 1974.

Ssu-ma Ch'ien 司馬遷. *Shih-chi* 史記 (Records of the official historian). Peking: Chunghua Press, 1972.

Ssu-ma Kuang 司馬光. "Ch'i i shih-k'o chü-shih cha-tzu" 乞以十科舉士箚子 (Directive for using ten types of examinations to select literati). In *Wen-kuo Wen-cheng Ssu-ma kung wen-chi* 溫國文正司馬公文集 (Collected essays of Duke Ssu-ma Kuang). Shanghai: Commercial Press, 1920–22.

———. *Tzu-chih t'ung-chien* 資治通鑑 (Comprehensive mirror for aid in government). 11 vols. Taipei: Hung-shih Press, 1980.

Ssu-shu chu-i hsin-te chieh 四書主意心得解 (Main new ideas in the Four Books). Compiled by Chou Yen-ju 周延儒 and Chu Ch'ang-ch'un 朱長春. Ca. 1613.

Ssu-shu ch'u-wen 四書初聞 (Preliminary questions on the Four Books). Compiled by Hsu Kuang 徐曠. 1563 edition.

Ssu-shu ta-ch'üan 四書大全 (Complete collection of the Four Books). Wen-yuan-k'o edition. Peking, 1776.

Stone, Lawrence. "The Educational Revolution in England, 1560–1640." *Past & Present* 28 (1964): 41–80.

———. "Literacy and Education in England 1640–1900." *Past & Present* 42 (1969): 69–139.

Strauss, Julia. "Symbol and Reflection of the Reconstituting State: The Examination Yuan in the 1930s." *Modern China* 20, 2 (April 1994): 211–38.

Strickmann, Michel. "Dreamwork of Psycho-Sinologists: Doctors, Taoists, Monks." In Carolyn Brown, ed., *Psycho-Sinology: The Universe of Dreams in Chinese Culture.* Lantham, Md.: University Press of America, 1988.

Su Shih 蘇軾. "I hsueh-hsiao kung-chü chuang" 議學校貢舉狀 (Debates on schools and civil examinations). In *Tung-p'o ch'üan-chi* 東坡全集 (Complete collection of Su Shih). In *Ssu-k'u ch'üan-shu* 四庫全書 (Complete collection of the four treasuries). Reprint, Taipei: Commercial Press, 1983–86.

Su Shuang-p'i 蘇雙碧. *Hung Hsiu-ch'üan chuan* 洪秀全傳 (Biography of Hung Hsiu-ch'üan). Peking: Ta-ti Press, 1989.

Su Yü. See *Ch'un-ch'iu fan-lu i-cheng.*

Sun Fu 孫復. *Ch'un-ch'iu tsun-wang fa-wei* 春秋尊王發微 (Bringing to light the honoring of the ruler in the *Annals*). In *T'ung-chih-t'ang ching-chieh* 通志堂經解. 1676; reprint, Kuang-chou: Yueh-tung, 1873.

Sun Hsing-yen 孫星衍. "Kuan-feng shih-shih ts'e-wen wu-t'iao yu-hsu" 觀風試士策問五條有序 (Preface for observations on trends in five policy questions for testing literati). In *Ch'ing-tai ch'ien-ch'i chiao-yü lun-chu hsuan* 清代前期教育論著選 (Selections of writings on education from the early Ch'ing period), edited by Li Kuo-chün et al., 3 vols. Peking: People's Education Press, 1990.

———. "Ni k'o-ch'ang shih-shih ch'ing chien-yung chu-shu che" 擬科場試士請兼用注疏摺 (Memorial recommending the use of scholia in examination compounds testing literati). In *Ch'ing-tai ch'ien-ch'i chiao-yü lun-chu hsuan* 清代前期教育論著選 (Selections of writings on education from the early Ch'ing period), edited by Li Kuo-chün et al., 3 vols. Peking: People's Education Press, 1990.

Sun, K'o-k'uan. "Yü Chi and Southern Taoism during the Yuan Period." In John D. Langlois, Jr., ed., *China under Mongol Rule.* Princeton: Princeton University Press, 1981.

Sun Shen-hsing 孫慎行. *En-hsu chu-kung chih lueh* 恩卹諸公志略 (Brief account of several dukes whose blood flowed as tribute). In *Ching-t'o i-shih* 荊駝遺史, compiled by Ch'en Hu 陳湖. Tao-kuang edition (1820–49).

Sung Biographies. Edited by Herbert Franke. Wiesbaden: Franz Steiner Verlag, 1976.

Sung-chiang-fu shu li-k'o ts'ai-ch'in lu ch'u-pien 松江府屬歷科采芹錄初編 (Preliminary compilation of the record of civil selection over several examinations in Sung-chiang prefecture). Photolithograph, Shanghai: Kuo-kuang, 1939.

Sung li-k'o chuang-yuan lu 宋歷科狀元錄 (Record of *optimi* from palace examinations of the Sung). Compiled by Chu Hsi-chao 朱希召. Ming edition. Reprint, Taipei: Wen-hai Press.

Sung Lien 宋濂. "Hui-shih chi-lu t'i-tz'u" 會試紀錄題辭 (Remarks on records of the metropolitan examination). In *Sung Wen-hsien kung ch'üan-chi* 宋文憲公全集. *Ssu-pu pei-yao* 四部備要 edition. Shanghai: Chung-hua Bookstore, 1927–37.

Sung P'ei-wei 宋佩韋. *Ming wen-hsueh shih* 明文學史 (History of Ming literature). Shanghai: Commercial Press, 1934.

Sung-shih 宋史 (History of the Sung dynasty). Compiled by T'o T'o 脱脱 (1313–55) et al. Taipei: Ting-wen Bookstore, 1980.

Sung Ting-tsung 宋鼎宗. "Sung-ju Ch'un-ch'iu jang-i shuo" 宋儒春秋攘夷説 (The Sung literati theory of repelling the barbarians in the Spring and Autumn Annals). *Ch'eng-kung ta-hsueh hsueh-pao* 成功大學學報 18 (March 1983): 7–20.

Sung Yuan-ch'iang 宋元強. *Ch'ing-tai te chuang-yuan* 清代的狀元 (Ch'ing dynasty *optimi*). Ch'ang-ch'un: Chi-lin ch'u-pan-she, 1992.

Ta-Ch'ing hui-tien shih-li 大清會典事例 (Collected statutes and precedents in the great Ch'ing). Shanghai: Commercial Press, 1908.

Ta-Ch'ing Jen-tsung Jui (Chia-ch'ing) huang-ti shih-lu 大清仁宗睿 (嘉慶) 皇帝實錄 (Veritable records of the great Ch'ing Chia-ch'ing Emperor). Reprint, Taipei, 1964.

Ta-Ch'ing Kao-tsung Ch'un-huang-ti sheng-hsun 大清高宗純皇帝聖訓 (Sacred edicts of the great Ch'ing Ch'ien-lung Emperor). Peking, n.d.

Ta-Ch'ing Kao-tsung Ch'un (Ch'ien-lung) huang-ti shih-lu 大清高宗純（乾隆）皇帝實錄 (Veritable records of the great Ch'ing Ch'ien-lung Emperor). Reprint, 30 vols., Taipei: Hua-wen Bookstore, 1964.

Ta-Ch'ing Shih-tsung Hsien (Yung-cheng) huang-ti shih-lu 大清世宗憲（雍正）皇帝實錄 (Veritable records of the Great Ch'ing dynasty Yung-cheng emperor Hsien's reign). Reprint, Taipei: Hua-wen Bookstore, 1964.

Ta-Ch'ing Te-tsung shih-lu 大清德宗實錄 (Veritable records of the Te-tsung reign during the great Ch'ing). Reprint, Taipei: Hua-wen Bookstore, 1964.

Ta-Ming T'ai-tsung Wen huang-ti shih-lu 大明太宗文皇帝實錄 (Veritable records of the Yung-lo emperor). Ming edition. Reprint, Taipei: Academia Sinica.

Tai Chen 戴震. *Meng-tzu tzu-i shu-cheng* 孟子字義疏證 (Evidential analysis of meaning of terms in the Mencius). Peking: Chung-hua Bookstore, 1961.

———. *Tai Chen wen-chi* 文集 (Tai Chen's collected essays). Hong Kong: Chung-hua Bookstore, 1974.

———. *Tai Chen chi* 集 (Tai Chen's collected essays). Shanghai: Ku-chi Press, 1980.

Tai Ming-shih 戴名世. "Keng-ch'en hui-shih mo-chüan hsu" 庚辰會試墨卷序 (Preface for the collection of examination essays from the 1700 metropolitan examination). In *Ch'ing-tai ch'ien-ch'i chiao-yü lun-chu hsuan* 清代前期教育論著選 (Selections of writings on education from the early Ch'ing period), edited by Li Kuo-chün et al., 3 vols. Peking: People's Education Press, 1990.

———. "Jen-wu mo-chüan hsu" 壬午墨卷序 (Preface for examination essays from 1702). In *Ch'ing-tai ch'ien-ch'i chiao-yü lun-chu hsuan* 清代前期教育論著選 (Selections of writings on education from the early Ch'ing period), edited by Li Kuo-chün et al., 3 vols. Peking: People's Education Press, 1990.

———. "Chiu-k'o ta-t'i-wen hsu" 九科大題文序 (Preface to essays on long quotations in nine examinations). In *Ch'ing-tai ch'ien-ch'i chiao-yü lun-chu hsuan* 清代前期教育論著選 (Selections of writings on education from the early Ch'ing period), edited by Li Kuo-chün et al., 3 vols. Peking: People's Education Press, 1990.

T'ang Chih-chün (Tang Zhijun) 湯志鈞 and Benjamin A. Elman. "The 1898 Reforms Revisited: A Review of Luke S. K. Kwong's *A Mosaic of the Hundred Days: Personalities, Politics, and Ideas of 1898.*" *Late Imperial China* 8, 1 (June 1987): 205–13.

T'ang Chih-chün (Tang Zhijun) 湯志鈞 et al. *Hsi-Han ching-hsueh yü cheng-chih* 西漢經學與政治 (Classicism and politics in the Western Han). Shanghai: Ku-chi Press, 1994.

T'ang Pin-yin 湯賓尹. *Ssu-shu mo chiang-i* 四書脈講意 (Lectures on the pulse of the Four Books). 1619 edition.

———. *Ssu-shu yen-ming chi-chu* 四書衍明集註 (Collected notes amplifying the Four Books). N.d.

T'ang Shun-chih 唐順之. *Wen-pien* 文編. In *Ssu-k'u ch'üan-shu* 四庫全書 (Complete Collection of the Four Treasuries). Reprint, Taipei: Commercial Press.

T'ang-Sung k'o-ch'ang i-wen-lu 唐宋科場異聞錄 (Recording unusual matters heard in the T'ang and Sung examination grounds). Wei-ching-t'ang shu-fang 味經堂書坊 edition. Canton; reprint, Ch'ien-t'ang, 1873.

Tanigawa Michio 谷川道雄. *Medieval Chinese Society and the "Local Community."* Translated by Joshua Fogel. Berkeley: University of California Press, 1985.

Tao, Ching-shen. "The Influence of Jurchen Rule on Chinese Political Institutions." *Journal of Asian Studies* 30, 1 (1970): 121–30.

———. "Political Recruitment in the Chin Dynasty." *Journal of the American Oriental Society* 94, 1 (January–March 1974): 24–33.

Taylor, Romeyn. "The Social Origins of the Ming Dynasty (1351–1360)." *Monumenta Serica* 22 (1963): 1–78.

———. "Ming T'ai-tsu's Story of a Dream." *Monumenta Serica* 32 (1976): 1–20.

———. "Official and Popular Religion and the Political Organization of Chinese Society in the Ming." In Kwang-ching Liu, ed., *Orthodoxy in Late Imperial China.* Berkeley: University of California Press, 1990.

———, trans. *Basic Annals of Ming T'ai-tsu.* San Francisco: Chinese Materials Center, 1975.

Teng-k'o chi-k'ao 登科記考 (Study of the records of ascension to civil degrees [during the T'ang]). Compiled by Hsu Sung 徐松 (1781–1848). Reprint, Kyoto: Chūbun Press, 1982.

Teng-k'o lu 登科錄 (Record of the ascension to *chin-shih* rank), 1371 palace civil examination. In *I-hai chu-ch'en* 藝海珠塵 (Dust from pearls of writing in the literary world). Ch'ing edition.

Teng Ssu-yü 鄧嗣禹. "China's Examination System and the West." In Harley Farnsworth, ed., *China.* Berkeley: University of California Press, 1946.

———. *Chung-kuo k'ao-shih chih-tu shih* 中國考試制度史 (History of Chinese examination institutions). Taipei: Student Bookstore, 1967.

Teng Ssu-yü 鄧嗣禹 and Knight Biggerstaff, comps. *An Annotated Bibliography of Selected Chinese Reference Works.* 2nd edition. Cambridge: Harvard University Press, 1971.

Teng Ssu-yü 鄧嗣禹 and John Fairbank. *China's Response to the West: A Documentary Survey, 1839–1923.* New York: Atheneum, 1967.

Teng Yun-hsiang 鄧云鄉 *Ch'ing-tai pa-ku-wen* 清代八股文 (Ch'ing dynasty eight-legged essays). Peking: People's University Press, 1994.

Thatcher, Melvin. "Selected Sources for Late Imperial China on Microfilm at the Genealogical Society of Utah." *Late Imperial China* 19, 2 (December 1998): 111–29.

T'i-mu 題目 (Question posters). In the Ming-Ch'ing Archives, Academia Sinica, Taiwan.

Tiao Pao 刁包 "Fei pa-ku hsing ssu-tzu wu-ching shuo" 廢八股興四子五經說 (Get rid of eight-legged essays and promote the Four Books and Five Classics). In *Ch'ing-tai ch'ien-ch'i chiao-yü lun-chu hsuan* 清代前期教育論著選 (Selections of writings on education from the early Ch'ing period), edited by Li Kuo-chün et al., 3 vols. Peking: People's Education Press, 1990.

Tien-shih-chai hua-pao 點石齋畫報 (The Tien-shih Pavilion's pictorial). Serial 2, vol. 11. 1897; reprint, Yang-chou: Chiang-su Rare Books, 1983.

T'ien, Ju-k'ang. *Male Anxiety and Female Chastity: A Comparative Study of Chinese Ethical Values in Ming-Ch'ing Times.* Leiden: E. J. Brill, 1988.

Tillman, Hoyt. "Proto-Nationalism in Twelfth-Century China? The Case of Ch'en Liang." *Harvard Journal of Asiatic Studies* 39, 2 (December 1979): 403–28.

———. *Utilitarian Confucianism: Ch'en Liang's Challenge to Chu Hsi.* Cambridge: Harvard University Council on East Asian Studies, 1982.

———. "Encyclopedias, Polymaths, and *Tao-hsueh* Confucians." *Journal of Sung-Yuan Studies* 22 (1990–92): 89–108.

———. *Confucian Discourse and Chu Hsi's Ascendancy.* Honolulu: University of Hawaii Press, 1992.

————. "Confucianism under the Chin and the Impact of Sung Confucian Tao-hsueh." In Hoyt Tillman and Stephen West, eds., *China under Jurchen Rule*. Albany: SUNY Press, 1995.

————. "An Overview of Chin History and Institutions." In Hoyt Tillman and Stephen West, eds., *China under Jurchen Rule*. Albany: SUNY Press, 1995.

Ting-chia cheng-hsin lu 鼎甲徵信錄 (Record of verified and reliable information concerning the top three candidates for the civil examinations). Compiled by Yen Hsiang-hui 閻湘蕙. 1864 edition.

Trauzettel, Rolf. "Sung Patriotism as a First Step toward Chinese Nationalism." In John Haeger, ed., *Crisis and Prosperity in Sung China*. Tucson: University of Arizona Press, 1978.

Ts'ai Shen 蔡沈. "Hsu" 序 (Preface). In the *Shu chi-chuan* 書集傳 (Collected commentaries to the Documents). Taipei: World Bookstore, 1969.

Ts'ai Yuan-p'ei 蔡元培. *Ts'ai Yuan-p'ei hsuan-chi* 選集 (Selected works of Ts'ai Yuan-p'ei). Taipei: Wen-hsing Bookstore, 1967.

————. *Ts'ai Yuan-p'ei ch'üan-chi* 蔡元培全集 (Complete works of Ts'ai Yuan-p'ei). T'ai-nan: Wang-chia Press, 1968.

Tsien, T. H. *Written on Bamboo and Silk*. Chicago: University of Chicago Press, 1962.

Tsou Shao-chih 鄒紹志 and Kuei Sheng 桂勝. *Chung-kuo chuang-yuan ch'ü-wen* 中國狀元趣聞 (Interesting things heard about Chinese *optimi*). Taipei: Han-hsin Cultural Enterprises, 1993.

Tu, Ching-i. "The Chinese Examination Essay: Some Literary Considerations." *Monumenta Serica* 31 (1974–75): 393–406.

Tu, Wei-ming. *Neo-Confucian Thought in Action: Wang Yang-ming's Youth*. Berkeley: University of California Press, 1976.

————, ed. *Confucian Traditions in East Asian Modernity*. Cambridge: Harvard University Press, 1996.

Tu Wei-yun 杜維運. *Ch'ing Ch'ien-Chia shih-tai chih shih-hsueh yü shih-chia* 清乾嘉時代之史學與史家 (Historians and historical studies in the Ch'ing Ch'ien-lung and Chia-ch'ing eras). Taipei: Wen-shih ts'ung-k'an, 1962.

Tu Yu 杜佑. *Tung-tien* 通典 (Comprehensive institutions). In *Shih-t'ung* 十通 (Ten Comprehensive Encyclopedias). Shanghai: Commercial Press, 1936.

T'u Shan 涂山. *Ming-cheng t'ung-tsung* 明政統宗 (Chronicle of Ming government). Ca. 1615 edition. Reprint, Taipei: Ch'eng-wen Bookstore, 1971.

Tung Ch'i-ch'ang 董其昌. *Hsueh-k'o k'ao-lueh* 學科考略 (Brief overview of civil examination studies). *Ts'ung-shu chi-ch'eng ch'u-pien* 叢書集成初編. Shanghai: Commercial Press, 1936.

"Tung-lin pieh-sheng" 東林別乘 (Separate records of Tung-lin). Transcribed list from an old manuscript in the provincial Chung-shan Library. Kuang-chou, 1958.

T'ung-Hsiang t'i-ming lu 通庠題名錄 (Record of civil service graduates in T'ung-chou and Ching-hsiang). Compiled by Li Yun-hui 李芸暉. 1895 edition.

Twitchett, Denis. "The Fan Clan's Charitable Estate, 1050–1760." In David S. Nivison and Arthur Wright, eds., *Confucianism in Action*. Stanford: Stanford University Press, 1959.

————. "The Birth of the Chinese Meritocracy: Bureaucrats and Examinations in T'ang China." *China Society Occasional Papers* (London) 18 (1974).

Uno Seiichi 宇野精一. *Chūgoku kotengaku no tenkai* (The development of classical studies in China). Tokyo: Hokuryūkan, 1949.

————. "Gokyō kara Shisho e: keigakushi oboegaki" 五經から四書へ：經學史覺書 (From the Five Classics to the Four Books: Notes on the history of classical studies). *Tōyō no bunka to shakai* 東洋の文化と社會 2 (1952): 1–14.

Van Gulik, R. H. *The Lore of the Chinese Lute.* Tokyo: Charles Tuttle, 1961.

von der Sprenkel, Otto Berkelbach. "High Officials of the Ming: A Note on the Ch'i Ch'ing Nien Piao of the Ming History." *Bulletin of the School of Oriental and African Studies* 14 (1952): 83–114.

von Falkenhausen, Lothar. "On the Early Development of Chinese Musical Theory: The Rise of Pitch Standards." *Journal of the American Oriental Society* 112, 3 (1992): 433–39.

————. *Suspended Music: Chime-Bells in the Culture of Bronze Age China.* Berkeley: University of California Press, 1993.

von Glahn, Richard. "Municipal Reform and Urban Social Conflict in Late Ming China." *Journal of Asian Studies* 50, 2 (1991).

————. "The Enchantment of Wealth: The God Wutong in the Social History of Jiangnan." *Harvard Journal of Asiatic Studies* 51, 2 (December 1991): 651–714.

————. *Fountain of Fortune: Money and Monetary Policy in China, 1000–1700.* Berkeley: University of California Press, 1996.

Wada Masahiro 和田正廣. "Mindai kyojinzō no keisei katei ni kan suru ichi kōsatsu" 明代舉人層の形成過程にする一考察 (A study of the formative process of the *chü-jen* class in the Ming dynasty). *Shigaku zasshi* 史學雜志 83, 3 (March 1978): 36–71.

————. "Mindai kakyo seido no kamoku no tokushoku: bengo no donyū o megutte" 明代科舉制度の科目の特色：判語の導入をめぐって (Special characteristics of the Ming dynasty civil examination curriculum: concerning introduction of legal judgment questions). *Hōseishi kenkyū* 法制史研究 43 (1993): 271–308.

Wagner, Rudolph. "Imperial Dreams in China." In Carolyn Brown, ed., *Psycho-Sinology: The Universe of Dreams in Chinese Culture.* Lantham, Md.: University Press of America, 1988.

————. "Twice Removed from the Truth: Fragment Collection in 18th and 19th Century China." In Glenn W. Most, ed., *Collecting Fragments/Fragmenta sammeln.* Göttingen: Vandenhoeck & Ruprecht, 1997.

Wakefield, David. *Fenjia: Household Division and Inheritance in Qing and Republican China.* Honolulu: University of Hawaii Press, 1998.

Wakeman, Frederic, Jr. "The Price of Autonomy: Intellectuals in Ming and Ch'ing Politics." *Daedalus* 101, 2 (1972): 35–70.

————. *The Fall of Imperial China.* New York: Free Press, 1975.

————. *The Great Enterprise: The Manchu Reconstruction of Imperial Order in Seventeenth-Century China.* 2 vols. Berkeley: University of California Press, 1985.

Waldron, Arthur. *The Great Wall of China: From History to Myth.* Cambridge: Cambridge University Press, 1990.

Waley, Arthur. *Yuan Mei: Eighteenth Century Chinese Poet.* Stanford: Stanford University Press, 1956.

————, trans. *The Book of Songs.* New York: Grove Press, 1937.

Waltner, Ann. "Building on the Ladder of Success: The Ladder of Success in Imperial China and Recent Work on Social Mobility." *Ming Studies* 17 (1983): 30–36.

————. *Getting an Heir: Adoption and the Construction of Kinship in Late Imperial China.* Honolulu: University of Hawaii Press, 1990.

Walton-Vargo, Linda. "Education, Social Change, and Neo-Confucianism in Sung-

Yuan China: Academies and the Local Elite in Ming Prefecture (Ningpo)." Ph.D. diss., University of Pennsylvania, History, 1978.

Wan-li san-shih-pa-nien keng-hsu k'o-hsu ch'ih-lu 萬曆三十八年庚戌科序齒錄 (Record of graduates of the 1610 palace examination). In *Ming-tai teng-k'o-lu hui-pien* 明代登科錄彙編 (Compendium of Ming dynasty civil and military examination records), vol. 21. Taipei: Hsueh-hseng Bookstore, 1969.

Wang An-shih 王安石. "Ch'i kai k'o-t'iao chih cha-tzu" 乞改科條制箚子 (Directive to reform the civil curriculum). In *Lin-ch'uan chi* 臨川集 (Collection of Wang An-shih). *Ssu-pu pei-yao* 四部備要 edition. Taipei: Chung-hua Bookstore, 1970.

Wang Ao 王鏊. *Chen-tse ch'ang-yü* 震澤長語 (Common sayings of Wang Ao). Taipei: Commercial Press, 1965.

Wang Ch'ang 王昶. *Ch'un-jung-t'ang chi* 春融堂集 (Collection from the Hall of Cheerful Spring). 1807 edition.

Wang Chen-main. *Hung Ch'eng-chou.* Tucson: University of Arizona Press, 1999.

Wang Chen-yuan 王鎮遠. *Ch'ing-shih hsuan* 清詩選 (Selections of Ch'ing poetry). Taipei: Lo-chün wen-hua, 1991.

Wang Chien-chün 王建軍. *Chung-kuo chin-tai chiao-k'o-shu fa-chan yen-chiu* 中國近代教科書發展研究 (Research on the development of modern textbooks in China). Kuang-chou: Kuang-tung Education Press, 1996.

Wang Chih-tung 王志東. *Chung-kuo k'o-chü ku-shih* 中國科舉故事 (Stories about the Chinese civil examinations). Taipei: Han-hsin Cultural Enterprises, 1993.

Wang Ch'ing-ch'eng 王慶成. "Lun Hung Hsiu-ch'üan te tsao-ch'i ssu-hsiang chi ch'i fa-chan" 論洪秀全的早期思想及其發展 (On Hung Hsiu-ch'üan's early thought and its development). In *T'ai-p'ing t'ien-kuo-shih hsueh-shu t'ao-lun-hui lun-wen hsuan-chi* 太平天國史學術討論會論文選集. Peking: Hsin-hua Bookstore, 1981.

Wang Fu-chih 王夫之. *Sung-lun* 宋論 (Discussions of the Sung). *Ssu-pu pei-yao* 四部備要 edition. Shanghai: Chung-hua Bookstore, 1927–35.

Wang Gungwu. "The Rhetoric of a Lesser Empire: Early Sung Relations with Its Neighbors." In Morris Rossabi, ed., *China among Equals: The Middle Kingdom and Its Northern Neighbors, 10th–14th Centuries.* Berkeley: University of California Press, 1983.

———. "Pre-Modern History: Some Trends in Writing the History of the Sung (10th–13th Centuries)." In Michael Yahuda, ed., *New Directions in the Social Sciences and Humanities in China.* New York: Macmillan Press, 1987.

———. *Community and Nation: China, Southeast Asia and Australia.* St. Leonards, Australia: Allen & Unwin, 1992.

Wang Hsien-ch'ien 王先謙. *Hsu-shou-t'ang wen-chi* 虛受堂文集 (Collected writings from Wang Hsien-ch'ien's studio). Taipei: Wen-hua Press, 1966.

Wang Ming-hsiung 王明雄. *T'an-t'ien shuo-ming* 談天說命 (On heaven and fate). Taipei: Huang-kuan Magazine Press, 1988.

Wang Shih-chen 王士禛. "Lü-shih ting-t'i" 律詩定體 (Fixed style of regulated verse). In *Ch'ing shih-hua* 清詩話 (Ch'ing works on poetry discussions). Shanghai: Ku-chi Press, 1963.

———. "Preface for the 1671 Ssu-ch'uan provincial examination." In *Ch'ing-tai ch'ien-ch'i chiao-yü lun-chu hsuan* 清代前期教育論著選 (Selections of writings on education from the early Ch'ing period), edited by Li Kuo-chün et al., 3 vols. Peking: People's Education Press, 1990.

—————. "Afterword for the 1691 metropolitan civil examinations." In *Ch'ing-tai ch'ien-ch'i chiao-yü lun-chu hsuan* 清代前期教育論著選 (Selections of writings on education from the early Ch'ing period), edited by Li Kuo-chün et al., 3 vols. Peking: People's Education Press, 1990.

Wang, Y. C. *Chinese Intellectuals and the West, 1872–1949.* Chapel Hill: University of North Carolina Press, 1966.

Wang Yang-ming 王陽明. *Wang Yang-ming ch'üan-chi* 王陽明全集 (Complete works of Wang Yang-ming). Hong Kong: Kuang-chi Bookstore, 1959.

—————. *Yang-ming ch'üan-shu* 陽明全書 (Complete works of Wang Yang-ming). *Ssu-pu pei-yao* edition. Taipei: Chung-hua Bookstore, 1979.

Wang Yin-t'ing 王蔭庭. "Pan-an yao-lueh" 辦案要略 (Outline for handling legal cases). In *Ju-mu hsu-chih* 入幕須知, compiled by Chang T'ing-hsiang 張廷驤. Che-chiang Bookstore, 1892.

Wang Yun 王筠. "Chiao t'ung-tzu fa" 教童子法 (On teaching youthful students). In *Ch'ing-tai ch'ien-ch'i chiao-yü lun-chu hsuan* 清代前期教育論著選 (Selections of writings on education from the early Ch'ing period), edited by Li Kuo-chün et al., 3 vols. Peking: People's Education Press, 1990.

Wang, Yuquan. "Some Salient Features of the Ming Labor Service System." *Ming Studies* 21 (spring 1986): 1–44.

とWatari Masamitsu 渡昌弘. "Minsho no kakyo fukkatsu to kensei" 明初の科舉復活 監生 (Early Ming revival of the civil service examination system and Imperial School students). *Shūkan tōyōgaku* 集刊東洋學 49 (1983): 19–36.

Watson, Burton, ed. and trans. *The Columbia Book of Chinese Poetry.* New York: Columbia University Press, 1984.

Watson, James. "Chinese Kinship Reconsidered: Anthropological Perspectives on Historical Research." *China Quarterly* 92 (1982).

—————. "Standardizing the Gods: The Promotion of T'ien Hou ('Empress of Heaven') along the South China Coast." In David Johnson, Andrew Nathan, and Evelyn Rawski, eds., *Popular Culture in Late Imperial China.* Berkeley: University of California Press, 1985.

Watson, Rubie. *Inequality among Brothers: Class and Kinship in South China.* Cambridge: Cambridge University Press, 1985.

Watt, John. *The District Magistrate in Late Imperial China.* New York: Columbia University Press, 1972.

Weber, Max. *The Religion of China.* Translated by Hans Gerth. New York: Macmillan, 1954.

Wechsler, Howard. *Mirror to the Son of Heaven; Wei Cheng at the Court of T'ang T'ai-tsung.* New Haven: Yale University Press, 1974.

—————. "T'ai-tsung (Reign 626–49) the Consolidator." In Denis Twitchett, ed., *The Cambridge History of China,* vol. 3, part 1. Cambridge: Cambridge University Press, 1979.

—————. *Offerings of Jade and Silk: Ritual and Symbol in the Legitimation of the T'ang Dynasty.* New Haven: Yale University Press, 1985.

Wei Yuan. See *Huang-ch'ao ching-shih wen-pien.*

Wen-hsien t'ung-k'ao 文獻通考 (Comprehensive analysis of civil institutions). Compiled by Ma Tuan-lin 馬端臨. Shanghai: Commercial Press, 1936.

Wen-wei hsiang-shih li-an 文闈鄉試例案 (Case-examples of essays from the provincial examinations). 1832 edition.

Wen-yuan ying-hua 文苑英華 (A gathering of masterpieces of literature). Compiled by Li Fang 李昉. 1567 edition.

Weng Fang-kang 翁方綱. "Wu-yen-shih p'ing-tse chü-yü" 五言詩平仄舉隅 (Pairs in level and deflected tones for five-word poetry). In Kuo Shao-yü 郭紹虞, comp., *Ch'ing shih-hua* 清詩話 (Ch'ing works on poetry discussions). Shanghai: Ku-chi Press, 1963.

———. "Tzu-hsu" 自序 (Personal preface) to his *Shih-chou shih-hua* 石洲詩話 (Poetry talks from rock islets). In Kuo Shao-yü 郭紹虞, comp., *Ch'ing shih-hua hsu-pien* 清詩話續編 (Ch'ing works on poetry discussions, continuation). Shanghai: Ku-chi Press, 1983.

West, Stephen. "Mongol Influence on the Development of Northern Drama." In John D. Langlois, Jr., ed., *China under Mongol Rule*. Princeton: Princeton University Press, 1981.

———. "Yuan Hao-wen's Poems of Death and Disorder, 1233–1235." In Hoyt Tillman and Stephen West, eds., *China under Jurchen Rule*. Albany: SUNY Press, 1995.

———. "Rewriting Text, Inscribing Ideology: The Case of *Zaju* Comedy." Paper presented at the Song-Yuan-Ming Transitions Conference, Lake Arrowhead, Calif., June 5–11, 1997.

Weston, Tim. "Beijing University and Chinese Political Culture, 1898–1920." Ph.D. diss., University of California at Berkeley, History, 1995.

Widmer, Ellen. "The Huanduzhai of Hangzhou and Suzhou: A Study in Seventeenth-Century Publishing." *Harvard Journal of Asiatic Studies* 56, 1 (June 1996): 77–122.

Wiens, Mi Chu. "Changes in the Fiscal and Rural Control Systems in the Fourteenth and Fifteenth Centuries." *Ming Studies* 3 (1976): 53–69.

———. "Lord and Peasant: The Sixteenth to the Eighteenth Century." *Modern China* 6, 1 (1980).

Wilhelm, Hellmut. "From Myth to Myth: The Case of Yueh Fei's Biography." In Denis Twitchett and Arthur Wright, eds., *Confucian Personalities*. Stanford: Stanford University Press, 1962.

Wilson, Thomas. *Genealogy of the Way: The Construction and Uses of the Confucian Tradition in Late Imperial China*. Stanford: Stanford University Press, 1995.

Wittfogel, Karl. "Public Office in the Liao Dynasty and the Chinese Examination System." *Harvard Journal of Asiatic Studies* 10 (1947): 13–40.

"Wo i" 我一 ("I alone"). "K'ao-shih kan-yen" 考試感言 (Moving words on examinations). *Chiao-yü tsa-chih* 教育雜誌 (Journal of education) 2.5 (1910), *p'ing-lun* 評論.

Wong, R. Bin. "Great Expectations: The Search for Modern Times in Chinese History." *Chūgokushi gaku* 中國史學 (Tokyo) 3 (1993): 7–50.

Wood, Alan. *Limits to Autocracy: From Sung Neo-Confucianism to a Doctrine of Political Rights*. Honolulu: University of Hawaii Press, 1995.

Woodside, Alexander. "Some Mid-Qing Theorists of Popular Schools." *Modern China* 9, 1 (1983): 3–35.

Woodside, Alexander, and Benjamin A. Elman. "The Expansion of Education in Ch'ing China." In Elman and Woodside, eds., *Education and Society in Late Imperial China*. Berkeley: University of California Press, 1994.

Wou, Odoric. "The District Magistrate Profession in the Early Republican Period." *Modern Asian Studies* 8, 2 (April 1974): 217–45.

Wright, David. "Parity, Pedigree, and Peace: Routine Sung Diplomatic Missives to the Liao." *Journal of Sung-Yuan Studies* 26 (1996): 55–85.

Wright, Mary. *The Last Stand of Chinese Conservatism: The T'ung-chih Restoration, 1862–1874.* Stanford: Stanford University Press, 1957.

———. "Introduction: The Rising Tide of Change." In Wright, ed., *China in Revolution: The First Phase, 1900–13.* New Haven: Yale University Press, 1968.

Wu Chih-ho 吳智和. *Ming-tai te ju-hsueh chiao-kuan* 明代的儒學教官 (Education officials in literati schools during Ming times). Taipei: Student Bookstore, 1991.

Wu Ching-tzu. *The Scholars.* Translated by Yang Hsien-yi and Gladys Yang. Peking: Foreign Languages Press, 1957.

Wu Han 吳晗. *Chu Yuan-chang chuan* 朱元璋傳 (Biography of Chu Yuan-chang). Peking: San-lien Bookstore, 1949.

Wu Hung-i 吳宏一. *Ch'ing-tai shih-hsueh ch'u-t'an* 清代詩學初談 (Preliminary analysis of poetry studies in the Ch'ing period). Taipei: Mu-t'ung Press, 1977.

Wu-li t'ung-k'ao 五禮通考 (Comprehensive analysis of the five ritual texts). Compiled by Ch'in Hui-t'ien 秦蕙田. 1761 edition.

Wu, Pei-yi. *The Confucian's Progress: Autobiographical Writings in Traditional China.* Princeton: Princeton University Press, 1990.

Wu Ping 吳炳. *Lü mu-tan* 綠牡丹 (The green peony). In Wu Mei 吳梅, ed., *She-mo t'a-shih ch'ü-ts'ung* 奢摩他室曲叢. Shanghai: Commercial Press, 1928.

Wu Po-tsung 吳伯宗. *Jung-chin chi* 榮進集 (Collection from the glorious *chin-shih*). In *Ssu-k'u ch'üan-shu* 四庫全書 (Complete collection of the four treasuries). Reprint, Taipei: Commercial Press, 1983–86.

Wu Sheng-ch'in 吳省欽. "Ch'ien-lung san-shih-liu nien Hu-pei hsiang-shih ts'e-wen erh shou" 乾隆三十六年湖北鄉試策問二首 (Two policy questions from the 1771 Hu-pei provincial examination). In *Ch'ing-tai ch'ien-ch'i chiao-yü lun-chu hsuan* 清代前期教育論著選 (Selections of writings on education from the early Ch'ing period), edited by Li Kuo-chün et al., 3 vols. Peking: People's Education Press, 1990.

Wu, Silas. *Passage to Power: K'ang-hsi and His Heir Apparent, 1661–1722.* Cambridge: Harvard University Press, 1979.

Wu, Yiyi. "Auspicious Omens and Their Consequences: Zhen-ren (1006–1066) Literati's Perception of Astral Anomalies." Ph.D. diss., Princeton University, History, 1990.

Yabuuti, Kiyosi. "Chinese Astronomy: Development and Limiting Factors." In Shigeru Nakayama and Nathan Sivin, eds., *Chinese Science: Explorations of an Ancient Tradition.* Cambridge: MIT Press, 1973.

Yamamoto Takayoshi 山本隆義. "Gendai ni okeru Kanrin gakushi in ni tsuite" 元代に於ける翰林學士院について (Concerning the Hanlin Academy during the Yuan period). *Tōhōgaku* 東方學 11 (1955): 81–99.

Yang, C. K. *Religion in Chinese Society.* Berkeley: University of California Press, 1967.

Yang-ch'eng T'ien T'ai-shih ch'üan-kao 陽城田太師全稿 (Complete drafts of T'ien Ts'ung-tien 從典 from Yang-ch'eng). 1722 edition.

Yang Chin-lung 揚晉龍. "Shih-chuan ta-ch'üan ch'ü-ts'ai lai-yuan t'an-chiu" 詩傳大全取材來源探究 (Inquiry into the sources selected for the *Complete Collection of Commentaries for the Poetry Classic*). In Lin Ch'ing-chang 林慶彰, ed., *Ming-tai ching-hsueh kuo-chi yen-t'ao-hui lun-wen chi* 明代經學國際研討會論文集. Taipei: Academia Sinica, 1996.

Yang Hsiung 揚雄. *Fa-yen* 法言 (Model words). In *Yang Tzu-yun chi* 揚子雲集 (Collection of Yang Hsiung). Compiled by Cheng P'u 鄭樸. Late Ming Wan-li edition.

Yang Hsueh-wei 楊學為 et al., comps. *Chung-kuo k'ao-shih chih-tu shih tzu-liao hsuan-pien* 中國考試制度史資料選編 (Selected sources on the history of the Chinese civil service examination system). Ho-fei, An-hui: Huang-shan shu-she, 1992.

Yang I-k'un 楊一崑. *Ssu-shu chiao-tzu tsun-ching ch'iu t'ung lu* 四書教子尊經求通錄 (Record of honoring the classics and seeking comprehensiveness from the Four Books to teach children). N.d.

Yang, Jui-sung. "A New Interpretation of Yen Yuan (1635–1704) and Early Ch'ing Confucianism in North China." Ph.D. diss., UCLA, History, 1997.

Yang Shu-fan 楊樹藩, "Yuan-tai k'o-chü chih-tu" 元代科舉制度 (The Yuan civil service examination system). *Sung-shih yen-chiu chi* 宋史研究集 14 (1983): 210–16.

"Yang-wu yun-tung ta-shih chi" 洋務運動大事記 (Record of important matters during the foreign studies movement). In Hsu T'ai-lai 徐泰來, ed., *Yang-wu yun-tung hsin-lun* 洋務運動新論 (New views on the foreign studies movement). Ch'ang-sha: Hu-nan People's Press, 1986.

Yao Lo-yeh 姚樂野. "Ming-Ch'ing k'o-chü chih yü chung-yang chi-ch'üan te chuan-chih chu-i" 明清科舉制與中央集權的專制主義 (The Ming-Ch'ing civil examination system and despotism via the centralization of power). *Ssu-ch'uan ta-hsueh hsueh-pao* 四川大學學報 1 (1990): 98–104.

Yao Ta-li 姚大力. "Yuan-tai k'o-chü chih-tu te hsing-fei chi ch'i she-hui pei-ching" 元代科舉制度的行廢及其社會背景 (The social background and promulgation of the civil examination system in the Yuan period). *Yuan-shih chi pei-fang min-tsu shih yen-chiu* 元史及北方民族史研究 5 (1982): 26–59.

———. "Chin-mo Yuan-ch'u li-hsueh tsai pei-fang de ch'uan-po" 金末元初理學在北方的傳播 (The transmission of the school of principle in the north during the late Chin and early Yuan). *Yuan-shih lun-ts'ung* 元史論叢 2 (1983).

Yao Wei-chün 姚偉鈞. *Shen-mi te chan-meng* 神秘的占夢 (Mysteries of dreams). Kuang-hsi: People's Press, 1991.

Yap, P. M. "The Mental Illness of Hung Hsiu-ch'üan, Leader of the Taiping Rebellion." *Far Eastern Quarterly* 13, 3 (May 1954): 287–304.

Yates, Frances. *The Art of Memory*. New York: Penguin, 1969.

Yee, Carsey. "The Shuntian Examination Scandal of 1858: The Legal Defense of Imperial Institutions." Manuscript, n.d.

Yen Chia-yen 嚴家炎. "Wu-ssu, wen-ko, ch'uan-t'ung wen-hua" 五四，文革，傳統文化 (May Fourth, cultural revolution, and traditional culture). *Erh-shih-i shih-chi* 二十一世紀 41 (1997): 11–18.

Yen Fu 嚴復. "Lun chiao-yü yü kuo-chia chih kuan-hsi" 論教育與國家之關係 (On the relation between schools and the nation). *Tung-fang tsa-chih* 東方雜誌 3, 3 (1906), *chiao-yü* 教育, pp. 29–34.

———. "Chiu-wang chueh-lun" 救亡決論 (On what determines rescue or perishing). In *Wu-hsu pien-fa tzu-liao* 戊戌變法 (Sources on the 1898 reform movement). Peking: Shen-chou kuo-kuang she, 1953.

Yen-Li ts'ung-shu 顏李叢書 (Collectanea of Yen Yuan and Li Kung). Reprint, Taipei: Kuang-wen Bookstore, 1965.

Yen Yuan 顏元. "Ta Ho Ch'ien-li" 答何千里 (Response to Ho Ch'ien-li). In *Ch'ing-tai ch'ien-ch'i chiao-yü lun-chu hsuan* 清代前期教育論著選 (Selections of writings on education from the early Ch'ing period), edited by Li Kuo-chün et al., 3 vols. Peking: People's Education Press, 1990.

————. *Ssu-shu cheng-wu* 四書正誤 (Correction of errors on the Four Books). In Yen Yuan and Li Kung, *Yen-Li ts'ung-shu*. Reprint, Taipei: Kuang-wen Bookstore, 1965.

Yoshikawa Kōjirō 吉川幸次郎. *An Introduction to Sung Poetry*. Translated by Burton Watson. Cambridge: Harvard University Press, 1967.

————. "Shushigaku hokuden zenshi" 朱子學北傳前史 (Early history of the spread north of Chu Hsi studies). In *Uno Tetsuto sensei byakuju shukuga kinen Tōyō gaku ronsō* 于野哲人先生百壽祝賀記念東洋學論叢. Tokyo: Honoring Committee for Uno Tetsuto, 1974.

Young, Ernest P. *The Presidency of Yuan Shih-k'ai: Liberalism and Dictatorship in Early Republican China*. Ann Arbor: University of Michigan Press, 1977.

Young, Lung-chang. "Ku Yen-wu's Views on the Ming Examination System." *Ming Studies* 23 (1987): 48–63.

Young, Michael, ed. *Knowledge and Control: New Directions for the Sociology of Education*. London: Collier Macmillan, 1971.

Yu Li. "Social Change during the Ming-Qing Transition and the Decline of Sichuan Classical Learning in the Early Qing." *Late Imperial China* 19, 2 (June 1998): 26–55.

Yu, Pauline. "Canon Formation in Late Imperial China." In Theodore Huters et al., eds., *Culture and State in Chinese History: Conventions, Accommodations, and Critiques*. Stanford: Stanford University Press, 1997.

Yü Chi 虞集. *Tao-yuan hsueh-ku lu* 道園學古錄 (Record of the study of antiquity in the garden of the Way). *Kuo-hsueh chi-pen ts'ung-shu* 國學基本叢書. Shanghai: Commercial Press, 1929–41.

Yü Chih-chia 于志嘉. "Mindai gunko no shakai teki ni tsuite" 明代軍戶の社會的地位について (The social status of military households in the Ming dynasty). *Tōyō gakuhō* 東洋學報 71, 3 and 4 (March 1990).

Yü-hai 玉海 (Sea of jade). Compiled by Wang Ying-lin 王應麟 (1223–1296). 1337 edition. Facsimile, Taipei: Hua-wen Bookstore, 1964.

Yü-p'i li-tai t'ung-chien chi-lan 御批歷代通鑑輯覽 (Imperially approved collection of mirrors for aid in government over several dynasties). Ch'ien-lung edition. Reprint, Taipei: n.p., n.d.

Yü, Ying-shih. "Some Preliminary Observations on the Rise of Ch'ing Confucian Intellectualism." *Tsing Hua Journal of Chinese Studies*, n.s., 11, 1 and 2 (December 1975).

Yuan Huang 袁黃. "Fan-li" 凡例 (Overview). In *Ssu-shu shan-cheng* 四書刪正 (Cutting to the Correct in the Four Books). N.d.

Yuan Mei 袁枚. *Shih-hua* 詩話 (Poetry talks). In *Sui-yuan ch'üan-chi* 隨園全集 (Complete works of Yuan Mei). Shanghai: Wen-ming Bookstore, 1918.

Yuan-shih 元史 (History of the Yuan dynasty). 7 vols. Reprint, Taipei: Ting-wen Press, 1982.

Yuan, Tsing. "Urban Riots and Disturbances." In Jonathan Spence and John Wills, eds., *From Ming to Ch'ing: Conquest, Region, and Continuity in Seventeenth-Century China*. New Haven: Yale University Press, 1979.

Zeitlin, Judith. *Historian of the Strange: Pu Songling and the Chinese Classical Tale*. Stanford: Stanford University Press, 1993.

————. "Spirit Writing and Performance in the Work of You Tong (1618–1704)." Paper presented at UCLA-USC Southern California China Colloquium, November 1995.

————. "Making the Invisible Visible: Images of Desire and Constructions of the Female Body in Chinese Literature, Medicine, and Art." Manuscript, 1998.

Zhou, Guangyuan. "Illusion and Reality in the Law of the Late Qing." *Modern China* 19, 4 (October 1993).

Zi, Etienne, S.J. *Pratique des examens littéraires en Chine.* Shanghai: Imprimerie de la Mission Catholique, 1894.

Zottoli, P. Angelo, S.J. *Cursus Litteraturae Sinicae.* Vol. 5, *Pro Rhetorices Classe pars Oratoria et Poetica.* Shanghai: Catholic Mission, 1882.

Zurndorfer, Harriet. "Chinese Merchants and Commerce in Sixteenth Century China." In Wilt Idema, ed., *Leiden Studies in Sinology.* Leiden: E. J. Brill, 1981.

―――. "Local Lineages and Local Development: A Case Study of the Fan Lineage, Hsiu-ning *hsien*, Hui-chou, 800–1500." *T'oung Pao* 70 (1984) : 18–59.

索 引

Note: Page numbers in italics refer to illustrations. Chinese characters are usually shown under initial entry in text.

monetary question (*ch'ien-fa*), Ming policy questions on, 452-53

Mongol dynasty. *See* Yuan dynasty

Mongol language, as official language of Ch'ing warrior elites, 373-74

Mongols, 1, 3, 34n94, 46, 71; degrees under Yuan, 33-35; Ming Han Chinese sentiments against, 53-55; Ming historiography on, 52-56; rule in north China (1234-1271), 25, 27; in T'u-mu Affair, 53-55 (*see also* T'u-mu Affair); 20th-century Chinese republics, 621; written out of Chinese intellectual history, 46. *See also* Yuan dynasty

moon, motion of, 471, 473-76

moral candidates (*hsiao-lien*), promotion of regardless of status advocated by Ch'en Ch'i-hsin, 215-16

moral character of candidates: definition of influenced by literary culture, 371; emphasis on in Ch'ing, 221, 229-37; importance in early Ming civil examinations, 38, 39, 43; rote learning seen as useless for development of, 261

moral cultivation (*hsiu-shen*), 352, 371-72, 610, 612

moral education, seen as priority among Japanese, 599

moral leadership, literati associated with Tung-lin Academy as voice for in late Ming, 209-10

moral orthodoxy, allegiance to expected of Ch'ing candidates, 519

moral perfection, emphasis on in Tao Learning, 423

moral philosophy (moral principles) (*li-hsueh*), 1n, 18-19, 25, 27-28; Ch'eng-Chu, 116-17, 414, 435, 559 (*see also* Ch'eng-Chu *li-hsueh*); Chu Hsi on, 435-36; Chu Yuan-chang on lack in literary criteria for civil service, 89-90; doctrine of benevolence discussed in *Analects*, 430-34; doctrine of innate moral knowledge (*liang-chih*), 413; of Four Books, 410-11; as inseparable from history in Ming and Ch'ing policy questions, 488; Japanese seen as adopting from Chinese, 599-600; and logical framework for reasoning in

Ming and Ch'ing examinations, 421-22; and natural studies in Ming, 481-82; Ricci on Chinese proficiency in, 461-62, 463; in Sung-Yuan-Ming transition, 45-46

moral remonstrance, 118

moral rhetoric, chain-argument for in examination essays, 421-23

morality: in Chu Kuo-tso's dream-vision, 335-36; music seen as improving, 479; public and private, respect for elders as foundation of, 286; in religious discourse on civil examination results, 301, 306-11; and talent, in Taiping selection process, 577. *See also* moral philosophy

morality books (*shan-shu*), 306, 311, 411

Mote, Frederick, 54, 128n9

Murakami Masatsugu, 34n94

Murphy, Raymond, xxix n27

music, 484-85, 552; in Ming civil examinations, 465, 466, 477-82; and poetry, 560-61; theory, and mathematical harmonics, 477-82

Muslims, 19-20, 36, 46, 169

nails (*ting*), dreaming of, 329

Naitō Kōnan, 8n17

name changes as identity changes: in fate calculations, 324-25; use by Hung Hsiu-ch'üan, 369

nan-chüan ("southern paper"), 95

Nanking: as capital for Taiping rebels, 573; as capital from 1368 to 1415, 96, 100, 37; as dual capital with Peking, 373-74; examination compound, 178-79, *179, 183*, 198; execution of associate examiners, 204; 1402 massacre, 118; provincial examinations, 142-43, 256

Naquin, Susan, 129n12

national unity, dynastic solidarity replaced by as late Ch'ing ideal, 621

native peoples (*t'u-chi*), attention to in early Ch'ing educational affairs, 168-69

nativism, 48-52, 51, 54-56

natural disasters (*mi-tsai*), policy questions on, 346-54, 346n122, 495

natural sciences, in late Ch'ing civil examinations, 590, 601-2

译后记

本书由高远致、夏丽丽两位译者合作翻译完成。其中具体分工为：

前言、致谢、第二至四章、第七至十一章、附录部分由高远致翻译；第一、五、六章由夏丽丽翻译；最终统稿由高远致完成。

感谢陆大鹏老师热心牵线，使我们有机会向出版社推荐、翻译本书。感谢段其刚老师的信任和邀请，以及赵子光老师的精心编辑，他们的工作为本书的出版增色甚多。

此外，还要感谢北京大学历史学系博士后郭津嵩老师（同时也是艾尔曼教授的弟子）帮忙审阅本书第九章有关科举中科技知识的部分。好友张向荣通读了全稿，为本书翻译提供了许多有益的修改建议。在我们查找引文、搜检档案的过程中，很多豆瓣友邻提供了热情的帮助。有趣的是，虽然他们人数众多，却无一例外地婉拒了译者真名致谢的邀请，在此向匿名的他们致意。

本书少数内容根据最新的研究成果予以修正，还有部分细节因参考了出版年份较早的欧美汉学工具书，所以存在一定的史实、年代出入，在翻译过程中一并予以修订。绝大多数修改得到了艾尔曼教授的首肯，少部分因翻译流程和疫情原因无法核实。如有错误，还请读者海涵。在本书 12 月底加印前，数位师友在本书的相关页面或向下文所列邮箱发送了勘误翻译的内容，如上海社会科学院研究员、博士生导师刘社建老师，陈肖寒老师，王婧娅女史，在此向他们表示感谢。也欢迎发现翻译错误的读者发送邮件至 vertalenvangao@126.com，如有重印再版机会，我们会订正相关错误，并对指出问题的读者表示感谢。

高远致

2020 年 11 月 13 日

图书在版编目（CIP）数据

晚期帝制中国的科举文化史 / (美) 艾尔曼
(Benjamin A. Elman) 著；高远致，夏丽丽译. -- 北京：
社会科学文献出版社，2022.8（2024.6重印）
　　书名原文: A Cultural History of Civil
Examinations in Late Imperial China
(Philip E. Lilienthal Book)
　　ISBN 978-7-5201-9543-0

　　Ⅰ.①晚… Ⅱ.①艾… ②高… ③夏… Ⅲ.①科举制
度-文化史-研究-中国-1315-1904 Ⅳ.①D691.3

中国版本图书馆CIP数据核字（2021）第275580号

晚期帝制中国的科举文化史

著　　者 / 〔美〕艾尔曼（Benjamin A. Elman）
译　　者 / 高远致　夏丽丽

出 版 人 / 冀祥德
责任编辑 / 段其刚
责任印制 / 王京美

出　　版 / 社会科学文献出版社·教育分社（010）59367151
　　　　　　地址：北京市北三环中路甲29号院华龙大厦　邮编：100029
　　　　　　网址：www.ssap.com.cn
发　　行 / 社会科学文献出版社（010）59367028
印　　装 / 北京盛通印刷股份有限公司

规　　格 / 开　本：889mm×1194mm 1/32
　　　　　　印　张：30　字　数：749千字
版　　次 / 2022年8月第1版　2024年6月第4次印刷
书　　号 / ISBN 978-7-5201-9543-0
著作权合同
登 记 号 / 图字01-2019-1387号
定　　价 / 158.00元

读者服务电话：4008918866